로마가 하루아침에 만들어지지 않았듯이

당신에게도 꽃 필 이탈리아어

Come Roma non fu costruita un giorno,
anche il tuo italiano sboccerà con il tempo.

동학의 성균관에서 서학의 르네상스를 꽃피게 한 <이탈리아어 관용어 사전>이 나오다

Carpe — — Dizionario di Italiano — — Idiomatico

카르페 이탈리아어 관용어 사전

책을 내며: 대표저자의 말

이탈리아 하면 보통은 먼저 수도 로마와 바티칸, 패션과 예술, 피자와 파스타가 떠오른다. 하지만 이탈리아는 음악, 미술, 건축, 디자인, 패션, 관광, 음식, 의약, 법학, 기계 및 첨단 산업 등의 많은 분야에서 고도의 문화 콘텐츠를 소유한 나라이다. 방송 여행 프로그램이나 동영상 플랫폼을 통해 이탈리아의 이런 면모는 예전보다 자세히 대중에게 알려지고 있어서 많은 사람들이 이탈리아로 유학을 가거나 여행을 떠나고 싶어한다.

그러나 우리의 관심이나 동경과 달리 한국과 이탈리아 양국은 무역 교역량에 비해 서로에 대한 문화적 이해가 매우 미미한 것이 현실이다. 그것은 양국에서 서로의 국가를 소개한 책자나 연구 서적을 보면 극명하게 드러난다. 가령 이탈리아 사람이 한국어를 배우고 싶어도 한국어 관련 서적이나 교재를 구하기가 어렵고, 반대로 한국 사람 역시 이탈리아어를 심화하고 싶어도 마땅한 서적을 구하기가 힘들다. 필자 역시도 이러한 어려움을 수 없이 겪어왔다.

이탈리아어로 된 책을 우리말로 옮길 때나, 역으로 우리말로 된 책을 이탈리아어로 옮길 때마다 부딪쳤던 어려움 가운데 하나가 이탈리아어의 관용어 표현이었다. 우리나라에는 마땅한 이탈리아어 관용어 사전이 출판된 것이 없었기 때문에, 필자는 공부를 하면서 단어장처럼 관용어 모음집을 만들기 시작했다. 무엇보다 그때는 필자에게 가장 필요한 것이어서 그렇게 했던 것이었는데, 그렇게 소박하게 시작했던 일이 이탈리아어를 공부하는 분들에게 조금이나마 도움이 되고자 하는 바람에서 2005년부터 본격 「카르페 이탈리아어 관용어 사전」을 집필하게 되었다.

다만 이탈리아어는 필자의 전공이 아니기 때문에 그 부족함을 메우고자 김미애 선생님께 도움을 청했다. 선생님께서는 당신이 오랜 세월 동안 작업해 오신 자료들을 내어주셨는데 그 덕분에 더 풍부한 내용을 실을 수 있게 되었다. 그럼에도 이탈리아어 원어민 선생님의 도움은 절실히 필요해서, 이 작업에 함께 할 원어민 선생님께 자료를 드린 게 대략 지금으로부터 10년 전의 일이다. 하지만 함께 하기로 한 원어민 선생님이 개인 사정으로 작업을 하실 수 없는 상황이 생겼다.

그로부터 시간은 빠르게 흘러 변화가 생겼다. 작업을 시작할 때와 달리 지금은 인터넷에서 많은 예문과 자료를 구할 수 있는데, 이렇다 보니 속절없이 보낸 10년이라는 세월 속에서 사전은 수정이 필요한 낡은 표현이나 보충해야 할 내용이 더 늘어났다. 10년 전이었다면 이대로 출간해도 됐지만, 2025년에 조금 낡은 이대로 출간해도 좋을지 깊은 고민의 시간을 가졌다. 다시금 대대적인 작업을 해야 하지만, 이제는 이런 사전류의 대작업을 할 만큼 나도 김미애 선생님도 체력이나 시간이 허락해주지 않는 점이 안타깝다. 그래서 여전히 부족함이 많지만 20년이 넘는 길고 고단했던 작업을 이제 마무리 짓고자 한다.

지금은 한국 문화의 위상이 과거와 달라 이탈리아에서 한국에 대한 관심도 커졌다. 한국어를 배우려고 하는 이탈리아의 케이팝 팬들이 점점 많아지고 있는데 그들이 이 사전을 참고할 수 있다는 소식은 이 책 출간을 결정하는데 조금 더 용기를 주었다. 한국과 이탈리아가 서로에 대한 문화적 이해와 교류가 한층 높아지는데 이 사전이 작은 역할을 할 수 있다면 더할 수 없는 보람일 것이다. 다행이 한국에서 이탈리아어 보급의 원조이신 빈첸조 프라테리고 Vicenzo Fraterigo 교수님께서 꼼꼼한 이탈리아어 감수로 그나마 책의 완성도를 높일 수 있음에 감사드린다.

본 이탈리아어 관용어 사전에는 속담 및 격언을 포함하여 3,010 개의 주요 어휘로 17,343 개의 관용어 표현, 141 개의 전치사구, 35 개의 대명사 관용어와 예문을 담았다. 하지만 어떤 관용어들은 필자의 역량 부족으로 매끄럽지 않은 표현도 있다. 그러한 부분에 대해선 독자 여러분의 질책과 가르침을 겸허히 받아들이겠으며 더 나은 관용어 사전이 나오길 희망해 본다.

끝으로 이 사전 작업은 2005 년부터 시작한 아주 길고도 고단한 작업이었다. 작업을 함께 해준 김미애 선생님, 라우라 코로나 변호사, 우리말 교정을 도와주신 양재형 선생님, 언제나 군말 없이 기쁜 마음으로 그 밖의 여러 일을 도와준 나의 사랑하는 제자 김민정, 정민아, 신윤정님께 마음을 담아 깊은 감사의 인사를 전한다.

2025년 성균관대학교 법학전문대학원 연구실에서
대표저자 한동일

공동저자의 말

한국과 이탈리아 양국은 수교 140주년을 맞이하며, 이를 기념하기 위해 2024년과 2025년을 한-이 상호문화교류의 해로 지정했다. 언어는 문화를 담아내는 그릇이며, 문화 속에서 전해지고 발전하는 특성을 지닌다. 이에 따라 양국 문화원들은 다양한 프로그램과 콘텐츠를 통해 언어와 문화 교류에 힘쓰고 있다.

필자가 이탈리아어 전공자로서 「카르페 이탈리아어 관용어 사전」 초고를 검토했던 2012년 당시, 한국에서 출판된 이탈리아어-한국어 사전은 어휘와 예문이 매우 부족했고, 오류가 많았으며, 특히 속담과 관용 표현이 빈약했다. 이로 인해 이탈리아 문학이나 문화를 이해하기 위해 원서를 읽거나 번역하려는 학습자들은 적절한 참고 자료를 찾는 데 큰 어려움을 겪고 있었다. 당시에는 인터넷 검색을 통해 정보를 쉽게 얻을 수도 없었고, 궁금한 점을 즉시 해결해 줄 인공지능도 없었으며, 번역기의 오역이 많아 신뢰하기 어려운 상황이었다.

필자 역시 관용어집의 필요성을 절감하고 있었기에, 사전을 잘 수정·보완하면 이탈리아어 학습자들에게 큰 도움이 될 것이라는 확신이 들었다. 이에 이탈리아 대사전인 자니켈리(Zanichelli)와 징가렐리(Zingarelli) 종이 사전을 알파벳순으로 하나하나 찾아가며, 그동안 필자가 수집한 다양한 자료들을 바탕으로 열정적으로 작업을 마무리했다. 이후 사전의 완성도를 높이기 위해 이탈리아 원어민 선생님의 도움을 요청했으나, 여러 사정으로 인해 출판이 지연되며 10년이라는 세월이 흘렀다. 코로나 이후 인공지능 기술의 급속한 발전으로 AI는 현대 사회 모든 영역에서 획기적인 변화를 일으켰고, 언어 학습에서도 혁명이 일어났다. 디지털 교과서가 도입되고, 번역기와 언어 학습 앱이 발달하면서 외국어 능력이 없어도 현지인과 원활히 소통할 수 있는 시대가 되었다. 이러한 변화 속에서 10년 전의 버전으로 사전을 출판하는 것이 시대적 흐름에 맞는지 고민하지 않을 수 없었다. 출판사 관계자들과 여러 선생님들과 논의하며 새로운 편집을 시도했지만, 방대한 분량으로 인해 작업이 쉽지 않았다. 핵심적인 부분만을 추려 얇은 사전을 만드는 것은 그동안의 노력이 사라지는 것 같아 망설이던 중, 원어민 선생님들께서 "어느 하나 버릴 것이 없다"며 원형 그대로 출판하는 것이 학문적으로 더 가치가 있을 것이라는 조언을 주셨다. 이에 힘입어, 이탈리아에서 자주 사용되는 관용어들이 잘 반영되었는지 다시 한번 검토한 후, 한국외국어대학교 빈첸조 프라테리고 Vincenzo Fraterrigo 교수님의 이탈리아어 감수를 거쳐 부족하나마 10년 전의 사전이 이제야 세상의 빛을 보게 되었다. 보다 실용적이고 현대적 감각에 맞는 예문으로 수정하고 싶었으나, 시간이 얼마나 더 걸릴지 알 수 없었고, 건강상의 문제도 있어 이대로 출간할 수밖에 없었던 점이 아쉽다. 하지만 이 사전이 인간의 두뇌와 육체적, 정신적 노동으로 이루어진 만큼, 향후 인공지능 발전을 위한 좋은 데이터가 되고, 다른 학습서들의 마중물이 될 것이라 믿는다.

이탈리아어는 세계적으로 가장 많이 학습되는 언어 순위권에 들고 있음에도 불구하고, 한국에서는 여전히 다른 외국어에 비해 학습 자료가 부족한 실정이다. 다양한 콘텐츠의 도움으로 이탈리아어 학습자가 과거보다 증가했지만, 초보자나 독학자를 위한 기초 학습서가 주를 이루고 있으며, 이탈리아어와 문화를 심도 있게 공부하려는 학습자를 위한 자료는 여전히 부족하다.

외국어를 학습할 때 속담과 관용어를 익히는 것은 원어민이 사용하는 자연스러운 표현을 습득함으로써 언어적 능력을 향상시킬 뿐만 아니라, 그 나라의 문화를 깊이 이해하는 데 중요한 역할을 한다. 속담과 관용어는 해당 사회의 가치관, 사고방식, 역사와 문화를 반영하고 있기 때문이다.

각 관용 표현의 유래와 추가 설명을 주석으로 달아 놓아, 이탈리아 문화를 이해하는 데 큰 도움이 될 것이다. 원서를 읽거나 번역할 때 직역이 어려운 표현을 자연스럽게 변환하는 데도 유용할 것이다. 또한, 디지털 기기의 발달로 현대인들이 무의식적으로 기기에 의존하며 인지 기능이 저하되는 '디지털 치매' 증후군이 우려되는 가운데, 이 사전을 직접 찾아보며 시각적 통찰력을 키우고 인지 능력을 강화할 수 있을 것이다.

끝으로, 이탈리아어 수요층이 많지 않은 현실 속에서도 기초 학문의 증진을 위해 애써 주신 출판사 임직원에게 진심으로 감사드린다. 아울러 책이 출판되기까지 초안부터 마무리까지 힘써 주신 대표저자 한동일 교수님과 이탈리아어를 감수하신 빈첸조 프라테리고 Vincenzo Fraterrigo 교수님께도 깊은 감사를 전한다.

2025년 공저자 김미애

참고문헌

본 「카르페 이탈리아어 관용어 사전」을 편찬에 있어 아래의 책들을 참조하였다.

1. Angelo Chiuchiù, Fausto Minciarelli, Marcello Silvestrini, *Grammatica Italiana per Stranieri in italiano*, Edizioni Guerra, Perugia 2007.

2. Barbara Colonna, *Dizionario dei sinomi e dei contrari*, Newton & Compton Editori, Roma 1995.

3. Claudio Manella, Cesare Pallante, *Guida alle preposizioni*, Progetto lingua Edizioni, Firenze 1998.

4. Claudio Manella, *Guida ai pronomi*, Progetto lingua Edizioni, Firenze 1999.

5. Daniela Gobetti, *Italian idioms*, Barron's Educational series, New York 2001.

6. Daniela Gobetti, *Italian idioms*, Barron's Educational series, New York 2008 (Third Edition).

7. Federico del Giudice, *Il latino in tribunale*, Simone, Napoli 2005.

8. Francesco Flora, Luciano Nicastro, *Storia della letteratura italiana*, A. Mondadori Editore, Verona 1942.

9. Giuseppe Ragazzini, Adele Biagi, *Il Ragazzini/Biagi concise – Dizionario inglese italiano. Italian english dictionary*, Zanichelli, Bologna 2004.

10. Giuseppe Ragazzini, *Il Ragazzini 2016: Dizionario inglese-italiano. Italiano-Inglese*, Zanichelli, Bologna 2015.

11. Luigi Castiglioni, Scevola Mariotti, *Il vocabolario della lingua latina*, Loescher, Milano 2000.

12. Katerin Katerinov, M.C. Boriosi Katerinov, *La lingua italiana per stranieri*, Edizioni Guerra, Perugia 1985.

13. Mario Cannella, *Il primo Zanichelli*, Zanichelli Editore, Bologna 1999.

14. Maurizio Dardano, Pietro Trifone, *La lingua italiana*, Zanichelli, Bologna 1991.

15. Nicola Zingarelli, a cura di Mario Camella e di Beata Lazzarini, loZingarelli 2016, Zanichelli, 2105.

16. Pietro Trifone, Massimo Palermo, *Grammatica italiana di base*, Zanichelli, Bologna 2005.

17. 한국외국어대학교 이태리어학과, 「이태리어 한국어 사전」, 11 쇄 2004 년; 12 쇄 2006 년.

18. 김미애, 「표준 이탈리아어 문법 품사론 1, 2」 제 2 개정판, 한울 아카데미 2006.

A

A,a

A ciascuno il suo. 각자의 것은 각자에게.[1] 각자에게 그의 몫을, 각자 나름의 취향이 있는 거지!

A come Ancona (철자를 설명할 때 지명 삽입) 앙코나 지방을 말할 때처럼

A correre e cagare ci si immerda i garretti. [2] (속담) 뛰는 것과 용변 보기를 동시에 하면 발뒤꿈치에 똥을 눈다. 두 마리 토끼를 쫓으면 한 마리도 잡지 못한다.

dall'a alla zeta[dalla a alla zeta]- 처음부터 끝까지[3](= dal principio alla fine, dall'inizio alla fine)

Si è fatto dire tutto, dalla a alla z. 나는 그 영화의 줄거리를 처음부터 끝까지 네게 설명할 수 있다.

di serie A- 일등급의, 상급의, A 등급의

essere alla a- 시작 단계에 있다.

Non sapere l'ABC- ㄱㄴㄷ도 모른다. 일의 기본도 모른다.

Non sa nemmeno l'ABC del suo nuovo lavoro. 그는 새 업무의 기본도 모른다.

abbaglio- 실수, 과오, 착오

prendere un abbaglio- 실수하다, 착오를 범하다, 잘못 판단하다

Concedendo quel calcio di rigore, l'arbitro ha preso un abbaglio. 심판이 패널티킥을 부여하는 실수를 했다.

Marco sembrava bravissimo, ma ho preso un abbaglio. 마르코는 아주 좋아 보였는데 제가 실수를 했어요.

abbandono- 방치, 도외시, 유기, 버림, 포기

dichiarazione di abbandono- 포기 선언, 유기 선고

Hanno potuto adottare quel bambino dopo che il tribunale aveva dichiarato lo stato di abbandono. 법원이 보호시설에 보호의뢰된 자로 선고한 뒤에 그들은 그 아이를 입양할 수 있었다.

lasciare in abbandono- 방치하다, 내버려 두다, 등한시하다

Era una casa molto bella ma il proprietario l'ha lasciata in stato d'abbandono. 무척 아름다운 집이었지만 집주인은 방치한 상태로 내버려 두었다.

vincere per abbandono dell'avversario- 부전승하다.

abbassare- 낮추다, 내리다, 줄이다

abbassare gli occhi/il capo/le orecchie- 시선을 떨구다, 고개를 숙이다.

---

[1] 이 관용어는 Ulpianus가 법의 기본원리를 "*honeste vivere, alterum non laedere, **suum cuique** tribuere*"라고 정의한데서 유래한다. "정직하게 살고, 다른 사람을 해하지 않으며, 각자의 것을 각자에게 나누어 주는 것"(「학설휘찬」 1, 1, 10, 1.).

[2] 이 관용어는 Ferrara 지방의 사투리로 원 표현은 다음과 같다. "A corar e cagar as s'immerda i garit."

[3] 이탈리아어 "dall'a alla zeta"라는 관용어는 라틴어 "*ab ovo usque ad mala*"에서 유래한다. 라틴어 관용어 "*ab ovo usque ad mala*"는 "달걀에서 사과까지"라는 뜻이다. 이는 전식을 달걀로 시작해서 후식을 사과로 마치는 로마인의 식습관에서 유래한 관용어이다. 이것이 후에 "처음부터 끝까지"라는 뜻의 관용어로 정착되었다.

Una volta era molto presuntuoso. Ora i problemi sul lavoro gli hanno fatto abbassare le orecchie. 한때 그는 무척 교만했었다. 그렇지만 일자리 문제가 그를 고개 숙이게 했다.

abbassare il livello di vita- 생활 수준을 내리다/낮추다.

Ha cambiato lavoro e ha dovuto abbassare il livello (tenore) di vita perchè lo stipendio è più basso. 그는 직업을 바꾸고 월급이 줄었기 때문에 생활 수준을 낮춰야만 했다.

abbassare la cresta/la coda/le corna- 굴복하다(= cedere), 굴욕을 참다, 잘못을 인정하다.

L'insegnante lo ha sgridato e lui ha subito abbassato la cresta. 선생님이 그를 꾸짖자 그는 즉시 잘못을 인정했다.

abbassare la guardia- 방심하다, 긴장을 풀다

L'avversario lo ha colpito dopo che aveva abbassato la guardia. 그가 방심한 틈에 적이 그를 찔렀다.

abbassare le armi- 무기를 내리다

abbassare la voce/la radio/la televisione- 목소리를/라디오/텔레비전 소리를 줄이다

abbassarsi- 자신을 낮추다

Chi si innalza sarà abbassato e chi si abbassa sarà innalzato. 자기를 높이면 낮아지고 자기를 낮추면 높아질 것이다.[4]

Sono troppo rigido per abbassarmi. 나는 너무나 꼿꼿해서 몸을 낮출 수가 없다.

abbastanza- 충분히, (~할 만큼) 충분히, (~하기에) 충분할 만큼, 상당히, 꽤, 다소(= piuttosto)

averne abbastanza di qualcuno, di qualcosa- ~에 지치다(= essere stanco), ~에 대해서 더 이상 참을 수 없다(= non poterne più)

Come stai? Abbastanza bene. 어떻게 지내니? 그런 대로 잘 지내.

Credo di aver studiato abbastanza. 나는 공부를 어느 정도 했다고 생각한다.

Hai abbastanza tempo? 시간이 충분히 있니?

Il vino è abbastanza caro da queste parti. 이 지역에선 포도주가 다소 비싸다.

Lui è abbastanza bravo nel suo lavoro. 그는 자기 일에 상당히 유능하다.

Lui è abbastanza grande per capire. 그는 이해할 만큼 충분히 컸다.

Ne ho abbastanza di lui e delle sue bugie. 그와 그의 거짓말에 더 이상 참을 수가 없다.

abbonamento- 1. (신문이나 잡지) 구독

fare un abbonamento- 구독을 하다

rinnovare un abbonamento- 구독을 갱신하다

Quanto costa l'abbonamento? 구독료가 얼마입니까?

2. (교통) 정기 승차권, 정기권

abbonamento mensile- 한 달 정기권

abbonamento studenti- 학생 정기권

abbondante- 풍부한

essere abbondante di- ~이 풍부하다, 많이 있는

Quel libro è abbondante di citazioni. 그 책은 인용이 많다.

---

[4] 이 관용어는 라틴어 성경구절에 대한 이탈리아어 번역이다. *"Qui se exaltat humiliabitur et qui se humiliat exaltabitur."*(루카 18, 14; 마태오 23, 12 참조).

abbondanza- 풍부

cibo in abbondanza- 많은 음식

A quella festa c'era cibo in abbondanza anche se non di qualità. 질은 그리 좋지 않지만 그 축제에는 많은 음식이 있었다.

in abbondanza- 많은

abisso- 심연, 깊은 구렁

essere sull'orlo dell'abisso- (비유) 멸망/파멸에 직면하다, 붕괴 일보 직전에 있다

Quando mi hanno licenziato dal lavoro, mi sono sentito sull'orlo di un abisso. 그들이 나를 직장에서 해고했을 때, 나는 나락으로 떨어지는 느낌이었다.

Tra il primo e il secondo romanzo c'è un abisso. 전편보다 나은 후편은 없다.

abitare- 살다

abitare a casa di qualcuno- ~의 집에 살다

Abito a casa di mia sorella. 나는 언니 집에서 산다.

abitare da qualcuno- ~의 집에서 살다

Abiti ancora da tuo fratello? 너 아직 네 형 집에서 사니?

abitare da solo- 혼자 살다

Abiti da solo o con amici? 너 혼자 사니 아니면 친구들이랑 같이 사니?

abito- 옷, 복장

abito a coda- 연미복

abito da cerimonia- 예복

abito da lavoro- 작업복

abito da lutto- 상복

abito da sera- (격식을 차리는 파티에서 입는) 야회복, 파티복

abito su misura- 맞춤복

farsi fare un abito- 옷을 맞추다

L'abito non fa il monaco. 수도복이 수도승으로 만들지 않는다. 승복을 입었다고 모두 스님이 되지 않는 것처럼 "옷이 사람을 만들지 않는다"는 의미이다.

abituarsi- 적응하다

abituarsi a- ~에 적응하다

Non mi sono abituato ancora a questo clima. 나는 이 기후에 적응하지 못했다.

abituato- 익숙한

essere abituato a- ~습관이 되다, ~에 익숙하다, ~이 몸에 익다

Sono abituato a mangiare a mezzogiorno. 난 정오에 먹는데 익숙해졌다.

abitudinario- 습관이 되어 버린 사람, 자기 방식에 굳어진; 습관의 노예

Fa sempre le stesse cose, ormai è diventato un abitudinario. 그는 늘 같은 일을 해서, 이제 습관의 노예가 되었다.

abitudine- 습관; 관행, 다반사; 관습

avere l'abitudine di fare qualcosa- ~을 하는 습관을 갖다

Ho l'abitudine di alzarmi presto la mattina. 나는 아침 일찍 일어나는 습관이 있다.

Ha l'abitudine di non chiudere le porte. 그는 문을 닫지 않는 습관이 있다.

come d'abitudine- 늘 그렇듯이, 평상시와 다를 바 없이, 평상시처럼

come è abitudine fra i giovani- 젊은이들 사이에 관행이 되었듯이

d'abitudine- 대체로, 일반적으로, 보통, 원칙으로서

fare l'abitudine a qualcosa- ~에 익숙해지다

per forza d'abitudine- 습관적으로

Ogni mattina si sveglia alle 6. Ormai lo fa per forza dell'abitudine. 매일 아침 그는 여섯 시에 일어나는데, 이제 습관적으로 일어난다.

prendere una brutta abitudine- 나쁜 습관들을 가지다(= avere delle brutte abitudini)

Da quando frequenta quella compagnia di amici, ha preso delle brutte abitudini. 그 친구들과 사귀면서부터, 그는 나쁜 습관을 가졌다.

secondo l'abitudine- 관습에 따르면

abuso- 남용

abuso di farmaci- 약물 남용

L'hanno ricoverato in ospedale per abuso di farmaci. 그들은 그를 약물 남용으로 병원에 수용하였다.

abuso di potere- 권력 남용

Spesso chi occupa posizioni di comando, compie degli abusi di potere sulle persone più umili. 종종 우월적 지위에 있는 사람이 약자들에게 권력을 남용한다.

acca- H, 알파벳 에이취

non capirci un'acca- 하나도 이해 못 하다, 거의 모르겠다

Che cosa dici? Non ci capisco un'acca. 뭐라고 말하는 거야? 하나도 모르겠다.

Non ne sapeva un'acca. 그것에 대해선 아무것도 모르고 있었다. (= non ne sapeva nulla)

Non vale un'acca. 아무런 가치도 없다. (= non vale niente)

accadere- 일어나다, 벌어지다

Accada quel che accada. 어떤 어려움도 지나간다.

Accada quel che accada, i giorni cattivi passano come tutti gli altri. [중국 속담] 어떤 어려움이 있더라도, 나쁜 날도 다른 날처럼 지나간다.

accadere a qualcuno di fare qualcosa- ~에게 ~하는 일이 일어나다

A tutti accade di sbagliare. 실수는 누구에게나 일어난다.

Mi accade raramente di stare male. 나는 웬만해선 아프지 않다.

Amore mio, ti amo, accada quel che accada io ti amo. 내 사랑, 널 사랑해, 무슨 일이 있어도 난 널 사랑해(= può succedere qualsiasi cosa ma il mio pensiero non cambierà.).

accanto- 곁에, 곁의

accanto a- ~곁에

Era seduto accanto a me. 그가 내 곁에 앉아 있었다.

accento- 강세, 억양

porre l'accento su qualcosa- ~을 강조하다

Parlando, quel giorno, ha posto l'accento solo sulle cose che aveva fatto lui. 그날 이야기하면서 그는 자신이 했었던 일들만 강조했다.

accetta- 손도끼

darsi l'accetta sui piedi- 제 도끼에 제 발등을 찍힌다. 자기가 한 일이 도리어 자기에게 해가 됨을 이르는 말로 비슷한 속담에는 "제 발등을 제가 찍는다"라는 의미이다.
Con quella lettera si è dato l'accetta (è più usato il termine 'zappa') sui piedi. Tutti hanno capito che era stato lui. 그 편지 때문에 그는 제 발등을 제가 찍었다. 그가 했다는 것을 모두 알았다.

lavoro fatto con l'accetta- 세련되지 못하게 대충한 일(= Un lavoro fatto uguale senza cura)

persona tagliata con l'accetta- 교양 없는 사람, 우락부락하게 생긴 사람(= grossolana, rozza)

accettare- 받아들이다, 수락하다

accettare di fare qualcosa- ~하는 것을 받아들이다
Ha accettato subito di fare ciò che le ho chiesto. 그녀는 즉시 내가 요구한 일을 하기로 수락했다.

accidente- 불의의 사고, 우발사고, 고통스러운 일, 불행한 일, 질병; 지나칠 정도로 활달해서 성가신 사람, 아무런 가치도 없는 것

Che ti venga un accidente! 넨장맞을(지독히 몹쓸) 놈 같으니!

far venire un accidente a qualcuno- 누군가를 놀라게 하다

mandare degli accidenti a qualcuno- 누군가에게 악담을 퍼붓다
Quando i documenti che mi avevi promesso non sono arrivati, ti ho mandato tanti di quegli accidenti! 네가 약속한 서류들이 도착하지 않았을 때, 나는 너한테 많은 악담을 퍼부었다.

per accidente- 우연히, 뜻밖에(= casualmente)

prendersi un accidente- 감기에 걸리다
Se esci vestito così, ti prenderai un accidente(= ti ammalerai). 너 그렇게 옷을 입고 외출하면, 감기에 걸릴 거야.

quell'accidente di ragazzo- 그 빌어먹을 놈(= un ragazzo troppo vivace o con un carattere difficile)
Quell'accidente di ragazzo non mi lascia dormire. 저 부산스러운(빌어먹을) 놈이 잠을 자게 날 내버려 두지 않는군.

un accidente- 빌어먹을 짓, 개뿔, 한심한 짓
Non capisco un accidente(= niente). 도통 이해할 수가 없다, 종잡을 수가 없다.
Non mi importa un accidente. 난 아무 관심 없어.

venire un accidente- 사고가 나다
Per poco non mi è venuto un accidente. 하마터면 내게 사고가 날 뻔했다.

Accidenti- (감탄사) 제기랄, 저런

Accidenti!- 제기랄, 빌어먹을, 젠장, 아뿔싸!
La polizia! Accidenti! Ho dimenticato la patente a casa! 경찰이다! 젠장! 면허증을 집에다 두고 왔네!

accomodare- 수선하다

accomodare qualcuno per le feste- ~를 흠씬 두들겨 패다, ~를 여지없이 박살내다, 혼내주다
Dopo che il bambino ha dato una risposta cattiva, la mamma lo ha accomodato per le feste mettendolo in castigo. 아기가 버릇 없이 굴자 엄마는 아기를 벌주면서 혼내 주었다.

Ti accomodo io! 내가 손봐주지! 내가 마련해 줄게!

accompagnare- 동행하다

accompagnare con l'occhio(= lo sguardo)- 목송하다, 눈으로 전송하다

Ti ha accompagnato con l'occhio fino a che non hai cambiato strada. 너가 길을 돌아설 때까지 그는 너를 바라보고 있었다.

accompagnare l'uscio(= la porta)- 문을 살살 닫다

Non sbattere la porta! Accompagna l'uscio piano. 문을 쾅하고 닫지 마라! 천천히 살살 닫아라.

accompagnare una sposa all'altare- (제단에) 신부를 인도하다

La tradizione vuole che sia il padre ad accompagnare la sposa all'altare. 아버지가 신부를 제단에 인도하는 것은 전통이라고 말한다.

acconsentire- 동의하다, 허락하다

Chi tace acconsente. 침묵은 동의하는 것이다.[5]

Si dice che se uno tace, in genere, sia d'accordo con quello che viene detto(= acconsente). 침묵하는 것은 일반적으로 그것을 말한 사람에 동의하는 것을 의미한다.

Dio acconsente, ma non sempre. 신은 허락하시지만, 늘 그런 것은 아니다.

accontentarsi- 만족하다

accontentarsi di- ~에 만족하다

Ci accontentiamo di molto poco. 우리는 아주 적은 것에 만족한다.

Non voglio tutta la verità, mi accontenterei di sapere ciò che mi riguarda. 나는 모든 진실을 바라지 않고, 나에 관한 것만 아는 것에 만족할 거야.

accorciare- 줄이다

accorciare i tempi di qualcosa- ~을 높이다

Quel nuovo macchinario permette di accorciare i tempi di produzione e quindi di risparmiare sulle spese. 그 새 기계는 생산율을 높여 경비를 절감하게 한다.

accorciare le distanze- 거리를 좁히다(= essere più vicini)

Quando ti trasferirai a Roma, accorceremo le distanze. 네가 로마로 이사 가게 되면, 거리가 줄 거야.

accordo- 일치, 합의

andare d'accordo- (1) 사이좋게 지내다

I bambini vanno d'accordo e giocano bene insieme. 아이들은 사이좋게 지내며 함께 잘 논다.

I miei genitori non vanno molto d'accordo. 나의 부모님은 그리 사이가 좋은 편은 아니다.

(2) 의기투합하다

Siamo andati subito d'accordo con Matteo. 우리는 마테오와 의기투합해서 바로 갔다.

andare d'accordo come cani e gatti- 계속 다투다

Quei fratelli vanno d'accordo come cane e gatto. 그 형제는 계속 다툰다.

come d'accordo- 동의하는 바와 같이, 합의되었듯이

D'accordo! (단정이나 결론적인 의미로 사용) 좋아, 그렇게 하지! 알았어!

"Va bene alle 8?" "D'accordo!" 8시 괜찮아? 좋아, 그렇게 하자.

---

[5] 이 격언은 보니파시오 8 세 법령집에 수록된 88 개의 법률 격언 가운데 43 에서 유래한다. "*Qui tacit consentire videtur.* 침묵하는 사람은 동의하는 것으로 간주된다."

d'amore e d'accordo- 의기투합하여, 혼연일체되어, 호흡이 잘 맞게

Sono andati d'amore e d'accordo tutta la vita. 그들은 평생 혼연일체이었다.

di comune accordo- 상호 합의에 의해

Hanno deciso di vendere quella casa di comune accordo. 그들은 상호 합의에 의해 그 집을 팔기로 결정했다.

essere d'accordo con qualcuno- ~의 말에 동의하다

Sono pienamente d'accordo con te. 나는 네게 완전히 동의한다.

Su questo argomento sono d'accordo con te. 나는 이 주제에 관해서는 네 말에 동의한다.

Su questo non sono d'accordo con te. 이 점에 있어선 난 네게 동의하지 못한다.

essere d'accordo di fare qualcosa- ~하는 일에 동의하다

Se siete d'accordo, verremo anche noi con voi. 너희들이 동의한다면, 우리도 함께 갈게.

Sei d'accordo di partire domani mattina alle 8? 내일 아침 8시에 출발하는 것에 대해 동의하니?

essere in accordo- (음악) 곡조가 잘 맞다

gli ultimi accordi- 최종 합의 사항, 최종 약속

Ti telefonerò domani per gli ultimi accordi. 최종 약속을 위해서 내일 네게 전화할게.

mettersi d'accordo- 의견의 일치를 보다, 협의/합의를 보다

Vi siete messi d'accordo? 너희들은 의견의 일치를 보았니?

rimanere d'accordo con qualcuno- ~와 동의하다, 일치하다

trovarsi d'accordo con qualcuno- ~와 의견이 일치하다

C'è solo un punto sul quale non mi trovo d'accordo con loro. 내가 그들과 의견이 맞지 않는 한 가지 점이 있다.

Venire/arrivare ad un accordo- 합의에 이르다/도달하다, 합의점에 도달하다

Dopo tanti litigi sono finalmente riusciti ad arrivare ad un accordo. 많은 논쟁 끝에 마침내 합의에 도달할 수 있었다.

accorgersi- ~에 대해서 깨닫다

accorgersi di (o che)- ~에 대해서 깨닫다, ~에 대해서 알아 차리다

Non mi sono accorto che sta piovendo. 나는 비가 내리고 있는 것을 알지 못했다.

Non mi sono accorto della tua presenza. 나는 네가 있는지 알지 못했다.

Non ti accorgi che lui sta sbagliando tutto? 넌 그가 모두 잘못하고 있다는 것을 깨닫지 못하겠니?

Si è accorto immediatamente di aver sbagliato. 그는 즉시 자신이 실수했다는 것을 알아차렸다.

accorgersene- 그것에 대해 깨닫다(알다)

L'ho fatto senza accorgermene. 나는 그것을 알지 못하면서 했다.

Me ne sono accorto dopo che ero sceso. 나는 내린 다음에 그걸 알았다.

Non me ne sono accorto per niente. 나는 그것에 대해서 전혀 깨닫지 못했다.

accusare- 비난하다

accusare qualcuno di- ~를 ~에 대해서 비난(고발, 기소)하다

Mia moglie mi accusa sempre di avere le mani bucate(= di spendere troppo). 아내는 낭비벽이 심하다고 늘 나를 비난한다.

Gianni lo accusa di furto. 쟌니는 그를 절도로 고소한다.

acqua- 물

a fior d'acqua- 피상적인, 표면적인

Acqua!- (어린이들의 알아맞히기 놀이에서 찾고자 하는 것이 가까이 있거나 멀리 있음을 가리키면서) 짐작이 빗나간, 좀처럼 맞지 않는!

Acqua! Acqua! Sei ancora lontano. Fuoco! L'hai trovato, finalmente. 아니! 아니! 아직 멀어. 빙고! 드디어 찾았구나.

acqua cheta- (외관상으로만) 유순하고 순종적으로 보이는 사람, 교활한 녀석(사람)

Sta' in guardia! È un'acqua cheta e potrebbe farti del male. 조심해! 그는 교활한 사람이라 네게 해가 될 수도 있어.

acqua di rose- (장미 증류수에 알코올을 약간 섞은) 장미 향수

Acqua in bocca!- 침묵을 지켜! 비밀로 해! (누군가에게)발설하지 마! 입다물고 있어!

Non dire nulla su quello che è successo! Acqua in bocca! 일어난 그 일에 대해선 아무 말도 하지 마! 침묵을 지켜!

Mi raccomando, acqua in bocca! 내가 부탁하는데, 입 다물고 있어.

Acqua passata- 지나간 일

Abbiamo litigato, ma è tutta acqua passata. 우리는 말다툼을 했지만, 모두 지나간 일이야.

È acqua passata. 지나간 일이다.

Acqua passata non macina più. (속담) 흘러간 물은 이미 소용없다. 엎질러진 물이다.

agitare le acque- (평지)풍파를 일으키다

Non agitare le acque parlando di quell'affare a tuo padre. 네 아버지에게 그 일을 말해 (괜한) 평지풍파를 일으키지 마.

all'acqua di rose- 피상적인, 얄팍한, 깊이가 없는, 수박 겉핥기식의, 가볍게 행해진, 솜방망이식

Ha ricevuto una punizione all'acqua di rose, ma per quello che ha fatto, ne avrebbe meritata una più severa. 그는 솜방망이 처벌을 받았는데, 그가 한일을 보면 더 심한 처벌을 받았어야 했다.

Questa traduzione è stata fatta all'acqua di rose. 이 번역은 대충 한 것이라 잘 된 것이 아니다.

all'acqua e sapone- 얼굴에 화장을 하지 않은, 자연스러운; 소박한(= semplice)

Potrebbe permettersi grandi sarti e parrucchieri, ma è un tipo all'acqua e sapone. 그녀는 훌륭한 재단사와 미용사들을 쓸 수도 있지만, 매우 소박한 사람이다.

annegare (o affogare) in un bicchiere d'acqua- 별것도 아닌 일에 허둥대다, 간단한 일도 못하다

Affogare in un bicchier d'acqua vuol dire perdersi di fronte alle più piccole difficoltà. 물 잔에 빠져 죽는 다는 것은 별 것도 아닌 일에 허둥댄다는 뜻이다.

assomigliarsi come due gocce d'acqua- 똑같다, 매우 많이 닮다

Si assomigliano come due gocce d'acqua. 그들은 완전 붕어빵이다.

avere l'acqua alla gola, essere/trovarsi con l'acqua alla gola- 궁지(난관)에 처하다, 어려운 상황에서 시간이 거의 없다, 곤경에 빠지다

Ha molti debiti e non sa come pagarli; è veramente con l'acqua alla gola. 그는 빚이 많은데 어떻게 갚아야 할 지 모른다. 정말 곤경에 처해 있다.

Ho l'acqua alla gola perché devo consegnare il progetto entro sabato. 나는 토요일 안으로 기획안을 제출해야 하는 데, 궁지에 몰렸다.

calmare/calmarsi le acque- 풍파를 가라앉히다/풍파가 가라앉다; 분쟁을 수습하다

Quando si saranno calmate le acque, potremo riparlare del nuovo libro di testo. 풍파가 가라앉는다면, 우리는 새 교재에 관해 다시 논할 수 있을 것이다.

della più bell'acqua- 최고의, 최상의; (반어적) 악명 높은, 소문난, 지독히 나쁜

Suo fratello è un furfante della più bell'acqua. 그의 형은 소문난 건달이다.

essere come un pesce fuor d'acqua- (평소 자신의 환경과 다른 상황에서) 당황스러운, 불편한

A quella festa mi sentivo come un pesce fuor d'acqua. 그 축제에서 나는 불편함을 느꼈다.

facile come bere un bicchiere d'acqua- 아주 쉬운, 누워서 떡 먹기의

fare acqua- (액체) 새다; 결함이 상당히 많다, 오류가 있다, 부적절(불안정, 불확실)하다; 어려움에 처하다, 곤란한 환경에 처하다

La sua teoria fa acqua da tutte le parti. 그의 이론은 모든 면에서 상당한 결함이 있다.

fare un buco nell'acqua- 허탕치다, 헛수고하다

Pensava di riuscire a convincere il professore a dargli un bel voto, ma ha fatto solo un buco nell'acqua. 그는 교수님이 좋은 점수를 주리라고 확신했지만, 허탕치고 말았다.

gettare acqua sul fuoco- 풍파(싸움, 감정)를 진정시키다; 노여움을 달래다(≠ agitare le acque)

Con quel discorso ha cercato di gettare acqua sul fuoco, ma purtroppo non c'è riuscito. 그는 그 대화로 풍파를 진정시킬 것을 찾았지만, 유감스럽게도 그렇지 못 했다.

intorbidire le acque- 물을 흐리다, 문제(불화)를 일으키다

Lui racconta sempre un sacco di fandonie, perché si diverte ad intorbidire le acque. 그는 불화를 일으키는 것을 즐기기 때문에, 늘 말을 많이 꾸며서 이야기한다.

L'acqua cheta rovina i ponti. 조용히 흐르는 물이 다리를 부순다. 깊은 물은 고요히 흐른다.

Lasciar correre l'acqua per la sua china. 순리대로 맡기다. 제 갈 길을 가게 놔두다.

lavorare sott'acqua- 비밀리에 행동하다

Credo che lavori sott'acqua, ma non ne ho la prova. 비밀리에 행동한다고 생각되지만, 나는 그에 대한 증거는 없다.

navigare in cattive acque- 어려운 상태에 있다, 살림이 옹색하다

Da quando il loro padre è stato licenziato, navigano in cattive acque. 그들의 아버지가 해고당한 이후 살림이 옹색하다.

Ne è passata di acqua sotto i ponti!- (그때부터) 온갖 일이 일어났다!

Da quando ci siamo incontrati l'ultima volta, ne è passata di acqua sotto i ponti! 우리가 마지막으로 만난 뒤로부터, 온갖 일이 일어났다.

pestare l'acqua nel mortaio- 헛수고하다, 쓸데없는 일을 하다(= fare un buco nell'acqua)

Lui credeva di darci una mano, ma in verità pestava l'acqua nel mortaio. 그는 우리에게 도움을 준다고 믿고 있었지만, 실상 헛수고만 하고 있었다.

portare l'acqua al mare- 헛수고하다

Quando si mise in testa di esportare la sua birra in Germania, tutti gli dissero che era un po' come portare l'acqua al mare. 그가 자기 맥주를 독일로 수출할 생각을 가졌을 때, 다들 거의 헛수고하는 것이나 다름없을 거라고 말했다.

scoprire l'acqua calda (o fare la scoperta dell'acuqa calda)- 모든 사람이 다 아는 것을 알아내다, 새로운 것을 발견하지 않다, 이미 다 아는 말이나 행동을 하다

"Per dimagrire bisogna mangiare di meno." "Hai scoperto l'acqua calda." 살을 빼기 위해서는 덜 먹어야 해. 너는 모든 사람이 다 아는 것을 알았구나.

tenere l'acqua in bocca- 비밀을 지키다, 비밀을 간직하다

Te lo dico soltanto se sei capace di tener l'acqua in bocca. 비밀을 지킬 수 있다면, 네게 그걸 말하지.

tirare l'acqua al proprio mulino- ~을 이용하다, ~에 편승하다, 자기에게만 이롭도록 일을 하다

Quel tipo cercherà sempre di tirare l'acqua al proprio mulino, ed approfitterà di te. 그 자는 늘 자기 이익만 챙기려고 애쓸 것이고, 널 이용할 거야.

trovarsi in cattive acque- 어려움에 처하다

Se puoi, aiutalo, ora si trova in cattive acque. 네가 할 수 있다면, 그를 도와줘, 지금 그는 어려운 상황에 처해 있다.

un corso all'acqua di rose- 깊이가 없는 강좌, 수박 겉핥기식의 강좌

acquarello(o acquerello)- 수채화

colori ad acquarello- 수채화 물감

dipingere ad acquerello- 수채화로 그리다

la pittura ad acquerello- 수채화

acquistare- 사다, 취득하다

acquistare la fiducia di qualcuno- 누군가의 신임을 얻다

Ho acquistato quel televisore a credito. 나는 그 텔레비전을 신용카드로 샀다.

Chi acquista bene, vende bene. 잘 산 사람이 잘 판다.

acquisto- 구매, 구입, 매입

acquisto a credito- 카드 구입

acquisto a pronti, per contanti- 현금 구입

acquisto a rate- 할부 구입

acquisto all'ingrosso- 대량 구입

andare a fare acquisti- 쇼핑하러 가다

fare molti acquisti- 많은 구입을 하다

acquolina- 군침

far venire l'acquolina in bocca a qualcuno- ~에게 군침이 돌게 하다/흘리게 하다

Solo a sentire la parola 'pasticcini' mi viene l'acquolina in bocca. '케이크(작은 빵류)'라는 말만 들어도 내 입에 군침이 돈다.

acrobazia- 곡예, 묘기

fare acrobazie per tirare avanti- 곡예를 하다; 전력을 다하다, 온갖 수단과 방법을 다 쓰다

Con sei figli da sfamare deve fare acrobazie per tirare avanti. 여섯 명의 아이를 키우려면 전력을 다해야 한다.

adattarsi- 적응하다, 맞다; 일치하다, 어울리다

adattarsi a- ~에 적응하다

Dobbiamo adattarci. 우리는 참고 견뎌야만 한다. (힘든 상황에서도) 우리는 최선을 다해야 한다.

È difficile, ma devi adattarti a vivere in questa città. 어렵겠지만 넌 이 도시에서 사는 데 적응해야 한다.

Ho dovuto adattarmi ai suoi gusti. 나는 그의 취향에 적응해야만 했다.

adatto- 적합한, 적당한, 맞는

adatto a, adatto per- ~에 맞는, ~에 적합한

È una persona adatta a quel posto. 그가 그 자리에 맞는 사람이다.

Le scarpe non sono adatte per camminare a lungo. 신발은 오래 걷는 데 적합하지 않았다.

Lo studio non è adatto a lui. 공부는 그에게 맞지 않다.

Lui non è adatto per questo lavoro. 그는 이 일에 적합하지 않다.

spettacolo adatto solo per gli adulti- 성인에게만 맞는 공연, 성인용 공연

un luogo adatto per parlare- 대화하기에 적당한 장소

vestito adatto alle circostanze- 상황에 맞는 옷

addento- 안으로, 더 안에

Lei ha uno zio cardinale: per quello è addentro alle cose della chiesa. 그녀는 추기경인 삼촌이 한 분 있어서 교회의 사정에 대해 잘 안다.

Mi fido della sua opinione perché è molto addentro alla questione. 그는 문제에 대해서 잘 알고 있기 때문에 나는 그의 견해를 신뢰한다.

addetto- 점원; 책임자, 담당자

Chi è l'addetto qui? 누가 여기 책임자입니까?

addio- 헤어짐, 작별

Addio per sempre! 영원히 안녕!

Addio vacanze! (갑자기 휴가가 사라진 경우) 휴가 안녕!

dare l'addio a un luogo- 영원히 떠나가다

dare l'ultimo addio a qualcuno- (죽은 자에게) 이별을 고하다; 매장하다, 묻다

dire addio a qualcuno- ~에게 작별 인사를 하다, 고별하다

addormentarsi- 잠들다

addormentarsi nel Signore- 주님 안에 잠들다, 평화롭게 죽다

Si è addormentato nel Signore(= è morto) ieri. 그는 어제 주님 안에 잠들었다.

addormentarsi sugli allori- 이미 얻은 영예(승리)에 만족하다, 성공에 안주하다

Invece di lavorare e di produrre, si addormenta sempre sugli allori. 일하고 생산하기 보다 그는 늘 성공에 안주했다.

addosso- 위에

avere il diavolo addosso- 제정신이 아니다, 기분이 아주 나쁘다(= essere di pessimo umore)

avere molti anni addosso- 늙다

Era giovane ma si sentiva molti anni addosso. 그는 젊은이지만 늙었다고 생각하고 있었다.

avere una famiglia numerosa addosso- 가족을 떠맡다/책임지다

dare addosso a qualcuno- (1) ~을 공격하다, ~에게 덤벼들다, ~에 대항하다

Quando ha fatto quella proposta gli hanno dato tutti addosso. 그가 그 제안을 했을 때 모두 그를 공격했다.

(2) ~을 비난하다, ~을 나무라다

Mi date sempre addosso perché non sono abbastanza indipendente da mia madre. 내가 어머니로부터 충분히 독립하지 못하니까, 너희들은 늘 나를 비난하는구나.

farsela addosso- 바지에 오줌을 싸다; 매우 무섭다, 공포에 사로 잡히다

Quando le pallottole cominciarono a fischiare, se la fece addosso dalla paura. 총탄이 날아다니기 시작하자 그는 무서워서 바지에 오줌을 쌌다.

gettare la colpa addosso a qualcuno- 죄를 씌우다, 나무라다, 탓하다

Suo fratello gli ha sempre gettato addosso la colpa della morte del loro cane. 그의 형은 그들 개의 죽음에 대해 늘 그를 탓했다.

levarsi qualcosa d'addosso- ~을 던져 버리다, ~에서부터 자유로워지다, ~에서 벗어나다

Levati d'addosso i vestiti bagnati altrimenti prenderai il raffreddore. 젖은 옷을 벗어라. 그렇지 않으면 감기에 걸릴 거야.

mettere gli occhi addosso a qualcuno- ~를 집요하게 바라보다, 뚫어지게 보다

Mette gli occhi addosso a tutte le belle ragazze che incontra. 그는 만나는 모든 예쁜 여자들을 뚫어지게 바라본다.

mettere le mani addosso a qualcuno- ~에게 폭행을 가하다, 때리다(= picchiare)

Se non lo avessero fermato, gli avrebbe sicuramente messo le mani addosso 그들이 그를 말리지 않았었다면, 그는 그녀에게 폭행을 가했을 것이다.

parlarsi addosso- 쓸데없이 지나치게 말이 많다

Lei interviene sempre alle conferenze. Si parla veramente addosso. 그녀는 늘 모임에 나타나 혼자 지껄인다.

piantare gli occhi addosso a qualcuno- ~을 갈망하다, ~을 열망하다

saltare addosso a qualcosa/qualcuno- ~를 공격하다, 습격하다

stare addosso- (1) (~에 대해/~하도록) 귀찮게 잔소리를 하다

Mi stanno addosso e devo finire il lavoro al più presto. 그들이 잔소리를 해서 나는 가능한 빨리 일을 끝내야 한다.

(2) 열심히 애쓰다, 열성적이다

Gli stava tutta addosso durante il ballo. 그녀는 춤(발레)에 열성적이었다.

tirarsi addosso- 화를 부르다(초래하다)

Si sono tirarti addosso i suoi improperi perché hanno concluso l'affare con il suo concorrente. 그들은 자신의 경쟁자와 거래를 했기 때문에 화를 불렀다.

adeguarsi- 적응하다, 맞추다

adeguarsi a- ~에 맞추다, 적응하다

Devi adeguarti alle circostanze. 너는 상황에 적응해야 한다.

adesso- 지금

da adesso in poi- 지금부터

fino adesso- 지금까지

per adesso- 지금으로서, 현재는, 지금은

proprio adesso- 바로 지금

adulatore- 아첨꾼[6]

Adulatori e parassiti son come i pidocchi. 아첨꾼과 잉여인간은 기생충과 같다.

Bocca degli adulatori, sepolcro aperto. (속담) 아첨꾼의 입은 열린 무덤이다.

L'adulatore ha il miele in bocca e il fiele nel cuore. (속담) 아첨꾼은 입에 꿀을 머금고 가슴에 증오를 담는다.

La vita dell'adulatore poco tempo sta in fiore. (속담) 아첨꾼의 인생은 잠시 피는 꽃과 같다.

affacciarsi- 얼굴을 내밀다

affacciarsi alla finestra- 창가에 나타나다, 창가에 얼굴을 내밀다

Si affacciò alla finestra per salutare l'amico che si allontanava. 그는 창가에 얼굴을 내밀어 멀리 떠나가는 친구에게 작별인사를 했다.

affare- 1. 일(= faccenda), 중요성이 있는 문제

affari di Stato- 국사(國事); (빈정, 야유) 난리법석, 변명, 핑계

affari publici/privati- 공무/사적인 일

È un affare urgente/importante/difficile. 급한/중요한/어려운 일이다.

ministro degli Affari Esteri- 외무부 장관

rimandare/sbrigare un affare- 일을 연기하다/처리하다, 해결하다

un affare d'oro- 좋은 기회

2. 사업, 실업, 상업적 활동

Affare fatto!- 거래나 계약이 끝나다. 이야기가 끝났다. 매듭 짓다. 거래가 성립되었다.

Affare fatto! Abbiamo firmato il contratto e non puoi più tornare indietro. 거래가 끝났다! 우리가 계약에 서명했으니 넌 이제 물릴 수 없다.

affari magri- 이문이 없는 장사

Da quando ha aperto quel negozio, fa magri affari. Penso che lo dovrà chiudere. 그는 그 가게를 연 뒤로 이문이 없는 장사를 한다. 나는 가게 문을 닫아야 한다고 생각해.

avere rapporti di affari- 사업 관계를 갖다

Con quella persona non voglio avere rapporti d'affari. Mi sembra disonesta. 나는 그 사람과 사업 관계를 갖고 싶지 않다. 내가 보기에 그는 정직하지 않은 사람 같다.

ciclo d'affari- 경기 순환

Come vanno gli affari? 사업 어때?

entrare in rapporti di affari con qualcuno- ~와 사업관계를 시작하다

entrare, mettersi negli affari- 사업을 시작하다, 사업에 손대다

Si è messo negli affari. 그는 사업을 시작하였다.

---

[6] '아첨꾼'을 뜻하는 이탈리아어의 다른 어휘에는 'leccapiedi'가 있다. 하지만 "lecca culo", 즉 "엉덩이를 핥다"라는 표현을 더 많이 사용한다. 아울러 '아첨하다'라는 관용어는 'leccare i piedi a qualcuno'이다.

essere negli affari- 사업 중이다

essere un ottimo affare- 아주 좋은 거래이다. 아주 싸게 사다

È un ottimo affare. Se non lo fai, ti pentirai. 아주 좋은 거래야. 그것을 안 하면, 후회할 거야.

fare affari- 사업하다

Un mio amico ha deciso di trasferirsi in Germania per fare affari. 내 친구는 사업을 위해 독일로 이주하기로 결정했다.

fare affari d'oro- 풍부한 광맥을 발견하다, 장사(사업)가 번창(번성)하다

Ha inventato un aggeggio per accendere il gas e ora fa affari d'oro. 그가 가스 점화 기구를 발명했는데 지금은 사업이 번창한다.

fare un affare con qualcuno- ~와 거래하다

fare un buon affare- 싸게 사다, 좋은 거래를 하다

Abbiamo fatto un buon affare comprando quella macchina. 우리는 그 차를 싸게 잘 샀다.

farne un affare di stato- 허풍 떨다, 침소봉대하다

I vicini del problema di confine ne stanno facendo un affare di stato.. 이웃이 경계 문제에 대해 허풍을 떨고 있는데 가볍게 해결될 문제야.

giro d'affari- 총매상고, 매출량

Mio cugino sta assumendo nuovo personale perché il suo giro d'affari è sempre più grosso. 나의 사촌은 매출량이 더 커졌기에 새 직원을 채용중이다.

Gli affari sono affari.- 장사는 장사다. 맡은 일에 사적 감정을 개입시키지 않는다.

Quando si tratta di soldi penso sempre che gli affari sono affari e quindi cerco di guadagnare il più possibile. 돈을 다룰 때 난 늘 장사는 장사라고 생각한다. 그래서 가능한 더 벌려고 한다.

per affari- 사업상

Sono qui in Italia per affari. 나는 사업상 이탈리아에 있다.

ramo d'affari- 사업 라인(= business line)

ritirarsi dagli affari- 사업에서 물러나다, 사업에서 손떼다

senso degli affari- 상재, 장사하는 재주

uomo d'affari- 사업가(= businessman)

viaggiare per affari- 사업상 여행을 하다

viaggio d'affari- 사업 여행, 출장(= viaggio di lavoro)

3. 경우, 일 (알지 못하거나 정확히 하길 원치 않을 때)

affari miei- 내 일 (신경쓰지 마)

Non sono affari tuoi. 네 일이 아냐, 신경 쓰지 마!

Sono affari miei. 내 일이야. 신경 쓰지마.

Bada agli affari tuoi!- 참견 마! 네 일이나 잘 해(신경 써)!

Smettila di farmi domande sulle tasse che pago o non pago: bada agli affari tuoi. 내가 세금을 내든 안내든 이제 그만 물어! 네 일이나 잘 해(신경 써).

bell'affare- (1) 좋은 거래 조건

(2) 실수한 일들의 관용어적 표현(= Che bell'affare![7])

Avevamo già messo le schede in ordine alfabetico e lui le ha mescolate. Bell'affare! Bisogna ricominciare. 이미 알파벳 순으로 카드를 놓았는데 그가 카드를 섞어 놓았네. 제기랄! (모든 것을) 다시 시작해야 돼.

È un brutto affare.- 힘든 상황이다.

Non parliamo di quello che è successo a quell'uomo. È un brutto affare. 우리는 그 사람에게 일어난 일에 대해 말하지 않아. 그는 힘든 상황이야.

È un vero affare.- 진짜 일거리이다, 힘든 일이다.

Di questi tempi è un vero affare trovare un appartamento in centro. 요즘 시내에 아파트를 구하기는 진짜 힘든 일이다.

farsi gli affari propri- 남의 일에 참견하다

La suocera di mio fratello non riesce mai a farsi gli affari propri. 형의 장모는 남의 일에 참견하지 않을 수가 없다.

affermare- 단언/주장하다

affermare di fare qualcosa- ~하는 것을 주장(확언)하다

Afferma di aver detto la verità. 그는 진실을 말했다고 주장한다.

affetto- 1. (형용사) 병에 걸린, 영향을 받은

essere affetto da una malattia- 어떤 병에 걸리다

Non posso più correre perché sono affetto da una malattia alle ginocchia. 나는 무릎에 병이 걸려 더 이상 걸을 수가 없다.

2. (명사) 애정

avere(provare, nutrire) affetto per qualcuno- ~에게 애정을 갖다, ~를 소중히 여기다

Mia zia ha sempre provato un grande affetto per me. 나의 이모는 늘 나를 아주 소중히 여겼다.

con affetto- 애정을 갖고서/담아서, 상냥하게

Ti abbraccio con affetto. (편지 맨 마지막에) 애정을 담아 너를 꼭 껴안는다.

affettuoso- 애정이 풍부한, 다정다감한, 정이 넘치는

avere un carattere affettuoso- 다정다감한 성격이다

Lei ha un carattere affettuoso. 그녀는 다정다감한 성격이다.

mostrarsi affettuoso verso qualcuno- ~를 다정스럽게 대하다, ~한테 애정 어리게 대하다

Si è sempre mostrata molto affettuosa con i figli della sua amica. 그는 늘 자기 친구의 아들들을 아주 다정하게 대했다.

affezionato- 애정이 있는, 좋아하는

essere affezionato a qualcuno/qualcosa- ~를 좋아하다, ~에 애정이 있다

Sono molto affezionato al nonno. 나는 할아버지한테 애정이 많다.

Sono molto affezionato alla mia città. 나는 나의 도시에 애정이 많다.

affidare- 맡기다

affidare i bambini a qualcuno- ~에게 아이들을 맡기다

---

[7] 일반적으로 "Che palle!", "Uffa!"를 더 많이 사용한다.

Durante la mia assenza dovrò affidare i bambini alla nonna. 내가 없는 동안 아이들을 할머니에게 맡겨야 해.

affidare un incarico a qualcuno- ~에게 직책을 맡기다

La ditta gli ha dato un incarico difficile e di molta responsabilità. 회사는 그에게 힘들고 책임이 많이 따르는 직책을 맡겼다.

affidamento- 신뢰, 신임

fare affidamento su qualcuno (o qualcosa)- ~에 의존(의지)하다, ~을 필요로 하다

Non fare affidamento sui tuoi gusti. 네 취향에 의존하지 마!

affine- 비슷한, 유사한

affine a- ~와 비슷한, 유사한

I miei gusti sono affini ai tuoi. 나의 취향은 너의 취향과 비슷하다.

affittare- 세놓다, 세를 주다, 임대하다(= dare in affitto)

affittare qualcosa a qualcuno- ~에게 ~을 세놓다

Ho affittato la mia casa a un amico. 나의 집을 한 친구에게 세를 놓았다.

Affittasi- 세놓음

affitto- 임대; 집세, 방세, 임차료

affitto a lungo termine- 장기 임대

contratto d'affitto- 임대차 계약

dare in affitto- 세놓다, 세주다

in affitto- 세놓은, 임대한

Cerco un appartamento in affitto. 세 놓은 아파트를 한 채 찾고 있다.

L'appartamento è tuo o in affitto? 아파트는 네 것이니 아니면 세를 얻은 거니?

lavoro in affitto- 임시직

Sono molto diffuse le società che propongono il lavoro in affitto. 임시직을 추천하는 것이 사회에 아주 만연한다.

pagare d'affitto (o per l'affitto)- 임대료를 내다

Quanto paghi d'affitto? 세를 얼마나 내니?[8]

prendere in affitto- 임대하다(= affittare)

Mario ha preso in affitto la camera. 마리오는 방을 임대했다.

affrettarsi- 바삐 서두르다, 빨리 하다

affrettarsi a- 서둘러(빨리) ~하다

Affrettati a rispondere alle lettere che hai ricevuto la settimana scorsa. 지난 주에 받은 편지를 서둘러 답장해라!

aggiungere- 부연하다, 덧붙이다

aggiungere di (o che)- ~하는 것을 덧붙이다, 덧붙여 말하다

Non volle ascoltarmi, aggiungendo di aver capito già tutto. 내 말을 들으려 하지 않고, 이미 다 알아

---

[8] 라틴어로 "세를 얼마나 내니?"는 "Quanti habitas?" 이다.

들었다고 덧붙여 말했다.

aggiustare- 고치다, 수리하다, (매무새) 바로잡다, 조정하다, 손보다, 해결하다

aggiustare gli occhiali sul naso- 안경을 고쳐 쓰다

Sono troppo sudato e quindi non riesco ad aggiustarmi gli occhiali sul naso. 난 너무 땀을 흘려서 안경을 고쳐 쓸 수 없다.

aggiustare i conti- 결산하다, 셈하다, 청산하다

Non mi piace avere dei debiti con te. Aspetta un momento che aggiustiamo i conti. 난 네게 빚을 지고 싶지 않아. 청산할거니까 잠시만 기다려주렴.

aggiustare la cravatta- 넥타이를 바로매다, 고쳐매다

Aggiustati la cravatta, si è sciolto il nodo! 넥타이를 고쳐매라! 매듭이 풀렸다.

aggiustare qualcuno- ~에게 복수하다; ~에게 (때려서라도) 책임을 지우다, 손봐주다

aggiustare qualcuno per le feste- ~를 나쁘게 만들다, 망가뜨리다, 때려 눕히다

aggiustare una lite, un diverbio- 분쟁을 해결하다

aggiustarsi- (원만하게) 풀리다, 해결되다, 잘되다; (만족스럽진 않지만) 견디다, 만족하다; 임시변통하다, 때우다; 합의하다, 타협하다

Ci aggiusteremo facilmente sulle condizioni di pagamento. 우리는 지불 조건에 대해 쉽게 합의할 것이다.

Ci aggiusteremo sul prezzo. 우리는 가격 협상을 하게 될 것이다.

Non ti preoccupare! Tutto si aggiusterà. 걱정하지마! 모든 것이 잘 풀릴 거야!

Possiamo aggiustarci in questo albergo. 마음에 들진 않지만 우리는 이 호텔에 만족할 수 있다.

aggiustarsi i capelli- 머리를 가지런히 하다, 매만지다, 정돈하다

Ogni volta che quella signora incontra un uomo si aggiusta i capelli con la mano. 그 부인은 남자를 만날 때마다 머리를 손으로 가지런히 한다.

Lo aggiusto io!- (위협이나 협박) 내가 그를 손봐줄게!

Se non mi restituerà il denaro l'aggiusterò io! 그가 내게 돈을 갚지 않으면 내가 손봐줄게!

agnello- 어린양, 새끼양

l'Agnello di Dio- 하느님의 어린양, 그리스도[9]

un lupo in veste di agnello- 양의 탈을 쓴 늑대, 얌전한 체한 것

Sembra buono invece è un lupo in veste di agnello. 그는 선한 것 같지만 양의 탈을 쓴 늑대다.

agio- 편함, 안락, 편리, 쉬움, 용이

fare a mio agio- 내 마음대로 하다

Lo farò a mio agio. 내 마음대로 그 일을 할 것이다.

gli agi della vita- 삶의 안락함, 생활의 위안

Si fa molta fatica a rinunciare agli agi della vita. 삶의 편리를 포기하는 것은 무척 힘들다.

trovarsi(o essere, stare, sentirsi) a proprio agio- 편히 있다, 편안하게 하다

Mi sono sentito subito a mio agio. 즉시 내 마음이 편안해졌다.

Non mi trovo mai a mio agio quando sono con loro. 나는 그들과 함께 있으면 결코 편치가 않다.

---

[9] 하느님의 어린양은 라틴어로 아뉴스데이*Agnus Dei*로 미사의 성찬례 가운데 사제가 영성체를 위해 축성된 빵을 쪼개는 동인 신자들이 노래하거나 낭송하는 기도이다.

vivere negli agi, in mezzo agli agi- 안락하게 살다, 편안하게 살다

La sua famiglia è sempre vissuta in mezzo agli agi. Per questo ora fa fatica ad abituarsi alla povertà. 그의 가족은 늘 안락하게 살았다. 이 때문에 지금 가난에 적응하는 게 힘들다.

ago- 바늘

ago torto- 코바늘

cercare un ago in un pagliaio- 짚 더미에서 바늘을 찾다, 가망 없는 짓을 하다

Come facciamo a trovare Giorgio a New York se non abbiamo il suo indirizzo? È come cercare un ago in un pagliaio! 주소도 없이 어떻게 조르죠를 뉴욕에서 찾을 수 있어? 짚 더미에서 바늘 찾기지(공연한 헛수고다)!

essere l'ago (o fare da ago) della bilancia- (양 세력 사이에서) 세력균형을 좌우하다, 결정권을 쥐다

I due soci sarebbero già andati ognuno per la sua strada se Enrico non facesse da ago della bilancia. 엔리코가 (두 주주 사이에서) 결정권을 쥐지 않았다면, 두 동업자는 벌써 각자 자기 길을 갔을거다.

infilare l'ago- 바늘에 실을 꿰다

Mia nonna si lamenta perché non le riesce più di infilare l'ago per cucire. 나의 할머니는 바느질하기 위해 바늘에 실을 더 이상 꿰지 못해서 불평을 한다.

lavoro ad ago- 바느질 일

aguzzare- 예리하게 하다, 끝을 날카롭게 하다, 돋우다, 자극하다

aguzzare l'appetito a qualcuno- ~의 식욕을 돋우다, (욕구, 흥미)를 돋우다

La cucina di mia nonna riesce sempre ad aguzzarmi l'appetito. 할머니의 음식은 언제나 나의 식욕을 돋운다.

aguzzare l'ingegno- ~의 재능을 갈고 닦다(연마하다)

Non sapeva come sopravvivere ma il bisogno gli ha aguzzato l'ingegno. 그는 어떻게 살아갈지 몰랐지만, 필요가 그의 재능을 연마하였다.

aguzzare la vista- 눈을 부릅뜨고 경계하다, 주의 깊게 보다, 세심하게 보다

Per leggere quelle scritte così piccole bisogna aguzzare la vista. 그렇게 작게 쓴 글들을 읽기 위해서는 주의 깊게 볼 필요가 있다.

aguzzare le orecchie- 귀를 쫑긋 세우다, 귀 담아 듣다, 귀를 기울이다

Non riuscivo a capire se stava parlando di me e allora ho aguzzato le orecchie. 나에 대해 이야기하고 있으니깐 이해할 수 없어서 나는 귀 담아 들었다.

Il bisogno aguzza l'ingegno. 필요는 발명의 어머니이다.

aia- 농장 안마당, 농가마당

menare il cane per l'aia- (일, 이야기를) 질질 끌다, 결론을 내리지 않고 장시간 끌다

Invece di dire le cose come stanno, quel tipo mena sempre il can per l'aia. 일이 어떻게 진행되는지 이야기하기 보다, 그와 같은 종류의 일은 늘 질질 끈다.

aiuto- 도움

A sé aiuto nega chi ad altri lo nega. (속담) 다른 사람에게 도움을 주지 않는 사람은 자기 자신에게도 도움을 주지 않는다. 다른 사람에게 인색한 사람은 자신에게도 옹색하다.

Aiuto! 도와주세요! 사람살려!

aiuto ai poveri- 빈민구제

avere bisogno di aiuto- 도움이 필요하다

Ho bisogno di aiuto. 나는 도움이 필요하다.

chiedere/chiamare aiuto- 도움을 청하다

Perché non chiedi aiuto? 너는 왜 도움을 청하지 않니?

con l'aiuto di- 누구의 도움으로

Con l'aiuto dell'insegnante cercate l'equivalente dei seguenti modi di dire. 선생님의 도움으로 다음 표현법들의 동의어를 찾아 보시오.

Correre/venire in aiuto- 도와주러 달려가다, 오다

Mi si è rotta la macchina e un signore è venuto gentilmente in mio aiuto. 나의 자동차가 고장이 났는데 한 아저씨가 친절하게도 나를 도우러 왔다.

dare aiuto a qualcuno- ~에게 도움을 주다

È meglio un aiuto che cento consigli. (속담) 백 번의 충고보다 한 번의 도움이 낫다.

essere di grande aiuto- 큰 도움이 되다

Lei è stato di grande aiuto. 당신은 큰 도움이 되었습니다.

essere di prezioso aiuto- 귀중한 도움이 되다

gridare aiuto- 도와달라는 소리를 지르다

Purtroppo nessuno l'ha sentita quando gridava aiuto. 도와달라고 소리 지를 때 불행하게도 아무도 그 것을 듣지 못했다.

Ogni aiuto è buono. 모든 도움은 좋다.

Un buon dizionario è valido aiuto nelle traduzioni. 번역을 잘하려면 좋은 사전이 필요하다.

ala- 날개, 보호(l'ala, le ali)

ad ali spiegate- 날개를 펴서

Ci sono uccelli che volano ad ali spiegate. 날개를 펴서 나는 새들이 있다.

battere le ali- 날갯짓을 하다, 날다, 웅비하다, 상승하다

dare ala, fare ala- 방향을 바꾸다, ~을 면하다, ~을 피하다

essere sotto le ali di qualcuno- ~의 비호 아래에 있다, ~의 보호를 받다

Da quando è sotto le sue ali(= sotto la sua protezione), riesce a lavorare meglio. 그의 보호를 받으면서, 그는 더 잘 일할 수 있다.

fare cadere le ali- 날개를 꺽다, 힘을 제거하다

in un batter d'ali- 눈 깜짝할 사이에, 순식간에, 재빠르게

Il giorno è trascorso in un batter d'ali. 하루가 눈 깜짝할 사이에 지나갔다.

le ali della fantasia del pensiero- 상상의 날개

mettere le ali ai piedi- 빠르다, 신속하다, 빠르게 달려가다, 흥분하다

prendere qualcuno sotto le ali- (자기보다 경험이 적은 사람을) 보살피며 돕다; 보호 육성하다

Ha preso il giovane ragazzo dei vicini sotto le sue ali. 그는 이웃의 어린 소년을 보살피며 도았다.

spiegare le ali- 날개를 펼치다, 능력을 충분히 펼치다

sulle ali del ricordo- 기억의 날개를 달아서, 기억을 더듬어서

Ha cominciato a parlare di sé sulle ali del ricordo. 그는 기억을 더듬어 자기자신에 대해 말하기 시작했다.

sulle ali della fantasia- 상상의 날개를 타고

tarpare le ali- ~의 날개/기세를 꺾다; 자유를 제한하다; ~을 속박하다

Poteva diventare qualcuno, ma le difficoltà gli hanno tarpato le ali. 대단한 인물이 될 수도 있었는데, 경제적 어려움이 그의 날개를 꺾었다.

alba- 여명, 발단[10]

all'alba- 여명에, 동틀녘에, 새벽에

Mancano dieci minuti all'alba. 동틀려면 아직 10분 멀었다/남았다.

Per fare buoni affari è fondamentale andare al mercato all'alba. 좋은 거래를 하려면 반드시 새벽에 가야 한다.

allo spuntare dell'alba- 동이 틀 때

spunta (o sorge) l'alba- 동이 트다, 날이 밝다

Quando siamo arrivati, stava spuntando l'alba. 우리가 도착했을 때, 동이 트고 있었다.

sul far dell'alba(= all'alba, sull'alba)- 새벽에, 동틀 녘에

Partimmo sul far dell'alba. 우리는 새벽에 출발했다.

albero- 나무

albero da frutto- 유실수, 과일나무

albero da legname- 목재용 나무

albero del bene e del male- 선악과(= albero della scienza)

albero di mele- 사과나무

albero di Natale- 크리스마스 츄리

Dal frutto si conosce l'albero. (속담) 열매를 보면 나무를 안다. 사람의 가치는 그 행동으로 알 수 있다.

tagliare l'albero per avere il frutto- 과실을 얻기 위해 나무를 자르다, 미래를 보지 못하는 오류를 범하다

alcol- 술, 알코올

affogare i dispiaceri nell'alcol- 술로 근심을 풀다, 술로 슬픔을 달래다

Cerco di non affogare i miei dispiaceri nell'alcol. 나는 술로 근심을 풀려고 하지 않는다.

darsi all'alcol- 술꾼이 되다, 술에 빠지다, 술이 좋아지다

Da quando è morta sua moglie si è dato all'alcol. 아내가 죽은 뒤로 그는 술에 빠졌다.

non bere alcol- 술을 마시지 않다

Non bevo alcol. 나는 술을 마시지 않는다.

un uomo rovinato dall'alcol- 술로 망가진 사람

Quell'uomo era un grande lavoratore ma è stato rovinato dall'alcol. 그는 부지런히 일하는 일꾼이었는데 술로 망친 사람이다.

---

[10] '여명'과 관련된 라틴 명언은 다음과 같다. "*Aurora Musis amica.*" 직역하면 "여명은 뮤즈들에게 친구이다." 원래 뮤즈는 고대 그리스, 로마 신화에서 시, 음악 및 다른 예술분야를 관장하는 아홉 여신들 가운데 하나로 "일찍 일어나는 새가 벌레를 잡는다"는 뜻이다. 이와 관련된 이탈리아어 관용어는 "Chi dorme non pecca, ma non piglia pesci"이다.

alimentare- 1. (형용사) 영양의, 식품의

catena alimentare- 먹이 사슬

Per la sopravvivenza degli esseri viventi, la catena alimentare è molto importante sulla terra. 인간의 생존을 위해 지구상의 먹이 사슬은 대단히 중요하다.

intossicazione alimentare- 식중독

Ho mangiato dei cibi avariati e ho avuto un'intossicazione alimentare. 나는 상한 음식을 먹고 식중독에 걸렸다.

piramide alimentare- 먹이 피라미드

Rispettare le regole della piramide alimentare permette di essere in buona salute. 먹이 피라미드 규칙을 준수하는 것이 좋은 건강을 유지할 수 있다.

rete alimentare- 먹이 그물

sostanza alimentare- 식품, 식량

2. (명사) 식료품(= alimentari)

nel negozio di alimentari- 식료품 가게에

Siamo andati nel negozio di alimentari a comperare il pane. 우리는 빵을 사러 식료품 가게에 갔다.

3. (동사) 먹이다, 먹이를 주다, 키우다, 양육하다, 공급하다

alimentare artificialmente- 인공 영양하다

Non riesce più a mangiare da solo. Per questo viene alimentato artificialmente. 그는 더 이상 스스로 먹을 수 없다. 이 때문에 인공 영양을 하게 되었다.

alimentare l'odio- 증오감을 조성/조장하다

Se si alimenta l'odio si ottiene solo la guerra. 증오감을 조장한다면, 전쟁만 생긴다.

alimentare la speranza- 희망을 키우다

Le tue parole mi hanno alimentato la speranza di trovare un buon lavoro. 너의 말은 나에게 좋은 일자리를 구할 희망을 키웠다.

bambino alimentato al seno- 모유로 큰 아이, 모유 수유한 아이

allacciare- 끈으로 묶다, 연결하다, 매다

allacciare le cinture di sicurezza- 안전벨트를 매다

allacciare le scarpe- 신발끈을 묶다

allacciare un'amicizia- 교우관계를 맺다

In palestra ho allacciato alcune nuove amicizie. 나는 체육관에서 약간의 새 친구들을 사귀었다.

allargare- 넓히다, 확장하다, 양팔을 벌리다

allargare il proprio orizzonte- 자신의 시야를 넓히다, 넓게 바라보다

Viaggiare in posti nuovi aiuta ad allargare i propri orizzonti. 새로운 곳을 여행하면 자신의 시야를 넓히는데 도움을 준다.

allargare la cerchia dei propri amici- 교우의 범위를 넓히다, 새로운 친구를 사귀다

Sono riuscito ad allargare la cerchia dei miei amici grazie a Facebook. 나는 페이스북 덕분에 새로운 친구들을 사귀었다.

allargare la mano- 손을 벌리다, 관대하게 행동하다, 너그럽게 행동하다

allargare le braccia- (난처한 상황) 팔을 벌리다

Quando qualcuno allarga le braccia significa che non sa più cosa fare. 누군가 팔을 벌릴 때는 더 이상을 무엇을 해야할 지 모른다는 것을 의미한다.

allocco- 부엉이, 바보

fare l'allocco- 바보짓을 하다, 큰 실수를 하다

fare la figura d'un allocco- 바보처럼 행동하다/보이다

Vestito così fai la figura d'un allocco. 그렇게 옷을 입으니 꼭 바보처럼 보인다.

alloro- 승리, 영예, 월계수

addormentarsi sugli allori- 이미 얻은 영예에 만족하다; 성공에 안주하다

Ha avuto successo col suo primo romanzo, poi si è addormentato sugli allori. 그는 자신의 첫 소설이 성공을 거두자 성공에 안주했다(더 이상의 노력을 하지 않았다).

conquistare l'alloro olimpico- 올림픽의 영예를 얻다

dormire (o riposare) sugli allori- 활동하지 않다, 나태하다, 이미 얻은 성공에 만족하다

incoronare qualcuno di alloro- ~에게 월계관을 씌우다, 남에게 명예를 주다

In certe università, appena uno studente si laurea, lo incoronano con l'alloro. 겨우 약간의 대학만이 졸업한 학생에게 명예를 준다.

alluce- 엄지 발가락

alluce valgo- 무지외반증, (볼이 좁은 신발로 인한) 엄지발가락 가쪽 휨증

A forza di mettere scarpe con il tacco alto, mi è venuto l'alluce valgo. 굽이 높은 신발을 신어서 나는 엄지발가락 가쪽이 휘었다.

altare- 제대, 제단

andare all'altare- 결혼하다

condurre all'altare una donna- 교회에서 여자와 결혼하다

Non avrei mai pensato di condurre all'altare una donna, invece domenica prossima mi sposo. 나는 교회에서 결혼하리라고는 생각도 못했는데, 다음 주일에 결혼한다.

innalzare agli altari- (사람을) 성인대열에 끼워놓다; 칭송/극찬하다[11]

È stato innalzato agli altari per le sue scoperte nel campo della medicina. 의학 분야에서 그의 발견은 환영받았다.

porre (o mettere) sugli altari- 영웅으로 숭배하다, 우러러 받들다, 승화하다, 칭송하다

altarini- 작은 제대, 소제대

scoprire gli altarini- (무심코) 비밀을 누설하다; (~의 잘못, 비행)을 일러바치다

Hai scoperto gli altarini quando hai ammesso di essere andato a pranzo con l'amministratore generale. 최고 경영자와 점심 식사하러 갔다고 시인했을 때 너는 비밀을 누설해버리고 말았다.

altezza- 높이, 고도, 탁월

essere all'altezza dei tempi- 시대에 앞서다, 첨단이다, 최신식이다; 시대에 뒤떨어지지 않다

---

[11] 이탈리아에 있는 주요 성당 내부를 보면, 중당제단 옆의 좌우벽면을 따라 제대가 설치되어 있다. 그곳에 성인으로 공경하는 사람의 시신이나 유해를 모셔놓는 전통에서 이 같은 관용어가 유래했다. 이탈리아어의 많은 관용어는 오랜 가톨릭교회의 종교적 전통과 연관해서 유래하는 경우가 많다.

essere all'altezza di- ~일을 감당할 수 있다, 해낼 수 있다, ~할 능력이 있다(= avere il grado di capacità richiesta, essere in grado di~), ~에 달려있다

Mi hanno chiesto di insegnare la lingua latina ma non penso di esserne ancora all'altezza. 그들이 나에게 라틴어를 가르쳐달라고 부탁했는데, 나는 아직 그럴만한 능력이 안 된다고 생각한다.

Speriamo che si riveli all'altezza del suo compito. 우리는 그가 자기 일을 감당할 수 능력을 나타내 보이길 바란다.

alto- 높은[12]

a giorno alto- 아침 늦게, 늦은 아침(= mattinata tardi), 점심때가 다 되어서

a notte alta- 밤 늦게, 늦은 밤에, 깊은 밤에, 한 밤중에(= notte avanzata)

alta moda- 오크쿠튀르(Haute couture), 하이패션

alta stagione- 성수기

Certo per noi quella stanza è cara, ma siamo in alta stagione. 물론 우리에게는 그 방이 비싸긴 하지만, 성수기잖아.

alto come un soldo di cacio- 꼬마인, 아주 어린

Lo conosco da quando era alto come un soldo di cacio(= quando era bambino). 나는 그가 아주 어렸을 때부터 그를 안다.

andare a testa alta- 고개를 들고 걷다, 당당히 다니다

Non ho niente di cui vergognarmi per cui posso andare a testa alta. 나는 아무것도 부끄러울 것이 없기 때문에 당당히 다닐 수 있다.

arrivare in alto- 성공하다, 출세하다

All'inizio non sembrava molto intelligente, ma poi è arrivato in alto. 그는 처음에는 그리 똑똑하지 않은 것 같았는데, 나중에 출세했다.

avere degli alti e dei bassi- 올라갈 때가 있으면 내려갈 때도 있다, 기복이 있다

Il suo umore ha sempre degli alti e dei bassi. 그의 기분은 늘 기복이 있다.

avere un'alta opinione di qualcuno- ~를 높이 사다/쳐주다, ~을 높이 평가하다

Ho sempre avuto un'alta opinione di quella persona e, infatti, non mi ha mai deluso. 나는 이 사람을 늘 높이 평가했고, 실제로 나를 결코 실망시키지 않았다.

Dio ci guarda dall'alto. 신이 하늘에서 우리를 지켜본다.

gli alti e i bassi- (인생의) 흥망, 성쇠, 기복

Pensavo di avere provato tutti gli alti e i bassi della vita. 나는 인생의 흥망성쇠를 경험했다고 생각했다.

guardare dall'alto in basso- ~을 낮춰 보다, 깔(얕)보다, 업신여기다

Mi è sembrato che la sua amica ci guardasse dall'alto in basso. 나는 그의 여자 친구가 우리를 깔보는 것 같았다.

guardare in alto- 위를 쳐다보다

Nelle difficoltà guarda sempre in alto, non puntare mai in basso. 어려울 때는 늘 위를 쳐다보고, 결코 아래를 보지 않는다.

---

[12] 이탈리아어 'alto'는 라틴어 'altus, a, um'에서 유래한 형용사이다.

In alto i cuori! 용기를 내(= Coraggio!)

mirare in alto- 뜻하는 바가 높다; 큰 뜻을 품다

Lei ha mirato in alto e alla fine ce l'ha fatta. 그녀는 큰 뜻을 품었는데 마침내 해냈다.

parlare a voce alta- 큰소리로 말하다

Parla sempre a voce alta e disturba tutti. 그는 늘 큰소리로 말해 모든 사람을 방해한다.

più in alto- 더 높이

pressione alta- 고혈압

tenere alto il morale- 기죽지 않다, 좌절하지 않다, 낙척적이려고 애쓰다

Con le sue battute teneva alto il morale di tutti. 그의 일침으로 그는 모든 것에 대해 기죽지 않았다.

tenere alto il proprio nome (o la propria reputazione)- 자신의 이름/명성을 지키다

Se ti comporterai da persona onesta, terrai alto il tuo nome e la tua reputazione. 정직한 사람으로 행동한다면, 너는 네 이름과 명성을 지킬 것이다.

altro- 다른, 별개의, 이전의

altro che- (1) (자기 만족을 드러내는 표현) 그럼, 물론이지(= certamente); 당연히(= senza dubbio)

"Hai mangiato bene?" "잘 먹었니?" "Altro che!" "그럼, 물론이지(= Altroché)!"

"Sei contento?" "만족해?" "Altro che!" "당연하지(= Altroché)!"

(2) ~라기 보다는 차라리, ~는 커녕, ~와는 같지 않게, ~이라니 무슨

Vuoi venire al cinema con noi domani? 내일 우리와 영화보러 갈래?

Altro che cinema! Domani devo lavorare. 영화는 무슨 영화! 내일 나 일해야 해.

Altro che vacanze, c'è da lavorare! 휴가는커녕, 일을 해야 한다니! 휴가는 무슨, 일이나 해!

Altro è dirlo e altro è farlo. 말하기는 쉬우나 행하기는 어렵다.

ben altro- (현재 있거나 제공하기로 한 것보다) 훨씬 더 많은; 더 남아있는

C'è ben altro. 그게 다가 아니야.

Ci mancherebbe altro! 대수롭지 않게 생각해요! 괜찮아요! 됐어요!

Ci vuole ben altro! 훨씬 더 걸릴 거야!

Ho ben altro da fare! 해야 할 훨씬 중요한 일이 있어!

da un giorno all'altro- 하루하루, 나날이

essere/diventare/parere un altro- 다른 사람이다, 딴 사람이 되다, 딴 사람처럼 보이다

Da quando è tornato è un altro. 돌아온 뒤로 그는 딴 사람이야. 그는 다른 사람이 되어 돌아왔다.

l'un l'altro- 서로(= reciprocamente)

Loro si odiano l'un l'altro. 그들은 서로 증오한다.

non fa altro che- 단지 ~이다, ~만 할뿐이다(= soltanto)

Lui non fa altro che criticare. 그는 비판만 한다. 그는 비판 밖에 안한다.

non resta altro che- ~하는 일만 남았다

Non resta altro che aspettare. 기다리는 일만 남았다. 기다리는 일 밖에 안 남았다.

per altro- 하지만, 그래도, 그렇지만

più che altro- 특히, 그 중에서도, 무엇보다도(= soprattutto)

L'ho detto più che altro per spiegarlo a loro. 나는 특히 그것을 그들에게 설명하기 위해 그 말을 했다.

Lui è più che altro un indeciso. 그는 무엇보다 우유부단한 자였다.

se non altro- 적어도

Se non altro, è una ragazza di buon senso. 적어도 그녀는 상식이 있는 소녀이다.

Sei stanco? Tutt'altro! 피곤하니? 전혀 그렇지 않아!

sentirsi un altro- 딴 사람으로 느끼다

Passata una settimana al mare, Marco si sente un altro. 마르코는 바다에서 일주일을 보낸 뒤에 딴 사람처럼 느낀다.

senz'altro- 틀림없이, 어김없이

Lo farò senz'altro. 나는 틀림없이 그것을 할 거야.

Stupido che non sei altro! 이 멍청아(바보)!

tra l'altro- 더구나, 게다가, 그 위에, 그런데다, 더욱이(= per giunta), 그 외에(= oltre al resto); 그 중에서도(= tra le altre cose)

Tra l'altro, non mi sono ricordato di dirti che lui ha telefonato. 그 외에 그가 전화했다고 네게 말하는 것을 깜박했어.

tutt'altro- (감탄사적으로) 천만에; 당치 않아요, 전혀 그렇지 않아요, 터무니없어요

tutt'altro che- ~이 결코 아닌, 결코 ~ 아니다, 반대로

È tutt'altro che facile. 결코 쉽지가 않다. 쉬운 것이 결코 아니다.

un giorno o l'altro- 조만간, 머지않아, 근간

alzare- 올리다, 일으키다, 높이다

alzare gli occhi al cielo- 기도하다, 간청하다, 하늘에 빌다

Quando alza gli occhi al cielo è meglio non insistere più. 하늘에 기도할 때는 주장하지 않는 것이 낫다.

alzare i bicchieri- 축배를 들다, 컵을 들어올리다

Alziamo i bicchieri e facciamo un brindisi! 잔을 들어 축배를 합시다!

alzare i tacchi- 쏜살같이 달아나다

Dopo aver capito la situazione in cui era finita ha alzato i tacchi ed è andata via. 상황이 끝났다는 것을 알고 그는 쏜살같이 달아나 가버렸다.

alzare il gomito- 과음하다, 너무 많이 마시다

Ogni sabato sera esce con gli amici e alza il gomito. 그는 토요일 밤마다 나가 과음한다.

alzare la cresta- 자만하다, 건방져지다, 거만해지다

Sembrava una ragazza tranquilla ma da un po' di tempo ha iniziato ad alzare la cresta. 정숙한 여자라고 생각했는데, 언제부터 거만해지기 시작했다.

alzare la mano- 손들다, 거수하다

alzare la voce- 목소리를 높이다, 언성을 높이다

Alza la voce, non ci sento. 목소리를 높여, 안들려.

Non alzare la voce con me, sai! 나한테 언성을 높이지 마, 알았어!

alzare le mani- 항복하다, 손들다(= arrendersi, essere impotenti)

alzare le mani su qualcuno- ~를 구타하다, ~를 때리다, ~한테 손대다

Ho visto quel ragazzo che alzava le mani sulla sua fidanzata. 나는 그 남자아이가 자기 여자친구를 때리는 것을 보았다.

alzare le spalle- (무관심이나 경멸의 표시로) 어깨를 으쓱하다, 어깨를 움츠리다

Se ne è andato via alzando le spalle. Evidentemente la cosa non gli interessava. 그가 어깨를 으쓱하고 갔다면, 분명 그에게 관심 없는 일이었을 거야.

alzare qualcuno al cielo- ~를 극찬하다, ~를 비행기 태우다

alzare qualcuno alle stelle- ~를 격찬하다, 극구 칭찬하다

Ne ha parlato così bene da alzarlo alle stelle. 그는 그렇게 좋게 칭찬하여 말하지 않았다.

alzata- 올라가는 것, 오르는 것, 들어 올리기

alzata di scudi- 반란, 봉기, 저항

Alle parole del direttore c'è stata un'alzata di scudi da parte dei dipendenti. 지배인의 말에 종업원 측의 저항이 있었다.

alzata di testa- 변덕, 기분

votare per alzata di mano- 거수로서 표결하다

alzataccia- 아침에 일찍 일어나기, 빠른 기상(= levataccia)

fare un'alzataccia- 일찍 기상하다

Abbiamo fatto un'alzataccia, ma ne valeva la pena. 우리가 일찍 기상했는데, 그럴 가치가 있었다.

amante- 1. (형용사) 좋아하는, 사랑하는

essere amante di- ~를 좋아하다

Credevo che gli italiani fossero poco amanti del lavoro. 난 이탈리아 사람들이 일을 별로 좋아하지 않는다고 생각하고 있었다.

Lui non è molto amante della musica. 그는 음악을 별로 좋아하지 않는다.

2. (명사) 애인, 애호가

Maria ha un amante. 마리아는 애인이 있다.

Lui è un amante degli animali. 그는 동물 애호가이다.

amare- 사랑하다

amare alla follia- 미치도록 사랑하다

Lui la ama alla follia. 그는 그녀를 미치도록 사랑한다.

Ama il prossimo tuo come te stesso. (성경) 네 이웃을 네 몸과 같이 사랑하라.[13]

Chi ama il ver non vede. 사랑하는 사람은 진실을 보지 못한다.

Chi non ama non ha cuore. 사랑하지 않는 사람은 가슴이 없다.

farsi amare- 사랑받게 하다

Lei sa farsi amare da tutti. 그는 모든 사람한테 사랑받는 법을 안다.

Se ne vanno gli amori e restano i dolori. 사랑하는 사람이 떠난 뒤에는 고통만 남는다.

Se vuoi che uno t'ami, fai che ognor ti brami. 누군가 사랑하고자 한다면, 간절히 원해야 한다.

Ti amo. 나는 너를 사랑한다.[14]

---

[13] 이 관용어는 다음의 라틴어 성경구절에서 유래한다. *"Diliges proximum tuum sicut te ipsum"* (마태 22, 39).

[14] "Ti amo"라는 표현뿐 아니라, "voler bene"라는 관용어를 사용하여 "Ti voglio bene"라는 말을 더 자주 한다. 'Caruso'의 가사 일

amaro- 쓴

amaro come il fiele/come il veleno- 담즙처럼, 독처럼 쓴

avere la bocca amara- 쓴맛을 느끼다, 실망스러워하다

avere la bocca amara per qualcosa- ~에 상심하다, ~으로 기분이 상하다

Quello che mi ha detto mi ha lasciato l'amaro in bocca(= la bocca amara). 그가 나한테 한 말에 나는 기분이 상했다.

caffè amaro- 설탕을 넣지 않은 커피(= senza zucchero), 쓴 커피

Il caffè lo prendo amaro. 나는 커피에 설탕을 넣지 않고 마신다. 쓴 커피를 마신다.

inghiottire un boccone amaro- 쓴 약을 삼키다, 괴로운 기분을 삼키다, 부당한 처사를 꾹 참다

Capire la scelta di sua figlia è stato un boccone amaro. 딸의 선택을 이해한다는 것은 쓴 약을 삼키는 것이었다.

lasciare la bocca amara- 입에 쓴 맛을 남기다, 괴로운 생각을 남기다

masticare amaro- (화가 나서) 씩씩대다; 분하게/억울하게 여기다

Credeva di essere eletto, ma ora che sa di aver perso, mastica amaro. 그는 뽑혔다고 생각했는데 떨어졌다는 것을 알자, 분하게 여긴다.

piangere lacrime amare- 피눈물을 흘리다, 통한의 눈물을 흘리다

Quando si è accorto del suo sbaglio, ha pianto lacrime amare. 그는 자신의 실수를 알았을 때, 통한의 눈물을 흘렸다.

ambasciata- 대사관, 사절단, 전언

andare all'Ambasciata- 대사관에 가다

fare/portare un'ambasciata- 전언하다, 말을 전달하다

Ti porto un'ambasciata da parte di tuo fratello. 나는 네 형의 편에서 말을 전달한다.

ambasciatore- 대사

Ambasciator non porta(o reca) pena. 비록 나쁜 소식을 들어도, 전해준 사자는 나무랄 수 없다. 엉뚱한 사람한테 화풀이하지 마라.

ambiente- 환경

ambiente artificiale- 인공 서식지, 인공적인 분위기

Le nuove luci alla parete creano un ambiente troppo artificiale. 새 조명들은 벽에 너무 인공적인 분위기를 연출한다.

ambiente naturale- 자연 환경, 자연적인 분위기

Con tutti quei fiori hai creato proprio un ambiente naturale. 너는 그 모든 꽃들로 자연적인 분위기를 연출했다.

cambiare ambiente- 환경/분위기를 바꾸다

Ci sono troppi problemi sul lavoro. Ho proprio voglia di cambiare ambiente. 직장에 문제가 너무 많아 나는 정말 분위기를 바꾸고 싶다.

la tutela dell'ambiente- 환경보호

부 중에도 'Te voglio bene assai'라는 구절이 나오는데, "Ti amo"와 "Ti voglio bene"는 "사랑한다"는 두 가지 표현이다.

reati contro l'ambiente- 환경 범죄

un ambiente familiare- 가족적인 분위기

Quella collega è così gentile che riesce a creare un ambiente familiare anche al lavoro. 그 동료는 친절해서 직장에서도 가족적인 분위기를 연출할 수 있었다.

un ambiente favorevole allo studio- 면학에 유리한 환경

un ambiente sfavorevole- 불리한 환경

vivere in un pessimo ambiente- 최악의/아주 나쁜 환경에서 살다

I bambini che crescono in un pessimo ambiente, di solito, diventano adulti problematici. 열악한 환경에서 성장한 아이들이 대개 문제가 있는 성인이 된다.

ambito- 영역, 구내, 범위, 구역, 분야

entro l'ambito della legge- 법의 범위 안에서

nell'ambito del lavoro- 직장에서, 업무 분야에서

Non si fanno telefonate personali in ambito lavorativo(= del lavoro). 직장에서 개인 통화는 안 된다.

nell'ambito familiare- 가정 안에서

Spesso è nell'ambito familiare che avvengono i peggiori abusi. 심각한 오용이 발생하는 것은 종종 가정 안에서다.

amen- 아멘[15]

in un amen- 눈 깜짝할 사이에, 금방

Credevo di averlo messo con le spalle al muro con quel compito, ma l'ha finito in un amen. 나는 그 과제로 그를 궁지에 몰았다고 생각했는데, 그는 금방 그것을 끝내 버렸다.

America- 아메리카

lo zio d'America- 관용어 'zio'를 보시오.

scoprire l'America- 모든 사람이 다 아는 사실을 알다; (풍자) 대발견을 하다(= Scoprire l'acqua calda)

amicizia- 우정, 친선, 교우관계, 우호

amicizia interessata- 이해타산이 있는 교제, 진실하지 못한 우정

Pensavo che quel ragazzo fosse sincero invece aveva solo un'amicizia interessata. 그 남자 아이는 진솔하다고 생각했는데 이해타산적인 우정만 있었다.

coltivare un'amicizia- 우정을 키우다

Per coltivare un'amicizia vera occorre tanta pazienza. 진정한 우정을 키우기 위해서는 엄청난 인내가 필요하다.

dire qualcosa in amicizia- ~을 믿고 말하다

Quello che ti sto dicendo è in amicizia, quindi non dirlo a nessuno. 널 믿고 말하니깐, 그것을 아무에게도 말하지 마라.

fare amicizia con qualcuno- ~와 사귀다/교제하다/어울리다

Hai fatto amicizia con molti italiani? 너 이탈리아 사람들을 많이 사귀었니?

Mi piace fare amicizia con i giovani. 나는 젊은이들과 교제하는 것이 좋다.

---

[15] 'Amen'은 부사로 '참으로, 진실로!' 또는 맺는 말로서 "그렇게 되소서, 이루어 지소서!"라는 뜻을 가진 라틴어에서 유래한다.

guastare (o rompere) un'amicizia- 우정을 망치다, 우정을 깨다

Rompere un'amicizia è sempre molto doloroso. 우정을 깨는 것은 늘 무척 고통스럽다.

in amicizia/in tutt'amicizia- 진실되고 자유롭게, 허심탄회하게

In tutta e sincera amicizia, ti consiglierei di fare questa scelta. 허심탄회하게 그 일을 받아들이라고 네게 충고하고 싶다.

per amicizia- 사심없이

troncare un'amicizia- 절교하다

amico- 1. (명사) 친구

agire da amico- 친구처럼 행동하다

Nel bisogno si conosce l'amico. 필요할 때 친구가 진짜 친구이다.

amici per la pelle- 절친한 친구, 심복지인, 막역한 친구, 심우, 복심의 친구

Abbiamo fatto il servizio militare insieme e siamo diventati amici per la pelle. 우리는 군 복무를 함께 해서 절친이 되었다.

amico d'infanzia- 유년 친구, 죽마고우, 어릴 적 친구, 소꿉친구

Ho ricevuto l'invito, perché sono un'amica d'infanzia della sposa. 나는 신부의 어릴 적 친구라서 초대장을 받았다.

amico del cuore- 절친한 친구(= amico intimo), 좋아하는 친구

Anna è la mia amica del cuore. 안나는 내 절친이야.

Racconterò tutto solo all'amico del cuore. 내가 좋아하는 친구에게만 모든 것을 얘기할 것이다.

amico di casa- 오랜 친구, 옛 친구; 온 가족의 친구

amico di famiglia- 온 가족의 친구

Quel signore è un amico di famiglia da molti anni. 그 신사는 오래전부터 온 가족의 친구이다.

amico di scuola- 학교 친구

Amico di tutti e di nessuno è tutt'uno. (속담) 만인의 친구는 그 누구의 친구도 아니다.

Amico e vino vogliono essere vecchi. (속담) 술과 친구는 오래될수록 좋다. 우리말 속담으로는 "장은 묵은 장맛이 좋다."

Chi trova un amico trova un tesoro. (속담) 친구를 찾은 사람은 보물을 발견한 것과 같다.

diventare amico di qualcuno- ~의 친구가 되다, 교제하다

fingersi amico- 친구인 척하다

I veri amici son come le mosche bianche. (속담) 참 친구는 희귀조와 같다.[16]

L'amico certo si conosce nell'incerto. (속담) 분명한 친구는 불확실한 상황에서 알게 된다.[17]

2. (형용사) 친한

essere amico di- ~와 친하다

Non sono molto amico di Bianca. 나는 비안카와 별로 친하지 않다.

Sono molto amica di Paola. 나는 파올라와 무척 친하다.

ammettere- 인정하다, 시인하다

---

[16] 이 관용어는 다음의 라틴 명언에서 유래한다. *"Amicus verus est rara avis."*

[17] 이 관용어는 다음의 라틴 명언에서 유래한다. *"Amicus certus in re incerta cernitur."*

ammettere di- ~하는 것을 인정하다

Ha ammesso di essersi comportato male. 그는 잘못했다고 인정했다.

amo- 낚시 바늘

abboccare all'amo- 미끼를 물다/삼키다; (비유적) 덫에 걸리다

Gli abbiamo raccontato una storia assurda, ma ha abboccato all'amo. 우리는 그에게 맹랑한 이야기를 했는데, 미끼에 낚였다.

prendere all'amo- ~을 미끼로 유혹하다, 꾀다

Con le sue arti da seduttrice l'ha preso all'amo. 그녀는 아름다움을 미끼로 그를 유혹했다.

tendere (o gettare) l'amo a qualcuno- ~을 빠드릴 함정을 마련하다, ~에 덫을 놓다, ~에게 올가미를 씌우다

amore- 사랑

amore a prima vista- 첫눈에 반한 사랑

Non è stato un amore a prima vista. 첫눈에 반한 사랑은 아니었다.

amore di sé- 자기애

Amore e signoria non soffron compagnia. 사랑과 권력은 친구가 될 수 없다.

amore materno/paterno/fraterno- 모성애, 부성애, 형제애

amore mio! (사랑하는 사람을 부를 때) 여보, 당신, 자기, 내 사랑

amore platonico, romantico- 정신적인 사랑, 낭만적인 사랑

amor proprio- 자기존중, 자존심, 자부심

Per vivere bene, bisogna avere amor proprio. 잘 살기 위해서는 자기애가 있어야 한다.

andare d'amore e d'accordo- 일치하다, 의좋게 지내다

Con quel mio amico siamo sempre andati d'amore e d'accordo. 그 친구와 함께 우리는 사이좋게 지냈다.

Io e mia nonna andiamo sempre d'amore e d'accordo. 할머니와 나는 늘 사이가 좋다

Che amore! 너무 자상하다! 사랑스럽다! 감미롭다!

Che amore di bambina! (아이고) 귀여운 내 새끼!

Come è carina tua figlia! Un amore di bambina. 네 딸은 어쩜 이렇게 예쁘니! 아이고 귀여운 내 새끼!

con amore- 진심으로, 기꺼이, 열렬히

dichiarare il proprio amore- 사랑을 털어놓다

essere un amore- 사랑스러운 존재이다

"Puoi andare, farò il tuo lavoro." "Grazie mille, sei un amore!" "가도 돼. 내가 네 일을 해줄게." "정말 고마워, 너는 사랑스러운 존재야"

fare l'amore con qualcuno- ~와 성관계를 갖다

figlio dell'amore- 친자식(= figlio naturale)

Hanno così desiderato quel bambino che è proprio figlio dell'amore! 그들은 자기 친자식처럼 그 아이를 원했다.

Grande amore, grande dolore. 큰 사랑은 큰 고통이다. 아픔만큼 사랑한다.

Il primo amore non si scorda mai. 첫 사랑은 결코 잊지 못한다.

libero amore- 자유연애

L'amore del soldato non dura un'ora, dove egli va, trova la sua signora. 군인의 사랑은 오래가지 않는다.

L'amore è cieco. 사랑에 눈이 멀다.

L'amore non è bello se non è litigarello. 다툼이 없다면 사랑은 아름답지 않다.

Nella guerra d'amore vince chi fugge. 사랑 싸움에는 피하는 사람이 이긴다.

Non c'è amore senza amaro. 슬픔 없는 사랑은 없다.

Ogni amore ha la sua spesa. 모든 사랑에는 대가가 있다.

per amore di- ~을 좋아해서, ~을 위해서, ~를 목적으로, ~때문에

Lei spera di riuscire a vincere la nostalgia del suo paese, per amore di suo marito e dei suoi figli. 그녀는 남편과 자식을 위해서 자신의 고향에 대한 향수를 이길 수 있기를 바란다.

per amor di Dio (o per amor del cielo)- (뒤에 오는 명령법을 강조) 제발, 아무쪼록

Per amor del cielo, rallenta! 제발, 속도 줄여!

Per amor di Dio, smettila! 제발, 그만!

per amore o per forza- 싫든 좋든 상관없이, 좋아하든 말든, 어쨌든 간에

Deve accettare per amore o per forza(= deve accettare in ogni caso.) 어쨌든 받아들여야 해.

Sfortunato al gioco, fortunato in amore. 도박에는 운이 없고 사랑에는 운이 좋다.

soffrire di male d' amore- 사랑의 열병을 앓다, 고통스럽게 사랑하다

analisi- 1. 검사, 테스트, 실험

analisi del sangue- 혈액검사

Hanno scoperto la sua malattia dalle analisi del sangue. 그들은 혈액검사에서 그의 질병을 발견했다.

analisi dell'urina- 소변검사

Per un controllo generale dello stato di salute, le analisi dell'urina sono molto importanti. 건강상태에 대한 일반검진을 위해서는 소변검사가 무척 중요하다.

fare le analisi- 검사를 하다

Tu non sei in forma, secondo me! È vero, non sto bene: farò delle analisi. 컨디션이 안 좋아 보여. 정말이야, 몸이 안 좋아, 몇 가지 검사를 해봐야겠어.

2. 분석

analisi dei costi- 원가분석

Per capire se un'attività è redditizia bisogna sempre fare un'analisi dei costi e dei ricavi. 사업이 수익성이 있는지를 알기 위해서는 늘 원가와 이윤을 분석해야 한다.

analisi dei sistemi- 시스템분석

analisi di bilancio- 재무제표분석

analisi di mercato- 시장분석

Prima di aprire un'attività commerciale è importante fare un'analisi di mercato. 장사는 개업하기 전에 시장분석을 하는 것이 중요하다.

fare l'analisi di una frase- 문장을 분석하다

fare un'accurata analisi della situazione- 정확한 상황분석을 하다

in ultima analisi- 결국에는, 어쨌든, 결론적으로(= in conclusione)

3. 심리분석, 정신분석

condurre un'analisi psicologica- 심리분석을 하다

essere in analisi- 분석중이다

sottoporsi ad analisi- 분석을 받다

analogo- 유사한

analogo a- ~와 유사한, 비슷한

Ci troviamo in una situazione analoga alla vostra. 우리는 너희들과 비슷한 상황에 처해 있다.

àncora- 닻

àncora di salvezza- (곤경에 처했을 때) 의지할 수 있는 것/사람; 마지막 희망

Finalmente Giovanni ha trovato un lavoro: è stato la loro àncora di salvezza. 드디어 죠반니는 일자리를 구했는데, 그것이 그들의 마지막 희망이었다.

gettare l'ancora- 닻을 내리다

La nave nel porto ha appena gettato l'ancora. 배가 항구에 막 닻을 내렸다.

levare l'ancora- 닻을 올리다

stare all'ancora- 정박하고 있다

andare- 1. 가다

andare a dormire- 자러가다

andare a fare un giro- 한바퀴 돌러 가다

andare a letto con qualcuno- ~와 자러가다, ~와 잠자리를 가지다

andare a zonzo- 배회하다, 산책하다

Di notte continua ad andare a zonzo per la casa e sveglia tutti. 밤에 그는 계속해서 집을 배회하며 모두를 깨운다.

andare all'estero- 해외에 나가다

andare avanti- 전진하다, 나아가다, 앞서다

andare avanti e indietro- 앞뒤로 왔다 갔다 하다

andare dentro e fuori- 들락거리다

andare dietro a qualcuno- ~을 따라 가다, ~을 쫓아다니다

andare fuori- 밖에 나가다

andare in campeggio- 캠프 가다

andare in pensione- (정년) 퇴직하다

andare in vacanza- 휴가 가다

andare indietro- 뒤쳐지다

andare lontano- 멀리 가다, 뛰어나다, 성공하다

andare oltre- ~을 초과하다, 한도를 넘다, 도가 지나치다

Chi va piano, va sano e va lontano. 황소 걸음이 천리길을 간다.

2. 진행되다

Come è andato il viaggio in Italia? 이탈리아 여행이 어땠니?

Come va la salute? 건강이 어때

Come vanno gli affari? 사업이 어때?

Così va il mondo. 세상이 다 그런거야.

fare andare le cose per il verso giusto- 일이 잘 되어가게 하다

Spero che tutto vada(andrà) bene. 만사형통하길 바랍니다.

3. (패션) 유행하다

a lungo andare- 긴 안목에서 보면(= col passar del tempo), 결국은(= alla lunga)

A lungo andare, sarai contento di aver studiato legge. 긴 안목에서 보면, 너는 법률 공부에 만족할거다.

a tutto andare- (1) 전속력으로(= intensamente)

Correva per la strada a tutto andare. 그는 미친 듯이 거리를 뛰고 있었다.

(2) 전력을 다해서; 최대한으로

Hanno lavorato a tutto andare. 그들은 온 힘을 다해 일했다.

andarci di mezzo- (사건) 등에 휘말리다/연루되다; 가운데 끼다

Loro litigavano e io ci sono andato di mezzo. 그들이 말다툼을 하고 있었는데 내가 그 중간에 끼었다.

andare a buon fine- 좋은 결말이 나다, 좋게 끝나다

Mi auguro che quella proposta vada a buon fine. 그 제안이 좋은 결과가 있길 바란다.

andare a finire bene/male- 잘/잘못 끝나다

andare a fondo- 가라 앉다, 침몰하다

Era così pesante che in un attimo è andato a fondo. 너무 무거워서 순식간에 침몰했다.

andare a male- 썩다, 부패하다, 상하다

I cibi dopo la scadenza vanno a male e non si possono più mangiare. 유통기간이 지난 음식은 상해서 먹을 수가 없다.

andare a monte- 실패하다

Era un buon affare. Peccato che sia andato a monte. 좋은 거래였는데 실패해서 아쉽다.

andare a rete- 골을 넣다

andare all'altro mondo/al Creatore- 죽다, 저세상에 가다

Spero che sia andato al Creatore senza soffrire. 고통 없이 저세상에 갔길 바랍니다.

andare all'inferno- 지옥에 가다

andare alla deriva- 표류하다, 탈선하다

La barca senza ormeggi è andata alla deriva. 배는 정박지 없이 표류했다.

andare bene- (1) 맞다, 괜찮다

"Ti va bene alle 7?" "Sì, d'accordo!" "7시가 괜찮겠어?" "응, 그렇게 하자."

(2) 옷이 잘 맞다

Queste scarpe non mi vanno più. 이 구두가 더 이상 내게 맞지 않는다.

andare a qualcuno- ~을 하고 싶다(= piacere), 마음에 들다

Il tuo comportamento non mi va affatto. 너의 태도가 내 마음에 안들어.

Non mi va di uscire stasera. 오늘 저녁 외출하고 싶지 않아.

andare da sè- (아주 분명하므로) 두말할 필요도 없다(강의에 자주 사용하는 관용어)

Va da sè che hai torto. 두말할 필요도 없이 네가 틀렸다.

andare di bene in meglio- (어떤 상태)가 더욱 좋아지다, 호전되다

Quell'affare sta andando di bene in meglio. 그 사업은 호전되고 있다.

andare di corsa- 뛰어서 가다

Oggi vado di corsa. Non ho tempo di parlarti. 오늘 나는 뛰어서 간다. 너와 말할 시간이 없다.

andare di male in peggio- (어떤 상태)가 더욱 악화되다, 설상가상

andare diritto- 직진하다, 곧장가다, 죽가다

Lei deve andare diritto fino al semaforo. 신호등까지 곧장 가셔야 합니다.

andare fatto- 해야만 한다, 행해져야 한다

Quel lavoro non mi piace, ma va fatto. 나는 그 일을 싫어하지만 해야 한다.

andare fuori strada- 나가다, 벗어나다

andare giù pesante- 지나치다, 도를 넘다

È andato giù troppo pesante con quel pugno e gli ha fatto un occhio nero. 그는 주먹으로 너무 세게 때려 그의 눈에 멍이 들었다.

andare in bestia/in collera- 화를 내다, 성내다

Quando ho sentito quelle parole sono andato in bestia. 나는 그 말을 들었을 때 화를 냈다.

andare in bianco- 하얗게 되다, 실패하다; (애정관계에서) 점수를 따지 못하다

Mi dispiace per lui, ma anche con quella ragazza è andato in bianco. 그에게는 안됐지만, 그는 그 여자한테도 점수를 따지 못했다.

andare in cerca di guai- 사서 고생을 하다, 화를 자초하는 짓을 하다

Ho conosciuto un signore che sembra sempre andare in cerca di guai. 나는 늘 사서 고생하는 아저씨를 알았다.

andare in fuga- 도망가다, 달아나다

andare in fumo (o cenere, acqua, fiamme) - 변하다, 수포로 돌아가다

Per una distrazione tutto il mio lavoro è andato in fumo. 나의 모든 일이 부주의 때문에 수포로 돌아갔다.

andare in onda- 방송중이다

Silenzio! Tra due secondi va in onda il Telegiornale. 조용히 해 주세요! 잠시 뒤에 TV 뉴스가 방송됩니다.

andare in paradiso- 천국에 가다

andare in pezzi, briciole- 산산조각 나다, 부서지다, 박살이 나다

andare in scena- 상연하다, 무대에 올리다, 연기하다

Mi piace fare teatro perché amo andare in scena. 나는 연기하는 것을 사랑하기 때문에 연극을 좋아한다.

andare pazzo per- ~을 미친 듯이 좋아하다

andare per la propria strada- 자신의 길을 가다, 제 갈길을 가다

È meglio che ognuno vada per la propria strada. 각자 제 갈길을 가는 것이 낫다.

andare per le lunghe- 오래 지속되다, 계속되다

La costruzione di casa mia doveva essere finita entro Natale, invece sta andando per le lunghe. 내 집 건축이 성탄 이전에 완공됐어야 했는데, 계속되고 있다.

andare sul sicuro- 틀림이 없다

andare sulla bocca di tutti- 모두의 입에 오르내리다

Quello che ha combinato, dopo due minuti, è andato sulla bocca di tutti. 그가 저지른 일은 순식간에 모두의 입에 오르내렸다.

andarne- 위기에 처하다

Ne va del nostro onore. 우리 명예가 위기야.

andarsene- 가버리다(= andare via da un posto)

Te ne vai o no? 갈 거야 안 갈 거야?

Vattene, non ti voglio più vedere! 가버려, 널 더 이상 보고 싶지 않아!

Andiamo, coraggio! 기운 내!

con l'andare del tempo/degli anni- 시간/세월이 흐르는 동안, 시간의 흐름과 더불어

E vada per questa volta! 이번에는 그냥 내버려 두자!

fare andare- 다 써버리다

In tre giorni hanno fatto andare tutte le provviste. 그들은 3일 동안 모든 식량을 다 써버렸다.

finché la va, la va- 일할 수만 있다면, 괜찮다

È un mestiere rischioso, ma finché la va, la va! 위험한 직업이라도, 일할 수만 있다면, 괜찮아!

O la va o la spacca! 이런 기회는 다시 오지 않는다! 자 시작한다!

Lascia andare! 잊어버려!

ma andiamo (va là)- 말도 안 돼; 집어치워

Ma andiamo (ma va là), non raccontare storie! 쓸데없는 얘기는 그만 둬라!

Paese che vai, usanze che trovi. 그 나라에 가면 그 나라의 풍습을 따라라.

Questo tipo di scarpe non va più. 이런 유형의 구두는 더 이상 유행이 아니다.

Se la va, la va. 그것이 효과가 있는지 봅시다. 손해될 것 하나 없다.

stare sul chi va là- 경계하여, 조심하여

Quando fai affari con lui devi stare sempre sul chi va là. 너는 그와 거래할 때 항상 조심해야 해.

Va a indovinare (o sapere)! 누가 말해 볼래! 누구도 예측을 못할 상황이다.

Va bene. 그래 좋아. OK.

Va bene così (= basta così).- 바로 그것이다. 그것으로 됐다. 그만 해.

Vuole altro? No, grazie, va bene così. 다른 것을 원하세요? 아뇨, 감사하지만, 그냥 됐어요.

Va' al diavolo (o in malora)! 뒈져버려! 꺼져!

Andare alla malora/in malora 지옥으로 가세요/하수구로 가세요

È andato tutto alla malora. 그것은 모두 지옥에 갔다.

L'azienda sta andando in malora. 회사가 망하고 있어요.

Vacci piano!- 서두르지 마! 진정해! 편히 하게 서둘지 마!

Ehi, vacci piano con l'alcool! 어이, 그 술 천천히 마셔!

Vacci piano con quel vino: è forte. 그 포도주 천천히 마셔. 독해.

Vada come vada. 천하없어도, 무슨 일이 있어도.

Vado e torno.- 오래 안 걸릴 거야. 곧 돌아올께. 갔다 올게.

Aspetta un minuto. Vado e torno. 잠시만 기다려. 곧 돌아올께.

Vado e vengo in giornata. 하루 만에 갔다 오다.

Vallo a contare a un altro!- 그 따위 소리를 누가 믿는담! 터무니없는 소리 마라!

Come faccio a crederti! Vallo a contare a un altro. 어떻게 널 믿을 수 있니! 터무니없는 소리 하지 마라!

andata- 가기, 보행, 진행

biglietto di andata e ritorno- 왕복표

Il biglietto di andata e ritorno in giornata ormai costa meno. 왕복표가 이제야 가격이 내린다.

biglietto di sola andata- 편도표

andatura- 걸음걸이

fare l'andatura- (경주에서) 선두를 달리다

Correva davanti a tutti; era lui che faceva l'andatura. 그는 모든 사람에 앞서 뛰고 있었다. 그는 선두를 달리고 있었다.

riconoscere qualcuno dall'andatura- ~을 걸음걸이로 알아보다

anello- 반지

anello di fidanzamento- 약혼 반지

anello di matrimonio- 결혼 반지

anello pastorale- (직역) 목자반지, 주교반지[18]

Quando si saluta il vescovo bisogna baciare l'anello pastorale in segno di rispetto. 주교님께 인사드릴 때 존경의 표시로 주교반지에 침구해야 한다.

dare/prendere l'anello- (문어체) 결혼하다

angolo- 각, 모퉁이

calcio d'angolo- 코너 킥

Nel gioco del calcio c'è una regola che prevede il calcio d'angolo. 축구 경기에는 코너 킥을 규정한 규칙이 있다.

casa d'angolo- 모퉁이 집

Una volta abitavo in quella casa d'angolo, vicino a Piazza Mazzini. 한때 나는 만치니 광장 근처에 있는 그 모퉁이 집에서 살았다.

dietro l'angolo- 예측하지 못한 일, 불확실한 상황(= Indica una cosa che non si conosce, un'incognita, un imprevisto)

Bisogna essere prudenti perché non si sa mai che cosa ci aspetta dietro l'angolo. 예측하지 못한 어떤 상황이 기다리고 있을지 모르니 신중해야 돼.

i quattro angoli della terra- 세계 구석구석

Ha viaggiato ai quattro angoli della terra. 그는 세계 구석구석을 여행했다.

in ogni angolo- 모든 곳을, 사방을, 샅샅이

Dove l'hai messo? L'ho cercato in ogni angolo! 너 그것을 어디에 났니? 사방을 찾았잖아!

---

[18] 'Anello pastorale'란 이한사전에서 설명하는 "사교의 반지"가 아니라 사제가 주교품에 서임(임명)되면, 주교의 권위와 품위를 상징하는 의미에서 끼는 반지이다. 또한 주교에게 인사할 때는 존경의 표시로 주교반지에 무릎 꿇어 침구한다. 그런데 여기에서 'pastorale'란 단어를 사용한 이유는 주교만이 진정한 목자라는 교회법적 개념 때문이다.

smussare gli angoli- 모가 난 것을 부드럽게 하다; 조정하다, 가다듬다[19]

Nella prima stesura il discorso era troppo duro, poi ha smussato gli angoli. 연설 초안이 너무 딱딱해서 그가 부드럽게 가다듬었다.

anima- 혼, 마음, 영혼, 사람

All'anima! (놀라움이나 찬미 혹은 야유를 나타내는 표현) 맙소사!

amare, odiare con tutta l'anima- 열렬히 사랑하다, 아주 증오하다

anima e corpo- 영혼과 육체

anima gemella- 정신세계가 같은 사람, 나의 반쪽, 반려자(twin spirit), 천생연분

Non è facile trovare un'anima gemella. 천생연분을 만나는 것은 쉽지 않다.

Anima mia! (사랑하는 사람을 일컫는 말) 내 사랑!

anima nera- 사악한 사람, 조심성이 없는 사람

anima pura/innocente- 순수한 영혼

anima viva- 살아 있는 사람

Non c'era anima viva. 살아 있는 사람이 아무도 없었다.

anime dannate, beate, purganti- 지옥, 천국, 연옥 영혼

avere qualcosa sull'anima- ~을 부담하다, 짊어지다

dannarsi l'anima per qualcosa- ~을 얻기 위해 뼈빠지게 일하다

Si è dannato l'anima per quella donna ma lei, alla fine, ha sposato un altro. 그는 그 여자를 얻기 위해 뼈빠지게 일했는데, 마지막에는 다른 여자와 결혼했다.

darsi anima e corpo a qualcosa- ~에 몸과 마음을 바치다, ~에 몰두하다, ~에 전심전력하다

Nonostante si fosse dato anima e corpo in quell'impresa, non è riuscito. 그 회사에 몸과 마음을 바쳤더라도 할 수 없었다.

essere l'anima gemella di qualcuno- ~와 성격이나 취향 등이 아주 비슷하다

essere pronto a dare l'anima per- ~를 위해 희생할 준비가 되다

Ero pronto a dare l'anima per lui, ma non è servito a nulla. 나는 그를 위해 희생할 준비가 되어 있었지만, 전혀 사용하지 않았다.

fare dannare l'anima a qualcuno- ~을 괴롭히다

girare come un'anima in pena- 안절부절못하며/노심초사하며 서성거리다

Mentre aspettava che nascesse suo figlio, continuava a girare come un'anima in pena. 그는 자기 아들의 출산을 기다리면서, 계속해서 안절부절못하며 서성거리고 있었다.

giurare sull'anima propria- 엄숙하게 맹세하다

Ti giuro sulla mia anima. 내 영혼을 걸고 네게 맹세한다.

la buon'anima- 고인

Quella buona anima di mia nonna! Peccato che non ci sia più. 고인이 된 나의 할머니! 더 이상 안 계셔서 마음이 아프다.

mettere l'anima nel fare qualcosa- ~을 하는 데 전력투구하다

---

[19] 이 관용어는 주로 국가간의 외교협상에서 협정문이나 조약 등의 문서에 이견이 있을 수 있는 내용을 조정하여 가다듬는다는 의미이다.

Ci ha messo l'anima per costruire quella casa. 우리는 집을 짓는데 전력을 다했다.

mi sta sull'anima- 신경에 거슬리다

Quella persona mi sta proprio sull'anima, non la sopporto. 그 사람은 정말 신경에 거슬려서, 참을 수가 없다.

raccomandarsi l'anima a Dio- 영혼을 신에게 부탁하다, 사후의 명복을 빌다

Prima di salire su quel vecchio aereo mi sono raccomandato l'anima a Dio. 그 낡은 비행기를 타기 전에 나는 명복을 빌었다.

recitare con l'anima/senza l'anima- 감정을 넣어, 감정 없이 연기하다

Quell'attore ha recitato con l'anima e mi sono quasi commosso. 그 배우는 감정을 넣어 연기를 하는데, 나는 거의 감동했다.

reggere l'anima con i denti- (피곤해서) 쓰러지기 직전이다

È stata un'esperienza durissima; alla fine, reggeva l'anima coi denti. 정말 힘든 체험이었다. 끝에 가서는 쓰러지기 일보 직전이었다.

rendere l'anima a Dio- 죽다, 숨을 거두다

Ha sofferto molto prima di rendere l'anima a Dio. 그는 숨을 거두기 전에 매우 고통스러웠다.

rodere l'anima- 비탄/슬픔에 잠기다, 애태우다

Quel problema mi rode l'anima da giorni. 그 문제로 나는 연일 비탄에 잠겨있다.

rompere l'anima a qualcuno- (자꾸 부탁을 하여) 성가시게 하다, 조르다, 귀찮게 하다

Ha rotto l'anima a sua madre finché non gli ha dato il permesso di uscire. 외출허가를 줄 때까지 그는 엄마를 졸랐다(귀찮게 했다).

sembrare un'anima in pena- 노심초사하다, 안절부절못하다

Era così agitato che per tutta la sera è sembrato un'anima in pena. 그는 밤새 불안해서 안절부절못했다.

toccare l'anima- 심금을 울리다, 깊이 감동시키다

un'anima buona- 착한 영혼의 소유자, 착한 사람

un'anima dannata- 저주받은 사람

vendere l'anima al diavolo- 악마에게 영혼을 팔다, 눈앞의 이익 때문에 어리석은 짓을 하다, 목표를 달성하기 위해 무엇이든 하다

Per i soldi venderebbe l'anima al diavolo. 돈 때문이라면 그는 악마에게 영혼을 팔 것이다.

volere un bene dell'anima a qualcuno- ~을 진심으로 사랑하다, ~을 마음을 다하여 사랑하다

animale- 동물

animale a sangue freddo- 냉혈동물

animale castrato- 거세동물

animale da compagnia- 애완동물

Ho comperato un animale da compagnia. 나는 애완동물을 샀다.

animale da latte- 젖먹이

animale di razza mista- 잡종

animale domestico, selvatico- 가축, 야생 동물

Società Protettriice Animali- 동물보호 협회

animo- 마음, 용기

andare all'animo- 감동시키다

Animo!- 힘내! 이겨라!

Animo! Tra poco avrai finito! 힘내! 곧 끝나게 될 거야!

aprire l'animo a qualcuno- ~에게 마음을 열다

Ieri ci siamo aperti l'animo a vicenda e così ho capito tante cose. 어제 우리는 서로 마음을 열었다. 그래서 나는 많은 것을 이해했다.

avere in animo qualcosa- ~할 의향을 지니다

Ho in animo di andare a Milano. 나는 밀라노에 갈 마음이 있다.

avere l'animo altrove- 마음을 딴 곳에 두다, 생각을 다른 곳에 두다

avere l'animo buono- 선량하다, 착하다

Mio padre ha sempre avuto l'animo buono. 나의 아버지는 언제나 선량하다, 좋은 마음이셨다.

avere qualcuno nell'animo- ~를 마음 속에 두다

Da quando mi ha raccontato la sua situazione, l'ho nell'animo. 그가 자신의 상황을 나에게 이야기한 뒤로, 나는 그를 마음 속에 두었다.

di mal animo- 억지로, 마지 못해서

fare qualcosa di buon animo- 좋은 의도로 ~을 하다

farsi animo- 용기를 내다

Fatti animo: sono qui per aiutarti. 용기를 내. 너를 돕기 위해 내가 여기 있다.

leggere nell'animo di qualcuno- ~의 마음을 읽다

mettere l'animo in pace- 체념하다, 단념하다

Mettiti l'animo in pace che tanto, questa sera, non verrà più a trovarti. 단념해라. 오늘밤 그는 널 보러 오지 않을 거야.

perdersi d'animo- 용기를 잃다, 비관하다

Non bisogna perdersi d'animo alla prima difficoltà. 첫번째 어려움에 비관할 필요는 없다.

stare con l'animo in sospeso- 불안한 상태로 있다

Finché non ci hanno detto che era fuori pericolo, siamo stati tutti con l'animo in sospeso. 위험에서 벗어났다고 그들이 우리에게 말할 때까지, 우리 모두는 불안한 마음으로 있었다.

stare di buon animo- 쾌활하다, 발랄하다

stato d'animo- 마음의 상태, 기분, 심기

Non siamo nello stato d'animo per fare quella gita. 우리는 그 여행을 할 기분이 아니야.

tenere qualcosa nell'animo- ~을 마음에 두고 있다

volgere l'animo a qualcuno- ~에게 마음을 향하다

anniversario- 기념일

festeggiare l'anniversario di matrimonio- 결혼 기념일을 축하하다

Anna ha festeggiato l'anniversario del suo matrimonio. 안나는 그녀의 결혼 기념일을 축하했다.

Oggi è l'anniversario del mio matrimonio. 오늘은 나의 결혼 기념일이다.

anno- 해, 년

anni suonati- ~년은 넘어

Ha ottanta'anni suonati. 그는 팔십은 넘는다.

anno accademico- 학년

In novembre inizia il mio nuovo anno accademico. 11월에 나의 새 학년이 시작한다.

anno lunare- 음력

Anno nuovo, vita nuova. 새해는 새로운 삶을 부른다.

anno solare- 양력

aspettare l'anno nuovo- 새해를 기다리다

augurare a qualcuno Buon Anno- ~에게 새해 복 많이 받기를 기원하다

col passare degli anni- 세월이 흘러 감에 따라, 해가 지남에 따라

compiere gli anni- 생일을 맞이하다

con gli anni- 세월이 흘러

di anno in anno- 매년, 해마다, 이해 저해

Andiamo avanti di anno in anno. 우리는 매년 앞으로 나아간다.

due volte all'anno- 일 년에 두 번

durante tutto l'anno- 일년 내내

Durante tutto l'anno ho cercato di riservare sempre uno spazio alla lettura. 올 일년 내내 나는 늘 독서 공간을 남겨두려고 했다.

essere avanti negli anni- 상당한 나이이다

gli anni verdi (o i verdi anni)- 한창(때), 전성기

Nei suoi anni verdi è stato un grandissimo giocatore di tennis. 전성기 때 그는 훌륭한 테니스 선수였다.

i migliori anni della nostra vita- 우리 인생의 황금기

l'anno scorso- 작년에

levarsi gli anni- 나이를 깎다, 나이를 줄이다

negli anni passati- 지난 해에, 과거에

Cerco sempre di non ricordare le cose tristi che mi sono successe negli anni passati. 나는 늘 과거에 일어난 슬픈 일들을 기억하지 않으려 노력한다.

nel fior degli anni- 인생의 전성기에, 꽃다운 나이에, 한창 때에

nello scorso anno- 작년에는

Nello scorso anno in Italia sono aumentati quasi tutti i prezzi. 작년에 이탈리아에서는 거의 모든 가격이 인상되었다.

per un certo numero di anni- 몇 해 동안 계속

Per un certo numero di anni ho abitato in quel quartiere. 몇 해 동안 계속 나는 그 아파트에 살았다.

portare bene gli anni- 자기 나이보다 젊게 보이다

Vorrei arrivare all'età di quell'anziano e portare bene gli anni come lui. 나는 그 노인과 같은 나이가 되면 그처럼 자기 나이보다 젊게 보이고 싶다.

studente del terzo anno- 3학년 학생

tutti gli anni- 해마다(= ogni anno)

un anno dopo l'altro- 해마다, 매년 계속해서, 언제나, 해가 갈수록

annunciare- 알리다

annunciare qualcosa a qualcuno- ~에게 ~을 알리다

Solo ieri ha annunciato agli amici il suo fidanzamento. 어제서야 그는 친구들에게 약혼사실을 알렸다.

Chi devo annunciare? 누구라고 말씀드려야 됩니까?

farsi annunciare presso qualcuno- 참가 신청을 하다, 이름을 써 보내다

ansia- 걱정, 불안

essere in ansia- 걱정이다, 불안이다

Sono in ansia per Marco che deve viaggiare con questo brutto tempo. 나는 이런 나쁜 날씨에 여행을 해야하는 마르코 때문에 걱정이다.

anticamera- 현관, 대합실

far fare anticamera a qualcuno- ~에게 기다리게 만들다

fare anticamera- 기다리다

Prima di essere ricevuto dal direttore ha dovuto fare una lunga anticamera. 책임자와의 면담에 앞서 그는 오래 기다려야 했다.

passare per l'anticamera del cervello- 생각이 나다/들다

Non mi passò nemmeno per l'anticamera del cervello. 나는 아무런 생각이 나지 않았다.

anticipatamente- 미리(= in anticipo)

pagare anticipatamente- 미리 지불하다

Solo in rari casi è opportuno pagare anticipatamente. 드문 경우에만 선불로 지급하는 것이 좋다.

ringraziare anticipatamente- 미리 감사하다

anticipo- (예정된 시간보다) 앞당김, (시간적으로) 미리

anticipo di cassa- 현금 선지금

anticipo di pagamento- 계약금, 약조금, 증거금

arrivare con due ore di anticipo- 두 시간 일찍 도착하다

Siamo arrivati con due ore di anticipo. 우리는 2시간 일찍 도착했다

arrivare in anticipo- 미리 도착하다, 일찌감치 도착하다

Quando ho un appuntamento, arrivo sempre in anticipo. 약속이 있을 때, 나는 항상 미리 도착한다.

chiedere un anticipo su qualcosa- ~에 대해서 선불을 요청하다

Lui ha chiesto un anticipo sullo stipendio. 그는 월급에 대해 선불을 요청했다.

con molto anticipo- 아주 일찌 감치, 아주 앞당겨서

Devo organizzarmi con molto anticipo. 나는 아주 일찌감치 계획을 해야 한다.

dare un anticipo- 선금을 주다

in anticipo- 미리, 일찍

Grazie in anticipo. 미리 감사드려요.

Quest'anno l'estate è in anticipo. 올해 여름이 일찍 왔다.

Siamo in anticipo. 우리는 예상 시간보다 일찍 왔다.

antico- 고대의, 옛날의

all'antica- 옛날식의, 구식의; (사람) 전통적인 사고방식을 지닌

Il padre di Maria è un tipo all'antica. 마리아의 아버지는 전통적인 사고방식을 지닌 사람이다.

l'arte antica- 고대 예술

mobili antichi- 고가구, 구식 가구

mondo antico- 고대 세계, 고풍

Quella signora vive nel suo mondo antico. 그 부인은 고풍으로 산다.

un palazzo antico- 고궁

Il palazzo dove abito ha molto valore perché è antico. 내가 살던 궁은 오래된 것이기 때문에 매우 가치가 있다.

antifona- 1. (비유적) 설교

capire l'antifona- 암시(힌트)를 알아차리다, 눈치를 채다; (힌트, 암시 등의) 뜻을 알아채다

Gliel'ho detto in dieci modi diversi, ma non ha capito l'antifona. 열 번이나 다른 방식으로 말했는데도 그는 알아차리지 못했다.

2. (미사나 성무일도 중에 서로 번갈아 부르는) 교송, 응송(응답 송가)

ripetere la stessa antifona- 같은 말을 되풀이하다

sempre la stessa antifona- 늘 같은 말만 되풀이하다

È sempre la stessa antifona: se non vince rimane di cattivo umore per una settimana. 그는 이기지 못하면 한 주 내내 기분이 나빠서, 늘 같은 말만 되풀이한다.

aperto- 열린, 개방된

a bocca aperta- (강한 충격이나 놀라서) 입을 벌린 채, 넋나간 꼴로, 멍하니

a braccia aperte- (애정이나 반가움으로) 두 팔 벌려, 팔을 벌리고서

a cuore aperto- 마음을 터놓고, 솔직하게(= francamente)

a mani aperte- 손을 벌리고, 관대하게, 후하게

a occhi aperti- 눈을 뜨고서, 눈을 뜬채

a viso aperto- 드러내 놓고, 빤히, 노골적으로, 솔직하게

accogliere/aspettare a braccia aperte- 팔을 벌려 ~를 환영, 기다리다

all'aperto- 야외에서(= all'aria aperta)

aperto al pubblico- 공공에 개방된, 일반인에게 개방된

avere un carattere aperto- 아주 개방적인 성격을 지니다

Lui ha un carattere molto aperto. 그는 아주 개방적인 성격이다.

avere una mente aperta- 열린 사고를 가지다

Ha sempre avuto una mente aperta e per questo non ha mai avuto pregiudizi sulle persone. 그는 항상 열린 사고를 가지고 있어서 사람에 대한 편견이 없었다.

distribuire denaro a mani aperte- 돈을 관대하게 나눠주다

guardare la gente a viso aperto- 사람을 빤히 쳐다보다

mercato all'aperto- 야외 시장

parlare a cuore aperto- 솔직하게 말하다(= parlare apertamente)

piscina all'aperto- 야외 수영장

scuola all'aperto- 야외 학교

spettacolo all'aperto- 야외공연

stare a occhi aperti- 조심하다(= stare attenti)

stare/rimanere a bocca aperta- 입을 벌린 채로 있다, 망연자실하다

teatro all'aperto- 야외 극장

tenere gli occhi aperti- 두 눈을 똑바로 뜨고 있다, 감시하다(= stare in guardia); 정신을 차리고 있다

un sorriso aperto- 환한 미소, 함박웃음

Chi ha un sorriso aperto, in genere, è una persona sincera. 환한 미소를 가진 사람은 대개 정직한 사람이다.

apertura- 개봉, 개방, 개통, 넓음

apertura mentale- 열린/넓은 마음

Lavorare con persone che vengono da altri paesi richiede apertura mentale. 다른 나라에서 온 사람들과 일한다는 것은 열린 마음을 요구한다.

ore di apertura- 영업 시간, 개점 시간, 개장 시간

La domenica le ore di apertura di quel negozio sono ridotte alla mattina. 일요일 그 상점의 영업 시간은 아침으로 단축된다.

apparenza- 겉모양

a giudicare dall'apparenza- 표면상으로, 겉모양으로 판단하면

badare alle apparenze- 외관에 신경쓰다

Badare solo alle apparenze è una cosa negativa. 외관만 신경쓰는 것은 나쁜 일이다.

È gentile solo in apparenza. 그는 겉으로만 친절하다.

giudicare dalle apparenze- 겉모양으로 판단하다

Più che dalle apparenze è meglio giudicare dai fatti. 겉모양으로 판단하기보다 사실로 판단하는 것이 낫다.

in apparenza- 겉보기에, 외견상으로

In apparenza sembra molto calmo, ma in realtà è molto nervoso. 겉보기에 그는 매우 침착해 보이지만, 실제로 매우 신경질적이다.

L'apparenza inganna. (속담) 미모도 따지고 보면 가죽 한 꺼풀. 얼굴이 예쁘다고 마음까지 예쁜 것은 아니다.

salvare le apparenze- 체면을 유지하다, 체면치레를 하다

Non raccontiamo a tutti quello che ci è successo. Cerchiamo, almeno, di salvare le apparenze. 일어난 일을 모두 이야기하지 말고, 차라리 체면을 지킵시다.

Un cuor d'oro sotto un'apparenza burbera. 보기에는 거칠지만 마음은 착한 사람.

appartenere- 속하다, 관계하다

appartenere a- ~의 소유이다, ~에 속하다, ~에 회원이 되다; ~에 관련이 있다

A chi appartiene quest'auto? 이 자동차는 누구 거죠?

Lui non appartiene a nessun partito. 그는 아무 정당에도 소속되어 있지 않다.

Questa casa gli appartiene. 이 집은 그의 것이다.

appello- 간청, 호소; 소집; 항소, 상소

   andare (o ricorrere) in appello- 항소하다

   fare appello a qualcuno- ~에게 호소하다, ~에게 도움을 청하다

Ho fatto appello al suo buon cuore perché la aiutasse. 나는 그녀를 도와주도록 그의 후한 인심에 호소하였다.

   fare appello a tutto il proprio coraggio- 용기를 내다

Era una prova difficile ma ho fatto appello a tutto il mio coraggio e sono riuscito a superarla. 어려운 시험이었지만 나는 용기를 내어 시험을 통과할 수 있었다.

   fare appello a un tribunale contro una decisione- 판결에 불복하여 항소하다

   fare l'appello- 출석을 부르다, 인원을 점검하다, 인원점호를 하다, 점호를 실시하다

   giudizio senza appello- 최종 결정, 최종 판단

   mancare all'appello- 결석하다(= non rispondere all'appello)

   rispondere all'appello- 출결에 답하다

Ogni mattina, in classe, gli studenti rispondono all'appello del professore. 매일 아침 교실에서 학생들은 선생님의 출결에 답한다.

   senza appello- 상소/항소할 수 없는

appetito- 입맛, 식욕

   avere molto appetito- 시장하다, 입맛이 돈다

   Buon appetito! 맛있게 먹어! 맛있게 드세요!

   L'appetito viene mangiando. 입맛은 먹으면서 생긴다.

   mancanza d'appetito- 식욕상실

   mangiare con molto appetito- 아주 맛있게 먹다

Abbiamo mangiato con molto appetito. 우리는 아주 맛있게 먹었다.

   non avere appetito- 입맛이 없다, 먹고 싶지 않다

Non ho mangiato niente, perché non avevo appetito. 나는 입맛이 없어서 아무것도 먹지 않았다.

   passare l'appetito- 식욕이 가시다, 밥맛이 떨어지다

Mi è passato l'appetito. 나의 식욕이 가셨다. 밥맛이 떨어졌다.

   perdere l'appetito- 식욕을 잃다

   riacquistare l'appetito- 식욕을 되찾다

   rovinare l'appetito- 식욕을 망치다, 입맛이 돌아서다

Quello che ho visto mi ha rovinato l'appetito. 내가 본 그 일이 입맛을 가시게 했다.

   stuzzicare l'appetito- 식욕을 자극하다, 식욕을 돋우다

Hai cucinato dei cibi che mi stanno stuzzicando l'appetito. 네가 요리한 음식이 내 식욕을 돋우고 있다.

apprendere- 알다, 습득하다

   apprendere di- ~하는 것을 알게 되다, 습득하다

Ho appena appreso di aver superato un difficile esame scritto. 내가 어려운 필기시험에 합격했다는 사실을 방금 알았다.

apprendista- 견습생, 도제, 수습, 초보자

　　mettere qualcuno come apprendista presso qualcuno- ~을 ~의 도제/문하생으로 보내다

approfittare- 이용하다, 활용하다

　　approfittare di- ~을 이용하다, 활용하다

Il primo giugno verrò a Firenze e approfitterò per farti una visita. 6월 1일 피렌체에 가는데 그 때를 이용해 네게 방문할게.

appuntamento- (시간) 약속

　　arrivare tardi all'appuntamento- 약속에 지각하다

　　avere un appuntamento con qualcuno- ~와 약속이 있다

Ho un appuntamento col dentista. 나는 치과에 약속이 있다.

　　dare un appuntamento a qualcuno- ~에게 시간 약속을 하다

Ti dispiacerebbe darmi un appuntamento? 미안하지만 내게 시간 약속을 해주면 안 될까?

　　darsi appuntamento- 약속을 주고받다

Loro si danno appuntamento per andare al cinema. 그들은 영화관에 가기 위해 서로 약속을 주고 받는다.

　　fissare l'appuntamento con qualcuno- ~와 약속을 정하다

Hai fissato l'appuntamento con il professore? 너 교수님과 약속을 정했니?

　　mancare ad un appuntamento- 약속을 어기다

　　prendere un appuntamento- 약속을 잡다

　　rispettare un appuntamento- 약속을 지키다

　　spostare l'appuntamento- 약속을 옮기다

Posso spostare l'appuntamento? Quel giorno ho un impegno. 약속을 옮길 수 있을까요? 그 날 제가 일이 있어서요.

appunto- 1. (명사) 노트, 메모, 필기, 비망록; 2. (부사) 정확히, 틀림없이; 바로, 그대로

　　Appunto!- (답에서) 맞았어, 그래, 네 말이 맞아.

Sei arrabbiato? 화났니? Appunto! 그래!

　　Per l'appunto! 정확히 그래요.

　　prendere appunti- 필기하다, 메모하다, 노트하다

Durante le lezioni preferisco prendere appunti. 나는 수업 중에 필기하는 것을 선호한다.

Aprile- 4월

　　Aprile, dolce dormire. 4월에 잠을 달게 잔다. 4월에 춘곤증이 있다.

　　Aprile, ogni goccia un bacile. (속담) 고생 끝에 낙이 온다.

　　fare un pesce d'aprile a qualcuno- ~에게 만우절 장난을 하다

Mi ha fatto un pesce d'aprile(= scherzo) e ci sono cascato. 그는 내게 만우절 장난을 했는데 곧이곧대로 믿었다.

　　primo d'aprile- 만우절

　　un pesce d'aprile- 만우절 장난, 농담

arabo- 아라비아인, 아라비아어

　　essere arabo- 뭐가 뭔지 하나도 알 수 없다

Non capisco cosa hai scritto. Per me è arabo. 네가 쓴 것이 뭔지 모르겠다. 뭐라고 쓴건지 하나도 모르겠다.

Questo è arabo per me. 나는 뭐가 뭔지 하나도 모르겠다.

arca- 관, 대리석으로 된 석관

Arca di Noè- 노아의 방주

un'arca di scienza- 살아있는 사전, 박식한 사람, 한다하는 학자

Mio zio è un'arca di scienza. 나의 삼촌은 박식한 사람이다.

vecchio come l'arca di Noè- 아주 오래된, 고대의

area- 지역, 구역

area del dollaro- 달러권

area di libero scambio- 자유 무역지대

area di rigore- 패널티 에어리어, 벌칙 구역

area di servizio- 휴게소

In autostrada ci sono molte aree di servizio. 고속도로에는 많은 휴게소가 있다.

area di sviluppo- 개발 지원 지역

area industriale- 공업지, 산업지역

L'area industriale di questa città è molto grande. 이 도시의 산업지역은 매우 크다.

area vulcanica- 화산지대

Nelle aree vulcaniche è meglio non costruire case. 화산지대에는 집을 짓지 않는게 낫다.

arco- 호, 아치

arco a sesto acuto- 고딕 아치

arco a tutto sesto- 반원 아치

arco trionfale- 개선문

corda dell'arco- (활) 시위

lampada a arco- 아크 등

nell'arco di un mese- 한 달 기간 동안에, 한 달 만에

stare con l'arco teso- 극도로 조심하다, 감시하다

strumenti ad arco- 현악기

tendere l'arco- (활을) 당기다, ~를 겨누다(= mirare a)

tiro dell'arco- 화살이 미치는 거리, 활 쏘기에 알맞은 거리

argento- 은

argento dorato- 은으로 도금한, 은박한

argento vivo- 수소

avere l'argento vivo addosso- 안절부절못하다, 가만히 못 있다

Siediti un po' e rilassati; oggi sembra che tu abbia l'argento vivo addosso. 잠시 앉아서 쉬어. 너 오늘 안절부절못하는 것 같아.

capelli d'argento- 은발, 백발

Quando avrò i capelli d'argento sarò molto anziano. 백발이 될 때 난 몹시 늙을 것이다.

gioielli d'argento- 은장신구

medaglia d'argento- 은메달

nozze d'argento- 은혼식

Arrivare alle nozze d'argento è un bel traguardo per due sposi. 은혼식에 이르는 것은 두 배우자를 위한 아름다운 목표이다.

aria- 공기

all'aria aperta- 야외에서, 바깥에서, 옥외에서

andare all'aria- 허사가 되다, 수포로 돌아가다

Il suo matrimonio è andato all'aria. 그의 결혼은 수포로 돌아갔다.

andare a prendere un po' d'aria- 잠시 바람 쐬러 가다

aria condizionata- 에어컨

aria di famiglia- 가족끼리 닮은점, 가족들의 닮은 생김새

Quando torno a casa dei miei genitori sento proprio aria di famiglia. 부모님 댁에 갈 때 난 가족끼리 정말 닮은점을 느낀다.

aria fritta- 장황함; 얼버무리는/별 뜻 없는 말, 허풍

Non credere a quello che dice. È solo aria fritta. 그가 말하는 것은 믿지 마. 허풍이야.

aria secca- 건조한 공기

avere l'aria (di)- ~하게 보이다

Ha l'aria di essere contento. 그는 행복해 보인다.

Hai l'aria stanca. 너 피곤해 보인다.

Lui ha l'aria di un galantuomo. 그에게 신사 분위기가 풍긴다.

buttar tutto all'aria- 어질러 놓다, 엉망으로 만들다

I ragazzi hanno buttato all'aria tutta la casa. 아이들이 집을 전부 어질러 놓았다.

buttare all'aria qualcosa- (무엇을 찾느라고) 다 뒤집어엎다

Ha buttato all'aria tutti i cassetti, ma non ha trovato il documento che cercava. 그는 모든 서랍을 다 뒤집어엎어 샅샅이 찾았지만, 원하는 서류를 찾지 못했다.

cambiare aria- 분위기를 바꾸다, 환경을 바꾸다, 장소를 옮기다

Ho deciso che per un po' di tempo è meglio se vado all'estero che così cambio aria. 나는 잠시 외국에 나가 분위기를 바꾸는 게 좋겠다고 결정했다.

cambiare l'aria- 창문을 열어 환기하다

Apri un po' le finestre che cambiamo l'aria. 잠시 창문을 열어 환기를 하자.

campare d'aria- 아무것도 먹지 않고 있다

Non so come faccia a non lavorare. Campa d'aria? 어떻게 그가 일하지 않고 먹고 사는지 나도 몰라. 아무것도 먹지 않고 사나?

campato in(o per) aria- 허풍, 뻥

Fa sempre discorsi campati in(o per) aria. 그는 늘 허풍을 떤다.

col naso all'aria- 멍하니, 방심한 듯이

Se si cammina con il naso all'aria è facile inciampare e cadere. 멍하니 걸으면 발이 걸려 넘어지기 쉽

상이다.

colpo d'aria- 찬바람, 외풍, 한기, 오한

dare aria a una stanza- 방을 통풍하다

darsi delle arie- 젠체하다, 으스대다, 뽐내다

Se sapesse cosa pensano di lui smetterebbe di darsi delle arie. 사람들이 그에 대해 어떻게 생각하는지 안다면, 으스대지 않았을 텐데.

dire qualcosa a mezz'aria- 힌트를 주다, 암시하다

entrare molta aria- 바람이 많이 들어오다

Il finestrino è aperto ed entra molta aria. 차창이 열려서 바람이 많이 들어온다.

guardare in aria- 허공을 보다

in aria, per aria, all'aria- 위로(= in alto), 위쪽으로(= all'in sù)

in linea d'aria- 일직선으로

In linea d'aria è molto vicino ma la strada per andarci è piena di curve. 직선상으로는 무척 가깝지만 가는 길에는 많은 굽은길이 있다.

mandare all'aria- (계획, 상황 등이) 잘못되게/틀어지게 만들다; 망치다, 엉망으로 만들다

Avevamo quasi raggiunto un accordo quando una sua dichiarazione ha mandato tutto all'aria. 우리는 거의 합의를 보았는데 그가 성명을 발표하자 모두 망쳤다.

mettere tutto in aria- 모든 것을 뒤죽박죽 만든다, 모든 것을 혼란상태에 빠뜨리다

nell'aria- 조짐, 예감

Sento che c'è qualcosa nell'aria oggi. 오늘 뭔가 있을 듯한 조짐이 든다.

per aria- (1) 엉망/뒤죽박죽으로 (어지르다)

Mio figlio ha di nuovo lasciato la sua stanza tutta per aria(= in disordine). 아들 녀석이 자기 방을 다시 엉망으로 어질러 놨다.

(2) 아직 미정인, 막연한, 뚜렷하지 않은

I miei programmi estivi sono andati tutti per aria da quando mi sono ammalato. 병이 난 뒤로 나의 여름 계획이 모두 막연해졌다.

per via d'aria- 항공으로

prendere un colpo d'aria- 오한을 일으키다, 감기에 걸리다

Si è preso un colpo d'aria andando a fare la gita con la pioggia. 그는 비오는데 소풍을 가서 한기가 들었다.

saltare in aria- 폭파하다, 터지다

Hanno minacciato di far saltare in aria la banca. 그들은 은행을 폭파하겠다고 협박했다.

sentirsi mancare l'aria- 숨이 막히다, 답답하다

Parlava così tanto che mi sentivo mancare l'aria. 그가 그렇게 많이 말하니깐 나는 숨이 막히는 것 같았다.

sparare un colpo in aria- (다치지 않게 하기 위해) 공중으로 발포하다

tira una brutta aria.- 분위기가 좋지 않다, 나쁜 분위기가 감돈다

Meglio che andiamo via. Qui tira una brutta aria. 우리 가는 게 좋겠다. 여기 분위기가 심상치 않다.

un filo d'aria- 바람 한 줄기, 바람 한 점

In questa stanza non c'è un filo d'aria. 이 방에는 바람 한 점 없다.

vortice d'aria- 회오리바람, 돌개바람

arma- (복수 armi) 무기

abbassare le armi- 무기를 내리다, 항복하다

All'armi! 전투 준비!

arma azzurra- 공군

arma bianca- 창검

arma di fanteria- 보병대

arma da fuoco- 화기

armi e bagagli- 소지품 일체, 모든 짐, 전부, 모조리

Ha fatto armi e bagagli e se n'è andato. 그는 이런저런 자기 물건들을 챙겨서 떠나버렸다.

armi nucleari- 핵무기

armi portatili- 휴대용 병기

armi subacquee- 수중무기

combattere all'arma bianca- 접전하다, 서로 치고 받고 싸우다

combattimento ad arma bianca- 육박전, 백병전

Finite le munizioni si passò al combattimento ad arma bianca. 탄약이 떨어지자 육박전으로 변했다.

essere alle prime armi- 초보자/풋내기이다, 경험이 없다

È ancora alle prime armi, ma si vede che ha la stoffa per diventare un campione. 그는 여전히 풋내기지만, 챔피언이 될 소질이 보인다.

essere sotto le armi- 군 복무 중이다

Mio fratello è sotto le armi(= fa il soldato). 형은 군 복무 중이다.

deporre le armi- 정전하다, 전투를 중단하다

levarsi in armi contro qualcuno- ~에 맞서 무기를 들고 일어나다, 무장 봉기하다

passare qualcuno per le armi- ~을 사살하다

Nei tempi antichi si usava passare i prigionieri per le armi. 고대에는 죄수들을 사살하곤 하였다.

prendere le armi- 무기를 들다, 싸울 준비를 하다

presentare le armi- 받들어 총자세를 하다

spianare l'arma contro qualcuno- ~에게 무기를 겨누다

un'arma a doppio taglio- 양날의 칼; 실마리, 단서

Nascondere le prove può rivelarsi un'arma a doppio taglio. 은닉된 증거들이 실마리를 제공할 수 있다.

uomo d'armi- 병사

venire alle armi- 싸우다

arnese- 도구

essere in male arnese- (1) 차림새가 누추하다, 옷차림이 협수룩하다

Cambiati quei pantaloni, sei proprio in male arnese! 그 바지 좀 갈아입어, 차림새가 정말 누추해!

(2) (재정적으로) 궁색해지다, 가난하다

Gli abbiamo dovuto prestare dei soldi perché è in male arnese. 재정적으로 궁색해서 우리는 그에게 돈을 빌려줘야 했다.

in cattivo arnese- 허술하게 옷차림을 한

rimettere qualcuno in arnese- 재차 ~의 지위를 안정시키다; 재기시키다

Le cose andavano male per me, ma Samuele mi ha rimesso in arnese. 사업이 잘되지 않았는데, 사무엘이 나를 다시 재기시켰다.

arrabbiarsi- 화나다

arrabbiarsi con qualcuno- ~한테 화내다

Il professore si è arrabbiato con uno studente disattento. 교수님께서는 부주의한 학생에게 화를 내셨다.

arrabbiato- 화난

essere arrabbiato con qualcuno- ~한테 화나다

Sei arrabbiato con me? 너 나한테 화났니?

arrivare- 도착하다, 이르다

arrivarci- (1) 이해하다(= capire; ≠ non arrivarci, 이해하지 못 하다)

Mi dispiace, ma non ci arrivo, puoi ripetere? 미안해, 이해하지 못했어. 다시 한 번 말해 줄래?

(2) ~에 이를 수 있다(= riesco a raggiungerlo)

Non ci posso arrivare. 나는 거기에 도달할 수 없습니다.

arrivare a proposito- 적시에 오다, 때 맞춰 오다

Sei arrivato proprio a proposito. Ora tocca a te continuare il discorso. 정말 때 맞춰 왔네. 지금 네가 이야기를 이어서 할 차례야.

arrivare a una conclusione- 결론에 이르다

Continuava a parlare senza arrivare mai ad una conclusione. 그는 결론에 도달하지 못하고 계속해서 이야기하고 있었다.

arrivare al cuore di qualcuno- ~의 마음에 쏙 들다, ~의 마음에 와 닿다

Perché le parole non arrivano subito al cuore! 왜 말이 마음에 바로 안 와 닿지!

arrivare allo scopo- 목적에 달성하다

Cerchiamo di arrivare allo scopo. Altrimenti è inutile che continuiamo questo lavoro. 목적에 달성하도록 하자. 그렇지 않으면 우리가 이 일을 계속하는 것이 무익하다.

arrivare in ritardo a- ~에 늦게 도착하다, ~에 지각하다

arrivare primo/secondo/ultimo- 일등/이등/꼴지로 도착하다

Chi tardi arriva, male alloggia. 빨리 올수록 유리하다. 늦으면 불리하다. 선착순.

Dove vuoi arrivare? 도대체 무슨 말을 하고 싶은 거니?

L'acqua mi arrivava alle caviglie. 물이 발목까지 찼다.

Le disgrazie non arrivano mai sole. (속담) 불행은 겹치게 마련이다.

arrivo- 도착

all'arrivo- 도착 때에

All'arrivo tutti mi aspettavano. 내가 도착하기를 모두 기다리고 있었다.

essere in arrivo- 도착하다

Il treno per Roma è in arrivo sul terzo binario. 로마행 기차가 3번 승강장에 도착해 있다.

arte[20]**-** 예술

    a regola d'arte- 대가다운 방식으로, 탁월하게(= in modo eccelente), 깔끔하게

    Quel falegname è caro, ma lavora a regola d'arte. 그 목수가 비싸긴 하지만 일은 깔끔하게 한다.

    ad arte- 고의적으로, 일부러

    in arte- 예명으로

    L'arte è lunga, la vita breve. (격언) 예술은 길고 인생은 짧다.[21]

    L'arte per l'arte- 예술을 위한 예술, 예술 지상주의

    nome d'arte- 예명

    non avere né→ arte né parte- 아무 짝에도 못쓰다, 아무런 쓸모가 없다

    Sarà difficile per lui che non ha né arte né parte trovare lavoro. 그는 아무 짝에도 쓸모없는 사람이어서 일자리를 구하기 힘들 거다.

    opera d'arte- 예술 작품

ascendente- 영향력, 위로 향하는

    avere un ascendente su qualcuno- ~와 연줄이 있다/닿다, ~에 영향력을 행사하는 위치이다

    Ha un ascendente sul capo. 그는 사장과 연줄이 닿는다.

ascensore- 승강기

    in ascensore- 승강기, 엘리베이터

    È salito al quinto piano in ascensore. 그는 승강기로 6층에 올라왔다.

asino- 당나귀, 바보

    A lavare la testa all'asino si perde il ranno e il sapone. (속담) 당나귀의 머리를 씻는 것은 잿물과 비누를 낭비한다. 무지하고 완고한 사람과 토론하는 것은 시간 낭비라는 의미이다.

    Asino che non sei altro! 넌 바보야! 바보 같으니!

    È un asino calzato e vestito. 그는 완전 바보야. 완전 무지한 자이다.

    essere, fare come l'asino di Buridano- 결심할 수가 없다; 이도 저도 아니게 되다

    Fra queste due cose non so quale scegliere; farò la fine dell'asino di Buridano. 나는 이 둘 사이에서 무엇을 골라야 할지 모르겠어. 결국 결정하지 못 하겠지.

    L'asino dov'è cascato una volta non ci casca più. (속담) 당나귀는 한 번 넘어진 곳에 다시 넘어지지 않는다. 한 번 속지 두 번 속지 않는다.

    la bellezza dell'asino- (지나가는) 청춘의 아름다움

    lavare la testa all'asino- 시간을 허비하다, 쓸데없는 짓을 하다

    È inutile lavare la testa all'asino. 무가치한 일에 에너지를 낭비하는 것은 쓸데없는 일이다.

---

[20] 이탈리아어 'arte'는 라틴어 'ars'에서 유래한 말이다. 'arte'는 라틴어 제3변화명사 형태의 제5격(탈격)이다. '운명'을 뜻하는 'sorte'라는 단어도 같은 방식으로 라틴어 'sors'의 5격에서 유래한다.

[21] 이 관용어는 다음의 라틴 명언 "Ars longa, vita brevis"에서 유래한다. 이 명문은 원래 고대 그리스의 유명한 의사인 히포크라테스가 자신의 이름을 딴 선서로, 이를 세네카가 그의 "인생의 짧음에 대해서(De brevitate vitae)"의 도입부에서 "Ars Longa, Vita Brevis"라는 형태로 차용했다. Ars라는 단어는 (그리스어로 techné) 학문, 지식의 완전한 숙달이라는 의미로 쓰였다. 이 문장은 인간 존재의 짧음을 강조하기도 하고 동시에 학문적, 기술적, 혹은 예술적 능력의 습득에 오랜 시간이 걸림을 뜻하기도 한다. 괴테와, 테오필 고티에와 같은 현대 작가들도 이 말을 많이 인용했다.

legar l'asino dove vuole il padrone- 고삐에 묶인 당나귀는 주인이 가고자 하는 곳으로 간다; (무엇이든 "예" 하고 윗사람 말에 동조하는 사람) 예스맨이 되다, 순순히 복종하다, 말 잘듣다

Lega sempre l'asino dove vuole il padrone perché ha paura di essere licenziato. 해고 당할까봐 두려워 그는 예스맨이 되었다.

Meglio un asino vivo che un dottore morto.- (속담) 죽은 박사보다 살아있는 당나귀 한 마리가 낫다. 산 개가 죽은 사자보다 낫다.[22]

Cerca di riposarti ora. Hai studiato troppo. Meglio un asino vivo che un dottore morto. 너 지금 좀 쉬도록 해! 너무 많이 공부했어. 산 개가 죽은 사자보다 나.

quando voleranno gli asini- 당나귀가 날게 될 때, 결코 일어날 수 없는 일을 생각할 때, 영영/결코 ~ 않다

Ho paura che mi restituirà quei soldi quando voleranno gli asini. 그가 영영 돈을 갚지 않을까 두렵다.

(qui) casca l'asino- (문제를 일으킬 수 있는 새로운 어려움에 직면했을 때 사용하는 표현) 이것이/그것이 문제다, 여기에 어려움이/문제가 있다.

Riuscirai a mettere in pratica quello che hai imparato? Perché qui casca l'asino. 네가 배운 것을 실천에 옮길 수 있을까? 그게 문제야.

Raglio d'asino non arrivò mai in cielo. 얼간이 같은 사람이 말하는 것은 절대 신뢰할 수 없다.

strada a schiena d'asino- 당나귀 등 같은 길, 중앙부분이 약한 볼록한 도로

aspettare- 기다리다

Aspetta e spera! 설마, 그럴 수가 있을까!

Aspetta e vedrai! (인내심을 갖고) 기다려 보다; (협박) 두고 보라구!

Aspettando cortese risposta- (편지에서) 친절한 답장을 기다리면서

aspettare di (o che)~- ~을 기다리다, ~하는 것을 기다리다

Aspetta che il treno arrivi. 기차가 도착할 때를 기다려라.

Aspetta di ottenere la promozione. 승진을 기다려라.

Aspetto di essere assunto in quella ditta. 나는 그 회사에 고용되기를 기다린다.

aspettare la manna dal cielo- 하늘에서 '만나'[23]가 떨어지기를 기다리다, 감나무에서 감이 떨어지기를 기다리다

Cerca un lavoro invece di aspettarti la manna dal cielo. 너는 일자리를 구하기보다 하늘에서 만나가 떨어지기를 기다리는구나.

aspettare la manna/la Provvidenza- 곤경에서 벗어나기 위해 아무것도 하지 않다, 감이 저절로 떨어지기를 기다리다

aspettare la palla al balzo- 좋은 기회를 기다리다

Sembrava che non aspettasse altro che la palla al balzo. 그는 분명 좋은 기회를 기다리고 있지 않았던 것 같았다.

aspettare qualcosa/qualcuno al varco- ~을 기다리다, (비유) 기회/때를 기다리다/엿보다

---

[22] 유사 관용어는 "Val più un asino vivo che un dottore morto"이다.

[23] 만나는 구약성경 출애굽기(탈출기)에 나오는 음식으로 사막을 여행하던 이스라엘 민족에게 하나님(하느님)이 주었다는 음식이다.

Lo sto aspettando al varco. Non potrà più negare quello che ha fatto. 나는 기회를 엿보고 있다. 그가 한 일을 결코 부인하지 못할 거야.

aspettare qualcuno a braccia aperte- ~을 간절히 기다리다, ~을 목빠지게 기다리다

aspettare un bambino- 임신 중이다

Lei sta aspettando un bambino. 그녀는 임신 중이다.

aspettarsela/aspettarselo- 예상하다, 예측하다, 기대하다

aspettarsi- 기대하다, 예상하다

Non mi aspettavo che lui arrivasse presto. 나는 그가 빨리 돌아오리라 예상하지 못했다.

Non mi aspetto niente di buono. 아무 좋은 일도 기대하지 않는다.

Non ti devi aspettare niente da lui. 너는 그에게 아무것도 기대해선 안 돼.

C'è molto da aspettare? 오래 기다려야 됩니까? (이탈리아 현지 생활에서 자주 사용하는 표현임)

C'era da aspettarselo! 예상할 수 있었어! 그럴 줄 알았다. 생각대로야.

Chi la fa, l'aspetti. (속담) 뿌린 대로 거두리라.

farsi aspettare (o fare aspettare qualcuno)- ~를 기다리게 하다; (물건이) 늦게 도착하다

Si fa sempre aspettare. 그는 절대 제 시간에 오는 법이 없다. 그는 항상 기다리게 만든다.

Ma che cosa aspetti?- 근데 뭘 망설이는 거야?

Allora che aspetti ad accettare la proposta? 그럼 제안을 받아들이지 않고 뭘 망설이는 거야?

Non me l'aspettavo di vederti qui. 여기서 널 볼 줄 몰랐다.

Questa me l'aspettavo. 이것은 내가 예상하고 있었다.

Qui ti aspettavo! (증거가 될 수 있는 결정적인 순간) 여기서 널 기다리고 있었지, 이제 네가 어떻게 하는지 보자!

aspettativa- 1. 기대, 예상, 예측, 대기, 휴직

contrariamente ad ogni aspettativa- 모든 예상과는 달리, 기대한 바와는 대조적으로

Contrariamente ad ogni aspettativa è riuscito a farsi promuovere. 예상과 달리 그는 승진할 수 있었다.

corrispondere all'aspettativa- 기대에 부응하다

essere in aspettativa di qualcosa- ~을 기대하고 있다

essere inferiore/superiore alle aspettative- 기대 이하/이상이다

Pensavo meglio. In realtà quello spettacolo si è rivelato inferiore alle aspettative. 최고라고 생각했는데 실상 그 연극은 기대 이하로 드러났다.

2. 대기, 휴직

aspettativa per malattia- 병가

Ho preso 10 giorni di aspettativa dal lavoro per malattia. 나는 직장에서 10일간 병가를 가졌다.

chiedere un anno di aspettativa- 일년 휴직을 요청하다

Mia madre è gravemente ammalata e ha bisogno di assistenza. Devo chiedere un anno di aspettativa dal lavoro. 모친의 병세가 악화되어 간호가 필요하다. 나는 직장에 일년 휴직을 요청해야 한다.

deludere le aspettative- 기대를 저버리다

Quel film ha proprio deluso le aspettative di tutti. 그 영화는 정말 모두의 기대를 저버렸다.

essere in aspettativa- 휴직중이다

mettersi in aspettativa per motivi di salute- 건강상의 이유로 휴직하다

porre qualcuno in aspettativa- ~을 휴직시키다

aspetto- 1. 외관, 외모, 표정, 관점

al primo aspetto- 처음에, 언뜻보기에, 첫눈에

avere un aspetto triste- 슬픈 표정이다

avere un ottimo aspetto- 용모가 빼어나다, 표정이 매우 좋다

Dopo le vacanze aveva un ottimo aspetto. 휴가 뒤에 그는 표정이 매우 좋았다.

cambiare aspetto- 모습/표정을 바꾸다

Che aspetto ha lui? 그가 어떻게 생겼니?

essere di bell'aspetto- 용모/미모가 출중하다

Paola è sempre stata una donna di bell'aspetto. 파올라는 늘 미모가 출중한 여인이었다.

giudicare le persone dall'aspetto- 사람을 외모로 판단하다

Giudicare le persone dall'aspetto può portare a grossi errori. 사람을 외모로 판단하는 것은 큰 실수를 유발할 수 있다.

2. 관점, 시점, 각도

sotto certi aspetti- 어떤 면에서

sotto ogni aspetto- 모든 각도에서

sotto vari aspetti- 여러가지 면에서, 다각도로

La questione va affrontata sotto vari aspetti. 문제는 여러가지 측면에서 다루게 된다.

3. 기다림(= attesa)

sala d'aspetto- 대기실, 대합실

Nel mio studio la sala d'aspetto è molto piccola. 내 사무실의 대기실은 무척 작다.

assenza- 부재, 빈 자리, 부족, 결핍

assenza da scuola- 결석

assenza dal lavoro- 결근

Le assenze dal lavoro vanno giustificate subito. 결근은 즉시 사유를 설명하게 된다.

assenza di gusto- 무취미, 몰취미

assenza di immaginazione- 상상력 부족

brillare per la propria assenza- 없어서 오히려 드러나다

La festa è stata data in suo onore e lui ha brillato per la sua assenza. 파티는 그의 명예를 걸고 약속한 것인데 그의 빈자리가 두드러지게 표가 난다.

durante la mia assenza- 내가 없는 동안에, 나의 부재시에

presunzione d'assenza- 사망 추정

sentire l'assenza di qualcuno- ~를 그리워하다

Sento molto l'assenza di quel mio amico. 나는 그 친구를 몹시 그리워한다.

Quante assenze hai fatto? 몇 번 결석했니?

Quest'anno ho fatto molte assenze. 올해 나는 결석을 많이 했다.

assicurare- 장담하다, 확언하다, 확약하다

assicurare a qualcuno di fare qualcosa- ~에게 ~할 것을 확약하다

Ho assicurato a Maria di portarla a cena fuori. 나는 마리아에게 저녁 외식을 장담했다.

assicurare di- ~하는 것을 확신(확언)하다, 장담하다

Il Sindaco ha assicurato di avere capito il problema e di volerlo risolvere in tempi brevi. 시장은 문제를 이해했고 빠른 시간 내에 해결하고 싶다고 장담했다.

assicurato- 확실한; (무엇을) 보장받는

essere assicurato contro- ~에 보험들다

Comunque sei assicurato contro i danni? 어쨌든 손해 보험은 들었니?

assicurazione- 보험

assicurazione contro i danni- 손해 보험

La mia casa ha un'assicurazione contro i danni e contro gli incendi. 내 집은 손해 및 화재보험에 들어있다.

assicurazione contro l'incendio- 화재 보험

assicurazione sulla vita- 생명보험

Mi sono fatto l'assicurazione sulla vita. Se muoio i miei figli prenderanno dei soldi. 나는 생명보험에 가입했다. 내가 죽으면 자식들이 보험금을 수령할 것이다.

compagnia di assicurazione- 보험 회사

essere compreso nell'assicurazione- 보험에 포함되다

Quello non è compreso nell'assicurazione. 그것은 보험에 포함되지 않는다.

polizza di assicurazione- 보험 증서

assistere- 출석하다, 참석하다

assistere a- ~에 참석하다; ~을 목격하다; (공연) 관람하다

Lui non ha potuto assistere allo spettacolo perché era malato. 그는 병이 나서 공연을 구경하지 못했다.

asso- (카드의) 에이스, 일인자

avere un asso nella manica- 상대방이 눈치채지 않게 엎어둔 에이스; 비장의 카드를 가지고 있다

È presto per dichiararlo sconfitto: lui ha sempre un asso nella manica. 그가 패배했다고 선언하기에는 너무 이르다. 그는 늘 비장의 카드를 갖고 있다.

lasciare (o piantare) in asso qualcuno- ~에 훨씬(큰 차이로) 이기다(= andarsene); (도움이 필요한) ~을 저버리다(= lasciare nei guai), 언제든지 예고 없이 누군가를 버리다

Il mio socio è partito e mi ha lasciato (piantato) in asso. 동업자는 나를 저버리고 가버렸다.

asta- 경매

andare all'asta- 경매에 붙여지다

asta olandese, al ribasso- 역경매

asta pubblica- 공개 경매

asta truccata- 경매 조작

Mi sono accorto in ritardo che quell'asta era truccata e così, purtroppo, ho perso molti soldi. 불행하게도 그 경매가 조작되었다는 것을 너무 늦게 알아 나는 많은 돈을 잃었다.

avviso d'asta- 경매 통지

mettere all'asta- 경매에 붙이다

Hanno messo all'asta l'appartamento di mia zia perché aveva troppi debiti. 과도한 부채 때문에 그들은 이모의 아파트를 경매에 붙였다.

vendere all'asta- 경매로 팔다

Luigi ha venduto un bellissimo quadro d'autore all'asta. 루이지는 아름다운 원작을 경매로 팔았다.

astenuto- (투표) 기권자, 기권표, 기권

Gli astenuti sono diciotto. 기권표가 18표다.

attaccare- 1. (타동사) 연결시키다, 걸다, 공격하다, 개시하다, 전염시키다

attaccare bottone con qualcuno- (특히 듣고 싶어하지 않는 자나 낯선 사람에게) ~을 붙들고 이야기를 오래하다, ~에게 대화나 잡담 등을 길게 해서 성가시게 만들다

Marco è un chiacchierone, gli piace attaccare con tutti. 마르코는 수다쟁이라, 아무나 붙들고 이야기하는 하길 좋아한다.

attaccare discorso con qualcuno- ~에게 말을 걸기 시작하다

Mia suocera attacca discorso con tutti. 나의 시어머니는 모두에게 말을 걸기 시작한다.

attaccare il nemico- 적을 공격하다

attaccare il raffreddore- 감기를 옮기다

attaccare l'influenza- 인플루엔자를 옮기다

Non vengo a trovarti perché ho paura che mi attacchi l'influenza o il raffreddore. 네가 나에게 인플루엔자나 감기를 옮을까 두려워 널 만나러 가지 않는다.

attaccare le opinioni di qualcuno- ~의 의견을 비방/공격하다

Pensavo di poter avere un tranquillo scambio di opinioni, invece mi sono sentito solo attaccato. 평화로운 의견교환을 가질 수 있으리라고 생각했는데, 난 비방만을 느꼈다.

attaccare lite- 언쟁을 시작하다

2. (자동사) 달라붙다; (비유적) 유행하다, 알맞다, 습격하다, 시작되다

È una scusa che non attacca. 변명이 안 먹힌다. 구차한 변명이다.

Guarda che con me non attacca! 나에게 매달려 봐도 소용없다!

I suoi scherzi non attaccano. 그의 농담이 안 먹힌다.

Non attacca! 아무 할 일이 없어! (= Non c'è niente da fare!)

Quello che stai dicendo, le tue scuse, con me non attaccano. Conosco la verità! 네가 말하고 있는 변명은 내게 먹히지 않아. 난 진실을 알아!

Questa moda attacca davvero. 이 패션이 정말 유행한다.

3. **attaccarsi**- 달라붙다, 매달리다, 붙잡다

attaccati a me! 나를 꽉 붙잡아!

attaccati al tram! 서둘러, 빨리 빨리!

Sono stanco delle tue storie. Attaccati al tram! 네 이야기에 피곤하다. 서둘러!

le pagine si sono attaccate- 종이가 달라붙었다[24]

Con l'umidità le pagine di quel libro si sono attaccate. 습기로 그 책의 종이가 달라붙었다.

---

[24] 이 관용어는 오늘날 잘 이해할 수 없을 것이다. 예전 인쇄본에 책의 가장자리가 절단이 되지 않아 일일이 각면을 종이 칼로 잘라 책을 읽어 나갔다. 그때 사용하는 표현이다.

attacco- 연결, 공격, 습격

  attacco a due- 쌍두마차, 사륜마차

  attacco di cuore- 심근경색, 심장마비

Ho visto che cadeva a terra all'improvviso. Poi ho capito che aveva avuto un attacco di cuore. 그가 갑자기 땅에 쓰러지는 것을 보았다. 나중에야 그가 심장마비인 것을 알았다.

  attacco di/a sorpresa- 기습 공격

Hanno vinto la battaglia grazie ad un attacco a sorpresa. 그들은 기습 공격 덕분에 전쟁을 이겼다.

  attacco di tosse- 발작적인 기침, 심한 기침

Con quell'attacco di tosse non riuscivo più a respirare. 심한 기침 때문에 나는 더 이상 숨을 쉴 수가 없었다.

  attacco elettrico- (전기) 콘센트, 접속부, 연결

Metti la spina nell'attacco elettrico dietro al divano. 쇼파 뒤에 있는 전기 콘센트에 플러그를 꼽아.

  precipitarsi all'attacco- 공격을 시작하다

  ritornare all'attacco- 공격을 재개하다

La sua risposta non mi ha convinto. Appena posso ritornerò all'attacco. 그의 답변은 날 확신시키지 못했다. 될 수 있는 대로 빨리 나는 공격을 재개할 것이다.

attendere- 기다리다

  Attenda in linea! (전화에서) 끊지말고 기다리십시오.

Ho dovuto attendere in linea 30 min. 30분간 통화대기를 해야만 했다.

  Attenda un momento! 잠깐만 기다리세요!

  venne il giorno atteso da tutti. 모든 사람이 기다리던 날이 드디어 왔다.

Finalmente venne il giorno atteso da tutti, quello della partenza per le vacanze. 드디어 모든 사람이 기다리던 휴가 출발일이 왔다.

attento- 주의하는

  Attenti al cane! 개조심![25]

  Attento! 조심해!

  Attento al gradino. 발밑을 조심하시오.

Cerca di non inciampare, attento ai gradini! 발이 걸려 넘어지지 않도록 발밑을 조심하세요!

  stare attento a qualcosa- (1) ~에 주목/주의하다(= badare)

Devo stare attento al peso. 나는 체중관리를 해야 돼. 몸무게가 늘까봐 조심하고 있어요.

(2) ~을 주의해서 듣다(= ascoltare)

Sta' attento a quel che dico. 내가 말하는 것을 주의해서 들어.

(3) 조심하다(= stare in guardia)

Sta' attento a non cadere. 넘어지지 않도록 조심하세요.

attenzione- 주의, 관심

  alla cortese attenzione di- (공식 서한의 봉투에 담당자를 밝히는 표현) ~앞

---

[25] 이 관용어의 라틴어 관용어는 *"Cave canem!"*으로 로마인들의 집 앞에 붙어 있었던 말이다.

Attenzione! 조심해! 주의해!

colmare qualcuno di attenzioni- ~에게 관심이 넘치다, ~에게 관심을 듬뿍 주다

Nonostante l'abbia colmata di attenzioni, non si è fatta più sentire. 그에게 관심을 듬뿍 주더라도 그는 더 이상 듣지 않았다.

con attenzione- 조심해서, 주의해서

Ascoltate con attenzione! 주의해서 들으세요.

dare più attenzione a qualcosa- ~에 더 많은 관심을 두다

fare attenzione a- ~에 유의/주목하다(= stare attento a qualcosa)

Fate attenzione a quel che dico. 너희들 내가 말하는 것에 주의를 기울여라.

maneggiare con attenzione- 조심스럽게 다루다, 주의해서 취급하다

Ti ho inviato un pacco che contiene oggetti fragili. Cerca di maneggiarlo con attenzione. 내가 너한테 보낸 상자는 깨지기 쉬운 물건을 담고 있으니 조심해서 다뤄라.

mettere attenzione nel fare qualcosa- ~을 하는 데 주의를 기울이다

prestare (o porre) attenzione a qualcosa- ~에 유의하다, ~에 주의를 기울이다

richiamare, attirare l'attenzione di qualcuno su qualcosa- ~에 관심을 불러 일으키다

Quel bambino continua a fare capricci[26] per attirare l'attenzione di sua madre. 그 아이는 엄마의 관심을 끌려고 계속 떼를 쓴다.

attesa- 기다림, 기대

deludere le attese di qualcuno/qualcosa- ~의 기대를 저버리다, 배반하다

Quel mio amico ha proprio deluso le mie attese. 그 친구는 나의 기대를 저버렸다.

essere in attesa di qualcuno- ~을 기다리고 있는 중이다

Sono in attesa di una risposta a proposito della borsa di studio che mi permetterebbe di continuare a studiare in Svizzera. 나는 스위스에서 계속 공부할 수 있게 해 줄 장학금에 관한 답을 기다리고 있는 중이다.

in attesa di una vostra risposta- 귀사의 답장을 기다리면서

lista di attesa- 대기자 명단

Sto aspettando che mi chiamino. Sono in lista d'attesa. 그들이 날 부르길 기다리고 있다. 난 대기자 명단에 있다.

sala d'attesa- 대기실

attimo- 순간, 찰나

Aspetta un attimo! 잠깐만 기다리세요!

cogliere l'attimo fuggente- 순간을 잡다

Non perdere l'occasione. Cogli l'attimo fuggente. 그 기회를 놓치지 마. 순간을 잡아!

di attimo in attimo- 아주 빨리, 눈 깜짝할 사이에

in un attimo- 순식간에

L'incidente è accaduto in un attimo. 사고는 순식간에 일어났다.

Un attimo, per favore!- 잠깐만요!

---

[26] Fare capricci 짜증(골)을 부리다, 떼를 쓰다.

attivo- 1. 활발한

essere parte attiva di qualcosa- ~에 능동적으로 참여하다

Mi piacerebbe essere parte attiva di quel progetto. 저는 그 계획에 능동적으로 참여하고 싶습니다.

in servizio attivo- 현역에 있는, 근무 중인, 취역중인

Quando è avvenuta la rapina era in servizio attivo proprio lì. 강도가 발생했을 때, 그는 그곳에 근무 중이었다.

uomo attivo- 활동적인 사람

vulcano attivo- 활화산

2. 자산, 대변잔고

ammontare dell'attivo- 자산총액, 합계 자산

attivo disponibile- 유동자산

Il mio conto in banca ha esaurito l'attivo disponibile. 은행에 있는 내 계좌는 유동자산으로 모두 써버렸다.

essere in attivo- 흑자이다, 이익/이윤을 내다

in attivo- (경영이) 흑자로

Grazie a quell'affare, i conti sono tornati in attivo. 그 거래에 감사드립니다. 거래가 흑자로 돌아섰습니다.

atto- 행위

all'atto di ~ ~할 때에, ~와 동시에

all'atto di carico- 적재할 때

all'atto di consegna- 배달시에, 인도와 동시에

all'atto di ordinazione- 주문시에, 주문할 때

all'atto di pagamento- 지불시에

all'atto pratico- 사실상, 실제로(= in pratica)

All'atto pratico è il suo braccio destro che prende tutte le decisioni. 사실상 그의 오른팔(심복)이 모든 결정을 한다.

dare atto di- ~을 공인하다(= riconoscere qualcosa)

Ti do atto che sei stato bravo. 나는 네가 뛰어나다는 것을 인정해.

essere in atto- 진행 중이다

Il nostro programma è già in atto. 우리 프로그램은 이미 진행 중이다.

Sono in atto indagini sul suo conto. 나는 그의 계좌에 관해 조사 중이다.

fare atto di fare qualcosa- ~하는 척하다(= Sembra che uno faccia una cosa ma dopo non la fa.)

Fece atto di andarsene, ma poi rimase. 그는 가는 척했지만 머물러 있었다.

fare atto di presenza- (모임 따위에) 잠깐 얼굴을 내밀다, 형식적으로 가다

Il sindaco ha fatto atto di presenza al concerto. 시장은 연주회에 잠깐 얼굴을 비췄다.

in atto- 진행 중인

mettere in atto qualcosa- ~을 실행에 옮기다, 행동으로 옮기다, 실현하다

È fortunato: è riuscito a mettere in atto i suoi desideri. 행운이다. 그는 자신의 바람을 실행에 옮길 수

있었다.

nell'atto di~ ~하는 도중에; 현행범으로

Fu sorpreso nell'atto di rubare. 그는 훔치다가 현행범으로 체포되었다.

Nell'atto di cadere si aggrappò alla ringhiera. 그는 넘어지면서 난간을 붙잡았다.

prendere atto di qualcosa- ~에 주의/주목하다; 촉각을 곤두세우다

Ho preso atto della sua disponibilità ad aiutarmi e la ringrazio. 저를 도와줄 의향이 있으신지 촉각을 곤두세웠는데 감사드립니다.

attorno- (부사) 주위에, 부근에

andare attorno- 주위를 돌아다니다, 이리 저리 다니다, 배회하다

darsi attorno- 분주하다, 활발해지다, 일을 시작하다

guardarsi attorno- 돌아/둘러보다, ~을 찾기 위해 (여기저기 여러 곳을) 둘러보다

Prima che mi licenzino devo iniziare a guardarmi attorno per trovare una nuova occupazione. 그들이 나를 해고하기 앞서 새 직장을 구하기 위해 돌아보기 시작해야 한다.

levarsi d'attorno- 길을 피하다, 비키다

Levati d'attorno, per favore! 비켜 주세요!

levarsi qualcosa d'attorno- 자유로와지다, 해방되다, ~을 제거하다

tutt'attorno- 빙돌아서, 도처에

attraversare- 1. 생각이 나다, 생각이 문득 떠오르다

Un sospetto mi attraversò la mente. 문득 의심이 들었다.

2. (시기를) 지내다, 겪다

attraversare un periodo difficile- 힘든 시기를 보내다

Sto attraversando un momento difficile. 나는 어려운 시기를 보내고 있다.

augurare- 기원하다, 소망하다

augurare a qualcuno di- ~에게 ~하는 것을 기원하다

Ti auguro di trascorrere una bella vacanza. 네가 멋진 휴가를 보내기 바라.

augurare qualcosa a qualcuno- ~에게 ~를 빌다/바라다

Ti auguro un buon viaggio. 좋은 여행이 되길 바라.

Vi auguro un buon fine-settimana. 좋은 주말을 보내길 바라.

augurare buona fortuna a qualcuno- ~에게 행운을 빌다

Auguriamo a tutti buone feste. 모두에게 즐거운 축제가 되길 기원합니다.

Non mi resta che augurarti "Buona fortuna". 네게 "행운를 바란다"라고 축복을 빌어주는 일만 내게 남았군.

Vi auguro buona fortuna. 너희들에게 행운을 빈다.

augurarsi di (o che)- 기원하다

Mi auguro che tutto proceda bene. 모든 일이 잘 되길 기원한다.

Mi auguro di non vederti più. 난 더 이상 널 보지 않기를 바라.

augurio- 축하, 경축, 기원, 염원

Auguri! (기쁜 일 앞에서) 축하해! (기원의 인사) 잘 되길 빌어!

Auguri e felicità agli sposi! 신랑 신부에게 축하와 행복을!

auguri di buon Natale- 성탄 축하 인사

Gli ho fatto gli auguri di buon Natale. 나는 그에게 성탄 축하 인사를 했다.

fare gli auguri a qualcuno- ~에게 축하하다

aula- 강의실

aula di scuola- 교실, 학교 강의실

aula magna- 강당, 큰 강의실

aula universitaria- 대학 강의실

entrare in aula- 강의실에 들어오다

Il professore entra in aula. 교수님이 강의실에 들어온다.

uscire dall'aula- 강의실에서 나가다

A che ora sei uscito dall'aula? 너 몇 시에 강의실에서 나왔니?

avanti- 앞으로, 앞에서

andare avanti- 나아가다, 전진하다, 먼저 가다

Andiamo avanti! 전진합시다! 진도 나갑시다!

Non possiamo andare avanti così. 우리는 이런식으로 진행할 수 없다.

Avanti c'è posto. 앞에 자리가 있다.

avanti e indietro- 앞뒤로

Continuava a fare avanti e indietro fino a che mi sono stancato e ho chiuso la porta. 그는 내가 지칠 때까지 계속 들락거려, 나는 문을 닫았다.

Avanti tutta! (선장이나 함장의 명령) 전속력으로 전진! (= Avanti a tutto vapore!)

Il capitano della nave ordinò: Avanti tutta! 배의 선장이 명령했다. 전속력으로 전진!

correre avanti- 앞으로 달리다

di qui in avanti, d'ora in avanti- 지금부터는, 앞으로는 (쪽), 향후, 이제부터

D'ora in avanti non voglio più vederti. 난 이제부터 더 이상 널 보고 싶지 않아.

essere avanti negli anni- 나이가 들다

Sono troppo avanti negli anni per poter praticare quello sport. 그 운동을 하기에 난 너무 나이가 많다.

essere avanti negli studi/in un affare- 학업/일이 잘 진행되고 있다, 잘 진척되다

fare due passi avanti- 두 발자국 나아가다, 이보 전진하다

farsi (o mettersi) avanti- 나서다, 용기를 내어 ~을 하다/말하다/요구하다

Aveva paura di chiedere un aumento di stipendio ma poi si è fatto avanti e lo ha chiesto. 그는 봉급 인상 요청을 두려워했는데 용기를 내어 청했다.

guardare avanti- 앞을 내다보다

In mezzo a questi problemi devo solo cercare di guardare avanti. 이 문제들 사이에서 나는 앞을 내다 봐야만 한다.

mandare avanti la famiglia-가족을 (어떻게든) 부양하다

Lavora anche di notte per mandare avanti la famiglia. 가족을 부양하기 위해 그는 밤에도 일한다.

mettere le mani avanti- 신중을 기하다, 조심하다(= cautelarsi), 신중하게 조건을 제시하다

Non ora, più avanti. 지금이 아니라 나중에.

"Permesso?" "Avanti!" "(문을 열고서) 들어가도 되나요?" "들어오세요!"

piegarsi avanti- 앞으로 구부리다

tirare avanti- 계속 가다(= continuare); 계속 분투하다/몸부림치다; (힘들거나 고통스러워도) ~으로 그럭저럭/근근히 살아가다[27]; 견디다

Come va? Mah, si tira avanti. 요즘 어때? 글쎄, 근근히 살아.

Tiriamo avanti con lo stipendio di mio marito. 우리는 남편 봉급으로 그럭저럭 살아간다.

avanzo- 나머지, 잔여물

avanzi di cibo- (식사 후에) 남은 음식

Per cena ci sono solo degli avanzi. 저녁 식사로 남은 음식밖에 없다.

avanzi di magazzino- 재고품

avanzo di galera- 감옥을 제집 드나들듯 하는 사람

S'era circondato di una banda di avanzi di galera. 그는 감옥을 제집 드나들듯 하는 사람 무리에 둘러싸여 있다.

averne/essercene d'avanzo- 풍부하게, 충분히, 필요이상으로 있다, 여분이 충분하다

Ce n'è d'avanzo. 충분히 남아돈다.

Ne ho d'avanzo. 나는 그것을 충분하게 갖고 있다.

avaro- 1. 구두쇠, 수전노

L'avaro buono è l'avaro del tempo. (속담) 좋은 구두쇠는 시간을 아낄 줄 아는 사람이다.

L'avaro è come il porco, che è buono dopo morto. (속담) 구두쇠는 죽은 다음에 남 좋게 하는 돼지와 같다.[28]

L'avaro è come l'asino che porta il vino e beve l'acqua. (속담) 구두쇠는 포도주를 나르고 난 뒤 물을 마시는 당나귀와 같다.

L'avaro è procuratore dei suoi beni e non signore. (속담) 인간은 재산의 관리자이지 주인이 아니다.

L'importuno vince l'avaro. (속담) 사고뭉치가 구두쇠를 이긴다.

Molti soffrono per necessità, ma l'avaro per volontà. (속담) 많은 사람들은 가난 때문에 힘들어 하지만, 구두쇠는 유언장 때문에 괴로워한다.

2. 인색한

essere avaro di complimenti/lodi- 칭찬에 인색하다

avere- 가지다

avercela con- ~에게 감정/원한을 품다(=provare rancore per), ~에게 반감을 갖다(=provare antipatia per)

Io non ce l'ho con te. 난 너한테 감정이 없다.

averci- ~을 가지다, 소지하다

---

[27] 이 관용어는 부정적인 의미로 사용된다. 그 의미는 봉급은 적은데 집에서 돈을 버는 사람은 한 명밖에 없을 때 사용한다. 전반적으로 변하고는 있지만 아직까지 주로 남부 출신 이탈리아 사람들은 남편은 일하고 아내는 전업주부로 산다. 반면 북부 이탈리아 사람들은 거의 대부분 맞벌이 생활을 한다.

[28] 살아 생전에 악착같이 돈만 모으다가 정작 자기자신은 모은 돈을 쓰지도 못하고, 죽고나서 후대의 사람들만 좋게 한다는데서 나온 관용어이다.

Ha il passaporto? 여권을 갖고 있습니까? Sì, ce l'ho. Eccolo! 예, 있습니다. 여기요!

avere caro- 좋아하다(= gradire)

avere a che fare, vedere con- ~에 관계/관련이 있다, ~와 상관이 있다

È inutile che io le parli: vuole avere a che fare solo con te. 내가 그녀에게 말해도 소용없어. 그녀는 너하고만 관계하고 싶어해.

avere a cuore- ~을 염두해 두고 있다, 마음에 두다, 애착하다

Mia nonna mi ha sempre avuto molto a cuore. 할머니는 항상 나를 마음에 쓰셨다.

avere a che dire con qualcuno- ~와 싸우다(= litigare con)

avere a mente- 기억하다(= ricordarsi)

avere compassione per qualcuno- ~에게 연민, 동정을 느끼다

avere da + 동사원형- ~해야 한다(= dovere)

Ho da confidarti un segreto. 네게 비밀 한가지를 털어 놔야겠다.

Ho da lavorare tutto il giorno. 나는 하루종일 일해야 한다.

avere il diritto di + 동사원형- ~하는 권리를 갖다, 할 권리가 있다.

Ho il diritto di sapere la verità. 나는 진실을 알 권리가 있다.

avere in mano qualcosa- ~을 손에 쥐고 있다

avere in odio- 미워하다, 증오하다(= odiare)

avere interesse per qualcosa- ~에 관심을 갖다

avere le mani bucate- 낭비벽이 심하다, 흥청 망청 쓰다

Ha le mani bucate. Non è mai riuscito a risparmiare nulla. 그는 낭비벽이 심해 아무것도 모을 수 없었다.

avere(o tenere) le mani in tasca- 주머니에 손을 넣다

Tenere le mani in tasca non è segno di educazione. 주머니에 손을 넣고 있는 것은 예의 바른 태도가 아니다.

avere luogo- 행해지다, 이루어지다(= svolgersi), 개최되다, 일어나다

Il convegno avrà luogo tra una settimana. 회의가 주 중에 열릴 것이다.

avere molto di qualcuno- ~을 무척 닮다(= assomigliare a)

Ha molto del padre. 그는 아버지를 많이 닮았다.

avere parte in qualcosa- ~에 참여/참가/가담하다; 협력하다

In quella vicenda lui non ne ha avuto parte. 그는 그 사건에 가담하지 않았다.

avere per regola di fare qualcosa- ~하는 것을 규칙으로 삼다, ~하는 것을 상례로 하다

avere qualcosa per la testa- 신경쓰다, 걱정하다(= essere preoccupato)

avere qualcosa per le mani/alle mani/in mano- ~이 수중에 있다, ~을 작업 중이다.

Prima di denunciarlo si capiva che aveva qualcosa in mano, qualche prova o indizio. 그를 고소하기에 앞서 몇몇 증거나 단서가 수중에 있어야 할 수 있었다.

avere qualcuno dalla propria parte- ~을 자기편으로 두다, ~을 의지하다(= averne appoggio)

avere un po' dell'incosciente- 약간 비양심적이다(= essere un po' incosciente)

avere una grande passione per qualcosa- ~에 대해서 대단한 열정을 가지고 있다

averne abbastanza- ~에 지겹다, 충분하고도 남든다, 지긋지긋하다

Ne ho abbastanza di questa storia. 이 이야기는 지긋지긋하다.

averne per un pezzo- 꽤 오랜 시간이 걸리다

I medici dicono che ne avrà ancora per un pezzo. 의사들은 여전히 상당한 시간이 걸릴 거라고 말한다.

aversela a male- (오해로) ~을 불쾌하게 받아들이다; 기분이 상하다, 화가 나다

Non avertela a male se non ti invito a quella cena. Ho già troppi invitati. 내가 너를 저녁식사에 초대하지 않더라도 기분 나쁘게 받아들이지 마. 이미 손님이 너무 많아.

aversene a male- 기분이나 감정이 상하다(= offendersi)

Non te ne avere a male per così poco! 그렇게 별것 아닌 일에 기분 상해하지 마!

Che hai? (몸이 좋지 않을 때) 무슨 일이야?

Chi poco ha, poco dà. (성경) 적게 가진 사람은 적게 준다.[29]

non avere niente a che fare- ~와 아무런 관계가 없다, ~와 아무런 상관이 없다(= non avere alcun rapporto con qualcuno, non vedersi con qualcuno)

avido- 열망하는, 갈망하는, 굶주린, 탐욕스러운

essere avido di- ~을 갈망하다

È avido di imparare. 그는 배움을 갈망한다.

Molti sono avidi di soldi e di onori. 많은 이들이 돈과 명예를 갈망한다.

fissare la preda con gli occhi avidi- 탐욕스러운 눈으로 먹이를 노려보다

avvenire- 1. 발생하다

Avvenga quel che vuole(= avvenga). 무슨 일이 있어도; 어떤 어려움이 있어도.

come spesso avviene- 자주 일어나듯이

È avvenuta una disgrazia. 불행한 일이 일어났다.

2. 장래, 미래, 도래

avere l'avvenire assicurato- 장례가 확실하다

Lo hanno assunto in banca. Ora ha l'avvenire assicurato. 그들이 그를 은행에 채용했다. 이제 그는 미래가 확실하다.

giovane di grande avvenire- 전도유망한 청년, 장래가 촉망되는 청년

A scuola hanno sempre ritenuto che fosse un giovane di grande avvenire. 그들은 그가 학교에서 늘 전도유망한 청년일 것이라고 생각했다.

in avvenire, per l'avvenire- 장래에, 미래에(= in futuro)

L'avvenire è nelle mani di Dio. 미래는 신의 손에 달려 있다.

L'avvenire non mi fa paura. 미래가 날 두렵게 하지 않는다.

pensare all'avvenire dei figli- 자식들의 장래를 생각하다

Devo pensare all'avvenire dei miei figli. Per questo mi trasferirò in città. 나는 자식들의 장래를 생각해서 도시로 이사할 것이다.

avventura- 모험

andare all' aventura- 모험을 떠나다, 예측할 수 없는 결과를 가져오는 행동을 수행하다.

Non sapeva cosa avrebbe trovato. È andato all'aventura. 그는 자신이 무엇을 발견할지 모르고 모험을

---

[29] 이 관용어는 다음의 성경구절에서 유래한다. *"Omni habenti qui non habet et quod habet auferetur ab eo."* "누구든지 있는 사람은 더 받겠고 없는 사람은 있는 것마저 빼앗길 것이다." (루카 19, 26)

떠났다.

film d'avventura- 모험 영화

libro d'avventura- 모험책, 모험소설

per avventura- 우연히(= per caso)

Sono partito per avventura. 나는 우연히 떠났다.

un'avventura a lieto fine- 결말이 행복하게 끝나는 모험

La loro storia si è proprio trasformata in un'avventura a lieto fine. 그들의 이야기는 행복한 결말로 끝이 나는 모험으로 변형되었다.

una vita piena d'avventura- 매우 모험적인 생활, 모험이 가득한 생활

Ho avuto una vita piena d'avventura. 나는 모험적인 삶을 살았다.

avvertire- ~를 경고하다, 알리다

avvertire qualcuno di- ~에게 ~을 경고하다, 알리다

Lo avverto di fare attenzione. 나는 그에게 조심할 것을 경고한다.

Nessuno mi avvertì della sua partenza. 아무도 나에게 그의 출발에 대해서 알리지 않았다.

avviato- 잘 된, 번성한, 탄탄한

azienda ben avviata- 번성한 기업

Mi sembrava un'azienda ben avviata, invece è fallita. 번성한 기업 같았는데 파산했다.

essere bene avviato- (사업이) 번성한

I suoi affari sono molto ben avviati. 그의 사업은 매우 번성한다.

avvisare- 알리다, 공지하다

avvisare qualcuno di qualcosa- ~에게 ~에 대해서 알리다

Hai avvisato gli studenti dell'orario delle lezioni? 너 수업 시간표를 학생들한테 공지했니?

Mi ha avvisato del suo arrivo. 그는 자신의 도착을 내게 알렸다.

avviso- 통지, 광고, 경고, 의견

a mio avviso- 내 의견으로는, 내가 보기에

A mio avviso, lui ha ragione. 내가 보기에 그가 옳다.

C'era un avviso sul giornale. 신문에 한 광고가 있다.

come da avviso- 통지한 바와 같이, 통지한 대로

dare avviso formale a qualcuno- ~에게 공식적인 통지를 하다

A tutti gli operai della fabbrica era stato dato formale avviso della chiusura. 공장의 모든 노동자들에게 폐업을 공식적으로 통지했다.

essere dello stesso avviso- 같은 의견이다

Sono dello stesso avviso. 나도 같은 의견이다.

essere (o stare) sull'avviso- 경계를 늦추지 않다, 빈틈없이 경계하다

Sta sempre sull'avviso; è difficile prenderlo alla sprovvista. 그는 늘 경계를 늦추지 않아서 놀래 키기가 힘들어.

mettere qualcuno sull'avviso- ~에게 주의를 주다

L'hanno messo sull'avviso che non deve fidarsi del suo nuovo socio. 그들은 새 동업자를 신뢰해서는

안된다고 그에게 주의를 주었다.

mettere un avviso su qualcosa- ~에 광고를 내다

mutare d'avviso- 견해를 바꾸다

Era d'accordo con me ma poi ha mutato d'avviso. 그는 나와 동의했지만, 뒤에 가서 의견을 바꾸었다.

ultimo avviso- 최후 통첩

Quello era l'ultimo avviso. Dopo, l'ufficio ha chiuso e chi non ha sentito è rimasto fuori. 그것은 최후 통첩이었다. 사무실이 폐쇄된 것을 알지 못했던 사람은 밖에 남아 있었다.

avvocato- 변호사, 옹호자, 지지자

avvocato del diavolo- 악마의 변호사, 일부러 반대 입장을 취하는 사람

Fa sempre l'avvocato del diavolo pur di contraddirmi! 그는 늘 나를 반대하기 위한 반대를 한다.

avvocato di fiducia- 신뢰할 수 있는 변호사

Ho nominato un mio avvocato di fiducia. 나는 신뢰할 수 있는 변호사를 선임했다.

parlare come un avvocato- 말을 유창하게 하다(= avere facilità di parola); 다른 사람들을 잘 설득시키다(= sapere persuadere gli altri)

rivolgersi a un avvocato- 변호사한테 의뢰하다

saperne quanto un avvocato- 속임수에 능숙하다(= essere abile negli imbrogli)

azienda- 기업, 회사

azienda agricola- 농장

Hanno trasformato la fattoria del padre in un'azienda agricola. 그들은 부친의 농가를 농장으로 변경했다.

azienda di famiglia- 가업

Hanno sempre lavorato nell'azienda di famiglia. 그들은 늘 가업을 일했다.

azienda di servizi pubblici- 공공기관

azienda in perdita- 적자 기업

Ho rilevato un'azienda in perdita. Spero di risanarla. 나는 적자 기업을 이어받았다. 그 기업이 회생하기를 바란다.

azienda individuale- 개인 회사

azienda industriale- 제조 회사

azienda leader- 시장 주도 기업

Quell'azienda è leader nella produzione di componenti elettrici. 그 회사는 전자부품 생산에서 시장을 주도하는 기업이다.

azienda primaria- 선도기업

Ho trovato lavoro in un'azienda primaria nel settore farmaceutico. 나는 제약분야에서 선도적 위치에 있는 기업에 일자리를 구했다.

azienda privata- 민간 기업

azienda pubblica- 공기업, 공사

Le aziende pubbliche sono controllate dallo Stato. 공기업은 국가가 통제한다.

azione- 행동, 실행, 주식, 증권

azione- (촬영) 액션, 행동개시!

azione a distanza- 원격 작용

azione di godimento- 배당주

azione privilegiata- 우선주

entrare in azione- 행동에 들어가다

film di azione- 액션 영화

Ai film romantici preferisco i film d'azione. 나는 애정 영화보다 액션 영화를 좋아한다.

le azioni erano in rialzo. - 주가가 상승했다.

La Borsa di Milano dava le azioni di quella società in rialzo. 밀라노 주식거래소는 그 회사의 주가를 상승시켰다.

Le azioni erano in ribasso. 주가가 하락했다.

mettere in azione- 작동시키다, 켜다

Metti in azione il cervello! 머리를 써라!

passare all'azione- 행동으로 옮기다, 직접 행동에 나서다

Dopo tanti discorsi è ora di passare all'azione. 많은 논의 끝에 직접 행동에 나설 때이다.

azionista- 주주, 주식 소유자

assemblea degli azionisti- 주주총회

azionista di minoranza- 소주주

In quella società è solo un'azionista di minoranza. 그 회사 안에서 그는 단지 소수 주주일 뿐이다.

azionista di riferimento- 주요 주주

azzannare- 1.~에 정신이 팔리다; 먹을 것을 한입에 먹다

Il leone gli azzannò un braccio. 사자는 팔에 정신이 팔렸다. 사자는 팔을 한입에 먹었다.

2.(심한 상처를 입히며) 흉포하게 공격하다

Fu azzannato da una tigre. 그는 호랑이의 흉포한 공격을 받아 목숨을 잃었다.

azzardo- 위험, 위험요소

giocatore d'azzardo- 도박꾼, 투기꾼, 노름꾼

gioco d'azzardo- 도박

mettersi, esporsi all'azzardo- 모험을 해보다, 위험을 무릅쓰다

azzardarsi- 감히 ~하다; (모험하듯) 조심스럽게 말하다

Non azzardarti a parlare! 겁없이 말했단 봐라!

azzeccare- 치다, 쳐서 맞히다, 알아 맞히다, 추측하다

azzeccarci- (지역 사투리) 관계하다, 상관하다(= avere a che fare)

Che ci azzecca? 그게 무슨 상관이야?

azzeccare il bersaglio- 과녁을 맞히다

Ha un'ottima mira. Ha azzeccato il bersaglio al primo colpo. 그는 사격을 제일 잘 한다. 한 방에 과녁을 맞혔다.

azzeccare un calcio a qualcuno- ~을 한 대 차다

Avrei tanta voglia di azzeccargli un calcio. 그를 정말 한 대 차고 싶다.

azzeccare un colpo- ~을 한 대 치다, 한 방 먹이다

azzeccare una risposta- 답을 알아 맞히다

Ha azzeccato la risposta esatta. 그는 정확한 답을 알아 맞혔다.

azzeccarla- 적중하다

Non azzeccarne mai una!- 늘 실수하다(= sbaglia sempre); 불행하다(= è sfortunato)

Nonostante si impegni non riesce mai ad azzeccarne una giusta. 그는 아무리 집중해도 맞는 것을 하나도 맞출 수 없다.

azzurro- 파란, 푸른색의

avere gli occhi azzurri- 푸른 눈을 가지다

Lei ha i capelli biondi e gli occhi azzurri. 그녀는 금발에 푸른 눈을 가졌다.

azzurro cupo- 짙은 파란색의, 짙은 청색

Grotta azzurra- 카프리 섬에 있는 푸른 동굴

principe azzurro- (매력, 친절등을 다 갖춘) 완벽한 남자친구, 백마탄 왕자

La signorina ha potuto sposare il suo <principe azzurro>. 아가씨는 '백마 탄 왕자'와 결혼할 수 있었다.

B

bacare- (특히 도덕적으로) 망치다, 부패하게 하다, 훼손하다

Le cattive letture gli bacano la mente. 나쁜 독서가 정신을 망친다.

bacarsi- 벌레먹다

Le mele si sono bacate. 사과가 벌레먹었다. 벌레먹은 사과이다.

bacato- 벌레먹은, 부패한, 도덕적으로 타락한

avere il cervello bacato- 나사가 좀 풀린 것 같다, 행동이 이상하다

Quel ragazzo ha proprio il cervello bacato. Combina solo guai. 그 소년은 정말 나사가 좀 풀린 것 같아. 문제만 일으켜.

frutta bacata- 벌레 먹은 과일

mente bacata- 타락한/썩은 정신

Non ragiona! Ha la mente bacata. 사리에 맞이 않아! 그는 타락한 정신을 갖고 있다.

baccano- 떠들석한 소리, 소음

fare baccano- 소란을 피우다, 시끄러운 소리를 내다

fare un baccano infernale/del diavolo- 굉장한 소란을 피우다

I vicini facevano un baccano del diavolo ieri notte all'una. 어제밤 1시에 이웃집 사람들이 정말 시끄럽게 떠들었다.

bacchetta- 막대기, 지팡이, 젓가락

bacchetta magica- 마술 지팡이

comandare qualcuno a bacchetta- ~을 혹독하게 다스리다, 강압적으로 명령하다

Quella signora ha sempre comandato il marito a bacchetta. 그 아줌마는 남편을 항상 강압적으로 명령했다.

con un colpo di bacchetta- 거의 마술로(= quasi per magia)

la bacchetta del direttore d'orchestra- 오케스트라 지휘봉

Bacco- (로마신화) 바커스, 주신, 포도주(vino)

devoto a bacco- 열성적인 애주가, 주벽(= vizio di bere)

effetti di bacco- 음주 효과, 취기

Ieri sera ho incontrato un mio amico ma era sotto gli effetti di bacco e quindi non mi ha riconosciuto. 어제 밤에 내 친구를 만났지만 그는 취해 있어서 날 알아보지 못 했다.

per bacco(o perbacco/corpo di bacco)!- (놀라움이나 경악을 나타낼 때 사용되는 감탄사) 세상에!

baciare- 입맞추다

baciare la mano a una signora- 어떤 부인의 손에 입맞추다

baciare la polvere- 실패하다, 패배하다, 패배하여 땅에 넘어지다(= cadere a terra sconfitto)

baciare la terra sotto i piedi di qualcuno- ~을 흠모하다, ~을 열렬히 사랑하다

Dovrebbe baciare la terra sotto i piedi di suo padre. Lo ha sempre aiutato e sostenuto. 당신은 당신의 부친을 열렬히 사랑해야 할 것입니다. 그는 늘 당신을 도와주고 지탱해 주었습니다.

baciare qualcuno in fronte, sulle labbra, sulle guance- ~의 이마, 입술, 뺨에 입맞추다

È stato baciato in fronte alla fortuna. 행운이 그에게 웃음 짓는다.

La fortuna ti ha baciato in fronte. 행운의 여신이 널 도왔다.

Vi bacio le mani. 너희들에게 안부를 전한다.

bacino- 양푼, 대야, 분지, 유역, 부두, 선착, 정박지

bacino di carenaggio- 드라이 독, 건선거(항구에서 물을 빼고 배를 만들거나 수리할 수 있는 곳)

bacino di colata- 주입 대야

bacino di raccolta- 수채구멍의 찌거기 받이

L'acqua piovana è conveniente raccoglierla in un bacino di raccolta. 빗물이 수채구멍의 찌거기 받이에 모이기에 적합하다.

bacino in prova- (조선공학) 독시험

fare entrare una nave in bacino- 배를 선착장에 들어가게 하다

il bacino del Po- 포강 유역

bacio- 입맞춤

al bacio- 완벽하게(= alla perfezione), 꼭 맞게(= a puntino); 성공적으로 이루어 진 것을 지칭할 때; (기쁨, 흡족함을 나타낼 때) 정말 잘 됐어; 알맞게 요리된

"Ti piace com'è venuta la torta nuziale?" "Oh, sì, è proprio al bacio!" "결혼식 케이크가 네 마음에 들게 됐니?" "어, 정말 잘 됐어!"

baci e abbracci- 키스와 포옹

bacio della morte- 죽음의 입맞춤, 불행한 결과를 불러일으키는 행위

bacio della pace- 화해의 표시

bacio di Giuda- 유다의 입맞춤, (친절을 가장한) 배신 행위(= bacio del traditore)

coprire, mangiare di baci- (애정의 발로로) 입맞춤을 온통 퍼붓다

Quel bambino è così simpatico che lo mangerei di baci. 그 아이는 너무 이뻐서 나는 그를 숨막히도록 뽀뽀해 주고 싶다.

dare un bacio a qualcuno- ~에게 뽀뽀(입맞춤)해주다

due baci- (이탈리아인들이 두 뺨에 하는 입맞춤) 양볼 키스

una cena al bacio- 훌륭한/탁월한 저녁식사(= un'ottima cena)

bacetto- 뽀뽀

Tesoro, dai un bacetto alla mamma! 얘야, 엄마한테, 뽀뽀!

baco- 유충

avere il baco del guadagno- 돈 벌 궁리만 하다

Non pensa ad altro che ai soldi. Ha il baco del guadagno. 그는 돈 밖에는 생각 안해. 돈 벌 궁리만 한다.

avere il baco di- 계속 같은 생각만 하다

baco da seta- 누에

fare i bachi- 누에를 기르다, 누에를 치다, 양잠하다

badare- 1. 주의하다(= fare attenzione)

Bada a come parli! 말 조심해!

Bada a non cadere! 넘어지지 않도록 조심해!

Bada a quello che fai! 네가 하는 일을 조심해!

Bada di non perdere i soldi! 돈을 잃어버리지 않도록 조심해!

2. 돌보다

badare a- 돌보다(= prendersi cura, occuparsi di)

Chi bada ai bambini? 누가 아이들을 돌보지?

Lui è maggiorenne, saprà badare a se stesso. 그는 성년이고, 자기 일은 알아서 할 줄 알거야.

Ormai so badare da solo ai fatti miei. 이제는 혼자 내일을 알아서 할 줄 안다.

3. 관심을 갖다, 신경을 쓰다

badare a- 관심을 갖다, 신경을 쓰다(= interessarsi di)

Bada ai fatti tuoi. 네 일이나 해라. 참견 마라.

È un egoista, bada solo ai fatti suoi. 그는 이기주의자라서 자기 일에만 신경을 쓴다.

I giovani di oggi non badano a queste cose. 오늘날 젊은이들은 이런 일에는 신경을 안 쓴다.

Lui bada solo a mangiare. 그는 먹는 것에만 관심이 있다.

badare al proprio interesse- 자신의 이익에만 관심을 갖다

Lui bada solo al proprio interesse. 그는 자신의 이익에만 관심이 있다.

4. 무게를 두다(= dare peso a), 중요성을 부여하다(dare importanza)

Non badargli, è fatto così. 그에게 마음 쓰지마, 본래 그런 사람이니까.

Non badare a quello che dice. 그 사람이 하는 말에 마음 쓰지마.

senza badare a spese- 비용에 구애받지 않고서, 비용을 생각하지 않고

badante- 가정 도우미, 간병인, 다른 사람을 돌보는 사람

Che lavoro fa? Faccio la badante di una signora anziana per ora. 무슨 일을 하세요? 지금은 연세드신 부인의 가정 도우미 역할을 하고 있어요.

baffi- 콧수염

baffi a spazzola- 칫솔 수염(끝부분을 네모지게 짜른 수염)

coi baffi- 정말 좋은, 훌륭한, 눈부신 사람이나 물건

farla sotto i baffi a qualcuno- ~의 바로 눈앞/면전에서 하다, ~을 대놓고 하다

farsene un baffo- 상관하지 않다, 조금도 신경쓰지 않다

Io me ne faccio un baffo! 난 더 이상 상관하지 않겠다!

leccarsi i baffi- 입맛을 다시다, (먹고 싶어서 또는 고대하면서) 입술을 핥다

Quando abbiamo sentito i profumi meravigliosi che venivano dalla cucina ci siamo leccati i baffi. 우리는 부엌에서 풍겨오는 향긋한 냄새를 느꼈을 때 입맛을 다셨다.

Mi fa un baffo. 난 전혀 개의치 않아. (= Non me ne importa.)

portare i baffi- 콧수염을 기르고 다니다

radersi, tagliarsi i baffi- 코수염을 자르다

ridere sotto i baffi- 마음속으로 웃다; 기뻐서 몰래 웃다, 혼자 웃다, 킬킬 거리다(= ridere di nascosto, con malizia o con compiacenza)

Il campione se la rideva sotto i baffi sentendo le spacconate dello sfidante e sapendo che avrebbe stravinto. 챔피언은 도전자의 허풍을 들으면서 자기의 낙승을 알기에 속으로 웃었다.

torta da leccarsi i baffi- 입맛을 다시게 할 만한 파이, 맛있는 파이(= torta gustosa)

una cena coi baffi- 근사한 저녁 식사

bagaglio- 수하물; 군용배낭

bagaglio a mano- (기내 반입 가능한) 휴대 수하물

Sono partito solo con il bagaglio a mano. 그는 기내 반입이 가능한 수화물만 가지고 떠났다.

Deposito bagagli- 수하물 취급소, (역 등에 있는 유료) 짐 보관소

Ho dimenticato la valigia al deposito bagagli della stazione. 나는 역 수화물 보관소에 있는 가방을 잊고 놔 두었다.

disfare i bagagli- 짐을 풀다

fare i bagagli- 짐을 싸다, 짐을 챙기다, 짐을 꾸리다

partire/andarsene con armi e bagagli- 모든 자기 짐을 갖고 떠나다(= partire con tutto ciò che si possiede)

scontrino del bagaglio- 수하물/짐 영수증

viaggiare con molti bagagli- 많은 짐을 갖고 여행하다

bagnare- 씻기다, 적시다

bagnare (un avvenimento)- 행사를 축하하다

Ha invitato tutti gli amici a bagnare la laurea insieme a lui. 그는 자기와 함께 졸업행사를 축하하기 위해 모든 친구들을 초대했다.

bagnarsi- 젖다

bagnarsi i capelli- 머리카락을 적시다

Questa pioggia mi ha bagnato tutti i capelli. 이 비가 내 머리를 모두 적셨다.

bagnarsi la gola- 목을 축이다, 술을 마시다

Versami un po' di vino che mi bagno la gola. 목좀 축이게 포도주를 따라라.

Genova è bagnata dal mare. 제노바는 바다를 끼고 있다.

bagnato- 젖은

bagnato come un pulcino- 물에 빠진 생쥐/병아리 같은; 흠뻑 젖은

Quando è arrivato a casa era bagnato come un pulcino. 집에 도착했을 때 그는 흠뻑 젖어 있었다.

bagnato di sudore- 땀으로 젖은

Alla fine della corsa era bagnato di sudore. 경주 마지막에 그는 땀으로 젖어 있었다.

bagnato fino alle ossa/bagnato fradicio- 흠뻑 젖은, 축축하게 젖은

Pioveva e sono tornato bagnato fradicio. 비가 와서 흠뻑 젖어 돌아왔다.

Piove sempre sul bagnato. (1) (행운을 가리킬 때) 하나가 잘되면 만사가 잘된다.

(2) (불운을 가리킬 때) 비가 내렸다 하면 억수로 퍼붓는다; 엎친데 덮친다, 설상가상

Ha vinto alla lotteria ed era già pieno di soldi. È proprio vero che piove sempre sul bagnato! 그는 이미

돈이 엄청 많은데 복권에 당첨되었다. 잘 되는 놈이 항상 잘 되는게 정말 맞나!

bagno- 목욕, 목욕탕, 화장실

  andare al bagno- 화장실에 가다

Posso andare al bagno? 화장실에 가도 돼요?

  bagni di fango- 진흙 목욕

Alle terme ho fatto i bagni di fango per i miei reumatismi. 나는 류머티즘 때문에 온천에서 진흙 목욕을 했다.

  bagni pubblici- 공중/대중 목욕탕

Quei bagni pubblici sono piuttosto sporchi. 그 대중 목욕탕은 정말 지저분하다.

  bagni termali- 온천

  costume da bagno- 수영복

  Dove è il bagno? 화장실이 어디죠?

  essere in un bagno di sudore- 몹시 땀을 흘리다, 땀으로 목욕하다

Oggi fa così caldo che sono in un bagno di sudore. 오늘 너무 더워서 나는 땀으로 목욕한다.

  fare il bagno- 목욕하다(= in vasca); (강, 바다 등에서) 멱을 감다; 수영하다

Cosa stai a fare seduto sotto l'ombrellone? Andiamo a fare il bagno! 너 파라솔 밑에 앉아서 뭐하고 있니? 수영하러 가자!

Faccio il bagno nella vasca da bagno. 나는 욕조에서 목욕한다.

  farsi il bagno- 목욕하다

Se vuoi farti il bagno, devi aspettare, perché non c'è acqua. 물이 없으니까 네가 목욕하고 싶으면 기다려야 해.

Secondo me si fa il bagno una volta la settimana. 내가 보기에 그는 한주에 한 번 꼴로 목욕한다.

  mettere a bagno- (액체 속에 푹) 담그다

I fagioli vanno messi a bagno per alcune ora prima di poterli cucinare. 완두콩은 요리하기 전에 몇 시간 물 속에 담가야 된다.

  Va' a fare un bagno! 썩 꺼져! (= Va' a quel paese!)

  vasca da bagno- 욕조

baldoria- 여흥, (노래하고 웃고 술 마시며) 떠들썩하게 놀기

  fare baldoria- 즐거운 시간을 보내다, 재미있는 시간을 갖다

Per festeggiare il mio compleanno sono uscito a fare un po' di baldoria con gli amici. 내 생일을 축하하기 위해 친구들과 잠시 재미있는 시간을 가지려고 외출했다.

baleno- 번갯불, 섬광

  in un baleno- (1) 순식간에, 눈 깜짝할 사이에(= in un attimo, in un batter d'occhio)

Ha capito in un baleno. 그는 즉시 이해했다.

(2) 삽시간에

Dopo il baleno viene il tuono. 번개 뒤에 천둥이 온다. 어떤 일의 징조가 있으면 반드시 그 일이 생기게 마련임을 비유적으로 이르는 말.

La storia si è diffusa in un baleno. 그 이야기가 삽시간에 퍼졌다.

bàlia- 보모

andare a fare la bàlia- 보모를 하러 가다

avere bisogno della bàlia- 곤경에서 벗어날 수 없다(= non essere capace di togliersi dagli impicci)

bàlia asciutta- (젖을 먹이지 않는) 보모

dare a bàlia - 보모에게 맡기다

Una volta era abitudine dare i bambini a bàlia. 옛날에는 아기를 보모에게 맡기는 습관이 있었다.

tenere a bàlia qualcosa- 오랫동안 실현을 지연시키다, 일이 늦게 실현되게 하다

balìa- 권력, 세력

in balìa delle onde- 물결치는 대로, 물결 가는 데로

Quella nave era in balia delle onde fino a che non si è calmato il vento. 그 배는 바람이 잦아들지 않아서 파도 앞에서 속수무책이었다.

in balìa di qualcuno- ~에 좌우되다, ~에 휘둘리다

Per molto tempo è rimasta in balia di quel fidanzato geloso e violento. 오랜 기간 동안 그녀는 질투가 심한 폭력적인 남자 친구에게 휘둘렸다.

in balìa di se stesso- 무력한, 속수무책인; 통제불능의(= fuori controllo)

Lo hanno lasciato solo, in balia di se stesso. 통제불능이어서 그들은 그를 혼자 놔두었다.

balla- 거짓말, 거짓말 같은 이야기; 쓰레기

raccontare balle- 말 같지 않은 말을 하다, 거짓말 같은 얘기를 하다

Sono tutte balle! 모두 쓰레기야! 모두 형편없어!

un sacco di balle- 거짓말투성이

L'altra sera mi ha raccontato un sacco di balle; non è mai stato né in Africa né in Australia. 요 전날 밤에 그는 나에게 황당한 얘기를 했는데, 그는 아프리카에도 호주에도 가지 않았다.

ballare- 1. (타동사) 춤추다

ballare un tango, un valzer- 탱고, 왈츠를 추다

2. (자동사) 춤추다, 동요하다

ballare come un orso- 우스꽝스럽게 춤추다, 어설프게 춤추다

In discoteca ha fatto ridere tutti perché ballava come un orso. 디스코텍에서 그는 우스꽝스럽게 춤을 춰서 모두를 웃게 했다.

ballare dalla gioia- 기뻐서 춤추다, 기뻐 날뛰다

Sono così felice che mi metterei a ballare dalla gioia. 난 너무 행복해서 기뻐 날뛸거야.

fare ballare qualcuno- ~을 하라는 대로 하게 하다, ~에게 압도적인 권위를 행사하다

non sapere ballare- 춤출 줄 모르다

Quando il gatto non c'è i topi ballano. (속담) 고양이가 자리를 비웠을 때 쥐는 마음놓고 논다. 호랑이 없는 굴에는 토끼가 왕이다.

ballo- 춤, 무도회

ballo in costume- 가장 무도회

ballo in maschera- 가면 무도회

canzone a ballo- 발라드

corpo di ballo- 무용단

entrare in ballo- 엮이다(= essere in gioco, essere coinvolti), ~가 걸린 상황이다; (비유적) 등장하다, 두드러지게 되다, 중요해지다, 재미있게 되다

essere in ballo- 빠져나오기 힘든 일에 연루되다, 위급하게 되다(= essere a rischio, andare di mezzo, patire conseguenze)

In questa iniziativa[1] c'è in ballo il futuro della mia impresa. 이 대규모 사업으로 내 회사의 미래가 위급하게 된다.

maestro di ballo- 댄스 교사

musica da ballo- 무용 음악

Quando si è in ballo bisogna ballare. 일단 시작한 일은 끝을 내는 것이 좋다. 시작한 이상 끝까지 해라.

scuola di ballo- 무용학교

tirare/mettere in ballo qualcosa- 반박하거나 논쟁하기 위해 (화제를) 꺼내다(= prenderla in esame, in considerazione per discuterla o contestarla); (이야기 중인 내용과 상관없는) ~을 끌어들이다

Non tirare in ballo di nuovo quella questione. 그 문제를 다시 꺼내지 마.

venire in ballo- (비유적) 의제가 되다

balzare- 뛰어오르다, 도약하다

balzare agli occhi- 분명하게 나타나다, 명백해지다

balzare in primo piano- 갑자기 중요성을 띠다

Mi è balzata in mente l'idea che- ~라는 생각이 내게 떠올랐다

balzo- 뜀, 비상, 기회

aspettare la palla al balzo- 유리한 기회를 기다리다

d'un balzo- 단번에 뛰어

fare un balzo- 도약하다, 진보하다, 발전하다

prendere (o cogliere) la palla al balzo- 공이 튀어오를 때 잡다; 기회를 잡다(= cogliere l'occasione)

Appena si è liberato quel posto, ha preso la palla al balzo e si è fatto avanti. 그 자리가 비자마자 그는 기회를 잡아 앞으로 나섰다(자진해서 일을 맡아 나섰다).

un balzo in avanti- 훨씬 나아짐, 대단한 발전

bambagia- 솜

essere di bambagia- 허약한, 연약한(= essere delicato/debole)

tenere, crescere nella bambagia- 애지중지하다; 온갖 응석을 다 받아주다

È un bambino delicatissimo; l'hanno sempre tenuto nella bambagia, perciòè sempre malato. 그들은 늘 금이야 옥이야, 매우 허약한 아이여서 늘 아프다.

bamboccio- 토실토실 살찐 아이, 어리석은 아이(= scioccone)

bamboccione- 큰아이, 철부지

fare il bamboccio- 어리석게 행동하다(= agire scioccamente)

Non fare il bamboccio!- 철부지 어린애처럼 굴지마!

---

[1] 'iniziativa'라는 단어는 '기업, 회사, 모험성이 있는 대규모 사업, 산업'을 의미하기도 한다.

bambola- 인형, 얼굴은 예쁘지만 무표정한 젊은 여자

    andare in bambola- (스포츠 속어. 지나친 긴장으로 인한 피로로) 멍하다, 망연자실하다

Il capo lo ha sgridato per quell'errore e lui è andato in bambola. 그 실수 때문에 대장이 그에게 소리 지르자 그는 멍해졌다.

    bambola di pezza- 헝겊인형, 봉제완구

    giocare alle bambole- 인형 놀이를 하다

    giocare con la bambola- 인형을 가지고 놀다

banca- 은행

    a mezzo banca- 은행을 통해, 계좌 이체로

Vorrei che tu mi pagassi a mezzo banca. 계좌 이체를 통해 제게 지불해 주시기 바랍니다.

    banca dati- 데이터 뱅크

    banca del sangue- 혈액은행

    conto in banca- 은행 계좌

Ora tutti i conti in banca verranno controllati. 이제 모든 은행 계좌는 통제된다.

    depositare/versare in banca- 예금하다

    impiegato di banca- 은행 직원

    rapinare una banca- 은행을 털다, 은행강도짓을 하다

banco- 1. 책상, 진열대, 의자

    al banco- 진열대에서

In Italia in molti bar c'è una differenza fra i prezzi al banco e quelli al tavolo. 이탈리아의 많은 바에선 진열대에 서서 마시는 것과 테이블에 앉아서 마시는 것에 가격 차이가 있다.

    banco di chiesa- (교회의 길게 나무로 된) 신도석, 신자석

    banco di controllo- 검사대

Lascia le borse al banco di controllo. 그는 가방을 검사대에 놓는다.

    banco di ghiaccio- 부빙(바다에 떠다니는 얼음 덩어리), 빙원

Gli scienziati dicono che al Polo Nord si stia sciogliendo un grande banco di ghiaccio. 과학자들은 북극의 빙하가 녹고 있다고 말한다.

    banco di memoria- (컴퓨터 등의) 기억장치

    banco di pesci- 물고기떼

    banco di prova- 시험대; (비유) 시금석, 진정한 척도, 시험장

L'esame sarà il banco di prova della sua preparazione. 시험은 그의 준비에 대한 척도가 될 것이다.

    banco di scuola- 학교 책상

    da banco- (특히 약을) 처방전 없이 살 수 있는

    farmaco, prodotto da banco- 일반 판매 의약품, 처방전 없이 구입할 수 있는 약

Per comperare questa medicina non serviva la ricetta medica, è un prodotto da banco. 일반 판매 의약품이어서, 이 약을 사는 데는 처방전이 필요 없었다.

    roba (di) sotto banco- 관련 고객을 위해 따로 보관해 둔 물건

    sotto banco- 불법적으로/비밀리에 거래되는

È finito in prigione per aver accettato una 'percentuale'[2] sotto banco. 그는 불법적인 수수료를 챙기려다 교도소로 갔다.

tener banco- 대화나 모임을 주도하다, 조종하다, 생기를 불어넣다(= animare, guidare, dominare discussioni/riunioni)

Sono stufa delle loro feste; è sempre lui che tiene banco. 항상 그가 모임을 주도하니깐, 나는 그들의 파티에 싫증이 난다.

tenere banco con tutti- 저항하다(= resistere)

tenere il banco- 판돈을 쥐다

2. 은행(= banca); (도박에서) 물주의 돈, 판돈

Banco di Napoli- 나폴리 은행

fare saltare il banco- (도박에서) 물주의 판돈을 쓸어가다, 판돈 대는 사람을 파산시키다

Con quella vincita ha fatto saltare il banco. 그 승리로 그는 판돈을 쓸어갔다.

banchetto- 연회, 잔치, 향연, 뒤풀이

banchetto di laurea- 졸업식 뒤풀이

banchetto di nozze- 결혼식 피로연

partecipare a un banchetto di nozze- 결혼식 피로연에 참가하다

sala dei banchetti- 연회장, 연회실

bandiera- 깃발

a bandiere spiegate- 기를 나부끼게 하고, 의기양양하게, 대성공하여

Lo hanno accolto a bandiere spiegate. 그들은 기를 나부끼며 그를 환영했다.

abbandonare la bandiera- 항복하다, 전향하다(= disertare)

alzare bandiera bianca- 백기를 들다, 포기하다, 단념하다, 항복을 표시하다

L'avversario era molto più forte di lui così ha alzato bandiera bianca e si è arreso. 상대가 너무 강해 그는 백기를 들고 포기했다.

alzare la bandiera- 깃발을 높이 치켜들다, 깃발을 올리다

alzare la propria bandiera- 자신의 견해를 표현하다

ammainare la bandiera- 깃발을 내리다, (경례, 항복의 표시로) 기를 내리다

Hanno ammainato le bandiere in segno di lutto per la morte di quei soldati. 그들은 그 군인의 죽음에 애도를 표하기 위해 깃발을 내렸다.

andare sotto la bandiera- 군 복무를 하다(= prestare servizio militare)

bandiera abbrunata- 애도의 표시로 깃대에 검정색 헝겊을 묶은 것

Hanno abbrunato la bandiera con un nastro nero in segno di lutto. 그들은 애도의 표시로 검은 리본을 단 깃발을 부착했다.

bandiera gialla- (황색기) 검역기, 전염병을 표시하기 위해 사용

La bandiera gialla è un segnale internazionale e indica pericolo. 검역기는 위험을 표시하는 국제 신호이다.

---

[2] 이 단어에는 '수수료, 수익의 일부'라는 뜻도 있다. 즉 우리사회에서 흔히 말하는 '커미션commission'의 개념이다.

bandiera ombra- (세금 혜택을 위해 다른 나라에 선박을 등록하고 그 나라의 국기를 단) 선박 등록국의 국기

bandiera rossa- (붉은색 깃발) 사회주의나 공산주의 상징

La bandiera rossa è sempre stata simbolo del socialismo. 붉은색 깃발은 늘 사회주의의 상징이었다.

bandiera tricolore- (이탈리아 국기의 녹색, 백색, 적색의 세로 무늬) 삼색기

La bandiera dello stato italiano è tricolore: verde, bianca e rossa. 이탈리아 국기는 녹색, 백색, 적색의 삼색기이다.

Bandiera vecchia onor di capitano. 낡은 것이 더 편하다.

battere bandiera- (배나 항공기 일부분에 소속 국가의) 기를 펄럭이다

Quella barca batteva bandiera cinese. 그 배는 중국 국기를 펄럭이고 있었다.

cambiare (voltare) bandiera- 의견/견해/당적을 바꾸다(= cambiare opinione, idea, partito)

Tu cambi (o volti) bandiera un po' troppo spesso! 너는 너무 자주 견해를 바꿔!

issare la bandiera- 기를 게양하다

issare la bandiera a mezz'asta- 조기를 게양하다

Durante il funerale del sindaco del paese hanno issato la bandiera a mezz'asta. 그들은 시장의 장례식 동안에 조기를 게양했다.

mettere fuori la bandiera- 기를 창이나 발코니에 내걸다

Al passaggio del corteo ho messo fuori la bandiera italiana. 행렬이 지나갈 때 나는 이탈리아 국기를 밖에 내걸었다.

mutare bandiera- 변절하다, 배반하다, 의견을 바꾸다

Era cresciuto con la nazionale inglese ma poi ha mutato bandiera. 그는 영국 국적으로 성장했지만 후에 배반하였다.

piantare la bandiera- 깃발을 꽂다, 장소의 일부분을 소유하다

portare alta la bandiera- 자신의 국가나 당을 명예롭게 하다, ~의 명예를 지키다[3]

Meno male che lui è riuscito a portare alta la bandiera della nostra squadra. 그가 우리 팀의 명예를 지켜줘서 정말 다행이다.

portare la bandiera- 탁월하다, 선두주자이다, 뛰어나다(= primeggiare)

servire la bandiera- 군 복무를 하다

Durante la I e la II Guerra Mondiale, molti giovani sono morti per servire la bandiera. 1, 2차 세계대전 동안 많은 젊은이들이 군 복무 중에 사망했다.

spiegare le bandiere- 정도를 높이다

stare sotto due bandiere- 양다리를 걸치다

tenere alta la bandiera- (스포츠) 국가, 단체를 대표하다

bandolo- 실마리

perdere il bandolo- 실마리를 놓치다, 혼동되다, 갈피를 못 잡다(= confondersi)

Mi hai riempito talmente la testa con le tue parole che ho perso il bandolo. 너는 너무 많은 말로 내 머

---

[3] "Fare proprio onore al proprio paese/al partito"라는 의미이다.

리를 채워놓아서 줄거리를 놓쳤다.

trovare il bandolo della matassa- 문제의 실마리를 찾다(= trovare la soluzione)

Ragioniamo un po' e forse troveremo il bandolo della matassa. 곰곰이 생각해 보면 문제의 실마리를 찾을 수도 있을 겁니다.

baracca- 오두막집; (비유적) 폐물, 고물, 허접쓰레기; 즐거운 소동(= baldoria), 소란(= fracasso)

andare/mandare in baracca- 고물, 폐물이 되다, 엉망이 되다(= a catafascio)

Questa moto è proprio una baracca. 이 오토바이는 정말 고물이다.

fare baracca- 재미있다, 좋은 시간을 갖다

mandare avanti la baracca- (가족, 기업, 경영 등) 꾸려나가다, 운영하다(= dirigere qualcosa); 생계를 유지하다

Stentiamo a mandare avanti la baracca. 우리는 생계를 유지하기 위해 발버둥친다.

piantare baracca e burattini- 모든 일/모든 것을 포기하다, 보따리를 싸다; (일을) 그만두다; 나가다, 떠나다(= abbandonare ogni cosa, ogni faccenda)

Sapessi quanta voglia ne ho di piantare baracca e burattini e di andarmene in vacanza! 내가 얼마나 일을 그만두고 휴가 가기를 원하는지 네가 알았다면!

barba- 턱수염, 식물의 잔뿌리

alla barba di qualcuno- ~가 금지한 것을 무시하고 (하다)

Ieri sera ho bevuto due bicchieri di vino alla barba di quanto mi aveva detto il dottore. 어제 저녁 나는 의사가 말한 것을 무시하고 포도주 두 잔을 마셨다.

aspettare di avere la barba bianca- 마냥 기다리다

Sbrigati, non voglio aspettare di avere la barba bianca per uscire. 서둘러라, 외출하는 데 마냥 기다리고 싶지 않아.

avere la barba di qualcosa- ~에 대해 싫증이 나다, ~에 질리다(= esserne stanco, annoiato)

avere la barba lunga- 수염이 길다, 긴 수염을 하고 있다, 수염을 기르고 다니다

barba appuntata- 끝이 뾰족한 수염, 뾰족 수염

Il barbiere gli aveva tagliato e appuntato la barba. 이발사는 그의 수염을 잘라 뾰족 수염을 만들었다.

barba finta- 심부름 센터 대리인(= agente di servizi segreti)

Che barba! 아이고 지루해! 어휴 지겨워! (= Che noia!)

Che barba d'un uomo! 정말 지겨운 사람이야! (= Che persona noiosa!)

far venire la barba- 남을 몹시 지루하게 하다; 너무 지루하다

La sua conversazione mi fa venire la barba. 그와의 대화는 나를 몹시 지루하게 한다.

fare la barba a qualcuno- ~의 수염을 자르다; (일을 처리할 때) 상대방이 기분나쁘지 않을 정도로 처리하다; ~을 앞서다(= essergli superiore), ~을 압도하다, 능가하다(= sopraffarlo)

Gli ho fatto la barba così bene che quando se n'è accorto non si è neppure offeso. 내가 현명하게 일처리를 해서, 그가 불쾌하지 않았다는 것을 알았다.

farla in barba a qualcuno- ~보다 한 수 앞서다; 속임수를 쓰다, ~을 속이다(= ingannarlo)

È riuscito a farla in barba a tutti e ad entrare nello stadio senza pagare il biglietto. 그는 모든 사람을 속이고 표값을 지불하지 않은 채 경기장에 들어갈 수 있었다.

farsi crescere la barba- 수염이 자라도록 내버려 두다, 수염이 자라도록 놔두다
Non vedeva l'ora di farsi crescere la barba. 수염이 자라도록 내버려 두는 것을 이제 볼 수 없었다.
farsi/radersi la barba- 자신의 수염을 자르다, 면도하다
in barba a- ~에도 불구하고
mettere le barbe- 뿌리를 내리다
servire qualcuno di barba e capelli- ~을 엄격하게 다루다(= trattarlo duramente)
barbarie- 야만, 미개, 만행, 잔혹행위
commettere delle barbarie- 만행을 저지르다
I popoli dominanti hanno spesso commesso delle barbarie verso i popoli sottomessi. 정복민들은 피정복민들에게 종종 만행을 저질렀다.
un atto di barbarie- 잔혹한 행위
barca- 1. 배
andare in barca- 배로 가다, 뱃놀이 하러 가다, 배타다
Ti piace andare in barca? 배타는 것 좋아하니?
andare/essere in barca- 정신적인 혼란으로 어찌할 바를 모르다
barca a remi/a vela- 노 젓는 배, 돛단배(범선)
barca a vapore/a motore- 증기선, 모터 보트
barca da pesca/di salvataggio- 어선, 구조선
essere nella stessa barca- 같은 배를 탄 처지이다, 같은 상황에 있다, 같은 처지이다, 똑같은 곤경에 처해 있다, 같은 운명의 공동체이다(= essere tutti nella stessa condizione)
Siamo nella stessa barca. 우리는 같은 입장에 처해있다. 우리는 같은 처지에 있다.
mandare avanti la barca/mantenere la barca dritta- 배가 떠 있게 하다, 도산 당하지 않게 하다, 가라 앉지 않게 하다, 빚지지 않게 하다
2. 무더기, 더미, 다량
una barca di- 많은
Costa una barca di soldi. 거금이다. 값이 비싸다. 돈이 많이 든다.
Quel vecchietto ha una barca di soldi. 그 노인은 많은 돈을 갖고 있다.
barella- (부상자를 싣는) 들것
portare qualcuno su una barella- ~을 들것으로 실어 나르다
barile- (특히 술을 담아 두는 나무로 된) 통; 한 통의 양
essere grosso come un barile- 아주 뚱뚱하다(= essere molto grosso)
essere un barile di lardo/ciccia- 아주 뚱뚱보이다(= essere grasso)
fare a scarica barili- 남에게 책임을 전가하다, 다른 사람을 탓하다
Quei ragazzi facevano a scarica barili, nessuno voleva prendersi la responsabilità. 그 아이들은 다른 사람을 탓하면서 아무도 책임지길 원하지 않았다.
un barile di petrolio/di acciughe/di vino- 석유, 멸치, 포도주 한 통
barricarsi- 방어벽을 치다, 안전한 장소에 피하다
barricarsi dietro un silenzio impenetrabile- 알 수 없는 침묵 속에 갇히다/잠기다

Alle sue domande si barricava sempre in un impenetrabile silenzio. 그의 질문에 그는 늘 알 수 없는 침묵에 잠기곤 하였다.

barricarsi in casa- 바리케이트를 치고 집안에 틀어박히다; (비유) 두문불출하다, 칩거하다

Quando è arrivata la Polizia si è barricato in casa. 경찰이 도착하자 그는 집안에 틀어박혔다.

barricata- 바리케이드

combattere sulle barricate/fare le barricate- 봉기하다, 항의하다

Il corteo degli studenti ha usato delle automobili per fare delle barricate contro la Polizia. 학생들의 행진은 경찰에 항의하기 위해 자동차를 사용했다.

essere (passare) dall'altra parte della barricata- 울타리 반대편으로 넘어가다; 입장이 뒤바뀌다; 당적을 바꾸다[4](= voltare bandiera/cambiare colore)

Non è più in quel partito politico. È passato dall'altra parte della barricata. 그는 더 이상 그 정당에 소속돼 있지 않다. 그는 당적을 바꾸었다.

barriera- (통행을 막는) 장벽; (어떤 일에 대한) 장애물

barriera stradale- (고속도로) 중앙분리대, (도로가의) 가드레일

superare ogni barriera(= difficoltà)- 모든 장애물, 어려움을 극복하다

barzelletta- 우스운 이야기, 우스개 소리, 농담

dire, raccontare barzellette- 우스개 소리를 말하다, 이야기하다

prendere/pigliare qualcosa in barzelletta- ~을 희롱하다, ~을 장난치다

Ha preso quello che gli diceva in barzelletta invece di prenderlo sul serio. 그는 심각하게 받아들이지 않고 우스개 소리를 말하듯 그것을 받아들였다.

base- 기초, 기본, 바탕, 근본, 주성분; (형용사) 기초의, 기본적인

a base di- ~로 이루어진, ~에 기반을 두고, ~에 바탕을 둔, ~에 기초한

A base di frutta, molto buono. 과일을 주성분으로 만든 것인데, 아주 맛있어요.

Vorrei un antipasto freddo, a base di prosciutto e melone. 햄과 멜론으로 이루어진 차가운 전채를 원합니다.

avere buone basi- 기초가 탄탄하다, 준비가 되어 있다(= essere preparato per un lavoro)

Una lingua si impara bene quando si hanno buone basi. 언어는 기초가 탄탄할 때 습득이 잘 된다.

campo base- 베이스 캠프

gettare le basi di qualcosa- ~의 기초를 세우다

Con quella relazione ha gettato le basi della sua nuova ricerca scientifica. 그 보고서로 그는 자신의 새로운 과학연구의 기초를 세웠다.

in base a/sulla base di- ~을 근거하여, ~을 기반으로(= sul fondamento di), ~라는 이유로

mancare di basi- 기초가 부족하다, 준비가 되어 있지 않다(= essere impreparato)

rientrare alla base- 출발 장소로 돌아가다

Mi sembra il momento di rientrare alla base. Sta calando il sole. 내가 보기에 출발 장소로 돌아가야 할 때다. 해가 지고 있다.

---

[4] 이 관용어는 특별히 어떤 사람이 우익에서 좌익으로 또는 그 반대로 전향하였을 때 사용한다.

senza base- 근거 없이

stipendio base- 기본 임금, 기본급

Il mio stipendio base è molto basso. 나의 기본급은 매우 낮다.

basso- 1. 낮은

a bassa temperatura- 낮은 온도에서

a bassa voce- 낮은 목소리로

avere il morale basso- 기분이 울적하다, 기운이 없다, 기세가 죽다(= essere triste/abbattuto)

bassa stagione- 비수기

Siamo in bassa stagione. 지금은 비수기이다.

basso costo/prezzo- 낮은 가격

basso stipendio- 낮은 임금

cadere in basso- (도덕적으로) 너무나 비참하게 바닥으로 떨어지다, 전락하다

Sei andato a chiedere soldi a quel mascalzone che ha rovinato la tua famiglia?! Sei caduto proprio in basso. 네 집안을 망친 그 자식한테 돈을 꾸러 갔니?! 너 정말 비참하게 밑바닥까지 떨어졌구나.

essere/trovarsi in acque basse- 궁지에 처하다, 빠져나가기 힘들다(= passarsela male)

gli alti e i bassi- 성쇠, 성하였다가 쇠하였다 하기

La vita è piena di alti e bassi. 인생은 오르막과 내리막으로 가득하다.

Il sole era basso sull'orizzonte. 태양이 수평선 아래에 있었다.

pressione bassa- 저혈압

scendere da basso- 아래층으로 내려오다

tenere la testa bassa, gli occhi bassi- 고개를 낮추어 위험을 피하다, 자중하다

volare basso- 낮게 날다, 저공 비행을 하다; 큰 것을 바라지 않다

Sai, non siamo tutti ambiziosi: lui vive di traduzioni, nella casa dei suoi in campagna... È uno che vola basso. 우리 모두는 야심 있는 사람들이 아니야. 그는 교외에 있는 부모님 집에서 번역 일을 하면서 살아...그는 큰 것을 바라지 않아.

2. 아래, 낮음

basta- (감탄사) 충분해!

Adesso basta. 이제 됐다! 그쯤 해둬!

Basta con queste storie! 이 이야기 그만 해라!

Basta così, grazie. 그것으로 충분해요. 고맙습니다.

Dimmi basta. (남에게 술을 따라 주거나 음식을 덜어주면서 하는 말) 다 됐다 싶으면 말을 해.

Farai come dico io e basta! 내가 말한 대로 해. 그럼 그게 마지막이야!

quanto basta- 필요한 만큼

Ho capito quanto basta. 나는 필요한 만큼 이해했다.

bastare- 충분하다

Basta che poi non ti lamenti. 나중에 후회하지 않으면 돼.

Basta guardarlo per capire che è infelice. 그를 보기만 하면 그가 불행하다는 것을 알 수 있다.

Bastava che mi avvertissi. 너는 그저 내게 알려주기만 하면 됐었다.

Mi pare che così basti. 그만하면 충분하다고 생각해.

Non mi basta l'animo di fare qualcosa. 나는 뭔가를 하는 데 용기가 부족하다.

bastian- 세바스티안의 별명

bastian contrario- 삐딱한 사람; 심술궂은 사람; 반대를 위한 반대

Ti dirà di no semplicemente perché è un bastian contrario. 그는 반대를 위한 반대만을 하기 때문에 네게 그냥 '노'라고 말할 거야.

fare il bastian contrario- 트집잡다, 다투기 좋아하다

basto- 길마, 짐싣는 안장

cavallo da basto- 짐 나르는 말

essere da basto e da sella- 뭐든지 척척 잘해낸다, 많은 것을 잘한다

mettere il basto a qualcuno- ~을 예속시키다, ~을 지배/통제 아래 두다

portare il basto- 짐을 지다, 부담을 안다

bastonata- 몽둥이질, 때림, 두들겨 팸, 매질

dare bastonate- 몽둥이 세례를 주다, 몽둥이질 하다

dare una bastonata- 몽둥이로 한 대 때리다

prendere a bastonate- 몽둥이로 얻어 맞다, 몽둥이 세례를 받다, 타격을 받다

L'ho visto mentre prendeva a bastonate il suo cane. 나는 몽둥이로 맞고 있는 그의 개를 보았다.

ricevere una bastonata- 몽둥이로 한 대 얻어 맞다

bastone- 막대기, 버팀대, 지주, 지지(= sostegno)

avere il bastone del comando- 최고 권위자가 되다, 지휘하다(= comandare)

bastone da golf/da montagna/da hockey- 골프채, 등산용 지팡이, 하키용 스틱

bastone da passeggio- 지팡이

mettere un bastone fra le ruote (a qualcuno)- (구르는) 바퀴에 막대기를 찌르다; ~에게 (일, 계획을) 방해하다/훼방놓다(= creare a qualcuno delle difficoltà); ~에게 폐가 되게 하다

Sta' attento; è geloso del tuo progetto e farà di tutto per metterti un bastone tra le ruote. 조심해! 그는 네 계획을 시기하니깐 훼방놓으려고 무슨 짓이든지 할 거야.

minacciare qualcuno con il bastone- ~을 몽둥이로 위협하다, 협박하다

Sarai il bastone della mia vecchiaia. 넌 내 노후의 버팀목이 될 거야.

usare il bastone e la carota- 당근과 채찍/회유와 협박을 쓰다/사용하다

Usare bastone e carota con i bambini è un buon metodo per farli crescere bene. 아기들에게 칭찬과 매를 쓰는 것은 잘 성장시키기 위한 좋은 방법이다.

battaglia- 전투, 싸움, 전장

cavallo da battaglia- 군마; 노병, 백전노장; 노련가

cavallo di battaglia- 특기, 전투마

Quella canzone è il suo cavallo di battaglia. 그 노래가 그의 용맹한 말이다.

Dare/ingaggiare/attacare/accettare battaglia- 전투를 벌이다

perdere una battaglia- 전투에서 지다

Ho perso una battaglia ma non mi preoccupo. La prossima la vincerò. 전투에서 졌지만 난 걱정하지

않는다. 다음에는 전투를 이길 것이다.

rifiutare battaglia- 전투를 거부하다

vincere/perdere una battaglia- 전투에서 이기다/지다

batosta- 실패

prendere una batosta- 대패(참패)하다

La nostra squadra ha preso una batosta senza precedenti. 우리 팀은 전례에 없이 대패했다.

battente- 문짝, 덧문(셔터)

chiudere i battenti- (공장, 회사 등이) 폐쇄하다, (망해서) 문을 닫다; 활동을 중단하다(= cessare un'attività)

L'azienda ha dovuto chiudere i battenti per le difficoltà economiche. 그 기업은 경제적 어려움 때문에 문을 닫아야만 했다.

La ditta chiuse i battenti dopo essere stata in perdita troppo a lungo. 너무 오랫동안 적자를 낸 뒤 회사는 문을 닫았다.

porta a due battenti- 양쪽으로 여닫는 문

battere- 1. (타동사) 두드리다, 때리다, 치다

battere con un bastone/col martello- 몽둥이로, 망치로 때리다

battere i denti (dal freddo)- 추워서 이가 떨리다, 덜덜 떨다

Era troppo freddo in quella sala. Ho battuto i denti tutto il concerto. 그 홀은 너무 추워서, 나는 연주 내내 덜덜 떨었다.

battere i piedi- 발을 구르다, 발을 동동 구르다, 떼쓰다, 고집부리다

battere i tacchi- 달아나다(= fuggire)

battere il capo (o la testa) contro il muro- 무리한/불가능한 일을 시도하다, 맨땅에 헤딩하다

battere il grano- 탈곡하다, 추수하다(= trebbiarlo)

Un tempo battevano il grano con dei bastoni. 한때 막대기로 탈곡하곤 했다.

battere il marciapiede- 거리를 걷다; 매춘 행위를 하다

Il suo fidanzato rumeno l'ha costretta a battere il marciapiede. 그녀의 루마니아 남자 친구는 그녀에게 매춘 행위를 하도록 강요했다.

battere il naso in qualcuno- 맞딱드리다, 갑자기 만나다(= imbattersi)

battere il tamburo- 북을 치다

battere il tempo- 박자를 맞추다

Lui mi batteva il tempo e io provavo a suonare quella canzone. 그가 나에게 박자를 맞춰서 나는 그 노래를 연주할 수 있었다.

battere la campagna- 사방팔방 누비며 찾다, 구석구석을 뒤지다

battere la fiacca- 빈둥빈둥 돌아다니다, 힘든 것을 피하다(= evitare la fatica), 일을 조금 하다

L'ho sempre visto battere la fiacca. 나는 늘 빈둥빈둥 돌아다니는 그를 보았다.

battere la porta- 문을 두드리다, 노크하다(= bussare)

battere le ali, le penne- 날개를 퍼덕이다, 홰치다, 파닥이다, 날다(= prendere il volo)

battere le mani- 손뼉을 치다, 박수치다(= applaudire)

Merita proprio che gli battiamo le mani. 정말 우리는 그에게 박수를 칠 만하다.

battere le sillabe- 분명하게 발음하다(= pronunciare distintamente)

battere qualcuno sulla spalla- ~의 어깨를 토닥거리다/치다

Gli ho battuto la mano sulla spalla per richiamare la sua attenzione. 나는 주의를 상기시키기 위해 손으로 그의 어깨를 쳤다.

battere sempre sullo stesso tasto- 항상 같은 말을 되풀이한다, 했던 말을 또한다

Ogni volta che parla, batte sempre sullo stesso tasto. 그는 말할 때마다 늘 했던 말을 또한다.

battersela- 몰래 가버리다(= andarsene via di nascosto), 몰래 도망가다(= svignarsela)

battersi i fianchi- 유감스럽게 생각하다(= rammaricarsi)

battersi il petto- 가슴을 치다, 가슴을 치며 후회하다(= pentirsi)

Ho riconosciuto il mio errore e mi sono battuto il petto più volte. 나의 실수를 알고 나는 계속해서 가슴을 치며 후회했다.

Batti il ferro quando(o finché) è caldo. (속담) 쇠는 달구어졌을 때 쳐라. 쇠가 달았을때 두들겨라. 쇠뿔도 단김에 빼라.

in un batter d'occhio/di ciglio/di palpebre/d'ali- 눈 깜짝할 사이에(= in un attimo), 순식간에

non batter ciglio- 눈썹하나 까딱하지 않다, 태연하다, 꿈쩍도/놀라지 않다(= non essere sorpreso)

Quando gli ha detto che lo lasciava, lui non ha battuto ciglio. 헤어지자고 말했을 때 그는 눈썹하나 까딱하지 않았다.

non sapere dove battere il capo- 절망하다, 어찌할 바를 모르다, 난관에 처하다

Era talmente disperato da non sapere veramente dove battere il capo. 그는 정말 어찌할 바를 몰라 아주 낙담했다.

senza batter ciglio- 눈썹하나 까딱하지 않고서, 눈하나 깜짝하지 않고서

2. (자동사) 두들기다

battere e ribattere- 여러 번 되풀이하다

Batti e ribatti, finalmente ha capito. 여러 번 되풀이한 뒤에야, 그가 마침내 이해했다.

Devi battere e ribattere per farglielo capire. 네가 그에게 그것을 이해시키기 위해서는 여러 번 되풀이해야 한다.

Mi batte forte il cuore.- 나의 심장이 강하게 뛴다. 심장이 몹시 두근거린다.

Quando l'ho visto, il cuore ha cominciato a battermi molto forte. 내가 그를 보았을 때 심장이 아주 강하게 뛰기 시작했다.

batteria- 전지, 배터리

caricare la batteria dell'automobile- 자동차 밧데리를 충전하다

scoprire le proprie batterie- 속내를 드러내다, 자신의 의도/계획/생각을 드러내다[5]

Ho l'impressione che tu abbia fatto male a scoprire le tue batterie così presto. 나는 네가 너무 일찍 속내를 드러내는 실수를 했다는 느낌이 든다.

battesimo- 1. 세례, 영세

---

[5] 이 관용어보다는 일반적으로 "scoprire le proprie carte = rivelare la propria strategia, il proprio programma"라는 관용어로 사용한다.

certificato di battesimo- 세례 증명서

dare il battesimo a qualcuno- ~에게 세례를 주다

nome di battesimo- 영세명, 세례명

Il suo nome di battesimo è Paolo ma lui si fa chiamare Giacomo. 그의 세례명은 바오로이지만 야고보라고 부른다.

ricevere il battesimo- 영세/세례를 받다

tenere qualcuno a battesimo- 유아의 대부, 대모가 되다

Ho tenuto a battesimo il figlio della mia amica. 나는 여자 친구 아들의 대부가 되었다.

2. 최초의 의식

ricevere il battesimo del fuoco- 처음으로 전투에 참가하다

ricevere il battesimo dell'aria- 첫 비행을 하다

Domani salirò per la prima volta in aereo. Sarà il mio battesimo dell'aria. 내일 처음 비행기에 오를 거야. 나의 첫 비행이 될 거야.

battistrada- 선두 주자, 경호 선도자

fare da battistrada- 앞장서다, 솔선하다, 앞서서 안내하다[6]

Lascia che Vincenzo faccia da battistrada; è uno con i soldi, che può correre qualche rischio in più. 어느 정도 위험을 감수할 수 있는 돈 많은 사람이니깐, 빈첸조가 앞장서게 놔 두자.

battuta- 대사, 말, 타자수, 타격, 침, 암시

alle prime battute di- ~초반에(= all'inizio di)

avere la battuta pronta- 답변이 궁하지 않다; (문제 해결 등에서) 반응이 빠르다(= saper rispondere in modo veloce e appropriato); 상황 판단이 빠르다

Non si riesce mai a metterlo in difficoltà; ha sempre la battuta pronta. 그는 늘 상황 판단이 빨라서 아무도 그를 궁지에 몰아넣을 수 없다.

battuta di spirito- 재치있는 말, 재담

È una battuta di spirito! 정말 재치있는 말이다!

dare la battuta- (배우가 대사를 잊었을 때) 대사를 상기시키다

Quando dimenticava la frase da dire c'era sempre qualcuno, dietro le quinte, che gli dava la battuta. 그가 말해야 할 대사를 잊었을 때, 대사를 상기시켜줄 누군가가 항상 무대 뒤에 있었다.

dare una battuta a qualcuno- ~에게 일침을 가하다

essere alle prime battute- 막 시작하다

Fin dalle prime battute sembrava un concerto interessante. 처음 시작부터 흥미 있는 연주 같았다.

in due/tre/poche battute- 몇마디로(=con poche parole), 간단히(in breve)

non perdere una battuta- 한마디도 놓치지 않다[7]

Il discorso del presidente era molto lungo, ma lei non ha perso una battuta. 대통령의 연설은 무척 길었지만, 그녀는 한마디도 놓치지 않았다.

---

[6] 이한사전에는 "길을 인도하다"라고 옮긴다.

[7] 이 관용어는 "stare attentissimi, prestare molta attenzione, 주의를 기울이다"라는 의미가 있다.

perdere/saltare la battuta- 대사를 잊다, 대사를 건너 뛰다

una battuta d'arresto- (위기에 처한 사업이나 일이) 답보/교착 상태

I loro affari hanno subito una battuta d'arresto. 그들의 사업은 즉시 답보 상태에 있다.

baule- 여행용 가방

disfare il baule- 가방을 비우다, 짐을 풀다

fare i bauli- 가버리다(= andarsene)

fare il baule- 가방을 채우다, 짐을 꾸리다

viaggiare come un baule- 아무것도 배우는 것 없이 여행만 하다

Ragazzi, mi raccomando, non viaggiate come bauli. 얘들아, 아무것도 배우는 것 없이 여행만 하지 않도록 조심해라.

bava- 씩씩거림, (군)침

avere la bava alla bocca- 입에 거품을 물고 성을 내다(= essere furibondo)

Quando ha saputo di essere stato truffato gli è venuta la bava alla bocca. 속았다는 것을 알았을 때 그는 게거품을 물고 화를 냈다.

con la bava alla bocca- 1)입에 거품을 물고(= essere furioso), 2)침을 질질 흘리며(con gran desiderio)

fare la bava- 경멸이나 분노를 나타내 보이다

fare venire la bava alla bocca a qualcuno- ~을 몹시 화나게 만들다

bavero- 접은 옷깃, 카라

prendere qualcuno per il bavero- 멱살을 잡다, 공격하다(= aggredire qualcuno); ~을 놀리다(= prendere qualcuno in giro); ~을 속이다

Attento a non farti prendere per il bavero nel bazar. 시장에서 속지 않도록 조심해.

beato- 행복한, 복된

beato qualcuno- ~는 좋겠다

Beato te! 너는 운도 좋네! 너는 좋겠다! 부럽기도 해라!

Beato te che vai in Sardegna per l'estate. 너 여름에 사르데냐로 간다니 좋겠다.

beccare- 쪼아 먹다

beccarsi qualcosa- (1) 발병하다, (감기에) 걸리다

Mi sono beccato il raffreddore. 감기에 걸렸어.

beccarsi una multa- (구어) 벌금을 물다(= prendere una multa)

Mi sono beccato una multa perché sono passato con il rosso.
빨간불에 달려서 벌금을 받았다.

(2) ~을 수월하게/운 좋게 차지하다; ~을 교묘하게/약삭빠르게 차지하다(= ottenere qualcosa con fortuna o astuzia)

Si è beccato il primo premio. 그는 운 좋게 최우수상을 차지했다.

(3) 싸우다

Qui due si sono beccati tutta la notte. 그 두사람은 밤새도록 싸웠다.

becco- 부리, 주둥이

aprire il becco- 입을 열다, 말을 하다

Ogni volta che apre il becco dice cose sbagliate. 그는 입을 열 때마다 오류(잘못된 것)를 말한다.

avere il becco lungo- 쓸데없이 말을 지나치게 많이 하다

bagnarsi il becco- 마시다, 술을 마시다

chiudere il becco- 입(주둥이)을 다물다, 말을 중단하다

Chiudi il becco! 주둥이(아가리) 닥쳐!

Chiudi il becco e lasciaci lavorare. 입 다물고 일하자.

Ecco fatto il becco all'oca! 이제 다 끝났다! (= Ecco fatto tutto!)

mettere il becco in qualcosa- ~에 (쓸데없이) 간섭하다, ~에 참견하다[8]

Mette sempre il becco negli affari degli altri. 그는 늘 다른 사람의 일에 참견한다.

non avere il becco d'un quattrino- 땡전 한 푼 없다, 무일푼이다(= essere senza soldi)

Non ha il becco di un quattrino. 그는 빈털터리(무일푼)야.

restare a becco asciutto- ~에 따돌림당하다, ~한테 따돌려 지다

Pensavano di vincere una bella somma ma sono rimasti a becco asciutto. 그들은 큰돈을 벌 거라고 생각했는데 따돌림당했다.

tenere il becco chiuso- (~에 관해) 입을 다물고 있다; 비밀을 누설치 않다, 침묵하다(= tacere)

Ti ho detto dove tiene i soldi, ma tu tieni il becco chiuso. 그가 어디에 돈을 보관하는지 네게 말했는데, 너 비밀을 지켜.

beffa- 농담, 장난질[9]

avere il danno e le beffe- 일이 더 꼬이게 만들다, 한 술 더 뜨다

La banca, ora, mi ha bloccato il conto. Oltre al danno, le beffe. 한 술 더 떠서 은행이 지금 내 계좌를 폐쇄했다.

fare una beffa a qualcuno- ~에게 조롱섞인 말이나 행동을 하다

farsi beffe di qualcuno- ~을 조롱하다, ~을 조소하다

Si è sempre fatto beffe di quanto gli dicevano i suoi genitori. 그들은 그의 부모를 말하면서 늘 그를 조롱했다.

La bomba si rivelò una beffa. 폭탄 위협은 장난 전화로 드러났다.

bellezza- 1. 미, 아름다움

Che bellezza! 정말 멋져!

chiudere (o finire) in bellezza- 멋지게 마무리하다, 멋지게 끝나다

Ha chiuso la partita a scacchi in bellezza con una mossa da campione. 그는 챔피언다운 행동으로 체스 경기를 멋지게 마무리지었다.

Concorso di bellezza- 미인 선발 대회

È durato la bellezza di un anno (di sei ore). 꼬박 일년(여섯 시간)이 걸렸다.

2. 꼬박, 몽땅

---

[8] 이한사전에는 "훼방놓다, 말참견하다"라고 옮긴다.

[9] 'beffa'라는 단어는 '폭탄이 있다는 거짓말, 소방서 등에 거는 장난 전화'를 의미한다. 이한사전에는 "농, 조롱, 놀려대기"라고 옮긴다.

Ha la bellezza di tre macchine. 그는 자그마치 차가 3대이다.

bello- 아름다운

a bella posta- 고의로

ai suoi bei giorni- 그가 젊었을 때, 그가 한창 날렸을 때

alla bell'e meglio- 어떻게든(= in qualche modo); 대충(= in modo approssimativo), 적당히(= male)

Ha rimesso a posto la barca alla bell'e meglio; tornati a riva dovremo farla riparare. 그가 배를 대충 고쳤는데, 연안에 다다르면 우리는 배를 다시 수리해야 될 거야.

andarsene bel bello- 어슬렁거리다

Gigi se ne andava bel bello verso casa. 지지는 집 근처에서 어슬렁거렸다.

avere un bel dire- 말하기는 쉽다; 원하는 대로 말할 수 있다; 네 말에도 불구하고

Hai un bel dire, nessuno ti ascolta. 네 말에도 불구하고, 아무도 네 이야기를 듣지 않아.

avere un bel parlare- 지칠때까지 말하다

bell'e buono- 완전히, 속속들이, 새빨간

Questo è un ricatto bell'e buono. 이것은 새빨간 거짓말이다.

bell'e fatto- (먹거나 이용할 수 있도록) 이미 만들어져 나오는; (옷) 기성품의

Di solito compro i vestiti bell'e fatti. 나는 주로 기성복을 산다.

Che bello! 정말 멋있다!

del bello e del buono- (무엇을 달성하기 위해) 백방으로 (노력하다), 온힘을 다해

C'è voluto del bello e del buono per convincerlo. 그를 설득하기 위해 백방으로 노력했다.

di bello- 좋은, 근사한

Che cosa fai di bello? 무슨 근사한 일 있니?

Che cosa leggi di bello? 뭐 좋은 것 읽니?

Dove vai di bello? 어디 좋은 데 가니?

fare il bello e il cattivo tempo- 다른 이해 관계자와 상의를 하지 않고 단독으로 결정할 수 있는 권한을 갖다

Il figlio del proprietario fa il bello e il cattivo tempo. Decide tutto lui. 주인 아들이 단독으로 결정할 권한을 갖고 있다. 모든 것을 그가 결정한다.

farla bella (grossa)- (부주의로 말미암아) 어려운 처지에 빠지게 되다, 곤경에 빠지다

L'hai fatta bella (grossa)! 너 곤경에 빠졌구나!

farsi bello- 치장하다, 단장하다, 맵시있게 꾸미다, 멋내다

farsi bello di qualcosa- ~을 자랑하다(= vantarsene), 자신의 공적으로 돌리다

Simone si fa sempre bello delle imprese altrui. 시모네는 늘 다른 사람의 공을 자신의 공으로 돌린다.

il bel mondo- 상류층 사람들, 유행의 첨단을 간다고 자처하는 사람들

Un tempo in via Veneto, a Roma, si incontrava il bel mondo del cinema. 한때 로마의 베네토 거리에 있는 극장은 상류층 사람들이 만나곤 하였다.

Il bello è che- 이상한 일은 ~이다(= La cosa strana è che)

in bella- 깨끗하게, 예쁘게

Io prima di copiare il compito in bella, faccio sempre 'la brutta copia'[10]. 숙제를 깨끗하게 옮겨 적기 전에, 나는 갈겨쓴다.

mettersi l'abito bello- 예쁜 옷을 입다, 말쑥하게 옷을 차려입다

Di domenica si mette sempre l'abito bello. 주일에 그녀는 늘 말쑥하게 옷을 차려입는다.

nei miei begli anni- 내가 젊었을 때, 내가 어렸을 때

Non è bello quel che è bello, ma è bello quel che piace. (속담) 아름다움은 보는 사람의 눈에 달려 있다. 제 눈에 안경이다.

Questa è bella! 이거 재미있군!

Questo è il bello! 이거 재미있군! 이것이 좋은 점이다!

raccontare/dirne delle belle- 놀랄 이야기를 하다, 엄청난 일을 말하다

Ne hanno raccontate delle belle sul mio conto. 그들은 나에 관해 놀랄 이야기를 했다.

scamparla bella- 간신히 위기를 모면하다, 구사일생으로 살아나다

L'abbiamo scampata bella; pochi metri in più e saremmo finiti nel burrone. 우리는 구사일생으로 살았다. 몇 미터만 더 갔더라면 절벽 아래로 떨어졌을 거야.

sentirne, vederne delle belle- 믿기 힘든 것을 듣다/보다

Se continua così penso che ne vedremo delle belle. 그렇게 계속한다면, 나는 우리가 믿기 힘든 것을 보게 될 거라고 생각한다.

sul più bello- 때마침, 결정적인, 중요한 순간에(= nel momento culminante/importante)

Sei capitato sul più bello; senti questa! 때마침 잘 왔어, 이걸 들어봐!

un bel giorno- 멋진 어느 날, 화창한 어느 날, 언젠가 한번, 일간

Un bel giorno spero che la mia vita cambi. 언젠가 내 인생이 바뀌기를 바란다.

una bella cifra- 상당한 금액

Ha una bella cifra per comperare quella macchina. 그는 그 차를 구입하기 위한 큰 돈이 있다.

venire il bello- 큰일 나다, 골치 아프다

Ora viene il bello! 이제 큰일 났네! 지금 우리는 골치 아프다!

benda- 띠, 붕대

avere la benda sugli occhi- 눈이 멀다, 현실을 깨닫지 못하다

Non si è accorto di nulla, come avesse una benda sugli occhi. 눈이 멀은 것처럼 그는 아무것도 알지 못했다.

cadere la benda dagli occhi- 눈에서 눈가리개가 떨어지다; 진상을 알다

Quando li vide baciarsi, finalmente le cadde la benda dagli occhi. 그들 둘이 키스하는 것을 보았을 때, 드디어 그녀는 진상을 알았다.

togliere le bende dagli occhi a qualcuno- ~의 눈을 뜨게 하다

Raccontando quelle tristi vicende, gli ho tolto le bende dagli occhi. 그 슬픈 사건에 대해 설명하면서, 나는 그의 눈을 뜨게 했다.

bene- 잘, 아주, 매우, 훌륭히, 대단히

---

[10] 반의어는 'bella copia'이며, 그 뜻은 '정서본'이다.

1. (대화를 시작하거나 결론적인 의미로) 좋아, 그러면(= allora)
Bene, non ne parliamo più! 좋아, 그럼 더 이상 그것에 대해 말하지 말자!
2. (만족, 일치, 감탄 등을 나타내는 감탄사적 의미로)
Bene, adesso puoi andare. 좋아, 이제 넌 가도 돼.
Bene, continua così! 좋아, 그렇게 계속해!
3. (명사) 좋은 것, 선; 재산; 이익
a fin di bene- 좋은 의도로(= con buone intenzioni)
Lo ha fatto a fin di bene. 그는 그것을 좋은 의도로 했다.
augurare del bene a qualcuno- ~가 잘되길 기원하다
avere dei beni al sole- 부자이다
ben bene- 매우 좋은(= molto bene); 완전히(= completamente), 정확히(= accuratamente)
L'ho sgridato ben bene. 나는 그를 호되게 꾸짖었다.
bene o male- 어쨌든, 어떻게든(= comunque); 그럭저럭, 그런대로(= in un modo o nell'altro)
Bene o male, abbiamo finito. 어떻게든 우리는 끝냈다.
Bene o male, siamo riusciti a finire il lavoro in tempo. 그럭저럭 우리는 시간에 맞춰 일을 마칠 수 있었다.
beni capitali di produzione- 자본재
beni complementari- 보완재
beni di consumo- 소비재, 소모용품
beni immobili- 부동산
Ho ereditato tutti i beni immobili di mio zio. 나는 삼촌의 모든 부동산을 상속받았다.
beni pubblici- 공공재, 공공 시설, 공공재화
I beni pubblici vanno trattati con rispetto perché appartengono a tutti. 모든 사람과 관계하기 때문에 공공시설은 주의 깊게 다루어진다.
beni rubati- 도둑맞은 재산, 도난당한 물건
chiudere ben bene- 문을 완전히 닫다
di bene in meglio- 더욱 더 좋게, 점점 잘(= sempre meglio)
Gli affari vanno di bene in meglio. 사업은 더욱 더 잘 된다.
Dire (parlare) bene di qualcuno- ~에 대해서 좋게 말하다
far bene a- (1) ~에 선의를 지니다, ~에 좋게 작용하다, ~에게 유익하다
Credevo di far bene ad aiutarlo. 나는 그를 도울 선의를 갖고 있었다.
Questo ti farà bene. 이것은 너한테 좋을 것이다.
(2) ~것이 좋다/낫다, ~것은 잘하는 일이다
Faresti bene a prendere l'ombrello. 너 우산을 가지고 가는 게 좋겠다.
Hai fatto bene a venire qui. 너 여기 오길 잘 했어. 여기 잘 왔다.
Mi è andata bene. 내가 잘 해냈다. 잘 되었다.
guardare ben bene in viso qualcuno- ~의 얼굴을 정확하게 보다
nascere bene- 사회적으로 높은 가문에서 태어나다, 유복하게 태어나다

né bene né male- 좋지도 않고 나쁘지도 않은, 그저 그런

L'esame non è andato né bene né male. 시험은 그저 그렇다.

opere di bene- 선행, 자선 행위(= opere di carità), 좋은 일(= opere buone)

passarsela bene- (경제적으로) 편하게 지내다(= vivere con agiatezza)

Me la passo bene. 나는 편하게 잘 지낸다.

pensare bene- 좋게 생각하다, 나쁘게 판단하지 않다(= non giudicare male)

per bene- (1) 잘, 제대로(= bene)

Fa' i compiti per bene. 숙제 잘 해.

Ti conosco per bene. 나는 너를 잘 안다.

(2) 정직한(= onesto); 존경할 만한(= rispettabile); 예의 바른(= educato)

Il medico mi ha aiutato molto. È proprio una persona per bene. 의사는 나를 많이 도와줬다. 그는 정말 존경할 만한 사람이야.

Una ragazza per bene non esce da sola di notte, Lucia! 루치아, 예의 바른 여자 아이는 밤에 혼자서 외출하지 않아!

per il tuo bene- 너를 위해서

Queste raccomandazioni te le ho fatte per il tuo bene. 나는 널 위해서 이 추천을 했다.

Prendo il latte ben caldo. 나는 아주 뜨거운 우유를 마신다.

presentarsi bene- 좋은 인상을 주다

È una che si presenta bene; ha buone possibilità di essere assunta. 그는 좋은 인상을 주는 사람이어서 고용될 좋은 기회를 가진다.

se ben ricordo/**se ricordo bene**- 내가 잘 기억한다면, 내 기억이 맞다면

sentirsi bene- (몸이나 기분이) 좋다

"Come ti senti?" "Mi sento bene". "기분이 어때?" "좋아".

Mi sento poco bene. 몸이 별로 안 좋아.

star bene- (1) (건강이) 좋다

"Come sta Mario?" "Non sta bene". 마리오 건강이 어때? 좋지 않아.

(2) (옷이) 잘 어울리다

Il rosso non mi sta bene. 빨강은 나랑 잘 안 어울려.

Questa giacca ti sta molto bene. 이 재킷이 너랑 참 잘 어울려.

Stai bene con questo cappello. 이 모자를 쓰니까 너한테 잘 어울린다.

(3) 적절한

Gli sta bene/Ben gli sta! 그한테 그것이 적절해, 그가 그것을 할 만해.

Non dire queste cose, non sta bene. 이 일들을 말하지 마. 적절치 않아.

(4) (부정적인 의미) 당연한 보복이 되다; 꼬락서니 좋다

Un bambino torna dalla mamma piangendo e dice: "Mamma mamma, il cane mi ha morso la gamba". La mamma risponde: "Non devi tirare la coda ai cani altrimenti si arrabbiano! Ti sta proprio bene; così impari a dare fastidio ai cani. Se dai fastidio, loro ti mordono". 한 아이가 울면서 엄마에게 돌아와 말하기를 "엄마, 엄마! 개가 내 다리를 물었어." 엄마가 말하기를 "개 꼬리를 잡아당겨서는 안 돼.

그러면 개가 화가 나잖니! 꼬락서니 좋다. 더 이상 그런 짓을 개에게 해서는 안 돼. 네가 귀찮게
하면 개들이 너를 문단 말이야."

stare bene a soldi- 경제적으로 잘 살다, 살림 새가 좋다, 유복하게 지내다

Quel signore è sempre stato bene a soldi. 그 아저씨는 늘 유복하게 지낸다.

una cosa ben fatta- 잘 만들어진 것

una persona ben educata- 교육을 잘 받은 사람, 잘 교육된 사람

Va bene! 좋아요, 알았어요, 그러죠(= D'accordo)

venir bene- (1) 잘 되다

La torta non è venuta bene. 케이크가 잘 되지 않았다.

(2) 건강해 보이다

In fotografia tu vieni sempre bene. 사진 속 너는 늘 건강해 보여.

vederci/sentirci bene- 잘 보이다/잘 들리다

Non gridare! Ci sento bene. 소리치지 마! 잘 들려.

Senza occhiali non ci vedo bene. 안경 없이 나는 잘 안 보인다.

voler bene a qualcuno- ~을 사랑하다, ~을 좋아하다

Chi non vuol bene ai propri figli? 자기 자식을 사랑하지 않는 사람이 있겠는가?

Non mi vuoi più bene? 더 이상 나를 사랑하지 않는 거야?

Ti voglio molto bene. 너를 아주 사랑해.

volersi bene- 서로 사랑하다

Noi ci vogliamo molto bene. 우리는 서로 아주 사랑한다.

benedire- 축복하다

andare a farsi benedire- (계획이) 실현되지 못하다, 불발로 끝나다, 무산되다, 없어지다; 엉망이
되다[11]

Anche questo trasformatore è andato a farsi benedire. 이 변압기도 엉망이 되었다.

È andato tutto a farsi benedire. 모든 것이 무산되었다.

Dio vi benedica! 여러분에게 신의 축복이 있기를!

mandare qualcuno a farsi benedire- ~을 나무라다; ~을 쫓아내다, 해고하다; ~에게 꺼지라고 말하
다, ~을 파멸시키다(= mandare qualcuno alla malora)[12]

È venuto di nuovo a chiedere dei soldi, ma l'hanno mandato a farsi benedire. 그가 다시 돈을 꾸러 오
자 그들은 그를 쫓아냈다.

Va' a farti benedire. (불공손하게 누군가에게 가라고 할 때) 꺼져.

Ti ho ascoltato anche troppo. Va' a farti benedire. 나는 네게 지나칠 정도로 들었다. 꺼져.

benedizione- 축도, 강복, 축성, 축복, 좋은 점, 행복과 기쁨의 원천

dare/impartire la benedizione- 축복하다, 축복을 주다

I tuoi consigli sono una vera benedizione per noi. 너의 충고는 우리에게 진정한 축복이다.

---

[11] 이한사전에는 "파멸하다"라고 옮긴다.
[12] 이한사전에는 "~을 지옥으로 떨어뜨리다"라고 옮긴다.

benedetto- 성스러운, 신성한; 축복받은; (감탄적으로) 빌어먹을, 끔찍한

acqua benedetta- 성수

Questo benedetto autobus non arriva mai! 이 망할 놈의 버스가 아주 오질 않는군!

rosario benedetto- 축성받은 묵주

Sono stata in pellegrinaggio a Lourdes e ti ho portato dell'acqua benedetta e un rosario benedetto. 나는 루르드로 성지순례를 했는데, 네게 성수와 축성받은 묵주를 가지고 왔다.

beneficenza- 자선

di beneficenza- 자선의, 자선을 베푸는, 궁핍한 사람을 돕는

Hanno preparato dei dolci per la vendita di beneficenza. 그들은 자선 판매용 케익을 준비했다.

fare della beneficenza- 자선을 베풀다

Non sopporto quelli che fanno beneficenza per mettersi in mostra! 그들은 남에게 보이기 위한 자선을 베푸는데 난 견딜 수가 없다.

istituto di beneficenza- 자선 단체

Ieri ho portato i vestiti che non usavo più a quell'istituto di beneficenza. 어제 나는 옷을 가지고 갔는데 그 자선 단체에서는 더 이상 이용하지 않았다.

recita di beneficenza- 자선 공연

beneficio- 이익

a beneficio di qualcuno- ~을 위하여

Quello che ha fatto è stato solo a suo beneficio, non certo di qualcun altro. 그가 한 그 일은 자신을 위한 것이지, 다른 사람을 위한 것이 아니었다.

accettare col beneficio d'inventario- 조건부로 받아들이다

Ho accettato l'eredità di mio zio con il beneficio d'inventario. 나는 조건부로 삼촌의 유산을 받았다.

con beneficio d'inventario- 조건부로; 반신반의로[13]

Prenderò quello che ha detto con beneficio d'inventario. 나는 그가 말한 것을 반신반의로 받아들일 거야(에누리해서 들을 거다).

ricambiare un beneficio- 호의를 호의로 답하다

trarre beneficio da qualcosa- ~로부터 이익을 얻어내다, 끌어내다

Mia madre ha tratto grande beneficio dalle ultime cure termali. 어머니는 온천 치료로 큰 도움을 받았다.

benessere- 안녕, 복지

per il benessere del popolo- 국민의 복지를 위해서

società del benessere- 풍요로운 사회

Viviamo in una società del benessere e dimentichiamo i poveri. 우리는 풍요로운 사회에서 살면서 가난한 사람들을 잊는다.

vivere nel benessere- 경제적으로 잘 살다, 넉넉하게 살다, 풍요롭게 살다

Non so fino a quando potremo vivere in questo benessere. 우리가 언제까지 이렇게 풍요롭게 살지 난 모른다.

---

[13] 이한사전에는 "한정상속권"이라고 옮긴다.

benservito- 신원 증명서, 신용 조회서

   dare il benservito a qualcuno- 해고하다, ~을 내보내다(= licenziare)

Gli hanno dato il benservito perché hanno scoperto che rubava. 그들은 그가 도둑질하는 것을 알았기에 그를 해고했다.

benvenuto- (명사) 환영; (형용사) 환영하는

   Benvenuti a casa nostra! 우리 집에 오신 것을 환영합니다!

   Benvenuto in Corea! 한국에 오신 것을 환영합니다!

   dare il benvenuto a qualcuno- (다정하게) ~을 맞이하다, 환영하다

Volevo darti il mio benvenuto in questa casa. Spero che ti troverai bene. 너를 이 집에 맞이하고 싶었다. 편히 있기를 바래.

bere- 마시다

   berci su (sopra)- 잊어버리다

Beviamoci su! (모든 것을) 잊어버리고 마시자![14]

   bere a centellini- 조금씩 홀짝홀짝 마시다

La grappa è meglio berla a centellini, a piccoli sorsi. 그라빠는 홀짝홀짝, 찔끔찔끔 마시는 게 좋다.

   bere a collo/a fiasco- 컵을 사용하지 않고 입을 대고 마시다

   bere a garganella- 한번에 꿀꺽 마시다, 단숨에 마시다, 병째 나발을 불다

Dopo la corsa che ho fatto, ho bevuto a garganella. 경주를 한 다음 나는 병나발을 불었다.

   bere a lunghi sorsi- 벌컥벌컥 마시다, 꿀꺽꿀꺽 마시다

   bere a paesi- 맛보다는 원산지를 통해 포도주를 평가하다

   bere a volontà- 잔뜩 마시다, 실컷 마시다, 마음껏 마시다

In quel bar, dalle 18.00 alle 19.00 di sera è possibile bere a volontà con 10 €. 그 바는 저녁 6시부터 7시까지 10유로로 실컷 마실 수 있다.

   bere alla salute- 축배를 들다, 건배하다

   bere alla salute di qualcuno- ~의 건강을 위해 마시다

Beviamo alla tua salute! Auguri di pronta guarigione! 네 건강을 위해 마시자! 쾌유를 축하해!

   bere come una spugna- 술고래이다, 술을 많이 마시다, 말술로 마시다, 술을 들어 붓다

Suo padre, prima della malattia, beveva come una spugna. 아프기 전에 그의 아버지는 말술을 마셨다.

   bere con gli occhi- 넋을 잃고 ~을 보다, ~에 귀기울이다

   bere dalla bottiglia- 병에 입을 대고 마시다

Quante volte ti ho detto di non bere dalla bottiglia! Non è educato. 얼마나 자주 네게 병에 입을 대고 마시지 말라고 말했니! 예의에 어긋나.

   bere fino all'ultima goccia- 마지막 한 모금까지 마시다, 컵에 든 것을 다 마시다

Quel cappuccino era così buono che l'ho bevuto fino all'ultima goccia. 그 카푸치노가 너무 좋아서 나는 마지막 한 모금까지 마셨다.

   bere il sangue di qualcuno- ~의 피를 빨아 마시다, ~을 착취하다, 악용하다

---

[14] 이와 유사한 라틴어 명언은 *"Bibere humanum est, ergo bibamus"*이다. "술 마시는 것은 인간적이다. 그러니 자 마시자!"

bere le parole di qualcuno- ~의 말을 주의해서 듣다(= ascoltarlo con attenzione)

bere molta acqua- 물을 많이 마시다

bere per dimenticare- ~을 잊기 위해 술을 마시다

Quella signora beveva per dimenticare la morte di suo figlio. 그 아주머니는 아들의 죽음을 잊기 위해 술을 마시곤 하였다.

bere un avversario- 아주 쉽게 이기다

bere un bicchere di più- 취하다(= ubriacarsi)

bere un uovo- 달걀에 구멍을 내어 빨아 마시다

bere volentieri- 술을 즐겨 마시다, 술을 좋아하다

berle grosse- 아주 속기 쉬운 사람이다(= essere credulone), 곧이곧대로 믿다

bersi lo stipendio- 술로 돈을 다 써버리다

In sala giochi si è bevuto tutto lo stipendio. 게임장에서 그는 술로 돈을 다 써버렸다.

da bere- 마실 것

"E da bere?" "Acqua gassata." "마실 것은요?" "탄산수로 주세요."

darla a bere a qualcuno- (거짓(말)을) 믿도록 속이다, 사실이 아닌 것을 믿게 하다, 뻥치다

A chi la dai a bere? 누구에게 그런 뻥치는거야?

Questa storia non me la dai a bere. 이 이야기를 믿도록 날 속이지 마. 내가 이 이야기를 믿을 것 같니.

È come un bicchiere d'acqua.- 식은 죽 먹기이다. 아주 간단하다.

Salire su quella montagna è facile come bere un bicchier d'acqua. 그 산에 오르는 것은 식은 죽 먹는 것처럼 쉽다.

lasciarsi bere- 먹혀 들다, 잘 넘어가다, 달갑다

Questo vino si lascia bere. 이 포도주는 잘 넘어간다. 이 포도주는 맛있다(입맛에 맞다).

non la bere- 믿을 수 없다(= non ci cascare/non ci credere/essere diffidente)

È una storia interessante, ma non la bevo. 재미있는 이야기지만, 믿을 수 없다.

L'hai bevuta! 넌 순진하게 믿었다!

(o) bere o affogare- 흥하느냐 망하느냐, 죽느냐 사느냐, 다른 선택의 여지가 없다

Qui si tratta di bere o affogare; se non vendiamo la casa finiremo falliti. 이것은 죽느냐 사느냐의 문제야. 집을 팔지 못하면 우리는 파산할 거야.

offrire da bere agli ospiti- 손님들에게 마실 것을 대접하다

pagare da bere a qualcuno- ~에게 술을 사다

berlina- (옛날 죄인에게 씌우던) 칼

mettere qualcuno alla berlina- (남들이 보는 데서) 강력히 비판하다;~을 웃음거리로 만들다

Se racconti quello che hai saputo di lui lo metterai alla berlina. 네가 그에 대해서 알았던 것을 퍼뜨리면 그는 웃음거리가 될 거다.

bersaglio- 과녁, 표적

centrare il bersaglio- 과녁의 중심/복판을 맞히다, 정곡을 찌르다; 예상이 들어맞다, 적중하다

Con quelle parole ha centrato il bersaglio. 그 말로 그는 정곡을 찔렀다.

mancare il bersaglio- 과녁을 벗어나다, 표적에 빗나가다, 가늠을 벗어나다

mirare al bersaglio/colpire il bersaglio- 과녁을 맞히다, 적중하다

tirare al bersaglio- 과녁을 향해 쏘다, 표적을 쏘다

bestemmia- 불경, 욕설

dire, tirare (delle) bestemmie- 욕설을 퍼붓다

bestemmiare- 욕하다, 저주하다

bestemmiare come un turco- 걸핏하면 욕을 하다, 욕을 마구 퍼붓다

Quel signore ha sempre bestemmiato come un turco(= tantissimo). 그 아저씨는 늘 걸핏하면 욕을 했다.

bestemmiare la propria sorte- 자신의 운명을 저주하다

Non serve a molto bestemmiare la propria sorte. Non cambierà. 자신의 운명을 저주할 필요가 없다. 바뀌지 않으니깐.

bestia- 짐승

andare in bestia- 버럭 화를 내다, 발끈 화내다, 벌컥 화내다, 격노하다(= infuriarsi)

Va in bestia per un nonnulla. 그는 사소한 일에도 버럭 화를 낸다.

brutta bestia- 극도로 어려운 일; 추악한 것, 끔찍한 것; (비유적) 촌스럽고 무식하며 난폭한 사람

La povertà è una brutta bestia. 가난은 끔찍한 것이다.

Questo rebus è una brutta bestia; non riesco proprio a risolverlo. 이 퍼즐은 매우 어렵다. 그래서 난 그것을 정말 풀 수 없다.

dormire/vivere/mangiare come una bestia- 동물처럼 자다/생활하다/먹다

fare una vita da bestia- 비참한 생활을 하다, 힘든 삶을 살다

In quelle condizioni di povertà ha proprio fatto una vita da bestia. 그런 가난한 조건에서 그는 정말 비참한 생활을 했다.

lavorare (o faticare/sudare) come una bestia- 개같이 일하다, 아주 고되게 일하다

Quell'uomo ha lavorato (o faticato) come una bestia tutta la vita. 그 사람은 평생을 열심히 일했다.

lavoro da bestia- 힘들고 단조로운 일

Questo è un lavoro da bestia. 이것은 힘들고 단조로운 일이다.

mandare in bestia qualcuno- ~을 극도로 화나게 만들다

Suo figlio adolescente è capace di mandarlo sempre in bestia. 그의 사춘기 아들은 늘 그를 극도로 화나게 할 수 있다.

Povera bestia! 가엾어라! 불쌍한 것!

una bestia nera- 혐오의 대상; 아주 싫어하는 것

La chimica è la mia bestia nera. 화학은 내가 아주 싫어하는 과목이다.

una bestia rara- 드문 사람, 진귀한 사람; 비상한 사람, 평범하지 않은 사람

È proprio una bestia rara: non dimentica mai un favore ricevuto. 그는 정말 비상한 사람이야. 부탁 받은 일을 결코 잊지 않는단 말이야.

bestiale- 동물의, 짐승 같은; 아주 심한(= molto intenso)

Dopo due giorni di digiuno mi è venuta una fame bestiale. 이틀 굶었더니 배고파 죽겠다.

Fa un freddo bestiale (birbone). 혹독한 추위다.

Ho una fame bestiale. (너무 배가 고파서) 소 한 마리를 줘도 다 먹을 것 같다. 배고파 죽겠다.

bestialità- 동물성, 야수성; 허튼소리, 어리석은 실수

fare delle bestialità- 어리석은 실수를 하다

Ha fatto due bestialità nel compito di matematica. 그는 수학 숙제에서 어리석은 실수를 두 가지 했다.

Non dire bestialità!- 허튼 소리하지 마! (= Non dire cose stupide.)

bestiame- (집합적) 가축

allevare il bestiame- 가축을 기르다

Ormai allevare bestiame è un'attività poco redditizia. 가축을 기르는 것은 이제 수익성이 적은 사업이다.

bestiame grosso- (황소나 젖소) 소 떼

bestiame minuto- (양이나 염소) 작은 짐승 떼

cento capi di bestiame- 가축 100두 (가축 백 마리)

condurre il bestiame- 가축을 몰다

bevanda- 음료수

bevanda alcolica- 알콜성 음료

bevanda analcolica- 비알콜성 음료

Le donne in gravidanza possono bere solo bevande analcoliche. 임산부는 비알콜성 음료만을 마실 수 있다.

bevanda gassata- 탄산음료

A forza di bere bevande gassate mi si è gonfiata la pancia. 탄산음료를 마셔서 배가 부풀었다.

bevanda medicinale- 약물

bevanda sana- 건강음료

Dicono che l'unica bevanda veramente sana sia l'acqua. 유일한 건강음료는 물뿐이라고 말한다.

bevitore- 술꾼, 술을 마시는 사람, 음주가

bevitore abituale- 상습 음주가

bevitore occasionale- 가끔씩 술 마시는 사람

Era un bevitore occasionale. Non l'ho mai visto esagerare con l'alcol. 그는 가끔씩 술을 마셨다. 나는 그가 과음하는 것을 보지 못했다.

buon bevitore- 애주가

essere un forte bevitore- 술고래/술꾼이다, 주량이 세다

Hanno detto che si è ammalato perché era un forte bevitore di superalcolici. 그들은 그가 독주를 너무 많이 마셨기 때문에 병에 걸렸다고 말했다.

bevuta- (한번의) 마실 양, 마시기

fare una bella bevuta- 술을 한 잔 하다, 한 번에 술을 들이켜다

Questa sera ho proprio voglia di farmi una bella bevuta. 오늘 밤 정말 술 한 잔 하고 싶다.

offrire una bevuta- 한 잔 대접하다

Per festeggiare la mia promozione offrirò a tutti una bella bevuta. 나의 승진을 축하하기 위해 모두에게 한 잔 대접하겠습니다.

Venite per una bevuta a casa mia. 한 잔 하러 나의 집에 오게.

bevuto- (친한 사이에서) 술이 취한(= ubriaco)

Sei un po' bevuto stasera. 너 오늘 저녁 술이 조금 취했구나.

biancheria- 속옷류, 리넨 제품(침대시트, 식탁보, 베겟잇), 빨래감, 세탁물

biancheria da bagno- 수건, 타월(= asciugamani)

biancheria da letto- 침대보

Per il letto preferisco solo biancheria di cotone. 침대용으로 나는 면 시트만을 선호한다.

biancheria da tavola- 식탁보

Nella biancheria da tavola che ho comperato c'è una tovaglia molto bella. 나는 식탁에 놓을 매우 이쁜 식탁보가 있어서 샀다.

biancheria di seta/di nailon/di cotone- 실크, 나일론, 면으로 된 속옷

biancheria intima- 속옷

Mi piace la biancheria intima coordinata. 나는 셋트로 된 속옷을 좋아한다.

biancheria per signora- 여성용 속옷

biancheria per (da) uomo- 남성용 속옷

bianco- 1. 하얀, 흰색의

bianco avorio- 상아색

bianco come la neve/come il latte- 눈처럼, 우유 빛처럼 하얀

bianco latte- 흰 우유

bianco Natale- 화이트 크리스마스

capelli bianchi- 흰 머리, 백발

A trent'anni era già tutto bianco. 그는 서른 살에 이미 머리가 하얗게 세었다.

Ha qualche filo bianco nei capelli. 그는 머리에 새치가 몇 가닥 있었다.

consegnare il foglio bianco in un compito di esame- 시험에서 백지로 제출하다

Non ha scritto nulla. Ha consegnato il foglio in bianco. 그는 아무것도 쓰지 않고 백지로 제출했다.

dare/avere carta bianca- ~에게 백지로 위임하다; ~의 (자유)재량에 맡기다

In questo affare gli ho dato carta bianca. 나는 이번 일을 그의 재량에 맡겼다.

diventare bianco per la paura- 겁에 질려 얼굴이 새하얗게 되다, 창백해지다

Correva così forte con la moto che mi ha fatto diventare bianco per la paura. 오토바이로 매우 빨리 달렸더니 얼굴이 창백해졌다.

essere bianco come un cencio/come un panno lavato- 얼굴이 백지장처럼 새하얗다

essere bianco di- ~로 하얗게 덮힌

La strada era bianca di neve. 길은 눈으로 하얗게 덮여 있었다.

fare i capelli bianchi in un lavoro- 오랜 세월 동안 일에 종사하다(= dedicarvi molti anni)

fare venire i capelli bianchi a qualcuno- ~에게 흰머리가 생기게 하다, ~에게 많은 걱정을 끼치다

A forza di preoccupazioni ha fatto venire i capelli bianchi a sua madre. 걱정 때문에 그는 어머니에게 흰머리가 생기게 했다.

la Casa Bianca- 백악관

mosca bianca- 보기 드문 사람, 진품

In mezzo a quel gruppo, Luigi sembrava proprio una mosca bianca. 그 모임에서 루이지는 정말 보기 드문 사람 같았다.

notte bianca- 불면의(=insonne), 잠 못 이르는 밤

razza bianca- 백인종

riempire gli spazi bianchi- 빈칸을 메우다, 빈칸을 채우다

settimana bianca- 겨울에 스키를 타기 위해 산악 휴양지에서 보내는 것

Loro sono andati in settimana bianca. 그들은 산에서 스키를 타며 휴가를 보냈다.

vino bianco- 백포도주

2. 흰색

andare in bianco- 아무런 반응을 얻지 못하다, 진전이 없다; 점수를 내지 못하다, 실패하다(= fallire), 어떤 일에 성공하지 못하다(= non riuscire in un'impresa)

È andato in bianco con quella ragazza. 그는 그 소녀와 잘 안 됐다.

di punto in bianco- 갑자기(= all'improvviso)

far vedere bianco per nero a qualcuno- ~을 속이다, ~을 잘못 보게 하다, ~을 딴 것으로 보게 하다, ~을 잘못 판단하게 하다

È facile far vedere bianco per nero alla gente quando la si tiene all'oscuro delle cose. 물건을 으슥한 곳에 두면 사람을 속이기 쉽다.

film/fotografia in bianco e nero- 흑백 영화, 흑백 사진

in bianco- (1) 한잠도 못 자다

Ho fatto la notte in bianco per studiare. 나는 공부하느라고 한잠도 못 잤다.

(2) (토마토소스 없는) 흰밥이나 스파게티; (음식) 소스나 향신료 없이, 양념 간을 거의 하지 않고 익혀서 먹는 형태

Preferisco gli spaghetti in bianco. 나는 토마토소스가 들어가지 않은 스파게티를 좋아해.[15]

mangiare in bianco- 양념 없이 먹다

Il dottore mi ha ordinato di mangiare in bianco. 의사가 나에게 양념 간을 거의 하지 않고 먹으라고 명령했다.

3. 공백으로, 백지로, 여백으로

Ho lasciato in bianco la data dell'assegno che ho firmato ieri. 어제 내가 서명한 수표의 날짜를 공백으로 놔뒀다.

assegno in bianco- 백지 수표

consegnare il compito in bianco- 백지로 제출하다, 아무것도 쓰지 않고 제출하다

Ho studiato poco e quindi ho consegnato il compito in bianco. 나는 공부를 조금밖에 안 해서 백지로 제출했다.

firmare in bianco- 공수표 날리다, 책임이나 조건을 알지 못한 채 약속하다

mettere nero su bianco- 글로 쓰다, 서면화하다(= mettere per iscritto)

non distinguere il bianco dal nero- 아무것도 이해를 못하다(= non capire nulla)

---

[15] 속탈이 나거나 위장병 등이 있을 때 흰밥이나 흰 스파게티를 권고한다.

passare dal bianco al nero- 주제를 바꾸다

Non passare sempre dal bianco al nero; chiariamo prima questo punto. 주제를 늘 바꾸지 말고 먼저 이 점을 분명히 하자.

passare la notte in bianco- 하얗게 밤을 새우다, 잠을 못자다, 뜬 눈으로 밤을 새우다

Se dormo adesso, sono sicuro di passare la notte in bianco. 지금 내가 자면, 틀림없이 하얗게 밤을 새울 것이다.

prendere bianco per nero- 완전히 오해하다

Hai preso bianco per nero; non volevo assolutamente dire questo. 너 완전히 오해했다. 이건 정말 내가 말한 의도가 아니었다.

sposarsi in bianco- 하얀 웨딩드레스를 입고 결혼식을 하다

vestire di bianco- 하얀색으로 옷을 입다

bicchiere- 컵

affogare (annegare, perdersi) in un bicchier d'acqua- 아주 작은 어려움에도 당황하다[16]

Non possiamo affidargli nessuna responsabilità perché è uno che affoga in un bicchier d'acqua. 그는 작은 어려움에도 당황하는 사람이기 때문에 우리는 그에게 어떠한 책임도 맡길 수 없다.

bere il bicchiere della staffa- 집에 가기 전에 마지막 한 잔을 마시다

Vuoi bere il bicchiere della staffae e poi andiamo? 마지막 한잔 할래 그리고 집에 갈까?

bere un bicchiere di troppo- 술을 조금 많이 마시다, 취하다(= ubriacarsi)

bicchiere di vetro/di cristallo/di plastica/di cartone- 유리/크리스탈/플라스틱/종이컵

bicchiere per il vino (o da vino)- 포도주잔

bicchieri di carta- 일회용 종이컵

essere facile come bere un bicchier d'acqua- 물 한잔 마시는 것처럼 쉽다; 아주 쉽다

Non preoccuparti, vedrai, sarà facile come bere un bicchier d'acqua. 걱정하지 마. 아주 쉽다는 것을 알게 될 거야.

levare il bicchiere- 잔을 들어 올리다, 축배를 들다(= brindare)

mezzo bicchiere di- 반 컵의

mezzo bicchiere di latte- 우유 반 컵

un bicchiere di- 한 컵의

un bicchere di vino- 포도주(와인) 한 잔

Preferisco un bicchiere di vino. 난 포도주 한 잔이 좋아요.

un bicchiere di latte- 우유 한 컵

riempire un bicchiere di vino- 잔에 포도주를 채우다

versare il vino nel bicchiere- 컵에 포도주를 따르다

bicicletta- 자전거

andare/correre in bicicletta- 자전거로 가다/달리다

bicicletta a due posti- 2인승 자전거

---

[16] 이한사전에는 "아무것도 아닌 일인데 정신을 잃다"라고 옮긴다.

bicicletta da bambino- 어린이용 자전거

bicicletta da corsa- 경주용 자전거

cadere dalla bicicletta- 자전거에서 넘어지다

scendere dalla bicicletta- 자전거에서 내리다

bidone- 금속이나 플라스틱으로 된 큰 통, 드럼통; 못쓰는 것, 제대로 작동이 되지 않는 것; (비유) 사기, 속임수; 실망스러운 일(= cosa deludente)[17]

bidone della spazzatura- (보통 옥외에 두는 뚜껑 있는 큰) 쓰레기통

dare un bidone a qualcuno- ~를 속이다

far (dare) il bidone- (특히 연인 사이에서) ~을 바람맞히다(= mancare a un appuntamento); ~을 저버리다(= piantare in asso)

Ieri sera il suo ragazzo le ha fatto il bidone. 어제 저녁 그녀는 남자 친구를 바람맞혔다.

prendere un bidone da qualcuno- ~한테 속다

prendersi un bidone- 사기를 당하다, 속임수에 넘어가다

In quel negozio mi sono presa un grosso bidone. 그 상점에서 나는 큰 사기를 당했다.

biglietto- 표, 카드, 장(將), 지폐

biglietto a prezzo ridotto- 값이 싼 표

biglietto da visita- 명함

Sul suo biglietto da visita c'era uno stemma nobiliare. 그의 명함에는 귀족 문장이 있었다.

biglietto di accesso ai binari- (철도역의) 입장권

Per accedere ai binari della Metropolitana è necessario avere un biglietto. 지하철 역에 들어가기 위해서는 표가 필요하다.

biglietto d'ingresso- 입장권

Per poter entrare alla mostra di Picasso dobbiamo comperare i biglietti di ingresso. 피카소 전시에 입장하기 위해서 우리는 입장권을 사야 한다.

biglietto di andata e ritorno- 왕복 승차권

biglietto di invito- 초대장

biglietto di Natale- 크리스마스 카드

Quest'anno devo ancora scrivere i biglietti per gli auguri di Natale. 올해 나는 아직 성탄 축하카드를 써야 한다.

biglietto di prenotazione- 예약 좌석권

biglietto di sola andata- 편도승차권

Fa il biglietto di sola andata? 편도표만 끊는 거야?

biglietto di taglio grosso- 고액권

Quali sono i biglietti di taglio grosso? 고액권은 어떤 것입니까?

biglietto di taglio piccolo- 소액권

comprare il biglietto- 표를 사다

---

[17] 이한사전에는 "통, 사기, 유치한 장난"이라는 뜻이 있다.

Compri i biglietti anche per noi? 우리 표도 사는 거니?

fare, prendere il biglietto- 표를 끊다, 표를 사다

Dove si fanno i biglietti? 표는 어디에서 삽니까?

Si può fare il biglietto anche sul treno? 기차에서 표를 살 수 있습니까?

obliterare il biglietto- 표에 도장을 찍다, 표에 구멍을 찍다, 표에 소인하다

Deve obliterare il biglietto dell'autobus. 버스 표에 소인을 찍으셔야 합니다.
(버스를 타고 앞뒤에 있는 소인기[消印基: 처리된 내용을 증명하기 위해 종이에 도장 찍는 기계]에 버스표를 넣으면 언제 탑승했다는 것이 찍힌다.)

bilancia- 1. 저울

bilancia a bilico- 계량기

bilancia a molle- 용수철 저울

bilancia automatica- 자동 저울

bilancia da bagno- 목욕탕 저울

La mia bilancia da bagno pesa sempre qualche grammo in più. 내 욕탕 저울은 늘 몇 그람 더 무게가 나온다.

bilancia di precisione- 정밀 저울

Per pesare certe cose è necessaria una bilancia di precisione. 어떤 물건들을 측량하기 위해서는 정밀 저울이 필요하다.

bilancia pesabambini- 유아 체중계

bilancia pesapersone- 체중계

bilancia romana- 로마식 저울, 대저울

In quasi tutti i mercati usano ancora la bilancia romana. 거의 모든 시장에서 여전히 대저울을 사용한다.

dare il tracollo alla bilancia- 저울의 한쪽을 무겁게 하다, 결정적인 영향을 미치다

far pendere la bilancia da una parte- 저울의 한쪽을 무겁게 하다; (유리하도록) 결과에 영향을 주다, 국면을 전환시키다

La sua conoscenza dell'italiano ha fatto pendere la bilancia a suo favore. 당신의 이탈리아어 지식이 당신에게 유리하도록 국면을 바꿔 주었다.

mettere sulla bilancia dell'orafo- 아주 세밀하게 조사하다, 판단하다

porre due cose sulla bilancia- 두 가지를 저울질하다, 이해득실을 따지다, 판단하다(= valutare)

tenere in pari la bilancia- 공평하게 판정하다, 공정히 판단하다

2. 수지, 균형

bilancia commerciale- 무역수지

bilancia commerciale in attivo/in passivo- 무역수지 흑자, 적자

bilancia delle importazioni ed esportazioni- 수출입의 균형

bilancia dei pagamenti- 가격수지

bilancio- 예산, 균형

approvare il bilancio- 예산을 승인하다, 예산안을 가결하다

L'assemblea dei soci ha approvato il bilancio. 조합 총회는 예산을 승인했다.

arrotondare il bilancio- (권력이나 지위를 이용하여 사복을 채우려고) 착복하다

Mentre lavorava all'università arrotondava il bilancio facendo il consulente. 그는 대학에 근무할 때 자문 일을 하면서 착복하였다.

fare il bilancio- 예산을 짜다

fare il bilancio di una situazione- 사태/상황을 조사하다

È giunto il momento di fare il bilancio della situazione. 상황을 조사해야 하는 순간이 왔다.

il bilancio delle vittime di una sciagura- 사고의 사망자수

mettere in bilancio- ~을 고려하다, ~을 참작하다

Ho messo in bilancio anche il mutuo della casa. 나는 주택담보 대출도 고려했다.

bile- 담즙, 분통

crepare dalla bile- 시기질투에 사로잡히다[18]

Simone crepa dalla bile perché arriva sempre secondo dopo Samuele. 시모네는 늘 사무엘 다음이기 때문에 시기 질투에 사로잡힌다.

ingoiare bile- 분노를 삼키다

riversare la propria bile contro qualcuno- ~에게 자신의 분노를 퍼붓다

rodersi dalla bile- (사람 또는 물건을) 부럽게 생각하다, 애태우다[19]

sputare bile- 화가 나서 길길이 날뛰다, 콩 튀듯 팥 튀듯 하다

verde dalla bile- 성이 나서 얼굴이 빨개지다, 분로로 안색이 파랗게 되다

biliardo- 당구

essere calvo come una palla da biliardo- 완전히 대머리이다

giocare a biliardo- 당구를 치다

liscio come un biliardo- 당구공처럼 반질거리는

palla da biliardo- 당구공

stecca da biliardo- (당구) 큐

tavolo da biliardo- 당구대

binario- 선로

arrivare al binario~/essere in arrivo al binario~- ~번 선로에 도착하다

essere su un binario morto- 막다른 벽/골목에 부딪치다[20]

Siamo su un binario morto; non ci rimane che riesaminare il problema per cercare altre soluzioni. 우리는 막다른 골목에 있어. 우리가 할 수 있는 것은 남아있지 않지만 다른 해결책을 찾기 위해 문제를 재검토해 보자.

partire dal binario~- ~번 선로에서 출발하다

uscire dai binari- 탈선하다, 정도에서 벗어나다

bilico- 불안정한 평형 상태

---

[18] 이한사전에는 "분노가 폭발하다"라고 옮긴다.

[19] 이한사전에는 "분노로 몸이 타다"라고 옮긴다.

[20] 이한사전에는 "사용되지 않는 지선에 있다, 난관에 부딪히다"라고 옮긴다.

essere in bilico tra la vita e la morte- 생사의 기로에서 헤매다, 생사지경을 방황하다

essere, stare in bilico- 불확실한 상태에 있다, 미심쩍은 상태에 있다

birra- 맥주

a tutta birra- 죽어라고, 죽자 사자, 전속력으로, 최대 속력으로(= a grande velocità)

È scappato a tutta la birra. 그는 죽어라고 도망쳤다.

birra alla spina- 생맥주

birra in bottiglia- 병맥주

birra scura- 흑맥주

dare la birra a qualcuno- (경쟁 상대를) 압도하다; ~을 월등하게 앞서다; (특히 스포츠 경기에서) ~을 완전히 추월하다(= superare qualcuno nettamente)

Abbiamo fatto una gara di corsa e gli ho dato la birra. 우리는 경주를 했는데 내가 그를 크게 앞질렀다.

fabbricare birra- 맥주를 양조하다

farci la birra- 폐물이 되다, 쓸모없게 되다; ~을 쓸모없는 것으로 간주하다

Questa farina è andata a male: puoi farci la birra. 이 밀가루는 상해서 버려도 되겠다.

una lattina di birra- 캔 맥주 하나

bisbigliare- 속삭이다, 귓속말을 하다, 소곤거리다

bisbigliare qualcosa nell'orecchio di qualcuno- ~의 귀에 ~을 속삭이다, 귓속말을 하다

biscia- 풀뱀

procedere a biscia- 지그재그 방향으로 나아가다

bisognare- ~할 필요가 있다(= essere necessario), ~해야 한다

Bisogna aspettare. 기다려야만 한다.

Bisognerebbe vederlo. 그것을 볼 필요가 있을 것이다.

Bisogna che partiate subito. 너희들은 즉시 출발해야 한다.

bisogno- 필요

avere bisogno di qualcosa- ~을 필요로 하다

Ho bisogno di aiuto. 나는 도움이 필요하다.

Ho bisogno di riposarmi. 나는 쉴 필요가 있다.

avvertire il bisogno di fare qualcosa- ~할 필요성을 알아치리다, 깨닫다

C'è bisogno di qualcosa- ~이 필요하다

C'è bisogno di un medico. 의사가 한 명 필요하다.

Non c'è bisogno di aspettare. 기다릴 필요가 없다.

Non ce n'è bisogno. 그럴 필요가 없다.

Il bisogno aguzza l'ingegno. (격언) 필요는 발명의 어머니다.

in caso di bisogno (o al bisogno)- 필요한 경우에

Non fare complimenti, in caso di bisogno, telefonami pure. 체면 차리지 말고, 필요한 경우에 내게 전화해.

secondo il bisogno- 필요에 따라서

sentire il bisogno di fare qualcosa- ~할 필요성을 느끼다

Ieri sera ho sentito il bisogno di fare una passeggiata. 어젯밤에 난 산책할 필요성을 느꼈다.

bisognoso- 필요한

essere bisognoso di qualcosa- ~을 필요로 하다

È una persona bisognosa di affetto. 그는 애정이 필요한 사람이다.

Siamo bisognosi di aiuto. 우리는 도움이 필요하다.

bistecca- 스테이크

bistecca ai ferri- 그릴에 구운 스테이크

Dicono che cucinare la bistecca ai ferri sia il metodo più sano. 그릴에 구운 스테이크 요리가 건강에 더 좋은 방법이라고 말한다.

bistecca al sangue- (피가 보이는) 덜 익힌 스테이크

Non mi piacciono le bistecche al sangue. 난 덜 익힌 스테이크는 좋아하지 않는다.

bistecca alla fiorentina- 피렌체식 비프 스테이크, T- bone 스테이크, 티자형 비프 스테이크

bistecca ben cotta- 잘 익힌 스테이크

Le bistecche le preferisco ben cotte. 나는 잘 익힌 스테이크를 더 좋아한다.

bistecca di manzo- 비프 스테이크

bivio- 교차로, 기로

trovarsi davanti ad un bivio- 기로에 서다, 갈림길에 서다

Sono davanti a un bivio: o vado all'università o incomincio a lavorare. 나는 대학에 가야 할지 아니면 일을 시작해야 할지 갈림길에 있다.

bizza- (특히 아이가) 성질을 부림

fare le bizze- (아이가) 생떼를 쓰다, 변덕을 부리다(= fare i capricci)[21]; (사물, 기계가) 말썽을 부리다

Il mio computer si è messo a fare le bizze. Speriamo che non sia rotto. 내 컴퓨터가 말썽을 부렸다. 고장나지 않았으면 좋겠다.

bloccare- 차단하다, 봉쇄하다, 폐쇄하다

bloccare il passaggio/l'ingresso- 통행을 차단하다, 입장을 막다

Si è messo davanti alla porta e bloccava l'ingresso a tutti. 문앞이 혼잡하여 입장을 모두 막았다.

bloccare il traffico- 교통을 차단하다

Quella manifestazione ha bloccato tutto il traffico. 그 시위가 모든 교통을 차단했다.

bloccare la palla- 공을 막다

bloccare un assegno- 수표의 지불을 중지하다

Per fortuna sono riuscita a bloccare l'assegno che mi avevano rubato. 다행히 나는 그들이 훔친 수표의 지불을 중지할 수 있었다.

bloccare una legge- 법안을 저지하다

bloccato- 막히거나 갇혀서 움직일 수 없는, 꼼짝할 수 없는; 막힌, 갇힌, 폐쇄된

bloccato dal ghiaccio- 얼음에 뒤덮인, 얼음에 갇힌, 얼음으로 막힌, 동결된

---

[21] 이한사전에는 "(아이가) 앙앙 울다"라고 옮긴다. 이 관용어가 사람에게 적용될 경우 아이가 잠을 보채거나 비싼 장난감을 사 달라고 생떼를 쓰는 경우에 사용하는 표현이다.

Lo scorso inverno ha fatto così freddo che sono rimasto più volte bloccato dal ghiaccio. 작년 겨울은 너무 추워서 수차례 얼음으로 폐쇄되었다.

bloccato dalla nebbia- 안개로 발이 묶인, 안개에 갇힌

bloccato in ascensore- 승강기에 갇힌

Rimanere bloccato in ascensore mi fa un po' di paura. 승강기에 갇혀 있는 것이 나는 약간 두렵다.

bloccato nel traffico- 교통이 막힌, 정체된

Scusa il ritardo! Sono rimasto bloccato nel traffico. 늦어서 미안! 교통이 막혔어.

posto di blocco- 검문소

Non si è fermato al posto di blocco e così gli agenti gli hanno sparato. 검문소에 멈추지 않자 형사들이 그들을 쐈다.

prezzo bloccato- 가격 동결, 동결된 가격

In quel negozio c'è la promozione 'prezzo bloccato' fino a gennaio. 그 상점에서는 1월까지 동결된 가격의 판촉이 있다.

blocco- 1. 봉쇄, 차단

blocco cardiaco- 심장 마비, 심박 정지

blocco dei prezzi- 가격 동결

blocco dei salari- 임금 동결

Domani ci sarà lo sciopero dei ferrovieri contro il blocco dei salari. 내일 임금 동결에 반대하는 철도 노동자들의 파업이 있을 것이다.

blocco della produzione dovuto agli scioperi- 파업으로 인한 생산 중단, 생산 휴업

forzare/rompere il blocco- 봉쇄망을 뚫고 출입하다, 봉쇄선을 돌파하다

togliere il blocco- 봉쇄를 해제하다

Non riesco a togliere il blocco al mio cellulare. 나는 내 휴대폰의 차단을 해제할 수 없다.

2. 덩어리, 뭉치

comprare in blocco- 대량 매입하다

in blocco- 한 덩어리로, 단체로

Hanno liquidato la merce di quel negozio in blocco. 그들은 그 상점의 물건을 단체로 싸게 팔았다.

vendere in blocco- 묶음으로 팔다

blu- 푸른색의; 푸른색

avere il sangue blu/essere di sangue blu- 고귀한 가계의 피이다; 명문출신이다, 귀족의 혈통이다, 귀족 가문이다

In Europa ci sono ancora molte famiglie di sangue blu(= nobili). 유럽에는 여전히 많은 귀족 가문이 존재한다.

prendersi una fifa blu- 깜작 놀라서 죽을 뻔하다(= spaventarsi a morte), 무척 놀라다

bobina- (전기) 코일

bobina a nido d'ape- 벌집형 코일

bobina d'accensione- 점화 코일

bobina d'induzione- 유도 코일

bocca- 입

avere la bocca buona- (비유적) 만족하다(= restare soddisfatti)

Ho ancora la bocca buona di caffè. Per ora non prendo altro, grazie! 커피가 맛있긴 합니다. 감사하지만, 지금은 더 안마시겠습니다.

avere la bocca cattiva- (비유적) 만족하지 못하다(= restare insoddisfatti)

avere molte bocche da sfamare- 먹여 살려야 할 입이 많다, 책임져야 할 사람이 많다

Non capisco come faccia ad andare avanti con tutte quelle bocche da sfamare! 그 모두를 책임지면서 어떻게 앞으로 나갈 수 있을지 모르겠다.

avere qualcuno/qualcosa in bocca, sulla bocca- ~을 계속 입에 올리다; ~에 대해 계속 말하다

avere/sentirsi il cuore in bocca- 놀라거나 감정이 벅차서 심장이 크게 뛰는 것을 느끼다, 몹시 흥분하다

Ieri mi sono sentita il cuore in bocca, batteva fortissimo. 어제 몹시 흥분해서 심장이 강하게 뛰었다.

baciare qualcuno sulla bocca- (비유적) ~입술에 입맞추다

cadere in bocca al lupo/al nemico- 위험에 빠지다(= finire proprio in mezzo al pericolo)

cavare una parola di bocca- 말을 꺼내게 하다

Lei non mi caverà una parola di bocca. 당신은 내 입에서 한마디도 얻어내지 못할 것입니다.

Non volevo dirlo, ma non mi hai cavato le parole di bocca. 나는 그것을 말하고 싶지 않았는데, 네가 그 말을 꺼내게 했다.

chiudere (o tappare/cucire) la bocca a qualcuno- ~에게 입다물게 하다; (반대 의견을 말하지 못하도록) ~을 침묵시키다

Ho cercato di protestare, ma le ragioni che mi ha esposto mi hanno chiuso la bocca. 항의하려고 했지만, 그가 제시한 근거가 나를 입다물게 하였다.

da prendersi per bocca- (약물) 복용할 것

essere/andare sulla bocca di tutti- 모든 사람의 입에 오르내리다, 화제의 대상이 되다

La sua impresa brillante è sulla bocca di tutti. 그의 훌륭한 업적이 장안의 화제다.

Non è più un segreto; è sulla bocca di tutti. 더 이상 비밀이 아니야. 모든 사람들의 입에 오르내려.

essere di bocca buona- 아무거나 좋아하다, 식성이 좋다, 아무거나 다 잘 먹는다(= mangiare di tutto); 쉽게 만족하다(= contentarsi facilmente)

essere di bocca larga e di mano stretta- (비유적) 약속은 잘하는 데 지키질 않는다

essere di mezza bocca/di bocca dolce- 입맛이 까다롭다; (비유적) 만족하기 힘들다

essere la bocca della verità- 진실의 입이다; (진실한 사람을 지칭) 솔직한 사람이다

Quando dice qualcosa pensa sempre di essere la bocca della verità. 그가 무엇을 말하면 늘 솔직한 사람이라고 생각한다.

essere larghi di bocca- 입이 걸다, 속되게 말하다, 막말하다(= parlare con volgarità)

fare la bocca a qualcosa- ~을 좋아하게 되다; 맛을 들이다; ~에 익숙해지다(= abituarsi a)

Quando ci avrai fatto la bocca, vedrai che quel vino ti piacerà. 그 포도주에 맛들이면 너도 좋아하게 될 거야.

fare venire l'acquolina in bocca- 입맛을 돋우다; ~에 대한 강한 욕구가 생기게 하다

Quella torta mi ha fatto venire l'acquolina in bocca. 그 케익이 내 입맛을 돋웠다.

In bocca al lupo!- (일반적으로 학생들의 시험 때) 행운이 있기를! 시험 잘 봐! 응답으로 "Crepi il lupo!" 또는 짧게 "Crepi!"라고 대답한다; (어렵거나 불확실한 일을 두고) 건투를 빈다!

lasciare qualcuno a bocca asciutta- ~을 실망시키다(= deludere)

lasciarsi scappare/sfuggire qualcosa di bocca- (비유적) ~을 입에서 흘리다, 말이 새어나가게 하다; 해서는 안 될 말을 발설하다

Ti avevo chiesto di tenere il segreto invece te lo sei fatto sfuggire di bocca. 내가 비밀을 지켜달라고 청했었는데 너는 말이 새어나가게 했다.

levare/togliere il pane di bocca a qualcuno- ~의 생계수단을 뺏다, ~의 일자리를 빼앗다

Quando gli ho chiesto i soldi mi è sembrato di togliergli il pane di bocca. 내가 그에게 돈을 부탁했을 때, 난 그의 생계수단을 뺐는 것 같았다.

mettere bocca in qualcosa- ~에 참견하다, 관여하다

mettere le parole/qualcosa in bocca al qualcuno- (비유적) ~가 말을 했다고 탓하다

So quello che dico. Nessuno può mettermi le parole in bocca. 내가 그것을 말한 것을 안다. 아무도 내가 말했다고 탓하지 않는다.

non aprir bocca- 한 마디도 하지 않다, 아무 말도 하지 않다(= non dire niente)

È tutto il giorno che non apre bocca. 하루 종일 그는 한마디도 하지 않는다.

non avere né bocca né orecchie- 말하기도 듣기도 원치 않다

non chiudere bocca- 입을 다물지 못하다, 말을 중단하지 않다

Quella signora parla troppo. Non ha chiuso bocca un minuto. 그 아주머니는 말이 너무 많다. 잠시도 말을 멈추지 않았다.

non ricordarsi dalla bocca al naso- 건망증이 심하다, 너무 쉽게 잊어버리다, 기억력이 짧다(= essere di memoria molto corta)

Non so che mi succede di questi tempi; non mi ricordo dalla bocca al naso. 요즘 내게 무슨 일이 일어나는지 몰라. 나는 건망증이 심하다.

parlare a mezza bocca- 넌지시 말하다, 암시하다

Se hai qualcosa da dire, dillo, invece di parlare a mezza bocca. 넌지시 말하지 말고, 뭔가 말할 게 있으면 말해.

Parole che riempiono la bocca. 어머어마한 말.

passare di bocca in bocca- 입에서 입으로 전해지다

La sua vicenda è passata di bocca in bocca. 그의 성공은 입에서 입으로 전해졌다.

promettere/lodare con la bocca e non con il cuore- 말로만 약속하다/칭찬하다

respirazione bocca a bocca- 인공호흡

Il bagnino gli ha fatto la respirazione bocca a bocca altrimenti sarebbe morto. 인명 구조원(안전요원)이 그에게 인공호흡을 했는데, 그렇지 않았으면 죽었을 것이다.

restare, rimanere a bocca aperta- 놀라서 입을 다물지 못하다; 말문이 막히다, 놀라서 어안이 벙벙하다

Quando mi ha dato la notizia sono restata a bocca aperta. 그가 나에게 그 소식을 말했을 때 말문이

막혔다.

restare/rimanere a bocca asciutta- 빈손으로 남다, 아무런 소득이 없다; 낙담하다(= essere deluso)
Era sicuro di vincere almeno un premio, e invece è rimasto a bocca asciutta. 그는 적어도 하나의 상이 라도 받으리라고 확신했었는데, 빈손이었다(아무 상도 못 받았다).

rifarsi la bocca- 나쁜 맛을 제거하다(= togliere un sapore cattivo); (비유적) 나쁜 인상을 지우다 (cancellare una cattiva impressione)

rimanere con la bocca amara- 실망하다, 낙담하다
Sono rimasto con la bocca amara quando ho sentito che non saresti più venuta. 네가 더 이상 오지 않으 리라는 것는 것을 알고 난 낙담했다.

sfuggire di bocca- 불쑥 말하다, 무심코 입 밖에 내다
Senza pensarci, la notizia mi è sfuggita di bocca. 생각 없이 무심코 그 소식을 입 밖에 냈다.

stare a bocca chiusa- 침묵을 지키다, 비밀을 지키다
Paola è stata a bocca chiusa tutta la sera. 파올라는 밤새도록 입을 다물고 있었다.

storcere la bocca- (불쾌감이나 분노로) 인상을 찌푸리다(= fare smorfie)
Quando ha visto come gli avevano dipinto la cucina ha storto la bocca. 그들이 주방을 그렸다는 것을 알자 그는 인상을 찌푸렸다.

tenere la bocca chiusa- 입을 꾹 다물고 있다, 집요하게 침묵을 지키다
Su quello che ti ho detto cerca di tenere la bocca chiusa. 내가 네게 말한 것에 대해 입을 꾹 다물고 있으려고 해.

togliere la parola di bocca a qualcuno- ~가 말하기도 전에 미리 예상하다/말하다
Quel collega mi continua a togliere la parola di bocca. 그 동료는 계속해서 내가 말하기도 전에 미리 말한다.

togliersi il pane di bocca- (비유적) 큰 희생을 하다(= fare grandi sacrifici)
Pur di far studiare i figli si è tolto il pane di bocca. 자식들을 공부시키기 위해 그는 큰 희생을 했다.

boccata- 한 입(의 양)

prendere una boccata d'aria- 바람을 쏘이러 나가다, 공기 한 모금 마시다
Esco fuori a prendere una boccata d'aria. 나는 바람을 쐬러 밖으로 나간다.

tirare una boccata di sigaretta- 담배를 뻐금뻐금 피다

boccia- (식탁에 물, 포도주를 담아내는) 유리병; 보치아(패럴림픽 중의 하나)

a bocce ferme- 평온하게, 담담하게, 침착하게(= con calma)
Se continuiamo a litigare non combineremo mai niente: bisogna ragionare a bocce ferme. 우리가 계속해 서 다투기만 한다면 어떠한 결론도 내릴 수 없을 것이다. 사태를 침착하게 조사할 필요가 있다.

boccia da bowling- 볼링공

fare una partita a bocce- 보치아(공굴리기) 시합을 하다

giocare alle bocce- 보치아(공굴리기) 경기를 하다

bocciare- 거절하다, 낙제하다

essere bocciato (a un esame)- (시험에) 떨어지다
Ho paura che sarò bocciato se non supero questo esame. 나는 이 시험을 통과하지 못하고 떨어질까

두렵다.
boccone- 한 입(의 양)

a pezzi e a bocconi- 하나씩, 서서히, 조금씩

avere il boccone in gola- 입안에 음식이 있다, 먹는 것을 막 끝내다

Avevo ancora il boccone in gola, ma sono dovuto tornare al lavoro. 아직도 입안에 음식이 남아있는데, 일터로 돌아가야만 했다.

Dammene un boccone! 나에게 한 입 줘!

guadagnarsi un boccone di pane- (비유적) 겨우 입에 풀칠할 정도로 벌다

Gli ho dato la possibilità, con quella commissione, di guadagnarsi un boccone di pane. 그 위원회로 나는 그에게 겨우 입에 풀칠할 정도의 생계수단을 주었다.

mangiare in un boccone- 한 입에 꿀꺽 집어 삼키다

Masticalo invece di mangiarlo in un boccone! 한 입에 꿀꺽 집어 삼키지 말고 꼭꼭 씹어라!

mangiare/mangiare giù/prendere un boccone- 한 술 뜨다(= mangiare poco)

mangiarsi qualcuno in un boccone- (비유적) ~을 묵사발로 만들다, ~을 호되게 야단치다

Mi ha fatto così arrabbiare che me lo sarei mangiato in un boccone. 그가 나를 너무 화나게 해서 그를 묵사발로 만들 거야.

per un boccone (pezzo) di pane- 헐값으로

Ho comprato questa scrivania per un boccone di pane. 나는 이 책상을 헐값에 샀다.

un boccone amaro- 쓴 알약; (받아들이기) 쓰라린 고통, 굴욕(= umiliazione)[22]

Non vincere la borsa di studio è stato per me un boccone amaro. 장학금을 받을 수 없다는 것은 내게 쓰라린 일이었다.

boia- 사형집행인, 교수형 집행인; 살인범; 도살업자[23]

fare un (sostantivo) boia- 지독하게 ~하다, 대단히 ~하다

Fa un freddo boia. 무섭게(몹시, 지독하게) 춥다

Fa un caldo boia. 지독하게 덥다.

bolla- 거품

bolla d'aria- 기포

Si è creata una bolla d'aria. 그는 기포를 만들었다.

bolla di sapone- 비누 거품

essere una bolla di sapone- 허무맹랑하다

fare bolle di sapone- 비누 방울을 불다

Ai miei nipotini piace molto fare bolle di sapone. 나의 조카들은 비누 방울 부는 것을 무척 좋아한다.

finire in una bolla di sapone- 비누 거품으로 끝나다; 허사가 되다, 수포로 돌아가다

bolletta- 계산서, 청구서

bolletta del gas/della luce/del telefono- 가스/전기/전화요금 청구서

---

[22] 이한사전에는 "(비난을 감수해야만 하는) 불쾌한 일"이라고 옮긴다.

[23] 이한사전에는 "사형집행인; 불한당, 악인"이라고 옮긴다.

bolletta di consegna- 물건 배달 인수증

bolletta doganale- 세관(통관) 신고서

essere in bolletta- 한 푼도 없다, 동전 한 잎 없다, 무일푼이다, 빈털터리다

Abbiamo speso tutti i nostri risparmi e adesso siamo in bolletta. 우리는 저축한 모든 돈을 다 써서 지금은 한 푼도 없다.

bollire- 끓다; (비유적) 성내다, 화가 너무 나서 괴롭다

avere il sangue che bolle- 정열적인 기질이다(= essere di temperamento passionale)

bollire di collera- 화가 나서 속이 부글부글 끓다

Il sangue gli bolliva nelle vene. 그는 피가 끓고 있었다.

L'acqua bolle a cento gradi. 물은 100도에서 끓는다.

lascialo bollire nel suo brodo.- 혼자 고생하게 두다, 돌보지 않다.

Quando è così nervoso, è meglio lasciarlo bollire nel suo brodo. 그렇게 신경질적일 때는 혼자 고생하게 놔두는 게 낫다.

qualcosa bolle in pentola- 무슨 일이 비밀리에 준비 중이다.

Non mi ha detto nulla, ma sicuramente qualche cosa sta bollendo in pentola. 그는 내게 아무 말도 하지 않았지만, 분명 뭔가 비밀리에 준비 중이다.

bomba- 폭탄

a prova di bomba- 폭탄을 견디는; (비유적) 견고하고 빈틈없는, 끄떡없는

Ho installato in casa una cassaforte a prova di bomba. 나는 집에 견고하고 빈틈없는 금고를 설치했다.

bomba a mano- 수류탄

bomba a scoppio ritardato, a tempo, a orologeria- 시한 폭탄

bomba lacrimogena- 최루탄

Che bomba quella moto! 그거 정말 굉장한 오토바이인데!

gettare bombe- 폭탄을 던지다

scoppiare la bomba- 폭탄을 터뜨리다; 큰일나다

È scoppiata la bomba! 큰일났다!

Ora scoppia la bomba! 이제 큰일 났다!

tornare a bomba- 본론으로 돌아가다

Torniamo a bomba. Cosa stavi dicendo? 본론으로 돌아갑시다. 너 뭐라고 말했니?

bombardamento- 폭격

bombardamento aereo- 공습

bombardamento atomico- 원자 폭탄

bombardamento di precisione- 정밀 조준 폭격

bombardamento navale- 함폭격

bombola- 원통, 원통형 용기, 병; 실린더(기통); 폭탄

bombola d'ossigeno- 산소통

bombola di gas liquido- 액체 가스 실린더

bombola per nebulizzazione- (살충제 등의) 분무기

bontà- 선의; 친절, 너그러움; 진미, 감미로움

approfittare della bontà di qualcuno- ~의 선의를 이용하다, ~의 선의를 기회로 활용하다

Ora vado. Non vorrei approfittare della vostra bontà. 이제 갑니다. 난 당신들의 선의를 이용하고 싶지 않습니다.

avere la bontà di 동사원형- ~할 만큼 친절하다

Abbiate la bontà di attendere? 너희들 친절하게 기다려 주겠니?

bontà d'animo/di cuore- 친절한 마음

La sua bontà d'animo mi ha sempre colpito. 당신의 친절한 마음은 늘 나를 감동시켰습니다.

bontà sua- (역설적인 표현) 참 친절하기도 하시지

Mi ha risposto dopo sei mesi, bontà sua! 그는 6개월 만에 내게 답장했으니, 참 친절하시기도 하시지!

Che bontà! 참 맛있다![24]

trattare qualcuno con bontà- ~을 너그럽게 대하다

bordo- 가장자리; 현측, 선측

a bordo- 승선한, 선상에/선내에/기내에, 탑승한

Benvenuti a bordo. 저희 비행기(배)를 이용해 주셔서 감사합니다.

andare a bordo- 승선하다

d'alto bordo- 상류층의[25]

Lo hanno trovato con una prostituta d'alto bordo. 그들은 그녀를 상류층 매춘부라고 생각했다.

essere a bordo- 승선해 있다, 타있다

franco a bordo- (가격에) 선적 운임이 포함된

gente d'alto bordo- 상류사회 사람들, 귀빈/요인

Sono molto snob: frequentano solo gente d'alto bordo. 그들은 상류층 사람들하고만 교제하는 속물이다.

Non gettare fuori bordo.- 배 밖으로 던지지 마세요.

Siete pregati di non buttare oggetti fuori bordo. 배 밖으로 물건을 던지지 말기를 바랍니다.

salire a bordo- 배/비행기에 오르다, 탑승하다

virare di bordo- 방향을 바꾸다, 생각을 바꾸다

borghese- (형용사) 중산층 계급의, 민간의; (명사) 중산층 사람, 시민

in borghese- 사복 차림을 한

mettersi in borghese- 사복으로 갈아입다, 평복으로 갈아입다

Dopo il lavoro non vedo l'ora di togliermi la divisa e di mettermi in borghese. 작업 후에 작업복을 벗고 사복으로 갈아입을 때가 아닌 것 같다.

piccolo borghese- (경멸적) 소시민

poliziotto in borghese- 사복 경찰

Quel poliziotto era in borghese. Per questo i ladri non se ne sono accorti. 그는 사복 경찰이었다. 이 때문에 도둑들이 알지 못 했다.

---

[24] 이한사전에는 "얼마나 감미로운 맛인가!"라고 옮긴다.

[25] 이한사전에는 "높은 신분의"라고 옮긴다.

borghesia[26]- 부르주아, 중산계급, 시민층

   l'alta borghesia- 상위 중산층

   la piccola borghesia- 하위 중산층

   media borghesia- 중산층

Ormai dicono che la media borghesia stia scomparendo. 이제 중산층은 사라져 가고 있다고 말한다.

bordone- 단조로운 저음

   tenere bordone a qualcuno- ~와 공모하다; ~와 한통속이 되다

Il "cervello" è riuscito a scappare; la polizia ha catturato solo quello che gli teneva bordone. '조직의 두목'이 탈주에 성공했는데, 경찰은 그와 공모한 사람만을 체포했다.

borsa- 1. 가방

   aprire/sciogliere la borsa- 돈을 펑펑 쓰다

   avere la borsa piena- (비유적) 돈이 많다, 돈이 넘쳐나다, 굉장히 부자이다

   avere la borsa vuota- 가방이 비었다, 돈이 적다(= avere poco denaro)

   avere le borse agli occhi- 지친 것처럼 보이다

Ho mangiato troppo e oggi ho le borse agli occhi. 너무 먹었더니 오늘 축 늘어지네.

   borsa da documenti- 서류 가방

   borsa da viaggio- 여행 가방

   borsa della spesa- 쇼핑 가방

   borsa di pelle- 가죽 가방

A Firenze fanno delle bellissime borse di pelle. 피렌체에서 가장 아름다운 가죽 가방을 만든다.

   borsa di studio- 장학금

Hanno aumentato la cifra della borsa di studio per il dottorato. 그들은 박사과정 장학금의 액수를 늘렸다.

   chiudere/stringere la borsa- 절약하다(= fare economia)

   fare borsa comune- 비용을 분담하다

   la borsa o la vita! 돈이냐 목숨이냐!

   pagare di borsa propria- 자신의 돈으로 지불하다

   stringere i cordoni della borsa- 돈주머니를 졸라매다

Con questa crisi economica siamo costretti a stringere i cordoni della borsa. 이 경제위기 때문에 우리는 돈주머니를 졸라매야 했다.

   tenere i cordoni della borsa- 돈주머니의 끈을 쥐고 있다, 돈줄을 쥐다

In casa chi teneva i cordoni della borsa è sempre stata la moglie. 집에서 돈줄을 쥐고 있었던 사람은 늘 아내이었다.

---

[26] 우리에게는 '부르주아'라는 말이 더 익숙한데 같은 의미의 "Borghesia"는 '중세 자치도시의 시민'을 의미하였다. 그러나 르네상스 시대에 이르러 상업, 전문영역, 예술과 문학에 종사하는 중상계급으로 그 의미가 변화하였다. 이후 경제적 영향력의 증가로 부르주아 계급은 로마 가톨릭교회의 성직자, 왕족과 귀족 사이의 '제 3 계급의 신분(Terzo stato)'에 오를 만큼 정치적으로 부상했다. 귀족계급이 몰락한 뒤 부르주아 계급은 근대 자본주의 국가에서 정치, 경제의 제 1 계급의 신분에 오르게 된다.

toccare qualcuno nella borsa- ~한테서 돈을 뜯어 내다, ~에게 돈을 요구하다

2. 주식시장, 주식 거래소

agente di borsa- 증권 중개인

borsa nera- 암시장

L'ho comperato alla borsa nera e l'ho pagato la metà. 암시장에서 그걸 사서 반값만 냈다.

giocare in borsa- 주식 투자를 하다, 주식에 손을 대다

A forza di giocare in borsa si sono create delle grosse speculazioni. 주식 투자 때문에 심각한 투기가 발생되었다.

quotazioni di borsa- 주식 시세

rialzo/ribasso in borsa- 증가 상승, 하락

speculazione in borsa- 주식 투기

borseggiare- 소매치기 하다

L'hanno borseggiato del portafoglio. 그들은 지갑을 소매치기 했다.

Sono stato borseggiato. 나는 소매치기를 당했다.

bosco- 숲속

andare nel bosco- 숲속에 가다

essere uccel di bosco- 도주/도망 중이다

Sono almeno 10 anni che è uccel di bosco. 적어도 10년간 그는 도주 중이다.

portare legna al bosco- 이미 충분히 있는 것을 가져다주다, 불필요한 것을 제공하다; 쓸데없는 짓을 하다, 헛수고하다

botta- 때림, 총격

a botta calda- 즉각, 즉석에서; 사전 준비 없이

A botta calda, non saprei cosa dire. 즉석에서 (말하라고 한다면), 무엇을 말해야 할지 모를 거야.

a botta e risposta- 재치있는 대답, 재담, 오는 말에 가는 말, 맞받아 치기[27]

Hanno fatto a botta e risposta tutta la serata. 그들은 밤새도록 재치있는 대답을 했다.

dare una botta a qualcuno- ~깜짝 놀라게(무섭게) 하다

A chi devo dare una botta? 내가 누구에게 깜짝 놀라게 해야 할까요?

dare una botta contro- ~에 부딪히다

Cadendo ho dato una grande botta contro il palo della luce. 넘어지면서 전봇대에 크게 부딪혔다

dare (menare) botte da orbi- ~을 실컷 때려 눕히다, 간담을 서늘하게 하다

È cominciata come una manifestazione pacifica, ma è degenerata e si sono dati botte da orbi. 평화적 시위로 시작됐지만, 간담이 서늘한 (폭력 시위로) 변질됐다.

fare a botte- 주먹다짐을 하다, 손찌검을 벌이다, 치고받고 싸우다

Quando erano bambini facevano sempre a botte tra loro. 어렸을 때 그들은 늘 치고받고 싸우곤 하였다.

prendere a botte qualcuno- ~를 두들겨 패다, 마구 때리다

prendere una botta in testa- 머리를 부딪히다

---

[27] 이한사전에는 "치면 반응하여 답을 하는"이라고 옮긴다.

Ho preso una botta in testa cadendo sul gradino. 계단에서 넘어지면서 머리를 부딪혔다.

botte- 깡통

Botte buona fa buon vino. 좋은 포도주 통이 좋은 포도주를 만든다. 밭이 좋아야 씨가 산다.(제주 속담) 나무가 커야 그늘도 크다.

Botte piccola fa vino buono. 작은 포도주 통이 좋은 포도주를 만든다. (키가 작은 사람에 대한 친근한 표현) 작은 고추가 맵다.

dare un colpo al cerchio e uno alla botte- (비유적) 일을 교묘히 처리해 나가다, 상반되는 두 가지 일 사이의 균형을 잘 조절하다; 싸움 중에 있는 양편과 다 사이좋게 지내다; 양다리를 걸치다

essere in una botte di ferro- 더 없이 안전하다(= essere al sicuro)
Non c'è nulla che mi possa accadere qui; sono in una botte di ferro. 여기에서 내게 아무 일도 일어나지 않을 거야. 나는 더 없이 안전해.

La botte dà il vino che ha. (속담) 먹어봐야 맛을 안다. 백문이 불여일견이다.

Non si può avere la botte piena e la moglie ubriaca. 꿩 먹고 알 먹을 수는 없다; 둘 다 가질 수는 없다. 둘 다 좋을 수는 없다.

Voler la botte piena e la moglie ubriaca. 남겨두고도 싶고 써보고도 싶다는 두 가지 생각을 하다. 동시에 상반된 양쪽을 취하다. 아무것도 포기하지 않고 바라는 것을 모두 원한다.

bottega- 상점

andare a bottega da qualcuno- ~의 도제가 되다
Per imparare un mestiere è meglio andare a bottega da chi lo sa fare. 수공업을 배우기 위해서는 그것을 할 줄 아는 사람의 도제가 되는게 낫다.

aprire/mettere su bottega- 가게를 내다; 사업을 시작하다
Finalmente è riuscito a metter su bottega. 드디어 그는 개업할 수 있었다.

avere la bottega aperta- (농담) 바지 지퍼가 열려있다
Hai la bottega aperta. 너 남대문이 열렸다.
Mi sono sentito imbarazzato quando mi sono accorto che avevo la bottega aperta. 나는 바지 지퍼가 열려 있었다는 것을 알았을 때 당황했다.

chiudere bottega- 가게 문을 닫다; 사업을 접다; 일을 접다(= smettere di fare qualcosa)
In situazioni impossibili come questa, mi viene voglia di chiudere bottega. 이와 같은 불가능한 상황 속에서 나는 일을 접고 싶다.

essere casa e bottega/essere uscio e bottega- 일터 가까이에 살다, 집과 직장의 거리가 아주 가깝다
Fa bottega di tutto. 온갖 부정으로 거래하다(= trafficare disonestamente con ogni cosa)

bottiglia- 병

collo di bottiglia- 병목
Quell'incrocio è come un collo di bottiglia per la viabilità dell'intera zona. 그 교차로는 전체 지역의 도로상태 때문에 병목과 같다.

mettere vino in bottiglia- 포도주를 병에 담다
stappare una bottiglia di vino- 포도주 병을 따다
Per la mia festa ho stappato una bottiglia di vino. 나는 축제를 위해 포도주 병을 땄다.

un'intera bottiglia- 한 병 전체, 병나발

È capace di bersi un'intera bottiglia di vino. 그는 포도주를 병나발로 마실 수 있다.

una bottiglia da un litro- 1리터짜리 병

vino di bottiglia- 엄선된 포도주

vino in bottiglia- 병 포도주

botto- 강타, 충격

di botto- 갑자기

Scoppiò a piangere di botto. 그는 갑자기 울음을 터뜨렸다.

in un botto- 금방, 순식간에(= in un secondo)

tutto in un botto- 갑자기, 불현듯, 문득, 졸지에

Tutto in un botto si ricordò di quello che era successo. 갑가기 벌어진 일들이 기억났다.

bottone- 단추

allacciare un bottone- 단추를 끼우다/채우다/잠그다

attaccare un bottone- 단추를 달다

Prima di sposarsi non era capace nemmeno di attaccarsi un bottone. 결혼하기 전에는 나는 단추조차 달지 못했다.

attaccare (un) bottone a qualcuno- (특히 듣고 싶어 하지 않는 사람에게) 붙들고 오래 이야기하다

Mi dispiace essere in ritardo: ho incontrato Pasquale che mi ha attaccato un bottone. 늦어서 죄송합니다. 파스꽐레를 만났는데 날 붙들고 오래 이야기했습니다.

bottone automatico, a pressione- 똑딱 단추, 누름 단추, 스냅 단추

bottone del colletto- 칼라 버튼

bottone dell'ascensore- 승강기 버튼

bottoni gemelli- 커프 링크스, 커퍼스 버튼

stanza dei bottoni- 조정실, 컨트롤 룸

bozza- 초고, 소묘

bozza finale- (인쇄) 최종 교정쇄, 교료쇄

Ora la bozza finale può andare in stampa. 이제 최종 교정쇄가 인쇄에 들어갈 수 있다.

bozza impaginata/bozza in pagine- 페이지 조판 교정쇄

correggere le bozze- 교정하다

prima bozza- 제1교(초안)

Ho corretto la prima bozza di quel libro e c'erano molte imperfezioni. 나는 그 책의 1교를 수정했는데 미비점이 많이 있었다.

braca- 바지가랑이

calare le brache- 항복하다, 꽁무니를 빼다; 겁을 먹고 그만두다

Non appena lui ha minacciato di dire tutto a tuo padre, tu hai calato le brache. 모든 것을 네 아버지한테 이야기한다고 협박하자마자, 꽁무니를 뺐다.

braccio- 팔

a braccetto- 서로 팔짱을 끼고

I due fidanzati passeggiavano per il corso tenendosi a braccetto. 두 연인은 팔짱을 끼고서 코스를 따라 산책하고 있었다

Passeggiavano a braccetto per la strada. 그들은 서로 팔짱을 끼고 거리를 걸었다.

accogliere/ricevere qualcuno a braccia aperte- ~을 반갑게 맞이하다

Ho sempre accolto gli amici a braccia aperte. 나는 늘 친구들을 반갑게 맞이했다.

andare in braccio a Morfeo-[28] 자러가다, 자다

Volevo rimanere sveglio ma in un attimo sono andato in braccio a Morfeo. 나는 깨어 있고 싶었는데 잠깐 잠이 들었다.

aprire/stendere le braccia- ~을 다정하게 맞이하다

avere buone braccia- 일을 잘 하는 사람이다

avere le braccia legate- 손이 묶여 있다; 자유롭게 무엇이든 할 수 없다

Ho le bracca legate e non posso proprio aiutarti. 손이 묶여 있어서 너를 정말 도울 수가 없다.

avere le braccia lunghe- 영향력이 있다, 입김이 세다, 세력이 있다

avere sulle braccia qualcuno- 자신이 일을 하여 ~을 부양하다

braccio di ferro- 팔씨름; 힘겨루기, 대립

Il costante braccio di ferro tra i due fratelli ha danneggiato l'azienda. 두 형제간의 끊임없는 대립이 회사에 피해를 주었다.

buttare/gettare le braccia al collo- 몸을 날려 껴안다, 포옹하다, 안아주다

All'aereoporto, quando sono arrivato, mia sorella mi ha buttato le braccia al collo. 내가 공항에 도착했을 때 누이는 날 꼭 안아주었다.

cadere/gettarsi tra le braccia di qualcuno- ~의 팔 사이로 넘어지다, ~의 품에 안기다

In poco tempo gli è caduta tra le braccia innamorata. 잠시 그녀는 애인의 품에 안겼다.

con le braccia in croce- 기도, 애원의 표시로(= in segno di preghiera, supplica)

Dagli un dito e si prenderà un braccio. 그에게 손가락을 주면 그는 팔을 잡을 것이다. 작은 도움을 주면 오히려 더 큰 도움을 요구한다는 의미로 도움을 주지 말라는 부정적인 의미이다.

dare il braccio- 도와주다

Dare un dito, prendersi un braccio. (속담) 물에 빠진 사람 구해주니 보따리 내놓으라고 한다.

dare/offrire il braccio a qualcuno- ~을 부축하다

Ho dato il braccio a quella signora per aiutarla ad attraversare la strada. 나는 길을 건너는 것을 돕기 위해 그 아주머니를 부축했다.

darsi/gettarsi in braccio a qualcuno- ~을 완전히 신뢰하다, ~에게 자신을 맡기다

essere il braccio destro di qualcuno- ~의 오른팔이 되다

Senza il suo braccio destro lui non è nessuno. 그의 오른팔 없이 그는 아무것도 아니다.

essere in braccio a Morfeo- 잠에 골아 떨어지다, 잠에 빠지다

fare cadere le braccia- 낙담시키다, 기운 빠지게 하다, 괴롭히다

---

[28] '모르페오'눈 오비디우스 「변신 이야기(Metamorphōseōn librī)」에 등장하는 그리스의 꿈의 신이다. 'essere in braccio a morfeo' 도 같은 유래이다.

Queste stupide storie mi fanno cadere le braccia. 이런 어리석은 이야기들이 나를 기운 빠지게 한다.

fare un discorso a braccio- 즉흥적인 연설을 하다

Quel politico è molto bravo. I suoi discorsi sono sempre a braccio. 그 정치가는 정말 유능하다. 그의 연설은 늘 즉흥연설이다.

incrociare le braccia- 팔짱을 끼다; 일하기를 거부하다; 일손을 놓다, 파업에 돌입하다

I metalmeccanici hanno incrociato le braccia. 철강 노동자들은 파업에 돌입했다.

Mi cascano (o cadono) le braccia. 팔이 축 처진다, 내 기운이 빠진다, 실망스럽다.

parlare a braccio- 아무 원고 준비없이 그냥 즉흥적으로 말하다

portare qualcosa sotto braccio- ~을 팔 밑에 끼고 다니다

portare qualcuno in braccio- ~을 팔에 안고 다니다

Quando ero piccola mio padre mi portava sempre in braccio. 내가 어렸을 때 아버지는 늘 날을 안고 다니셨다.

prendere qualcuno in braccio- ~을 안다

Prendi questa bambina in braccio! 이 아이를 안아 보렴!

prendere qualcuno per il braccio- ~의 팔을 붙잡다

rimanere/stare in braccio a qualcuno- ~의 팔에 안겨 있다

Mio nipote è rimasto in braccio tutto il pomeriggio. 조카는 오후 내내 팔에 안겨 있었다.

sentirsi cadere le braccia- 기운이 빠지는 것을 느끼다, 낙담하다(= scoraggiarsi), 실망하다

Quando mi ha detto di rifarlo, mi sono sentito cadere le braccia. 내게 그것을 다시 하라고 말했을 때, 나는 팔이 축 쳐지는 것을 느꼈다(기운이 빠졌다).

spostare qualcosa a braccia- ~을 팔로 옮기다

stringere qualcuno fra le braccia- ~을 꼭 안다

Vorrei tanto poterti stringere ancora tra le braccia. 나는 너를 여전히 꼭 안아주고 싶다.

tagliare le braccia a qualcuno- ~의 수족을 자르다; ~에게 행위를 막다

Gli ho tagliato le braccia, non può più fare nulla. 내가 그의 수족을 잘라, 그는 더 이상 아무것도 할 수 없다.

tendere le braccia a qualcuno- 도움을 청하다; ~을 도와주다

Lui ci ha sempre teso le braccia nel momento del bisogno. 필요할 때 그는 늘 우리에게 도움을 주었다.

tenere l'ombrello sul braccio- 우산을 팔위에 걸다

Teneva l'ombrello sul braccio. 그는 한쪽 팔에 우산을 걸고 있었다.

tenere qualcuno in braccio- ~을 안고 있다

La mamma tiene il bambino in braccio. 엄마가 아이를 안고 있다.

tenere qualcosa sotto il braccio- 한쪽 팔에 끼고 있다

Teneva la borsetta stretta sotto il braccio. 그녀는 한쪽 팔에 가방을 꼭 끼고 있었다.

tenersi sotto braccio- 서로 팔장을 끼고, 팔을 끼고서; 사이좋게, 친밀하게

Camminavano tenendosi sotto braccio. 그들은 서로 팔장을 끼고서 걷고 있었다.

vivere delle proprie braccia- 자신의 힘으로 살다

Ha sempre vissuto delle proprie braccia, non ha mai chiesto nulla a nessuno. 그는 늘 자신의 힘으로

살아서 아무에게도 도움을 청하지 않았다.

branco- 가축의 떼, 무리

a branchi- 떼지어, 무리지어

andare/muoversi in branchi- (동물처럼) 떼지어 움직이다

mettersi/entrare/essere nel branco- 대중에 따르다, 다수의 길을 순순히 따르다

Non è certo un leader; è uno che sarà sempre nel branco per sicurezza. 그는 분명히 지도자가 아니야. 그는 늘 안정을 위해 대중을 따를 사람이다.

un branco di- 한 무리의, 한 떼

Si sono avventati sul cibo come un branco di lupi affamati. 그들은 굶주린 늑대 무리처럼 음식에 달려 들었다.

bravo- 우수한

alla brava- 교묘하게, 솜씨 좋게, 영리하게, 실수없이

Bravo! Bis! 브라보! 앵콜![29]

Bravo furbo! 아주 영리해!

essere bravo a/in- ~에 강하다, ~에 능숙하다

Lei è brava a cucinare. 그녀는 요리를 잘 한다.

Lui è bravo in matematica. 그는 수학에 강하다.

Sono bravo a tennis. 나는 테니스를 잘 친다.

Fa' il bravo! (어머니가 아이에게) 얌전히 있어!

notte brava- 소란을 피운 밤, 흥청대며 놀며 보내는 밤.

Della notte brava di una settimana fa, mi è rimasto il mal di testa. 한 주 전 흥청대며 노는 소리 때문에 머리가 아팠다.

Su, da bravo! 자, 힘내![30]

breccia- 트인 구멍; 돌파구

essere/rimanere sulla breccia- 견디어 내다, 자신의 활동을 계속 빛나게 전개하다

Solo una grande artista come lei rimane sulla breccia per tanti anni. 그녀와 같이 위대한 예술가만이 오랜 세월을 견디어 낸다.

fare breccia- 감명을 주다, 인상을 남기다

Il suo racconto ha fatto breccia in tutti noi. 그의 이야기가 우리 모두에게 감명을 주었다.

breve- 짧은

a breve termine- (경제) 단기적으로, 단기간에

Dovrà consegnare quel lavoro a breve termine. 그는 단기간에 그 일을 제출해야 할 것이다.

in breve- 요컨대, 요약하면, 간단히 말해서, 간단히

---

[29] 'Bis'는 '두 번'이라는 라틴어 수사이다. 'Bis'는 주로 공연이나 음악회가 끝났을 때 청중이 '앵콜'이라고 외치는 것과 마찬가지로 'Bis!'라고 외치기도 한다. 그러나 오늘날을 잘 사용하지 않는다.
[30] 일상 생활에서는 "Dai(자!), forza(힘내), fai quella cosa(그 일을 해)" 등의 표현을 더 자주 사용한다.

Per dirtela in breve, Filippo ha deciso che non verrà più a scuola. 간단히 말씀드리면, 필립포는 더 이상 학교에 오지 않기로 결정했습니다.

la strada più breve- 지름길

per farla breve/a dirla breve- 간단하게 말하자면, 요컨대

Per farla breve, sono andato a vedere quel film, ma non mi è piaciuto. 간단하게 말하면, 그 영화를 보러 갔는데 마음에 들지 않았다.

Tu parli, parli, ma, a dirla breve, che cosa vuoi dire? 네가 자꾸 말을 하는 데, 간단히 말해 하고 싶은 말이 뭐야?

tra breve- 짧은 시간 내에, 얼마 안되어, 곧, 이내

Ritornerà tra breve. 그는 이내 돌아올 것이다.

briciola- 빵 부스러기

andare in briciole- 바스러지다, 산산히 부서지다

Alla prima botta è andato tutto in briciole. 한 방에 모두 산산히 부서졌다.

non esserci una briciola di- 깨알(티끌)만큼도 없는

Non c'è una briciola di verità in quello che dici. 네가 말하는 것은 진실이라곤 깨알만큼도 없다.

non lasciarne una briciola a qualcuno- ~에게 부스러기 하나 남기지 않다

Non me ne ha lasciato una briciola. 그는 나에게 부스러기 하나 남기지 않았다.

ridurre in briciole- (비유적) 완패시키다, ~을 쉽게 이기다

Dici di essere bravo a tennis, ma lui ti ha ridotto in briciole. 너는 테니스를 잘 친다고 말하는데, 그가 너를 완패시켰다.

briga- 말썽, 분쟁

attaccare briga (lite) con qualcuno- ~에게 싸움을 걸다

Quel ragazzo attacca briga (lite) con tutti. 그 소년은 모두에게 싸움을 건다.

prendersi (o darsi) la briga di- 수고를 아끼지 않고 ~하다

Si è presa la briga di avvertire tutti che la riunione era stata rinviata. 그녀는 모임이 연기되었음을 모두에게 알리는데 수고를 아끼지 않았다.

brigata- 놀이의 집단, 친구들

Poca brigata, vita beata. (속담) 둘이면 좋은 친구가 되나 셋이면 사이가 갈라진다(셋은 너무 많다). 적을수록 더 낫다.

briglia- 말고삐, (말에게 씌우는) 굴레

a briglia sciolta- 전속력으로, 힘껏, 황급히, 죽어라하고 빨리, 제동없이(= senza freni)

Correva a briglia sciolta. 그는 전속력으로 달리고 있었다.

a tutta briglia- 신속하게, 쏜살같이, 재빨리(= velocemente)

allentare la briglia- 고삐를 늦추다

Meglio che allenti la briglia con tuo figlio! 아들한테는 고삐를 느슨하게 하는게 낫다!

dare la briglia sul collo- 자유롭게 놔두다(= lasciare libero)

lasciare la briglia sul collo a qualcuno- ~에게 완전한 자유를 주다

Hanno educato i loro figli lasciando loro la briglia sul collo. 그들은 자식들에게 완전한 자유를 주면

서 키웠다.

mettere la briglia a un cavallo- 말에게 고삐를 달다, 말에 고삐를 메다
ruzzare/scherzare in briglia- 잘지내면서 불평하다(= lamentarsi stando bene)
tenere/reggere le briglie- 고삐를 잡다; (비유적) 정권을 잡다, 정권을 쥐다
tirare la briglia- 고삐를 당기다; (비유적) 엄하게 하다(= usare rigore)

brillante- 찬란한, 빛나는; 눈부신, 아주 성공적인; 재능이 뛰어난, 우수한, 기발한

condurre una vita brillante- 활동적인 사회 생활을 영위하다

Da quando ha sposato quell'uomo ricco ha iniziato a condurre una vita brillante. 그녀는 부자인 그 남자와 결혼한 뒤로 활동적인 사회 생활을 영위하기 시작했다.

fare una figura brillante- 두각을 나타내다, 이채를 띠다

idea brillante- 기막힌 착상, 묘안

Mi è venuta un'idea brillante! 내게 좋은 생각이 떠올랐다!

un brillante risultato- 훌륭한 결과, 아주 성공적인 결과

Con quella ricerca ha raggiunto un brillante risultato. 그 연구로 그는 아주 성공적인 결과를 달성했다.

un futuro brillante- 눈부신 미래, 찬란한 미래

Le auguro un futuro brillante, pieno di successi. 성공으로 가득찬 당신의 찬란한 미래를 축원합니다.

una brillante carriera- 눈부신 경력, 화려한 경력

brillare- 빛나다, 반짝이다; 눈에 띄다, 두드러지다

brillare per qualcosa- ~로 인해 눈에 띄다, 나타나다

Brilla per la sua assenza. (농담) 그가 없으니까 눈에 띈다.

Brilla per la sua intelligenza. 그의 재능이 눈에 띈다. 아주 재능있는 사람이다.

Gli occhi del gatto brillano al buio. 고양이 눈이 어둠속에 빛난다.

Le stelle brillavano nel cielo. 별들이 하늘에서 반짝이고 있었다.

Un grosso anello brillava al dito. 큰 반지가 그녀의 손가락에서 반짝거렸다.

brivido- 몸이 떨림, 한기; 전율

avere brividi di febbre/di freddo- 열이 나서, 추워서 몸이 떨리다

far venire i brividi- ~을 섬뜩(오싹)하게 하다

Mi fa venire i brividi. 등골이 오싹하다.

Quel film del terrore mi ha fatto venire i brividi. 그 공포 영화는 등골이 오싹하게 했다.

brodo- 맑은 수프; 걸쭉한 수프, 국, 탕, 죽

andare in brodo di giuggiole- 열광하다(황홀해하다), 기뻐서 즐거워하다(= gongolare di gioia), 미칠듯이 기뻐하다

Ogni volta che riceve una lettera dalla sua ragazza, Marco va in brodo di giuggiole. 매번 그의 여자 친구로부터 편지를 받자, 마르코는 미칠듯이 기뻐한다.

brodo di pollo- 닭죽, 닭백숙
brodo ristretto- 콩소메, (육수로 만든) 맑은 수프
il brodo di coltura- 배양기; (나쁜 것의) 온상

La povertà è spesso il brodo di coltura ideale per il crimine. 가난은 종종 범죄의 전형적인 온상이 된다.

lasciar (cuocere) qualcuno nel suo brodo- 그대로 내버려 두다, ~에 대해서 관심을 두지 않다(= non curarsene)[31]

Se non vuole unirsi a noi, lasciamolo cuocere nel suo brodo. 그가 우리와 함께 하고싶지 않다면, 그대로 그를 내버려 둡시다.

tagliatelle in brodo- 국물이 있는 탈리아텔레; 일종의 칼국수

Tutto fa brodo. (격언) 하찮은 것도 제각기 쓸모가 있다. 모든 것이 다 소용있다.

brontolare- 불평하다, 툴툴대다

Brontola contro tutto. 매사에 불평이다, 모든 일에 불평한다.

Quando lui è in casa non fa che brontolare. 그가 집에 있을 때면 불평만 한다.

Smettila di brontolare! 그만 툴툴거려!

bronzo- 동, 청동

cuore di bronzo- 강심장

età del bronzo- 청동시대

faccia di bronzo- 철면피

È una ragazza sfrontata che non si vergogna di nulla: ha proprio una faccia di bronzo. 그는 아무것도 부끄럼을 모르는 염치없는 소녀이다. 정말 철면피이다.

medaglia di bronzo- 동메달

Alle olimpiadi è arrivato terzo vincendo una medaglia di bronzo. 올림픽에서 동메달을 수상하려면 3위를 얻어야 한다.

statua di bronzo- 청동상

bruciapelo- 가까운 거리에서. 아주 가까이에서

a bruciapelo- 아주 가까이에서; 갑자기, 불시에, 느닷없이, 난데없이

Me l'ha chiesto a bruciapelo e non ero preparato a rispondere. 내게 갑자기 그것을 물어서 답변을 준비하지 못했다.

Me l'ha detto a bruciapelo. 그는 느닷없이 내게 그 말을 했다.

chiedere qualcosa a bruciapelo- 느닷없이/난데없이 ~을 묻다

colpo a bruciapelo- 직사, 아주 가까이에서 쏜

Ha sparato un colpo a bruciapelo. 그는 아주 가까이에서 쐈다.

fare una domanda a bruciapelo- 난데없이/느닷없이 질문하다

Mentre parlavo mi ha fatto una domanda a bruciapelo. 말하고 있는데 그는 내게 느닷없이 질문했다.

tirare/sparare a bruciapelo- (비유적) 갑자기 쏘다, 갑자기 발포하다

bruciare- 1. (타동사) ~을 태우다

bruciare i ponti- 관계를 완전히 깨다, 의절하다

Quei due fratelli, dopo la morte della madre hanno bruciato tutti i ponti fra loro. 어머니가 돌아가고 난 뒤 그 두 형제는 의절했다.

bruciare il paglione- 약속을 어기다, 약속을 깨다; 지불하지 않고 가버리다

---

[31] 이 관용어는 "lasciare qualcuno nelle sue idee, non contestarlo e lasciare che si arrangi, fregarsene"의 뜻을 내포하고 있다.

bruciare la camicia col ferro da stiro- 다리미로 와이셔츠를 태우다

Mi sono distratta un momento e ho bruciato la camicia con il ferro da stiro. 나는 잠시 정신을 딴데 두다가 다리미로 와이셔츠를 태웠다.

bruciare le cervella a qualcuno- ~의 머리에 쏘다

Gli hanno bruciato le cervella con un colpo di pistola in testa. 그들은 권총을 그의 머리에 겨루고 쐈다.

bruciare le tappe- 빠르게 나아가다, 빠른 진전을 보이다

Non cercare di bruciare le tappe! 빨리 나아가려고 애쓰지 마!

bruciarsi il dito/**la lingua**- 손가락/혀에 화상을 입다

Mi sono bruciato un dito. 손가락 하나를 데었다. 한 손가락에 화상을 입었다.

bruciarsi la carriera- 자신의 경력을 망치다

Dopo quello che ha fatto si è bruciato la carriera. 그는 그 일을 저지른 뒤로 자신의 경력을 망쳤다.

bruciarsi le ali- 자신의 날개를 태우다; 손해보다

Se lo fai studiare così tanto, rischi che si bruci le ali. 그렇게 열심히 공부하면 손해볼 위험이 있다.

2. 타다, 열나다, 불타다

bruciare dalla curiosità- 호기심에 불타다, 몹시 알고 싶어하다

Dimmi subito quello che hai visto! Sto bruciando dalla curiosità. 네가 본 것을 내게 즉시 말해줘! 호기심에 속이 탄다.

bruciare dalla sete- 목이 탄다, 목이 아주 마르다, 아주 갈증나다

bruciare di passione per qualcuno- ~에 대해 가슴을 태우다, ~에 대해 정열을 불태우다

Anche se era sposato bruciava di passione per quella donna. 그는 결혼했더라도 그 여자에 대해 가슴을 태우고 있었다.

Mi brucia la gola.- 나의 목이 탄다. 목이 아프다.

Dammi una pastiglia che mi brucia la gola. 목이 아픈데 알약 하나 줘라.

sentirsi bruciare la terra sotto i piedi- 외출/여행 따위를 좋아하다, 외출/여행을 하지 못해 안절부절하다

Ti bruciano gli occhi? 눈이 따갑니? 눈이 쓰라리니?

bruciato- 탄

bruciato dal sole- 햇볕에 탄, 그을린

Il pescatore aveva il volto bruciato dal sole. 어부는 햇볕에 그을린 얼굴이었다.

gioventù bruciata- 헛되이 보낸 청춘; (1950년대의) 비트 세대

La gioventù bruciata è il risultato di troppo benessere. 헛되이 보낸 청춘은 너무 번영한 결과이다.

sapere di bruciato- 탄 맛이 나다

sentire puzza di burciato- 타는 냄새가 나다

bruno- 갈색의, 가무잡잡한, 거무스레한

bruno di capelli- 머리카락이 갈색인

I genitori sono biondi ma il bambino è nato bruno di capelli. 부모는 금발인데 아이는 갈색 머리로 태어났다.

bruno di pelle/**di carnagione**- 피부가 거무스레한, 다갈색인, 가무잡잡한

brusco- 퉁명스러운, 무뚝뚝한; 거친, 무례한; 시큼한, 시금털털한

con le brusche- 거칠은 태도로, 무뚝뚝하게

in tono brusco- 퉁명스러운 어조로, 거친 어조로

Mi sono arrabbiato perché me lo ha chiesto in tono brusco. 그가 퉁명스러운 어조로 그걸 물어서 나는 화가 났다.

modi bruschi- 인사성이 없는 태도, 무뚝뚝한 태도

Cerca di essere gentile. Con quei modi bruschi non otterrai nessun risultato. 친절하도록 하렴. 그런 무뚝뚝한 태도로는 아무런 결과를 얻지 못할 거야.

tempi bruschi- (비유적) 불경기

vino brusco- 시금털털한 포도주

Il vino brusco è un vino che tende all'aspro. 시큼한 포도주는 신맛이 나는 경향이 있는 포도주다.

brutto- 보기 싫은, 악한

alle brutte- 최악의 경우에는(= nel peggiore dei casi)

Alle brutte pagheremo i danni. 최악의 경우 우리는 손해를 보상하게 될 것이다.

avere un brutto raffreddore- 독감에 걸리다, 지독한 감기에 걸리다

avere una brutta cera- 안색이 나쁘다, 아파 보이다(= avere un aspetto malato)

brutta notizia- 나쁜 소식, 안 좋은 소식

Oggi ho ricevuto una brutta notizia. 오늘 나는 나쁜 소식을 접했다.

Brutto cattivo! 몹쓸 놈! 천하의 나쁜 놈! 버릇없는 아이야!

brutto odore- 불쾌한 냄새, 구역질 나는 냄새(= disgustoso)

brutto segno- 나쁜 징조, 안 좋은 징조

Se non risponde al telefono è brutto segno. 전화에 응답하지 않는다면 안 좋은 징조다.

brutto tempo- 나쁜 날씨

brutto voto- 나쁜 점수

Mia madre mi ha sgridato perché ho preso un brutto voto a scuola. 학교에서 나쁜 점수를 받아오자 어머니는 내게 소리를 질렀다.

con le brutte- 위협을 써서라도, 나쁜 방식으로, 무례한 방식으로, 강제로(= con le maniere bruttte, in modo sbrigativo e rude)

Se non acconsenti subito, ti convincerò con le brutte. 네가 즉시 동의하지 않으면, 강제로 설득할 거야.

di brutto- (1) 갑자기(= all'improvviso, bruscamente)

Si arrabbiò di brutto. 그는 갑자기 화를 냈다.

(2) 많이, 열심히

In questo periodo sta lavorando di brutto. 요즘 그는 일을 많이 하고 있다.

essere brutto come la fame (o il peccato)- 지독하게 못생기다, 몹시 추하게 생기다

fare una brutta figura- 모습이 우스워 보이다, 나쁜 인상을 주다, 망신당하다

Questa mattina Simone ha fatto una brutta figura a scuola. 오늘 아침 시모네는 학교에서 망신당했다.

farla brutta a qualcuno- ~에게 심한 농담을 하다, ~에게 심한 장난을 치다

L'hanno fatta proprio brutta a quel ragazzo nascondendogli il motorino! 그들은 오토바이를 감추는 정

말 심한 장난을 그 소년에게 쳤다.

guardare qualcosa di brutto- ~을 나쁘게 보다

Il tempo si mette al brutto.- 날씨가 차차 나빠진다.

Il tempo si sta mettendo al brutto. Penso che verrà a piovere. 날씨가 점점 나빠진다. 비가 올 거야.

la brutta copia- 초안

Non badare a tutte queste correzioni, è solo la brutta copia. 이 모든 것에 대한 교정은 신경쓰지 마, 단지 초고일 뿐이야.

Me la sono vista brutta.- 나는 가까스로 모면했다.

Se l'è vista brutta, ma grazie all'intervento ora guarirà. 그는 이제 끝이구나 싶었는데, 수술 덕분에 곧 회복될 거다.

passarne delle brutte- 힘든 시기를 보내다, 어려운 시기를 보내다(= attraversare periodi duri, difficili)

passarsela brutta- 끔찍한 경험을 하다, 힘든 일을 겪다

Ha tutta l'aria di essersela passata brutta. 그는 힘든 일을 겪었던 것처럼 보인다.

vederne delle brutte- 불황/불경기를 겪다, 힘든/어려운 시기를 겪다

Ne abbiamo viste delle brutte in tutti questi anni! 올 한 해 내내 우리는 불황을 겪었다.

vedersela brutta- 가까스로 모면하다; 끝이구나 생각하다, 난관에 처하다(= trovarsi in difficoltà)

venire alle brutte- 주먹다짐까지 벌이게 되다, 손찌검하게 되다, 다투게 되다

buca- 구멍, 팬곳, 구덩이, 움푹 꺼진 곳

andare a buca- 일이 잘 끝나다(= andare a buon fine)

buca cieca- 눈에 잘 안띄는 위험, 잠재적인 위험, 함정

buca dell'orchestra- 오케스트라석

In quel teatro la buca dell'orchestra è ben nascosta. 그 극장의 오케스트라석은 잘 감춰져 있다.

buca delle lettere- 우체통, 우편함

Hai guardato nella buca delle lettere se è arrivato qualche cosa? 너 뭔가 도착했나 하고 우편함을 보았니?

dare buca a qualcuno- ~을 바람맞히다

Ha dato buca all'appuntamento di ieri sera. 어제 저녁 그는 약속을 바람냈다.

scavare una buca- 구멍을 파다

bucare- 뚫다, 관통하다

bucare il video/lo schermo- 화면에 잘 나오다, 시청자의 관심대상이 되다

bucare una gomma/uno pneumatico- 타이어를 펑크내다

un attore che buca il video- 외모가 화면에 잘 맞는 배우

un grido da bucare gli orecchi- 귀청이 찢어질 듯한/고막이 찢어질 듯한 소리

bucato- 1. 구멍난

avere le mani bucate- 낭비벽이 심하다

Non capisco come fa ad avere le mani così bucate. Spende sempre tutti i soldi. 어쩌면 그렇게 낭비벽이 심한지 알 수가 없다. 그는 늘 돈을 몽땅 다 쓴다.

2. 세탁물, 빨래

bucato a mano- 손빨래

Mi manca il detersivo per il bucato a mano. 나는 손빨래용 빨래비누가 그립다.

di bucato- 깨끗한, 하얀

fare il bucato- 빨래하다, 세탁하다

Oggi devo fare il bucato altrimenti non ho più nulla di pulito. 나는 오늘 빨래를 해야 해. 그렇지 않으면 깨끗한 옷이 하나도 없다.

lenzuolo di bucato- 세탁한 시트

stendere il bucato- 빨래를 널어 말리다

stirare il bucato- 빨래를 다림질하다

buccia- 껍질

  avere la buccia dura/essere di buccia dura- 껍질이 단단하다; 피부가 거칠다; (비유적) 억세다

  la buccia d'arancia/della patata/della noce- 오렌지 껍질, 감자 껍질, 호두 껍질

  lasciarci la buccia- 죽다; 살해당하다; (속어) 뒈지다

  rivedere le bucce a qualcuno- ~의 일에 허점/결점을 찾아 내다; ~의 흠을 찾다

buchino- 작은 구멍

  Chi non cuce buchino cuce bucone. (속담) 제 때의 바늘 한번이 아홉 바느질을 던다. 호미로 막을 데 가래로 막는다.

buco- 구멍, 틈

  avere un buco- 구멍이 있다, 짬이 있다

  Ho un buco nei pantaloni. 바지에 구멍이 났다.

  buco della serratura (chiave)- 열쇠 구멍

  Ho tolto la chiave dal buco della serratura. 나는 열쇠 구멍에서 열쇠를 뽑았다.

  buco nero- 블랙홀

  Il buco nero si forma quando muore una grande stella (astronomia). 블랙홀은 큰 별이 소멸될 때 생성된다.

  chiudere/tappare il buco- 구멍을 막다; (비유적) 빚을 갚다

  Ho finalmente tappato tutti i buchi con i creditori. 나는 드디어 채무자들에게 모든 빚을 다 갚았다.

  fare un buco in qualcosa- ~에 구멍을 내다

  fare un buco nell'acqua- 실패하다; 아무런 반응/결과를 얻지 못하다

  Non illuderti, farai un buco nell'acqua. 환상을 갖지 마, 넌 헛수고하고 말거야.

  Pensavo di convincerlo ma ho fatto un buco nell'acqua. 나는 그를 설득할 수 있으리라고 생각했는데 실패했다.

  Non c'era un buco per parcheggiare.- 주차할 공간이 전혀 없다.

  Sono arrivato in ritardo perché non c'era un buco per parcheggiare. 나는 주차할 공간이 전혀 없어서 늦게 도착했다.

  non cavare un ragno dal buco- 아무런 성과(진전)를 얻지 못하다, 아무 소용이 없다

  L'ho riempito di domande ma non ho cavato un ragno dal buco. 나는 질문을 채웠지만 아무 소용이

없었다.

un buco nella scarpa- 신발에 난 구멍

budello- (복수: budella) 장, 창자

cavar le budella a qualcuno- ~을 죽이다(= uccidere)

Zorro cava le budella solo ai cattivi. 조로는 나쁜 사람들만을 죽인다.

riempiere (riempirsi) le budella- 포식하다, 많이 먹다(= mangiare molto)

Mi sono riempito le budella e ora mi sento male. 나는 잔뜩 먹었는데 지금 속이 불편하다.

sentirsi tremare (torcere/rimescolare) le budella- 배가 아프다, 복통을 일으키다; (불안 때문에) 무서워하다(= avere paura), 겁을 집어먹다

Prima di parlare davanti a un gruppo, mi sento sempre rimescolare le budella. 많은 사람들 앞에서 말하기 전에, 나는 항상 두려움을 느낀다.

bue- 황소

carne di bue- 소고기

Chiudere la stalla quando sono fuggiti i buoi. (속담) 소 잃고 외양간 고친다.

Il bue che dice cornuto all'asino. (속담) 소가 당나귀의 뿔을 말한다. 숯이 검정 나무란다.

lavorare come un bue- 황소처럼 일하다, 고되게 일하다

mettere il carro davanti(o innanzi) ai buoi- 말 앞에 수레를 달다; 앞뒤 순서를 잘못 놓다, 일의 순서를 뒤바꿔 하다(= anticipare, fare le cose prima del tempo)

Moglie e buoi dei paesi tuoi. 소와 아내는 자기 고장이 것이 좋다. 자기 고장의 여자와 결혼하라.[32]

occhio di bue- 소눈; 아주 큰 눈; 둥근 차창문

sangue di bue- 거무칙칙하고 진한 빨강

bufalo- 들소

lavoro da bufalo- 고된 일(= pesante)

mangiare come un bufalo- 소처럼 먹다; 많이 먹다

Mangia come un bufalo e non ingrassa di un etto. 그는 많이 먹는데 살이 전혀 찌지 않는다.

pelle di bufalo- 담황색 가죽

soffiare come un bufalo- 숨을 헐떡(쌕쌕)거리다

Arrivato in cima alla montagna, soffiava come un bufalo. 산 정상에 이르자 그는 숨을 헐떡거렸다.

bufera- 눈보라; 폭풍

bufera di neve- 눈보라

Siamo stati bloccati in casa da una bufera di neve. 우리는 눈보라 때문에 집에 갇혔다.

bufera di vento- 강풍, 돌풍

la bufera della guerra- 전쟁의 맹위/폭풍

Quando terminò la bufera della guerra, poté riabbracciare il figlio.
전쟁의 맹위가 끝나자, 그는 아들을 다시 안을 수 있었다.

---

[32] 통상적으로 이 관용어는 문화적, 사회적, 인종적 차이가 없는 자기 고장의 사람과 결혼하는 것이 좋다는 표현이다. 이러한 맥락에서 옛 이탈리아 사람들 가운데는 "반경 500미터 이내의 여자와 결혼하라"고 말하기도 했다.

buffo- 우스운, 익살맞은; 희극의

opera buffa- 희가극

L'opera buffa è un genere operistico. 희가극은 오페라의 한 종류이다.

Questa è buffa!- 이거 웃긴다! 재미있다!

Questa è proprio buffa! Non penserai che io ti creda! 이거 정말 웃긴다! 내가 널 믿으리라고는 생각하지 못할 거야!

buffone- 어릿광대

fare il buffone- 어릿광대 짓을 하다, 익살부리다; 바보 짓을 하다

Non fare il buffone: vieni subito qui e mettiti a fare i compiti. 바보 같은 짓 하지 말고, 빨리 이리 와서 숙제 시작해!

Smettila di fare il buffone! 바보 짓 그만해!

bugia- 거짓말

bugia innocente/innocua- 악의 없는 거짓말, 선의의 거짓말

Mi è dispiaciuto ma per calmarla ho dovuto dirle quell'innocente bugia. 유감이지만 그를 진정시키기 위해 나는 선의의 거짓말을 해야 했다.

dire bugie- 거짓말하다

Le bugie hanno le gambe corte.- (격언) 진실은 언젠가 드러난다. 진실은 밝혀지게 마련이다.

Le bugie hanno le gambe corte! Prima o poi si scoprono. 진실은 언젠가 드러나게 마련이다! 조만간 밝혀진다.

buio- 1. (형용사) 어두운; 2. (명사) 어둠

buio fitto (pesto)- 캄캄한, 칠흑같이 어두운

Quando siamo tornati a casa era buio pesto. 우리가 집에 돌아왔을 때는 칠흑같이 어두웠다.

con quel buio- 그런 어둠에는

Con quel buio non si vedeva niente. 그런 어둠에는 아무것도 안 보였다.

essere al buio- 어둠 속에 있다

essere al buio (all'oscuro) di qualcosa- 모르다, 무지하다(= ignorare)

Non ne so niente: sono completamente al buio (all'oscuro) della vicenda. 나는 그것에 관해 아무것도 몰라. 그 문제에 관해서 나는 완전히 무지해.

essere buio in viso- 얼굴이 어둡다; 슬프다

fare un salto nel buio- ~을 운에 맡기다, (모험치고) 해보다

Cambiando attività ha fatto un salto nel buio. 사업을 전환하는 것을 그는 운에 맡겼다.

mettere qualcuno al buio- ~을 감옥에 넣다, ~을 투옥하다, ~을 감금하다

si sta facendo buio- 점점 어두워지고 있다.

Ritorniamo a casa che si sta facendo buio. 점점 어두워지고 있으니 집으로 돌아가자.

tenere qualcuno al buio di qualcosa- ~한테 ~을 모르게 하다, ~한테 ~을 숨기다(= nascondere)

Mi hanno tenuto al buio(= all'oscuro) di ogni cambiamento. 그들은 나한테 모든 변화를 숨겼다.

buonanotte- (잠자기 전에 쓰는 말) 안녕히 주무십시오, 잘 자

augurare la buonanotte- 잘 자기를 기원하다

Mia madre mi augurava la buonanotte ogni sera. 나의 어머니는 매일밤 내게 잘 자라고 했다.

buonanotte ai suonatori- 그것으로 끝나다

Il ladro è fuggito e buonanotte ai suonatori. 도둑이 도망갔는데 그게 다야.

buonanotte al secchio!- 그것으로 끝이다. 더 이상 이러쿵저러쿵하지 말아라.

Gli ho spiegato cosa fare ma, buonanotte al secchio! 나는 그에게 무엇을 할 것인지를 설명했는데, 그것으로 끝이다!

dare la buonanotte- 잘 자라고 말하다

buono- 좋은

a buon diritto- 올바르게, 옳게, 제대로(= con ragione)

a buon mercato- (형용사) 값이 싼, 저가의; (부사) 싸게, 저렴하게(= a poco prezzo)

a buon prezzo- (형용사) 값이 싼, 저렴한; (부사) 싸게, 저렴하게(= a basso prezzo)

alla buon'ora (o buonora)!- 드디어! 고마워라!

Finalmente sei arrivato. Alla buon'ora! 드디어 네가 도착했구나. 고마워라!

alla buona- (형용사) 격식에 얽매이지 않는, 허물없는, 편안한, 단순한; (부사) 간단하게, 단순하게, 소박하게, 격의 없이, 꾸밈없이

Era vestito molto alla buona. 그는 옷을 아주 소박하게 입고 있었다.

Resta a cena a casa mia, preparo qualcosa alla buona. 집에 남아서 저녁 식사해, 내가 대충 먹을 것을 준비할게.

andarci con le buone- 친절히 대하다

Bisogna andarci con le buone. 우리는 친절히 대해야 한다.

buon per te!- 너한테는 다행이다! 너한테는 잘 됐네!

Se non hai bisogno di aiuto, buon per te! 도움이 필요하지 않다면, 너한테는 다행이다!

Buon pro ti faccia! 너에게 행운이 있기를! 행운을 빕니다!

con le buone- 친절하게

con le buone o con le cattive- 무슨 수를 써서라도, 수단과 방법을 안 가리고(= in tutti i modi possibili)

Con le buone o con le cattive, convincerò mio figlio a venire a casa. 무슨 수를 써서라도 내 아들을 집에 오도록 설득할 거다.

di buon cuore- 애정을 갖고, 다정하게(= con affetto)

Luigi è sempre stato un uomo di buon cuore, generoso con tutti. 루이지는 모두에게 늘 자상하고 다정 다감한 사람이었다.

di buon grado/di buona voglia/di buon animo- 기꺼이/반가이/즐거운 마음으로(= volentieri, con piacere)

di buon'ora- 아침 일찍, 이른 시간에

Ci siamo svegliati di buon'ora. 우리는 아침 일찍 일어났다.

di buon passo- 활발하게, 씩씩하게

Ci siamo incamminati di buon passo per arrivare prima degli altri. 우리는 다른 사람들보다 먼저 도착하기 위해 씩씩하게 걸었다.

di buona famiglia- 가문이 좋은, 집안이 좋은, 집안 배경이 좋은

Si è fidanzata con un ragazzo di buona famiglia. 그녀는 집안 배경이 좋은 남자와 약혼했다.

Dio ce la mandi buona! 희망을 빌어 봅시다! 좋은 일이 있기를 바랍시다!

essere a buon punto- 척척 진행 중이다, 착착 진척되고 있다

Il lavoro è a buon punto. 일은 척척 진행 중이다.

Non ho ancora finito il compito ma sono a buon punto. 아직 업무를 마치지는 못했지만 착착 진척되고 있다.

essere buono come il pane- 빵처럼 좋다; 마음씨가 곱다

Mio nonno era buono come il pane. Non ha mai litigato con nessuno. 나의 할아버지는 마음씨가 좋아서, 아무하고도 다투지 않았다.

essere buono con qualcuno- ~에게 착하게 대하다

Lui è sempre stato buono con me. 그는 항상 나에게 잘해 주었다.

essere d'animo buono- 마음씨가 곱다, 마음씨가 착하다

essere di buona bocca- 아무것이나 잘 먹다; 쉽게 만족하다

Mio figlio è di buona bocca, mangia tutto quello che gli preparo. 아들은 아무것이나 잘 먹어서 내가 준비한 것은 모두 먹는다.

essere in buona (o di buonumore)- 기분이 좋다

Parlagli del tuo progetto stasera, visto che è in buona. 그가 기분이 좋아 보이니, 그에게 오늘밤 네 계획에 대해 말해.

essere una buona forchetta- 식성이 좋다

far buon viso a cattivo gioco- 겉모양을 내다, 겉치장하다

fare il buono- 얌전히 있다, 얌전히 굴다

Fa' il buono! (어머니가 아이에게) 얌전히 있어!

in buone mani- 안심할 수 있는, 잘 관리되는

Sono tranquillo perché ti ho lasciato in buone mani. 나는 안심할 수 있는 데에 너를 맡겨서 마음이 놓인다.

mettere una buona parola per qualcuno- 추천하다, ~을 위해 한마디 거들다

Spero che ci metterai una buona parola per me. 나는 너가 나를 위해 한마디 거들기를 희망한다.

prendere il buono con il cattivo- 고난도 기쁨과 마찬가지로 받아들이다; 현실을 있는 그대로 받아들이다

Devi imparare a prendere il buono con il cattivo; non tutto può sempre andare come vuoi tu. 너는 현실을 있는 그대로 받아들이는 것을 배워야 해. 모든 것이 늘 네가 원하는 데로 될 수 없다.

prendere per buona una scusa- 변명을 받아들이다

tenere buono qualcuno- ~에게 시간을 끌다

L'ha tenuto buono promettendogli che verrà promosso la prossima volta. 그는 다음번에 승진할 거라고 약속하면서 그에게 시간을 끌었다.

tenersi buono qualcuno- ~와 친분을 유지하다

Tientelo buono: conosce molta gente importante. 그와 친분을 유지해라. 그는 유력인사를 많이 안다.

tornare in buona con qualcuno- ~와 화해하다, ~와 다시 친해지다

Finalmente ci siamo spiegati con Giovanni e siamo tornati in buona. 죠반니에게 설명함으로써 드디어 우리는 다시 친해졌다.

un buono a niente (nulla)- 아무 짝에도 쓸모가 없는

Non è buono a nulla. 그는 아무짝에도 쓸모가 없다.

Suo cugino perde sempre il lavoro: è proprio un buono a niente. 그의 사촌은 늘 일자리를 잃는데, 그는 정말 아무 짝에도 쓸모가 없다.

un poco di buono- 나쁜 인간, 못 믿을 사람; 싹수가 노란

È un poco di buono. 그는 나쁜 사람(못 믿을 사람)이야.

Quel ragazzo è un poco di buono. 그 소년은 싹수가 노랗다.

una buona volta- 이번만은, 이번에는

Finiscila una buona volta! (불쾌한 일을 가능한 한) 빨리 마무리짓지 그래요!

Lascialo in pace una buona volta! 이번만은 그를 가만히 내버려 둬!

una persona alla buona- 성격이 털털한 사람

una persona di buon cuore- 마음이 착한/고운 사람

vedere di buon occhio- 호의적인 시선으로 보다, 좋게 보다, 긍정적으로 보다

Il suo datore di lavoro lo ha sempre visto di buon occhio. 고용주는 늘 그를 좋게 보았다.

vivere alla buona- (잠깐 동안) 불편한 생활을 하다

È bello vivere alla buona per un po' in campeggio, ma ogni tanto un letto vero e una doccia calda ci vogliono. 야영지에서는 잠깐 동안 불편한 생활을 하는 데, 매번 진짜 침대와 따뜻한 샤워가 그립다.

burla- (골탕을 먹이기 위한) 장난, 농담, 희롱; 짖궂은 장난

  da (per) burla- 장난으로, 농담으로

  mettere in burla qualcosa- ~을 가볍게 여기다, ~을 농담처럼 가볍게 다루다

Continua a mettere in burla quello che gli dicono le persone. 그는 그들이 말하는 사람들을 계속해서 가볍게 여긴다.

  mettere in burla qualcuno- ~을 놀리다

burro- 버터

  avere le mani di burro- 물건을 잘 떨어뜨리다; (비유) 서투르다

  diventare un burro- 꽤 기분이 좋아지다; 살살녹다

Quando gli ho promesso di portarlo al circo è diventato tutto un burro. 내가 그를 서커스에 데리고 가겠다고 약속하자 그는 기분이 좋아졌다.

  Questa carne è un burro. 이 고기는 입 안에서 살살 녹는다.

  tenero come il burro- 버터처럼 아주 부드러운

busca- 탐색, 탐구

  andare in busca di qualcosa- ~을 찾으러 가다, ~을 찾아 나서다

  vivere alla busca- 다른 사람에게 의지해서 살다, 얹혀살다

Lui intende le vacanze come un'occasione per viaggiare e per vivere a busca dagli amici. 그는 여행과 친구들에게 얹혀살 기회로 휴가를 생각하고 있다.

bussola- 나침반

   ago della bussola- 나침반 바늘, 자석바늘, 자침

Ormai ha perso l'ago della bussola. 그는 이제 나침반의 바늘을 잃었다.

   bussola azimutale- 방위 나침반

   bussola giroscopica- 회전 나침반

   bussola magnetica- 자석 나침반

   perdere la bussola- 방향을 잃다; 흥분하다, 당황하다

Con tutte le sue chiaccchiere mi fa perdere la bussola. 그녀의 수다는 나를 흥분하게 만든다.

   rosa della bussola- 나침도, 방위도

busta- 봉투

   busta a finestra- 창 달린 봉투

   busta affrancata e con indirizzo- 주소를 쓰고 우표를 붙인 봉투, 우표 첨부 회신용 봉투

   busta paga- 급여/봉급 봉투, 금여/봉급 액수

Questo mese mi hanno ridotto la busta paga. 그들은 나에게 이달 급여를 감봉했다.

   in busta a parte- 별도의 봉투에, 별봉으로

   in una busta chiusa- 밀봉된

Lasciami in ufficio i documenti in una busta chiusa. 사무실에 밀봉된 서류를 나한테 맡겨.

   lettera in busta aperta- 밀봉되지 않은 봉투

buttare- 1. (타동사) 던지다

   buttare fuori- 내쫓다(= cacciare via)

L'hanno buttato fuori di casa. 그를 집에서 내쫓아 버렸다.

   buttare giù- 아래로 떨어지다(= far cadere); 전복하다(= rovesciare); (바람이) 불어 떨(넘)어뜨리다; (눈물, 아픔을) 참다, 삼키다(= inghiottire[33]); 갈겨쓰다(= scrivere in fretta); 개요를 제시하다(= abbozzare); 폄하하다(= criticare); 좌절시키다(= scoraggiare); 침울하게 하다(= deprimere)

   buttare il bambino insieme con l'acqua sporca- 뭐가 중요한 것인지 분간을 못하고 없애버리다

   buttare la palla a qualcuno- ~에게 공을 던지다

Buttami la palla, per favore! 저한테 공을 던져 주세요!

   buttare là una frase- 말을 내비치다, 힌트를 주다, 넌지시 알려주다

Quando ha buttato là quella frase ho capito tutto. 그가 그 문장을 넌지시 알려주었을 때 난 모두 이해했다.

   buttare qualcosa all'aria- ~을 망쳐 놓다, ~을 엉망으로 만들다, ~을 뒤집어 놓다, 뒤엎다

Ha buttato all'aria tutta la casa per cercare gli occhiali. 그는 안경을 찾으려고 집을 온통 뒤집어 놓았다.

Ha buttato all'aria tutti i miei panni. 그는 나의 모든 계획들을 망쳐 놓았다.

   buttare qualcosa dalla finestra- 창문으로 ~을 던지다/버리다

L'ho buttato per sbaglio dalla finestra. 나는 실수로 그것을 창문으로 던져 버렸다.

---

[33] "inghiottire le lacrime, 눈물을 꾹 참다"라는 관용어가 있다.

Non lo buttare via! 그것을 버리지 마!

buttare qualcosa in terra/nell'acqua- ~을 땅에/물에 던지다

Non buttare niente in terra! 땅에 아무것도 버리지 마!

buttare qualcuno a terra- ~을 쓰러 뜨리다

Quel ragazzo, correndo, ha buttato a terra una signora anziana. 그 소년은 뛰어가다가 나이 든 아주머니를 쓰러 뜨렸다.

buttare sangue- 피를 흘리다, 피가 나다

La ferita butta sangue. 상처에서 피가 난다.

buttare via- 내버리다, 내던져 버리다

Finalmente ho buttato via il mio vecchio cappotto. 마침내 나의 오래된 외투를 내버렸다.

da buttare via- 버릴 것, 쓸모 없는 물건이나 사람, 얕볼 것, 무시할 것

Non è da buttare via. 얕볼 것이 아니다.

2. (자동사) 생기다, 발아하다; 되어 가다, (상황이) 전개되다

Butta male! 사정이 좋아 보이지 않아요!

Come butta? 일이 어떻게 돼가고 있습니까?

Vediamo come butta. 사건(일)의 추이를 지켜(두고)봅시다.

3. (재귀동사)

buttarsi anima e corpo in qualcosa- ~일에 몸과 마음을 쏟다

In ogni cosa che ha fatto si è sempre buttato anima e corpo. 그는 하는 모든 일에 늘 몸과 마음을 쏟았다.

buttarsi giù- 우울해지다; 낙담하다

Non buttarti giù! 낙담하지 마!

buttarsi nel lavoro- 일에 뛰어 들다, 일에 투신하다

buttarsi nella politica- 정치에 뛰어 들다, 정치에 투신하다

buzzo- 배, 위

di buzzo buono- 간절히; 열의를 갖고, 열성적으로

lavorare di buzzo buono- 열심히 일하다

mettercisi di buzzo buono- ~을 시작하다; ~에 진지하게 관심을 기울이다

Voglio proprio mettermi a studiare di buzzo buono. 나는 정말 공부에 진지하게 관심을 기울이고 싶다(본격적으로 열의를 갖고 공부하고 싶다).

C

C- 알파벳 C

C come Como- (철자를 말할 때) 코모 호수를 말할 때처럼 C

Serie C- (1) una squadra di Serie C (축구) 3부 리그[1]

　　　　　(2) un prodotto di serie 3부 제품 (= prodotto scadente, non di buona qualità)

cabina- (칸막이를 한) 작은 공간, 부스; 객실, 선실; 탈의실

cabina dell'ascensore- 승강기 부스, 앨리베이터 캐빈

cabina di proiezione- 영사실

cabina di registrazione- 녹음실

cabina telefonica- 공중전화 박스

Grazie ai cellulari le cabine telefoniche stanno scomparendo. 휴대폰 덕분에 공중전화 박스가 사라져 간다.

cambiarsi in cabina- 탈의실에서 옷을 갈아입다

Là in fondo c'è una cabina. 저 구석에 탈의실이 있어요.

Si accomodi in cabina! 탈의실로 가세요!

caccia- 사냥

andare a caccia- 사냥 가다

andare a caccia di complimenti- 칭찬을 받고 싶어하다, 칭찬을 받으려 유도하다

andare a caccia di onori- 명예를 추구하다

andare a caccia di qualcosa- ~을 추구하다, ~을 찾으러 다니다

Sono andato al mercato delle pulci, a caccia di curiosità. 나는 골동품을 찾아서, 벼룩 시장에 갔다.

caccia al tesoro- 보물 찾기

Con i ragazzi abbiamo organizzato una divertente caccia al tesoro. 우리는 애들이랑 재미있는 보물찾기 놀이를 계획했다.

caccia all'uomo- 범인 수색

Dopo la rapina in banca si è scatenata una caccia all'uomo. 은행 강도 사건이 있은 다음 범인 수색이 실시되었다.

caccia alla volpe/al cinghiale- 여우 사냥, 멧돼지 사냥

cane da caccia- 사냥개

da caccia- 사냥 용도의

dare la caccia a qualcuno- ~을 뒤쫓다, 추적하다

La polizia gli dà la caccia. 경찰이 그의 뒤를 쫓고 있다.

Ti ho dato la caccia per tutta la città. 나는 온 도시로 너를 뒤쫓았다.

---

[1] 축구 1부 리그 Serie A, 2부 리그 Serie B

fucile da caccia- 사냥총, 엽총

essere a caccia di- ~을 수색중이다; ~을 추구하다, ~을 찾다

Era a caccia di facili guadagni. 그는 손쉬운 돈벌이를 찾고 있었다.

licenza di caccia- 수렵 면허

riserva di caccia- 사냥터, 수렵장

In quella zona c'è una riserva di caccia. 저 지역에 수렵장이 있다.

stagione di caccia- 사냥철

cacciare- 사냥하다

cacciare fuori un coltello- 칼을 홱 뽑아 들다

Il ladro, per rubare la borsa alla signora, ha cacciato fuori un coltello. 부인에게 가방을 훔치기 위해 도둑은 칼을 홱 뽑아 들었다.

cacciare fuori la lingua- (약을 올리거나 진찰할 때) 혀를 내밀다

I bambini maleducati cacciano fuori la lingua(= fanno le linguacce). 버릇 없는 아이들이 혀를 낼름(메롱하면서) 내민다.

cacciare fuori i soldi- (마지못해) 돈을 내놓다/토해 내다

Il ladro è entrato in banca e ha detto all'impiegato di cacciare fuori tutti i soldi . 도둑이 은행에 들어가 행원에게 돈을 내놓으라고 말했다.

Per pagare il dentista ho dovuto cacciare fuori un sacco di soldi. 치과의사에게 지불하기 위해서 거액(엄청난 돈)을 내놓아야만 했다.

cacciare il cinghiale- 멧돼지를 사냥하다

cacciare il naso negli affari altrui- 남의 일에 관여하다, 간섭하다

Non capisco perché cacci sempre il naso nei miei affari. 난 네가 왜 항상 내 일에 관여하는지 이해가 안간다.

cacciare qualcuno di casa- ~을 집에서 내쫓다

Ho cacciato di casa mio marito. 나는 남편을 집에서 내쫓아 버렸다.

Mi hanno cacciato fuori di casa. 그들은 나를 집밖으로 내쫓았다.

cacciare qualcuno in un grosso guaio- ~을 큰 재앙에 몰아 넣다

Mi avete cacciato in un grosso guaio. 너희들은 나를 큰 곤경에 빠트렸다.

cacciare via- ~을 내쫓다, 내쫓아 버리다

Come posso cacciare via le zanzere con metodi efficaci? 어떻게 모기들을 효과적인 방법으로 내쫓을 수 있을까?

cacciarsi- 숨다

Paolo, ma dove ti eri cacciato? Non ti si vede da più d'una settimana! 파올로, 어디 숨어 있었니? 일주일 이상 네가 보이지 않았다!

cacciarsi nei guai- 곤경에 빠지다, 곤경에 처하다

cacciarsi tra la folla- 군중들 사이로 매몰되다/파묻히다

cacio- 치즈

come il cacio sui maccheroni- 꼭 필요한 것; 정확히 원하는 대로; 완벽한 짝, 타의 추종을 불허하

는 짝

Questo assegno arriva proprio come il cacio sui maccheroni. 이 수표가 정말 딱 맞게 도착한다.

Sei come il cacio sui maccheroni. 네가 없으면 앙코없는 찐빵과 같은 거지.

essere alto come un soldo di cacio- 키가 아주 작은 (아이나 사람)

Quel ragazzino era alto come un soldo di cacio ma già molto furbo. 그 소년은 도토리만한 것이 벌써 아주 영악하다.

essere pane e cacio- 아주 친하다(= essere molto amici)

cadere- 1. 넘어지다, 떨어지다

cadere a terra/sul pavimento- 땅에/바닥에 넘어지다/떨어지다

Le chiavi sono cadute sul pavimento. 열쇠들이 바닥에 떨어졌다.

Sono caduto a terra, mi sono fatto male. 나는 땅에 넘어져서 다쳤다.

cadere addormentato- 잠이 들다, 곯아 떨어지다, 잠에 빠지다

cadere ai piedi di qualcuno- (애원을 하거나 경의를 표하기 위해) ~앞에 무릎을 꿇다, ~에게 껌벅 죽는다

Era così innamorato di lei che le è caduto ai piedi. 그는 그녀한테 반해서 그녀라면 껌벅 죽는다.

cadere ammalato- 병들다, 병이 나다

Paola ha preso la pioggia ed è subito caduta ammalata. 파올라는 비를 맞아 금방 병이 났다.

cadere da qualcosa- ~에서부터 떨어지다

Il bambino è caduto dal letto. 아이가 침대에서 떨어졌다.

Lui è caduto dalla bicicletta. 그는 자전거에서 넘어졌다.

Molti oggetti sono caduti dalla borsa. 많은 물건들이 가방에서 떨어졌다.

Sono caduto dalle scale. 나는 계단에서 넘어졌다.

cadere dal sonno- 비몽사몽이다, 아주 졸리다, 잠이 많이오다(= avere molto sonno)[2]

"Suo figlio cade dal sonno." "È tardi! Ora lo metto a letto." "당신 아들이 잠이 쏟아지나봐요" "늦었군요. 침대에 눕혀야겠어요."

cadere dalla padella nella brace- (속담) 여우를 피해서 호랑이를 만나다, 산 너머 산이다

cadere dalle nuvole- 소스라치게 놀라다(= meravigliarsi), 까무치게 놀라다, 기절초풍하다(= stupirsi)

Ma cosa mi dici? Cado dalle nuvole. 무슨 소리하는 거야? 기절초풍하겠다.

Sono caduto dalle nuvole. 나는 깜짝 놀랐다.

cadere di mano a qualcuno- ~의 손에서 떨어지다, 떨어뜨리다, 미끄러지다

Mi è caduto di mano il vassoio. 쟁반을 떨어뜨렸다.

cadere in acqua- 물에 빠지다

cadere in contraddizione- 모순에 빠지다, 모순을 초래하다, 모순된 말을 하다

Alla terza domanda era già caduto in contraddizione. 세 번째 질문에 그는 이미 모순에 빠졌다.

cadere in disperazione- 절망에 빠지다

cadere in errore- 오류에 빠지다, 틀리다, 잘못하다

---

[2] "cascare dal sonno, essere morto di sonno"와 동의어이다.

Cado spesso in questo errore. 나는 자주 이 잘못에 빠진다.

cadere in estasi- 황홀경에 빠지다, 황홀하다

cadere in miseria- 가난해지다

Dopo il fallimento della sua azienda è caduto in miseria. 그의 회사가 파산하자 가난해졌다.

cadere in piedi- 떨어져도 바로 서다, 용케 헤어나다, 난관을 뚫고 나가다(= cavarsela in una situazione difficile)

cadere in un'imboscata- 복병을 만나다

cadere nella trappola- 덫에 걸리다, 함정에 빠지다

Il topo è caduto nella trappola. 쥐가 덫에 걸렸다.

cadere nel nulla- 허사가 되다, 수포로 돌아가다

Gli sono caduti i capelli. 그의 머리카락이 빠졌다.

Non cade mica dal cielo! 열심히 일해야 한다

2. 내려오다, 늘어지다, 쳐지다, 걸리다

I capelli le cadevano morbidi sulle spalle. 그녀의 머리카락이 어깨까지 부드럽게 내려와 있었다.

Questi pantaloni cadono bene. 이 바지가 잘 맞는다.

3. 실패하다

cadere agli esami- 시험에 실패하다

È caduto agli esami finali. 그는 기말고사에 실패했다.

È caduto il governo. 정부가 몰락했다.

È caduto su una domanda facilissima. 그는 아주 쉬운 질문에서 실패했다.

La commedia cadde alla prima rappresentazione. 희극 공연이 첫 상연에서 실패했다.

4. 내리다

Gli è caduta la febbre. 그의 열이 떨어졌다.

Ho sentito alla radio che dalla prossima settimana la temperatura cadrà. 다음 주부터 기온이 떨어질 거라고 라디오에서 들었다.

La pressione è caduta. 혈압이 내렸다.

5. 위치하다, 내리다, ~에 마주치다

Gli cadde lo sguardo sulla lettera. 그의 시선이 편지에 머물렀다.

L'accento cade sull'ultima sillaba. 마지막 음절에 악센트가 있다.

6. (어떤 날이)~에 있다

Natale cade di lunedì. 올 크리스마스는 월요일에 있다.

Quando cade il tuo compleanno? 네 생일은 언제니?

7. (인터넷, 통화가) 끊기다

È caduta la linea. 전화가 끊겼다.

caduta- 떨어짐, 낙하, 하락, 몰락

caduta dei prezzi- 가격 하락

caduta di temperatura- 기온 하락

caduta di un aereo- 비행기 추락사고

la caduta dell'Impero Romano- 로마제국의 몰락

caffè- 1. 커피

caffè con panna- 에스프레소 위에 거품을 낸 생크림을 얹은 커피

caffè corretto- 까페 꼬레또, 브랜디나 위스키 등의 알콜류를 첨가한 에스프레소 커피

caffè decaffeinato- 디카페인 커피, 카페인이 없는 커피

caffè doppio- 까페 도삐오, 더블 에스프레소

caffè espresso- 에스프레소; 이탈리아 정통 커피

caffè freddo- 냉커피

caffè lungo- 연한 커피; 에스프레스보다 시간을 길게 추출한 커피

caffè macchiato- 카페 마키아또; 에스프레소에다 우유거품을 얹어 점을 찍은 커피; 카푸치노 보다 우유 거품이 적게 들어가며 맛이 부드럽다.

caffè macinato- 굵게 간 커피

caffè nero- 블랙커피

caffè ristretto- 진한 커피; 에프레스보다 양이 적으면서 농도가 더욱 진한 커피

caffè solubile- 인스턴트 커피 (= caffè in polvere)

caffè tostato- 볶은 커피

caffelatte- 밀크 커피; 카페라떼는 에스프레소 한 잔에 우유를 보통 1:4 정도의 비율로 섞어 만든다.

chicco di caffè- 커피 알갱이

fare il caffè- 커피를 끓이다/타다

cucchiaino da caffè- 커피 스푼

macinare il caffè- 커피를 빻다

pausa per il caffè- 커피 마시는 휴식 시간

2. 커피 색의

abito (color) caffè- 커피 색 옷

caffettiera- 커피포트

una vecchia caffettiera- 고물 자동차

Sono affezionato alla mia macchina, anche se è una vecchia caffettiera. 고물 자동차라도 내 차에 애착이 간다.

cagare- (속어) 똥 싸다

fare cagare- 볼품 없다, 형편 없다. 전혀 마음에 안든다

La pasta con il kechup fa cagare. 케첩을 넣은 파스타는 정말 별로다.

Il fidanzato di Giulia fa cagare. 줄리아의 약혼자는 정말 못생겼다.

cagata- (속어) 똥싸기, 추한 것, 볼품 없는 것, 전혀 마음에 들지 않는 것

essere una cagata- 볼품 없는 것

Questa non è un'opera d'arte. È una cagata. 이것은 예술작품이 아니다. 볼품없는 것이다.

cagnesco- (단지 표현상) 개 같은

guardare qualcuno in cagnesco- ~에게 싫은 기색을 보이다; ~을 노려보다

È tutta la mattina che mi guarda in cagnesco; ma che cosa gli ho fatto? 아침 내내 그는 나를 노려보는데, 내가 그에게 뭘 했다고?

calare- 1. (타동사) 내려 놓다, 내리다, 낮추다

calare il sipario- 막을 내리다; (비유적) 활동을 끝내다

Cala il sipario. 무대의 막이 내린다.

calarsi il cappello sugli occhi- 모자를 눈 밑까지 푹 눌러 쓰다

Per non farsi riconoscere si è calato il cappello sugli occhi. 그는 자신을 알아보지 못하도록 모자를 눈 밑까지 푹 눌러썼다.

La notte cala. 밤이 내린다.

2. (자동사) 내리다; (무게, 소리, 길이 등을) 줄이다

fare calare i prezzi- 가격을 내리게 하다

La febbre cominciò a calare. 열이 내리기 시작했다.

3. (재귀동사) 몸을 굽히다, 자기 고집을 굽히다

calarsi in un personaggio- 등장인물에 감정이입을 하다

calcagno- 뒤꿈치

mostrare (voltare) le calcagna- 줄행랑을 치다, 부리나케 달아나다/도망가다

stare alle calcagna di qualcuno- ~의 뒤를 바싹 뒤쫓아 가다

Non starmi sempre alle calcagna! 늘 내 뒤를(나를) 바싹 뒤쫓아 오지 마!

calcare- 밟다, 짓밟다, 밟아서 뭉개다

calcare la mano- 과장하다, 비약하다, 지나치다

calcare le orme di qualcuno- ~의 발자국을 밟다; ~의 모범을 따르다, ~을 본받다

Ha calcato le orme di suo padre, è diventato avvocato come lui. 그는 아버지의 뒤를 이어 그도 역시 변호사가 되었다.

calcare le scene- 무대에 서다; 배우가 되다

Mia sorella vuole fare l'attrice e questa sera, a teatro, calcherà le scene per la prima volta. 나의 여동생이 배우가 되고 싶어서 오늘 저녁 처음으로 극장 무대에 서게 된다.

calcare un sentiero- 오솔길을 걷다

calce- 1. (명사) 석회

acqua di calce- 석회수

calce spenta- 소석회

calce viva- 생석회

2. (부사) 하단에

apporre la firma in calce alla domanda- 신청서 하단에 서명하다

firmare in calce- 하단에 서명하다

Ho firmato in calce a quell'atto. 나는 그 문서 하단에 서명했다.

in calce- 하단에

calciare- 공을 차다

calciare in porta- 골문 안으로 차다

calciare un rigore- 패널티킥을 차다

Ha sbagliato a calciare il rigore! 그는 패널티킥을 잘못 찼다.

calciare una punizione- 프리킥을 차다

calcio- 차기

calcio d'inizio- (축구 경기의) 시작, 개시

calcio di punizione- 프리킥

calcio di rigore- 패널티킥

campionato di calcio- 축구 선수권

campo di calcio- 축구장

dare il calcio dell'asino- 쓰러진 사람에게 재차 타격을 주다

Non criticarlo adesso; non è da te dare il calcio dell'asino. 지금 그를 비난하지 마. 쓰러진 사람에게 재차 타격을 주는 것은 너답지 못해.

dare un calcio a qualcuno- ~에게 발길질하다, ~을 차다

dare un calcio al passato- 과거를 잊다; 과거를 청산하다

dare un calcio alla fortuna- 기회를 놓치다

Non ha voluto amministare i beni di suo zio e così ha dato un calcio alla fortuna. 그는 삼촌 재산의 관리를 원하지 않았는데 그래서 기회를 놓쳤다.

dare un calcio negli stinchi a qualcuno- ~에게 정강이를 걸어 차다

Quel bambino mi ha dato un calcio negli stinchi. 그 아이가 내 정강이를 걸어 찼다

partita di calcio- 축구 시합, 축구 경기

prendere a calci qualcuno- ~을 발로 차다, ~을 걸어 차다

ricevere un calcio negli stinchi- 정강이를 걸어 차이다

calcolare- 계산하다

calcolare di fare qualcosa- ~하는 것을 예측하다, 추정하다

Partiamo in macchina e calcoliamo di arrivare a Roma verso le 8. 우리가 자동차로 출발하니까 로마에 8시경에 도착할 것으로 예측한다.

calcolare il costo della merce- 물품 값을 계산하다

calcolare il guadagno- 수입을 계산하다

calcolare il peso a occhio- 무게를 대강 어림잡다, 무게를 눈대중하다

calcolare male- 잘못 계산하다

Non devi calcolare anche me, io non ci sarò. 나까지 계산해선 안돼, 난 없을 테니까.

calcolare una somma a mente- 암산하다

calcolatrice- (명사) 계산기

macchina calcolatrice- 계산기

calcolatrice tascabile- 휴대용 계산기, 소형 계산기

calcolo- 계산; 예상

agire per calcolo- 이해에 따라 행동하다; 계산적으로 행동하다(= agire per interesse personale)

fare bene i propri calcoli- 장단점을 잘 따지다(= valutare bene i pro e i contro); 계산을 잘따지다, 미

래의 전망을 정확하게 내다보다(= considerare le prospettive future)

Ha fatto male i suoi calcoli. 그는 계산을 잘못했다.

Nell'acquistare quella casa ha saputo fare bene i propri calcoli. 그집을 살 때 그는 미래의 전망을 잘 내다볼 줄 알았다.

fare calcolo su qualcosa/qualcuno- ~을 의지하다, 의존하다; ~을 필요로 하다

Ha sempre fatto calcolo sull'aiuto del figlio. 그는 항상 아들의 도움에 의존했다.

sapere fare di calcolo- 계산을 잘 할 줄 알다, 셈을 잘 하다(= sapere contare)

caldo- 1. 뜨거운

a sangue caldo- (동물의) 온혈의; (비유적) 발끈해서, 화가 나서, 격앙하여

Sono gli animali a sangue caldo. 온혈 동물들이다.

avere il sangue caldo- 온혈이다; (비유적) 혈기가 왕성하다; 흥분을 잘하다(= essere eccitabile), 다혈질이다(= essere facile preda delle passioni)

I dinosauri, sebbene rettili, avrebbero potuto avere il sangue caldo. 공룡들은 비록 파충류이지만 온혈 동물이었을 것이다.

avere la fronte calda/le mani calde- 이마가 뜨겁다, 손이 따뜻하다

Anch'io ho sempre le mani calde. 나도 항상 손이 따뜻하다.

Mio figlio aveva la fronte calda allora gli ho misurato la febbre. 아들의 이마가 뜨거워서 열을 재어보았다.

avere un carattere (temperamento) caldo- 성격이 다혈질이다, 쉽게 흥분을 잘한다, 화를 잘낸다, 금방 열정적으로 변한다.(= si entusiama, si sdegna, si appassiona rapidamente e con facilità)

Anna ha sempre avuto un bellissimo carattere caldo. Mi abbracciava ogni volta. 안나는 항상 쉽게 열정적으로 변해서 매번 나를 껴안았다.

piangere a calde lacrime- 뜨거운 눈물을 흘리다; 고통의 눈물을 주룩주룩 흘리다

prendersela (pigliarsela) calda per qualcosa- ~을 마음에 새기다, 몹시 신경을 쓰다; 걱정하다, 흥분하다(= preoccuparsi, agitarsi, eccitarsi)

Non prendertela calda, stavo solo scherzando. 마음에 새기지 마, 난 단지 농담을 했을 뿐이야.

2. 더위, 열기

avere caldo- 덥다

Ho un caldo da morire. 더워 죽겠다.

Che caldo! 아유 더워!

fare caldo- 덥다

Comincia a far caldo. 더워지기 시작한다.

Fa più caldo oggi. 오늘은 더 덥다.

nel caldo di una discussione- 한창 열을 내며 토론하고 있을 때

non fare né caldo né freddo- 덥지도 춥지도 않다; (비유적) 관심 밖이다, 문제시 삼지 않다, 무덤덤하다(= lasciare indifferente)

Non mi fa né caldo né freddo. 나는 전혀 관심이 없다.

qualcosa di caldo- 뭔가 따뜻한 것

Vuoi mangiare qualcosa di caldo? 뭐 좀 **따뜻한 것을 줄까?**

stare al caldo- 따뜻하게 있다; 따뜻하게 지내다

Lei ha un forte raffreddore. Deve stare in casa al caldo. 그녀는 감기가 심해. 집에 따뜻하게 있어야 해.

tenere caldo- (옷이) 따뜻하다

Il mio nuovo cappotto tiene molto caldo. 나의 새 외투가 참 따뜻하다.

tenere qualcosa in caldo- ~을 잘 간수하다; ~을 잘 보관하다

tenere un piatto in caldo- 음식을 따뜻하게 두다

Se torni tardi, ti tengo il piatto di pasta in caldo. 네가 늦게 오면 파스타를 따뜻하게 담아둘게.

calendario- 달력

calendario a fogli mobili- 뜯어내는 달력

calendario da tavolo- 탁상용 달력

Mi sono annotato gli impegni sul mio calendario da tavolo. 나는 탁상용 달력에 약속을 메모해 두었다.

calendario lunare- 음력

calendario scolastico- 학사 일정

Quest'anno hanno tolto alcune festività dal calendario scolastico. 올해 학사일정에서 축제 몇 개를 빼 버렸다.

calendario solare- 양력

calende- (고대 로마 달력의) 초하루, 삭일

rimandare alle calende greche- (고대 그리스 달력에는 초하루가 없었으므로) 무기한 연기하다

Sembra che il governo voglia rimandare la riforma alle calende greche. 정부는 개혁을 무기한 연기하 려는 것 같다.

calibro- (총포의) 구경; 역량, 자질

essere dello stesso calibro- 같은 수준이 되다

Non sono dello stesso calibro, ma lavorano benissimo insieme. 그들은 같은 수준은 아니지만 함께 일 을 매우 잘 한다.

i grossi calibri- 거물

I grossi calibri hanno deciso tutto e noialtri dobbiamo fare quello che dicono. 거물들이 모든 것을 결정 하였고 나머지 사람들은 그들이 말한 것을 해야만 한다.

calice- 유리나 금속으로 된 포도주잔; 미사 때 포도주를 담는 성작

bere il calice fino alla feccia- 잔을 다 들어 마시다; 조금도 남기지 않고 다 마시다

In quella situazione ha proprio bevuto il calice fino alla feccia. 그 자리에서 나는 조금도 남기지 않고 다 마셨다.

un calice amaro- 쓴 잔; 쓰라린 경험

Devo sopportare questo calice amaro e andare avanti. 나는 이 쓰라린 경험을 참고 밀고 나가야 한다.

un calice di vino- 포도주 한 잔, 한 잔의 포도주

callo- (발가락의) 티눈, 못

callo osseo- (손, 발) 굳은살, 못

fare il callo a qualcosa- ~에 무감각하게 되다; ~에 적응이 되다

Ci ho fatto il callo. 나는 그것에 무감각해졌다.

Mi fa male un callo. 나는 티눈 때문에 아프다.

pestare i calli a qualcuno- ~의 발끝을 밟다; ~의 감정을 상하다

Sta' attento a non pestare i calli a un tipo pericoloso come quello. 그와 같이 위험한 사람의 감정을 상하게 하지 않도록 조심해.

calma- 고요함, 평온

Calma e sangue freddo! 침착하고 냉정하여라! 진정해라!

con calma- 침착하게, 고요히, 태연하게

Bisogna agire con calma. 침착하게 행동해야 한다.

Fa' pure con calma, non c'è fretta. 침착하게 해, 급할 것 없어.

fascia delle calme- 무풍지대

mantenere la calma- 침착함을 유지하다

non avere un attimo di calma- 잠시도 평온한 상태가 없다

perdere la calma- 침착함을 잃다, 참을 수 없다, 흥분하다, 화내다

Ieri, con lui, ho proprio persò la calma. 어제 난 그에게 자제력을 잃어버렸다.

calmante- 진정제, 진통제

un calmante- 진통제

Vorrei un calmante per il mal di denti. 치통용 진통제 하나 주세요.

prendere un calmante- 진통제를 복용하다

Devo prendere un calmante. 진통제를 하나 먹어야 겠다.

calmare- 진정시키다, 가라 앉히다

calmare la folla- 군중을 진정시키다

Con le sue parole ha calmato la folla inferocita. 그는 말로 성난 군중을 진정시켰다.

calmarsi- 진정하다, 가라앉다

Il mal di stomaco si è calmato. 위통이 가라 앉았다.

Calmati! 진정해

calmo- 침착한, 차분한; 잔잔한, 고요한

giornata calma- 평온한 하루

mare calmo- 잔잔한 바다

stare calmo- 침착하게 있다

Stai calmo! 가만 있어! 침착해!

calo- 감소, 저하

calo della domanda- 수요 감소

L'azienda è andata in crisi per il calo di domanda dei suoi prodotti. 제품의 수요 감소로 인해 기업이 위기에 처했다.

calo della produzione- 생산 감소

Il calo della domanda ha provocato il calo della produzione. 수요의 감소가 생산의 감소를 야기시켰다.

calo di peso- 감량

calore- 열, 열기

calore del fuoco- 화기

calore del sole- 태양의 열기

con calore- 따뜻하게; 열심히, 열렬히, 흥분하여; 충심으로, 따뜻이

Ha difeso con calore le nostre ragioni. 그는 우리 지방을 열렬히 옹호했다.

essere in calore- 발정기이다

La gatta è in calore. 암코양이가 발정기이다.

il calore della famiglia- 가정의 온기

nel calore della discussione- 토론이 한 창 일 때에, 한창 토론 중에

Nel calore della discussione non ho controllato quello che dicevo. 한창 토론 중에는 나는 말하는 것을 자제하지 못했다.

provare una sensazione di calore- 열감을 느끼다

Lei provava una sensazione di calore alle guance. 그녀의 볼에 열기가 느껴졌다.

un calore insopportabile- 견딜 수 없는 열기

calpestare- 밟다; 짓밟다, 탄압하다, 함부로 대하다

calpestare i diritti- 권리를 짓밟다

Non puoi calpestare i diritti altrui. 넌 다른 사람의 권리를 짓밟을 수 없다.

calpestare il tappetto- 카페트를 밟다

È vietato calpestare l'erba. 잔디밭 출입금지이다.

calza- 양말, 스타킹

calza da donna/da uomo- 여성용/남성용 양말

calza di cotone/di lana/di nailon- 면 양말, 모직 양말, 나일론 양말

calza della Befana- 크리스마스 양말; (이탈리아) 주현절(주님 공현 대축일) 양말

Per la festa della Befana ho preparato un po' di calze piene di dolci. 주현절때 나는 과자가 가득 담긴 양말을 조금 준비했다.

calze elastiche- 고탄력 스타킹

fare la calza- 뜨개질하다, 짜다(= lavorare a maglia)

calzare- 1. (구두, 양말) 신다; (장갑) 끼다; 구두를 만들다

calzare guanti- 장갑을 끼다

Calzava un paio di guanti marroni. 그는 밤색 장갑을 끼고 있었다.

calzare scarpe- 신발을 신다

Che numero calzi? 신발 사이즈가 어떻게 되니?

2. 맞다

calzare a pennello- 꼭 맞다, 안성맞춤이다

Stai benissimo con quel vestito. Ti calza a pennello. 그 옷이 네게 참 잘 어울려. 완전 안성맞춤이야.

L'esempio non calza affatto. 예가 전혀 맞지 않다.

Le scarpe nuove mi calzano perfettamente. 새 신발이 나한테 아주 잘 맞는다.

Ti calza come un guanto. 마치 장갑처럼 네게 잘 맞다.

calzatura- 제화, 신발, 신발류

negozio di calzature- 신발가게, 양화점

In quel negozio di calzature ho trovato quel bel paio di scarpe. 그 신발 가게에서 나는 그 멋진 신발 한 켤레를 찾았다.

reparto calzature- 신발 부서, 신발 코너

calzetta- 양말

fare la calzetta- 뜨개질 하다, 짜다

mezza calzetta- (경멸적) 이류의; 평범한 보통 사람, 보통내기, 범인

Quell'uomo è una mezza calzetta. 그 남자는 평범한 보통 사람이다.

calzoncini- 짧은 바지, 반바지

calzoncini da bagno- 반바지 수영복

calzoni- 바지

calzoni a righe- 줄무늬 바지

calzoni alla cavallerizza/calzoni da equitazione- 승마 바지

farsela nei calzoni- 매우 무서워하다(= avere molta paura)

mettersi i calzoni lunghi- 긴 바지를 입다

portare i calzoni- 바지를 입다; (비유적) 자기 주장이 강하다

Quell'uomo diceva sempre che era la moglie a portare i calzoni in casa. 그 남자는 항상 집에서 자기 주장이 강한 사람은 아내라고 말했다.

cambiale- 어음, 수표

avallare una cambiale- 수표를 배서하다, 수표의 이서를 하다

cambiale a breve scadenza- 단기 어음

cambiale a data fissa- 확정 일부 어음

cambiale a lunga scadenza- 장기 어음

cambiale a tempo/a termine- 정기불 어음

cambiale falsa- 가짜 어음

cambiale in bianco- 백지 수표

cambiale in sofferenza- 기일 경과 어음, 부도 수표

cambiale pagabile al portatore- 지참인 지불 어음

cambiale scaduta- 만기가 된 어음

emettere una cambiale- 수표를 발행하다

incassare una cambiale- 수표를 현금화하다, 어음을 현금화하다

cambiamento- 변화, 변동

apportare un cambiamento- 변화를 가져오다, 변동을 초래하다

Abbiamo apportato un cambiamento a una clausola. 우리는 조항을 고쳤다.

cambiamento di stagione- 계절의 변화

cambiamento di vita- 생활의 변화

esserci molti cambiamenti- 많은 변화가 있다

Ci sono stati molti cambiamenti? 많은 변화가 있었습니까?

fare un cambiamento- ~을 변경하다, ~을 바꾸다

Ho bisogno di un cambiamento. 나는 변화가 필요하다.

Lui ha fatto un gran cambiamento. 그는 큰 변화를 보였다.

Non voglio fare altri cambiamenti. 다른 변화는 주고 싶지 않다.

sentire il bisogno di un cambiamento- 변화의 필요성을 느끼다

Sento il bisogno di un cambiamento. 나는 변화의 필요성을 느낀다.

un brusco cambiamento di temperatura- 갑작스런 기후 변화

C'è stato un brusco cambiamento di temperatura. 갑작스런 기후 변화가 있었다.

un cambiamento in meglio- 호전

un cambiamento radicale- 근본적인 변화

Sarà neccessario un cambiamento radicale. 근본적인 변화가 필요할 것이다.

verificarsi molti cambiamenti- 많은 변화가 확인되다

Si sono verificati molti cambiamenti. 많은 변화가 확인되었다.

cambiare- 바꾸다

Cambiano i suonatori, ma la musica è sempre quella. 연주자는 바뀌어도 음악은 늘 한결같다. 그 나물에 그 밥.

cambiare argomento- 주제를 바꾸다

Cambiamo argomento, parlare di questa cosa mi innervosisce. 주제를 바꾸자, 이것들에 대해 이야기하는 것이 신경질 난다.

cambiare aria- 환경을 바꾸다, 덜 위험한 장소로 옮기다; 환기시키다, 기후가 다른 장소로 옮기다

Apro la finestra per cambiare aria alla stanza. 방에 환기를 위해 나는 창문을 연다.

Il medico gli ha consigliato di cambiare aria. 의사가 그에게 환경을 바꿀 것을 충고했다.

cambiare aspetto- 안색을 바꾸다, 외모를 바꾸다

Quella nuova pettinatura le ha cambiato aspetto. 새롭게 빗질 하니까 그녀의 외모가 바뀌었다.

cambiare casa- 이사하다

L'anno prossimo cambieremo casa. 내년에 우리는 이사할 것이다.

cambiare colore- 색을 바꾸다; 창백해지다

cambiare discorso- 대화를 바꾸다

Su quell'argomento tenta sempre di cambiare discorso. 그는 그 주제에 관해서 항상 대화를 바꾸려고 한다.

cambiare direzione- 방향을 바꾸다

cambiare faccia- 안색이 바뀌다

cambiare indirizzo- 주소를 바꾸다

cambiare idea/opinione/parere- 의견/생각을 바꾸다

Perché hai cambiato idea all'improvviso? 너 왜 갑자기 생각을 바꾸었니?

cambiare lavoro- 직장을 바꾸다, 이직하다

cambiare le carte in tavola- 자기의 관심을 바탕으로 상황을 바꾸다(= cambiare una situazione in base al proprio interesse)

cambiare passo- 걸음을 바꾸다

cambiare posto- 자리를 바꾸다

Non cambierei posto con lui. 나는 그와 자리를 바꾸지 싶지 않은데.

"Perché cambi posto?" "Perché da qui non ci vedo bene." "왜 자리를 바꿔?" "여기서 잘 안보여서."

cambiare qualcosa in euro- ~을 유로로 바꾸다

Vorrei cambiare 500 dollari in euro. 500달러를 유로로 바꾸고 싶습니다.

cambiare strada- 길을 바꾸다

cambiare treno- 기차를 갈아타다

A Firenze ci sono soltanto dieci minuti di tempo per cambiare treno. 피렌체에서 기차를 갈아타는데 10분 밖에 시간이 없다.

Alla prossima stazione deve cambiare treno. 다음 역에서 기차를 갈아타셔야 됩니다.

cambiare vestito- 옷을 갈아입다

cambiare vita- 인생을 바꾸다; 새 사람이 되다, 새로운 삶을 살다

Ha deciso di cambiare vita e ha smesso sia di fumare che di bere alcolici. 그는 새 사람이 되길 결심해서 담배도 끊고 술도 끊었다.

cambiarsi d'abito- 옷을 갈아입다

cambiarsi per cena- 저녁식사를 위해 옷을 갈아입다

tanto per cambiare- (1) 기분 전환으로, 기분 전환 삼아

Andiamo in autobus oggi, tanto per cambiare. 기분 전환 삼아 오늘 버스로 가자.

(2) (마음에 들지 않는 사항이 자주 일어나는 경우) 아니나 다를까 또(come al solito), 어김없이

Tanto per cambiare, il treno è in ritardo. 어김없이 기차가 또 연착이다.

Tanto per cambiare, mi sono dimenticato di comprare il latte. 어김없이 또 내가 우유 사는 것을 깜박했다.

cambio- 교환, 변경

cambio a mano- 수동 변속

cambio automatico- 자동 변속

cambio del giorno- 오늘의 환율

cambio fisso- 고정 환율

cambio ufficiale- 공정 환시세(≠ cambio libero 자유시장 환율)

Il cambio ufficiale dava l'euro in salita. 공정 환시세가 유로를 오르게 하고 있었다.

dare il cambio a qualcuno- ~을 대신하여 일을 보다(= sostituirlo nella sua mansione)

Devo dare il cambio al mio amico. 나는 내 친구를 대신해서 일해야 한다.

fare a cambio- 교환하다

Vogliamo fare a cambio delle nostre penne? 우리 펜을 서로 바꿀까?

il cambio del dollaro- 달러 환율

in cambio- 대신에, 대가로

Cosa mi dai in cambio? 대신에 너 나한테 뭘 줄래?

Gli ho dato un libro e in cambio ho ricevuto un CD. 그에게 책을 한 권 주었고 대가로 나는 CD를 하나 받았다.

In cambio, che cosa mi offrirai? 대신에 나한테 뭘 제공할 거니?

in cambio di- ~의 대가로(= al posto di/invece di/in sostituzione di)

tasso di cambio- 환전율

ufficio di cambio- 환전소

camera- 방

camera a un letto- 침대가 한 개인 방; 싱글룸

camera a due letti- 침대가 두 개인 방; 더블룸

camera a gas- 가스실

camera ammobiliata- 가구가 비치된 방

Ho affittato una camera ammobiliata in quella casa. 나는 그 집에 가구가 비치된 방을 얻었다.

camera blindata- 귀중품 보관실, 금고실

camera con bagno- 욕실 달린 방

Vorrei una camera singola con bagno. 나는 욕실 달린 독방을 원합니다.

camera da letto- 침실

Il televisore è in camera da letto. 텔레비젼이 침실에 있다.

In camera da letto c'è il comodino. 침실에 협탁이 있다.

camera da pranzo- 식당방

camera degli ospiti- 손님방; 예비실

camera degli sposi- 신혼방

camera dei bambini- 아기방; 아이들 놀이방

camera di sicurezza- 경찰서 유치장

camera disponibile- 사용가능한 방

camera doppia- 더블룸

camera in affitto- 세놓은 방, 셋방

camera libera- 빈 방

Avete una camera libera per questa notte? 오늘밤 빈 방 하나 있어요?

camera luminosa- 환한 방, 밝은 방, 빛이 잘 들어가는 방

camera matrimoniale- 트윈룸

camera operatoria- 수술실

camera oscura- 암실(사진)

Un tempo le fotografie si sviluppavano in camera oscura. 옛날에 사진은 암실에서 인화했다.

camera piena di luce- 빛이 가득한 방, 환한 방

camera rumorosa- 시끄러운 방

camera senza bagno- 욕실이 없는 방

camera silenziosa- 조용한 방

camera singola- 싱글룸

cercare una camera- 방 하나를 찾다

compagno di camera- 룸메이트; 방을 같이 쓰는 친구

decidere in camera di consiglio- 이사회에서 결정하다

Certe cause si decidono in camera di consiglio. 특정 사안들은 이사회에서 결정한다.

la Camera dei deputati- 하원

la Camera dei senatori- 상원

mettere in ordine la camera- 방을 정리정돈하다

musica da camera- 실내악

non trovare una camera- 방을 못 구하다

Rischio di non trovare una camera libera. 나는 빈 방을 못 구할 위험이 있다.

orchestra da camera- 실내 오케스트라

prenotare una camera- 방을 예약하다

È necessario prenotare una camera in albergo? 호텔에 방을 예약하는 것이 필요합니까?

Sei riuscito a prenotare una camera d'albergo? 너 호텔 방을 예약할 수 있었니?

pulire la camera- 방을 청소하다

cameriere- (레스토랑) 웨이터, 종업원; (호텔) 룸 서비스 담당 직원, 객실 청소원; (집) 하인, 종복

cameriere di albergo- 호텔 직원

cameriere di ristorante- 레스토랑 직원

fare il cameriere- 시중드는 일을 하다(종업원)

Faccio il cameriere in un bar. 나는 바에서 웨이터로 일하고 있다.

lavorare come cameriere- 종업원으로 일하다

Lavoro come cameriere da tre anni. 나는 3년째 종업원으로 일하고 있다.

camicia- 와이셔츠

camicia a maniche lunghe- 긴팔 와이셔츠

camicia a mezze maniche- 반팔 와이셔츠

camicia da notte- (길고 헐렁한) 잠옷용 셔츠

camicia di cotone- 면 와이셔츠

camicia sportiva- 캐쥬얼한 와이셔츠

Chi lavora ha una camicia, chi non lavora ne ha due. 일하면 할수록 적게 갖는다.

dare via anche la camicia- 무엇이든 주어 버리다

essere nato con la camicia- 복을 타고 태어나다

È nato con la camicia. 그는 복을 타고 태어났다.

in camicia- 셔츠 바람으로, 셔츠 하나만 입고, 상의를 입지 않고서

in maniche di camicia- 와이셔츠 차림으로, 쟈켓없이(= senza giacca)

lasciare qualcuno in camicia- 궁지에 빠진 사람을 버려두다

perdere anche la camicia- 모든 것을 잃다; 탕진하다

A forza di giocare alla lotteria ha perso anche la camicia. 그는 복권으로 도박하려다 모든 것을 탕진

했다.

rimanere(ridursi) in camicia- (비유적) 모든 것을 잃다; 가난해 지다

rimetterci(giocarsi) la camicia- (노름 따위로) 무일푼이 되다, 알거지가 되다

Ha fatto un investimento sbagliato e ora rischia di rimetterci la camicia. 그는 잘못된 투자를 해서 지금은 알거지가 될 위기다.

sudare sette camicie- 피땀 흘리며 노력하다; 힘들이다(= faticare molto)

Ha sudato sette camicie per evitare la bancarotta. 그는 파산을 면하기 위해 피땀 흘리며 노력했다.

camino- 굴뚝, 벽난로

accendere il camino- 벽난로를 켜다

fumare come un camino- 엄청나게 담배를 피다; 과도한 흡연을 하다

radunarsi attorno al camino- 벽난로 주위로 모이다

Nelle sere d'inverno, in montagna, ci si radunava attorno al camino. 겨울날 저녁에 산에서 사람들이 벽난로 주위로 모여 들었다.

camminare- 1. 걷다

cammina, cammina, arrivammo a- 걷고 또 걸어서 ~에 도착했다.

camminare a fatica- 힘들게 걷다, 터벅터벅 걷다(= camminare faticosamente)

camminare a grandi passi- 큰 발걸음으로 걷다, 성큼성큼 걷다

camminare a lungo- 오랫동안 걷다

Per trovare quel posto abbiamo dovuto camminare a lungo. 그 장소를 찾기 위해서 우리는 오랫동안 걸아야만 했다.

camminare a passo di lumaca- 달팽이처럼 느리게 걷다; 느릿느릿 걷다

camminare a passo d'uomo- 보통걸음으로 나아가다, 전진하다(= andare avanti)

camminare a quattro zampe- 네발로 기어가다; 엉금엉금 기어가다

camminare a stento- 간신히 걷다, 가까스로 걷다

camminare a testa alta- 머리를 꼿꼿이 들고 걷다; 당당하게 걷다

camminare adagio- 천천히 걷다(= camminare piano)

camminare di buon passo- 빠른 걸음으로 걷다, 속보로 걷다

Camminando di buon passo, ci impiegheremo 10 minuti. 우리가 빠른 걸음으로 걸으면 10분 걸릴 것이다.

camminare faticosamente- (특히 지쳐서) 터벅터벅 걷다

camminare in fila indiana- 1열 종대로 걷다, 한 줄로 걷다

Questo sentiero è stretto. Camminiamo in fila indiana. 이 오솔길이 좁아서 우리는 한줄로 걷는다.

camminare in fila per due- 두 줄로 나란히 걷다

camminare in fretta- 빨리 걷다, 급히 걷다

camminare in punta di piedi- 발끝으로 살금살금 걷다, 까치발로 걷다

Quando arrivo tardi a casa devo sempre camminare in punta di piedi per non svegliare i bambini. 밤늦게 집에 도착하면 나는 애들이 깨지 않도록 늘 까치발로 걸어야 한다.

camminare piano piano- 아주 천천히 걷다

camminare sotto la pioggia- 빗속을 걷다

camminare su e giù per la stanza- 방안을 왔다 갔다 하다

Quando è nervoso cammina su e giù per la stanza. 그는 신경이 날카로워질 때면 방안을 왔다 갔다 한다.

camminare sulle uova- 계란 위를 걷다; 신중하게 행동하다(= agire con prudenza)

camminare zoppicando- 절뚝거리며 걷다, 절면서 걸어가다

2. (기계) 작동하다

Ha comperato un'auto che non cammina. 그는 가지 않는 자동차를 구입했다.

Il mio orologio non cammina più. 내 시계가 더 이상 가지 않는다.

camminata- 산책, 산보; 걷기, 보행

Andiamo a fare una camminata! 산책하러 가자!

Da qui al mare c'è una bella camminata. 여기서 바다까지는 걸어서 멀다.

fare una bella camminata- 멀리 산책 가다

cammino- 길, 통로; 여정, 행로

cammin facendo- 길 가는 도중에(= lungo la strada)

Cammin facendo, lo incontrammo. 우리는 길을 가는 도중에 그를 만났다.

Dopo due ore di cammino, siamo arrivati a casa. 두 시간 걸어서 우리는 집에 도착했다.

È a dieci minuti di cammino. 걸어서 10분 거리이다.

essere a metà del cammino- 길을 반 오다

essere in cammino verso un luogo- 어떤 장소를 향해 가다

fare molto cammino- 먼 길을 가다, 멀리 가다; 일이 잘 진척되다, 성공하다

indicare il cammino da seguire- 걸어 갈 길을 가리켜주다

lasciare il retto cammino- 길을 잃다, 타락의 길을 걷다, 빗나가다

mettersi in cammino- 길을 가다, 출발하다, 착수하다

nel mezzo del cammin di nostra vita- 우리 인생의 반 고비에서 (단테 신곡)

per tutto il cammino- 여행 내내

Per tutto il cammino non incontrammo nessuno. 여행 내내 우리는 아무도 못 만났다.

un'ora di cammino- 한 시간 걷는 거리

campagna- 시골, 전원; 들판; 캠페인

andare in campagna- 시골에 가다, 들판에 가다

Siamo andati in campagna dai nonni. 우리는 시골 할머니댁에 갔다.

campagna elettorale- 선거 캠페인

campagna giornalistica- 신문을 통한 여론 환기

campagna promozionale- 판매촉진 캠페인, 판촉 캠페인

Domani inizia la campagna promozionale per quel negozio. 내일 그는 그 상점을 위한 판촉 캠페인을 시작한다.

campagna pubblicitaria- 광고 캠페인; 광고선전, 광고전

gente di campagna- 시골 사람들

La gente di campagna, di solito, ha meno stress di quella che vive in città. 시골 사람들은 일반적으로 도시에 사는 사람들보다 스트레스가 적다.

vivere in campagna- 시골에 살다, 전원에 살다

campana- 종

campanà a morto- 조종(弔鐘)이 울리다
La campana suonava a morto. 조종이 울리고 있었다.

campana da palombaro- 잠수종
la campana della chiesa- 교회의 종[3]
sentire l'altra campana- 반대쪽에서 말하는 것을 듣다; 반대쪽의 이야기를 듣다
Vorrei sentire l'altra campana prima di decidere. 결정하기 전에 나는 반대쪽의 이야기를 듣고 싶다.

sentire tutte e due le campane- 양측의 말을 듣다
sordo come una campana- 귀가 하나도 안 들리는; 귀가 절벽이다; 귀가 아주 먹었다(= completamente sordo)
Ormai mio nonno è diventato sordo come una campana. 나의 할아버지는 이제 귀가 하나도 안들리게 되었다.

stare in campana- (명령형으로) 조심해라(= stare attento)
Sta' in campana, questo è un posto pericoloso di notte. 조심해, 여기는 밤에 위험한 장소다.

suonare la campana a martello- 경종을 울리다, 위급함을 알리다, 비상신호를 울리다
tenere qualcuno sotto una campana di vetro- 과잉보호하다, 온갖 응석을 다 받아 주다
Lei non sa far niente perché i suoi l'hanno sempre tenuta sotto una campana di vetro. 그녀는 부모님이 늘 응석받이로 키웠기에 아무것도 할 줄 모른다.

campanello- 작은종, 초인종

il campanello d'allarme- 경종, 비상벨
Allo scoppiare dell'incendio scattò il campanello d'allarme. 화재가 일어났을 때 화재 경보가 발생했다.

il campanello della messa- 미사 종(미사 중 성찬기도 때에 쓰는 종)
il campanello di casa- 집의 초인종
il campanello elettrico- 전기 벨
suonare il campanello- 종을 울리다, 벨을 울리다; 벨을 누르다
Scusi, può suonare il campanello? (버스안에서) 죄송한데, 벨 좀 눌러 주시겠어요?

campanile- 종탑

amore di campanile- 향토애, 지역 사랑
il proprio campanile- 동향 사람
Non vede più in là del suo campanile. 그는 그곳에서 더 이상 동향 사람을 볼 수 없다.

questione di campanile- 지역 문제; (비유적) 사소한 문제
Non si fidava di quell'uomo per questioni di campanile; veniva da un paese con una cattiva fama. 지역 문제에 대해선 그 사람을 신뢰할 수 없다. 그는 나쁜 평판으로 인해 어느 마을에서 왔기 때문이다.

---

[3] 이탈리아에는 많은 성당이 있고 도심과 달리 시골마을에서는 여전히 교회의 종소리가 울린다. 교회의 종소리는 다양한 알림 기능을 갖고 있다.(마치 개인 시계처럼 '정오'를 가리키거나 누군가의 장례식을 알리는 등)

campare- 살아가다

Campa cavallo! 그럴 리가 있나!

campare alla giornata- 하루하루 겨우 먹고 살다, 그날 벌어 그날 살다, 하루살이 생활을 하다, 간신히 지내다, 근근이 살아가다

Senza un lavoro fisso, devo campare alla giornata. 고정된 직장 없이 나는 그날그날의 벌이로 지내야 한다.

campare del proprio lavoro- 자신의 벌이로 살아나가다(= vivere con pochi mezzi)

tirare a campare- 그럭저럭 살아가다(= vivere alla giornata); 걱정을 안하고 그날그날 살아가다(= vivere senza preoccuparsi del futuro)

Erano molto ricchi, ma ormai tirano a campare. 그들은 매우 부자였는데, 지금은 그럭저럭 산다.

campione- 1. 견본, 표본

al campione/**come da campione**- 견본 그대로

analizzare un campione- 샘플을 분석하다

campione a scelta casuale- 무작위 축출 표본

campione della merce spedita- 발송된 물건의 샘플; 신적 샘플

Prima di acquistare la merce ho chiesto che me ne spedisse un campione. 물품을 구입하기 전에 나는 견본을 보내줄 것을 요청했다.

campione estratto a sorte- 무작위 축출 표본

campione gratuito- 무료 샘플, 견본 제품

In profumeria mi hanno regalato alcuni campioni gratuiti di quest'ottima crema per viso. 향수가게에서 얼굴에 바르는 좋은 크림 샘플 몇 개를 나에게 선물로 주었다.

campione senza valore- 무료 상품 견본

conforme a campione/**secondo campione**- 견본대로, 견본과 같이

esame di un campione- 샘플 검사

esaminare un campione- 샘플 검사하다

prelevare un campione- 시료를 채취하다, 샘플을 채취하다

Hanno analizzato un campione di quell'acqua per vedere se era inquinata. 그들은 오염되었는지를 보기 위해 그 물의 샘플을 채취했다.

un campione di stoffa- 직물 샘플

vendita su campione- 견본 매매

2. 챔피언, 선수

campione del mondo- 세계 챔피언

campione di nuoto- 수영 챔피언

Mio figlio è già un piccolo campione di nuoto. 내 아들은 이미 어린 수영 챔피언이다.

un campione in matematica- 수학 챔피언

campo- 1. 들판

abbandonare il campo- 철수/후퇴하다, 물러서다

artiglieria da campo- 야포, 야전포병

avere campo libero- 자유 재량권을 지니다; 행동의 자유를 얻다

campo aurifero- 금광지대, 채금지

campo da gioco/**campo di gara**- 경기장

campo di atterraggio- 착륙장

campo di battaglia- 싸움터, 전쟁터

campo di calcio- 축구장

campo di grano- 곡물을 재배하는 밭

Mi piace molto vedere i campi di grano durante la mietitura. 나는 수확기에 곡물을 재배하는 밭을 보기를 매우 좋아한다.

campo di neve- 눈 덮인 벌판, 눈벌판, 설원

campo di(da) sci/**golf**/**tennis**- 스키장, 골프장, 테니스장

campo petrolifero- 유전, 석유 생산 지역

campo profughi- 난민 수용소, 피난민 수용소

Hanno allestito dei campi profughi vicino al confine. 그들은 국경 부근에 난민 수용소를 설치했다.

campo sportivo- 운동장; 경기장

entrare in campo- (스포츠, 특히 야구) 수비를 맡다; (비유) 갈등/논란에 접어들다; (정치) 정치판에 뛰어들다

Quel politico ha deciso di entrare nuovamente in campo. 그 정치인은 다시 정치판에 뛰어들 것을 결정했다.

fare una scelta di campo- (비유) 편을 고르다; 편을 들다

in campo aperto- 탁 트인 장소에서, 들판에서; 현장에서

lasciare campo libero a- 길을 열어 주다/양보하다; ~에게 자유재량을 주다

lasciare libero il campo- 물러나다; ~을 자유분방하게 놔 두다

lettino da campo- 간이침대, 캠프용 침대; 야전침대

mettere (o piantare) il campo base- 베이스 캠프를 차리다, 베이스 캠프를 설치하다

mettere in campo- (군대, 무기를) 배치하다; 제의/제안하다

Mise in campo delle valide ragioni. 그는 타당한 이유들을 제시했다.

ospedale da campo- 야전 병원

Dopo il terremoto hanno costruito un ospedale da campo dove hanno trasferito le persone ferite. 지진 이후에 그들은 부상당한 사람들을 옮길 야전 병원을 마련하였다.

prendere campo- 겨루다, 싸우다, 시합하다; 맞붙다, 격돌하다

preparare il campo a qualcosa- ~을 위해 준비하다

rimanere padrone del campo- 경기장을 지배하다; 이기다, 승리/우세하다

scendere in campo- 경기에 참가하다; 도전을 받아 들이다(= accettare); 논란에 접어들다

Tutti si auguravano che non scendesse più in campo. 모든 사람들이 그가 더 이상 도전을 받아 들이지 않기를 기원하고 있었다.

tenere il campo- 견지/고수하다; 자기 주장을 고집하다

2. 영역, 분야

È un'autorità nel suo campo. 그는 자기 분야에서 권위자이다.

In che campo lavora? 무슨 분야에서 일하세요?

nel campo di- ~분야에, 영역에

La tradizione della Fiat nel campo delle utilitarie continua oggi. 피아트의 전통은 소형차 부문에서 오늘날에도 지속된다.

studiare qualcosa sul campo- ~을 분야에서 연구하다

canale- 1. 운하; 관

canale navigabile- 대형 선박용 운하

il canale di Suez- 수에즈 운하

2. 채널

cambiare canale- 채널을 바꾸다

Su quale canale hai visto quel film? 너 그 영화를 어느 채널에서 봤어?

Su Rai 1 c'è un bel film stasera. 라이 우노에서 오늘 저녁 좋은 영화가 있다.

canarino- 카나리아

canarino femmina- 카나리아 암놈

mangiare come un canarino- 아주 적게 먹다

Quella ragazza è così magra perché mangia come un canarino. 그 소녀는 아주 소식하기 때문에 몸이 너무 여의었다.

cancellare- 지우다; 취소하다; 무효화하다

cancellare con il bianchetto- 표백제로 지우다

cancellare il passato- 과거를 지우다

Dopo quello che è successo vorrei solo riuscire a cancellare il passato. 그 일이 일어난 뒤 나는 오로지 그 일을 잊을 수 있으면 좋겠다.

cancellare la lavagna- 칠판을 지우다

cancellare tutto- 모든 것을 지우다

cancellare un appuntamento- 약속을 취소하다

Continua a fissare e poi a cancellare gli appuntamenti con il medico. 그는 계속 의사와 약속을 잡았다가 취소한다.

cancellare un contratto- 계약을 취소하다

cancellare un file- 파일을 지우다, 파일을 없애다

cancellare un volo aereo- 비행기 탑승을 취소하다

cancro- 암

cancro al fegato- 간암

cancro al pancreas- 췌장암

cancro al seno- 유방암

cancro allo stomaco- 위암

malato di cancro- 암환자

Di questi tempi il numero dei malati di cancro è in aumento . 요즘 암 환자 수가 증가한다.

morire di cancro a- ~암으로 죽다

Lui è morto di cancro al polmone. 그는 폐암으로 죽었다

candela- 초

a candela- 수직으로, 위로

Ha tirato la palla a candela e gli è tornata in testa. 그가 공을 위로 던졌는데 자기 머리 위로 떨어졌다.

a lume di candela- 촛불로, 촛불을 켜고

Mi piacerebbe fare una cena a lume di candela. 나는 촛불을 켜고 저녁 식사를 했으면 좋겠다.

accendere una candela- 초를 켜다

accendere una candela alla Madonna- 행운에 감사하다

Puoi accendere una candela alla Madonna. 너는 행운에 감사할 수 있다.

alla candela- (날, 한해가) 저물어가는, 사라져가는

La giornata è alla candela e guardiamo gli ultimi raggi del sole. 날이 저물어가고 우리는 일몰을 바라보고 있다.

avere la candela al naso- 콧물 범벅인 코

Il gioco non vale la candela. 그럴만한 가치가 없다. (= Non ne vale la pena.)

precipitare a candela- (비행기) 급강하하다, 곤두박질하다

reggere la candela- 원하지 않는 보호자가 되다; 두 애인 사이에 곁다리로 끼다

salire a candela- 급상승하다

struggersi come una candela- (슬픔, 걱정으로) 여위어 가다, 수척해지다

Non ti struggere come una candela; tornerà presto. 수척해지지 마. 그는 곧 돌아올 거야.

cane- 개

cane bastardo- 잡종견, 믹스견

Cane che abbaia non morde. (격언) 짖는 개는 물지 않는다. 말은 거칠지만 본성은 그렇게 나쁘지 않다.[4]

cane da caccia- 사냥개

cane da combattimento- 투견

cane da guardia- 경비견, 방범견

Mi sono comperato un bel cane da guardia. 나는 멋진 경비견을 한마리 샀다.

cane da slitta- 에스키모 개, 썰매용 개

cane guida- 맹인 안내견

Cane non mangia cane. (격언) 개는 개를 먹지 않는다. 같은 패는 물지 않는다.[5]

cane poliziotto- 경찰견

da cane (da cani)- (1) 매우 형편없는, 매우 나쁜(= molto male, malissimo)

Non andare in quel ristorante; ci ho mangiato da cani. 그 식당에 가지 마. 음식이 엉망이야(거기에서 엉망으로 먹었다).

---

[4] 이 관용어는 다음의 라틴 명언에서 유래한다: *"Canis timidus vehementius latrat quam mordet!" (Curtius Rufus)*. 겁 많은 개는 물어뜯기보다는 맹렬히 짖는다.

[5] 이 관용어는 다음의 라틴 명언에서 유래한다: *"Canis canem non est."* 개는 개를 먹지 않는다.

(2) 힘든 일(faticoso)

Abbiamo ridipinto tutta la casa, ma è stato un lavoro da cani. 우리는 집 전체를 다시 칠했는데, 아주 힘든 일이었다

(3) 서투른, 형편없는(molto brutto)

Mario ha voluto fare tutto da solo, ma ha fatto un lavoro da cani.
마리오는 혼자서 모든 것을 하기를 원했는데, 일을 엉망으로 했다. .

fare freddo da cani- 무지무지 춥다

fare una vita da cane- 비참한 생활을 하다, 비참하게 살다

dormire come un cane- 개처럼 자다; 비참하게 자다

essere (stare) come cane e gatto- 개와 고양이 같다; 앙숙이다

essere fortunato come un cane in chiesa- 운이 하나도 없다, 아주 불행하다

essere solo come un cane- 버림받은 신세이다, 홀로 내버려지다(= abbandonato da tutti)

fare un freddo cane- 몹시 춥다

Le previsioni dicono che da domani farà un freddo cane. 일기예보에서 내일 날씨가 엄청 추울거라고 한다.

mangiare come un cane- 개걸스럽게 먹다

menare il can per l'aia- (덤불 주위를 툭툭 쳐서) 짐승을 몰아 내다; 말을 빙빙 돌리다(= divagare), 빗대서 말하다, 변죽을 울리다, 에두르다, 완곡히 말하다; 남의 속을 넌지시 떠보다

Smettila di menare il cane per l'aia e dimmi che cosa è successo. 말을 빙빙 돌리지 말고 뭐가 일어났는지 말해.

morire come un cane- 개죽음하다, 개죽음을 당하다, 비참하게 죽다

Non era simpatico, ma non meritava di morire come un cane. 그렇게 좋은 사람은 아니었지만, 개죽음 당할 이유는 없었다.

non esserci un cane- 한 사람도 없다, 한 명도 없다

A teatro non c'era un cane! 극장에 한 사람도 없었다.

Non svegliare il cane che dorme. (속담) 잠자는 개를 깨우지 마라. 긁어 부스럼 만들지 마라.

seguire qualcuno come un cane- ~을 개처럼 졸졸 따라다니다

sembrare un cane bastonato- 겸연쩍은 얼굴을 하다

Te l'avevo detto che lui era troppo forte per te; adesso sembri proprio un cane bastonato. 그는 네가 너무 지나쳤다고 말했는데, 이제 와서 겸연쩍은 얼굴을 한다.

solo come un cane- 아주 외로운

Se ne sono andati tutti al cinema e mi hanno lasciato solo come un cane. 나만 외롭게 남겨놓고 모두 극장에 갔다.

stare da cani- 개처럼 지내다, 형편없이 지내다

suonare da cani- 연주가 형편없다, 연주가 엉망이다

vivere da cani- 궁핍한 생활을 하다, 궁핍하게 살다

trattare qualcuno come un cane- ~을 개처럼 취급하다, ~을 개처럼 다루다(= maltrattare)

Non lo voglio più vedere. Ieri mi ha trattato come un cane. 더 이상 그를 보고 싶지 않아. 어제 나를

완전 개취급 했어.

trovare un cane- (비유적) 한 놈, 한 사람을 발견하다

Ho bussato a tutte le porte ma non ho trovato un cane. 나는 모든 문을 두드렸는데 단 한 명도 못 봤다.

Non trovai un cane. 나는 한 사람도 발견하지 못했다.

un cane- 일을 잘 못하는 사람, 일에 적임자가 아닌(= persona inabile/persona incapace)

Quel meccanico è un cane. 그 정비공은 일을 잘 못하는 사람이다.

canna- (속이 빈) 줄기; 갈대

bere a canna- 병나발을 불다; 병째로 마시다

Versati l'acqua nel bicchiere e non bere a canna, per favore! 제발 병째 마시지 말고 컵에 물을 따라서 마셔.

canna da pesca- 낚싯대

canna da zucchero- 사탕수수

essere alla canna del gas- 속수무책이다, 어찌할 바를 모르다

Quell'uomo si è suicidato perché ormai era arrivato proprio alla canna del gas. 그 남자는 더 이상 어찌할 바를 몰라서 자살하였다.

essere come una canna al vento- 박력이 없다, 의지가 박약하다, 성격이 약하다

povero in canna- 아주 가난한

Quella donna è povera in canna, non ha nemmeno i soldi per un paio di scarpe. 그 여자는 아주 가난해서 신발 한 켤레 살 돈조차 없다.

tremare come una canna- 벌벌 떨다, 사시나무 떨듯하다

cannone- 대포; 유능한 사람, 첫손 꼽는, 챔피언

affusto di cannone- 포가, 포차

cannone antiaereo- 대공포, 고사포

cannone anticarro- 대전차포

cannone da campagna- 야포, 야전포

un cannone- 선수, 챔피언(= campione), 아주 잘하는 사람

È un cannone in matematica. 그는 수학 선수이다.

Sei un cannone! 넌 챔피언이야!

canone- 규범, 모범, 규칙; 임대료, 소작료, 땅세

comportarsi secondo i canoni- 규칙대로 행동하다, 규칙에 따르다

Conviene sempre comportarsi secondo i canoni e non trasgredire. 규칙을 위반 하지 않고 항상 규칙대로 행동하는 것이 낫다.

canone agricolo- 지대(地代)

canone di abbonamento- (방송) 수신료

Hai pagato il canone di abbonamento della televisione? 텔레비전 방송 수신료 지불했니?

canone di concessione- 저작권 사용료

cantante- 노래하는 사람, 가수, 성악가

cantante lirico/a- 오페라 가수, 가극 가수

cantante pop- 대중 가요 가수, 인기 가수

diventare un/una cantante- 성악가가 되다

Lei è diventata una cantante molto famosa. 그녀는 아주 유명한 성악가가 되었다.

cantare- 1. (자동사) 노래하다; 밀고하다, 찌르다, 일러 바치다

cantare a orecchio- 악보없이 노래하다

Non sa leggere le note. Ha sempre cantato a orecchio. 그는 악보를 읽을 줄 몰라 항상 악보없이 노래했다.

cantare a solo- 독창하다

cantare a squarciagola- 목청껏 소리를 질러 노래하다

cantare a voce bassa- 저음으로 노래하다

cantare a voce spiegata- 크게 노래하다, 큰소리로 노래 부르다

cantare con accompagnamento di piano- 피아노 반주에 맞추어 노래하다/노래 부르다

cantare da solista- 독창하다, 솔로로 노래하다

cantare in coro- 합창하다

Gli uccelli cantano in coro. 새들이 합창한다.

cantare in televisione- 텔레비전에서 노래하다

cantare molto bene- 노래를 아주 잘하다

fare cantare qualcuno- ~에게 불게 하다; ~에게 말하게 하다

lasciare cantare qualcuno- (비유적) ~에게 원하는 것을 말하게 놔두다

2. (타동사) 노래하다

cantare la bellezza della natura- 자연의 아름다움을 찬미하다

cantare la stessa canzone- 항상 같은 노래만 부르다; 똑같은 것을 되풀이하여 중얼거리다

cantare le gesta di un eroe- 영웅의 행위를 노래하다

cantare le lodi di qualcuno- ~을 칭찬하다

Ne ha sempre cantato le lodi e lui non l'ha mai delusa. 그녀는 늘 그를 칭찬했고 결코 그를 실망시키지 않았다.

cantare messa- 미사곡을 부르다

cantare salmi- 찬송가/찬미가를 부르다

cantare una canzone- 노래를 부르다

Lui ha cantato una canzone napoletana. 그는 나폴리 민요를 한 곡 불렀다.

cantare una canzone a bocca chiusa- 콧노래를 부르다

cantare una ninnananna- 자장가를 부르다

La mamma canta una ninnananna al suo bambino per farlo addormentare. 엄마는 아기를 잠들게 하기 위해 자장가를 불러준다

cantare vittoria su qualcuno- ~을 이기고 뽐내다, 개가를 올리다, 승리의 함성을 지르다

Aspetta a cantare vittoria. 승리의 노래를 부를 순간을 기다려!

Aspetta che sia finita, prima di cantar vittoria. 승리의 노래를 부르기에 앞세 일이 끝나기를 기다려라.

cantarla chiara- 자기 생각을 분명히 말하다

Gliela canto chiara e così non ci saranno equivoci. 그에게 내 생각을 분명히 말하면 우린 아무런 오해가 없을 거다.

cantautore- 가수 겸 작곡가, 가수 겸 작사가, 싱어송라이터

un cantautore- 싱어송라이터

Jovanotti è un cantautore italiano. 요바노티는 이탈리아 싱어송라이터이다.

cantiere- 조선소; 건설 자제 창고

avere qualcosa in cantiere- ~을 계획/작업/준비 중에 있다

Abbiamo un nuovo articolo in cantiere, ma dobbiamo ancora leggere parecchio prima di trarre le conclusioni. 우리는 새로운 아티클을 준비 중인데, 결론에 앞서 여전히 많은 것을 읽어야만 한다.

cantiere di demolizione- 폐품 하차장, 고철 하차장, 고철 처리장

cantiere edile- 조선소

cantiere navale- 조선소; (항구에서 선박 수리 및 물품 보관 등을 위한) 독 시설 구역

mettere qualcosa in cantiere- ~을 시작하다; 교제를 시작하다

cantilena- 단조로운 노래

la stessa cantilena- 흔히 하는 대화, 단조로운 대화(= discorso monotono)

È sempre la stessa cantilena: "Mi sono dimenticato." "깜박했어"란 대화는 언제나 흔히 하는 대화이다.

cantina- 지하 저장고, 포도주 저장 창고

avere una cantina ben fornita- 좋은 포도주를 많이 저장하다

cantina del vino- 포도주 저장실

cantina di deposito- 지하 창고

cantina sociale- 와인 생산자 협동조합(= cantina cooperativa), 조합 양조장

mettere (o tenere) qualcosa in cantina- ~을 창고에 두다

Metto la bicicletta in cantina. 나는 자전거를 창고에 보관한다.

canto- 1. 노래

al canto del gallo- 첫 닭이 울 때; 새벽에

Domani ci sveglieremo al canto del gallo. 내일 우리는 새벽에 일어나야 한다.

canto del cigno- 백조의 노래; (비유적) 마지막 무대/작품; 극작가/배우/음악가 등의 죽음이나 은퇴 전의 최후의 작품 또는 상연

Sembrava che avesse ritrovato le forze ma era solo il canto del cigno. 그가 회복한 것처럼 보였지만 마지막 무대였다.

canto di guerra- 군가

canto di Natale- 크리스마스 캐롤송

canto di vittoria- 승리의 노래

canto gregoriano- 그레고리오 성가; 평성가(목소리만으로 노래하는 성가)

canto popolare- 대중 노래

il bel canto- 벨칸토(매끄럽고 부드러운 창법을 중시하던 19세기 오페라 스타일)

il canto degli uccelli- 새들의 노래소리

il canto delle cicale- 매미 울음 소리

lezione di canto- 성악 수업, 노래 수업

maestro di canto- 성악 교사, 음악 선생; 성가대 지휘자

2. 모서리, 측면; (건물의) 각

d'altro canto- 다른 한편으로는(= d'altronde); 반면에(= d'altra parte)

da ogni canto- 사방에서, 도처에서

da un canto- 한편으로

da un canto e dall'altro- 한편으로~ 다른 한편으로

dal canto mio- 나로서는, 나라면(= per quanto mi riguarda), 내 경우에는(= quanto a me), 내 입장에서는(= da parte mia), 내 개인적으로는

Dal canto mio, glielo lascerei presentare così. 나라면 그가 그것을 제출하도록 놔둘 거다.

in un canto/da canto- (비유적) 한 구석에; 떨어져서(= in disparte)

per canto- 비스듬히, 측면으로(= di traverso)

per ogni canto- 모든 곳에, 어디나(= dovunque); (비유적) 양쪽에, 모든 방향으로

porre da un canto- 한쪽으로 치우다, 제쳐 놓다; 무시하다

Poni quell'arnese da un canto e ascoltami. 그 연장을 다른 한쪽으로 치우고 내 말 들어.

canzone- 노래, 대중 음악, 민요; (비유적) 고리타분한 말이나 행동

cantare una canzone- 노래를 부르다

canzone a ballo- 발라드(= ballata)

canzone napoletana- 나폴리 민요

la stessa canzone- 단조롭게 반복되는 상황이나 대화; 늘상 같은 말이나 대화, 항상 같은 상황

Ogni giorno è la stessa canzone. 날마다 같은 일이다.

Perché canti sempre la stessa canzone? Ti ho già detto che lo farò quando avrò tempo. 왜 늘 같은 말만 되풀이하는거야? 시간 있을 때 내가 할 거라고 너한테 이미 말했잖아.

mettere in canzone- 비웃다, 희롱하다, 우롱하다(= deridere)

capace- 가능한, 능력이 있는; 수용할 수 있는

essere capace di- ~할 수 있다, ~할 능력이 있다(= esesere in grado di)

È capace di tutto. 그는 모든 것을 할 능력이 있다.

Lui non è capace di far male a nessuno. 그는 그 누구에게도 해를 끼칠 인물이 못 된다.

Sono capace di parlare tre ore di seguito. 나는 3시간 연달아서 말할 수 있다.

esserne capace- ~에 대한 능력이 있다

Vorrei confessarmi ma non ne sono capace. 고백하고 싶은데 그럴 능력이 없다.

uno stadio capace di ottantamila persone- 8만 명을 수용할 수 있는 경기장

capacità- 1. 능력, 자격, 지능

avere la capacità di fare qualcosa- ~할 능력이 있다, ~할 수 있다

Lui ha la capacità di organizzare bene il lavoro. 그는 일을 잘 계획하는 능력이 있다.

avere una capacità in qualcosa- ~에 재능이 있다

capacità di sopravvivenza- 생존률, 거주 적합성

un uomo di grande capacità- 대단한 능력이 있는 남자

2. 용량, 수용량

Questo teatro ha una capacità di duemila posti. 이 극장은 2천 석을 수용할 수 있다.

3. (경제) 능력, 힘

capacità concorrenziale- 경쟁력, 경제적인 것

capacità d'acquisto- 구매력

La crisi ha ridotto la capacità d'acquisto delle persone. 위기가 사람들의 구매력을 감소시켰다.

capacità di produrre reddito- 수익력

capacità di spesa- 소비력

capacità produttiva- 생산력

capanna- 오두막, 막사

due cuori e una capanna- 가난하지만 즐거운 결혼 생활

Appena sposati sembravano proprio due cuori e una capanna. 방금 결혼해서 그들은 가난하지만 정말 행복해 보인다.

caparra- 계약금, 선금, 담보

dare una caparra- 보증금을 걸다, 계약금을 걸다

Bisogna dare una caparra? 보증금을 내야만 됩니까?

dare una somma come caparra- 계약금으로 일정금액을 내다

capello- 머리, 머리카락

a capello- (미적으로) 꼭 맞게(= a punto), 정확히(= con precisione, esattamente)

Questa sciarpa mi sta a capello, grazie. 이 스카프는 제게 꼭 맞습니다. 감사합니다.

al capello- (치수) 정확하게(= in modo esatto/preciso)

avere i capelli bianchi- 백발이다

avere i capelli biondi/castani/neri/rossi- 금발/밤색/검정색/빨강 머리를 하고 있다

avere i capelli grigi- 은발이다

avere i capelli lisci/ricci- 생머리를 하다, 곱슬머리를 하다

avere i capelli lunghi/corti- 긴 머리를 하고 있다, 짧은 머리를 하고 있다

Lei ha i capelli lunghi. 그녀는 긴 머리이다.

avere un diavolo per capello- 매우 화가 나다(= essere furioso), 진노하다(= essere molto irritato)

Lei aveva un diavolo per capello. 그녀는 무척 화가 나 있었다.

averne fin sopra i capelli- ~에 싫증/염증나다, 진절머리가 나다(= essere stufo di qualcosa)

Ne ho fin sopra i capelli della carne. 나는 고기라면 이제 진절머리가 난다.

Ne ho fin sopra i capelli di questa storia. 이 이야기는 이제 지긋지긋 하다.

Ne ho fin sopra i capelli di te e dei tuoi amici. 너와 네 친구들은 진절머리가 난다.

bagnarsi i capelli- 머리카락이 젖다

Se ti bagni i capelli prenderai il raffreddore. 머리카락이 젖으면, 감기에 걸릴 거야.

essere a un capello da qualcuno- ~와 아주 가깝다

far venire i capelli bianchi- (복잡하거나 안타까운 일에 너무 골몰하거나 걱정해서) 머리가 세다

A furia di combinare guai ha fatto venire i capelli bianchi a sua madre. 너무나 문제를 저질러서 그의

어머니 머리가 하얗게 셌다.

fare a capelli (o aggrapparsi i capelli)- 머리채를 붙잡고 싸우다: 말다툼하다(= litigare)

Per favore, non facciamo a capelli. 제발 우리 싸우지 말자.

fare i capelli bianchi- 머리가 세다; 힘들고 고통스런 경험으로 늙다

fare i capelli mossi o ondulati- 파마머리를 하다, 웨이브 머리를 하다

Ho i capelli lisci ma a volte mi piacerebbe farli mossi. 나는 지금 생머리인데 때로는 파마머리를 하고 싶다.

fare rizzare i capelli a qualcuno- ~의 머리털이 곤두서게 하다, 매우 놀라게 하다

farsi tagliare i capelli- 머리를 자르다, 이발하다

mettersi le mani nei capelli- 절망하여 머리를 쥐어 뜯다; 절망하다(= essere disperato)

Si è messo le mani nei capelli non sapendo cosa fare. 그는 어찌할 바를 몰라 절망하여 머리를 쥐어 뜯었다.

non torcere un capello- 털끝 하나도 다치지 않게 하다; ~을 절대 해치지 않다

I rapitori non gli hanno torto un capello. 유괴범들은 그를 털끝 하나도 다치지 않게 했다.

Non ti torcerò un capello. 너의 털끝 하나도 건드리지 않을게. 너를 전혀 해치지 않을게.

perdere i capelli- 머리카락이 빠지다; 대머리가 되다(= diventare calvo)

portare i capelli corti/lunghi- 짧은 머리를 하고 다니다, 긴 머리를 하고 다니다

Porto sempre i capelli lunghi. 나는 항상 긴 머리를 하고 다닌다.

portare i capelli lisci/ondulati- 생머리/웨이브 머리를 하고 다니다

portare i capelli lunghi sulle spalle- 머리카락을 어깨까지 길게 늘어 뜨리다

prendersi per i capelli- 싸우다(= litigare); 머리채를 잡고 싸우다

La loro discussione era diventata troppo animata e rischiavano di prendersi per i capelli. 그들의 토론은 열기를 더해 갔기에 주먹다짐을 할 정도로 위험했었다.

rizzarsi i capelli- (공포로) 머리끝이 쭈뼛하다; 등골이 오싹하다

Mi si sono rizzati i capelli a sentire il suo racconto. 그의 이야기를 들었을 때 머리끝이 쭈뼛했다 (등골이 오싹했다).

sentire drizzarsi (arricciarsi) i capelli- 머리카락이 쭈뼛해지는 것을 느끼다; 무서움이나 한기를 느끼다

spaccare un capello in quattro- (토론, 논의 등에서 사소한 것을 지나치게) 꼬치꼬치 따지고 들다, ~에 대해 아주 자세히 논쟁하다; 아주 치밀하게 분석하다(= analizzare in modo estremamente pignolo)

Perché spaccare un capello in quattro per una questione così marginale? 왜 그렇게 사소한 문제 가지고 꼬치꼬치 따지고 드니?

tagliarsi i capelli- 머리를 자르다, 이발하다

tagliarsi i capelli a zero- 머리를 빡빡 밀다

tirare i capelli a qualcuno- ~의 머리를 당기다

tirare qualcuno per i capelli- ~을 (억지로) 끌어들이다, ~에게 강요하다

Lo hai tirato per i capelli in questo affare. 너가 이 일에 그를 끌어들였다.

tirato per i capelli- 억지로 끌어들인(= costretto); 믿기지 않는, 설득력이 없는(= lambiccato)

I suoi metodi non sono molto ortodossi, ma la soluzione non è per niente tirata per i capelli. 그의 방법이 아주 옳은 것은 아니지만, 그 해결책이 설득력이 전혀 없는 것도 아니다.

trascinare qualcuno per i capelli- ~의 머리채를 잡고 질질 끌고 가다; ~을 끌고 가다

capire- 이해하다

Capirai! 그게 무슨 대수라고!

capire a volo- 금방 이해하다, 금방 알아차리다

Tu mi capisci sempre al volo! 넌 항상 내말을 금방 알아차린다!

capire alla perfezione- 완벽하게 이해하다

Lui mi capisce alla perfezione. 그는 나를 완전히 이해한다.

capire bene- 잘 이해하다, 잘 알아듣다

Lei capisce bene l'italiano. 그녀는 이탈리아어를 잘 알아 듣는다.

capire il problema- 문제를 이해하다

capire l'antifona- 숨은 뜻을 이해하다(= capire il senso nascosto di qualcosa)

capire male- 잘못 알아듣다/오해하다

Hai capito male. 너는 잘못 알아들었다.

capire perfettamente- 완벽하게/완전히 이해하다

Ho capito perfettamente. 난 완벽하게 이해했다.

capire qualcuno- ~을 이해하다

Solo tu mi puoi capire. 너만 나를 이해할 수 있다.

capirci- 이해할 수 있다, 이해할 능력이 있다

Io ci capisco poco in questa faccenda. 난 이 사건은 거의 이해가 안 간다.

Non ci capisco niente. 아무것도 이해할 수가 없다. 아무것도 이해가 안 간다.

Non ci capisco proprio più niente. 정말 더 이상 아무것도 이해가 안 된다.

capirsi con uno sguardo- 시선으로 서로 알아듣다, 눈치채다

Capisco! 알겠습니다! 이해합니다!

cercare di capire- 이해하려고 애쓰다/노력하다

Cerca di capirmi! 나를 이해하려고 해봐!

farsi capire- 자기 말/의사를 남에게 이해시키다

Non parlare in modo così difficile. Cerca di farti capire! 그렇게 어렵게 말하지 말고 네가 알아들을 수 있도록 해!

non capire niente (o nulla)- 아무것도 이해하지 못하다, 전혀 못알아 듣다

Non capisco niente. 전혀 이해가 안 간다.

non capire un accidente (o un'acca)- 조금도 알아 듣지 못하다(= non capire niente)

non capire una mazza- 전혀 알아 듣지 못하다, 말귀를 조금도 알아듣지 못하다

Marco non ha capito una mazza. Gli ho detto tante volte di non farlo, ma continua a farlo. 마르코는 전혀 알아 듣지 못했다. 그에게 하지 말라고 여러번 말했는데 계속 그렇게 한다.

riuscire a capire- 이해가 가다, 이해할 수 있다

Non riesco a capire. 나는 이해가 안 간다. 이해할 수 없다.

se ho ben capito- 내가 이해를 잘했다면, 내가 잘 알아들었다면

Si capisce!- 이해하죠; 물론이죠! 당연하죠! (= certamente)

capitale- 1. (형용사) 치명적인, 중대한, 사형의; 우두머리의

d'importanza capitale- 최고로 중요한

il punto capitale del problema- 문제의 요점

peccato capitale- (그리스도교의) 7가지 대죄[6]

pena capitale- 사형, 극형

Nei Paesi democratici hanno abolito la pena capitale. 민주 국가에서는 사형을 폐지했다.

sentenza capitale- 사형 선고

una faccenda di capitale importanza- 아주 중대한 일

Devo riuscire ad affrontare quella faccenda di capitale importanza. 나는 아주 중대한 그 문제를 해결할 수 있어야 한다.

2. (여성 la capitale) 수도

la capitale- 수도

Parigi è la capitale della Francia. 파리는 프랑스의 수도이다.

3. (남성 il capitale) 자본

capitale di credito- 차입 자본

capitale fisso- 고정 자본

capitale sociale- 자본주금; 주식 총수

capitali finanziari- 금융 자본

capitano- 대장, 함장, 선장

capitano d'industria- 대실업가

capitano di lungo corso- 선장, 함장; 해군 대령

capitare- 우연히 일어나다

A chi capita, capita! 그건 제비를 잘 뽑는 거나 마찬가지야.

Capita. (통상 일어갈 수 일이라는 의미에서) 그럴 수도 있죠.

capitare a fagiolo- 적시에 도착하다(= arrivare al momento giusto)

capitare a proposito- 적당한 순간에 도착하다, 때마침 나타나다(= arrivare al momento opportuno)

capitare a (o da)- ~에 우연히 가게 되다/오게 되다

Se capiti a Roma, vieni a trovarmi! 만일 로마에 오게 되면, 나를 찾아 와!

Se capiti da queste parti, passa a trovarmi! 만일 이쪽으로 오게 되면, 나를 만나러 들러!

capitare bene- 제 때에 나타나다; (사람) 운이 좋다(= imbattersi in qualcosa di positivo)

Siamo proprio capitati bene! 우리 이거 정말 좋게 되었는데!

capitare di fare qualcosa- ~하는 일이 생기다/발생하다

Non capita tutti i giorni di incontrare persone importanti. 매일 중요한 사람들을 만나게 되는 일이 생

---

[6] 통상 '7죄종'이라 부르는데 여기에는 교만, 탐욕, 질투, 분도, 금욕, 식탐, 나태 등이다.

기진 않는다.

capitare l'occasione- 우연히 기회가 생기다

Mi è capitata una bella occasione. 내게 좋은 기회가 생겼다.

Se capiterà l'occasione, verrò a trovarti. 기회가 생긴다면, 너를 만나러 갈게.

capitare male- 시기가 나쁠 때 나타나다; (사람) 운이 나쁘다(= imbattersi in qualcosa di negativo)

In quell'hotel sono capitato molto male. 나는 그 호텔에 시기가 아주 안좋을 때 있었다.

capitare per (o fra) le mani- 우연히 손에 들어오다, 우연히 잡다

Se mi capita fra le mani! 내 손에 잡히기만 해 봐라!

capitare tra capo e collo- 갑자기 도착하다/생기다/나타나다

Quella disgrazia gli è capitata tra capo e collo. 갑자기 그에게 그런 불행이 생겼다.

come capita- 무작위로/임의로; 있는 그대로; 마구 되는대로

essere capitato- 우연히 있게 되다, 우연히 생기다

Dove sono capitato! 내가 어디에 와 있는 거지! 도대체 여기가 어디야!

Mi è capitata nelle mani una sua lettera. 나는 그의 편지 한 통을 입수하게 되었다.

Sei capitato al momento giusto! 너는 때맞춰 왔다!

Siamo capitati bene! 정말 좋다!

capitolo- (책의) 장

avere voce in capitolo- 참견할 권리가 있다, 발언권이 있다

Nell'azienda ormai non ha più voce in capitolo. 그는 이제 기업에 더 이상 발언권이 없다.

leggere/trattare il capitolo del libro- 책의 장을 읽다/다루다

Ho letto soltanto i primi due capitoli del libro. 나는 책의 처음 두 장만을 읽었다.

Va bene, capitolo chiuso. 좋아, 다시 그것을 언급하지 말자.

capo- 머리, 처음

a capo alto/chino- 고개를 들고/숙이고

Nonostante quello che pensano, io continuerò a camminare a capo alto. 그들이 어떻게 생각하든 나는 계속 고개를 들고 다닐 것이다.

a capo scoperto- 머리에 아무것도 안 쓰고; 모자를 쓰지 않고

abbassare il capo/piegare il capo- 머리를 숙이다, 굴복하다

alzare il capo- 반발/반항/저항하다(= ribellarsi)

Questa situazione non può reggere; i giovani stanno già alzando il capo. 젊은이들이 이미 반발하고 있기 때문에 이 상황을 견딜 수 없다.

andare capo- 행을 바꾸다, 그 다음 행에 가다(= andare al rigo successivo)

Qui hai cambiato l'argomento del tuo saggio e saresti dovuto andare a capo. 여기서 당신 논문의 주제가 바뀌어서 글자의 행을 바꾸었어야 했다.

andare in capo al mondo- 세상 끝까지 가다

Con te andrei anche in capo al mondo. 너랑은 세상 끝까지라도 가고 싶다.

battere il capo nel muro- 절망하다

chinare il capo- 머리를 숙이다; 잘못/실수를 인정하다

Mi rifiuto di chinare il capo; insisto che ho ragione io. 잘못을 인정할 수 없기에, 내가 옳다는 것을 주장한다.

da capo- (1) 다시 한 번, 한 번 더(= di nuovo); (2) 처음부터(= dal principio/dall'inizio); (3) (음악) 처음부터 다시, 다카포

Ora dobbiamo ricominciare da capo. 이제 우리는 처음부터 다시 시작해야 한다.

Racconta tutto da capo. 그는 처음부터 다시 다 얘기한다.

da capo a piedi- (사람) 머리 끝에서 발끝까지, 전신이; (사물) 위에서 아래까지

Ho lasciato il bambino solo un momento in cucina, e l'ho ritrovato infarinato da capo a piedi. 내가 아이를 잠시 부엌에 혼자 놔두었는데, 머리 끝에서 발끝까지 (전신이) 밀가루로 범벅이 된 아이를 발견했다.

dare al capo- 자제심을 잃다

essere a capo di qualcosa- ~의 우두머리/대표이다

Luigi è a capo di un settore strategico nell'azienda del padre. 루이지는 부친의 회사에서 기획 분야의 대표가 되었다.

fra (o tra) capo e collo- 예기치 않게, 갑자기, 불시에

Quel fatto mi è capitato fra capo e collo. 그 일이 부지불식간에 일어났다.

grattarsi il capo- 당황해서 머리를 긁적거리다

il Capo dello Stato- 국가원수

il capo settore- 국장

in capo a- ~이내에

in capo a un mese- 한 달 이내에

In capo a un mese gli sono morti sia il padre che il fratello. 한 달 사이에 그의 아버지와 형 두 사람 다 죽었다.

in capo a un anno- 일년 이내에

in capo al mondo- 땅/세상 끝까지, 아주 멀리(= molto lontano)

mettere in capo a qualcuno- ~의 머리에 불어 넣다

mettersi in capo qualcosa- 머리 속에 집어 넣다; 명심하다

non avere né capo né coda- 두서가 없다; 아무런 의미가 없다

Secondo me il suo discorso non ha né capo né coda. 내 생각에 그의 연설은 두서가 없다.

non sapere dove battere il capo- 절망하다, 어찌할 바를 모르다, 난관에 처하다

passare per il capo- 갑자기 머리 속에 생각이 스치고 지나가다

Dice tutto quello che gli passa per il capo. 그는 자기 머리 속에 스치고 지나가는 모든 생각을 다 말한다.

rompersi il capo- 머리/지혜를 짜다, 깊이 생각하다, 골똘히 생각하다

Mi sto rompendo il capo da stamattina, ma non riesco a ricordarmelo. 아침부터 골똘히 생각해 봤지만, 난 그것을 기억할 수가 없다.

scuotere il capo- 고개를 젓다

senza capo né coda- 밑도 끝도 없이, 두서 없이

Quel discorso era senza capo né coda. 그 대화는 두서가 없다.

venire a capo di qualcosa- 결론을 내다(= concludere), 해결하다(= risolvere), 진상을 규명하다; 원인을 밝혀내다

Non smetterò di farti domande finché non verrò a capo della situazione. 상황에 대한 진상을 규명할 때까지 나는 너한테 질문을 멈추지 않을 것이다.

capocchia- 못/핀의 대가리

capocchia di chiodo- 네일 헤드, 못 대가리

capocchia di fiammifero- 성냥 대가리

capocchia di spillo- 핀의 머리

parlare a capocchia- 아무렇게나/되는대로 말하다

Non ti aspettare una conclusione da lui: parla solo a capocchia. 그에게서 결론을 기대하지 마. 그는 아무렇게나 말해.

capofitto- 거꾸로, 곤두박질로

a capofitto- 머리부터 먼저, 거꾸로, 곤두박질로

buttarsi a capofitto in- 몸을 던지다; ~에 투신하다

Vedi che non è pigro: si è buttato a capofitto nel lavoro. 그가 게으르지 않다는 것을 알 거다. 그는 일에 투신했다.

cadere a capofitto- 거꾸로 떨어지다

gettarsi a capofitto in un pericolo- 성급하게 위험에 뛰어들다

precipitare a capofitto- 곤두박질치다; 급락하다

capogiro- 현기증, 어지러움

avere il capogiro- 머리가 핑핑 돌다/어지럽다, 현기증을 느끼다

costare una cifra da capogiro- 현기증 날 정도의 엄청난 값이다

dare (o far venire) il capogiro a qualcuno- ~을 어리둥절하게 하다, ~을 혼란케 하다

capolinea- 종점

essere al capolinea- 한계점와 와있다, 끝나다

Il nostro amore è al capolinea. 우리들의 사랑은 끝났다.

scendere al capolinea- 종점에서 내리다

Lei deve scendere al capolinea. 당신은 종점에서 내리셔야 합니다.

capolino- 자그만 머리

fare capolino- (해/달/꽃이) 나타나다, 나타나기 시작하다; 머리를 내밀다, 머리를 내밀고 살피다/엿보다

Faceva ancora freddo, ma il sole faceva già capolino. 여전히 추웠지만, 태양이 벌써 나타나기 시작했다. Molti bambini facevano capolino dalle finestre. 많은 아이들이 창 밖으로 머리를 내밀고 살피고 있었다.

capotavola- 상석, 주빈석, 귀빈석

sedere a capotavola- 상석에 앉다, 주빈석에 앉다

Gli anziani è meglio che siedano a capotavola. 연세가 있는 사람들은 상석에 앉는 것이 더 낫다.

capovolgere- 뒤집다, 거꾸로 하다, 전복시키다; 반전시키다, 완전히 바꾸다
   capovolgere la situazione- 상황을 뒤바꾸다, 상황을 반전시키다
   La situazione si è inaspettatamente capovolta. 뜻밖에 상황이 뒤바뀌었다.
   capovolgere un bicchiere- 컵을 뒤집다.

cappa- 외투, (패류) 맛조개 무리, 알파벳 K
   la cappa del sole- 하늘, 대공, 천공
   sotto la cappa di- ~아래에, ~가 가득한
   Roma è rimasta tutta l'estate sotto la cappa del sole. 로마는 여름내내 햇빛이 내리 쬐었다.
   (essere, trovarsi) sotto una cappa di piombo- (가슴이) 답답하다; (정신적으로) 중압감을 느끼다
   Devo uscire a divertirmi un po'. Mi sento come sotto una cappa di piombo. 잠시 재미있게 놀기 위해 나가야 하는 데, 부담을 느낀다.

cappello- 모자
   cappello a cencio- 중절모
   cappello a cilindro- 서양의 남성용 모자, 실크해트
   cappello da uomo- 남자 모자
   cappello da sole- 햇빛 차단용 모자
   cappello di carta- 종이 모자
   cappello di lana- 모직 모자
   cappello di paglia- 밀짚 모자
   con il cappello in testa- 머리에 모자를 쓰고
   far tanto di cappello a qualcuno- 모자를 벗고 ~에게 인사하다; ~에게 경의를 표하다
   Ti faccio tanto di cappello: hai giocato bene e hai meritato di vincere. 나는 네게 경의를 표해. 잘 경기 했으니 이길만 했다.
   fare un cappello introduttivo- 서론을 시작하다(= fare un'introduzione/un preambolo)
   Giù il cappello (o Tanto di cappello)! 모자를 벗으시오!
   levarsi il cappello- (경의를 표하기 위해) 모자를 들어 올리다
   mettersi il cappello- 모자를 쓰다
   pigliar cappello- (비유적) 기분상해 하다, 화내다, 불쾌해 하다
   portare il cappello sulle ventitré-[7] 모자를 비뚤게 쓰다
   prendere cappello- (다른 사람의 말이나 행동에 대해) 성내다, 화내다
   Non prendere cappello, stavamo solo scherzando. 화내지 마. 우리는 단지 농담하고 있었다.
   tirarsi il cappello sugli occhi- 모자를 푹 내려쓰다/눌러쓰다
   togliersi il cappello- 모자를 벗다
   Non toglierti il cappello, fa freddo! 추우니까, 모자 벗지마!

cappero- (지중해산 관목의 작은 꽃봉오리를 식초에 절인 것; 요리를 풍미하는 데 씀) 케이퍼(caper); 서양풍조목, 그 꽃 봉우리의 초절임

---

[7] 이 표현은 오늘날 젊은이들은 거의 사용하지 않는 80년대 방송 프로그램에서 사용된 표현이다.

Capperi! (놀람이나 연민의 감탄사) 이크! 어머나!

cappotto- 외투

cappotto pesante- 두꺼운 외투

Questo cappotto pesante tiene molto caldo. 이 두꺼운 외투는 무척 따뜻하다.

fare (o dare) cappotto a qualcuno- 완전히 압도하다, ~을 납작하게 누르다; (스포츠에서) 연전연승/ 완승을 거두다, 경기를 휩쓸다

Pensavamo di perdere, ma ci hanno fatto proprio cappotto. 우리가 졌다고 생각했었는데, 그들이 우리에게 완패했다.

uscire senza il cappotto- 외투를 입지 않고 외출하다

Non uscire senza il cappotto, oggi c'è molto vento. 외투 없이 나가지마, 오늘 바람이 심해.

cappuccino- 1. (프란체스코 회의 한 분파) 카푸친 수도회의 수사

far vita da cappuccino- 청빈하게 살다

2. 카푸치노[8]

cappuccino chiaro- 가벼운 카푸치노; 짙은 카푸치노보다 우유의 양이 많아 훨씬 더 부드럽고 고소한 느낌을 즐길 수 있으며, 우유의 부드러운 맛을 강조한 카푸치노이다.

cappuccino con schiuma- 거품이 있는 카푸치노

cappuccino scuro- 짙은 카푸치노; 우유의 양이 적어 첫 맛이 강하며 풍부한 우유 거품을 즐길 수 있는 카푸치노이다.

cappuccino senza schiuma- 거품을 걷어 낸 카푸치노

capra- 염소

cavalcare la capra- (비유적) 틀리다, 자신을 속이다, 잘못을 범하다

salvare capra e cavoli- (결합시킬 수 없는) 양쪽을 다 가지다(= risolvere un problema conciliando esigenze opposte); 난관에서 벗어나다; 모두를 행복하게 하다

Con quell'operazione è riuscito a salvare capra e cavoli. 그는 그 수술로 난관에서 벗어날 수 있었다.

capriccio- (태도와 행동 등의) 갑작스런 변화; 변덕

fare i capricci- 변덕을 부리다

Questo bambino fa sempre i capricci. 이 아이는 늘 변덕을 부린다.

i capricci della fortuna- 운명의 장난

capriccioso- 변덕이 심한

bambino capriccioso- 변덕이 심한 아이

È un bambino molto capriccioso. 그는 아주 변덕이 심한 아이이다.

essere capriccioso- 변덕이 심하다

In primavera il tempo è capriccioso. 봄에는 날씨가 자주 바뀐다.

pizza capricciosa- 토핑을 다양하게 한 피자; 다양한 재료를 추가한 피자

capriola- 공중제비, 재주 넘기; 도약

fare capriole- 공중제비를 하다; (비유적) 백방으로 노력하다, 온갖 노력을 다하다

---

[8] 우리가 마시는 카푸치노의 명칭은 카푸치노 수도회의 수도복 색깔과 일치해서 붙여진 명칭이다.

fare una capriola- 공중제비/재주넘기를 하다

carattere- 1. 성격, 성질, 인격

avere un brutto carattere- 성격이 나쁘다

avere un buon carattere- 성격이 좋다

avere un carattere aperto/estroverso- 외향적인 성격이다

avere un carattere chiuso/introverso- 내성적인 성격이다

avere un carattere duro- 성격이 완고하다

avere un carattere forte, debole- 성격이 강하다/여리다

avere un carattere psicologicamente forte- 심리적으로 강한 성격이다

avere un carattere freddo- 차가운 성격이다

avere un carattere molto difficile- 대하기가 힘든 성격이다, 성격이 까다롭다

Fin da quando era bambino ha avuto un carattere molto difficile. 그는 어릴 때부터 성격이 아주 까다로웠다.

avere un carattere particolare- 독특한 성격이다

avere un ottimo, pessimo carattere- 성격이 아주 좋다/나쁘다

caratteri latini- 라틴 문자

essere di buon carattere- 성격이 좋다

essere di carattere aggressivo- 성격이 공격적이다

essere di carattere forte- 성격이 강하다, 개성이 강하다

essere in carattere con qualcosa- 잘 어울리다, 조화를 이루다(= essere in armonia con qualcosa)

L'abito era in carattere con la cerimonia. 복장이 예식과 잘 어울렸다.

mancare di carattere (essere privo di carattere)- 성격이 약하다, 특성이 없다

non avere carattere (essere senza carattere)- 성격이 없다, 특징이 없다, 개성이 없다

Voglio lasciare il mio ragazzo perché lui non ha carattere. 나의 남자 친구는 개성이 없어서 그와 헤어지고 싶다.

per carattere- 성격상, 성격에 있어서

Ci si può lasciare per carattere? 성격 때문에 헤어질 수 있을까?

Loro non possono andare d'accordo perché sono profondamente diversi per carattere. 그들은 성격이 완전히 달라서 마음이 맞을 수가 없다.

uomo di carattere- 원리원칙이 확고 부동한 사람(= fermezza nei principi), 행동이 일관된 사람(= costanza nell'azione)

uomo senza carattere- 줏대가 없는 사람

Ha sposato un uomo senza carattere. 그녀는 줏대가 없는 남자와 결혼했다.

2. 문자

carattere maiuscolo/minuscolo- 대문자/소문자

caratteri cinesi- 한자

caratteri greci- 희랍문자

carbone- 석탄, 목탄

a carbone- 석탄을 때는

essere (o stare) sui carboni ardenti- 조바심하다, 안절부절못하다

Eravamo sui carboni ardenti mentre la commissione discuteva il problema. 위원회가 문제를 토의하고 있는 동안 우리는 안절부절못하고 있었다.

nero come il carbone- 석탄처럼 새까만; 칠흑 같은

riscaldamento a carbone- 석탄 난방

stufa a carbone- 석탄 난로

carcassa- (동물의) 시체, 잔해(殘骸), (가옥·선박 등의) 뼈대

la mia vecchia carcassa- 나의 노구(老軀), 이 늙은 몸

La mia vecchia carcassa non è più quella di una volta. 이 늙은 몸은 더 이상 예전과 같지 않다.

carcere- 감옥, 교도소, 형무소, 유치장

andare in carcere- 교도소에 들어가다

essere in carcere- 수감 중이다, 구류 중이다

fuggire dal carcere- 탈옥하다

mettere (o rinchiudere) in carcere- 투옥하다, 감옥에 넣다

Lo hanno messo in carcere per il furto di un motorino. 그들은 오토바이 절도로 그를 교도소에 넣었다.

scontare tre anni di carcere- 3년간 형을 복역하다

uscire dal carcere- 출옥하다

carica- 1. 직무

carica di ministro- 장관직

carica di sindaco- 시장직

conferire una carica a qualcuno- ~에게 직위를 수여하다

dare la carica a qualcuno- ~을 격려하다(= incoraggiare)

dimettersi da una carica- 사임하다; 직책에서 물러나다, 공직에서 사임하다

Finalmente quel politico si è dimesso dalla carica che gli avevano conferito. 마침내 그 정치인은 수여받은 직책에서 물러났다.

entrare in carica-취임하다

essere in carica- 재직하다, 근무 중이다

occupare una carica pubblica- 공직을 맡다

Se si occupa una carica pubblica è necessario agire con la massima onestà. 공직을 맡게 되면 최대한 정직하게 행동해야 한다.

restare in carica- 직무에 계속 머무르다

uscire di carica/lasciare la carica- 직무에서 물러나다/사임하다

2. (화기, 장치) 장전, 충전, 화약

carica elettrica- 전기충전

ritornare alla carica- 고집하다; 다시 시도하다; 다시 시작하다

caricabatterie- 충전기

avere il caricabatterie- 충전기를 갖고 있다

Hai il caricabatterie? 너 충전기 있니?

perdere il caricabatterie- 충전기를 분실하다

Ho perso il caricabatterie della mia macchina fotografica. 나는 카메라 충전기를 분실했다.

caricare- 1. 적재하다, 싣다; 너무 많이 부과하다

caricare gli amici in macchina- 친구들을 차에 태우다

caricare i bagagli sul treno- 기차에 짐을 싣다

caricare il nemico- 적을 향해 돌진하다

caricare il prezzo di qualcosa- ~의 가격이 오르다

caricare l'auto di pacchi- 자동차에 상자꾸러미를 싣다

caricare lo stomaco- 뱃속에 채워 넣다

caricare qualcuno di responsabilità- ~에게 책임을 부과하다

Ha sempre caricato il figlio maggiore di tutte le responsabilità. 그는 항상 장남에게 모든 책임을 부과했다.

caricare un fucile- 총알을 장전하다

caricare un programma- 프로그램을 로드하다(= trasferire sul computer)

caricare una batteria- 건전지를 충전하다

caricare una nave- 선박에 적재하다

2. 과장하다

caricare la mano/la dose- (비유적) 도를 넘다, 지나치게 하다

caricare le tinte- (비유적) 과장하다; 꾸미다; 심하게 과장하다

caricarsi di debiti- 빚을 잔뜩 지다

caricarsi per l'esame- 시험에 매진하다(= concentrarsi per affrontare l'esame)

carico- 1. (형용사) 적재한, 책임을 지운; 과하게 적재한

caffè carico- 아주 진한 커피

essere carico di- ~로 가득차다

Era carico di debiti. 그는 빚이 가득하였다.

Era carico di onori. 그는 엄청난 영예를 안고 있었다.

nave carica di merci- 물건을 가득 실은 배

nave carica di petrolio- 석유를 가득 실은 배

pistola carica- 장전한 총

rosso carico- 강렬한 빨강색

2. 적재, 화물; 부담

a carico di- ~의 부담으로, ~의 비용으로(= a spese di); ~와 관계가 있는(= relativo a)

avere qualcuno a carico- ~을 보살피다, 부양해야 하다(= dovere mantere)

Paolo ha la moglie e il figlio a carico. 파올로는 아내와 자식을 부양해야 한다.

essere a carico di qualcuno- ~에 의존하다, ~에 매달려 있다

farsi carico di- ~의 책임/의무를 지다(= assumersene la responsabilità)

Non è riuscito a farsi carico anche di quel peso. 그는 그 책임의 무게를 질 수가 없었다.

il carico delle merci- 물품 적재

il carico di una nave- 선적

portare un carico sulle spalle- 어깨에 짐을 지다

sostenere un grosso carico- 강한 부담을 견디다

spedizione a carico del committente- 주문자 부담 배송

spedizione a carico del destinatario- 수취인 부담 배송

viaggiare a carico pieno- 가득 싣고 여행하다

carino- 귀여운, 사랑스러운

Che carino! 아이 귀여워라!

essere carino a qualcuno- ~에게 사랑스럽다, 귀엽다

Mi sei proprio carino. 나한테는 네가 정말 사랑스럽다.

essere carino con qualcuno- ~에게 잘해 주다

È stato molto carino con me. 그는 나에게 무척 잘해 주었다.

moda carina- 귀여운 패션

Quant'è carino! 너무 귀엽다!

ragazza carina- 귀여운 소녀

carità- 자비, 사랑, 친절

avere carità per il prossimo- 이웃에 대한 사랑이나 배려를 갖다

La carità comincia in casa propria. 자선은 자기 집에서 시작된다; 다른 사람을 돕기에 앞서 가족부터 보살펴야 한다는 뜻이다.

carità pelosa- 타산적인 선행, 계산적인 선행

Danno i soldi alle organizzazioni di beneficenza che poi devono comprare i loro prodotti. Che carità pelosa! 그들은 자선기구에 돈을 낸 다음 자기들의 물품을 구입하도록 한다. (정말) 계산적인 선행이야!

chiedere la carità- 자선을 청하다, 보시를 청하다

fare la carità- 자선을 베풀다, 동냥 주다

Fammi la carità di lasciarmi in pace! 제발 나를 가만 좀 내버려 둬!

Ho fatto la carità a quell'uomo e gli ho dato due euro. 나는 동냥으로 그에게 2유로를 주었다.

Per carità- 제발(= per favore); 전혀 번거롭지 않다(= nessun disturbo!); 제발 성가시게 굴지 마(= non ti disturbare!); 맙소사! (= no davvero!); 농담하는 거야! (= figuriamoci!); (강조적인 의미로) 이해하겠지만, 잘 알겠지만(= benintenso, s'intende)

Per carità, mi piace passeggiare, ma adesso ho solo voglia di riposare. 아시다시피 난 산책하는 것을 좋아하지만 지금은 그저 쉬고 싶다.

Per carità, non tocchiamo questo argomento! 제발 이 주제는 건드리지 맙시다!

Per carità, smettila! 제발 그만둬!

ricevere la carità- 자선을 받다

vivere di carità- 구호금으로 살아가다

carnagione- 살색, 안색

avere una bella carnagione- 안색이 좋다

carnagione chiara- 흰 살결, 흰 얼굴

Con quella carnagione chiara deve fare attenzione al sole. 그녀의 흰 살결에는 태양을 조심해야 한다.

carnagione scura- 거무스름한 살결

carne- 1. (사람, 동물) 살, 육체 고기

bene in carne- (사람이) 포동포동한, 토실토실한, 둥그스름한

No, non è grassa; è bene in carne. 아니야, 그녀는 뚱뚱하지 않고 토실토실해.

carne della propria carne- 자신의 혈육

Lo so che è un ragazzo difficile, ma è pur sempre carne della tua carne! 어려운 아이라는 걸 알지만, 그래도 네 혈육이잖니!

Loro sono carne della mia carne. 그들은 나의 혈육이다.

essere bene in carne- 생기가 가득하다, 혈색이 좋다(= essere florido, essere in buone condizioni fisiche)

essere fatto di carne ed ossa- 육과 뼈를 가진 인간이 되다; 사람이다[9]

È fatto di carne ed ossa, e non ha saputo resistere. 그는 사람이야 그래서 견딜 수 없다.

i piacere della carne- 육체의 즐거움

in carne ed ossa- 실물로(= dal vivo), 직접적으로, 몸소(= in persona)

Ho visto la squadra di tennis in carne ed ossa all'aeroporto. 나는 테니스 팀을 공항에서 직접 보았다.

rimettersi in carne- 체중이 늘다, 다시 살이 찌다

2. (식품) 고기, 육류

avere (o mettere) troppa carne al fuoco-

(1) 너무 많은 일을 벌이다; 한꺼번에 너무나 많은 일을 하다

Ha troppa carne al fuoco; non può prendere le vacanze adesso. 그는 한꺼번에 너무나 많은 일을 하고 있어서 지금 휴가를 가질 수가 없다.

(2) 일(문제 등)이 산적해 있다

Ha messo troppa carne al fuoco e adesso teme di non finire il lavoro in tempo. 그는 일이 너무 산적해 있어서 지금 제때에 일을 마치지 못할까 두려워한다.

carne ai ferri- 석쇠에 구운 고기

carne allo spiedo- 꼬챙이에 꿴 고기

carne bianca- 흰 살코기(닭고기, 토끼고기)

carne bovina- 쇠고기

carne congelata- 얼린 고기, 냉동육

carne fresca- 생고기, 신선육

carne in scatola- 통조림 고기

carne rossa- 붉은 고기(돼지고기, 쇠고기)

carne suina- 돼지고기

carne tritata- 다진 고기

---

[9] 이 관용어는 신(神)인 예수 그리스도가 뼈와 육을 가진 우리와 똑같은 "인간이 되셨다(*homo factus est*)"라는 니체아 콘스탄티노플 신경에서 나왔다.

non essere né carne né pesce- 고기도 생선도 아니다; 정체를 알 수 없다, 알쏭달쏭하다, 이도 저도 아니다

Mi sento straniero sia qui che in patria. Non sono né carne né pesce. 난 여기에서도 조국에서도 이방인으로 느낀다. 나는 이도 저도 아니다.

Questo tema non è né carne né pesce: giri intorno al problema senza prendere mai posizione. 이 주제는 정체를 알 수 없다(알쏭달쏭하다). 너는 입장을 취하지 못하고 문제 주변만 맴돌고 있다.

caro- 1. 사랑하는

  avere a caro- 존중하다, ~을 높이 평가하다

  avere cara la famiglia- 가족을 사랑하다

  avere caro qualcuno- ~을 사랑하다

  cari saluti- (편지의 끝말) 안부를 전하며

  caro a qualcuno- ~가 사랑하는/좋아하는

  caro qualcuno- (편지 첫 부분에 수신자의 이름이나 직책 앞에 써서) 친애하는 ~에게/께

  Cara Paola. 사랑하는 파올라에게.

  essere caro a qualcuno- ~에게 소중하다, 관심을 끌다

  La salute è cara a tutti. 건강은 모든 사람들에게 소중하다.

  Quell'amico mi è molto caro. 그 친구는 나에게 무척 소중하다.

  rendersi caro a qualcuno- ~에 귀여움을 받다

  tenersi caro qualcuno o qualcosa- ~을 대단히 좋아하다

  un artista caro al pubblico- 대중이 좋아하는 예술가

2. 비싼

  costare caro- 값이 비싸게 나가다

  È troppo caro per me. 제게는 너무 비쌉니다.

  pagarla cara- (비유적) ~때문에 큰 대가를 치르다, ~때문에 큰 피해를 입다

  La pagherai (o Ti costerà) cara! 큰(비싼) 대가를 치를거야!

  vendere cara la pelle- (비유적) 값지게 생명을 버리다, 적에게 큰 손해를 입히고 죽다; 개죽음하지 않다

3. (명사) (사랑하는 사람을 부를 때 쓰는 표현) 여보, 자기, 애야

  Ciao, caro! 안녕, 자기야!

carlona- 부주의하게, 경솔하게, 무심코, 무관심하게

  alla carlona- 부주의하게, 생각없이, 조심성 없이

  Devi fare questo lavoro con cura ed attenzione, non farlo alla carlona come è tuo solito. 이 일을 주의해서 조심스럽게 해야 돼, 평소 네가 하던 것처럼 조심성 없이 하지 마.

carota- 당근

  piantare (vendere) carote- 거짓말하다, 거짓말을 늘어놓다(= raccontare bugie)

  È ovvio dalla sua espressione che sta piantando carote. 그가 거짓말하고 있다는 것이 표정에서 분명히 드러난다.

carreggiata- 차도, 차선

rimettersi in carreggiata- 되찾다, 올바른 길로 돌아오다; 논점으로 돌아오다

Essere stato arrestato proprio al primo furto è stata la sua salvezza; si è rimesso subito in carreggiata. 처음 절도죄로 체포된 것이 그를 살렸다. 그는 곧 올바른 길로 돌아왔다.

rimettere qualcuno in carreggiata- ~을 올바른 길에 두다; ~을 논점으로 돌아오게 하다

stare in carreggiata- 계속 바른 생활을 하다; 요점을 벗어나지 않다

uscire di carreggiata- (자동차가) 도로를 벗어나 달리다; 잘못된 방향으로 가다(= lasciare la retta via); 논점에서 벗어나다(= uscire d'argomento)

Hanno detto delle cose assurde di Samuele: sono proprio usciti di carreggiata. 그들은 사무엘에 대해 터무니 없는 일들을 말했는데, 완전히 빗나갔다.

carrello- (슈퍼마켓 등에서 쓰는) 카트, 손수레; (음식, 술을 얹어 나르는) 카트, 왜건

carrello delle bibite- (공공장소에서 팔거나 공식행사에서 제공되는) 다과 수레

carrello per la spesa- 쇼핑 카트, 수화물 카트

carretta- 이륜마차, 이륜 손수레

tirare la carretta- 수레를 끌다; 힘든 삶을 살다(= avere avuto una vita difficile), 뼈빠지게 일하다

Ha tirato la carretta tutta la vita e quando stava per andare in pensione è morto. 그는 평생 뼈빠지게 일했는데 은퇴하자마자 죽었다.

carriera- 경력, 이력; (비유적) 전속력

andare di gran carriera- 전속력으로 가다

fare carriera- 경력을 쌓다, 출세하다, 승진하다

Farai molta carriera. 너는 많은 경력을 쌓게 될거야.

Lui ha fatto carriera. 그는 출세했다.

scegliere la carriera di- ~의 경력을 선택하다

Ha scelto la carriera di avvocato. 그는 변호사의 경력을 선택했다.

una carriera brillante- 찬란한 경력, 눈분신 경력

Con quel lavoro puoi fare una carriera brillante. 그 일로 너는 눈부신 경력을 쌓을 수 있다.

carro- 마차

mettere il carro davanti (o innanzi) ai buoi- 말 앞에 수레를 달다; 앞뒤 순서를 잘못 놓다; 일의 순서를 뒤바꿔 하다

Non mettere il carro davanti ai buoi. 본말을 전도하지 마.

Tira più un pelo di figa che un carro di buoi. 우마차 보다 음모가 더 매혹적이다. 섹스의 힘이 다른 모든 힘을 이긴다는 표현이다.

carrozza- 1. (말이 끄는) 마차

andare in carrozza- 마차를 몰다, 마차로 가다

carrozza tirata da due cavalli- 양두마차

carrozza tirata da quattro cavalli- 사두마차

2. (기차의) 객차

carrozza belvedere- 전망차(승객이 전망을 즐길 수 있도록 큰 창문을 단 버스나 기차)

carrozza letto- 침대칸, 침대차

carrozza ristorante- 식당칸, 식당차

carrozza viaggiatori- 객차

La carrozza di prima classe è davanti. 일등실은 앞에 있습니다.

carta- 카드, 종이

alzare le carte- 카드를 떼다

Ho mescolato le carte; tocca a te alzarle. 카드를 섞었으니 네가 카드를 뗄 차례야.

avere carta bianca- 완전히 자유롭게 행동하다(= avere completa libertà di agire)

avere le carte in regola- (1) 구비서류를 완비하다 (2) 필요한 자질을 갖추다(= avere le qualità)

Ho tutte le carte in regola per ottenere il permesso di soggiorno. 나는 체류허가증을 받기 위한 모든 구비서류를 완비했다.

Lei ha le carte in regola per diventare una bravissima ballerina. 그녀는 훌륭한 발레리나가 되기 위한 필요한 자질을 갖추었다.

cambiare le carte in tavola- (토론, 상황 따위에서) 입장/주장/의도를 바꾸다, 변절하다

Non ti puoi fidare di lui perché ti cambia sempre le carte in tavola. 그는 늘 입장을 바꾸기 때문에 신뢰할 수 없다.

carta assorbente- 생리대

carta bollata (o da bollo)- 수입인지를 붙인 서류/증서

carta d'identità- 주민 등록증

carta d'imbarco- 탑승권, 승선권

Tieni la carta di imbarco a portata di mano. 탑승권은 가까이에 둬!

carta da disegno- 도화지, 제도용지

carta da giornali- 신문지

carta da lettera- 편지지

carta da musica- 오선지

carta da pacchi- 포장지

carta da parati- 벽지

carta dei vini- 와인 메뉴판

carta di credito- 신용 카드

Mi hanno rubato la carta di credito. 그들이 나의 신용카드를 훔쳤다.

carta geografica- 지도

carta igienica- 화장지, 휴지

carta nautica- 항해지도

carta stradale- 도로지도

carta (o scheda) telefonica- 전화 카드[10]

dare carta bianca a qualcuno- ~에게 백지로 위임하다; ~의 (자유)재량에 맡기다

Mi hanno dato carta bianca per sviluppare i programmi. 그들은 프로그램 전개를 나의 재량에 맡겼다.

---

[10] 오늘날에는 'carta sim' 유심카드가 더 일반적이다.

fare carte false- (~하기 위해) 많은 애를 쓰다; 어떤 고생도 마다하지 않다

Farebbe carte false pur di diventare suo amico. 그는 자기 친구로 만들기 위해서 어떠한 고생도 마다하지 않을 거야.

fare le carte a qualcuno- 카드 점을 봐주다; 신년 운세를 보다

giocare a carte scoperte- 카드를 보여주고 게임을 하다; (카드놀이에서 손을 판 위에 내놓으면 부정을 못한다 해서) 공정하게 행동하다, 정직하게 승부하다

Fidati di lei, è una persona che gioca sempre a carte scoperte. 그녀를 믿어봐, 늘 공명정대하게 행동을 하는 사람이야.

giocare bene le proprie carte- 카드놀이가 능숙하다; 일을 잘 진행하다, 능숙하게 행동하다

Penso che se riuscirà a giocare bene le proprie carte avrà quel posto di lavoro. 나는 능숙하게 일을 진행할 수 있어야 그 일자리를 얻을 거라 생각한다.

giocare l'ultima carta- 최후의 수단을 쓰다

Oggi mi giocherò l'ultima carta. Spero di riuscire a convincerlo. 나는 오늘 최후의 수단을 써볼 것이다. 그를 설득시킬 수 있기를 바란다.

leggere le carte- 카드점을 치다

mandare a carte quarantotto- 모든 것을 망치다, 모든 것이 수포로 돌아가다[11]

Non è venuto e così ha mandato tutti i miei programmi a carte quarantotto. 그가 오지 않아 나의 모든 계획이 수포로 돌아갔다.

mangiare alla carta- 메뉴에 나와 있는 요리를 하나하나 골라서 먹다(= scegliere i piatti uno a uno dal menù)

In quel ristorante non si può mangiare alla carta, solo a menù fisso. 그 레스토랑에선 오로지 고정된 메뉴로 하나하나 골라 먹을 수 있다.

mescolare le carte- 카드를 섞다

mettere le carte in tavola- 손에 든 패를 보이다; 의도/계획을 알려주다(= esporre sinceramente la propria opinione)

Ha fatto tutto di nascosto senza informarci, ma lo obbligheremo a mettere le carte in tavola. 그는 우리에게 통보하지 않고 모든 것을 몰래 했는데, 우리는 그에게 생각을 털어놓게 만들 거야.

mettere qualcosa su carta- 서류로 작성하다

mettere qualcosa sulla carta- ~을 적어두다; 분명히 적어놓다

Non mi sono mai fidata di loro: gli ho sempre fatto mettere tutti i nostri accordi sulla carta. 나는 그들에 대해서 결코 신뢰하지 않았다. (그래서) 나는 항상 우리의 모든 협정을 분명히 적어놓았다.

prendere carta e penna- 종이와 연필을 들다

puntare tutto su una carta sola- 단 한 장의 카드 위에 모든 것을 걸다; 한번에 모든 것을 걸다; 한번에 전재산을 걸다

Ha investito tutta l'eredità in azioni, ma non è prudente puntare tutto su una carta sola. 그는 모든 유산을 주식에 투자했는데, 한번에 전재산을 거는 것은 신중하지 못하다.

scoprire le carte- (조급하게) 속셈을 드러내다; 계획을 누설하다

---

[11] 유사관용어는 "mandare tutto all'aria, far diventare tutto inutile"이다.

Finalmente ha scoperto le carte: venderà la società ai nostri concorrenti, come avevamo pensato. 드디어 그가 속셈을 드러냈는데, 우리가 생각했던 대로 우리 경쟁사에 회사를 매각할거래.

tentare l'ultima carta- 최후의 수단을 쓰다

cartella- 책가방; 두꺼운 종이; 증서

  cartella clinica- 진료 기록

  cartella azionaria- 주주명부, 공채증서

  cartella del debito pubblico- 공채

  cartella delle imposte- 세금 용지(서식); 소득 신고서

cartello- 공고문, 안내문; 플래카드, 현수막, 포스터

  cartello di divieto- 경고장

  cartello di sfida- 도전장

  cartello stradale- 교통 표지

cartellone- 플래카드, 현수막, 포스터, 벽보

  tenere il cartellone- 대형천막에 오랜 동안 이름이 실리다; 계속되다

Il musical "Mamma Mia" ha tenuto il cartellone per quasi tre anni. 뮤지컬 맘마미아는 거의 3년 동안 계속됐다.

cartolina- 엽서

  cartolina illustrata- 그림 엽서

  cartolina postale- 우편 엽서

  cartolina precetto- 소집 영장

Un tempo l'arrivo della cartolina (di) precetto era temuto dai giovani. 한때 소집 영장의 도착이 젊은이 들에게 두려움의 대상이었다. (1997년 1월 1일부로 이탈리아 공화국 헌법은 의무복무제를 폐지하 였다.)

cartone- 두꺼운 종이, 만화

  cartone ondulato- 골판지

  cartoni animati- 만화, 만화영화

  scatola di cartone- (주로 소포나 짐을 싸는데 사용되는) 판지 상자

cartuccia- 탄약통; 카트리지(프린터의 잉크 카트리지처럼 기계에 필요한 내용물을 담아 바꿔 끼우 게 되어 있는 용기)

mezza cartuccia- (1) 왜소한 사람

Quella mezza cartuccia non ce la farà mai a sollevare il baule; è troppo pesante. 너무 무거워서, 그 왜소 한 사람이 트렁크 가방을 결코 올리지 못할 거야.

(2) 하찮은 사람, (경멸적) 보잘것없는 사람

Ti aspettavi che lui la cantasse chiara al suo socio? Ma lo sai che è una mezza cartuccia. 너는 그가 동업 자에게 자기 생각을 분명히 말할 거라고 기대했었니? 그런데 너는 그가 볼품없는 사람이라는 걸 알잖아.

sparare l'ultima cartuccia- 최후의 수단을 쓰다

Offrendoci del denaro per lavorare con noi, ha sparato la sua ultima cartuccia, ma non accetteremo la sua proposta lo stesso. 우리와 일하기 위해 금전제공이라는 최후의 수단을 썼지만, 그래도 우리는 그의 제안을 받아들이지 않을 거다.

casa- 집

a casa- 집에

Dormirò a casa dei miei amici. 나는 친구들 집에서 잘 것이다.

Lui abita a casa nostra. 그는 우리 집에 산다.

Passerò l'estate a casa di mio zio. 나는 나의 삼촌 집에서 여름을 보낼 것이다.

Resti a casa o esci con me? 집에 남아 있을 거야 아니면 나랑 나갈래?

Rimango a casa tutto il giorno. 나는 하루 종일 집에 남아 있다.

Torno a casa molto tardi. 나는 늦게 집에 귀가한다.

A casa del ladro non si ruba. 도둑의 집에는 훔치지 않는다; 도둑들 사이에도 의리가 있다.

Abitare (o stare) a casa del diavolo- 찾기 힘든 곳에 살다, 멀고 외진 곳에 산다[12]

Martino e Simone abitano a casa del diavolo. 마르티노와 시모네는 외진 곳에 산다.

andare di casa in casa- 집집마다 다니다, 이 집 저 집 돌아다니다

Buono è l'amico e buono il parente, ma triste la casa dove non si trova niente. 친구와 훌륭한 부모가 있는 집이 얼마나 좋은가, 하지만 아무도 없는 집은 불행한 집이다.

casa albergo- 거주용 호텔, 호텔식 아파트

casa dello studente- 기숙사

casa di cura, di salute- (노인용) 요양소, 양로원

casa di riposo- 요양소, 요양원

Casa dolce!- 집이 최고다!

casa editrice- 출판사

casa madre- 수녀원 본원; 본사

case popolari- 서민 주택

Casa senza abitanti, nido di topi. 사람이 살지 않는 집은 쥐들의 소굴이다.

donna di casa- 가정 주부

essere di casa- 가족과 마찬가지다, 가족같이 드나들다

Maria Callas era di casa all'Hotel Qurinale a Roma. 마리아 칼라스는 로마에서 퀴리날레 호텔을 집처럼 자주 드나 들었다.

Maria Grazia è di casa. 마리아 그라치아는 가족과 마찬가지다.

essere fuori di casa- 집 밖에 있다

Sono molti anni che Lucia è fuori di casa. 루치아가 집을 떠나 있은 지 해수로 오래 되었다.

essere (o stare) in casa- 집에 있다

essere via (o lontano) da casa- 집에서 멀리 떠나 있다

Fai come se fossi a casa tua! (당신 집처럼) 편히 쉬세요!

fare gli onori di casa- 손님을 맞다, 손님을 접대하다(= accogliere gli ospiti)

---

[12] 유사관용어는 'abitare in un luogo fuorimano, abitare in un luogo difficile da raggiungere'이다.

In genere è mia moglie che fa gli onori di casa. 보통 손님 접대를 하는 사람은 나의 아내이다.

fatto in casa- 집에서 만든

Mi piace la pasta fatta in casa. 난 집에서 만든 파스타를 좋아한다.

La casa e la moglie si godono più d'ogni altra cosa. 다른 어떤 것도 집과 아내보다 더 기쁜 것은 없다.

mettere su casa- (1) (집을 정해) 살기 시작하다, 새살림을 이룩하다

Si sono fidanzati e stanno mettendo su casa. 그들은 약혼을 하여 살기 시작한다.

(2) 결혼하다(= sposarsi)

Pare che lei sia quella giusta per fargli metter su casa. 그녀는 그와 결혼하는 것이 옳다고 여긴다.

non sapere neanche dove stia di casa- 자기 집이 어딘지도 모르다; 전혀/하나도 모르다

Tu non sai neanche dove stia di casa la gratitudine. 너는 은혜라곤 전혀 모른다.

occuparsi delle facende di casa- 집안일을 돌보다, 집안일에 전념하다

La mamma si occupa delle facende di casa. 엄마는 집안일을 돌보신다.

Ognuno è re a casa propria. 자기 집에서는 누구나 왕 노릇 한다.

passare di casa in casa- 이 집 저 집을 지나다니다

Il postino passa di casa in casa per consegnare la posta. 집배원은 우편물을 전달하기 위해 이 집 저 집을 지나다닌다.

scappare di casa- 집에서 달아나다; 가출하다

Lui ha deciso di scappare di casa. 그는 가출할 결심을 했다.

sentirsi a casa propria- 자기 집처럼 편하게 느끼다

Sentitevi come a casa vostra. 여러분 집처럼 편히 생각하세요.

stare di casa in un posto- 어떤 곳에 살다

Dove stai di casa? 너는 어디에서 사니?

tutto casa e famiglia- 가정적인 사람

Suo marito è tutto casa e famiglia e non esce mai la sera. 그녀의 남편은 가정적이어서 밤에는 결코 외출하지 않는다.

uscire di casa- 집에서 나오다

A che ora esci di casa la mattina? 아침에 몇 시에 집에서 나오니?

casaccio- 단독으로는 뜻이 없고 전치사 a와 함께 사용함

a casaccio- (1) 되는대로, 닥치는 대로

Fa le cose come le salta in testa, a casaccio. 그녀는 별 생각 없이 무턱대고 일을 한다.

sparare a casaccio- 겨누지 않고 쏘다, 닥치는 대로 쏘다

(2) 경솔한; 별 생각 없이

parlare a casaccio- 되는 대로 (아무렇게) 말하다, 말을 마구하다(= parlare a capocchia)

rispondere a casaccio- 별생각 없이 대답하다

Mi rispose a casaccio. 그는 별생각 없이 내게 대답했다.

casalinga- 가정주부

essere casalinga- 가정 주부이다

Mia madre è casalinga. 나의 어머니는 가정 주부이다.

casalingo- 1. (형용사) 가정의, 집안의; 단순한, 평이한, 쉬운; 집에서 만든

abitudini casalinghe- 가풍

alla casalinga- 단순히, 그냥, 간단히

atomosfera casalinga- 가정 분위기

cucina casalinga- 평범한 요리

2. (명사) 남자 가정주부, (복수) 주방용품, 생활용품

negozio di casalinghi- 생활용품 가게

Ogni volta che andava in un negozio di casalinghi, comprava qualcosa di nuovo. 그녀는 생활용품 가게에 갈 때마다, 새로운 뭔가를 사곤 하였다.

cascare- 떨어지다

cascare bene/male- 재수가 좋다/없다, 운이 좋다/나쁘다

Sono rimasto senza pastiglie per il bruciore di stomaco, ma la farmacia è chiusa. Casco proprio male! 속쓰림 약이 떨어졌는데, 약국 문이 닫혔네. 정말 재수 없군!

cascare dal sonno- 잠에 취하다, 잠이 쏟아져 견딜 수가 없다, 졸려 죽을 지경이다(= non reggersi in piedi per il sonno)

Vado a casa. Sto cascando dal sonno. 나 집에 가. 잠이 쏟아져서 견딜 수가 없다.

cascare dalla fame- 배가 고파 주체할 수가 없다(= non reggersi in piedi dalla fame)

cascare dalle nuvole- 깜짝 놀라다

Quando gli ho dato quella notizia è cascato dalle nuvole. Non aveva avuto alcun sospetto. 내가 그에게 그 소식을 전하자 그는 깜짝 놀랬다. 그는 아무런 의심을 하지 않았었다.

cascare in piedi- 넘어지지 않고 서다; 난관을 타개하다

Nonostante tutto è riuscito a cascare in piedi. 그는 그 모든 것에도 불구하고 난관을 타개할 수 있었다.

cascarci- 속아 넘어가다, 함정에 빠지다(= cadere in un tranello)

Ci sei cascato! (농담으로 말했는데) 곧이 곧대로 믿었어!, 속아 넘어갔어!

fare cascare le braccia- 낙담하게 하다, 기운 없게 만들다(= provocare delusione)

neppure se cascasse il mondo- 세상이 무너진다 해도

Non ti racconterò quel segreto neppure se cascasse il mondo. 세상이 무너진다 해도 그 비밀을 네게 얘기하지 않을 것이다.

Non casca il mondo. 세상이 무너지지 않는다. 큰일이 아니다. 대단한 일이 아니다.

sentirsi cascare le braccia- 절망감을 느끼다, 용기를 잃다

cascata- 폭포

cascate del Niagara- 나야가라 폭포

menu a cascata- 서브 메뉴; 메인 메뉴에 속해있는 하위 메뉴

una famosa cascata- 유명한 폭포

casco- 투구, 철모; (오토바이) 헬멧

i caschi blu dell'ONU- 유엔 평화 유지군, 유엔군모

mettersi il casco- 헬멧을 쓰다

Mettiti il casco! 헬멧을 써!

casìno- 법석, 소동, 떠들석함, 소음; 엉망진창, 지저분하고 엉망인 상태

Che casino! (비격식적) 엉망진창이네(= Che confusione)!

Che casino! Metti tutto in ordine! 엉망진창이네, 모든 것을 정리해!

fare casino- 어질러 놓다

Fa sempre casino. 그는 늘 어질러 놓는다.

Non fare casino! 엉망진창으로 만들지마!

Non fate tanto casino, poi sono io che devo pulire! 너희들 그렇게 어질러 놓지 마. 청소해야 하는 사람은 나니까.

piantare (o fare) un casino- 크게 떠들어대다, 소란 피우다, 화내다(= arrabbiarsi)

Hanno dovuto piantare un casino per farsi dare la stanza che avevano prenotato. 그들은 예약한 방을 달라고 소란을 피웠어야만 했다.

un casino- 많이(=molto), 엄청나게(=una grande quantità)

Questa canzone mi piace un casino. 이 음악 엄청 마음에 들어.

Oggi ho un casino di cose da fare. 나는 오늘 할일이 태산이다.

casinò- 별장, 게임장

un famoso casinò- 유명한 카지노

A Montecarlo c'è un famoso casinò. 몬테카를로에는 유명한 카지노가 있다.

caso- 기회; 경우

a caso- 무작위로, 임의로, 마구잡이로(= senza un criterio preciso)

Ha risposto a caso, senza pensare. 그는 생각지도 않고 내키는 대로 대답했다.

Prendi una carta a caso. 아무 카드나 하나하나 집어봐.

caso mai (o casomai)- (혹시라도) ~할 경우에(= eventualmente), 만일의 경우(= in caso)

Casomai cambiassi idea, avvisami. 생각이 바뀌면 내게 알려.

Non penso che mi servirà il tuo aiuto, caso mai ti chiamo. 너의 도움이 필요할 거라 생각하지 않는데, 만일 필요할 경우에 네게 전화할게.

darsi il caso che- 1) 그 사이에, 그 동안에(= nel frattempo)

Adesso accetti la mia proposta, ma si dà il caso che mi sia già rivolta ad un altro. 지금은 네가 내 제안을 받아들이지만, 그 사이에 이미 나는 다른데 지원했다.

2) 어쩌다 보니/우연히/공교롭게도 ~하게 되다 (= succede che)

Si dà il caso che io abbia un biglietto in più. 어쩌다보니 추가 표가 한장 있다.

Si dà il caso che per qualche giorno sarò io a commandare qui dentro. 공교롭게도 며칠 동안은 내가 이 곳을 책임질 예정이다

essere il caso- ~하는 편이 낫다(= sarebbe una cosa buona)

È il caso di dirglielo? 그에게 이야기 해야 합니까?

Sarà il caso di andare. 그는 가는 편이 낫다.

fare al caso ~에게 꼭 필요한 것이다, ~에게 적절하다(= essere opportuno, andare), ~에게 맞다(= andare bene)

La tua penna fa proprio al caso mio: me la regali? 네 펜은 정말 내게 꼭 필요한데, 그걸 나한테 줄 수 있니?

Questa macchina fa al nostro caso. 이 자동차는 우리에게 맞는다.

fare caso a qualcosa- ~에 주의하다(= fare attenzione a), ~에 주목하다; ~에 신경 쓰다(= badare)

Facci caso! 그것을 유의해!

Non fare caso a quello che ha detto lui! 그가 한 말에 개의치 마!

È un brutto caso. 나쁜 경우이다.

È un caso raro. 드문 경우이다.

guarda caso- 우연히도; 마침 다행스럽게도, 공교롭게도(= in modo fortuito, causale)

Siamo uscite per commissioni e guarda caso l'abbiamo incontrato tre volte; forse ci seguiva. 우리는 심부름 때문에 나갔는데, 우연히도 그를 세 번이나 만났다. 혹시 그가 우리를 따라오고 있었나.

"Per caso hai una penna?" "Sì, guarda caso ne ho proprio una in tasca." "혹시 펜 있니?" "응, 때마침 주머니에 바로 한 개가 있어".

in caso affermativo- 맞을 경우에, 긍정적으로, 찬성적으로

in caso contrario- 반대인 경우에, 그렇지 않으면(= altrimenti)

in caso- 만일에

In caso arrivassi prima al ristorante, ordina anche per me! 레스토랑에 먼저 도착하면 내 것도 주문해!

in caso di- ~한 경우에

In caso d'incendio, usate l'estintore. 화재시 소화기를 사용하십시오.

Usare solo in caso di emergenza. 비상시에만 사용하기.

in nessun caso- 절대로(= mai), 무슨 일이 있어도

in ogni caso- 어쨌든(= comunque)

In ogni caso, ha sbagliato. 어쨌든 그가 실수했다.

in tal caso- 그러한 경우에

mettere il caso- 가정하다, 추측하다(= supporre)

Mettiamo il caso che lui abbia ragione. 그가 옳다고 우리는 추측한다.

nel caso che (o nel caso in cui)- ~한 경우에

Devi andare dal dottore nel caso che domani non ti senta meglio. 내일 몸이 더 낫지 않을 경우에 넌 병원에 가봐야 한다.

nel migliore dei casi- 최상의 경우

nel mio caso- 내 경우에

nel peggiore dei casi- 최악의 경우(= alla peggio)

nel tuo caso- 네 경우에

Farò un'eccezione nel tuo caso. 네 경우는 예외로 해 줄게.

non a caso- 고의로, 의도적으로(=intenzionalmente)

non è il caso- 적절하지 못하다(= non è opportuno), 그럴 경우가 아니다

Non è il caso. 그럴 때가 아니다.

Non è il caso che ti arrabbi per così poco. 그렇게 별것 아닌 일에 화를 낼 일이 아니다.

Non è il caso di parlarne. 그것에 대해서 말할 때가 아니다.

Non è il caso di preoccuparsi. 걱정할 상황이 아니다.

Non farne un caso di stato. 사소한 문제를 거창하게 여기지 말라. 비약하지 마.

Pensate ai casi vostri. 너희들의 일이나 생각해. 자신의 일이나 신경 써.

per caso- 혹시, 우연히

Ci siamo rivisti per caso. 우리는 우연히 다시 보았다.

“Come ha conosciuto Sua moglie?” “Per caso”. 당신의 아내를 어떻게 아셨나요? 우연히요.

L'ho saputo per caso. 나는 우연히 그것을 알았다.

Hai visto per caso i miei occhiali? 혹시 내 안경 봤니?

per puro caso- 순전히 우연으로, 아주/완전 우연히

Loro si sono incontrati un anno fa per puro caso ad una festa. 그들은 일년 전 어느 파티에서 아주 우연히 서로 만났다.

porre il caso che- ~경우를 가정하다

Poniamo il caso che non venga. 그가 오지 않을 경우를 가정해 보자.

scegliere a caso- 무작위로 고르다, 임의로 뽑다, 아무렇게나 선택하다

Ha scelto i vestiti da mettere a caso. Per questo è così disordinato. 입을 옷을 마구잡이로 고르다 보니까 너무 어지럽혀졌다.

cassa- 1. 상자

una cassa di- 한 상자의

due casse di mele 사과 두 상자

una cassa di pomodori 토마토 한 상자

2. (가게) 카운터, 계산대

a pronta cassa- 바로 현찰로, 현금으로 (지불하다)

alla cassa- 계산대에서

Deve fare lo scontrino alla cassa. 계산대에서 영수증을 발급받으셔야 합니다.

Si accomodi alla cassa. 계산대로 가세요.

battere cassa- 돈을 달라고 조르다(= chiedere denaro)

Tu sei bravo a battere cassa. Perché non ti trovi un lavoro? 너는 돈 달라고 조르는 것은 잘하면서, 왜 일자리를 구하지 않니?

fare la fila alla cassa- 계산대에 줄서다

pagamento a pronta cassa- 현금 지급

pagare alla cassa- 계산대에서 계산하다

sportello di cassa- 회계 창구

cassetta- 1. 작은 상자

cassetta degli attrezzi- 공구상자, 연장통, 공구통

cassetta dei reclami- 불편사항 건의함 박스

cassetta delle lettere- 우체통, 우편함

cassetta di pronto soccorso- 비상약품 상자, 구급상자

cassetta di sicurezza- (은행) 안전 금고, 대여 금고

lavorare per la cassetta- 돈만을 위해서 일하다, 돈이 되는 일을 한다

Non farà mai un film impegnato perché non farebbe soldi e lui lavora solo per la cassetta. 돈이 안되기 때문에 그는 진지하고 지적인 영화는 만들지 않을 거야. 그는 돈이 되는 일만 해.

2. 카세트 테이프[13]

ascoltare una cassetta- 카세트 테이프를 듣다

cancellare una cassetta- 카세트 테이프를 지우다

cassetta vergine- 빈 카세트 테이프, 공테이프

Pensavo che su questa cassetta ci fosse della musica, invece è vergine. 이 카세트 테이프에 음악이 있을거라 생각했는데, 공테이프이다.

duplicare una cassetta- 테이프를 복사하다

Avrei bisogno di duplicare questa cassetta di musica. 이 음악 카세트 테이프를 복사해야 할 것 같은데.

su/in cassetta- 카세트로

castagna- 밤

andare nel bosco a raccogliere le castagne- 밤을 주우러 숲 속에 가다

castagne arrostite- 따뜻한 군밤

castagna lessata/arrosto- 삶은 밤, 군밤

castrare le castagne- (불에 튀지 않도록) 밤에 칼집을 내다

cavare (o togliere) le castagne dal fuoco- 불 속에서 밤을 꺼내다, ~을 위험이나 곤경에서 자유롭게 하다; (남을 구하기 위하여) 자신의 위험을 무릅쓰다

Lo pagano bene perché cava le castagne dal fuoco al principale. 그는 사장을 구하기 위해 위험을 무릅쓰기 때문에 그에게 대우가 좋다.

cavare le castagne dal fuoco con la zampa del gatto- 불 속의 밤을 줍다, (남을 구하기 위하여) 위험을 무릅쓰다

prendere (o cogliere) in castagna- ~의 무지/부정을 들추어내다; ~의 덜미를 잡다(= sorprenderlo sul fatto)

Finalmente ti ho colto in castagna. 마침내 내가 너의 부정을 들춰냈다.

Ha preso suo figlio in castagna mentre mangiava la torta che aveva preparato per la festa. 그녀는 파티를 위해 준비한 케익을 먹고 있는 아들을 발견했다.

castello- 성

castelli in aria- 공중누각이다, 허황되다

Smettila di sognare, tanto i tuoi progetti sono tutti castelli in aria. 그만 꿈 깨, 어쨌든 너의 계획들은 모두 허황된 것들이다.

fare castelli in aria- 공중누각을 짓다/세우다; 공상에 잠기다, 백일몽을 꾸다

Ha vinto un bel po' di soldi alla lotteria e ora fa castelli in aria dal mattino alla sera. 그는 로또에 거액이 당첨되었는데 지금은 하루 종일 공상에 잠겨 있다.

letto a castello- 여러층으로 된 침대(= due o più letti sovrapposti)

---

[13] 사실 오늘날 거의 사용하지 않지만 남겨둔다.

un castello di carte- (카드로 집을 짓는 어린이 놀이에서) 성공할 가망이 없는 계획, 엉성한 계획

un castello di menzogne- (비유적) 거짓말투성이, 거짓말 덩어리

Ha costruito un castello di menzogne e ora non sa come uscirne. 거짓말이 눈덩이처럼 부풀려서 그는 이제 어떻게 빠져나가야 할 지를 모른다.

castigo- 벌, 처벌; 혼내 줌

castigo di Dio- 신이 내린 벌; 재앙, 재난

essere (o stare) in castigo- 벌 받고 있다, 처벌 중이다

Lui non può venire perché è in castigo. 그는 지금 벌을 받고 있어서 올 수 없다.

infliggere un castigo- 제재를 가하다; 처벌하다, 벌주다

mettere in castigo qualcuno- ~을 벌주다, 체벌하다

Nel passato i maestri mettevano in castigo gli alunni. 과거에 교사들은 학생들을 체벌하곤 하였다.

casuale- 우연한, 불의의, 임시의

diritti casuali- 특별 상여금, 특별 보너스

incontro casuale- 우연한 만남, 우연한 해후

Ieri ho avuto un incontro casuale con una mia vecchia insegnante. Mi ha fatto piacere. 어제 우연히 나의 옛날 선생님을 만났는데 정말 기뻤다.

numero casuale- 무작위 추출법에 의한 숫자, 난수

catafascio- (부사) 거꾸로, 뒤죽박죽

andare a catafascio- 헛수고로 돌아가다; 망가지다, 허물어지다(= andare in rovina); 엉망이 되다; 완전히 실패하다(= fare fiasco); 파산하다(= fare fallimento)

mandare (o buttare) a catafascio- (계획 등을) 엉망으로 만들다

Avevamo progettato la gita in barca due mesi fa, ma la sua malattia ha mandato tutto a catafascio. 우리는 두 달 전에 보트 여행을 계획했는데, 그가 병에 걸려 모든 것이 엉망이 되고 말았다.

catalogo- 목록, 카타로그, 명부

catalogo dei prezzi- 가격 리스트, 정가표

catalogo di vendita per corrispondenza- 통신 판매용 카탈로그, 우편 배달 신청용 카탈로그

catalogo generale- 일반 목록, 총목록

catalogo illustrato- 그림이 삽입된 목록

Ora la vendita online ha quasi sostituito i cataloghi illustrati. 이제 온라인 판매는 거의 그림이 삽입된 목록으로 바뀌었다.

consultare un catalogo- 카타로그를 보다, 카타로그를 참조하다

catastrofe- 파국, 파탄

catastrofe finanziaria- 재정 파탄

Si è ridotto sul lastrico a causa della catastrofe finanziaria della sua ditta. 그는 회사의 재정 파탄으로 실직하게 되었다.

teoria delle catastrofi- 파국 이론

categoria- 부류, 범주, 캐터고리

albergo di prima categoria- 최고급 호텔

appartenere alla categoria dei ricchi- 부유층에 속하다

categoria impiegatizia- 봉급 생활자, 샐러리맨

gente di ogni categoria sociale- 각계각층에 속한 사람들

Quel politico piace alla gente di ogni categoria sociale. 각계각층의 사람들이 그 정치인을 좋아한다.

ristorante di prima categoria- 일류 레스토랑, 최고급 레스토랑

catena- 쇠사슬, 체인; 속박, 구속

a catena- 연쇄적으로, 꼬리를 물고, 줄을 지어, 끊임없이

avere la catena al collo- 자유가 없다

Il loro cane si è tolto la catena che aveva al collo ed è scappato. 그들의 개는 목에 감고 있던 줄을 풀고 달아났다.

catene da neve- 스노우 체인

Durante l'inverno è obbligatorio avere le catene da neve nel bagagliaio della macchina. 겨울에는 자동차 트렁크에 스노우 체인을 반드시 가지고 다녀야 한다.

catena di montagne- 산맥

essere in catene- 자유롭지 못하다

la catena dell'orologio- 시계줄

La catena dell'orologio è d'oro. 시계줄은 금으로 되어 있다.

le catene dell'amore- 사랑의 쇠사슬, 사랑의 구속

legare il cane alla catena- 개를 줄에 묶다

mettere un cane alla catena- 개를 줄에 묶다, 개 줄을 묶다

catena di negozi 체인점, 연쇄점

prigioniero in catene- 쇠사슬에 메인 죄수; 족쇄에 채우진 죄수

spezzare le catene- 구속을 벗어나다

tenere qualcuno in catene- ~을 통제/억압하다, ~을 속박하다

Quella donna tiene il marito in catena. 그 여자는 남편을 속박한다.

una catena d'oro- 금줄

catinella- 대야, 세면기

piovere a catinelle- 양동이로 들이붓듯이 비가 온다, 비가 억수같이 퍼붓다

Il tempo è bruttissimo e piove a catinelle. 날씨가 고약해서 비가 억수같이 퍼붓고 있다.

cattedra- 교단; 주교좌

montare (o salire) in cattedra- (비유적) 거만하게 굴다, 뽐내다; 거들먹거리며 말하기 시작하다[14]

Invece di parlare con semplicità, monta in cattedra e pontifica. 그는 단순하게 말해도 될 것을 거들먹거리며 말한다.

parlare in cattedra- 거들먹거리며 말하다, 권위적인 태도를 취하다

cattivo- 나쁜, 사악한, 못된

---

[14] 이 관용어는 이탈리아 사람들의 오랜 가톨릭교회의 전통에서 형성된 것으로 특히 반성직주의 사조에서 유래한다. 교회가 미치는 영향이 생활의 구석구석까지 파고들어서 교회를 상대로 하는 많은 관용어들이 파생하였는데, 그 가운데 교회를 상대로 빈정거리면서 말하는 어투는 특히 프랑스 대혁명 이후에 더 많이 등장하였다.

avere un cattivo giudizio di qualcuno- ~대해서 부정적인(불리한) 판단을 하다

avere una cattiva cera- 안색이 나쁘다, 아파 보이다

Mia madre aveva una cattiva cera ma mi ha detto che non stava male. 어머니는 안색이 안좋으셨지만 내게 괜찮다고 말했다.

avere una cattiva memoria- 기억력이 나쁘다

cattiva reputazione- 악평, 나쁜 평판

Frequentando quella compagnia di amici si è fatta una cattiva reputazione. 그는 그런 친구들과 교제하면서 나쁜 평판을 얻게 되었다.

cattivi pensieri- 나쁜 생각들

cattivo gusto- 악취미

cattivo tempo- 나쁜 날씨, 궂은 날씨

Fa cattivo tempo. 날씨가 안 좋다.

essere cattivo con qualcuno- ~에게 못됐다

Lui è cattivo con me. 그는 나에게 못되게 군다.

essere di cattivo umore- 기분이 나쁘다

essere in cattivo stato- 나쁜 상황에 있다, 상황이 좋지 않다

La casa è in cattivo stato; andrebbe ristrutturata. 집의 상태가 나빠서 재건축해야 한다.

fare una cattiva scelta- 나쁜 선택을 하다, 그릇된 선택을 하다

Hai fatto una cattiva scelta. 너는 그릇된 선택을 했다.

farsi cattivo sangue- 화를 내다(= arrabbiarsi); ~을 걱정하다(= preoccuparsi)

Non farti cattivo sangue con quella ragazza. Vedrai che cambierà prima o poi. 너 그 소녀를 걱정하지 마. 조만간 그녀가 변한 모습을 보게 될 거야.

mettere di cattivo umore- 기분 나쁘게 만들다

persona cattiva- 나쁜 사람

prendere qualcuno con le cattive- ~을 가혹하게 대하다, ~을 냉혹하게 다루다

Lo ha preso con le cattive e così non è riuscito ad ottenere il risultato che voleva. 그는 그를 너무 심하게 대해서 그가 원하는 결과를 얻을 수가 없었다.

un bambino cattivo- 비행소년

un cattivo risultato- 나쁜 결과

causa- 원인, 소송 사건

a causa di- ~때문에

A causa del traffico, spesso Paolo arriva in ufficio in ritardo. 교통체증 때문에, 파올로는 자주 사무실에 지각한다.

Lui pensava che i suoi genitori soffrissero molto per causa sua. 그는 자기 때문에 부모님이 몹시 괴로워할 것이라 생각하고 있었다.

causa ed effetto- 원인과 결과

causa penale/causa civile- 형사 소송, 민사 소송

Chi è causa del suo mal, pianga se stesso. (속담) 자기가 뿌린 씨는 자기가 거둬야 한다. 자업자득.

con cognizione di causa- 사건의 모든 경위를 알고서, 문제 사정을 알고서

dare causa vinta- 논쟁을 그만두다(= cessare una polemica), 언쟁을 관두다(= cessare la lite); 굴복하다, 항복하다, 패배를 인정하다

essere fuori causa- 포함되지 않다, 관여되지 않다

Non coinvolgermi! In questa vicenda sono fuori causa. 나를 끌어 들이지마! 이 사건에 난 관여되어 있지 않아.

essere parte in causa- ~에 직접적으로 관여되다(= essere direttamente coinvolto)

fare causa a qualcuno- ~을 상대로 소송을 일으키다/제기하다

fare causa a qualcuno per danni- ~을 상대로 손해보상 소송을 제기하다

Mi sono rivolta ad un avvocato perché voglio fargli causa per l'incidente. 나는 그를 상대로 사고에 대한 소송을 제기하고자 변호사에게 맡겼다.

fare causa comune con qualcuno- ~와 제휴하다, ~와 협조하다; ~와 공동노력을 기울이다

parlare con cognizione di causa- 문제의 사정을 알고서 말하다

per causa mia- 나 때문에

per causa vostra- 너희들 때문에

rapporto di causa ed effetto- 인과관계

causare- 일으키다, 원인이 되게 하다

causare un cambiamento- 변화를 일으키다

causare un incendio- 화재를 일으키다

cauto- 조심성 있는, 신중한

essere cauto- 신중하다, 조심하다

Bisogna essere (andare) cauti. 신중하게 행동해야 한다.

un giudizio cauto- 신중한 판단, 조심스런 판단

un investimento cauto- 신중한 투자, 조심스런 투자

cauzione- 담보, 보증; 보석금

dare una cauzione- 보석금을 내다

depositare una cauzione- 보증금을 내다, 계약금을 걸다

Prima di affittare un appartamento bisogna pagare almeno due mensilità di cauzione. 집을 임대하기 전에 적어도 두 달치 보증금을 지불해야 한다.

essere rilasciato su cauzione- 보석(保釋)이 되다, 보석금을 받고 석방되다

svincolare una cauzione- 담보를 풀다

cavalcare- (말을) 타다

cavalcare la tigre- 불안정한 생활을 하다, 위험한 생활을 하다

cavaliere- 기사, 전사, (중세의) 기사; 신사, 교양인

a cavaliere di due secoli- 2세기에 걸쳐

cavaliere errante- 모험을 찾아서 편력하는 기사; 돈키호테 같은 기사

comportarsi da perfetto cavaliere- 완벽한 신사처럼 행동하다

Ieri sera si è comportato da perfetto cavaliere. Mi ha anche aperto la portiera della macchina. 어제 저녁

그는 완벽한 신사처럼 행동했다. 그는 나에게 자동차 문까지 열어주었다.

cavalleria- 기병대

passare in cavalleria- 없어진(지난)지 오래 되다
Aveva promesso di aiutarmi, ma la sua promessa è passata in cavalleria.
그는 나를 돕겠다고 약속했지만, 그의 약속은 없어진지 오래다.

cavallina- 어린 암말

correre la cavallina- 젊어서 방탕하다; 젊은 혈기로 방탕한 생활을 하다, 난봉을 피우고 다니다
È giovane ma non giovanissimo, eppure corre ancora la cavallina e non perde un'occasione per divertirsi.
그는 예전처럼 아주 젊은 청춘은 아니지만, 여전히 난봉을 피우고 다니면서 놀러 다닐 건수를
놓치지 않는다.

cavallo- 말

A caval donato non si guarda in bocca. 받은 선물에 대해 트집을 잡지 마라. 남의 호의를 트집잡
지 마라.[15]

a cavallo- 말을 타고, 말을 이용하여
A cavallo! Tutti a cavallo! (구령, 명령) 승마! 모두 말에 올라 타!

a cavallo della moto- 오토바이에 걸터 앉아서

a cavallo di- ~사이에(= tra), 걸쳐서; 걸터 앉아서(= a cavalcioni)
Questo scrittore è vissuto a cavallo di due secoli. 이 작가는 두 세기에 걸쳐서 살았다.

andare a cavallo- 말을 타다

andare col cavallo di S. Francesco- 걸어서 가다, 도보로 가다
Il traffico in centro è tale che non si può andare né in autobus né in macchina; preferisco il cavallo di S.
Francesco. È più veloce. 도심(중심가)의 교통체증은 버스나 차로도 갈 수가 없을 정도로 매우 심
해. (그래서) 나는 걸어서 가는 것을 좋아해. 더 빨라.

Campa cavallo che l'erba cresce. 풀이 자라야 말이 살아가지; 그럴 리가 없다.

cavallo a dondolo- (아동용) 흔들 목마

cavallo da corsa- 경주용 말, 경마

cavallo da corsa a ostacoli- 장애물 경마

cavallo da sella- 승용마

cavallo da tiro- 역마, 짐나르는 말

cavallo di battaglia- 군마; 장점, 강점; 관심을 갖는 주제(argomento favorito) ; 애창곡
La matematica è il suo cavallo di battaglia. 수학은 그의 장점이다.
"E lucean le stelle" è il cavallo di battaglia di Pavarotti. (오페라 토스카의) "별은 빛나고"는 파바로티
의 애창곡이다.

cavallo di Troia- 트로이 목마

dose da cavallo- 지나친 약물의 양(= dose eccessiva di medicinale)

essere a cavallo- 말을 타고 있다; 만발의 준비를 갖추다; 목표지점에 가깝다(= essere vicini

---

[15] 선물로 받은 말이 좋은지 아닌지를 확인하기 위해 그 말의 이를 검사하는 것은 상대방의 호의를 무시하는 처사라는 데서 나
온 속담이다.

all'obiettivo); 해내다/성공하다

Siamo a cavallo! 우리가 해냈다! 성공이 확실하군요! 만반의 준비가 끝났다!

Sono a cavallo. Ho quasi finito il compito. 목표 지점에 왔다. 거의 숙제를 다 끝냈다.

essere matto come un cavallo- 비합리적이거나 기이하게 행동하다

montare a cavallo- 말에 올라타다, 말에 오르다

puntare sul cavallo perdente- (경마에서) 질 말에 걸다; 이기지 못할 사람을 지지하다; 판단을 그르치다

Hai fiducia in lui, ma punti sul cavallo perdente, perché non è in grado di fare ciò che gli hai chiesto. 너는 그를 신뢰하지만, 그는 네가 부탁한 것을 할 수 없기 때문에 잘못된 판단이다.

scendere da cavallo- 말에서 내리다

una febbre da cavallo- 열이 심하게 나다, 열이 매우 높다

Gli è venuta una febbre da cavallo. 그는 열이 심하게 났다.

cavalluccio- 작은 말

a cavalluccio di qualcuno- (등에) 업기/어부바, 목말 타기; 책임을 지고

La bimba non cammina ancora bene e le piace andare a cavalluccio di suo padre. 여자 아이는 아직 잘 걷지 못해서 아빠 등에 업히는 것을 좋아한다.

portare a cavalluccio- 둘러메다, 어깨에 메고 가다, 어깨에 지고 나르다

cavare- 빼내다

cavare un dente- 이를 빼다, 이를 뽑다

cavare un profitto- 이윤을 얻어내다, 좋은 결과를 얻다

Da questo lavoro non ci cavi molto profitto. 이 일에서 너는 많은 성과를 얻어 내지 못할 것이다.

cavare una parola di bocca a qualcuno- ~의 입에서 말이 나오게 하다

Non sono riuscito a cavargli di bocca nemmeno una parola. 나는 그의 입에서 한 마디 말도 얻어낼 수 없었다.

cavarsela- (1) (시험 등에) 합격하다/통과하다; (아주 힘든 일을) 해내다

Era un esame difficile ma è riuscito a cavarsela lo stesso. 어려운 시험이었지만 그래도 통과할 수 있었다.

"Hai problemi con il nuovo lavoro?" "I primi giorni ho avuto difficoltà, ma ora me la cavo abbastanza bene"- 새 직장에서 문제가 있니? 처음에는 어려움이 있었지만, 지금은 꽤 잘 지내고 있어.

(2) (자기 힘으로) 다루다, 감당하다; 대처하다

"Hai bisogno di aiuto?" "No, me la cavo da solo"- 도움이 필요하니? 아뇨, 혼자서도 할 수 있어요.

"Tu sai nuotare bene?" "Proprio bene no, ma me la cavo".- 수영 잘 할 줄 알아? 아주 잘은 아니지만, 그런대로 할 수 있어.

(3) (병) 회복하다; 살아남다, 생존하다

"L'incidente che è capitato a Paolo poteva essere più grave" "Sì, ma per fortuna se l'è cavata con qualche ferita".- 파올로에게 일어난 사고가 더 심각할 수도 있었어. 맞아, 하지만 다행히도 약간의 상처만 있을뿐 잘 회복됐다.

L'incidente è stato orribile, ma ce la siamo cavata con un po' di spavento. 끔직한 사고였지만, 다소 놀랐을뿐 우리는 살아남았다.

cavarsi d'impaccio- 곤란을 타개하다; 곤경에서 벗어나다

cavarsi dai guai- 재앙에서 벗어나다

cavarsi dal gruppo- 그룹에서 벗어나다

cavarsi la sete- 갈증을 풀다, 갈증을 해소하다

cavarsi una voglia- 모든 소원을 충족시키다

Ho speso tutti i soldi che avevo ma mi sono cavata una voglia comperando quel vestito. 내가 가진 돈을 모두 다 썼지만 내가 사고 싶은 그 옷을 사게 되어 나는 모든 소원을 충족시켰다.

farsi cavare un dente- 자신의 이를 뽑게 하다, 이를 뽑다

non cavare un ragno dal buco- 아무것도 얻지 못하다(= non ottenere nulla)

caviglia- 복사뼈, 발목

osso della caviglia- 복사뼈

slogarsi una caviglia- 발목을 삐다

cavo- 1. (어떤 물체 속의) 구멍, 빈 부분

cavo orale- 구강

nel cavo della mano- 남의 손아귀에; 남에게 완전히 예속되어

2. 굵은 밧줄, 로프; (전기) 전선

cavo a fibre ottiche- 광섬유

cavo armato- 외장 케이블

cavo elettrico- 전선

filare un cavo- 로프를 풀어내다

trasmissione via cavo- 케이블 방송, 유선 방송

cavolata- 어리석은 짓, 잘못된 행위

Non interrompere gli studi. Faresti una cavolata. 학업을 중단하지 마. 어리석은 짓이다.

Non dire cavolate! 말도 안되는 소리 하지 마!

cavolo- 1. 양배추

cavolo cinese- 배추

cavolo rapa- 콜라비

cavolo verde- 케일

2. (부정문에서 강조적으로) 조금도, 전혀

non capire/sapere un cavolo- 조금도 이해가 안 간다, 전혀 알지 못하다

Non sai un cavolo di quello che è successo. Meglio se stai zitto! 너는 발생한 일에 대해서 전혀 알지 못해. 조용히 있는 게 더 나아!

non importare un cavolo- 전혀 중요하지 않다

Non me ne importa un cavolo. 내게 조금도 중요하지 않아.

non sentire/vedere un cavolo- 전혀 들리지/보이지 않는다

non valere un cavolo- 전혀 가치가 없다

3. 어리석은, 멍청한, 무능한, 부족한

un'idea del cavolo- 어리석은 생각

una testa di cavolo- 멍청이

È una testa di cavolo. 그는 멍청이다.

4. (강조적) 도대체

Che cavolo sei? 도대체 넌 뭐야?

Che cavolo vuoi? 도대체 원하는 게 뭐야?

Col cavolo che ci vado! (절대 가지 않는다는 의미에서) 내가 갈 리가 있나!

Col cavolo che lo farò. 내가 그것을 행여나 하겠다.

Col cavolo!/Un cavolo! 절대로 안 돼! (= Nient'affatto)

come i cavoli a merenda- ~와 전혀(아무런) 관계가 없는

Quella cornice sta col quadro come i cavoli a merenda, perché non s'accorda né con lo stile né col colore del dipinto. 그 액자는 그림과 전혀 어울리지 않아. 스타일이나 색상이 그림과 조화를 이루지 않기 때문이지.

del cavolo- 아무런 가치가 없는, 중요성이 없는

un film del cavolo 별 볼일 없는 영화

un libro del cavolo 아무 가치가 없는 책

Dove cavolo stai andando? 도대체 어디 가고 있는 거야?

entrarci come i cavoli a merenda- 완전히 요점에서 벗어나다, 적절하지 못하다

Questo c'entra come i cavoli a merenda. 이것은 요점에서 완전히 벗어난 것이다.

farsi i cavoli propri- 자기 일이나 하다

Grazie al cavolo! (답이나 제안의 당연함이나 강조하기 위해서) 당근이지!

Ma che cavolo fai? 뭘 하고 있는 거야?

salvare capra e cavoli- 독차지하다

Sono cavoli miei! 네가 상관할 바가 아니야! 내 일이야!

Sono cavoli tuoi! 그것은 네 문제야! 그것은 네 일이야!

cedere- 양보하다, 양도하다, 굴복하다

cedere il passo- 걸음을 양보하다, 먼저 가게 하다(= dare la precedenza); ~을 못 이기다

cedere il posto- 자리를 양보하다

Lui cede il posto ad una signora che tiene in braccio un bambino. 그는 아이를 안고 있는 한 아주머니에게 자리를 양보한다.

Signora, si accomodi! Le cedo il mio posto. 아주머니, 앉으세요! 제 자리 양보할게요.[16]

cedere la destra (o la mano)- 우선권을 양보하다 (통상 원형 교차로에서 자신의 오른쪽 차량에 진입을 양보할 때 사용하는 표현)

cedere la strada- 길을 양보하다, 지나가게 하다

cedere le armi- 항복하다, 굴복하다

cedere terreno- 진지를 내주다; 후퇴하다, 퇴각하다

---

[16] 오늘날 이러한 일은 거의 없다. 특히 버스나 지하철에서 노인에게 자리를 양보하면 노인 스스로가 거부한다. 그것은 본인 스스로가 노인 취급을 받기를 거부하기 때문이다.

cedimento- 양보, 굴복

    avere un cedimento morale- 몸과 마음이 허물어지다

celebrare- 기념하다, 거행하다, 올리다; 찬양하다

    celebrare la Messa- 미사를 드리다, 미사를 거행하다

    celebrare le nozze di qualcuno- ~의 결혼식을 거행하다

Ho chiesto al prete della mia parrocchia di celebrare le nozze di mio figlio. 나는 본당신부에게 아들 결혼식을 주례해달라고 부탁했다.

    celebrare un anniversario- 기념일을 축하하다

    celebrare un processo- 재판하다

celebrativo- 축하하는, 기념하는, 축하의

    francobollo celebrativo- 기념 우표

celebre- 유명한, 저명한

    essere celebre- 유명하다

È celebre per la sua avarizia. 그는 인색함으로 유명하다.

celebrità- 명성

    dare celebrità a qualcuno- ~에게 명성을 안겨주다

Il primo film gli diede celebrità. 첫 번째 영화가 그에게 명성을 안겨주었다.

celeste- 하늘의; 신(神)의

    colore celeste- 하늘색

    corpi celesti- 천체

    globo/sfera celeste- 천구의

    grazia celeste- 신의 은총

    la città celeste- 하늘의 도시; 신국, 새 예루살렘

cella- 작은 방, 밀실; 저장 창고; 세포; 전지

    cella di rigore- 독방 감금

    cella elettrolitica- 전해 전지; 전해조, 전해용기

    cella fotovoltaica- 광전지

    cella frigorifera- 냉장실; 냉방

cellula- (생물) 세포

    cellula adiposa- 지방세포

    cellula cerebrale- 뇌세포

    cellula fotoelettrica- 광전지

    cellula nervosa- 신경 세포

    cellula uovo- 난자, 난세포

cellulare- 1. (형용사) 세포의; 교도소와 관계된

    divisione cellulare- 세포 분열

    furgone cellulare- 죄수 호송차

    telefono cellulare- 휴대폰

2. (명사) 휴대폰

cellulare a conchiglia- 폴더형 휴대폰

Il tuo cellulare è pieghevole a conchiglia? 너의 휴대폰은 접는 폴드폰이니?

cemento- 시멘트

calcare da cemento- 시멘트암

cemento a presa lenta- 완응결성 시멘트

cemento a presa rapida- 급결 시멘트

cemento armato- 강화 콘크리트, 철근 콘크리트

intonaco di cemento- 시멘트 플라스터

cena- 저녁식사

all'ora di cena- 저녁식사 시간에

andare a cena da qualcuno- ~의 집에 저녁식사하러 가다

Andremo a cena dagli zii. 우리는 삼촌집에 저녁식사하러 갈 것이다.

andare a cena fuori- 저녁에 외식하러 가다

Andiamo a cena fuori stasera. 오늘 저녁에 우리는 저녁 외식 간다.

dopo cena- 저녁식사 후

Comincio a studiare dopo cena. 나는 저녁식사 후에 공부를 시작한다.

È ora di cena. 저녁식사 시간이다.

invitare qualcuno a cena- ~을 저녁식사에 초대하다

Vorrei invitarvi a cena fuori. 나는 여러분을 저녁 외식에 초대하고 싶어요.

l'Ultima Cena- 최후의 만찬

La cena non è ancora pronta. 저녁식사가 아직 준비되지 않았다.

per cena- 저녁식사로

Che cosa prepari di buono per cena? 저녁식사로 뭐 맛있는 것 준비하니?

prima di cena- 저녁식사 전에

Tornerò a casa prima di cena. 나는 저녁식사 전에 집에 돌아올게.

rimanere a cena da qualcuno- ~의 집에서 남아서 저녁식사하다

Perché non rimani a cena da noi? 우리 집에 남아서 저녁식사하는 것이 어때?

tornare a casa per la cena- 저녁식사하러 집에 오다

Non torno a casa per la cena. Rimango in ufficio fino a tardi. 나는 저녁식사하러 집에 오지 않을 거야. 사무실에 늦게 까지 남아 있을거야.

una cena a sorpresa- 저녁식사 이벤트

cenare- 저녁식사하다

cenare alle 7- 7시에 저녁식사하다

"A che ora ceni di solito?" "Ceno alle 7". 주로 몇 시에 저녁을 하니? 7시에 해.

cenare con verdura e formaggio- 야채와 치즈로 저녁식사를 하다

cenare da solo- 혼자서 저녁식사하다

Ceni da solo o con amici? 너 혼자 식사하니 아니면 친구들이랑 같이 하니?

cenare fuori- 밖에서 저녁식사하다

cenare in casa- 집에서 저녁식사하다

"Dove ceni?" "Ceno in casa". 너 어디에서 저녁식사하니? 집에서 저녁 해.

cenare insieme- 함께 저녁식사하다

Noi ceniamo insieme. 우리는 함께 저녁식사를 한다.

cencio- 넝마조각

cappello a cencio- 중절 모자

crollare come un cencio- 기절하다, 실신하다(= svenire)

dare fuoco al cencio- 도와주다(= aiutare)

essere pallido (o bianco) come un cencio (lavato)- 아주 창백하다, 핏기가 하나도 없다

Dopo l'incidente, era pallido (o bianco) come un cencio. 사고 뒤에 그는 아주 창백했었다.

essere (o sentirsi) un cencio- (비유적) 극도로 쇠약하다, 피곤하다, 녹초가 되다

Oggi mi sento un cencio. 나는 오늘 녹초가 된 느낌이다.

uscire dai cenci- 가난에서 벗어나다, 비참함에서 벗어나다(= uscire dalla miseria)

cenere- 재, 회분; (복수) 유해

cenere vulcanica- 화산재

color cenere- 회색

Ha indossato un bel vestito color cenere. 그는 멋진 회색 옷을 입었다.

il mercoledì delle Ceneri- 재의 수요일

Il periodo quaresimale inizia il mercoledì delle Ceneri. 사순절은 재의 수요일에 시작된다.

ridurre in cenere- 재로 변하다; 타 없어지다; (화재로 건물이) 소실되다, 전소하다

L'incendio ha ridotto tutti i documenti in cenere. 화재가 모든 서류를 재로 변하게 했다.

cenno- (눈짓이나 행동으로) 신호, 표시

dare un breve cenno- 잠깐 언급하다, 정보를 간단하게 알리다

Il giornale dà un breve cenno dell'incidente. 신문은 사고에 대해 간단하게 언급한다.

fare cenno a qualcuno- ~에게 손짓/몸짓하다; ~에게 암시/표시하다(= menzionare); ~에게 허락하다

Gli ho fatto cenno di venire subito. 나는 그에게 즉시 오라고 손짓을 했다.

fare cenno di sì- (승낙의 표시로) 고개를 끄덕이다

Quando le ho chiesto di venire al cinema, non ha risposto, ma ha fatto cenno di sì con il capo. 내가 그녀에게 영화 보러 가자고 청했을 때, 그녀는 대답을 하지 않고 고개를 끄덕였다.

fare un cenno a qualcuno- ~에게 신호를 보내다

Ti farò un cenno al momento opportuno. 네게 적절한 순간에 신호를 보낼게.

fare un cenno con gli occhi a qualcuno- ~에게 눈짓하다; ~에게 못 본체 하라고 하다

centesimo- 1. 백 번째의

la centesima persona- 백 번째 사람

Questa è la centesima persona che è venuta a chiedermi la stessa cosa. 이 자는 나에게 같은 것을 물어 보러 온 백 번째 사람이다.

2. (명사) [화폐단위] 센트; 100분의 1달러나 유로

calcolare al centesimo- 마지막 단위까지 세다

Ho calcolato tutto al centesimo. Non potremo sbagliare. 내가 마지막 단위까지 전부 세어보았다. 우린 틀릴 수가 없을 것이다.

essere senza un centesimo/non avere un centesimo- 무일푼이다, 동전 한푼 없다

Dopo aver pagato le tasse sono rimasto senza un centesimo. 세금을 내고 나니까 무일푼이 되었다.

non valere un centesimo- 한 푼의 값어치도 없다, 반 푼의 값어치도 없다

ripagare fino all'ultimo centesimo- 마지막 한 푼까지 다 갚다, 고스란히 다 갚다

Ti ripagherò fino all'ultimo centesimo. 나는 네게 마지막 한 푼까지 다 갚을 것이다.

spendere sino all'ultimo centesimo- 남김없이 돈을 다 쓰다, 마지막 한 푼까지 다 쓰다

Dopo aver speso tutto fino all'ultimo centesimo, ha dovuto chiedere un prestito alla madre. 그는 마지막 한 푼까지 다 쓰고 나서는 엄마에게 돈을 빌려달라고 해야만 했다.

centinaio- 100명, 100개

a centinaia- 몇백이나, 수백씩, 무수히, 많이

A quello spettacolo sono venute centinaia di persone. 그 공연에 수백 명의 사람들이 왔다.

parecchie centinaia di persone- 수백 명의 사람들

un centinaio- 약 100

un centinaio circa di persone- 약 100명 정도의 사람

cento- 100의; 100

A quanto per cento? 몇 퍼센트?

al cento per cento- 절대적으로, 완전히, 100%

Sono sicuro al cento per cento. 100% 확신해.

cento volte- 100번, 아주 많이

Te l'ho detto cento volte. 나는 너한테 그것을 100번이나 말했다. 나는 너한테 그것을 말하고 또 말했다.

farsi in cento- ~하려고 기를 쓰다, 안간힘을 다하다

Quella donna si è fatta in cento per aiutare il figlio. 그 여자는 아들을 도우려고 안간힘을 다했다.

sconto del cinque per cento- 5% 할인

una persona su cento- 백에 한 사람

Dicono che una persona su cento abbia contratto quel virus. 백에 한 사람이 그 바이러스에 걸렸다고 한다.

centotredici- 구급전화번호; 113

chiamare il centotredici- 구급구조대에 전화하다

In caso di emergenza chiamare il centotredici. 비상시에 113에 전화해.

centrale- 1. (형용사) 중앙의, 중심적인

America centrale- 중앙 아메리카

Italia centrale- 중부 이탈리아

Lui vive in una città dell'Italia centrale. 그는 중부 이탈리아의 어느 도시에 산다.

la sede centrale- 본부, 본사

Hanno trasferito la sede centrale dell'associazione. 그들은 협회의 본부를 옮겼다.

stazione centrale- 중앙역

2. 중심부, 본부

centrale elettrica- 발전소

centrale idraulica- 수력 발전소

centrale idroelettrica- 수력 발전소

centrale nucleare- 원자력 발전소

centrale telefonica- 전화 교환국

centrifuga- 원심 분리기, 원심기

centrifuga del latte- 크림 분리기

centrifuga per la frutta- 주스 믹서, 착즙기

centro- 중심; 중심가, 시내; 연구소, 본부; 센터

abitare in centro- 시내에 살다

Abiti in centro o in periferia? 너는 시내에 사니 아니면 교외에 사니?

andare in centro- 시내에 가다

Lei è andata in centro a fare spese. 그녀는 쇼핑하러 시내에 갔다.

centro commerciale- 상업 지구

centro degli affari- 사업 중심지

centro della città- 도심

centro di distribuzione- 유통 센터, 물류 센터

centro sportivo- 스포츠 센터

centro storico- 도시의 오래된 중심지, 역사적 중심지

essere (o mettersi) al centro dell'attenzione- 주목의 대상이 되다, 관심의 대상이 되다, 관심을 받다

Quel ragazzo vuole essere sempre al centro dell'attenzione. 저 소년은 항상 주목을 받고 싶어한다.

fare centro- 과녁의 중심/복판을 맞히다; 득점하다; 목표를 달성하다, 성공하다; 적중하다

Gli ho parlato dei miei problemi e ho fatto centro: mi darà l'aumento di stipendio. 나는 그와 내 문제에 대해서 이야기해서 목적을 이루었다. 그는 내게 봉급을 인상해 줄 거야.

La risposta è esatta, hai fatto centro! 정답이야, 네가 맞췄어!

il centro della questione- 문제의 핵심

trovarsi al centro di- ~중앙에 위치하다

La fontana si trova al centro della piazza. 분수는 광장 중앙에 위치해 있다.

un centro abitato- 주거중심지, 주거지대

ceppo- 나무의 뿌리, 그루터기; (비유적) 속박, 구속

essere del medesimo ceppo- 같은 나무 뿌리에서 나오다

spezzare i ceppi- 자유로워지다(= liberarsi)

cera- 1. 안색

avere una brutta (o cattiva) cera- 안색이 안좋다, 안색이 나쁘다

Hai una brutta cera oggi. Ti senti bene? 너 오늘 안색이 안 좋은데, 괜찮은 거야?

avere una buona (o bella) cera- 안색이 좋다

fare buona cera (buon viso) a qualcuno- ~을 환영하다, ~에게 밝은 표정을 지어 보이다

Non lo posso soffrire, ma gli ho fatto buona cera (buon viso) perché non posso fare a meno di lui. 나는 그를 감당할 수 없지만, 그 사람 없이는 지낼 수가 없기에 밝은 표정을 지었다.

2. 밀랍, 왁스

cera d'api- 밀랍

cera da pavimento- 바닥을 윤내는 데 쓰이는 왁스

cera da scarpe- 구두약

dare la cera- 왁스를 바르다

Attenzione a non scivolare. Ho appena dato la cera sul pavimento. 미끄러지 않도록 조심해, 방금 바닥에 왁스를 칠했어.

essere come cera nelle mani di qualcuno- 남의 손에서 놀아나다, ~가 마음대로 주무르다

Non è mai riuscito a imporre la sua idea; era come cera nelle mani del collega. 항상 동료의 손에서 놀아났기 때문에 그는 한번도 자기 생각을 펼수가 없었다.

cerca- 찾기, 수색, 검색; 구걸

andare alla cerca- (종교적) 동냥하러 다니다, 시주를 받으러 다니다

andare in cerca di qualcuno/qualcosa- ~을 찾아서 가다

L'ho incontrato mentre stava andando in cerca del suo gatto. 그가 자기 고양이를 찾으러로 가고 있던 중에 나는 그를 만났다.

in cerca di lavoro- 일을 찾아서

in cerca di qualcosa- ~을 찾아서

Marco è sempre in cerca di notizie. 마르코는 항상 소식들을 찾는다.

Si è trasferito in Brasile in cerca di fortuna. 그는 행운을 찾아서 브라질로 이주했다.

cercare- ~을 찾다

cercare briga- 사서 고생을 하다, 화를 자초하는 짓을 하다

cercare casa- 집을 찾다

cercare di 동사원형- ~하려 애쓰다, ~하려고 노력하다

Cerca di capirmi! 나를 이해하려고 애써 봐!

Cerco di trovare una soluzione. 해결 방안을 찾으려 노력하고 있다.

cercare fortuna all'estero- 해외에서 성공을 찾다, 해외에서 출세하려 하다

cercare il pelo nell'uovo- 지나치게 까다롭다(= essere pignolo), 오류를 찾다, 꼬투리 잡다

Non cerchiamo il pelo nell'uovo. 꼬투리를 잡지 말자.

Se volete cercare il pelo nell'uovo, va bene. 꼬투리를 잡고 싶다면 좋아.

cercare lavoro- 일을 찾다

cercare qualcosa per mare e per terra- ~을 샅샅이 찾다, ~곳곳을 찾다

cercare scampo nella fuga- 도피하여 안전을 찾다

cercare un impiego- 일자리를 찾다

Chi cerca trova. 구하는 자는 얻는다.

cerchio- 원, 원주, 고리; 둥근 것

    avere un cerchio alla testa- (비유적) 머리가 아프다, 두통이 있다

    Hai un cerchio alla testa? Perché viene il cerchio alla testa? 두통이 있어? 왜 두통이 생길까?

    danzare in cerchio- 원형을 그리며 춤추다

    fare cerchio- 원을 이루고 서다, 둘러 서다

    fare cerchio intorno a qualcuno- ~주위를 둘러 서다

    girare in cerchio- 돌아보다, 빙빙 돌다, 회전하다

    Gli avvoltoi giravano in cerchio sulla preda. 독수리가 먹이를 찾아 선회하고 있었다.

cerimonia- 의식, 축전; (복수) 예의, 격식, 형식

    abito da cerimonia- 예복

    alla cerimonia- 의식에, 행사에

    Alla cerimonia c'erano le persone più importanti della città. 행사에 도시의 중요 인사들이 있었다.

    cerimonia nuziale- 결혼 예식

    fare cerimonie - 체면/격식을 차리다, 사양하다

    Non fare cerimonie, accetta questo regalo. 사양하지 말고, 이 선물을 받아.

    la cerimonia d'inaugurazione- 취임식, 개막식

    partecipare a una cerimonia- 행사에 참가하다

    senza tante cerimonie- 예의고 뭐고 없이(= in modo brusco); 직설적으로(= schiettamente)

    Senza tante cerimonie mi comunicò il mio licenziamento. 인정사정없이 나에게 해고를 알렸다.

cero- (교회의) 초

    accendere un cero alla Madonna- 성모님께 촛불을 켜다, 성모님께 감사하다[17]

    Siete riusciti ad evitare la bancarotta: dovreste accendere un cero alla Madonna. 너희들은 파산을 피할 수 있었는데, 성모님께 감사해야 돼.

certamente- 확실히; (강조적으로) 당연히; (긍정적인 답으로) 물론이죠

    "L'hai fatto tu? "Certamente no." "그걸 네가 했어?" "당연히 아니지."

    "Posso usare il telefono?" "Certamente!" "전화를 써도 되나요?" "물론이죠!"

certezza- 확실함, 확실성; 확신

    con certezza- 확신을 가지고, 틀림없이, 꼭

    Lo so con certezza. 나는 그것을 확실하게 알고 있다.

    Non ne so con certezza. 나는 그것에 대해 확실하게 모르겠다.

    non avere certezze- 확신이 없다, 확신을 갖지 못하다

    In questa vita è difficile avere certezze. 이러한 삶에 확신을 갖기는 힘들다.

    scommettere con certezza- 확실한 것을 알고 내기를 걸다

---

[17] 이탈리아 여행을 하다 보면 많이 둘러보는 곳 가운데 하나가 성당일 것이다. 성당 안에 들어가 보면 제대를 중심으로 좌우 벽면에 여러 성인들이 모셔진 성상들을 발견할 수 있고, 그 앞에 초 봉헌대가 보일 것이다. 사람들은 이곳에서 자신의 간구나 청원을 드리는 기도를 위해서, 때로는 자신의 기도에 대한 응답에 감사하는 마음으로 촛불을 켜고 성모상 앞에서 기도를 한다. 이 감사기도 가운데는 건강의 기적적인 쾌유나 환난에서의 탈피 등 저마다 각기 다른 이유에서 초를 켜고 기도하게 된다. 이 관용어는 바로 이러한 상황에서 유래한 표현이다.

certificare- 증명하다

  copia certificata- 등본

  Si certifica che il sottoscritto...- 아래 사람이 ~한 사실을 증명합니다

certificato- 증명서

  certificato di assicurazione- 보험 증명서

  certificato di frequenza- 출석 증명서

  certificato di matrimonio- 혼인 증명서

  certificato di morte- 사망 증명서

Sul certificato di morte di mio nonno hanno sbagliato a scrivere il giorno. 그들은 할아버지의 사망 증명서에 날짜를 잘못 입력했다.

  certificato di nascita- 출생 증명서

  certificato di origine- 원산지 증명서

  certificato di sana e robusta costituzione- 건강 증명서, 건강 진단서

Prima di iscrivermi in palestra mi hanno chiesto il certificato di sana e robusta costituzione. 헬스장에 등록하기 전에 그들은 내게 건강 진단서를 요구했다.[18]

  presentare il certificato- 증명서를 제시하다

  richiedere il certificato- 증명서를 요구하다

  rilasciare il certificato- 증명서를 교부하다, 증명서를 발급하다

certo- 1. 얼마간의, 약간의; 모종의, 어떤

  a un certo punto- 어느 시점에서, 어느 지점에서

  avere un certo appetito- 상당히(꽤) 배가 고프다

Ho un certo appetito. 나는 배가 상당히 고프다.

  certa gente- 어떤 사람들

Non parlo con certa gente. 난 어떤 사람들하고는 말을 하지 않는다.

  certe volte- 때때로, 이따금, 간혹, 더러-

Certe volte non ti capisco. 때때로 나는 네가 이해가 안돼.

  dopo un certo tempo- 어느 정도 시간이 지난 후에

  fino a un certo punto- 어떤 지점까지, 어느 정도 까지

Io posso arrivare fino a un certo punto della strada. Poi mi devi raggiungere tu. 내가 어느 정도까지 나갈 수 있으니까, 그다음은 네가 나와야 해.

  in certi orari- 어떤 시간에, 특별히 정해지지 않는 시간에

È aperto solo in certi orari. 어떤 시간에만 문이 열려 있다.

  in un certo modo- 모종의 방법으로

  in un certo momento- 어느 순간에

  un certo non so che- 어떤 것, 정확히 뭐라할 수 없는 것(= qualcosa di indefinibile)

  un certo signor Bianchi- 어떤 비앙키씨라는 신사

---

[18] 이탈리아에서는 헬스장을 등록하려면 건강진단서를 요구한다. 통상 헬스장과 계약을 맺은 방문의사의 간단한 문진을 통해 건강진단서를 발급해 주기도 한다.

Ha telefonato un certo signor Bianchi. 어떤 비앙키씨라는 분이 전화했다.

una persona di una certa età- 나이가 좀 있는 사람, 나이가 좀 든 사람

Portagli rispetto. Ormai è una persona di una certa età. 그를 존중해. 그는 이제 나이가 좀 든 사람이야.

2. 확실한, 분명한

essere certo di (o che)- ~에 대해 확신하다

Sei certo di aver capito bene? 네가 잘 이해했다는 확신이 드니?

Siamo certi della sua innocenza. 우리는 그의 결백을 확신한다.

Sono certo che lui ha ragione. 나는 그의 말이 옳다고 확신한다.

esserne certo- 그것에 대해 확신하다

Ne sei certo? 너는 그것에 대해 확신하니?

notizia certa- 확실한 소식

prova certa- 확실한 증거

risultato certo- 확실한 결과

3. (부사의 역할) 틀림없이, 확실히

Certo che ci vado. 당연히 그곳에 가지, 그곳에 가고 말고.

Certo che non lo faccio. 당연히 그것을 안 하지, 그것을 안하고 말고.

dare per certo qualcosa- ~에 대해서 확신하다

Davo per certo che sarebbe venuto. 나는 그가 올 것이라 확신하고 있었다.

di certo- 확실하게, 분명하게

Ma certo! 아무렴 좋고 말고! 되고 말고!

"Posso ordinare subito?" "Certo!" "당장 주문해도 되나요?" "물론이죠!"

sapere per certo- 확실하게 알고 있다

So per certo che si è sposato due volte. 나는 그가 두번 결혼했다는 것을 확실하게 알고 있다.

Sì, certo! 예, 물론이죠.

4. (명사) 확실한 것

lasciare il certo per l'incerto- 불확실한 것을 위해 확실한 것을 버리다; 미지의 세계에 빠져들다

Lasciare il certo per l'incerto è un rischio. 미지의 세계에 빠져드는 것은 위험하다.

cervello- 뇌, 지능; (복수) cervella

agire con poco cervello- 생각 없이 행동하다

Non riesce a combinare niente di buono, perché agisce con poco cervello. 그는 생각 없이 행동하기 때문에 아무것도 성취할 수 없다.

avere cervello- 머리가 있다, 지능이 있다

Sono certo che ha cervello. 나는 그가 머리가 있다고 확신한다.

avere un gran cervello- 머리가 비상하다

Ha un gran cervello. 그는 머리가 비상하다.

avere un tumore al cervello- 뇌에 종양이 있다, 뇌종양이다

avere il cervello a posto- 분별이 있다, 제정신이다.

Non ha il cervello a posto. 그는 제정신이 아니다.

Non ha mica il cervello a posto! Ha speso l'intero stipendio al casinò. 그는 제정신이 아니야! 월급을 몽땅 카지노에 날려 버렸어.

avere il cervello di gallina/d'oca- 새대가리이다; (머리가) 모자라다, 똑똑하지 못하다, 어리석다

Non ce la farà mai a dirigere l'azienda: ha un cervello di gallina. 그는 어리석어서 결코 회사를 운영할 수 없을 거다.

avere il cervello fino- 머리가 아주 예리하다/비상하다

cervello elettronico- 컴퓨터

dare di volta il cervello a qualcuno- 미치다(= impazzire); ~에 정신을 빼앗기다

Vuole andare a fare il mercenario in Iraq. Gli ha dato di volta il cervello. 그는 이라크에 용병으로 가길 원해. 미쳤나!

Dove hai il cervello? 정신머리를 어디다 둔거야?

È un cervello balzano. 그는 괴짜이다. 그는 별난 사람이다.

essere senza cervello- (재능, 사고, 지식 등이) 없다, 머리가 없다, 생각이 없다

farsi saltare le cervella- (권총으로) 머리를 쏘아 자살하다

Nessuno ci credeva quando lui minacciava di uccidersi e invece si è fatto saltare le cervella. 그가 자살한다고 위협했을 때 아무도 믿지 않았었는데, 머리를 쏘아 자살했다.

fuga dei cervelli- 두뇌 유출

il cervello dell'azienda- 기업의 수장

Lui è il cervello dell'azienda. 그는 기업의 수장이다.

lambiccarsi il cervello- 머리를 짜내다, 궁리하다

Mi sto lambiccando il cervello per trovare il modo di farlo. 그것을 할 수 있는 방법을 찾기 위해 나는 머리를 짜내고 있다.

mettere il cervello a partito- (조용히 한 곳에 자리잡고) 정착하다

Hai 20 anni; è ora che tu metta il cervello a partito e ti decida a lavorare sul serio. 너도 스무 살이다. 이제는 정착해서 자리를 잡고 진지하게 일하도록 결정해야 할 텐데.

non avere un briciolo di cervello- 통 분별력이 없다

Ha speso centomila euro per un orologio. Non ha un briciolo di cervello. 그는 시계 하나를 사는데 십만 유로를 썼다. 통 분별력이 없어.

non lasciare arrugginire il cervello- 머리가 녹슬게 놔두지 않다

non passare neanche per l'anticamera del cervello- 생각조차 못하다

Non gli passa neanche per l'anticamera del cervello. 그는 생각조차 하지 못한다.

usare il cervello- 머리를 쓰다, 지혜를 짜내다

uscire di cervello- 미치다

Da quando la moglie lo ha lasciato, è uscito di cervello. 아내가 그를 떠나간 이후 그는 미쳤다.

cessare- 중단하다

cessare il fuoco- 사격을 중지하다

Cessate il fuoco! 사격 중지!

cessare l'attività- 활동을 중단하다/마감하다

Quel famoso negozio di stoffe ha dovuto cessare l'attività. 그 유명한 직물가게는 영업을 중단해야만 했다.

cessare di fare qualcosa- ~하는 것을 멈추다/그만두다/중지하다

Ha cessato di piovere. 비가 멈췄다.

Quando cesserai di dire bugie? 언제 거짓말을 중단할거야?

cesta- 광주리, 큰 바구니

cesta della biancheria, del bucato- 세탁물통

cestino- 작은 바구니

cestino da lavoro- 작업용구 바구니

cestino da viaggio- 도시락

cestino dei rifiuti- 쓰레기통

cestino della carta- 휴지통

un cestino di pane- 빵바구니

che- 관계 대명사

Con quello stipendio ha di che vivere agiatamente. 그는 그 월급으로 편안하게 살 수 있다.

dopo di che- 그리고 나서, 그 후에, 그 다음에

il che- 그것은, 그러한 것은(= la qual cosa)

Ha superato la prova, del che ci siamo tutti rallegrati. 그가 시험에 통과했는데, 우리 모두 그것에 대해 즐거워했다.

Lui beve come una spugna, il che gli fa male alla salute. 그는 술고래처럼 마시는데, 그러한 것은 그의 건강에 해롭다.

Non c'è che dire. 의심할 바가 없습니다.

Non c'è di che.- (고맙다는 말에 정중한 인사로) 천만에요, 별말씀을요.

"La ringrazio di cuore". "Non c'è di che. Per così poco!" "당신께 진심으로 감사드려요." "별말씀을요. 그런 작은 일에!"

Non ha proprio di che lamentarsi. 그는 불평할 것이 전혀 없다.

chiacchiera- 잡담, 소문

Basta con le chiacchiere! 잡담 그만 해!

È tutta una chiacchiera. 전부 소문이야.

fare due (o quattro) chiacchiere- 잡담하다, 수다떨다

Le chiacchiere non fan farina. 말해 봐야 소용없다.

Lui ha molta chiacchiera. 그는 말재주가 있다.

mettere in giro una chiacchiera- 소문을 내다

Non so chi ha messo in giro quella chiacchiera. È completamente falsa. 나는 누가 소문을 냈는지 모른다. 완전 거짓이야.

Poche chiacchiere! 그만뒤! 닥쳐!

Smettetela con le vostre chiacchiere! 너희들 수다들 그만 떨어라!

chiacchierare- 잡담하다, 수다떨다

chiacchierare con qualcuno- ~와 잡담하다, 수다떨다

Rimango qui a chiacchierare un po' con Mara. 여기 남아서 마라와 수다 좀 떨게.

chiacchierare del più e del meno- 이런저런/이것저것 수다를 떨다

Al bar si chiacchiera del più e del meno. 바에서는 이런저런 수다를 떨게 된다.

chiamare- 부르다, 전화하다

Chi mi chiama? 누가 나한테 전화한 거지?

chiamare aiuto- 도움을 청하다

chiamare alla ribalta- 커튼콜을 부르다(막이 내린뒤 관중이 박수 갈채로 배우를 불러내는 것)

chiamare alle armi- 징병하다, 군대에 소집하다

chiamare il medico- 의사를 부르다

chiamare in causa qualcuno- ~을 관련시키다, ~을 연루시키다

In questa vicenda non mi sento assolutamente chiamato in causa. 이 사건에 난 절대적으로 관련이 없다고 느낀다.

chiamare l'idraulico- 배관공을 부르다

chiamare le cose con il loro nome- 사실대로 말하다; 자기 생각을 숨김없이 말하다, 서슴없이 말하다, 솔직히 말하다(= parlare con sincerità)

chiamare qualcuno a+동사원형- ~을 ~하도록 부르다, 청하다

Lo hanno chiamato a dirigere l'istituto. 그들은 기관을 관리하도록 그를 불렀다.

chiamare qualcuno al telefono- ~을 전화에 불러오다, ~을 전화 바꿔주다

chiamare soccorso- 원조를 청하다

chiamare un taxi- 택시를 한 대 부르다

chiamarsi- 자신의 이름을 부르다

Come ti chiami di cognome? 성이 무엇입니까?

Ha scelto di chiamarsi Don Sebastiano. 그는 자신의 이름을 돈 세바스티아로 선택했다.

Il dovere mi chiama.- 내가 할 일이 생겼군.

Devo andare ora, il dovere mi chiama. 할 일이 있어서 지금 가봐야겠다.

Molti sono i chiamati, ma pochi gli eletti. (성경) 초대되는 자는 많으나 선택되는 자는 적다.

Ti chiamo dopo. 나중에 전화할 게.

chiamata- 호출, 소집

accorrere alla chiamata- 호출받아 나가다

chiamata alle armi- 군대의 소집, 징집

chiamata in giudizio- 소환

chiamata interurbana- 장거리 통화(전화)

rispondere a una chiamata- 전화를 받다; 호출에 응하다

chiarezza- 명석, 명쾌

chiarezza d'idee- 사고의 명확함, 생각의 분명함

con chiarezza- 분명하게, 명쾌하게

Hai espresso le tue opinioni con chiarezza? 네 의견을 분명하게 표현했니?

fare chiarezza su qualcosa- 설명을 제공하다(= fornire spiegazioni); 해결의 실마리를 던져 주다

la chiarezza del cielo- 하늘의 청명함

parlare con chiarezza- 분명하게 말하다

spiegare con chiarezza- 명확하게 설명하다

chiarire- 분명히 하다, 명확히 하다

chiarire la situazione- 상황을 분명히 하다, 상황을 밝히다

chiarire un dubbio- 의혹을 없애다, 의심을 풀다, 해결하다(= risolvere)

Con quella spiegazione mi hai chiarito un dubbio. 그 설명으로 너는 내게 의심을 풀어주었다.

chiarire un mistero- 애매한 것을 해결하다; 신비의 정체를 밝히다

Grazie di avermelo detto. Mi hai chiarito un mistero. 내게 그말을 해줘서 고마워. 내게 애매한 것을 해결해줬어.

chiarirsi- 분명해지다, 명확해지다

La situazione si è chiarita. 상황이 분명해졌다.

chiarirsi di un dubbio- 의심을 풀다

chiaro- 1. 밝은, 깨끗한, 명확한

acqua chiara- 맑은 물; 사실

Chi vuol dell'acqua chiara vada alla fonte. 사실을 알고 싶다면 발단을 보아라.

avere le idee chiare- 생각이 분명하다, ~에 대해 확실한 생각을 갖다

Quel ragazzo ha sempre avuto le idee chiare sul suo futuro. 그 소년은 항상 자신의 미래에 대한 분명한 생각을 가졌다.

cantarla chiara/dirla chiara- 자신의 생각이나 의견/판단 등을 분명히 표현하다

chiaro come la luce del sole- 아주 분명한(= evidentissimo)

di chiara fama- 명성 있는, 유명한

uno scienziato di chiara fama- 명성 있는 학자

giorno chiaro- 백주, 대낮, 백주대낮

linguaggio chiaro- 명확한 언어, 이해하기 쉬운 언어

Sono stato chiaro? 내 말이 잘 전달되었나요? 내가 설득력 있게 말했요?

2. 밝기, 밝음, 명확

con questi chiari di luna- 지금 사세(事勢)로는; 이 어려운 시기에

Faresti meglio a non spendere troppi soldi con questi chiari di luna. 지금 사세로는 많은 돈을 쓰지 않는 것이 좋을 거야.

fare chiaro con una candela- 촛불로 밝게 하다

fare chiaro su una faccenda- 사건에 해결의 빛을 던지다, 해결의 실마리를 던져주다, 일을 해명하다, 일을 보다 분명하게 하다, 새로운 정보를 주다

mettere in chiaro qualcosa- ~을 분명히 해두다, ~을 명백히 해두다, 모든 의심을 해소하다

Ho deciso di parlargli per mettere in chiaro la situazione. 나는 상황을 명백히 해두기 위해 그에게 말하기로 결심했다.

Si fa chiaro. 날이 점점 환해지고 있다. 날이 밝아 지고 있다.

venire in chiaro di qualcosa- ~의 원인을 밝혀내다, ~의 진짜 이유를 알다, 진상을 규명하다

vestirsi di chiaro- 옅은 색의 옷을 입다, 밝은 색의 옷을 입다

3. 부사

dire chiaro e tondo- 숨김없이, 솔직히 말하다

Me lo ha detto chiaro e tondo che non gli sono simpatico. 그는 나를 좋아하지 않는다고 솔직히 말했다.

parlare chiaro- 솔직히 말하다

Parliamoci chiaro. 우리 솔직히 말합시다.

scrivere chiaro- 분명하게 쓰다, 알아보게 쓰다

Scrivi chiaro, altrimenti non capisco. 알아보게 적어, 안 그러면 내가 못 알아보니까.

vederci chiaro- (무언가) 명확히 보다

Voglio vederci chiaro in questa faccenda. 나는 이 일을 명확하게 보고 싶다.

Vorrei saperne di più sugli affari che combina; non ci vedo chiaro. 그가 꾸민 일에 관해 나는 좀더 알고 싶습니다. 뭔가 제대로 안 된 게 있어서요(뭔가 명확하지 않아서요).

chiasso- 소음, 소동

fare chiasso- 시끄럽게 하다, 떠들다, 소란을 피우다, 떠들썩하게 하다, 부산하게 굴다, 웅성거리다; (비유적) 큰 물의를 일으키다, 센세이션을 불러 일으키다; 논란을 일으키다, 붐을 일으키다

Bambini, non fate chiasso! 얘들아, 소란피우지 마!

Hanno fatto chiasso tutta la notte e non ho potuto dormire. 그들이 밤새 시끄럽게 떠들어 대서 잠을 잘 수가 없었다.

chiave- 열쇠; 비결; 중심점, 키포인트

chiave maestra/apritutto- 마스터키, (여러 자물쇠에 맞는) 곁쇠

chiudere la porta a chiave- 열쇠로 문을 잠그다

Quando esci chiudi la porta a chiave. 너 나올 때 열쇠로 문을 잠가라.

in chiave politica- 정치적인 관점에서

in chiave storica- 역사적인 관점에서

la chiave del problema- 문제의 해답(해결)

la chiave del successo- 성공의 열쇠(비결)

la chiave della macchina- 자동차 열쇠

la chiave di un esercizio di matematica- 수학 연습문제 해답

le chiavi di casa- 집열쇠

posizione chiave- 요새지, 요직

In quella società occupa una posizione chiave. 그 회사에서 그는 요직을 맡고 있다.

tenere qualcosa o qualcuno sotto chiave- ~을 안전한 곳에 잠가두다, 아주 조심스럽게 보관하다: ~을 철창에 가둬두다

uomo chiave- 중심인물, 간부

In quella vicenda è un uomo chiave (= importante). 그 사건에 그는 핵심 인물이다.

chicco- (곡물 등의) 낟알

chicco d'uva- 포도 한 알

chicco di caffè- 커피콩, 커피 알갱이, 커피 낟알

chicco di grano- 곡물 알갱이, 곡물의 낟알

chiedere- 묻다, 청하다, 요구하다

chiedere a qualcuno di fare qualcosa- ~에게 ~하는 것을 부탁하다

Ti chiedo di perdonarmi. 나를 용서해 주세요.

chiedere con insistenza- 집요하게 묻다

chiedere consulenza a-~에게 전문적인 의견/조언을 청하다

chiedere i danni- 손해보상을 청하다

chiedere il permesso di+동사원형 -~할 허락을 청하다

Per uscire devi chiedere il permesso all'insegnante. 네가 나가려면 선생님께 허락을 구해야 해.

chiedere informazioni- 정보를 묻다

chiedere l'ora- 시간을 묻다

Ho chiesto l'ora a quel signore ma era senza orologio. 나는 그 신사에게 시간을 물었으나 그는 시계가 없었다.

chiedere notizie di qualcuno o qualcosa-~에 대한 소식을 묻다

chiedere perdono a qualcuno-~에게 용서를 청하다, ~에게 용서를 구하다

Chiedo perdono. 용서를 청합니다.

chiedere scusa (a qualcuno)-~에게 사과하다, ~에게 사과를 청하다

Ti chiedo scusa. 사과를 청합니다. 너한테 사과할 게.

chiedere un favore a qualcuno-~에게 부탁을 하다

Ti chiedo un favore. 네게 부탁 한 가지 할게..

chiesa- 교회

andare in chiesa- 교회에 가다

La domenica vado in chiesa con la famiglia per la celebrazione della Messa. 나는 주일에 가족과 함께 미사에 참례하기 위해 교회에 간다.

Chiesa anglicana- 영국 국교회

Chiesa cattolica- 가톨릭 교회

Chiesa ortodossa- 그리스 정교회

Chiesa riformata- 개혁 교회

Chiesa protestante- 개신교 교회

In chiesa né in mercato non andar mai accompagnato. 교회와 시장(市場)은 결코 어울릴 수 없다.[19]

Vicino alla chiesa, lontano da Dio. 교회와 가까워 질수록 신과는 멀어진다.[20]

chimica- 화학

---

[19] 교황 프란치스코는 2020년 11월 25일 알현에서 '교회는 시장이 아니다. La chiesa non é un mercato.'라고 말한 교회의 정신이 세속의 정신과 달라야 함을 강조하는 의미로 당시에 나온 표현 가운데 하나이다.

[20] 신앙생활을 시작하기 전이나 신앙에 깊이 빠져들기 전에 교회의 모습이 한없이 거룩해보이지만, 막상 신앙생활이 깊어지고 교회의 내부 사정을 속속들이 알아되면서 교회에 대한 실망과 깊은 회의감이 들면서 신앙마저 잃게 될 때 쓰는 표현이다.

chimica farmaceutica- 약화학

chimica fisica- 물리화학

chimica organica- 유기 화학

insegnare chimica- 화학을 가르치다

studiare chimica- 화학 공부를 하다

chimico- 화학적인

analisi chimica- 화학 분석

armi chimiche- 화학 무기

azione chimica- 화학 작용

industria chimica- 화학 제조업, 화학 공업

laboratorio chimico- 화학 실험실

reazione chimica- 화학 반응

sostanza chimica- 화학 물질

chilo- 킬로, 킬로그램의 약어

un chilo di- 1킬로의

Mi dà due chili d'uva, per favore? 제게 포도 2킬로 주시겠어요?

Vorrei un chilo di mele. 사과 1킬로 주세요.

chilometro- 킬로미터

essere a due chilometri da- ~에서 2킬로 지점에 있다

La mia casa è a circa due chilometri da qui. 나의 집은 여기에서 약 2킬로미터 지점에 있다.

trovarsi a venti chilometri da- ~에서 20킬로 떨어진 지점에 위치하다

Assisi si trova a circa venti chilomentri da Perugia. 아시시는 페루자에서 약 20킬로미터 떨어진 지점에 있다.

china- 비탈, 경사지

mettersi (o essere) su una brutta china- (사람) 위험한 길에 놓이다, 타락하기/잘못되기 시작하다; (일) 악화되다, 나빠지다(= essere su una strada pericolosa)

Si è messo su una brutta china: scommette somme enormi alle corse. 그는 경주에 거액을 걸면서 잘못되기 시작했다.

risalire la china- (한동안의 실패나 고장 뒤에 다시 정상적인 기능을 시작한다는 뜻) 다시 궤도에 들어서다, 정상궤도에 오르다

Dopo quell'affare che era andato male ha perso tutti i soldi ma adesso, piano piano, sta risalendo la china. 그 사업이 잘 안돼서 그는 모든 돈을 날렸지만, 지금은 점차 정상궤도에 오르고 있다.

Ha commesso tanti errori, ma adesso sta risalendo la china. 그는 수없이 실수를 저질렀지만, 이제는 다시 정상궤도에 오르고 있다.

chinare- 숙이다, 구부리다

chinare il capo- 머리를 숙이다, 고개를 끄덕이다; (인사의 표시로) 절하다

Per la benedizione chinate il capo. 강복을 위해 머리를 숙이시오.

chinare il volto- (부끄럽거나 당황스러움의 표시로) 얼굴을 숙이다

chinare la testa- 머리를 숙이다

chinare lo sguardo- 시선을 떨구다

chinarsi per raccogliere un oggetto da terra- 땅에서 물건을 주으려고 몸을 숙이다

chiodo- 못, 고정관념

attaccare qualcosa al chiodo- (비유적) ~을 포기하다, 그만두다

Ha attaccato la racchetta al chiodo. 그는 테니스를 그만두었다.

avere un chiodo fisso (o essere un chiodo fisso)- 머리속에 못박힌 생각이다, 유일한 생각이다, 머리에서 떨쳐 버릴 수 없다

Hai mai avuto un chiodo fisso? 머릿속에 떨쳐버릴 수 없는 생각을 가졌던 적이 있어?

Imparare l'italiano è un chiodo fisso. 이탈리아어 학습은 머리에 못이 박힌다.

battere sullo stesso chiodo- 같은 말(짓)을 되풀이 하다(= insistere sullo stesso argomento)

È tutto il giorno che batti sullo stesso chiodo. 그는 하루종일 같은 말만 뇌까린다.

Chiodo scaccia chiodo. 못이 못을 갈아낸다./새로운 일이 이전의 문제를 해결한다./ 독은 독으로 다스린다. 이슈는 이슈로 덮는다.

conficcare un chiodo nel muro- 벽에 못을 박다

essere un chiodo- 몸이 여의다, 몸이 마르다

A forza di digiunare è diventato magro come un chiodo. 그는 금식하느라 몸이 비쩍 말랐다.

esssere un chiodo fisso- 머리속에 못박힌 생각이다, 머리에서 떨쳐 버릴 수 없다

estrarre (o togliere) un chiodo- 못을 빼다

Non si toglie quel chiodo dalla testa. 그는 머리에서 그 고정관념을 떨치지 못한다.

piantare un chiodo- 못을 박다

Roba da chiodi! 믿기 어려워! 완전히 미친 짓이야!

chiudere- 1. (타동사) 잠그다, 닫다

chiudere a chiave- 열쇠로 잠그다

chiudere al traffico- 교통을 통제하다

Hanno chiuso il centro storico al traffico. 그들은 구시가지의 교통을 통제했다.

chiudere con qualcuno- ~와 관계를 끝내다

È finita, con te ho chiuso. 끝났어, 너와는 끝이야.

chiudere gli occhi- 눈을 감다, 모르는체 하다; 죽다

Non devi chiudere gli occhi su quello che sta accadendo. 너는 벌어지고 있는 일에 대해 눈을 감아선 안 된다.

chiudere i lavori- 일을 끝내다, 일을 마무리하다

chiudere il libro- 책을 덮다

chiudere il pugno- (분노, 고뇌 때문에) 주먹을 쥐다

chiudere l'acqua/il gas- 물/가스 공급을 중단하다

chiudere l'ombrello- 우산을 접다

chiudere la bocca- 입을 다물다

chiudere la bocca a qualcuno- 의 입을 막다; ~에게 발설하지 못하게 하다

Con quella risposta gli ha chiuso la bocca. 그 대답으로 그는 그의 입을 막았다.

chiudere la finestra- 창문을 닫다

chiudere la porta- 문을 닫다

chiudere la porta in faccia- 면전에 대고 문을 닫다, ~와 상대하기를 거부하다

Era andato a trovarla con l'intenzione di fare pace ma lei gli ha chiuso la porta in faccia. 화해를 할 의도로 그녀를 찾아 갔으나 그녀는 그를 문전박대했다.

chiudere la strada- 길을 봉쇄하다

chiudere le frontiere- 국경/경계를 봉쇄하다

chiudere un occhio su qualcosa- ~에 대해서 한 눈을 감아주다(= sorvolare su); ~에 대해서 못 본 척 하다

Gli ho chiesto di chiudere un occhio e di lasciarci passare ugualmente. 나는 그에게 눈을 감아주고 그냥 우리가 지나가게 내버려달라고 청했다.

chiudere il rubinetto- 수도꼭지를 잠그다

non chiudere occhio- 잠을 안 자다(= non dormire)

Non ho chiuso occhio. 나는 눈을 못 붙였다. 잠을 못 잤다.

2. (자동사) 닫히다, 마치다, 폐쇄하다

chiudere in bellezza- 성대하게 끝나다, 멋지게 마무리하다

chiudere in attivo- (상업) 이익을 보이다

chiudere in dissolvenza- (영화, TV) 화면이 점점 희미해지다

chiudere in pareggio- (금융) 수입과 지출이 맞아떨어지다

Si chiude!- 문 닫는 시간! 마감 시간!

3. (대명사적 자동사)

chiudersi con uno scatto- 문을 절꺼덕 잠그다

chiudersi con fracasso- 문을 쾅 닫다

4. (재귀동사)

chiudersi in camera- 방에 틀어 박혀 있다, 방에 갇혀 있다, 방에서 나오지 않다

Prima dell'esame, si è chiuso in camera a studiare. 시험을 앞두고 그는 방에서 나오지 않고 공부했다.

chiudersi in casa- 두문불출하다, 칩거하다

chiudersi in se stesso- 두문불출하다, 세상을 등지다; 마음을 터놓지 않는다(= non confidarsi con nessuno)

Nell'ultimo periodo Anna si è chiusa molto in se stessa. 최근에 안나는 마음을 터놓지 않았다.

chiudersi nei pensieri- 자신의 생각 속에 골몰하다, 자기 생각에 빠지다

chiudersi nel dolore- 고통 속에 갇히다

Nonostante la sofferenza sia molta, cerchiamo di non chiuderci nel dolore. 고통이 많음에도 불구하고, 우리는 고통속에 빠져 있지 않으려고 노력한다.

chiudersi nel silenzio- 침묵하다

A volte, piuttosto che dire cose inutili, è meglio chiudersi nel silenzio. 때로는 쓸데없는 말을 하느니 차라리 침묵하고 있는 것이 더 낫다.

chiuso- 1. (형용사) 닫힌, 잠긴, 폐쇄적인

a occhi chiusi- 맹목적으로, 무턱대고(= sconsideratamente); 아주 믿고서(= con estrema fiducia)

L'ho comprato a occhi chiusi. 나는 무턱대고 그것을 샀다.

avere il naso chiuso- 감기로 코가 막히다

Ho il naso chiuso. 코가 막혔다.

avere un carattere chiuso- 성격이 내성적이다, 폐쇄적인 성격이다

Marco ha un carattere molto chiuso. È difficile sapere quello che pensa veramente. 마르코는 아주 내성적인 성격이다. 그가 진짜 생각하는 것을 알기 힘들다.

chiuso in casa- 집에 틀어 박힌

Prima dell'esame è rimasto chiuso in casa per un mese. 시험을 앞두고 그는 한달 동안 집에 틀어박혀 있었다.

negozio chiuso- 문닫힌 가게

porta chiusa- 닫힌 문

vocale chiusa- 폐모음

2. (명사) 울타리를 친 장소; 퀴퀴한 냄새

C'è puzza di chiuso qui dentro. 이 안에 퀴퀴한 냄새가 난다.

chiusura- 폐쇄, 종료

all'ora di chiusura- 폐점 시간에

Certe persone hanno l'abitudine di andare nei negozi all'ora di chiusura. 어떤 사람들은 폐점 시간에 가게에 가는 습관이 있다.

giorno di chiusura- 폐막일; 마감날; 정기 휴일

Il giorno di chiusura di quel ristorante è il martedì. 그 레스토랑의 정기 휴일은 화요일이다.

orario di chiusura- 문닫는 시간, 폐점 시간

Il museo ha ridotto l'orario di chiusura. 박물관은 문닫는 시간을 줄였다.

prezzi di chiusura- (증권) 종장시세, 종가, 폐장시세

ciac- 크래퍼보드, 딱따기(영화나 방송 촬영 시 장면 시작을 알리며 '딱' 부딪쳐 치는 판, 보통 슬레이트를 친다고 함)

Ciac! Si gira! 딱! 액션!

ciambella- 도넛, 챔벨라 과자

Non tutte le ciambelle riescono col buco. 모든 도넛이 동그란 구멍이 있는 상태로 나올 수는 없다. 어떤 일을 계획했을 때 모든 일들이 반드시 내가 계획하고 바라는 대로 이룰 수 없다는 의미이다. (실의에 빠진 사람에게 위로의 뜻으로) 모든 것을 다 가질 수는 없는 법이다. 얻는 게 있으면 잃는 것도 있는 법이다.

cibo- 음식

cibi in abbondanza- 풍부한 음식

cibi in scatola- 통조림 음식

cibi integrali- 건강에 좋은 자연음식; 무첨가 식품, 자연식품; 홀푸드

Di solito uso molti cibi integrali: a pranzo pasta o riso, pesce; a cena verdura, formaggio e frutta. 나는 자

연식품들을 많이 사용한다, 점심때는 파스타나 밥, 생선 그리고 저녁에는 야채, 치츠와 생선을 쓴다.

cibi macrobiotici- 건강 식품; 매크로비오틱(유기농으로 기른 현미 등의 곡류와 채소로 이루어짐); 미국이나 유럽에선 다이어트 음식으로 인기

cibi nutrienti- 영양가 있는 음식

cibi vegetali- 채식

cibo grasso- 소화시키기 힘든 음식

cibo leggero- 소화가 잘 되는 음식

cibo per cani- 개밥, 개용 사료

non toccare cibo- 음식에 손대지 않다; 금식하다(= digiunare)

cicatrice- 흉터; 정신적인 외상

lasciare una profonda cicatrice- 깊은 상처를 남기다

La morte del figlio le ha lasciato una profonda cicatrice. 아들의 죽음이 그녀에게 깊은 상처를 남겼다.

rimanere una cicatrice- 흉터가 남다

Gli è rimasta una brutta cicatrice sul braccio. 그의 팔에 흉한 흉터가 남았다.

cicca- 담배꽁초

non valere una cicca- 한 푼/조금의 가치도 없다(= non valere niente); (합의서, 공식 문서가 법적으로) 가치가 없다, 지켜지지 않는다, 휴지조각이나 마찬가지다

Ho pagato un sacco per quel cappotto e non vale una cicca; si stropiccia tutto. 나는 그 외투를 사기 위해서 엄청난 돈을 지불했는데, 한 푼의 가치도 없다. 모두 구겨졌다.

ciccia- 고기; 뚱뚱보

mettere su ciccia- 체중이 늘다/불다, 살이 오르다, 살찌다

cicerone- 키케로, 키케로 같은 사람, 아는척 하는 사람; 관광 가이드

fare da cicerone a qualcuno- ~에게 우정과 친절로서 관광 안내를 해주다

"Mi piacerebbe visitare la città." "Posso farti io da cicerone." "도시을 방문하고 싶어" "내가 네게 가이드를 해줄 수 있어"

fare il cicerone- 모든 것을 아는 척 하다

Smettila di fare il cicerone! 모든 것 아는 척 하지 마!

ciclo- 순환, 주기

ciclo cardiaco- 심장 주기

ciclo della moda- 유행 주기

ciclo di lavorazione- 작업 일정, 운용 스케쥴

ciclo di produzione/ciclo produttivo- (경제) 생산주기, 제조 사이클

La mancanza di energia elettrica ha interrotto il ciclo di produzione. 전기 에너지 부족이 생산 사이클을 중단시켰다.

ciclo economico- 경기 순환

ciclo mestruale- 월경 주기

il ciclo delle stagioni- 계절의 주기

il ciclo lunare- 음력 주기

rimettere in ciclo- 재순환하다, 재활용하다, 재생하다

cicogna- 황새

l'arrivo della cicogna- (비유적) 아기의 출생

Speriamo che per quella coppia arrivi presto la cicogna. 우리는 그 부부에게 빨리 아기가 생기길 바란다.

cieco- 맹인

agire alla cieca- 섣불리 행동하다

Hanno agito alla cieca e i risultati si sono visti! 그들은 섣불리 행동해서 그 결과를 보았다!

alla cieca- 보지 않고서, 생각 없이; 맹목적으로, 무턱대고

Non avevamo informazioni e allora ci siamo mossi alla cieca. 정보가 없어서 우린 무턱대고 움직였다.

andare alla cieca- 손으로 더듬어 가다, 더듬거리며 가다

cieco da un occhio- 한쪽 눈이 안보이는, 애꾸인

cieco dalla nascita- 배냇소경, 날때부터 소경, 타고난 장님

cieco di rabbia- 화가 나서 분별력을 잃은

decidere alla cieca- 아무 생각 없이 결정하다

diventare cieco- 장님이 되다, 맹인이 되다

fare qualcosa alla cieca- ~을 아무 생각 없이 하다, ~을 경솔하게 하다

finestra cieca- 암막창, 블라인드 창

essere cieco come una talpa- 박쥐처럼 눈이 어둡다, 장님이나 다름없다, 앞을 잘 못 보다

Continua ad inciampare perché è cieco come una talpa. 그는 앞을 잘 못 봐 자꾸 발에 걸려 넘어진다.

intestino cieco- 맹장

nascere cieco- 장님으로 태어나다

scuola per ciechi- 맹인 학교(맹학교)

un amore cieco- 맹목적인 사랑

vicolo cieco- 막다른 골목

cielo- 하늘

a ciel sereno- 갑자기, 느닷없이, 난데없이, 예고도 없이, 예고 없이

La suocera è piovuta in casa a ciel sereno. 시어머니가 집에 느닷없이 찾아왔다.

a cielo aperto- 야외에서, 집밖에서, 옥외에서

Cielo a pecorelle, acqua a catinelle. 비늘구름으로 덮인 하늘은 폭우가 올 징조이다.

cielo coperto- 잔뜩 흐린 하늘

cielo nuvoloso- 구름낀 하늘

cielo sereno- 맑은 하늘

cielo stellato- 별이 빛나는 하늘

essere al settimo cielo- (비유적) 제7천국[21]; 최고로 행복하다, 무상의 행복 속에 있다, 행복의 극치

---

[21] 중세시대의 건축장인들은 천국의 이미지를 성서의 창세기 말고 요한의 묵시록에 기록된 천상의 예루살렘 도성을 모범으로 삼았다. 고딕 시대 교회 건축들의 평면도와 입면도를 잘 살펴보면 수학과 기하학의 이성적 능력으로 그린 설계도를 바탕 삼아

를 이루다(= essere al colmo della felicità)

Non potrei essere più felice di così; sono al settimo cielo. 지금보다 더 행복할 순 없을 거야. 나는 최고로 기뻐.

essere in cielo- 하늘에/천국에 있다

Diciamo una preghiera per la nonna che è in cielo. 하늘에 계신 할머니를 위해 우리는 기도한다.

Giusto cielo!/Santo cielo! (경탄, 실망스러움) 아, 와, 아유; 맙소사, 어쩌나, 큰일이군!

grazie al cielo- 신의 은총으로, 하느님/하나님 덕분에

Grazie al cielo siete tornati sani e salvi. Ero molto preoccupata. 신의 은총으로 너희들이 무사하게 돌아왔구나. 무척 걱정했었다.

lo sa il cielo- 오직 신만이 안다

muovere cielo e terra- (무엇을 달성하기 위해) 백방으로 노력하다, 전력을 기울이다/다하다, 온갖 노력을 다하다

non stare né in cielo né in terra- 바보 같은 소리를 하다; 터무니없는/말도 안 되는 소리를 하다

La tua spiegazione non ha senso; non sta né in cielo né in terra. 네 설명은 의미가 없다. 완전 터무니없는 소리이다.

per amore del cielo- 제발, 아무쪼록

portare qualcuno al settimo cielo/ai sette cieli- ~을 침이 마르도록 칭찬하다, ~을 극구 치켜세우다

È innamorato di lei; la porta al settimo cielo e non riesce più a vedere i suoi difetti. 그는 그녀에게 사랑에 빠졌다. 그는 그녀를 침이 마르도록 칭찬해서 단점을 더 이상 볼 수 없다.

Sia ringraziato (o lodato) il cielo! 하느님/하나님 감사합니다(= Grazie a Dio)!

sotto il cielo- 세상에서, 지상에서

toccare il cielo con un dito- 기뻐 어쩔 줄 모르다, (너무 좋아서) 하늘 위를 오를 것만 같다(= essere euforici)

Ha vinto il primo premio; ora sì che tocca il cielo con un dito. 그는 최우수상을 수상하였는데 지금 기뻐서 어쩔 줄 모른다.

Voglia il cielo che finisca presto. 곧 끝날 수 있기를 나는 희망한다.

volesse il cielo che- (간절한 기원) 하느님/하나님이 ~해 줄 것을 기원한다

cifra- 숫자, 총액

in cifra tonda- 어림셈으로, 대략

in cifre- 숫자로

sborsare una cifra da capogiro- ~에 거금을 들이다/쏟아 붓다

Per questo tavolo antico ho sborsato una cifra da capogiro. 나는 이 골동 탁자 때문에 거금을 쏟아 부었다.

una cifra astronomica- 천문학적인 숫자로, 어마어마한

수정과 감람석처럼 투명한 초월적 이상을 실현했다는 사실이 잘 드러난다. 덩달아 중세 제단화에 등장하는 최후의 심판 그림에서도 천국은 튼튼한 성벽을 가진 도시의 모습으로 나타난다. 심판자 그리스도의 발치 아래 대지의 한 복판에서 대천사 미카엘이 커다란 저울을 들고 서서 죽은 자의 영혼을 이리 저리 가르면, 선한 영혼은 천국열쇠를 든 베드로의 안내를 받으면서 천국으로 향하고, 악한 영혼들은 죽음의 강을 건너서 또는 악마의 채찍을 맞으면서 지옥으로 끌려가는 장면은 제단화에서 가장 혼한 소재이다. 바로 제7천국은 신과 천사들만이 사는 최고의 하늘을 의미한다.

Il progetto è costato una cifra astronomica. 기획은 천문학적인 비용이 든다.

ciglio- 속눈썹; (복수) ciglia; 가장자리(= orlo, bordo, margine di qualcosa)

  a ciglio asciutto- 눈물 할 방울 흘리지 않고, 태연히

  abbassare le ciglia- (당황스러움이나 수줍음으로) 눈썹을 떨구다

  aggrottare le ciglia- 눈살을 찌푸리다

  alzare (o inarcare) le ciglia- 눈썹을 치켜 뜨다

Se suo padre aggrotta o alza le ciglia, obbediscono subito tutti. 그의 아버지가 눈살을 찌푸리거나 눈썹을 치켜 뜰때면 즉시 모든 사람들이 말을 듣는다.

  ciglia lunghe- 긴 속눈썹

  il ciglio della strada- 길 가장자리

Fermò l'auto sul ciglio della strada. 그는 자동차를 길 가장자리에 멈춰 세웠다.

  in un batter di ciglio- 눈 깜박/눈 깜짝할 사이에, 순식간에, 금세(= in un attimo)

  non battere ciglio- 눈도 깜짝 안하다(= non essere sorpreso); 동요하지 않다(= rimanere impassibile), 겁내지 않다(= non avere paura)

Ha un ottimo controllo di sè e anche se lo provocano non batte ciglio. 그는 아주 뛰어난 자제력을 갖고 있어서 아무리 화가 나도 눈도 깜짝 안해.

Quando gli hanno dato la notizia del suo licenziamento non ha battuto ciglio. 그들이 그에게 해고 소식을 전했을 때 그는 동요하지 않았다.

cilecca- (성구로만)

  fare cilecca- (총 등이) 불발이 되다; 완전히 실패하다(= fare fiasco); (계획, 농담이) 의도하던 효과를 못 얻다, 불발에 그치다

Pensava di riuscire a superare il record mondiale di velocità e invece ha fatto cilecca. 그는 속도에 대한 세계 기록을 넘어서려고 생각했지만 완전히 실패했다.

ciliegia- 버찌, 체리

  grappolo di ciliegie- (꼭지 밑에 두 개가 붙은) 버찌, 버찌 송이

  Una ciliegia tira l'altra.- 한 가지 일이 그 다음 일로 자연스럽게 이어지다(말 안 해도 어떻게 되었을지 뻔 하다는 뜻).[22]

Sono riuscita a finire tutte le ciliegie. È proprio vero che una ciliegia tira l'altra. 버찌를 다 먹어 버릴 수 있었다. 정말 술이 술을 먹는다는 말이 맞다.

cima- 꼭대기

  da cima a fondo- (1) 위에서 아래까지

Si è bagnato tutto, da cima a fondo. 그는 위에서 아래까지, 전부 다 젖었다.

(2) (책의) 처음부터 끝까지(= dall'a alla zeta/di sana pianta)

Ho letto il tuo libro da cima a fondo. 나는 너의 책을 처음부터 끝까지 읽었다.

(3) 샅샅이(= interamente), 구석구석

Conosco questo edificio da cima a fondo; ci lavoro da vent'anni. 20년 전부터 여기에서 일해서 나는 이

---

[22] 유사관용어는 "Una parola tira l'altra. Un bicchiere tira l'altro. 소문이 소문을 부르고, 술이 술을 먹는다"이다.

건물 구석구석을 안다.

essere una cima in qualcosa- ~에 있어서 권위자이다

In matematica è sempre stato una cima. 수학 분야에 있어서 그는 항상 권위자이다.

in cima- 꼭대기에, 정상에

Io e Samuele arrivavamo raramente in cima alla montagna. 나와 사무엘은 산 정상에 올라가는 일이 드물다.

mettere in cima- (비유적) 위에 두다

salire in cima- 정상에 오르다, 꼭대기에 오르다

cinema- 영화

andare al cinema- 영화 보러 가다

cinema d'essai- 독립 영화, 예술 영화

In quel cinema d'essai hanno proiettato un vecchio film che desideravo vedere da tanto tempo. 그 독립 영화관에서 내가 오래전부터 보고 싶었던 옛날 영화를 상영했다.

cinema di prima visione- 개봉 영화

cinema muto (o sonoro)- 무성 영화(유성 영화)

cinghia- 허리띠, 혁대, 끈

la cinghia dei pantaloni- 바지 혁대

la cinghia della valigia- 여행가방 끈

tirare (o stringere) la cinghia- 허리띠를 졸라매다, 배고픔을 견디다(= patire la fame), 절약하다(= fare economia)

Abbiamo dovuto tirare la cinghia per molto tempo, ma adesso siamo benestanti. 우리는 오래 동안 허리띠를 졸라매야만 했지만, 지금은 넉넉히 산다.

In questo periodo sono senza lavoro e quindi devo tirare la cinghia. 요즘 일이 없어서 나는 허리띠를 졸라 매야 한다.

cintura- 대, 띠, 벨트

allacciare la cintura di sicurezza- 안전벨트를 매다

In automobile è obbligatorio allacciare la cintura di sicurezza. 자동차에서 안전벨트 착용은 의무이다.

cintura di cuoio (o pelle)- 가죽 벨트

cintura di salvataggio- 구명대, 구명튜브

slacciare la cintura- 벨트를 풀다

cioccolata- (마실 것) 코코아; 초콜릿

cioccolata con panna- 생크림을 얹은 코코아

Vorrei una cioccolata con panna, per favore. 생크림을 넣은 코코아 한 잔 주세요.

color cioccolata- 코코아 색

una tazza di cioccolata calda- 따뜻한 코코아 한 잔

Prendo una tazza di cioccolata calda. 따뜻한 코코아 한 잔을 마신다.

cioccolataio- 초콜릿 제조업자, 판매자

fare una figura da cioccolataio- 우스꽝스럽게 보이다, 우스꽝스럽게 행동하다

cioccolatino- 초콜릿 조각

   cioccolatino al liquore- 리큐어가 들어간 초콜릿

   cioccolatini ripieni- 가운데가 말랑한 초콜릿

   Mi piacciono i cioccolatini ripieni alla nocciola. 나는 가운데가 말랑하게 채워진 초콜릿을 좋아한다.

   una scatola di cioccolatini- 초콜릿 한 상자

   Ieri è venuto a trovarmi Michele e mi ha portato una scatola di cioccolatini. 어제 미켈레가 나를 만나러 와서 초콜릿 한 상자를 가져다주었다.

cioccolato- 초콜릿

   biscotti al cioccolato- 초콜릿 과자

   ciccolato al latte- 밀크 초콜릿

   Il cioccolato al latte è il mio preferito. 밀크 초콜렛이 내가 가장 좋아하는 것이다.

   colore cioccolato- 초콜릿 색

   Dopo tre ore di sole era diventata color cioccolato. 세 시간 일광욕을 한 후에 그녀는 피부가 초콜릿 색이 되었다.

   Mi sono comperata un vestito color cioccolato. 난 초콜릿 색 옷을 하나 구입했다.

   cioccolato fondente- 진한 갈색 초콜릿, 다크 초콜릿

   cioccolato in polvere- 분말 초콜릿, 초콜릿 가루

   gelato al cioccolato- 초코 아이스크림

   torta al cioccolato- 초코 파이

   una tavoletta di cioccolato- 초콜릿바 하나, 초콜릿 한 개

cipolla- 양파

   buccia (o velo) di cipolla- 양파 껍질

   cipolla bianca- 흰 양파

   cipolla d'inverno- 파

   cipolla rossa- 붉은 양파

   frittata di cipolla- 양파 튀김

   mangiare pane e cipolla- 잘 먹지를 못하다(= mangiare poco e male)

   strofinarsi gli occhi con la cipolla- 거짓 눈물을 짜내다; 슬픔을 가장하다

circa- 1. (부사) 약, 대략

   circa la mia età- 대략 내 나이

   Lei deve avere circa la mia età. 그녀는 대략 내 나이임에 틀림없다.

   circa le 3- 3시 가량

   Erano circa le 3. 시간이 3시 가량이었다.

   2. (전치사) ~에 대하여, ~에 관해서

   circa il compenso- 보상에 대해서

   Circa il compenso, ci accorderemo in seguito. 우리는 보상에 대해서 이후에 합의할 것이다.

   circa l'incidente- 사고에 대해서

   Non sapeva nulla circa l'incidente. 그는 사고에 대해서 아무것도 모르고 있었다.

circo- 서커스; (지리학) 권곡, 원형의 협곡

   circo a tre piste- 동시에 세 곳에서 쇼를 하는 서커스, 아찔한 연기, 야단 법석

   circo glaciale- 권곡, 원형의 협곡

   ghiacciaio di circo- 권곡 빙하

   lago di circo- 권곡 호수

circolare- 순회하다, 순환하다, 퍼지다

   circolare voce- 소문이 나돌다

   Circola voce che loro hanno divorziato. 그들이 이혼했다는 소문이 나돈다.

   Circolate! 비켜요, 물러가요(= Allontanatevi, andate via)!

   far circolare notizie- 소식을 퍼뜨리다

   fare circolare il registro delle presenze- 출석부를 돌리다

   Fate circolare il registro delle presenze. 출석부 돌리세요.

   fare circolare l'aria- 공기를 순환시키다

   Apri le finestre che facciamo circolare l'aria. 공기를 순환시키게 창문을 열어라.

circolazione- 순환, 순회; 통행

   arrestare la circolazione- 교통을 금지하다

   circolazione monetaria, circolazione di monete- 화폐유통

   circolazione sanguigna, circolazione del sangue- 혈액 순환

   disturbi di circolazione- 순환계 질병

   divieto di circolazione- 통행 금지

   mettere in circolazione- 유통시키다; (뉴스, 정보 등을) 퍼뜨리다

   mettere il libro in circolazione- 책을 유통시키다

   tassa di circolazione- 도로세, 통행세

   togliere qualcuno dalla circolazione- ~의 발행/유통을 정지시키다; ~을 회수하다; ~을 없애다/처리하다, ~을 제거하다

circolo- 원; 동아리, 서클, 동호회

   circoli politici- 정치계, 정치권

   Circolo Antartico- 남극권

   Circolo Polare- 북극권

   circolo sportivo- 스포츠 클럽

   circolo vizioso- 악순환

   entrare in circolo- (혈액) 순환하다

   Il veleno è già entrato in circolo. 이미 독이 퍼졌다.

   fare (o tenere) circolo- 만나다, 모이다(= riunirsi)

   stare in circolo- 둘러서다, 원을 이루다

   Stavamo in circolo intorno a lui. 우리는 그 주위를 둘러 서 있었다.

circondare- 둘러싸다, 에워싸다, 포위하다

   circondare la casa- 집을 포위하다

I poliziotti hanno circondato la casa del sospettato. 경찰관들이 혐의자의 집을 포위했다.

circondare le mura- 벽을 둘러싸다

circondarsi di amici- 친구들로 둘러싸이다

circostanza- 상황

approfittare delle circostanze- 상황을 이용하다

Hanno approfittato delle circostanze per arrivare al loro scopo. 그들은 자신들의 목적에 도달하기 위해 상황을 이용했다.

circostanza aggravante- (형벌의) 가중 사유

circostanza attenuante- 감경 사유

circostanza imprevista- 예기치 않은 상황

date le (o in tali) circostanze- 사정이 이러하므로, 이런 사정으로 볼 때

di circostanza- 경우에 맞는(= convenzionale), 상황에 요구되는

Disse alcune parole di circostanza. 그는 경우에 맞는 말을 약간 했다.

dipendere dalla circostanza- 상황에 달려 있다

Dipende dalla circostanza. 상황에 달려 있다.

in quella circostanza- 그러한 상황에

In quella circostanza non avrei saputo reagire diversamente. 나는 그러한 상황에서 달리 반항할 수가 없었을 것이다.

in questa circostanza- 이러한 경우에

In questa circostanza invito tutti ad una riflessione su quanto è accaduto. 이러한 경우에 나는 발생한 일에 대해 모두가 깊이 생각해 보도록 한다.

in una simile circostanza- 그 같은 상황에서, 유사 상황에서

secondo le circostanze- 경우에 따라서

circuito- 주위; 회로

chiudere il circuito- 전기가 흐르게 하다

circuito aperto- 개회로

circuito chiuso- 폐회로

circuito di comando- 제어 회로

circuito integrato- 집적 회로

circuito logico- 논리 회로

interrompere il circuito- 회로를 열다, 전기를 차단하다

citare- (이유, 예를) 들다, 끌어내다, 인용하다; 소환하다

citare ad esempio- 예로 인용하다, 예로 들다

citare come prova- 증거로 제시하다

citare in giudizio- (소송) 소환하다(= convocare davanti a un giudice)

citare per danni- 손해배상 소송을 일으키다

Dopo che ho rotto quella finestra la padrona mi ha citato per danni. 그 창문을 깨자 주인이 나에게 손해배상 청구를 했다.

citare un esempio- 보기를 들다, 예를 들다, 예를 끌어오다

Per farvi capire meglio quanto ho detto, vi citerò un esempio. 내가 한 말을 너희들이 더 잘 이해할 수 있도록 예를 하나 들어 볼게.

citare un verso della Bibbia- 성서의 한 구절을 인용하다

città- 도시

abitare(o vivere) in città- 도시에 거주하다, 살다

Preferisci vivere in città o in campagna? 너는 도시에 사는 게 좋아 아니면 시골에 사는게 더 좋아?

andare in città- 도시에 가다

città commerciale- 상업 도시

città d'arte- 예술의 도시

città industriale- 공업 도시

città natale- 태어난 도시

città satellite- 위성 도시

città universitaria- 대학도시, 대학가

città vecchia- 구도시

essere fuori città- 교외에 있다, 도시를 떠나 있다

Non potrò venire all'appuntamento. Sono fuori città fino a mercoledì. 난 약속에 올 수가 없을 거야. 수요일까지 교외에 있어.

essere in città- 도시에 있다

girare di città in città- 이 도시 저 도시를 돌아다니다

Per il suo lavoro è costretto a girare di città in città. 그는 일 때문에 이 도시 저 도시로 돌아다니지 않을 수 없다.

restare (o rimanere) in città- 도시에 남다, 머물다

una grande città- 큰 도시, 대도시

cittadinanza- 시민권, 국적

acquistare la cittadinanza italiana- 이탈리아 시민권을 취득하다

avere(o ottenere) la cittadinanza- 시민권을 가지다, 시민권을 얻다

chiedere la cittadinanza italiana- 이탈리아 시민권을 요청하다

Hanno chiesto la cittadinanza italiana. 그들은 이탈리아 시민권을 요청했다.

avere la doppia cittadinanza- 이중 국적을 가지다

La figlia della mia amica è nata in Brasile e ha doppia cittadinanza. 내 친구의 딸은 브라질에 태어나서 이중 국적을 가지고 있다.

certificato di cittadinanza- 국적 증명서

cittadinanza onoraria- 명예 시민권, 명예 시민 훈장

diritto di cittadinanza- 시민권

perdere la cittadinanza- 시민권을 상실하다

rinunciare alla cittadinanza- 시민권을 포기하다, 시민권을 버리다

cittadino- 1. (명사) 시민, 도시민

cittadino coreano- 한국 시민

cittadino del mondo- 세계시민, 세계인, 국제인

cittadino onorario- 명예 시민

essere libero cittadino- 자유민이다

privato cittadino- 개인으로서의 시민

2. (형용사) 시민의

centro cittadino- 시민회관; 도심, 관청가

vita cittadina- 도시민의 삶

civetta- 1. (명사) 올빼미

fare la civetta- (이성에게) 알랑거리다, 아양을 떨다; 추파를 던지다

Ha fatto la civetta con lui tutta la sera. 그녀는 밤새도록 그에게 알랑거렸다.

2. (형용사) 올빼미의

articolo civetta- 미끼상품, 손님을 끌기 위한 특매품, 특가품

auto civetta- 표시가 안된 경찰차, 암행 순찰차

civico- 시민의

biblioteca civica- 시립 도서관

dovere/senso civico- 공공심, 공덕심

educazione civica- 공민학, 윤리 교육, 시민 교육

museo civico- 시립 박물관

numero civico- 거리 번호, 번지수

Abito al civico 81. 나는 81번지에 산다.

civile- 시민의

abito civile- 평복차림, 사복

diritti civili- 민권, 시민권

diritto civile- 민법

guerra civile- 시민 전쟁, 국내 전쟁, 내전, 내란

matrimonio civile- (종교 의식을 하지 않는) 사회혼

morte civile- 시민권 상실, 법률상의 사망

parte civile- 원고, 고소인

processo civile- 민사 재판

stato civile- (독신, 결혼, 이혼 등의) 혼인 여부

civiltà- 문명

civiltà asiatica- 아시아 문명

civiltà contemporanea- 현대 문명

civiltà del benessere- 풍요로운 사회, 부유한 사회

civiltà europea- 유럽 문명

comportarsi con civiltà- 정중하게 처신하다

la civiltà moderna- 근대 문명

    la civiltà greco-romana- 그리스 로마 문명

clandestino- 비밀의, 비합법의, 불법의

    bisca clandestina- 불법 도박장

    clandestino a bordo- 밀항자

    commercio clandestino- 암거래, 불법거래

    immigrazione clandestina- 불법 이민

    lotta clandestina- 지하 투쟁

    matrimonio clandestino- 비밀혼, 불법 결혼

    movimento clandestino- 지하 운동

    passeggero clandestino- 밀항자

    stampa clandestina- 지하언론, 반체제 언론

classe- 학급, 수업; 계층, 계급

    biglietto di prima, seconda classe- 일등칸/이등칸 표

Mi dia un biglieto di seconda classe per Roma, solo andata. 제게 로마행 편도 이등칸 표를 한 장 주세요.

    Che classe fai? 너 몇 학년이니?

    classe borghese- 부르주아 계급

    classe dirigente- 지배 계급

    classe media- 중산층

    classe mista- 남녀 공학반, 우열 혼합반

    classe operaia- 노동자 계급

    classe turistica, economica- (비행기, 선박, 호텔 등의) 가장 싼 등급의, 관광객 등급의

    di classe- 고급의, 일류의, 상류의

Ho incontrato una donna veramente di classe. 나는 정말 상류 여성을 만났다.

    entrare in classe- 교실에 들어가다

    in prima classe, in seconda classe- 일등칸으로, 이등칸으로

È più caro in prima classe e più economico in seconda classe. 일등칸은 더 비싸고 이등칸은 더 경제적입니다.

    lotta di classe- 계급 투쟁

    un fuori classe (o fuoriclasse)- 단연 뛰어난

Lei non è solo brava come atleta. È una fuori classe. 그녀는 단지 좋은 선수가 아니라, 타의 추종을 불허한다.

    un ristorante di classe- 고급 레스토랑

    viaggiare in prima classe- 일등칸으로 여행하다

Si può viaggiare solo in prima classe con posto a sedere. 좌석제로 일등칸으로만 여행할 수 있다.

classico- 고전의

    abito classico- 고전 의상

    arte classica- 고전 예술

cultura classica- 고전 문화

liceo classico- 인문계 고등학교, 문과 계통 고등학교

musica classica- 고전 음악, 클래식 음악

Questa è classica! 그것 참 재미있다!

stile classico- 고전 양식, 고전 스타일

studi classici- 고전 연구, 고대 그리스-로마 연구

classifica- 성적, 결과, 등급

classifica finale- 최종 결과

essere al comando della (o in testa alla) classifica- 첫 번째다; (축구) 리그에서 1위를 차지하다; (음악) 인기 순위표에서 1위를 하다; (도서) 베스트셀러 목록에서 1위를 차지하다

essere il primo in classifica- 일위이다, 1등을 차지하다

Nella gara di biciclette era primo in classifica. 그는 자전거 경기에서 일위였다.

risultare primo in classifica- 일등이 되다, 일등을 하다

cliente- 고객, 단골

cliente abituale- 단골 고객, 단골 손님

Le banche riservano un trattamento diverso per i clienti abituali. 은행들은 단골 고객을 위해 다른 대우를 한다.

cliente potenziale- 유망고객, 예상 고객

essere cliente della banca- 은행 고객이다

servizio clienti- 고객 서비스

clima- 기후, 풍토, 풍조, 분위기

clima asciutto- 건조한 기후

In estate in Sicilia c'è un clima molto caldo, ma asciutto. 여름에 시칠리아는 아주 덥지만 건조한 기후이다.

clima continentale- 대륙성 기후

clima di lavoro- 업무 환경, 작업 분위기

clima economico/politico- 경제 상황/풍토/분위기; 정치적 풍토/분위기

clima freddo- 냉대 기후

clima marittimo- 해양성 기후

clima temperato- 온화한 기후, 온대 기후

il clima del dopoguerra- 전후 분위기

il clima di un'epoca- 시대의 분위기(풍조)

clinico- 임상학의, 임상의

avere l'occhio clinico- 안목이 있다, 안식이 높다

Ormai per certe questioni ha l'occhio clinico. 이제 난 어떤 문제에 있어서 안목이 있다.

caso clinico- 괴짜

diagnosi clinica- 임상 진단

quadro clinico- 임상상

termometro clinico- 체온계

cocco- 1. 야자수

latte di cocco- 코코넛 우유

noce di cocco- 코코넛 열매, 야자 과즙

Mio padre ha comprato una noce di cocco. 아버지가 코코넛 열매를 사셨다.

olio di cocco- 야자유

2. 편애를 받는 아이, 사랑하는 아이

cocco di mamma- 엄마가 가장 사랑하는 아이, 편애하는 아이

È lui il cocco della mamma. 그는 엄마가 가장 사랑하는 아이이다.

coda- 동물의 꼬리, 줄

andarsene con la coda fra le gambe- 다리 사이에 꼬리를 (감추다); 기가 죽다(= essere dispiaciuto, mortificato)

Credeva di 'farla da padrone' ma abbiamo reagito e se n'è dovuto andare con la coda fra le gambe. 그는 '상전'처럼 행세하려고 생각했지만, 우리가 반대하자 꼬리를 감추어만 했다.

avere la coda di paglia- 양심의 가책을 느끼다, 양심에 꿀리는 데가 있다

Ci ha ingannati e sa che ce ne siamo accorti; per questo non si fa più vedere, perché ha la coda di paglia. 그가 우리를 속였는데 그것을 우리가 알았다는 것을 알자, 그는 양심의 가책을 느끼고 더 이상 나타나지 않았다.

Le persone che hanno la coda di paglia non hanno la coscienza tranquilla. 양심의 가책을 느끼는 사람은 양심이 편하지 못하다.

Che coda davanti agli sportelli! 창구 앞에 서있는 줄 좀 봐!

coda del cane- 개의 꼬리

coda del cavallo- 말의 꼬리

coda lunga- 긴 꼬리

coda mozza- 잘린 꼬리

essere in coda a qualcosa- ~의 끝부분에 있다

Il servizio di ristorante è in coda al treno. 식당차는 기차 끝부분에 있습니다.

fare la coda- 일렬로 서다; 줄을 서다(= fare la fila)

Agli sportelli c'è ancora molta gente che fa la coda. 창구 앞에 아직 줄을 선 사람이 많다.

Il negozio aveva dei saldi favolosi, ma bisognava fare la coda per ore. 상점이 폭탄세일을 하자, 몇 시간을 줄지어 있어야만 했다.

giacca a coda di rondine- 연미복

guardare (o vedere) con la coda dell'occhio- 곁눈질로 보다; 눈을 흘기다, 힐끗 쳐다보다

Non capisco perché quell'uomo mi guarda sempre con la coda dell'occhio e non direttamente. 나는 왜 저 남자가 나를 똑바로 보지 못하고 항상 곁눈질로 보는지 모르겠다.

la coda dell'aereo- 비행기 끝부분

marciare in coda- 후위를 맡다, 맨 뒤를 맡다; 줄의 끝에 서다

mettersi in coda- 줄을 짓다, 열을 짓다

Mettiamoci in coda altrimenti le persone che stanno aspettando si potrebbero arrabbiare. 줄을 서자. 안

그러면 기다리고 있는 사람들이 화를 낼 수도 있어.

muovere la coda- 꼬리를 흔들다

non avere né capo né coda- 종잡을 수가 없다, 말이 안되다, 터무니 없는 말이다, 밑도 끝도 없다

Il tuo discorso non ha né capo né coda. Cerca di spiegarti meglio. 너의 대화를 종잡을 수가 없다. 좀 더 잘 설명하려고 해봐.

pianoforte a coda- 그랜드 피아노

se il diavolo non ci mette la coda- 어려운 일이 일어나지 않는다면

tirare la coda al gatto- 도를 넘다

Non dargli altre noie, è meglio non tirare la coda al gatto. 그를 더 이상 귀찮게 하지 마. 도를 넘지 않은 게 좋아.

cogliere- (꽃을) 꺾다; (과일을) 따다; 잡다, 쥐다; 포착하다; 쏘다, 맞히다

cogliere al volo- 이해가 빠르다, 눈치가 빠르다(= capire immediatamente); 얼른 포착하다

Colse al volo il significato delle mie parole. 그는 얼른 내 말의 의미를 알아 차렸다.

Ha colto al volo l'opportunità che le è stata offerta. 그녀는 그녀에게 주어진 기회를 얼른 포착했다.

cogliere fiori- 꽃을 꺾다

cogliere fragole- 딸기를 따다

cogliere il bersaglio- 표적에 명중시키다

cogliere il frutto delle proprie fatiche- 자신의 노력으로 과일을 따다; 수고의 결실을 거두다

Ho trovato un lavoro. Finalmente posso cogliere il frutto delle fatiche di tanti anni di studio. 나는 일을 구했다. 마침내 나는 여러 해 동안 연구한 수고의 결실을 거둘 수가 있다.

cogliere il significato- 의미를 파악하다

cogliere l'occasione- 기회를 잡다

Abbiamo deciso di cogliere ogni occasione per ritornarci. 우리는 그곳에 돌아가기 위한 모든 기회를 잡기로 결심했다.

cogliere la palla al balzo- 기회/시기를 잡다; 기회를 이용하다

cogliere nel segno- 명중하다(= centrare il bersaglio); (비유) 정확히 맞는 말을 하다, 정곡을 찌르다

Le parole di Anna hanno colto nel segno. Filippo non si è fatto più vedere. 안나의 말이 정확히 맞았다. 필립포가 더 이상 보이지 않았다.

non cogliere nel segno- (추측 등이) 빗나가다

coincidenza- 1. 우연의 일치, 동시 발생

Che coincidenza!- 이런 우연의 일치가!

Che strana coincidenza! 이런 이상한 우연의 일치가!

una pura coincidenza- 완전한 우연의 일치

È stata una pura coincidenza. 그것은 정말 우연의 일치였다.

2. 연결기차, 연결 편, 커넥션

perdere la coincidenza- 연결 편을 놓치다

Ho paura di perdere la coincidenza del treno per Pisa. 나는 피사행 연결 기차를 놓칠 까 걱정이다.

prendere la coincidenza- 연결 편을 타다

Chissà se prenderemo la coincidenza. 우리가 연결 기차를 탈 수 있을지 모를 일이다.

colare- 1. (타동사) 여과하다, 거르다

colare la pasta- 파스타를 거르다, 파스타의 물기를 빼내다

fare colare il caffè- 커피를 거르다, 커피를 내리다

2. (자동사) 조금씩 떨어지다

colare a picco- 가라앉다, 침몰하다

Il nave colò a picco. 배가 가라 앉았다.

colare a qualcuno dalla fronte- ~의 이마에서 흘러 내리다

Il sudore gli colava dalla fronte. 그의 이마에서 땀이 흘러 내리고 있었다.

colazione- 아침식사; (정오)의 점심식사

colazione al sacco- 도시락; 소풍 도시락(통상 소풍을 갈 때 파니니, 약간의 과일, 물을 하나 넣어 준 비닐 봉지도 이렇게 부른다.)

colazione all'inglese- 영국식 아침식사(시리얼, 베이컨과 달걀 요리, 토스트에 홍차나 커피를 곁들인 푸짐한 아침식사)

colazione di lavoro- 업무를 겸한 점심

compresa la colazione- 아침식사 포함하여

Quanto viene la camera? 120 euro, compresa la colazione. 방값이 얼마 나가죠? 아침식사를 포함하여 120유로입니다.

fare colazione- 아침식사하다

Non faccio mai colazione. 나는 아침식사를 절대로 하지 않는다.

fare una colazione abbondante- 충분한 아침식사를 하다

Ho fatto una colazione abbondante. 나는 아침 식사를 충분히 했다.

la prima colazione- 조찬

colla- 풀, 접착제

attaccare con la colla- 풀로 붙이다

attaccarsi come la colla- 풀처럼 달라붙다, 끈덕지게 달라붙다

Gli si è attaccata come la colla. 그녀는 그의 곁에 끈덕지게 달라 붙었다.

colla a presa rapida- 순간 접착제

colla di pesce- 생선 아교, 부레풀

colla liquida/in pasta- 액체 풀

un tubetto di colla- 풀 한 통

collaborare- 협력하다, 협조하다; 기고하다

collaborare a un giornale- 신문에 기고하다, 신문에 쓸 원고를 쓰다

collaborare alle indagini- 수사에 협조하다

collaborare con- ~와 협력하다

Sono due anni, ormai, che collaboro con il professor Monti. 나는 몬티 교수와 협력한지 벌써 이년이 되었다.

collaborare con la giustizia- (가벼운 처벌을 받기 우해 검찰측에 협조하여) 공범에게 불리한 증언

을 하다(플리 바겐: 사전형량조정제도)

collaborazione- 협력, 공동 작업

in collaborazione con- ~와 협력(협동)하여

Ho scritto questo libro in collaborazione con un'assistente. 나는 이 책을 조교와 공동작업하여 썼다.

collegamento- 연결, 연락, 접속

collegamento ad internet- 인터넷 연결

in collegamento con qualcuno- ~와 연락하다, ~와 연결하다

Siamo in costante collegamento con lui. 우리는 그와 계속 연락하고 있다.

collera- 격노, 분노

andare (o montare) in collera- 화를 내다, 격노하다

essere in collera con qualcuno- ~에게 화가 나다

Dopo quello che mi ha detto, sono profondamente in collera con lui. 그가 내게 말한 뒤로, 나는 그에게 심히 화가 나있다.

fare andare qualcuno in collera- ~을 화나게 만들다

in un momento di collera- 홧김에

Mi sono pentito di aver detto quelle parole in un momento di collera. 나는 홧김에 그 말을 한 것에 대해서 후회를 했다.

colletta- 모금, 모음

fare una colletta per qualcosa- ~을 위하여 모금하다

Domenica, in chiesa faranno una colletta per le persone povere della zona. 주일날 교회에서 지역의 가난한 사람들을 위해 모금을 한다.

collezione- 수집; (패션) 콜랙션

fare collezione di qualcosa/qualcuno- ~을 수집하다

Faccio collezione di monete di tutti i paesi del mondo. 나는 세계 각국의 동전을 수집한다.

collo- 목; (의복의) 목

a rotta di collo- 거꾸로, 곤두박질쳐서(= a precipizio); 저돌적으로, 성급히, 황급히

Le cose vanno a rotta di collo. 상황이 급속도로 나빠지고 있다.

allungare il collo- (잘 보려고) 목을 길게 뽑다, 목을 쭉 빼 보려고 애쓰다

La folla circondava l'oratore; allungavo il collo ma non riuscivo a vederlo. 군중이 강연자를 에워싸고 있어서, 나는 목을 길게 뽑아 보았지만 그를 볼 수가 없었다.

collo del piede- 발목

collo della bottiglia- 병목

fino al collo- ~에 몰두하여; ~에 깊이 관여하여; ~에 휘말리어

Il mio amico si trova nei guai fino al collo. 나의 친구는 곤경에 처해 헤어나질 못한다.

essere indebitato fino al collo- 빚에 쪼들리다, 빚으로 꼼짝 못한다

Comperando quella casa in centro si è indebitato fino al collo. 그는 시내에 있는 집을 사서 빚에 쪼들렸다.

essere nei debiti fino al collo- 빚에 쪼들리다(= essere indebitato fino al collo)

Povero Luigi: è nei debiti fino al collo. 빚에 쪼들리고 있는 가엾은 루이지.

gettare le braccia al collo di qualcuno- ~의 목을 얼싸 안다

La bambina è andata da lui e gli ha gettato le braccia al collo. 아이가 그에게 다가가 그의 목을 껴 안았다.

il collo della giraffa- 기린 목

mettere i piedi sul collo a qualcuno- ~을 못살게 굴다, ~을 억압하다

mettersi una sciarpa al collo- 목에 목도리를 두르다

portare il braccio al collo- 팔에 멜빵 붕대를 하고 있다

prendere qualcuno per il collo- ~의 멱살을 잡다; ~을 불리한 입장에 두다; ~에게 나쁜 조건을 받아들이도록 강요하다, ~에게 터무니없는 값을 요구하다

Ha dovuto accettare un prestito ad un interesse altissimo perché aveva bisogno urgente di soldi: l'hanno preso per il collo. 그는 급전이 필요해서 고리로 대출을 받아야만 했는데, 그들이 그에게 터무니없는 돈을 요구했다.

rischiare l'osso del collo- 심각한 손해를 무릅쓰다

rompere il collo a qualcuno- ~의 목을 부러뜨리다; ~을 파멸시키다

Se mi offende ancora così, giuro che gli romperò l'osso del collo! 그런 식으로 계속 나를 건드리면 기필코 너의 모가지를 부러뜨려 버릴 거야.

rompersi l'osso del collo- 목뼈를 부러뜨리다; 파멸하다

Se corri così in macchina finirà che ti romperai l'osso del collo. 너 자동차로 그렇게 달리면 네 목을 걸어야 할 거야.

tirare il collo al pollo- 닭의 모가지를 비틀다

colloquio- 대화, 면담, 면접, 인터뷰

avere un colloquio con qualcuno- ~와 인터뷰하다; 면접을 받다, 면접이 있다

Lo studente ha chiesto di avere un colloquio con il professore. 학생이 교수와 면담을 요청했다.

colloquio di lavoro- 직장 면접, 일 면접

colloquio privato- 개인 면담

essere a colloquio con qualcuno- 와 만나다, ~와 면담 중이다

Lui è a colloquio con il presidente proprio ora. 그는 바로 지금 사장과 면담 중이다.

colmare- 가득 채우다

colmare la misura- 도를 넘다

Il tuo comportamento ha colmato la misura. 너의 행동은 도를 넘었다.

colmare un bicchiere d'acqua- 컵에 물을 채우다

colmare un disavanzo- 결손을 메우다

colmare un vuoto/una lacuna- 간격을 메우다, 틈을 메우다

Ho studiato tutto il giorno per colmare quella lacuna in geografia. 나는 지리에 부족한 부분을 채우기 위해 하루 종일 공부했다.

colmo- 1. (명사) 정상, 정점

È il colmo! 너무 하다! 수치다! (= È troppo! È una vergogna!)

essere al colmo dell'ira- 분기충천하다, 노발대발하다

essere al colmo della disperazione- 절망의 구렁텅이에 있다, 극도의 절망 상태에 있다

Quando è andato via di casa era al colmo della disperazione. 그가 집을 나가버리자 그는 극도의 절망감에 빠졌다.

essere al colmo di- ~의 정점에 있다, ~의 꼭대기에 있다

Era al colmo della felicità. 그녀는 행복감에 넘쳤다.

essere il colmo- 한계에 이르다(너무나 짜증스럽다); 더 이상 참을 수 없다; 어이가 없다

Gli ho sempre imprestato del denaro e non me lo ha mai reso. Ora dice che gliene devo io. È il colmo! 그에게 늘 돈을 빌려주었는데 한 푼도 내게 갚지를 않았다. 이제 내가 그에게 빚졌다고 말하니, 어이가 없다!

essere nel colmo della gioventù- 한창 젊을 때이다, 한창 때에 있다

2. (형용사) 가득찬

colmo di- ~로 가득한

Ha il cuore colmo di gioia. 그녀의 마음에 기쁨이 가득했다.

colonna- 지주, 기둥

la colonna della famiglia- 가정의 기둥, 집안의 대들보

È l'unico che guadagna: è la colonna della famiglia. 그는 유일하게 벌이를 하는 사람이야. 집안의 대들보지.

colore- 색, 안색

a colori- 색깔 있는, 칼라의

A quell'epoca non c'erano televisori a colori. 그 시대엔 컬러 텔레비전이 없었다.

avere un bel colore- 안색이 좋다

Si vede che oggi stai meglio: hai un bel colore. 오늘 한결 나아 보이는데, 안색이 좋다.

avere un brutto colore- 안색이 나쁘다

Hai un brutto colore. 안색이 나쁘다. 아파 보이네.

cambiare colore- 색깔을 바꾸다; 창백/핼쑥해지다(= impallidire); 당적을 바꾸다(= cambiare partito)

Quando l'ha visto al parco con lei, ha cambiato colore. 그녀와 함께 있는 그를 공원에서 보았을 때, 그는 안색이 변했다.

colori a olio- 유화물감

combinare (o farne) di tutti i colori- 온갖 나쁜 짓을 다 하다; 꾸지람 받을 만한 행동을 하다, 온갖 망나니짓을 하다, 온갖 말썽을 다 피우다

L'ho lasciato andare in gita coi compagni, ma ne ha combinate di tutti i colori. 친구들과 함께 소풍을 가게 했더니, 그는 온갖 나쁜 짓을 다 했다.

dirne di tutti i colori- 마구 욕설을 퍼붓다(= sfogarsi verbalmente), 폭언을 퍼붓다, 온갖 악담을 하다

Questa mattina sono arrivato tardi e me ne ha dette di tutti i colori. 오늘 아침에 늦게 도착했더니 그는 내게 마구 욕지거리를 내뱉었다.

diventare di tutti i colori- (갑작스런 감정으로 혼란한 마음이 얼굴에 나타나) 낯을 붉히다, 얼굴이 빨개지다; 창백해지다, 핼쑥해지다

Quando ha ricevuto quel complimento è diventata di tutti i colori. 그녀는 그런 칭찬을 받자 얼굴이 빨개졌다.

passarne (o vederne) di tutti i colori- 산전수전 다 겪다, 온갖 경험을 하다

Nulla può sorprenderlo, perché nella sua vita ne ha viste di tutti i colori. 그는 살면서 산전수전 다 겪었기 때문에 아무것도 그를 놀래 킬 수 없다.

senza colore- 색깔이 없는, 단조로운(= monotono)

uomo di colore- 유색인종, 백인이 아닌(= non di razza bianca)

colpa- 죄, 과실, 탓

dare la colpa a qualcuno- ~에게 잘못을 탓하다/돌리다, ~에게 죄를 씌우다

Ha rotto il vetro della finestra e poi ha dato la colpa al suo compagno. 그가 창문의 유리창을 깨놓고서 그의 친구에게 탓을 돌렸다.

Non darmi la colpa! 나를 탓하지마!

essere colpa di- (사람, 사건)의 책임/잘못/탓이다

"Di chi è la colpa?" "È tutta colpa mia". 누구의 잘못이지? 모두 내 잘못이다.

Non è colpa mia. È colpa tua. 내 잘못이 아냐. 너 때문이야.

Se abbiamo sbagliato strada, la colpa è tua. 우리가 길을 잘못 들었다면, 잘못은 너야.

per colpa di- ~때문에(= a causa di)

Per colpa tua, sono stato rimproverato io! 너 때문에 내가 야단 맞았어!

Sono arrivato in ritardo per colpa del traffico. 나는 교통체증 때문에 늦게 도착했다.

prendersi la colpa per qualcosa- ~에 대한 책임을 지다, ~에 대한 비난을 받아들이다

Suo fratello si è preso la colpa per la rottura del vaso prezioso. 그의 형은 귀중한 꽃병의 파손에 대해 책임을 졌다.

sentirsi in colpa per qualcuno- ~에 대한 죄책감을 느끼다, 미안하다고 생각하다

Mi sento in colpa per lui. 나는 그에게 미안하다고 생각한다.

Non vorrei sentirmi in colpa. 난 죄책감을 느끼고 싶지 않다.

colpevole- 유죄의, 죄가 있는

essere colpevole di- ~의 유죄가 있는, ~을 잘못한

Sono colpevole di non essere abbastanza severo con i miei figli. 난 자식들에게 다소 엄하지 못한 잘못이 있다.

giudicare qualcuno colpevole- ~가 죄가 있다고 판단하다

sentirsi colpevole- (마음이) 꺼림칙하다, 잘못했다고 느끼다, 죄책을 느끼다

Mi sento colpevole per quello che è successo. Avrei dovuto essere più attento. 나는 일어난 일에 대해 잘못했다고 생각한다. 내가 더 신중했어야 했다.

colpire- 치다, 타격을 가하다; 걸리다, 덮치다; 충격을 주다, 인상을 주다

colpire il palo- 기둥에 걸리다, 기둥을 치다

Se il pallone avesse colpito il palo, sarebbe stato goal. 공이 골대에 걸리지 않았더라면, 골이 되었을 텐데.

colpire qualcuno- ~에게 강한 인상을 주다; 때리다, 구타하다

L'ho inavvertitamente colpito con la borsa. 나는 부주의하게 그를 가방으로 쳤다.

Lo ha colpito con un bastone. 방망이로 그를 때렸다.

Mi ha colpito moltissimo "la Nascita di Venere" di Botticelli. 보티첼리의 "비너스의 탄생"이 나에게 아주 강한 인상을 주었다.

colpo- 강타, 구타; (정신적인) 타격, 쇼크; 불행

a colpo d'occhio- 한눈에, 즉시; 처음에, 언뜻 보기에(= in apparenza)

Si vede a colpo d'occhio che tu sei più alto; è inutile misurare. 한눈에 봐도 네가 더 큰데 재서 뭐하겠니.

andare a colpo sicuro- 자신있게 나아가다, 확실하게 나아가다(= andare senza possibilità di sbagliare)

avere un colpo di fortuna- 뜻밖의 행운을 가지다; 복이 터지다

C'è crisi di alloggi, ma ha avuto un colpo di fortuna e ne ha trovato uno a poco prezzo. 주택난이었지만, 그는 복이 터져(운 좋게) 저렴한 가격의 집을 구했다.

colpo di Stato- 정변, 쿠테타

d'un colpo solo/**tutto d'un colpo**- 한번에, 한꺼번에, 단숨에

dare (o infliggere) colpi bassi- (권투) 허리 아래를 치다; 비겁한 짓을 하다; 약점을 건드리다

Un uomo onesto non dà colpi bassi. 정직한 사람은 비겁한 짓을 하지 않는다.

dare un colpo di spugna a qualcosa- ~을 해면으로 훔치다; ~을 깨끗이 잊다

Ha dato un colpo di spugna al suo passato e ha iniziato una vita nuova. 그는 자신의 과거를 깨끗이 청산하고 새로운 삶을 시작했다.

dare un colpo di telefono- 빨리 전화 한 통 하다(= fare una telefonata rapida), 전화 한 통 넣다, 전화 한 통 때리다

Se non puoi venire, dammi un colpo di telefono! 네가 올 수 없으면, 내게 전화 한 통 넣어줘!

dare un colpo in testa a qualcuno- ~의 머리를 한 대 때리다

Gli hanno dato un colpo in testa. 그들은 그의 머리를 한 대 때렸다.

di colpo- 갑자기(= all'improvviso), 뜻밖에, 돌연

Si è fermato di colpo e l'ho tamponato. 그가 갑자기 멈추는 바람에 나는 그와 부딪쳤다(충돌했다).

far colpo su qualcuno- ~에게 깊은 인상을 주다, 강렬한 인상을 주다

Ha fatto colpo sui suoi futuri datori di lavoro; otterrà il posto senz'altro. 그는 자신의 장래 고용주에게 깊은 인상을 심어주었기에 틀림없이 일자리를 얻을 거야.

far prendere un colpo- 놀라게 하다, 겁주다

Credevo che non ci fosse nessuno in casa; quando sei comparso all'improvviso; mi hai fatto prendere un colpo. 집에 아무도 없다고 생각했는데, 네가 갑자기 나타나서 나를 놀래 켰다.

fare un colpo- 한탕하다

Hanno fatto un colpo in banca ieri mattina. 그들은 어제 아침에 은행을 털었다.

infliggere un colpo a qualcuno- ~에게 일격을 가하다; ~에게 충격을 주다

Dicendole che hai visto Pietro con Francesca le hai inflitto un bel colpo. 베드로가 프란체스카와 함께 있는 것을 보았다고 네가 그녀에게 이야기를 해서 그녀에게 충격을 주었다.

morire sul colpo- 즉사하다

Il tetto è crollato e lui è morto sul colpo. 지붕이 붕괴해서 그는 즉사했다.

prendere un colpo contro qualcosa- ~에 쾅 부딪치다

Ho preso un colpo contro lo stipite. 나는 문기둥에 쾅 부딪쳤다.

prendere un colpo di sole- 일사병에 걸리다

Si sente male, oggi ha preso un colpo di sole. 그녀는 오늘 일사병에 걸려서 몸이 안 좋다.

senza colpo ferire- 싸우지 않고; 힘들이지 않고

Lei è molto astuta e ottiene tutto quello che vuole senza colpo ferire. 그녀는 무척 교활해서 원하는 모든 것을 힘들이지 않고 얻는다.

uccidere qualcuno a colpi di bastone- ~을 몽둥이로 두들겨 죽이다

uccidere qualcuno a colpi di coltello- ~을 칼질하여 죽이다

uccidere qualcuno a colpi di qualcosa- ~한 짓으로 죽이다

uccidere qualcuno a colpi di pugno- ~을 주먹질하여 죽이다

un colpo basso- 반칙 행위(= azione sleale)

Questo è un colpo basso da parte tua. 이것은 네 편에서 반칙 행위이다.

un colpo d'occhio- 볼거리, 조망

Le case e il fiume sono un colpo d'occhio meraviglioso. 집들과 강이 아주 아름다운 조망이다.

un colpo di fulmine- 첫 눈에 반한 사랑(= un amore a prima vista)

È stato un colpo di fulmine. Appena si sono visti, si sono innamorati. 첫 눈에 반한 사랑이었다. 그들은 보자마자 사랑에 빠졌다.

un colpo di scena- (연극에서의) 급전환, 반전; 즉석의 효과를 노린 연극상의 히트, 극의 히트

un colpo di testa- (스포츠) 헤딩; 경솔한/성급한 행동(= decisione precipitosa)

Non fare colpi di testa. 섣부른 행동을 하지 마라.

Suo padre ha minacciato di buttarlo fuori di casa se la sposava, ma lui ha fatto un colpo di testa e l'ha sposata lo stesso. 그의 아버지는 그가 그녀와 결혼한다면 집에서 내쫓는다고 으름장을 놓았는데도, 그는 경거망동하게 그녀와 결혼했다.

un colpo di vento- 돌풍, 예기치 않은 현상

un colpo gobbo- 큰 횡재; 사기(= imbroglio)

Trovare un impiego tranquillo e sicuro con uno stipendio da direttore generale: questo sì che è un colpo gobbo. 총지배인 봉급에 편안하고 안정적인 일자리를 구한다는 것, 이것은 큰 횡재다.

coltello- 칼

aver il coltello per il manico- 이기다, 우세하다; ~을 좌지우지하다

È inutile opporsi, tanto il coltello per il manico ce l'ha lui. 반대해도 소용없어, 어쨌든 그가 좌지우지하니깐.

avere il coltello da parte del manico- 이기다, 우세하다; (구어) 궁지에 몰아 넣다, ~를 좌지우지하다

coltello da cucina/da frutta/da pane/da tavola- 부엌칼, 과일칼, 빵칼, 식탁용 칼

da tagliarsi con il coltello- 칼로 자른 듯이 (나무 등이) 빽빽한/울창한; (안개가) 자욱한/짙은

In pianura, durante l'inverno, la nebbia è così fitta che si potrebbe tagliare con il coltello. 겨울에는 평야에 안개가 자욱하다.

girare il coltello nella piaga- (비유적) 옛 상처를 건드리다, 싫은 것을 생각나게 하다

Basta raccontarmi quella storia. Non girare il coltello nella piaga. 그 얘기 그만해. 옛 상처를 건드리지

말아줘.

puntare il coltello alla gola di qualcuno- ~의 목을 칼로 찌르다

Prima gli ha puntato il coltello alla gola e poi gli ha rubato i soldi. 그는 그의 목을 칼로 찌르고서 돈을 훔쳐갔다.

rigirare il coltello nella piaga- 사태를 더욱 악화시키다, 불난 집에 부채질하다[23]

Lo so che ho sbagliato con mio figlio, ma perché tu rigiri sempre il coltello nella piaga? 내가 아들에게 실수했다는 것을 아는데, 왜 너는 늘 불난 집에 부채질하니?

coltivare- 경작하다, 재배하다; (능력, 지능) 개발하다, 닦다; 전념하다, 몰입하다

coltivare gli hobby- 취미에 전념하다

Quando ho del tempo libero, desidero coltivare i miei hobby. 나는 자유시간이 있을 때, 나의 취미 생활에 몰두하고 싶다.

coltivare l'ingegno- 재능을 연마하다

coltivare l'orto- 채소밭을 가꾸다

coltivare la terra- 경작하다, 땅을 갈다

colto- 1. 잡힌, 사로잡힌, 붙잡힌(cogliere의 과거분사)

essere colto di sorpresa- 불시에 기습을 받다, 놀라다, 당황하다

La tua visita mi ha colto di sorpresa. Pensavo che tu fossi ancora a Londra. 나는 너의 갑작스런 방문에 놀랐다. 나는 네가 아직 런던에 있을거라 생각했다.

essere colto sul fatto- 현장에서 체포된

L'hanno colto sul fatto mentre rubava al supermercato. 그는 슈퍼마켓에서 절도를 하다 현장에서 잡혔다.

2. 교양 있는, 교육받은

lingua colta- 교양 있는 언어

uomo molto colto- 교양이 풍부한 사람

Quell'uomo ha la nomea di essere molto colto. 그 남자는 교양이 풍부한 사람이라는 명성을 얻고 있다.

coma- 코마, 혼수상태

coma profondo- 깊은 혼수 상태

entrare in coma- 혼수 상태에 빠지다

essere in coma- 혼수 상태에 있다; 지치다(= essere stanchissimo)

Il padre di Marco è in coma. 마르코의 아버지는 혼수 상태에 있다.

uscire dal coma- 혼수 상태에서 벗어나다

Finalmente è uscito dal coma. 마침내 그가 혼수 상태에서 깨어났다.

comandare- 명령하다

Chi non sa obbedire non sa comandare. 복종할 줄 아는 자가 명령할 줄도 안다. 명령하기 전에 복종하는 법부터 배워야 한다.

comandare a distanza- 원격 조종하다

---

[23] 관용어 "girare il coltello nella piaga"는 "싫은 것을 생각나게 하다, 옛 상처를 건드리다"라는 의미이다. 관용어 "rigirare il coltello nella piaga"와는 전혀 다른 뜻이므로 주의해야 한다.

comandare a qualcuno di fare qualcosa- ~에게 ~할 것을 명령하다

Il suo superiore gli comandò di presentarsi entro mezz'ora. 그의 상사가 삼십분 안에 출석할 것을 그에게 명령했다.

Vi comando di uscire subito da qui. 여기에서 즉시 나갈 것을 너희들에게 명한다.

Comandare è meglio che fottere. 성관계보다 권력이 더 낫다(시칠리아 속담)

come Dio comanda- 하느님/하나님이 명령하신 대로, 하느님/하나님이 하라는 대로

Abbiamo organizzato tutto come Dio comanda. 우리는 모든 것을 완벽하게 계획했다.

Qui comando io! 여기에선 내가 명령한다! 여기에선 내가 권위를 행사한다!

comando- 명령

accettare il comando- 명령을 받아 들이다

Ai vostri comandi! (명령 앞에서) 즉시 명령대로 실시하겠습니다!

avere al proprio comando- ~을 수족처럼 부리다, ~을 마음대로 부리다

Ha mille uomini al suo comando. 그는 수하에 많은 사람을 부리고 있다.

avere la bacchetta del comando- 전권을 장악하다

esercitare il comando- 지휘권을 행사하다

essere al comando di un battaglione- 군대를 지휘하다

obbedire a un comando- 명령에 복종하다

prendere il comando delle operazioni- 작전권을 갖다, 작전 책임을 지다

stare ai comandi di qualcuno- ~의 수족이 되다, ~에게 귀속되어 있다

combattere- (자동사) 투쟁하다, 싸우다

combattere a fianco di qualcuno- ~옆에서 싸우다

combattere ad armi pari- 동등한 조건에서 싸우다

Almeno con lui combatterò ad armi pari. Non mi è superiore in niente. 나는 적어도 그와 동등한 조건에서 싸울 것이다. 그가 나보다 나은 것이 아무것도 없다.

combattere contro qualcuno o qualcosa- ~에 대항하여 싸우다

combattere corpo a corpo- 육탄전을 벌이다, 접전하다, 서로 치고 받고 싸우다, 격투를 벌이다

combattere fino all'ultimo- 끝까지 싸우다, 최후까지 싸우다

combattere per qualcosa- ~을 위하여 투쟁하다

Noi combattiamo per la libertà. 우리는 자유를 위해 투쟁한다.

combattimento- 전투, 투쟁

essere fuori combattimento- 녹초가 되다, 지치다

Ho lavorato troppo oggi; sono fuori combattimento. 나는 오늘 너무 많이 일해서 지쳤다.

fuori combattimento- 권투에서 녹아웃, KO

mettere fuori combattimento- 나가 떨어지게 하다, 녹아웃 시키다

Il gene che può mettere fuori combattimento il tumore. 유전자가 암을 나가 떨어지게 할 수 있다.

combinare- 만들다, 꾸미다

combinare dei guai- 일을 망치다, 일을 엉망으로 망치다(= fare qualcosa di sbagliato)

Non puoi lasciarlo solo un momento che subito combina dei guai! 금방 일을 엉망으로 망쳐서 너는 그

를 잠시라도 혼자 나둘 수가 없다.

combinare un incontro con qualcuno- 만남을 주선하다

combinare un matrimonio- 결혼을 주선하다; 중매하다

Cosa stai combinando? 무슨 일을 꾸미고 있는 거야? 무슨 일을 하고 있니?

come- 어떻게

Come dici? Come hai detto? (잘못 들었을 때) 뭐라고? 뭐라고 했지?

Come, scusi? 죄송한데, 뭐라고 하셨어요?

Come mai- (놀라움을 가지고 이유를 물을 때) 어째서, 왜

Come mai sei qui a quest'ora? 이 시간에 네가 여기 웬일이니?

Come no! 1) 물론! 그럼! (= certo)

"Vieni con noi stasera?" "Come no!" "오늘 저녁 우리와 함께 가는 거지? "그럼!"

2) 아니라뇨?

"Papà, mi dai 50 euro per comprare un gioco? "No." "Come no?! Ma io lo voglio." "아빠, 게임 사는데 50유로 줄래요?" "안돼" "아니라뇨, 그것 사고 싶어요"

Come non detto! 없었던 말로 하자! 안들은 것으로 해!

Come sarebbe a dire? (반박을 할 때) 무슨 뜻이지?, 무슨 뜻으로 하는 말이지?

Il come e il quando restano un mistero. 어떻게, 언제 일어났는지는 아직도 미궁에 남아 있다.

Ma come! 어떻게 그럴 수가!

cominciare- 시작하다

a cominciare da- ~부터 시작하여

A cominciare da oggi non voglio più che tu frequenti quel locale. 나는 오늘부터 네가 더 이상 그 장소에 드나들지 않기를 바래.

a cominciare da me- 나부터 시작하여

Chi ben comincia è a metà dell'opera. (속담) 시작이 반이다.

cominciare a fare qualcosa- ~하기 시작하다

Comincia a piovere. 비가 오기 시작한다.

Ha cominciato a studiare. 그는 공부하기 시작했다.

cominciare con- ~로 시작하다

Che ne dici di cominciare con un antipasto di frutti di mare? 해물 전채로 시작하는 게 어때?

cominciare da- ~에서부터 시작하다

Non so da dove cominciare. 나는 어디에서부터 시작해야 할 지 모르겠다.

Oggi cominceremo da pagina 50. 오늘은 50페이지부터 시작할 거예요.

per cominciare- 우선, 첫째로

commedia- 코미디; 희극; 가식

essere tutta una commedia- 모두 가식이다

Non c'era niente di vero; era tutta una commedia. 사실인 것은 아무것도 없었고, 모든 것이 가식이었다.

fare la commedia- 과장하다, 허풍을 떨다

Stai facendo la commedia per convincermi, ma non ti credo. 날 설득하려고 허풍을 떨고 있는데, 난

널 믿지 않아.

commerciante- 상인

    commerciante al minuto- 소매 상인

    commerciante all'ingrosso- 도매 상인

    commerciante ambulante- 노점 상인, 길거리 행상

    fare il commerciante/essere commerciante- 장사를 하다, 상인이다

    Lui è un vero commerciante. 그는 진짜 상인이다.

commercio- 상업, 통상

    darsi al commercio/mettersi nel commercio- 실업계에 들어가다, 장사를 시작하다

    essere in commercio- 판매되고 있다, 시중에 나와 있다

    essere nel commercio- 영업을 하고 있다

    fuori commercio- 비매품; 품절된; (책) 절판된

    in commercio- 판매되는; 시중에 나와 있는

    mettere in commercio qualcosa- ~을 팔려고 내놓다, 상업화하다

    Nel 2007 la Fiat ha messo in commercio la Nuova Fiat 500. 2007년도에 피아트 자동차 회사는 새로운 피아트 500을 팔려고 내놓았다.

commettere- 저지르다, 자행하다, 범하다

    commettere un delitto- 죄를 짓다, 죄를 범하다

    commettere un errore- 오류를 범하다

    commettere un peccato- 죄악을 범하다

    commettere un reato- 범죄를 저리르다

    commettere uno sbaglio- 실수를 하다, 실수를 범하다

    commettere suicidio- 자살하다

comodità- 편리, 편안, 안락; (복수) 편의 시설

    avere la comodità di fare qualcosa- ~하는 편리함이 있다

    Abbiamo la comodità di avere la stazione vicino a casa. 우리집 근처에 역이 있는 점이 편리하다.

    tutte le comodità- 모든 편의시설

    Ci sono tutte le comodità, anche la televisione. 텔레비전까지 모든 편의 시설이 있다.

    vivere tra le comodità- 안락하게 살다, 편안하게 살다

comodo- 1. (형용사) 편안한

    condurre una vita comoda- 편안한 삶을 영위하다

    Mettiti comodo! 편히 쉬어!

    prendersela comoda- 늑장부리다, 꾸물대다; 서두르지 않고 하다, 천천히 하다

    Te la sei presa comoda! Hai un'ora di ritardo. 너 늑장부렸구나! 한 시간이나 늦었잖아.

    Stia comodo! 서 있지 마세요! 앉으세요! 편할 대로 하세요!

    tornare comodo a qualcuno- ~에게 편리하다, ~에게 맞다, ~에게 괜찮다

    Non andai perché non mi tornava comodo. 내 마음이 편치가 않아 가지 않았다.

    Quando vi torna comodo-. 너희들 편할 때,

2. (명사) 편리, 편의

A Suo comodo- 당신 편할대로

A Suo comodo, quando vuole. 원하실 때, 당신 편한 대로 하세요.

con comodo- 편하게

Prendila con comodo! 마음 편하게 가져! 걱정 마! 천천히 해!

Può fare con comodo, non c'è fretta. 천천히 하셔도 됩니다, 급할 것 없어요.

fare comodo- 유익하다, 이롭다, 유리하다, 편하다

Quando piove, fa comodo avere un ombrello. 비오면 우산이 있는 것이 편하다.

fare (o tornare) comodo a qualcuno- ~에게 유익하다, ~에게 편하다

Mi fa comodo questo foglio, posso prenderlo? 이 종이가 나한테 편할 것 같은데, 가져도 되나요?

fare il proprio comodo/i propri comodi- 자기 편할/원하는 대로 하다(= fare quel che aggrada); 자기 자신의 편의만을 생가하다(= badare ai propri comodi); 늑장부리다(= prendersela calma)

È un ospite insopportabile. Fa i suoi comodi dal mattino alla sera. 그는 견딜 수 없는 손님이야. 온종일 자기 마음대로 해.

Vuol fare sempre il proprio comodo. 그는 항상 자기 편할 대로 하길 원한다.

compagnia- 동료, 교제; 회사

e compagnia bella- (모임의) 그 밖의 다른 사람들; 기타 등등(= e così via)

Alla manifestazione ho visto Marco e compagnia bella. 나는 시위에서 마르코와 그 밖의 다른 사람들을 보았다.

fare compagnia a qualcuno- ~곁에 있어 주다, ~의 벗이 되어 주다; ~와 같이 가주다

Vado a fare compagnia al mio amico malato. 나는 아픈 친구 곁에 있어주려고 간다.

frequentare una buona/cattiva compagnia- 좋은/나쁜 친구와 사귀다

Non frequentare le cattive compagnie! 나쁜 친구들이랑 어울리지 마!

in compagnia di- ~와 어울려서, ~와 함께

"Vai in vancanza in Sicilia da solo?" "No, in compagnia di amici." 너 혼자 시칠리아에 휴가가니? 아니, 친구들과 어울려서.

stare in compagnia- 사람들과 어울려 있다

Preferisco stare in compagnia. 나는 사람들과 어울려 있는 것을 더 좋아한다.

compagno- 동료, 친구

compagno d'armi- 군대 친구, 전우

compagno di banco- 짝궁

Come è il tuo compagno di banco? 너의 짝은 어떠니?

compagno di bevute- 술 친구

compagno di classe- 학급 친구

compagno di giochi- 놀이 친구

compagno di scuola- 학교 친구

Con Pietro eravamo compagni di scuola, poi non ci siamo visti per quasi 20 anni. 우리는 피에트로와 학교 친구였는데, 거의 20년 동안 서로 보지 못했다.

compagno di stanza- 방 친구

compagno di viaggio- 여행 친구

comparire- 나타나다, 등장하다

comparire dinanzi alla corte- 법정에 출두하다

comparire in udienza- 소환에 응하다

comparire in sogno- 꿈에 나타나다

Ieri notte mi è comparsa in sogno mia madre. 어제 밤 꿈에 엄마가 났다.

compassione- 동정, 연민

avere compassione di (o per) qualcuno- 에게 연민을 갖다, ~을 동정하다

fare compassione- 동정을 일으키다, 애처롭게 하다

Il film di ieri faceva veramente compassione. 어제 영화는 정말 동정심을 불러 일으켰다.

Mi fai compassione. (비꼬는) 애처롭구나. 불쌍하구나.

per compassione- 불쌍해서, 가엽게 여겨, 동정심에서

sentire (o provare) compassione per qualcuno- ~을 가엾게 보다, ~을 불쌍히 여기다

Mia sorella prova molta compassione per gli animali abbandonati. 나의 누이는 유기 동물들을 무척 불쌍히 여긴다.

senza compassione- 사정없이, 인정사정없이, 무자비하게

compasso- 콤파스

con squadra e compasso- 체계적으로, 조직적으로, 계획적으로, 차근차근히

fare qualcosa col compasso- ~을 꼼꼼하게 하다

compenso- 보상, 보답

compenso in denaro- 현금 보상

in compenso- 보상으로, 보답으로, 대가로; 그 대신, 답례로

Non è intelligente, in compenso, è ricco. 그는 똑똑하진 않아도 대신에 부자이다.

Si è stancato molto ma in compenso ha passato una bella giornata. 그는 무척 피곤했지만 그 대신 멋진 하루를 보냈다.

in compenso della vostra ospitalità- 여러분들의 환대에 대한 답례로서

in compenso di- ~의 답으로서, ~의 대가로, ~의 답례로서

compiere- 완수하다, 끝내다; (연령이) 달하다

compiere gli anni- 생일이 되다, 나이가 되다

L'anno prossimo compio vent'anni. 내년에 나는 20살이 된다.

Luisa ha compiuto 20 anni. 루이자는 20살이 되었다.

Quando compi gli anni? 너 생일이 언제니?

compiere gli studi- 학업을 끝내다

Lui ha compiuto gli studi l'anno scorso. 그는 작년에 학업을 마쳤다.

compiere il proprio dovere- 자신의 의무를 완수하다

Non ha fatto nulla di speciale, ha solo compiuto il proprio dovere. 그는 특별한 일은 전혀 하지 않았다. 단지 자신의 의무만을 완수했다.

compiere una missione- 미션/사명을 완수하다

compito- 일; 숙제; 의무, 책임

assolvere il proprio compito- 자기의 본분을 다하다

Se ognuno assolve il suo compito, andrà tutto liscio. 누구나 자기의 본분을 다한다면, 만사가 순조로울 것이다.

compito delle vacanze- 방학숙제

compito per casa- 집에서 할 숙제

fare i compiti- 숙제하다

Lui mi aiuta a fare i compiti. 그는 나의 숙제를 도와준다.

Non ho ancora fatto i miei compiti. 나는 아직 숙제를 하지 않았다.

svolgere un compito importante- 중요한 임무를 행사하다

compleanno- 생일

Buon compleanno! 생일 축하해!

festeggiare il compleanno- 생일을 축하하다

Devo andare a cena da mia nonna; festeggia il suo compleanno. 나는 할머니 집에서 할머니 생일잔치를 해서 저녁 식사하러 가야 해.

la festa del mio compleanno- 나의 생일 파티

Ti invito alla festa del mio compleanno. 내 생일 파티에 너를 초대한다.

per il compleanno di qualcuno- ~의 생일 때, ~의 생일을 위해서

Che cosa hai comprato per il suo compleanno? 그의 생일을 위해서 무엇을 샀니?

Quando è il tuo compleanno? 네 생일이 언제니?

complesso- 전체, 복합, 합성물; (음악) 밴드, 악단; (심리) 콤플렉스

avere il complesso- 콤플렉스를 가지다

Ha il complesso di avere troppo seno. 그녀는 가슴이 너무 크다는 콤플렉스를 가지고 있다.

complesso d'inferiorità- 열등감

Lui ha un complesso d'inferiorità. 그는 열등감을 가지고 있다.

essere pieno di complessi- 콤플렉스로 가득차 있다

Lui è pieno di complessi. 그는 콤플렉스로 가득차 있다

in complesso, nel complesso- 대체로, 전체적으로(= in totale), 전반적으로(= in generale)

In complesso sono soddisfatto. 대체로 나는 만족한다.

La casa non è l'ideale, ma nel complesso mi piace. 이상적인 집은 아니지만 대체로 맘에 든다.

presentare il complesso musicale- 악단을 소개하다

Vi presentiamo il complesso musicale AVIS composto da giovani studenti. 여러분에게 젊은 학생들로 이루어진 AVIS 악단을 소개합니다.

completo- 1. (형용사) 완전한, 꽉 찬

avere una fiducia completa in qualcuno- ~을 완전히 신뢰하다

Ho una fiducia completa in lui. 나는 그를 완전히 신뢰한다.

buio completo- 완전 까맣게, 전혀 생각이 나지 않는

Anche se sapevo la risposta, in quel momento era buio completo. 비록 나는 답을 알고 있었지만, 그 순간 완전 까맣게 생각이 안 났다.

essere completo- 꽉 차다, 가득 차다, 만원이다

L'albergo era completo. 호텔에 방이 다 차있었다.

L'autobus è completo. 버스가 만원이다.

2. (명사) (한 벌로 된) 복장, 옷; 세트; 만원, 만석

completo da donna- 여성 정장

completo da sci- 스키복

completo da uomo- 남성 정장

essere al completo- 만원이다, 꽉 차다

Il teatro è al completo. 극장이 만석이다.

Spiacenti, siamo al completo. 죄송하지만, 예약이 다 찼습니다.

presentarsi al gran completo- 전원 참석하다

Tutta la parentela si è presentata al suo matrimonio al gran completo. 그녀의 일가친척 모두가 결혼식에 전원 참석하였다.

complimento- 찬사, 축사, 인사

andare a caccia di complimenti- 칭찬을 하도록 유도하다

Fa sempre notare il suo buon gusto: va a caccia di complimenti. 그녀는 늘 자기의 세련된 취향으로 이목을 끌어 찬사를 받으려고 하지.

Complimenti!- (뭔가를 이루어 내었을 때) 축하합니다! 대단하십니다!

Complimenti! Lei parla bene l'italiano. 대단하십니다! 이탈리아 말을 참 잘 하시네요!

complimenti per- ~에 대해 찬사를 보내다

Complimenti per i tuoi lavori. 당신의 작품에 찬사를 보내요!

fare un complimeno a qualcuno- ~에게 칭찬을 하다, ~에게 찬사를 보내다

Ho fatto un complimento alla signora. 나는 부인에게 찬사를 보냈다.

Vi faccio tanti complimenti. 너희들에게 많은 찬사를 보낸다.

I miei complimenti a Sua moglie. 당신 아내에게 안부를 전해주세요.

non fare complimenti- 격식을 차리지 않다, 체면을 차리지 않다, 사양하지 않다

Non faccia complimenti e mi chieda pure. 서슴지 말고 질문하십시오.

Prendine ancora un po', non fare complimenti! 체면 차리지 말고 조금 더 먹어!

senza complimenti- (1) 진심으로, 솔직하게(= con franchezza)

No, grazie, senza complimenti. 진심으로, 사양하겠습니다.

(2) 사양 없이, 격식 없이; 퉁명스럽게(= bruscamente)

Fai pure come vuoi, senza complimenti! 마음 편히, 너 하고 싶은 대로 해!

comportarsi- 행동하다, 처신하다

comportarsi bene/male- 처신을 잘하다/잘못하다

Comportati bene! 똑바로 행동 해! 처신 잘 해!

Mi sono comportato male. 내가 행동을 잘못했다. 내가 처신을 잘못했다.

comportarsi come un vigliacco- 비겁쟁이처럼 행동하다
comportarsi da stupido- 바보같이 행동하다
Mi sono comportato da stupido. 나는 바보같이 행동했다.
sapere comportarsi- 처신하는 법을 알다
Non sa comportarsi in pubblico. 그는 대중 앞에서 처신하는 법을 모른다.

comprare- 사다
comprare a buon mercato- 싸게 구입하다
comprare a condizioni favorevoli- 좋은 조건으로 구입하다
comprare a credito- 카드로 구입하다
comprare a occhi chiusi/a scatola chiusa- 잘 보지 않고 사다, 무턱대고 사다, 얼떨결에 사다
comprare a rate- 할부로 구입하다
comprare a termine- (주식) 선물 매입하다
comprare all'incanto- 경매로 구입하다
comprare all'ingrosso- 도매로 사다
comprare di seconda mano- 중고로 구입하다
comprare in blocco- 대량으로 구입하다, 대량구매하다
comprare in contanti- 현금으로 구입하다

comprensione- 이해, 납부, 납득
al di là della comprensione- 이해를 넘어선, 이해할 수 없는
Il fenomeno è al di là della nostra comprensione. 현상이 우리의 이해를 넘어선다. 우리가 이해할 수 없는 현상이다.
avere comprensione di qualcosa/qualcuno- ~에 대해 이해하다
Dobbiamo avere comprensione delle persone deboli. 우리는 약한 사람들에 대해 이해해야 한다.
mancare di comprensione- 이해력이 부족하다
Lui manca di comprensione. 그는 이해력이 부족하다.
volerci comprensione- 이해력이 필요하다
Con i bambini ci vuole comprensione. 애들하고 있으려면 이해심이 필요하다.

comprensivo- 이해심이 있는, 이해력이 넓은, 배려하는, 호의적인, 동조하는
essere comprensivo con qualcuno- ~에게 이해심이 많다
Lui è stato sempre comprensivo con me. 그는 항상 나를 배려해 주었다.
Se parlo, il giudice sarà più comprensivo con me. 내가 이야기를 하면, 판사가 나의 정상을 더 참작해 줄 것이다.

compreso- 포함된
compresa la colazione- 아침 식사를 포함하여
Nel prezzo è compresa la colazione. 가격에 아침 식사가 포함되어 있습니다.
Quanto costa, compresa la colazione? 아침식사를 포함해서 얼마입니까?
compresi noi- 우리를 포함하여
Saremo in dieci, compresi noi. 우리를 포함해서 10명입니다.

compreso me- 나를 포함하여

prezzo tutto compreso- 모두 포함된 가격

servizio non compreso- 서비스료가 포함되지 않은

tutto compreso- 모두 포함하여

"Le tasse e il servizio sono comprese?" "Sì, tutto compreso". "세금과 봉사료가 포함되었습니까?" "예, 모두 포함되었습니다"

viaggio tutto compreso- 패키지 여행

compromesso- 타협, 절충, 합의, 해결

arrivare (o venire, scendere) a un compromesso- 타협에 이르다

Finalmente siamo arrivati a un compromesso. 마침내 우리는 타협에 이르게 되었다.

comune- 공동의, 보통의; 대다수

avere qualcosa di comune- 공통된 것을 갖다

Che cosa abbiamo di comune? 우리는 공통점이 무엇일까?

fuori dal comune- 드문; 유별난, 극히 예외적인; 특이한/특출한, 비범한(= straordinario)

I suoi commenti sulla situazione politica sono sempre originali; è una persona fuori dal comune. 정치 상황에 대한 그녀의 논평은 늘 참신한데, (정말) 특출한 사람이다.

mettere qualcosa in comune- ~을 공통으로 두다, ~을 나누어 쓰다

Che cosa abbiamo in comune? 우리는 공통점이 뭐가 있을까?

Mettiamo in comune le spese? 우리 경비는 공동으로 할까?

Mettiamo in comune tutto il denaro. 우리는 모든 돈을 공동으로 한다.

non avere niente in comune con qualcuno- ~와 공통점이 하나도 없다

Noi non abbiamo niente in comune. 우리는 공통점이 하나도 없다.

Non voglio avere niente in comune con lui. 나는 그와 공통점이 하나도 없길 바란다.

comunicare- 전달하다, 의사소통하다

comunicare a gesti- 몸짓 손짓으로 의사소통하다, 제스츄어로 의사소통하다

Dopo l'operazione alle corde vocali, comunica solo a gesti. 그는 성대 수술을 한 이후 몸짓 손짓으로만 의사소통을 한다.

comunicare a qualcuno di- ~하는 것을 전달하다

Ci dispiace comunicarvi di non aver potuto spedire le merci come d'accordo. 우리는 합의한 물건을 귀사에 보내지 못했음을 전하게 되어 무척 유감입니다.

comunicare con qualcosa/qualcuno- ~와 연락하다

È difficile da comunicare con quella zona. 그 지역과 연락하기 힘들다.

Non riesce più a comunicare con i genitori. 그는 부모님과 더 이상 연락을 할 수 없다.

comunicare i risultati- 결과를 전하다

comunicare per e-mail- 이메일로 전하다

comunicare per telefono- 전화로 연락하다

comunicare una notizia- 소식을 전하다

comunicare via radio- 라디오로 방송하다

comunicazione- 의사소통, 연락, 통신

avere la comunicazione- 전화/연락하다

Non riesco ad avere la comunicazione. 전화가(연락이) 되지 않는다.

comunicazione telefonica- 전화 연락

dare la comunicazione di qualcosa a qualcuno- ~에게 ~에 대하여 연락하다/알려주다

essere (o trovarsi) in comunicazione con qualcuno- ~와 연락하다, ~와 접촉하다

fare una comunicazione ufficiale di qualcosa- ~에 대해 공식적인 연락을 하다

Ieri gli hanno ufficialmente comunicato il licenziamento. 그들은 어제 공식적으로 그에게 해임을 알렸다.

mettere in comunicazione con qualcuno- ~와 연락을 취하다, ~와 통하게 하다, 연결해주다

Mettetemi in comunicazione col signor Smith. 스미스 씨와 연결해 주십시오.

ricevere la comunicazione di qualcosa- ~에 대한 연락을 받다

concedere- 양보하다, 승인하다, 허용하다

concedere a qualcuno di fare qualcosa- ~에게 ~하는 것을 허용하다

I genitori di solito non concedono ai bambini di guardare la tv fino a tardi. 부모들은 대개 아이들에게 늦게까지 텔레비전 보는 것을 허락하지 않는다.

concentrare- 한점에 모으다, 집중시키다

concentrare la propria attenzione su qualcosa- ~에 자신의 관심을 기울이다

concentrare tutti i propri sforzi su qualcosa- ~에 자신의 모든 노력을 기울이다

Mi sembra opportuno che tu ora concentri i tuoi sforzi per ottenere quel lavoro. 그 일을 얻기 위해 이제 네 모든 노력을 기울이는 것이 좋을 것 같다.

concentrarsi- 집중하다, 한 곳에 전념하다

Con questo rumore non riesco a concentrarmi. 이 소음 때문에 나는 집중을 할 수가 없다.

concentrarsi su un pensiero- 한 가지 생각에 골몰하다

concordare- 일치시키다; 화해하다

concordare due diversi punti di vista- 다른 두 관점을 조정하다

concordare il prezzo- 가격을 흥정하다

Abbiamo concordato il prezzo di vendita per il mio appartamento. 우리는 나의 아파트 판매 가격을 흥정했다.

concorde- 조화된, 일치한

essere concordi- 일치하다

essere di parere concorde- 같은 생각이다, 의견이 일치하다

Su come agire ora, siamo di parere concorde. 지금 어떻게 행동할 것인가에 대해서 우린 같은 생각이다.

concorrente- 경쟁자

battere i concorrenti- 경쟁자들을 물리치다

Per battere i concorrenti bisogna migliorare il prodotto. 경쟁자들을 물리치기 위해서 제품을 개선해야 한다.

oltrepassare (o superare) un concorrente- 경쟁자를 추월하다

Con un'offerta più alta ha superato il suo concorrente. 더 나은 제안을 통해 경쟁자를 추월했다.

concorrenza- 경쟁

  concorrenza leale- 공정경쟁

  concorrenza libera- 자유경쟁

  concorrenza sleale- 불공정경쟁

  entrare in concorrenza con qualcuno- ~와 경쟁에 들어가다

Quei due negozi sono entrati in concorrenza tra loro. 그 두 가게는 그들끼리 경쟁에 들어갔다.

  fare concorrenza a qualcuno- ~와 경쟁하다

L'ipermercato fa inevitabilmente concorrenza a tutti i negozi della zona. 대형마켓은 지역의 모든 상점들과 불가피하게 경쟁을 하게 된다.

  farsi concorrenza- 경쟁하다

  fino alla concorrenza di- ~까지, ~에 달하는

concorso- 경쟁, 경기, 경연, 대회

  con il concorso dello stato- 정부의 도움으로, 정부가 나서서

  con il concorso di- ~의 도움으로

  fuori concorso- 경쟁을 벗어나서

  partecipare a un concorso- 대회(공모)에 참석하다

  vincere un concorso- 경쟁에 이기다, 공모에 당선되다

concreto- 구체적인

  avere qualcosa di concreto- 구체적인 것을 갖가지

I suoi progetti non hanno niente di concreto. 그의 계획은 구체적인 것이 하나도 없다.

  in concreto- 구체적으로

Mi sembra che, in concreto, non sia più possibile fare nulla. 구체적으로 아무것도 할 수 없을 것 같다.

concludere- 종결하다, 완성하다; 결론을 내리다

  concludere un affare- 사업상의 거래를 성사시키다

  concludere un discorso- 대화를 끝맺다

Non ha concluso il suo discorso. 그는 자신의 대화를 끝맺지 못했다.

  concludere un trattato- 조약을 맺다, 조약을 체결하다

  concludere un'alleanza- 동맹을 맺다

  non concludere nulla- 아무런 결실이 없다

Ha frequentato per cinque anni l'università, ma non ha concluso nulla. 그는 대학을 5년이나 다녔지만 아무런 결실이 없었다.[24]

conclusione- 종결, 결말, 결론

  in conclusione- 결론적으로, 결론을 말하건데, 마지막으로; 궁극에 가서는, 종국엔, 결국에

In conclusione che cosa vuoi? 결론적으로 네가 원하는 것이 뭐야?

---

[24] 이탈리아 대학은 우리의 입학정원제와 달리 졸업정원제이기 때문에 우리의 대학처럼 입학과 동시에 졸업이 보장되지 않는다. 대학 졸업 비율은 해마다 다르지만 대략 30%미만의 통계수치이다. 이 예문은 그러한 상황을 설명한 것이다.

In conclusione siamo al punto di prima. 결국에 우리는 원점이다.

portare qualcosa a conclusione- ~을 결론짓다, ~을 종결짓다, ~을 마무리하다

condanna- 처벌, 형벌, 선고

condanna a morte- 사형선고

In Europa è stata abolita la condanna a morte. 유럽에서는 사형선고가 폐지되었다.

pronunciare una condanna- 판결을 내리다, 형을 선고하다

scontare una condanna- 징역을 살다, 복역하다

Mio cugino sta scontando una condanna a 5 anni di carcere. 나의 사촌은 5년 징역살이를 하고 있다.

condannare- 처벌하다, 판결을 내리다, 형을 언도하다

condannare a morte- 사형 선고를 하다

condannare qualcuno a mille euro di multa- ~에게 100유로 벌금형에 처하다

condannare qualcuno a tre mesi di prigione- ~을 3개월 형에 처하다

essere condannato a- ~하는 명령을 받다, ~형벌을 받다; 선고받다

Sono stato condannato a pagare le spese dell'incidente. 나는 사고비용을 지불하도록 선고받았다.

condannato- 처벌을 받은, 형벌 선고를 받은

essere condannato a morte- 사형 선고를 받다

essere condannato a venti anni di carcere- 20년 징역형을 받다

È stato condannato a venti anni di carcere. 그는 20년 징역형을 선고받았다.

essere condannato al pagamento della cauzione- 과태료를 부과하다

essere condannato al soggiorno obbligato- 가택연금 선고를 받다

essere condannato all'ergastolo- 종신형을 선고받다

essere condannato all'esilo- 망명 선고를 받다

condimento- 양념

condimento per insalata- 샐러드 양념

cucina ricca di condimenti- 양념이 풍부한 요리

il condimento migliore- 최고의 양념

L'appetito è il condimento migliore. (속담) 시장이 최고의 양념이다. 시장이 반찬이다.

senza condimento- 양념 없이

Lei prendeva solo verdura cruda, senza alcun condimento, né olio né sale, come una capra. 그녀는 올리브유도 소금도, 아무 양념없이 마치 염소처럼 생야채만을 먹고 있었다.

condividere- 나누다

condividere le idee di qualcuno- ~의 생각을 나누다

Non ho mai condiviso le sue idee politiche. 나는 그와 정치적인 생각을 나누지 않는다.

condividere una camera con qualcuno- ~와 방을 함께 사용하다

condizionato- 조건 지워진

risposta condizionata- 조건반응, 조건반사

stanza con aria condizionata- 에에콘이 있는 방

condizione- 상태, 지위, 조건

a condizione- 조건부로

a condizione che- ~인 경우에, ~라는 조건으로

Puoi andarci, a condizione che torni presto. 네가 일찍 돌아온다는 조건으로 그곳에 갈 수 있다.

a nessuna condizione- 어떤 경우에도, 결코

Non lo farò, a nessuna condizione. 어떤 경우에도 나는 그것을 하지 않을 것이다.

A quale condizione?- 어떤 조건으로

accettare una condizione- 조건을 받아 들이다

essere in buone/cattive condizioni- 좋은/나쁜 상태이다

La tua bicicletta è in cattive condizioni. 네 자전거는 상태가 안 좋다.

essere in condizione di- ~할 형편이 되다, ~할 수 있다

Ora che guadagno di più sono in condizione di aiutarti. 이제 내가 돈을 더 버니깐 널 도울 형편이 된다.

essere in pessime condizioni- 최악의 상태에 있다

mettere in condizione di- ~을 할 수 있게 하다

Le sue spiegazioni sono state chiarissime e mi hanno messo in condizione di usare il computer immediatamente. 그들의 설명은 아주 명확해서 내가 즉시 컴퓨터를 사용할 수 있게 했다.

non essere in condizioni di- (1)~할 형편이 못 되다

Non è in condizioni di viaggiare. 그는 여행갈 형편이 아니다

(2)~할 수 있는 처지/입장/상태가 아니다

Lui non è in condizione di fare un lavoro così duro. 그는 그렇게 힘든 일을 할 처지가 아니다.

Non mi sento in condizione di venire alla festa. 나는 파티에 갈 입장이 아니라고 느낀다.

Non sei in condizioni di guidare. 너는 운전할 수 있는 상태가 아니다.

porre una condizione- 조건을 제시하다

senza condizioni- 조건 없이

Si sono arresi senza condizioni. 그들은 조건 없이 항복했다.

condurre- 1. (타동사) 이끌다, 인도하다, 안내하다

condurre a buon fine- 좋은 결말로 이끌다, 유종의 미를 거두다

Sembrava una cosa impossibile ma è riuscito a condurre a buon fine l'intervista con il Presidente. 대통령과의 인터뷰가 불가능한 일처럼 보였지만 유종의 미를 거둘 수 있었다.

condurre la partita/la gara- 시합/경기를 이끌다

condurre le trattative- 교섭하다, 협상을 진행하다

Il direttore è molto bravo a condurre le trattative. 원장은 협상을 하는 데 아주 유능하다.

condurre qualcuno per mano- ~을 손으로 이끌다, 안내하다

condurre un'azienda- 기업을 경영하다

condurre un dibattito- 토론을 이끌다

condurre una vita felice- 행복한 삶을 영위하다

2. (자동사) 이르다

condurre a- ~에 이르다

Tutte le strade conducono a Roma. 모든 길은 로마로 통한다.

conferire- 수여하다, 부여하다

conferire autorità a qualcuno- ~에게 권위를 부여하다

conferire il titolo di dottore a qualcuno- ~에게 박사 학위를 수여하다

conferire un incarico- 직위를 부여하다, ~을 임명하다

conferire un premio- 상을 수여하다

Gli hanno conferito un premio per il suo coraggio. 그들은 그의 용기에 대해 상을 수여했다.

conferma- 확인, 확정

a conferma di- ~을 확인하여, ~의 확증으로서; ~을 확증하기 위하여

avere la conferma di (o che)- ~에 대해 확인하다

Ho avuto la conferma che c'è una camera libera già da questa sera. 나는 이미 오늘 저녁부터 빈방이 있다는 것을 확인했다.

dare la conferma (di qualcosa)- ~에 대해 확인해 주다; (편지, 소포 등을) 받았음을 알리다

per la conferma- 확인을 위해서

Per la conferma può mandare un fax? 확인을 위해서, 팩스 하나 보내주시겠어요?

ricevere una conferma- 확인을 받다

confermare- 확실하게 하다, 확인하다, 확증하다

confermare di- ~하는 것을 확증하다, 확인하다

Ha confermato di non aver cambiato idea. 그는 생각을 바꾸지 않았다고 확인했다.

confessare- 고백하다, 실토하다

confessare di- ~하는 것을 고백하다

Confesso di non aver studiato molto. 나는 공부를 많이 하지 않았다고 고백한다.

Lei confessa di aver quaranta anni. 그녀는 40살이라고 고백한다.

confessare i propri peccati- 자신의 죄를 고백하다

confessare il proprio errore- 자신의 잘못을 고백하다

Con quella risposta è come se avesse confessato il proprio errore. 그 대답에는 마치 자신이 잘못을 인정하는 듯 하다.

confessare un debole per il buon vino- 좋은 포도주에 마음이 약함을 고백하다, 취중진담

confessare un delitto- 범죄를 실토하다

confessare un segreto- 비밀을 실토하다

confessione- 자백, 고백

estorcere una confessione a qualcuno- ~에게 자백하게 만들다, ~에게 자백을 받아내다

fare una confessione a qualcuno- ~에게 고백하다

Devo farti una confessione. 너한테 고백을 해야 해.

confezione- 제조, 제작; (복수) 기성복, 옷

confezioni in serie- 기성복

confezioni per signora- 부인복

confezioni su misura- 맞춤복, 맞춤옷, 주문 제작된 옷

reparto confezioni uomo/donna- 남성복/여성복 매장

confidenza- 신임, 신뢰, 비밀

    avere confidenza con qualcosa- ~을 잘 알다, ~에 친숙하다(= avere dimestichezza con)

Lui ha confidenza con il computer. 그는 컴퓨터를 잘 안다.

    dare confidenza a qualcuno- ~을 허물없이 대하다(= trattare con familiarità)

Non dare confidenza alle persone che non conosci bene. 네가 잘 모르는 사람들에게 허물없이 대하지 마라.

    dire qualcosa a qualcuno in confidenza- ~에게 비밀로/털어놓고 이야기하다

Te lo dico in confidenza. 나는 너한테 털어놓고 그걸 이야기 해.

    essere in confidenza con qualcuno- ~와 친한 사이이다, ~와 잘 지내다, ~와 허물없는 사이다

È in confidenza con il miglior amico di suo padre, anche se è una persona che incute un po' di timore. 그는 무척 무서워 보이는 사람이지만, 그의 아버지와 가장 절친한 사이(막역지우[莫逆之友])이다.

    fare una confidenza a qualcuno- ~에게 비밀을 말하다

Vorrei farti una confidenza. 나는 네게 비밀을 하나 말하고 싶다.

    in tutta confidenza- 아주 솔직히 말해서, 솔직히, 완전히 믿고서, 극비로(= in segreto)

    prendersi la confidenza di- 지나치게 친하게 행동하다(= comportarsi con troppa familiarità); 실례를 무릅쓰고 ~하다, 무례하게도~하다

Mi sono preso la confidenza di disturbarti. 내가 너무 무례하게 너를 방해했다.

confine- 경계, 한계, 국경

    collocare i confini- 경계를 정하다

    essere al confine tra la vita e la morte- 생사의 갈림길에 서다

    passare (o oltrepassare) i confini- 한계를 넘어서다, 극한을 넘다, 지나치다(= esagerare)

Ha passato il confine fra Italia e Svizzera. 그는 이탈리아와 스위스 사이의 국경을 넘었다.

    segnare il confine- 경계를 표시하다

    togliere i confini- 경계를 없애다

conflitto- 갈등, 충돌

    conflitto di interessi- 이해의 갈등

    essere in conflitto con qualcosa- ~와 반대되다, ~와 의견 충돌이 되다, ~와 상충하다

Le sue opinioni sono in conflitto con le mie. 그의 의견은 나의 의견과 상충한다.

    venire a conflitto- 갈등을 빚게 되다, 충돌되다

confondere- 혼동하다, 뒤섞다

    confondere la vista- 시야가 가물거리다

    confondere le carte- 카드를 뒤섞다

    confondere le idee a qualcuno- ~에게 생각을 혼란시키다

    confondere qualcuno- ~을 당황스럽게 하다

Lei mi confonde! 저를 당황스럽게 합니다!

    confondere qualcuno con- ~을 ~과 혼동하다

Ti ho confuso con tuo fratello. 나는 너를 너의 형과 혼동했다.

    confondersi- 혼동하다

Scusami, mi sono confuso. 미안해, 내가 혼동했어.

conforme- ~에 일치하는, ~에 상응하는, ~에 준거하는; 비슷한

conforme a campione- 견본대로, 견본과 같이

Questo prodotto non è conforme al campione. 이 제품은 견본과 일치하지 않는다.

copia conforme all'originale- 원본과 틀림없는 복사본, 정확한 사본

essere conforme a- ~을 따르다, ~에 일치하다, ~에 부합하다, ~에 맞다

La sua condotta è conforme al desiderio dei suoi genitori. 그의 행동은 부모의 바람과 일치했다.

conformemente- 일치되게, 상응하게; 비슷하게

comportarsi conformemente ai propri principi- 자신의 원칙대로 행동하다

conformemente al vostro ordine- 당신들의 주문에 따라, 귀사의 주문대로

conformità- 일치, 부합, 적합

in conformità a/di/con- ~에 부합되게, ~에 따라

Questo prodotto è stato preparato in conformità alle leggi (= delle leggi) vigenti. 이 제품은 현행법에 따라 준비되었다.

in conformità con quanto è già stato stabilito- 합의한 바와 같이, 합의한 사항에 따라

conforto- 위안, 위로; 지지, 원조

a conforto di- ~을 지지하여, ~을 옹호하여

argomenti a conforto della tesi- 논문 지지 논거

dare conforto a un malato- 환자에게 위안을 주다

essere di grande conforto- 큰 위로가 되다, 큰 위안이 되다

La tua lettera mi è stata di grande conforto. 너의 편지는 내게 큰 위로가 되었다.

portare conforto a qualcuno- ~에게 위안을 가져다 주다

trovare conforto nella religione- 종교에서 위안을 찾다

confrontare- 비교하다

confrontare i prezzi di un prodotto- 제품의 가격을 비교하다

confrontare la copia con l'originale- 사본을 원본과 비교하다

confrontare qualcosa con- ~을 ~와 비교하다

Gli anziani amano confrontare il presente con il passato. 나이든 사람들은 현재를 과거와 비교하는 것을 좋아한다.

confrontarsi- 대결하다

Le due squadre si confrontano nella finale. 두 팀은 결승전에서 대결한다.

confronto- 비교, 대조

a confronto di/in confronto a- ~와 비교해 볼 때, ~에 비해서, ~에 견주어서(= rispetto a)

In confronto a lui sono un genio. 그에 비해서 나는 천재이다.

In confronto agli abitanti degli altri paesi, gli italiani sono meno grassi? 다른 나라의 국민에 비해서 이탈리아 사람들이 덜 뚱뚱한가요?

fare il confronto fra due cose- 두 가지를 서로 대조하다

mettere a confronto- 비교하다

Non mettere a confronto le tue possibilità con le sue. 너의 가능성을 그와 비교하지 마라.

nei confronti di qualcuno (o qualcosa)- ~에 대해서(= nei riguardi di), ~에 향해서

Nei miei confronti si è comportato benissimo; non ho niente da rimproverargli. 그가 나를 대하는 태도가 매우 좋았기에 그를 욕할 것이 아무것도 없다.

Non mi sono mai comportato male nei suoi confronti. 나는 그에게 한번도 나쁘게 행동한 적이 없다.

non temere confronti- 비교를 두려워하지 않다

Non temere confronti! 비교를 두려워하지 마!

senza confronto- 비교가 안 될 정도로, 비교도 안 되게, 비교할 수 없이

confusione- 혼란, 무질서, 혼동

Che confusione!- 난장판이군! 엉망진창이군!

In camera sua c'è sempre una gran confusione. 그의 방은 항상 난장판이다.

confusione mentale- 정신적인 혼란

fare confusione con qualcosa- ~을 혼동하다

Ho fatto confusione con le date. 제가 날짜를 혼동했습니다.

fare confusione- 어질다, 난장판으로 만들다

Bambini, non fate confusione! 얘들아, 어질러 놓지 마!

congedo- (군사) 단기 휴가; 허가, 고별; 장기 휴가

chiedere congedo- 휴가를 청하다

congedo di maternità- 출산휴가

dare congedo- 휴가를 주다

Mi hanno dato una settimana di congedo. 그들은 나에게 일주 간의 법정 휴가를 주었다.

essere in congedo- 휴직 중이다

È in congedo per motivi di salute. 그는 건강상의 이유로 휴직 중이다.

foglio di congedo- 휴가 증명서

ottenere il congedo- 휴가를 얻다

prendere congedo da qualcuno- ~한테서 떠나가다(= andarsene)

visita di congedo- 고별방문

congelare- 얼게 하다; 동결시키다

congelare gli stipendi- 임금을 동결시키다

A causa delle difficoltà economiche, l'azienda ha congelato gli stipendi. 경제적인 어려움으로 인해 기업은 임금을 동결시켰다.

congelare il pesce- 생선을 얼리다

congratularsi- 축하하다

congratularsi con qualcuno per qualcosa- ~에 대해서 ~에게 축하하다

Mi congratulo con te per aver superato gli esami. 네가 시험에 합격한 것을 축하한다.

Mi congratulo con voi per la vittoria. 나는 너희들의 승리에 대해 축하한다.

Si congratulò con se stesso per la promozione ottenuta. 그는 자신의 승진을 자축했다.

congratulazione- 축하(인사)

Congratulazioni! 축하해!

esprimere le congratulazioni- 축하 인사를 나타내다

Ho espresso le mie congratulazioni al vincitore. 나는 우승자에게 축하 인사를 표했다.

fare le congratulazioni a qualcuno- ~에게 축하 인사를 하다

Posso farvi le mie congratulazioni? 내가 너희들에게 축하를 해도 될까?

connotato- 사람의 특징, 개인적 특징

cambiare i connotati a qualcuno- (구어) ~을 늘씬하게 때려주다, 개 패듯이 패다

Ha minacciato di cambiargli i connotati. 그는 완전 묵사발을 만들어 놓겠다고 그를 협박했다.

conoscenza- 1. 지식, 인식

avere conoscenza di qualcosa- ~을 알다, ~에 대한 지식이 있다

Ha una buona conoscenza dell'inglese. 그는 영어 실력이 풍부하다.

Non ho alcuna conoscenza di informatica. 나는 정보학에 대해서 아무것도 모른다.

essere a conoscenza di qualcosa- ~을 알다, ~을 알게 되다; ~에 관여하게 되다

Sono a conoscenza della verità da molto tempo. 나는 오래전부터 진실을 알고 있었다.

giungere (o venire) a conoscenza di qualcosa- ~을 알게 되다; ~을 배우게 되다

Siamo giunti a conoscenza di nuovi fatti. 우리는 새로운 사실을 알게 되었다.

2. 면식; 의식, 감각

essere privo di conoscenza- 의식을 잃다

fare la conoscenza di qualcuno- 통성명하다, 안면을 트다, 지인이 되다, 교제를 맺다

È un vero piacere fare la Sua conoscenza! 당신을 알게 되어 정말 기쁩니다.

Sono due anni che abbiamo fatto la loro conoscenza. 우리가 그들을 안 지 이년 됐다.

perdere conoscenza- 의식을 잃다

È molto grave, ha perso conoscenza. 무척 심각해, 그는 의식을 잃었다.

riprendere conoscenza- 의식을 회복하다

conoscere- 알다

conoscere il problema- 문제를 알다

Conosco il problema. 나는 문제를 알고 있다.

conoscere l'italiano- 이탈리아어를 알다

Conosco bene l'italiano. 나는 이탈리아어를 잘 안다.

conoscere per sentito dire- 들어서 알다

conoscere qualcuno di fama/**di nome**- 명성을 통해, 이름을 통해 ~을 알다

Lo conosco solo di fama. 나는 그의 명성만 알고 있다.

conoscere qualcuno solo di vista- ~을 얼굴만 알다, ~을 모습만 알다

Io conosco Marco solo di vista. 나는 마르코를 얼굴만 안다.

conoscere se stessi- 자기 자신을 알다

Conosci te stesso! 네 자신을 알라!

Dal frutto si conosce l'albero. (속담) 열매를 보고 나무를 알 수 있다.

far conoscere qualcuno a qualcuno- ~에게 ~을 소개하다

Vorrei farti conoscere mia figlia. 네게 내 딸을 소개해 주고 싶다.

farsi conoscere- 자기 자신을 알리다; 유명해지다, 자신의 이름을 알리다

Si fece conoscere in quel programma alla tv. 그 텔레비전 프로에서 그는 유명해졌다.

Lieto di conoscerLa. 당신을 알게 되어 기쁩니다.

Mai visto né conosciuto. 보지도 알지도 못한다.

Molto piacere di conoscerti. 너를 알게 되어 무척 반가워.

non conoscere il mondo- 세상을 모르다

Non conosce il mondo. 그는 세상을 모른다. 그는 인생 경험이 없다.

non conoscere limiti- 한계를 모르다

Il suo egoismo non conosce limiti. 그의 이기주의는 끝이 없다.

consegna- 공탁, 예금, 배달

alla consegna- 배달시에, 인도시에

dare qualcosa in consegna a qualcuno- ~에게 맡기다

Mi ha dato in consegna i suoi gioielli preziosi. 그는 보석을 내게 맡겼다.

pagamento alla consegna- 대금 교환 인도; 물건을 받고 대금을 지불하는 제도

passare le consegne- 넘겨주다, 양도하다

Mio padre è andato in pensione dalla ditta e mi ha passato le consegne. 아버지가 은퇴한 뒤 회사를 내게 넘겨 주셨다.

consegnare- 인도하다, 전달하다, 배달하다; 넘기다, 주다

consegnare qualcosa a qualcuno- ~에게 ~을 전달하다, 넘기다

Glielo consegno personalmente. 나는 그에게 그것을 직접 전해 주겠다.

Prima di uscire, devi consegnare la composizione al professore. 나가기 전에 너는 작문을 선생님에게 주고 가야 한다.

consegnare qualcuno alla polizia- ~을 경찰에 넘기다

consegnare qualcuno nelle mani del nemico- ~을 적의 손에 넘겨 주다

merce da consegnare a domicilio- 가정 배달 물품

conseguenza- 결과, 영향, 관계

di conseguenza- 그런 이유로, 그래서, 그 결과; 상황에 부응해서, 그에 맞춰

Dovrai comportarti di conseguenza. 너는 상황에 맞춰서 행동해야 할 거야.

Non ha pagato il suo debito e di conseguenza è stato arrestato. 그는 빚을 갚지 못해서 체포되었다.

in conseguenza di/per conseguenza di- ~의 결과로서, ~때문에, ~의 영향으로(= per effetto di)

conseguire- 1. (타동사) 획득하다, 달성하다

conseguire la laurea- 졸업을 하다, 졸업장을 따다

Conseguirò la laurea l'anno prossimo. 내년에 나는 졸업을 할 것이다

2. (자동사) 달하다, 이르다

Ne consegue che- ~라는 결과가 나오다; ~라고 보다

Poiché non sollevate obiezioni, ne consegue che siete d'accordo. 너희들이 반론을 제기하지 않으니까 동의한다고 본다.

consenso- 일치, 동의, 찬성, 승낙, 허가

  con il consenso di qualcuno- ~의 승낙으로

Con il consenso di mia madre l'ho fatto. 나는 엄마의 승낙으로 그것을 했다.

  dare il proprio consenso- 승낙하다

  per consenso generale- 만장 일치로

  senza il consenso di qualcuno- ~의 승낙 없이

Senza il consenso di mia madre non avrei potuto accettare quel regalo. 엄마의 승낙 없이 나는 그 선물을 받을 수 없었을 것이다.

consentire- 동의하다, 허락하다

  consentire a qualcuno di fare qualcosa- ~에게 ~하는 것을 동의/허락하다

Consentimi di spiegarti. 네게 설명하게 해줘.

Non posso consentire a nessuno di fumare qui. 나는 그 누구에게도 여기서 담배 피는 것을 허락할 수 없다.

  consentire alle richieste di qualcuno- ~의 요구에 응하다

conserva- 저장

  conserva di frutta- 잼

  conserva di pomodoro- 토마토 퓌레(토마토를 으깨어 걸러서 조미한 서양식 조미료, 각종 조리나 케첩의 원료로 쓰인다)

  frutta in conserva- 과일 통조림

  mettere la frutta in conserva- 과일을 병에 담다, 과실 병조림을 만들다

  tenere in conserva- 보존하다, 저장하다

considerare- 고려하다, 생각하다, 숙고하다

  considerando (che)/considerato (che)- ~을 고려하면, ~을 감안하면

Considerato che si avvicinano le Olimpiadi invernali, hai bisogno di allenarti. 동계 올림픽이 다가오고 있는 것을 고려해 볼 때, 넌 훈련이 필요해.

Magari è meglio stare un po' lontani considerando che non siamo poi così vicini. 우리가 그렇게 가깝지 않은 것을 감안하면 조금 멀리 떨어져 있는 것이 더 나을 것이다.

  tutto considerato- 모든 점에서 미루어 볼 때, 모든 것을 고려해 볼 때

considerazione- 고려, 고찰, 숙고; 존경, 존중; 대가

  agire senza considerazione- 생각없이 행동하다

  avere una grande considerazione per qualcuno- ~을 대단하게 여기다, ~을 존경하다

Mio figlio ha una grande considerazione per il suo professore di musica. 내 아들은 자기 음악 선생님을 대단하게 여긴다.

  fare considerazioni su qualcosa- ~에 대해 논평을 하다

Vorrei fare qualche cosiderazione sull'accaduto. 나는 사건에 대해서 논평을 좀 하고 싶다.

  godere di molta considerazione- 명성을 얻다, 명성이 자자하다

Lui gode di molta considerazione. 그는 명성이 높은 사람이다.

  in considerazione di- ~을 참작해서, ~을 고려하여, ~로 생각한다면; ~에 대한 보답으로

prendere qualcosa in considerazione- ~을 고려/참작하다; 검토하다, 연구하다

Gli ho fatto una proposta ma lui non l'ha neanche presa in considerazione. 나는 그에게 제안을 하나 했지만 그는 그것을 검토조차 하지 않았다.

tenere qualcuno in grande considerazione- ~을 대단하게 여기다; ~을 우러러보다/존경하다

consigliare- 조언하다, 권고하다, 충고하다

consigliare a qualcuno qualcosa- ~에게 ~을 충고하다, 추천하다

Che cosa mi consiglia per primo piatto? 첫번째 코스로 내게 무엇을 추천해 줄래요?

Ti consiglio questo vino. 네게 이 포도주를 추천한다.

consigliare a qualcuno di fare qualcosa- ~에게 ~할 것을 충고하다

Ti consiglio di accettare quella proposta. 나는 너한테 그 제안을 받으들이라고 충고한다.

consiglio- 충고, 조언

ascoltare i consigli di qualcuno- ~의 충고를 듣다

Ascolta i consigli di tuo padre! 네 아버지 충고를 들어!

Ascolta i miei consigli! 내 충고를 들어!

chiedere il consiglio di qualcuno- ~의 충고를 부탁하다

dare un consiglio a qualcuno- ~에게 충고를 주다

Dammi qualche consiglio! 내게 충고를 좀 해 줘.

Ti dò un consiglio da amico. 나는 친구로서 네게 충고 하나 할게.

non accettare consigli- 충고를 받아들이지 않다

Lei non accetta consigli da nessuno. 그녀는 그 누구의 충고도 받아들이지 않는다.

seguire il consiglio di qualcuno- 의 충고를 따르다

Segua il consiglio del medico! 의사의 충고를 따르세요.

Seguirò i tuoi consigli. 네 충고를 따를게.

venire a più miti consigli- 사리를 분별하다; (거부하다가 마침내) 동의하다

Gli ho spiegato la situazione con calma e finalmente è venuto a più miti consigli. 나는 그에게 침착하게 상황을 설명했는데 마침내 그가 동의했다.

volere un consiglio- 충고를 원하다

Vuoi un consiglio? 충고를 원하니? 충고 하나 해 줄까?

constatare- 확실히 알다

constare che- ~을 확실히 알다

Ho constatato che è cambiato qualcosa nel suo comportamento. 나는 뭔가 그의 태도가 변했다는 것을 확실히 알았다.

consumare- 1. (타동사) 소모하다; 먹다

consumare la colazione- 아침식사를 하다

Per consumare qualcosa bisogna fare lo scontrino alla cassa. 어떤 것을 먹기 전에, 계산대에서 영수증부터 발급받아야 해요.

Può consumare la colazione, il pranzo o la cena. 아침식사나 점심식사 혹은 저녁식사를 하실 수 있습니다.

consumare il proprio talento- 재능을 낭비하다

consumare le proprie energie- 정력을 소모하다

Ho consumato tutte le mie energie. 내 모든 정력을 소모했다.

consumare molta benzina/consumare molto- 기름을 많이 소모하다

Questa macchina consuma molta benzina. 이 자동차는 기름이 많이 든다.

da consumarsi entro il- (식품) 유통 기한 이내로 소비하다

2. (재귀동사) 사로잡다

consumarsi il desiderio- 욕망에 사로잡히다, 욕망으로 타오르다

consumarsi dal desiderio di- ~하고 싶은 생각이 간절하다

consumarsi nel dubbio- 의심에 사로잡히다

consumo- 소모, 소비

consumo di carne- 고기 소비

pagare a consumo- 사용량에 따라 지불하다

per proprio uso e consumo- 자신의 개인적인 용도로

Porta con te solo la quantità necessaria per tuo uso e consumo. 너의 개인적인 용도에 필요한 양만큼만 가져가.

contagioso- 전염성의, 전염의

essere contagioso- 전염성이다

Il raffreddore è contagioso. 감기는 전염성이다.

malattia contagiosa- 전염병

risata contagiosa- 전염하는/번져 가는 웃음

Mia madre aveva una risata contagiosa. 나의 엄마는 웃음의 전염자이다.

sbadiglio contagioso- 전염하는 하품

contagocce- (안약) 점적기(點滴器)

dare (o fare) qualcosa col contagocce- ~을 찔끔찔끔 준다

Mi dà i soldi col contagocce. 그는 내게 돈을 찔끔찔끔 준다.

contante- 현금

acquisto per contante/i- 현금 구입

contante a disposizione- 현금 지불로; 수중의 현금

In questi giorni ho poco contante a disposizione. 요즘 나는 수중의 돈이 적다.

pagamento per contante, per contanti- 현금 지급

pagare in contanti- 현금으로 지불하다

Devo pagare in contanti? 현금으로 계산해야 합니까?

per contante/i- 현금으로

prezzo per contante/i- 현금가

contare- 1. (타동사) 계산하다

contarci- ~을 믿다; ~을 확신하다

Mauro ha promesso di aiutarmi, ma non ci conto molto. 마우로가 나를 도와주겠다고 약속을 했지만,

나는 그 말을 별로 믿지 않는다.

"Mi aiuteresti a sistemare questa faccenda?" "Senz'altro! Ci puoi contare". 이 일을 해결하는 데 도와줄 수 있니? 물론이지! 믿어도 돼!

contare su qualcuno- ~을 믿다; ~에게 의지하다

Conto sulla tua venuta. 나는 당신이 오시리라 믿습니다.

Se hai bisogno di aiuto, puoi contare su di me. 도움이 필요하면 나에게 의지하면 돼.

contarsi sulle dita- 손가락을 꼽아 세다, 손으로 헤아리다; (수가 적어서) ~은 손가락으로 셀 정도이다

I miei amici si contano sulle dita di una mano. 내 친구들은 다섯 손가락으로 셀 정도이다.

senza contare- 계산에 넣지 않고, 세지 않고, 제외하고

Saremo in sette senza contare Maria. 마리아는 계산에서 빼고 우리는 7명이 될 것이다.

2. (자동사) 중요하다

Ciò che conta non è vincere. 중요한 것은 이기는 것이 아니다.

Questo conta molto per me. 이것은 제게 매우 중요합니다.

contatto- 접촉, 맞닿음

a contatto con- ~와 접하여

Metti i mobili a contatto con la parete. 가구를 벽에 붙여.

Non ho mai provato la gioia di vivere a contatto con la natura. 자연과 접해서 사는 즐거움을 한 번도 맛보지 못했다.

avere contatti con qualcuno- ~와 접하다

Ho contatti con persone molto influenti. 나는 아주 영향력 있는 사람들과 접촉한다.

essere in contatto con qualcuno- 와 접촉하고 있다, ~와 연락하다, ~와 관계하다

Il professore è in contatto con molti suoi ex-studenti. 교수님은 그의 학생들과 연락하고 있다.

evitare il contatto con gli occhi- 시선이 마주치는 것을 피하다

evitare il contatto con la pelle- 피부 접촉을 피하다

lenti a contatto- 콘텍트 렌즈

mettersi (o tenersi) in contatto con qualcuno- ~ 와 연락하다

Vorrei mettermi in contatto con tuo fratello, puoi darmi il suo indirizzo? 네 형과 연락하고 싶은데, 내게 주소를 줄 수 있니?

perdere il contatto con qualcuno- ~와의 관계가 끊어지다

primo contatto- 첫 번째 만남, 첫 접촉

tenersi in contatto con qualcuno- ~와 연락을 유지하다, ~와 접촉을 유지하다

venire a contatto con qualcuno- ~와 연락하게 되다, ~와 접촉하게 되다

contento- 만족스러운, 기쁜

contento (felice) come una Pasqua- 아주 기쁜, 아주 만족하여

In vacanza con noi era contento come una Pasqua. 그는 우리와의 휴가를 매우 기뻐하였다.

Contento lui, contenti tutti. 그가 만족하면 우리 모두가 만족한다.

essere contento di- ~에 대해 기쁘다

È contento della propria situazione. 자신의 상황에 만족한다.

Lui non è mai contento di nulla. 그는 절대 아무것에 만족하지 않는다.

Sono contento di sentire queste cose. 나는 이것들을 듣게 되어 기쁘다.

fare contento qualcuno- ~을 기쁘게 하다; ~을 행복하게 해주다

Lei l'ha detto tanto per farti contento. 그녀는 너를 기쁘게 하기 위해 그것을 말했다

rimanere contento- 기분좋게 있다, 만족해 있다

Mia nonna è rimasta molto contenta della visita. 할머니는 방문에 매우 만족해 하셨다.

continuare- 계속하다

continuare a fare qualcosa- ~하는 것을 계속하다

È tardi, continua ancora a lavorare. 시간이 늦었는데, 그는 계속해서 일한다.

continuare gli studi- 학업을 계속하다

Continuerai gli studi dopo la laurea? 졸업 후에도 공부를 계속 할 거니?

continuare la conversazione- 대화를 계속하다

Continuiamo la conversazione più tardi. 나중에 대화를 계속하자.

continuazione- 계속

in continuazione- 계속적으로, 계속해서

Mi interrompeva in continuazione. 그는 계속 내 말을 방해했다.

Ripeteva in continuazione la stessa cosa. 그는 계속 같은 말을 되풀이 하고 있었다.

parlare in continuazione- 계속해서 말하다

continuo- 계속적인

di continuo- 계속해서, 끊임없이(= senza sosta)

Si verificano di continuo episodi di violenza negli stadi. 경기장에 폭력 소동이 끊임없이 확인된다.

conto- 계산, 계정, 은행구좌, 계산서

a (ogni) buon conto- 아무튼, 어쨌든(= in ogni caso)

D'accordo, la relazione la farai tu; ad ogni buon conto la firmeremo tutti e due. 좋아. 보고서는 네가 작성할 거고, 어쨌든 우리 둘은 거기에 서명할께.

a conti fatti- 모든 것을 고려하여/고려해 볼 때/감안할 때; 결론적으로(= in conclusione)

Non ci ho guadagnato molto a lasciare la città per la campagna, però a conti fatti sono contento; almeno non c'è smog. 도시를 떠나 전원생활을 할 만큼 많은 돈을 벌지는 못했지만, 그래도 모든 것을 고려해 볼 때 적어도 스모그가 없다는 사실만으로도 나는 만족한다.

al far dei conti- 결국에는

chiedere il conto- 계산서를 요청하다

chiedere informazioni sul conto di qualcuno- ~에 관해서 정보를 묻다

conto corrente- 계좌

Posso aprire un conto corrente? 계좌를 개설할 수 있습니까?

cose di poco conto- 가치없는 것들

Nella sua valigia ho trovato solo cose di poco conto. 나는 그의 가방에서 가치가 별로 없는 것들만 발견했다.

di nessun conto- 아무런 가치가 없는

essere un altro conto- 별개의 문제이다; 그건 다르다

Avevo rifiutato il lavoro perché mi sembrava troppo difficile, ma ora che ti sei spiegato meglio è un altro conto. 나는 너무 어려울 것 같아 일을 거절했었는데, 지금 알아 듣도록 잘 설명해주니 그건 다르지.

far tornare i conti- 장부의 대차를 대조하다/결산하다

Vuoi far tornare i conti a tutti i costi, ma è evidente che ti sei sbagliato. 너는 장부의 대차를 대조하기를 원하지만, 네가 실수했다는 것은 분명해.

fare conto di (o che)- 상상하다, 여기다, 가정하다(= immaginare); 기대하다(= ripromettersi)

Facciamo conto di aver già finito il lavoro. 우리가 일을 이미 끝냈다고 상상해 보자.

Fai conto di non aver mai sentito quello che ti ho detto! 네게 말한 것을 전혀 못 들은 걸로 여겨!

fare conto su qualcuno- ~을 신뢰하다, ~을 믿다

Faccio conto su di te. 나는 너를 믿는다.

fare conto sull'appoggio di qualcun- ~의 원조를 믿다

fare i conti con qualcuno- ~와 계산을 하게 하다

Avendo moglie e figli, devi fare i conti anche con loro. 너는 아내와 자식이 있기 때문에, 그들하고도 잘 따져봐야 할 것이다.

Con te farò i conti più tardi. 너와의 계산은 나중에 할 것이다.

fare i conti in tasca a qualcuno- ~의 경제 사정을 꼬치꼬치 캐다

I tuoi cugini ci fanno sempre i conti in tasca perché sono invidiosi che tu guadagni così bene. 너가 그렇게 돈을 잘 버는 것을 시샘하기 때문에 네 사촌들은 늘 경제 사정을 꼬치꼬치 캔다.

fare i conti senza l'oste- 마음대로 계산하다, 떡 줄 사람은 생각도 않는데 김칫국부터 마시다

in fin dei conti- (문장 머리에 써서) 아무튼, 어쨌든

In fin dei conti, potrebbe anche dimostrare un po' di riconoscenza per tutti i favori che gli abbiamo fatto! 아무튼 우리가 그에게 해 주었던 모든 호의에 약간의 감사라도 표시할 수 있을 텐데!

mettere in conto- 계산에 넣다, 고려하다(= calcolare); 예상하다, 대비하다(= prevedere); 추정하다(= preventivare)

Ho già messo in conto che sarà un periodo difficile. 나는 힘든 시기라는 것을 이미 예상했다.

non rendere conto a nessuno- 아무에게도 기대/의지하지 않다

Sono libero e guadagno quanto basta. Sono contento di non dover render conto a nessuno di ciò che faccio o non faccio. 나는 자유롭게 필요한 만큼 돈을 벌어. 내가 하든 안 하든 아무에게 기대지 않아도 된다는 것에 만족한다.

per conto di- ~을 대신해서, ~의 이름으로(= a nome di)

È venuto per conto del suo direttore. 그는 원장을 대신해서 왔다.

per conto mio- 나로서는, 내 경우에는, 내 입장에선, 나라면(= quanto a me)

Per conto mio, va bene così. 내 입장에선, 그대로 괜찮아.

per conto proprio- 자신의 힘으로, 단독으로, 혼자서(= da solo)

Preferisco andare in vacanza per conto mio. È troppo faticoso mettersi d'accordo con loro. 나는 혼자 휴가를 가는 것이 더 좋다. 그들과는 의견을 모으는 게 너무 힘들다.

portare il conto a qualcuno- ~에게 계산서를 가져다 주다

Mi porti il conto, per favore! 계산서를 가져다 주세요!

portare il conto sbagliato a qualcuno- ~에게 잘못된 계산서를 갖다 주다

Il cameriere mi ha portato un conto sbagliato. 종업원이 내게 잘못된 계산서를 갖다 주었다.

regolare i conti con qualcuno- ~와의 거래를 청산하다

Vuoi fare a modo tuo? Fallo, ma poi regoleremo i conti. 네 방식대로 하길 원해? 그럼 해. 그럼 우리는 너와의 거래를 청산할 것이다.

rendere conto di- ~을 해명하다; ~에 대해 책임지다

Per fortuna non sempre siamo chiamati a rendere conto delle nostre azioni. 다행히도 우리는 늘 우리의 행동에 대해 해명하도록 호출 받지 않았다.

rendersi conto di (o che)- 이해하다(= capire); ~을 깨닫다, ~을 알아차리다(= essere consapevole)

Mi rendo conto di questa situazione. 나는 이 상황을 이해한다.

Ti rendi conto che siamo amici? 우리가 친구라는 사실을 알고 있니?

sbagliare il conto- 계산서가 잘못되다, 계산이 잘못되다

Hanno sbagliato il conto. 그들은 계산을 잘못했다.

tenere conto di- (1) ~을 고려하다

Bisogna tener conto del fatto che non abbiamo tempo per studiare, se lavoriamo a tempo pieno. 우리가 풀타임으로 일하게 된다면, 공부할 시간이 없다는 점을 고려해야 돼.

Devi tenere conto dei gusti della persona che riceverà il dono. 선물 받을 사람의 취향을 고려해야 해.

(2) ~을/~임을 명심/유념하다

Tieni conto che è sposata. 너 그녀가 유부녀라는 사실을 유념해.

tenere qualcosa da conto- ~을 잘 건사하다

È un mobile antico, tienilo da conto. 고가구이니깐 잘 건사해.

tenere qualcuno in conto- ~을 정중히/공손히 대하다

Lo tengono in gran conto perché è furbo, ma in realtà non vale niente. 그가 교활하기 때문에 그들이 그를 정중히 대하는 데 실제로 그는 아무 가치도 없다.

Mario è tenuto in poco conto dai suoi superiori. 마리오는 그의 상사한테서 별로 대우를 못 받았다.

tornare i conti- (특히 부정문에서) 말이 되다, 앞뒤가 맞다

I conti non tornano; dici di aver fatto questo e quest'altro, ma in realtà non hai fatto niente. 앞뒤가 맞지 않아. 너는 이것저것을 했다고 말하는 데, 실제로 아무것도 하질 않았다.

Un conto è dire, un conto è fare. 말하는 것과 행동하는 것은 다른 것이다.

un vecchio conto da regolare (un conto in sospeso)- 따질 일이 있다

Se ho finito con lui? No! Abbiamo ancora un conto da regolare (un conto in sospeso): deve riconoscere il suo sbaglio. 그와 끝났을까? 아니! 우리는 아직 따질 일이 있어. 그는 자신의 잘못을 인정해야 돼.

contorno- (사물의) 윤곽; 테두리 장식; (샐러드와 같이, 주 요리에 곁들이는) 곁들임 요리

come contorno- 곁들임 요리로

Che cosa desidera come contorno? 곁들임 요리로 무엇을 원하세요?

con contorno- 곁들임 요리와 함께

A me porti una bistecca ai ferri con contorno d'insalata mista! 제게는 모듬샐러드 곁들임 요리와 함께 석쇠에 구운 비프스테이크를 갖다 주세요!

Per contorno? 주 요리에 곁들이는 요리는요?

contraddizione- 반대, 모순, 반박

cadere in contraddizione- 모순에 빠지다

essere in contraddizione- 모순되다, 앞뒤가 맞지 않다

Ciò che dice è in contraddizione con ciò che fa. 그는 말과 행동이 서로 모순된다.

Le dichiarazioni del testimone erano in contraddizione. 증인의 진술들은 앞뒤가 맞지 않는다.

contrario- 1. (형용사) 반대의, 상반된

essere contrario a qualcosa- ~에 반대되다, ~에 상반되다

Non siamo contrari alle vostre proposte. 우리는 너희들의 제안에 반대하지 않는다.

Sono completamente contrario a questa idea. 나는 이 생각과 완전히 반대이다.

in caso contrario- 반대의 경우에

in senso contrario- 반대 방향으로

2. (명사) 반대

al contrario- 반대로(=a ritroso); 역순으로(= in ordine inverso); (방향, 관계가) 뒤바뀌어(= alla rovescia); 거꾸로(= col davanti dietro); (안팎을) 뒤집어(= con l'interno all'esterno); 그와는 반대로(= anzi)

Questo quadro non è brutto; al contrario è molto bello. 이 그림은 추하지 않고 그와는 반대로 아주 멋지다.

Ti sei messo la maglietta al contrario. 너는 티를 뒤집어 입었다.

Tutto va al contrario di come speravo. 모든 것이 내가 바라는 것과는 거꾸로 되어간다.

al contrario di qualcuno- ~와는 반대로, ~와는 대조적으로

Mi piace il calcio, al contrario di Marco. 나는 마르코와는 반대로 축구를 좋아한다.

fare il contrario- 반대로 하다

Fa sempre il contrario di quello che gli si dice. 그는 항상 그에게 말하는 것과는 반대로 한다.

non avere niente (o nulla) in contrario- 반대거리가 하나도 없다, 반대할 것이 전혀 없다

Loro non avrebbero niente in contrario. 그들은 반대할 것이 아무것도 없을 것이다.

Non ho nulla in contrario che gli telefoniate. 너희들이 그에게 전화하는 것을 전혀 반대하지 않는다.

contrasto- 대조, 대비, 대립

avere un contrasto con qualcuno su qualcosa- ~에 대해서 ~와 대립된다

Che contrasto fra di loro! 그들은 서로 얼마나 대조적인가!

contrasto di interessi- 이해의 상충, 이해관계의 충돌

essere in contrasto- ~와 대조를 보이다; ~와 충돌하다(= scontrarsi); 모순되다(= contraddire); ~와는 정반대다(= essere molto diverso)

Il loro stile di vita è in contrasto con le loro idee. 그들의 생활방식과 생각은 모순된다.

in contrasto con- ~와는 대조적으로(= a differenza di); ~와 불화하여(= in conflitto con)

mettere una cosa in contrasto con un'altra- ~을 ~와 대조하다/대비하다

　　regolare il contrasto del televisore- 텔레비전 명암을 조절하다
contratto- 계약, 계약서
　　contratto a fermo- 확정 계약
　　contratto a termine- (노동) 장기 고용 계약; (상업) 선물 계약
　　contratto d'affitto- 임대 계약서
　　contratto di apprendista- 도제(견습) 계약, 고용 계약
　　contratto di lavoro- 노동 계약; (노동) (노사간의) 단체 협약
　　contratto provvisorio- 가계약
　　contratto rinnovabile- 갱신가능 계약
　　contratto scaduto- 만기계약, 기간 경과 계약
　　fare il contratto- 계약하다
　　Ieri ho fatto il contratto. 나는 어제 계약을 했다.
　　firmare un contratto- 계약서에 서명하다
　　ottenere un contratto- 계약을 따내다, 수주를 하다
　　redigere un contratto- 계약서를 작성하다
　　rinnovare un contratto- 계약을 갱신하다
　　rescindere un contratto- 계약을 해제하다
　　rompere un contratto- 계약을 파기하다/깨다
　　stipulare un contratto- 계약을 맺다/체결하다
contributo- 공헌, 기여; 기부금, 성금; (연금) 개인 분담금
　　avere i contributi per la pensione- 연금 분담금이 있다
　　Ho i contributi per la pensione. 나는 연금 분담금을 낸다.
　　contributo in denaro- 현금 기부
　　dare il proprio contributo- 기부하다, 기여하다
　　Ho dato il mio contributo di cinquecento euro. 나는 500유로를 기부했다.
　　dare un contributo a- ~에 기여하다
　　Lui ha dato un contributo alla ricerca per il cancro. 그는 암연구에 기여했다.
　　pagare il proprio contributo- 자신의 연금 분담금을 내다
contro- 1. (전치사) 1) 대항하여, 반대하여, 대항하여
　　contro di- ~에 반대하여, ~에 맞서
　　Erano tutti contro di lui. 그들 모두가 그와 반대되었다.
　　contro ogni previsione- 모든 예상과는 달리, 예기치 않게
　　Lo hanno assolto contro ogni previsione. 모든 예상과는 달리 그들은 그를 사면했다.
　　contro voglia (o controvoglia)- 마지 못해, 본의 아니게
　　mettersi contro qualcuno- ~에 반대하다, ~에 저항하다
　　2) ~향하여, 거슬러, 등지고
　　andare contro corrente- 시류에 역행하다, 대세에 거스르다
　　Non è una sovversiva! Semplicemente, le piace andare contro corrente e dire sempre la sua. 그녀는 체제

전복적인 사람은 아니야! 단순히 그녀는 시류에 역행해서 늘 자기가 생각한 것을 말하기를 좋아해.

navigare contro vento- 바람을 안고 범주하다

2. (명사) 반대

il pro e il contro- 장단점, 득실, 찬반

Bisogna considerare bene i pro e i contro. 장단점을 잘 고려해 봐야 한다.

Prima di decidere valuta i pro e i contro. 결정하기 앞서 장단점을 잘 따져봐.

Stando così le cose, bisogna considerare bene i pro e i contro. 상황이 이러하기 때문에 장단점을 잘 검토해 봐야 한다.

3. (부사) 반대로

di contro- 정면으로

essere pro o contro- 찬성이냐 반대냐

Siete pro o contro? 너희들은 찬성이야 아니면 반대야?

per contro- 다른 한편으로는, 반면에

votare contro- 반대 투표하다

La maggioranza ha votato contro. 절대 다수가 반대 투표했다.

controllo- 통제, 검사, 감독, 감시

avere il controllo dei propri nervi- 절제하다, 자제하다

avere il controllo di qualcosa- ~을 통제하다

avere il controllo di un mercato- 시장을 통제하다

avere il controllo di una società- 단체를 통제하다; 경영권을 가지다

effettuare il controllo- 통제를 행사하다

esercitare il controllo su una zona- 지역에 통제를 실시하다

fare un controllo- 검사하다

Fra quanti giorni dovrò fare un controllo? 며칠 후에 검사해야 될까요?

fuori controllo- 통제를 벗어난

perdere il controllo- 자제력을 잃다, 화내다

Non perdete il controllo! 자제력을 잃지 마라!

sotto controllo- 통제되는, 지배되는, 통제 하에

Mi sembra tutto sotto controllo. 모든 것이 통제되는 것 같다.

mettere un telefono sotto controllo- 전화를 도청하다

controllore- 검사원; 표검사원

controllore delle dogane- 세관원

controllore di volo- 항공 교통 관제

contropiede- 역습, 반격

prendere in contropiede- 곤경에 빠뜨리다; 허를 찌르다

Ha ottenuto quello che voleva da me perché mi ha preso in contropiede. 그는 나의 허를 찔러 나한테서 원했던 것을 가졌다.

subire gol in contropiede 상대에게 펀치를 먹이다

convento- 수도회, 수도원

  entrare in convento- 수도원에 들어가다; 수녀가 되다, 수도자가 되다

L'anno scorso la figlia di quell'uomo è entrata in convento. 작년에 그 남자의 딸이 수녀원에 들어갔다.

  mangiare quello che passa il convento- 있는 것만으로 식사하다[25]

Durante la guerra bisognava accontentarsi di ciò che passava il convento; si mangiava quel che si trovava. 전쟁 중에 사람들은 있는 것만으로 먹는 것에 만족해야만 했는데, 있는 것만을 먹었기 때문이다.

convincere- 설득시키다

  convincere qualcuno a fare qualcosa- ~에게 ~하는 것을 설득시키다

Non mi convincerai mai a venderti la mia macchina. 너는 내 차를 네게 파는 것을 절대로 설득시키지 못할 것이다.

convinto- 확신한

  essere convinto di (o che)- ~에 대해 확신하다

Sono convinto che lui ha ragione. 나는 그가 옳다고 확신한다.

convinzione- 확신, 신념

  avere la convinzione che- ~라고 확신하다

Ho la convinzione che mio figlio riuscirà nel suo progetto. 내 아들이 그 계획에 성공하리라 확신한다.

  convinzioni politiche- 정치적 확신, 신념

  convinzioni religiose- 종교적 확신

  far opera di convinzione su qualcuno- ~을 설득시키려고 애쓰다

  fare qualcosa con grande convinzione- 대단한 확신을 갖고 ~을 하다

Quando decide di assumersi un impegno, in genere lo fa con grande convinzione. 책임을 지려고 결심을 할 때, 일반적으로 큰 확신을 갖고 그것을 한다.

  parlare con convinzione- 확신을 갖고 말하다

coperta- 이불, 모포, 담요; (배의) 갑판

  avere un'altra coperta- 이불을 한 장 더 얻다

Scusi, posso avere un'altra coperta? 죄송한데, 이불 한 장 더 얻을 수 있나요?

  far da coperta a qualcuno/servire di coperta a qualcuno ~의 실수나 부정행위를 감싸다

  mettersi sotto le coperte- 이불 속에 들어가다; (비유) 자러 가다

Se hai la febbre è meglio che tu ti metta sotto le coperte al caldo. 열이 나면 이불 속으로 파고들어 가는 것이 더 낫다.

  sotto coperta (o sottocoperta)- 주갑판 밑에, 선창으로, 선창에

  Forza, tutti in coperta! 전원 갑판으로! 모두 힘을 모아야 해! 모두 힘내야 해!

coppia- 한 쌍, 남녀 한 쌍

  a coppie, in coppie- 짝지어, 두 사람씩, 2인 1로

  fare coppia fissa- ~와 꾸준히 사귀다; (구어) ~와 연예를 하다

---

[25] 이 관용어의 원뜻은 "수도원에서 지내듯이 음식을 먹는다"라는 뜻이다. 이는 원래 청빈과 가난의 정신으로 살아야 하는 수도원에서 음식타박 없이 있는 대로 음식을 먹어야 한다는 사실을 풍자적으로 묘사한 것이다. 아래의 예문은 2차 세계대전 당시 전쟁 경험세대와 대화할 때 자주 들었던 이야기이다.

Fanno coppia fissa da molti anni, ma non si decidono mai a sposarsi. 그들은 수년 전부터 교제해 왔는데, 결혼을 결정하지 못했다.

formare una bella coppia- 멋진 짝을 이루다

Al lavoro quei due ragazzi formano una bella coppia. 그 두 사람은 일에서 멋진 짝을 이룬다.

lavorare in coppia- 짝지어 일하다, 둘이서 일하다

coraggio- 용기

affrontare qualcosa con coraggio- 용기를 갖고 ~와 맞서다

avere coraggio- 용기가 있다

Fallo tu, se hai coraggio. 용기가 있다면, 내가 그것을 해.

avere il coraggio di fare qualcosa- ~할 용기가 있다

Non ho il coraggio di dire la verità. 나는 진실을 말할 용기가 없다.

avere un coraggio da leone- 사자처럼 아주 용감하다, 담이 아주 크다

con coraggio- 용기를 내서, 용기를 갖고

Dai, coraggio! 그러지 말고, 용기를 내!

fare coraggio a qualcuno- ~을 위로하다(= consolare); ~에게 용기를 북돋우다(= incoraggiarlo); 기분을 띄워 주다(= fargli animo)

Durante la malattia di sua madre, Marco ha sempre fatto coraggio agli altri parenti. 엄마가 아플 때 마르코는 항상 다른 친척들에게 용기를 북돋았다.

Ti faccio coraggio. 너를 위로한다.

farsi coraggio- 용기를 내다, 기운을 내다; 꿋꿋함을 잃지 않다

Mi faccio coraggio. 힘을 내야지.

Fatti coraggio. Tra un mese tornerà il tuo amico e non penserai più a questi giorni solitari. 기운 내. 한 달 뒤면 네 친구가 돌아올 거야. 그러면 이 쓸쓸한 날도 더 이상 생각하지 않게 될 거야.

Hai un bel coraggio! 베짱이 아주 좋군!

mancare il coraggio- 용기가 부족하다

Mi manca il coraggio. 나는 용기가 부족하다.

mostrare un po' di coraggio- 용기를 좀 보여주다

Mostrate un po' di coraggio! 너희들의 용기를 좀 보여줘 봐!

non avere il coraggio di fare qualcosa- ~할 용기가 없다

Non ho il coraggio di licenziarlo. 나는 그를 해고할 용기가 없다.

perdere coraggio- 용기를 읽다, 낙담하다

prendere il coraggio a due mani- 대담하게 나서다, 용감하게 해보다

Lo so che è difficile parlargli, ma conviene prendere il coraggio a due mani e farlo. 그에게 말하는 것이 어려운 것을 알아. 하지만 용기를 내서 해봐.

riprendere coraggio- 다시 용기를 내다

un uomo di coraggio- 용기있는 남자

corda- 새끼, 밧줄, 망

avere la corda al collo- 독 안에 든 쥐다

Ho tanti debiti che mi sembra già di avere la corda al collo. 나는 빚이 많아 이미 독 안에 든 쥐 같아.

dare corda a qualcuno- ~에게 자유를 주다, ~을 멋대로 하게 두다; 말하도록 놔두다(= farlo parlare); ~의 말을 듣다(= dargli retta), ~에게 용기를 북돋우다(= incoraggiarlo)

Pietro gli ha dato corda e lui ha raccontato tutto quello che sapeva di lei. 피에트로는 그에게 말하고 싶은 것을 말하게 했는데 그는 그녀에 관해 알고 있는 모든 것을 이야기했다.

essere con la corda al collo- 힘들거나 위험스런 상황에 있다, 한계에 달하다; 진퇴양난이다

Eravamo ormai con la corda al collo. 이제는 우리가 벗어날 방법이 없었다.

essere giù di corda- (1) 쇠약하다, 몸이 안 좋다

È giù di corda dopo l'influenza, ma si metterà in sesto presto. 그는 감기에 걸려 몸이 안 좋지만, 곧 회복할 거야.

(2) 풀이/기가 죽다, 의기소침하다, 시무룩하다

Da quando l'hanno bocciato all'esame, Enzo è molto giù di corda. 시험에 떨어진 뒤부터 엔조는 매우 풀이 죽어 있다.

mettere la corda al collo a qualcuno- (내켜 하지 않는) ~을 설득하다; ~에게 억지로 하게 하다

I creditori gli hanno messo la corda al collo. 채무자들이 나를 다그쳤다.

Mi hanno messo la corda al collo con questo lavoro. 그들은 나에게 억지로 이 일을 하게 했다.

mostrare la corda- (주장, 변명 등이) 진부하다, 새로울 것이 없다/뻔하다; 받아들이기 어렵게 되다

Ha sostenuto quella tesi per molto tempo, ma adesso mostra la corda. 그는 오랜 동안 그 논문을 지지했는데 지금은 진부하다.

Non parlar di corda in casa dell'impiccato. (격언) 목 매단 집에서 새끼줄 이야기는 꺼내지 마라. 환자 앞에서 죽음 이야기는 하지 마라. 듣는 사람 앞에서 당혹스런 말은 하지 마라. 실언을 하지 마라.

tagliare la corda- (1) 슬그머니 도망치다, (~에서 급히) 떠나다

Andrò al dibattito, ma se mi annoio taglio la corda e torno a casa. 나는 토론에 갈 건데 지루하면 슬그머니 빠져나와 집으로 돌아올 거야.

(2) (은어) 달아나다

I ragazzi fumavano nascosti dietro il fienile, ma hanno tagliato la corda quando mi hanno sentito arrivare. 소년들이 헛간 뒤에서 몰래 담배를 피우고 있었는데, 내가 오는 소리를 듣자 달아났다.

tenere qualcuno sulla corda- (~가 궁금해 하는 것을 알려주지 않고) 애가 타게/답답하게 하다; (계획 등에 대해) ~에게 말을 안 해 주다

Non siamo riusciti a sapere niente; ci ha tenuti sulla corda per ore, ma poi non ci ha rilasciato nessuna dichiarazione. 우리는 아무것도 알 수가 없었다. 그는 몇 시간이고 우리를 애가 타게 해놓고 아무 말도 하지 않았다.

tirare (o tendere) troppo la corda- 도를 넘다, 극단으로 흐르다; 과욕을 부려 일을 망치다

Puoi insistere, ma non tirare troppo la corda, perché altrimenti ti manderò al diavolo. 너는 계속해서 주장할 수 있지만, 너무 극단으로 흐르지는 마. 그렇지 않으면 너를 쫓아 버릴거야.

toccare la corda giusta- 올바로 처신하다

È un tipo difficile, ma ti verrà incontro se saprai toccare la corda giusta. 그는 (같이 지내기) 힘든 사람이지만, 네가 올바로 처신하면 너를 만나러 올거야(너와 타협하러 올거야).

cordone- 전기코드

allargare i cordini della borsa- 주머니 끈을 풀다, 지갑을 열다; 재정완화책을 쓰다

Ha convinto suo padre ad allargare i cordoni della borsa. 그는 아버지가 지갑을 열도록 설득시켰다.

stringere i cordoni della borsa- 돈주머니를 졸라 매다

Stiamo spendendo troppo; dovremo stringere i cordoni della borsa. 우리는 너무 많이 지출하고 있는데, 돈주머니를 졸라 매야 할 거야.

cornice- 액자; 틀

mettere in cornice- 액자에 끼우다

Ho messo in cornice il mio diploma. 나는 나의 자격증을 액자에 끼워두었다.

Vale più la cornice del quadro. 그림보다 액자가 더 가치 있다.

corno- 뿔 (복수형: le corna); (악기) 호른

alzare le corna- 의기양양하다, 오만해지다(= insuperbirsi)

fare le corna- (1) (특히 손가락욕) 저속한 행동을 하다

(2) 부정타지 않기를/행운을 빌다

Facciamo le corna che tutto vada bene! 모든 일이 잘 되도록 행운을 빌자!

mettere (o fare) a qualcuno- (파트너를 속이고) 바람을 피우다

Ha messo le corna a sua moglie dal giorno in cui l'ha sposata. 그는 결혼한 날부터 아내를 속이고 바람을 피웠다.

La mia fidanzata mi ha messo le corna con il mio migliolre amico. 내 약혼녀가 나의 가장 친한 친구와 바람을 피웠다.

un corno- 조금도

Non hai capito un corno! 너는 아무것도 이해하지 못했다!

Non me ne importa un corno. 내게 조금도 상관없다. 조금도 내게 중요하지 않다.

Non vale un corno. 전혀 가치가 없다.

rompere (o spezzare) le corna a qualcuno- ~을 실컷 때리다

rompersi le corna- 패배하다(= essere sconfitto), 벽에 부딪혀 진전이 없다

Fare una traduzione del genere è al di sopra delle sue forze; ci si romperà le corna e non gliene daranno più. 그러한 장르에 대한 번역은 그의 능력 밖이어서 진전이 없을 거야. 그러면 그들이 그에게 더 이상 번역거리를 안 줄 텐데.

stare sulle corna a qualcuno- 극도로 싫어하게 되다

Non capisco cosa tu ci trovi in lui: mi è sempre stato sulle corna. 너가 그한테서 뭘 느끼는지는 모르지만, 나는 늘 그가 극도로 싫었다.

suonare il corno- 호른을 연주하다

coro- 합창

cantare fuori dal coro- 음이 안 맞다, 뜻이 맞지 않다; 독불장군이다

Luigi, con le sue opinioni, è l'unico che riesce a cantare fuori dal coro. 루이지는 자신의 의견으로 독불장군일 수 있는 유일한 사람이다.

cantare in coro- 합창으로 부르다

far coro a qualcuno- (남의 의견, 주장)에 찬성하다, ~에 대해 공감하다

ripetere qualcosa in coro- 후렴구를 따라 부르다, 코러스를 넣다

rispondere qualcosa in coro- 합창으로 대답하다, 다 함께 대답하다

Tutti risposero in coro alle sue richieste. 그들은 모두 그의 주장에 찬성했다.

Tutti in coro! 모두 다함께(= Tutti insieme)! 한 목소리로(= a una voce)! 일제히, 입을 모아!

corpo- 몸

a corpo morto- 아주 무거운(= pesantemente); 전심으로(= con accanimento), 열렬히, 격정적으로

Per dimenticarla si è gettato a corpo morto nel lavoro. 그는 그녀를 잊기 위해 전적으로 일에 몸을 던졌다.

corpo a corpo- 백병전/육박전의

I soldati lottarono corpo a corpo per il controllo della collina. 군인들은 고지를 점령하기 위해 백병전을 치뤘다.

dar corpo alle ombre- 상상이 만들어 낸 것이다, 상상하다

Devi fare degli altri esami e per questo pensi di avere il cancro? Dai sempre corpo alle ombre. 너는 다른 검사를 해야 하는 데 그것 때문에 암에 걸렸다고 생각하니? 네 상상이 만들어 낸 것일 뿐이야.

dare corpo a qualcosa- ~이 실현되게 하다, ~이 이루어지게 하다

È riuscito a dare corpo ai suoi sogni. 그는 그의 꿈을 실현할 수 있었다.

esercizi a corpo libero- 체조, 맨손체조

in corpo- 자신의 내면

Non ne potevo più delle storie che raccontava sul mio conto e gli ho detto tutto quello che avevo in corpo. 나는 그에게 내 내면의 모든 것을 다 말했는데, 그가 나에 관해서 이야기하는 소문에 대해 더 이상 견딜 수가 없었다.

lotta corpo a corpo- 육탄전

lottare corpo a corpo- 육탄전으로 싸우다

passare sul corpo di- ~의 위를 밟고 지나가다, ~의 눈에 흙이 들어가기 전에는 안 된다

Se vuoi entrare qui dovrai passare sul mio corpo. 내 눈에 흙이 들어가기 전에는 넌 여기 들어올 수 없다.

prender corpo- 형태를 갖추다, 구체화 되다

Il progetto stava prendendo corpo. 계획이 구체화되고 있었다.

corrente- 1. (형용사) 흐르는, 현재의

acqua corrente- 유수, 흐르는 물; 수돗물

conto corrente- 계좌, 구좌

Vorrei aprire un conto corrente presso la vostra banca. 귀 은행에 계좌를 하나 개설하고 싶습니다.

corrente fredda- 찬바람, 외풍; 기류

Nella camera c'è corrente fredda. 방에 외풍이 있다.

fare corrente- 기류가 생기다, 바람이 생기다

Chiudi la porta, fa corrente. 문 닫아, 찬바람 들어온다.

mese corrente- 이번 달

Arriverò il 25 del corrente mese. 이 달 25일에 도착할 것이다.

parola di uso corrente- 통용어

prezzo corrente- 시가

Pagherò queste cose al prezzo corrente. 이것들을 시가로 지불할 것이다.

2. (명사) 기류, 흐름, 경향

essere al corrente di- ~에 대하여 알다; ~을 알다/~을 알아차리다

Non ero al corrente del suo arrivo. 나는 그의 도착에 대해서 알지 못했다.

Non sono al corrente dei fatti. 나는 사실에 대해 아무것도 모른다.

mettere qualcuno al corrente di- ~에게 ~에 대하여 알리다

Lo mise al corrente della nostra decisione. 그는 그에게 우리 결정을 알렸다.

Mi ha messo al corrente delle ultime novità. 그는 가장 최근의 소식을 나에게 알렸다.

tenere qualcuno al corrente di qualcosa- ~에게 ~에 대해 계속 알려 주다

Tienimi al corrente della situazione; voglio seguirne gli sviluppi da vicino. 너 나에게 그 상황에 대해 계속 알려 줘. 가까이서 그 전개 상황을 유심히 지켜보고 싶으니까.

tenersi al corrente di- ~에 대해 최신의 상태를 유지하다, 최신 정보를 유지하다

Non si tiene al corrente nel suo campo e infatti non è molto considerato dai colleghi. 그는 자기 분야에서 최신의 정보를 유지하지 못해서 사실 동료들이 크게 여기지 않는다.

correre- 1. (자동사) 달리다

con i tempi che corrono- (과거와 비교해서) 요즘에는, 오늘날에

correrci- 큰 차이가 있다

Anche tu sei un ragazzo in gamba, ma ce ne corre tra te e lui! 너도 유능한 소년이지만, 너와 그 사이에는 큰 차이가 있다.

correre avanti e indietro- 동분서주하다, 최선을 다하다(= darsi da fare)

correre come il vento- 바람처럼 달리다, 번개처럼 달리다

Quel ragazzo corre come il vento. 저 소년은 번개처럼 빨리 달린다.

correre dietro a qualcuno o qualcosa- ~을 뒤쫓다, ~을 쫓아 다니다

Correre dietro al successo non ti farà felice. 성공을 쫓는 일이 너를 행복하게 해주지 못할 거야.

Corse dietro a Marco per raggiungerlo. 마르코한테 도달하려고 그를 뒤쫓아 갔다.

correre in fretta- 빨리 지나가다

La giornata è corsa in fretta. 하루가 금방 지나갔다.

Correva l'anno 1789. 그 때가 1789년 이었다.

far correre- ~를 쫓아내다; ~에게 해고 통지를 하다

lasciar correre- 신경쓰지 말다; 내버려 두다; 보고도 못 본척하다

Non rispondergli! Lascia correre. 그에게 대답하지마! 신경쓰지 마!

Quando inizia ad arrabbiarsi è meglio lasciar correre. Diventa troppo aggressivo! 그가 화를 내기 시작할 때 내버려 두는 것이 더 낫다. 너무 공격적이게 된다.

Sei sempre lì che lo sgridi; lascia correre ogni tanto. 너는 항상 그를 나무라는데 때로는 보고도 못본 척 해라.

Non corre buon sangue tra di loro. 그들은 사이가 좋지 않다.

2. (타동사) 직면하다

correre un pericolo- 위험에 빠지다

La sua vita non corre alcun pericolo. 그의 인생은 아무런 위험에 빠진 적이 없다.

correre un rischio- 위험이 있다, 위험을 무릅쓰다

Non corre alcun rischio. 아무런 위험이 없다.

correzione- 수정, 정정, 첨삭

correzione di bozze- 교정

fare delle correzioni- 정정하다, 수정하다, 고치다

troppe correzioni- 너무 많은 수정 사항

Ci sono troppe correzioni nel tuo compito. 너의 숙제에는 수정 사항이 너무 많다.

corrispondenza- 1. 일치, 조화

essere in corrispondenza con- 일치하다, 조화를 이루다

I suoi gusti sono in corrispondenza con i miei. 그의 취향은 나의 취향과 일치한다.

2. 통신, 통신물

corrispondenza in arrivo- 배달되어 오는 우편물

corrispondenza in partenza- 발신 우편물

distribuire la corrispondenza- 우편물을 배달하다, 우편물을 배포하다

Sono due giorni che non distribuiscono la corrispondenza. 그들이 우편물을 배포 안 한지 이틀째이다.

entrare in corrispondenza con qualcuno- ~와 서신왕래를 시작하다

per corrispondenza- 우편으로

scuola per corrisponedenza- 통신 학교

vendita per corrispondenza- 통신 판매

corrispondere- 일치하다, 부합하다, 들어맞다

corrispondere a qualcosa- ~와 일치하다, ~에 부합하다, ~에 부응하다

La merce non corrispondeva al campione. 물품이 견본과 일치하지 않는다.

corrispondere all'aspettativa di qualcuno- ~의 기대에 부응하다

Ha cercato tutta la vita di corrispondere alle aspettative di suo padre. 그는 아버지의 기대에 부응하기 위해 평생토록 애썼다.

corrispondere alle esigenze di qualcuno- ~의 요구에 부합하다

La casa corrisponde esattamente alle mie esigenze. 집은 나의 요구에 정확하게 부합한다.

corsa- 경주, 달리는 것

automobile da corsa- 경주용 자동차

bicicletta da corsa- 경주용 자전거

cavallo da corsa- 경주용 말

corsa ad ostacoli- 장애물 경기

corsa ciclistica- 자전거 경주

corsa ippica- 경마

di corsa- (1) 달려서, 구보로 (2) 서둘러서, 성급하게(= di fretta)

Dove vai così di corsa? 너 어디를 그렇게 급하게 가는 거야? 어딜 그렇게 달려가니?

È arrivato di corsa a lezione. 그는 수업에 뛰어서 도착했다.

Sono venuto di corsa per portarti la bella notizia. 나는 네게 멋진 소식을 갖다 주려고 뛰어 왔다.

di gran corsa- 전속력으로, 전력을 다해, 황급히

L'ho visto passare di gran corsa mentre andava all'appuntamento con l'avvocato. 나는 변호사와 약속이 있어 가던 중에 서둘러 가고 있는 그를 보았다.

essere in corsa per qualcosa- (비유적) 목표가 같은 타인과 경쟁하다

fare una corsa- ~을 급히/서둘러 가다; (운동으로) 달리다

Devo fare una corsa in banca. 나는 은행에 서둘러 가야 한다.

Faccio una corsa e torno. 이내 돌아오겠습니다. 1분도 안 걸릴 거야.

corso- 1. 흐름, 과정

essere in corso- 진행 중이다

È in corso un'inchiesta. 조사가 열리고 있다.

I lavori per la metropolitana sono in corso da anni. 지하철 공사는 수년 전부터 진행 중이다.

Il libro è in corso di stampa. 책이 인쇄 중에 있다.

Il libro non è stato ancora pubblicato; è in corso di stampa. 인쇄 중이어서 책이 아직 출판되지 않았다.

Il ponte è in corso di costruzione. 다리가 건설 중에 있다.

La riunione è in corso. 회의는 현재 진행 중이다.

nel corso degli anni- 수년 간

Nel corso degli ultimi anni, sua moglie è invecchiata molto. 최근 몇 년동안 그의 아내는 무척 늙었다.

nel corso dell'anno- 일년 동안

nel corso della discussione- 토론 동안

nel corso di- ~동안, ~중에, ~사이에

Nel corso di questa lezione vi spiegherò come deve essere fatto il compito. 수업시간 중에 숙제는 어떻게 해야 되는지 너희들에게 설명할 것이다.

2. 과정, 코스

corso annuale- 일년 과정

corso biennale- 6개월 과정

frequentare un corso- 과정을 다니다

Frequento un corso di cucina. 나는 요리과정을 다닌다.

fuori corso- 정해진 기간내에 학업을 마치지 못한 대학생

Lui è al primo anno fuori corso. 그는 1년 졸업 유예이다.

passeggiare per il corso- 거리로 산책하다

seguire un corso- 과정을 밟다, 과정을 수강하다

Seguo un corso di francese. 프랑스어 한 과정을 다닌다.

corte- 1. 안뜰; 재판소, 궁정 2. 구애, 교재, 환심

andare a corte- 법정에 가다; 입궐하다, 궁정에 가다

fare la corte a qualcuno- (1) ~의 환심을 사려고 하다

Fa la corte a me? Ma se mi tratta sempre malissimo! 그가 나의 환심을 사려고 한다고? 그는 늘 나를 함부로 대한다고!

Lui fa la corte alle persone influenti. 그는 영향력 있는 사람한테 환심을 사려고 한다.

(2) 알랑거리다, 구애하다

Fa la corte a tutte le ragazze. 그는 모든 소녀들에게 알랑거린다.

Marco fa la corte a Lucia. Secondo me perde tempo. 마르코가 루치아를 구애하는 데, 내 생각에는 시간 낭비를 하는 것 같다.

cortesia- 친절, 공손, 예의 바름

avere la cortesia di fare qualcosa- 친절하게 ~하다

Vorresti avere la cortesia di ascoltarmi? 나의 말을 친절하게 들어 주겠니?

fare la cortesia di fare qualcosa- ~한 부탁을 들어주다, ~할 호의를 베풀어주다

Fammi la cortesia di chiudere la porta. 문 좀 닫아 줘.

fare una cortesia- 부탁을 들어주다

Mi fai una cortesia? 내 부탁 하나 들어줄래?

mancare di cortesia- 친절이 부족하다

per cortesia- 부탁컨데, 제발(=per favore)

Per cortesia, potresti darmi una mano? 부탁인데, 나 좀 도와줄 수 있니?

corto- 짧은

Alle corte! 요점으로 돌아갑시다!

corto di cervello (o ingegno)- 이해가 느린, 둔한, 아둔한

Lui è corto di ingegno. 그는 아둔하다.

corto di vista- 근시안적인; 근시의

Sono corto di vista. 나는 근시이다.

essere a corto di qualcosa- ~가 궁하다; ~가 부족하다

Alla fine del mese sono sempre a corto di soldi. 월말에 나는 항상 돈이 궁하다.

Non possiamo accompagnarti alla stazione, perché siamo a corto di benzina. 기름이 부족해서 너를 역에 데려다 줄 수가 없다.

essere corto di maniche- 소매가 짧다

La tua giacca è corta di maniche. 너의 자켓은 소매가 짧다.

per farla corta- 간단히 말하자면, 짧게 말하자면

Per farla corta, le cose non sono andate come dici tu. Ora ti racconterò la verità. 간단히 말해서 상황이 네가 말하는 것처럼 되지 않았다. 이제 네게 진실을 얘기해 줄게.

tenere qualcuno a corto di qualcosa- ~을 ~가 부족하게 두다

Bisogna tenerlo a corto di caramelle. 그에게 캐러멜양을 제한해야 한다.

cosa- 물건, 일, 사실

Cose dell'altro mondo. 도저히 믿을 수가 없다. 참 어이없구나.

Cosa fatta, capo ha. (속담) 이미 엎질러진 물이다. 지나간 일은 할 수 없다.

Da cosa nasce cosa. 하나의 문제가 또 다른 문제를 낳는다.

fare le cose come capita- 일을 아무렇게나 하다, 일을 되는대로 하다

Cerca di concentrarti e di non fare le cose come capita! 일을 되는 대로 하려 들지 말고 집중하려고 노력해 봐.

La cosa va da sé. 그야 물론이지. 그렇고 말고. 당연한 일이지.

Non so (che) cosa farmene. 그것을 어떻게 해야 할지 모르겠다.

Non son cose che mi riguardano. 내가 상관할 일이 아니다.

Pensa alle tue cose. 네 일이나 신경쓰시지. 참견 마라.

per prima cosa- 첫 번째로, 무엇보다 먼저

Per prima cosa dimmi dove sei stato. Poi parleremo del resto. 먼저 네가 어디 있었는지 내게 말해. 그 다음 나머지 사항에 대해 말하자.

Tante cose! (작별 인사) 그럼, 안녕히 계세요; 복 많이 받으세요!

Tante cose a tua madre! 너의 어머니에게 안부를 전해줘!

vedere come si mettono le cose- 일의 추이를 두고보다

Non so se potrò venire; vedremo come si mettono le cose. 내가 올 수 있는지는 모르겠는데, 우리 어떻게 될지 두고보자.

vedere come stanno le cose- 사태가 어떻게 진행되는지 두고보다; 사태를 살피다/확인하다

Prima di esprimere un'opinione, vorrei vedere come stanno le cose. 견해를 표명하기에 앞서, 저는 사태를 확인하고 싶습니다.

cosciente- 의식하는, 의식있는

essere cosciente di qualcosa- ~에 대해서 인식하다, 자각하다

Ero perfettamente cosciente della gravità della situazione. 나는 문제의 심각성에 대해 완벽하게 인식하고 있었다.

coscienza- 양심; 의식

agire contro coscienza- 양심에 반하여 행동하다

Non potrei mai agire contro coscienza. 난 내 양심에 반하여 행동할 수 없을 것이다.

ascoltare la propria coscienza- 자신의 양심의 소리에 귀기울이다

avere coscienza di qualcosa- ~을 알아차리다, ~을 알다

Ho coscienza dei miei limiti. 나는 나의 한계를 알고 있다.

avere (o sentirsi) la coscienza a posto (o pulita)- 양심이 깨끗하다, 양심에 부끄럽지 않다

Su quella vicenda ho la coscienza a posto. 그 일에 있어서 나는 양심에 부끄럽지 않다.

avere (o sentirsi) la coscienza sporca- 양심이 더럽다, 양심에 부끄럽다

avere qualcosa sulla coscienza- 양심에 꿀리는 데가 있다

avere un peso sulla coscienza- 양심의 무게를 느끼다, 양심에 부담감을 느끼다

Dopo aver rubato in quel negozio, aveva un peso sulla coscienza. 그는 그 가게에서 물건을 훔친 후에 양심에 부담감을 느끼고 있었다.

essere senza coscienza- 양심이 없다

farsi l'esame di coscienza- 자신의 양심을 성찰하다

Fatti l'esame di coscienza e vedrai che hai sbagliato tu. 네 양심을 성찰해 보면 네가 잘못했다는 것을 알게 될 거야.

in tutta coscienza- 양심에 비추어, 아주 양심적으로, 양심상, 솔직히 말해서

In tutta coscienza devo dirti che avevo torto. 양심상 내가 잘못했다고 네게 말해야겠어.

lavorare con coscienza- 양심적으로 일하다

mettersi una mano sulla coscienza- 양심에 손을 얹다, 양심을 가지다

Mi sono messo una mano sulla coscienza e gli ho dato quello che chiedeva. 난 양심을 가지고서 그가 요구하는 것을 주었다.

per scrupolo di coscienza- 신중을 기하려면, 안전하게 하려면

Per scrupolo di coscienza, sarà bene che tu ricontrolli. 안전에 만전을 기하기 위해선, 네가 다시 확인해보는 것이 좋을 것이다.

perdere coscienza- 의식을 잃다, 실신하다(= svenire)

pesare sulla coscienza- 양심을 무겁게 짓누르다

riprendere coscienza- 의식을 회복하다

togliersi un peso dalla/sulla coscienza- 양심의 무게를 덜다, 마음이 편해지다

così- 1. (부사) 이와 같이, 그와 같이, 그대로

così ~ che- ~해서 ~하다

Sono così stanco che non riesco a dormire. 나는 너무 피곤해서 잠을 이룰 수가 없다.

così da- ~할 정도로

Non sarai così ingenuo da farti abbindolare. 네가 속임을 당할 정도로 순진하진 않겠지.

così dicendo- 그렇게 말하면서

Così dicendo, si alzò e si avviò alla porta. 그는 그렇게 말하면서, 일어나서 문으로 갔다.

così sembra- 그렇게 보인다

Così va il mondo. 세상의 이치가 그런 것이다.

e così via- 기타 등등

e così sia- 그렇게 되소서, 아멘

e fu così che- ~이란 그런 것이다

E fu così che perdette il posto. 자리를 그렇게 잃었다.

Meglio di così! 그러는 게 더 낫겠어!

per così dire- 이를테면, 말하자면

Per me va bene così. 나에겐 그대로 괜찮아요(좋아요).

se le cose stanno così- 상황이 그러하다면, 일이 그렇다면

Se le cose stanno così, è meglio che tu esca subito da questa stanza. 일이 그러하다면 이 방에서 당장 네가 나가는 것이 더 나아.

se non è così- 만일 그렇지 않다면

Sì, è così. 그래요, 그렇습니다.

stando così le cose- 상황이 그러하다면, 상황이 그렇기 때문에

costa- 해안; (산의) 경사

a mezza costa- 고개 중턱에, 산중턱에

al largo della costa- 해안에서, 연안에서, 앞바다에서

da costa a costa- 대서양 연안에서 태평양 연안까지, 전국을 걸쳐, 전국적인, 대륙횡단의

lungo la costa- 해안을 따라

Ci hanno proposto una gita in barca lungo la costa. 우리에게 해안을 따라 배로 놀러 가는 것을 제안했다.

verso la costa- 해안 쪽으로

costare- 비용이 들다, 걸리다

costare caro- 값이 비싸게 나가다

Questa giacca costa un po' cara. 이 자켓은 약간 비싸다.

costare molta fatica a qualcuno- ~에게 많은 노고를 요하다

Mi costa molta fatica. 내게 많은 노고를 요한다.

Se vuoi ti aiuto, non mi costa grande fatica. 네가 원하다면 너를 도와줄게, 내게 크게 힘들지 않을 테니까.

costare molto/poco- 값이 많이 나가다/적게 나가다

costare tanti sacrifici- 많은 희생을 치르게 하다

Crescere i figli costa tanti sacrifici. 자식을 키우는 것은 많은 희생을 요한다.

costare un occhio della testa- 가격이 엄청나게 비싸다

Quello che mi piace costa un occhio della testa. 내 마음에 드는 것은 가격이 엄청나게 비싸다.

costi quel che costi- 어떠한 희생을 치르더라도, 아무리 비용이 들지라도; (비유) 어떤 일이 있어도, 기필코(= a qualunque prezzo)

Lo so che è pericoloso, ma voglio farlo, costi quel che costi. 위험하단 것 알아. 하지만 어떠한 희생을 치르더라도 그걸 하고 싶다.

La vita costa troppo. 물가가 너무 비싸다.

costante- 일관된, 한결같은

essere costante in qualcosa- ~에 한결같다

Lui è costante nei suoi proposti. 그는 자신의 제안에 확고하다.

costanza- 일관성

con costanza- 한결같이, 일관되게, 꾸준히, 견실하게

Lui lavora con costanza. 그는 꾸준하게 일한다.

costituire- 설립하다, 창설하다

costituire una società- 단체를 설립하다, 회사를 설립하다

costo- 비용, 부담, 희생

a basso costo- 적은 비용으로

a costo di- ~의 비용을 지불하고, ~을 희생하고(= a rischio di); ~의 대가로, ~일지라도

Voglio passare quell'esame a costo di studiare tutta la notte. 나는 밤을 새서 공부를 할지라도 그 시험에 합격하고 싶다.

a costo di perdere tutto- 모든 것을 잃어버린다 할지라도

a nessun costo- 무슨 일이 있어도, 무슨 이유든, 어떤 일이 있어도

Non lo farò a nessun costo, è troppo difficile. 나는 무슨 일이 있어도 그걸 하지 않을 거야. 너무 어려워.

ad ogni costo (o a tutti i costi)- 어떤 희생을 치르더라도, 기어코, 무슨 수를 써서라도(= in qualsiasi modo)

Lui l'ha voluto sapere a ogni costo nonostante fosse un segreto. 그는 비밀인데도 불구하고 무슨 수를 써서라도 알고 싶어 했다.

a nessun costo- 무슨 일이 있어도(= in nessun modo)

sotto costo- 원가 이하로

Hanno venduto i prodotti alimentari sotto costo. 그들은 식료품을 원가 이하로 팔았다.

costola- 갈빗대

avere qualcuno alle costole- ~을 따라다니다

contarsi le costole- 몸이 빼빼마르다, 피골이 상접하다, 뼈와 가죽만 남다, 꼬챙이처럼 마르다

È così magro che gli si contano le costole. 그는 너무 말라서 피골이 상접하다.

rompere le costole a qualcuno- ~의 갈비뼈를 부러뜨리다

stare alle costole di qualcuno- ~의 뒤를 바싹 따라다니다

La polizia gli stava alle costole. 경찰이 바싹 그의 뒤를 따라 다녔다.

Ovunque vada, lui mi sta sempre alle costole. 어디를 가든 그는 늘 나를 따라다닌다.

costretto- 강요된

essere costretto a fare qualcosa- ~하지 않을 수 없다, 할 수 없이 ~하다

È costretto a partire. 그는 떠날 수 밖에 없다. 그는 떠나지 않을 수 없다.

Siamo costretti a vivere in condizioni di miseria. 우리는 가난하게 살 수 밖에 없다.

costringere- 강요하다, 억지로 ~시키다, 강제하다

costringere qualcuno a fare qualcosa- ~에게 ~하도록 강요하다

Lo costringeremo a partire. 우리는 그를 떠나도록 만들 것이다.

Non costringetemi a chiamare la polizia! 나한테 경찰을 부르게 하지 마!

costruire- 세우다, 건설하다

costruire in serie- 대량생산하다, 양산하다

costruire sulla sabbia- 모래위에 세우다; 모래위에 누각을 짓다; 사상누각

Hai costruito la tua carriera sulla sabbia. 너는 네 경력을 사상누각이 되게 만들었다.

costruzione- 건설, 건축

costruzione in stile barocco- 바로코 양식 건축

di solida costruzione- 튼튼하게 지은, 견고하게 만든

in costruzione- 건설 중인, 공사 중인

È in costruzione una nuova strada. 새 길이 건설 중이다.

una costruzione in legno- 목조 건축

costume- 관습, 습관; 품행, 소행; 풍속, 풍습; 복장, 의류

avere il cattivo costume di- ~하는 나쁜 습관을 가지고 있다

Lui ha il cattivo costume di rispondere male. 그는 나쁘게 대답하는 습관이 있다.

in costume da bango- 수영복 차림으로

per costume- 습관적으로; 보통, 대개

persone di buoni costumi- 품행이 방정한 사람들, 도덕적인 사람들

Stai tranquillo, in quella casa abitano solo persone di buoni costumi. 너는 얌전히 있어, 그 집에는 품행이 방정한 사람들만 살아.

prova generale in costume- 총 리허설

Domani sera, a teatro, ci sarà la prova generale in costume. 내일 저녁 극장에서 총 리허설이 있을 것이다.

secondo il costume- 관례에 따라서; 관습에 따라서, 습관에 따라

cotta- 굽기, 태우기

avere una cotta per qualcuno- ~에게 호감이나 관심이 있다, ~를 열렬히 좋아하다

Lui ha una cotta per me. 그가 나한테 관심있어.

prendersi una cotta per qualcuno- ~와 사랑에 빠지다, ~에게 홀딱 반하다, ~에게 강한 정서적 매력을 느끼다, 에게 강한 호감을 느끼다

Si è preso una cotta per la sua segretaria. 그는 자기 비서한테 푹 빠졌다.

cotto- 익은, 사랑에 빠진

ben cotto- 잘 익힌

"Come vuole la carne?" "Ben cotta, per favore". 고기 굽기는 어떻게 해드릴까요? 잘 익혀주세요.

essere cotto di qualcuno~ 한테 사랑에 빠진, ~을 미치게 좋아하다

Lui era cotto di lei. 그는 그녀한테 푹 빠져 있었다.

farne di cotte e di crude- 젊어서 방탕하다

Quando era giovane ne ha fatte di cotte e di crude. 젊었을 때 그는 방탕했다.

cottura- 요리하기, 요리법; 굽기, 태우기

a cottura ultimata- 완전히 요리한

a media cottura- 중간정도 요리한

cottura a fuoco lento- 약한 불에서 요리하기

cottura al forno- 렌지에 익히기

essere di prima cottura- 즉석에서 요리하다

di facile cottura- 쉽게 요리되는

di rapida cottura- 빨리 요리되는

covare- 품다; 가만히 생각하다, 곱씹다

covare qualcuno con gli occhi- 여념 없이 쳐다보다; ~을 그리운 듯 쳐다보다

cravatta- 넥타이

cravatta a farfalla (o farfallino)- 나비 넥타이

cravatta a righe- 줄무늬 넥타이

portare la cravatta- 넥타이를 매고 다니다

Lui non porta mai la cravatta. 그는 절대 넥타이를 매고 다니지 않는다.

creare- 창조하다, 창출하다; 일으키다, 만들다

creare un precedente- 전례를 남기다, 판례를 만들다, 선례를 만들다

creare uno scandalo- 추문을 낳다

Con i suoi atteggiamenti ha creato uno scandalo. 그는 자신의 태도로 인해 추문을 낳았다.

creatura- 창조물

la mia creatura- 나의 아기

povera creatura!- 불쌍한 것! 가엾은 것!

una bella creatura- 사랑스러운 것

credere- 1. (자동사) 믿다; 존재를 믿다; 신뢰하다

credere a qualcosa o qualcuno- ~을 믿다

Credi alle mie parole? 너 내 말을 믿니?

Mi credi? 너 나를 믿니?

Non credevo ai miei occhi. 내 눈을 믿지 못했다.

credere ai fantasmi- 귀신을 믿다, 유령을 믿다

credere in Dio- 신을 믿다

Crediamo in Dio. 우리는 하느님/하나님을 믿는다.

2. (타동사) 믿다, 생각하다, 판단하다

credere di- ~하다고 믿다

Ho creduto di far bene. 나는 잘한다고 믿었다.

credere di sì/no- ~이라고 믿다, 아니라고 믿다

Verranno in tempo? Credo di sì, no. 그들이 제때 올까? 그렇다고 믿어/아니라고 믿어.

credere necessario- 필요하다고 믿다/생각하다

Ho creduto necessario informarli. 나는 그들에게 알리는 것이 필요하다고 믿었다.

fare credere qualcosa a qualcuno- ~에게 ~을 믿게 하다

Gli ho fatto credere di avere molti soldi. 나는 그에게 많은 돈을 가졌다고 믿게 했다.

Fate come credete! 네 생각대로 해!

Lo credo bene. 물론이지. 확실히 그렇다고 믿어.

credito- 신용

aquistare a credito- 신용으로 구입하다

dare credito a- ~을 믿다, ~을 신용하다

Non dare credito a quello che ti dice. Ha l'abitudine di esagerare. 그가 네게 하는 말을 믿지 마. 과장하는 버릇이 있어.

essere in credito con qualcuno- ~에게 빚을 지다

Grazie dell'aiuto! Ora sono in credito con te di un favore. 도와줘서 고마워! 난 이제 너한테 신세졌다.

non meritare credito- 신용할 가치가 없다, 믿을만한 가치가 없다

È una notizia che non merita credito. 믿을 만한 가치가 없는 뉴스이다.

Non si fa credito. 신용카드 사용이 안 됩니다.

trovare credito- 수용하다, 받아들여지다; 용인되다

È una teoria che non trova più credito. 더 이상 용인되지 않는 이론이다.

crema- (우유 지방분의) 생크림, (화장품) 크림

crema antirughe- 주름방지 크림

crema base- 기초 크림

crema da barba- 면도 크림

crema detergente- 클렌징 크림

crema per il corpo- 바디 크림

crema per il viso- 얼굴 크림

crema per le mani- 핸드 크림

la crema della società- 최상층 사회, 사교계의 꽃들

Sono molto snob: frequentano solo la crema della società. 그들은 매우 속물이어서 명사하고만 어울린다.

crepare- 금가다, 파멸하다, 폭발하다

Crepa! 거꾸러져라! 뒈져라!

crepare dal ridere (o dalle risa)- 포복절도하다, 배꼽잡다

È un ottimo film comico; fa crepare dal ridere. 최고의 코믹 영화인데 배꼽잡게 해.

crepare di rabbia- 분노에 사로 잡히다

Appena tuo fratello vedrà che moto ti sei comperato, crepèrà di rabbia. 너의 형이 네가 어떤 오토바이를 샀는가를 보면 몹시 화가 날 것이다.

crepare di salute- 건강으로 충만해 있다, 더할 나위 없이 건강하다

crepare di sete- 목말라 죽다

Datemi un po' d'acqua che sto crepando di sete! 물 좀 줘, 목말라 죽겠어.

Sto crepando di sete. 목말라 죽겠다.

crescere- 자라다, 성장하다

crescere di grado- 단계가 올라가다

crescere di prezzo- 가격이 올라가다, 가격이 인상되다

Le cose da mangiare continuano a crescere di prezzo. 먹거리 가격이 계속 올라간다.

crescere di statura- 키가 자라다, 신장이 커지다; 사이즈가 커지다

Ora è piccolo ma vedrai che crescerà ancora di statura. 지금은 작지만 계속 키가 크는 것을 보게 될 거다.

crescere in bellezza- 예뻐지다, 아름다워지다

crescere in potenza, fama- 힘이 커지다, 명성이 증가하다

crescere in qualcosa- ~가 커지다

La città sta crescendo in dimensione. 도시의 규모가 커지고 있다.

crescere nella stima di qualcuno- ~의 평판이 올라가다; ~의 존경을 얻다

crescita- 성장, 발육

crescita a tasso costante- 지속적인 성장, 꾸준한 성장

essere in crescita- 자라다; 성장/증가하다

Le nostre vendite sono in forte crescita. 우리의 판매가 빠르게 증가하고 있다.

in rapida crescita- 빠른 성장, 빠른 증가/급증

cresta- 볏, (파도의) 물마루

abbassare la cresta- 겸손해지다(= umiliarsi), 머리 숙이다, 잘난척하지 않다

Abbassa la cresta! 거만하게 굴지마, 잘난척 좀 하지마!

alzare la cresta- 교만하다, 잘난 척하다(= diventare superbo)

essere sulla cresta dell'onda- 행복의 절정에 이르다; 성공 가도를 달리다, 잘 나가다(= avere successo)

Ho avuto una promozione, la ragazza di cui sono innamorato ha accettato di sposarmi e le mie azioni di borsa sono salite! Sono sulla cresta dell'onda. 승진과 내가 사랑하는 여자의 결혼 승낙 그리고 주식 마저 올랐다! 나는 성공 가도를 달려.

far abbassare la cresta a qualcuno- ~의 콧대/자만심을 꺾다; ~를 바보로 만들다

Ha tutta l'aria di sentirsi superiore a tutti, ma gli faremo abbassare la cresta. 그는 분명 모든 사람 보다 우위에 있는 것처럼 행동하지만, 우리는 그의 코를 납작하게 만들 거다.

crisi- 위기

affrontare una crisi- 위기에 대처하다

attraversare una crisi- 위기를 겪다

crisi economica- 경제 위기

essere in crisi- 위기 상황에 처해 있다, 위기를 겪고 있다

Non riesce a far niente perché è in piena crisi. 그는 완전히 위기에 처해 있어 아무것도 할 수 없다.

essere in periodo di crisi- 위기를 겪다

matrimonio in crisi- 위기에 놓인 결혼

Il suo matrimonio è in crisi da molti anni ma non si separano per i figli. 그의 결혼은 오래전부터 위기에 놓였지만 아이들 때문에 이혼하지 않는다.

mettere (o mandare) in crisi qualcuno (o qualcosa)- ~를 힘들게 만들다(= mettere in difficoltà); ~에 중압을 가하다(= mettere sotto tensione); 불안하게/당황스럽게 만들다(= sconcertare); 우울하게 만들다(= deprimere)

La scarsità di petrolio ha messo in crisi la nostra industria. 석유 부족은 우리 산업을 힘들게 만들었다.

La sua decisione mi ha mandato in crisi. 그의 결정은 나를 당혹스럽게 만들었다.

superare una crisi- 위기를 극복하다

Per fortuna ha superato l'ultima crisi. 다행히도 그는 마지막 위기를 넘겼다.

crisma- 성유(聖油)

con tutti i sacri crismi- 올바로, 규정에 따라, 규칙대로

È un impiegato che lavora con tutti i sacri crismi, ma ci mette una vita a finire una pratica. 그는 제대로 일하는 직원이지만, 일이 매우 더디다.

cristiano- 그리스도인

comportarsi da buon cristiano- 선량한 그리스도교인처럼 행동하다

da cristiano- 선량한, 착한

farsi cristiano- 그리스도인이 되다

La sua famiglia era buddista ma lui ha preferito farsi cristiano. 그의 가족은 불교이지만 그는 그리스도

인이 되기를 선호했다.

Crsisto- 그리스도

    avanti Cristo (a.C.)- 기원전(B.C)

    dopo Cristo (d.C.)- 기원후(A.D)

criticare- 비판하다

    criticare un'opera letteraria- 문학 작품을 비평하다

    farsi criticare- 비판을 초래하다

critico- 비판적인

    guardare qualcosa (o qualcuno) con occhio critico- 비판적인 시선으로 바라보다

Guardo con occhio critico quello che sta accadendo. 나는 벌어지고 있는 일을 비판적인 시선으로 바라본다.

croce- 십자가

    ad occhio e croce- 어림잡아

Questo quadro, ad occhio e croce, può valere un milione. 이 그림은 어림잡아 백만원 가치가 나갈 수 있다.

    ai piedi della Croce- 십자가 아래에

    essere una croce per qualcuno- ~에게 십자가이다, ~에게 지독한 골칫거리이다

Quel ragazzo è la mia croce; ne combina sempre una. 그 아이(소년)는 내 십자가야. 걔는 늘 일을 저질러.

    fare a testa e croce- (무엇을 결정하기 위해) 동전을 던지다

    fare una croce su (o sopra)- ~을 X표를 하다; (보통 틀린 단어 위에) 줄을 긋다

    farci una croce su (o sopra)- 잊다; ~에 대해 포기/단념하다

Fateci su una croce! 그것에 대해서 잊어버려!

Non ci vedevamo da dieci anni; ormai ci avevo fatto su la croce. 우리는 십년간 서로 보지 못해서, 이제 나는 그를 포기하였다.

    mettere qualcuno in croce- ~을 십자가에 매달아 죽이다; ~을 성가시게 하다/괴롭히다

All'inizio i ragazzi hanno messo in croce la supplente, ma adesso le si stanno affezionando. 처음에 아이들은 보조교사를 성가시게 하였지만, 지금은 아이들이 그녀에게 정이 들고 있다.

    morire sulla croce- 십자가 위에서 죽다

Cristo morì sulla croce. 그리스도는 십자가 위에서 죽었다.

cronaca- (신문 등의) 뉴스, 보도기사, 보도란

    fare la cronaca di qualcosa- ~에 대해서 기술하다

    per la cronaca- 공식 발언으로, 공개적으로 하는 말인데; 분명히 말하는 데

Per la cronaca, hai ben quindici minuti di ritardo. 분명히 말하는 데, 너는 15분 지각이다.

cucchiaio- 숟가락

    da raccogliere col cucchiaio- 기진맥진한, 지쳐 죽을 지경인

Non dormo da una settimana. Sono da raccogliere col cucchiaio. 한 주 전부터 잠을 이루지 못하고 있는데, 지쳐 죽을 지경이다.

cucina- 부엌; 요리

    entrare in cucina- 부엌에 들어가다

    la buona cucina- 맛있는 요리

    la cucina italiana- 이탈리아 요리

    Amo la cucina italiana. 나는 이탈리아 요리를 사랑한다.

    Mi piace la cucina italiana. 나는 이탈리아 요리를 좋아한다.

culla- 요람

    dalla culla alla tomba- 요람에서 무덤까지

    far dondollare la culla- 요람을 흔들게 하다

culo- (속어) 궁둥이, 엉덩이, (속어) 그냥 얻어지는 행운(fortuna sfacciata)

    avere culo- (속어) 운이 좋다(=avere fortuna, essere fortunato)

    Hai sempre culo nel trovare parcheggio! 너는 항상 주차 자리 찾는데 운이 좋아!

    alzare (o muovere) il culo- (금기어 속어) 꾸물대지 못하게 하다

    Alza il culo ed esci immediatamente da questa stanza. 꾸물대지 말고 얼른 이 방에서 나가.

    buco del culo- 똥구멍; 멍청한 놈

    Che culo!- (속어) 운이 짱 좋다, 대박이다(Che fortuna!)

    Hai passato l'esame studiando così poco? Che culo!

공부를 그렇게 적게 하고서 시험에 합격했어? 완전 대박이네!

    essere culo e camicia- 아주 친한 사이다; (비유) 짝짜꿍이 되다

    Quei due ragazzi sono sempre stati come culo e camicia. 그 두 사람은 항상 아주 친한 사이었다.

    fare il culo a qualcuno- (비유, 금기어) ~을 속이다(= imbrogliare); (돈을) 뜯어내다; ~에게 개수작하다

    farsi il culo- (비유, 금기어) 매우 열심히/필사적으로 일하다

    Mi sono fatto il culo per finire quel lavoro in tempo. 나는 제 때에 그 일을 마치기 위해 매우 열심히 일했다.

    leccare il culo a qualcuno- (비유, 금기어) (윗사람에게) 아첨하다, 알랑거리다

    metterlo in culo a qualcuno- ~을 속이다, ~에게 (돈을) 뜯어내다/우려내다

    Con il suo modo di fare te l'ha proprio messo nel culo! 그는 자신의 행동 방식으로 너를 완전 속였다.

    Mi sta proprio sul culo! 정말 나를 열받게 하는군!

    pararsi il culo- 변명으로 발뺌하다, 알리바이를 조작하다

    pigliare (o prendere) per il culo- ~을 놀리다; (금기어 속어) 허튼소리하다

    una botta di culo- (속어) 대행운, 완전 대박(= un colpo di forutna)

    Vai a fare in culo! (= Va fannculo) 뒈져 버려! 썩 꺼져 버려! 엿이나 먹어!

cultura- 문화; 교양, 수련

    farsi una cutura su qualcosa- ~에 대해 배우다; ~에 대해 읽다

    uomo di grande cultura- 아주 교양이 있는 사람

    Il mio professore è un uomo di grande cultura. 나의 교수님은 아주 교양이 있는 사람이다.

cuocere- 가열하다, 익히다

    cuocere a fuoco lento- 약한 불에 익히다

cuocere a fuoco vivo- 센 불에서 익히다

cuocere a lesso- 끓이다

cuocere a vapore- 찌다

cuocere al forno- (오븐에) 굽다

cuocere alla griglia- 그릴에 굽다, 석쇠에 굽다

cuocere in umido- 뭉근히 익히다/고다, 중탕으로 만들다

cuocere troppo a lungo- 너무 오랫동안 익히다

lasciare cuocere qualcuno nel suo brodo- ~의 자업자득이니 그대로 (당하게) 내버려 두다

cuoio- 가죽

scarpe di cuoio- 가죽 신발

tirare le cuoia- 죽다; (속어) 골로 가다, 거꾸러지다

È così vecchio che potrebbe tirare le cuoia da un momento all'altro. 그는 너무 늙어서 아무 때라도 골로 갈 거다.

cuore- 마음

a cuore aperto- 진정으로, 솔직하게(= sinceramente)

a cuore leggero- (형용사) 마음이 가벼운, 걱정이 없는; (부사) 속편하게, 근심없이; 깊이 생각하지 않고

Non è una decisone da prendersi a cuor leggero. 깊이 생각하지 않고 내릴 결정이 아니다.

Non ho deciso a cuor leggero. 나는 가볍게 결정하지 않았다.

allargarsi (o sentirsi allargare) il cuore- ~의 마음이 밝아지다, 가벼워지다; ~에 미칠듯이 기뻐하다

Gli si allargò il cuore quando vide suo figlio; non era successo niente di grave. 아무런 심각한 일 없이, 자기 아들을 보았을 때 그는 마음이 가벼워졌다.

amico del cuore- 좋아하는 친구(= amico prediletto), 절친

aprire il proprio cuore a qualcuno- ~에게 마음의 문을 열다, ~에게 속마음을 터놓다

Gli ho aperto il mio cuore. Non riuscivo più a tenere tutto per me. 나는 그에게 내 속마음을 터놓았다. 더 이상 나 혼자 간직할 수가 없었다.

avere a cuore- 귀여워하다, 예뻐하다

avere il cuore grosso- 마음이 무겁다

avere il cuore di fare qualcosa- ~할 용기가 있다, 감히 ~하다

Avresti il cuore di licenziarlo? 너 그를 해고할 용기가 있니?

avere il cuore gonfio- 마음이 무겁다, 침울하다, 비탄에 잠기다

Dopo quello che è successo, ho ancora il cuore gonfio di lacrime. 그 일이 벌어진 뒤로 나는 아직도 마음이 무겁다.

avere in cuore di fare qualcosa- ~할 마음이 있다, ~할 의향이다(= avere l'intenzione)

avere un gran cuore- 마음이 너그럽다, 너그럽게 포용하다, 마음이 넓다

Lui ha un gran cuore. 그는 마음이 너그럽다.

col cuore in gola- 겁을 잔뜩 집어 먹고, 조바심하여, 전전긍긍하여

La squadra ha giocato col cuore in gola. 팀은 겁을 잔뜩 집어 먹고 경기했다.

col cuore in mano- 진정으로(= sinceramente), 성심을 다하여; 관대하게(= generosamente)

Devi credermi, non dico bugie, ti sto parlando con il cuore in mano. 내 말을 믿어야 해, 난 거짓말을 안해, 네게 진정으로 말하고 있는 거야.

con tutto il cuore- 극진히, 지성으로, 힘껏, 진심으로, 충성을 다하여, 마음으로부터, 정성을 기울여; 기꺼이

Amavo mio marito con tutto il cuore. 나는 남편을 진심으로 사랑하고 있었다.

L'ho fatto con tutto il cuore. 나는 정성을 다해서 그것을 했다.

conquistare il cuore di qualcuno- ~의 마음을 얻다, 애정을 차지하다

dare il proprio cuore a qualcuno- ~에게 자신의 마음을 주다, ~을 연모하다, ~에게 마음을 빼앗기다, ~을 사랑하다

del cuore- 좋아하는

di buon cuore- 마음씨가 고운, 마음이 따뜻한, 다정한, 친절한 마음씨를 지닌

Lui è una persona di buon cuore. 그는 마음씨가 고운 사람이다.

di cuore- 진심으로

Grazie di cuore. 진심으로 고맙습니다.

La ringrazio di cuore. 당신께 진심으로 감사드립니다.

di tutto cuore- 극진히, 지성으로

essere nel cuore di qualcuno- ~의 마음 속에 있다, 무척 사랑을 받다

fare male al cuore- 슬프게 하다

Mi fa male al cuore vederti in questo stato. 이런 상황에서 널 보니 내가 슬퍼진다.

farsi cuore- 힘내다, 자신감을 얻다

Il cuore non si sbaglia. 머리보다 가슴이 더 현명하다.

la squadra del cuore- 좋아하는 팀

Lontano dagli occhi, lontano dal cuore. (속담) 눈에서 멀어지면 마음에서도 멀어진다. 눈에 보이지 않으면 곧 잊혀진다.

mettersi il cuore in pace- (1) 마음을 안정시키다(= tranquillizzarsi); (2) 체념하다(= rassegnarsi)

"Marco mi ha detto che non mi ama più." "Mettiti il cuore in pace e non pensare più a lui." 마르코가 더 이상 나를 사랑하지 않는다고 했어." "체념하고 그 사람에 대해 더 이상 생각하지 마."

nel cuore dell'estate- 한 여름에

nel cuore della città- 도시 한 복판에

nel cuore della notte- 한 밤중에, 심야, 야심한 밤

nel cuore di- ~의 중심부에, ~한 가운데, ~의 한복판에

parlare con il cuore in mano- 솔직하게 말하다

prendersi a cuore- ~에 관심을 두다, 마음에 두다

Si sono presi a cuore il destino dei profughi. 그들은 난민 문제(난민들의 운명)에 관심을 가졌다.

rubare il cuore a qualcuno- ~의 마음을 훔치다, ~의 마음을 사로잡다

sentirsi stringere il cuore- 가슴이 찢어지는 듯하다, 가슴이 미어지다/저리다

Mi si strinse il cuore. 가슴이 아렸다.

Suo figlio è tanto carino, ma è autistico. Mi si stringe il cuore solo a pensarci. 그의 아들은 아주 귀엽지만 자폐아다. 그 생각만으로도 내 가슴이 미어진다.

senza cuore- 가혹한, 무정한, 비정한

Lui è un uomo senza cuore. 그는 비정한 사람이다.

spezzare il cuore- 가슴을 찢다, 마음을 아프게 하다

La sua partenza mi ha spezzato il cuore. 그의 떠남이 내 가슴을 찢어지게 했다.

stare a cuore- (1) 매우 우려/걱정되다

La sua salute mi sta molto a cuore. 당신의 건강이 매우 우려됩니다.

(2) ~을 염두에 두고 있다, 간절히 바라다; 소중하다, 중요하다

Mi sta a cuore la tua felicità. 나는 당신의 행복을 간절히 바랍니다.

Un progetto che mi sta a cuore. 그 계획은 내가 간절히 바라는 것이다.

tenere (o avere) il cuore in gola- 초긴장하다

Ho avuto il cuore in gola fino a quando non sono ritornato a casa. 난 집으로 귀가할 때까지 초긴장했다.

toccare il cuore- 흉금을 울리다, 감동시키다

Quell'episodio mi ha toccato il cuore. 그 사건(에피소드)이 나의 흉금을 울렸다.

uomo dal cuore di coniglio- 겁많은 남자, 소심한 사람

uomo dal cuore di leone- 용맹스런 남자

uomo dal cuore di pietra (o di tigre)- 무정한/비정한 사람; 단호한/냉정한 사람

cura- 돌봄, 보살핌; 주의, 유의, 관심, 정성들임; 치료, 치료법

a cura di- ~에서 편집한; ~가 출판한(= per opera di)

Ho letto una raccolta di poesie a cura di un autore famoso. 나는 유명 작가가 출판한 시집을 읽었다.

avere cura di qualcuno (o qualcosa)- ~을 돌보다, ~을 뒷바라지 하다; ~에 주의하다, ~에 신경을 쓰다, ~을 소중히 하다

Abbi cura di tuo fratello. 네 동생을 돌봐라!

avere in cura un malato- 환자를 치료/진료하다

con cura- 신중하게, 조심스럽게

È un lavoro fatto con molta cura. 아주 신중하게 행한 일이다.

Lui si pettina con cura. 그는 아주 조심스럽게 빗질한다.

essere in cura- 치료 중이다

Sta male, è in cura da un famoso specialista. 그는 몸이 아파서 유명 전문의한테 치료 중이다.

prendersi cura di- ~을 돌보다, ~을 보살피다

Chi si prenderà cura del gatto? 누가 고양이를 돌볼 거야?

Prenditi cura di te! 몸조심해!

prescrivere una cura a qualcuno- ~에게 치료를 처방하다

Il medico mi ha prescritto una cura per il fegato. 의사가 내게 간을 위한 치료를 처방하였다.

curare- 돌보다

curare il proprio aspetto fisico- 자신의 외모를 가꾸다

curare la propria salute- 자신의 건강을 돌보다

curarsi- 건강에 유의하다, 치료받다; 신경쓰다, 관심을 가지다

Curati bene! 몸조심 해!

Curati dei fatti tuoi! 네 일이나 신경써!

Non curarti della tua camera. Ci penso io. 네 방에 신경 쓰지 마. 내가 알아서 할게.

Non curarti delle loro parole. 그들이 말에 신경쓰지 마!

curiosità- 호기심

per curiosità- 호기심에서, 호기심으로

curioso- 궁금한

essere curioso di- ~에 대해 궁금해하다

Sono curioso di sapere che cosa hanno detto. 나는 그들이 뭐라고 말했는지 아주 궁금하다.

Sono curioso di vedere come è lei. 나는 그녀가 어떻게 생겼는지 보고 싶어 궁금해 죽겠다.

Il curioso è di/che- 궁금한 것은 ~이다

curva- 곡선; 꾸불꾸불한 길, 커브길

fare una curva- 방향을 돌다, 방향전환하다, 구불거리다, 커브를 돌다

Questa strada fa molte curve. 이 도로는 커브길이 많다.

in curva- 커브길에서

È vietato sorpassare in curva. 커브길에서는 추월 금지이다.

curvo- 굽은

avere le spalle curve- 어깨가 굽었다, 굽은 어깨를 지니다

stare curvo sui libri- 책 위로 등을 구부리다

Ho sempre visto quel ragazzo curvo sui libri. 난 그 소년이 항상 책상 위에 등을 구부리고 있는 것을 보았다.

custodia- 보호, 감시, 관리

affidare un ragazzo alla custodia di qualcuno- ~에게 ~을 보호해 달라고 맡기다

avere in custodia qualcosa- ~을 보관하다, ~을 돌보다

avere la custodia di qualcuno- ~을 보호하다, 보관하다; ~을 감독하다

Ho la custodia del gatto della mia amica per tutta l'estate. 여름내 나는 여자 친구의 고양이를 보호한다.

essere sotto la custodia di qualcuno/qualcosa- ~의 보호 아래 있다, ~의 보호를 받다

Quel bambino è sotto la custodia di suo padre. 저 아이는 아버지의 보호를 받는다.

D

da- ~부터, ~의해서

  da allora- 그때부터, 그 이후에

  da capo- 처음부터(= dall'inizio); 다시(= di nuovo); (음악) 처음부터 다시

  da capo a piedi- 머리에서 발끝까지

  Sono caduto nella piscina e mi sono bagnato da capo a piedi. 수영장에서 넘어져서 나는 머리에서 발끝까지 젖었다.

  da dentro- 안에서

  Non mi hai sentito perché ti ho chiamato da dentro la stanza. 내가 방 안에서 너를 불러서 너는 듣지 못했다.

  da fuori- 밖에서

  da lontano- 멀리서

  Questo regalo viene da lontano. 이 선물은 멀리서 온 것이다.

  Lui viene da lontano. 그는 멀리서 온다.

  da mattina a sera- 아침부터 저녁까지

  da oggi in poi- 오늘 이후로

  da parte- 한쪽으로, 비켜, 따로; 별도로, 떨어져서, 제쳐두고

  da qualche parte- 어딘가에; 이 부근에; 그 부근에

  da secoli- 오랫동안

  da un lato- (상태) 한쪽에; (방향) 한쪽으로; (비유) 한편으로는

  da vicino- 가까이에서

  Quella donna, vista da vicino, sembra più vecchia. 그 여자는 가까이서 보면 훨씬 늙어 보인다.

  Dai nemici mi guardo io, dagli amici mi guardi Iddio. 적들로부터는 나 스스로 지키고, 친구들로부터는 신이 나를 지켜주신다. 그런 사람이 친구라니 그게 무슨 친구냐.

  dal primo all'ultimo- 처음부터 마지막까지, 일등부터 꼴찌까지

  dall'inizio- 처음부터(= dal principio)

  dall'inizio alla fine- 시작부터 끝까지, 처음부터 끝까지

  Ho trascorso una vacanza faticosa dall'inizio alla fine. 나는 처음부터 끝까지 피곤한 휴가를 보냈다.

  Dalle stelle alle stalle. 별에서 마구간으로 들어가다; 사람들의 신임을 잃다.

  fare da sé- 스스로 하다

daffare- 일

  avere un gran daffare- 할 일이 너무 많다

  Non sono riuscito a chiamarti perché ho avuto un gran daffare. 할 일이 너무 많아 네게 전화할 수가 없었다.

  darsi un gran daffare- (1) 떠들며 돌다(= essere molto attivi e disponibili)

Nonostante si compri dei bei vestiti e si dia un gran daffare con gli uomini, non riesce a trovare il fidanzato. 그녀는 멋진 옷을 사고 남자들과 분주하게 돌아다니는 데도, 애인을 구할 수가 없다.

(2) 열심히 일하다(= lavorare molto)

Si dà un gran daffare in ufficio per farsi notare, ma senza successo. 그녀는 자신을 드러내기 위해 사무실에서 열심히 일하지만, 성과가 없다.

dannato- 1. (형용사) 저주받은; 지긋지긋한

avere una paura dannata di- ~을 깜짝 놀라다, 질겁하다

un caldo dannato- 지독한 더위, 끔찍한 더위

Fa un caldo dannato. 지독히 덥다.

2. (명사) 저주받은 영혼

anima dannata- 저주받은 영혼; (비유) 악질

correre come un dannato- 미친 듯이 뛰다/달리다

lavorare come un dannato- (구어) 미친 듯이 일하다; 쉬지 않고 열심히 일하다(= lavorare molto senza tregua)

Perchè devi lavorare come un dannato se ti pagano così poco? 그렇게 조금밖에 돈을 주지 않는데, 왜 너는 쉬지 않고 열심히 일해야만 하는 거니?

urlare come un dannato- (뭐에) 홀린 사람처럼 소리지르다

dannazione- 지옥살이, 지옥으로 보냄

Dannazione!- 빌어먹을, 제기랄! 이런 망할!

Dannazione! Ho perso il treno! 빌어먹을! 기차를 놓쳤다!

la mia dannazione- 나를 잡겠어, 사람 잡겠다, 골치거리

Sarai la mia dannazione! 네가 나를 잡겠다!

danno- 손해, 손상, 피해

a danno della propria salute- 자신의 건강에 해를 끼쳐서

a danno di- ~을 해치며, ~에게 폐를 끼쳐서, ~에게 불리한, ~에게 손해를 입히는

aggiungere al danno la beffa- 일이 더 꼬이게 만든다

a mio danno- 내 편견으로; 내 손해로, 내 자비로(= a mie spese)

Questa operazione finanziaria è a mio danno. 이 금융거래는 나의 손해이다.

andare a danno di- 유해하다/해롭다; 피해를 입히다

avere molti danni- 많은 손해를 입다/보다

Ho avuto molti danni. 나는 많은 손해를 보았다.

causare un danno- 손해를 야기하다/끼치다

La siccità ha causato danni irreparabili all'agricoltura. 가뭄이 농사에 회복할 수 없는 손해를 끼쳤다.

citare per danni- 손해배상 소송을 제기하다

chiedere i danni- 손해배상을 청구하다

La mia vicina mi ha chiesto i danni per le perdite d'acqua. 이웃이 누수로 인한 손해배상을 내게 청구했다.

evitare un danno- 손해를 피하다

fare danni- 손해를 내다, 피해를 주다, 훼손하다

Non tentare di ripararlo, fai solo danni. 그것을 다시 고쳐보려고 하지마. 넌 피해만 준다.

i danni del maltempo- 폭풍 피해

in caso di perdita o danno- 분실이나 파손이 있을 경우

Oltre al danno, anche le beffe. 엎친 데 덮친 격으로. 설상가상으로.

pagare (o risarcire) i danni- 손해배상금을 내다

recare danno a qualcuno- ~에 손해를 끼치다/피해를 입히다

ricuperare i danni- 손해를 회복하다, 손해를 만회하다

rifare i danni- 손해배상을 하다

subire (o patire) un danno- 손해를 입다

valutare i danni- 손해를 평가/사정하다

dannoso- 해로운, 유해한

essere dannoso a- ~에 해롭다, 유해하다

Fumare è dannoso alla salute. 흡연은 건강에 해롭다.

danza- 춤, 무용

condurre la danza- 춤을 리드하다, 춤을 맨 먼저 추다

danza classica- 고전 무용

danza del ventre- 발리 댄스

lezione di danza- 무용수업

scuola di danza- 무용학교

dare- 1. 주다

dare a bere a qualcuno che- ~에게 ~를 믿도록 속이다

Mi ha dato a bere che era diventato un importante uomo d'affari. 그는 사업상 중요한 사람이 되었다고 나를 속였다.

Dare a Cesare quel che è di Cesare, dare a Dio quel che è di Dio. (성경) 카이사르의 것은 카이사르에게 돌리고, 신의 것은 신께 돌려라.[1]

dare a pensare che- ~를 제안하다, ~라고 생각하게 하다, ~라고 추측하게 하다

dare ad intendere che- ~에게 ~이라고 알리다, ~에게 ~라는 사실을 말하다

Gli ho dato ad intendere che avrei cambiato lavoro. 나는 그에게 직업을 바꿀 거라고 말했다.

dare addosso- 비판(비난)하다; 편을 들다; ~을 (말로) 공격하다; 트집 잡다

I giornalisti hanno dato addosso ai politici durante l'intervista. 기자들은 인터뷰 도중 정치인들을 비난했다(편을 들었다. 트집을 잡았다).

dare alla testa- 취기가 돌게 만들다

Il vino mi dà alla testa. 포도주에 취기가 돈다. 포도주 기운이 핑 돈다.

dare contro a qualcuno- ~을 부정/반박하다; 비판하다, 비난하다

Non darmi sempre contro su ogni cosa che dico! 내가 말하는 것을 늘 사사건건 반대하지 마라!

Non gli sono simpatico; è sempre pronto a darmi contro. 그는 나를 좋아하지 않아서 늘 나를 비판하

---

[1] 이 관용어는 다음의 불가타본 성경구절에서 유래한다. *"Quae sunt Caesaris Caesari et quae sunt Dei Deo"* (마태 22, 21). 서구 유럽의 정교분리 원칙의 기준이 된다.

려 한다.

dare da mangiare a- ~에게 먹을 것을 주다

Lei ha dato da mangiare al cane. 그녀는 개에게 먹을 것을 주었다.

dare da pensare- 생각할 거리를 제공하다

Quello che mi ha detto mi dà da pensare. 그가 내게 말한 것은 생각할 거리를 제공한다.

dare del- (1) (주로 부정적인 의미에서) ~라고 취급하다

Mi ha dato del bugiardo! Non mando giù anche questa. 그는 나를 거짓말쟁이 취급했다. 난 이점도 더 이상 참을 수 없다.

(2) ~라고 생각/오인하다

Le hanno dato della ladra e lei li ha denunciati. 그들은 그녀를 도둑으로 오인해서 신고했다.

dare dei consigli- 충고를 주다

dare del 'tu' a qualcuno- 말을 트고 지내다, ~에게 반말하다

Posso darLe del tu? 말을 트고 지내도 될까요?

dare di piglio a qualcuno- ~를 움켜잡다, ~을 사로잡다

dare il via libera- 경보를 해제하다

dare in affitto- 세주다

dare in pianto/riso- 갑자기 울다/웃다

dare la colpa a qualcuno- 에게 잘못을 탓하다, ~를 탓하다, ~의 책임으로 보다

Mi ha dato tutta la colpa per l'insuccesso della relazione. 그는 관계 실패에 관한 모든 책임을 내게 돌렸다.

dare la mano- 악수하다

Mi sono offeso perché, al momento dei saluti, non mi ha voluto dare la mano. 인사할 때에 그가 내게 악수를 하지 않아 나는 상처받았다.

dare luogo (o origine) a qualcosa- ~이 생기게 하다/낳다/일으키다

dare nel segno- 과녁의 중심을 맞히다, 복판을 맞히다, 성공하다

dare nell'occhio- 시선을 끌다, 주목을 끌다, 이목을 끌다; 눈에 띄다, 주의를 끌다

Cerca di non dare nell'occhio. È meglio passare inosservati. 이목을 끌지 않도록 해라. 눈에 띄지 않고 넘어가는 게 낫다.

dare su- ~을 마주보다, ~로 향해 있다, 방향이 ~으로 면하다

La finestra della mia camera dà sulla piazza. 내 방 창문은 광장을 향해 나 있다.

dare sui nervi a qualcuno- ~의 신경을 거스르다, 남의 신경을 돋구다, ~을 짜증나게 하다

Quando parla, quella signora mi dà proprio sui nervi. 말할 때 그 여인은 정말 나를 짜증나게 한다.

dare una spinta a qualcuno- ~를 떠밀다, 밀치다

Mio figlio ha dato una spinta ad un suo compagno di classe. 내 아들이 자기반 동료를 떠밀었다.

dare via- ~을 거저 주다, 헐값에 주다, 기부하다; 저버리다, 양보하다

L'ho dato via per pochi soldi. 나는 그것을 헐값에 주었다.

dare vita a- 시작하다(= iniziare); (비유) 설립하다(= fondare)

darle a qualcuno- ~을 호되게 때리다

darsela a gambe- 도망가다, 달아나다

2. darsi

darsele- 싸우다

darsi a- ~에 전념하다, ~에 빠지다, ~에 골몰하다

darsi al bel tempo- 즐겁게 보내다, 즐거운 시간을 갖다

darsi al bere- 술꾼이 되다, 술이 좋아지다, 술에 맛을 들이다

Da quando è morta la moglie si è dato al bere. 그는 부인이 죽고 난 뒤로 술꾼이 되었다.

darsi al gioco- 도박에 맛을 들이다, 도박에 빠지다

darsi alla bella vita- (특히 할 일은 안 하고) 돌아다니다, 놀러다니다

darsi allo studio- 공부에 전념하다, 학업에 정진하다

darsi da fare- (1) 부지런히 일하다(= affaccendarsi)

Meglio che ti dai da fare, altrimenti perderai quel lavoro. 너 부지런히 일하는 게 좋아. 그렇지 않으면 그 일을 잃게 될 거다.

(2) 서두르다(= sbrigarsi), 바삐 움직이다

Cerchiamo di darci da fare, perché se no non riusciremo mai a finire questo lavoro. 서두릅시다. 그렇지 않으면 우리는 결코 이 일을 마칠 수 없을 것입니다.

(3) 고생하다, 애쓰다(= prodigarsi); 활동적/적극적이다(= essere attivo)

Non mi sembra che tu ti dia molto da fare per conquistare quella ragazza. 내가 보기에 너는 그 여자를 얻기 위해 그리 애쓰는 것(적극적인 것) 같지는 않다.

darsi la mano- 악수하다

darsi malato- 아프다고 알리다

darsi per vinto- 포기/항복/단념하다; 패배를 인정하다/시인하다

Ho fatto tutto quello che ho potuto per dissuaderlo, ma ho dovuto darmi per vinta. 그를 설득하기 위해 내가 할 수 있는 모든 것을 다 했지만, 나는 포기해야만 했다.

darsi un bacio- (서로) 입 맞추다

non darsi per inteso che- ~에 귀를 기울이지 않다, ~를 무시하다, ~를 알아차리지 못하다

può darsi- 아마, 어쩌면

"Verrai anche tu?" "Può darsi." "너도 올 거니?" "아마도요."

può darsi che- ~일지도 모른다(= può essere)

Può darsi che venga domani; non lo so ancora. 내일 갈 수 있을지 아직 몰라.

data- 날짜

a far data da domani- (은행) 내일 날짜로

a far data da oggi- 오늘 날짜로, 오늘부터 시작하여

anticipare la data- 기일을 앞당기다, 시일을 당기다

data di consegna- 배달 날짜, 교부일

data di emissione- 발행일

data di nascita- 출생일, 생년월일

data di scadenza- 만기일, 유통기간

Il sapore di quella mozzarella non è buono. Prova a guardare la data di scadenza. 그 모짜렐라 치즈의 맛이 좋지 않다. 유통기간을 확인해 봐.

data di spedizione- 배송 날짜

data stabilita- 정해진 날, 예정일

di fresca data- 최근의; 근대의

di lunga data- 장기간의, 오랫동안; 오랜

Siamo amici di lunga data, e penso di poter parlare anche a nome suo. 우리는 긴 세월을 두고 사귄 친구여서, 나는 그를 대신해서 말할 수 있다고 생각한다. (그의 생각을 알 정도로 충분히 그를 알고 있다는 의미)

fissare la data- 날짜를 잡다

È vero che Marco ha fissato la data del matrimonio? 마르코가 결혼 날짜를 잡은 것이 사실이야?

Hai fissato la data delle nozze? 결혼식 날짜를 잡았니?

in data di- ~의 날짜로

Confermiamo la nostra in data di ieri. 우리는 어제 날짜의 우리 서신을 확인합니다.

in data odierna- 오늘 안으로

linea del cambiamento di data- 국제 날짜 변경선

lettera senza data- 날짜가 없는 편지

mettere in ordine di data- 날짜별로 정리하다

Ho ordinato tutte le mie fotografie in ordine di data. 나는 날짜별로 모든 사진을 정리했다.

senza data- 날짜가 적혀 있지 않은

spostare la data- 날짜를 옮기다

Ha spostato la data del suo matrimonio. 그는 결혼 날짜를 옮겼다.

dato- 열중하는, 빠져있는; 주어진, 정해진

dato che- ~이기 때문에, ~한 이유로

Dato che è tardi, la seduta è aggiornata a domani. 시간이 늦어서 회의가 내일까지 연기되었다.

entro un periodo dato- 주어진 기간 안에

davanti- 앞에

avere tutta la vita davanti- 앞길이 구 만리 같다, 앞날이 창창하다

Lei aveva tutta la vita davanti. 그녀는 앞날이 창창했다.

comparire davanti al giudice- 재판관 앞에 출두하다

davanti a- ~앞에

Ogni mattina passo davanti a casa tua. 나는 매일 아침 너의 집 앞을 지나간다.

Tutto è accaduto davanti ai miei occhi. 모든 것이 내 눈앞에서 벌어졌다.

davanti dietro- 거꾸로, 뒤집어서

È un tipo distratto: si mette sempre i maglioni davanti dietro. 그는 얼빠진 사람이어서 늘 스웨터를 뒤집어 입는다.

giurare davanti a Dio- 신 앞에 맹세하다

Giuro davanti a Dio. 나는 신(神) 앞에 맹세한다.

Levatemelo da davanti!- 그를 내 눈앞에서 사라지게 해라!

sedere davanti- (자동차) 앞쪽에 앉다; (극장 등의) 맨 앞줄에 앉다

Preferisco sedere davanti in macchina. 나는 자동차의 앞자리가 더 좋다.

davvero- 정말로, 진짜로

dire davvero- 진짜로 말하다

Dici davvero? 진담이니?

Grazie davvero. 정말로 고마워.

debito- 1. (형용사) 적절한, 마땅한, 당연한

a tempo debito- 적절한 때에; 때가 되면, 머지 않아

Avrai i tuoi soldi a tempo debito. 머지 않아 네 돈을 가질 것이다.

nel modo debito- 제대로, 합당하게

2. (명사) 빚

avere un debito con qualcuno- ~에게 빚을 지다, ~에게 빚지고 있다.

Ho un dibito di 100 euro con un amico. 나는 친구한테 100유로 빚지고 있다.

affogare nei debiti- 엄청난 부채를 지다; 빚더미에 올라앉다

Stanno affogando nei debiti. 그들은 빚더미에 올라앉았다.

comprare/vendere a debito- 외상으로 사다/팔다, 신용거래를 하다

Chi non ha debiti è ricco. 빚이 없는 사람이 부자다.

essere in debito verso qualcuno (o con qualcuno)- ~에게 빚을 지다/빚이 있다; ~에게 신세를 지다

Sono in debito con te. Ieri mi hai fatto un grande favore! 나는 네게 신세를 진다. 어제 내게 큰 호의를 베풀었다!

essere nei debiti con qualcuno- ~한테 마음의 빚이 있다

Sono nei debiti con te. 나는 너한테 마음의 빚이 있다.

essere pieno di debiti- 빚으로 가득하다

Si è voluto costruire una casa molto grande e ora è pieno di debiti. 그는 아주 큰 집을 짓고자 했는데, 이제 빚으로 가득하다.

fare un debito- 빚내다

Per comprare una casa ho dovuto fare un debito. 나는 집을 사기 위해 빚을 져야 했다.

I debiti dei poveri fanno gran fracasso. 가난한 사람들의 빚은 큰 소란을 일으킨다.

I debiti e i peccati crescono sempre. 빚과 죄는 늘 커져만 간다.

Ogni promessa è debito. 모든 약속은 책임이다. 약속에는 책임이 따라야 한다.

pagare il debito alla natura- (비유) 죽다

sentirsi in debito verso (o con) qualcuno- 에게 빚진 느낌이다

Mi sento in debito verso mia madre. 나는 어머니에게 빚진 느낌이다.

Mi sento in debito con te. 네게 마음의 빚을 진 느낌이다.

debole- 1. (형용사) 약한, 힘없는

avere un aspetto debole- 허약해 보이다

avere una memoria debole- 기억력이 약하다

Ho una memoria debole. 난 기억력이 나쁘다.

debole di- ~가 약한

È una donna debole di carattere. 그녀는 성격이 약한 여자이다.

Sono debole di gambe. 난 다리에 힘이 없다. 다리가 약하다.

di vista debole- 시력이 나쁜

Deve mettere gli occhiali: è di vista debole. 그는 시력이 나빠 안경을 껴야 한다.

essere debole in matematica- 수학이 약하다

Lei è debole in matematica. 그녀는 수학이 약하다.

il punto debole- 약점

Qual è il suo punto debole? 그의 약점이 뭐니?

2. (명사) 약점, 결점

avere un debole per qualcosa- ~에 좋아서 사족을 못쓰다; ~를 무척 좋아하다

Ho un debole per i gelati. 나는 아이스크림을 무척 좋아한다.

Quell'uomo ha un debole per le bionde. 그 남자는 금발 여자는 좋아서 사족을 못쓴다.

debutto- 데뷔, 무대에 첫발 딛기

È al suo debutto come regista. 그는 감독으로 데뷔했다.

fare il debutto- 데뷔하다

Fece il debutto a 10 anni in un teatrino di provincia. 그는 열 살에 지방 소극장에 데뷔했다.

decadenza- 쇠퇴, 퇴락, 상실, 몰수

decadenza della cittadinanza- 국적상실

decadenza di un diritto- 권리상실

in decadenza- 기울어져, 쇠퇴하는, 퇴조하는; 악화되는, 감소하는; 내리막에

È un attore in decadenza. 그는 인기가 떨어진 배우이다.

decidere- 결정하다, 결심하다

decidere di fare qualcosa- ~하는 것을 결정하다

Ho deciso di cambiare casa. 이사하기로 결정했다.

Ho deciso di partire. 떠나기로 결정했다.

decidere in favore di qualcuno- ~에게 유리하게 결정하다

decidersi a fare qualcosa- ~하기로 결심하다

Si è finalmente deciso a venire con noi. 마침내 그가 우리와 함께 가기로 결심했다.

decina- 약 10개

a decine- 한 다스씩, 수많은, 수없이

una decina di- 약 10개의

Starò via una decina di giorni. 한 열흘 정도 떠나가 있을 것이다.

Te lo avrò detto una decina di volte. 네게 그걸 한 열 번 정도 말했을 것이다.

decisione- 결심, 결의, 결정

con gran decisione- 아주 확고하게, 확고부동하게, 단호하게

Ha agito con gran decisione. 그는 아주 단호하게 행동했다.

prendere una decisione- 결정을 내리다; (의회) 결의안을 통과시키다
Devo prendere una decisione molto importante. 나는 아주 중요한 결정을 내려야 한다.

declino- 쇠퇴, 멸망; 일몰
essere in declino- 쇠퇴하다, 기울어 가다, 내리막이 되다
L'impero romano era già in declino. 로마제국은 이미 쇠망하고 있었다.

decorrere- 경과하다
a decorrere da- ~에서부터 시작하여
a decorrere da oggi- 오늘부터 시작하여

dedicare- 바치다, 헌신하다, 전념하다
dedicare a qualcuno- ~에 바치다, ~에 헌신하다, ~에 전념하다
Dedicherò questo libro a mia madre. 나는 이 책을 어머니에게 바칠 것이다.
dedicare la vita a qualcosa- ~에다 삶을 바치다
Dedicò la sua vita alle ricerche scientifiche. 그는 과학 연구에 생을 바쳤다.
dedicarsi a- 전념하다, 헌신하다
È un medico che si dedica completamente ai malati. 그는 환자에게 완전히 헌신하는 의사이다.

definitivo- 결정적인, 최종적인
in definitiva- 마지막으로, 끝으로(= in conclusione), 요컨대; 최종적으로, 결국에는(= in fin dei conti)
In definitiva sei tu che devi decidere. 최종적으로 결정해야 할 사람은 너다.

degno- 가치 있는, 할 만한
degno di- ~할 가치가 있는
È un libro degno di essere letto. 읽을 만한 가치가 있는 책이다.

delega- 대리인, 대행인, 위임, 부탁
agire per delega di qualcuno- ~의 대리인으로 행위하다
dare (o fare) una delega a qualcuno- ~에게 위임하다/위탁하다
Ho dato a mio fratello la delega per ritirarmi lo stipendio. 나는 월급 수령을 내 형에게 위임했다.
votare per delega- 대리인으로 투표하다, 대리로 투표하다

delicato- 섬세한, 민감한
delicato di- ~가 허약한
È una donna delicata di salute. 건강이 허약한 여성이다.
pelle delicata- 민감한 피부
stomaco delicato- 약한 위

delirio- 헛소리하기, 섬망
andare in delirio per- ~에 미친 듯 열중하다
essere (o entrare) in delirio- (고열로 인해) 의식이 혼미해지다
mandare il pubblico in delirio- 관중을 열광하게 하다, 관중을 황홀하게 하다
un delirio di gioia- 미칠 듯이 기쁜

delitto- 범죄
commettere un delitto- 범죄를 저지르다

corpo del delitto- 범죄의 증거, 범죄의 체소(體素)

delitto perfetto- 완전 범죄

macchiarsi di un delitto- 유죄가 되다

deludere- 실망시키다

deludere le aspettative di qualcuno- ~의 기대를 실망시키다

deludere le speranze- 희망을 좌절시키다

delusione- 실망, 절망

avere una grande delusione- 큰 실망을 하다, 대실망하다

Ho avuto una grande delusione. 나는 크게 실망했다.

Quel ragazzo ha avuto una grande delusione d'amore. 그 소년은 사랑에 대해 큰 실망을 했다.

Che delusione! 정말 실망이다!

dare una delusione- 실망시키다, 실망을 안겨주다

Mio figlio mi ha dato una grande delusione. 나의 아들이 내게 큰 실망을 안겨주었다.

provare un'amara delusione- 쓰라린 실망감을 맛보다

deluso- 실망한

rimanere deluso- 실망해 있다

Lei è rimasta delusa. 그녀는 실망해 있었다.

demolire- 파괴하다, 무너뜨리다, 붕괴하다

demolire la reputazione di qualcuno- ~의 명예를 실추시키다, 떨어뜨리다

demonio- 악마, 악령

avere addosso il demonio- 악마에 조종당하다, 마가 끼다

Era così nervosa che sembrava avesse addosso il demonio. 그녀는 너무 신경과민이어서 마가 낀 것 같았다.

fare il demonio- ~을 엉망으로 만들다; 소동을 벌이다, 야단법석을 떨다

Per riuscire ad avere quel ruolo nel film ha fatto il demonio. 그는 영화에서 그 배역을 따기 위해 야단법석을 떨었다.

denaro- 돈

avere il denaro contato- 가욋돈이 없다, 쓸 돈이 없다(= averne poco); 딱 ~할 만큼의 돈만 있다(= avere solo quanto basta)

Mi piacerebbe comprare quel quadro, ma ho il denaro contato e non me lo posso permettere. 나는 그 그림을 사고 싶지만 쓸 돈이 없어 그걸 살만한 여유가 없다.

avere molto/poco denaro- 돈이 많다/적다

Chi ha quattrini ha tutto. 돈 있는 사람이 모든 것을 가진다.

Chi ha quattrini non ha cuore. 돈 있는 사람은 가슴이 없다.

contare il denaro in tasca a qualcuno- ~의 수중에 돈이 얼마나 되는지 계산하다, 부의 정도를 가늠하다

denaro liquido- 현금

Hanno dovuto vendere dei terreni perché non avevano abbastanza denaro liquido per coprire il debito. 그

들은 빚을 갚을 만큼 충분한 현금이 없었기 때문에 땅을 팔아야만 했다.

denaro sonante- 현찰, 현금

Vogliono tutto il pagamento in denaro sonante. 그들은 전액 현금으로 지불하길 원한다.

denaro sporco- 더러운 돈

essere a corto di denaro- 돈이 없다(= averne poco); 돈에 쪼들리다

In questo periodo sono a corto di denaro. 이 시기에 나는 돈이 별로 없다.

essere senza denaro- 한 푼도 없다; 파산이다; 생활이 곤란하다

fare denari a palate- 일확천금을 벌다, 거부가 되다, 막대한 부를 축척하다

Non farò denari a palate, ma almeno con questo lavoro potrò vivere bene. 나는 일확천금을 벌지는 못하겠지만, 적어도 이 일로 잘 살 수 있을 거다.

fare denaro- 돈을 벌다

Ha fatto molto denaro con il commercio della frutta. 그는 과일 장사로 돈을 많이 벌었다.

guadagnare molto denaro- 많은 돈을 번다

I denari vanno e vengono. (속담) 돈은 돌고 돈다.

sprecare (o sciupare) tempo e denaro- 시간과 돈을 낭비하다

dente- 이, 치아

a denti stretti- 이를 악물고; 마지못해(= controvoglia)

Quando ho fatto una proposta, hanno accettato a denti stretti. 내가 제안을 했을 때, 그들은 마지못해 승락했다.

al dente- (파스타가) 적당히 씹히는 맛이 있는(≠ ben cotto 푹 익힌)

Mi piacciono gli spaghetti al dente. 나는 쫄깃쫄깃한 스파게티를 좋아한다.

avere i denti lunghi- 욕심을 부리다

I suoi fratelli hanno i denti lunghi e vorranno anche la sua parte. 그의 형제들은 욕심을 부려서 그의 몫까지도 가지려고 할 거다.

avere il dente avvelenato contro qualcuno- ~에게 원한/앙심을 품다, ~에 대해 나쁜 감정을 품다

Non gli ho mai fatto niente; non capisco proprio perché ha il dente avvelenato contro di me. 그에게 아무 짓도 안 했는데, 왜 그가 나에게 앙심을 품었는지 좀처럼 이해할 수가 없다.

avere mal di denti- 이가 아프다

battere i denti dalla paura/dal freddo/dalla febbre- 공포/추위/발열로 떨다(= tremare dal freddo, dalla paura o per la febbre)

Batteva i denti dalla paura. 그는 공포에 떨고 있었다.

Il poverino batteva i denti. 가난한 사람이 추위에 떨고 있었다.

cavare il dente- (특별히 내키지 않은 일을) 해치우다, 끝내다

Ho ancora da finire i compiti; fammi cavare il dente, e poi usciamo un po'. 아직 끝내야 할 숙제가 있는데, 이것을 끝낸 다음 잠시 외출하자.

essere armato fino ai denti- 완전 무장을 하다

I terroristi erano armati fino ai denti, ma la polizia è riuscita a prenderli lo stesso. 테러범들은 완전 무장을 하였지만, 그래도 경찰은 그들을 붙잡을 수 있었다.

estrarre un dente- 이를 뽑다, 이를 빼다

farsi cavare un dente- 이를 빼다

Devo farmi cavare un dente. 나는 이를 하나 빼야 한다.

fuori dai denti- ~의 면전에서; 대놓고

Gliel'ho detto fuori dai denti che non voglio lavorare mai più con lei. 나는 더 이상 그녀와 일하기 싫다고 대놓고 그녀에게 말했다.

lottare con le unghie e coi denti- 물고 뜯고 싸우다, 이를 악물고 싸우다, 필사적으로 싸우다

masticare (o parlare, dire) tra i denti- 중얼거리듯 말하다, 혼자 말하듯 웅얼거리다; 속달거리며 말하다

Ma che cosa mastichi tra i denti? Se hai qualcosa da dire, dillo apertamente. 뭘 중얼거리는 거야? 뭔가 말할게 있으면, 솔직히 말해.

Non ti capisco se parli tra i denti. 네가 속달거리며 말하면 이해할 수 없어.

mettere i denti- 이가 나다, 철이 들다

Il bambino sta mettendo i denti. 아이는 이가 나고 있다.

mettere qualcosa sotto i denti- ~을 먹다(= mangiare qualcosa)

Hai qualcosa da mettere sotto i denti? 뭐 좀 먹을게 있니?

Ho un buco nello stomaco; devo mettere qualcosa sotto i denti. 너무 배가 고파서 뭔가 먹어야겠다.

Prima di uscire, vorrei mettere qualcosa sotto i denti. 외출하기 전에 뭔가 요기 좀 하고 싶다.

mostrare i denti- (이를 드러내어) 적의를 보이다, 위협하다, 겁주다; 화를 내다

Mostragli i denti e scapperà come una lepre. 그에게 화를 내면 (놀란) 토끼마냥 도망갈 거다.

non aver nulla da mettere sotto i denti- 먹을 것이 아무것도 없다

Non è pane per i vostri denti. 너희들을 위한 것이 아니다. 너희들에게는 역부족이다.

otturare un dente- 이를 때우다

parlare fra i denti- 중얼거리다

È difficile capirlo perché parla sempre fra i denti. 그는 항상 중얼거려서 그의 말을 알아듣기 힘들다.

parlare fuori dai denti- 생각을/속내를 털어놓다, 허심탄회하게 말하다

Ti posso parlare fuori dai denti? 너한테 솔직하게 말할까?

perdere un dente- 이를 잃다, 이가 나가다

Ha perso alcuni denti davanti. 그는 앞니 몇 개를 잃었다.

stringere i denti- 이를 악물다; 굳게 결심하다

È difficile, lo so, ma stringi i denti e ce la farai. 어렵다는 것을 알지만, 이를 악물면 그걸 해낼 수 있을 거다.

tirato con i denti- 설득력이 없는, 억지의; 믿기지 않는

Tu vuoi avere ragione a tutti i costi, ma quel ragionamento è proprio tirato con i denti. 기어코 네 주장이 사실이기를 바라는데, 그 추론은 정말 억지야.

dentro- 안에

andare dentro- 안에 들어가다

Non andare dentro, aspetta qui fuori! 안에 들어가지 말고, 여기서 기다려!

covare odio dentro sé- 증오심을 품다

darci dentro- 최대한 협력하다(= impegnarsi al massimo)

Diamoci dentro e finiamo una buona volta. 최대한 협력해서 단번에 끝내자.

essere dentro a qualcosa- (비밀, 내막 따위) ~에 대해 잘 알다; ~에 관여하고 있다

mettere qualcuno dentro- ~을 감옥에 넣다, ~을 철창 안에 가두다, 체포하다

La polizia ha messo dentro il ladro. 경찰이 도둑을 감옥에 집어넣었다.

nuotarci dentro- (옷이 너무 커서) 빙빙 도는 것 같다

Quel vestito è talmente grande che ci nuoto dentro. 그 옷은 너무 커서 빙빙 돈다.

venire dentro casa- 집 안에 들어오다

Vieni dentro casa! 집 안에 들어와!

denuncia- 고발, 통고, 고소, 신고

fare una denuncia- 신고하다

Hai fatto la denuncia alla polizia? 너 경찰에 신고했니?

Sono entrati i ladri in casa mia; devo andare in questura a fare una denuncia. 내 집에 도둑이 들어 경찰서에 신고하러 가야 한다.

deporre- 1. (타동사) 내리다, 놓다, 두다

deporre la corona- 왕관을 내려놓다

deporre le armi- 무기를 내려놓다, 싸움을 멈추다, 휴전하다; 항복하다

deporre le uova- 알을 낳다, 달걀을 낳다

Ho una gallina che depone più uova delle altre. 나는 다른 닭보다 더 달걀을 낳는 암탉을 가지고 있다.

deporre qualcuno da una carica- ~의 직무를 내려놓게 하다; ~해고하다

deporre un re- 왕을 폐하다

2. (자동사) 증언하다

deporre a favore di qualcuno- ~에게 유리한 증언을 하다

Quello che hai fatto non depone a tuo favore. 네가 했던 것들이 네게 유리한 증언을 못 한다.

deporre contro qualcuno- ~에게 불리한 증언을 하다

Mi hanno chiamato a deporre (testimoniare) contro quel ladro. 그들은 그 도둑에게 불리한 증언을 하도록 나를 소환했다.

depositare- 맡기다, 기탁하다; 등록하다

depositare denaro in banca- 은행에 예금하다

depositare i bagagli alla stazione- 역에 짐을 맡기다

Depositiamo i bagagli alla stazione così possiamo visitare la città. 우리 역에 짐을 맡기자. 그래야 도시를 여행할 수 있다.

depositare la firma- 서명을 등록하다

depositare un marchio- 상표를 등록하다

Ho depositato il marchio del mio prodotto. Ora nessuno potrà copiarlo. 나는 제품에 대한 상표를 등록하였다. 이제 아무도 상표 복제를 할 수 없을 것이다.

deposito- 보관, 기탁; 등록; 예금, 보증금

certificato di deposito- 보관 증명서

dare (o lasciare) qualcosa in deposito a qualcuno- ~에게 무엇을 맡기다, ~에 보관을 맡기다

Arrivato a Roma, ho lasciato le valigie in deposito alla stazione. 로마에 도착해서 나는 가방들을 역에 맡겼다.

deposito bagagli- 수하물 보관소

Dove si trova il deposito bagagli in questa stazione? 이 역에 수화물 보관소는 어디에 있나요?

lasciare un deposito- 보증금을 내다

lasciare una somma come deposito- 보증금으로 일정 금액을 내다

deriva- 표류

andare alla deriva- (1) (배가) 표류하다

La nave andava alla deriva. 배가 표류하고 있었다.

(2) 탈선/방황하다

Da quando è morto suo padre lei ha incominciato ad andare alla deriva. 아버지께서 돌아가신 뒤로 그녀는 탈선하기 시작했다.

derivare- 유래하다, 파생하다; 결과가 생기다, 일어나다

derivare da- ~에서부터 유래하다

Dicono che l'uomo derivi dalla scimmia. 인간은 원숭이에 기원한다고 말한다.

Questa parola deriva dal latino. 이 단어는 라틴어에서 유래한다.

ne deriva che- 그 결과로 생겨나다

desiderare- 바라다, 기대하다

farsi desiderare- (1) (사람을) 기다리게 하다(= farsi aspettare)

Ci dà gli appuntamenti per un'ora precisa, ma poi si fa sempre desiderare. 그는 정각에 우리와 약속이 있지만, 늘 사람을 기다리게 한다.

(2) (초대 등을 즉각 받아들이지 않고) 비싸게 굴다(= fare il prezioso)

Non prendertela troppo; lo sai che la sua tattica è di farsi desiderare. 너무 신경 쓰지 마. 한번 튕겨 보는 게 그녀의 작전이란 걸 알잖아.

lasciare a desiderare- 유감스러운/아쉬운/미흡한 점이 많다(= essere imperfetto); 기대에 못 미치다, 실망시키다(= deludere)

Il suo lavoro lascia a desiderare. 그의 일은 미흡한 점이 많다.

desiderio- 욕구, 열망, 열망

accondiscendere a un desiderio- 청을 받아들이다, 부탁/소원을 들어주다

Quell'uomo accondiscende sempre ai desideri della figlia. 그 남자는 늘 딸의 부탁을 들어준다.

appagare i desideri di qualcuno- ~의 욕구/바람을 충족시키다

Ho sempre cercato di appagare i tuoi desideri ma senza successo. 나는 늘 너의 바람을 충족시키려 했지만 성과가 없었다.

compiacere ai desideri di qualcuno- ~의 요구에 응하다, 청을 들어주다

esprimere il desiderio di fare qualcosa- ~을 하려는 욕망을 표현하다

Mio figlio ha espresso il desiderio di frequentare un corso di nuoto. 아들이 수영강습에 다니고 싶은 마음을 표했다.

provare desiderio di fare qualcosa- ~하고 싶은 마음을 느끼다

Provo un grande desiderio di rivederti. 너를 다시 보고 싶은 마음이 든다.

secondo il desiderio di mio padre- 아버지가 원하는 대로

soddisfare un desiderio- 욕망을 만족시키다, 욕망을 채우다

un pio desiderio- 헛된 희망

desideroso- 열망하는

essere desideroso di- ~을 바라다, ~을 열망하다

Siamo desiderosi di ricevere vostre notizie. 우리는 너희들의 소식을 접하기를 바란다.

Sono desideroso di un po' di tranquillità. 나는 다소 마음의 평정을 바란다.

destinatario- 수취인, 수신자

a carico del destinatario- 수취인 지불, 수신자 부담

Le spese di questo pacco sono a carico del destinatario. 이 소포의 비용은 수신자 부담이다.

destinazione- 도착지, 목적지

arrivare(o giungere) a destinazione- 목적지에 닿다, 목적지에 도착하다

Il pacco non giunse mai a destinazione. 소포가 목적지에 도착하지 않았다.

La lettera è giunta a destinazione. 편지가 도착했다.

destino- 운명

accettare il proprio destino- 자신의 운명을 받아들이다

Davanti alle sventure non rimane altro che accettare il proprio destino. 불행 앞에서는 자신의 운명을 받아들이는 것 말고는 다른 것이 없다.

affidarsi al destino- 운명에 맡기다

credere al destino- 운명을 믿다

è destino che- ~할 운명이다

Era destino che succedesse. 일어나고야 말 운명이었다.

predire il destino a qualcuno- ~에게 운명을 말해주다, ~의 점을 봐주다

prendersela col destino- 운명을 저주하다

rassegnarsi al proprio destino- 운명에 맡기다; 운명을 받아들이다

seguire il proprio destino- 자신의 운명을 따르다

uno scherzo del destino- 운명의 장난

destra- 오른쪽

a destra- 오른쪽에

Entrando, a destra, c'è l'ufficio informazioni. 들어가서 오른쪽에 안내소가 있다.

a destra di- ~의 오른쪽에

a destra e a sinistra- 곳곳에, 사방팔방

Dov'eri? T'ho cercato a destra e a sinistra per un'ora. 어디 있었니? 한 시간 동안 너를 찾아 온데를 다 뒤졌다.

alla tua destra- 네 오른쪽에

Vai alla tua destra e troverai il negozio che stai cercando. 네 오른쪽으로 가. 그러면 네가 찾고 있는 상점을 찾을 거야.

girare (o voltare) a destra- 우회전하다

governo di destra- 우익 정권

guida a destra- (자동차) 운전석이 오른쪽에 있는 차

la destra laburista- (정치) 노동당 내 우파

partito di destra- 우익 정당

scrivere con la destra- 오른손으로 쓰다

tenere la destra- 우측통행하다, 우측으로 달리다

Quando si guida è prudente tenere sempre la destra. 운전할 때 항상 우측통행하는 것이 안전하다.

destro- 1. (형용사) 오른쪽의; 기민한, 선수를 쓰는

essere destro di mano- 움직임이 재빠르다

essere destro nel fare qualcosa- ~에 능숙하다, ~에 솜씨가 좋다, ~을 잘 다루다

essere il braccio destro di qualcuno- ~의 오른팔이다, ~의 중요한 인물이다

Mio padre è il braccio destro del presidente. Si fida solo di lui. 나의 아버지는 사장의 오른팔이다. 그는 아버지만을 신뢰한다.

2. (명사) 호기, 기회

cogliere il destro- 기회/시기/호기를 잡다

Bisogna cogliere il destro quando si presenta. 생길 때 기회를 잡아야 한다.

presentarsi 'il destro'[2]- 좋은 기회가 생기다/나타나다

Mi si presenterà il destro di parlargli. 그에게 말을 걸 좋은 기회가 생길 것이다.

detenere- 보유하다, 점하다

detenere il potere- 정권을 잡다, 권좌에 있다

Detiene il potere ormai da cinque anni. 정권을 잡은지도 이제 5년이 되었다.

detenere un primato- 기록을 보유하다

detenere una licenza- 허가증을 가지다

detenuto- 구류자

detenuti politici- 정치범, 국사범

detenuto in attesa di giudizio- 미결수

Non si vede più in giro perché è detenuto in attesa di giudizio. 그는 미결수이기 때문에 더 이상 돌아다니는 것을 볼 수 없다.

detersivo- 세제

detersivo in polvere- 가루 비누

detersivo (liquido) per i piatti- 주방용 세제, 물비누

detersivo per bucato- (in polvere) 가루 비누; (liquido) 액상 세제

---

[2] 'L'occasione favorevole'라는 의미로 '호기'라고 옮길 수 있다.

detersivo per la lavatrice- 세탁기 세제

detersivo per pavimenti- 바닥용 세제

detestare- 증오하다, 혐오하다, 몹시 싫어하다

detestare + fare qualcosa- ~하는 것을 싫어하다

Detesto studiare il greco. 나는 그리스어 공부를 싫어한다.

farsi detestare da tutti- 모든 사람한테 미움을 받다, 미움을 사다

Con quel brutto carattere si è fatto detestare da tutti. 괴팍한 성격 때문에 그는 모든 사람한테 미움을 받는다.

detta- 의견, 말

a detta di qualcuno- ~의 말에/의견에 따르면

A sua detta, è un grande intenditore di vini. 그의 말로는 그가 대단한 와인 전문가이다.

a detta di tutti- 다른 사람의 말에 따르면, 모든 사람의 이야기에 따르면

A detta di tutti sei il migliore della squadra. 다른 사람들이 그러는데 네가 팀의 최고 선수래.

dettaglio- 상세, 세부; 소매

al dettaglio- 소매로

entrare nei dettagli- 자세히 이야기/설명하다

Non entrate nei dettagli! 세부 내용으로는 들어가지 마!

Raccontami quello che è successo senza entrare nei dettagli. 그는 자세한 언급 없이 일어난 일을 내게 설명한다.

fino all'ultimo dettaglio- 마지막 사소한 것 하나까지, 빈틈없이

in dettaglio- 상세하게, 자세히, 낱낱이

perdersi nei dettagli- 나무는 보고 숲을 보지 못하다

prezzi al dettaglio- 소매 가격

vendere al dettaglio- 소매로 팔다

Quel magazzino vende solo all'ingrosso, non al dettaglio. 그 상점은 도매로만 팔고 소매로는 팔지 않는다.

vendita al dettaglio- 소매 판매

venditore al dettaglio- 소매 상인

dettato- 구술, 받아쓰기

correggere il dettato- 받아쓰기를 고치다

fare un dettato- 받아쓰기 하다

A scuola, abbiamo fatto un dettato. 학교에서 우리는 받아쓰기를 했다.

detto- 1. (형용사) ~라 불리는; 상술의, 전술의

come non detto- (1) ~을 잊어버리다

La prendi tu la posta? Ah, no, aspetta, come non detto. Vado io. 너 우편물 가져왔니? 아, 아니. 잠깐, 깜박했다. 내가 갈게.

(2) 내가 말한 것을 잊어버려(= come non lo avessi detto)!

Non sei stato tu a farmi quello scherzo? Scusa, come non detto. 너 나한테 장난하지 않았지? 미안해,

내가 말한 것을 잊어버려.

detto fatto- 말이 떨어지기가 무섭게 하는/되는; 즉시(= subito)

Temevo di non finire il lavoro in tempo, ma è venuta Grazia e, detto fatto, abbiamo finito. 나는 제때 일을 마치지 못할까 걱정했는데, 그라치아가 오자, 말이 떨어지기가 무섭게 (즉시) 끝마쳤다.

È detto tutto! (말하지 않아도 무슨 뜻인지 알겠으니) 더 이상 말하지 마! (반어) 무슨 말이 더 필요해?

presto detto- 말처럼 쉽지 않다

È presto detto! 말하기는 쉬우나 행하기는 어렵다!

Tu dici che questo esercizio è facile, ma è presto detto! Perché non ci provi tu? 너는 이 연습문제가 쉽다고 말하는 데, 말이야 쉽지! 왜 풀어 보지 않니?

2. (명사) 말, 표현; 경구, 격언, 금언

secondo il suo detto- 그의 말에 따르면

devoto- 헌신적인, 독실한

devoto al lavoro- 일에 헌신하는

essere devoto a- ~에 헌신적이다; ~에 특별한 신앙을 가지다

Mia nonna è sempre stata devota a San Giuseppe. 나의 할머니는 늘 성 요한에 대한 특별한 신심을 가지고 있다.

essere devoto alla bottiglia- 술독에 빠지다

libro devoto- 기도서

un devoto cattolico- 독실한 가톨릭 신자

dì- (시어) 날

Buon dì (o Buondì)! 안녕하세요! (= Buon giorno!)

da quel dì- 옛날부터

È da quel dì che ho prenotato i biglietti!. 옛날에 표를 예약했어!

il dì- 본일

Oggi è il dì di Pasqua. 오늘이 부활절 본일이다.

notte e dì- 주야로, 밤낮으로, 쉬지 않고

diagnosi- 진단

diagnosi sbagliata- 오진

fare la diagnosi della situazione- (비유) 상황을 분석하다

fare una diagnosi- 진단하다

Il medico ha potuto fare una diagnosi precisa dopo che ha avuto il risultato di tutte le analisi. 의사는 모든 검사 결과를 본 후에 정확한 진단을 할 수 있었다.

dialetto- 방언

parlare in dialetto- 사투리로 말하다, 사투리를 쓰다

Ho chiesto un'informazione ad un signore, ma non l'ho capito, perché parlava in dialetto. 나는 어떤 아저씨에게 물어봤는데, 사투리로 말해서 그의 말을 알아듣지 못했다.

dialogo- 대화

il dialogo nord-sud- 남북 대화; 선진국과 개도국 대화

riaprire il dialogo- 대화를 재개하다

tra loro non c'è dialogo- 그들 사이에 대화가 없다

Si sono lasciati perché tra loro non c'era più dialogo. 그들 사이에는 더 이상 대화가 없기 때문에 헤어졌다.

diavolo- 악마

a casa del diavolo- 인가에서 멀리 떨어져, 인적이 드문

al diavolo- 집어치워라; 진절머리가 나는

Al diavolo tu e i tuoi esperimenti di biologia! Adesso abbiamo la cantina piena di rane. (너와) 네 생물 실험을 집어치워! 지금 창고에 개구리들로 가득 차 있다.

andare al diavolo- (사람) 뒈지다; (일) 망하다, 도산하다

avere il diavolo in corpo- (아이가) 침착하지 못하다(= essere irrequieto); (구어) ~하고 싶어서 좀이 쑤시다; 활기가 넘치다(= essere pieno di energia); 장난기가 넘치다(= essere dispettoso); 귀신이 씌우다(= essere indemoniato)

Quel ragazzino non sta mai fermo: ha il diavolo in corpo. 그 아이는 가만히 있지 못하고 촐랑거린다.

avere un diavolo per capello- 기분이 더럽다/언짢다; (구어) 화가 나서 길길이 날뛰다

La segretaria ha un diavolo per capello oggi, perché le hanno affibbiato il doppio di lavoro. 비서는 오늘 기분이 언짢아. 왜냐면 갑절의 일을 그녀에게 주었기 때문이지.

Ti consiglio di non andare dal capo ufficio: ha un diavolo per capello. 실장이 잔뜩 뿔나 있기에 그에게 가지 말라고 네게 충고한다.

avere una fame del diavolo- 허기지다, 배고파 죽을 지경이다, 아사직전이다

avere una fretta del diavolo- 너무 급하다, 정신없이 바쁘다, 너무 바쁘다

Mi racconterai domani. Oggi ho una fretta del diavolo. 내일 너한테 설명할게. 오늘은 정신없이 바쁘다.

avere una paura del diavolo- 똥줄 빠지다/당기다; 십년감수하다

avere una sete del diavolo- 갈증이 심하다, 엄청나게 목마르다

Che diavolo stai facendo? 도대체 무슨 짓을 하고 있는 거야?

Chi diavolo sei? 당신은 도대체 누구요?

cosa diavolo- (신경질이나 짜증으로 인해 외치는 소리) 도대체

Cosa diavolo hai fatto in questa casa! È tutto in disordine! 너 대체 집에서 무슨 짓을 한 거야! 온통 어질러져 있잖아!

del diavolo- (강조) 아주 골치 아픈, ~하느라 혼이 나다

dove diavolo- (의문문에서 짜증, 놀람을 나타냄) 도대체

Dove diavolo eri finito? 도대체 어디 가 있었던 거야?

Dove diavolo sei stato? Ti ho cercato dappertutto. 대체 너 어디에 있었던 거야? 사방을 찾았잖아.

essere come il diavolo e l'acqua santa- 견원지간이다, 서로 앙숙이다[3]

---

[3] 악마를 쫓는 구마예식에서 반드시 필요한 것은 십자가와 성수(l'acqua santa)이다. 이 관용어는 구마예식에 등장하는 악마와 성수의 관계를 빗대어 사람 사이의 관계를 표현한 관용어이다.

Quei due bambini sono come il diavolo e l'acqua santa; non vanno d'accordo. 그 두 아이는 서로 앙숙이어서 잘 지내지 못한다.

fare un caldo del diavolo- 혹서이다

In questi giorni fa un caldo del diavolo. Non vedo l'ora che venga l'autunno. 요사이 혹서이다. 이제 가을이 오는 것을 볼 수 없다.

fare un caos del diavolo- 소동을 부리다, 대소동을 일으키다

fare un freddo del diavolo- 혹한이다

fare il diavolo a quattro- (아이들이) 큰 말썽을 일으키다; 마구 화를 내며 항의하다; 소동을 일으키다

I bambini hanno fatto il diavolo a quattro oggi. 아이들이 오늘 큰 말썽을 일으켰다.

fare l'avvocato del diavolo- (의론 따위를 활발하게 하기 위해) 일부러 반대의견을 말하다

fare la parte del diavolo- 악마 편을 들다

fare un patto col diavolo- 악마와 서로 짜다

Riesce sempre in tutto; deve aver fatto un patto col diavolo. 그는 늘 모든 것에 성공하는 데, 악마와 서로 거래했음이 틀림없다.

il diavolo ci ha messo la coda (o le corna/lo zampino)- 잘 안됐다. (= È andato male.)

Sembrava un buon affare ma il diavolo ci ha messo la coda. 좋은 사업이라고 생각했는데, 잘 안됐다.

Il diavolo fa le pentole ma non i coperchi.- 악마가 냄비는 만들 수 있을 지라도 냄비 뚜껑까지는 만들지 못한다. 미수에 그치다(= fa le cose a metà)[4]; 진실은 밝혀지기 마련이다. 진실은 언젠가 드러난다.

Voleva rubare quella macchina ma il padrone ha capito subito che era stato lui. Il diavolo fa le pentole ma non i coperchi. 그 차를 훔치고 싶었는데 주인이 즉시 알아차리고 (거기에) 있었다. (그래서) 미수에 그쳤다.

Il diavolo non è poi così brutto come lo si dipinge.- 어떤 악인도 자기가 칠해진 만큼 검지는 않다. 소문만큼 나쁘지는 않다.[5]

Pensava che abitare con la suocera sarebbe stato terribile ma poi, invece, si è abituata. Il diavolo non è poi brutto come lo si dipinge. 시어머니와 함께 사는 것이 끔찍할 거라고 생각했는데 익숙해 지니깐, 생각만큼 나쁘지 않아.

mandare qualcuno al diavolo- ~를 쫓아내다

Mi ha mandato al diavolo dicendomi di farmi gli affari miei. 그는 참견하지 말라고 말하면서 나를 쫓아냈다.

Non è mica il diavolo!- 널 안 잡아먹는다!

sapere dove il diavolo tiene la coda- (직역) 악마는 꼬리를 어디에 감추어 두는지를 안다; (~에 대해) 좀 알다; 세상 물정에 밝다

saperne più del diavolo- (직역) 악마보다 그것에 대해서 더 많이 안다; 영악하다, 교활하다(=

---

[4] 악마는 인간에게 어떻게 잘못을 저지를 수 있는지는 가르쳐 주지만, 그것을 어떻게 숨길 수 있는지는 가르쳐 주지 않는다는 의미의 관용어이다.

[5] 어떤 일에 대해 두려움을 느꼈으나 실제로 그렇게 나쁘지 않았을 경우나, 어떤 일에 대해 지나치게 부정적으로 생각했지만 후에 잘 된 경우에 사용하는 관용어이다. 우리말로는 '기우'정도로 옮길 수 있다.

essere furbo), 교묘하다(= essere scaltro)[6]

È veramente furbo, ne sa una più del diavolo. 그는 정말 영악해, 잔머리가 참 잘 돌아가.

un buon diavolo- 좋은 녀석

Brontola sempre, ma in fondo è un buon diavolo. 그는 늘 씩씩거리지만 속마음은 좋은 녀석이야.

venire a patti col diavolo- 양보나 굴욕 등으로 목표에 도달하다

dibattito- (격식을 갖춘) 토론, 논의

aprire il dibattito- 토론을 개시하다

Al convegno verrà il sindaco che aprirà il dibattito. 시장이 회의에 오면 토론이 시작될 것이다.

chiudere il dibattito- 토의를 끝내다, 토론의 끝을 맺다

dibattito parlamentare 의회 토론

dibattito televisivo- TV 토론

iniziare il dibattito- 토론을 시작하다

un acceso dibattito- 열띤 토론

All'assemblea di condominio c'è stato un acceso dibattito sulla questione delle spese. (공동주택) 주민회의에서 관리비 문제에 관한 열띤 토론이 있었다.

dichiarare- 1. (타동사) 표명하다, 진술하다, 신고하다

Avete nulla da dichiarare? 신고할 것이 없습니까?

dichiarare di- ~하는 것을 선언하다

Dichiara di votare per un partito di sinistra. 그는 좌파 정당에 투표한다고 선언한다.

dichiarare guerra a un paese- 국가에 선전포고를 하다

dichiarare il proprio amore a qualcuno- ~에게 사랑을 고백하다

dichiarare il reddito- 소득 신고를 하다

Per ottenere delle agevolazioni devi dichiarare il reddito effettivo. 감면을 구하기 위해서 실소득 신고를 해야 한다.

dichiarare qualcosa alla dogana- ~을 세관에 신고하다

dichiarare ufficialmente- 공식성명을 하다, 공식적으로 밝히다

Dichiaro ufficialmente che la signora Paola ha vinto il primo premio. 파올라 여사가 일등에 당첨됐다고 공식적으로 밝힌다.

dichiarare un dividendo- 배당금을 고시하다, 배당금을 발표하다

2. (재귀동사) dichiararsi- 나타내다, 밝히다

dichiararsi colpevole- 유죄/책임을 인정하다

dichiararsi contrario/favorevole a- ~에게 반대/찬성 성명을 하다

dichiararsi estraneo a qualcosa- ~과 관련이 없다고 주장하다

dichiararsi innocente- 무죄를 주장하다

dichiararsi soddisfatto- 만족을 나타내다

dieta- 다이어트, 식이요법

---

[6] 이 관용어는 세상 물정이 밝아 어떤 일을 잘 꾸미는 매우 교활한 사람, 잔머리가 빨리 돌아가는 사람을 일컬을 때 사용한다.

dieta dimagrante- 살 빠지는 다이어트

essere (o stare) a dieta- 다이어트 중이다

Sono a dieta da due settimane. Ho mangiato troppo e mi è aumentato il colesterolo. 나는 2주 전부터 다이어트 중이다. 너무 많이 먹어서 콜레스테롤이 늘었다.

fare una dieta- 다이어트를 하고 있다; 다이어트를 하다

mettersi a dieta- 다이어트를 시작하다, 다이어트에 들어가다

Dovrò mettermi a dieta. 나는 다이어트를 시작해야 할 것이다.

dietro- 1. (부사) 뒤에

salire dietro- (자동차) 뒤로 타다/승차하다

sedersi dietro- 뒤에 앉다, (자동차) 뒷자리에 앉다

2. (전치사) 뒤에, 후에

andare dietro a qualcuno- (비유) ~를 뒤쫓아 가다; ~를 모방하다

correre dietro a qualcosa- ~를 위해 노력하다, 분투하다, ~을 간절히 원하다

correre dietro a qualcuno- (연애 상대로) ~를 쫓아다니다

Corre dietro a tutte le ragazze che vede. 그는 그가 본 모든 소녀들을 쫓아다닌다.

fare dietro front- 표변(豹變)하다, 마음이나 행동이 갑작스럽게 달라지다

Inizialmente ha insistito per farlo tutto da solo, ma quando ha capito quanto c'era da fare, ha fatto dietro front ha chiesto aiuto. 처음에 그는 혼자서 모든 것을 다 하겠다고 주장했지만, 할 일이 얼마나 많은지를 알자 표변하여 도움을 청했다.

guardare dietro- 뒤돌아보다

portarsi dietro qualcosa- ~를 갖고 다니다, ~를 들고 다니다

Portati dietro l'ombrello. 우산 가지고 가!

stare dietro a qualcuno (o qualcosa)- (1) 따르다

È impossibile stare dietro a tutte le sue esigenze; non ci provo neanche. 그의 모든 요구를 따르는 것은 불가능 해. 그래서 나는 시도조차 하지 않아.

(2) ~을 유심히 지켜보다(= tenere d'occhio)

Se non gli sto dietro, non fa niente! 내가 그를 유심히 지켜보지 않으면, 아무것도 하지 않아!

(3) ~의 꽁무니를 쫓다

stare dietro alla moda- 유행을 쫓다, 유행을 추구하다

tenere dietro a qualcuno- (비유) ~와 계속 연락하고 지내다

dietrologia- 음모론 옹호

fare della dietrologia- 지나간 일(과거사)을 기억하다

Non puoi fare della dietrologia ogni volta che parlo della mia famiglia. Il passato è passato. 내가 가족에 대해 말할 때마다 너는 지나간 일을 잊을 수 없니. 지나간 일은 지나간 거야.

Oh, è bravo a fare della dietrologia, ma non a fare delle previsioni. 오, 그렇게 지나간 일은 잘도 기억하면서 미래는 예측을 못해.

difendere- 방어하다, 막다; 보호하다, 변호하다

difendere da qualcosa [사람] (o qualcuno) [사물]- ~로 부터 보호하다/방어하다/지키다/옹호하다

Difesero la patria dal nemico. 그들은 사람으로부터 조국을 지켰다.

Questo muro ci difenderà dal vento. 이 벽은 우리한테 사물을 막아줄 것이다.

difendere una tesi- 논문을 방어하다, 논문을 뒷받침하다, 지지하다

difesa- 방어, 방위, 보호, 옹호

a difesa di- ~를 지키기 위해, ~를 방어하기 위해

a sua difesa si può dire che- 자기 방어를 위해 ~라고 말할 수 있다

accorrere in difesa di qualcuno (o qualcosa)- ~을 도와주러 달려가다

combattere in difesa del proprio paese- 자기 국가를 지키기 위해 싸우다

eccesso di difesa- 과잉방어

giocare in difesa- 방어하다

in difesa di- ~를 변호/옹호하여, ~을 지키기 위해, ~을 보호하기 위해

La miglior difesa è l'attacco. 공격이 최선의 방어이다.

mettersi in posizione di difesa- 방어 자세를 취하다; 조심하다, 경계하다

Ogni volta che gli parlo di lavoro si mette in posizione di difesa. 내가 일에 관해 그에게 말할 때마다 그는 방어 자세를 취한다.

parlare in difesa di qualcuno- ~를 변호/옹호하여 말하다

per legittima difesa- 정당방위

prendere le difese di qualcuno- ~를 강력히 변호하다; ~를 위해 싸우다; ~의 편을 들다

Ho preso le tue difese. 나는 너를 변호했다. 나는 네 편을 들었다.

senza difesa- 방어력이 없는, 무방비로, 보호받지 못하는

La sua teoria era senza difesa. Impossibile da sostenere! 그의 이론은 보호받지 못한다. 지지하는 것이 불가능해!

stare in difesa- 수비 태세를 갖추다, 수세를 취하다, 방어의 위치에 있다

difetto- 결함, 부족; 결점, 문제

avere il difetto di fare qualcosa- ~하는 결점이 있다.

Lui ha il difetto di dire bugie. 그는 거짓말하는 결점이 있다.

avere un difetto- 결함/결점이 있다

Ha un difetto di pronuncia. 그는 발음에 결함이 있다.

Ha un solo difetto, parla troppo. 그는 단 한 가지 결점이 있는데, 말이 너무 많다.

difetto di costruzione- 공사하자, 설계결함

essere in difetto- ~의 책임/잘못이 있다

Come fa a sapere che non hai più soldi se non glielo dici? Sei tu in difetto. 네가 더 이상 돈이 없다는 것을 그에게 말하지 않았다면 그가 어떻게 알 수 있니? 네 책임이야.

in difetto di- ~이 없어서, ~이 없을 경우에(= in mancanza di); ~을 실행/이행하지 않을 경우

per difetto- (우수리를) 잘라버리다

Abbiamo arrotondato la cifra per difetto. 우리는 우수리를 잘라 금액을 만들었다.

senza difetti- 흠잡을 데 없는, 결점이 없는, 손색없는

differente- 다른

differente da- ~와 다른

È un uomo differente da tutti. 그는 다른 사람들하고 다른 사람이다.

essere differente- 틀리다, 다르다

Le mie sorelle sono completamente differenti l'una dall'altra. 나의 자매들은 완전히 서로 틀리다.

gusti differenti- 다른 취향

mentalità differente- 다른 사고방식

differenza- 차이, 다름

a differenza di- ~와는 다른, ~와 달리, ~와 같지 않게(= diversamente da)

A differenza dei miei amici, mi trovo bene in questa città. 내 친구들과 달리 나는 이 도시에서 무척 잘 지낸다.

A differenza di suo padre, acconsentì subito. 그의 아버지와는 달리 그는 즉시 승낙했다.

calcolare la differenza tra gli introiti e le spese- 수입과 지출의 차이를 계산하다

differenza d'età- 나이 차이

Tra me e lui c'è una grande differenza d'età. 그와 나는 나이 차이가 크게 난다.

differenza di statura- 키 차이

differenza di prezzo- 가격 차이

esserci differenza- 차이가 있다

C'è soltanto una differenza di colore. 색깔 차이만 있다.

C'è una bella differenza! 대단한(엄청난) 차이다!

Che differenza c'è fra questo e quello? 이것과 저것은 무슨 차이가 있죠?

Fra queste borse non c'è nessuna differenza. 이 두 가방은 아무 차이가 없다.

Non c'è differenza. 차이가 없다.

Quanti anni di differenza ci sono fra loro? 그들은 몇 살 차이가 있죠?

non fa differenza- 차이가 없다, 마찬 가지다, 같은 일이다

Per me partire oggi o domani non fa differenza. 나에겐 오늘 떠나든 내일 떠나든 마찬가지다.

non fare differenza- 차별하다, 다르게 대하다

Non fare differenze! 차별하지 마! 모두 똑같이 대해!

pagare la differenza- 차액을 지불하다

difficile- 힘든, 어려운

bambino difficile- 까다로운 아이; 문제아

cliente difficile- 다루기 곤란한 손님/고객

di difficile accesso- 접근하기 어려운

difficile da- ~하기 어려운

difficile da capire- 이해하기 어려운

Quella vicenda è difficile da capire. 그 사건은 이해하기 어렵다.

difficile da spiegare- 설명하기 힘든

difficile nel mangiare- 음식을 가리다, 식성이 까다롭다

È difficile nel mangiare. 그는 음식을 가린다.

rendere la vita difficile a qualcuno- ~를 힘들게/골치 아프게 하다

difficoltà- 어려움, 곤란, 곤경

alzarsi con difficoltà- 힘들게 일어나다

Le persone anziane, in genere, si alzano con difficoltà. 노인들은 일반적으로 힘들게 일어난다.

avere molta difficoltà a fare qualcosa- ~하는 데 무척 고생하다, ~하는 데 많은 어려움을 겪다

Ho ancora molta difficoltà a capire l'italiano. 나는 여전히 이탈리아어를 알아듣는데 많은 어려움이 있다.

avere difficoltà a trovare lavoro- 일자리 구하기가 힘들다

camminare con difficoltà- 힘들게 걷다

Dopo l'incidente cammina ancora con difficoltà. 사고 이후 그는 여전히 힘들게 걷는다.

con difficoltà- 어렵게

creare difficoltà- 분란을 일으키다; 어려움을 만들다; (사람) 분쟁/말썽/소란을 일으키다

fare difficoltà- 이의를 제기하다

fare difficoltà a- ~하는 데 힘들다

Ha fatto difficoltà a venire qui. 그는 여기 오는데 힘들었다.

in difficoltà- 어려움에 처한

Mi sono trovato in difficoltà a rispondere alla sua domanda. 나는 그의 질문에 답하는 데 어려움이 있었다.

Mi trovo in difficoltà economica. 나는 경제적 어려움에 처해 있다.

Sono in difficoltà finanziarie. 나는 재정상의 어려움에 처해 있다.

incontrare mille difficoltà- 수많은 어려움에 부딪히다

Per finire questo lavoro ho incontrato mille difficoltà. 이 일을 마치기 위해 나는 수많은 난관에 부딪혔다.

mettere qualcuno in difficoltà- ~를 어려움에 처하게 하다, ~를 어렵게 만들다; (질문) 곤란한 질문을 하다

L'ho messa in difficoltà quando le ho chiesto l'età. 내가 그녀에게 나이를 물어봐서 그녀를 난처하게 만들었다.

non avere alcuna difficoltà a fare qualcosa- ~하는 데 아무 어려움이 없다

Non ho alcuna difficoltà ad invitarla. 난 그녀를 초대하는 데 아무 어려움이 없다.

parlare con difficoltà- 힘들게/어렵게 말하다

raggiungere la cima con difficoltà- 힘들게 정상에 도달하다

senza difficoltà- 어려움 없이

superare molte difficoltà- 많은 어려움을 극복하다

trovarsi in difficoltà finanziarie- 재정적 어려움에 처하다

digerire- 소화하다

digerire bene- 소화를 잘 시키다

digerire la rabbia- 분노를 삭이다

Non sono ancora riuscito a digerire la rabbia per quello che mi ha detto. 그가 내게 말한 것 때문에 나

는 아직도 분을 삭이지 못하고 있었다.

digerire qualcosa con difficoltà- ~를 아주 어렵게 소화시키다, ~을 소화하는 데 (무척) 고생하다

non digerire la matematica- 수학을 소화 못 시키다, 수학을 이해 못하다

non digerire qualcuno- ~를 잘 못 참다, 잘 견뎌내지 못하다

Tu non potrai digerire mia sorella. 넌 내 누이를 견뎌내지 못할 거야.

digestione- 소화

avere una buona digestione- 소화력이 좋다, 위장이 튼튼하다

avere una cattiva digestione- 소화력이 안 좋다, 소화를 잘못시키다, 위장이 약하다

di facile digestione- 소화하기 쉬운

Questo cibo è di facile digestione. 이 음식은 소화가 잘 된다.

digestione lunga- 긴 소화

guastarsi la digestione- 걱정하다; (비유) 흥분하다, 속상해하다

digiuno- 1. (형용사) 절식하고 있는, 단식하고 있는; 사정에 어두운, ~를 잘 모르는

essere (o rimanere) digiuno- 단식 중이다, 안 먹고 있다

Sono digiuno da ieri. 나는 어제부터 단식 중이다.

essere digiuno di- ~에 어둡다, ~를 잘 모르다, ~에 무지하다

Lui è completamente digiuno di latino. 그는 라틴어를 전혀 모른다.

Sono digiuno di notizie. 나는 소식을 모르고 있다.

2. (명사) 단식, 절식, 금식, 공복

a digiuno- 빈속에, 공복에

da prendersi a digiuno- (약학) 공복에 복용

digiuno di protesta- 단식투쟁

osservare il digiuno- 금식을 지키다

Durante la Quaresima ho cercato di osservare il digiuno nei giorni previsti. 사순절(수난절) 동안 나는 정해진 날에 금식을 지키려고 했다.

rompere il digiuno- 단식을 중지하다, 단식 후 처음 음식을 먹다

Dammi un po' di pane per rompere il digiuno. 단식 후 처음 음식을 먹고자 하니 내게 빵 좀 다오.

stare a digiuno- 단식 중이다, 금식 중이다

dimenticare- 잊다, 깜박하다

dimenticare di fare qualcosa- ~하는 것을 잊어버리다

Ho dimenticato di telefonare a casa. 집에 전화하는 것을 잊었다.

dimenticarsi di- ~에 대해서 잊어버리다

Non dimenticarti dei tuoi amici! 네 친구들을 잊지 마!

Dimentichiamo il passato! 과거를 잊자!

riuscire a far dimenticare un errore- 실수/죄과를 오랜 세월을 통해 씻다/잊다

dimostrare- 1. (타동사) 나타내 보이다, 증명하다

come volevasi dimostrare- (수학) 이상이 내가 증명하려는 내용이었다; (농담) 그렇게 내가 뭐랬어. 그것 보라구; (문장의 시작) 아니나 다를까

dimostrare di fare qualcosa- ~하는 것을 나타내/증명해 보이다

Ha dimostrato di avere buona memoria. 그는 기억력이 좋다는 것을 증명해 보였다.

2. (재귀동사) dimostrarsi

dimostrarsi utile- 유용한 것으로 드러나다

dimostrarsi interessato- 관심을 보이다

dintorno- 인근, 부근(intorno 참조)

nei dintorni di- ~주위에, ~인근에, ~근처에

Nei dintorni di Perugia ci sono molte cose da vedere. 페루쟈 근처에는 볼 것이 무척 많다.

qui nei dintorni- 이 주위에

Abito qui nei dintorni. 난 이 근방에 산다.

Dio- 하느님/하나님, 신(神)

Aiutati che Dio ti aiuta. (격언) 하늘은 스스로 돕는자를 돕는다. (= Aiutati che il ciel ti aiuta.)

Che Dio ce la mandi buona! 희망을 버리지 말자!

Che Dio mi fulmini se non dico la verità. 내가 사실대로 말하지 않으면 천벌을 받을 것이다. 맹세코 나는 사실대로 말한다.

Che Dio te la mandi buona! 건투를 빈다.

Che Dio ti assista! 신의 가호가 있기를!

Che Dio ti benedica! 신의 축복이 있기를!

Dio ce ne scampi e liberi! 신께서 우리를 도와주신다! 그런 일이 없기를!

Dio li fa e poi li accoppia!- (속담) 찰떡궁합/유유상종이다![7]

Quei due sono molto grassi ma sono felici così. Dio li fa e poi li accoppia! 그 두 사람은 무척 뚱뚱한데도 그렇게 행복할 수가 없다. 천생연분이야!

Dio lo voglia! 신이시여 소원을 들어 주소서!

Dio non paga il sabato. (속담) 천벌은 늦어도 반드시 온다.

Dio non voglia! 그런 일이 없기를! 어림도 없는 소리! 천만에!

Dov'è interesse, non si fa l'uffizio di Dio. 이해관계가 있는 곳에 신이 설 자리는 없다.

Dove c'è la pace, c'è Dio. 평화가 있는 곳에 신이 현존한다.

Grazie a Dio- 하느님/하나님 덕분에, 고맙게도, 천만다행으로

in nome di Dio- 신의 이름을 걸고, 맹세코, 제발, 아무쪼록; (의문사를 강조하여) 도대체

(= per amor di Dio) 제발, 부디, 아무쪼록; 도대체, 대관절

In nome di Dio cosa fai? 너는 도대체 무엇을 하는 거야?

Te lo chiedo in nome di Dio = Te lo chiedo per l'amor di Dio 제발 네게 부탁할게.

Lo sa Dio. 신만이 알고 있다. 아무도 모른다.

Quando Dio chiude una finestra, apre una porta. 신이 하나의 문을 닫을 때, 신은 또 다른 문을 연다.[8]

---

[7] 부정적인 의미보다는 긍정적인 의미에서 취향이 매우 비슷한 두 사람이 만났을 때 사용하는 관용어이다. 굳이 우리말로 옮기자면 "천생연분", "찰떡궁합", "유유상종" 정도가 비슷한 표현일 것이다.

[8] 어려움과 깊은 상심에 처한 사람을 위로할 때 쓰는 관용어이다. 이 표현은 현실적으로 자신이 생각하거나 희망하였던 길이

Viene giù come Dio la manda. 억수 같이 비(눈이)가 쏟아진다. (= Piove che Dio la manda.)

dipendente- 의존하는, 의지하는; 종속된, ~에 달린

essere dipendente da qualcuno- ~에 종속된, ~에 의존한, ~매달린, ~에 의지하는

È dipendente dal marito per qualsiasi cosa. 그녀는 어떤 것이든지 남편한테 의존한다.

dipendenza- 의존, 종속

alle dipendenze di qualcuno- ~를 부하로 두다, ~에 의해 고용된

Alle dipendenze di mio padre ci sono 10 persone. 나의 아버지에게 고용된 사람은 열 사람이다.

dipendenza dalla droga- 약물 중독

essere alle dipendenze di qualcuno- ~를 위해서 일하다(= lavorare per qualcuno); ~에게 고용되다

prendere qualcuno alle proprie dipendenze- ~를 고용하다, ~에게 일자리를 주다

dipendere- 종속되다, 의존하다

Dipende!- (대답에서) 글쎄요, 그것은 경우/상황/형편에 따라 달라요. 그것은 사정나름이죠.

"Questa sera vuoi uscire o rimanere a casa?" "Dipende! Se piove preferirei rimanere a casa." "오늘 저녁 나갈거야 아님 집에 있을거야? 글쎄." "비가 오면 집에 남아 있는 게 더 좋아."

dipendere da- ~에 종속되다, ~에 달려있다, ~에 의존하다

Dipende da te superare questa difficoltà. 이 어려움을 이겨내는 문제는 너한테 달려 있다.

Dipende dalla circostanza. 상황에 달려 있다. 상황을 봐야 안다.

Dipende solo da te! 오로지 너한테 달려 있다.

Non dipende da nessuno. 누구한테도 종속되어 있지 않다.

non dipendere che da se stesso- 남의 지배를 받지 않다

dipingere- 1. (타동사) 그리다, 색칠하다

dipingere a fresco- 프레스코화를 그리다

dipingere ad acquarello- 수채화를 그리다

dipingere ad olio- 유화로 그리다

Il famoso pittore Caravaggio dipingeva i suoi quadri ad olio. 유명 화가 카라바지오는 유화로 자신의 그림을 그렸다.

dipingere dal vero- 사실화를 그리다

dipingere qualcuno (o qualcosa) di rosso- ~을 빨간색으로 색칠하다

dipingere su tela- 캔버스에 그리다

2. (재귀동사) dipingersi- 화장하다

dipingersi gli occhi- 눈 화장을 하다

dipingersi le labbra- 립스틱을 바르다

dipingersi troppo- 화장을 진하게/짙게 하다

dipinto- 1. (형용사) 그림을 그린

Che bello! Sembra dipinto! 그림처럼 아름답네요!

막혀 절망과 실의에 빠졌을 때, 신은 더 좋은 길을 위해 또 다른 문을 열어 놓았으니 상심에서 벗어나 용기와 희망을 내라는 의미이다.

neanche (o nemmeno) dipinto- 무슨 일이 있어도, 두 번 다시는; 꿈에라도, 절대로

Non voglio vederlo più, neanche dipinto! 난 무슨 일이 있어도 그를 두 번 다시 보고 싶지 않아.

Non vorrei vivere là nemmeno dipinto! 난 꿈에라도 그곳에 살고 싶지 않다.

2. (명사) 그림

dipinto a olio- 유화

dipinto su tela- 캔버스에 그린 그림, 캔버스화

diploma- 학위 수여장, 졸업 증명서

diploma di laurea- 대학의 졸업 증서

diploma di maturità- 고교 졸업 증서

prendere un diploma- 학위를 받다, 졸업하다, 자격증을 따다

Si è preso un diploma all'estero e lo ha pagato molti soldi. 그는 외국에서 학위를 받았는데, 그것을 위해 많은 돈을 썼다.

diporto- 오락, 즐거움, 재미, 스포츠

fare qualcosa per diporto- ~을 재미로 하다

imbarcazione da diporto- 유람선; 요트

Abbiamo cenato su quella imbarcazione da diporto. 우리는 그 유람선 위에서 저녁식사를 했다.

viaggiare per diporto- 유람하다

dire- 1. (동사) 말하다

A chi lo dici?/Non dirlo a me! [존칭으로는 A chi lo dice! Non lo dica ca me!]
  (상대방의 말에 대한 답으로) 누가 할 소릴! (그런 것은) 이미 알고 있어! 내게 그런 말 하지마, 나는 더 하니까. 나도 너와 완전 동일한 처지야.

"Io non sopporto il caldo!" "A chi lo dici! Io odio l'estate!" 더위를 참을 수가 없어! 누가 나도 마찬가지! 나는 여름이 싫어!

a dir molto- 과장해서 말하면, 넉넉잡고 말해서

"È lontana l'Università?": No, a dir molto, sarà a dieci minuti di cammino." "대학이 머니?" "넉넉잡고 말해도, 걸어서 10분 거리야."

a dir poco- 조금도 과장하지 않고; 조심스럽게 말하면(사실은 훨씬 더 심각함); 최소한으로 말만 해서, 말할 것도 없이 훨씬 더

Il suo comportamento è inqualificabile, a dir poco. 조심스럽게 말하면, 그의 행동은 부끄럽다.

Il viaggio è stato a dir poco stressante! 여행은 말할 것도 없이 스트레스가 많았어!

a dire il vero- 사실대로 말해서(= a dire la verità)

A dire il vero, credo che lui abbia avuto molta fortuna. 사실대로 말해서, 그는 운이 좋았다고 생각해.

a dirla in confidenza- 은밀히 말하면, 비밀로 말하면

A dirla in confidenza, penso che lui l'abbia lasciata. 몰래 말하면, 나는 그가 그녀와 헤어졌다고 생각해.

avere a che dire con qualcuno- ~와 말다툼하다

Ha sempre a che dire con sua madre. 그는 늘 어머니와 말다툼한다.

Ho avuto a che dire con lui per una questione di principio. 나는 신념상의 문제로 그와 말다툼했다.

avere da dire con qualcuno- ~에게 따질 일이 있다, ~에게 할 말이 있다, ~에게 불평이 있다

avere da dire su qualcosa- ~의 흠을 잡다, ~을 나무라다, ~을 비난하다

Che (o come) hai detto?- 뭐라구요? 뭐라고 말씀하셨어요?

Che si dice di bello?- 뭐 새로운 것 없어?

come sarebbe a dire- 그 말이 무슨 뜻이야

Hai venduto l'anello di tua nonna per comprarti quella moto? Come sarebbe a dire? 너 그 오토바이를 사려고 할머니의 반지를 팔았니? 어쩔 셈으로 그런 짓을 해?

Come si dice in inglese? 영어로 어떻게 말하죠?

come si suol dire- 이른바, 소위, 항간의 이야기로는(= come si dice comunemente, come si usa dire, come si è soliti dire)

Si suol dire che se la sera il cielo è rosso, la giornata dopo sarà bella. 일반적으로 밤 하늘이 붉으면, 다음날 날씨가 좋을 것이다.

da non dirsi (o che non ti dico)- 믿어지지 않지만

detto fatto- 즉시, 지체없이; 말이 떨어지기가 무섭게

Dica pure! 어서 말씀하세요. 하시고 싶은 말씀이 있으면 하세요!

Dimmi con chi vai e ti dirò chi sei. (속담) 같은 유형의 사람들은 끼리끼리 모이기 마련이다. 유유상종이다.

dire a qualcuno di fare qualcosa- ~에게 ~라고 말하다

Gli ho detto di venire qui alle 6. 나는 그에게 6시에 여기 오라고 말했다.

dire bene/male di qualcuno- ~에 대해서 좋게/나쁘게 말하다

dire davvero (o sul serio)- 진담으로 말하다, 진지하게 말하다

Dici davvero? 진담이니?

dire di fare qualcosa- ~하다고 말하다

Posso dire di conoscerti bene. 나는 너를 잘 안다고 말할 수 있다.

dire di (fare) qualcosa- ~(하는 것)에 대해서 (의견을) 말하다

Che ne dici di andare al concerto stasera? 오늘 저녁에 음악회에 가는 것이 어때?

Che ne dici di questo cappello? 이 모자 어때?

dire di sì, dire di no- 된다고 말하다/승낙하다, 안된다고 말하다/부정하다

Ho chiesto a Sara di sposarmi. Ha detto di sì. 나는 사라에게 결혼해 달라고 청했다. 그녀는 승낙했다.

Ho chiesto al direttore un aumento di stipendio, ma lui ha detto di no.
이사에게 임금 인상을 요청했지만 그는 거절했다.

dire la propria- (1) 함부로 말하다

Non so come faccia la gente a dire la propria anche quando non capisce l'argomento di cui si parla. 나는 논쟁하는 주제를 이해하지도 못하면서 함부로 말하는 사람들을 이해할 수 없다.

(2) 자신의 의견을 말하다, 하고 싶은 말을 하다, 생각을 털어 놓다

Finora hai parlato solo tu. Posso dire la mia? 지금까지 너만 말했어. 내 의견을 말해도 될까?

Non essere così timido; dì la tua se vuoi difenderti. 그렇게 소심하게 굴지 말고, 널 지키고 싶으면 하고 싶은 말을 해.

dire pane al pane- 자기 생각을 그대로/서슴없이/숨김없이/솔직히 말하다, 분명히 말하다
dire qualcosa per scherzo/per ridere - 농담으로 ~을 말하다/웃자고 ~을 말하다
Ho detto per scherzo. 웃자고 말했다.
dire sempre l'ultima parola- 항상 마지막 말을 하다; 결정적 발언을 하다, 마지막 진술을 하다
Vuol sempre dire (avere) l'ultima parola. 나는 늘 결정적 발언을 하고 싶다.
dire sul serio- 진담하다, 진심으로 말하다, 진심이다
Da domani inizierò la dieta. Dico sul serio. 내일부터 다이어트를 시작할 거야. 진심이야.
dire tra sé- 혼잣말하다, 마음속으로 생각하다, 독백하다
dirsela con qualcuno- ~와 사이 좋게 지내다, 잘 해나가다
è una cosa da non dire- (보통 나쁜 것이) 이루 말할 수 없다, 형언하기 힘들다
L'armatore si rifiuta di pagare i danni causati dalla petroliera che è affondata. È una cosa da non dire! 선주는 좌초된 유조선으로 인한 피해보상을 거부한다. 할 말이 없다!
non c'è che dire- 두말할 나위 없이, 정말 그렇다(= è proprio così)
È davvero una bella ragazza, non c'è che dire. 그녀는 정말 아름다운 소녀야, 정말 그래.
Non c'è che dire, quel cappello ti sta proprio bene. 두말할 나위 없이 그 모자는 네게 잘 어울려.
Non si direbbe- 그렇게 말 못 할 것이다, 그렇게 생각 못 할 것이다.
Marta ha 50 anni, ma non si direbbe. 마르타는 50살이지만, 그렇게 안 보인다.
oso (o oserei) dire- 감히 말하자면
per così dire- [문장 가운데 삽입되어] 말하자면, 이를 테면(= per dire approssimativamente), 어떤 면에서(=in un certo senso)
Ultimamente Marco fa delle cose, per così dire, strane. 최근 마르코는 말하자면 이상한 일을 하고 있다
per meglio dire- 정확히 말하자면
per sentito dire- 소문에 따르면, 들리는 바에 의하면
Non conosco il dottor Rossi ma, per sentito dire, è un bravissimo dottore. 나는 로시 의사를 모르지만, 소문에 따르면 매우 훌륭한 의사이다.
Puoi dirlo forte!/Puoi ben dirlo! (어떤 사람이 한 말에 대한 확신으로) 바로 그래(= proprio così), 정말이야(= è proprio vero)
La pandemia ha cambiato il nostro modo di vivere. Sì, puoi ben dirlo. 팬데믹은 우리의 삶의 방식을 변화시켰어. 그래, 네말이 정말이야.
sentire dire- 말하는 것을 듣다, 소문을 듣다
Ho sentito dire da qualcun altro che lui è un bravissimo medico. 나는 다른 누군가로부터 그가 아주 좋은 의사라고 말하는 것을 들었다.
si fa per dire- 굳이 말하다(= si dice per parlare)
tanto per dire- 그냥 하는 말
Così, tanto per dire, ma se vendessimo la casa al mare? 그냥 하는 말인데, 바닷가에 있는 집을 파는 게 어떨까?
Tra il dire e il fare c'è di mezzo il mare. 말과 행동은 다른 것이다.

trovare da dire- 말할 거리를 찾다, 트집거리를 찾다

tutto dire!- (더 이상 덧붙일 필요가 없는 상황을 아이러니하게 표현) 더 이상 말할 필요가 있을까!, 말해 뭐해!

Pretende che la moglie paghi il conto quando va a farsi il week- end con l'amante. È tutto dire! 그는 주말에 애인과 함께 여행을 가면서 그 비용을 아내가 지불하길 주장한다. 그가 어떤 사람인지 더 이상 말해 뭐해?

vale a dire- 바꾸어 말해서, 다시 말해서, 즉

voler dire- 의미하다 (= significare, intendere)

Cosa vuol dire questa parola? 이 단어는 무슨 의미지?

Volevo ben dire.- 난 그것을 의심치 않았다. (= Ero sicuro che fosse così.)

Vedi che alla fine non è stato lui a rubare i soldi della ditta? Volevo ben dire. 너 결국 그가 회사 돈을 훔친 사람이 아니었다는 걸 인정하지? 난 그걸 의심치 않았다.

2. (명사) 언어, 말, 연설

a dire di tutti- 다른 사람의 말에 의하면, 모든 사람의 이야기에 따르면

a suo dire- 그의/그녀의 말에 의하면

oltre ogni dire- 말로 다 할 수 없는, 말로 다 나타낼 수 없는; 언어도단의

secondo il suo dire- 그의 말에 따르면, 그가 하는 말에 의할 것 같으면

diretto- 똑바른, 일직선의, 곧은

diretto a- ~로 향하는

diretto a est, a ovest- 동쪽으로 향하는; 서쪽으로 향하는

diretto a nord, a sud- 북쪽으로 향하는, 북행의; 남쪽으로 향하는, 남행의

essere diretto a- ~로 향하다, ~행이다

Ascolta bene: queste parole sono dirette a te! 잘 들어, 이 말은 네게 하는 것이니까.

L'autobus è diretto alla stazione. 버스가 역으로 간다.

Sono diretto a casa. Penso di arrivare tra un'ora. 집으로 가는 중인데, 한 시간 후면 도착할 거야.

essere in diretto contatto con qualcuno- ~와 직접 접촉하고 있다

volo diretto- 직항

direzione- 방향, 경영

assumere la direzione di un'azienda- 회사의 경영을 맡다

cambiare direzione- 방향을 바꾸다

fare un passo nella direzione giusta- 바른 방향으로 나아가다/조치를 취하다

in direzione di- ~의 방향으로, ~쪽으로 향해

In quale direzione vai? 너는 어느 방향으로 가니?

Io vado in questa direzione. 나는 이쪽 방향으로 간다.

Io vado in tutt'altra direzione. 나는 완전 딴 방향으로 간다.

L'ho visto andare in direzione del centro. 나는 그가 시내 방향으로 가는 것을 보았다.

nella stessa direzione- 같은 방향으로, 같은 방향의

Andiamo nella stessa direzione. 우리는 같은 방향으로 간다.

Siamo nella stessa direzione. 우리는 같은 방향이다.

occuparsi della direzione di una scuola- 학교의 운영을 맡다

prendere la direzione giusta- 바른 방향을 가다

diritto①- 1. (형용사) 곧은, 똑바른; 오른쪽의

a mano diritta- 오른쪽에

diritto come un fuso- 대쪽같이 꼿꼿한

linea(strada) diritta- 직선, 직선 도로

sedere diritto- 꼿꼿이 앉다

stare diritto- 똑바로 서다

2. (부사) 똑바로, 일직선으로

andare diritto al punto- 본론으로 들어가다, 요점을 말하다; 단도직입적으로 말하다

guardare diritto davanti a sé- 똑바로 보다, 정면으로 보다, 앞을 내다 보다

Non ne va una diritta. 아무것도 잘 되는 것이 없다.

rigar diritto- (1) 예의 바르게 행동하다; (윗사람 등이) 시키는 대로 하다(= comportarsi come si deve)

Ce n'è voluto prima di far rigar diritto quei ragazzi! Adesso, sono docili come agnelli. 그 아이들을 예의 바르게 하는 데는 많은 시간이 걸렸지요! 지금은 양처럼 온순합니다.

(2) 자기의 본분을 다하다(= fare il proprio dovere)

Ti raccomando di rigare diritto. 네 본분을 다하기를 권고한다.

tirare (o andare) diritto per la propria strada- 자기 길을 가다, 자기 생각대로 하다

Non prestare ascolto ai cattivi consiglieri e tira diritto per la tua strada. 나쁜 충고에 귀 기울이지 말고 네 생각대로 해.

3. (명사) (동전, 메달의) 앞면; (테니스) 포핸드

Ogni diritto ha il suo rovescio. (속담) 모든 동전의 앞면은 그 뒷면이 있다. 동전의 양면.

per diritto e per traverso- 온 천지에/사방에(= in ogni direzione); 어느 쪽에나(= in un modo e nell'altro)

diritto②- 법, 권리, 수수료

avere diritto a qualcosa- ~할 권리가 있다

diritti bancari- 은행 수수료

diritti consolari- 영사 수수료

diritti doganali- 관세

diritti e doveri- 권리와 의무

diritti portuali- 항만사용료

diritto (o diritti) d'autore- 저작권; 상연권; 저작권 사용료

diritto canonico- 교회법

diritto civile- 민법

diritto commerciale- 상법

diritto del lavoro- 노동법

diritto matrimoniale- 혼인법

    diritto naturale- 자연법

    diritto penale- 형법

    diritto privato- 사법

    diritto pubblico- 공법

    diritto romano- 로마법

    diritto societario- 회사법

    diritto tributario- 세법

    filosofia del diritto- 법철학

disaccordo- 불일치, 의견의 상위, 부조화

    essere in disaccordo con qualcuno- ~와 의견이 맞지 않다; 사이가 좋지 않다

Sono in totale disaccordo con lui. 나는 그와 완전 사이가 좋지 않다.

    trovarsi in disaccordo con qualcuno- ~와 의견이 맞지 않다

Su questo problema ci troviamo in disaccordo. 이 문제에 있어서 우리는 의견이 불일치한다.

disagio- 불편, 불안

    essere a disagio- 불편하다, 불안하다, 좌불안석이다

    mettere qualcuno a disagio- ~를 불편하게 만들다

La sua presenza mi mette a disagio. 그의 존재가 나를 불편하게 만든다.

    sentirsi (o trovarsi) a disagio- 불편하다; 어색하다, 거북하다

Davanti al microfono mi sento a disagio. 마이크 앞에 서면 불편하다.

disarmare- 무장해제하다, (노여움, 의심) 가시게 하다

    un tipo che non disarma facilmente- 쉽게 포기하지 않는 사람

Puoi contare su di lui al dibattito; è un tipo che non disarma facilmente, e starà dalla tua parte. 너는 토론에서 그를 믿을 수 있다. 그는 쉽게 포기하지 않는 사람이기 때문에 네 편을 들 거다.

disastro- 재앙, 재해; 대사고, 대참사; 능력없는 사람, 사고뭉치

    essere un disastro- 재앙이다, 망치다; (사람) 사고뭉치이다

Gli esami sono stati un disastro. 시험을 망쳤다.

Sono un disastro in cucina. 나는 요리에는 능력이 없다.

    fare un disastro- 엉망으로/뒤죽박죽/뒤범벅을 만들다, 어지럽히다

I bambini hanno fatto un disastro nella loro stanza. 애들이 그들의 방을 엉망진창으로 만들어 놓았다.

disattenzione- 부주의

    per disattenzione- 부주의로, 무심코

    sbagliare per disattenzione- 부주의로 실수하다, 실언하다; 못보다

    un errore di disattenzione- 글실수; 말실수

disavanzo- 적자, 부채

    colmare il disavanzo- 적자/결손을 메우다

    essere in disavanzo- 적자이다

    spesa in disavanzo- 적자 지출

disavventura- 불행, 불운

per disavventura- 불행하게도, 운이 나쁘게도, 유감스럽게도

Per sua disavventura la incontrò di nuovo. 불행하게도 그는 그녀와 다시 마주쳤다.

discapito- 손해, 손실, 손상

a discapito di- ~에게 손해가 되게, ~에게 불리하도록, ~의 희생으로, ~를 해치며

È tutto a nostro discapito accettare la tua proposta. 너의 제안을 받아들이는 것은 우리에게 완전 불리한 것이다.

con nostro grande discapito- 우리가 큰 손해를 보게도, 우리에게 아주 불리하게도

discarico- 방어, 옹호, 변호, 변론

a mio discarico- 내 변호를 위해

prova a discarico- 피고측 증거

testimone a discarico- 피고측 증인

discesa- 하강, 하락; 경사지, 기울기

fare una discesa- 내려오다

in discesa- 떨어지는, 하락세에 있는(= in diminuzione); 내리막에 있는, 기울어, 쇠퇴하고 있는(= in declino)

La strada era in discesa. 내리막길이었다.

disco- 원반, 레코드

cambiare disco- 곡목을 바꾸다, 같은 일을 되풀이하지 않다; 그것에 관한 이야기는 그만하다

Cambia disco, tanto in vacanza da sola con il tuo ragazzo non ti lascio andare. 그 얘긴 그만 해라. 나는 네가 남자친구와 단 둘이서 휴가를 가게 놔두지 않을 거다.

disco verde- 허가

discorso- 담화, 화제, 대화; 연설, 강연

affrontare un discorso- 담화를 시작하다

attaccare discorso con qualcuno- ~에게 말을 걸다, ~를 대화에 끌어넣다

cambiare discorso- 담화를 바꾸다

Che discorsi! 말도 안 되는 소리!

dire qualcosa senza tanti discorsi- 바로 본론으로 들어가다

discorso a quattr'occhi- 밀담

fare un discorso- 연설하다

Il sindaco della città ha fatto un lungo discorso. 시장은 긴 연설을 했다.

lasciar cadere il discorso- 손을 떼다, 그대로 두다

perdere il filo del discorso- 맥락을 놓치다, 이야기의 줄거리를 놓치다/알지 못하다

portare avanti un discorso- ~에 활동적이다; ~에 적극적으로 활동하다

Questo è un altro discorso. 이것은 또 다른 문제이다, 이것은 별개의 문제이다.

senza tanti discorsi- 말을 빙빙 돌리지 않고서, 변죽을 울리지 않고서

tenere un discorso su- ~에 대한 강연을 하다

discrezione- 식별, 안목; 신중함, 자유재량

a discrezione- 원하는 만큼

a discrezione di- ~의 재량대로, 좋을대로

a mia discrezione- 나의 재량으로

arrendersi a discrezione- 무조건 항복하다

con discrezione- 온건하게, 알맞게; 신중하게, 자제력 있게, 자제하면서; 재치 있게, 요령 있게
Bisogna intervenire con discrezione. 신중하게 관여해야 한다.

senza discrezione- 과도하게, 지나치게(= smoderatamente); 무분별하게, 경솔하게(= senza tatto)

discussione- 토의

aprire una discussione- 토론을 개최하다

essere fuori discussione- 반론의 여지가 없다, 부인할 수 없다, 명백하다

essere in discussione- 논의/심의/토의/논쟁 중이다

mettere in discussione qualcosa- ~를 제기하다(= sottoporre a dibattito); 문제 삼다, 이의를 제기하다(= sollevare dubbi su)

Mettono in discussione tutte le mie inziative; come faccio a combinare qualcosa? 그들은 나의 제안을 모두 문제 삼는데, 어떻게 내가 뭔가를 결정할 수 있니?

rimettere tutto in discussione- 모든 논의를 재개하다

discutere- 토론하다

discutere con qualcuno di- ~와 ~에 대해서 토론/토의/이야기하다

Non puoi discutere di sport con lui! 넌 그와 스포츠에 대해 토론할 수가 없다!

Vorrei discutere un po' con te dei miei progetti per il futuro. 너와 장래 나의 계획에 대해서 다소 이야기하고 싶다.

discutere sul prezzo- 가격 흥정을 하다, 값을 깎다

discutere una casusa- 소송사건을 심리하다

senza discutere- 이의 없이

Su questo ci sarebbe da discutere. 이 점에 대해서는 논쟁의 소지가 있을 것 같다.

disegno- 도안, 소묘, 디자인, 데생

approvare/bocciare un disegno di legge- 법안을 가결하다, 통과하다/부결하다

disegno a mano libera- 자유화, 자재화

disegno a matita- 연필데생, 연필화

disegno di legge- (법률) 법안

fare il disegno di un abito- 옷을 디자인하다

fare un bel disegno- 멋진 그림을 그리다

Il bambino ha fatto un bel disegno nel quaderno. 아이가 노트에 멋진 그림을 그렸다.

presentare un disegno di legge- 법안을 제출하다

disfare- (잠기거나 묶인 것을) 풀다, 분해/해체하다

disfare il letto- 침대시트를 벗기다

disfare le valigie- 짐을 풀다

disfare un nodo- 매듭을 풀다

disfarsi di qualcuno- ~을 벗어나다

Non sono riuscito a disfarmi di quel seccatore. 나는 그 성가신(골치 아픈) 사람을 벗어날 수 없었다.

disfarsi di vecchi mobili- 오래 된 가구를 처분하다

disfarsi in lacrime- 목 놓아 울다, 쓰러져 정신없이 울다

disgrazia- 불행, 불운; 사고, 재난; 탐탁찮게 여김, 냉대, 불친절

cadere in disgrazia di qualcuno- ~의 눈 밖에 나다, ~의 총애를 잃다

Da Dio vengon le grazie e da noi le disgrazie. 신에게서는 은총이 내리고 인간한테서는 불행이 온다.

Disgrazie e spie sono sempre pronte. 사고와 첩자는 늘 만연해 있다.

essere in disgrazia- 잠시 눈 밖에 나다, 총애를 잃다

essere in disgrazia presso qualcuno- ~의 눈 밖에 나다; ~에게 잘못 보이다

Le disgrazie non vengono mai sole. (속담) 비가 오기만 하면 억수로 퍼붓는다. 설상가상이다.

per mia disgrazia- 나에게 불행하게도(= sfortunatamente per me)

portare disgrazie- 불길한 일이 생기다(= causare sventure); 마가 끼다

succedere una disgrazia- 재난/사고가 발생하다

È successa una disgrazia. 사고가 발생했다.

disgusto- 불쾌, 혐오, 싫증

con disgusto- 혐오스러운 느낌으로; 싫증나서, 넌더리나서(= disgustato)

provare disgusto per qualcuno o qualcosa- ~에 대해 혐오감을 느끼다; ~을 아주 싫어/혐오하다

Ho sempre provato disgusto per il suo comportamento arrogante e cattivo. 나는 늘 그의 건방지고 까칠한 태도에 혐오감을 느꼈다.

Provo disgusto per la carne. 나는 고기를 아주 싫어한다.

disinvoltura- 불구속, 자유

con disinvoltura- 확신을 가지고, 마치 당연한 것처럼; 기꺼이, 가볍게(= allegramente); 눈 하나 깜짝 하지 않고, 태연히(= come se niente fosse)

Con disinvoltura mi ha chiesto altri soldi. 그는 마치 당연한 것처럼 내게 돈을 더 요구했다.

Si comporta sempre con disinvoltura in società. 그는 항상 단체에서 차분하게 행동한다.

spendere con disinvoltura- (돈을) 마음대로 쓰다

vincere con disinvoltura- 쉽게 이기다

disordine- 무질서, 혼란, 난잡, 혼동

capelli in disordine- 단정치 못한 머리

Che disordine! 참 지저분하군! 엉망진창이군!

in disordine- 혼란하여, 난잡하게; 어수선한, 깔끔하지 못한; 어질러져서, 지저분한, 엉망인

I suoi abiti erano in disordine. 그의 옷들이 흐트러져 있었다.

Tutto è in disordine. 모든 것이 엉망이다.

lasciare tutto in disordine- 모든 것을 아무대나 두다

mettere qualcosa in disordine- ~을 어지럽히다, ~을 흩트리다, ~을 엉망으로 만들다

dispari- 같지 않은

essere dispari di condizione- 상태/조건이 다르다

giocare a pari e a dispari- 홀짝 놀이를 하다

numero dispari- 홀수

disparte- 떨어져, 별개로

lasciare qualcuno (o qualcosa) in disparte- ~을 잠시 보류하다; (포함시키거나 언급하지 않고) ~을 빼다/배제시키다/무시하다(= escludere)

Alla festa i suoi amici l'hanno lasciata tutta la sera in disparte. 파티때 그녀의 친구들은 저녁 내내 그녀를 따돌렸다.

mettere (o tenere) in disparte qualcosa- ~을 따로 두다/떼어 놓다/간직하다(= metterla in serbo)

Ti ho tenuto in disparte un po' del tuo dolce preferito. 네가 좋아하는 케이크를 조금 따로 떼어 놓았다.

mettere (o tenere) in disparte qualcuno- ~를 제쳐놓다, ~를 무시하다

prendere qualcuno in disparte- (은밀한 이야기를 하려고) ~를 옆으로/한쪽으로 데리고 가다

rimanere in disparte- 따로 떨어져 있다, 혼자 지내다

È rimasta in disparte tutta la sera. 그녀는 저녁 내내 혼자 있었다.

starsene (o tenersi) in disparte- 따로 떨어져 있다, 멀리하다; 남과 어울리지 않다, 혼자 지내다

Non capisco quale sia il suo problema o perché se ne stia sempre in disparte. 나는 무엇이 그의 문제이고 또 왜 그가 늘 거리를 두는지 알 수 없다.

Vieni qui con noi, non stare lì in disparte. 거기 혼자 있지 말고, 여기 우리랑 같이 있자.

disperare- 절망하다

disperare di fare qualcosa- ~하는 것을 절망하다

Nonostante le gravi condizioni, i medici non disperano di salvarlo. 심각한 상황임에도 불구하고 의사들은 그를 살리는 일에 절망하지 않았다.

fare disperare qualcuno- ~를 화나게/미치게 하다

Non farmi disperare! Fai il bravo. 나를 화나게 하지 말고, 잘 해봐!

disperato- 1. (형용사) 절망한, 자포자기한

alla disperata- 다급해져서, 최후의 수단으로, 궁여지책으로, 최악의 경우에는

Alla disperata dormiremo in auto. 최악의 경우에 우리는 자동차 안에서 잘 것이다.

in condizioni disperate- 절망적인 상태에 있는; 곤경에 빠져; (질병) 인사불성인, 회복 가망이 없는

Il malato è in condizioni disperate. 환자는 회복 가망이 없다.

in caso disperato- 최악의 경우에는

un caso disperato- 절망적인 경우

2. (명사) 미친 사람

lavorare come un disperato- 미친 사람처럼 일하다; 노예처럼 일하다

un'impresa da disperati- 터무니없는/정신 나간 시도

disperazione- 절망, 자포자기, 단념

abbandonarsi alla disperazione- 자포자기하다, 절망에 빠지다

cadere in disperazione 절망에 빠지다, 낙담하다

Quando ho capito che mi avrebbero licenziato, sono caduto in disperazione. 해고된다는 사실을 알았을

때, 나는 절망감에 빠졌다.

essere vinto dalla disperazione- 절망에 굴복하다, 절망감에 휩싸이다, 절망을 이기지 못하다

gettetare nella disperazione- ~를 절망의 구렁텅이에 빠뜨리다

per la disperazione- 절망하여, 자포자기하여

Ho scelto questo per la disperazione. 나는 절망감에 이것을 선택했다.

portare (o ridurre) qualcuno alla disperazione- ~를 절망으로 몰아가다, ~를 절망에 빠지게 하다

Con i suoi continui dispetti mi ha portato alla disperazione. 그의 계속되는 괴롭힘으로 나를 절망으로 몰아넣었다.

dispetto- 악의, 심술, 앙심, 괴롭힘

a dispetto di- ~에도 불구하고, ~를 무릅쓰고, ~에도 아랑곳하지 않고

A dispetto del tempo, partì. 그는 날씨에도 아랑곳하지 않고 떠났다.

Siamo partiti a dispetto dello sciopero ferroviario. 우리는 철도파업에도 불구하고 떠났다.

a dispetto di tutto- 모든 일에도 불구하고, 모든 것에도 불구하고

fare i dispetti a qualcuno- (아이들 사이에서) 놀리다/장난하다

Mamma, quel bambino mi fa i dispetti. 엄마, 저 애가 날 놀려요.

fare un dispetto (o dispetti) a qualcuno- ~를 괴롭히다

Lo fece solo per fare un dispetto a me. 그는 단지 나를 괴롭히기 위해 그것을 했다.

mostrare dispetto per qualcosa- ~에 대한 악의/심술을 나타내 보이다

Lui ha mostrato dispetto per la mia promozione. 그는 나의 승진에 심술을 나타내 보였다.

per dispetto- 악의, 짓궂게, 화풀이로

Forse è per dispetto che ci va sempre senza di me. 그가 나 없이 항상 그곳에 가는 것은 아마 오기일 것이다.

provare dispetto per qualcosa- ~때문에 짜증이 나다

disponibile- 이용할 수 있는, 가까운, 자유로운, 빈

articoli disponibili- 재고품

biglietti disponibili- 남은 표

camera disponibile- 사용가능한 방, 빈방

C'è una camera disponibile per stasera? 오늘밤 빈방 하나 있습니까?

essere disponibile 자유롭다, 바쁘지 않다

Sono disponibile solo la mattina. 나는 아침에만 바쁘지 않다.

essere disponibile a fare qualcosa- ~할 용의가 있다, ~할 마음이 있다

È sempre disponibile ad aiutare i colleghi. 그는 항상 직장동료들을 도와줄 용의가 있다.

posto disponibile- 빈자리, 공석, 결원

Ci sono ancora posti disponibili. 아직 빈자리가 있습니다.

Purtroppo c'è un posto disponibile fra un mese. 애석하게도 한 달 뒤에 빈자리가 있습니다.

reddito disponibile- 가처분 소득

disposizione- 배치, 배열; 명령, 구정; 경향, 기분, 성향

a disposizione- ~의 마음대로 이용/사용할 수 있는

I libri della biblioteca sono a disposizione di tutti. 도서관 책은 누구에게나 개방되어 있다.

Tutta la casa è a tua disposizione. 온 집을 네 마음대로 써도 된다.

avere disposizione per le lingue- 언어에 타고난 소질이 있다

avere a disposizione qualcosa- ~를 자유롭게 이용하다

In questo periodo ho a disposizione due stanze per poter lavorare. 이 시기에 나는 작업을 할 수 있도록 방 두 개를 자유롭게 이용한다.

avere disposizione per qualcosa- ~에 소질이 있다

Lei ha (pre)disposizione per la musica. 그녀는 음악에 소질이 있다.

essere a diposizone di qualcuno- 언제든 도와줄 용의/준비가 되어 있다

Se avete bisogno di aiuto, sono a vostra disposizione. 여러분이 도움이 필요하시면, 언제든 저는 도와드릴 준비가 되어 있어요.

mettere qualcosa a disposizione di qualcuno- ~를 ~의 자유롭게 사용할 수 있게 하다; ~을 의 처분에 맡기다

Lui mi ha messo a disposizione la sua villa. 그는 내게 자기 별장을 자유롭게 사용할 수 있게 했다.

mettersi a disposizione di qualcuno- ~에게 몸을 맡기다

disposto- 준비된, 용의가 있는; ~할 경향이 있는

essere disposto a- ~할 준비가 되어 있다

Solo per lui sono disposta a tutto. 나는 오직 그를 위해 만반의 준비가 되어 있다.

Sono disposto a tutto. 나는 모든 준비가 되어 있다.

sentirsi disposto a fare qualcosa- ~하고 싶어지다

distante- 먼, 떨어진

avere opinioni distanti- 거리가 있는 의견을 갖고 있다

avere un'aria distante- 무관심한 태도이다

essere distante da- ~에서부터 떨어져 있다, ~에서 멀다

È distante da qui la stazione? 역이 여기에서부터 멀리 떨어져 있나요?

La mia casa è poco distante dalla scuola. 나의 집은 학교에서부터 별로 멀지 않다.

distanza- 거리, 간격, 격차

a breve distanza/a grande distanza- 근거리에서/원거리에서

a distanza- 거리를 두고, 떨어져서

Cerca di tenerti a distanza da quel cane. Hanno detto che morde. 그 개로부터 떨어져 있도록 해. 사람들은 그 개가 문다고 해.

a distanza di- ~의 거리에; ~의 시간 간격을 두고, ~뒤에

L'ho incontrato a distanza di un anno. 일년 뒤에 그를 만났다.

a distanza di tiro- 유효 공격 범위 안에; (군사) 사정 거리 안에

a poca distanza da- ~에서 얼마 떨어지지 않는 거리에

Lui abita a poca distanza dalla stazione. 그는 역에서 얼마 떨어지지 않는 거리에 산다.

alla distanza di circa tre miglia- 약 3마일 떨어진 거리에

in distanza- 먼 곳에, 멀리에, 저 멀리

insegnamento a distanza- (인터넷 등의) 원격 교육

mantenere le distanze- 거리를 두다, 일정한 거리를 유지하다

prendere le distanze da- ~로부터 거리를 두다/떨어지다; ~과 관계를 끊다

seguire qualcuno a distanza- ~를 떨어져서 따라다니다/쫓다

Mi sembrava che qualcuno mi seguisse a distanza. 누군가 나를 따라다니는 것 같았다.

sparare a breve distanza- 근거리에서 발사하다

tenere le distanze- 거리를 두다, 냉담하다

tenere qualcuno a distanza- ~에게 거리를 두다, ~를 멀리하다, ~를 가까이하지 않다

tenersi a rispettosa (o debita) distanza da- ~로부터 안전거리를 유지하다; ~에서 떨어져 있다; (문제의 소지가 될 ~을) 피하다

vedere qualcosa in distanza- ~를 멀리서 보다

vincere alla distanza- (스포츠) 최후의 승리를 거두다

distendere- 잡아 늘이다, 펼치다, 펴다

distendere i nervi- 긴장을 풀다, 진정하다

La camomilla distende i nervi. 카모밀라는 긴장을 풀어준다.

distendere il bucato- 세탁물을 널다

distendere la pasta- 반죽을 밀어서 펴다

distendere le coperte sul letto- 침대에 이불을 펴다

distendere le gambe sul divano- 소파에 다리를 쭉펴다

distendere un malato sul letto- 환자를 침대에 눕히다

distesa- 넓게 트인 지역; 열; 거리, 길이

a distesa- 계속해서, 끊이지 않고, 연속적으로

Le campane suonano a distesa. 종소리가 계속 울린다.

cantare a distesa- 큰 소리로 노래하다

gridare a distesa- 비명을 지르다

disteso- 펼쳐진; 드러누워 있는; 넓은, 장대한

a braccia distese- 팔을 넓게 벌려서

a voce distesa- 아주 큰 목소리로

essere disteso su- ~위에 드러누워 있다

Lui era disteso sul sofa. 그는 소파에 드러누워 있었다.

per disteso- 널리, 광범위하게

stare disteso a letto- 침대에 드러누워 있다

distinzione- 구별, 차별

fare una distinzione- 구별하다(= distinguere); 차별하다(= discriminare); 차이를 보다/듣다; 차이를 분간할 수 있다

Dobbiamo fare una distinzione tra questi libri. Non possiamo buttarli tutti via. 우리는 이 책들을 구별해야 한다. 모두 버릴 수는 없다.

non fare distinzioni di razza/religione- 인종/종교 차별을 하지 않다

persona di grande distinzione- 교양이 있는 점잖은 사람

senza distinzione- 차별 없이; 무차별적인(= indiscriminatamente); 평등하게(= in modo equo)

senza distinzione di età- 연령의 구분 없이, 나이에 상관없이

distogliere- 그만두게 하다; 돌리다

distogliere l'attenzione- ~의 관심을 딴 곳으로 돌리다

distogliere il pensiero da qualcosa- ~에서 관심을 거두다, ~에서 마음을 돌리다

distogliere lo sguardo- 눈길/얼굴을 돌리다

La scena era terribile. Ho dovuto distogliere lo sguardo. 광경이 끔찍해서 나는 얼굴을 돌려야만 했다.

distrazione- 부주의, 경솔

errore dovuto a distrazione- 부주의로 인한 실수

per distrazione- 무심코, 부주의로; 생각 없이

L'ho fatto per distrazione. 나는 그것을 부주의로 했다.

un incidente provocato da distrazione- 부주의로 인한 사고

distribuzione- 분배, 배포, 분포, 배급

essere in distribuzione- 배포하다

Il programma è in distribuzione all'ingresso. 출입구에 프로그램을 배포하고 있다

distrutto- 파멸된, 소멸된, 기진맥진한

essere distrutto dal dolore- 비탄에 빠지다; 엄청난 충격을 받다

sentirsi distrutto- 기진맥진하다

Mi sento distrutto dopo una settimana di lavoro intensivo. 일주일간 힘든 일을 하고 나니 기진맥진이다.

disturbo- 방해, 불편, 폐가 되는 일

avere un disturbo a- ~에 장애가 있다, ~에 불편함이 있다

Che disturbi ha? Ho un disturbo al petto. 어디가 불편하신가요? 가슴이 불편합니다.

causare disturbo a qualcuno- ~에게 폐를 끼치다

prendersi (o darsi) il disturbo di fare qualcosa- 수고스럽게도 ~을 하다, 일부러 ~를 하다

Scusami il disturbo! 방해해서 미안합니다!

togliere il disturbo- 가다(= andare via, congedarsi); (완곡한 농담) 슬쩍/살금살금 떠나다

È quasi ora di cena, togliamo il disturbo (= ce ne andiamo). 이제 거의 저녁시간인데, 그만두고 갑시다.

Sono rimasto troppo tempo a parlare. Adesso è ora che tolga il disturbo. 너무 오래 이야기했네요. 이제 그만 가야 할 시간이에요.

Tolgo il disturbo. 저는 그만 가 볼게요.

dito- 손가락

A chi dai il dito si prende anche il braccio. (= Se gli dai un dito, ti prende un braccio.) (속담) 손을 준 사람에게 팔도 주게 된다. 봉당을 빌려주니 안방까지 달라는 격이다.[9]

---

[9] 유사 관용어는 "Dategli un dito e si prenderà un braccio. 친절을 베풀면 상투 위에 올라앉으려 한다."이다.

avere sulla punta delle dita- ~을 (자신의) 손이 미치는 범위 안에 두다; ~을 (자기 손바닥 들여다 보듯이) 환하게 알고 있다

So che andrà bene all'esame, perché ha la materia sulla punta delle dita. 나는 그가 시험을 잘 볼 거라고 생각해. 왜냐하면 그는 그 과목을 훤히 알고 있거든.

contarsi sulle dita- 손에 꼽다

Gli amici veri si contano sulle dita. 참 친구는 손에 꼽을 정도다.

contarsi sulle dita di una mano- (수가 적어서) ~은 다섯 손가락으로 셀 정도이다, 손가락으로 꼽을 정도이다

Gli spettatori 'si contavano sulle dita di una mano' (= erano pochissimi). 관객들은 다섯 손가락으로 셀 정도로 아주 적었다.

essere a un dito da qualcuno- ~와 아주 가깝다

essere segnato a dito- 평판이 나쁘다

Per le malefatte che ha commesso è segnato a dito da tutto il paese. 그는 악행을 저질러서 온 마을에 평판이 나쁘다.

incrociare le dita- (중지를 인지에 포개고) 기도하다, 좋은 결과/행운을 빌다

indicare (o mostrare) con il dito- ~에게 ~을 손가락으로 가리켜 보이다/알려주다

Mi indicava col dito la strada da seguire. 그는 손가락으로 내게 가야 할 길을 가리키고 있었다.

Mi indicò con il dito la sua casa. 그는 내게 손가락으로 자기 집을 가리켜 보였다.

leccarsi le dita- 입맛을 다시다, 군침을 삼키다; (맛있는 음식을 먹고 싶어서) 혀로 입술을 핥다

C'è da leccarsi le dita oggi; abbiamo fatto una torta di crema, cioccolata e panna. 너 오늘 입맛을 다셔도 돼. 우리가 크림과 초콜릿 그리고 휘핑크림(판나)을 얹은 케이크를 만들었다.

legarselo (o legarsela) al dito- 결코 잊지 못하다

È una che fa osservazioni a tutti, ma quando le fanno a lei, se lo lega al dito. 그녀는 모든 사람을 비판하면서 누군가 그녀를 비판하면, 그것을 결코 잊지 못한다.

mettere il dito nella (o sulla) piaga- 아픈 데를 건드리다, 매우 민감한 사안을 건드리다

Evita di parlare di sua suocera! Non mettere sempre il dito nella piaga. 그의 시어머니에 대해서는 말하지 마! 늘 아픈데를 건드리지 마라.

Se gli parli della sua carriera, metti il dito nella piaga. Non riesce ad avanzare. 네가 그의 경력에 대해 말하면, 아픈 데를 건드리는 거야. 그는 성공할 수 없어.

mettersi le dita nel naso- 코를 후비다, 코딱지를 파다

Lui ha il brutto vizio di mettersi le dita nel naso. 그는 코를 후비는 나쁜 버릇을 갖고 있다.

mordersi le dita- (화가 나서) 씩씩대다; 뼈저리게 후회하다, 뉘우치다

Non intendevo assolutamente insultarlo; mi mordo le dita per aver aperto bocca. 그를 상처 줄 의도가 전혀 없었는데, 입을 연 것을 뼈저리게 뉘우칩니다.

mostrare (o segnare) qualcuno a dito- ~를 손가락질하다, 삿대질하다, ~을 지적하다; ~을 비난하다

non alzare (muovere) un dito- (남을 돕기 위해) 손가락 하나 까딱 않다; 노력을 전혀 않다, 일하지 않다

Non mosse un dito per noi. 그는 우리를 전혀 돕지 않았다.

non avere la forza di alzare un dito- 손가락 하나 까딱할 힘이 없다

Lei non aveva la forza di alzare un dito. 그녀는 손가락 하나 까딱할 힘도 없었다.

non muovere un dito a favore di qualcuno- ~을 도와주기 위해 손끝 하나 까딱하지 않다

Quando ho avuto bisogno di lui non ha mosso un dito a mio favore. 내가 그 사람이 필요했을 때, 그는 날 돕기 위해 손끝 하나 까딱하지 않았다.

scivolare tra le dita- ~을 손에서 떨어뜨리다, 놓치다

Non capisco perché non ha mai soldi: è come se il denaro gli scivolasse tra le dita. 나는 그가 왜 돈 한 푼 없는지 알 수가 없다. 마치 돈이 그의 손에서 새어 나가는 것 같다.

scottarsi le dita- (비유) 된통 혼나다

toccare il cielo con un dito- 너무 좋아 하늘을 나를 것 같다, 기뻐서 어쩔 줄을 모르다

Paolo era così felice che toccava il cielo con un dito. 파올로는 너무나 행복해서 어쩔 줄을 몰랐다.

Tra moglie e marito non mettere il dito. (속담) 부부 사이의 일은 간섭하지 않는 게 현명하다.

un dito- 소량 (한 잔)의 술

Berrei due dita di vino. 포도주를 조금(두 모금) 마시고 싶다.

"Vuoi ancora un po' di vino?" "Si, grazie, solo un dito." "포도주 좀 더 마실래?" "그래, 딱 한 잔만 더 하자."

diverso- 1. 다른

essere diverso da- ~와 다르다

Il mio vestito è diverso dal tuo. 내 옷은 네 것과 다르다.

Sei molto diverso da quanto credevo. 너는 내가 생각하던 바와는 무척 다르다.

in caso diverso- 다를 경우에

in modo diverso da te- 너와 다른 식으로, 너와 다르게

Io la penso in modo diverso da te. 난 그것을 너와 다르게 생각한다.

2. 여러 가지의, 상당수의

diversi giorni fa- 며칠 전에

generi diversi- 여러 가지 것들, 잡다한 것들

per diverse ragioni- 여러 이유로

spese diverse- 잡비

divertimento- 재미, 오락, 흥

Buon divertimento! 재미있게 놀아!

Che divertimento! 정말 재미있다!

fare qualcosa per divertimento- ~을 재미로/장난 삼아/취미 삼아 하다

Ha fatto quel viaggio non per divertimento, ma per lavoro. 그는 그 여행을 재미가 아니라 일 때문에 했다.

Lo fa per puro divertimento. 그는 그것을 단지 재미로 한다.

pensare solo al divertimento- 재미나게 놀 생각만 하다

Lui pensa solo al divertimento. 그는 재미거리만 생각한다.

studiare per divertimento- 재미로 공부하다

divertirsi- 즐기다, 재미있게 놀다

  divertirsi come matti- 미친 듯이 놀다

  Sulla neve ci siamo divertiti come matti. 우리는 눈 위에서 미친 듯이 놀았다.

  divertirsi un mondo (o un sacco)- 마음껏 즐거운 시간을 보내다; (구어) 신나게 즐기다

  Ci siamo divertiti un mondo alla festa d'addio. 어제 송별회에서 우리는 신나게 즐겼다.

  pensare solo a divertirsi- 오직 재미있게 놀 생각만을 하다

  tanto per divertirsi- 장난 삼아, 재미 삼아

dividere- 1. (타동사) 나누다

  dividere gioie e dolori- 기쁨과 고통을 나누다

  dividere il conto a metà- 계산을 반으로 나누다

  Abbiamo diviso il conto a metà. 우리는 계산을 반으로 나누었다.

  dividere in- ~로 나누다

  Hanno diviso gli operai in tre gruppi. 그들은 노동자를 세 그룹으로 나누었다.

  dividere le spese- 경비를 나누다

  Per fare quel viaggio abbiamo usato una sola automobile in modo da dividere le spese. 그 여행을 하기 위해 우리는 경비를 나누는 방식으로 차 한대만을 사용했다.

  dividere una torta in parti uguali- 파이를 똑같이 나누다

  2. (재귀동사) 헤어지다

  dividersi dal marito- 남편과 별거하다/헤어지다

  dividersi dalla famiglia- 가족과 헤어지다

divieto- 금지

  divieto d'accesso- 진입 금지

  divieto di caccia- 사냥 금지

  divieto di sorpasso- 추월 금지

  divieto di parcheggio- 주차 금지

  divieto di sosta- (도로가의 안내문) 정차 금지

  Davanti a quella scuola hanno messo il divieto di sosta per le automobili. 그들은 그 학교 앞에 자동차의 정차 금지를 설정했다.

  divieto di transito- 통행 금지

  fare divieto di- ~하는 것을 금지하다

  La religione musulmana fa divieto di bere alcolici. 이슬람교는 술 마시는 것을 금지한다.

divino- 신의, 신성한

  la 'Divina Commedia'- (단테 알리기에리) 신곡

  la divina provvidenza- 신의 섭리

  In quel convento, i frati vivono di divina provvidenza. 그 수도원에는 수사들이 신의 섭리로 산다.

  le divine scritture- 성경

  per grazia divina- 신의 은총으로, 신의 가호로, 천우신조로, 천행으로

divisa- 제복

in divisa- 제복을 착용한

Dicono che gli uomini in divisa piacciano molto alle donne. 여자들은 제복을 입은 남자들을 매우 좋아한다고 말한다.

poliziotto in divisa- 제복을 입은 경찰

divisa- 외국 통화, 외화

divisa convertibile- (타국 통화와의) 교환 가능 화폐, 태환 통화

divorzio- 이혼; 분리, 결연

causa di divorzio- 이혼 사유

chiedere il divorzio- 이혼을 청구하다, 이혼 소송을 제기하다

Mio fratello ha chiesto il divorzio da sua moglie. 나의 형은 형수에게 이혼을 소송을 제기했다.

divorzio consensuale- 합의 이혼

fare divorzio- 헤어지다, 관계를 끊다, 손을 끊다

Dopo aver lavorato per anni insieme hanno fatto divorzio. 그들은 오랫동안 같이 일한 후에 다른 길을 갔다.

iniziare la procedura di divorzio- 이혼 수속을 시작하다

do ut des- "너가 주기 때문에 내가 준다"라는 뜻의 라틴어[10], 상호주의

Ogni favore che mi faceva era sempre un do ut des. Sempre voleva in cambio altri favori. 그가 내게 하는 모든 호의는 늘 상호교환이었다. 그는 늘 다른 부탁과 바꾸기를 원하였다.

doccia- 샤워

doccia fredda- 찬물 샤워; 찬물을 끼얹기; 불쾌하고 부정적인 뉴스, 감정을 유발하는 뉴스

Mi è arrivata una doccia fredda. 내게 아주 불쾌한 소식이 도착했다.

Per me è stata una doccia fredda. 그것은 나에게 찬물을 끼얹는 나쁜 소식이었다.

doccia scozzese- 냉온 샤워를 번갈아 하다; (비유) 좋고 나쁜 소식이 오가다

entrare nella doccia- 샤워실에 들어가다

fare (o fasrsi) la doccia- 샤워하다

Sto facendo la doccia. 나는 샤워 중이다.

fare una doccia fredda a qualcuno- (비유) ~의 기세를 꺾다, ~의 흥을 깨다; ~에게 찬물을 끼얹다, ~를 낙담시키다

Eravamo felici e spensierati; quando è entrato a darci la brutta notizia, è stata una doccia fredda. 우리는 무사태평이었는데, 그가 들어와 안 좋은 소식을 전하며 찬물을 끼얹었다.

Perché non ti fai una doccia fredda, per calmare i nervi? 신경을 안정시키게 흥을 꺾는 게 어때?

dogana- 세관, 관세

bloccare una merce in dogana- 세관에서 물건을 가로막다

dichiarazione alla dogana- 관세신고, 세관신고

fermo in dogana- 세관에서 보유하고 있는

---

[10] Paulus, D. 19, 5, 5, pr.: 19, 5, 5, 1. A cura di Federico del Giudice, *Il latino in Tribunale*, (Napoli: Simone, 2005), p. 69. 이 관용어는 Ulpinianus와 쌍벽을 이루는 로마법학자인 Paulus가 한 법언으로 '상호성의 원리'를 나타낼 때 사용하며, 우리에게는 'give and take'로 더 많이 알려져 있다. '*Quid pro quo*'로 같은 의미의 라틴어이다.

Il pacco è ancora fermo in dogana. 소포가 세관에 아직 그대로 있다.

franco di dogana- 면세품

imposta di dogana- 관세

ispettore della dogana- 세관 조사관

pagare la dogana- 관세를 지불하다

passare la dogana- 세관을 통과하다

soggetto a dogana- 관세를 물어야할, 관세가 붙은

dolce- 달콤한

dolce come il miele- 꿀처럼 달콤한

fare gli occhi dolci- 부드러운 눈을 하다, ~를 부드럽게 바라보다

fare la dolce vita- 신나게 살다, 근심걱정 없는 삶을 살다

Con i soldi di suo padre può ancora permettersi di fare la dolce vita. 아버지의 돈으로 그는 아직까지 근심걱정 없는 삶을 살 수 있다.

dolcezza- 부드러움, 온순

con dolcezza- 부드럽게, 조심스럽게

trattare qualcuno con dolcezza- ~를 친절히 대하다

Trattalo con dolcezza, per favore! 제발 그를 친절히 대해줘.

dolore- 고통, 아픔

atto di dolore- (종교) 참회의 기도

avere un dolore a- ~에 통증이 있다

Ho dei dolori ad una gamba. 한 쪽 다리가 쑤신다.

Ho un forte dolore a un braccio. 한 쪽 팔에 심한 통증이 있다.

dare un grande dolore a qualcuno- ~에게 큰 고통을 안겨주다

Quella notizia mi ha dato un grande dolore. 그 소식은 나에게 큰 고통을 가져다주었다.

essere pieno di dolori- 통증이 가득하다

Sono tutto un dolore. 나는 온 몸이 쑤신다.

I grandi dolori sono muti. 가장 큰 고통은 침묵하는 것이다.

Il piacere non ha famiglia e il dolore ha moglie e figli. 무자식이 상팔자다.

La sofferenza, se diventa amore, può curare ogni dolore. 고통이 사랑으로 승화되면 모든 아픔을 치유할 수 있다.

letto di dolore- 병상

morire di dolore- 슬픔에 못 이겨 죽다

Non c'è gioia più grande che trovare nuovi amici, non c'è dolore più grande che separarsi dai vecchi amici. 새로운 친구를 찾는 것보다 더 큰 기쁨은 없고, 옛 친구와 헤어지는 것보다 더 큰 슬픔은 없다.

Ogni cuore ha il suo dolore. 사람은 저마다의 아픔이 있다.

sconvolto dal dolore- 매우 고뇌하는/슬퍼하는

Se ne vanno gli amori e restano i dolori. 사랑이 떠나가고 나면 아픔만 남는다.

sentire/provare dolore- 고통을 느끼다

Quando ho tolto il dente, ho sentito molto dolore. 이를 뽑을 때, 무척 고통스러웠다.

domanda- 질문; 신청, 요청, 의뢰

accogliere una domanda- 요청을 받아들이다

compilare una domanda- 지원서에 (필요한 사항을) 기입하다

domanda d'impiego- 구직

domanda di divorzio- 이혼 신청서

domanda di grazia- 사면 청원서

domanda di matrimonio- 청혼

fare domanda di- ~를 신청하다, 요청하다, 원서를 내다

Ho fatto domanda all'ufficio del Comune per ottenere una tariffa agevolata. 나는 보조금을 타기 위해 시청에 신청했다.

fare domanda di ammissione- 입학 원서를 내다

Suo figlio ha fatto domanda di ammissione al conservatorio. 그의 아들은 음악학교(음악대학)에 입학 원서를 냈다.

fare domanda di pensione- 연금 신청을 하다

fare domanda per il visto- 비자 신청을 하다

fare una domanda- 질문하다

Posso farti una domanda? 네게 질문 하나 해도 될까?

Ti faccio delle domande difficili. 네게 어려운 질문 몇 가지를 하겠다.

la legge della domanda e dell'offerta- 수요공급의 법칙

presentare una domanda- 지원서를 제출하다

respingere una domanda- 신청을 거부하다

domani- 1. (부사) 내일

(Arrivederci) a domani! 내일 보자!

dall'oggi al domani- 밤사이에, 하룻밤 동안, 하루 아침에, 졸지에, 하룻밤 사이에

Si è ammalato dall'oggi al domani. 그는 밤사이에 병이 났다.

domani alle otto- 내일 8시

Partirò domani alle otto. 내일 8시에 떠날 것이다.

Domani è un altro giorno. 내일은 또 다른 날이다.

domani mattina/pomeriggio/sera- 내일 아침/내일 오후/내일 저녁

il giornale di domani- 신문

Oggi a me, domani a te. (직역) 오늘은 나에게 내일은 너에게. (속담) 오늘은 내가 관이 되어 들어오고, 내일은 네가 관이 되어 들어온다.[11]

oggi o domani- 오늘 내일; 조만간(= prima o poi)

---

[11] 공동묘지 입구에 쓰여 있는 문구. 타인의 죽음을 통해 자신의 죽음에 대해 성찰하라는 의미이다. 원어 라틴어는 "*Hodie mihi, cras tibi*"이다.

Oggi qui, domani là. 오늘은 여기, 내일은 저기. 동분서주.

Sì, domani!- (그래, 내일) 꿈도 꾸지 마! (= figuriamoci!); 농담하는 거니! (= niente affatto)

Mi compri questo anello? Sì, domani! 내게 이 반지 사줄래? 그래, 내일. (꿈도 꾸지 마!)

2. (명사) 내일, 다음날, 미래

pensare al domani- 미래를 생각하다

Dobbiamo pensare al nostro domani. 우리는 미래에 대해 생각해야 한다.

Non pensare troppo al domani! 미래를 너무 생각하지 마!

preoccuparsi del domani- 미래에 대해 걱정하다

un domani migliore- 더 나은 내일

domenica- 일요일

Chi ride il venerdì, piange la domenica. 금요일에 웃는 자는 일요일에 운다. 기쁨은 오래가지 못한다.

chiuso di domenica- 주일은 쉽니다.

domenica prossima- 다음 주 일요일

domenica scorsa- 지난 주 일요일

Domenica scorsa sono andato a trovare mia nonna. 나는 지난 주 일요일 할머니를 찾아뵈러 갔다.

nato di domenica- 행운을 타고난

osservare la domenica- 주일을 지키다

I cattolici osservano la domenica andando a messa. 가톨릭 신자들은 미사에 참례하면서 주일을 지킨다.

pittore della domenica- 아마추어 화가

una domenica mattina- 어느 일요일 아침

donare- 기부하다, 증여하다

Donare è onore, pregare è dolore. 기부하는 것은 영예이지만, 기도하는 것은 고욕이다.

donare il sangue/gli organi- 헌혈하다/장기를 기증하다

Non sa donare chi tarda a dare. 기부할 줄 모르는 사람은 주는데 더디다.

donde- 어디로부터, 어떻게, 왜

averne ben donde- 충분한 이유가 있다

Protesto e ne ho ben donde; non mi avete ancora pagato lo stipendio! 나는 항의할 충분한 이유가 있다. 너희들이 아직도 내게 봉급을 지급하지 않았기 때문이다!

donna- 여성

Donna buona vale una corona. 좋은 여자는 화관과도 같다.

Donna che piange, uomo che giura, cavallo che suda, tutta impostura. 우는 여자와, 맹세하는 남자, 땀에 젖은 말은 모두 믿지 마라(사기이다).

donna di casa- 가정주부(= casalinga)

donna di facili costumi- 몸가짐이 헤픈 여자, 바람둥이 여자

Donna di fede e coraggio vince qualsiasi oltraggio. 믿음과 용기가 있는 여성은 어떠한 모욕도 이겨낸다.

donna di servizio- 가정부

La mia donna di servizio è molto precisa. 나의 가정부는 매우 정확하다.

donna di strada- 길거리 여자, 매춘부, 창녀(= prostituta)

donna in carriera- 커리어 우먼, 직업 여성

Non ha figli perché è una donna in carriera. 그녀는 전문 직업 여성이어서 자식이 없다.

donna lavoratrice- 근로여성

Donna pelosa, donna virtuosa. 못생긴, 털이 많은 여자가 현부이다.

Donna savia e bella è preziosa anche in gonnella. 현명하고 아름다운 여인은 여자 중에서도 극히 드물다.

Dote di donna non arricchì mai casa. 여성의 지참금이 집을 부유하게 하지 않는다.

Le donne sono sante in chiesa, angeli in strada, diavole in casa. 여자는 교회에서는 성녀, 길에서는 천사, 집에서는 마귀이다.

Ogni bella donna pecca al naso, se non pecca al naso pecca al viso e se non pecca al viso... pecca sotto la camicia! 아름다운 여인은 대개 코에 흠이 있고, 코에 흠이 없다면 얼굴에, 얼굴에 흠이 없다면... 셔츠 안에 흠이 있다.

prima donna- (오페라, 오페라단의) 여자 주인공/주연 배우, 프리마 돈나(= primadonna); 자기가 아주 중요한 인물인 줄 아는 사람

Smettila di fare la prima donna! 잘난 척 그만 해! 적당히 해!

Se le mogli fossero una bella cosa, Dio ne avrebbe una. 아내가 좋은 것이었다면, 신도 하나쯤 가졌겠지.

dono- 선물

avere un dono per qualcosa- ~에 재능이 있다

dare in dono- 선물로 주다

fare dono di qualcosa- ~을 기부하다

il dono della parlantina (o parola)- 말재주, 말주변, 말솜씨

Riesce a convincere tutti perché ha il dono della parlantina. 그는 말재주가 있어서 모든 사람을 설득할 수 있다.

in dono- 선물로

Non lo vorrei nemmeno in dono. 나는 그것을 선물로도 원치 않는다.

Per il mio compleanno ho ricevuto in dono un orologio d'oro. 내 생일에 금시계를 선물로 받았다.

dopo- 1. (부사) 나중에, 후에

A dopo! 있다 보자, 나중에 보자!

Chi viene dopo? 다음 누구야?

Ci vediamo dopo! 나중에 보자!

dopo molto tempo- 오랜 시간이 지나서, 한참 지나서

prima o dopo- 조만간

subito dopo- 즉시, 즉각, 직후에

2. (전치사) ~후에

dopo il lavoro- 일을 끝낸 후에

dopo il semaforo- 신호등 지나서

dopo la lezione- 방과 후에, 수업이 끝난 후에

Dopo la lezione andiamo a mangiare la pizza. 방과 후에 피자 먹으러 가자.

dopo le dieci- 10시 넘어서

dopo Natale- 크리스마스 지나서

dopo tutto- 결국에는

Prego, dopo di Lei! 먼저 하세요!

uno dopo l'altro- 하나 그 뒤에 또 하나, 줄줄이, 연이어, 속속, 잇따라

dormire- 자다

andare a dormire- 자러 가다

Chi dorme non piglia pesci. (직역) 잠자는 자는 물고기를 못 잡는다. (속담) 일찍 일어나는 새가 벌레를 먼저 잡는다. 일찍 일어나는 새가 먹이를 먼저 먹는다.

dare da dormire- (숙박 시설을) 제공하다

dormirci sopra- ~를 곰곰이 잘 생각해보기 위해 결정을 뒤로 미루다

Non dormirci sopra! 시간을 허비하지 마! 어물어물하다 기회를 놓치지 마라.

dormire a lungo- 오랫동안 자다

Nel tempo libero dormo a lungo. 한가할 때 나는 오랫동안 잠 잔다.

dormire come un ghiro (o come un masso)- 세상 모르고 자다

dormire con un occhio solo/aperto- 한쪽 눈뜨고 자다, 자면서도 경계를 게을리하지 않다, 유사시에 빨리 일어나 대응할 태세로 자다

dormire della grossa- 깊이 잠들어 있다/잠들다; (구어) 푹 잠들었다

dormire fino a tardi- 늦게까지 자다, 늦잠을 자다

Domani posso dormire fino a tardi. 내일 늦잠을 잘 수 있다.

dormire in pace- 평화롭게 자다; (망자) 영면하다

dormire in piedi- 서서 자다; 몹시 졸리다

dormire leggero/profondamente- 선잠/깊은 잠을 자다

dormire a occhi aperti- (비유) 어설프게 잠들다(= essere assonnato)

dormire poco e male- 잠을 별로 못 자다

Non sto bene, perché ho dormito poco e male. 난 별로 좋지 않아. 잠을 적게 자서 그런지 좋지 않다.

dormire supino/a pancia in giù/su un fianco- 등을 대고 자다/엎드려서 자다/몸을 옆으로 하고 자다

dormire tranquillamente- 편히 자다

dormire tutto d'un sonno- 밤새도록 깨지 않고 자다, 숙면을 취하다

Malgrado il rumore, questa notte ho dormito tutto d'un sonno. 소음에도 불구하고, 간밤에 깨지 않고 밤새도록 잘 잤다.

dormirsela- 깊이 잠들어 있다

impedire a qualcuno di dormire (o non far dormire qualcuno)- ~에게 잠을 못 자게 하다

mettere (o mandare) qualcuno a dormire- ~을 재우다

non riuscire a dormire- 잠을 이루지 못하다

Se la sera bevo un caffè, la notte non riesco a dormire. 나는 저녁에 커피를 마시면, 저녁에 잠을 이룰 수가 없다.

non trovare da dormire- 잠잘 데를 구하지 못하다

Siamo arrivati tardi in quella città e non abbiamo trovato da dormire. Gli hotel erano tutti pieni. 우리는 그 도시에 늦게 도착해서 잠잘 데를 구하지 못했다. 호텔은 만원이었다.

pillola per dormire- 수면제

restare a dormire da qualcuno- ~와 함께 밤을 묵다

dorso- 등

a dorso di cavallo- 말을 타고, 말을 이용하여

Siamo andati nel bosco a dorso di cavallo. 우리는 말을 타고 숲에 갔다.

cadere sul dorso- 뒤로 넘어지다

essere disteso sul dorso- 반듯이 눕다

giacere sul dorso- 반듯이 눕다

il dorso della mano- 손등

mostrare (o volgere) il dorso- 부리나케 달아나다, 줄행랑치다, 도망가다

nuotare sul (o a) dorso- 배영을 하다

piegare il dorso- 허리/몸을 굽히다; (비유) 굴복하다

raggiungere il dorso della montagna- 산 정상에 이르다

sul dorso- 등에, 반듯이 누워

dose- 양; (약의) 복용량

a piccole dosi- 소량으로, 한 번에 조금씩(= poco per volta)

le dosi di un farmaco- 약물의 복용량

mettere la dose giusta di sale- 적정량의 소금을 넣다

rincarare la dose- ~을 늘리다; (비유) 심하게 과장하다; 지나치게 하다

Non rincarare la dose; si è sbagliato ma non l'ha fatto apposta. 너무 과장하지 마세요. 그가 실수는 했지만 고의는 아니었어요.

superare le dosi consigliate- 권장량을 초과하다

Non superare le dosi consigliate. 권장량을 초과하지 마시오.

una buona dose di coraggio- 어느 정도의 용기

dosso- 뒤, (마음의) 속

levarsi i vestiti di dosso- 옷을 벗다

togliere le mani di dosso- ~에게서 손을 떼라고 말하다

Toglimi le mani di dosso! 나한테서 손을 떼지 못해!

togliersi un peso di dosso- 마음의 부담/짐을 덜다, 한시름 놓다

Devo togliermi un peso di dosso e dirgli quello che penso di lui. 나는 마음의 부담을 덜고 그에 대한

나의 생각을 말해야 한다.

dote- 결혼지참금; 재능, 소질

assegnare (o dare) in dote qualcosa- ~를 지참금으로 주다

Le diede in dote una forte somma di denaro. 그는 그녀에게 엄청난 금액의 지참금을 주었다.

avere una ricca dote- 풍부한 지참금을 갖다

Chi ha le buche nelle gote si marita senza dote. 보조개가 있는 사람은 결혼지참금 없이 결혼한다.

Dote di donna non arricchì mai casa. 여성의 지참금이 집을 부유하게 하지 않는다.

Dov'entra la dote, esce la libertà. 지참금이 들어오면, 자유는 날아간다.[12]

Gran dote, gran baldanza. 정말 좋은 재능은 자신감이다.

Le belle senza dote trovano più amanti che mariti. 미녀는 지참금 없이 더 사랑하는 사람을 만나 결혼한다.

portare in dote qualcosa- ~를 지참금으로 가져오다

Mia figlia porterà in dote la casa che ha ereditato dalla nonna. 내 딸은 할머니에게 상속받은 집을 지참금으로 가져갈 것이다.

sposare la dote- 지참금과 결혼하다, 돈보고 결혼하다

un uomo di molte doti- 재주가 많은 사람

dove- 1. (부사) 어디에

Di(= Da) dove?- 어디서부터

Da dove vieni? 어디에서 왔어?

Di dove sei? 어디 출신이니?

Dove vuoi arrivare? 무슨 말을 하고 싶은 거니?

fin dove- 어디까지

Non so fin dove posso aiutarti. 난 너를 어디까지 도울 수 있을지 모르겠다.

Ti accompagno fin dove vuoi. 네가 원하는 데까지 데려다 줄게.

per dove- 어디로

Per dove parti? 어디로 떠나니?

Per dove si passa? 어디로 지나는 거죠?

2. (명사) 도처, 장소

il dove e il quando- 장소와 시간

in (o per) ogni dove- 모든 곳에(곳으로), 어디나

L'ho cercato per ogni dove ed era dietro l'angolo. 나는 그를 샅샅이 찾았는데 그는 모퉁이에 있었다.

dovere- 1. (동사) 해야 한다

ciò che si deve fare e ciò che non si deve fare- 해야 할 것과 하지 말아야 할 것

come si deve- 제대로, 적절히(= per bene); (사람이나 행동이) 올바로, 예의 바르게

---

[12] 결혼지참금을 의미하는 이탈리아어의 'dote'는 라틴어 'dos'의 5격 형태로 로마법에서는 혼인 때에 신부 측에서 혼인생활 중에 필요한 남편의 경제적 부담을 덜어줄 목적으로(*ad sustinenda onera matrimonii*) 남편에게 주는 재산을 말한다. 이러한 지참금의 내용에는 재산권의 이전행위뿐 아니라 재산 가치가 있는 모든 물건이나 권리, 심지어 장래의 상속과 유증의 포기까지도 포함되었다. 그러니 "지참금이 들어오면 자유는 날아가고"마는 셈이 되는 것이다.

Comportati come si deve! 제대로 처신해!

È un uomo come si deve e penso che ci si possa fidare. 그는 예의 바른 사람이어서 나는 그를 신뢰할 수 있다고 생각한다.

2. (명사) 의무

a dovere- 제대로, 적절히; 딱 부러지게, 철저히

Si è preparato a dovere e ha superato la prova senza difficoltà. 그는 철저히 준비했기에 쉽게 시험을 통과했다.

avere il dovere di fare qualcosa- ~할 의무를 지니다

Ho il dovere di sapere la verità. 난 진실을 알 의무가 있다.

avere il senso del dovere- 의무감을 가지다

chi di dovere- 책임자

Chi di dovere penserà a farlo. 책임자가 그 일을 맡을 것이다.

Ci rivolgeremo a chi di dovere. 책임자에게 우리가 문의해 볼게요.

credersi in dovere di fare qualcosa- ~하는 것을 자기 의무라고 생각하다

fare il proprio dovere- 자신의 의무를 다하다

Devi fare il tuo dovere! 네 의무를 다해야 한다.

Fa' il tuo dovere a qualunque costo! 무슨 일이 있어도 네 의무를 다해!

mancare al proprio dovere- 본분/의무/직무를 게을리하다

per senso del dovere- 의무감에서, 책임감에서

Prima il dovere, poi il piacere. 놀기에 앞서 의무부터 해라. 할 일을 다 한 다음에 놀아라.

Quanto Le devo? 제가 얼마 드려야 하죠?

sentire il dovere di- ~할 의무를 느끼다

Sento il dovere di aiutarti. 나는 너를 도울 의무를 느낀다.

visita di dovere- 의리상의 방문

dozzina- 다스, 12 개

a dozzine- 많은 양/수로(= in grande quantità o numero)

comprare/vendere alla dozzina- 다스로 사다/팔다

di (o da) dozzina- 값싼, 저렴한; 질이 낮은

stare a dozzina- (구식) 하숙하다

una dozzina di- 약 한 다스의, 약 12 개의

Ho comprato una dozzina di matite. 나는 연필 한 다스를 샀다.

una poeta di dozzina- 엉터리 시인, 삼류시인

dramma- 드라마, 극, 희곡, 극적 사건, 평계

dramma storico- 역사 희곡

il dramma di una famiglia- 가족사

Non farne un dramma! 그것에 대해 호들갑 떨지 마!

droga- 마약, 약물

chi fa uso di droga- 마약 복용자

detenzione di droga- 마약 소지

essere schiavo della droga- 마약 중독자가 되다

fare uso di droga- 마약을 복용하다; 마약 중독이다

spaccio di droga- 마약 거래/밀매

traffico della droga- 마약 거래/밀매

uscire dalla droga- 약물/마약을 끊다

Lo hanno portato in comunità per farlo uscire dalla droga. 그들은 마약을 끊도록 하기 위해 그를 공동체에 데리고 갔다.

dubbio- 의심

al di là di ogni dubbio- 아무런 의심 없이

avere (o nutrire) dubbi- 미심쩍다(= essere molto incerto); 의심스럽게 생각하다(= essere sospettoso); 강한 의심을 가지다

avere il dubbio che- ~가 의심스럽다

Ho il dubbio che lui non abbia capito. 그가 이해하지 못했을까봐 의심스럽다.

chiarire un dubbio- 의혹을 없애다, 의심을 풀다

esporre un dubbio- 의심을 드러내다

essere in dubbio- 의심스럽다, 불확실하다, 확신이 안 서다

La sua rielezione è in dubbio. 그의 재당선은 불확실하다.

Sono ancora in dubbio se accettarlo o meno. 그것을 받아들여야 할지 말아야 할지 아직 확신이 안 선다.

Sono in dubbio se partire o restare. 난 떠나야 할지 남아야할지 아직 불확실하다.

fuor di dubbio- 의심의 여지없이

mettere in dubbio- ~을 의심하다, 의문을 갖다; 의문을 제기하다; 의구심을 제기하다

Metto in dubbio le sue parole. 그의 말에 의문을 갖는다.

Mi viene un dubbio- 의심이 생긴다, 의심이 든다.

Nel dubbio astieniti. (속담) 의문 중에는 아무 것도 하지 마라.

Nel dubbio ti conviene partire subito. 확신이 서지 않으면, 즉시 떠나는 것이 네게 더 낫다.

non avere alcun dubbio- 아무런 의심이 없다, 한 점의 의심도 없다

Non ho alcun dubbio sulla tua onestà. 너의 정직함에 대해선 아무런 의심이 없다.

Non c'è dubbio. 의심할 여지가 없다. 분명하다.

restare nel dubbio- 의심한 채로 있다

Non voglio restare nel dubbio. 나는 불확실한 채로 있고 싶지 않다.

rimanere in (o nel) dubbio- 의심스럽다, 불확실하다

È meglio parlare chiaro che rimanere nel dubbio. 의심하고 있는 것 보다 분명히 말하는 것이 더 낫다.

senza dubbio- 의심할 바 없이, 틀림없이, 확실히, 분명히

Verrò senza dubbio. 틀림없이 갈게.

sollevare un dubbio- 의심을 일으키다

dubitare- 의심하다, 신뢰하지 않다, 주저하다

　dubitare dell'esistenza di Dio- 신의 존재를 의심하다

　dubitare delle proprie forze- 자신의 힘을 신뢰하지 않다

　dubitare di (o che)- ~하는 것을 의심하다

　Dubito che lui riuscirà a partire col primo treno. 난 그가 첫 기차로 떠날 수 있을 지 의심스럽다.

　Ho ancora molto da fare, dubito di poter finire il lavoro entro oggi. 아직 할 일이 많아. 오늘 안으로 일을 끝낼 수 있을 지 의심스럽다.

　dubitare di tutto e di tutti- 모든 것과 모든 사람을 불신하다

due- 두 개의

　a due a due- 두 사람씩, 두 명씩, 쌍쌍이

　I piccoli allievi usciranno a due a due dalla scuola. 어린 학생들이 학교에서 두 명씩 짝지어 나올 것이다.

　contare come il due di coppe (picche)- 보잘것없다, 아무 쓸모가 없다

　Non so perché chiedete il mio parere; tanto, qui dentro conto come il due di coppe. 여러분이 왜 저의 의견을 물어보는지 모르겠습니다. 여기에서 저는 아무런 가치가 없습니다.

　Due torti non fanno una ragione. (속담) 자기에게 잘못한 사람에게 그 잘못을 되갚아 준다고 상황이 나아지는 것은 아니다. 악을 악으로 갚아 봐야 좋을 게 없다.

　due volte al giorno- 하루에 두 번

　due volte tanto- 두 배 많은

　I suoi libri sono due volte tanto i miei. 그의 책은 내 책의 두 배나 된다.

　fare due chiacchiere- 수다를 떨다, 잡담하다

　fare due più due- 이것저것 종합해서 (자기가 보고 들은 것으로) 추측/추론하다

　fare due passi- 산책을 약간 하다

　lavorare per due- 남보다 갑절로 열심히 일하다

　mangiare per due- 남보다 갑절로 먹다, 아주 많이 먹다

　nessuno dei due- 어느 것도 아니다

　Non c'è due senza tre. (속담) 안 좋은 일은 겹쳐서 일어나기 마련이다. 불행은 겹치는 법이다.

　ogni due giorni- 하루 걸러

　piegarsi in due- 포복절도하다, 우스워서 자지러지다

　Mi sono piegato in due dalle risate quando ho sentito quella barzelletta. 그 농담(이야기)을 들었을 때 나는 우스워서 자지러졌다.

　tiro a due- 말 두 필이 끄는 사륜마차

　tutti e due- 둘 다

　usare due pesi e due misure- 이중 잣대를 적용하다

duello- 결투, 경기, 대회

　accettare il duello- 결투를 받아들이다

　battersi in duello- 결투하다

　Un tempo i giovani si battevano in duello per vendicare un'offesa. 옛날 젊은이들은 모욕을 갚기 위해

결투를 하곤 하였다.

duello a spada- 칼싸움

duello all'ultimo sangue- 한 쪽이 죽을 때까지 하는 결투

duello impari- 불공평한 경기/대회

duello mortale- 사투

fare un duello- 결투하다

morire in duello- 결투에서 죽다

sfidare a duello- 결투신청을 하다

dunque- 1. (접속사) 그래서, 따라서

Dunque, partiamo o non partiamo? 그래서, 우리가 떠날 거야 안 떠날거야?

2. (명사) 결론, 핵심

venire al dunque- 요점/핵심을 언급하다; 핵심에 이르다; 일에 착수하다; 본론으로 돌아가다

Per venire al dunque, 단도직입적으로 말해,

Sì, ho capito quello che stai dicendo; ora vieni al dunque, decidiamo sul da farsi. 그래, 네가 무슨 말을 하고 있는지 알았으니, 이제 본론으로 돌아가 우리가 무엇을 해야 할지를 결정하자.

Vieni al dunque! 요점을 말해!

duomo- (주교좌) 대성당

il Duomo di Milano- 밀라노 대성당[13], (비유적) 끝이 보이지 않는 일

Questo lavoro è come il Duomo di Milano: non finisce mai! 이 일은 마치 밀라노 대성당 같아 결코 끝낼 수가 없어!

durare- 1. (자동사) 지속하다, 계속하다

Chi la dura la vince. 천천히 꾸준히 하면 경기에서 이긴다; 일을 급히 서두르면 망친다; 결단력과 신중함이 성공으로 이끈다는 속담이다

durare fino alla fine- 최후까지 견디다

durare in carica- 유임하다

fiori che durano- 오래가는 꽃

Quanto tempo dura? 얼마 동안 합니까?

Un bel gioco dura poco. (속담) 무릇 간결은 지혜의 본질이다.

2. (타동사) 견디다, 참다

durare fatica- 수고하다, 애쓰다; ~하는 데 어렵다

durezza- 견고, 단단함

trattare qualcuno con durezza- ~를 모질게 다루다, ~를 매정하게 대하다

Lo trattò con durezza. 나는 그를 매정하게 대했다.

---

[13] 1386 년 밀라노의 영주 잔 갈레아초 비스콘티(Gian Galezzo Visconti)의 의견에 따라 대주교 안토니오 데 살루찌(Antonio de' Saluzzi)가 기공하였다. 프랑스나 독일의 대성당에 필적할 만한 것을 조영하기 위해 이탈리아 외에 독일과 프랑스의 건축가를 참가시켰기 때문에, 이탈리아의 성당 건축 가운데 알프스 이북의 고딕 요소가 가장 농후하다. 반면에 설계와 시공에 관한 의견 조정이 지극히 어려워 1577 년에야 봉헌되었으며, 부대공사가 모두 완료된 것은 1951 년에 가서였다. 따라서 성당의 기공에서 완공까지 대략 6 세기의 시간이 걸렸기에, 가히 '끝이 보이지 않는 일'이라는 관용어가 생길 만도 하다.

duro- 1. (형용사) 굳은, 완고한; 감각이 둔한

avere il sonno duro- 정신없이 자다

avere la testa dura- 고집이 세다, 고집불통이다

Ha la testa così dura che risulta impossibile convincerlo di qualcosa. 그는 너무 고집이 세서 무언가에 대해 그를 설득하는 것이 불가능하다.

dormire duro- 푹 자다

duro come una roccia (o come un sasso)- 바위처럼 견고하다, 돌처럼 견고하다; (비유적) 피도 눈물도 없다

Ha il cuore duro come una roccia. 그는 피도 눈물도 없는 마음을 지녔다.

duro di bocca- (말이) 재갈이 듣지 않는, 다루기 힘든

essere duro a morire- (관습 따위가) 쉽게 사라지지 않다

essere duro con i figli- 자식들에게 엄하게 하다

essere duro da mandar giù- 어쩔 수 없이 해야 하다

essere duro di comprendonio- 이해가 더디다, 머리 회전이 둔하다

Non provare a spiegarglielo: è duro di comprendonio. 그에게 그것을 설명하려고 하지 마. 그는 이해가 더뎌.

essere duro di orecchi- 귀가 어두워지다; (비유) 귀담아듣지 않다, 못 들은 척하다

Con l'età è diventato duro d'orecchio. 나이가 들어감에 따라 그는 귀가 어두워졌다.

Mia nonna è un po' dura d'orecchi. 나의 할머니는 약간 가는귀가 먹었다.

Si finge duro d'orecchi anche se ha capito perfettamente. 그는 완벽하게 알아들었음에도 못 들은 척한다.

parlare duro- 모나게 말하다, 잔인하게 말하다

tempi duri- 힘든 시기

Sono tempi duri per tutti! 모두에게 힘든 시기이다!

un tipo duro da convincere- 설득하기에 고집이 센 타입

2. (부사) 열심히, 거칠게

andare giù duro con qualcuno- ~에게 기탄없이 말하다

giocare duro- 거칠게 경기하다

lavorare duro- 열심히 일하다

picchiare duro- 심하게 치다

tener duro- (1) 입장/주장을 고수하다, 자기의 의견을 굽히지 않다

Se pensi di aver ragione, tieni duro. 네가 옳다고 생각하면 네 입장을 고수해.

(2) (어려운 상황에서) 참고 견디다, 버티다

Tieni duro e vedrai che supererai questo momento difficile. 참고 버텨 그러면 이 어려운 시기를 극복할 거야.

3. (명사) 어려운 것, 괴롭히는 사람, 폭력배

fare il duro con qualcuno- ~를 괴롭히다/왕따시키다

E

eccedenza- 초과, 과도

  eccedenza di offerta- 공급과잉

  eccedenza di personale- 인력 과잉, 필요이상의 인력을 배치하기

  In questo ospedale c'è un'eccedenza di personale paramedico. 이 병원에는 준의료직원이 과잉이다.

  eccedenza di peso- 중량 초과

  eccedenza di prezzo- 초과요금; 바가지

  eccedenza di produzione- 과잉생산, 생산과잉

  in eccedenza- 초과하여, 이상으로; 과도하게, 극단적으로; 불필요한(= in soprannumero)

  ufficio con impiegati in eccedenza- 인원 과잉의 사무실

eccedere- 1. (자동사) 지나치다, 과하다, 정도에서 벗어나다

  eccedere nel bere- 과음하다, 술을 과하게 마시다

  Per la salute è sempre meglio non eccedere nel bere e anche nel mangiare. 건강을 위해 늘 과음과 과식을 하지 않는 것이 좋다.

  eccedere nel mangiare- 과식하다

  eccedere nelle spese- 과소비하다

  senza eccedere- (과장없이) 있는 그대로

  2. (타동사) 초과하다, 넘다

  eccedere le forze- 감당하기 힘들다, 힘을 능가하다

  Questo eccede le mie forze. 이것은 내가 감당하기 힘들다.

  eccedere ogni previsione- 모든 예상을 초과하다

eccellente- 탁월한, 뛰어난, 제일급의

  all'eccellentissimo signor Ministro- (장관, 대사 등에 대한 존칭) 장관님께

  essere eccellente- 탁월하다, 출중하다

  Il pranzo era veramente eccellente. 점심 식사가 정말 일품이었다.

  un'idea eccellente- 탁월한/기막힌 생각

eccellenza- 우수, 탁월, 발군

  per eccellenza- (불어에서) 탁월한, 대단히 뛰어난; 발군의

  Dante è il poeta italiano per eccellenza. 단테는 대단히 뛰어난 이탈리아 시인이다.

  Vostra Eccellenza- (장관, 대사, 주교에 대한 칭호) 각하

eccesso- 과잉, 과도

  all'eccesso- 극도로, 과도로(= al grado massimo)

  Lei è generosa all'eccesso. 그녀는 지나치게 관대하다.

  Lui è scrupoloso all'eccesso. 그는 너무 세밀하다. 너무 용의주도하다.

  Mio fratello è sempre stato pignolo all'eccesso. 나의 형은 언제나 너무 까다로웠다.

bagaglio in eccesso- (항공기 탑승객의) 초과 수화물

commettere degli eccessi- 난폭하게 굴다; 폭음폭식하다

dare in eccessi- 발끈/버럭 화를 내다; (감정이) 욱하다

eccesso di legittima difesa- 과잉 방위

eccesso di peso- 제한 초과 중량

eccesso di potere- 권한 남용

eccesso di velocità- 규정 속도 초과, 과속

È stato multato per eccesso di velocità. 그는 과속으로 벌금을 물었다.

evitare gli eccessi a tavola- 과잉섭취를 피하다

in eccesso- 풍부하게(= in abbondanza), 필요 이상으로(= oltre il necessario)

Ce n'è in eccesso. 여분이 있다. 충분하다.

per eccesso- 우수리 없는

In quel negozio arrotondano sempre per eccesso. 그 가게는 늘 우수리 없이 계산한다.

spingere qualcosa all'eccesso- ~을 극단으로 내몰다; ~을 지나치게 하다

eccetto- 1. (전치사) 제외하고

eccetto tre- 3명을 제외하고

I candidati sono stati tutti promossi eccetto tre. 3명을 제외하고 전 후보가 승진했다.

eccetto voi- 너희들을 제외하고

C'erano tutti i miei amici eccetto voi. 너희들을 제외하고 나의 모든 친구들이 있었다.

2. (관용어 접속사)

eccetto che- (1) ~인 것을 제외하고(= tranne che)

Tutto è permesso eccetto che uscire. 외출하는 것을 제외하고 모든 것이 허락된다.

Vado d'accordo con tutti eccetto che con lui. 난 그를 제외하고 모든 사람들과 마음이 맞다.

(2) ~한 경우 외에는; ~하지 않는 한(= a meno che)

Verrò, eccetto che piova. 비가 오지 않는 한 갈게.

eccezionale- 이례적일 정도로 우수한, 특출한, 비범한; 특이한, 흔치 않은, 예외적인

capacità eccezionale- 탁월한 능력

in via eccezionale- 예외적인 경우에만

leggi eccezionali- 특별법

memoria eccezionale- 비상한 기억력

offerta eccezionale- 특가 판매의

eccezione- 예외, 제외; 이의, 반대

ad eccezione di- ~은 제외하고, ~외에는

Ad eccezione di mio fratello, tutti i bambini avevano i pidocchi. 내 남동생을 제외하고 모든 아이들이 머릿니가 있었다.

con l'eccezione di- ~은 제외하고, ~을 예외로 하고

Tutti furono fatti entrare con l'eccezione di mia moglie. 내 아내만 제외하고 모두가 들여보내졌다.

con qualche eccezione- 일부 예외는 있지만

fare un'eccezione- 예외로 하다

Di solito non canto, ma stasera faccio un'eccezione. 주로 노래를 안 부르는데, 오늘 저녁은 예외로 하겠다.

Per te farò un'eccezione. 네게는 예외로 하겠다.

in via d'eccezione- 예외로, 예외적으로

In via d'eccezione ti farò entrare per prima in sala. 예외로 너를 먼저 홀에 들여보낼 것이다.

L'eccezione conferma la regola. (속담) 예외가 있다는 것은 곧 규칙이 있다는 증거이다.

muovere delle eccezioni a qualcuno- ~를 비판/비난하다

opporre un'eccezione- 항변하다

salvo eccezioni- 일부 예외는 있지만, 일부 예외를 제외하고

Dovrebbe essere tutto pronto per il concerto, salvo eccezioni. 일부 예외를 제외하고, 연주회를 위해 모든 것이 준비되어야 할 것이다.

senza eccezione- 예외 없이(= nessun escluso)

Ho pensato a tutti senza eccezione. 나는 예외 없이 모든 사람들을 생각했다.

sollevare un'eccezione- 이의를 제기하다, 반대하다

eccitare- 자극하다, 불러일으키다

eccitare il popolo- 국민을 선동하다

eccitare il riso- 웃음을 불러일으키다

eccitare l'appetito di qualcuno- ~의 입맛을 자극하다

eccitare la curiosità di qualcuno- ~의 호기심을 불러 일으키다

eccitare la fantasia- 상상력을 자극하다, 환상을 불러일으키다

ecco- 여기에, 거기에

Ecco, che ti dicevo? 여기 있어요 (상대방이 원하거나 부탁한 것을 주면서 하는 말); 거 봐, 내가 뭐랬어!

ecco come- 이런 것이다, 그건 것이다

Ecco come si fa. 이렇게 하는 것이다.

Ha vinto una borsa di studio, ecco come ha potuto frequentare l'Università. 그가 장학금을 받았는데, 이렇게 해서 대학을 다닐 수 있었다.

Ecco fatto!- 자 다 됐다! 다 했다!

Ecco le tue camicie. (자) 네 셔츠 여기 (있어).

Eccomi qua. 나 왔어. 나 여기 있어.

ecco perché- 그 때문이야, 그렇게 된 거야

Pioveva, ecco perché non sono venuti. 비가 오고 있었는데, 바로 그 때문에 그들이 안 온 거야.

ecco tutto- 그것으로 끝, 그뿐이다, 그것이 전부다

Ecco tutto, questo è quello che avevo da dirti. Non so altro. 그게 다야, 이것이 네게 말할 사항이야. 난 다른 것은 모르겠어.

Eccoci arrivati. 우리 다 왔어.

Eccoci qui tutti riuniti. 이제 우리 다 모였다.

Eccomi. (출석을 부를 때) 네 (여기 있습니다).

quand'ecco- 문득, 불현듯

eclissi- (일식, 월식의) 식

eclissi lunare- 월식

eclissi parziale- 부분식

eclissi solare- 일식

eclissi totale- 개기식

eco- 메아리, 반향

destare una vasta eco- 큰 반향을 불러 일으키다

Le sue parole hanno destato una vasta eco. 그의 말은 큰 반향을 불러일으켰다.

echi di cronaca- 뉴스 단신, 뉴스 기사

fare eco alle parole di qualcuno- (남의 말을) 그대로 따라 하다

L'assemblea fece eco alle sue affermazioni. 의회는 그의 주장을 그대로 따라 했다.

sentirsi l'eco- 메아리가 들리다

In questa valle si sente l'eco. 이 계곡엔 메아리가 들린다.

sollevare molta eco- 큰 반향을 일으키다, 큰 파문을 던지다.

Il suo discorso ha sollevato molta eco. 그의 연설은 엄청난 파장을 불러 일으켰다.

economia- 경제

economia capitalistica- 자본주의 경제

economia chiusa- 봉쇄경제, 폐쇄경제

economia controllata- 통제경제

economia del benessere- 후생 경제학

economia di mercato- 시장경제

economia in via di sviluppo- 개발도상국

economia nazionale- 국민경제, 국가경제

economia pianificata- 계획경제

economia sommersa- 지하경제

È difficile calcolare il 'PIL'[1] italiano a causa dell'economia sommersa. 지하 경제 때문에 이탈리아의 국내총생산을 계산하는 것은 어렵다.

economia sottosviluppata- 저개발국, 후진국

fare economia- 절약하다

Ha fatto economia nel comperarsi le scarpe. Infatti sono già rotte. 절약해서 신발을 샀는데, 사실 벌써 망가졌다.

Hanno fatto economia tutta la vita: come vuoi che approvino le tue vacanze ai Caraibi? 그들은 평생 절약해왔는데, 어떻게 너의 카리브 해 휴가를 허락해 주길 바라?

fare economia d'acqua- 물을 아끼다

---

[1] PIL은 'Prodotto interno lordo'의 약어이다.

fare economia su qualcosa- ~에 대해 절약하다

senza economia- 아낌없이, 비용을 아끼지 않고(= senza badare a spese); 후하게(= generosamente); 풍부하게(= abbondantemente)

economico- 1. 경제의

crisi economica- 경제 위기

danno economico- 경제적 손실

politica economica- 경제 정책

reato economico- 경제 범죄

ripresa economica- 경제 회복

scienze economiche- 경제학

2. 비싸지 않은, 값싼; 경제적인, 실속있는

albergo, ristorante economico- 경제적인 호텔/식당, 값싼 호텔/식당

automobile economica- (연비가 좋은) 경제적인/실속있는 차

classe economica- 일반석

edizione economica- 보급판

edicola- (신문이나 잡지나 버스표를 파는 곳) 가판대

all'edicola- 가판대에

"Scusi, dove posso comprare un biglietto dell'autobus?" "All'edicola" "실례지만, 어디에서 버스표를 살 수 있나요?" "가판대에서요"

edificio- 건물, 건축물

edificio a uso commerciale- 상업용 부지, 영업소

edificio di otto piani- 8층 건물

edificio pubblico- 공공건물

edificio scolastico- 학교 건물

edilizia- 건물; 건설사업, 건축업; 건축물

edilizia abitativa- 주택, 가옥

edilizia pubblica- 공공건축

edilizia residenziale- 가옥

lavorare nell'edilizia- 건축업에 종사하다

materiale per edilizia- 건축물자재, 건축재료

edilizio- 건축의, 건설의

impresa edilizia- 건설업

lavori edilizi- 건축작업, 건축공사

licenza edilizia- 건축허가증

piano edilizio- 건설안, 건설계획

edizione- 출판, 발행

edizione a cura di- ~에 의해 출판된

edizione a tiratura limitata- 한정판

edizione critica- 교정판, 원전비평 연구판

edizione economica- 염가판

edizione esaurita- 절판

edizione fuori commercio- 자비출판도서

edizione ridotta- 축소판, 요약판

edizione riveduta e corretta- 개정판

edizione tascabile- 문고판, 포켓판

prima edizione- 초판

ultima edizione- 최신판

educare- 교육시키다, 훈련시키다

educare bene- 교육을 잘 시키다

Loro non hanno educato bene i loro figli. 그들은 자식들을 잘 교육시키지 못했다.

educare qualcuno a fare qualcosa- ~에게 ~하는 것을 교육/훈련시키다

Ho educato il mio cane a non abbaiare. 나는 개에게 짖지 않는 법을 훈련시켰다.

educazione- 교육, 훈육, 훈련, 예절

Bella educazione! 교육 잘 받았네!

dare un'educazione- 교육을 주다

A sua figlia ha dato un'ottima educazione. 그는 자기 딸에게 훌륭한 교육을 시켰다.

dedicarsi all'educazione dei figli- 자녀교육에 전념하다(헌신하다)

educazione fisica- 체력 훈련

educazione permanente- 평생교육

educazione rigida- 엄격한 교육

educazione sbagliata- 잘못된 교육

educazione sessuale- 성교육

educazione severa- 혹독한 교육

insegnare l'educazione a qualcuno- ~에게 예의를 가르치다

Chi ti ha insegnato l'educazione? 너 어디서 그런 법을 배웠어? 누가 그렇게 가르치던?

mancanza di educazione- 실례, 결례

ricevere un'educazione- 교육을 받다

effetto- 결과, 효과

a questo effetto- 이런 목적을 위해, 이런 목적으로

a tutti gli effetti- 실제로; 모든 면에서, 어느 모로 보나(= per ogni scopo, pienamente)

Ora che hai pagato l'iscrizione, sei un membro del circolo a tutti gli effetti. 이제 회비를 지불했으니, 너는 어느 모로 보나 동호회원이다.

avere effetto- 효과가 있다/듣다, 효과를 발휘하다

I nostri sforzi non ebbero alcun effetto. 우리의 노력은 아무런 효과가 없었다.

Le nostre parole non ebbero alcun effetto su di lui. 우리의 말은 그에게 아무런 영향을 주지 못했다.

fare effetto- (1) 영향을 미치다; 효과가 나타나다

Questa medicina fa effetto dopo 30 minuti. 이 약은 30분 뒤에 효과가 나타난다.

(2) ~를 오싹하게/소름 끼치게 하다, 느낌을 주다

Il sangue mi fa effetto. 나는 피를 보면 소름이 끼친다.

(3) 이상한 기분이 든다(= sembrare strano)

Mi fa effetto essere qui. 여기 있으니 이상한 기분이 든다.

in effetti- 사실상, 실제로(= in realtà); (동의, 이해를 나타냄) 정말, 확실히(= come risposta di assenso)

In effetti, quello che stai dicendo è vero, l'ho notato anche io. 확실히 네가 말하는 것이 맞다. 나도 그것을 확인했어.

mandare ad effetto- 이행/수행/실현하다(= realizzare)

per effetto di- ~로 말미암아, ~때문에; ~의 결과로, ~의 효과로

prendere effetto- (법률) 효과가 나타나다, 효력을 발휘하다

senza effetto- 효과가 없는, 효능이 없는, 소용이 없는

efficacia- 효력, 효과

avere efficacia da- ~부터 효과가 나타나다; (법률이) ~부터 실시되다, 발효하다

avere efficacia retroattiva da- ~부터 소급효를 가진다

elefante- 코끼리

avere una memoria da elefante- 절대로 잊지 않다

È come un elefante in un negozio di porcellane. 도자기 가게의 코끼리와도 같다. 저놈은 무엇이든 엉망진창으로 만든다.

fare d'una mosca un elefante- 파리를 코끼리로 만들다; 침소봉대하다; 사소한 문제를 크게 만들다

eleganza- 우아

con eleganza- 우아하게, 품위 있게, 귀품 있게

Rifiutò con eleganza. 그는 점잖게 거절했다.

elementare- 기초적인, 기본적인

bisogni elementari- 기본적 욕구

conoscenza elementare- 초보적인 지식, 기초 지식

Questo studente ha ancora una conoscenza elementare della lingua italiana. 이 학생은 아직 이탈리아어의 기초 지식만 있다.

maestro elementare- 초등학교 남자선생

Lui è maestro elementare. 그는 초등학교 선생이다.

particella elementare- 소립자

scuola elementare- 초등학교

Mia figlia frequenta la prima classe della scuola elementare. 내 딸은 초등학교 일학년에 재학 중이다.

elemento- 요소, 원소, 원리

Che elemento! (농담) 별난 녀석 다 보겠군! 괴짜네!

Che elemento che è tuo figlio! Mi è proprio simpatico. 네 아들 정말 별나! 정말 호감이 간다.

essere nel proprio elemento- 본래의 활동범위(득의의 경지)에 있다

Quella bambina, nell'acqua, sembra essere nel proprio elemento. 네 딸은 물속에선 물 만난 고기 같다.

un elemento da sbarco- 괴짜, 기인(= una persona strana, con idee strane, un po' originale)

Mio fratello è un elemento da sbarco. Ha una macchina tutta gialla e ha i capelli lunghissimi. 내 형은 괴짜야. 온통 노란색인 자동차를 갖고 있고 머리도 아주 길어.

Passa la vita a fare scherzi agli altri: è un bell'elemento da sbarco! 그는 남들을 웃기려고 삶을 사는데, 정말 별난 녀석이야!

elemosina- 희사, 자선 기부금

cassetta per l'elemosina- 자선함

Hanno rubato la cassetta per l'elemosina in chiesa. 그들은 교회 자선함을 훔쳐갔다.

chiedere l'elemosina- 동냥하다, 구걸하다

Oggi ho visto un signore distinto che chiedeva l'elemosina ai passanti. 오늘 점잖은 아저씨가 길가는 사람들에게 구걸하는 것을 보았다.

fare l'elemosina- 적선하다, 동냥 주다, 자비를 베풀다

Ogni giorno cerco di fare l'elemosina ad un povero. 나는 매일 불쌍한 사람에게 적선을 하려고 애쓴다.

L'elemosina è fatta bene anche al Diavolo. 원수(악마)에게 조차도 자선은 아주 잘한 일이다.

L'elemosina non fa impoverire. 애긍이 가난하게 만들지는 않는다.[2]

ridursi all'elemosina- 구걸하는 신세로 전락하다, 거지가 되다, 깡통을 차다

Con i suoi investimenti sbagliati si è ridotto all'elemosina. 그는 투자 실수로 거지가 되었다.

vivere d'elemosina- 구호금으로 먹고 살다

Invece di cercarsi un lavoro preferisce vivere di elemosina. 그는 일자리를 찾는 대신 구호금으로 살아가는 것을 더 좋아한다.

eletto- 1. (형용사) 선발된, 뛰어난; 2. (명사) 선택된 사람, (종교적 의미) 선민

i pochi eletti- (1) 선택된 소수의 사람들

Diventare cardinale è solo per pochi eletti. 추기경이 된다는 것은 선택된 소수의 사람들만을 위한 것이다.[3]

(2) 상류층, 특권층

Non si può nemmeno far domanda di ammissione a quel club: è per pochi eletti. 그 클럽에 가입 신청 조차도 할 수 없어. 그곳은 상류층을 위한 곳이야.

emanare- 내뿜다, 방출하다, (법령, 제도를) 반포/공포하다

emanare calore- 열을 발산하다

emanare fiducia- (비유) 자신감이 넘치다

emanare luce- 빛을 발하다

emanare regolamenti- 법령을 제정하다

---

[2] 가난하게 되는 이유가 애긍이나 희사 등의 자선 활동 때문이 아니라 잘못된 생활습관이나 요행을 바라는 마음에서 기인한다는 것을 지적하는 관용어이다.

[3] 교황청 국무원 통계처가 발행한 2010년판 「교회통계연감」에 따르면, 2008년 12월 31일 현재 전 세계 가톨릭 신자 총수는 11억 6571만 4천명, 사제수는 40만 9166명, 주교 수는 5002명이다. 그렇다면 추기경의 숫자는 얼마나 될까? 2010년 새로 서임된 24명의 추기경을 포함하더라도 역대 최대 숫자라고 하더라도 203명이 전부이다. 그러니 산술적으로 계산해 보아도 'i pochi eletti'가 되는 것이다.

emanare una legge- 법률을 공포하다

emanare vapori- 수증기를 내뿜다

emettere- 발하다, 발표하다

emettere un decreto (o un'ordinanza)- 법령/칙령을 발표/공포하다

emettere un giudizio- 논평하다

emettere un'ingiunzione- 소환장을 발부하다

Il giudice ha emesso un'ingiunzione. 판사가 소환장을 발부했다.

emettere un mandato d'arresto (o di cattura)- 체포영장을 발부하다

emettere un prestito- 공채를 발행하다

emettere un verdetto- 평결을 내리다

emettere una sentenza- 판결을 내리다

energia- 에너지, 힘

concentrare tutta la propria energia in qualcosa- ~에 전력을 다하다

essere pieno di energia- 힘이 넘치다, 활기차다, 정력적/활동적이다

Lui è pieno di energia. 그는 힘이 넘친다.

protestare con energia- 강력히 항의하다

senza energia- 무기력한, 힘이 없는, 패기가 없는

È un povero vecchio senza energia. 그는 무기력한 불쌍한 노인이다.

entrare- 들어가다

entrarci- ~와 관계가 있다(= avere relazione con qualcosa)

Cosa c'entra? 그것과 무슨 상관이죠?

Quello che dici non c'entra proprio con l'argomento. 네가 하는 말은 정말 주제와 아무 상관없다.

Stai zitto. Cosa c'entri in questa storia? 넌 잠자코 있어. 이 일에 네가 무슨 상관이야?

Tu che c'entri? 그게 너랑 무슨 상관이야?

Voi non c'entrate! 너희들이 관여할 문제가 아니다!

entrare in bacino- (배를) 부두에 대다, 선착장에 들어가다

entrare in campo- (스포츠) 경기를 시작하다; 수비에 들어가다

entrare in carica- 취임하다

entrare in collisione con- ~와 충돌하다; (비유) ~와 문제가 생기다

entrare in coma- 혼수 상태에 빠지다

entrare in contatto con qualcuno- ~와 관계를 시작하다

entrare in funzione- (사람) 취임하다, 일을 시작하다; (사물) 작동하다

entrare in gioco- 활동하기 시작하다

entrare in guerra- 출정하다, 전쟁을 일으키다

entrare in possesso di- ~를 소유하게 되다, ~의 소유가 되다

entrare in testa- 머리에 들어가다, 이해되다

Questa lezione non mi entra in testa. 이 수업은 내 머리에 들어오지 않는다.

entrare nei quaranta- (나이) 40줄에 접어들다

entrare in vigore- 효력을 발생하다, (법률이) 시행되다

entrare negli affari altrui- 다른 사람들 일에 참견하다/간섭하다

entrare nel personaggio- (연극) 등장인물에 몰입하다

entrare nel vivo della questione- 문제의 핵심을 찌르다; 진상을 규명하다; 문제의 본질에 초점을 맞추다

entrare nella squadra- 팀에 들어가다

entrare nelle facende altrui- 다른 사람 일에 관여하다

non entrarci per niente- ~와는 아무런 관계가 없다

Il tuo ragionamento non c'entra per niente con quello che discutiamo. 네 주장은 우리가 논의하고 있는 것과 아무 관련이 없다.

In tutta questa storia io non c'entro niente. 이 모든 이야기에 나는 아무 관계가 없다.

Io non c'entro per niente in questa facenda. 난 이 일에 전혀 상관이 없다.

entrata- 입구, 입장

all'entrata- 입구에서

Ho dovuto presentare la tessera all'entrata. 입구에서 나는 회원증을 제시해야 했다.

epoca- 시대, 시기

a quell'epoca- 그 시대에, 그 시기에, 그때에

A quell'epoca non c'erano ancora i computers. 그 시대엔 아직 컴퓨터가 없었다.

all'epoca di- ~의 시절에

All'epoca di mia nonna i bambini nascevano ancora in casa. 나의 할머니 시대엔 집에서 애들을 낳았다.

auto d'epoca- 구형 자동차

Domani ci sarà un'esibizione d'auto d'epoca. 내일 구형 자동차 전시회가 있을 것이다.

da quell'epoca in poi- 그 시기 이후로

fare epoca- 획기적인 발견/사건이다, 신기원을 이루다; (추문) 파문을 일으키다

La loro ricerca farà epoca nel campo della medicina. 그들의 연구는 의학분야에서 신기원을 이루는 발견일 것이다.

l'epoca d'oro di qualcosa- ~의 황금기, ~의 전성기

equilibrio- 균형, 평형

essere in equilibrio- 균형이 잡히다

essere in precario equilibrio- 위태롭게 균형을 잡다

far perdere l'equilibrio a qualcuno- ~를 평정을 잃게 하다

perdere l'equilibrio- 균형을 잃다, 잃고 넘어지다, 당황하다

Ho avuto una vertigine e ho perso l'equilibrio. 나는 현기증이 나서 균형을 잃었다.

stare in equilibrio su una gamba- 한 쪽 다리로 균형을 잡다

tenersi (o mantenersi) in equilibrio- 균형을 유지하다

Sto cercando di mantenermi in equilibrio. 나는 균형을 유지하려고 애쓰고 있다.

equivalente- 대등한, 동등한

essere equivalente a- ~와 대등하다

La sua richiesta era equivalente a un comando. 그의 요구는 명령과도 같았다.

equivoco- 오해, 애매모호한 점

a scanso di equivoci- 어떠한 오해도 피하기 위해

A scanso di equivoci, chiariamo le cose fin dall'inizio. 오해를 막기 위해 처음부터 업무를 분명히 하자.

cadere in un equivoco- 오해하다

dare adito a equivoci- 오해를 낳다/야기하다

non ammettere equivoci- 오해의 여지가 없다

per evitare ogni equivoco- 모든 오해의 소지를 피하기 위해, 미심쩍은 모든 일을 피하기 위해

Per evitare ogni equivoco ti spiegherò bene che cosa è successo. 모든 오해의 소지를 피하기 위해 네게 일어난 일을 잘 설명해 볼게.

senza equivoco- 모호하지 않게, 명백히

erba- 풀

erba del proprio orto- ~의 자작(自作)이다

So che ha consegnato un bellissimo tema, ma sei sicuro che sia erba del suo orto? 그가 아주 좋은 주제를 제출한 걸로 아는데, 너 그게 그의 자작인지 확신할 수 있어?

fare d'ogni erba un fascio- (차이를 무시하고) 뭉뚱그리다, 일반화하다, 보편화하다

Alcuni adolescenti si drogano, ma non tutti! Non devi fare di ogni erba un fascio! 몇몇 젊은이들은 마약을 하지만, 전부는 아니다! 너는 모든 것을 한데 뭉뚱그려서는 안 된다!

in erba- (초목이 우거져) 파란; (과일 등이) 익지 않은, 설익은; (비유) 신진의, 신예의; 풋내기의

Mario è uno scrittore in erba. 마리오는 신예 작가이다.

L'erba "voglio" cresce solo nel giardino del re. (직역) "voglio, 나는 원한다"란 말은 왕의 정원에서만 자란다. (속담) "나는 원한다"라는 말로는 아무것도 얻을 수 없다.[4]

L'erba cattiva cresce in fretta. (속담) 악초는 쉬이 자란다.

L'erba del vicino è sempre più verde. (속담) 남의 떡이 항상 더 커 보이는 법이다.

vedere l'erba dalla parte delle radici- (농담) 죽어서 묻히다

eresia[5]- 이단, 이교; 허튼소리

dire eresie- 허튼/실없는 소리하다

Ma non dire eresie! Lo sai benissimo che papà è un uomo onesto. 허튼소리 마! 아빠가 정직한 사람이란 건 네가 제일 잘 알잖아.

errore- 잘못, 틀림, 오류

cadere in errore- 실수를 범하다

correggere un errore- 오해를 바로잡다, 오류를 정정하다

essere in errore- (생각이) 틀리다; 옳지 않다

---

[4] "나는 원한다" 또는 "나는 바란다"란 말은 과거 제왕적인 언어의 형태를 꼬집어 나온 관용어이다. 따라서 너무 지나치게 큰 것을 요구하지 말고, 부탁할 것이 있으면 늘 "per favore" 라고 말해야지 결코 "voglio"라고 해서는 안 된다는 뜻이다. 이 관용어는 주로 가정에서 자녀 교육을 위해 사용되며, 이탈리아어를 처음 배우기 시작하는 외국인들이 자주 실수하는 표현으로서 '외국인을 위한 이탈리아어 학교'에서 선생님이 학생을 가르칠 때 자주 교정해 주는 표현이다.

[5] 이탈리아어 'eresia'는 "교설, 학설, 정론"을 의미하는 라틴어 *haeresis, is*, f.'유래하였다.

fare un errrore- 실수하다, 실책을 범하다, 잘못하다

imparare dai propri errori- 실패로 배우다

per errore- 잘못하여, 실수로

Ho comperato quel biglietto per errore. 나는 실수로 그 표를 샀다.

salvo errore- 틀린 것은 제외하고; 오류가 없는 한(= a meno che non ci sia uno sbaglio)

salvo errori ed omissioni- 오류/오기와 누락은 제외

erta- 오르막, 급경사

All'erta! (특히 위험이 있을 때 경고하는 말로) 조심해라!

stare all'erta- 조심하다; 망을 보다, 빈틈없이 경계하다

State all'erta; se vedete una macchina blu potrebbe essere papà che arriva. 너희들은 망보고 있어. 푸른 차를 보게 되면 아버지가 도착하신 걸 거야.

esagerare- 1. (타동사) 과장하다, 지나치다

Adesso basta! Non esagerare! 그만 충분해! 비약하지 마!

2. (자동사) 지나치게 많이 쓰다; 도를 넘다

esagerare con- ~을 지나치게 많이 쓰다

Hai esagerato con lo zucchero. 넌 설탕을 지나치게 많이 썼다.

Stavolta hai esagerato! 이번에는 네가 도를 넘었다!

esame- 시험, 검사

all'esame- 조사 중, 검사 중

La questione è all'esame. 문제가 검토 중에 있다.

dare un esame- 시험 보다

Domani darò un esame molto importante. 나는 내일 아주 중요한 시험을 본다.

esame d'ammissione- 입학 시험

esame del sangue- 혈액검사

esame della vista- 시력검사

esame di guida- 운전(면허) 시험

esame di maturità- 고등학교 졸업 시험

Quando dormo, a volte, mi viene ancora l'incubo dell'esame di maturità. 나는 때로 잠을 잘 때 아직도 고등학교 졸업시험의 악몽이 떠오른다.

Esame di Stato- 국가시험; 고등학교 졸업 시험(= maturità); 자격 시험(= abilitazione professionale)

esame orale/scritto- 구두/필기 시험

essere bocciato agli esami- 시험에 낙제하다

Sono stato bocciato all'esame di promozione. 나는 진급 시험에 떨어졌다.

essere promosso agli esami- 시험에 합격하다, 시험에 통과하다

Sono stato promosso agli esami. 나는 시험에 합격했다.

essere respinto a un esame- 시험에 떨어지다, 시험에 불합격하다

fare l'esame di qualcosa- ~를 조사하다, 시험하다

fare un esame- (시험관) 시험을 감독하다; (수험생) 시험을 보다

passare un esame- 시험에 통과하다
Finalmente ho passato quell'esame difficile. 나는 마침내 그 어려운 시험에 통과했다.
prendere in esame- 검토하다, 조사하다, 검사하다
preparare un esame- 시험 준비를 하다
Sto preparando l'esame di filosofia. 나는 철학 시험 준비를 하고 있는 중이다.
presentarsi all'esame- 시험에 임하다, 시험에 응시하다
Vorrei presentarmi all'esame, anche se non ho studiato molto. 비록 나는 공부를 많이 하지 않았지만, 시험에 응시하고 싶다.
ridare un esame- 재시험을 보다
Mi hanno bocciato all'esame di storia, lo devo ridare tra due mesi. 나는 역사 시험에 떨어져서 두 달 뒤에 다시 봐야 한다.
sostenere gli esami- 시험을 치르다, 수험하다
Avete sostenuto gli esami? 너희들 시험을 치렀니?
studiare per l'esame- 시험공부를 하다
Noi studiamo insieme per l'esame. 우리는 같이 시험공부를 한다.
superare un esame- 시험에 합격하다, 시험에 통과하다
Hai superato quell'esame? 너 그 시험에 합격했니?

esaurito- 다 써버린
essere esaurito- 매진된, 소진된, 다 써버린
I biglietti sono esauriti da giorni. 며칠째 표가 매진이다.
fare il tutto esaurito- 객실이 가득차다, 객실이 만원이다
sentirsi esaurito- 기진맥진하다
Mi sento esaurito. 진이 다 빠진듯하다, 기진맥진 상태다.
Tutto esaurito- (호텔) 예약이 끝난; (극장) 표가 매진된
Il teatro è tutto esaurito. 극장표가 모두 매진되었다. 극장표가 모두 다 팔렸다.

esca- 미끼; 불쏘시개; 도화선
aggiungere esca al fuoco- 불난 집에 부채질하다; 문제를 더욱 악화시키다
Se vai in giro a raccontare quei pettegolezzi aggiungerai solo esca al fuoco. 그 소문을 이야기하고 돌아다니면, 불난 집에 부채질만 하는 꼴이 될 거야.
dare esca a una passione- 열정을 불어넣다
dare esca al fuoco- (문제, 폭력을) 조성/조장하다
La pubblicazione di quel libro ha dato esca all'odio razziale. 그 책의 출판이 인종간의 증오를 조장했다.
dare esca all'odio- 증오감을 키우다
fare da esca- 미끼 역할을 하다; 간첩노릇을 하다
Non si è accorto che faceva solo da esca per arrivare a suo fratello. 그의 형에게 가기 위한 미끼역할에 지나지 않았다는 것을 그는 깨닫지 못했다.
mettere l'esca all'amo- 미끼로 사람을 유혹하다
prendere qualcosa all'esca- (비유) ~을 속이다; ~을 낚다

escandescenza- 분노의 폭발, 격분

dare in escandescenze- 벌컥/버럭 화를 내다, 격노하다, 불끈하다

Quando il vigile gli appioppò la multa, lui diede in escandescenze. 교통경찰이 딱지를 떼자, 그는 버럭 화를 냈다.

So che è nervoso, ma non mi aspettavo certo che desse in escandescenze per una cosa di pochissima importanza. 나는 그가 신경질적이라는 것은 알지만, 이렇게 대수롭지 않은 일에 격노하리라곤 생각조차 못했다.

esclamazione- 탄성, 절규, 감탄

fare un'esclamazione- 감탄하다, 환호하다, 탄성을 자아내다

Quando lei ha ricevuto il regalo, ha fatto un'esclamazione di gioia. 그녀는 선물을 받았을 때, 기쁨의 탄성을 터뜨렸다.

esclusione- 배제, 제외

a esclusione di (o fatta esclusione per)- ~을 제외하고; ~은 예외로 하고(= a eccezione di)

Partirono tutti, a esclusione dei vecchi. 노인들을 제외하고 모두 떠났다.

combattere senza esclusione di colpi- 모든 수단을 동원해서 싸우다, 난타전을 벌이다

procedere per esclusione- 하나씩 배제해 나가는 과정을 통하다

Per capire chi ha fatto quel guaio, sta procedendo per eclusione. 누가 그 낭패를 만들었는지 하나씩 배제해 나가는 중이다.

senza esclusione- 예외 없이

esclusiva- 독점권, 특허권

avere l'esclusiva per- ~의 독점권을 갖다

Abbiamo l'esclusiva per la fabbricazione di questo prodotto. 우리는 이 상품 제조의 독점권을 갖고 있다.

avere un prodotto in esclusiva- 독점 판매 상품을 갖다

dare l'esclusiva per la vendita di qualcosa a qualcuno- ~에게 ~에 대한 독점 판매권을 주다

Vi diamo l'esclusiva per la vendita dei nostri prodotti nell'Italia meridionale. 우리는 여러분들에게 남부 이탈리아에서 우리 제품을 판매할 독점권을 줄 것입니다.

in esclusiva- 독점적인, 전용의, 배타의

notizia in esclusiva- (언론) 독점 기사, 단독 보도; 특종

Ho avuto quella notizia in esclusiva. 나는 그 뉴스를 특종으로 얻었다.

prendere l'esclusiva- 독점권을 장악하다

escluso- 제외된, 생략된

esclusi i presenti- 여기 있는 사람들은 제외하고

escluso me- 나를 제외하고, 나만 빼고

Sono tutti in vacanza, escluso me. 나만 빼고 모두가 휴가이다.

escluso Sabato e Domenica- 토요일과 일요일을 제외하고

nessuno escluso- 한 사람도 제외하지 않고, 아무도 제외하지 않고; 예외없이, 모두

Ci piacciono tutti, nessuno escluso. 한 사람도 제외하지 않고, 모두가 우리 마음에 든다.

sentirsi escluso da qualcosa- ~으로부터 소외감을 느끼다
escursione- 소풍, 산책, 유람, 답사(현지조사 여행)
escursione a piedi- 도보 여행
fare un'escursione- 놀러가다, 소풍가다
Vorrei fare un'escursione in montagna, ormai è primavera e la temperatura è mite. 이제 봄도 되었고 기온도 온화해서 산으로 놀러 가고 싶다.
organizzare un'escursione- 소풍을 계획하다
esempio- 본, 모범, 귀감, 본보기, 예
ad esempio- 예를 들어서
citare (o fare) qualcosa a titolo di esempio- ~를 예로 인용하다
citare qualcuno a esempio- ~를 예로 들다
dare l'esempio a qualcuno- ~에게 본보기가 되다
essere di esempio per qualcuno- ~에게 본보기가 되다
Devi essere di esempio per tuo fratello minore. 너는 네 남동생에게 본보기가 되어야 한다.
dare buon/cattivo esempio- 좋은 본보기가 되다, 나쁜 본보기가 되다
Il padre deve dare buon esempio. 아버지는 귀감이 되어야 한다.
essere di esempio di qualcuno- ~에게 본보기가 되다
fare un esempio- 예를 들다
Fammi un esempio, altrimenti non riesco a capire. 내게 예를 하나 들어줘, 안 그러면 이해가 안 돼.
Il professore fa sempre dei begli esempi. 선생님은 항상 많은 좋은 예문들을 든다.
nell'esempio- 예문에서
Conversate come nell'esempio. 보기에 있는 것처럼 회화를 하시오.
per esempio- 예를 들어서, 이를 테면
prendere esempio da qualcuno- ~의 본을 받다, ~를 본보기로 삼다
Prendi esempio dal tuo compagno di banco. 네 짝을 본받아!
secondo l'esempio di- ~의 예를 따라서
Vorrei vivere secondo l'esempio di mio nonno. 저는 할아버지의 본보기를 따라 살고 싶습니다.
seguire l'esempio di qualcuno- ~를 본받다
senza esempio- 유일무이한, 독특한; 전례 없는, 미증유의
esente- 면제받고 있는, 면하고 있는
esente da dazio, da dogana- 면세의
esente da spese- 무료로, 공짜의, 요금이 안 드는
esente da tasse- 비과세의, 면세의
essere esente da qualcosa- ~로 부터 면제되다
Nessuno è esente da difetti. 누구든지 결점이 없는 사람은 없다.
esercizio- 연습, 훈련
aprire un esercizio- 사업을 시작하다; 가게(바)를 열다
esercizio finanziario- 회계 연도

essere fuori esercizio- 연습 부족으로 기량이 무디어지다; 운동(연습) 부족으로 몸이 무거워지다

Ma sai che non riesco a fare cinque rampe di scale a piedi?! Sono proprio fuori esercizio. 믿기진 않겠지만 난 5층 계단을 걸어 올라갈 수 없어?! 운동 부족으로 정말 몸이 둔해졌나 봐.

fare dell'esercizio- 운동하다

Sei ingrassato, fai esercizio in palestra. 살이 쪘으니, 체육관에서 운동 좀 해.

fare esercizi al piano- 피아노 연습을 하다

fare l'esercizio- 연습문제를 풀다; 연습하다; 훈련하다

Facciamo gli esercizi insieme! 연습문제들을 같이 풀어 봅시다.

Non ho potuto fare l'esercizio d'italiano. 난 이탈리아어 연습문제를 풀 수 없었다.

fuori esercizio- 연습 부족으로, 서툴러

nell'esercizio delle proprie funzioni- 직권을 갖고

porre in esercizio- 사용하기 시작하다

tenersi in esercizio- 솜씨가 무디어 지지 않게 연습하다, 꾸준히 연습하다

È meglio tenersi in esercizio per non dimenticare la lingua. 언어를 잊지 않기 위해서는 꾸준히 연습하는 것이 더 좋다.

esigenza- 요구, 필요

non avere esigenze particolari- 특별한 요구가 없다

Ho avuto un'amica ospite per una settimana. Per fortuna non aveva particolari esigenze. 나는 일주일 동안 친구를 손님으로 맞이했다. 다행이도 그녀는 특별한 요구가 없었다.

secondo le esigenze del caso- 필요에 따라서

soddisfare le esigenze di qualcuno- ~의 요구를 충족시키다

Speriamo di soddisfare le esigenze dei nostri clienti. 우리는 고객들의 요구를 충족시키기를 바란다.

esitare- 주저하다, 망설이다

esitare a fare qualcosa- ~하는 것을 주저하다, 망설이다

Quello che mi dici sembra incredibile, esito a credere alle tue parole. 네가 말하는 것은 믿기 힘들어서, 네 말을 믿기가 망설여진다.

esitare fra due opinioni- 두 견해 사이에서 오락가락하다

senza esitare- 주저없이, 망설이지 않고; 서슴없이

esitazione- 주저, 망설임

avere un attimo di esitazione- 잠깐 망설이다

Dopo aver sentito quella notizia, ho avuto un attimo di esitazione. 그 소식을 들은 후에 난 잠시 망설였다.

Basta con le esitazioni! 그만 망설여! 그만 머무적거려!

con esitazione- 머뭇거리며, 우물거리며, 망설이며

Mi ha chiesto quella cosa con una certa esitazione. 그는 약간 머뭇거리며 내게 그 일을 물었다.

senza esitazione- 주저없이; 서슴없이

esito- 결과, 결말, 성공

avere buon esito- 좋은 결과를 얻다, 성공하다

Spero che la tua visita abbia un buon esito. 나는 너의 진찰 결과가 좋기를 바래.

avere un esito felice- 행복한 결말로 끝나다

La vicenda ha avuto un esito felice. 사건이 행복한 결말로 끝났다.

dare esito a una lettera- 편지에 답장하다, 편지에 답장을 보내다

dare esito negativo/positivo- (의학) 음성/양성으로 판명되다

esito delle analisi- 검사 결과, 분석 결과

giudicare dall'esito- 결과를 보고 판단하다

In genere è meglio giudicare le cose dall'esito. 일반적으로 결과를 보고 일을 판단하는 것이 더 낫다.

espediente- 방편, 처방, 계책; 방법

cavarsela con un espediente- 방법을 찾다

Non sapevo cosa fare, ma me la sono cavata con un espediente. 나는 무엇을 해야 할지 몰랐었는데, 방법을 찾았다.

ricorrere a un espediente- 편법을 강구하다, 편법을 쓰다

Per uscire da quella situazione è ricorso ad un espediente veramente interessante. 그 상황에서 벗어나기 위해서 정말 재미있는 편법이 쓰였다.

tentare mille espedienti- 여러 방편을 시도하다

vivere d'espedienti- (일정한 직업 없이) 변통수/꾀로 이럭저럭 살아가다

Non ha un lavoro fisso; vive di espedienti. 그는 일정한 직업이 없이 잔머리로 그럭저럭 살아간다.

esperienza- 경험

acquistare (o fare) esperienza in qualcosa- ~에 경험을 얻다, 경험하다

Devi ancora fare esperienza in questo lavoro. 너는 아직 이 일에 경험을 더 쌓아야 한다.

avere esperienza- 경험이 있다

Ha esperienza in questo campo? 이 분야에 경험이 있습니까?

Tu non hai esperienza del mondo. 넌 세상 경험이 없다.

avere esperienza della vita- 삶의 경험이 있다, 인생 경험이 있다

Lui ha una grande esperienza della vita. 그는 대단한 인생 경험이 있다.

esperienza da incubo- 악몽 같은 경험

essere senza esperienza- 경험이 없다

È ancora un ragazzo senza esperienza. 그는 아직 경험이 없는 소년이다.

fare esperienze interessanti- 재미난 경험을 하다

Abbiamo fatto esperienze interessanti. 우리는 재미난 경험을 했다.

mancare di esperienza- 경험이 부족하다

Il nuovo professore è bravo, ma manca di esperienza. 새 선생님이 유능하지만, 경험이 부족하다.

non avere esperienza- 경험이 없다

Non ho esperienza di insegnamento. 나는 가르친 경험이 없다.

(sapere) per esperienza- 경험으로, 경험상, 경험에 의하여

L'ho saputo per esperienza. 나는 경험으로 그것을 알았다.

Parlo per esperienza diretta e non per sentito dire. 나는 들은 말이 아니라 직접적인 경험으로 말한다.

raccontare le proprie esperienze- 자신의 경험을 이야기하다

un uomo di grande esperienza- 대단한 경험이 있는 남자

esperimento- 실험

a titolo di esperimento- 실험으로서, 실험을 거쳐

fare esperimenti sugli animali- 동물실험을 하다

fare un esperimento- 실험을 실시하다; 테스트를 하다

Proviamo a fare un esperimento prima di dire che quella macchina non funziona. 그 기계가 작동이 안 된다고 말하기 전에 실험을 한 번 해보자.

esperto- 숙련된, 정통한, 경험이 많은

essere esperto in (o di) qualcosa- ~에 있어 전문가이다, ~에 통달해 있다

È un uomo esperto di problemi scolastici. 그는 학교 문제에 관한 전문가이다.

Lui è esperto in problemi economici. 그는 경제 문제에 관한 전문가이다.

esplodere- 폭파하다

far esplodere- 폭파시키다

Ha fatto esplodere il tubo della caldaia. 그는 보일러관은 폭파시켰다.

esplorazione- 탐험, 탐사, 조사

andare in esplorazione- 탐험하러 가다, 탐방하러 가다

Prima di prenotare la vacanza in quella casa sono andato in esplorazione dei dintorni. 그 집에서 휴가를 예약하기 전에 난 그 일대를 탐방하러 갔다.

mandare qualcuno in esplorazione- ~를 탐사 보내다

espressione- 표정, 표현

avere un'espressione triste- 슬픈 표정을 짓다

Sul viso aveva un'espressione triste. 그는 얼굴에 슬픈 표정이었다.

con espressione- 감정을 담아/넣어, 감정을 풍부하게

Leggilo con espressione! 감정을 넣어서 그것을 읽어봐!

dare espressione a un sentimento- 감정을 표현하다

senza espressione- 표정 없는, 무표정의

sguardo senza espressione- 무표정한 시선

essenziale- 1. (형용사) 필수의, 필요 불가결한

essenziale a- ~에 필수적인

L'ossigeno è essenziale alla respirazione. 산소는 호흡에 필수적이다.

2. (명사) 필수적인 것, 중요한 것; 요점; 필수불가결한 것

il punto essenziale della questione- 문제의 핵심

essere- 1. (자동사) ~이다

che è che non è- 갑자기, 뜻밖에

Che è che non è, i soldi che mancavano sono saltati fuori. 뜻밖에도 잃어버렸던 돈이 불쑥 나왔다.

Che n'è stato di lui? 그가 어떻게 되었을까?

Che ne sarà di noi? 우리는 어떻게 될까?

come che sia- 어떤 일이 있더라도, 무슨 일이 있어도

come è come non è- 불의에, 갑자기

Così sia! 그렇다면 그렇겠지! 그냥 뭐!

Così sia! Sono così stanco di litigare che ho deciso di fare quello che dice lui. 그냥 뭐! 나는 말다툼하는데 지쳐서 그가 말한 것을 할 결심을 했어.

E sia! (그대로 받아들이겠다는 뜻) 그렇다면 좋다, 그렇게 하지 뭐.

Ebbene, sia! 그러면 알겠어, 그럼 그렇게 하지뭐!

Essere o non essere, questo è il problema. 사느냐 죽는냐 이것이 문제로다.

Fosse vero! 그렇게만 된다면 얼마나 좋을까! 그렇게만 된다면야!

Fosse vero quello che mi ha detto cambierei subito lavoro. 그가 내게 말한대로 된다면야 난 즉시 직업을 바꾸고 싶다.

non essere da meno- 둘째가라면 서럽다

Marco è un ottimo pianista, ma Luigi non è da meno. 마르코는 최고의 피아니스트지만, 루이지도 둘째가라면 서럽지.

Non sono da meno di lui. 나도 그에 못지않다, 나도 그만 하다.

Non può essere! 그럴 리 없어, 믿을 수 없어, 이건 말도 안 돼!

Sarà!- (의심이나 당혹감을 나타낼 때) 어쩌면! 그럴 수도!

Sarà, ma ho qualche dubbio. 어쩌면 그럴 수도 있겠지만, 난 의심스럽다.

sia come sia o sia quel che sia- 이러나저러나, 아무튼 간에, 그것은 그렇다 치고

Sia come sia, alla fine hanno deciso di venire. 어쨌든 간에 마침내 그들이 와서 결정했다.

Siamo alle solite.- (지겹게도) 또 시작이군.

Siamo alle solite. Io proibisco a nostro figlio di uscire la sera e tu gli dici che può rientrare all'ora che vuole! 또 시작이군. 나는 아들 녀석에게 밤에 외출하지 못한다고 하고, 당신은 그 녀석이 원하는 시간에 들어오라고 말하고.

2. (명사) 존재; 피조물, 생명체

esseri umani- 인간

l'essere dello spirito- 영적존재

la filosofia dell'essere- 존재철학

un essere vivente- 생명체

esserci- 있다

Che c'è? 무슨 일이야?

Ci sei? 넌 이해했어?

Ci sei arrivato? 알아들었니? 이해했니? (= Hai capito?)

Ci sei questa sera? 오늘 저녁 너 있을 거야?

Ci siamo! 모두 다 있습니다! 우리 왔어요! 또 시작이군요(= Siamo alle solite)!

Ci sono! 알았어. 알아들었어(= Ho capito).

Non c'è che dire.- 두말할 나위가 없다.

Non c'è che dire! Hai fatto proprio un bel lavoro! 두말할 나위가 없다! 너 정말 일을 잘 했다!

Non c'è da avere paura. 두려울 것 없다.

Non c'era il minimo dubbio. 조금도 의심의 여지가 없었다.

Quanto c'è da Roma a Napoli? 나폴리에서 로마까지 시간이 얼마나 걸립니까?

est- 동(東)

a est- 동쪽에

a est di Londra- 런던의 동쪽에

da est- 동쪽에서부터

vento dell'est- 동쪽 바람

viaggio verso est- 동쪽을 향한 여행

estate- 여름

d'estate (o in estate)- 여름에

Prendo le vacanze d'estate. 나는 여름 휴가를 갖는다.

in piena estate- 한 여름에

Ho preso il raffreddore in piena estate. 난 한 여름에 감기에 걸렸다.

L'estate di S. Martino dura tre giorni e un pocolino. 좋은 일은 오래가지 못한다.

sul finir dell' estate- 여름이 끝나갈 무렵

Sul finir dell'estate, di solito comincia a piovere. 여름이 끝나갈 무렵 주로 비가 오기 시작한다.

esterno- 1. (형용사) 외부의

aspetto esterno- 외관; (사물) 겉면

rumori esterni- 실외 소음

solo per uso esterno- (의약품에서) 외용으로만, 외부적인 사용으로만

Quella crema è solo per uso esterno. 그 크림은 외용용이다.

2. (명사) 외부, 외관, 밖

all'esterno- 외부에

all'esterno della casa- 집 밖에

dall'esterno- 밖에서부터, 외부에서부터

estero- 외국, 해외

all'estero- 해외에, 외국에

Ho comprato questo orologio all'estero. 나는 이 시계를 외국에서 샀다.

Ogni anno lui fa un viaggio all'estero. 그는 매년 해외여행을 한다.

andare all'estero- 해외에 나가다, 외국에 가다

Loro vanno in vacanza all'estero. 그들은 해외로 휴가 간다.

mantenere buone relazioni con l'estero- 외국과 좋은 관계를 유지하다

notizie dall'estero- 해외 뉴스, 외신

Hanno appena trasmesso le notizie dall'estero. 그들은 방금 해외 뉴스를 전파했다.

trasferirsi all'estero- (외국으로) 이주하다

esteso- 넓힌, 확장한

firmare per esteso- 빠짐없이 서명하다; 자신의 이름을 빠짐없이 쓰다

per esteso- 상세히, 자세히, 낱낱이(= dettagliatamente); (편지에서) 전부, 빠짐없이, 생략하지 않고 (= senza abbreviazioni)

raccontare un fatto per esteso- 사실을 있는 그대로 낱낱이 얘기하다

estraneo- 1. (형용사) 관계가 없는, 무관한

estraneo a- ~와 관계가 없는, 무관한

Sono estraneo a questa vicenda. 나는 이 일과 무관하다.

questioni estranee al soggetto in discussione- 대화 주제와 무관한 문제들

2. (명사) 낯선 사람; (특정 조직에 속하지 않는) 외부인(= non appartenente); 비인가자(= persona non autorizzata)

accesso vietato agli estranei- 관계자외 출입 금지

trattare qualcuno come un estraneo- ~을 낯선 사람/타인 취급을 하다

un perfetto estraneo- 정체 불명의 사람

estremo- 1. (명사) 극단, 말단, 끝

andare agli estremi- 극단으로 흐르다, 극단으로 치닫다, 극단적일 정도로 ~하다

da un estremo all'altro- 끝에서 끝까지(= da un capo all'altro); 극단에서 극단으로, 극에서 극으로

Quell'uomo passa sempre da un estremo all'altro. Non l'ho mai visto fare una cosa in modo normale. 그 남자는 늘 극단으로 치닫는다. 나는 그가 한번도 정상적으로 하는 것을 보지 못했다.

È avaro all'estremo. 그는 극도로 인색하다, 그는 인색하기 짝이 없다.

essere agli estremi- 막 죽어가다, 죽음의 문턱에 달하다(= essere morente); 참는 데 한계에 도달하다(= essere sul punto di cedere); 맨 마지막이다(= essere prossimo alla fine)

essere all'estremo- 한계에 달하다, 거의 바닥나다

La mia pazienza è all'estremo. 나의 인내심이 한계에 달했다.

essere all'estremo delle forze- 힘의 한계에 다다르다, 힘이 거의 바닥나다

portare le cose all'estremo- ~를 극단으로 몰고 가다

Cerchiamo un accordo, non vorrei portare le cose all'estremo. 합의점을 찾아봅시다. 저는 일을 극단으로 몰아가고 싶지 않습니다.

2. (형용사) 극한의, 최후의

freddo estremo- 혹독한 추위

il limite estremo- 극단

l'estrema sinistra/destrale- 극좌/극우

rendere gli estremi onori- (장례식에서) 마지막 경의를 표하다

un estremo tentativo- 마지막/최후의 시도

età- 나이, 시기

all'età di- ~세에; ~의 나이에

Alla mia età non è tanto facile. 내 나이엔 그리 쉬운 일이 아니다.

Alla Sua età si deve fare attenzione. 당신 나이엔 조심을 하셔야 합니다.

Ho cominciato a suonare il pianoforte all'età di sei anni. 나는 6세에 피아노를 치기 시작했다.

Si è laureato molto presto, all'età di 22 anni. 그는 22세에, 아주 빨리 졸업했다.

avere l'età della ragione- 철이 나다, 철들다

avere l'età di qualcuno- ~의 나이이다

Ho l'età di tuo fratello. 나는 네 형 나이이다.

Lei ha quasi la mia età. 그녀는 거의 내 나이이다.

avere l'età per- ~할 수 있는 나이다

avere la stessa età- 나이가 같다, 동갑이다

Abbiamo la stessa età. 우리는 동갑이다.

avere una certa età- 나이가 들다

Che età hai? 몇 살이니?

Che età mi daresti? 나를 몇 살로 보니? 내가 몇 살인 것 같아?

chiedere l'età- 나이를 묻다

di mezza età- 중년 나이의

di una certa età- 꽤 나이든

È una signora di una certa età e non può più fare tante scale. 그녀는 꽤 나이든 부인이어서 더 이상 많은 계단을 오를 수 없다.

dimostrare la propria età- 자기 나이처럼 보이다, 자기 나이에 맞다

Non dimostri la tua età. 너는 네 나이처럼 안 보인다.

essere ancora in età minore- 아직 미성년이다

in età da marito- 결혼할 나이가 되다

Ha una sorella in età da marito. 그는 결혼할 나이가 된 언니가 있다.

in tenera età- 아주 어린

Maria ha due maschietti in tenera età. 마리아는 아주 어린 사내 아이 둘이 있다.

la terza età- 노령; (사람) 노인; 제3의 연령대(중년과 노년 사이의 아직 활발히 활동할 수 있는 시기)

La vecchiaia non esiste più, dicono. Adesso c'è la terza età. 노인은 더 이상 존재하지 않고, 이제는 제3의 연령대만 있다고들 말한다.

la verde età- 철부지 시절

morire in età avanzata- 고령으로 죽다

Sono all'incirca della tua stessa età. 난 거의 너와 같은 나이이다.

una persona di mezza età- 중년의 사람

veneranda età- 고령, 지긋한 나이

eternità- 영원

da qui all'eternità- 지상에서 영원까지

metterci un'eternità- (시간이) 오래/한참 걸리다

Preferisco non prestargli i libri perché ci mette un'eternità a ridarmeli. 그가 책을 돌려주려면 한참 걸려서 나는 그에게 책을 빌려주고 싶지 않다.

per tutta l'eternità- 영원히, 아무리 세월이 가도, 영원토록

Le ha giurato amore per tutta l'eternità. 그는 영원토록 사랑하겠다고 그녀에게 맹세했다.

eterno- 영원한

in eterno- 영원히

Il suo nome durerà in eterno. 그의 이름은 영원히 남을 것이다.

ette- 무(無)와 같은

mancare un ette- 간신히 피하다; 가까스로 넘기다

C'è mancato un ette che scivolasse con le bottiglie in mano. 손에서 병들이 미끄러질 뻔했는데 그는 가까스로 피했다.

non capire un ette- 아무것도 이해하지 못하다

Parla così in fretta che non capisco un ette. 그가 너무 빨리 말해서 나는 아무것도 이해하지 못해.

non dire un ette- 한 마디도 하지 않다

evenienza- 사건, 기회

all'evenienza- 일단 유사시에는, 위급할 때는

in ogni evenienza- 아무렇든지, 어떻든지, 이러나저러나, 아무튼, 여하간, 좌우간

Cerchiamo di essere forti in ogni evenienza. 좌우간 힘내려고 애써보자.

nell'evenienza che non venga- 그가 오지 않을 경우에는

Nell'evenienza che non venga, andremo noi da lui. 그가 오지 않을 경우, 우리가 그한테 갈 것이다.

nell'evenienza di una guerra- 전쟁이 일어날 경우에는

per ogni evenienza- 어떠한 상황이든, 만일의 사태에도

pronto ad ogni evenienza- 어떠한 만일의 사태에도 준비된, 만반(萬般)의 준비가 된

Tienti pronto ad ogni evenienza; potremmo aver bisogno di te. 우리는 네가 필요할 수도 있으니깐, 만반의 준비를 하고 있다.

evento- 사건, 일, 결과

attendere gli eventi- 행사를 기다리다; 관망하다

in ogni evento- 어쨌든, 어떤 일이 있어도, 어떠한 경우에도

lieto evento- 경사, 출산, 탄생

Ci ha invitato a festeggiare il lieto evento della nascita di suo figlio. 그는 아들의 출산을 축하하는 파티에 우리를 초대했다.

secondo gli eventi- 사건에 따라

eventualità- 우연성, 가능성

in ogni eventualità- 모든 경우에 있어서, 어떠한 경우에라도

Dobbiamo essere pronti in ogni eventualità. 우리는 어떠한 경우에라도 준비가 되어 있어야 한다.

nell'eventualità della sua partenza- 그가 떠날 경우에

nella sfortunata eventualità che venga anche lui- 그도 오게 되는 불행한 경우에

per ogni eventualità- 만일의 경우를 대비해서; 만약을 위해서

Ti lascio un paio di chiavi di casa per ogni eventualità. 만약을 위해서 네게 열쇠를 맡긴다.

evidenza- 분명, 명백한 사실, 눈에 띄는

essere in evidenza- 이채를 띠다, 눈에 띄다, 클로즈업되다

mettere (o porre) in evidenza- (많은 사람이 더 관심을 가지도록) 강조하다

Quella notizia è stata messa troppo in evidenza. 그 뉴스가 부각되었다.

mettersi in evidenza- 이목을 끌다, 주목을 받다; 자신을 드러내다

Anche alla festa cercò di mettersi in evidenza. 그녀는 파티에서도 이목을 끌려고 노력했다.

Si è messo in evidenza accettando di andare in trasferta in Africa. 그는 아프리카 출장을 수락하여 자신을 드러내고자 했다.

sottrarsi all'evidenza- ~을 얼버무리고 넘어가다

Non sottrarti all'evidenza; il pasticcio l'hai fatto tu. 얼버무리고 넘어 가려고 하지 마. 네가 그걸 엉망진창으로 만들었어.

evitare- 피하다, 회피하다

evitare di fare qualcosa- ~하는 것을 피하다

Non so perché ma, negli ultimi tempi, evita di salutarmi. 왠지 이유는 모르겠지만, 최근에 그는 나의 인사를 피한다.

evitare la morte- 목숨을 건지다

evitare le cattive compagnie- 나쁜 친구를 멀리하다

evitare un colpo- 타격을 피하다

evitare una domanda- 질문을 어물쩍 넘기다

F

fabbrica- 공장

  la fabbrica di San Pietro- (교황청 부서 가운데 하나인) 교황청 궁내원; (비유) 해도 해도 끝이 없는 일(= la fabbrica del Duomo)[1]

  Questa è la fabbrica di San Pietro (o del Duomo). (농담) 이 일은 평생해도 다 못할 일이다. 이 일은 해도 해도 끝이 없다.

  lavorare per la fabbrica dell'appetito- (농담) 생계를 유지하기 위해 일하다

  Si lavora per la fabbrica dell'appetito. 그는 밥벌이를 위해 일한다.

  una fabbrica di idee- 아이디어 공장, 생각이 풍부한 사람

  Lui è una fabbrica di idee. 그는 아이디어가 아주 풍부한 사람이다.

fabbricazione- 제조, 제작

  di fabbricazione italiana- 이탈리아 산의, 이탈리아제의

  Queste scarpe sono di fabbricazione italiana. 이 구두는 이탈리아에서 제조된 것이다.

  Questi articoli sono di fabbricazione inglese. 이 물건들은 영국산이다.

  fabbricazione in serie- 대량생산

  fabbricazione nazionale- 국내산

faccenda- 일, 사건

  accudire alle faccende (di casa)- 집안일로 바쁘다

  badare alle proprie faccende- 남의 일에 간섭하지 않다, 쓸데없는 참견은 않다

  chiudere la faccenda- 일을 끝내다

  essere in faccende- 분주하다, 바쁘다

  faccende domestiche- 집안일, 가사

  Era occupata nelle faccende domestiche. 그녀는 집안일로 바빴다.

  non farne una faccenda di Stato- 괜히 일 만들지 말아, 그 일에 호들갑 떨지마

  Ho fatto un errore ma adesso non farne una faccenda di Stato! 내가 실수했지만 그 일에 호들갑 떨지 마!

---

[1] "La fabbrica di San Pietro"란 말은 1523년 교황 클레멘스 7세가 바티칸 대성전의 건축과 관리를 책임질 60명의 전문가들로 구성된 상임위원을 임명한데서부터 시작한다. 그러나 "La fabbrica di San Pietro"란 명칭의 기구가 탄생하게 된 것은 교황 클레멘스 8세(1592-1605) 재임시절이다. 클레멘스 8세 교황은 라틴어로 *"Reverenda Fabrica Sancti Petri"*라는 교황청내 부서를 신설하였는데, 이 심의회는 추기경들과 고위성직자들로 구성되어 당시 이탈리아 반도 내에서 교황령으로 통치된 지역의 입법, 사법, 행정을 담당하는 재치권자로서 각각의 청원에 대해 판단할 수 있는 권한까지 부여받았다. 그러나 이 부서는 시대의 흐름에 따라 기구의 개편이 있어 왔고, 1988년 교황 요한 바오로 2세는 "la fabbrica di San Pietro(교황청 궁내원)"의 역할을 바티칸 대성전의 유지 및 보수, 교황청 내 근무자와 성지순례 관리로 그 역할을 제한하였다. 그런데 인류의 거대한 문화유산 가운데 하나인 바티칸 대성전의 유지 및 보수라는 것이 해도 해도 끝이 없는 일이 아닌가! 그러한 연유에서 "la fabbrica di San Pietro"란 교황청의 한 부서가 비유적으로 "해도 해도 끝이 없는 일"이란 뜻을 갖게 되었다. 이한사전에는 "(비유) 언제까지나 끝나지 않는 일"이라고 옮겼다.

sbrigare le faccende- 가사를 돌보다, 집안일을 하다

facchino- 운반인, 짐꾼

avere un linguaggio da facchino- 말투가 거칠다

Non è piacevole parlare con lui, ha un linguaggio da facchino. 그는 말투가 거칠어서 그와 말하는 것이 유쾌하지 않다.

fare il facchino- 노예처럼 일하다

lavorare come un facchino- 종처럼 일하다, 중노동을 하다

mani da facchino- 거친 손

vita da facchino- 고단한 삶, 힘든 생활

faccia- 얼굴[2]

a (o dalle) molte facce- 다중인격적인

Alla faccia!- (칭찬) 잘됐어! 잘한다!

"Vado in vacanza per un mese." "Alla faccia!" "나 한 달간 휴가 가!" "잘됐다!"

alla faccia di- ~에 상관없이/구애받지 않고(= a dispetto di); ~에도 불구하고

Alla faccia della dieta, mangerò anche il dolce! 다이어트에 상관없이 나는 케이크도 먹을 거다.

Ci andrò lo stesso, alla faccia dei loro consigli. 그들의 충고에도 불구하고 나는 갈 거다.

Alla faccia tua! (속담) 바보 같은 소리! 안 됐다!

Amare e morire sono due facce della stessa medaglia: quando una ti volta le spalle l'altra ti guarda in faccia! 사랑과 죽음은 동전의 양면과도 같아, 하나가 등을 돌리면 또 다른 면을 보게 된다.

avere la faccia di fare qualcosa- 뻔뻔스럽게도 ~하다, 감히 ~할 용기가 있다

Chi ha la faccia di negarlo? 누가 감히 무례하게 그것을 부인할 것인가?

avere (fare) la faccia lunga- 우울한 얼굴을 하다; 불쾌한/시무룩한 표정을 짓다

Non fare la faccia lunga: andremo al cinema un'altra volta. 그렇게 시무룩한 표정을 짓지 마. 우리는 다음번에 극장에 갈 거야.

avere (fare) la faccia stanca/triste- 피곤한/슬픈 얼굴을 하다

Che faccia stanca, stamattina, Paolo! 파올로, 오늘 아침 얼굴이 피곤해 보인다!

Perché fai quella faccia triste? 왜 그런 슬픈 얼굴을 하고 있니?

avere la faccia tosta- 뻔뻔하다, 철면피이다, 무례하다, 건방지다

Che faccia tosta! 뻔뻔하기 짝이 없군! 참 무례하기도 하군!

Hai una bella faccia tosta a dirmi queste cose. 이런 일을 내게 말하는 것 보니 너 배짱이 좋구나.

avere la faccia di- ~의 얼굴을 하다

Hai la faccia di uno che ha dormito male. 넌 잠을 잘못 잔 사람의 얼굴을 하고 있네.

avere una bella faccia- 안색이 좋다, 잘 지내다(= stare bene)

---

[2] 이탈리아어에서 '얼굴'을 가리키는 어휘로는 'faccia, viso, volto' 등이 있다. 이 가운데 'faccia'는 눈, 코, 입을 가진 통상적 의미의 얼굴 그 자체, 기분이나 표정, 행실 등을 나타내는 다양한 의미가 있다. 반면 'viso'는 주로 얼굴을 마주대고 누군가 대화하거나 만났을 때 받았던 인상을 나타내는 의미로 사용한다. 끝으로 'volto'는 라틴어 *vultus*에서 유래한 것으로 철학자 Martin Buber가 즐겨 사용한 철학적 개념 가운데 하나이며, 주로 시와 철학 등의 문학적 표현에서 타자와의 관계성을 나타내는 얼굴을 의미한다.

Hai una bella faccia questa mattina. 너 오늘 아침 얼굴이 좋아 보인다.

avere una brutta faccia- 안색이 안 좋다(= un'aria malaticcia); 슬퍼 보이다(= un'aria triste); 야비한 얼굴을 하다(= un'aria truce)

Che faccia! Che ti è successo? Hai una brutta faccia. 얼굴이 안 돼 보여! 무슨 일이 있었니? 네 안색이 안 좋다.

avere una faccia conosciuta/amica/buffa- 아는/친근한/웃기는 얼굴이다

avere una faccia da luna piena- 달덩이 같이 동그스름한 얼굴이다

avere una faccia da mascalzone- 개구쟁이 얼굴을 하다, 장난꾸러기 얼굴을 하다

Lui ha una faccia da mascalzone. 그는 장난꾸러기 상이다.

avere una faccia da schiaffi- 낯가죽이 두껍다; (사람) 후안무치한 사람이다

Quel ragazzo ha proprio una faccia da schiaffi. 그 놈은 정말 낯가죽이 두껍다.

avere una faccia di bronzo (o tolla)- 뻔뻔하다, 배짱이 좋다

Hai una bella faccia di bronzo a chiedermi degli altri soldi in prestito. 돈을 더 꾸어달라고 내게 청하다니 너 정말 뻔뻔하구나.

cambiare faccia- (1) [사물을] 새롭게 보다

Nonostante tutto non riuscirai a cambiar faccia alla realtà. 이런 모든 어려움에도 불구하고, 너는 현실을 새롭게 볼 수 있을 거다.

(2) (불안으로) 안색이 변하다; (실망으로) 얼굴이 일그러지다; (기뻐서) 얼굴이 환해지다

Quando l'ho visto l'ultima volta, ha cambiato faccia. 그를 마지막으로 보았을 때, 그는 안색이 변했다.

cavarsela con una buona dose di faccia tosta- 뻔뻔하게 행동하다

di (o in) faccia a- ~앞에, 정면에, 맞은편에(= di fronte a)

Ho parcheggiato la macchina in faccia alla stazione. 나는 역 앞에 차를 주차했다.

La sua casa è di faccia alla chiesa. 그의 집은 교회 맞은편에 있다.

dire le cose in faccia- 면전에서 말하다, 직접 말하다, 대놓고 말하다

Gli ho detto in faccia quello che pensavo. 나는 면전에서 내가 생각했었던 것을 그에게 말했다.

dire qualcosa in faccia al mondo- 공개적으로 말하다

faccia a faccia- 얼굴을 맞대고, 마주보고, 면대하여, 마주 앉아; 정면대결

Erano faccia a faccia. 그들은 마주보고 있었다.

Gli ho parlato faccia a faccia. 나는 그의 얼굴을 마주보고 말했다.

fare la faccia lunga- 우울한/침울한 얼굴을 하다

fare le facce- 얼굴을 찌푸리다

fare qualcosa alla faccia di qualcuno- 염치없이 행동하다

Continuo a mangiare come voglio! Alla faccia del medico! 내가 원하는 대로 계속 먹을 거야! 의사 말은 그만 듣기로 하고!

farsi la faccia- 화장하다(= truccarsi)

guardare in faccia la realtà- 현실을 직시하다

Non sognare, guarda in faccia la realtà. 꿈꾸지 말고, 현실을 직시해라.

guardare qualcuno in faccia- ~의 얼굴을 똑바로 쳐다보다

Guardami bene in faccia e dimmi quello che è successo veramente. 내 얼굴을 똑바로 쳐다보고 정말로 무슨 일이 있었는지 말해 봐.

Non potrò più guardarlo in faccia. 더 이상 그의 얼굴을 똑바로 볼 수가 없을 것이다.

L'altra faccia della medaglia- 동전의 뒷면; 문제의 이면

Farai un mucchio di soldi con quel lavoro, ma dovrai anche lavorare molto: è l'altra faccia della medaglia. 너는 그 일로 엄청난 돈을 벌겠지만, 그 반대로 아주 열심히 일해야 할 거야.

la faccia della terra- 세상의 형세(판도)[3]

Se il naso di Cleopatra fosse stato più corto, sarebbe cambiata l'intera faccia della terra. 클레오파트라의 코가 조금만 더 낮았더라면, 세상의 모든 판도가 달라졌을 것이다.

lavarsi la faccia- 세수하다, 얼굴을 씻다

Non mi sono ancora lavato la faccia. 나는 아직 세수를 안했다.

leggerlo in faccia a qualcuno- ~의 얼굴에 쓰여 있다

Glielo si legge in faccia che è preoccupato. 걱정하고 있다는 것이 그의 얼굴에 쓰여 있다

Ti si legge in faccia che sei stanco. 네가 피곤한 것이 얼굴에 쓰여 있다.

mostrar la faccia- 얼굴을 보이다, 나타나다

Non ha più osato mostrar la faccia dopo quello che è successo. 그 일이 있은 뒤로 그는 감히 얼굴을 내밀지 못했다.

non guardare in faccia a nessuno- 남들에 구애받지 않고 밀고 나가다; 생각한 대로 서슴없이 말하다(= parlare schietto)

Fai quello che devi fare; non guardare in faccia a nessuno. 남들이 어떻게 생각하는지는 신경 쓰지 말고, 네가 해야 할 일을 해라.

perdere la faccia- 면목을 잃다, 체면이 깎이다, 좋지 못한 인상을 주다(= fare una brutta figura)

In quell'occasione ho perso la faccia. 나는 그 상황에서 면목을 잃었다.

persona a due facce- 이중인격자

salvare la faccia- (비유) 체면을 유지하다/세우다, 면목을 잃지 않다, 체면이 서다

L'ho detto giusto per salvare la faccia. 나는 체면을 지키려고 올바로 말했다.

una mossa per salvare la faccia- 체면을 세우기 위한 행동

viva la faccia di- 소신껏 (말하다)[4]

Viva la faccia della sincerità; almeno ha detto quello che pensava. 적어도 그는 소신껏 솔직히 생각한 바를 말했다.

facciata- (건물의) 정면, 전면; 외견, 외관

amicizia di facciata 표면상의 친선

cortesia di facciata- 표면상의 친절

di facciata- 표면적인, 외관상의

giudicare dalla facciata- 외관을 보고 판단하다

---

[3] "sulla faccia della terra"라는 관용어의 의미는 "이 세상에서, 지구상에서"라는 뜻이다.

[4] 아주 드물게 사용하는 관용어로써 자기가 생각하있는 바를 용기를 내어 말하는 사람을 강조할 때 사용한다.

facile- 쉬운

   avere il grilletto facile- (문제 해결 등에서) 반응이 빠르다

   avere la parola facile- (생각, 감정을) 분명히 표현하다(= saper parlare bene); 말솜씨가 좋다, 말재주가 있다(= avere una buona parlantina); (반어) 입심이 좋다

   avere le lacrime facili- 쉽게 잘 운다, 눈물이 많다; (경멸) 엄살을 떨다

   Lei ha le lacrime facili. 그녀는 쉽게 잘 운다. 그녀는 눈물이 많다. 그녀는 울보다.

   di facile contentatura- (성격이) 느긋한, 태평스러운

   È più facile dirlo che farlo. 행하기 보다 말하기가 더 쉽다.

   essere facile a- 쉽게 ~을 하다; ~하는 데 준비가 되어 있다; ~하는 경향이 있다

   Sei facile a credere a qualsiasi cosa. 너는 쉽게 아무것이나 잘 믿는다.

   Sono facile alla commozione. 나는 감동을 잘한다.

   fare tutto facile- 모든 것을 가볍게

   ragazza facile- (성적으로) 문란한 여자

facilità- 용이함, 평이함

   arrabbiarsi con facilità- 화를 잘 낸다, 걸핏하면 화를 낸다; 성미가 급하다

   avere facilità di parola- 말솜씨가 좋다

   avere facilità per le lingue- 언어에 소질이 있다, 언어에 능통하다

   con facilità- 쉽게, 용이하게, 손쉽게, 무리 없이

   Sono prodotti che troverai con facilità al supermercato. 슈퍼마켓에서 손쉽게 발견할 수 있는 제품이다.

   Supererai l'esame con facilità. 나는 시험을 쉽게 통과할 것이다.

   deprimersi con facilità- 쉽게 우울해지다

   parlare l'inglese con facilità- 영어를 유창하게 말하다

facoltà- 학부; 권력, 권한

   alla facoltà di- ~학부에

   Alla facoltà di medicina c'è il numero chiuso. 의대는 정원제이다.

   avere la facoltà di- ~할 수 있는 권한/권리가 있다; ~기능/효과가 있다

   Hai la facoltà di dire quello che pensi. 너는 네가 생각한 것을 말할 권리가 있다.

   L'antipiretico ha la facoltà di abbassare la febbre. 해열제는 열을 내리는 효과가 있다.

   frequentare la facoltà- 학부/학과를 다니다

   Lui frequenta la facoltà di Medicina. 그는 의대를 다니고 있다.

fagiolo- 완두콩

   andare a fagiolo- 마음에 들다, 안성맞춤이다

   Mi va a fagiolo. 나에게 딱 맞다.

   Questo lavoro mi va proprio a fagiolo. 이 일은 나에게 꼭 맞습니다.

   capitare proprio a fagiolo- 제 때에 오다

   Capiti proprio a fagiolo. Puoi aiutarmi a spostare questo tavolo? 너 마침 잘 왔다. 이 탁자를 옮기는 데 도와줄 수 있니?

fagotto[1]- 묶음, 보따리

far fagotto- 짐을 싸서 떠나다; (옷을) 함께 모으다

Mi hai stufato; fa' fagotto. 너만 보면 정말 신물이 난다. 보따리 싸서 가라.

fagotto②- (음악) 바순

falco- 매

  avere occhi di falco- (비유) 눈이 날카롭다, 예리한 눈이다

  Lui ha occhi di falco. 그는 눈이 날카롭다.

  piombare come un falco su qualcosa- (특히 경찰, 군인이) ~을 급습하다

  vista da falco- 예리한 시각, 관찰

falla- 새는 곳(틈, 구멍); 누출; 누설

  avere delle falle- 구멍이 나다; (구멍·균열이 생겨서 물·가스가) 새다

  tamponare una falla- 구멍을 메우다

  tappare (o chiudere) le falle- (물이) 새는 것을 막다; 수습책을 강구하다; 남들이 원치 않는 일을 하다; 피해를 최소화하다[5]

Se non ci fosse stato lui che tappava le falle, quel convegno sarebbe stato un disastro. 피해를 최소화한 그가 없었다면, 그 모임은 완전 실패했을 것이다.

fallo- 과오, 잘못

  cogliere in fallo- ~의 부정/잘못을 들추어내다, 현장을 포착하다

L'ho colto in fallo! Aveva una sigaretta in bocca mentre mi aveva detto che non fumava più da tempo. 나는 그의 잘못을 들춰냈다! 그가 입에 담배를 물고 있으면서도 아까부터 담배를 피우지 않았다고 내게 말했었다.

Questa volta ti ho colto in fallo; non dire di no. 이번에 현장을 포착했는데, 아니라고 말하지 못하겠지.

  mettere un piede in fallo- 헛발을 디디다

Ha messo un piede in fallo ed è caduto. 그는 헛발을 디뎌 넘어졌다.

  senza fallo- 틀림없이, 반드시, 어김없이, 기필코

falso- 1. (형용사) 잘못된

  allarme falso- 허위경보, 오경보

  capelli falsi- 가발

  denti falsi- 의치, 틀니

  dichiarazione falsa- 거짓 진술

  È una falsa magra. 그녀는 보기보다 마르지 않다.

  falsa partenza- 부정 출발, 부정 스타트

  falsa testimonianza- 위증

  fare un passo falso- 발을 헛디디다, 실수하다

  notizia falsa- 오보, 잘못된 소식

  sotto falso nome- 가짜 이름으로, 가명으로, 남의 이름으로

---

[5] 이 관용어는 다음의 뜻을 내포한다. Chiudere i buchi; cercare di risolvere le situazioni difficili; essere il jolly delle cose; fare le cose che gli altri non vogliono fare.

Quel signore viaggiava sotto falso nome. 그 신사는 가짜 이름으로 여행하고 있었다.

2. (명사) 거짓임; 위조, 변조

dire il falso- 거짓말하다

distinguere il vero dal falso- 진위를 구별하다

giurare il falso- 위증을 하다

fama- 명성, 명망

amore per la fama- 공명심

avere fama di- ~라고 명성이 나있다

Lui ha fama di essere coraggioso. 그는 용기가 있다고 명성이 나있다.

avere una buona fama- 평판이 좋다

conoscere qualcuno di (o per) fama- ~을 소문으로 알다, ~에 대해 평판으로 알고 있다

di chiara fama- 대단히 유명한, 굉장히 명성이 높은

È un professore di chiara fama. 그는 대단히 유명한 교수이다.

È uno scienziato di chiara fama. 그는 명망있는 학자이다.

di fama mondiale- 세계적으로 유명한

È uno scrittore di fama mondiale. 그는 세계적으로 유명한 작가이다.

godere di ottima (o pessima) fama- 좋은 평판을 누리다, 아주 나쁜 평판이 나있다

Nel suo ambiente lavorativo gode di ottima fama. 그는 노동계에서 좋은 평판을 누린다.

fame- 배고픔

avere fame- 배가 고프다

Non ho sete, ma ho fame. 나는 목이 마른 것이 아니라 배고 고프다.

avere fame di- ~에 굶주리다, ~를 갈구/갈망하다, ~를 목말라 하다

Lui ha fame di denaro. 그는 돈에 굶주려 있다.

Quel bimbo ha fame di affetto. 그 아이는 애정에 굶주려 있다.

avere una fame- 배가 굉장히 고프다

Ho una fame che non ti dico. 나는 말할 수 없을 정도로 배고프다. 굉장히 배가 고프다.

Ho una fame da morire. 나는 배고파 죽겠다.

avere una fame da lupo- 무척 배가 고프다, 배가 고파 죽을 지경이다

Ho una fame da lupo; mi mangerei un bue intero. 너무 배가 고파서 소를 한 마리 줘도 다 먹을 것 같다.

brutto come la fame- 지독히도 못생긴, 몹시 추하게 생긴

È una ragazza interessante; peccato che sia brutta come la fame. 그녀는 재미있는 소녀인데, 너무 못 생겨서 참 안됐다.

cascare dalla fame- 배가 고파서 쓰러질 지경이다

Chi ha sempre mangiato non conosce la fame, chi è ricco non conosce le difficoltà dei poveri. 배곯 아 보지 않은 사람은 배고픔을 모르고, 부유한 사람은 가난한 사람들의 어려움을 모른다. 배부 른 사람은 배고픈 사람의 사정을 모른다.

essere alla fame- 사실상 굶고 있다

fare la fame- 굶주리다, 배고프다; (비유) 아주 가난하다

Dopo aver fatto la fame ora vivono nel lusso. 그들은 아주 가난한 생활을 하고 나서 이제 풍족하게 잘 산다.

fare lo sciopero della fame- 단식투쟁을 하다

fare morire qualcuno di fame- ~를 굶어 죽게 하다

i morsi della fame- 극심한 배고픔

lungo (alto e magro) come la fame- 키가 크고 늘씬하다, 후리후리하다

Ha solo sedici anni, ma è cresciuto moltissimo; è lungo come la fame. 그는 16살밖에 안됐는데 무척 커서, 키가 크고 날씬하다.

mettere fame- 식욕을 돋우다

morire dalla fame- 배고파 죽을 지경이다

Muoio dalla fame. 배고파 죽겠다.

morire di fame- 배고파 죽다, 아사하다, 굶어 죽다; 가난한 생활을 하다

Lavoro per non morire di fame. 나는 굶어 죽지 않으려고 일한다.

non stare in piedi dalla fame- 배가 고파서 쓰러질 지경이다

Non stava in piedi dalla fame. 그는 배가 고파서 쓰러질 지경이었다.

prendere per fame- (군사) 굶겨서 항복시키다

Qualunque cibo soddisfi la fame è un ottimo cibo. 시장이 반찬이다.

Quando la fame vien dentro la porta, l'amore se ne va dalla finestra. 굶주림이 문 안으로 들어오면, 사랑은 창문 밖으로 나간다. 가난하면 작은 일을 놓고 자연히 서로 다투게 되어 불화가 된다는 말이다. 우리 속담에는 "가난이 싸움 붙인다."

Se vuoi il bene per i tuoi figli fagli patire un po' di freddo e fame. 자식을 위한다면 약간의 추위와 배고픔의 고통을 느끼게 해라. 아이를 진정으로 사랑한다면 귀여워만 할 것이 아니라 어려움도 가르쳐 주라는 뜻.

sciopero della fame- 단식투쟁

soffrire la fame- 배고픔을 견디다, 배고픔을 참다

stipendi (o salari) da fame- (입에 풀칠도 안되는) 박봉, 기아임금

un morto di fame- 보잘것없는 사람, 무명인

Non ha mai avuto fortuna nel lavoro: è sempre stato un morto di fame. 그는 일에 운이 없어서 늘 무명으로 있었다.

famiglia- 가족, 가정

avere famiglia- 가정이 있다

Ha famiglia? 가정이 있으세요?

avere una famiglia a carico- 부양가족이 있다

Lui ha bisogno di quel lavoro, perché ha la famiglia a carico. 그는 부양가족이 있어서 그 일이 필요하다.

avere una famiglia numerosa- 대가족이다

Abbiamo una famiglia numerosa. 우린 대가족이다.

consiglio di famiglia- 가족 회의

di buona famiglia- 좋은 집안의, 혈통이 좋은, 문벌 있는 집안의

di famiglia- (1) 가정사; 집안의; 가족 같은

Clara, tu per me sei una persona di famiglia. 클라라, 넌 내게 있어 가족과 같은 존재야.

Preferiamo non discuterne con te: è un affare di famiglia. 가정사여서 우리는 너와 그것을 논하고 싶지 않다.

(2) 집안 내력이다

I capelli rossi sono una caratteristica di famiglia. 빨간 머리는 집안 내력이야.

È più facile essere a capo di un regno che a capo di una famiglia. 한 가정의 가장보다 왕국의 수장이 훨씬 더 쉽다. 그만큼 가장의 어려움을 드러낸 관용어이다.

essere di buona famiglia- 좋은 집안 출신이다

È un giovanotto di buona famiglia. 그는 좋은 집안 출신의 젊은이이다.

Lui è di buona famiglia? 그는 좋은 집안 출신인가?

essere di famiglia con qualcuno- ~와 한 식구 같다, ~와 허물없는 사이다, ~와 가깝게 지내다

Quegli amici sono come di famiglia. 그 친구들은 가족과 같다.

essere una famiglia all'antica (o tradizionale)- 옛날 가족, 전통가족이다

La mia è una famiglia all'antica. 나의 가족은 전통가족이다.

fare le cose in famiglia- 비공식적으로 하다, 남몰래 하다

farsi una famiglia- 가정을 이루다, 가정을 꾸리다

Ha deciso che a 50 anni vuole farsi una famiglia. 그는 쉰살에 가정을 이루고 싶다고 결정했다.

I litigi di famiglia devono rimanere in famiglia. 가족 간의 다툼은 집안 울타리를 넘어서는 안 된다. 집안 문제는 가정 안에서 해결해야 한다.

in famiglia- 집에서, 가정에서

Con loro mi sento come in famiglia. 그들하고는 꼭 가족과 같은 느낌이다.

Lui è tornato in famiglia. 그는 가정으로 돌아왔다.

Vivi ancora in famiglia? 너는 아직도 집에서 사니?

la famiglia nucleare- 핵가족

La famiglia nucleare è formata da marito, moglie e figli. 핵가족은 남편, 아내와 자식들로 이루어진다.

la famiglia patriarcale- 가부장적 가족

La famiglia patriarcale era composta da genitori, figli, nonni, zii. 가부장적 가족은 부모님, 자녀, 조부모, 삼촌과 고모들로 구성된다.

la Sacra Famiglia- 성가정[6]

mettere su famiglia- 결혼하다(= sposarsi)

Gianni ha deciso di mettere su famiglia. 쟌니는 결혼하기로 결심했다.

passare la serata in famiglia- 저녁을 집에서/가족과 함께 보내다

Quando una famiglia è affamata, cento famiglie devono unirsi per aiutarla. 한 가정이 굶주리면,

---

[6] 아기 예수, 성모 마리아, 성 요셉의 나자렛에서의 가정을 말한다.

백 가정이 그 가정을 돕기 위해 함께 해야 한다. 십시일반이다.

Quando una famiglia litiga troppo ad alta voce, i vicini di casa se la ridono. 큰 소리로 다투는 집은 이웃집에서 비웃는다.

"Quanti siete in famiglia?" "Siamo in quattro." 가족이 몇 명이니? 4명이야.

scrivere alla famiglia- 집에 편지를 쓰다

sentirsi in famiglia- 마음이 편안하다

Stato di famiglia- 호적 등본

un lutto in famiglia- 가족 일원의 죽음

vivere in famiglia- 집에서 살다

familiare- 가정의, 가족의; 잘 아는, 편안한; 친밀한, 허물없는

essere familiare- 친근하다, 잘 알다, 친숙하다

Questo atteggiamento brusco gli è familiare. 그는 이런 경솔한 태도에 익숙하다.

essere in rapporti familiari con qualcuno- ~와 친한 사이다, ~와 친교가 있다, ~와 허물없이 대하다

riunione familiare- 가족 회의

Domani ho una riunione familiare per decidere dove andare in vacanza. 나는 휴가로 어디 갈지를 결정하기 위해 내일 가족 회의를 갖는다.

vita familiare- 가정생활

familiarità- 친함, 친밀한 관계

avere familiarità con qualcosa- ~에 대해 익히 알다

essere in rapporti di familiarità con qualcuno- ~와 친한 사이다, ~와 친교가 있다

prendere familiarità con qualcosa- ~에 익숙해지다; ~을 할/쓸 줄 알게 되다, 요령을 알다

Devo ancora prendere familiarità con l'auto nuova. 나는 아직 새 자동차에 익숙해져야 한다.

prendersi troppo familiarità con qualcuno- ~와 지나치게 가까이하다

trattare qualcuno con troppa familiarità- ~를 친절하게/허물없이 대하다

Non mi piace che quella persona ti tratti con troppa familiarità. 나는 네가 그 사람을 너무 친절하게 대하는 것이 싫다.

famoso- 유명한

essere famoso per qualcosa- ~로 유명하다

Milano è famosa per la moda. 밀라노는 패션으로 유명하다.

fanalino- (자동차, 열차 등의) 미등

essere il fanalino di coda- 맨 뒤에 선 사람, 꼴찌

Studia come tutti gli altri, ma è sempre il fanalino di coda della classe. 그는 다른 사람들처럼 공부하지만 늘 반에서 꼴찌이다.

fanatico- 열광적인

essere fanatico per qualcosa- ~를 광적으로 좋아하다, ~에 미치다, ~에 빠지다

Lui è fanatico per il calcio. 그는 축구에 빠져 있다.

fango- 진흙

cadere nel fango- 진흙탕 속에 빠지다, (비유) 추락하다

coprire qualcuno di fango- ~에게 흙칠을 하다, ~를 비방하다

Con i suoi discorsi lo ha coperto di fango. 그는 자신의 연설로 그를 비방했다.

fare i fanghi- 진흙 목욕을 하다

Sono stato alle Terme e ho fatto i fanghi per la cellulite. 나는 온천에서 피하지방 때문에 진흙 목욕을 했다.

fare la cura dei fanghi- 진흙 치료를 하다

gettare fango addosso a qualcuno- ~를 얼굴에 먹칠하다, ~을 헐뜯다

Mi ha gettato addosso solo fango. Che persona cattiva! 그는 내 얼굴에 먹칠을 했다. 나쁜 인간같으니라고!

guazzare (o rotolarsi) nel fango- (비유) 진흙탕 속에 뒹굴다

raccogliere dal fango- 진흙탕 속에서 건져내다; (비유) ~를 빈민굴에서 구해내다

L'ho raccolto dal fango. 나는 그를 빈민굴에서 구해냈다.

trascinare nel fango il nome di qualcuno- (중상 모략 따위로) ~의 평판을 떨어뜨리다; ~의 이름에 먹칠을 하다

vivere nel fango- 비천하게 살다

fantasia- 상상, 환상

colpire la fantasia- ~의 마음에 들다; ~의 상상력을 자극하다

dare libero corso alla fantasia- 상상의 나래를 펴게 하다

della fantasia- 상상 속의

È tutto frutto della tua fantasia. 모든 것이 네 상상 속의 산물이다.

lavorare di fantasia- 상상하다; 날조하다/조작하다

Secondo te, Elena avrebbe un affare con suo suocero. Non stai lavorando un po' troppo di fantasia? 네 생각에 엘레나가 시아버지와 거래를 한 것같어. 너 지나치게 상상하는 것 아니야?

perdersi in fantasie- 공상에 잠기다

privo di fantasia- 상상력이 부족한

Mi sembra un ragazzo privo di fantasia. 내가 보기에 상상력이 부족한 소년 같다.

fantasma- 유령, 망령

credere ai fantasmi- 유령을 믿다

essere il fantasma di se stesso- (힘, 영향력에 있어서) 예전에 비하면 허깨비이다; 예전 모습을 찾아볼 수 없다

Dopo la malattia ai polmoni è ormai il fantasma di se stesso. 그는 폐질환 이후에 이제 예전 모습을 거의 찾아볼 수 없다.

fare- 1. (타동사) 하다, 만들다

avere a che fare con qualcuno- ~와 관계가 있다, 관련되다

Chi fa da sé fa per tre. 혼자서 하는 자가 세 사람 몫을 한다; 혼자 하는 것이 더 낫다; 네가 무언가하고 싶다면 직접 하여라.

Chi la fa l'aspetti. 뿌린 대로 거둘 것이다. 자업자득.

Chi me lo fa fare? (직역) 누가 그걸 내가 하도록 만들지? 왜 내가 그걸 해야 해?

Chi non fa quando può, non fa quando vuole. 할 수 있을 때 하지 않는 사람은 하고 싶을 때 할 수 없다.

da farsi- 만들어지다, 준비되다

Non rimandare a domani quello che è da farsi oggi. 오늘 해야 할 일을 내일로 미루지 마라.

Fai pure! 계속해!

farcela- (1) 성공하다, 해내다

Ce l'ho fatta! 해 냈다.

(2) (특정한 시간에 하는 일이) 가능하다/되다

Speravo di venire, ma non ce l'ho fatta. 나는 오고 싶었는데 올 수 없었다.

(3) (힘든 일을) 간신히 해내다, (어떻게든) ~하다/해내다; 대처하다(=cavarsela)

Ce la fai da solo? 혼자서 해낼 수 있겠니?

Finisci tu di scrivere la relazione? È tre notti che non dormo, non ce la faccio più. 너 보고서 작성 마칠 수 있니? 나는 삼일 밤을 세웠더니 더 이상 못 하겠다.

fare bene a- ~하는 것은 잘 하는 것이다

Hai fatto bene a venire qui. 너 여기에 오길 잘 했다.

fare bene/male a qualcuno o qualcosa- ~를 좋게 하다, ~를 나쁘게 하다

La ginnastica fa bene alla tua salute. 체조는 네 건강에 좋다.

Mi fa male. 나를 아프게 한다.

Questa medicina ti farà bene. 이 약이 네게 좋을 거다.

fare del proprio meglio- 최선을 다하다

Farò del mio meglio per consegnare il lavoro entro una settimana. 나는 한주 내로 일을 제출하도록 최선을 다할 것이다.

Ho fatto del mio meglio. 나는 최선을 다했다.

fare e disfare- 좌지우지하다(= decidere ogni cosa)

Lui fa e disfa sempre tutto e non chiede mai l'opinione degli altri. 그가 늘 좌지우지하기에 다른 사람의 의견을 묻지 않는다.

fare in modo che- ~하도록 하다

Hanno fatto in modo che tutti fossero soddisfatti. 그들은 모두가 만족하게끔 했다.

fare male 잘못하다

Fai male. 너 잘못하는 거야.

fare meglio a- ~하는 것이 더 낫다

Faresti meglio a tacere. 너는 침묵하는 것이 더 나을 거다.

fare per qualcuno- ~에게 잘 맞다, ~에게 안성맞춤이다

Il lavoro attuale non fa per me. 현재 일이 나한테 안 맞는다.

Queste sono le scarpe che fanno per Lei. 이것은 당신에게 안성맞춤인 신발입니다.

fare tutto il possibile- 최선을 다하다

Farò tutto il possibile per venire qui. 나는 여기에 오도록 최선을 다 할 것이다.

farla a qualcuno- ~를 속이다/현혹하다(= imbrogliarlo)

farla finita- 그만하다, ~을 그만두게 하다(= smetterla); (완곡) ~를 죽이다(= uccidersi)

farla franca- (나쁜 짓을 하고도) 처벌을 모면하다, ~을 훔쳐 달아나다

Non si sono accorti che aveva messo in tasca il profumo e così l'ha fatta franca ed è scappato. 그가 주머니에 향수를 넣은 것을 그들이 알아차리지 못해 그것을 훔쳐 달아났다.

farla lunga- (평상시보다 또는 필요 이상으로) 일을 길게 하다/끌다

farsela addosso- 오줌을 지리다

farsela con qualcuno- ~와 아주 친하게 굴다; ~와 어울리다; 바람나다, 통정하다(= avere una relazione)

Ma dai, lo sanno tutti che se la fa con la moglie di suo cugino! 그건 아냐, 그가 사촌의 아내와 바람난 것은 모든 사람이 다 아는 사실이다.

farsela sotto- 겁을 먹고 ~을 그만두다, ~에서 꽁무니를 빼다

farsi gli affari propri- 남의 일에 간섭하지 않다, 쓸데없는 참견은 않다

farsi la barba- 면도하다

farsi le unghie- 손톱을 깎다

farsi piacere qualcosa- (짜증스럽거나 불쾌한 것을 불평 없이) 참다/받아들이다

farsi qualcuno- ~와 섹스하다

farsi un nome- 유명해지다

non fa altro che- ~하기만 하다

Non fa altro che dormire. 그는 잠만 잔다.

non fa nulla- 상관없다, 괜찮다

"Mi scusi, non ho visto che c'era prima lei." "Non si preoccupi, non fa nulla." "죄송합니다. 먼저 오신 것을 몰랐습니다." "걱정하지 마세요, 괜찮아요."

non farne nulla- 아무런 성과/진전을 못 보다

Abbiamo parlato e riparlato di quel progetto, ma alla fine non ne abbiamo fatto nulla. 우리는 그 프로젝트에 대해 거듭 논의했지만, 결국에는 아무런 진전이 없었다.

Si fa così. 그거 이렇게 해. (≠ Non si fa così.)

2. (자동사)

fare a meno di- (1) 포기하다, 그만두다(= rinunciare)

Dice che non può fare a meno di fumare. 그는 담배를 끊을 수 없다고 말한다.

(2) ~없이 하다(= fare senza)

Non posso fare a meno del dizionario. 나는 사전없이 할 수 없다.

(3) ~없이 지내다(= vivere senza)

Non posso fare a meno di lui. 나는 그의 없이 지낼 수 없다.

(4) ~을 참다(= astenersi da)

Non posso fare a meno di ridere. 나는 웃음을 참을 수가 없다.

fare da- (1) (사람) ~으로서의 역할을 하다/맡다

Le ha fatto da padre. 그녀에게 그는 아버지 노릇을 했다.

(2) (사물) ~의 역할을 하다

Questa cassa farà da sedile. 이 상자는 의자 대용이 된다.

fare in modo di- (1) ~하도록 힘쓰다(= cercare di)

Fa' in modo di venire! 가능하면 오도록 해!

(2) ~하도록 조심하다(= badare a)

Fa' in modo di non farti vedere. 너 보이지 않도록 조심해라.

fare per- (1) 막 ~하려는 참이다(= accingersi a)

Fece per andarsene, ma lo convincemmo a restare. 그는 막 가려던 참이었는데, 우리는 더 있도록 그를 설득하였다.

(2) ~할 것처럼 굴다

Fece per salire sulla macchina senza offrire resistenza, ma all'ultimo momento sgusciò tra i due poliziotti e fuggì. 그는 아무 저항없이 차에 탈 것처럼 굴었는데, 마지막 순간 두 경찰 사이를 헤치고 도망쳤다.

(3) (~에게) 좋다

Sarà un buon posto, ma non fa per me. 좋은 일자리 같았지만, 내게는 좋지 않다.

fare sì che- 1) ~하도록 마련/조처/주선하다(= provvedere)

Lui ha fatto sì che loro due si incontrassero e finalmente hanno fatto pace! 그는 그들 둘을 만나도록 주선했는데 마침내 성사되었다.

(2) ~을 처리하다(= combinare)

Fece sì che tutti fossero d'accordo con lui. 모두가 그의 말에 동의하게 끔 처리했다.

(3) ~을 야기/초래하다(= causare)

Il ritardo fece sì che perdessi la coincidenza. 연착이 연결편 열차를 놓치게 하였다.

3. (재귀 동사) farsi

farsi annunciare- 스스로 알리다

farsi avanti- 나서다; 앞으로 나가다

farsi bello- 멋 부리다

farsi capire- 자기 말을 남에게 이해시키다

farsi in là- 피하다, 비키다

farsi in quattro- 전력/최선을 다하다; (구어) 안간힘을 쓰다

farsi notare- 주의/이목을 끌다

farsi rispettare- 존경을 받다

farsi valere- 단호하게 반대/거절하다

4. (명사) 행함, 행동

Altro è dire, altro è fare. 말과 행동이 다르다. 언행이 일치하지 않는다.

Tra il dire e il fare c'è di mezzo il mare. 말하는 것과 행동하는 것은 다르다. (= Un conto è dire, un conto è fare.)

farfalla- 나비

andare a caccia di farfalle- 시간을 허비하다, 세월을 헛되이 보내다

Non concluderà mai niente; va sempre a caccia di farfalle. 어떠한 결론도 나지 않을텐데, 늘 시간만

낭비한다.

farina- 밀가루

farina del diavolo- 부당하게 취득한 물건, 부당 이득; 장물(贓物)

La farina del diavolo va tutta in crusca. 부당 이득으로는 번창하지 않는다.

Quell'orologio è costato troppo poco; mi sa che è farina del diavolo. 그 시계는 가격이 너무 싼데, 장물이라는 생각이 든다.

non è farina del tuo sacco- (비유) 네가 한 일/생각이 아니다, 네 작품이 아니다

Quei compiti sono fatti troppo bene. Sicuramente non sono farina del tuo sacco! 그 숙제는 너무 잘 했는데, 분명 그가 한 게 아니다.

ridurre qualcosa in farina- ~을 완전히 쳐부수다, 분쇄하다

fascio- 묶음

andare (o mandare) in fascio- 파멸하다

essere un fascio di nervi- (비유) 몹시 초조해하다, 안절부절못하다, 신경 과민이다

Stai attento a come parli. In questo periodo quella signora è un fascio di nervi. 너 말할 때 주의하렴. 요즘 그 아주머니는 신경이 예민하다.

fare d'ogni erba una fascio- 차별이 없다

mettere in un sol fascio- 함께 묶다, (비유) 똑같이 취급하다

(portare) un fascio di- 한 묶음의, 한 뭉치의

Mio nonno portava sulle spalle fasci di rami. 할아버지는 나뭇가지 한 묶음을 어깨에 메고 왔다.

un fascio di libri- 책 한 묶음

fase- 단계, 양상

attraversare una brutta fase- 힘든 시기를 겪다

entrare in una nuova fase- 새로운 국면에 접어들다, 새로운 단계에 진입하다

essere fuori fase- (몸, 기분이) 괴롭다, 몸이 편치 않다

Oggi non ne faccio una giusta: sono proprio fuori fase. 몸이 찌뿌듯해서, 오늘 아무것도 제대로 할 수 없다.

essere nella fase finale- 마지막 단계이다, 마무리 단계이다

in fase di sviluppo- 개발 단계에

Il progetto è ancora in fase di sviluppo. 계획은 여전히 개발 단계에 있다.

fastidio- 불쾌함, 성가심, 귀찮음

avere molti fastidi- 걱정/문제가 많다

dare fastidio a qualcuno- ~를 귀찮게 하다, ~에게 신경 쓰이게 하다, 괴롭히다; 폐가 되다

Il fumo mi dà fastidio. 나는 담배 연기가 싫다. 나는 담배 연기를 참을 수 없다.

Mi dà fastidio incontrare quella persona. 나는 그 사람을 만나는 것이 정말 싫다.

Ti dà fastidio se apro la finestra? 창문을 열어도 될까요?

prendersi il fastidio di- ~의 수고를 하다; 귀찮지만 ~하다, 일부러 ~하다

provare fastidio- 귀찮다, 골치 아프다

fata- 요정

avere mani di fata- 손재주가 좋다

Mia madre aveva delle mani di fata quando cuciva. 나의 어머니는 바느질을 할 때 손재주가 좋았다.

fatale- 치명적인

donna fatale- (불어) 팜므파탈; 요부, 남성을 파멸로 이끄는 여성

Le donne fatali non mi piacciono. Mi sembrano false. 거짓처럼 느껴져 나는 악녀들을 싫어한다.

fatica- 수고, 노고, 피곤, 피로

a fatica- 간신히, 겨우; 가까스로, 어렵게, 힘들게

Il malato respira a fatica. 환자가 숨을 힘들게 쉰다.

Maria è cambiata molto. L'ho riconosciuta a fatica. 마리아는 많이 변했다. 나는 그녀를 간신히 알아보았다.

accusare fatica- 피로를 느끼다, 피곤하다

Che fatica!- 정말 힘들다! 아유 힘들어!

Che fatica parlare con te! 너와 말하는 것은 정말 힘들다!

con grande fatica- 아주 힘을 들여서, 아주 어렵게, 아주 힘겹게

Ho fatto questo lavoro con grande fatica. 나는 이 일을 아주 어렵게 했다.

essere morto dalla fatica- 힘들어 죽다, 아주 피곤하다

È tutta fatica risparmiata! 모든 수고를 덜었다!

fare fatica a- (신체적이나 정신적으로) ~하는 것이 힘들다, 힘들게 ~하다

Faccio fatica ad alzarmi la mattina. 나는 아침에 일어나는 것이 힘들다.

Lui fa fatica a parlare. 그는 말하는 것이 힘들다. 그는 힘들게 말한다.

non reggersi in piedi dalla fatica- 피곤해서 서 있기조차 힘들다, 기진해서 쓰러질 것 같다

risparmiarsi la fatica di fare qualcosa- ~을 해야 할 수고를 면하다

senza fatica- 힘들이지 않고, 노력하지 않고, 쉽게

Posso imparare la lingua sul posto senza fatica. 나는 현지에서 언어를 힘들이지 않고 배울 수 있다.

fatto- 1. (형용사) 만들어진, 형성된

a conti fatti- 모든 것을 고려하여/고려해 볼 때

Ben fatto! 잘했어!

Ciò che è fatto è fatto. 지나간 일은 할 수 없다; 왈가왈부해봐야 소용없다; 엎질러진 물이다; 과거는 과거일 뿐이다; 이미 끝난 일이다

detto fatto- 말이 떨어지기가 무섭게, 말하자 마자

Lavorare con quel collega mi piace. Quello che dice, fa. 나는 그 동료와 일하는 것이 좋다. 그는 말이 떨어지기가 무섭게 한다.

È fatta!- 다 됐다! 그렇다!

Finalmente è fatta! 드디어 다 됐다.

Io sono fatto così. 난 원래 이래요. 나는 원래 그래.

Quello che è fatto è reso. 남에게 그 사람이 자기에게 한 것과 똑같이 그대로 갚다. 가는 말이 고와야 오는 말이 고운 것처럼 그대로 응수하다.

venir fatto di fare qualcosa- 혹시/행여라도 ~하게 되면

Se ti viene fatto di incontrarlo, digli che vorrei parlargli. 혹시 네가 그를 만나게 되면, 내가 그와 이야기하고 싶다고 말해줘.

2. (명사) 행동, 사실

andarsene per i fatti propri- 자기가 가야할 길로 가다

badare ai (o farsi i) fatti propri- 자기 일에 신경쓰다, 남의 일에 간섭하지 않다

Non ti impicciare; bada ai fatti tuoi. 참견하지 말고 네 일이나 잘 해.

Sono fatti miei! 나의 일이야, 간섭하지 마!

cogliere qualcuno sul fatto- ~을 현행범으로 체포하다(= cogliere qualcuno in flagrante)

Stava rubando la marmellata e l'ho colto sul fatto. 그가 잼을 훔치려는 것을 내가 현행범으로 잡았다.

di fatto- 사실은(= in realtà); 실질적으로, 사실상(= in sostanza); 실질적인, 실제로는

Si dice il direttore di produzione, ma di fatto è solo un impiegato. 그는 생산 관리 책임자라고 말하지만 실제로는 그저 직원에 불과하다.

dire a qualcuno il fatto suo- (실제로는 남에게 조언하는 의미에서) 생각한 바를 거리낌 없이 말하다, ~에게 잔소리하다

L'ho incontrato l'altro giorno e gli ho detto il fatto suo. 일전에 나는 그를 만났는데 따끔하게 애기해 줬다.

essere sicuro del fatto proprio- 자신의 일에 확신하다, 자기 자신에 대해 확신하다

È sicuro del fatto suo. 그는 자신의 일에 확신한다.

Il fatto è che- 사실은 ~하는데 있다

Il fatto è che non lo sopporto più. 내가 그를 더 이상 못 참겠다는 것은 사실이다.

in fatto di- ~에 관련하여, ~에 대하여(= intorno); ~에 관한 한(= quanto a)

In fatto di musica, nessuno lo batte. 음악에 관한 한 아무도 그를 대적하지 못한다.

in fatto e in diritto- (직역) 사실상과 법률상; (법률) 사실과 법리(라틴어 '*in facto et in iure*'에서 유래)

passare dalle parole ai fatti- 말에서 행동으로 옮기다

Basta discorsi. È ora di passare dalle parole ai fatti. 말은 그만하고 이제 말을 행동으로 옮길 때이다.

sapere il fatto proprio- 자신의 일을 알다; 뭐가 뭔지 잘 안다, 세상 물정에 밝다

È un ragazzo in gamba che sa il fatto suo. 그는 세상 물정에 밝은 영리한 소년이다.

venire (o scendere/passare) a vie di fatto- 난투극이 되다, 주먹다짐까지 벌이다

venire al fatto- 요점을 말하다, 핵심을 찌르다

Lascia perdere i preamboli; vieni al fatto. 에둘러 말하지 말고 요점만 말해.

Quando parla lui fa sempre troppe premesse mentre sarebbe meglio che venisse al fatto. 그가 말할 때는 늘 서론이 긴데 본론으로 들어갔으면 좋으련만.

Vogliamo fatti, non parole. 우리는 말이 아니라 행동을 원한다.

favola- 우화

da favola- 우화에 나오는; 동화 같은; 꿈같은

diventare (o essere) la favola del paese- 장안의 화제가 되다, 세간의 웃음거리(zimbello)가 되다

Dopo la storia con quella ragazza è diventato la favola del paese. 그 소녀와 추문(스캔들)이 있은 뒤로 그는 장안의 화제가 되었다.

vacanze da favola- 꿈같은 휴가
favore- 호의, 친절, 부탁

a favore di- ~를 지지/찬성하여; ~에게 이롭게, ~에게 유리하게
La maggioranza è a favore della proposta. 다수가 제안을 찬성한다.
La situazione si è voltata a mio favore. 상황이 나한테 유리하게 바뀌었다.
biglietto di favore- 무료입장권, 특별 입장권
chiedere un favore a qualcuno- ~에게 부탁을 하다
Vorrei chiederti un favore. 네게 부탁 한 가지를 하고 싶다.
col favore della notte- 어둠을 틈타
Col favore della notte si eclissarono e nessuno trovò le loro tracce. 그들은 어둠을 틈타 사라졌는데 아무도 그들의 행방(흔적)을 찾을 수 없었다.
concedere a qualcuno i propri favori- (완곡) ~에게 몸을 허락하다; ~에게 특혜를 주다
condizioni di favore- (상업) 유리한 조건
di favore- 무료의, 특별한
fare il favore di fare qualcosa- ~하는 부탁을 들어주다
Fammi il favore di smetterla di lamentarti. 부탁하는데, 불평 좀 그만 해 줄래.
Mi faccia il favore di chiudere la finestra! 미안하지만 창문 좀 닫아 주시겠어요.
fare un favore a qualcuno- ~에게 호의를 베풀다, ~의 부탁을 들어주다
Mi faresti un favore? 내 부탁 하나 들어 줄래?
guardare con favore a qualcosa- 호감을 가지고 ~을 바라보다, ~을 좋게 보다
in favore di qualcuno- ~에게 유리하게, ~에게 도움이 되게, ~를 두둔하여
Parlerò al direttore in tuo favore. 나는 너한테 유리하게 원장에게 말할 것이다.
parlare in favore di qualcosa- ~에 찬성하여 말하다
per favore- (남에게 정중하게 무엇인가를 부탁하거나 하라고 할 때 덧붙이는 말) 제발, 청컨대
Chiudi la porta, per favore! 미안하지만, 문 좀 닫아줘!
Vorrei un caffè, per favore. 커피 한 잔 주세요.
prezzo di favore- 특가
Dato che ci conosciamo fin da piccoli, mi ha fatto un prezzo di favore. 우리는 어려서부터 알고지내서 그는 내게 특가로 해 주었다.
testimone a favore- (법률) 피고측 증인
favorevole- 호의적인, 찬성하는

essere favorevole a qualcosa- ~에 우호적이다; ~에 찬성하다
Sono favorevole alle tue proposte. 나는 네 제안에 찬성이다.
fazzoletto- 손수건

fare un nodo al fazzoletto- 손수건으로 매듭을 맺다
fazzoletto di carta- 화장지, 티슈, 휴대용 종이 손수건
Mi daresti, per favore, un fazzoletto di carta? 화장지 좀 주시겠어요?
un fazzoletto di terra- 땅뙈기

febbre- 열

    avere la febbre- 열이 나다

Ho la febbre e un po' di tosse. 열이 있고 기침이 약간 납니다.

Lei non è venuta a lezione, perché ha la febbre alta. 그녀는 열이 높아서 수업에 오지 않았다.

    con la febbre- 열이 있는 채로

È andato a lavorare con la febbre. 그는 열이 나는 데 일하러 갔다.

    essere a letto con la febbre- 고열로 침대에 누워 있다

    mettere la febbre addosso- (비유) 흥분시키다

    misurarsi la febbre a qualcuno- ~에게 체온을 재다

    raffreddore con febbre- 열을 동반한 감기

    sentirsi la febbre addosso- 열이 있는 것 같다

fede- 믿음, 신앙; 충실, 신뢰; 결혼반지(= anello nuziale)

    Abbi fede e vedrai che andrà tutto bene. 믿어 그러면 다 잘 될 거야.

    Amore vuol fede, e fede vuol fermezza. 사랑은 믿음을, 믿음은 항구성을 요한다.

    avere fede in qualcuno- ~를 믿다, ~에 믿음이 있다

Abbi fede in me! 나를 믿어!

Ha fede in Dio. 그는 신을 믿는다.

    Chi perde la fede, nessuno gli crede. 신의를 상실한 사람은 아무도 신뢰하지 않는다.[7]

    giurare fede- 약속하다, 서약하다

    far fede- (1) 증명/증언하다(= attestare)

Questi monumenti fanno fede della civiltà raggiunta. 이 유적들이 문명을 이루었음을 증명한다.

(2) 입증하다, 드러나다/판명되다(= dimostrare)

Non c'è nulla che ne faccia fede. 그것을 입증할 만한 것이 아무것도 없다.

    fede greca (o punica)- 그리스인/페니키아인의 신의, (비유) 배신, 배반

    in buona fede- 선의로, 신실한 마음으로

Ha sbagliato, ma ha sicuramente agito in buona fede. 그는 실수했지만 틀림없이 선의로 행했다.

    in fede mia- 내 명예를 걸고, 맹세코

    prestare fede a- 신뢰하다, 믿다(= credere, dare fiducia a quello che viene detto)

Ho prestato fede a quello che mi diceva ed è stato meglio fidarsi. 그가 내게 말했었던 것을 믿었는데 믿기를 잘 했다.

Non è un tipo cui prestar fede. 그는 신뢰할 수 없는 사람이다.

    riporre la propria fede in qualcosa/qualcuno- ~을 굳게 믿다

    ritrovare la fede- 신뢰를 회복하다

    tenere fede (non tenere fede) alla parola data- 약속을 지키다/약속을 깨다

---

[7] 로마인은 개인의 신의상실을 사회적 매장으로 이해하였다. 왜냐하면 '*fides*'라는 단어에는 '신의'라는 뜻 외에도 '보증'이라는 뜻을 내포하고 있기에, 누군가 나를 보증 서줄 수 있는 사람이 없다는 것은 사회적인 매장과 동시에 인격파탄을 의미하였다. 따라서 위와 같은 관용어가 유래하게 되었다.

tenere fede a una promessa- 약속을 지키다

Bisogna sempre tener fede alle promesse che si fanno. 하기로 한 약속은 늘 지켜야 한다.

tenere fede ai propri principi- 자신의 원칙을 고수하다

Non ha ceduto e ha mantenuto fede ai propri principi. 그는 굴복하지 않고 자신의 원칙을 고수했다.

fedele- 충실한

amico fedele- 의리있는 친구, 변하지 않는 친구

essere fedele a- ~에 충실한

Lei è fedele al lavoro. 그녀는 일에 충실하다.

Lui è fedele alla moglie. 그는 아내에 충실하다.

moglie fedele- 충실한 아내

restare (o rimanere) fedele a- ~를 충실히 지키다; 의리를 지키다

È un conservatore; resta sempre fedele alle tradizioni. 그는 보수주의자여서, 항상 전통을 충실히 지킨다.

fedeltà- 충실, 충성

con fedeltà- 충실하게, 정확하게

giurare fedeltà a qualcuno- ~에게 충성을 맹세하다

Gli sposi, all'altare, si giurano fedeltà. 신랑신부는 제단에서 서로에게 충실할 것을 맹세한다.

fegato- 간; 용기

avere fegato- 담이 크다, 담력이 있다

Ha del fegato. 그는 담력이 있다.

avere il fegato di fare qualcosa- ~할 용기가/배짱이 있다

Non ho avuto il fegato di dire di no. 나는 '아니'라고 말할 용기가 없었다.

disturbi di fegato- 간질환, 간장병

fare venire il mal di fegato- (비유) 속을 태우게 하다, 걱정을 끼치다

Mi ha fatto venire il mal di fegato. 그는 나의 애간장을 타게 했다.

mangiarsi (o rodersi) il fegato- 간장을 끓다; 속을 썩이다, 애태우다, 비탄에 잠기다

Dopo aver perso quell'occasione mi sono mangiato il fegato. 그 기회를 놓친 뒤에 나는 가슴이 찢어지는 듯했다.

olio di fegato di merluzzo- 대구 간유

soffrire di fegato- 간으로 고생하다, 간질환을 앓다

felice- 행복한

avere la mano felice- 손재주가 있다, 꼼꼼하게 일을 잘하다

Il mio dentista non ha sempre la mano felice con i suoi pazienti. 나의 치과 의사는 환자들에게 늘 꼼꼼하게 치료를 잘하지 못한다.

essere felice che- ~하게 되어 행복하다

Sono molto felice che lui abbia trovato un buon lavoro. 그가 좋은 직장을 갖게 되어 나는 행복하다.

essere felice (o contento) come una pasqua- 아주 행복하다/기쁘다(= essere felicissimo)

Adesso sono felice come una pasqua. 지금 나는 너무 행복하다.

essere felice di- ~하게 되어 기쁘다, 행복하다

Siamo felici del tuo successo. 우린 너의 성공이 기쁘다.

Sono molto felice di vederti. 나는 너를 보게 되어 무척 기쁘다.

essere felice per qualcuno- ~때문에 행복하다

Sono felice per te. 나는 너 때문에 행복하다.

fare felice qualcuno- ~를 행복하게 해주다

Con questo regalo mi hai fatto felice. 이 선물로 넌 나를 행복하게 해주었다.

Felice di conoscerLa! 당신을 알게 되어 기쁩니다.

rendere felice qualcuno- ~를 행복하게 만들다

Il suo gesto mi ha reso felice per tutto il giorno. 그의 행동이 하루 종일 나를 행복하게 만들었다.

Volevo renderti felice. 나는 너를 행복하게 해 주고 싶었다.

sentirsi felice- 행복하다고 느끼다

Oggi mi sento felice. 오늘 난 행복하다.

felicità- 행복

   Che felicità! 아, 행복해!

   fare la felicità di qualcuno- ~를 아주 즐겁게 하다

   raggiungere la felicità- 행복을 찾다

   riempire qualcuno di felicità- ~에게 행복으로 가득 채우다

   La notizia ci ha riempito di felicità. 그 소식이 우리에게 행복으로 충만하게 했다.

   Ti auguro ogni felicità. 온갖 행복이 가득하길 기원한다.

felino- 고양이의

   con passo felino- 몰래, 살금살금

feria- 휴가, 휴일

   andare in ferie- 휴가를 시작하다; 휴가를 가다

Quest'estate non vado in ferie. 이 번 여름에 나는 휴가를 안 간다.

   avere le ferie- 휴가를 가지다

Avrò le ferie il mese prossimo. 난 다음 달에 휴가를 가질 것이다.

Quanti giorni di ferie ha all'anno? 일 년에 휴가가 며칠입니까?

   essere in ferie- 휴가 중이다

Oggi non faccio niente. Sono in ferie. 오늘 난 아무것도 안 한다. 나는 휴가 중이다.

Sono in Italia in ferie per tutto il mese di luglio. 나는 7월 내내 이탈리아에서 휴가 중이다.

   fare le ferie- 휴가를 하다, 휴가를 보내다

Faccio le ferie nel mese di agosto. 나는 8월에 휴가를 한다.

   ferie annuali- 연차 휴가, 연간 휴가

   ferie estive- 여름휴가

   ferie pagate- 유급 휴가

Ho le ferie pagate. 나는 유급 휴가가 있다.

   ferie pasquali- 부활 휴가(통상 이탈리아에서는 학교나 공공기간에서 부활절 주일 한 주간을 휴

가로 가진다. 이를 '부활 휴가'라고 한다. 아울러 '성탄 휴가'도 있다)

partire per le ferie- 휴가를 떠나다

Partiamo per le ferie. 우리는 휴가를 떠난다.

prendere le ferie- 휴가를 내다, 휴가를 갖다

Quando prenderai le ferie? 넌 언제 휴가를 낼거니?

prendersi ferie- 휴가를 얻다

Mi sono preso dieci giorni di ferie. 나는 10일간 휴가를 얻었다.

trascorrere le ferie- 휴가를 보내다

Abbiamo trascorso le ferie in montagna. 우리는 산에서 휴가를 보냈다.

feriale- 일을 하는, 평일의

nei giorni feriali- 평일에

In Italia nei giorni feriali di mattina i negozi sono aperti generalmente dalle 9 alle 13. 이탈리아에서 평일에 상점은 일반적으로 아침 9시에서 1시까지 문을 연다.

ferire- 상처를 주다

ferire a morte- 치명적인 상처를 입히다

ferire i sentimenti di qualcuno- ~의 감정을 다치게 하다, 감정에 상처주다

ferire qualcuno a parole- ~에게 말로 상처를 주다

Lui mi ha profondamente ferito a parole. 그는 말로 나에게 깊은 상처를 주었다.

ferire qualcuno alla testa- ~의 머리에 상처를 내다

ferire qualcuno nell'onore- ~의 명예에 손상을 입히다

ferire qualcuno nell'orgoglio- ~의 자존심에 상처를 입히다

ferirsi- 상처를 입다

Mi sono ferito a una mano. 나는 한 쪽 손을 다쳤다.

ferita- 상처

curare la ferita- 상처를 돌보다

Al Pronto Soccorso gli hanno curato la ferita che si era fatto cadendo dalla moto. 응급실에서 그들은 오토바이에서 넘어진 그를 치료해 주었다.

curare una ferita- 상처를 치료하다/돌보다

guarire una ferita- 상처를 고치다

infliggere una ferita a qualcuno- ~에게 상처를 가하다

leccarsi le ferite- 상처를 보듬다; (비유) 깊은 상처에서 다시 일어서다

medicare una ferita- 상처를 치료하다

procurarsi una ferita- 자해하다

pulire la ferita- 상처자리를 닦다

riportare ferite in un incidente- 사고로 다치다

una ferita leggera- 가벼운 상처

una ferita profonda- 깊은 상처

ferito- 1. (형용사) 다친, 상처 난

gravemente ferito- 상처가 심각한

In quell'incidente è rimasto gravemente ferito. 그 사고로 그는 심각한 상처가 남았다.

leggermente ferito- 상처가 가벼운

orgoglio ferito- 상처난 자존심

2. (명사) 부상자; 희생자, 피해자

i morti e i feriti- 사상자

un ferito grave- 중상자

I feriti più gravi furono ricoverati. 중상자들은 병원으로 이송되었다.

fermare- 1. (타동사) 멈추다, 정지하다; 저지하다; 고정하다

fermare gli occhi su qualcosa- ~에 시선을 고정시키다, ~을 주목하다/주시하다, 눈독을 들이다

fermare l'attenzione su qualcosa- ~에 주의하다

fermare qualcuno- ~를 멈춰 세우다, ~를 막다

Al ladro! Fermatelo! 도둑이야! (그를) 붙잡아주세요!

Lui mi ha fermato per strada. 그는 거리에서 나를 멈춰 세웠다.

fermare (o bloccare) un assegno- (은행) 수표를 막다

fermare un taxi- 택시를 멈춰 세우다

2. **fermarsi**- 머물다, 멈추다

Quanti giorni ti fermerai a Milano? 밀라노에 며칠 동안 머물 거야?

fermarsi di botto (o di colpo)- (하던 일을) 갑자기 멈추다; 완전히 멈추다

fermarsi lungo il cammino- 가던 길을 멈추다

dare ordine di fermarsi- 정지를 명하다, 중지시키다

fermata- 정차; 정류장

alla fermata dell'autobus- 버스 정류장에서

fare una breve fermata- 짧게 정차하다

fare una fermata- 정차하다, 멈추다

L'autobus farà una fermata di venti minuti. 버스가 20분간 정차할 것이다.

fermata facoltativa- (승객의 요청이 있을 때에만 버스가 서는) 간이정류장

fermata obbligatoria- 정규정류장

Quante fermate ci sono da qui alla stazione? 여기서부터 역까지 몇 정류장이 있습니까?

scendere alla terza fermata- 세 번째 정류장에서 내리다

senza fermate- 무정차, 도중에 쉬지 않는

fermezza- 굳음, 강함, 확고

agire con fermezza- 단호히/결연히 행동하다

Bisogna agire con fermezza. 단호하게 행동해야 한다.

avere fermezza con qualcuno- ~에게 단호하다

A scuola è necessario avere fermezza con gli studenti. 학교에서 학생들에게 단호하게 할 필요가 있다.

fermo- 1. (형용사) 부동의, 정지한, 완고한

essere fermo(= rimanere fermo, saldo)- 정차해 있다; 자기주장을 고집하다, 확고부동하다

È rimasto fermo nelle sue idee. 그는 자기생각이 확고하다.

Ha cercato di convincerla a rivedere suo marito, ma è ferma nella sua decisione di divorziare. 그는 남편과 재회하도록 그녀를 설득해 보았지만, 자신의 이혼결정을 고수했다.

Il treno è fermo in stazione. 기차가 역에 정차해 있다.

fermo come una roccia- 바위처럼 단단한, 바위처럼 확고한

fermo restando (o rimanendo)- (강의용 관용어) 감안하여 이해하더라도

Fermo restando il fatto che ciascuno ha le sue opinioni, non puoi pretendere di averla sempre vinta tu. 각자 자신의 의견을 가질 수 있다는 점을 감안하더라도, 늘 네 뜻대로만 주장할 수 없다.[8]

stare (o rimanere) fermo- 가만있다(= non muoversi); 움직이지 않다(= essere immobile)

I bambini non possono stare fermi. 아이들은 가만히 있을 수 없다.

Stai fermo! 가만히 있어!

starsene fermo- 가만있다

Un uomo se ne stava fermo nell'ombra. 한 남자가 그늘에 가만히 있었다.

tenere fermo- 양보하지 않다, 확고하다, 저항하다

tener per fermo- (약속은 틀림없이 지키겠으니) (~임을) 믿어도/안심해도 된다

Tieni per fermo che ti aiuterò sempre. 내가 늘 너를 도와줄 테니 안심해라.

2. (명사) 구금, 압수

trattenere in stato di fermo- 억류하다, 구금하다

ferro- 철

ai ferri- 철판/석쇠에 구운

Mi porti una bistecca ai ferri, per favore. 그릴에 구은 비프스테이크 하나 갖다 주세요.

avere una memoria di ferro- 기억력이 뛰어나다, 뛰어난 기억력의 소유자이다

Lui ha una memoria di ferro. 그는 뛰어난 기억력의 소유자이다.

avere una salute di ferro- 아주 건강하다, 건강이 철인이다

Mio nonno ha sempre avuto una salute di ferro. Infatti è morto a cento anni. 나의 할아버지는 건강이 강철 같아서 사실 100세에 돌아가셨다.

avere uno stomaco di ferro- 위장이 튼튼하다, 아무것이나 잘 소화시키다

Ho uno stomaco di ferro. 나는 위가 튼튼해서 아무거나 소화를 잘 시킨다.

battere il ferro finché è caldo- 쇠가 달았을 때 두드려라, 쇠뿔도 단김에 빼랬다(기회를 놓치지 말라는 뜻)

Se vuoi ottenere quel posto, batti il ferro finché è caldo. 네가 그 자리를 차지하고 싶다면(그 직장을 잡고 싶다면), 좋은 기회를 놓치지 마라.

essere ai ferri corti- (두 사람이 금방 싸움이라도 별일 듯이) 서로 앙숙이다(= in forte e decisivo contrasto)

Siamo ai ferri corti a causa di una ragazza. 우리는 한 소녀 때문에 앙숙이다.

essere (o andare) sotto i ferri- 외과 수술을 받다(= sottoporsi a un intervento chirurgico)

---

[8] 'Averla vinta'라는 관용어는 '뜻대로/마음대로/생각대로 하다'라는 뜻이다.

ferro da stiro- 다리미

Devo stirare questa camicia con il ferro da stiro. 나는 다리미로 이 와이셔츠를 다림질해야 한다.

mettere i ferri alle cavaglie- 발목에 족쇄를 채우다(= avere i ferri ai piedi)

mettere qualcuno ai ferri- ~에게 쇠고랑을 채우다(= incatenare)

mettere un paese a ferro e fuoco- (비유) 한 나라를 초토화하다, 나라를 황폐화시키다

morire sotto i ferri- 수술 중에 죽다

Poveretto, è morto sotto i ferri. 불쌍한 사람 같으니라고, 그는 수술 중에 사망하였다.

toccare ferro- 복수의 여신의 분노를 달래기 위해 가까이 있는 철에 손을 대는 것에서 유래(= fare scongiuri); (비유) 부정 타지 않기를 빌다(= sperare di no); 행운을 빌다(= sperare di sì)

Quando è passato il carro funebre, quei ragazzi hanno toccato ferro. 영구차가 지나갔을 때, 그 소년들은 나쁜 일이 생기지 않기를 빌었다.

usare il pugno di ferro- 매우 엄격한 방법을 사용하다(= usare metodi severi)

Coi suoi figli usa il pugno di ferro. 그는 자식들에게 매우 엄하게 대한다.

venire ai ferri corti- 극심한 갈등에 이르다, 대결하다

festa- 축제, 축일, 휴일

aria di festa- 축제 분위기

C'è aria di festa in questi giorni. 요즘 축제 분위기가 돈다.

conciare qualcuno per le feste- ~을 흠씬 두들겨 패다, 호되게 때리다, 혼내주다

Se ti trovo ancora qui quando torno, ti concio per le feste. 내가 돌아왔을 때도 여전히 네가 여기에 있는 걸 보면, 너를 혼내주겠다.

dare una festa- 파티/연회를 열다

Loro danno una festa domenica prossima. 다음 주 일요일 그들은 파티를 연다.

È finita la festa- (비유) 파티는 끝났다

Lo hanno licenziato. È finita la festa! 그들이 그를 해고시켰다. 파티는 끝났어.

fare festa a qualcuno- ~을 따뜻이/기쁘게 맞이/환대하다; (개가) 뛰어오르면서 맞이하다(= fare le feste)

Il cane fece festa al padrone che era stato via tre settimane. 주인이 3주 만에 돌아오자 개는 주인을 기쁘게 맞이하였다.

Il mio cane mi fa le feste. 나의 개가 나한테 뛰어오르며 기쁘게 맞이한다.

fare la festa a qualcuno- ~를 제거/살해하다, ~를 없애버리다

Se lo incontriamo gli facciamo la festa. 그를 만난다면 우리는 그를 없애 버릴 거다.

fare una festa- 파티를 하다, 잔치를 열다(= fare festa)

Faremo una grande festa. 우린 큰 파티를 열 것이다.

Mia madre ha compiuto 70 anni e allora abbiamo fatto una festa. 모친이 70세가 되어서 우리는 잔치를 열었다.

la festa delle donne- 여성의 날[9]

---

[9] 매년 3월 8일. '여성의 날' 상징으로 미모사(mimosa) 꽃을 줌.

organizzare una festa- 파티를 계획하다

Passata la festa, gabbato lo santo. (속담) 똥누러 갈 적 마음 다르고 올 적 마음 다르다.

rovinare (o guastare) la festa- (비유) 흥을 깨다, 분위기를 망치다

Col suo atteggiamento ha rovinato la festa. 그의 태도 때문에 흥이 깨졌다.

fetta- 얇게 자른 것, 얇은 조각

fare a fette qualcuno- (싸움, 언쟁, 시합 등에서) ~를 묵사발로 만들다; ~를 호되게 야단치다

Stai attento a quella persona. Con i suoi discorsi è capace di farti a fette. 그 사람 조심해. 그자와 대화하면 너를 묵사발로 만들 수 있다.

tagliare qualcosa a fette- ~를 얇게 자르다

Tagliate a fette le patate! 감자를 얇게 자르세요.

una fetta di- 얇은 한 조각의

Vuoi una fetta di torta? 케이크 한 조각 줄까?

fiacca- 피로(= stanchezza); 나약함(= debolezza); 게으름(= pigrizia), 나태함, 무기력

avere la fiacca addosso- 아무것도 하고 싶어하지 않다, 무기력하다

battere la fiacca- (하는 일에) 해이해지다/태만해지다; 게을리하다; 빈둥거리다(= lavorare poco e con poca voglia), 뜸을 들이다(= fare le cose svogliatamente e lentamente)

È ora che ti metta a fare qualcosa; hai battuto la fiacca tutto il giorno. 하루 종일 빈둥거렸으니, 이제 뭐라도 해야되지 않니.

Non battere la fiacca! 긴장을 늦추지 마!

fiaccola- 횃불

la fiaccola olimpica- 올림픽 성화

mettere la fiaccola sotto il moggio- (비유) 자기의 재능/선행을 숨기다/자랑하지 않다

fiamma- 불꽃, 불길, 화염

andare in fiamme- 불붙다(= prendere fuoco), 불타다(= bruciare)

dare alle fiamme- 불붙이다, 불을 지르다

Ha dato alle fiamme le sterpaglie ma non è riuscito a controllare il fuoco. 그는 덤불에 불을 붙였는데, 불길을 막을 수가 없었다.

essere in fiamme- 불타고 있다; 불바다가 되다

far fuoco e fiamme- (1) (무엇을 달성하기 위해) 전력을 다하다, 온갖 노력을 다하다(= fare di tutto)

Ha fatto fuoco e fiamme finché non ha ottenuto il suo scopo. 그는 자신의 목적을 달성하기 위해 전력을 다했다.

(2) 벌컥 화를 내다(= scaldarsi)

Ha fatto fuoco e fiamme perché sono arrivato tardi. 내가 늦게 왔다고 그는 벌컥 화를 내었다.

finire in fiamme- 사라지다, 불타버리다

Tutto il suo lavoro è finito in fiamme. 그의 모든 일이 사라졌다.

la fiamma dell'amore- 사랑의 불꽃

la vecchia/nuova fiamma- 옛 연인(애인)/새 애인

Ho incontrato per caso una mia vecchia fiamma e mi sono innamorato di nuovo. 우연히 나의 옛 연인

을 만나 다시 사랑하게 되었다.

Maria è la sua nuova fiamma. 마리아는 그의 새 애인이다.

lanciare (o mandare) fiamme- (화가 나서 눈이) 이글거리다

I suoi occhi lanciavano fiamme. 그의 두 눈은 화가 나서 이글거렸다.

lottare contro le fiamme- (화재 진압을 위해) 화마와 싸우다

morire tra le fiamme- 화재로 죽다

fianco- 옆구리, 측면

al fianco di- ~의 옆에

avere i fianchi larghi- 엉덩이가 크다

avere male a un fianco- 옆구리에 통증이 있다, 옆구리가 아프다

Ho male a un fianco. 나는 한쪽 옆구리가 아프다.

camminare al fianco di qualcuno- ~옆에서 걷다

Camminava al mio fianco. 그는 내 곁에서 걷고 있었다.

di fianco a qualcuno- ~곁에서(= accanto a)

dimagrire sui fianchi- 엉덩이 살을 빼다

dormire sul fianco- 옆으로 자다

fianco a fianco- 나란히; (비유) 함께

lavorare fianco a fianco con qualcuno- ~와 함께 일하다

offrire (prestare) il fianco alle critiche- 비판/공격의 대상이 되다; 비난을 초래하다

Negoziando con i terroristi ha prestato il fianco alle critiche dell'opposizione. 그는 테러범들과의 협상을 위해 적들의 공격 대상이 되었다.

stare al fianco di qualcuno- (1) ~의 곁에서 도와주다(= aiutarlo)

Lei sta al fianco di suo padre. 그는 아버지 곁에서 도와주려고 있다.

(2) (어려운 상황에서도) ~의 곁을 지키다

Starò al suo fianco, qualunque cosa accada. 나는 무슨 일이 있어도 그의 곁을 지킬 것이다.

tenersi i fianchi dal ridere- 배꼽을 잡고 웃다, 포복절도하다

fiasco- 피아스코 병; (비유) 낭패, 실패

bere un fiasco di vino- 휴대용 술병에 담아 다니면서 포도주를 마시다

fare fiasco- (1) (계획 등이) 실패하다; (사람) 아무런 결과를 얻지 못하다

Agli esami ho fatto fiasco. 나는 시험에 떨어졌다.

(2) (영화 흥행에) 참패하다

La presentazione del suo ultimo film ha fatto fiasco. 그의 마지막 영화 프레젠테이션은 참패했다.

un vero fiasco- 참패, 완전한 실패

Il film è stato un vero fiasco. 영화는 완전히 실패했다.

fiato- 숨; 체력(스태미나); (음악) 관악기; (오케스트라의) 목관 및 금관 악기부

avere il fiato cattivo- 구취가 나다, 입 냄새가 나다

avere il fiato corto- 숨을 헐떡거리다, 숨을 가쁘게 쉬다(= respirare con affanno)

avere il fiato grosso- 숨이 차다, 숨이 차서 헐떡거리다(= essere senza fiato)

bere qualcosa tutto d'un fiato- 단숨에 들이마시다; ~을 뚝딱 해치우다

È amarissimo: bevilo tutto d'un fiato. 무척 쓰니깐 그것을 단숨에 들이마셔.

col fiato grosso- 기진맥진한, 진이 다 빠진

Sono arrivato alla fine degli esami col fiato grosso. 나는 시험 막판에 이르러 진이 다 빠졌다.

col fiato sospeso- (기대, 불만으로) 숨을 죽이고

Siamo rimasti col fiato sospeso in attesa di notizie dei dispersi. 우리는 실종 소식에 대해 숨을 죽이고 기다렸다.

dare fiato alle trombe- 나팔을 불다; (비유) 온 세상 사람들이 다 듣게 ~을 말하다/외치다

Quando parla dà solo fiato alle trombe. 그는 말할 때 모든 사람들이 다 듣게 말한다.

essere senza fiato- 숨이 차다, 숨이 차서 할딱거리다(= avere il fiato grosso)

fare il fiato- (특히 스포츠 경기를 위해) 훈련하다

fiato sprecato- 시간 낭비, 헛수고

È tutto fiato sprecato. 모든 것이 헛수고다.

lasciare senza fiato- 압도하다

leggere qualcosa tutto d'un fiato- ~을 단숨에 읽다, ~을 앉은 자리에서 다 읽다

Ho letto quel libro tutto d'un fiato. 나는 그 책을 단숨에 다 읽었다.

mozzare (o togliere) il fiato a qualcuno- (너무 아름답거나 놀라워서) 숨이 멎을 정도이다(= lasciare qualcuno senza fiato)

È bella da mozzare il fiato. 그녀는 숨 막힐 정도로 아름답다.

prendere fiato- 한숨 돌리다(= riposarsi un po'), 잠깐 쉬다, 숨을 들여 마시다

Prendi fiato e dimmi che cosa è successo. 한숨 돌리고 무슨 일이 벌어졌는지 나한테 말해.

restare (rimanere) senza fiato- 숨을 돌리다; 말문이 막히다; 아연실색하다

Ha osato fare delle affermazioni così offensive che sono rimasto senza fiato. 그가 그렇게 황당한 주장을 하여 나는 말문이 막혔다.

Mi hai fatto rimanere senza fiato. 네가 나를 아연실색케 했다.

scaldarsi le mani col fiato- 입김을 불어 손을 녹이다

sprecare il fiato- 말해도 소용이 없다, (말해 봤자 입만 아프니, 소용없으니) 잠자코 있다

È inutile sprecare il fiato con lui, tanto non ti ascolta. 어쨌든 네 말을 안들을 테니까 그와 말해도 소용이 없다.

suonare uno strumento a fiato- 관악기를 연주하다

togliere il fiato a qualcuno- 숨을 쉬기 어렵게 만들다; (비유) ~을 압도하다; 성가시게 하다

tirare il fiato- 숨을 돌리다/고르다; (비유) 잠깐 휴식을 취하다(= fare una pausa); 한시름/한숨 놓다 (= essere sollevato)

La banca ci darà il prestito che abbiamo chiesto. Ora possiamo tirare il fiato! 우리가 신청한 대출을 은행에서 주기로 해서 이제 한숨 놓을 수 있다!

trattenere il fiato- 숨을 참다

Trattieni il fiato e non fare rumore. 숨을 참고 시끄럽게 하지 마.

tutto d'un fiato- 한꺼번에, 단숨에

ficcare- 밀어 넣다, 찔러 넣다

ficcare gli occhi addosso a qualcuno- ~을 주시하다, 노려보다

Ha ficcato gli occhi addosso a quella ragazza e ne ha parlato per due ore. 그는 그 소녀를 노려보며 두 시간 동안이나 그녀에 대해 말을 했다.

ficcare il naso nei fatti altrui- (비유) 다른 사람의 일에 참견하다(= intromettersi nelle faccende altrui)

ficcare qualcosa in testa a qualcuno- (비유) ~의 머리 속에 ~을 집어넣다

ficcarselo bene in testa- 잊어버리지 않다, 명심하다

È l'ultima volta che ci vai: ficcatelo bene in testa! 그곳에 가는 것이 넌 이제 마지막이야, 잊지 마!

ficcarsi in testa qualcosa- (비유) ~임을 잘 이해하다

ficcarsi in un imbroglio- 궁지에 빠지다

ficcarsi le dita nel naso- 코딱지를 후비다

ficcarsi sotto le lenzuola- 이불 속에 숨다

fico①- 무화과 열매, 무화과 나무

dolce come un fico- 무화과처럼 달콤한

importarsene un fico (secco)- 관심을 갖다, 신경을 쓰다

Non me ne importa un fico (secco). 난 아무 관심 없어. 난 신경 안 써.

non valere un fico- 아무 가치가 없다

Sol di parole amico, non vale proprio un fico. 말만 하는 친구는 아무 소용이 없다.

fico②- (유능하고, 멋도 아는) 근사한, 멋있는

Che fico! 완전 짱이야!

Quello è un gran fico. 저 남자 정말 근사하다.

fidarsi- 믿다

fidarsi di qualcuno- ~를 믿다

Fidati di me! 나를 믿어!

Mi fido di te. 나는 너를 믿는다.

Fidarsi è bene, non fidarsi è meglio. 믿는 것도 좋지만, 안 믿는 것은 더 좋다. (속담) 아무리 조심해도 지나치지 않다.

fiducia- 신뢰, 신임, 신용

abuso di fiducia- (법률) 신탁의무 위반; 배임

avere fiducia in qualcuno (o qualcosa)- ~를 믿다

Non ho fiducia nelle sue promesse. 나는 그의 약속을 믿지 않는다.

Spero che mi aiuterai, ho fiducia in te. 네가 나를 도와주길 바래, 난 너를 믿는다.

con fiducia- 자신을 가지고, 확신을 가지고, 자신 있게

conquistarsi la fiducia di qualcuno- ~의 신뢰를 얻다

dare fiducia a qualcuno- ~를 신뢰하다; ~에 의존하다

Non mi dà molta fiducia. 그는 내게 많은 신뢰를 주지 않는다.

di fiducia- 신뢰할 수 있는

Chiameremo il medico di fiducia. 우린 신뢰할 수 있는 의사를 부를 것이다.

godere della fiducia di qualcuno- ~의 신임을 누리다

Ho sempre goduto della fiducia del mio capo. 나는 항상 상사의 신뢰를 누렸다.

guardare all'avvenire con fiducia- 확신을 가지고 장래를 바라보다

non avere fiducia in sé- 자신감이 부족하다

nutrire fiducia- 신뢰감을 키우다

ottenere la fiducia- 신임 투표에서 이기다; (새 정부의) 공직에 선출되다

per mancanza di fiducia- 신뢰 부족으로

Ormai non riesce più a lavorare con loro per mancanza di fiducia. 이제 그는 신뢰 부족으로 더 이상 그들과 같이 일 할 수 없다.

perdere fiducia in qualcuno- ~에게 신뢰를 잃다

porre la fiducia- 신임 투표안을 상정하다

riporre la propria fiducia in qualcuno (o qualcosa)- ~을 신임/신뢰하다

tradire la fiducia di qualcuno- ~의 신의를/믿음을 저버리다

fifa- 공포, 무서움

avere fifa- 두려워하다(= avere paura), 안절부절 못하다

Ho una gran fifa degli esami. 나는 시험이 너무 두렵다.

avere una fifa nera (o tremenda/blu)- 안절부절 못하다; 질겁하다, 간이 콩알만 해지다

Prima dell'esame avevo una (= fifa tremenda). 시험 전에 나는 안절부절 못했다.

Quando viene la sera ho una (= fifa nera). 밤이 오면 나는 간이 콩알만 해진다.

Che fifa! 무서워 죽겠다!

farsi prendere dalla fifa- 겁에 질려 어쩔 줄 모르다; (계획했던 일에 대해) 갑자기 초조해지다(= tirarsi indietro); (구어) ~에서 뒤꽁무니를 빼다; (속어) (겁에 질려) 포기하다

figata- 아주 멋지거나 흥미롭고 재미있는 것

Che figata! 와우, 멋져(= Che bello!), 끝내 주네!

Che figata questo nuovo videogioco! 이 게임 정말 끝내 주네!

Il film che ho visto ieri era una figata. 어제 내가 본 영화 정말 끝내줘.

figo- [비격식] 아주 잘생긴 남자: 멋진 일(= che bello), **figa-** 매력적이고 예쁜 여자

Chi è quel figo che ci sta guardando? 우리를 쳐다보고 있는 멋진 저 남자가 누구지?

La mia vicina di casa è davvero figa! 내 이웃집 여자는 정말 멋진 여자야!

"Sei stato in vacanza a Venezia! Figo!" 베네치아에 휴가 갔다 왔다고! 짱 멋지다!

figlio- 아들, 자식

Accasa il figlio quando vuoi e la figlia quando puoi. 장가는 얕이 들고 시집은 높이 가렸다.[10]

avere figli- 자식을 얻다, 자식을 두다

Mia nonna ha avuto sei figli, tre maschi e tre femmine. 나의 할머니는 6명의 자식을 두었는데, 세

---

[10] 장가는 자기보다 부유하지 않은 집에 가고 시집은 자기보다 부유한 사람에게 가야 아내가 남편을 존경하며 화목하게 살게 된다는 말.

명은 아들이고 세 명은 딸이다.

Chi non ha figli non sa che sia amore. 자식이 없는 사람은 사랑이 뭔지 모른다.

Crescere un figlio vuol dire separarlo dalla madre, crescere una figlia separarla dal padre. 자식도 품 안에 들 때 내 자식이지. 품 안의 자식.

È figlio d'arte. (1) (배우에 대해) 그는 배우 가문 출신이다; (2) 그는 가풍을 따른다.

È proprio figlio di suo padre. 그 아버지에 그 아들. 부전자전(父傳子傳).[11]

Figlie, vigne e giardini, guardali dai vicini. 자식도 농사와 같다.[12]

figlio adottivo- 양자, 입양한 아들

figlio d'un cane- 개새끼[13]

Dove'è andato quel figlio d'un cane? 그 개새끼 어디 갔어?

figlio di mamma- 마마보이, 응석받이 남자, 자주 엄마한테 의지하는 소심한 남자

figlio di nessuno- 업둥이; 원하지 않은 자식, 버린 자식

figlio di papà- 부잣집 자식; (응석받이로 자라) 버릇없는 아이, 출세하기 위해 아버지의 사회적 지위를 이용하는 자식

Ha la macchina, ha i soldi; è proprio un figlio di papà. 그는 차도 있고 돈도 있고, 정말 부잣집 자식이다.

figlio di primo letto- 전처소생(= figlio del primo matrimonio)

Al contrario di suo fratello, è figlio di primo letto. 자기 형과는 달리 그는 전처소생의 자식이다.

figlio di puttana- (욕설) 창녀의 자식, 개자식, 개새끼

figlio legittimo- 적출자, 적자, 정실이 낳은 아들(≠ figlio illegittimo 혼외자)

figlio naturale- 친아들

figlio unico- 외아들, 독자

Non ha fratelli né sorelle, è figlio unico. 그는 남형제도 여자 형제도 없는 외동아들이다.

Figlio senza dolore, madre senza amore. 아픔이 없는 자식은 사랑이 없는 어미와 같다. 자식은 어머니가 키운다.

I genitori non possono garantire la virtù dei figli. 자식 겉 낳지 속은 못 낳는다.[14]

Tale padre, tale figlio. 그 아버지의 그 아들이다. 부전자전(父傳子傳)이다.

Un figlio non sa quanti problemi ha dato a sua madre. 자식은 어미 속을 얼마나 끊였는지 모른다.

Una figlia, una meraviglia. 딸은 하나면 족하다.[15]

Una mamma è buona per cento figli, cento figli non sono buoni per una mamma. 한 부모는 열 자식을 거느려도 열 자식들은 한 부모를 못 거느린다.

figura- 인물, 인상, 외관

---

[11] 유사관용어는 "Chi di gallina nasce convien che razzoli"이다.

[12] 포도밭이나 정원을 가꾸는 것처럼, 우리말로는 농사짓는 일처럼 자식을 키우는 일도 각 시기에 알맞게 돌보는 정성이 필요함을 비유적으로 이르는 말이다.

[13] 유사관용어는 "figlio di buona donna; figlio di puttana"이다.

[14] 자식이 좋지 못한 생각을 품는다 하더라도 그것은 부모의 책임이 아님을 이르는 말.

[15] 딸은 하나만 되도 과하다고 여길 만큼 부모의 부담이 크다는 말.

avere una bella figura- 허우대가 좋다, 인물이 수려하다, 풍채가 당당하다

Ha una bella figura. 그는 허우대가 좋다.

Che (brutta) figura! (실수를 했을 때 하는 말) 아이구 쪽 팔려, 민망해라!

fare la figura di- ~인상을 주다; ~하게 비치다

Ha fatto la figura dello sciocco. 그는 바보 같은 인상을 주었다.

Ieri avevo fame e ho mangiato tantissimo al ristorante così ho fatto la figura dell'affamato. 어제 배가 고파서 식당에서 엄청 먹었는데, 걸신들린 사람처럼 보였을 거야.

fare la propria figura- 건강해 보이다; 좋아 보이다

fare una bella figura- 좋은 인상을 주다; (일이) 잘 되어 갈 것 같다

Con quel regalo ho fatto una bella figura. 그 선물로 나는 좋은 인상을 주었다.

fare una cattiva figura- 나쁜 인상을 주다

Mi hai fatto fare una cattiva figura. 넌 내게 나쁜 인상을 주었다.

per figura- 전시용의

Questo pannello non serve a niente: è lì solo per figura. 이 그림은 아무 쓸모가 없다. 그저 전시용으로 거기에 있다.

figurarsi (o figuriamoci)!- 그런 생각 말다, 별생각을 다 하다, 말도 안 된다, 당치 않다[16]

Figurati!- 천만에, 당치 않아! 그런 생각 마! 말도 안 돼(= Ma va là)!

"Ti dispiace se apro la finestra?" "Figurati, fai pure!" "창문을 열어도 괜찮겠니?" "그럼, 어서 열어!"

Figurati se lo invito! 나는 절대 그를 초대하지 않았습니다!

Figuriamoci!- 그런 생각 맙시다! 당치 않아요!

"Lei è stato gentile con me." "Ma figuriamoci" "정말 제게 친절하셨어요." "그런 말 말아요; 당치 않아요."

"Ti dispiace se fumo?" "Figuriamoci!" "담배를 피워도 괜찮나요?" "그럼요!"

Si figuri!- 별말씀을 다하십니다, 그런 생각 마세요! 당치 않아요, 별말씀을, 천만에요!

"Do noia?" "Ma no, si figuri!" "방해가 되는 건 아닌지요?" "당치 않아요!"

"Grazie mille!" "Si figuri!" "대단히 감사합니다!" "별말씀을!"

figurino- 유행복의 본[17]; (구어) 최신 유행의 옷을 입는 사람, 패션 모델

essere un figurino- 유행에 민감한 사람이다

Con quel vestito blu sembri proprio un figurino. 네가 그 푸른색 옷을 입으니까 정말 패션모델 같다.

Vestito così sei un vero figurino. 네가 그렇게 입으니까 진짜 패션모델 같아.

figuro- 괴한, 용의자

un losco figuro- 수상한 사람, 주의 인물

Sul portone ho incontrato un losco figuro. 출입구에서 나는 수상한 사람을 만났다.

fila- 열, 선

---

[16] "Figurati"의 의미는 문맥에 따라 "certamente sì!" 또는 "certamente no!"가 된다.

[17] 서양의 옛날 패션 잡지에 삽입된 옷과 트렌드의 전달매체로서 인쇄된 1매의 도판 및 이것과 비슷한 것의 총칭으로 우리나라에서는 '복식판화' 또는 '복식도판'이라고 부른다. 패션전문자료사전 한국사전연구사 패션전문자료편찬위원회편 2010, "패션 플레이트" 참조.

di fila- (여러 번을) 잇달아/연이어, 계속하여(= di seguito); 중단되지 않는; 연속된(= ininterrottamente)

Ha parlato al telefono per tre ore di fila. 그녀는 3시간 동안 계속 전화로 이야기했다.

Nevicò per tre giorni di fila. 3일 동안 내내 눈이 내렸다.

Vinse per tre anni di fila. 그는 3년 동안 연이어 이겼다.

disertare le file- (사용, 지지하던 것을) 버리다

Ha disertato le file del movimento rivoluzionario perché si sentiva in pericolo. 그는 생명에 위협을 느껴 혁명 운동을 버렸다.

essere in fila (o fare la fila)- 줄을 서서 기다리다

Lei è in fila davanti alla segreteria. 그녀는 비서실 앞에 줄을 서서 기다리고 있다.

Sono in fila all'ufficio postale, ma una signora mi passa avanti. 내가 우체국에서 줄을 서서 기다리고 있는데, 어떤 아주머니가 내 앞으로 새치기한다.

Vedo molti clienti in fila alla cassa. 계산대에 많은 고객들이 줄 서 있는 것이 보인다.

fare la fila- 줄을 서서 기다리다, 순서를 기다리다

Per comprare il biglietto, bisogna fare la fila. 표를 사려면 줄을 서서 기다려야 한다.

in fila indiana- 일렬종대로, 한 줄로

Gli anatroccoli camminano dietro la madre in fila indiana. 새끼 오리들이 어미 뒤를 한 줄로 따라간다.

in prima fila- 첫 번째 줄에, 일선에

Ho trovato un posto in prima fila. 나는 앞줄에 자리를 발견했다.

Lei si siede sempre in prima fila. 그녀는 항상 첫째 줄에 앉는다.

mettere in fila- 줄 세우다

mettersi in fila- 줄지어 기다리다

passare davanti alla fila(o non fare la fila)- 줄에 새치기하다

rispettare la fila- 줄을 지키다

Signora, Lei deve rispettare la fila. 아주머니, 줄을 지키셔야 돼요.

rompere le file- (군인, 경찰관 등의) 대오가 흐트러지다; (단체의 구성원들이) 흩어지다

Rompete le file! (군대) 해산!

serrare le file- (군인들이 방어를 위해) 대열의 간격을 좁히다; (비유) 똘똘 뭉치다

stare in fila- 정렬해 있다

I ragazzi devono stare in fila. 소년들은 정렬해 있어야 한다.

tirare le fila- (1) ~을 장악/통제하다

Chi tira le fila del governo? Certamente non il primo ministro. 누가 정부를 관장합니까? 당연히 총리 아니야.

(2) 결론에 이르다

Tirando le fila del primo sondaggio post-elettorale, la coalizione di governo è in vantaggio. 일차 출구조사의 결론에 따르면, 연립정부가 우세하다.

una fila di- 끊임없는, 연속적인, 줄줄이

Gli è successa una fila di disgrazie. 그에게 나쁜 일이 계속 연이어 일어났다.

Lei ha detto una fila di bugie. 그녀는 거짓말을 계속해서 늘어놓았다.

film- 영화

> **dare un film-** 영화를 상영하다
>
> Che film danno al CGV? CGV에서 무슨 영화를 상영하지?
>
> **film a colori-** 칼라 영화
>
> **film comico-** 코믹 영화
>
> **film a tre dimensioni-** 3D 영화
>
> **film d'amore-** 애정 영화
>
> **film d'animazione-** 만화 영화
>
> **film d'avventura-** 모험 영화
>
> **film di guerra-** 전쟁 영화
>
> **film di fantascienza-** 공상 과학 영화
>
> **film giallo-** 추리 영화
>
> **film horror-** 공포 영화
>
> **film in bianco e nero-** 흑백 영화
>
> **film muto-** 무성 영화
>
> **film poliziesco-** 수사 영화
>
> **film western-** 서부 영화
>
> **vedere (o guardare) un bel film-** 멋진 영화를 한편 보다
>
> Che film vai a vedere? 너 무슨 영화를 보러 가니?
>
> Ho visto un bel film alla televisione ieri sera. 어제 저녁 TV에서 멋진 영화를 한편 보았다.

filo- 실, 맥락

> **avere un filo di voce-** 목이 쉬다, 목소리가 나오지 않다
>
> **dare del filo da torcere-** (1) (비유) ~을 아주 힘들게 만들다, 괴롭히다(= creare molte difficoltà)
>
> Non è un ragazzo facile da tirare su; mi dà spesso del filo da torcere. 그는 (기분을) 끌어올리기가 쉽지 않은 소년이다. 그래서 종종 나를 아주 힘들게 만든다.
>
> (2) 아주 어려운 일이다; 만만치 않은 사람이다
>
> Quel pugile darà del filo da torcere al nostro campione. 그 권투선수는 우리 챔피언에게 만만치 않은 상대가 될 것이다.
>
> **essere appeso ad un filo-** (비유) 위기에 처해 있다, 풍전등화이다(= essere in grave pericolo)
>
> La loro vita era appesa ad un filo. 그들의 목숨이 위기에 처해 있었다.
>
> **essere cuciti(o legati) a filo doppio-** 떨어질 수 없는 사이이다, 절친한 관계이다
>
> È inutile che cerchi di portare tua figlia in vacanza senza Giulia: sono legate a filo doppio. 줄리아를 떼어놓고 네 딸을 휴가에 데려가려는 시도는 어림도 없다. 그들은 절친한 사이다.
>
> **essere(o camminare) sul filo del rasoio-** (비유) 살얼음판을 걷다; 아슬아슬한 상황에 처하다; (위험하거나 불법적일지도 모르는) 아슬아슬한 짓을 하다
>
> **fare il filo a qualcuno-** (사귀자고) 쫓아/따라다니다
>
> Le ha fatto il filo da quando aveva quindici anni e adesso si sposano! 그녀가 15살 때부터 그는 그녀를 쫓아다녔는데 이제야 결혼한다!

per filo e per segno- 정확히 말한/글자 그대로; 상세하게(= con tutti i particolari, in modo dettagliato)

Le ho raccontato che cos'era successo alla festa per filo e per segno. 나는 파티에서 무슨 일이 벌어졌는지 아주 상세하게 그녀에게 이야기했다.

perdere il filo del discorso- 이야기의 가닥을 잃다, 대화의 맥락을 잃다

riprendere il filo del discorso- 중단했던 대화를 다시 시작하다, 대화의 맥락을 다시 잇다

seguire il filo dei ricordi- 기억의 흐름을 쫓아가다, 기억을 더듬다

tirare le fila- 종합하다

un filo di- 소량의, 가느다란, 한 가닥의

Apri la finestra, non c'è un filo d'aria qui dentro. 창문을 열어, 이 안에 한 점의 공기도 없다.

C'è ancora un filo di speranza. 아직 한 가닥의 희망이 있다.

Lui non aveva un filo di interesse per quel lavoro. 그는 그 일에 조금의 관심도 없다.

fine[①]- 1. (여성 명사) 마지막, 결과

a fine anno- 연말에

a fine lezione- 수업이 끝났을 때

a fine pasto- 식사가 끝났을 때

Sparecchia la tavola a fine pasto! 식사가 끝났을 때 식탁을 치워라!

a fine settimana- 주말에

Rivediamoci a fine settimana! 우리 주말에 다시 보자.

alla fin fine (o in fin dei conti)- (1) 모든 것을 고려해 볼 때(= tutto sommato)

Alla fin fine, bisognerà pure che lui capisca la nostra situazione. 모든 것을 고려해 볼 때, 그는 우리의 상황을 이해해 줄 수 있을 거다.

(2) 결국에는(= dopotutto, in definitiva)

In fin dei conti ho avuto ragione io. 결국에는 내가 옳았다.

alla fine- 종국엔, 결국엔, 마침내(= finalmente)

alla fine di- ~의 끝에, ~의 말에; ~가 끝났을 때

Alla fine della prima lezione gli studenti sono scesi al bar. 1교시가 끝났을 때 학생들은 바로 내려갔다.

Alla fine di ogni ora ci sono dieci minuti di intervallo. 매시간 끝에 10분간의 휴식이 있다.

La scuola comincia alla fine dell'estate. 학교는 여름이 끝났을 때 시작한다.

avere fine- 죽다, 끝나다

Che fine hai fatto? 도대체 어떻게 된 거야? 도대체 무슨 일이 생긴 거야?

Che fine hanno fatto i miei occhiali? 도대체 내 안경이 어디로 간 거야?

dall'inizio alla fine- 처음부터 끝까지

fare fine- (사회적으로) 용인되고 있다, 유행하고 있다

Tra i ragazzi fa fine portare la felpa al contrario. 십대들 사이에서 스웨터 셔츠를 뒤집어 입는 것이 유행하고 있다.

fare una brutta fine- 비참하게 끝나다/죽다(= morire tragicamente); 나쁜 결말을 맺게 되다(= trovarsi in condizioni tragiche)

Le vittime dell'incidente hanno fatto una brutta fine. 사고 희생자들은 비참하게 죽었다.

Si sapeva che frequentando quelle compagnie avrebbe fatto una brutta fine. 그는 그런 친구들과 어울려 다니다 나쁜 결말을 맺게 될 줄 알고 있었다.

fare una buona fine- 좋은 결말에 이르다, 편안하게 죽다

fino alla fine- 끝까지

Hai visto quel film fino alla fine? 그 영화를 끝까지 다 봤니?

Il fine giustifica i mezzi. 목적이 수단을 정당화한다. 끝이 좋으면 다 좋다.

in fin di vita- 죽음이 가까워졌을 때(= in punto di morte), 죽음이 임박한, 임종 때

Lo hanno trovato in fin di vita. 그들은 죽음이 임박한 그를 방문했다.

la fine del mondo- (1) 너무도 훌륭한(멋진), 이례적인, 최신 유행의

Aveva una giacca che era la fine del mondo. 그는 정말 멋있는 외투를 가지고 있었다.

Si è comperato una Ferrari rossa che è la fine del mondo! 그는 붉은색 페라리를 샀는데, 최신모델이다(더할 나위 없이 좋아).

(2) 대혼란(= un disastro)

Lui annunciò le sue dimissioni e successe la fine del mondo. 그의 사임 발표가 있자 대혼란을 일으켰다.

(3) 어수선(= una cosa che ha fatto tanta confusione)

Da quando ha detto che andava via, in ufficio è successa la fine del mondo. Tutti vogliono andarsene. 그가 떠난다고 말한 뒤로 사무실 안이 어수선해졌다. 모두들 떠나고 싶어 한다.

porre (o mettere) fine a qualcosa- ~를 그만두게 하다(= farla cessare), ~을 끝내다

senza fine- 끝없이

Quella vicenda è, ormai, senza fine. 그 사건은 이제 미제이다.

Mi ha procurato fastidi senza fine. 그는 나를 끝없이 귀찮게 했다.

verso la fine dell'anno- 연말경에

verso la fine dell'estate- 여름이 끝날 무렵에

verso la fine di- ~끝 무렵에, ~말경에

volgere alla fine- 끝나가다, 막판으로 치닫다

Il giorno volge alla fine. 하루가 끝나간다.

2. (남성 명사) 목적, 종결

a buon fine- 좋은 결말

L'operazione è andata a buon fine. 수술 결과가 좋았다.

A che fine? (목적, 이유를 물음) 왜? 뭐 하러?

a fin di bene- 선의로, 성의를 가지고

L'ha fatto solo a fin di bene. 그는 단지 선의로 그것을 했다.

a tal fine- 그것을 목적으로, 그것을 위하여, 그것 때문에

al fine di- ~하기 위하여, ~를 목적으로

L'ho detto al fine di aiutarti. 너를 도와줄 목적으로 그 말을 했다.

avere un secondo fine- 딴마음을 품다, 또 다른 속셈이 있다

condurre qualcosa a buon fine- 좋은 결말로 이끌다, 유종의 미(美)를 거두다

Sembrava difficile ma Giulia è riuscita a condurre il lavoro a buon fine. 일이 힘들게 보였지만 쥴리아는 그 일에 유종의 미를 거둘 수 있었다.

essere fine a se stesso- 그 자체로 중요하다

film a lieto fine- 해피엔딩의 영화

È un film a buon fine. 해피 엔딩의 영화이다.

giungere (o andare) a buon fine- 좋은 결과가 나오다; 성공하다

fine[2]- (형용사) 섬세한, 고운, 멋진, 정확한

capelli fini- 가느다란 모발

regolazione fine- 미세 조정

sabbia fine- 고운 모래

una distinzione fine- 미세한 구별

una signora molto fine- 매우 고상한/기품 있는 여인

finestra- 창문

affacciarsi alla finestra- 창문에 모습을 드러내다(= mostrarsi); 창문으로 가다(= andare); 창 밖을 내다보다(= per guardare)

aprire la finestra- 창문을 열다

Apro la finestra, perché sento caldo. 나는 더워서 창문을 연다.

buttare i soldi dalla finestra- 창밖으로 돈을 버리다; 돈을 낭비하다

Lei spende e spande come se avesse soldi da buttare dalla finestra. 그녀는 돈이 많은 양 물 쓰듯이 낭비하면서 돈을 쓴다.

chiudere la finestra- 창문을 닫다

rientrare dalla finestra- 창문으로 기어올라오다

Il nostro problema è uscito dalla porta e rientrato dalla finestra. (비유) 우리는 이 문제에서 벗어날 수가 없다.

sporgersi dalla finestra- 창문에서 상체를 굽혀 내밀다

stare alla finestra- 구경꾼이 되다; 방관하다; 중립적인 태도를 취하다[18]

È iniziata la resistenza, nessuno può stare alla finestra. 저항은 시작되었습니다. 아무도 방관할 수 없습니다.

finire- 1. (자동사) 끝나다

andare a finire- (1) 끝나다

Come è andata a finire? 어떻게 끝났니?

(2) 겨누다(= mirare), 향하다(= tendere)

Dove va a finire il tuo discorso? 도대체 넌 무슨 얘기를 하려는 거야?

(3) 사라지다(= scomparire)

Dove è finito (o andato a finire) il mio cappello? 내 모자 어디 갔지?

Attento che finisce male! (아이에게) 잘 못 될라 조심해!

---

[18] 이 관용어는 어떤 일에 자신은 전혀 상관없는 것처럼 구경만 하고 있는 것을 나타내는 의미이다.

Dove è finita la mia penna? (사라져 버려 찾을 수 없을 때) 도대체 내 펜이 어디 간 거지?

Dove eri finito? 도대체 너 어디 가 있었던 거야?

E non finisce qui! 여기서 끝나진 않을 거야! (위협) 가만 안 놔둘 거야.

È tutto finito tra noi due. 우리 둘 사이는 이제 모두 끝났다.

finire in- ~에 이르다

Il fiume finisce nel mare. 강이 바다에 이른다.

Lo scontro finì in una tragedia. 충돌은 비극에 이르렀다.

Non vorrei finire nel ridicolo. 나는 우스운 꼴이 되고 싶지 않다.

Temo che quel ragazzo finirà male. 그 아이가 잘못될까 봐 두렵다.

Tutto è bene quel che finisce bene. (속담) 끝이 좋으면 모두 좋다.[19]

2. (타동사) 끝내다, 마치다

finire con (o per) (+ inf.)- 결국/마지막에는 처하게 되다

Finirà per farsi male. 그는 결국 다치고 말거다.

Se continui a fumare, finirai con l'ammalarti. 네가 계속해서 담배를 피우면, 병나고 말거다.

finire di fare qualcosa- ~하는 것을 마치다, 끝내다

Hai finito di fare colazione? 너 아침 식사 다 했니?

Quando finisci di studiare? 너 언제 공부를 끝내니?

finire in- ~에 이르다

finirla- 그만 두다, 집어치다(= smettere), 중단하다(= interrompere)

È ora di finirla! 이제 더 이상 참을 수 없어! 이제 지겹다!

Finiscila! 그만 좀 해! 빨리 해치워!

Finiscila con questi capricci! 이제 변덕좀 그만 부려!

Finitela! 너희들 그만 좀 해! 빨리 마무리지어!

3. (명사) 종말, 끝

sul finir dell'estate- 여름이 끝나갈 때

finito- 끝난

È finita! 끝났다, 다했다, 더 이상 할게 없다!

farla finita- (1) 그만 뒤, 닥쳐, 집어치워

Basta, fatela finita! 됐어, 너희들 이제 그만 좀 해!

Falla finita, mi hai seccato. 그만 해라, 신물이 난다.

(2) 자살하다(= suicidarsi, uccidersi)

Era stanco di vivere e ha deciso di farla finita. 그는 사는데 지쳐서 생을 끝낼 결심을 했다.

Sono disperati perché Enrico ha lasciato un biglietto dove dice che vuole farla finita, e poi è sparito. 엔리코가 죽고 싶다고 말한 메모만을 남기고 사라졌기에 그들은 절망했다.

farla finita con- (사물) ~에 종지부를 찍다, ~을 끝내다; (사람) ~와 헤어지다

---

[19] 도중에 잘되지 않는 일이 있다고 해도 마지막만 잘되면 좋다는 것을 뜻하는 속담이다. 이 속담은 1602년에서 1603년 사이에 쓴 셰익스피어의 희곡 제목 *"All's well that ends well"*에서 유래한다.

Bisogna farla finita con questa storia. 이 이야기에 종지부를 찍어야 한다.

Falla finita con le tue lamentele. 불평 좀 그만 해.

fino- 까지

　fin da- ~부터, ~이래로

　fin da domani- 내일부터

　fin da ieri- 어제부터

　fin da quando? 언제부터

　fin da questo momento- 이 순간부터

　fin dal 1800- 1800년부터

　fin dall'epoca romana- 로마시대부터

　fin dall'infanzia- 유년 시절부터

　Marco abita a Roma fin dall'infanzia. 마르코는 유년 시절부터 로마에서 살고 있다.

　fin dove- 어디까지

　fin qui- 여기까지

　fino a- ~까지

　Abbiamo viaggiato insieme fino a Firenze. 우리는 피렌체까지 여행을 같이 했다.

　Ho dormito fino alle dieci. 나는 10시까지 잤다.

　Ti accompagno fino a casa. 집까지 너를 데려다 줄게.

　fino a che punto?- 어느 순간까지?

　fino a poco fa- 조금 전까지

　Fino a poco fa era qui in questa stanza, ora non so dove sia andato. 그가 조금 전까지 여기 이 방에 있었는데 지금 어디에 갔는지 모르겠다.

　fino a quando?- 언제까지?

　"Fino a quando lavori?" "fino a domani" "언제까지 일하나요?" "내일까지요"

　fino a tardi- 늦게까지

　Ho lavorato fino a tardi. 나는 늦게까지 일했다.

　fino a verso mezzanotte- 자정 무렵까지

　fino all'ultimo- 마지막 순간까지

　fin da bambino- 어려서부터

　Fin da bambino amavo venire al mare. 나는 어려서부터 바다에 오는 것을 좋아했다.

　fino in cima- 정상까지

finta- 거짓꾸밈, ~체함

　far finta di- ~인 체하다, ~인 것처럼 굴다

　Facciamo finta di essere stranieri. 우리 외국인 척하자.

　Faceva finta di non conoscerla. 그는 그녀를 모르는 척했다.

　Non fare finta di dormire! 자는 척하지 마!

　far finta di nulla- 보고도 못 본 체하다, 본체만체하다; 아무 일도 없는 척하다

　Fa' finta di nulla; sta arrivando quel tipo noioso. 따분한 그 사람이 오고 있기 때문에, 그는 본체만

체한다.

Ho fatto finta di niente. 나는 아무 일도 없는 척했다.

per finta- 장난으로(= per scherzo)

Stanno litigando per finta. 그들은 장난으로 말싸움하고 있다.

fio- 벌[20]

pagare il fio- 벌을 받다, 대가를 치르다

Ho pagato il fio degli errori di mio padre. 나는 아버지의 실수에 대한 대가를 치렀다.

fiocco- (리본 등의) 나비매듭(= di nastro); 눈송이; 플레이크(= cereali); (쿠션, 옷 등에 장식으로 다는) 술(= nappina); 다발

coi fiocchi- 일류의, 탁월한(= eccellente), 최고의; (식사가) 푸짐하고 맛있는

Ha preparato un pranzo con i fiocchi in suo onore. 그녀는 자기의 명예를 걸고 푸짐하고 맛있는 점심을 준비했다.

fiore- 꽃

a fior d'acqua- 수면 아래에, 표면 아래로

Guarda quell'insetto che scivola a fior d'acqua. 그 곤충이 수면 아래로 미끄러져 가는 것을 봐.

a fior di pelle- 피부에; 피상/표면적인, 가벼운

Sembrava grave, ma era solo una ferita a fior di pelle. 중상같았지만 단지 가벼운 상처이었다.

a fiori- 꽃무늬의

Lui portava una cravatta a fiori. 그는 꽃무늬 넥타이를 매고 있었다.

avere i nervi a fior di pelle- 신경이 곤두서다, 신경이 예민하다

Ho i nervi a fior di pelle; è meglio che tu non mi faccia arrabbiare. 신경이 곤두섰으니깐, 너 나를 화나지 않게 하는 것이 좋을 거야.

costare (o spendere) fior di quattrini- 큰돈이 들다; 비싸다; 돈이 상당히 들다

Comprare il loro silenzio è costato fior di quattrini a quell'uomo politico. 그들의 입을 틀어막기 위해서 그 정치인에게 돈이 꽤 들었다.

Per fare quella crociera, ha speso fior di quattrini. 그 유람선 여행을 하기 위해 그는 돈 좀 썼다.

dire (o parlare) a fior di labbra- 속삭이다, 소곤거리다, 귓속말을 하다, 낮은 목소리로 말하다

Me lo disse una sera a fior di labbra. 어느 날 밤 그는 내게 그것을 속삭였다.

essere in fiore- 만개하다, 활짝 피어 있다; (비유) 번성하다, 번창하다

L'albero è in fiore. 나무에 꽃이 피었다.

Le colline sono in fiore. 언덕에 꽃이 만발하다.

guadagnare fior di soldi- 떼돈을 벌다(= fruttare fior di soldi)

Ha guadagnato fior di soldi in borsa. 그는 주식으로 떼돈을 벌었다.

il fior fiore- 엘리트, 명사(= la parte migliore, la crema)[21]

Il fior fiore del mondo giornalistico era presente alla rassegna cinematografica. 언론계의 명사가 영화

---

[20] 유의어는 "espiazione, castigo, pena, punizione"이며, 반의어는 "premio, ricompensa"이다.

[21] 이와 연관된 표현으로 "il fior fiore della società, la crema della società 최상층 사회, 사교계의 꽃들"이라는 의미가 있다.

제에 참석하였다.

nel fiore degli anni- 전성기에, 한창때에, 꽃다운 나이에

Mori nel fiore degli anni. 그녀는 꽃다운 나이에 죽었다. 그녀는 요절했다.

Un male l'ha stroncato nel fiore degli anni. 질병이 한창인 그를 요절시켰다.

Si prega di non inviare fiori. 유지에 따라 조화(弔花)는 사절하겠습니다.

sorridere a fior di labbra- 엷게 미소짓다

un fior di mascalzone- 뻔뻔스러운 깡패(= un autentico mascalzone)

È proprio un fior di mascalzone. 그는 정말 극한 무도한 악당이다.

un fiore all'occhiello- 단춧구멍; 가장 큰 자랑거리(= essere motivo di orgoglio)

Sua figlia è molto intelligente; per suo padre, è un fiore all'occhiello. 그의 딸이 매우 똑똑한데, 그녀는 아버지의 가장 큰 자랑거리다.

vedere tutto rose e fiori- 모든 것을 쉽고 아름답게 생각하다

firma- 서명

autenticare una firma- 서명이 진짜인지 확인하다

fare qualcosa per onore di firma- 시늉만 하다, ~인체 하다

Va in ufficio e non fa niente: è presente solo per onore di firma. 그는 사무실에 가지만 아무 일도 안 한다. 그는 단지 도장만 찍어 주는 존재이다.

metterci la firma- 주저 없이 받아들이다, 기꺼이 응하다

Ci metterei la firma! 그것을 기꺼이 하겠습니다.

mettere la firma- 서명을 하다, 싸인을 하다

fischio- 휘파람; 호각소리; (기차, 배 등의) 기적, 경적

prendere fischi per fiaschi- (비유) 오해/착각하다(= capire una cosa per un'altra)

Ha scritto una brutta recensione di quel libro: ha proprio preso fischi per fiaschi. 그는 그 책에 대해 악평을 썼는데, 그는 완전히 오해했다.

Se mi vuoi, fa' un fischio. 필요하면 저를 불러 주세요.

fiuto- 후각, 냄새

al fiuto- 본능적으로; 한눈에

al primo fiuto- 즉시, 당장

aver fiuto- ~에 대한 냄새를 잘 맡다; ~을 잘 찾아내는데 천부적 능력이 있다

Lui ha fatto una barca di soldi perché ha fiuto negli affari. 그는 사업거리를 찾는데 천부적 능력이 있기 때문에 엄청난 돈을 벌었다.

Lui ha un gran fiuto per gli affari. 그는 사업에 천부적인 능력이 있다.

avere un fiuto- 후각이 아주 발달하다

I cani da caccia hanno un fiuto molto fine. 사냥개들은 후각이 아주 발달되어 있다.

Quel cane ha un ottimo fiuto. 그 개는 후각이 아주 발달되어 있다.

fidarsi del proprio fiuto- 자신의 직감/본능을 믿다

flagrante- 현행범의; 명백한, (좋지 않은 것이) 확연한

cogliere qualcuno in flagrante- ~을 현행범으로 잡다(= cogliere qualcuno sul fatto)

Il ladro è stato colto in flagrante mentre cercava di fuggire con i gioielli. 도둑은 보석을 가지고 도망
치려 했는데 현행범으로 체포됐다.

flagrante contraddizione- 명백한 모순(= evidente contraddizione)

Il testimone è caduto in flagrante contraddizione. 증인은 명백한 모순에 빠졌다.

foglia- 잎

a forma di foglia- 나뭇잎 모양의

mangiare la foglia- (힌트, 암시 등의) 뜻을 알아채다; 간파하다

Volevamo fargli uno scherzo, ma ha mangiato la foglia appena ha visto le nostre facce. 우리는 그에게
장난을 쳐주고 싶었는데, 그는 우리 얼굴을 보자마자 알아챘다.

mettere le foglie- 잎이 돋아나다

Non cade foglia che Dio non voglia. (속담) 하느님/하나님이 뜻하지 않으면 나뭇잎 하나도 떨어지
지 않는다.

tremare come una foglia- 나무잎처럼 떨다, 사시나무 떨듯하다

Lei era pallida e tremava come una foglia. 그녀는 창백하게 사시나무 떨듯 떨고 있었다.

folla- 군중

accorrere in folla- 가득 메우다

confondersi tra la folla- 군중 속에 파묻혀 보이지 않다

farsi strada a fatica tra la folla- 군중을 헤치고 나아가다

fra la folla- 군중들 사이로

È sparito fra la folla. 그는 군중들 사이로 사라졌다.

piacere (o volere piacere) alla folla- 군중에게 호소하다

una folla di- 많은, 다수의

Era attorniato da una folla di giornalisti. 그는 많은 신문기자들한테 둘러싸였다.

Lei ha una folla di ammiratori. 그녀를 찬양하는 사람들이 많다.

folle- 미친

a velocità folle- 미친 속력으로

Procedeva a velocità folle nella notte. 그는 밤에 미친 속력으로 질주하고 있었다.

essere folle di qualcuno- ~에 미치다, ~에 사족을 못 쓰다, ~에 열중하다

mettere il motore in folle- (자동차) 기어를 중립에 놓다

follia- 광기

amare qualcuno alla follia- 미친 듯이 사랑하다

Loro si amano alla follia. 그들은 서로 미친 듯이 사랑한다.

costare una follia- 비용이 엄청나게 들다

fare follie- 즐거운 시간이 되다(=divertirsi); 신나게 즐기다; 즐기러 나가다; 경솔하게 행동하다

Stai calmo, non fare follie! 침착해, 경솔하게 행동하지 말고!

fare follie per qualcosa- ~에 미치다, 열광/열중하다

fare una follia- 미쳐서 ~을 하다; 거금을 쓰다(= una spesa folle)

in preda alla follia- 광기에 사로잡혀

L'ultima volta che l'ho visto era in preda alla follia, stava urlando come un matto. 내가 그를 마지막으로 보았을 때, 그는 광기에 사로 잡혀서 미친 사람처럼 소리를 질러대고 있었다.

fondello- (도구, 가정용품의) 바닥

prendere qualcuno per i fondelli- ~을 놀리다, 곯리다, 웃음거리로 만들다(= prendere in giro, sfottere, fare scherzi)

Guarda che ti hanno preso per i fondelli; domani non c'è nessuna festa. 그들이 너를 곯린 것 같은데, 내일 파티라곤 없다.

presa per i fondelli- 조롱, 못살게 굴기, 괴롭힘

fondo- 밑바닥, (마음의) 깊은 곳, 배경, 주식

a fondo- 완전히, 전적으로; 깊이, 철저하게(= completamente)

Ogni tanto bisogna pulire la casa a fondo, comprese le pareti. 때때로 벽까지 포함해서 너는 집을 (완전히) 대청소해야 한다.

Voglio studiare a fondo la grammatica. 나는 문법을 철저하게 공부하고 싶다.

andare a fondo- (1) 가라앉다, 침몰하다(= affondare, naufragare)

La nave colpita dal siluro andò a fondo in pochi minuti. 어뢰에 맞은 배는 수분 내에 침몰하였다.

(2) 망하다/파산하다(= fallire)

Se continueremo a far debiti, andremo a fondo e bisognerà dichiarare fallimento. 우리가 계속해서 부채를 지게 되면, 망할 것이고 파산선고를 하게 될 거다.

andare a fondo di- ~의 진상을 규명하다; 원인을 밝혀내다(= indagare)

Intendo andare a fondo di questa situazione. 나는 이 상황의 진상을 규명할 작정이다.

avere uno stomaco senza fondo- 대식가이다, 먹보/식충이다

da cima a fondo- 처음부터 끝까지(= dall'a alla zeta, di sana pianta)

dal fondo del mio cuore- 내 마음속에서부터, 진심으로, 진심에서, 충심으로

dare fondo a qualcosa- (돈을) 낭비하다, 다 써 버리다(= esaurirlo)

In tre anni ha dato fondo a tutta l'eredità: incredibile! 3년 만에 그는 모든 유산을 다 써버렸다. 믿기지 않아!

dare fondo all'ancora- (항해) 닻을 내리다

di fondo- 기본적인, 근원적인(= fondamentale)

fino in fondo- 끝까지(= fino alla fine, fino all'ultimo); 철저히(= in modo esauriente); 충분히(= completamente)

Ho sbagliato e ne sopporterò le conseguenze fino in fondo. 나는 실수했는데 끝까지 책임질 것이다.

in fondo- 내심은; 결국에는(= tutto sommato, alla fin fine, dopotutto)

Forse non sembra a prima vista, ma in fondo è una brava persona. 처음에는 그렇게 보이지 않더라도, 내심은 좋은 사람이다.

In fondo non è successo nulla. 결국엔 아무 일도 일어나지 않았다.

in fondo a- ~끝에; ~밑바닥에, ~구석에

In fondo al bicchiere c'è ancora un po' di vino. 컵 바닥에 포도주가 아직 조금 있다.

In fondo alla strada giri a destra. 길 끝에서 우회전 하세요.

L'ascensore è in fondo al corridoio. 승강기는 복도 끝에 있습니다.

In fondo in fondo- 가장 뒤쪽에; 먼 거리에; (비유) 모든 것을 고려해 볼 때(= alla fin fine, in fin dei conti)

In fondo in fondo, aveva ragione lui a non voler comprare quelle azioni. 모든 점을 고려해 볼 때, 그 주식을 구입하길 원치 않았는데 그가 옳았다.

mandare a fondo un progetto- 계획을 좌절시키다

nel fondo del suo cuore- 그의 마음 한가운데서부터

raschiare il fondo del barile- (선택의 여지가 많지 않아서) 그냥 구할 수 있는 대로 이용해야 한다; 최후의 수단을 쓰다

Per non chiudere la fabbrica abbiamo dovuto vendere la casa. Ormai abbiamo raschiato il fondo del barile. 공장 문을 닫지 않기 위해 우리는 집마저 팔아야만 했다. 이제는 그야말로 최후의 수단을 썼다.

senza fondo- (비유) 채울 수 없는; 만족할 줄 모르는(= insaziabile)

toccare il fondo- (비유) 바닥을 경험하다; 바닥시세에 도달하다; 갈 데까지 가다

Credevano di aver toccato il fondo, ma le cose peggiorarono ulteriormente. 그들은 갈 데까지 갔다고 생각했었는데, 오히려 상황은 더 악화되었다.

vedere il fondo di qualcosa- (비유) ~의 끝을 보다

forbice- 가위

lavorare di forbici- 가위질하다; 수정/삭제/검열하다

La prima pagina del giornale era quasi vuota: i censori hanno lavorato ben bene di forbici. 신문의 제1면은 거의 비어 있었는데, 검열관들이 거의 모든 기사를 삭제했다.

le forbici della censura- (비유) 검열

forca- 교수대

far forca- (비유) (학교를) 무단결석하다, 땡땡이 치다(= marinare la scuola)

Hanno scoperto che il figlio ha fatto forca un giorno sì e uno no tutto l'anno. 그들은 아들이 일 년 내내 하루걸러 하루 학교를 빼먹은 것을 알았다.

fare la forca a qualcuno- ~을 속이다(= ingannarlo); 부정을 저지르다

Non lasciarti far la forca da quei politicanti. 너 그러한 정치인들이 부정을 저지르도록 놔두지 마.

finire sulla forca- 교수형에 처하다

mandare qualcuno sulla forca- ~을 교수형에 처하다

passare sotto le Forche Caudine- 심한 모멸감을 느끼다; 굴욕을 맛보다[22]

Bisogna passare sotto le Forche Caudine degli esami per ottenere il diploma. 사람들은 자격증을 따기 위해서는 시험이라는 호된 시련을 겪어야 한다.

Va' sulla forca! 뒈져라!

forchetta- 포크

---

[22] 이 관용어의 유래는 정확히 삼니움 족과의 제2차 전쟁으로 거슬러 올라간다. 서기 321년 로마 군사들이 오늘날 베네벤토 (Benevento) 근처의 카우디오(Caudio) 협곡에서 패하여 승자 앞에서 무장 해제된 상태에서 멍에를 짊어지고 통과해야만 하는 치욕을 겪었던 역사적 사실을 역사가 리비오(Livio)가 서술하였는데, 그 뒤로 하나의 관용어로 정착하였다.

forchetta da frutta- 과일 포크

parlare in punta di forchetta- 잘난척하면서 말하다

È una delle persone meno spontanee che conosca: parla sempre in punta di forchetta. 내가 알기로 그는 적어도 거침없이 말하는 사람 가운데 하나인데 늘 잘난척하면서 말한다.

una buona forchetta- 대식가; 미식가(= buongustaio)

Fa piacere invitarlo a cena, è una buona forchetta. 그를 저녁에 초대해 기쁜데, 그는 대식가다.

forma- 형태, 형식

a forma di- ~의 형태로, ~모양으로

a forma di cuore- 하트/심장 모양의; 심장 같은 모양을 하고 있는

a (o in) forma di conchiglia- 조개 모양의

essere in forma- (몸의) 상태가 좋다, 컨디션이 좋다

Marco non è stato mai in forma come adesso. 마르코는 지금처럼 몸이 좋은 적이 없었다.

Sei in gran forma! 너 컨디션이 아주 좋구나!

Sono in ottima forma. 난 컨디션이 최상이다.

dare forma a- 구체화하다

in tutte le forme- 모든 형식으로

mantenersi in forma- 컨디션을 유지하다, 건강을 유지하다

Si mantiene in forma con la dieta vegetariana. 그는 채식 다이어트를 해서 컨디션을 유지한다.

prendere la forma di- ~의 모습을 취하다, ~의 모습으로 나타나다

rispettare le forme- 관습을 존중하다

sembrare in forma- 컨디션이 좋아 보이다

Stamattina sembri in forma. 오늘 아침 너 컨디션이 좋아 보인다.

sentirsi in forma- 컨디션이 좋다고 느끼다

Se giochi a tennis, ti sentirai in forma. 테니스를 치면, 컨디션이 좋다고 느낄 거다.

sotto forma di- ~의 모습을 한, ~의 형태로

formare- 만들다, 형성하다

formare la propria famiglia- 자기 가정을 이루다

Finalmente è riuscito a formare la propria famiglia. 그는 마침내 자기 가정을 꾸리는데 성공했다.

formare un numero di telefono- 전화번호를 돌리다, 전화번호를 누르다

Per telefonare dall'estero, deve formare il numero della nazione. 해외에 전화하려면 국가 번호를 눌러야 합니다.

forse- 혹시, 아마도

essere (o stare) in forse- (1) 의심스럽다, 불확실하다; 주저하다(= esitare)

Il nostro viaggio è ancora in forse. Dobbiamo aspettare la conferma dell'agenzia. 우리의 여행은 여전히 불확실하다. 우리는 여행사의 확약을 기다려야만 한다.

(2) (일이) 미결정 상태에 있다

La sua premiazione è in forse: parte della giuria è contraria. 심사위원 편에서는 반대이어서 그의 수상은 미결정 상태에 있다.

mettere in forse- (1) 의구심을 제기하다(= sollevare dubbi su, mettere in dubbio)

Nessuno mette in forse quel che dici. 네가 말하는 것에 아무도 의구심을 제기하지 않아.

(2) 위험에 처하다(= mettere in pericolo)

La Corea del Sud sarebbe stata messa militarmente in forse se non fossero arrivati aiuti da altri Paesi. 다른 나라의 도움이 당도하지 않았다면 한국은 군사적으로 위험에 처했을 것이다.

forte- 1. (형용사) 강한, 튼튼한, 격한

dare man forte a qualcuno- ~에게 강한 손길을 주다; ~를 돕다, 원조하다

essere forte come un toro (o un bue, un cavallo)- 황소처럼 세다, 매우 건강/튼튼하다

essere forte di fianchi, avere i fianchi forti- 둔부가 크다, 둔부가 튼튼하다

È più forte di me. (Non ci posso far nulla.) 어쩔 수 없다.

È scemo forte! 정말 바보야(멍청해)!

È un forte mangiatore. 대식가이다.

farsi forte di- ~에 의지/의존하다; ~을 이용하다

Si fa forte della sua amicizia con il primo ministro per intimidire i suoi concorrenti. 그는 자기의 경쟁자를 협박하기 위해 총리와의 친분을 이용한다.

forte come un leone- 사자처럼 강한

usare/passare alle maniere forti- 강한 방법을 쓰다

2. (부사) 강하게, 빠르게, 격하게

andare forte- (1) 잘 하고 있다(= essere in gamba, procedere bene)

Dai, che vai forte! Se continui così vincerai la corsa! 자, 잘하고 있어! 너 계속 그렇게 하면 경주에서 이길 거다!

(2) 엄청나게 유행하다(= avere successo)

Va forte, quel cantante! 그 성악가가 큰 인기를 끌고 있다!

(3) 빨리 가다

fumare forte- 담배를 많이 피다

piovere forte- (비가) 마구 쏟아지다/들어붓다

3. (명사) 강점, 장기

il proprio forte- 자신의 강점, 장기

La matematica è il suo forte. 수학이 그의 강점이다.

Lo sport non è il mio forte. 스포츠는 내가 잘하는 것이 아니다.

fortuna- 운, 행운; 재산, 부

afferrare la fortuna per i capelli- 행운을 움켜쥐다, 행운을 포착하다

affidarsi alla fortuna- 운에 맡기다, 운에 의지하다

augurare buona fortuna a qualcuno- ~에게 행운을 기원하다

avere fortuna con- ~행운이 있다

Abbiamo avuto poca fortuna con il tempo. 우리는 날씨 운이 별로 없었다.

Lui ha fortuna con le donne. 그는 여자들 복이 있다. 그는 여자들에게 인기가 있다.

avere fortuna negli affari- 사업 운이 좋다

avere la fortuna di- ~하는 행운을 얻다, 좋은 기회를 갖다, 다행히 ~하다

Ho avuto la fortuna di incontrarti. 나는 너를 만나게 될 행운이 있었다.

Non ho avuto la fortuna di conoscerlo. 나는 그를 알게 될 기회를 갖지 못했다.

avere una fortuna sfacciata- 과분할 정도로 운이 있다(= essere fortunatissimo)

Buona fortuna! (기원) 행운이 있기를!

cercare fortuna- 행운을 찾다

costare una fortuna- 엄청난 비용이 들다, 엄청난 값이 나가다

Vorrei comprare questo computer, però costa una fortuna. 나는 이 컴퓨터를 사고 싶지만 비용이 많이 듭니다

Che fortuna!- 재수/운이 좋군!

Che fortuna hai avuto a trovare quel lavoro! Sono contento per te. 네가 그 일을 구하다니 정말 운이 좋구나! 나는 너 때문에 기쁘다.

come fortuna volle- 우연/다행히도, 공교롭게도

di fortuna- 임시의(= improvvisato, provvisorio); 비상의(= di emergenza)

Il pilota fece un 'atterraggio di fortuna', con mezzi di fortuna. 조종사는 비상 장치를 사용하여 '불시착'을 하였다.

essere baciato dalla fortuna- 운이 예기치 않게 있다(= essere inaspettatamente fortunato)

fare fortuna- 성공/출세하다; 대단한 성공을 하다(= avere un grande successo); 부자가 되다(= diventare ricco), 재산을 모으다(= arricchirsi)

Dopo la guerra è emigrato in Australia e ha fatto fortuna. 전후 그는 호주로 이민 가서 성공했다.

Fortuna che- ~하게 되어 다행이다, ~하게 되어 운이 좋다

Fortuna che non c'ero! 내가 없었기에 다행이다!

Fortuna i forti aiuta e i timidi rifiuta. 생각이 팔자.

guadagnare una fortuna- 재산을 모으다

La fortuna aiuta gli audaci. (속담) 하늘은 용기 있는 자의 편이다.

leggere la fortuna a qualcuno- ~의 운수를 말해주다

per fortuna- 운 좋게, 다행히도

Credevo di aver perso il mio passaporto ma, per fortuna, l'ho ritrovato. 난 여권을 잃어버렸다고 생각했는데, 다행히 그것을 다시 찾았다.

portare fortuna- 행운을 가져오다

Il tuo augurio mi ha portato fortuna per l'esame. 너의 기원이 나에게 시험 운을 가져다주었다.

Quella signora mi ha portato fortuna. 그 아주머니는 내게 행운을 가져다주었다.

senza fortuna- 불행하게 끝나는, 불운한

tentare la fortuna- 운수를 시험해 보다

viaggiare con mezzi di fortuna- 이용 가능한 운송수단으로 여행하다

forza- 힘

a (o di) forza- 힘/폭력으로, 강제로(= con violenza)

L'hanno portato via a forza. 그들은 강제로 그를 데려가 버렸다.

a forza di- (어떤 방법으로 계속해서 하다가) ~에 의하여, ~의 힘으로; ~를 써서, ~덕분에

A forza di cantare ha perso la voce. 노래를 계속하다가 나의 목소리가 갔다.

A forza di duro lavoro si è fatto un nome. 그는 고된 일을 계속하다가 이름을 얻었다.

A forza di sentire l'inglese per anni, l'ha imparato anche lei. 그녀는 수년 간 영어 듣기 청취로 영어를 독학하였다.

a tutta forza- (항해) 전속력으로, 걸음아 나 살려라

Avanti a tutta forza! 전속력으로 전진!

avere forze nelle gambe- 다리에 힘이 있다

avere la forza di- ~할 힘이 있다

Non ho avuto la forza di contraddirlo. 나는 그를 반박할 힘이 없었다.

avere forza di legge- 법적 효력을 지니다

Bella forza!- (빈정대며) 그래? 잘해 봐, 당연히 그래야지!; 별일 아니야!

Rinaldo ha vinto l'incontro di pugliato?! Bella forza! Pesa dieci chili più dell'avversario. 리날도가 권투 경기에서 이겼다! 그게 무슨 대수라고! 그는 상대보다 10킬로나 더 나가.

con le proprie forze- 자기 힘으로, 자력으로

Se ho questa posizione è stato solo grazie alle mie forze. 내가 이 지위를 갖게 된 것은 오로지 내 힘으로 이룬 것이다.

Contro la forza la ragion non vale. (속담) 힘이 정의다.

essere allo stremo delle forze- 정신적으로나 육체적으로나 더 이상 할 수 없다

essere in forze- 건강 상태가 좋다

far forza a se stessi- 힘을 내다, 용기를 북돋우다

fare forza a qualcuno- ~에게 억지로 하게 하다, ~에게 강요하다

farsi forza- (~에도) 꿋꿋함을 잃지 않다; 용기를 불러 일으키다(= farsi coraggio)

Devi farti forza. 너는 꿋꿋함을 잃지 말아야 해.

Fatti forza, tutti noi abbiamo passato dei momenti difficili. 용기를 내라, 우리 모두는 어려운 시기를 통과했다.

farsi strada con le proprie forze- 자신의 힘으로 헤쳐 나가다

Forza!- 힘내, 용기를 내(= coraggio)!; 서둘러라(= sbrigati)!

Dai, forza! 그러지 말고 어서, 힘내!

Forza, sbrigati! 힘내서, 서둘러!

in forza di- ~에 힘입어, ~을 의지하여

L'unione fa la forza. (속담) 단결이 힘이다.

ottenere qualcosa con la forza- 힘으로 얻다

per amore o per forza- 좋아하든 말든, 싫든 좋든 상관없이

Per amore o per forza farà quello che dice suo padre. 그는 싫든 좋든 간에 아버지가 말하는 것을 할 것이다.

per cause di forza maggiore- 불가피한 사정으로 인하여

Per cause di forza maggiore il sindaco non potrà intervenire. 부득이한 사정 때문에 시장은 참석하지

못할 것이다.

per forza- 어쩔 수 없이(= necessariamente); 불가피하게(= inevitabilmente); 당연히(= naturalmente); 마지못해, 본의 아니게(= contro la propria volontà); 억지로

"Allora accetti?" "Per forza!" "너 받아 들일거지?" "어쩔 수 없이(당연히)!"

Devo andarci per forza. 나 할 수 없이 그곳에 가야만 해.

Devo farlo per forza. 난 어쩔 수 없이 그것을 해야 한다.

È dovuta per forza partire. 그녀는 불가피하게 떠나야만 했다.

per forza di cose- 상황에 떠밀려; 필연적이다시피

per forza che- 당연히/물론 ~하다(= certo che, è ovvio che)

Per forza che si è fatta male. 물론 그녀는 다쳤다.

perdere le forze- 기운/힘을 잃다, 쇠약해지다

Ha perso le forze per questa malattia. 이 질병 때문에 그는 몸이 쇠약해졌다.

rimettersi in forze- 원기/건강을 회복하다

Adesso sta bene, ma gli ci è voluto molto tempo per rimettersi in forze dopo la malattia. 지금은 건강이 괜찮은데, 그는 병환 이후 기운을 차리는데 오랜 시간이 걸렸다.

rispondere alla forza con la forza- 폭력에는 폭력으로 대처하다

fossa- (인공적으로 판) 도랑, 개천; 구멍; 무덤(= tomba)

avere un piede nella fossa- (나이가 많거나 위독하여) 오래 못 살 것 같다, 다 죽어가다

Quando l'ho visto sembrava che avesse un piede nella fossa ma poi, per fortuna, si è ripreso. 내가 그를 봤을 때 거의 다 죽어 가듯이 보였는데, 이후에 다행히도 기운을 되찾았다.

fossa dei serpenti- (비유) 정신병원

portare qualcuno alla fossa- ~를 죽을 지경으로 괴롭히다

scavarsi la fossa da soli (o con le proprie mani)- 자신의 무덤을 파다, 자멸하다

fosso- 웅덩이, 도랑

saltare il fosso- (오랜 궁리 끝에) ~을 단행하기로 하다; 중대한 결심을 하다

Abbiamo saltato il fosso e abbiamo deciso di emigrare. 우리는 오랜 궁리 끝에 이민 가기로 결정했다.

fotografia- 사진

fare la fotografia di una situazione- 상황을 자세히 설명하다

fare una fotografia a qualcuno- ~의 사진을 찍다

Facciamo una fotografia di gruppo insieme! 우리 같이 단체 사진 한 장 찍자!

Hai fatto molte fotografie? 너 사진 많이 찍었니?

Ti faccio una fotografia. 너 사진을 한 장 찍어 줄게.

farsi fare la fotografia- (남에게 자신의) 사진을 찍게 하다

Vuoi farmi una fotografia? 내 사진을 한 장 찍어 줄래?

fotografia a colori- 칼라사진

fotografia in bianco e nero- 흑백사진

riuscire bene/male in fotografia- 사진을 잘 받다/잘 안 받다

scattare una fotografia- 사진을 찍다

Avete scattato qualche foto? 너희들 사진 좀 찍었니?

sviluppare la fotografia- 사진을 현상하다

Ho portato a sviluppare le fotografie. 나는 사진을 현상하러 가져갔다.

fottere- ~에게 욕하다, 성교하다

Me ne fotto!- 눈곱만큼도 신경 안 쓴다. 전혀 개의치 않는다!

Me ne fotto di quello che dici! 네가 하는 말을 나는 전혀 신경 안 쓴다.

Va' a farti fottere! 꺼져버려!

fra- 후에; 사이에; 가운데서

detto fra noi (o resti tra noi)- 우리끼리 이야기이지만, 이것은 비밀이지만

fra ~ e- ~와 ~사이에

Arriverò fra le cinque e le sei. 나는 저녁 5시에서 6시 사이에 도착할 것이다.

Ci vogliono tre ore fra andare e tornare. 가서 돌아오는데 3시간 걸린다.

Perugia è fra Roma e Firenze. 페루자는 로마와 피렌체 사이에 있다.

fra breve- 빠른 시간 내에

Saprò fra breve come è andato l'esame. 난 빠른 시간 내에 시험이 어떻게 되었는지 알 것이다.

fra l'altro- 무엇보다도; 게다가, 더구나(= inoltre)

Non verrò alla vostra festa perché ho molte cose da fare e, fra l'altro, non mi sento troppo bene. 나는 너희들의 파티에 가지 않을 거야, 할 일도 많고 무엇보다 몸이 너무 안 좋아서.

fra lui e me- 그와 나 사이에

Fra lui e me ci sono 10 anni di differenza. 그와 나 사이에는 10년의 나이차가 있다.

fra me e te- 나와 너 사이에

fra noi due- 우리 둘 사이에, 우리 둘끼리

fra non molto- 멀지 않아

fra poco- 잠시 후에

Arriverà Marco fra poco. 잠시 후에 마르코가 도착할 것이다.

fra sé- 혼자

fracasso- 격한 소리, 소음

fare fracasso- 소란을 피다, 시끄럽게 하다; (비유) 센세이션을 일으키다

Non far tanto fracasso! 너무 소란 피우지 마!

un fracasso indiavolato- 심한 소음, 대소동

I bambini facevano un fracasso indiavolato. 애들이 엄청 소란을 피우고 있었다.

fradicio- 축축한, 흠뻑 젖은

bagnato fradicio- 축축히 젖은, 흠뻑 젖은

Ero senza ombrello e sono arrivato a casa bagnato fradicio. 나는 우산 없이 나갔다가 흠뻑 젖어서 집에 도착했다.

innamorato fradicio- 사랑에 푹 빠진

sudato fradicio- 땀이 흠뻑 난, 땀에 흥건히 젖은

ubriaco fradicio- 술에 흠뻑/흥건히 취한, 고주망태가 된, 술에 인사불성이 된

Lui è uscito dal bar ubriaco fradicio. 그는 술에 인사불성이 되어 바에서 나왔다.

vestiti fradici- 흠뻑 젖은 옷

fragola- 딸기

gelato alla fragola- 딸기 아이스크림

marmellata di fragola- 딸기쨈

uva fragola- 딸기 포도

francese- 프랑스의, 프랑스인의

alla francese- 프랑스식으로

la rivoluzione francese- 프랑스 혁명

nasino alla francese- 들창코, 납작코, 개발코

Mio nipote ha il nasino alla francese. 나의 조카는 코가 들창코이다.

franco- 1. (형용사) 솔직한; 면세의, 무료의

dare campo franco a qualcuno- ~에게 자유 재량권을 주다

farla franca- 얼렁뚱땅 넘어/빠져나가다; 벌을 면하다, 무사하다; 밝혀지지 않다(= non essere scoperto)

Non pensare di farla franca! Aspetta che metto al corrente tuo padre! 얼렁뚱땅 넘어갈 생각하지 마! 네 아버지한테 알릴 테니 기다려라!

Questa volta il colpevole non è riuscito a farla franca. 이번에는 범인이 빠져나갈 수가 없었다.

franco a bordo- 본선인도(F.O.B)

franco a domicilio- 무료배달

franco di dogana- 면세품

franco di porto- 운임무료, 발신인 지급

franco di spese postali- 우편료 무료의, 우편료가 기지불된

franco magazzino- 창고 인도

risposta franca- 솔직한 답변

franco tiratore- 저격수; (정치) 자신의 소속 정당에 몰래 반대표를 던진 사람

porto franco- (세금이 부과되지 않는) 자유 무역항

zona franca- (무역) 자유무역지역(F.T.A)

2. (부사) 솔직하게

parlare franco- 솔직하게 말하다

francobollo- 우표

applicare un francobollo sulla busta- 봉투에 우표를 붙이다

collezionista di francobolli- 우표 수집가

fare collezione di fracobolli- 우표 수집을 하다

formato francobollo- 축소 모형, 미니어처

francobollo commemorativo- 기념우표

francobollo di posta aerea- 항공 우표

mettere il francobollo- 우표를 붙이다

Metti il francobollo a questa cartolina. 이 엽서에 우표를 붙여.

frate- 형제; 수도자, 수사[23]

Dove non è regola, non ci stan frati. 규율이 없는 곳에 수도자도 없다.

Frati osservanti risparmiano il suo e mangiano quel degli altri. 수련 수사/수련자들은 자기 것은 아끼고 다른 형제의 것을 먹는다.

I frati si uniscono senza conoscersi, stanno uniti senza amarsi e muoiono senza piangersi. 수도자들은 생면부지(生面不知)의 사람들이 만나, 서로 사랑하지 않고 모여 살다가 죽을 때는 한 명도 눈물 흘리는 사람 없이 죽는다.

frazione- 파편

in una frazione di secondo- 순식간에, 몇 분의 일초 만에(= in un attimo)

Tutto è successo in una frazione di secondo. 모든 것이 순식간에 일어났다.

freccia- 화살; (방향) 화살표

a forma di freccia- 화살표 모양으로

avere un'altra freccia al proprio arco- 차선책이 있다; 만일의 경우에 대비가 되어 있다

Se imparerai un'altra lingua, avrai un'altra freccia al tuo arco quando cercherai lavoro. 네가 다른 나라 말을 배운다면, 직장을 구할 때 만일의 경우에 대비하게 될 거다.

correre come una freccia- 쏜살같이 달리다, 화살처럼 달리다, 아주 빨리 달리다

frecce d'Amore- 사랑의 화살, 큐피터의 화살

mettere la freccia- (자동차) 깜빡이를 켜다

Metti la freccia a destra! 오른쪽 깜빡이를 켜!

partire come una freccia- 화살처럼 떠나다, 빨리 떠나다

scagliare una freccia- 화살을 던지다

seguire la freccia- 화살표를 따라가다

---

[23] 이탈리아어 'frate'는 라틴어 '*frater, fratris*'에서 유래하는 말로 그 원뜻은 '형제'를 의미하는 말이다. 그런데 이 말이 오늘날에 '형제' '수도자'를 내포하게 된 배경에는 동방(오늘날 이집트와 레바논, 정확히 레바논의 Les Cedres)에서 들어온 수도회 공동체 개념이 베네딕도(분도, 베네딕트) 성인에 의해 서방지역(오늘날 우리가 지칭하는 유럽)에도 형성되기 시작한 때부터였다. 베네딕도 성인이 만든 수도 공동체는 성인의 이름을 따 '베네딕도 수도회'라고 하며, 이들을 'monaco(monk 개념의 수도자)'라고 불렀다. 베네딕도 수도회를 통해 오늘날 유럽교육의 근간이 형성되게 되며, 유럽정신의 토대가 마련되었다. 그러나 시간이 흐르면서 이 수도 공동체의 장(長)인 아빠스는 유럽 사회 안에서 영주와 마찬가지로 또 하나의 지역 권력으로 전락하게 된다. 이러한 모순을 지적하여 일어난 아시시의 한 젊은이가 있었는데, 그가 바로 성 프란치스코이다. '평화의 성인', '제2의 예수 그리스도'라는 다양한 애칭을 가진 이 성인에 의해 형성된 수도 공동체가 바로 '프란치스코 수도회'인데, 이 수도회 회원들 간에는 서로를 '형제' 즉 'frate'라고 불렀다. 이러한 연유에서 'frate'라는 말이 '형제'라는 뜻 외에도 '수도자, 수사'를 지칭하는 의미가 되었다. 이러한 수도 공동체에는 반드시 아침부터 저녁까지 세세한 생활의 규칙과 회 내부의 규율이 있는데, 그러한 연유에서 "Dove non è regola, non ci stan frati. 규율이 없는 곳에는 수도자도 없다"라는 속담이 유래하게 된다. 반면 이 수도자들은 안면부지도 없는 사람들이 모여서 살다보니, 말은 서로 진심으로 피를 나눈 형제·자매처럼 사랑하고 살아가야 하지만, 어느 순간부터 나와 함께 사는 형제·자매, 수사·수녀가 나의 가장 큰 걸림돌이자 고통이 되게 된다. 그러니 형제·자매, 수사·수녀가 죽어도 눈물 한 방울 흐르지 않게 되는 것을 비유해서 "I frati si uniscono senza conoscersi, stanno uniti senza amarsi e muoiono senza piangersi."라는 속담이 나오게 되었다. 그리고 수도회의 청빈과 나눔의 공동생산과 공동분배의 정신은 후대에 칼 마르크스와 레닌의 사회주의와 공산주의 사상에도 지대한 영향을 끼치게 된다.

Segua la freccia che indica il centro. 시내 방향 표시를 따라 가세요.

togliere la freccia- 깜빡이를 끄다, 깜빡이를 없애다

freddezza- 냉각, 냉동

con freddezza- 차갑게, 냉담하게, 냉랭하게, 쌀쌀맞게

Mi ha salutato con freddezza. 그는 나한테 차갑게 인사했다.

Mi hanno accolto con molta freddezza. 그들은 나를 아주 쌀쌀하게 맞이했다.

freddo- 1. (형용사) 차가운, 추운

a mente fredda- 냉정하게, 공정하게, 냉철하게

Prima di parlargli, dovresti aspettare e ragionare a mente fredda. 그에게 말하기 전에, 넌 기다렸다 냉정하게 생각을 해봐야 할 것이다.

anno freddo- 추운 해

È stato un anno particolarmente freddo. 유난히 추웠던 한 해였다.

avere le mani fredde- 손이 차갑다

Ho le mani e i piedi freddi. 나는 손과 발이 차다.

con questo freddo- 이런 추위에

Con questo freddo, gelerà tutto. 이런 추위엔 모든 것이 얼겠다.

essere freddo con qualcuno- ~에게 차갑다, ~에게 냉정하다

Lei è fredda con me. 그녀는 나한테 차갑다.

Mani fredde, cuore caldo. 손이 차가운 것은 마음이 따뜻하다는 증거이다.

mostrarsi freddo con qualcuno- ~에게 차갑게/냉정하게 대하다

Non capisco perché si è mostrato così freddo con sua sorella. 그가 왜 누이에게 그렇게 차갑게 굴었는지 나는 이해를 못하겠다.

piatto freddo- 차게 한 음식

2. (명사) 추위

a freddo- 차갑게, 냉정하게(= a mente fredda); 따뜻하지 않게, 열기를 더하지 않게; 냉혈의(= a sangue freddo)

Lui ha preso una decisione a freddo. 그는 냉정하게 결정을 내렸다.

Questo dolce si prepara a freddo. 이 케이크는 차갑게 해둔다.

avere freddo- 춥다

fare freddo- 날씨가 춥다

Fa terribilmente freddo questa sera. 오늘 저녁은 지독히 춥다.

Fa un freddo cane. 굉장히 춥다.

Oggi fa molto freddo. 오늘은 매우 춥다.

Mi viene freddo solo a pensarci. 생각만 해도 등골이 오싹한다.

morire di freddo- 추워 죽다

Accendi il riscaldamento che sto morendo di freddo. 추워 죽을 것 같으니까 난방을 켜라.

Non mi fa né caldo né freddo. (비유) 난 상관없습니다. 신경 안 씁니다.

prendere freddo- 감기에 걸리다

sentire freddo- 춥다고 느끼다

Chiudo la finestra, perché sento freddo. 나는 춥다고 느껴서 창문을 닫는다.

soffrire il freddo- 추위를 겪다

Ho sempre sofferto il freddo. Preferisco il caldo. 나는 항상 추위로 힘들었다. 나는 더위가 더 좋다.

sudare freddo- 식은땀이 나다

tremare di freddo- 추워서 떨다; [**tremare**]를 보시오.

venire freddo- 한기가 들다, 오한이 생기다; 등골이 오싹하다, 소름 끼치다

Mi viene freddo quando ci penso. 생각만 해도 등골이 오싹한다.

Questo racconto mi fa venire freddo. 이 이야기는 소름 끼치네요.

fregare- (비격식) 속이다 (= ingannare, imbrogliare)

fregare qualcuno- (속어) ~를 속이다

Fai attenzione! Il negoziante sta cercando di fregarti. 조심해, 상인이 너를 속이려고 해.

fregare qualcosa a qualcuno- ~를 ~에게 훔치다 (= rubare)

Qualcuno ha fregato la bicicletta a mia nonna. 누군가가 할머니의 자전거를 훔쳤다.

fregarsene- 개의치 않다, 관심 없다(= infischiarsene)

A te, cosa te ne frega! 너한테, 무슨 상관이야!

Che ti frega? 네가 무슨 상관이야? 넌 상관 마, 참견 마!

Chi se ne frega?- 누가 상관이나 한대(알게 뭐야)?

Chi se ne frega di quello che dice la gente? 사람들이 하는 말을 누가 상관이나 한대?

Me ne frego! 나는 그것에 개의치 않아!

Fregatura- (속어) 속임, 사기, 기만

una fregatura- (비격식) 속임, 사기, 기만

Che fregatura! Questa collana non è d'oro. 완전 사기야. 이 목걸이는 금이 아니야.

Se il prezzo è troppo basso potrebbe essere una fregatura. 가격이 너무 싸면 사기일 수 있다.

freno- 브레이크, 제동

mettere un freno a qualcosa- ~에 제동을 걸다, ~를 억제하다, 제지하다

Devo mettere un freno alle spese. 나는 지출을 줄여야 한다.

mordere il freno- ~하고 싶어 안달하다

Gli studenti stanno mordendo il freno; lasciamogli fare questa assemblea. 학생들이 하고 싶어 안달하는데, 이 모임을 하도록 놔두자.

porre un freno a qualcosa- ~를 중지/정지시키다, ~를 멈추게 하다

senza freni- 마음대로, 실컷, 제약 없이(= senza limiti), 억제하지 않고(= sfrenatamente), 스스럼없이

Ieri sera era senza freni. Ha combinato un sacco di guai. 어제 저녁 그는 아무런 구속을 받지 않아, 사고를 많이 쳤다.

stringere i freni- 자유를 제한하다

C'è troppa speculazione e ora tenteranno di stringere i freni. 너무나 많은 투기가 있어서 이제 그들은 자유를 제한할 것이다.

tenere a freno- (말의) 고삐를 당기다; ~를 억제/제한/통제하다(= controllare)

Non è mica facile tenere a freno i ragazzi in una situazione così difficile. 이와 같이 힘든 상황에서 아이들을 통제하기란 그렇게 쉽지 않다.

tenere a freno la lingua- 잠자코 있다; 입다물고 있다

frequente- 빈번한

di frequente- 빈번히, 자주, 흔히(= spesso, ripetutamente)

È ormai una situazione che si ripete di frequente. 이제는 자주 반복되는 상황이다.

La vedo di frequente. 나는 그녀를 자주 본다.

Lo incontro di frequente al bar. 나는 그를 바에서 자주 만난다.

fresco- 1. (형용사) 차가운, 신선한

di fresca data- 최근의

È un avvenimento di fresca data. 최근의 사건이다.

fresco come una rosa- 기운이 넘쳐흐르는, 팔팔한

Ha fatto 90 chilometri in bici eppure è fresco come una rosa! 그는 90킬로나 자전거를 탔는데도 기운이 넘쳐흐른다.

fresco di- 갓 ~한; 새로; 이제 막, 지금

È un giornale fresco di stampa. 지금 나온 신문이다.

È un ragazzo fresco di scuola. 그는 학교를 갓 나온 소년이다.

fresco fresco da- ~에서 갓 나온;~에서 막 도착한

Guarda che abbronzatura! Arriva fresco fresco da una vacanza in Sardegna. 그가 얼마나 탔는지 봐봐! 그는 사르데냐에서 휴가를 마치고 막 도착하네.

stare fresco- (1) (남에게 생각, 계획이 잘못되었으므로 그것을 바꾸라는 뜻으로) 당신이 다시 생각해야 할 것이다, 잘못 생각하고 있다

Se credi di imbrogliarmi, stai fresco! 너 나를 속일 수 있다고 생각하면 오산이야!

Se non vai, stai fresco. 네가 안가겠다면 잘못 생각하고 있는 거다.

(2) 벌을 받게 될 것이다, 골치 아프게 될 것이다

Se non avessi trovato un appiglio, sarei stato fresco. 핑계를 대지 못했으면, 나는 벌을 받았을 거다.

2. (명사) 시원함, 냉랭함, 싸늘함

col fresco- 시원할 때

Cerchiamo di partire col fresco. 우리는 시원할 때 떠나려고 애쓰고 있다.

dipingere a fresco- 프레스코화를 그리다

dormire al fresco- 한데서 자다, 노숙하다, 노천에서 자다

fare fresco- 시원하다, 쌀쌀하다

Comincia a fare fresco. 선선해지기 시작한다.

godersi il fresco- 시원한 바람을 쐬다

mettere al fresco- 감옥에 넣다

L'hanno preso e l'hanno messo al fresco. 그들은 그를 체포하여 감옥에 넣었다.

stare (o essere) al fresco- 수감 중이다, 교도소에 수감되어 있다

Se sarà condannato starà al fresco per un bel po'. 범죄를 저질렀다면 오랫동안 교도소에 수감될 것

이다.

tenere (o mettere) qualcosa in fresco- 서늘한 곳에 보관하다

Metti il vino in fresco! 포도주는 서늘한 곳에 보관해라!

fretta- 서두름, 급함

andare (o essere) di fretta- 급히 가다; 서두르다; ~할 시간이 없다

Dove vai di fretta? 어딜 급히 가니?

Non posso fermarmi con te al bar perché vado di fretta. 서둘러야 해서 너랑 바에 머물 수가 없다.

avere fretta- 바쁘다, 급하다; 서두르다

"Hai fretta di partire?" "Non ho fretta." "서둘러 떠나야 하니?" "급할 게 없는데. (= Non c'è fretta.)"

avere fretta di fare qualcosa- ~하는 것이 급하다

Aveva fretta di uscire. 그는 나가는 것이 급했다.

Lui ha troppa fretta di guadagnare. 그는 돈 버는 일에 너무 급하다.

fare in fretta- 급히 하다, 서두르다

Dai, fa' in fretta! 어서, 빨리 서둘러!

fare senza fretta- 천천히 하다, 서두르지 않고 하다

in fretta- 아주 빠르게; 빨리; 서둘러, 급히

Faccio colazione in fretta. 나는 아주 빠르게 아침식사를 한다.

Ho l'abitudine di mangiare in fretta. 나는 아주 빠르게 먹는 습관이 있다.

Mi alzo in fretta. 나는 빨리 일어난다.

Mi preparo in fretta. 나는 서둘러 준비한다.

Mi vesto in fretta. 나는 급히 옷을 입는다.

in fretta e furia (o in gran fretta, in tutta fretta)- (1) 황급히(= rapidamente)

In fretta e furia, ha preparato la valigia ed è partito. 그는 허겁지겁 가방을 챙겨서 떠났다.

(2) 허둥지둥, 경솔하게, 아무렇게나(= in modo affrettato)

Si vede che questo lavoro è stato fatto in fretta e furia; è pieno di errori. 이 일은 아무렇게나 한 것 같다. 실수투성이야.

in tutta fretta- 다급하게, 황급히, 허둥지둥

mettere (o fare) fretta a qualcuno- ~를 재촉하다

Non mettermi fretta! 나를 재촉하지 마!

nella fretta di- ~을 서두르느라, ~을 급하게 하는 바람에

Nella fretta di uscire ho dimenticato gli occhiali. 급하게 나가는 바람에 나는 안경을 깜박했다.

ritornare in fretta- 급히 되돌아오다

salire/scendere in tutta fretta- 황급히 올라가다/내려가다

frettoloso- 서두른, 성급한

La gatta frettolosa fa i gattini ciechi. (속담) 약삭빠른 고양이 앞을 못 본다. 지나치게 서둘러 한 일은 많은 경우 결과가 좋지 않을 수 있음을 비유적으로 이르는 말.

friggere- 튀기다, 프라이하다

andare a farsi friggere- 안 좋게 끝나다, 좋지 못한 결과가 되다; ~를 쫓아버리다

La mia vacanza è andata a farsi friggere. 나의 휴가는 안 좋게 끝났다.

mandare qualcuno a farsi friggere- ~를 쫓아버리다

Va' a farti friggere! 꺼져버려! 뒈져라![24]

frittata- 오믈렛

fare una frittata- 계란을 깨다(= rompere delle uova); ~을 망쳐놓다, 엉망으로 만들다(= fare un pasticcio); 곤경에 빠지다(= una gaffe)

La frittata è fatta! 큰 실수를 하였다!

rivoltare la frittata- 논거를 왜곡하다; 얼버무리다, 모호하게 말하다[25]

Sei capace di rivoltare la frittata? 너 주장을 왜곡할 수 있니?

fritto- (기름에) 튀긴

essere fritto- 끝장날 것이다, 무사하지는 못하다

Se lo sa tuo padre, sei fritto. 너의 아버지가 그것을 알면, 너는 끝장이야.

Se sanno cosa abbiamo combinato siamo fritti. 우리가 일을 망쳐놓은 것을 그들이 알면 무사하지 못할 거다.

fritto e rifritto- 한물 간, 진부한

Quella storia è fritta e rifritta, ma lui la racconta ancora come se fosse una gran novità. 그 이야기는 한 물갔는데, 여전히 그는 마치 빅뉴스인 것처럼 이야기한다.

fronte- 1. (여성) 이마; 앞면; 전선

fronte alta/bassa/ampia- 넓은/좁은 이마

a fronte alta- 자랑스럽게; 아무런 부끄럼 없이, 겁 없이

a fronte bassa- 이마를 숙이고, 부끄럽게(= con vergogna)

a fronte di- ~에 대하여/관하여(= in relazione a); (상업) ~와 비교하여

A fronte di ciò prenderemo provvedimenti. 그 일에 대하여 우리는 조치를 취할 것이다.

avere la fronte calda- 이마가 뜨겁다, 이마에 열이 있다

Ho la fronte calda e non mi sento bene. 나는 이마에 열이 있고 몸이 좋지 않다.

di fronte- 맞은편에, 앞에(= davanti)

La casa di fronte è la mia. 앞에 있는 집이 나의 집이다.

Lei abita qui di fronte. 그녀는 여기 맞은편에 산다.

di fronte a- (1) ~앞에서, ~에 직면하여(= in presenza di)

Di fronte a lui tutti si intimidiscono. 모두가 그자 앞에선 위협을 받는다.

(2) 맞은편에(= dirimpetto)

Il bar è di fronte alla scuola. 바가 학교 맞은편에 있다.

Lui abita nel palazzo di fronte al mio. 그는 나의 집 맞은편에 있는 건물에 산다.

(3) ~와 비교해 볼 때, ~에 비해서(= in confronto a)

Questo è niente di fronte al pericolo che avete evitato. 이 위험은 너희들이 피한 것에 비하면 아무것

---

[24] 유사관용어는 "Va' al diavolo!"이다.

[25] 이 관용어는 갑작스럽게 앞에 했던 생각이나 견해를 완전히 뒤바꾸는 상황에서 사용한다.

도 아니다.

fronte a fronte- 얼굴을 맞대고, 마주보며

in fronte- 얼굴에; 이마에

Glielo si leggeva in fronte. 그의 얼굴에 그것이 보인다.

mettere a fronte il testimone e l'imputato- 증인과 피고를 대면시키다

mettere a fronte- 대조하다(= mettere a confronto)

mettere qualcosa di fronte a qualcuno- ~에게 ~을 따지다

stare di fronte a- ~을 직면하다, 대면하다

trovarsi di fronte a gravi problemi- 심각한 문제에 직면하다

2. (남성) 전선

andare al fronte- 일선으로 가다; 싸움터에 나가다

essere mandato al fronte- 일선으로 보내지다

fare fronte a- (1) (힘들거나 불편한 상황을) 직면하다(= affrontare)

Prima di ottenere qualche risultato, ha dovuto far fronte a numerose difficoltà. 몇몇 결과를 얻기 전까지 그는 수많은 어려움에 직면해야 했다.

(2) ~에게 맞서다, 저항하다

Nessuno può fargli fronte. 아무도 그에게 맞설 수 없다.

tenere fronte a qualcuno- ~에게 저항하다/맞서다

frusta- 채찍, 매

dare un colpo di frusta al cavallo- 말에 채찍질을 하다

far schioccare la frusta- 채찍을 휘두르다, 사람들을 볶아내다

mettere alla frusta- ~를 채찍질하다

usare la frusta- 매질하다

Quando ero piccolo mio padre usava la frusta per farci obbedire. 내가 어렸을 때 아버지는 우리를 말 듣게 하려고 매질을 하셨다.

frutta- 과일

arrivare alla frutta- 모든 에너지가 고갈되어 피곤이나 스트레스가 극치에 달하다

Sono arrivato alla frutta. 나는 모든 에너지가 고갈되어 아무것도 할 수 없는 상태에 이르렀다.

essere alla frutta- (1) 식사가 거의 끝나가다[26]

Siamo già alla frutta. 우리는 이제 거의 식사가 끝나간다.

(2) (무언가의 끝을 의미한다) 최악의 상태에 달하다, 더 이상 특정상황을 처리할 에너지가 없다, 에너지가 고갈되어 더 이상 아무것도 할 수 없을 정도로 지치다

Non chiedermi di rifare i disegni un'altra volta. Sono alla frutta. 그림을 하나 더 그려달라고 하지 마. 나 완전 지쳐서 최악 상태야.

---

[26] 라틴어 관용어 '*ab ovo usque ad mala*'를 직역하면 '달걀에서 사과까지'라는 뜻이다. 이는 전식을 달걀로 시작해서 후식을 사과로 마치는 로마인의 식습관에서 유래된 관용어로 후에 "처음부터 끝까지"라는 뜻의 관용어로 정착되었다. 따라서 과일이 나온다는 것은 식사가 거의 마쳤음을 의미한다. 후식이 과일 접시이기 때문에 모든 일이 끝났다는 의미로 더 이상 어찌할 바를 모르다, 모든 자원을 다 써버렸다는 의미.

frutta acerba- 풋과일

frutta di stagione- 제철 과일, 계절의 과일

frutta fresca- 신선한 과일

frutta fuori stagione- 맏물과일, 빨리 익은 과일

frutta secca- 말린 과일

raccogliere frutta- 과일을 수확하다; 떨어진 과일을 줍다

servire la frutta- 식사가 끝났을 때 과일을 내오다

frutto- 결실, 노고, 열매, 결과, 소산, 이자

albero da frutto- 유실수, 과일나무

Dal frutto si conosce l'albero. (속담) 열매를 보면 나무를 안다.

dare frutti- 결실을 보다/맺다

È un lavoro che non dà frutti. 결실을 맺지 않는 일이다.

dare buoni frutti- 좋은 결과를 낳다

frutti di mare- 해산물

Vorrei un piatto di spaghetti ai frutti di mare. 해산물 스파게티 한 접시 주세요.

frutto dell'amore- 사랑의 결실; (비유) 혼외자

frutto proibito- (성경) 금단의 열매

mettere a frutto la propria esperienza- 자신의 경험을 뜻있게 사용하다

In quel lavoro cercherò di mettere a frutto l'esperienza che ho fatto all'estero. 그 일에 내가 해외에서 쌓은 경험을 뜻있게 사용해 볼 것이다.

mettere a frutto qualcosa- ~을 잘 활용하다; ~을 이용/활용하다

non dar frutto- 결실을 맺지 못하다

Quell'albero non dà frutto. 그 나무는 열매를 맺지 못한다.

prendere/prestare denaro a frutto- 이자를 붙여 돈을 빌리다/빌려주다

raccogliere il frutto dei propri sacrifici- 자신의 희생에 대한 보상을 거둬들이다

raccogliere il frutto delle proprie fatiche- 자신의 노고에 대한 결실을 거두다

Finalmente posso raccogliere il frutto delle mie fatiche! Mio figlio si è laureato. 마침내 나는 내 노고의 결실을 거둘 수 있다. 내 아들이 졸업했다.

senza frutto- 결실 없이, 무익하게, 성과 없이(= inutilmente, invano)

un albero che non dà frutti 열매를 맺지 못하는 나무

vivere del frutto del proprio lavoro- 자기 노동의 결실로 살다

Non ha mai chiesto aiuto. Ha sempre vissuto del frutto del proprio lavoro. 그는 한 번도 도움을 청한 적이 없다. 그는 항상 자기 힘으로 살았다.

fuga- 도주

andare in fuga- 내달리다, 달아나다; (스포츠) 앞서 나가다

Il campione, dopo l'ultima curva è andato in fuga e ha vinto. 챔피언이 마지막 커브를 앞서 나가 승리를 거두었다.

darsi alla fuga (o prendere la fuga)- 달아나다, 도주하다(= fuggire)

essere pronto alla fuga- 도망갈 준비가 되다

fuga dei cervelli- 두뇌 유출(우수한 기술과 자격을 가진 이들이 더 나은 보수와 근무 조건을 찾아 다른 나라로 빠져나가는 것)

fuga di capitali- 자본 유출

fuga di gas- 가스 누출

mettere in fuga- 도주시키다, 달아나게 하다(= far fuggire)

fuggire- 달아나다, 도주하다

fuggire dai bombardamenti- 폭탄을 피해 빨리 도망가다

fuggire dalla prigione (o dal carcere)- 탈옥하다

fuggire di casa- 가출하다, 집에서 달아나다

Quel bambino ha provato a fuggire di casa ma è stato bloccato alla stazione. 그 아이가 가출을 시도했지만 역에서 가로 막혔다.

fuggire sulle montagne- 산으로 도망가다, 안전한 곳을 찾아 숨다

fuggire via- 달아나 버리다

Il tempo fugge. 시간이 쏜살같다. 세월이 유수 같다.[27]

Scusami, ma devo fuggire. 미안하지만 나는 빨리 가봐야 돼.

fulminare- 벼락치는 소리를 치다, 낙뢰하다; 노려보다

Che Dio mi fulmini, se non è vero. 사실이 아니면 나는 벼락맞을 것이다.

fulminare qualcuno con lo sguardo- ~를 무서운 눈으로 노려보다

fulminare un albero- 나무에 낙뢰하다, 나무에 벼락이 치다

fulmine- 번개

colpo di fulmine- 첫눈에 반하다

come un fulmine- (번개처럼) 빠르게, 쏜살같이

Corse via come un fulmine. 그는 쏜살같이 달려갔다.

diventare un fulmine- 아주 빠른 사람/물건이 되다

Quando ha fretta diventa un fulmine. 급할 때 그는 번개가 된다.

scagliare fulmini contro la corruzione- 부패를 맹렬히 비난하다

temporale con tuoni e fulmini- 천둥 번개를 동반한 폭우

un fulmine a ciel sereno- (비유) 청천벽력, 맑은 하늘에 날벼락

Quella notizia fu per me un fulmine a ciel sereno. 그 소식은 내게 맑은 하늘에 날벼락이었다.

fumare- 1. (타동사) 담배피다

fumare come un turco (o come una ciminiera)- 엄청나게 담배를 피우다

Quando lui segue una partita fuma come un turco. 그는 경기를 볼 때면 엄청나게 담배를 피운다.

smettere di fumare- 담배를 끊다, 담배를 그만 피다

Come vorrei smettere di fumare! 나는 정말 담배를 끊고 싶다!

Quando smetterai di fumare? 너 언제 담배를 끊을 거니?

---

[27] 이 관용어는 라틴어 *"Tempus fugit"*에서 유래한다.

vietato fumare- 금연

2. (자동사) 김오르다, 증발하다

fumare di rabbia- 분노가 끓어오르다, 분노가 솟구치다

Mi fuma la testa. 생각도 제대로 못하겠어. 생각이 정리가 안 된다.

fumatore- 흡연자

sala per fumatori- 흡연실

sala per non fumatori- 금연실

In questa stazione non c'è una sala per non fumatori. 이 역에는 금연실이 없다.

scompartimento per fumatori- (열차) 흡연자 전용 객차

fumo- 연기, (담배의) 연기

andare (o andarsene) in fumo- 연기 속에 사라지다, 소실되다; (계획 따위가) 허사가 되다(= fallire); 사라지다(= svanire)

Lei si è ammalata e i nostri piani sono andati in fumo. 그녀가 병을 얻어 우리 계획이 허사가 됐다.

Tutte le loro speranze sono andate in fumo. 그들의 모든 희망이 사라졌다.

essere in preda ai fumi dell'alcol- 술기운을 띠고 있다

gettare fumo negli occhi di qualcuno- ~의 눈을 속이려 하다

fare fumo- 연기를 내다, 연기를 뿜다

fumo di sigaretta- 담배 연기

Mi dà fastidio il fumo di sigaretta. 담배 연기가 나를 성가시게 한다. 나는 담배 연기가 싫다.

mandare in fumo- 산산조각 나다/내다, 실패하게 하다(= fare fallire)

Ha mandato in fumo tutte le mie speranze. 그는 나의 모든 희망을 산산조각 냈다.

Molto fumo e poco (o niente) arrosto. 겉은 그럴싸하고 속은 텅 빈. 알맹이가 없다.

Non c'è fumo senz'arrosto. 아니 땐 굴뚝에 연기 날까.[28]

vedere come il fumo negli occhi- ~을 꼴도 보기 싫어하다

I cani vedono i gatti come il fumo negli occhi. 개들은 고양이들을 꼴도 보기 싫어한다.

Lo vedo come il fumo negli occhi. 나는 그가 꼴도 보기 싫다.

vender fumo a qualcuno- 허풍을 떨다, 헛된 약속을 하다(= fare promesse vane); ~을 속이다(= imbrogliare)

fungo- 버섯

a funghi- 버섯 모양의

andare a (o per) funghi- 버섯을 따러 가다

crescere (o spuntare/venire su) come funghi- 버섯처럼 잘 자라다, 우후죽순처럼 늘어나다

funghi velenosi- 독버섯

funzione- 직무; 역할, 기능, 작동

entrare in funzione- 효력을 보이기 시작하다; (경보기 등이) 울리다; (법률이) 실시되다, 발효/시행되다

---

[28] 유사관용어는 "Dove si fa fuoco, nasce del fumo."이다.

esercitare le funzioni di- ~으로서의 역할을 하다/맡다, ~의 소임을 다하다

essere in funzione- 작동 중이다, 가동 중이다

fare le funzioni di qualcuno- ~의 대리를 하다

in funzione di- ~에 따라(= che dipende da); ~에 관해서는(= in relazione a); ~을 위하여, ~할 목적으로(= per)

I prezzi sono in funzione del costo dei materiali. 가격은 원료비에 따른다.

mettere in funzione- 작동시키다, 가동시키다(= attivare, azionare)

Ho messo in funzione la lavatrice perché c'era tanta roba da lavare. 나는 세탁할 것이 너무 많아서 세탁기를 작동시켰다.

vivere in funzione di qualcosa- ~을 위해 살다

fuoco- 불

a prova di fuoco- 내화성의, 불연성의

Ho messo delle porte speciali, a prova di fuoco. 나는 불연성의 특수 문들을 달았다.

Al fuoco! 불이야!

andare a fuoco- 불타고 있다(= essere in preda al fuoco); 소실되다(= essere distrutto dal fuoco)

La casa di mio zio è andata a fuoco. 나의 삼촌 집이 소실되었다.

appiccare il fuoco (o dare fuoco) a qualcosa- ~을 태우다, ~에 불지르다

avere il fuoco nelle vene- 아주 열정적이다

cuocere a fuoco lento- 약한 불에 요리를 하다; (부글부글 계속) 끓이다

dare al fuoco- 불내다, 화재를 내다

diventare di fuoco- 얼굴이 확 붉어지다

Donna e fuoco toccali poco. 장작불과 여자는 들쑤시면 탈난다.[29]

Dove si fa fuoco, nasce del fumo. 아니 땐 굴뚝에 연기 날까?

far fuoco- 발사하다(= sparare)

fare fuoco e fiamme- [**fiamma**]를 보라.

fuochi d'artificio- 불꽃놀이

Fuoco! (nei giochi dei bambini) (아이들 놀이에서 찾는 대상이나 원하는 답에) 거의 다 맞춰 가 (Quando si arriva al punto che si cerca.)!

Fuoco di fila di domande- 빗발치는 질문, 질문 공세

I giornalisti la sottoposero ad un fuoco di fila di domande. 언론인들이 그녀에게 빗발치는 질문을 했다.

L'acqua e il fuoco sono buoni servitori, ma cattivi padroni. 물과 불은 좋은 하인이면서 나쁜 주인이다.

mettere a fuoco- 초점을 맞추다; 정확하게 하다(= precisare bene)

mettere la mano sul fuoco- ~에 강한 확신을 하다(= essere sicurissimo di), ~에 인생을 걸다

mettere troppa carne al fuoco- 너무 많은 일을 벌이다; 한 번에 너무나 많은 일을 하다

---

[29] 잘 타고 있는 장작불을 들쑤셔 놓으면 잘 타지 않듯이 가만히 있는 여자를 옆에서 들쑤시고 꾀면 바람이 나게 됨을 이르는 말. 과거 남성 중심의 사고에서 나온 관용어이다.

Fermiamoci al primo punto del programma. Non mettiamo troppa carne al fuoco. 첫 단계 계획에 머무르자. 우리 너무나 많은 일을 벌이지 말자.

Non bisogna metter troppa carne al fuoco. 한번에 너무나 많은 일을 할 필요는 없다.

prendere fuoco- 불붙다, 타오르다, 불이 확 타오르다(= incendiarsi)

Il bosco ha preso fuoco ed è stato tutto distrutto. 숲 속에 불이 붙어서 모든 것이 파괴되었다.

scherzare col fuoco- 불장난/위험한 짓을 하다

Non scherzare col fuoco! 불장난하지 마라.

Vuole lanciarsi col paracadute a settant'anni. Scherza col fuoco! 그는 칠십의 나이에 스카이다이빙 하러 가길 원한다. 위험한 짓이다!

soffiare sul fuoco- 불난 집에 부채질하다, 불길에 기름을 끼얹은 격이 되다; (비유) 격정을 돋우다, 선동하다

Non gli vado a raccontare di aver visto sua moglie che se la faceva con il suo miglior amico. Non voglio soffiare sul fuoco. 나는 그의 아내가 자신의 절친과 바람난 것을 보았다는 것을 그에게 이야기를 하러 가길 않을 거다. 불난 집에 부채질하고 싶질 않다.[30]

un fuoco di paglia- (비유) (계획 따위가) 용두사미로 되다; 잠시 큰 화젯거리가 되나 곧 잊혀지는 소문/사건

Il suo successo nel campo letterario è stato un fuoco di paglia; è durato un paio d'anni. 2년간 지속된 문단에서의 그의 성공은 잠깐 동안의 화젯거리였다.

Una piccola scintilla desta un gran fuoco. 작은 불이 온 산을 태운다(큰 불이 된다).

versare acqua sul fuoco- 일이 수습되다, 소동을 가라앉히다

versare benzina sul fuoco- 불을 지피다, 일을 부채질하다

fuori- 1. (부사) 밖에

andare fuori- 밖에 가다

Andiamo fuori a vedere. 보러 밖으로 나가자.

Lo studente va fuori dalla classe. 학생은 교실 밖으로 간다.

buttare fuori- 밖에 버리다, 내쫓다, 추방하다(= espellere)

L'hanno buttato fuori di casa. 그들은 그를 집밖으로 내쫓아 버렸다.

essere (o stare) fuori- 밖에 있다, 집을 비우다

Sono stato fuori tutto il giorno. 나는 하루 종일 밖에 있었다.

Stasera sono fuori. 오늘 저녁 나는 밖에 있다.

essere tagliato fuori- (어떤 그룹이나 프로그램에서) 배제되다, 잘리다

fare fuori- (1) 죽이다, 없애다(= uccidere), 살해하다(= ammazzare), 제거하다(= eliminare)

I terroristi lo hanno fatto fuori. 테러범들이 그를 죽였다.

(2) (음식을) 재빨리 먹어 치우다(= mangiare); ~을 다 써버리다(= spendere)

Ha fatto fuori tutta la torta. 그는 케이크 모두를 재빨리 먹어 치웠다.

(3) 해고하다(= licenziare)

---

[30] "Farsela con qualcuno 바람나다"라는 뜻이다. [**Fare**]를 보라.

(4) (일자리, 권좌에서) 몰아내다, 축출하다(= estromettere)

(5) (낡아서) 떨어지다(= logorare)

(6) 끝나다(= finire)

Fuori di qui! 여기서 나가!

Fuori i soldi! 돈을 보여 줘!

lì fuori- 거기 밖에서

mandare fuori qualcuno- ~를 밖으로 내보다

L'ho mandato fuori a prendere il giornale. 나는 신문을 가져오라고 그를 밖으로 내보냈다.

mangiare fuori- 밖에서 먹다; 외식하다

Mangiamo spesso fuori durante il fine settimana. 우리는 주말 동안에 자주 외식한다.

qui fuori- 여기 밖에서

rimanere fuori casa- 떨어져 있다, 거리를 두고 있다

rimanere fuori di casa- 밖에 있게 되다, 밖에 남게 되다

Ieri sera ho dimenticato le chiavi e sono rimasto fuori di casa. 어제 저녁 열쇠를 분실해서 나는 집 밖에 있었다.

saltar fuori (tirare fuori)- (1) 불쑥 말을 꺼내다, 예기치 않은 말을 하다

È saltato fuori a dire che l'avevamo ingannato. 우리가 그를 속였다고 불쑥 말을 꺼냈다.

Non si è mai lamentato di niente ma ieri è saltato fuori dicendo che era stanco di tutti. 그는 한 번도 불평하지 않았는데, 어제 불쑥 모든 것이 피곤하다고 말했다.

(2) 갑자기 모습을 드러내다

È saltato fuori che la detestava. 그는 그녀를 미워하는 모습을 드러냈다.

sporgere in fuori- 밖으로 내밀다

telefonare da fuori- 밖에서 전화하다

uscire fuori- 밖에 나가다

Esco fuori a fare una passeggiata. 그는 산책하러 밖으로 나간다.

venirne fuori- (어려운 상황에서) 벗어나다; 나오다, 알려지다; 밖으로 나가다

È stato gravissimo per due mesi ma ora sembra che stia per venirne fuori; sono riusciti a trovare la cura giusta. 그는 두 달간 중태에 빠졌었는데 이제는 나은 것 같다. 그들이 정확한 치료법을 찾을 수 있었기 때문이다.

Prima ero in una brutta situazione, ma adesso ne sono venuto fuori. 처음에는 나쁜 상황이었지만 지금은 벗어났다.

Questa ditta è stata spesso in difficoltà, ma ne è sempre venuta fuori. 이 회사는 가끔 어려움에 처했지만 늘 벗어났다.

tenere fuori dalla portata dei bambini- 어린이 손에 닿지 않는 곳에 두다

tirare fuori i soldi- 돈을 갚다

Se riesci a fargli tirare fuori i soldi che ci deve, ti faccio tanto di cappello. 그가 우리에게 돈을 갚게만 네가 할 수 있다면, 나는 너한테 경의를 표할 것이다.

2. (전치사) 밖에서, ~의 이외에, ~를 넘어서서

abitare fuori città- 교외에 살다

andare fuori di strada- 길에서 벗어나다

dare fuori di matto- 발끈 화를 내다; 자제력을 잃다

Quando ho saputo che mia figlia aveva distrutto la terza macchina, ho dato fuori di matto. 내 딸이 세 번째 자동차를 (완전히) 망가뜨렸다는 것을 알았을 때, 나는 노발대발했다.

essere fuori di sé dalla rabbia (dalla gioia) - 화가 나서/기뻐서 어쩔 줄 모르다

Era fuori di sé dalla rabbia. 그는 화가 나서 어쩔 줄을 몰랐다.

La mamma era fuori di sé dalla rabbia perché ha dovuto aspettarci un'ora al freddo. 엄마는 추운 데서 우리를 한 시간을 기다려야만 했기 때문에 (화가 나) 제정신을 잊었다.

essere fuori di testa- 정신이 나가다, 미치다

Lui è fuori di testa. 그는 제 정신이 아니다.

essere fuori pericolo- 위험에서 벗어나다

essere fuori strada- (1) 길을 잘못 오다, 다른 길로 오다

Sei fuori strada, il centro è dall'altra parte. 네가 길을 잘못 왔어, 시내는 저쪽 편에 있어.

(2) (비유) 잘못 짚다, 전제가 잘못되다

Se la pensi così, sei completamente fuori strada. 네가 만약 그리 생각한다면, 완전 잘못 짚었다.

fuori dubbio- 틀림없이(= certamente)

fuori luogo- 제자리에 있지 않는; 부적절한(= inopportuno)

fuori mano- 손이 닿기 힘든 장소

fuori servizio- (군함, 장교 등이) 퇴역하여; (기계가) 고장나서; (사람) 비번, 근무시간

fuori uso- 고장 난(= guasto)

Sono cose fuori dal mondo. 믿을 수 없다.

tenere fuori dalla portata dei bambini- 어린이 손에 닿지 않는 곳에 두다

tirare fuori qualcosa dalla tasca- 주머니에서 ~을 꺼내다

uscire fuori di qui- 사라지다, 나가다

Esci fuori di qui! 여기서 나가!

furia- 격노, 분노

a furia di- ~에 의해서, ~의 힘으로: ~를 써서, ~의 덕분에(= a forza di)

A furia di insistere ha ottenuto ciò che voleva. 그는 주장을 통해 자신이 원하는 것을 얻었다.

andare (o montare) su tutte le furie- 격노하다, 노발대발하다

Quando la mamma lo saprà andrà su tutte le furie. 엄마가 그걸 알면 노발대발하실 거다.

avere furia di fare qualcosa- 급하게 ~을 하다, 서둘러 ~하다

Aveva furia di andarsene. 그는 급하게 가고 있었다.

di furia- 아주 급히, 서둘러서(= con gran fretta)

Si vestì di furia. 그는 아주 급히 옷을 입었다.

essere su tutte le furie- 노발대발이다, 분기충천이다

in fretta e furia- [**fretta**]를 보라.

mandare su tutte le furie- 극도로 화나게 만들다; ~을 화나게 하다

furore- 격정, 분노; 열광

  a furore di popolo- 민중의 외침으로, 격노한 민중에 의해; 대중의 찬사

  Il re fu cacciato a furore di popolo. 왕은 격노한 민중에 의해 축출되었다.

  far furore- 대유행하다; 최신 유행이다; (희극 등이) 흥행에 성공하다

  Fanno furore i tatuaggi da detenuto. Incredibile. 문신이 재소자들에게 엄청 유행한다. 믿기지 않는군.

  Il suo ultimo libro ha fatto furore. 그의 최신 책이 빅히트를 쳤다.

fusa- (고양이가, 특히 기분이 좋아서) 가르랑거리는 소리

  fare le fusa- (낮고 부드럽게) 기분 좋은 목소리로 말하다; (남의 관심을 끌거나 부탁 등을 하기 위해) 아양을 떨듯이 말하다

  Mi fa tenerezza sentire il gatto che fa le fusa. 나는 고양이가 가르랑거리는 소리를 내면 마음이 부드러워진다.

futuro- 1. (형용사) 미래의, 장래의

  gli anni futuri- 후년, 미래

  Penso agli anni futuri. 나는 후년을 생각한다.

  in un prossimo futuro- 가까운 미래에, 조만간, 가까운 장래에, 멀지 않은 미래에

  In un prossimo futuro avrò molto tempo libero perché sto per andare in pensione. 나는 곧 퇴직할 것이기 때문에 멀지 않은 미래에 자유 시간이 많을 것이다.

2. (명사) 미래

  essere senza futuro- 미래가 없다, 장래성이 없다

  È un lavoro senza futuro. 장래성이 없는 일이다.

  in futuro- 장차, 미래에, 앞으로, 추후에, 차후에

  Che cosa vuoi fare in futuro? 너는 앞으로 무엇을 하길 원해?

  pensare al futuro- 미래를 생각하다, 앞날을 생각하다

  Dobbiamo pensare al futuro. 우리는 미래를 생각해야만 한다.

  per il futuro- 미래를 위해, 장래를 위해

  Per il futuro, vedremo come fare. 장래를 위해, 우리가 어떻게 해야 할지 볼 것이다.

  prevedere il futuro- 미래를 내다보다, 미래를 예상하다

  provvedere al futuro- 미래를 준비하다, 앞날을 준비하다

  Provvederò al tuo futuro. 나는 너의 앞날을 준비할 것이다.

G

gabbia- 새장

sentirsi in gabbia- 갇혀 있다고 느끼다

una gabbia di matti- (혼란스럽고 시끄러워) 정신없는 곳, 아수라장

Non vedevo l'ora di andarmene da quella casa; mi sembrava di essere in una gabbia di matti. 아수라장 같아 한시라도 그 집에서 빨리 나가고 싶었다.

Ormai quell'ufficio sembra una gabbia di matti. Tutti urlano e non si capisce più nulla. 이제 그 사무실은 아수라장 같다. 모두가 외쳐대서 하나도 이해할 수 없다.

galateo- 예의(buone maniere); 예절서

le norme del galateo- 예의, 에티켓

Quando si è in società bisogna osservare le norme del galateo. (남들과) 어울릴 때는 예의를 지켜야 한다.

non conoscere (o sapere) il galateo- 예의가 없다, 버릇이 없다

Signorina, lei è maleducata; non conosce il galateo? 아가씨, 당신은 무례하군요. 예의가 없으세요?

galla- (화초나 나무의) 혹병(충영); 물집(vescichetta); 형태를 뜬; 겉보기의

tenersi a galla- 빚을 지지 않고 있다; 분수껏 살다

Non so come si tengano a galla senza che la moglie lavori. 아내가 일하지 않는데도 어떻게 그들이 빚을 안 지고 사는지 알 수 없어.

tornare a galla- (수면 아래나 보이지 않게 잠재되어 있던 것이) 다시 떠오르다, 드러나다

Pensavo che quella storia fosse finita, ma ora è tornata a galla. 그 이야기는 끝났다고 생각했었는데, 지금 다시 고개를 들고 있다.

rimanere (o stare) a galla- 물에 떠 있다; 빚지지 않고 살다; 그럭저럭 해 나가다

Nonostante gli insuccessi, è ancora a galla. 불행에도 불구하고, 아직 그는 그럭저럭 해 나간다.

Nonostante tutto riesce sempre a rimanere a galla. 모든 일에도 불구하고 그는 항상 근근히 살아간다.

venire a galla- (1) 물위로 떠오르다(= emergere dall'acqua)

I pesci morti sono venuti a galla. 죽은 물고기들이 물 위로 올라왔다.

(2) (비유) (사실 등이) 겉으로 드러나다/밝혀지다, 표면화되다(= scoprirsi, rivelarsi)

La verità viene sempre a galla. 진실은 항상 밝혀진다.

Non devi dire bugie, prima o poi, la verità viene a galla. 넌 거짓말을 해선 안돼, 진실은 조만간 드러나.

galletto- 어린 수탉

fare il galletto- 건방떨다; (여성에게) 추파를 던지다

Non fare tanto il galletto. 너무 건방떨지 마.

Si diverte a fare il galletto senza immaginare quanto è ridicolo. 얼마나 자기가 우스꽝스러운지 생각하지 않고 그는 추파 던지는 것을 즐긴다.

gallina- 암탉

andare a letto con le galline- 아주 일찍 잠자리에 들다

Ieri sera ero così stanco che sono andato a letto con le galline. 나는 어제 저녁 너무 피곤해서 아주 일찍 잠자리에 들었다.

avere il cervello di una gallina- 닭대가리이다, 멍청하다, 바보이다

Quella signora ha il cervello di una gallina. 그 아주머니는 멍청하다.

Chi di gallina nasce convien che razzoli. 그 아버지에 그 아들. 부전자전.[1]

essere (o credersi) figlio di gallina bianca- 다른 어떤 자들보다 자신이 낫다고 여기다

Gallina che canta ha fatto l'uovo. (속담) 변명을 하는 것은 자기 잘못이 있다는 증거이다.

Gallina vecchia fa buon brodo. (속담) 옛 것에도 유익한 것들이 많이 있다. 온고지신(溫故知新).

la gallina dalle uova d'oro- (비유) 황금알을 낳는 닭

Hanno ammazzato la gallina dalle uova d'oro. 황금 알을 낳는 닭을 죽였다. 눈앞의 이익 때문에 장래의 더 큰 것을 망친다.

I genitori del fidanzato sono galline dalle uova d'oro. 약혼자의 부모는 황금알을 낳는 분이다.

Meglio un uovo oggi, che una gallina domani. 금년 새 다리가 명년 소 다리보다 낫다.

sentirsi la pelle di gallina- 전율을 느끼다, 닭살이 돋다, 소름 끼치다

Quando ho visto quella scena mi è venuta la pelle di gallina. 그 광경을 보았을 때 나는 소름이 끼쳤다.

Troppi galli a cantar e non fa mai giorno. (속담) 사공이 많으면 배가 산으로 간다.

zampe di gallina- (1) 눈가의 잔주름(= rughe intorno agli occhi);

Lei ha le zampe di gallina intorno agli occhi. 그녀는 눈가에 주름이 있다.

(2) 휘갈겨 쓴 글씨(= scrittura illeggibile)

Che cosa sarebbero le zampe di gallina? 무엇을 휘갈겨 썼을까?

gallo- 수탉

al canto del gallo- 첫닭이 울 때, 새벽에

Domani mi devo svegliare al canto del gallo. 내일 나는 새벽에 일어나야 한다.

essere il gallo del pollaio- 독불장군으로 우쭐대다; 여자를 호리는 남자이다

Al lavoro sono l'unico uomo, il gallo del pollaio. 나는 직장에서 독불장군으로 우쭐대는 유일한 사람이다.

fare il gallo- (비유) 독불장군으로 우쭐대다(= insuperbirsi); 추파를 던지다

Non fare il gallo con quella ragazza. Mi sembra una tipa piuttosto riservata. 그 소녀에게 추파를 던지지 마라. 내가 보기에 다소 신중한 성격인 것 같다.

Non stanno bene due galli in un pollaio. (속담) 사공이 많으면 배가 산으로 올라간다.

gamba- 다리

a gambe larghe- 다리를 벌리고

Una signorina non deve stare seduta a gambe larghe. 아가씨는 다리를 벌리고 앉아 있어서는 안 된다.

a mezza gamba- 종아리까지(= fino al polpaccio); (양말 등의 높이가) 무릎까지 오는(= fino al

---

[1] 유사관용어는 "Degno figlio del proprio padre."이다.

ginocchio)

a quattro gambe- 엎드려서

Tutti gli ospiti si misero a quattro gambe per aiutarla a cercare l'orecchino di brillanti che era caduto sul pavimento. 바닥에 떨어진 귀고리를 찾는 그녀를 돕기 위해 손님들 모두가 엎드려 엉금엉금 기어 다녔다.

andare (o finire) a gambe all'aria- (1) 뒤로 자빠지다

Sono scivolata sulla scala e sono andata a gambe all'aria. 나는 계단에서 미끄러져 나동그라졌다.

(2) (비유) 실패하다; 파산하다

L'affare è andato a gambe all'aria. 사업이 파산했다.

Tutti i suoi progetti sono andati a gambe all'aria. 그의 모든 계획이 실패했다.

avere buone gambe- 다릿심이 강하다, 잘 걷는다

avere le gambe a pezzi- 걸어서 피곤하다

Siamo andati in centro a piedi e ora ho le gambe a pezzi. 우리는 걸어서 시내에 갔는데, 그래서 지금 나는 걸어서 피곤해.

avere le gambe storte- 안짱다리이다, 다리가 휘었다

con la coda fra le gambe- 기가 죽어서, 풀이 죽어서, 겁을 집어먹고

Se ne è andato con la coda fra le gambe. 그는 풀이 죽어서 갔다.

correre a gambe levate- 미친듯이 달리다, 쏜살같이 가다(= scappare rapidamente)

darsela a gambe- 도망하다, 달아나다, 부리나케 달아나다, 줄행랑치다

Quando ha sentito le sirene se l'è data a gambe. 그는 사이렌 소리를 듣자 삼십육계 줄행랑을 쳤다.

fare il passo più lungo della gamba- 가랑이가 찢어지도록 걷다 (하는 일이 힘에 부치거나 일손이 부족하여 일해 나가기가 몹시 벅찬 상황을 비유적으로 이르는 말)

Attento a non fare il passo più lungo della gamba! 가랑이가 찢어지지 않도록 주의해라!

Comprando quella costosa macchina sportiva, credo di aver fatto il passo più lungo della gamba. 그 비싼 스포츠 자동차를 사면 나는 가랑이가 찢어질 거야.

farsi male ad una gamba- 한 쪽 다리를 다치다

Mentre giocavo al pallone mi sono fatto male ad una gamba. 공놀이를 하다가 한 쪽 다리를 다쳤다.

fuggire a gambe levate- 부리나케 달아나다

Gambe! 달아나, 도망 쳐!

in gamba- 건강한(in forma); 쾌활한(arzillo); 똑똑한(intelligente); 아주 좋은(abile)

Mio nonno è ancora in gamba. 나의 할아버지는 아직 정정하다.

Samuele ha finito il dottorato solo in un anno; è proprio in gamba! 사무엘은 일년 만에 박사학위를 마쳤는데 정말 똑똑하다.

Le bugie hanno le gambe corte. 거짓말은 오래 가지 못 한다.

Le gambe mi facevano giacomo giacomo. 다리가 후들거린다.

mettersi la via tra le gambe- 빠른 발걸음으로 출발하다

non avere (o sentirsi) più gambe- 몹시 지치다, 파김치가 되다

non reggersi sulle gambe- 서 있기가 힘들다; 기분이 좋지 않다, 몸살이 나다

Ho camminato così tanto che non mi reggo più sulle gambe. 나는 서 있기가 힘들 정도로 많이 걸었다.

prendere sotto gamba- 과소평가하다(= sottovalutare la situazione), 얕잡아 보다

Ha avuto varie minacce ma le ha prese sotto gamba. 그는 여러 위협을 받았지만 그들을 얕잡아 보았다.

raddrizzare la gambe ai cani- 불가능한 것을 시도하다

rompersi una gamba- 한쪽 다리를 부러뜨리다, 한쪽 다리를 부상당하다

Mario si è rotto una gamba perché è caduto dalla moto. 마리오는 오토바이에서 넘어져서 한쪽 다리가 부러졌다.

tagliare le gambe a qualcuno- ~를 기진맥진하게 만들다(= stancare); ~의 계획을 방해하다(훼방놓다)

La notizia della sua partenza mi ha tagliato le gambe. 그의 출발 소식이 나를 기진맥진하게 만들었다.

gambero- (바다) 새우, 왕새우; (민물) 가재

andare come un gambero- 진척되지 않다

fare come i gamberi- 되돌아가다; (비유) 진척되지 않다[2]

Ma non fai niente a scuola? Stai facendo come i gamberi: invece di migliorare peggiori. 학교에서 아무것도 안 하니? 너는 나아지기는 고사하고 퇴보하고 있구나.

rosso come un gambero- 익힌 새우처럼 빨간

Basta bere vino. Sei rosso come un gambero. 포도주를 그만 마셔라. 너는 익힌 새우처럼 빨개.

ganascia- 턱

mangiare a quattro ganasce- 아주 많이 먹는다, 게걸스럽게 먹다, 탐식하다

Non ha più febbre e dopo tre giorni senza cibo, sta mangiando a quattro ganasce. 열이 가라앉고 아무것도 먹지 않은 채 3일이 지나자 그는 엄청나게 많이 먹고 있다.

ganghero- 갈고리, 돌쩌귀

essere fuori dai gangheri- 화가 나 제정신이 아니다; 화가 나서 어쩔 줄을 모르다

Sono arrivato all'appuntamento con oltre mezz'ora di ritardo, e lui era fuori dai gangheri. 내가 약속에 30분 정도 늦게 도착하자, 그는 화가 나서 어쩔 줄을 몰랐다.

far uscire dai gangheri qualcuno- ~를 짜증나게 하다

uscire dai gangheri- 버럭/벌컥 화내다, 참을성/자제력을 잃다, 발끈하다

Quando l'insegnante ha capito che copiavano, è uscita dai gangheri. 여선생님은 그들이 컨닝하는 것을 알았을 때 버럭 화를 냈다.

gara- 경기; 경쟁

indire una gara d'appalto per qualcosa- ~을 위해 입찰을 모으다

fare a gara (con)- 다투다, 경쟁하다; 이기려고 힘쓰다

Facevano a gara per offrire alla sposa il regalo più bello. 그들은 신부에게 서로 최고의 선물을 주려고 다투고 있었다.

Paolo e Luca fanno a gara a chi dei due riesce a portarsi Gabriella alla festa di Capodanno. 파올로와 루카는 둘 중에 누가 신년 행사에서 가브리엘라를 데리고 가는데 성공할 수 있을 지를 놓고 다툰다.

---

[2] 이 관용어는 가재나 게가 옆으로 걸어 다니는 모습에서 유래한 것으로 어떤 일의 발전이 없을 때 사용한다. 우리말 관용어는 "게걸음을 치다"이다.

partecipare a una gara d'appalto- 입찰을 하다
garante- 보증하는, 증명하는

essere (o farsi/rendersi) garante di (o per) qualcuno- ~의 (신뢰성 등을) 보장/보증하다, ~의 보증인이 되다; ~의 보증을 서다(= farsi mallevadore); ~의 보석 중인이 되다(= offrire una cauzione)
Sono garante della sua buona fede. 나는 당신의 신의(信義)를 보장한다.

garante dell'editoria- 언론 감시단체
persona garante- 보증인
garantire- 보증하다, 확약하다, 장담하다

garantire a qualcuno di fare qualcosa- ~에게 ~하는 것을 보장하다
Gli ho garantito di sostenere la sua candidatura. 나는 그의 출마를 지지한다고 그에게 보장했다.
Mi ha garantito il suo aiuto. 그는 내게 그의 도움을 확약했다.
Ti garantisco che è vero. 사실이라고 네게 장담한다.
garanzia- 보증

a garanzia di- ~의 담보로
A garanzia del prestito diede la sua proprietà. 융자를 담보로 그의 자산을 맡겼다.
dare (o prestare) garanzia per- ~를 보증하다
essere garanzia di buona riuscita- 성공을 보장하다
essere in garanzia- 보증 기간중이다
L'automobile è in garanzia per tre anni. 자동차는 3년 보증 기간이다.
garanzia di qualità- 품질 보증
Questo marchio è una garanzia di qualità. 이 마크는 품질 보증이다.
garanzie costituzionali- 헌법상의 보장
senza garanzia- 무담보의, 무보증의; 안전이 보장되지 않은
Quella trattativa è senza garanzie. 그 협상은 안전이 보장되지 않는다.
garbo- 우아, 기품

a garbo- 제대로, 적절히
avere garbo in- ~하는데 예절이 바르다
con garbo- 기꺼이(= gentilmente); 재치있게(= con tatto); 우아하게, 품위있게, 정중하게(= con grazia)
Per fortuna mi ha dato la notizia del licenziamento con garbo. 다행히 그는 내게 정중하게 해고통지를 하였다.
con mal garbo- 천박하게, 상스럽게
senza garbo- 무례하게, 예의없이(= villanamente); 어색하게, 서투르게, 어설프게, 거북하게(= goffamente)
garganella- 식도

bere a garganella- 병째 마시다, 벌떡벌떡/꿀꺽꿀꺽 마시다
Aveva tanta sete che ha bevuto l'intera bottiglia a garganella. 그는 매우 갈증이 나서 병째 다 마셨다.
garibaldino- 가리발디의; 무모한, 충동적인

alla garibaldina- 충동적으로; 무모하게

Non hanno nessun allenamento e vogliono andare sul Cervino! Fanno sempre le cose alla garibaldina. 그들은 아무런 훈련도 하지 않고 체르비노(마테호른) 산에 가길 원한다. 그들은 충동적으로 일을 한다.

gargarismo- (입안을 헹구는) 양치질, 가글

fare dei gargarismi- 양치질하다, 가글하다

Se hai mal di gola, fai dei gargarismi con acqua o succo di limone. 목이 아프다면 물이나 레몬즙으로 가글해.

gas- 가스

a gas- 가스식

andare a tutto gas- 쏜살같이 달리다, 질주하다; 전력을 다하여 일하다

Andava a tutto gas; non c'è da stupirsi che abbia avuto un incidente. 그는 질주했기 때문에 사고를 당했다는 것이 놀랍지 않다.

dare gas- (자동차) 엑셀레이터를 밟다, 속력을 내다; 서두르다

Dai un po' di gas! 좀 더 엑셀을 밟아! 좀 서둘러!

forno a gas- 가스 오븐

gas tossico- 유독가스

riscaldamento a gas- 가스 난방

scaldabagno a gas- 가스 온수기, 가스 난방기

gatta- 암코양이

avere altre gatte da pelare- 걱정할 일이 따로 있다

A lui non interessa perché ha altre gatte da pelare. 그는 걱정할 일이 따로 있기 때문에 관심이 없을 거다.

avere una bella gatta da pelare- 난처한 일이 일어나다; 궁지/곤경에 처하다[3]

Ho accettato un lavoro difficile e adesso ho una bella gatta da pelare. 나는 힘든 일을 받아들였는데 지금은 아주 궁지에 처했다.

essere una gatta morta- (수줍음을 타고 얌전해보이는 여자가 실제로 그렇지 않은 경우) 내숭쟁이이다

Non fidarti di Valeria. È una gatta morta. 발레리아를 믿지마. 그녀는 완전 내숭쟁이야.

fare la gatta morta- 자는 척하다[4]; 위선적이다; (특히 남자에게) 아양 떨다[5]

Ha sempre fatto la gatta morta con gli uomini e loro ci cascavano sempre. 그녀는 늘 남자들에게 아양을 떨었는데 그들은 늘 (유혹에) 넘어 갔었다.

La gatta frettolosa fece i gattini ciechi. (속담) 급할수록 천천히.

la gatta nel sacco- 덮어놓고/무턱대고 한 일[6]

---

[3] "Una gatta da pelare"의 뜻은 "난제, 어려운 일"이라는 의미이다.

[4] 이 관용어는 이솝 우화 13 "고양이와 쥐", Phaidros의 우화 IV, 2에서 묘사된 것처럼 고양이가 먹이감을 잡기 위해 죽은 척하는 시늉에서 유래한다.

[5] 이 관용어는 "Fare gli occhi dolci con gli uomini, fare coccole e complimenti finti"라는 의미도 있다.

Finalmente ha messo la gatta nel sacco: è riuscito ad avere il posto che gli interessava. 마침내 그는 무턱대고 넣었는데, 관심을 가졌던 직업을 가질 수 있었다.

Qui gatta ci cova. 여기 뭔가 수상한 냄새가 나. 뭔가 속임수가 있다.

Tanto va la gatta al ladro che ci lascia lo zampino. (속담) 호기심이 지나치면 위험할 수가 있다.

gatto- 고양이

Che il gatto sia bianco o nero poco importa, l'importatne è che mangi i topi. 흑묘백묘(黑猫白猫). 검은 고양이든 흰 고양이든 쥐만 잘 잡으면 된다는 뜻.[7]

Di notte tutti i gatti sono grigi. (속담) 어둠 속에는 모든 고양이가 회색이다. 만물은 밤에는 비슷하게 보인다. (벤자민 프랭클린의 동물 명언)

essere agile come un gatto (o essere un gatto)- 움직임이 매우 빠르다; 움직이기도 잘하고, 사뿐 뛰기도 잘하고, 어딘가에 올라가기도 잘하다

essere come cane e gatto- 항상 싸울 준비가 되어 있다, 견원지간이다, 완전 앙숙이다

Quei due sono come cane e gatto. 그 둘은 견원지간이다

essere come il gatto e la volpe- 남을 속이려 하는 사람들이다; 피노키오에 나오는 고양이와 여우처럼 부정직한 일을 두사람이서 도모하여 남을 속이다

essere in quattro gatti- (비유) 겨우 몇 명의 사람들, 아주 소수의

Doveva essere una riunione importante, ma eravamo solo in quattro gatti. 중요한 모임이었는데, 겨우 몇 명의 사람들만이 있었다.

esserci quattro gatti- 거의 아무도 없다, 사람이 별로 없었다

Ieri sera, a teatro, c'erano quattro gatti. 어제 저녁 극장에 사람이 별로 없었다.

gatto selvaggio- (경제) 무모한 파업

giocare (o fare) come il gatto col topo- ~를 고양이 쥐 다루듯 하다; ~를 가지고 놀다, 마음대로 다루다, 약한 상대를 폐배시키기 전에 괴롭히기를 즐기다

Non c'è trippa per gattti. 원하는 것을 얻을 희망이 없다.

Non dire gatto se non ce l'hai nel sacco. 실제로 뭔가 성취하기 전에 기뻐하지 말라, 김치국 부터 마시지 말라.

Quale gatto non caccia i topi? 어느 고양이가 쥐를 마다할까?

Quando il gatto non c'è i topi ballano. (속담) 고양이(윗사람)가 없으면 쥐(아랫사람)가 살판이 난다. 호랑이 없는 굴에 토끼가 왕이다.

gavetta- (군인들이 쓰는) 휴대용 식기, 반합

fare la gavetta- 승진하다, 출세하다

venire dalla gavetta- (군대) 사병에서 장교가 되다; (인물) 자수성가한 사람이다

Ora è direttore generale, ma è venuto dalla gavetta. 지금의 최고경영자는 자수성가한 사람이다.

gelo- 강추위, 얼음, 냉정함

diventare di gelo- (두려움 등으로 몸이) 얼어붙다/굳어지다

---

[6] "Comprare la gatta in sacco- 무턱대고 사다, 충동적으로 사다"라는 뜻이다.

[7] 덩 샤오핑이 한 말로 "흑묘백묘 주노서 취시호묘(黑猫白猫 住老鼠 就是好猫)"의 줄임말.

Quando ho saputo che mia nonna era morta, sono diventata di gelo. 할머니께서 돌아가셨다는 것을 알았을 때 나는 얼어붙어 버렸다.

mettere il gelo addosso- 오싹하게 하다

Quel racconto del terrore mi mette il gelo addosso ogni volta che lo leggo. 그 공포소설은 읽을 때마다 나를 오싹하게 한다.

sentirsi il gelo nelle ossa- (고통이나 공포로 인하여) 뼛속까지 얼얼함을 느끼다

gelosia- 시기, 질투

Amore e gelosia nacquero insieme. 사랑과 질투는 함께 생겼다.

Chi è geloso, è becco. 시기하는 사람은 바람난 아내를 둔 남자이다.

Non c'è amore senza gelosia. 질투 없이 사랑도 없다.

per gelosia- 질투심에서, 시기심에서

provare gelosia per qualcuno- ~에게 질투의 감정을 맛보다, ~를 질투하다

Provava gelosia per suo figlio. 그는 자기 아들을 질투한다.

geloso- 질투하는, 질투가 심한

essere geloso di- (1) ~에 대해 질투하다, 부러워하다

È molto geloso dei miei successi. 그는 나의 성공을 무척 부러워한다.

La bambina è gelosa del fratellino. 여자 아기가 남동생을 질투한다.

(2) ~를 더 중요시하다

Lui è più geloso della macchina che della moglie. 그는 아내보다 차를 더 중요시한다.

(3) ~에 대해 무척 신경쓰다

È geloso dei suoi libri. 그는 자기 책에 대해 무척 신경을 쓴다.

generale- 일반적인

in generale- 일반적으로; 일반적으로 말하면; 대체로, 보통(= di regola); 전반적으로(= nel complesso)

In generale mantiene le promesse. 그는 일반적으로 약속을 지킨다.

In generale, mi sembra un bel lavoro. 대체로 잘한 일같다.

generazione- 세대, 자손

generazione dei figli- 자식 세대

la generazione del dopoguerra- 전후세대

la nuova generazione- 신세대

Le nuove generazioni sono molto più sveglie della nostra. 신세대가 우리보다 훨씬 더 깨어있다.

la prima generazione- 일세대

la seconda generazione- 이세대

passare di generazione in generazione- 대대로 (이어져서), 자손 대대로(= di padre in figlio) 물려지다

Si sono passati l'azienda di generazione in generazione. 대대로 물려져 온 회사이다.

genere- 종류

che genere di- 무슨 종류의

Che genere di musica preferisci? 무슨 종류의 음악을 선호하니?

del genere- 그와 같은, 그런 종류의

Non ho mai visto una cosa del genere. 그런 종류의 것은 본 적이 없다.

di nuovo genere- 새로운 종류의

di ogni genere- 모든 종류의, 온갖 종류의

Alla festa del nostro amico abbiamo incontrato gente di ogni genere. 우리 친구의 파티에서 각양 각색의 사람들을 만났다.

in genere- 일반적으로, 대체로, 대개, 보통

In genere, durante il fine settimana facciamo un viaggio. 보통 우리는 주말에 여행을 한다.

nel suo genere- 그의 영역에서(= nel suo ambito), 전문으로, 그 나름대로, 자기 방식대로

È un ballerino unico nel suo genere. 그는 그 분야에서 유일한 발레리노이다.

Nel suo genere è un artista. 그는 자기 나름대로 예술가이다.

Non è il mio genere. 나의 취향이 아니다. (= Non è di mio gusto.)

generoso- 관대한

essere generoso con qualcuno- ~에게 관대하다

È stato generoso con noi. 그는 우리에게 관대했다.

un carattere generoso- 관대한 성격

vino generoso- 감칠맛 나는 와인

genio[8]- 천재, 소질

andare a genio- 마음에 들다; (뜻, 생각이) 맞다

L'idea non mi andava a genio. 생각이 내 마음에 들지 않았다.

Questo libro mi va a genio. 이 책은 내 마음에 든다.

essere un genio- 천재이다

Lui è un genio in matematica. 그는 수학 천재이다.

Tu sei un genio! 넌 천재야!

Non è persona di mio genio. 나는 그를 전혀 좋아하지 않는다.

gente- 사람

il diritto delle genti- (법률) 만민법, 국제법

la gente bene- 상류층, 상류사회

Monte Carlo è un posto di vacanza per la gente bene. 몬테 카를로는 상류층을 위한 휴양지이다.

Quanta gente! 참 사람 많다!

---

[8] 천재, '제니우스genius'라는 단어 자체는 라틴어에서 온 말이다. 제니우스genius는 '생성하다, 창시하다, 야기하다'라는 의미의 라틴어 동사 gigno에서 파생한 단어로, 제니우스와 어원이 같은 말로는 '민중, 부족'을 의미하는 젠스gens, '탄생, 혈통, 인종'을 의미하는 제누스genus 등도 모두 여기에서 나온 단어들이다. 이 단어를 처음 사용한 고대 로마인은 제니우스genius를 수호하는 영혼, 즉 인간이 살아가는 동안 인간과 함께 동행하면서 인간을 신성한 존재에게 연결하는 존재로 여겼다. 근대적인 천재는 특별한 창조력이나 통찰력을 지닌 개별 인간을 말했다면, 고대 로마인이 생각했던 '제니우스'는 종교적 관점에서 이해한 단어였다. 고대인들은 독창적이고 새로운 것에 시선을 두기보다는 영원한 형태를 되풀이하는 데 주목했고, 끊임없는 탐구를 요구하는 신화로 가득한 과거, '창조의 시간'에 주목했다. 즉 '절대 과거'에는 현재와 미래의 모든 것을 이해할 수 있는 열쇠가 숨어 있다고 생각한 것이다. (한동일, 『한동일의 믿음 수업』, 흐름출판 2024, 12-13쪽 참조)

gentile- 친절한

essere gentile con qualcuno- ~에게 친절하다

Lui è molto gentile con me. 그는 나에게 아주 친절하다.

Grazie, molto gentile! 감사합니다, 친절도 하세요.

gentilezza- 친절

con gentilezza- 친절하게

Il padrone di casa mi ha sempre trattato con molta gentilezza. 집주인은 항상 나를 아주 친절하게 대했다.

fare una gentilezza a qualcuno- ~에게 친절을 베풀다

Fammi la gentilezza di non fumare! 담배 좀 피우지 말아줄래.

Fammi questa gentilezza, ti prego! 제발 이 부탁 좀 들어줘!

Grazie della vostra gentilezza. 여러분의 친절에 감사합니다.

gesso- 백묵, 석고

mettere il gesso a qualcuno- 깁스를 하다

Il dottore mi ha messo il gesso. 의사가 나에게 깁스를 해주었다.

La Sua caviglia è fratturata. Adesso Le mettiamo il gesso. 복숭아뼈가 골절되어서, 지금 당신께 깁스를 해드리겠습니다.

scrivere sulla lavagna con il gesso- 분필로 판서하다

Il professore scrive sulla lavagna con il gesso. 교수님이 칠판에 분필로 적는다.

togliere il gesso- 깁스를 풀다

Domani mi toglieranno il gesso dal braccio. 내일 팔의 깁스를 풀 것이다.

gesto- 몸짓, 손짓

esprimersi (o parlare) a gesti- 몸짓으로 의사표현을 하다/말하다

Quel bambino riesce ad esprimersi solo a gesti. 그 아가는 몸짓으로만 의사표현을 할 수 있다.

fare il gesto di andarsene- 간다는 제스처(몸짓)를 취하다

Fece il gesto di andarsene. 그는 간다는 시늉을 했다.

fare un gesto- 몸짓을 하다, 표정을 짓다

Fece un gesto con la mano. 그는 손짓을 했다.

Ha fatto un gesto di dolore. 그는 고통스러운 몸짓을 했다.

Lo scolaro ha fatto un brutto gesto alla maestra. 학생이 선생님에게 나쁜 행동을 했다.

Non fare un gesto. 움직이지마; (비유) 손가락도 까닥하지 마.

parole coi gesti- 몸짓 언어

Molti italiani quando parlano accompagnano le parole coi gesti. 많은 이탈리아인들이 말할 때 몸짓 언어를 수반한다.

gettare- 1. (타동사) 던지다

gettare a terra- 거꾸러뜨리다, 넘어뜨리다; 타도하다, 폐지하다

Lo gettò a terra con uno spintone. 나는 그를 밀어 거꾸러뜨렸다.

gettare acqua- 힘껏 바깥으로 내보다, 물을 뿜다

La fontana getta acqua. 분수가 물을 뿜는다.

gettare acqua sul fuoco- (비유) 상황을 진정시키다

gettare all'aria qualcosa- ~를 어질러 놓다(= mettere in disordine); (무엇을 찾느라고) ~를 엉망으로 만들다(= per cercare qualcosa)

Ho gettato all'aria tutti i cassetti per trovarlo. 나는 그것을 찾느라 서랍들을 다 뒤집어엎었다.

gettare giù- 내 던지다; ~를 넘어뜨리다, 쓰러뜨리다

Ha gettato giù dal balcone il mozzicone di sigaretta. 그는 발코니 밖으로 담배꽁초를 내 던졌다.

Quelle parole mi hanno gettato giù. 그 말들이 나를 넘어뜨렸다.

gettare i rifiuti- 쓰레기를 던지다

gettare il denaro- 낭비하다(= sperperare)

gettare il guanto- (비유) 도전하다

gettare in alto una moneta- 동전을 위로 던지다; 동전을 던져 결정하다

gettare la maschera- 가면을 던져버리다; 참모습을 드러내다

Finalmente ha gettato la maschera così abbiamo potuto capire che tipo di uomo è. 마침내 그가 가면을 던져버려서, 우리는 그가 어떤 사람인지 알 수 있었다.

gettare le armi- 항복하다(= arrendersi)

gettare qualcosa al di là di- ~를 ~너머로 던지다

gettare qualcosa contro qualcuno- ~를 향해서 ~을 집어 던지다

Gettò pietre contro di me. 그는 나를 향해 돌을 던졌다.

gettare qualcosa dentro- ~을 안으로 던지다

gettare qualcosa fuori da- ~을 ~밖으로 던지다

Non getttate nulla fuori dal finestrino. 창 밖으로 아무것도 던지지 마시오.

gettare qualcosa in- ~속에 던지다

gettare qualcosa in alto- ~를 위로 던지다

gettare qualcosa in mare- ~를 바다에 던지다; (이동 중인 선박이 무게를 줄이기 위해 무엇을) 버리다(= per alleggerire la nave)

gettare qualcosa nel lago- 호수에 ~를 던지다

Ho gettato un sasso nel lago. 나는 호수에 돌을 던졌다.

gettare un sasso- 돌을 던지다

gettare una palla al di là di un muro- 공을 벽 너머로 던지다

gettare via il proprio tempo- 자신의 시간을 낭비하다

Gettò via la sua ultima occasione. 그는 자신의 마지막 기회를 날렸다.

Non gettare via queste cose! 이것들을 버리지 마!

gettare via qualcosa- ~를 버리다/없애다, ~을 폐기하다; 낭비하다(= sprecare)

gettare un bacio a qualcuno- ~에게 입맞춤을 보내다

gettare una sfida- 도전장을 던지다

Il mio collega mi ha gettato una sfida. Pensa di finire questo lavoro prima di me. 나의 동료가 내게 도전장을 던졌다. 그는 이 일을 나보다 먼저 마칠 수 있다고 생각한다.

gettare uno sguardo (o un'occhiata) a qualcuno- ~에게 시선을 던지다, ~를 언뜻 쳐다보다

2. (재귀동사) gettarsi

gettarsi a terra- 벌렁 드러눕다; 몸을 내던지다

gettarsi ai piedi di qualcuno- ~의 발밑에 무릎꿇다; ~에게 애원하다

gettarsi anima e corpo (o a capofitto) in qualcosa- ~에 몸을 던지다; (비유) ~에 투신하다

getto- 분사, 분출

a getto continuo- 끊임없이(= senza interruzione); 번갈아

(scrivere qualcosa) di getto- 단숨에, 즉석에서; 미리 준비하지 않고(= senza prepararsi prima), 깊이 생각하지 않고(= senza riflettere)

Ha scritto il romanzo di getto, in soli sei mesi. 그는 6개월 만에 단숨에 소설을 썼다.

produrre qualcosa a getto continuo- ~을 대량으로 찍어내다/만들어 내다

ghiaccio- 얼음

avere i piedi di ghiaccio- 발이 얼음처럼 차다

Ho i piedi di ghiaccio. 내 발이 얼음처럼 차다.

con ghiaccio- 얼음을 넣은

Un'aranciata con ghiaccio, per favore. 얼음을 넣은 오렌지 주스 한잔 주세요.

essere un pezzo di ghiaccio- 얼음장 같이 차다, 아주 냉정하다, 무감각하고 폐쇄적이다(= essere insensibile e chiuso)

Il comandante è un pezzo di ghiaccio con i subalterni. 지휘자는 부하직원들에게 아주 냉정하다.

Le mie mani sono un pezzo di ghiaccio. 내 손이 얼음장같이 차다.

mettere in ghiaccio- (포도주를) 차게 식히다; 냉장고에 넣다

rimanere di ghiaccio- (1) 확고부동하다, 냉정하다

Speravo che mi compatisse, ma è rimasto di ghiaccio. 나를 지지하리라고 기대했었는데, 그는 꿈쩍하지 않았다.

(2) 놀라서 말이 안 나오다

Alle sue parole, rimase di ghiaccio. 그의 말 때문에 놀라서 말이 안 나왔다.

rompere il ghiaccio- (특히 회의, 파티 등을 시작할 때) 서먹서먹한 분위기를 깨다

Per aiutare a rompere il ghiaccio hanno fatto fare dei giochini ai bambini. 서먹서먹한 분위기를 깨는 일환으로 그들은 어린이 놀이를 하였다.

senza ghiaccio- 얼음을 넣지 않은

Vorrei una Coca Cola senza ghiaccio. 얼음을 넣지 않은 콜라 한잔 주세요.

ghingheri- 차려 입은 옷차림

mettersi in ghingheri- 옷을 갖춰/격식을 차려 입다, 잘 차려 입다, 잘 치장하다

Mi piace mettermi in ghingheri per uscire la sera. 나는 밤에 외출할 때 옷을 갖춰 입기를 좋아한다.

ghiro- 동면 취하는 설치류과 동물(쥐같이 생겼으나 꼬리에 털이 많은 작은 동물)

dormire come un ghiro- 세상 모르고 자다, 곯아떨어지다, 업어가도 모르게 자다

Quali rumori? Non ho sentito niente; dormivo come un ghiro. 무슨 소리지? 곯아떨어져서 아무 소리도 듣지 못했다.

Giacomo- 쟈코모, 성(聖) 야고보

    giacomo giacomo- 떨리다, 후들거리다

    Le gambe mi facevano giacomo giacomo. (나는 무서워서/겁이 나서) 다리가 후들거렸다.

già- 벌써; (대답할 때) 그렇습니다, 맞습니다

    già- 그렇죠(= per l'apputno), 물론이에요(= certo)

    "È quello il nuovo direttore?" "Già." "저 자가 새 원장이야? "그렇치!"

    " Insomma, solo tu e Marco siete italiani?" "Già, siamo italiani solo noi due". 그러니까 너와 마르코만 이탈리아인이니?" "그렇죠, 우리 둘만 이탈리아인이에요."

    di già- 벌써

    "Mi dispiace, ma devo andare" "Di già?" "미안하지만, 지금 가야 해" "벌써?"

    già allora- 그렇다고 하더라도

giacca- 점퍼, 쟈켓

    giacca a vento- 바람막이 점퍼(바람이 잘 들어오지 않게 해서 몸을 따뜻하게 해주는 스포츠용 점퍼), 파카(= imbottita)

    Non trovo più la giacca a vento per andare in montagna. 나는 등산용 바람막이 점퍼를 더 이상 찾을 수 없다.

    giacca di cuoio- 가죽 점퍼

    giubbotto di salvataggio a giacca- 구명복

    giacca sportiva- 스포츠 점퍼

    senza giacca- 점퍼를 입지 않고서

    Sono uscito senza giacca perché non era freddo. 나는 춥지 않아서 점퍼 없이 외출했다.

    tirare qualcuno per la giacca- ~를 자기편으로 끌어들이려 노력하다

giallo- 노랑, 황색

    film giallo- 탐정/추리 영화

    Ho visto un film giallo alla tv. 텔레비전에서 탐정 영화 한 편을 보았다.

    romanzo giallo- 탐정/추리 소설

    Ha scritto un (libro) giallo di grande successo. 그는 아주 인기를 끈 추리 소설을 썼다.

    stampa gialla- 선정적인 저급 신문, 황색 신문(내용이 선정적이고 흥미위주의 신문)

giardino- 정원

    città giardino- 전원 도시

    giardino d'infanzia- 유치원, 유아원

    giardino di casa- 집의 정원

    giardino pensile- 옥상 정원, 하늘 정원

    In cima a quel palazzo c'è un giardino pensile. 그 건물의 꼭대기에는 옥상 정원이 있다.

    giardino pubblico- 공원

    giardino zoologico- 동물원

    il giardino delle delizie- 에덴 동산

    in giardino- 정원에

I bambini giocano in giardino. 아이들이 정원에서 논다.

Tutto per il giardino. 원예 용품점

gigante- 거인

fare passi da gigante- 비약적인 발전을 하다; 눈부시게 발전하다

Suo figlio sembrava avere problemi a scuola, ma negli ultimi mesi ha fatto passi da gigante. 그의 아들은 학교에서 문제가 있는 것처럼 보였는데, 최근에 비약적인 발전을 하였다.

gigante nel deserto- 버려진 시설

ginnastica- 체조

fare ginnastica- 체조하다

ginnastica a corpo libero- 맨손체조

ginnastica della mente- 정신적 운동, 정신 활동

ginnastica ritmica- 리듬 체조

ginnastica svedese- (의학) 스웨덴 훈련(치료를 위한 근육 운동)

scarpe da ginnastica- 운동화

In palestra vogliono solo scarpe da ginnastica pulite. 체육관에서는 운동화만을 요구한다.

ginepraio- 노간주나무의 덤불, 힘든 상황

cacciarsi in un ginepraio- 곤경에 빠지다

Per risolvere i problemi degli altri finisce sempre per cacciarsi in un ginepraio. 다른 사람의 문제를 해결하기 위해 그는 늘 곤경에 처하게 된다.

ginocchio- 무릎

al ginocchio- 무릎까지 오는, 무릎 높이의, 무릎 길이의

buttarsi in ginocchio- (남의 자비, 동정 따위에) 의지하다

cadere in ginocchio- 무릎을 꿇다, 무릎을 꿇고 애원하다

fare venire il latte alle ginocchia- (비유) 지겨워 죽겠다(= annoiare a morte)

ferirsi al ginocchio- 무릎을 다치다

Il bambino è caduto e si è ferito al ginocchio. 아이가 넘어져서 무릎을 다쳤다.

in ginocchio- 무릎을 꿇고

In ginocchio! 무릎을 꿇어!

Lo vidi in ginocchio davanti all'altare. 나는 제대 앞에 무릎 꿇고 있는 그를 보았다.

mettere qualcuno in ginocchio- ~을 무릎을 꿇게 하다, 항복시키다

mettersi in ginocchio- 꿇어 앉다, 무릎을 꿇고 빌다/탄원하다

Si è messa in ginocchio ed ha pregato per un'ora. 그녀는 무릎을 꿇고서 한 시간 동안 기도했다.

supplicare qualcuno in ginocchio- ~에 무릎을 꿇고 간곡히 부탁하다

giocare- 1. (자동사) 놀다

A che gioco giochiamo? (우매하고 위험한 짓을 하는 사람에게) 뭐 하는 짓이냐?

giocare a- 놀이하다, 운동하다

A che giochiamo? 우리 무슨 놀이를 하지?

giocare a calcio- 축구를 하다

giocare a carte scoperte- 가진 패를 탁자 위에 내놓다; (비유) 솔직하게 털어놓다, 속내를 드러내 보이다

giocare a carte- 카드를 치다

giocare a golf- 골프를 치다

giocare a pallone- 공놀이를 하다

giocare a tennis- 테니스를 치다

giocare a pallacanestro- 농구를 하다

giocare a pallavolo- 배구를 하다

giocare con le parole- 말장난을 하다; 얼버무리다

giocare con qualcuno- ~와 놀다

Lei gioca con il gatto. 그녀는 고양이와 논다.

Quando ho tempo libero, gioco con i bambini. 나는 한가할 때, 아이들이랑 논다.

giocare fuori casa- 집밖에서 놀다; 원정 경기를 하다

giocare in casa- 집에서 놀다; 홈경기를 갖다

giocare sul sicuro- 신중을 기하다, 위험을 피하다

giocarsi- ~을 위태롭게 하다(걸다)

Mi gioco la mia reputazione, però lo voglio fare lo stesso. 내 평판을 걸고라도 어쨌든 그것을 하고 싶다.

2. (타동사) 놀다

giocarsela- 한번 해보다; 전력을 다하다

giocarsi bene le proprie carte- 카드놀이가 능숙하다; 일을 잘 진행하다

giocarsi la camicia- 몽땅 걸다; 확신하다

giocarsi la testa (o la vita)- 목숨을 걸다; ~의 생명을 위태롭게 하다

Mi giocherei la testa. 나는 목숨이라도 걸겠다.

gioco- 경기

avere buon gioco- (1) 패가 좋다; 승산이 있다(≠ non avere gioco- 패가 나쁘다, 승산이 없다)

Pensavo di avere buon gioco e allora ho tentato. 나는 승산이 있다고 생각해서 시도했다.

(2) (비유) ~하는 데 어려움이 없다

Con quel professore ha avuto buon gioco ad essere promosso. 그 교수로 인해 그는 승진하는 데 어려움이 없었다.

entrare in gioco- 작동하기 시작하다, 개입되다

Sono entrati in gioco fattori imprevisti che ci hanno fatto perdere molti soldi. 뜻밖의 요소들이 개입되어 우리는 많은 돈을 잃었다.

essere in gioco- (1) 관련되다, 개입되다

È in gioco il mio onore. 내 명예가 걸린 문제다.

(2) 위기에 처하다(= essere a rischio), 위태롭다

Era in gioco l'onore della sua famiglia. 그 가문의 명예가 위태로웠다.

fare buon viso a cattivo gioco- 역경에서도 최선을 다하다; 의연한 척하다

È meglio fare buon viso a cattivo gioco. 불리한 상황에서도 최선을 다하는 편이 낫다.

fare il doppio gioco- (보통 불법적인 일과 관련하여) 배반/배신하다; 이중 게임을 하다, 어부지리를 꾀하다

Martino non è un ragazzo leale; fa il doppio gioco. 마르티노는 의리 있는 애가 아니어서 배신을 한다.

fare il gioco di- 상대방에게 유리하게 행동하다(= andare a vantaggio di); ~의 손에 놀아나다

Con le sue affermazioni fa il gioco degli avversari. 그의 주장은 상대방(적들)에게 유리하게 하는 행동이다.

farsi gioco di qualcosa- ~를 장난으로 여기다, ~를 가볍게 여기다

Il gioco non vale la candela. (속담) (그 일은) 수지가 안 맞는다.

per gioco- 장난으로

L'ha fatto solo per gioco. 그는 단지 장난으로 그것을 했다.

prendersi gioco di- ~을 놀리다/비웃다(= prendere in giro); 농담하다

Quel bambino si è preso gioco dell'amichetta. 그 아이는 여자 아이를 놀려댔다.

scoprire il proprio gioco- 손안의 패를 보이다, 의도/계획을 알려 주다; (특히 자신도 모르게) (= inavvertitamente) 비밀을 발설하다/드러내다

Bianca ha scoperto il proprio gioco andando a pranzo con il nostro rivale in affari. 비앙카는 우리의 사업상 경쟁자와 점심을 먹으러 가서 비밀을 발설했다.

Si preme qui e il gioco è fatto! 여기만 눌러, 식은 죽 먹기지!

stare al gioco- (1) 정정당당하게 행동하다(= stare alle regole)

Che noiosi che siete! Non sapete neanche stare al gioco. 너희들은 정말 골칫거리다! 어떻게 정정당당하게 행동할지도 몰라.

(2) 동조/찬성하다(= assecondare qualcuno)

Ha finto di non vedere ed è stato al gioco. 그는 못본척 하면서 동조를 했다.

Un bel gioco dura poco. (속담) 농담도 과하면 안 된다.

un gioco da ragazzi- 아주 쉬운 일; 식은 죽 먹기

Aggiustiamo noi la radio; è un gioco da ragazzi! 라디오를 고치는 것쯤이야 우리에게 식은 죽 먹기지!
Arrivarci non è un gioco da ragazzi. 그곳에 도착하는 것이 애들 장난이 아니에요. 그곳에 도착하는 것은 쉬운 일이 아니에요.

gioia- 기쁨

Che gioia rivederti! 너를 다시 보게 되다니 이렇게 기쁠 수가!

Che gioia, sta piovendo! 기뻐라, 비가 오고 있어.

con gioia- 기쁘게, 기쁨에 차서

Mi abbraccia con gioia. 기쁨에 차서 그는 나를 포옹하다.

con mia grande gioia- 매우 기쁘게도

darsi alla pazza gioia- 대단히 기쁘다(= divertirsi in modo sfrenato); 아주 즐겁게 지내다

Quando ha saputo di aver vinto l'Oscar, si è data alla pazza gioia. 오스카 상을 받는다는 소식을 알았을 때, 그녀는 무척 기뻤다.

fare salti di gioia- 기뻐서 폴짝폴짝 뛰다

Lei ha fatto salti di gioia appena uscita dall'esame. 그녀는 시험에서 나오는 즉시 기뻐서 폴짝폴짝 뛰었다.

gioia mia- 사랑하는 사람(= amore)

Gioia mia, vieni qui! Sei la mia gioia! 내 기쁨, 이리 오렴. 넌 나의 기쁨이야.

essere al colmo della gioia- 몹시 기뻐하다, 기쁨이 충만하다, 기쁨의 극치를 이루다

essere fuori di sé dalla gioia- 기뻐서 제 정신이 아니다

Quando ho saputo di aspettare un figlio ero fuori di me dalla gioia. 아이를 가졌다는 것을 알았을 때, 나는 기뻐서 제 정신이 아니었다.

piangere di gioia- 기뻐서 울다

giornata- 하루, 날, 일당

avere una giornata pesante- 힘든 하루가 되다

Ho avuto una giornata pesante. 오늘 힘든 하루를 보냈다.

Buona giornata! 멋진 하루 되세요!

Che bella giornata oggi! 오늘 정말 멋진 날이다! 오늘 정말 좋은 날씨다!

giornata campale- 고된 하루

giornata di fuoco- 정신없이 바쁜 하루

giornata nera- 궂은 날; 재수 없는 날

in giornata- (1) 오늘 내로, 오늘 안에, 당일로(= oggi)

Arriverà in giornata. 그는 오늘 내로 도착할 것이다.

Ci daranno la risposta in giornata. 오늘 안에 우리에게 답을 줄 것이다.

Vado e ritorno in giornata. 나는 당일로 갔다 온다.

(2) 오늘까지, 해지기 전에(= prima di sera)

Finisco il lavoro in giornata. 해지기 전에 일을 끝낸다.

lavorare a giornata- 날품을 팔다, 일급/일당으로 일하다

Suo padre lavora a giornata, non riescono ad arrivare a fine mese. 그의 아버지는 날품을 팔아서, 월말까지 갈 수 없다.

lavorare a mezza giornata- 반나절 일하다, 파프 타임으로 일하다

pagare a giornata- 일급으로 지불하다, 하루 얼마로 지불하다

passare una bella giornata- 멋진 하루를 보내다

Abbiamo passato insieme una bella giornata. 우리는 함께 멋진 하루를 보냈다.

una bella giornata- 멋진 하루

Era una bella giornata. 멋진 날이었다.

vivere alla giornata- 삶을 있는 그대로 받아들이다; (가난 때문에) 하루하루 살아가다

Io non penso al futuro; preferisco vivere alla giornata. 미래에 대해선 난 생각하지 않아. 삶을 있는 그대로 받아들이는 것을 더 좋아해.

giorno- 날, 낮

a giorni- 조만간, 얼마 안 있어(= fra poco tempo), 일간; 가끔은, 때로는

Arriverà a giorni. 조만간 도착할 것이다.

A giorni è allegro, a giorni è triste. 그는 때로는 밝고 때로는 우울하다.

al giorno- 하루에

Lavoro otto ore al giorno. 나는 하루에 8시간 근무한다.

Quanti caffè prendi al giorno? 하루에 커피를 얼마나 마시니?

al giorno d'oggi, ai giorni nostri- 요즘에는(= attualmente)

Al giorno d'oggi tutte le cose sono permesse. 요즘에는 모든 것이 허락된다.

avere i giorni contati- 앞날이 멀지 않다, 살날/여생이 얼마 남지 않았다(= morirà presto)[9]

Il prigioniero ha i giorni contati. 죄수는 살날이 얼마 남지 않았다.

Che giorno (del mese) è oggi? 오늘 며칠이지요?

Che giorno (della settimana) è oggi? 오늘 무슨 요일이지요?

chiudere (o finire) i propri giorni- 생애를 마치다, 죽다

Ci corre come dal giorno alla notte. 그들 사이에는 큰 차이가 있다.

(da) oggi a otto giorni, otto giorni (da) oggi- 금일부터 일주일, 오늘부터 일주일, 일주일 뒤 오늘, 다음주 오늘

da un giorno all'altro- 하루하루(상황이 불확실하고 변화가 심할 때 씀); 하룻밤 사이에, 갑자기(= improvvisamente); 얼마 안 있어서

Ci è capitato da un giorno all'altro. 하루 밤 사이에 일어났다.

È sparito da un giorno all'altro. 갑자기 그가 사라졌다.

dare gli otto giorni- 한 주 전에 해고통지를 하다[10]

Sono obbligato a dare gli otto giorni di preavviso per le dimissioni da apprendista? 견습생도 한 주 전에 해고통지를 하도록 규정되었나요?

del giorno- 현재의(= attuale)

di giorno- 낮에

Mi piace studiare di giorno più che di notte. 나는 밤보다 낮에 공부하는 것을 더 좋아한다.

di giorno in giorno- 날이면 날마다, 매일, 나날이, 하루하루

di ogni giorno- 매일의

di tutti i giorni- 날마다의, 매일의; 일용의, 일상의

Sono problemi di tutti i giorni. 일상의 문제이다.

durante il giorno- 낮 동안

Durante il giorno noi andiamo in giro per la città. 낮 동안 우리는 도시로 돌아다닌다.

fa giorno- 날이 새다, 밝아 오다

---

[9] 주로 죽을 날이 얼마 남지 않은 사람에게 쓰는 표현이다. 그러나 때로는 직장에서 곧 해고될 사람, 비자만료가 얼마 남지 않은 사람을 의미하는 관용어로 사용되기도 한다.

[10] "한 주 전에 해고통지를 하다"라는 관용어는 법률 300/1970 제18조와 민법 제2118조 규정에 따라 노동자의 해고는 고용계약과 노조의 규정에 따라 상이하다. 그러나 신자유주의의 등장과 함께 노동시장의 유연성을 주장하는 재계의 주장이 받아들여져 2010년 3월 3일 계약직의 양산과 노동자의 해고를 좀더 용이하는 방향으로 이탈리아법이 개정되었다. 아울러 재계와 각국 공관의 대사들 가운데 어떤 이들은 스위스, 바티칸, 산마리노 등에 은행계좌를 열어 자금을 은닉하였는데, 그 이유는 노동자의 해고에 대한 권리구제절차가 일반적으로 노동자에게 유리하게 적용되는 법적 권리구제를 피하기 위한 방편으로 사용하였다.

Partiamo appena fa giorno. 날이 밝아 오면 출발하자.

fare alla luce del giorno- 떳떳하게 하다, 숨기지 않고 하다

giorno dopo giorno- 나날이, 날이면 날마다

Giorno dopo giorno sono sempre più stanco della situazione. 날이면 날마다 나는 상황 때문에 늘 더 피곤하다.

giorno e notte- 주야로, 계속해서(= continuamente), 쉬지 않고(= senza sosta)

Lui studia giorno e notte. 그는 주야로 공부한다.

giorno per giorno- 나날의; 조금씩

Lavorando insieme a lui, ho imparato giorno per giorno molte cose. 그와 함께 일하면서 나는 조금씩 많은 것들을 배웠다.

i giorni di ferie- 휴가

i giorni festivi- 휴일

i giorni feriali- 평일

il giorno dopo- 그 다음날, 익일

il giorno giusto- 적당한 날

Dai il regalo a Marco il giorno giusto. 너는 마르코에게 적당한 날에 선물을 줘라!

il giorno libero- 비번, 쉬는 날(= giorno di permesso)

Domani non vengo al lavoro, perché è il giorno libero di mia moglie. 내일 나는 아내가 쉬는 날이라 직장에 오지 않을 것이다.

il giorno prima- 그 전날, 전일

in pieno giorno- 한낮에, 벌건 대낮에

l'altro giorno- 일전에, 며칠 전에(= qualche giorno fa)

L'altro giorno l'ho incontrato in metropolitana. 일전에 그를 지하철에서 만났다.

oggigiorno- 요즘(= in questi tempi)

sul far (allo spuntar) del giorno- 동틀 무렵에, 새벽에

Sono andata al mare sul far del giorno per vedere l'alba. 나는 여명을 보기 위해 동틀 무렵에 바다로 갔다.

negli ultimi giorni- 지난 며칠 동안

Negli ultimi giorni, prima dell'esame, era piuttosto nervoso. 시험을 앞두고 지난 며칠 동안 그는 몹시 초조했다.

nei giorni precedenti- 이전 날들에, 이전 날들은

Nei giorni precedenti al loro matrimonio, Marco e Paola avevano ancora mille cose da fare. 마르코와 파올라는 그들의 결혼식 전날에 할 일이 무척 많았다.

tutti i giorni- 날마다, 매일(= ogni giorno)

Tutti i giorni vado a lezione. 나는 매일 수업 받으러 간다.

tutti i santi giorni- 모든 성인의 날; 날이면 날마다, 연일

Mia suocera mi telefona tutti i santi giorni. 시어머니는 연일 내게 전화한다.

tutto il giorno- 하루 종일

Sono rimasto a casa tutto il giorno. 나는 하루 종일 집에 남아 있었다.

un giorno- 어느날, 언제가

Un giorno capirai. 언제가 이해하게 될 거야.

un giorno sì, un giorno no (o a giorni alterni)- 하루 걸러

un giorno dopo l'altro- 매일같이, 날마다

Il suo amore per lui diminuiva un giorno dopo l'altro. 그에 대한 그녀의 사랑이 날마다 줄어가고 있었다.

un giorno o l'altro- 조만간(= prima o poi), 머지않아

Ti verrò a trovare un giorno o l'altro. 조만간 너를 만나러 갈 것이다.

Un giorno o l'altro ti pentirai di questa scelta. 머지않아 너는 이 선택에 대해 후회하게 될 거다.

giovane- 1. (형용사) 젊은

da giovane- 젊어서, 젊었을 때

Da giovane andavo spesso a sciare. 젊었을 때 나는 자주 스키 타러 가곤했다.

giovane delinquente- (법률) 미성년 범죄자, 소년범

giovane di spirito- 마음은 청춘이다

È rimasto giovane di spirito. 그는 마음은 청춘이었다.

in giovane età- 젊어서, 젊은 나이에

È arrivato al successo in giovane età. 그는 아주 젊어서 성공에 도달했다.

rimanere (restare) giovane- 젊음을 유지하다

Gioco a tennis, perché ho capito che aiuta a restare giovani. 젊음을 유지하는데 도움을 준다는 것을 알았기 때문에, 나는 테니스를 친다.

vestire giovane- 젊게 옷 입다

Vuole vestire giovane come sua figlia ma si rende ridicola. 그녀는 자기 딸처럼 젊게 옷을 입고 싶어 하는데, 우스꽝스럽다.

2. (명사) 젊은이

giovane di bottega- 견습생

giovane di studio- 수습 직원

i giovani d'oggi- 요즘 젊은이

giovare- 유익하게 되다

giovare a- ~에게 유익되다, 이롭다

A che giova lavorare tanto? 열심히 일해서 뭐 하려고?

giovare alla salute- 건강에 이롭다

La vita in campagna giova alla salute. 시골 생활은 건강에 이롭다.

giovedì- 목요일에

di giovedì- 목요일에

giovedì prossimo- 다음주 목요일

Ci vediamo giovedì prossimo! 다음주 목요일에 보자!

giovedì santo- 성 목요일

non avere tutti i giovedì- 나사가 좀 풀린 것 같다, 행동이 이상하다

gioventù- 청춘

gioventù bruciata- 낭비된 청춘

in gioventù- 청춘 때, 젊은 시절에, 젊었을 때

Adesso è cambiato molto, ma in gioventù Marco era molto timido. 이제 그는 많이 변했지만, 젊은 시절에 마르코는 무척 소심했다.

nel fiore della gioventù- 혈기 왕성한 시절에, 꽃다운 청춘에, 꽃다운 나이에, 한창 때

Quella malattia gli è capitata nel fiore della gioventù. 꽃다운 나이에 그 병이 그에게 생겼다.

nella prima gioventù- 초년 시절에, 아주 젊었을 때

giovinezza- 청년기, 청춘 시대

dalla giovinezza in poi- 청년시절부터 줄곧

nella prima giovinezza- 어린 시절에, 젊은 시절에

vivere una seconda giovinezza- (고질적인 병이 완쾌되어) 더 오래 살 수 있게 되다

Con quella donna sta vivendo una seconda giovinezza 그는 수명이 연장되어 그 여인과 함께 살고 있다.

girare- 1. (타동사) 돌리다, 전환시키다

girare il discorso- 화제를 돌리다

girare il mondo- 세상을 돌다, 세계 일주를 하다

Sta girando il mondo da quando ha compiuto 18 anni. 18살부터 그는 세상을 돌고 있다.

girare l'angolo- 모퉁이를 돌다, 코너를 돌다

Girato l'angolo c'è il bar. 코너를 돌면 바가 있다.

girare la testa- 머리를 돌리다

Non giri la testa. 고개를 돌리지 마시오.

girare un conto- 계좌 이체를 하다

girarla come uno vuole- (1) 사실과 다른 점을 주고자 애쓰다(= cercare di dare un altro aspetto alla realtà);

(2) 에둘러 말하다(= dire le cose con parole diverse)

Girala come vuoi, è sempre un fallito. 사실과 다른 점을 주고자 애쓰는데, 그는 늘 실패한다.

Non me la giri! Ho capito benissimo come funziona questa storia. 에둘러 말하지 마! 이 이야기가 어떻게 돌아가고 있는지 잘 알겠다.

2. (자동사) 돌다, 회전하다

Che ti gira? 어쩔 셈이야?

Che ti gira per la testa? 너 왜 그러니? 너 어떻게 된 거니?

fare girare la testa- 현기증을 일으키다(= procurare un capogiro); ~를 어리둥절케 하다; 괴롭히다, 피곤하게 하다(= frastornare); 마음을 사로잡다, 매혹하다(= fare innamorare)

Questo frastuono mi fa girare la testa. 이 소음이 나를 괴롭힌다.

Questa ragazza mi ha fatto girare la testa. 이 소녀가 나를 매혹했다

Gira al largo! 피해! 가까이 하지마!

gira e rigira- 장고(長考) 끝에, 심사숙고 끝에

Gira e rigira, arriviamo sempre alla stessa conclusione. 장고 끝에, 우리는 늘 같은 결론에 이른다.

Gira e rigira, la situazione non cambia. 어느 면으로 보더라도 상황은 안 바뀐다.

gira voce che- ~라는 소문이 돈다(= si dice che)

Gira voce che chiuderanno quel negozio. 그 가게가 문을 닫을 거라는 소문이 돈다.

girare a destra/sinistra- 우회전/좌회전하다

girare a vuoto- 헛돌다, 아무런 결론이 나지 않다(= non concludere)

girare al largo da qualcosa/qualcuno- ~을 피하다, ~을 가까이 가지 않다(= tenersi lontano da qualcuno)

Cerca di girare al largo da quella ragazza altrimenti i fratelli potrebbero picchiarti. 그 소녀를 멀리하도록 해. 안 그러면 형들이 너를 때릴 수도 있다.

girare in fretta- 빨리 돌다

Le notizie girano in fretta. 소문은 빨리 돈다.

Mi gira la testa. 어지럽다. 머리가 핑 돈다(= Ho le vertigini).

secondo come gira- 그 날/순간 기분에 따라

Forse andiamo in montagna, e forse no, secondo come gira. 그 날 기분에 따라 우리는 산에 갈 수도 있고 안 갈 수도 있다.

3. (재귀동사) girarsi

non sapere da che parte girarsi- 어떻게 해야 될지 모르다

Con i miei problemi economici, ormai, non so da che parte girarmi. 경제적 문제 때문에 이제 난 어떻게 해야 될지 모르겠다.

giro- 회전, 여행, 산보

andare in giro- (여기저기) 가다/들르다; 산책하다

Sono andato in giro per la città. 나는 도시 여기저기를 갔다.[11]

Che si dice in giro? 뭐 색다른 일은 없어?

esserci in giro- 부근에 있다; 돌다, 퍼지다

C'è in giro una brutta influenza. 심한 독감이 돌고 있다.

Hai visto se c'è in giro mia moglie? 내 아내가 근처에 있는 것을 봤니?

Non lo vedo in giro da un sacco di giorni. 나는 그가 돌아다녀서 것을 본지 꽤 오래 된다.

essere giù di giri- 의기소침해지다, 낙담하다, 슬프다

essere nel giro- 내부사정에 밝다

Quando hanno voluto avere delle informazioni riservate sul mercato dei diamanti, si sono rivolti a lui: è uno nel giro. 그들은 다이아몬드 시장에 관한 비밀 정보를 얻으려고 할 때 그에게 도움을 청했다. 그는 내부사정에 밝은 사람 가운데 한 명이다.

essere sempre in giro- 늘 (어디를) 돌아다니다

Sei sempre in giro e non sei mai a casa. 너는 항상 돌아다니고 집에 있는 법이 없구나.

---

[11] 이 관용어의 의미는 "아무 목적도 없이 어떤 곳을 중심으로 어슬렁거리며 이리저리 돌아다니다"라는 뜻의 '배회하다'로 옮길 수 있다.

essere (o andare) su di giri- 기세가 등등하다; 기분이 좋다

È così su di giri che non può star fermo. 그는 기분이 좋아 잠자코 있질 못한다.

Mio fratello va facilmente su di giri e insulta tutti. 형은 쉽게 기세가 등등해서 모든 사람을 욕한다.

fare il giro di- ~를 돌다, ~를 일주하다

Abbiamo fatto il giro d'Italia in bicicletta. 우리는 자전거로 이탈리아를 일주했다.

Vorrei fare il giro del mondo. 나는 세계 일주를 하고 싶다.

fare un giro- 돌아보다, 한 바퀴 돌다

Andiamo a fare un giro nei negozi. 우리 가게를 돌아보러 가자!

Durante le vacanze facciamo un giro in Sicilia. 방학 동안 우린 시칠리아를 한 바퀴 돈다.

giro di boa- 전환점, 전기

La vicenda è giunta al giro di boa. 사건이 전환점에 이르렀다.

guardarsi in giro- 주위를 둘러보다(= guardarsi intorno)

mettere in giro- ~를 퍼트리다, 유포하다

Lui ha messo in giro delle notizie false. 그는 잘못된 소식을 퍼트렸다.

nel giro di- (특정 기간) 이내에

Nel giro di tre mesi, conto di aver finito questo lavoro. 3개월 안에 나는 이 일을 마칠 수 있다고 생각한다.

Tutto si è svolto nel giro di pochi minuti. 모든 것이 몇 분내로 전개되었다.

prendere in giro- 놀리다[12]

Lo zio mi prende sempre in giro. 삼촌은 늘 나를 놀린다.

Non prendermi in giro. 나를 놀리지 마!

un giro d'orizzonte- (설문) 조사

Abbiamo fatto un giro d'orizzonte della situazione economica e adesso sappiamo come regolarci. 우리는 경제 상황에 관한 조사를 하였는데 이제 어떻게 관리해야 하는지를 안다.

un giro di parole- 완곡한 말, 에둘러/우회적으로 말하기

Mi ha detto quello che voleva dirmi con un lungo giro di parole. 그는 한참을 에둘러 말한 뒤에 내게 말하고자 했던 것을 말했다.

un giro di vite- 더욱 엄격함, 단속[13]

Il preside è molto severo: ha dato un giro di vite a tutta la scolaresca. 학장님은 매우 엄격해서, 전교생에게 엄하게 대하셨다.

gita- 소풍

andare in gita- 소풍 가다

fare una gita- ~로 소풍 가다, 놀러 가다; 여행을 가다

Domenica scorsa abbiamo fatto una bella gita in montagna. 지난 일요일 우리는 산행을 하러 갔다.

gita scolastica- 수학여행

---

[12] 유사관용어에는 'prendere qualcuno per il bavero, prendere per i fondelli, prendersi gioco di'가 있다.

[13] 이 관용어의 의미는 'diventare più severi, togliere certe concessioni fatte in precedenza'이다.

I ragazzi sono in gita scolastica. 소년들은 수학여행 중이다.

giù- 아래로

andare giù- (음식물이 목구멍으로) 넘어가다; 내리막길로 접어들다(= in discesa); 굴러 떨어지다; (가격이) 내려가다; 악화되다, 더 나빠지다(= deperire)[14]

La minestra non mi va giù. 수프가 안 넘어간다.

Quello che ha detto mia suocera non mi va giù. 시어머니께서 말씀하신 것이 나를 더 나빠지게 했다.

andare su e giù- 오르내리다; 왔다 갔다 하다(= andare avanti e indietro)

Aprì la bocca e giù parolacce! 입만 열면 욕이다!

buttare giù- (1) 우울하게 하다; 낙심/낙담하다; 용기를 잃다

La notizia mi ha buttato giù. 그 소식이 나를 우울하게 했다.

Non ti buttare giù per un fatto così banale. 그런 시시한 일 때문에 낙담하지 마.

Non ti devi buttare giù. 용기를 잃어선 안돼.

(2) (건물을) 때려 부수다, 철거하다(= demolire)

Hanno buttato giù un vecchio palazzo. 그들은 오래된 건물을 철거했다.

correre su e giù per le scale- 계단을 뛰어 오르내리다

essere giù- (육체적으로 정신적으로) 기운이 없다, 축 쳐져 있다, 의기소침해 있다

Come mai sei così giù? 왜 그렇게 기운이 없니?

È molto giù per la morte di suo padre. 그는 아버지 죽음으로 축 쳐져 있다.

essere giù di corda- 기대 이하의; 기분이 가라 앉은, 우울한(= giù di morale)

Giù di lì. 거기서 내려와.

Giù il cappello! 모자를 벗으시오!

Giù la maschera! 가면을 벗어라!

Giù le mani. (게시) 손 대지 마시오. 만지지 마.

guardare in giù- 아래로 보다

Lo presero e giù botte! 그들은 그를 잡아 흠씬 두들겨 팼다.

mandare giù- (모욕 등을 억지로) 참다/삼키다(= inghiottire); 먹다(= mangiare)

Questa offesa non la mando giù. 나는 이런 모욕을 참을 수 없다.

o giù di lì/su per giù- 그 근처/부근에; (시간, 수량, 정도) 그 당시, 그 무렵에; 대략(= all'incirca)

Siamo andati a pranzo alle cinque o giù di lì. 우리는 대략 5시경에 점심식사 하러 갔다.

sentirsi giù- 기운이 없다, 의기 소침하다, 우울하다

su e giù- 아래 위로, 오르락내리락

su per giù- 약/대략, 거의(= più o meno)

Avrà su per giù trent'anni. 대략 30살 정도 되었을 것이다.

giudicare- 판단하다

a giudicare dall'aspetto- 외모로 판단하면, 보이는 모습을 보고 판단하면

A giudicare dall'aspetto sembri in forma. 외모로 보고 판단하면 너는 건강해 보인다.

---

[14] 일반적으로 상처받은 만한 일을 말하거나 내키지 않은 일을 받아들여야 할 때 사용하는 관용어이다.

a giudicare dalle apparenze, dai fatti- 외양을 보고 판단하면, 사실로 판단하면

Non giudicate per non essere giudicati. 심판을 받지 않으려거든 남을 심판하지 마라(마태 7, 1).

giudice[15]**-** 재판관, 판사

Chi compra un giudice vende la giustizia. 재판관을 매수한 사람은 정의를 팔아먹은 사람이다.[16]

È meglio una mano dal giudice che un abbraccio dall'avvocato. 변호사의 포옹보다 판사의 손이 낫다. 판결을 내리는 판사의 손이 변호사의 포옹보다 낫다.

Il giudice deve giudicare secondo i fatti allegati e provati. 재판관은 사실과 증거에 따라 판결해야 한다.[17]

Il libro dei Giudici- (성경) 판관기

giudizio- 판단

a mio giudizio- 내 판단/의견으로는, 내 생각에(= secondo il mio parere)

Tu, a mio giudizio, oggi non hai studiato abbastanza. 내 생각에 너는 오늘 충분히 공부하지 않았다.

avere giudizio- 분별/양식이 있다; 의식하다

Quel ragazzo ha molto giudizio. 그 소년은 매우 분별이 있다.

dare un giudizio su qualcosa- ~에 대해서 판단을 내리다, ~ 에 대해 의견을 말하다

dente del giudizio- 사랑니

essere senza giudizio- 분별력이 없다

Mio fratello è senza giudizio. Continua a combinare guai. 나의 형은 분별력이 없어서, 계속해서 문제를 일으킨다.

fare giudizio- 예절 바르게 행동하다; (아이) 착한 소년/소녀가 되다

Giudizio Universale- 최후의 심판

mettere giudizio- 자기의 행실을 고치다(= ravvedersi); 성숙하다, 철들다; 진정되다(= calmarsi)

Ha messo giudizio e ha ammesso i propri sbagli. 그는 철이 들어 자신의 잘못을 인정했다.

Quando metterai giudizio? 언제 철들 거야.

rimettersi al giudizio di qualcuno- ~의 판단에 따르다

Non conosco bene i termini della questione quindi mi rimetto al giudizio del capo ufficio. 나는 문제의 요지를 잘 몰라서 사무장의 판단에 따랐다.

rinviare qualcuno a giudizio- ~를 재판에 회부하다

giunta- 추가, 부가

per giunta- (~에) 덧붙여, 게다가; 더군다나, 한 술 더 떠서

Non ho dormito e per giunta sono dovuto andare a lavorare. 나는 잠을 자지 못했는 데 한 술 더 떠서 일하러 가야만 했다.

---

[15] 이탈리아어 'giudice'는 라틴어 'iudex'에서 유래하는데, 이 말은 라틴어 'ius'와 'dicere'의 합성어로 그 의미는 '정의를 말하다'이다. 따라서 재판관은 '정의를 말하는 사람'이란 의미이다.

[16] 이러한 이유에서 다음과 같은 법조문이 생겼다. *"Iudex et omnes tribunalis administri, occasione agendi iudicii, dona quaevis acceptare prohibentur."* 앞의 라틴어 조문을 우리말로 옮기면 "재판관과 모든 법원 직원들은 재판하는 기회에 어떤 선물이라도 받는 것이 금지된다"(교회법 제1456조).

[17] 이 관용어의 원어는 라틴어로 *"Iudex iuxta alligata et probata iudicare debet"*이며 로마법에서 유래하였다.

giuramento- 선서, 맹세

   fare (o prestare) giuramento- 선서하다

   mancare (o venire meno) al giuramento- 그 맹세를 저버리다

   rompere (o violare) il giuramento- 그 맹세를 깨다

   sciogliere qualcuno da un giuramento- ~를 자신의 맹세에서 해제하다/풀어주다

   sotto il vincolo del giuramento- 선서를 하고, 맹세코, 결코

   Ho ricevuto quelle informazioni sotto il vincolo del giuramento. 나는 맹세를 하고 그 정보를 받았다.

giurare- 맹세하다, 선서하다

   Ci puoi giurare! 물론이지! 바로 그거야!

   giurare che- ~을 맹세하다, 선서하다

   Giuro che non lo faccio più. 나는 다시는 그런 일을 하지 않을 것을 맹세한다.

   giurare di fare qualcosa- ~할 것을 맹세하다, 선약하다

   In tribunale tutti devono giurare di dire la verità. 법정에서 모든 사람들은 진실을 말할 것을 선서한다.

   giurare il falso- 허위를 맹세하다, 옳지 않은 것을 맹세하다

   giurare sulla parola di qualcuno- ~의 말을 암묵적으로 신뢰하다

   Non ci giurerei. 그것에 대해 확신을 못하겠어(= Non ne sono certo).

giustificarsi- 변명하다

   giustificarsi con qualcuno- ~에게 변명하다(= scusarsi)

   È inutile che ti giustifichi! 변명해도 소용없어!

   Lo studente si è giustificato con il professore per il ritardo. 학생은 지각에 대해서 선생님께 변명을 했다.

giustificazione- 변명

   a giustificazione di qualcosa- ~을 옹호/정당화하기 위해, ~을 변명하기 위해

   L'ho detto a giustificazione della mia assenza dalla festa. 내가 축제에 가지 않은 것을 변명하려고 그 말을 했다.

   a titolo di giustificazione- 정당화로

   senza giustificazione- 변명 없이

   Il suo comportamento è senza giustificazione. 그의 행동은 변명이 없다.

giustizia- 옳음, 정의, 공평

   con giustizia- 바르게, 정당하게, 공평하게

   fare giustizia- 공평하게 하다

   farsi giustizia da sé- (법률에 의지하지 않고) 제멋대로 제재를 가하다

   La legge non permette che uno si faccia giustizia da sé. 법은 개인이 사적 제재를 가하는 것을 금한다.

   giustizia fiscale- 조세 정의/평등

   per giustizia verso qualcuno- ~를 공정하게 평하면/판단하면

   Sarebbe bene, per giustizia verso quella povera donna, intitolare la piazza al figlio morto in guerra. 그 가련한 부인을 공정하게 기리고자 한다면, 전쟁 중에 사망한 아들의 이름을 광장에 붙이는 것이 옳은 것이다.

rendere giustizia a qualcuno- ~를 공정하게 대하다, ~를 충분히 평가하다

Con quella lettera gli ho reso giustizia. 그 편지로 나는 그를 충분히 평가했다.

ricorrere alla giustizia- 법률에 호소하다

giusto- 1. (형용사) 옳은, 바른

a (o per) dirla giusta- 사실은; 정직하게 말해서

A dirla giusta, mi sembra che tu non sia molto concentrato. 솔직히 말해서 내가 보기에 너는 썩 집중하지 않은 것 같다.

al momento giusto- 적시에, 마침 알맞은 때에, 적당한 시기에

Sei arrivato al momento giusto. 마침 네가 알맞은 때에 도착했구나.

fare le cose giuste- 올바른 일을 하다

Il mio desiderio è soltanto quello di fare le cose giuste. 나의 바람은 올바른 일을 하는 것뿐이다.

giusto di sale- 소금이 충분히

La tua minestra è giusta di sale? 네 수프는 간이 맞니?

il giusto mezzo- 중도, 중용

il prezzo giusto- 적정가격

Dimmi il prezzo giusto. 내게 적정가격을 말해줘.

l'uomo giusto al momento giusto- 적재적소

Ho incontrato l'uomo giusto al momento giusto. 나는 적재적소의 사람을 만났다.

rispondere giusto- 맞게 대답하다, 옳게 답하다

Hai risposto giusto. 넌 옳게 대답했어.

2. (부사) 올바르게

arrivare giusto in tempo- 제때에 도착하다

colpire giusto- 공정하게 처신하다; (비유) 바르다고 생각하는 일을 말하다; 요행수로 알아 맞추다

3. (명사) 올바른 사람, 정당한 일/가격

pagare il giusto- 제 가격을 지불하다

gloria- 영광, 명예

avere brama (o sete) di gloria- 영예를 갈망하다

Che Dio l'abbia in gloria. 신이여, 그의 영혼을 고이 잠들게 하소서.

coprirsi di gloria- 명예를 누리다

Gli uomini che sono andati sulla luna, si sono coperti di gloria. 달에 간 사람들은 명예를 누렸다.

farsi gloria di qualcosa- ~을 대단히 기뻐하다, ~을 자랑으로 여기다

L'ho fatto per la gloria. (농담) 그냥 좋아서 했다.

lavorare per la gloria- 공짜/무급으로 일하다

Devi iniziare a farti pagare. Non puoi sempre lavorare per la gloria. 네게 돈을 지불하면 (일을) 시작해야 해. 늘 공짜로 일을 할 수 없다.

Non mi pagano affatto; lavoro per la gloria. 그들은 전혀 돈을 주지 않는데도, 나는 무급으로 일을 한다.

rendere gloria a- ~에게 영광을 돌리다

gnorri- 이탈리아어에서 'gnorri'라는 말은 단독으로 존재하지 않고, 아래의 성구로만 쓰인다.

fare lo gnorri- 모른 체하다, 잡아떼다

Non fare lo gnorri; lo sappiamo tutti che sei stato tu a cantare con la polizia. 시치미를 떼지 마. 네가 경찰에게 불었다는 것을 다 알고 있다.

goccia- 물방울

a goccia a goccia- 조금씩, 천천히, 서서히, 점차, 차차

A goccia a goccia si scava la roccia. 한 방울의 물이 바위를 뚫다. 낙수물이 바위를 뚫다.

assomigliarsi come due gocce d'acqua- 똑같이 생기다, 꼭 빼어 닮다, 판에 찍은 듯이 닮다

Le gemelle si assomigliano come due gocce d'acqua. 쌍둥이는 똑같이 닮았다.

avere la goccia al naso- 콧물이 흐르다

Ho la goccia al naso. 콧물이 나요.

fino all'ultima goccia- 마지막까지

Ho intenzione di assaporare questo vino fino all'ultima goccia. 나는 이 포도주를 마지막 한 방울까지 음미하려고 생각한다.

la goccia che fa traboccare il vaso- 아슬아슬하게 견디고 있는 것을 쓰러지게 하는 최후의 사소한 일, 최후의 결정타

Questa è proprio la goccia che fa traboccare il vaso. 한도를 넘으면 한 방울의 물로도 항아리가 깨진다. 그것이 한계이다. 이것이 화근이다.

una goccia (o un goccio) di- 한 방울의

La macchina è rimasta senza una goccia di benzina. 자동차에 기름 한 방울 남지 않게 되었다.

Ne bevo solo una goccia. 한 방울만 마실게.

Vuoi una goccia di whisky? 위스키 한 모금 할래?

una goccia nel mare- 바다의 한 방울, 창해일속(滄海一粟), 새 발의 피

È talmente ricco che per lui un miliardo è come una goccia nel mare. 그와 같은 부자에게 10억은 새 발의 피다.

godere- 즐기다, 누리다

godere a dare cattive notizie- 나쁜 소식을 대단히 즐기다

godere del favore di qualcuno- ~의 호의를 누리다, ~의 은총을 받다, ~의 인정을 받다

godere di buona fama- 명성을 누리다

Quel professore gode di buona fama. 그 교수는 명성을 누린다.

godere di buona salute- 건강을 누리다, 아주 건강하다

Devo riposarmi, non godo più di buona salute come una volta. 이전처럼 아주 건강하지 않아서 나 좀 쉬어야겠어.

godersela- 즐기다, 즐겁게 보내다

godersi la vita- 삶을 즐기다, 즐겁게 보내다, 즐기다

Mio fratello sa molto bene come godersi la vita. 나의 형은 인생을 어떻게 즐길 줄을 매우 잘 안다.

gola- 인후, 목구멍.

avere il cibo in gola- 소화를 못 시키다

avere il cuore in gola- 숨이 차다; 걱정스러워 가슴이 두근거리다(= provare affanno e ansia)

avere il pianto in gola- 울음을 억누르다, 울음을 참다

Mentre assistevo a quella scena avevo il pianto in gola. 그 광경을 바라보면서 나는 울음을 참았다.

avere l'acqua alla gola- 물이 목까지 차다; 궁지에 몰리다, 난관에 처해 있다

Aveva l'acqua alla gola a causa dei troppi debiti. 그는 지나친 부채 때문에 궁지에 몰렸다.

avere mal di gola- 목이 아프다

Ho mal di gola, perché ho preso freddo. 감기에 걸려 목이 아프다.

avere un nodo alla gola- (슬픔, 감동, 놀람 등으로) 목이 메다

Parlando del suo povero marito, la vedova aveva un nodo alla gola. 가엾은 남편에 대해 이야기하던 중에 미망인은 목이 멨다.

cantare a gola spiegata (o a piena gola) - 목청껏 노래 부르다, 큰 소리로 노래하다

col boccone in gola- 먹고서 바로

con il cuore in gola- 숨을 헐떡거리는, 가슴이 두근거리는

con l'acqua alla gola- 난관에 부딪쳐서, 어려운 처지에 놓여, 힘든 상황에 놓여

Prestami del denaro, sono con l'acqua alla gola. 힘든 상황에 놓였는데, 내게 돈을 빌려줘.

Mi trovo con l'acqua alla gola. 나는 어려운 상황에 처해 있다.

fare gola- 구미를 당기다, 솔깃하게 하다; 커다란 유혹이다; 갈망하다(= essere ambito)

È un'offerta che fa gola. 솔깃한 제안이다.

Questo melone mi fa gola. 이 멜론은 구미가 당긴다.

gridare a piena gola- 고래고래 소리를 지르다

mangiare qualcosa per gola- ~를 식탐 때문에 먹다, ~을 욕심 내어 먹다

Lo mangio solo per gola, non per fame. 나는 배고파서가 아니라 식탐 때문에 그것을 먹는다.

Ne uccide più la gola che la spada. (속담) 칼보다도 폭음폭식이 목숨을 빼앗는다.[18] (= Ne ammazza più la gola che la spada.)

prendere per la gola- (1) (음식으로) ~를 유혹하다

Lei è un'ottima cuoca: l'ha conquistato prendendolo per la gola. 그녀는 아주 훌륭한 요리사여서 그를 폭식하게 한다.

(2) ~의 목을 조르다; 강요/강제하다, ~하게 만들다

Ho dovuto accettare il prestito alle loro condizioni; mi hanno preso per la gola! 나는 그들의 대출 조건을 받아들여야 했는데, 그들이 나의 목을 조였다!

ridere a gola spiegata- 크게/마음껏/실컷/배꼽을 잡고 웃다

rimanere in gola- (말이) 입밖으로 나오지 않다, 말하기가 어렵다

goloso- 게걸들린, 많이 먹는, 식탐이 많은, 잘 먹는

con occhi golosi- 군침이 도는 눈으로

Guardava la torta con occhi golosi. 그는 파이를 군침이 도는 눈으로 쳐다보았다.

---

[18] 이 오래된 속담은 인간의 건강은 어떠한 먹거리를 어떻게 섭취하느냐에 달려있다는 뜻이다. 오늘날에는 암이나 성인병 질환자들의 식이요법을 설명할 때 사용하곤 한다.

essere goloso di- ~를 좋아하다

Non potrà mai dimagrire perché è troppo golosa di dolci. 그녀는 과자를 좋아하기 때문에 절대 살이 빠지지 않을 것이다.

gomito- 팔꿈치

gomito a gomito- 나란히, 바싹 붙어서(= a contatto stretto)

Le due signore stavano gomito a gomito. 두 부인이 나란히 앉아 있었다.

alzare il gomito- 과음하다; 한잔 꺾다/마시다

Abbiamo alzato un po' troppo il gomito. 우리는 약간 지나치게 과음을 했다.

Quel vecchietto alza un po' troppo il gomito. 그 노인은 술을 과하게 마신다.

avanzare sui gomiti- 팔꿈치로 밀치며 앞으로 나아가다

aver alzato il gomito- 거나하게 마셨다

darsi di gomito- (서로 팔꿈치로 살짝) 쿡 찌르다

A sedici anni, bastava che Sandro lanciasse un'occhiata nella nostra direzione e noi ci davamo di gomito, dicendo, tutte eccitate, "Hai visto, ci ha guardate!" 열여섯 살 때 산드로가 우리 쪽으로 눈길만 줘도, 우리는 서로를 쿡 찌르며 흥분해서 "너 봤니, 산드로가 우리를 쳐다봤어!"라고 말하곤 했지.

farsi avanti a forza di gomiti (o a colpi di gomiti)- 팔꿈치로 사람들을 헤치며 나아가다; ~을 밀어 젖히고 앞으로 나아가다

Tu dici che Maurizio è in gamba? A me pare che si sia fatto avanti a forza di gomiti. 너 마우리지오가 잘하고 있다고 말하는 거니? 내가 보기에 사람들을 밀치고 앞으로 나아가는 것 같던데.

olio di gomito- 힘든 노동

trovarsi gomito a gomito- ~와 가까이 만나 어울리다/일을 하다; 사귀다

Ci troviamo gomito a gomito con tutti i tipi di persone, nel nostro lavoro. 직장에서 우리는 모든 부류의 사람과 어울린다.

gomma- 지우개, 타이어

avere una gomma a terra- 타이어의 바람이 빠지다, 타이어가 펑크나다

La mia automobile aveva due gomme a terra. 내 차에는 타이어 두 개가 펑크나 있었다.

forare una gomma- 타이어에 펑크를 내다, 타이어에 구멍내다

gomma da matita- 지우개

gomma da neve- 스노우타이어

gomma di scorta- 스페어타이어

gonfiare una gomma- 타이어에 공기를 넣다

Sono andato dal benzinaio a gonfiare le gomme del motorino. 나는 오토바이 타이어에 바람을 넣으러 주유원에게 갔다.

gonfio- 부풀은, 팽창된

andare a gonfie vele- 순조롭게 잘 진행되다, 순조롭게 나아가다

Il nostro matrimonio sta andando a gonfie vele. 우리의 결혼은 순조롭게 잘 진행되고 있다.

avere il cuore gonfio di dolore- 슬픔으로 마음이 무겁다/아프다

Ho il cuore gonfio di dolore per la morte di mio padre. 나는 부친의 사망으로 인해 마음이 아프다.

avere il cuore gonfio di gioia- 기쁨으로 충만하다

avere gli occhi gonfi- 눈이 붓다

Aveva gli occhi gonfi per il pianto. 그는 울어서 눈이 부어 있었다.

Ho un occhio gonfio. Devo andare dall'oculista. 나는 한쪽 눈이 부어서 안과에 가봐야 한다.

con il cuore gonfio- 비통한 심정으로, 침울하게

occhi gonfi di lacrime- 눈에 눈물이 그렁그렁한

Lei ha gli occhi gonfi di lacrime. 그녀는 눈에 눈물이 가득 차 있었다.

sentirsi gonfio- (식사 후에) 배가 터질 듯하다

Mi sento gonfio, ho mangiato troppo. 나는 너무 많이 먹어서, 배가 터질 듯하다.

gonna- 치마

gonna a campana- 플레어 스커트

gonna a pieghe- 주름 치마

gonna corta- 짧은 치마, 미니 스커트

Ho indossato la mia prima gonna corta a 18 anni. 나는 18살에 처음 미니 스커트를 입었다.

gonna diritta- 일자형 스커트, 스트레이트 스커어트

gonna larga- 풀 스커트, 폭이 넓은 치마, 풍성한 치마

gonna-pantalone- 치마 바지

Mi sono sempre piaciute le gonne-pantalone. Peccato che non vadano più di moda. 나는 늘 치마 바지를 좋아했다. 더 이상 유행이 아니라고 하니 아쉽다.

gonna stretta- 타이트 스커트, 폭이 좁은 치마

gonnella- 스커트

correre dietro alle gonnelle- 여자 꽁무니를 쫓아다니다, 여자의 뒤를 쫓아다니다

Marcello corre dietro a tutte le gonnelle. 마르첼로는 모든 여자들을 쫓아다닌다.

essere attaccato alle gonnelle della madre- 어머니에게 쥐여살다, 엄마 치마 폭에 쌓여 있다

Quell'uomo è ancora attaccato alle gonnelle della madre. 그 남자는 여전히 어머니에게 쥐여산다.

sergente in gonnella- 원사; (중년의) 사나운 여자; 잔소리가 심한 여자

governo- 정부, 통치, 관할

andare al governo- 권력을 장악하다

avere il governo di- 통치하다, 다스리다

La donna ha il governo della casa. 여자가 집을 다스린다.

essere al governo- 권력이 있다, 힘이 있다, 권위 있는 위치에 있다

far cadere il governo- 정부를 무너뜨리다, 정부를 전복하다

Quel partito politico ha fatto cadere il governo. 그 정당이 정부를 무너뜨렸다.

formare un nuovo governo- 새 정부를 수립하다

gozzo- (조류의) 모이주머니; (의학) 갑상선종; 목구멍

Quella parola mi è rimasta sul gozzo. 그 말이 오랫동안 내 마음에 걸렸다.

riempirsi il gozzo- 잔뜩 먹다, 실컷 먹다(= mangiare smodatamente)

stare sul gozzo a qualcuno- 견딜/참을 수 없다, 신경을 건드리다, 신경에 거슬리다

Non lo sopporto più, mi sta proprio sul gozzo. 정말 신경에 거슬려서, 나는 더 이상 그를 참을 수가 없다.

Quella tua amica mi sta proprio sul gozzo. 난 너의 그 친구를 더 이상 참을 수 없다.

gradito- 유쾌한; 환영하는

gradito a- ~에게 환영을 받는, ~이 좋아하는

Ricevere regali è gradito a tutti. 선물받는 것은 모든 사람들이 좋아한다.

grado- 단계, 정도, 등급

a grado a grado- 단계적으로, 한 단계 한 단계, 차차, 서서히

al massimo grado- 최고도의

È arrivato al massimo grado nella sua disciplina sportiva. 그는 스포츠 분야에서 최고 단계에 올랐다.

di alto grado- 고급의, 높은 등급의

essere in grado di fare qualcosa- (1) ~할 수 있다

Non sono in grado di fare sforzi fisici dopo la mia malattia. 병치레 이후에 나는 심한 운동을 할 수 없다.

(2) ~할 입장/처지이다

Non sono in grado di aiutarvi. 저는 여러분을 도울 처지가 못 됩니다.

grado per grado- 한 단계 한 단계, 천천히, 단계적으로

mettere qualcuno in grado di fare qualcosa- ~을 ~할 수 있게 하다

L'eredità mi ha messo in grado di espandere la mia attività economica. 유산이 나의 사업을 확장할 수 있게 했다.

per gradi- 조금씩, 한발 한발, 한 걸음 한 걸음, 서서히, 단계적으로

Prima di correre bisogna imparare a camminare; nella vita tutto procede per gradi. 달리기 전에 걷는 법부터 배워야 한다. 인생에서 모든 것은 단계적으로 진행되기 때문이다.

salire di grado- 승진하다

Questa sera esco a festeggiare con gli amici. Sono salito di grado. 오늘밤 나는 친구들과 함께 축하하러 외출한다. 나는 승진했다.

scendere di grado- 강등하다

gramigna- 잡초; 개밀

crescere come la gramigna- 잡초처럼 크다

diffondersi come la gramigna- 삽시간에 퍼지다

essere come la gramigna- 쓸모 없는 것/사람이다[19]

Gente da poco come lui è come la gramigna; se ne trova in ogni ambiente. 어디서나 찾을 수 있는 그와 같이 시시한 인간은 쓸모 없는 사람이다.

grana- 1. (곡식의) 낟알; (철, 대리석 등의) 결; 성가신 사람(일), 골칫거리

dare un sacco di grane- 많은 문제를 일으키다

---

[19] 잡초라는 것 자체가 작물의 생장을 방해하고 병균과 벌레의 서식처 또는 번식처가 될 뿐 아니라, 작물에 비해 생육이 빠르고 번식력이 강해 어디서나 쉽게 찾을 수 있는 것이어서 '쓸모없는 것이나 사람'을 지칭할 때 쓰는 관용어이다.

Non voglio grane. 폐를 끼치고 싶지 않아요.

piantare una grana- 문제를 일으키다, 말썽을 부리다; 소란을 피우다

Ho piantato una grana perché il negoziante mi ha venduto della merce avariata. 가게 주인이 불량품을 내게 팔아 문제를 일으켰다.

2. 돈

scucire la grana- (특히 돈을 마지 못해) 내놓다/토해 내다; 돈을 들이다; (~에 거금을) 들이다

Avanti, scuci la grana! Hai detto che contribuivi anche tu. 자, 돈을 내! 너도 기부한다고 말했잖아.

Sono in grana. 주머니가 두둑하다.

grancassa- 베이스 드럼

battere la grancassa- ~을 열렬히 성원하다; (대대적으로 과장된) 선전/광고하다

Le poche volte che ha ragione comincia a battere la grancassa. 몇 번은 대대적으로 선전하면서 시작하는 것도 괜찮다.

granchio- (동물) 게, 실수

polpa di granchio- 게살

prendere un granchio- 실수를 하다; 오해하다, 잘못 알다

L'ho accusato di aver preso la cioccolata, ma ho preso un granchio. 초코렛을 훔쳤다고 그를 고소했는데, 내가 오해했다.

grande- (명사) 성인, 위인, 대단함, 위대함, 대규모

alla grande- 대규모로; 대대적으로, 대단하게, 호화롭게(= con grande sfarzo)

andare alla grande- 아주 잘 진행되다

In quel lavoro stai andando alla grande. 넌 그 일을 대단히 잘 진행하고 있어.

da grande- 커서, 어른이 되면(= all'età adulta)

Che cosa vuoi fare da grande? 너는 커서 무엇을 하고 싶니?

Da grande vuole fare il pilota. 커서 조종사가 되고 싶다.[20]

divertirsi alla grande- 아주 재미 있게 놀다, 무척 즐거운 시간을 갖다

fare il grande- 거들먹거리다, 잘난척하다

A differenza dei suoi fratelli, lui ha sempre fatto il grande ostentando le ricchezze di famiglia. 그의 형제들과 달리 그는 집안의 부(富)를 과시하면서 거들먹거린다.

fare le cose in grande- 대규모로 일을 하다(= fare con gran quantità o misura), 열정적으로 일을 하다

Sebbene non siano ricchi, fanno le cose in grande. 그들은 부자가 아니라도 열정적으로 일을 한다.

in grande- 대규모로; 커진, 확대된(= ingrandito)

non essere un gran che- 전혀 특별하지 못하다

Non è un gran che. 대단치 않다.

Questo quadro non è un gran che. 이 그림은 별로 좋지 않다.

pensare in grande- 크게 생각하다

---

[20] 이탈리아어에서 'pilota'라는 어휘는 '항해사, (항공기의) 조종사'라는 뜻 외에도 'Formula Uno (Formula one)'의 자동차 경주자도 'pilota'라고 부른다.

Mio padre ha sempre pensato in grande e infatti ha costruito un'azienda importante. 나의 아버지는 항상 크게 생각하셔서 실제로 중요한 회사를 창설하셨다.

un gran che- 특별한 것

Non ne so un gran che. 저는 그것에 대해 특별히 아는 게 없습니다.

grandezza- 크기, 정도

a grandezza naturale- 실물 크기의, 등신대의

È una fotografia a grandezza naturale. 실물 크기의 사진이다.

di ogni grandezza- 온갖 크기의, 대소 여러 가지의, 크기가 가지 가지인

grandioso- 웅대한, 위대한

fare il grandioso- (실속 없이) 거창하기만 하다

Nella vita non fare mai il grandioso, ma comportati semplicemente. 살면서 거창하게만 하지 말고 단순하게 행동해라.

grasso- 1. (형용사) 뚱뚱한, 풍부한, 기름진

cibi grassi- 기름진 음식

essere grasso come un maiale- 돼지처럼 살찌다

farsi grasse risate- 배꼽을 잡고 웃다, 크게 웃다

Davanti a quella scena ci siamo fatti delle grasse risate. 그 광경 앞에서 우리는 박장대소했다.

grasso che cola- (예상한 것이나 실제 가치 보다) 더 많다, 두둑하다

Ho comprato un chilo di patate; se sono di più un chilo è tutto grasso che cola. 감자를 일킬로 샀는데, 일킬로 보다 더 많으면 잘된 거지.

Martedì grasso. 사순절 시작 전날, 사육제/카니발의 마지막 날.[21]

pelle grassa- 지성 피부

2. (명사) 살; 기름, 지방; 뚱뚱한 사람

grasso infantile- 포동포동한 젖살

i grassi e i magri- 뚱뚱한 사람과 마른 사람

macchia di grasso- 기름기 얼룩

Ti sei fatto una macchia di grasso sui pantaloni. 바지에 기름기 얼룩이 묻었다.

gratitudine- 감사의 마음

con gratitudine- 감사하여, 고맙게도

dimostrare la propria gratitudine- 자신의 감사하는 마음을 표하다

Lui ha dimostrato la sua gratitudine con un bellissimo regalo. 그는 아주 멋진 선물로 자신의 감사하는 마음을 나타내 보였다.

provare gratitudine- 고맙게 여기다

---

[21] 가톨릭의 전례력에서 금육을 시작하는 것은 '재의 수요일'부터이기 때문에 'Martedì grasso'이다. 카르네발레 전통은 사순절 기간 동안 예수의 수난과 고통을 기억하는 의미에서 육류섭취를 금했던 가톨릭 교회의 전통에서 유래한다. 이탈리아어 'Carnevale'는 라틴어 *carne vale*'에서 유래하는데, 그 의미는 '고기여 안녕'이라는 뜻이다. 아울러 이탈리아 전역에서 사람들은 재의 수요일이 시작되기 전날 옥외의 가장, 가면행렬을 하는데, 그 중에서 베네치아와 비아레지오 등이 유명하다. 우리에게는 주로 브라질의 카니발 축제로 더 많이 알려져 있다.

rivolgere a qualcuno espressioni di gratitudine- ~에게 감사의 표현을 전하다

grato- 고마워하는, 감사하는

con animo grato- 감사히, 감사하여

essere grato a qualcuno- ~에게 고마워하다

Ti sarò eternamente grato. 네게 영원히 고마워할 것이다.

Sono grato a tuo marito per tutto quello che ha fatto per me. 나를 위해 무척 애써 준 네 남편에게 고맙다.

essere grato a qualcuno di- ~에게 ~에 대해서 고마워하다

Sii grato a Dio anche dei piccoli doni. 작은 선물일지라도 신에게 감사해라.

Ti sarò sempre grata dell'aiuto che mi hai dato. 내게 준 도움에 대해 네게 항상 고마워할 것이다.

grattacapo- 근심, 고생, 슬픔

dare dei grattacapi a qualcuno- ~에게 근심/걱정을 주다; 골칫거리이다

Da quando è venuto mi dà solo dei grattacapi. 그가 온 뒤로 내게 근심만 준다.

Il mio bambino è capriccioso; mi dà sempre dei grattacapi. 아이가 변덕스러워서 늘 걱정이다.

prendersi un bel grattacapo- 긁어 부스럼을 만들다; 사서 고생하다

Mi sono preso un bel grattacapo offrendomi di amministrare la squadra di calcio della scuola. 학교 축구부 운영을 자진해서 맡겠다고 해서 나는 사서 고생했다.

gratuito- 무료의

a titolo gratuito- 보수를 받지 않고서

Mi ha aiutato a titolo gratuito. 그는 보수를 받지 않고 나를 도와주었다.

essere gratuito per qualcuno- ~에게 무료이다

gratuito patrocinio- (법률) (정부나 다른 기관에서 주는) 소송/법적 경비 보조

ingresso gratuito- 무료 입장

In quel museo l'ingresso è gratuito. 그 박물관은 무료 입장이다.

non gratuito- 요금을 내고, 부담을 하고서

prestito gratuito- (은행) 무이자대출

grave- 중대한, 심각한

essere grave d'anni- 고령이다, 연세가 지긋하다

essere in grave pericolo- 큰 위험에 처하다

Fa' attenzione, sei in grave pericolo. 조심해, 넌 큰 위험에 처해 있다.

gravidanza- 임신

essere nel (o al) terzo mese di gravidanza- 임신 3개월 째이다

A che mese di gravidanza sei? 지금 임신 몇 개월째니?

Sono al settimo mese di gravidanza. 임신 7개월이다.

Lei è nel terzo mese di gravidanza. 그녀는 임신 3개월 째이다.

fare il test di gravidanza- 임신 검사를 하다

Ho fatto il test di gravidanza. 임신 검사를 했다.

gravidanza a rischio- 임신의 위험

La mia gravidanza è a rischio. Devo stare a riposo. 임신이 위험해서 휴식을 취해야 한다.

gravidanza isterica- 히스테리성 임신

interruzione della gravidanza- 유산; 임신 중절

grazia- 우아함, 품위; 호의, 자비, 은혜; 감사, 사면, 은사, 특사

Alla grazia. (놀람, 감탄, 실망, 슬픔) 아! 그럴 거예요(= Lo credo bene.)

Avuta la grazia, gabbato lo santo. (속담) 화장실 갈 때 마음 다르고 올 적 마음 다르다.

con buona grazia- 기분 좋게

con grazia- 우아하게, 상냥하게, 멋있게; 고맙게도, 자비롭게

Ci accolse con grazia. 우리를 상냥하게 맞이했다.

Lei parla con grazia. 그녀는 품위 있게 말한다.

Si muove con grazia. 우아하게 움직인다.

con mala grazia- 마지 못해서, 무례하게

Mi ha detto quelle cose con mala grazia. 그는 마지 못해서 그 일을 내게 말했다.

concedere la grazia a qualcuno- ~에게 대사를 주다; ~를 사면하다

Il presidente della Reppublica gli ha concesso la grazia. 대통령이 그를 사면해주었다.

di grazia- (정중히 요청할 때 쓰는 표현) 죄송하지만, 괜찮다면(= per favore)

Potresti chiudere quella finestra, di grazia? 죄송하지만 창문을 닫아주시겠습니까?

Dio gli fece la grazia. 신께서 그에게 자비를 베푸셨다. 신께서 그의 기도를 들어주셨다.

essere fuori dalla grazia di Dio- 화가 나서 길길이 날뛰다, 콩 튀듯 팥 튀듯하다, 격노하다(= essere furibondo)

Fino a 5 anni, mio figlio sembrava fuori dalla grazia di Dio. Poi si è calmato. 5살 때까지 아들은 길길이 날뛰는 것 같았는데, 그 뒤 안정이 되었다.

essere in stato di grazia- 은총의 상태에 있다; (정신적으로 육체적으로) 아주 좋은 상태에 있다(= essere in condizioni fisiche e psichiche eccezionali)

Dopo le vacanze estive, lo stato di grazia dura alcuni giorni. 여름 휴가 뒤에 아주 좋은 상태가 며칠 동안 지속된다.

essere (o entrare) nelle grazie di qualcuno- ~의 호감을/총애를 받다(= godere della sua simpatia); ~에게 잘 보이다

È stato assunto per questo lavoro perché è nelle grazie del direttore. 그는 임원의 총애를 받아 이 일을 맡게 되었다.

fare grazia di qualcosa a qualcuno- ~에게 ~을 피하게 해주다

Ti faccio grazia dei particolari. 하찮은 걸로 너를 괴롭히고 싶지 않다.

grazia di Dio- 풍부한 음식

Quanta grazia di Dio! 와, 진수성찬이다!

in grazia di- ~으로 말미암아, ~때문에, ~의 이유로; ~덕택으로, ~덕으로

le tre Grazie- (그리스 로마 신화) 미의 세 여신

per grazia di Dio- 고맙게도(= per grazia divina)

Troppa grazia, Sant'Antonio! 바라던 것 보다 더 많은 것을 받았을 때 외치는 말.[22]

Vostra (Sua) Grazia. (주교, 귀족이나 귀족부인에 대한 경칭) 각하/예하.

grazie- (grazia의 복수) 감사합니다

grazie a- ~덕분에, ~덕택에(= per merito di)

Ci sono riuscito grazie al tuo aiuto. 네 덕분에 그것을 할 수 있었다.

grazie a Dio- 하느님/하나님 덕분에; 정말 다행으로, 고맙게도, 감사하게도

Grazie a te! 네게 고맙다.

Grazie a voi! 여러분에게 고맙습니다.

grazie ai suoi sforzi- 그의 노력 덕분에

grazie al cielo- 하늘 덕에; 정말 다행으로

Grazie al cielo sono tornati sani e salvi. 정말 다행으로 그들은 무사히 돌아왔다.

Grazie di cuore! 진심으로 감사합니다.

Grazie di tutto! 여러 가지로 고맙다. 여러모로 감사드립니다.

grazie per qualcosa- ~에 대해서 고마워하다

Grazie per avermi chiamato. 내게 전화해 줘서 고맙다.

Grazie per il caffè. 커피 고맙다.

Grazie per l'invito. 초대해주셔서 감사합니다.

Grazie tante/molte/mille/infinite! 대단히 고맙습니다.

No, grazie- 감사하지만 사양합니다.

"Vuoi una fetta di torta?" " No, grazie." "케익 한 조각 줄까?" "고맙지만 사양할게."

rendere grazie a- ~에게 사의를 표하다

rendimento di grazie- 추수감사절, (우리의) 추석

Sì, grazie- 네, 주세요.

"Vuoi un caffé?" "Sì, grazie." "커피 한 잔 할래?" "고마워, 줘."

Un grazie a tutti i presenti. 참석해주신 모든 분께 감사드립니다.

grembo- 무릎

avere (o portare) un figlio in grembo- 아이를 가지다, 임신하다

Porta un figlio in grembo. 그녀는 아들을 임신했다.

in grembo a qualcuno- ~의 무릎에

Il bambino dorme in grembo alla madre. 아이가 어머니 무릎에서 잔다.

in grembo alla famiglia- 온 가족이 단란한 가운데, 가족의 품으로

Gli è andato tutto storto ed è tornato in grembo alla famiglia. 그에게 모든 것이 꼬였는데, 가족의 품으로 돌아왔다.

in grembo alla terra- 땅속 깊이

---

[22] 이 관용어는 다음과 같은 에피소드에서 유래한다. 말에 오르기를 간절히 바라던 어떤 사람이 성인에게 계속해서 간청기도를 드리자, 마침내 말에 올라탈 수 있게 되었다. 그러나 말에 올라탈 수는 있어도 말에서 내려올지는 모르니 이를 어찌한 단 말인가! 더욱이 계속해서 "이랴이랴"하니 말은 더 뛰어 날뛸 때 다음과 같이 외친다. Troppa grazia, Sant'Antonio!

tenere in grembo- 무릎에 올려 두다

Lei teneva il bambino in grembo. 그녀는 아이를 무릎 위에 올려 두었다.

gridare- (자동사, 타동사) 외치다

gridare "aiuto"- 큰소리로 도움을 외치다, 원조를 청하다

gridare a squarciagola (o con quanto fiato si ha in gola)- 목청껏 소리지르다, 고래고래 소리를 지르다

gridare allo scandalo- 역정이 나다, 격분하다

gridare come un matto- 미친 사람처럼 소리를 지르다

gridare contro qualcuno- ~한테 욕을 퍼붓다

gridare qualcosa ai quattro venti- ~를 모두에게 알리다; 이야기를 퍼뜨리다

Sono così felice che vorrei gridarlo ai quattro venti. 나는 그것을 모두에게 알릴 정도로 행복하다.

gridare vendetta- 복수를 간절히 바라다; 너무나 충격적이다, 망신이다(= essere scandaloso)

gridare vittoria- 기뻐서 어쩔 줄 모르다, 의기양양하다

grido- 고함, 울부짖는 소리

all'ultimo grido- 최신 유행의; 대유행의

Ho comprato un vestito all'ultimo grido. 나는 최신 유행의 옷을 샀다.

di grido- 유명한; 많은 호평을 받는; 최신 유행대로, 멋지게

È un medico di grido e quindi si fa pagare molto. 그는 유명한 의사이어서 진료비가 매우 비싸다.

lanciare (o cacciare) un grido- 비명을 지르다

Lanciai un grido di terrore. 기겁을 하여 비명을 질렀다.

mandare un grido di dolore- 고통으로 비명을 지르다

Inavvertitamente gli pestai un piede e gli fece mandare un grido di dolore. 부주의로 나는 그의 발을 밟아 그는 고통으로 비명을 질렀다.

grillo- 귀뚜라미

andare a sentir cantare i grilli- 죽어서 묻히다, 죽다, 죽어서 매장되다

avere il capo pieno di grilli- 변덕스럽다

avere qualche grillo per la testa- 이상한/엉뚱한 생각을 하다(= avere delle idee strane e strampalate, pensare in modo diverso dal solito)

Di questi tempi Paolo ha qualche grillo per la testa; che cosa gli è successo? 요즈음 파올로가 엉뚱한 생각을 하는데, 무슨 일이 있었니?

Quel ragazzo ha sempre avuto un sacco di grilli per la testa. Infatti ieri ha deciso di partire per fare il giro del mondo a piedi. 그 소년은 늘 엉뚱한 생각을 많이 했는데, 실제로 어제는 걸어서 세계일주를 하겠다고 결정했다.

il canto dei grilli- 귀뚜라미 울음소리

Nelle notti d'estate si sente il canto dei grilli. 여름날 밤에 귀뚜라미 울음소리가 들린다.

il grillo parlante- ~의 양심의 소리; (반어) 아는 체하는 사람

mangiare come un grillo- 소식하다, 새 모이 먹듯 하다

saltare il grillo- 기분에 끌리다; 무작정하다(= avere un'idea improvvisa, prendere una decisione

istintiva e senza averla programmata)
Se mi salta il grillo, domani vado al mare. 기분 내키면, 내일 바다에 갈 거야.

grinza- 주름

fare qualche grinza- 주름이 조금 지다
Questa camicia fa qualche grinza. 이 와이셔츠는 주름이 조금 진다.

non fare una grinza- (1) (옷) 맞춘 듯이 꼭 맞다, 안성맞춤이다(= stare a pennello)
I pantaloni non fanno una grinza. 바지가 맞춘 듯이 꼭 맞다.

(2) (추론) 결점/빈틈이 없다
Il tuo ragionamento non fa una grinza. 너의 추론은 빈틈이 없다(완벽하다).

groppo- 얽힌 것, 꼬인 상태, 분규; 돌풍(= raffica di vento)

sentirsi (o avere) un groppo in gola- (감동하여) 목이 메다

un groppo alla gola- 목이 메여, 가슴이 벅차
Mi è venuto un groppo alla gola dalla commozione. 나는 감동으로 가슴이 벅찼다.

grosso- 큰

avere il cuore grosso- 마음이 무겁다

contarle (o dirle/spararle) grosse- 허풍치다, 잘난 체하며 떠들다
Quando parla della sua vita le conta sempre grosse. 그는 자기 인생에 관해 말할 때 늘 허풍을 친다.

dormire della grossa- 푹/깊이 잠들다, 정신없이 자다
Andai da lui verso le dieci e dormiva ancora della grossa. 나는 10시경에 그에게 갔었는데 여전히 정신없이 자고 있었다.

fare la voce grossa- 목청을 돋우다; (~에 대해) ~를 몹시 꾸짖다/비난하다; 협박하는 투로 말하다 (= parlare con tono minaccioso)
Con certe persone non serve a nulla fare la voce grossa. 어떤 사람들에게는 목청을 돋울 필요가 전혀 없다.

farla grossa- (1) 큰일을 저지르다(= combinare un guaio)
L'hai fatta grossa! 일 저질렀구나!

(2) 혼나다
Ti ha scoperto che ascoltavi la sua telefonata; questa volta l'hai fatta grossa! 네가 그의 통화를 듣고 있었다는 것을 그가 알았는데, 이번에는 혼날 거야!

farne di grosse- 사고를 치다, 일을 저지르다
Nella sua vita ne ha fatte di grosse. 그는 살면서 사고를 많이 쳤다.

grosso come una capocchia di spillo- 크기가 핀의 머리 만한; 골빈 사람, 머리가 텅 빈
Ha un cervello grosso come una capocchia di spillo. 그는 머리가 텅빈 사람이다.

I pesci grossi mangiano i piccoli. 약육강식.

sbagliarsi di grosso- 엄청난 실수를 하다
Su quella persona ti sei sbagliato di grosso. 그 사람에 대해서 너는 엄청난 실수를 했다.
Ti sbagli di grosso. 너는 엄청난 실수를 하는 거야.

scambiarsi parole grosse- 욕지거리가 오가다, 서로 욕지거리를 주고받다

gruppo- 무리, 집단

  a gruppi- 떼지어, 삼삼오오

  di gruppo- 그룹의, 공동의

  Facciamo una foto di gruppo! 우리 단체 사진 한 장 찍자!

  in gruppo- 단체로, 떼지어, 한 무리로, 작당하여

  Camminavano in gruppo. 그들은 떼지어 걷고 있었다.

  Il lavoro verrà fatto in gruppo. 작업은 단체로 이루어질 것이다.

  lavoro di gruppo- 공동 작업

  un gruppo di- 한 무리의, 한 집단의

  Ho incontrato un gruppo di amici a Roma. 나는 로마에서 한 무리의 친구들을 만났다.

guadagnato- 번

  tanto di guadagnato- (se절 따위를 받아) 더욱 더 좋은, (그렇다면) 더욱 더 좋다

  Se ci vai tu, tanto di guadagnato. 네가 가면 더욱 좋다.

guai- (감탄사) 화를 당할 것이다, 크게 후회하게 되는 사태에 이를 것이다, ~는 화를 당할 지니라, ~에게 화가 있으리라, ~는 큰 코 다친다, 주의해라

  guai a chi non ubbidiva subito!- 즉시 따르지 않았던 사람들은 무사하지 못할 거야!

  Quando mia nonna dava un ordine, guai a chi non ubbidiva subito! 할머니가 명령했는데, 즉시 따르지 않으면 무사하지 못해!

  Guai a rimandare le cose a domani! 일을 내일로 미루면 큰일 나!

  Guai a te se lo rompi!- 너 그거 망가트리면 혼날 줄 알아!

  Non toccare quel vaso. Guai a te se lo rompi! 그 단지를 건드리지 마. 너 그거 망가트리면 혼날 줄 알아!

  Guai a voi se mi tradite. 나를 배신하면 너희들 큰 코 다칠 줄 알아!

  Guai se lo sapesse. 그가 그걸 알았다면 몹시 화가 났을텐데.

  Guai se Paolo sapesse cosa ha combinato sua moglie! 파올로가 자기 아내에게 무슨 짓을 했는지를 알았다면 몹시 화가 났을 거야.

guaio- 폐, 재난, 말썽, 근심

  andare in cerca di guai- 사서 고생을 하다

  Che guaio! 이런 낭패가 있나!

  combinare guai- 못된 짓을 꾸미다, 장난을 시작하다

  combinare un bel guaio- 일을 망쳐 놓다

  Pensava di essermi utile, invece ha combinato un bel guaio. 그가 내게 유익하리라고 생각했었는데, 오히려 그가 일을 그르쳤다.

  essere (o trovarsi) nei guai- 곤경/난경에 처하다, 고초를 겪다

  Mi sono messo nei guai con la banca. 나는 은행으로 인해 곤경에 처했다.

  guai a- (어떤 일을 하지 않도록) 조심하다

  Guai a te se mi rompi il vetro. 너 내 유리창을 깨지 않도록 조심해.

  mettere nei guai qualcuno- ~를 곤경에 빠트리다

Non mettermi nei guai. 나를 곤경에 빠트리지 마!

mettersi (o cacciarsi, ficcarsi) qualcuno nei guai- 궁지에 빠지다

passare un brutto guaio- 시달리다, 고통을 받다

Ho fatto quello che voleva lui ed ho passato un brutto guaio. 나는 그가 원했었던 것을 하느라 고통을 받았다.

guancia- 뺨

avere le guance rosa- 두 볼이 발그레하다, 뺨이 발그스름하다

Il bambino ha le guance rosa. 아이의 뺨이 발그스름하다.

guancia a guancia- 뺨과 뺨을 맞대고

porgere l'altra guancia- 다른 쪽 뺨을 내밀다; (모욕감이나 화를) 애써 참다

Non ho nessuna intenzione di porgere l'altra guancia. 나는 다른 쪽 뺨을 내밀 생각이 전혀 없다. 나는 화를 애써 참을 생각이 전혀 없다.

guanciale- 베개

dormire tra due guanciali- 아무런 근심걱정이 없다

Da quando abbiamo messo l'allarme, dormo tra due guanciali. 경보기를 설치한 이후, 나는 아무런 걱정거리가 없다.

Puoi dormire fra due guanciali. 넌 안심할 수 있다.

Sta tranquilla, penso a tutto io, dormi pure tra due guanciali. 마음 놓아, 내가 모든 일을 알아서 할게. 넌 아무런 걱정을 하지 마.

guanto- 장갑

calzare come un guanto- (옷이) 맞춘 듯이 꼭 맞다(= aderire perfettamente); 꼭 들어맞다(= adattarsi perfettamente)

Ho comprato un paio di pantaloni che mi calzano come un guanto. 바지 한 벌을 샀는데 안성맞춤이다.

La soluzione che hai trovato calza come un guanto. 네가 구한 해결책이 아주 적절하다.

gettare il guanto di sfida- 도전을 하다

guanti a manopola- 손모아(엄지) 장갑

guanti da baseball- 야구 장갑

guanti da forno/da cucina- 오븐용 장갑

guanti da sci- 스키 장갑

guanti da pugile/boxe- 권투 글러브

guanti di gomma- 고무 장갑

guanti di pelle- 가죽 장갑

raccogliere il guanto- 도전에 응하다

Mi voleva sfidare, ma non ho raccolto il guanto. 그는 나와 싸우길 바랬지만, 나는 도전에 응하지 않았다.

trattare qualcuno con i guanti- ~을 아주 조심스럽게 대하다/다루다

Lei è molto suscettibile e bisogna trattarla sempre con i guanti. 그녀는 성격이 아주 예민하니깐 늘 조심스럽게 대해야 한다.

guardare- 1. 보다, 바라보다

a guardar bene- 잘 보면

Quella casa sembra bella ma, a guardar bene, non è molto comoda. 그 집은 예뻐 보이지만, 잘 보면 그렇게 편한 집은 아니다.

Dio ne guardi! 그런 일이 없기를!

farsi guardare- 주의/이목을 끌다; 돋보이게 행동하다

Guarda chi si sente! (전화 상에서) 이게 누구 목소리야!

Guarda chi si vede! 이게 누구야!

Guarda guarda! 자 이것 봐!

guardare a bocca aperta- 입을 헤벌리고 ~을 넋을 잃고 보다

guardare a qualcosa- ~에 신경 쓰다, ~에 관심이 있다

Lui guarda solo ai risultati. 그는 오로지 결과에만 관심이 있다.

guardare con la coda dell'occhio- 곁눈질로 바라보다

Ho guardato con la coda dell'occhio e non ho visto bene. 나는 곁눈질로 보아서 잘 보지 못 했다.

guardare dall'alto in basso- ~를 업신여기다/얕보다

Mia suocera mi ha sempre guardato dall'alto in basso. 시어머니는 늘 나를 무시했다.

guardare di buon occhio- ~를 좋게 보다, 긍정적으로 보다(≠ guardare di mal occhio)

Quella signora mi guarda di buon occhio. 그 아주머니는 나를 좋게 본다.

guardare con occhi torvi- ~에게 얼굴을 찌푸리다; ~을 노려보다

guardare qualcuno a vista- ~를 엄중히 감시하다

guardare qualcuno di traverso- ~를 곁눈으로 보다; 의심쩍은 눈으로 보다

Non capisco perché mi guarda così di traverso. 왜 나를 의심쩍은 눈으로 보는지 모른다.

guardarsi in giro (o intorno)- 주변을 둘러보다; (선택이나 결정을 하기에 앞서) 여기저기 보고 돌아다니다

Ma guarda un po! 이것 좀 봐; 정말 놀랍군! 그거 이상하네!

Ma guarda un po' che bel bambino che hai! 네가 그렇게 예쁜 아이를 가졌다니 정말 놀랍다!

Me ne guardo bene! 그런 일이 없기를! 어림도 없는 소리!

non guardare in faccia nessuno- 모두에 구애받지 않고 밀고 나가다; 속내/생각을 털어놓다

Se ho da dire una cosa, la dico senza guardare in faccia nessuno. 뭔가 말할 것이 있다면 나는 생각한 대로 서슴없이 말한다.

stare a guardare- (관여하지는 않고) 구경하다/지켜보다

Non stare lì a guardare, prendi una vanga anche tu! 그곳에서 구경하고만 있지 말고 너도 삽을 들고 땅을 파!

Si picchiavano mentre la gente stava a guardare. 그들이 싸우고 있었는데 사람들은 그저 지켜보고만 있었다.

2. (자동사) 보다, 중시하다

guardare al passato- 뒤를 돌아보다

non guardare a spese- 비용은 걱정하지 않다; 비용을 아끼지 않다

Lui non guarda a spese. 그는 비용을 아끼지 않는다.

3. (재귀동사) guardarsi

guardarsi da- ~를 조심하다, 경계하다

Guardati dai cattivi compagni. 나쁜 친구들을 경계해!

Guardati dal fumare troppo! 지나친 흡연을 조심해!

guardarsi negli occhi- 서로의 눈을 보다

guardia- 보호, 경계, 감시

essere della vecchia guardia- 창단 멤버들이다, 보수적이다[23]

Mia nonna era della vecchia guardia, una donna forte e resistente alla fatica. 나의 할머니는 피로에 지칠줄 모르는 강인한 보수적 여인이다.

fare la guardia a qualcuno o qualcosa- ~를 지키다, ~를 감시하다/보호하다; 보초를 서다

Ho messo il cane al cancello così fa la guardia alla casa. 나는 문에 개를 놓고 집을 지키게 한다.

mettere in guardia qualcuno- ~을 경계하도록 경고하다, (~하라고) 주의를 주다

Vuole mettersi in affari con uno che è stato in prigione per truffa. Bisognerebbe metterla in guardia. 그녀는 사기죄로 감옥에 있었던 사람과 사업을 시작하려고 해. 누군가 그만두라고 그녀에게 주의를 주어야 하는데.

stare in guardia- 조심하다, 경계를 늦추지 않다

Sta' in guardia! È un'acqua cheta, ma potrebbe farti del male. 조심해라! 교활한 녀석이어서 너한테 해가 될 거야.

guerra- 전쟁

Chi vuole la pace prepari la guerra. 평화를 원하는 자는 전쟁을 준비하라. 힘에 의한 평화.

dichiarare guerra a qualcuno- ~에게 선전포고하다

entrare in guerra- 참전하다, 전쟁에 나가다, 전쟁을 시작하다

essere in guerra con qualcuno- ~와 교전 중이다, ~와 전쟁 중이다

Quel paese è in guerra. 그 국가는 전쟁 중이다.

farsi la guerra- 싸우다(= combattersi), 충돌하다, 갈등을 빚다

Non è intelligente farsi la guerra con i vicini di casa.

fare la guerra a qualcuno per qualcosa- ~때문에 ~와 싸우다

in tempo di guerra- 전시에

In tempo di guerra non c'era cibo per mangiare. 전시에 먹을 음식이 없었다.

La guerra cerca la pace. 전쟁은 평화를 갈망한다.

La guerra nasce da due parole: 《mio》 e 《tuo》. 전쟁에는 우리편 아니면 적이라는 말만이 있다.

---

[23] 'Vecchia guardia'란 말은 역사적으로 나폴레옹 보나파르트가 1804년에 파리의 노트르담 대성당에서 스스로를 나폴레옹 1세라 칭하며 직접 황제의 관을 쓰면서 황실 근위대를 창설하면서 유래한다. 이 황실 근위대는 세 부류의 계급으로 분류되었는데, 그 첫 부류가 바로 'Vecchia guardia'로 이들은 나폴레옹의 병사로서 수 차례 야전에 참가하였던 베테랑 군인들이었다. 따라서 이들은 나폴레옹과 함께 전장에서 동고동락한 가장 신임할 수 있었던 군인이기도 하였다. 이러한 이유에서 이 관용어는 어떠한 제도, 단체, 정치와 예술 그 밖의 이와 유사한 운동의 창립 멤버나 전직 수장들과 관련하여 사용된다. 이후 집단에서 흔히 변화를 반대하는 보수적 사람을 지칭한다. 이한사전에는 "(비유) 고참 당원이다, 당(운동)의 장로이다"라고 옮겼다.

muovere guerra a- ~에 대한 전쟁을 하다

sul sentiero di guerra- 전쟁에 직면해 있는; (비유) 화가 나서 싸우려고 드는

guida- 안내, 지도

essere al posto di guida- (비유) 상황을 좌우/주도하는 당사자이다

fare da guida a qualcuno- (1) ~에게 길을 알려주다

La stella polare fa da guida ai naviganti. 북극성은 항해자에게 길을 알려준다.

(2) ~에게 안내 역할을 하다

Quando vieni a Roma, ti farò da guida. 네가 로마에 오면 내가 안내해 줄게.

fare la guida turistica- 관광가이드를 하다

Ho fatto la guida turistica per molto tempo. 나는 오랫동안 관광가이드를 했다.

sotto la guida di qualcuno- ~의 지도 아래, ~의 안내로

Comincerò a lavorare sotto la guida di mio padre. 나는 아버지의 지도 아래 일을 시작할 것이다.

guinzaglio- 가죽 끈, 가죽 목걸이

al guinzaglio- 가죽 끈에 매이어; (개를) 줄에 묶어

tenere qualcuno al guinzaglio- ~에게 엄하게 굴다, ~를 통제하다

A volte è come se tenesse suo marito al guinzaglio. 때로는 마치 자기 남편을 통제하는 것 같기도 하다.

guisa- 형태, 방식

a guisa di- ~처럼(= alla maniera di/come)

in guisa che- ~라는 방식으로

Ha fatto le cose in guisa che nessuno se ne acorgesse. 그는 아무도 알아차리지 못하게 일을 했다.

guscio- 조가비, (굴의) 껍질

chiudersi (o ritirarsi/starsene) nel proprio guscio- 자신을 드러내지 않다, 마음을 터놓지 않다

Si è offesa per le mie critiche al suo progetto e da allora si è chiusa nel suo guscio. 그녀의 계획에 대한 나의 비판 때문에 상처받은 뒤로 마음을 터놓지 않았다.

guscio di noce- (비유) 작은 배

uscire dal proprio guscio- 껍데기에서 나오다, 마음을 터놓다

gusto- 미각, 맛

Bel gusto fare due ore di coda! 맛있는 것을 먹기 위해서는 기다림과 정성이 필요하다.[24]

di gusto- 맛있게(= con appetito), 실컷, 열심히, 진심으로(= con piacere)

Abbiamo bevuto di gusto. 실컷 마셨다.

Ho mangiato di gusto. 맛있게 먹었다.

non essere di mio gusto- 내 취향이 아니다

La cantante è molto brava, ma la canzone non è di mio gusto. 가수가 노래를 아주 잘하지만, 노래가 내 취향이 아니다.

Non tutti i gusti sono alla menta. (속담) 취향도 가지가지; 십인십색 (= Tutti i gusti sono gusti.)

---

[24] 유명한 맛집에 가보면 늘 손님들로 문전성시를 이루기 때문에 점심이나 저녁시간에는 으레껏 기다리는 것이 다반사이다. 이 관용어는 바로 그러한 상황을 표현하는 문장이다.

prenderci gusto- 맛을 들이다; ~이 재미있어지기 시작하다; 좋아하게 되다

Questo nuovo gioco di carte è molto bello e ci ho preso gusto. 이 새 카드 놀이가 매우 재미있어서 좋아하게 됐다(취미가 붙었다).

prendere gusto a qualcosa- ~을 좋아하기 시작하다

ridere di gusto- 진심으로 웃다, 배꼽을 잡고 웃다, 실컷 웃다

Ieri sera ho proprio riso di gusto a quella festa. 어젯밤 나는 그 축제에서 실컷 웃었다.

suonare di gusto- 멋있게 연주하다

Quel gruppo di ragazzi suona proprio di gusto. 그 소년 단체는 정말 멋있게 연주한다.

trovarci (o provarci) gusto a fare qualcosa- ~을 하면서 쾌감을 느끼다; ~을 좋아하다

Che gusto ci trovi a stuzzicarlo sempre? 항상 그를 괴롭히면서 쾌감을 느끼니?

Ci ha trovato gusto a venire da me. 그는 내게 오는 것을 좋아했다.

idea- 사고, 이념

accarezzare un'idea- 생각을 품다; 생각을 해보다

Ha accarezzato l'idea di licenziarsi, ma poi non ne ha fatto nulla. 그는 일을 그만둘까 하는 생각을 해보았는데, 결국 아무것도 하지 않았다.

avere l'idea di- ~할 생각을 하다

Hai ancora l'idea di studiare Medicina? 너는 아직도 의학을 공부할 생각이야?

avere un'idea- 생각이 있다

Ha avuto un'idea geniale. 그는 천재적인 생각을 했다.

Ho troppe idee per la testa. 난 머리에 생각이 너무 많다.

Ho un'idea. 내게 생각이 있다.

avere una mezza idea di fare qualcosa- ~을 할까 말까 생각 중이다

dare l'idea a qualcuno- ~에게 인상을 주다

Ci ha dato l'idea di non essere preparato. 그는 우리에게 준비를 해오지 않은 인상을 주었다.

farsi un'idea di (o su) qualcosa- (1) ~에 대한 의견을 갖다

Che idea ti sei fatto di questo lavoro? 넌 이 일에 대한 어떤 의견이 있니?

(2) ~에 대해서 머리 속에 그리다

Mi sono fatto un'idea come sarà la nuova casa. 나는 새 집이 어떠할지 내 머리 속에 그려봤다.

idea fissa- 강박관념(= ossessione), 고정관념

Vuole fare l'astronauta da quando aveva tre anni. È un'idea fissa! 그는 3살 때부터 우주 비행사가 되길 원했다. 강박관념이다.

Nemmeno (o neanche) per idea!- 안 됩니다, 당치 않아요! 생각도 하지마, 어림도 없는 소리! (= assolutamente no)

Noi ti lasciamo usare l'automobile? Nemmeno per idea! 우리가 너한테 차를 사용하게끔 한다고. 어림도 없는 소리!

non avere la minima idea di- (질문을 받고) 전혀 모르겠다; 조금도 ~할 생각이 없다

Non ho la minima idea di farlo. 내가 그것을 하려는 생각은 털끝만큼도 없다.

non avere la più pallida idea- 도무지 모르다; 털끝만큼/추호도 없다

"Dov'è il mio libro?" "Non ne ho la più pallida idea". "어디에 내 책이 있지?" "도무지 모르겠다."

non averne idea- 전혀 감이 없다, 짐작도 못 하다

Non ne ho la minima idea. 전혀 모르겠다. 아무것도 모르겠다. 전혀 짐작이 가지 않는다.

rendere l'idea- (1) 무슨 말인지 알다

È così ricco che si fa preparare la cena in tre case diverse ogni sera. Rendo l'idea? 그는 매일 저녁마다 세 군데의 다른 집에서 저녁을 준비할 만큼 부자야. 무슨 말인지 모르겠니?

(2) 생각을 확실히 전달하다(예외적, 비정상적, 추문이 될만한 소지가 있는 일을 제안/설명하다

Rappresentare una cosa, spiegare una cosa che sembra straordinaria e non normale oppure una cosa che ci scandalizza.)

Mi ha chiesto di sposarlo! Non so se rendo l'idea. 그와 결혼할 거냐고 내게 물었지! 입장을 확실히 전달했는지 모르겠다.

saltare l'idea in mente a qualcuno- ~의 머리 속에 생각이 떠오르다, ~에게 생각이 들다

Come ti è saltata in mente quest'idea? 어떻게 네 머리 속에 이런 생각이 떠올랐지?

un'idea- 조금, 소량의

"Ci vuole ancora sale?" "Sì, ma solo un'idea". "소금을 더 넣을까?" "응, 근데 아주 조금만."

venire un'idea- 생각이 나다

Mi è venuta un'idea. 내게 생각이 하나 떠올랐다. 내게 좋은 생각이 하나 있다.

identico- 동일한

copia identica all'originale- 원본과 동일한 복사본

identico a- ~와 동일한, ~과 같은

La mia taglia è identica alla tua. 나의 티셔츠는 네 것과 동일하다.

idoneo- 적합한, 적절한

idoneo a- ~에 적합한, ~에 적절한

Per un difetto fisico, non è idoneo al servizio militare. 그는 신체적 결함으로 군복무에 적합하지 않다.

il momento idoneo- 적합한 때

Non è il momento idoneo per parlarne. 그 얘기를 하기에 적절한 때가 아니다.

ieri- 어제

da ieri a oggi- 어제부터

ieri mattina- 어제 아침

ieri notte- 어제 밤

ieri sera- 어제 저녁

Siamo tornati ieri sera. 어제 저녁 우리는 돌아왔다.

Il fatto non è di ieri. 오래 전에 일어난 일이다.

il giornale di ieri- 어제 신문

l'altro ieri (o ieri l'altro)- 그제

Non sono nato ieri! 날 뭐로 보는 거야! 나는 세상사에 훤하다네!

tra ieri e oggi- 하룻밤 동안, 밤사이에

Tra ieri e oggi ho letto due libri. 밤사이에 나는 책을 두 권 읽었다.

una settimana ieri- 지난 주의 어제, 어제로부터 일주일 전

È una settimana ieri che sono tornato. 내가 돌아온 게 어제로부터 일주일 전이다.

illudersi- 잘못 생각하다; 잘못 알다, 착각하다; 착각/환상에 빠져 있다

illudersi- 자신을 속이다, 잘못 생각하다; 잘못 알다, 착각하다; 자만/자신하다; 가망이 없는데도 계속 희망을 가지다(= sperare invano)

Mi ero illuso su di lei. (그녀는 다르리라고 생각했는데) 그녀에 대해 잘못 생각했다.

Non illuderti, non tornerà. 착각하지 마, 그는 돌아오지 않을 거야.

illudersi di- ~하다고 착각하다

Mi illudevo di conoscerlo bene. 그를 잘 안다고 생각했는데 잘못 알았다.

Si illude di poter vincere. 그는 이길 수 있다는 착각에 빠져 있다.

illusione- 환영, 착각

farsi illusioni- 착각하다, 잘못 알다; 헛된 희망을 간직하다

Non farti illusioni! 착각하지 마!

non farsi illusioni su qualcosa- ~에 대해 잘못 생각하지 않다, 냉철하게 다루다

imbarazzo- 방해, 난처, 당황

avere imbarazzo di stomaco- 체하다, 소화 불량에 걸리다, 배탈이 나다

Ho imbarazzo di stomaco. 소화 불량으로 위가 부담스럽다.

avere l'imbarazzo della scelta- 선택의 폭이 너무 넓어서 결정하기가 아주 힘들다; 선택할 문제만 있다

Hai l'imbarazzo della scelta. 넌 선택만 남았구나.

In questo negozio ci sono così tanti tipi di formaggio che abbiamo l'imbarazzo della scelta. 이 상점에는 너무 많은 종류의 치즈가 있어서 결정하기가 아주 힘들다.

essere (o trovarsi) in imbarazzo- 거북하다, 머쓱하다, 어색하다, 난처하다, 마음이 불편하다, 당황스럽다

Mi trovai in imbarazzo davanti ai professori. 나는 교수님들 앞에서 거북했다.

Sono in imbarazzo quando è qui. 그가 여기에 있으면 난 마음이 불편하다.

essere di imbarazzo- ~의 골칫거리이다(= causare imbarazzo); ~의 짐이 되다(= ingombrare)

La valigia mi è di imbarazzo. 여행가방이 내게 짐만 된다.

in imbarazzo- 쑥스러운, 어색한, 당황스러운; (선택 앞에서) 어찌할 바를 모르는; 당황한

levare qualcuno d'imbarazzo- ~의 어색함을 덜어주다

mettere qualcuno in imbarrazzo- ~를 난처/곤란하게; ~를 당황스럽게 만들다

Non mettermi in imbarazzo. 나를 난처하게 만들지 마!

Si diverte sempre a mettere in imbarazzo gli altri! 그는 늘 다른 사람들을 당황스럽게 만드는 것을 즐긴다.

mettersi (o sentirsi) in imbarazzo- 거북함을 느끼다, 마음 불편하다

Mi sento in imbarazzo. 마음이 불편하다, 거북하다.

togliere qualcuno dall'imbarazzo- ~을 곤경에서 구하다

Non sapevo come fare a dirle che non potevo più ospitarla in vacanza, ma lui mi ha tolto dall'imbarazzo. 더 이상 그녀를 휴가에 초대할 수 없다는 것을 어떻게 말해야 할지 몰랐는데, 그가 나를 곤경에서 구했다.

uscire d'imbarazzo- 어려움에서 벗어나다

imbeccata- (새의) 부리; (연극) [배우가 대사를 잊었을 때] 대사를 상기시켜 주는 말; 설득/유도; (당구 등의) 큐[채]

aspettare l'imbeccata- 무슨 말/일을 해야 할지 암시/지시를 기다리다

dare l'imbeccata a qualcuno- ~에게 유도하다; ~에게 말할 것을 가르치다[1]

---

[1] 이 관용어는 아직 깃털도 다 나지 않은 새끼 새에게 어미 새가 먹이를 물어다 부리로 넣어주는 모습에서 유래하였다.

La sua domanda mi ha colto alla sprovvista, ma per fortuna lei era lì a darmi l'imbeccata. 그의 질문에 허가 찔렸는데, 다행히 그녀가 거기에 있어서 말해야 할 것을 가르쳐 주었다.

prendere l'imbeccata da qualcuno- ~에게서 힌트를 얻다; 남이 하는 행동을 본보기로 하다

imbottito- 채워진

un panino imbottito col prosciutto- 햄이 든 샌드위치/빵

imbroglio- 사기; 궁지, 혼란

essere (o trovarsi) in un imbroglio- 궁지에 처하다

Mi trovo in un imbroglio e non so come fare. 나는 곤란한 입장에 처했는데 어떻게 해야할 지 모른다.

uscire da un imbroglio- 곤경에서 빠져나오다, 난경에서 벗어나다

imbrunire- 석양

all'imbrunire/sull'imbrunire- 석양에, 해질 무렵에, 저녁 무렵에(= verso sera)

Accendi i fari all'imbrunire. 해질 무렵에는 전조등을 켜라.

imbuto- 깔때기

a imbuto- 깔때기 모양의; (길) 좁은 도로, 병목 지역

La strada si stringeva a imbuto. 길이 좁아지고 있었다.

riempire una bottiglia con l'imbuto- 깔대기로 병을 채우다

imitazione- 모방

a imitazione di- ~를 모방하여

Quel bambino parla sempre a imitazione di sua sorella. 그 아이는 항상 자기 누이를 따라서 말한다.

immaginare- 상상하다

"Disturbo?" "S'immagni!" "제가 방해가 되는 건 아닌지요?" "별 말씀을요!"

"Grazie infinite!" "S'immagni." "대단히 감사합니다!" "천만에요."[2]

immaginare di fare qualcosa- ~하는 것을 상상하다

Immaginiamo di essere su un'isola deserta. 우리가 무인도에 있다고 상상해보자.

immagine- 상, 영상, 표상, 상징

a immagine di- ~로 가장하여; ~의 모습으로

Siamo fatti a immagine di Dio. 우리는 신의 모습(형상)으로 되었다.

a immagine e somiglianza di- ~로 가장하여; ~로 속여

aggiustare l'immagine- 화면을 조정하다

curare la propria immagine- 자신의 이미지를 관리하다

Lei cura la sua immagine. 그녀는 자신의 이미지를 관리한다.

danneggiare l'immagine- 이미지를 훼손하다

Queste inefficienze danneggiano l'immagine della ditta. 이 무능/비능률이 회사의 이미지를 훼손한다.

guardare un'immagine riflessa nello specchio- 거울에 비친 모습을 바라보다

---

[2] 이탈리아어의 "Molte grazie; Grazie mille; Grazie infinite"란 감사의 표현은 라틴어 "*Gratias plurimas; Gratias maximas; Gratias ineffabiles*"에서 유래한다. 이에 대한 라틴어의 응답은 "*Non est causa*"이다. 우리말로 옮기면 "이유가 없다"이다. 이는 '신의 원칙'에 따라 누군가를 돕는 것은 아무런 이유가 없다는 로마인의 사고가 반영된 표현이다. 여기에서 거의 모든 서구 유럽어의 "천만에요"라는 표현이 유래하게 된다.

tenere alla propria immagine- 자신의 이미지에 신경쓰다

Lui tiene molto alla sua immagine. 그는 자신의 이미지에 신경을 많이 쓴다.

immerso- 잠긴, 빠진

essere immerso nei propri pensieri- 자기 생각에 잠기다/빠지다

Non mi sono accorta di te. Ero immersa nei miei pensieri. 너가 있는지 몰랐다. 나는 생각에 잠겨 있었다.

paese immerso nell'oscurità- 어둠에 잠긴 마을

impadronirsi- 소유하다, 독점하다; 숙달하다, 정통하다

impadronirsi di- (1) (힘으로) 장악하다, 점령하다

I soldati si impadronirono dell'isola. 군인들이 섬을 장악했다.

(2) (감정이) 몰려오다, ~을 잡다

La furia si era impadronita di lei. 분노가 그녀를 사로잡았다.

impadronirsi di una lingua- 언어에 정통하다, 어떤 언어에 숙달하다

Si è trasferito un anno a Londra per impadronirsi dell'inglese. 그는 영어를 숙달하기 위해 일 년간 런던으로 옮겼다.

impagabile- 값을 매길 수 없는, 아주 귀중한

Sei impagabile!- (값을 매길 수 없을 정도로) 아주 훌륭해!

Il tuo lavoro è bellissimo! Sei impagabile! 너의 작품이 너무 멋져. 넌 독보적인 존재야!

impalato- 딱딱한; 꼼짝도 하지 않고

starsene impalato- 거기에 그렇게 서 있다

Non startene lì impalato! 거기 그냥 서 있지만 마!

Perché non giochi con gli altri bambini invece di startene lì impalato? 거기에 그렇게 서 있지만 말고 왜 다른 아이들과 함께 놀지 않니?

imparare- 배우다

imparare a fare qualcosa- ~하는 것을 배우다

Durante le vacanze, ho imparato a sciare. 방학 동안에 스키 타는 것을 배웠다.

imparare a memoria- 암기하다, 외우다

Imparate a memoria questa poesia! 이 시를 외우도록 하시오!

Impara piangendo e riderai guadagnando. 논 자취는 없어도 공부한 공은 남는다.

Non si finisce mai di imparare.- 배움에는 끝이 없다.

Da certe persone non si finisce mai d'imparare. 어떤 사람들은 매일 무언가를 배운다.

Ognuno impara a sue spese. 모든 배움에는 대가가 따른다; 오래 살다 보니 별꼴을 다 보는군.

Presto imparato, presto dimenticato. 빨리 배운 것은 빨리 잊어버린다.

Quello che si impara a proprie spese, non lo si dimentica facilmente. 대가를 치르고 배운 것은 쉽게 잊어버리지 않는다. 학습효과.

Sbagliando si impara.- (속담) 실수하면서 배운다.

Mio padre mi ha sempre detto di non scoraggiarmi che sbagliando si impara. 나의 아버지는 실수하면서 배우는 것이라고 하면서 의기소침하지 말라고 늘 내게 말씀하셨다.

Vivendo si impara. 죽을 때까지 배워도 다 배우지 못한다.

impaziente- 참을성이 없는, 절급한

　essere impaziente di fare qualcosa- ~를 하고 싶어 참기 어렵다, ~하고 싶은 생각이 간절하다

　I bambini sono impazienti di andare in vacanza. 아이들은 휴가를 가고 싶은 생각이 간절하다.

　Sono impaziente di rivederti. 다시 너를 보고 싶어 못 참겠다.

　essere impaziente con qualcuno- ~에게 짜증내다, ~에게 참을성이 없다

　Lui è impaziente con i figli. 그는 자식들에게 참을성이 없다.

impazienza- 초조, 성급함

　con impazienza- 초조하게, 조마조마하게, 성급하게, 조바심하며

　Aspetto con impazienza il suo arrivo. 나는 그의 도착을 초조하게 기다린다.

　dare segni di impazienza- 안달이 난다는 표시를 보이다, 조바심을 내보이다

　Dopo due ore ha iniziato a dare segni di impazienza. 두 시간 뒤에 그는 조바심을 보이기 시작했다.

　fremere (o bruciare) dall'impazienza- 몹시 원하다; 안달하다; ~을 하는데 필사적이다

　mostrare impazienza- 조바심을 나타내 보이다, 초초해 보이다

impazzire- 미치다

　fare impazzire qualcuno- ~를 미치게 하다

　Mi fai impazzire. 넌 나를 미치게 만든다.

　impazzire dal dolore- 아파서 미치다, 고통스러워 미치다

　Devo andare subito dal dentista, perché impazzisco dal dolore. 즉시 치과에 가야 해. 이가 아파서 미치겠다.

　impazzire di dolore- 고통으로 미치다

　Lei è impazzita di dolore. 그녀는 미칠만큼 아팠다.

　impazzire per- ~에 미치다, ~를 미친 듯이 좋아하다

　Lui impazzisce per il jazz. 그는 째즈를 미치도록 좋아한다.

　Impazzisco per te. 나는 네가 좋아 미치겠다.

impazzito- 미친; 작동이 잘 안되는; 카오스 상태인, 예측하기 힘든

　essere impazzito- 미치다

　È impazzita dopo che le è morto il figlio. 그녀는 자식이 죽자 미쳤다.

　Il computer è impazzito. 컴퓨터 작동이 엉망이다.

　Il tempo è impazzito. 날씨가 제멋대로이다.

　Il traffico è impazzito. 교통체증이 말이 아니다.

　Sei completamente impazzita! 넌 완전히 미쳤어!

impedire- 막다, 방해하다, 저지하다

　impedire a qualcuno di fare qualcosa- ~에게 ~하는 것을 막다

　Il rumore mi impedisce di concentrarmi. 소음이 내가 집중하는 것을 방해한다.

impegnarsi- 전념/전심하다, 정진하다; 약속하다

　impegnarsi a fondo in qualcosa- ~에 열과 성의를 다해 투신하다

　impegnarsi con qualcuno- ~한테 전념하다, 전심하다

Si è impegnato con i suoi clienti a consegnare la merce entro e non oltre la fine del mese. 그는 월말을 넘기지 않고 이달 안으로 물건을 전해주기 위해 그의 고객한테 온 마음을 다하였다.

impegnarsi in una discussione- 토론에 들어가다

impegnarsi negli studi- 학업에 전념하다

impegnato- 선약된, 예약된; 저당 잡힌

essere impegnato- (1) 바쁘다

Stasera non posso, sono impegnato. 오늘 저녁은 안되겠어, 바빠.

(2) 예약이 끝나다

La stanza era già impegnata. 방은 이미 예약이 끝나 있었다.

essere impegnato con qualcuno- ~로 바쁘다

Lui è impegnato con te. 그는 너 때문에 바쁘다. 그는 너한테 열심이다.

impegno- 임무, 약속

avere impegni- 약속이 있다, 할일이 있다

Se non ho impegni, vengo anch'io. 일이 없으면, 나도 갈게.

avere un impegno di lavoro- 업무상의 일이 있다, 업무 약속이 있다

Ho un impegno di lavoro. 나는 업무 약속이 있다.

avere un mezzo impegno- 잠정적으로 정하다

essere pieno di impegni- 매우 바쁘다

senza impegno- 구속없이, 속박되지 않고서(= senza essere vincolato)

studiare con impegno- 열정적으로 공부하다

impeto- 충동, 격정, 격발

agire d'impeto- 충동적으로 행동하다

Ha agito d'impeto. Non si è nemmeno reso conto di cosa ha fatto. 그는 충동적으로 행동해서 무엇을 했는지 해명조차 못했다.

con impeto- (1) 충동적으로, 성급하게

Mi ha detto quelle parole con impeto. 그는 내게 충동적으로 그 말을 했다.

(2)격렬/맹렬하게; 거칠게

Mi ha gettato le braccia al collo con impeto. 그는 격렬하게 내 목을 껴안았다.

di primo impeto- 처음에는, 당초에

nell'impeto del discorso- 대화가 고조되었을 때, 열변을 토한 나머지

Nell'impeto del discorso mi sono dimenticato di ringraziare il presidente. 열변을 토하느라 나는 대표에게 감사인사하는 것을 잊어버렸다.

in un impeto d'ira- 분노가 치밀어 올라, 홧김에

Lui ha ucciso sua moglie in un impeto d'ira. 그는 홧김에 아내를 죽였다.

palare con impeto- 격렬하게 말하다

impiccio- 방해, 장해; 곤경, 궁지

cacciarsi in un brutto impiccio- 궁지/곤경에 빠지다

cavare qualcuno dagli impicci- 곤경에서 나오도록 도와주다, 곤경에서 구해주다

Mi ha cavato dagli impicci dicendo che aveva perso lui le chiavi della casaforte. 그는 금고 열쇠를 그가 잃어버렸다고 말하여 나를 곤경에서 구해주었다.

impiego- 사용, 이용; 고용

 cercasi impiego- 구직

 essere in cerca di un impiego- 직업을 찾고 있는 중이다

 domande/offerte d'impiego- 구직/구인 광고

 fare domanda d'impiego- 구직신청을 하다

 Ho fatto una domanda di impiego presso quella ditta. 나는 그 회사에 구직신청을 했다.

 fare un impiego razionale dei soldi- 돈을 합당하게 사용하다

 ottenere un impiego- 직장을 얻다

 Mia sorella ha finalmente ottenuto un impiego. 내 여동생은 마침내 직장을 구했다.

 pieno impiego- 완전 고용

 trovare un impiego fisso- 정규직을 얻다/구하다

importanza- 중요

 attribuire (o dare) importanza a qualcosa- ~에 중요성을 부여하다, ~를 중시하다

 Dai troppa importanza all'aspetto fisico! 넌 외모를 너무 중시해!

 darsi importanza- 권력을 휘두르다; 지위/직권을 남용하다(= darsi delle arie)

 Invece di darsi importanza dovrebbe imparare ad ascoltare gli altri. 지위를 남용하는 대신 다른 사람의 의견을 듣는 것을 배워야 한다.

 di grande importanza- 대단히 중요한

 È una persona di grande importanza. 대단히 중요한 사람이다.

 di poca/nessuna importanza- 별로 중요하지 않는, 전혀 중요하지 않은

 È una persona di poca importanza. 별로 중요하지 않은 사람이다.

 Non ha importanza!- 중요하지 않아, 괜찮아!

 Non preoccuparti per il ritardo. Non ha importanza! 너 지각 때문에 걱정하지 마. 괜찮아!

 una persona di grande importanza- 중요 인물, 상당한 인물

importare- 1. (타동사) 수입하다, 도입하다

 importare illegalmente- 밀수하다

 importare idee nuove- 새로운 사고를 도입하다

 2. (자동사) 중요하다; 관심이 있다

 Che cosa importa? 뭐가 중요해? 그것이 어떻든 무슨 상관이야?

 Importarsene- 그것이 중요하다

 Che te ne importa? 그것이 너한테 뭐가 중요해?

 Non importa.- 괜찮아요; 됐어요; 상관없어요.

 La tua salute importa a tutti. 너의 건강은 모든 사람에게 중요해.

 Non mi importa alzarmi presto la mattina. 아침에 일찍 일어나는 일은 내게 중요하지 않다.

 Non me ne importa niente.- 나는 그것에 전혀 신경을 안 쓴다; 나에겐 그것이 하나도 중요하지 않다.

Non me ne importa niente di andare a quel convegno. 그 모임에 가는 것이 나에겐 전혀 중요하지 않다.

impossibile- 불가능한 일

fare (o tentare) l'impossibile- 온갖 수를 다 쓰다, 모든 수단을 다 쓰다

Farei l'impossibile per lui. 나는 그를 위해 모든 수단을 다 쓸 것이다.

Ho fatto l'impossibile per riuscire. 나는 성공하기 위해 온갖 수단을 다 썼다.

pretendere l'impossibile- 불가능한 것을 바라다

impressione- 인상

avere l'impressione che- ~하다고 믿다/생각하다; ~하는 듯한 인상을 받다

Ho l'impressione che si sia offeso. 나는 그가 기분이 상한 듯한 인상을 받는다.

fare cattiva impressione a qualcuno- ~에게 나쁜 인상을 주다

Mi fece cattiva impressione. 그는 내게 나쁜 인상을 주었다.

fare impressione- (1) 깜짝 놀라게 하다(= fare paura); 불쾌감/혐오감을 주다

Il sangue mi fa impressione. 피는 나에게 불쾌감을 준다.

(2) ~하다는 인상(느낌)을 주다; (생각이) 갑자기 떠오르다 (= colpire)

Fa impressione pensare che siamo sei miliardi sul pianeta. 지구에 60억명이 산다는 것을 생각하면 인상적이다.

fare molta impressione- 많은 인상을 주다

Che impressione ti ha fatto? 그가 네게 어떤 인상을 주었니?

Mi ha fatto molta impressione. 그는 내게 많은 인상을 주었다.

fare una buona impressione a qualcuno- ~에게 좋은 인상을 주다

Stamattina ho conosciuto il nuovo professore, mi ha fatto una buona impressione. 오늘 아침 새 선생님을 알았는데, 내게 좋은 인상을 주었다.

farsi l'impressione sbagliata- 잘못된 인상을 갖다

impronta- 표시, 자국

impronte digitali- 지문

impronta ecologica- 생태발자국

lasciare la propria impronta- 자기의 발자취를 남기다

Dove passa, lascia la propria impronta. 그는 가는 곳마다 자신의 발자취를 남긴다.

improvviso- 돌연한, 생각지 못한

all'improvviso- 갑자기(= improvvisamente, in modo inaspettato)

All'improvviso il sole è sparito dietro le nuvole. 갑자기 태양이 구름 뒤로 사라졌다.

Se ne andò all'improvviso. 그는 갑자기 가버렸다.

d'improvviso- 갑자기, 별안간(= tutto a un tratto)

impulso- 충격, 충동; 자극, 박차

agire d'impulso- 충동적으로 행동하다

Ho agito d'impulso e ho comperato quel costoso vestito. 나는 충동적으로 그 비싼 옷을 샀다.

dare impulso a qualcosa- ~을 북돋우다, 신장시키다; ~에 자극을 주다, 박차를 가하다

dare impulso alle vendite- 판매를 신장시키다/북돋우다

Il nuovo direttore ha dato impulso alle vendite. 새 책임자가 판매를 신장시켰다.

sotto l'impulso del momento- 한 순간의 충동으로, 일시적 충동으로, 갑작스럽게, 얼김에

inadatto- 부적당한, 부적합한

essere inadatto a- ~에 부적합하다

Lui è del tutto inadatto a dirigere un'azienda. 그는 기업을 경영하는데 완전 부적합하다.

inadeguato- 부적절한, 부족한, 불충분한

essere inadeguato a- ~에 부적절하다

Lui è inadeguato al suo ruolo. 그는 그의 역할에 맞지 않다.

incanto- 1. 마력, 마법; 매혹, 매력

come per incanto- 마법처럼, 마술이라도 부린 듯이(= quasi per magia)

Come per incanto apparve davanti a me. 마치 마술이라도 부린 듯이 그가 내 앞에 나타났다.

stare d'incanto- 아주 잘 어울리다(= stare molto bene)

Questo abito ti sta d'incanto. 이 옷은 네게 완벽하게 맞는다.

2. 경매

comprare all'incanto- 경매로 사다

mettere all'incanto- 경매로 팔다

incapace- 할 수 없는, 불가능한

incapace di- ~를 할 수 없는, ~을 하지 못하는

Lei è incapace di mentire. 그녀는 거짓말을 할 사람이 못 된다.

Lui è incapace di un'azione onesta. 그는 부정한 행위를 할 수 없는 자이다.

incaricare- 책임을 지우다, 떠맡기다, 위임하다

incaricare qualcuno di qualcosa- ~에게 ~를 떠맡기다

Mi ha incarito di rispondere al telefono. 그는 내게 전화 받는 일을 떠맡겼다.

incaricarsene- ~에 대해 자신이 책임지다

Non ti preoccupare, me ne incarico io. 걱정하지마, 내가 책임질게.

incaricarsi- 책임지다, 떠맡다

incaricarsi di fare qualcosa- ~하는 것을 떠맡다, 책임지다

Non ti preoccupare, si incaricherà lui di rispondere a quella lettera. 걱정 마, 그 편지의 답장은 그가 책임질 거야.

incarico- 임무, 역할

affidare un incarico a qualcuno- ~에게 책임을 맡기다/위탁하다

assumere l'incarico di qualcosa- ~에 대한 임무를 떠맡다

avere l'incarico di fare qualcosa- ~할 책임을 지다, ~할 임무를 지다

Lei ha l'incarico di curare i bambini. 그녀는 아이들을 돌볼 책임을 지고 있다.

incarico di vendita- (상업) 리스트, 목록, 명단

per incarico del partito- 당을 대신하여

per incarico del re- 왕을 대신하여

per incarico di- ~을 대신/대표하여

incendio- 화재

  commettere il reato d'incendio doloso- 방화죄를 저지르다(= provocare un incendio doloso)

  domare (o estinguere) un incendio- 화재를 진압하다, 불을 끄다

  provocare un incendio- 화재를 일으키다, 방화하다, 불지르다

  scoppiare un incendio- 화재가 발생하다

  Scoppiò un incendio. 화재가 발생했다.

  segnale d'incendio- 화재경보기

incertezza- 불확실, 불명확

  avere delle incertezze su qualcosa- ~에 대해 자신을 못하다

  Ho delle incertezze sulla validità di questo documento. 이 서류가 유효한지 의심스럽다.

  con incertezza- 주춤거리며, 머뭇거리며, 우물쭈물거리며

  Rispose con molta incertezza. 그는 머뭇머뭇하며 대답을 했다.

  essere (o rimanere/trovarsi) nell'incertezza- 불확실한 상황에 있다; 망설이고 있다, 결심하지 못하고 있다(= essere indeciso)

  Sono rimasto nell'incertezza per due mesi, poi mi hanno dato la risposta che aspettavo. 나는 두 달간 결심하지 못하고 있었는데, 후에 기다리던 답을 그들이 내게 주었다.

  senza incertezza- 확실하게, 자신감을 갖고

  tenere qualcuno nell'incertezza- ~를 초조하게 하다, 애태우게 하다

incerto- 불확실한

  essere (o stare) incerto fra il sì e il no- 결단을 못 내리다

  Non prende mai una posizione, è sempre incerto fra il sì e il no. 그는 입장을 분명히 하지 못해서, 항상 결단을 내리지 못한다.

  essere incerto sul da farsi- 해야할 일에 결정을 못내리다; 어떻게 하면 좋을지 모르다

incline- 경향이 있는, 기울어진

  incline a- ~하는 경향이 있는, ~할 것 같은

  È una persona spesso incline all'ira. 그는 자주 화를 내는 경향이 있는 사람이다.

  Lui è incline a credere. 그는 잘 믿는 경향이 있다.

  Sono incline ad aiutare gli altri. 나는 다른 사람들을 잘 도와주는 경향이 있다.

incluso- 포함된

  essere incluso in- ~에 포함되다

  Nel conto è incluso il servizio. 계산서에 봉사료가 포함되어 있어요.

  prezzo tutto incluso- 모두 포함된 가격

  qui incluso- 별첨의

  tutto incluso- 모두 포함하여

  "La colazione è inclusa nel prezzo?" "Nel prezzo della camera è tutto incluso, anche la colazione". 아침식사가 가격에 포함되어 있나요? 방값에 아침식사도 모두 포함됩니다.

incognita- 미지의 것/세계; 불확실성; 미지수

  La vita è piena di incognite.- 인생은 불확실성으로 가득 차 있다.

Non si può mai sapere come andrà domani. La vita è piena di incognite. 내일 어떻게 될 지 모른다. 인생은 불확실성으로 가득 차 있다.

Per me lui è un'incognita. 나에게 있어 그는 반신반의이다.

incomodo- 1. (형용사) 불편한

un'ora incomoda- 불편한 시간

2. (명사) 불편, 성가심

Se non ti è d'incomodo- 너한테 방해/폐가 되지 않는다면

essere d'incomodo a (o per) qualcuno- ~에게 불편을 끼치다, ~에게 불편한 존재가 되다

Non voglio essere d'incomodo a nessuno. 나는 누구에게도 불편을 끼치고 싶지 않다.

fare il (o da) terzo incomodo- (두 애인 사이에) 곁다리로 끼다

Non voglio più uscire con loro due perché faccio sempre da terzo incomodo. 나는 늘 곁다리로 끼기 때문에 더 이상 그들 둘과 함께 외출하고 싶지 않다.

"Vieni con noi?" "No, grazie, non vorrei fare da terzo incomodo".
"우리랑 같이 갈래" "아니 사양할게, 곁다리로 끼고 싶지 않아."

Levo l'incomodo e vi saluto. 너희들 잘 있어라, 나는 이만 가볼게.

Scusi l'incomodo! 방해해서 죄송합니다!

sentirsi d'incomodo- 불편하다고 느끼다

A casa di mia sorella mi sento sempre d'incomodo. 여동생의 집에서 나는 늘 불편하다고 느낀다.

terzo incomodo- 반갑지 않은 제삼자

togliere l'incomodo- 작별을 고하다, 가버리다(= andarsene)

Guarda che ho capito che non sono il benvenuto. Adesso ti accontento e tolgo l'incomodo. 내가 환영받지 못한다는 것을 알았으니, 이제 작별을 고해서 너를 기쁘게 해줄게.

incontro- 1. (명사) 만남

al primo incontro- 첫만남에서

Al primo incontro gli fu simpatica. 첫만남에서 그녀는 그에게 호감이 갔다.

disputare un incontro- (권투) 경기하다, 싸우다

fissare un incontro con qualcuno- ~와 만남을 정하다

programmare un incontro- 모임을 계획하다

punto di incontro- (수학) 접점; 접촉하는 곳

Cerchiamo insieme un punto di incontro. 같이 접점을 찾아보자.

un incontro casuale- 우연한 만남

2. (전치사) 향하여

andare incontro a spese- 비용이 들다

Andremo incontro a grandi spese quando cambieremo casa. 집을 바꾸는 데는 큰 비용이 들어갈 거다.

Per ristrutturare la casa andremo incontro a forti spese. 집을 재건축하려면 우린 큰 경비가 들것이다.

Andiamo incontro all'inverno. 겨울이 다가오고 있다.

correre incontro a qualcuno- ~를 향해 달려가다

Lo vide e gli corse incontro. 그녀는 그를 보자 그에게로 달려갔다.

venire incontro a qualcuno- (1) ~와 타협/절충하다

È impossibile fare un compromesso con lui; non ti verrà mai incontro. 그와 타협하는 것은 불가능해. 그는 결코 너와 타협하지 않을 거다.

(2) (비유) 중간쯤에서 만나다

Vienimi incontro alla fermata dell'autobus. 네가 와서 버스 정류장 있는 곳에서 만나자.

incubo- 악몽

avere incubi notturni- 흉몽을 꾸다

essere un incubo per qualcuno- ~에게 있어서 악몽이다, 끔찍한 일이다

L'esame è un vero incubo per lui. 그에게 시험은 진짜 악몽과도 같다.

incudine- 모루(대장간에서 뜨거운 금속을 올려놓고 두드릴 때 쓰는 쇠로 된 대); 중이(中耳)의 침골(砧骨)

fra l'incudine e il martello- 진퇴양난

A questo punto non ha via d'uscita: è fra l'incudine e il martello. 이 시점에서 그는 나갈 방법이 없다. 그는 진퇴양난에 빠져있다.

Da quando sono andato ad abitare con mia suocera mi trovo tra l'incudine e il martello. 시어머니와 살기 시작한 뒤로 빼도 박도 못 하게 되었다.

incurabile- 불치의, 고칠수 없는

malattia incurabile- 불치병

malato incurabile- 불치병 환자

vizio incurabile- 고칠 수 없는 습관/악습

indagine- 조사, 탐구, 연구

fare indagini su qualcosa- ~에 대해서 조사하다

Stanno facendo indagini sulle cause di un incidente. 그들은 사고의 원인을 조사하고 있다.

indagine di mercato- 시장조사

Da un'indagine di mercato risulta che gli italiani bevono solo acqua minerale. 시장조사에 따르면 이탈리아인들은 생수만을 마시는 것으로 드러난다.

indagine statistica- 통계 조사

indagine su campione- 표본 조사

indagine sui consumatori- 소비자 조사

indeciso- 결정을 못한, 결심이 서지 않은; 미결정의, 미결제의

carattere indeciso- 불분명한 성격

essere indeciso- 망설이다, 주저하다; ~가 미정이다

La questione è ancora indecisa. 문제가 아직 미해결이다.

Sono ancora indeciso. 나는 아직 망설인다.

Sono indeciso se andare o restare. 나는 가야 할지 남아야 할지 미정이다/주저하다.

indeciso sul da farsi- ~을 할지 아직 결정되지 않은

È indeciso sul da farsi. 그는 무엇을 할지 아직 결정하지 못 했다.

indegno- 가치 없는, 자격이 없는, 어울리지 않은

essere indegno di- ~의 자격이 없다, ~에 어울리지 않다

È indegno di una moglie così. 그에겐 그런 아내가 안 어울린다.

Queste parole sono indegne di te. 너한테 이런 말들이 안 어울린다.

sentirsi indegno- 자격이 없다고 느끼다

Mi sento indegno. 난 자격이 없다고 느껴진다.

indiano- (형용사) 인도의; (명사) 인도 사람, 아메리칸 인디언

fare l'indiano- 모른 체하다, 시치미를 떼다[3]

Non fare l'indiano, sai benissimo di cosa sto parlando. 모른 척하지 마. 너는 내가 이야기하고 있는 것을 다 알고 있어.

giocare agli indiani e cowboys- 서부극 놀이를 하다

in fila indiana- 일렬 종대로

Oceano Indiano- 인도양

indicazione- 지시, 지침; 정보; 조언, 충고

attenersi alle indicazioni- 지시 사항을 따르다

dare qualche indicazione- 정보를 주다; 지침을 내리다

Mi puoi dare qualche indicazione su questa faccenda? 너 이 사건에 대해 내게 정보를 좀 줄 수 있니?

seguire le indicazioni- 지시사항을 따르다, 도로 표시를 따르다

su indicazione di qualcuno- ~의 지시/지침/충고에 따라

Lui non ha ancora una precisa idea politica e voterà su indicazione della madre. 그는 아직 정치적인 명확한 생각이 없어서 엄마가 시키는 대로 투표할 것이다.

indice- 집게 손가락; 색인, 목차; 금서

mettere all'indice- 금서로 규정하다; 블랙리스트/요주의 인물에 올리다

Durante il maccartismo molta gente del cinema venne messa all'indice. 매카시즘 시절에 영화 산업에 종사하는 많은 사람들이 블랙리스트에 올려졌다.

mettere l'indice su qualcosa- (비유) ~을 지적하다

puntare l'indice contro qualcuno- (비유) ~에게 손가락질하다, ~를 비난하다

indietro- 뒤에, 늦게

andare avanti e indietro- 왔다갔다 하다

cadere all'indietro- 뒤로 넘어가다, 뒤로 넘어지다, 벌떡 나자빠지다

È caduto all'indietro e ha battuto la testa. 그는 뒤로 넘어져서 머리를 부딪혔다.

camminare all'indietro- 뒷걸음치다, 뒤를 향해 걷다

dare indietro qualcosa a qualcuno- ~에게 ~을 되돌려주다

essere indietro- (1) 이해가 느리다, 부진하다

Lei è piuttosto indietro in matematica. 그녀는 수학에 이해가 더디다.

(2) 뒤쳐지다, 뒤떨어지다

Lo sviluppo tecnologico è ancora molto indietro in quella zona. 기술적 발전이 그 지역에서 아직 많

---

[3] 이 관용어의 유래는 미국의 서부개척 시대로 거슬러 올라가는데, 아메리카 인디언들이 백인들의 언어를 이해하지 못하던 모습에서 유래한다. 유사관용어는 'Fare l'inglese'이다.

이 뒤쳐져 있다.

Siamo molto indietro col programma. 우리는 계획에 훨씬 뒤쳐져 있다.

(3) (시계가) 늦다

guardare indietro- 뒤돌아보다

rimanere (o restare) indietro- 뒤지다, 뒤떨어져 있다; 늦어지다

È rimasto indietro, aspettiamolo. 그가 뒤쳐져 있으니까, 우리가 그를 기다리자.

La sveglia è indietro di cinque minuti. 자명종이 오분 늦다.

Siamo rimasti indietro col lavoro. 우리는 일이 늦어졌다.

tirarsi indietro- (1) (비유) 철회하다, 굽히다

Avevano detto che avrebbero firmato la petizione contro la centrale nucleare, ma poi si sono tirati indietro. 그들은 원자력 발전소에 반대하는 탄원에 서명한다고 말해놓고, 뒤에 가서 철회했다.

(2) 물러나다, 물러서다; 뒷걸음질 치다

Tutti si tirarono indietro per fare passare il corteo. 행렬이 지나갈 수 있도록 모두 물러섰다.

tornare indietro- 되돌아가다

Andiamo avanti o torniamo indietro? 우리는 앞으로 나아갈까 아니면 되돌아 갈까?

Fatta la scelta, non si torna indietro. 선택을 하면 돌이킬 수 없다.

voltarsi indietro- 뒤돌아보다

L'ho chiamato ma non si è voltato indietro. 내가 그를 불렀지만 그는 뒤돌아보지 않았다.

indifferente- 1. (형용사) 무관심한

essere indifferente- (1) 신경을 쓰지 않다; 중요하지 않다

Partire o restare è indifferente. 떠나든 남든 상관없다.

Per me è indifferente che tu venga oggi o domani. 나로서는 너가 오늘 오던 내일 오던 상관없다.

(2) 마찬가지다

Vino rosso o bianco è indifferente. 적포도주이든 백포도주이든 마찬가지다.

essere indifferente a qualcosa- ~에 관심이 없다

Io sono indifferente alla politica. 나는 정치에 무관심하다.

Lui è indifferente ai problemi sociali. 그는 사회 문제에 관심이 없다.

essere indifferente a qualcuno- ~에게 관심이 없다

Quella persona mi è del tutto indifferente. 난 저 사람에게 전혀 관심이 없다.

Quella ragazza mi è indifferente. 난 저 소녀에게 흥미가 없다.

indifferente a- ~에 무관심한

Mi ascolta, ma rimane indifferente alle mie parole. 내 말을 듣고 있긴 하지만, 무관심하게 있다.

non indifferente- 적지 않은, 상당한; 주목할 만한(= notevole)

È una spesa non indifferente. 적지 않은 경비이다.

una crescita non indifferente 괄목할 만한 성장

2. (명사) 무관심한 사람

fare l'indifferente- 무관심한 체하다

indigestione- 소화불량

fare indigestione di qualcosa- ~을 마구 먹다; (비유) 주체를 못하다, ~을 과도하게 먹거나 보거나 읽다

Ho fatto indigestione di dolci. 나는 단 것을 마구 먹었다.

indigesto- 소화시키기 어려운

cibi indigesti- 소화가 잘 안 되는 음식

libro indigesto- (사물) 소화하기/재미없는 책; 이해하기 어려운 책

persona indigesta- (사람) 성가신/짜증스러운 사람; 견디기 힘든 사람

indignazione- 분개, 분함

manifestare indignazione per qualcosa- ~에 분개를 나타내 보이다

provare indignazione per qualcosa- ~에게 분개하다

suscitare indignazione- 분개심을 불러 일으키다

Sono fatti che suscitano indignazione. 분개심을 불러 일으키는 일들이다.

indimenticabile- 잊을 수 없는, 잊지 못하는

un giorno indimenticabile- 잊지 못할 날

un ricordo indimenticabile- 잊을 수 없는 기억

una persona indimenticabile- 잊지 못할 사람

indipendente- 무관한, 독립적인

indipendente da- ~와 무관한, ~와 독립적인

Lui desidera essere indipendente dalla famiglia. 그는 가족으로부터 독립하고 싶어 한다.

indirizzo- 주소; 연설; 방침; 정책

all'indirizzo di- ~앞으로(= verso), ~를 향하여; ~에 반대하여/맞서(= contro)

Rivolse pesanti critiche all'indirizzo del presidente. 그는 대통령에 맞서 심한 비판을 했다.

cambiare indirizzo- 주소를 변경하다; 정책을 바꾸다

Il primo ministro ha cambiato gli indirizzi della politica economica del governo. 총리가 정부의 경제정책을 바꾸었다.

dare l'indirizzo a qualcuno- ~에게 주소를 주다

Mi dai il tuo indirizzo e-mail? 내게 네 이메일 주소를 줄래?

sbagliare indirizzo- 번지수를 잘못 짚다, 엉뚱한 사람에게 부탁하러 가다

Se credi che io ti possa aiutare, hai sbagliato indirizzo. 내가 널 도울 거라고 생각한다면, 번지수를 잘못 짚었다.

indovinare- 추측하다, 알아맞히다; 예견하다(= prevedere); 잘 고르다(= scegliere bene)

indovinare giusto- 잘 맞히다

indovinare la risposta giusta- 정답을 알아맞히다

indovinare sbagliato- 잘못 알아맞히다, 헛다리를 짚다

non indovinarne una- 제대로 하는 게 하나도 없다

Non ne indovina mai una. 그는 제대로 하는 게 하나도 없다.

tirare a indovinare- 추측/짐작하다; 억측하다

indovinello- 수수께끼; 명료하지 못함

parlare per indovinelli- 수수께끼를 내다; 수수께끼 같은 말을 하다

Ha l'abitudine di parlare per indovinelli. Non capisco mai cosa vuol dire. 그는 수수께끼 같은 말을 하는 습관이 있다. 나는 그가 무엇을 말하고자 하는지 모른다.

risolvere un indovinello- 수수께끼를 풀다

Non riesco a risolvere questo indovinello. 난 이 수수께끼를 풀 수가 없다.

indurre- 유도하다, 설득하다

indurre in tentazione- 유혹에 빠뜨리다

Non ci indurre in tentazione. (종교; '주님의 기도' 가운데) 우리를 유혹에 빠지지 않게 하소서.

indurre qualcuno a fare qualcosa- ~에게 ~할 것을 설득하다

Cerca di indurlo a venire. 그가 오도록 설득시켜 봐.

Chi ti ha indotto a fare una cosa simile? 누가 네게 이 같은 일을 하도록 설득했니?

indurre sonnolenza- 졸리게 하다

inerte- 기력없는, 무기력한

un peso inerte- 무거운 짐

Sei solo un peso inerte. 넌 무거운 짐일 뿐이야.

inerzia- 무기력, 관성

forza di inerzia- 관성력

per forza di inerzia- 습관에 의해서, 타성으로

È riuscito ad andare avanti solo per forza di inerzia. 그는 오직 습관의 힘으로 나아갈 수 있었다.

inesperto- 서투른, 경험이 없는

essere inesperto di- ~에 서투르다, 경험이 부족하다; 비전문가이다

Sono inesperto di motori. 나는 엔진에 대해서는 비전문가이다.

un medico inesperto- 경험 없는 의사

infamia- 악명, 오명, 불명예

Che infamia! 정말 수치스럽다!

senza infamia e senza lode- 보통의, 중간의; 특별히 좋지도 나쁘지도 않은; 그럭저럭 잘

Ha superato l'esame senza infamia e senza lode. 그는 그럭저럭 잘 시험을 통과했다.

infanzia- 유년시대

ricordi dell'infanzia- 어린 시절의 추억들

Non ho ricordi della mia infanzia. 나는 어린 시절의 추억들이 없다.

infarinatura- (특히 언어적 지식에 대해) 조금

avere un'infarinatura- 겉핥기로 알고 있다

Ha la pretesa di sapere il francese, ma ha solo un'infarinatura. 그는 불어를 아는 척 하는데, 그저 겉핥기로 알고 있다(조금밖에 몰라).

infarto- 심근경색, 심장마비

avere un infarto- 심장마비/발작을 일으키다

Ha avuto un infarto. 그는 심장발작을 일으켰다.

infelice- 불행한

avere l'aria infelice- 불행하게 보이다

Lei ha l'aria infelice. 그녀는 불행하게 보인다.

sentirsi infelice- 불행하다고 느끼다

Lui si sente molto infelice. 그는 아주 불행하다고 느낀다.

inferiore- 아래의, 낮은

essere inferiore alle aspettative- 기대보다 아래이다, 기대보다 못하다

Il raccolto è stato inferiore alle aspettative. 수확이 기대보다 못했다.

inferiore a- ~보다 열등한

Non mi sento inferiore a nessuno. 나는 누구한테도 뒤진다고 느끼지 않는다.

infermiera- 간호사

capo infermiera- 수간호사

fare da infermiera a qualcuno- ~를 간호하다/병구완하다

inferno- 지옥

Chi vuol provare le pene dell'inferno: d'estate il fabbro e l'ortolano d'inverno. 지옥의 형벌을 체험하고자 하는 사람은 여름날의 대장장이와 겨울날의 채소 재배자(chi coltiva l'orto)를 보면 알 수 있다.

d'inferno- 끔찍한, 지독한

Che caldo d'inferno! 지독하게 덥다!

diventare un inferno- 생지옥이 되다, 끔찍해지다

Da quando è andato a vivere in quella casa, la sua vita è diventata un inferno. 그 집으로 살러간 이후, 그의 생활은 생지옥이 되어버렸다.

La vita con lui è diventata un inferno. 그와의 생활은 생지옥이었다.

essere condannato all'inferno- 지옥 선고를 받다

L'inferno e i tribunali sono sempre aperti. 지옥과 법원은 늘 열려 있다.

mandare qualcuno all'inferno- ~를 지옥에 보내다

una giornata d'inferno- 끔찍한 하루

Oggi ho trascorso una giornata d'inferno. 오늘 나는 끔찍한 하루를 보냈다.

soffrire le pene dell'inferno- 지옥의 고통을 겪다; (비유) 극도의 한계를 경험하다

Va all'inferno! 지옥에나 가라! 뒈져버려!

infezione- 감염

diffondere (o propagare) l'infezione- 감염을 확산시키다, 전염을 퍼뜨리다

fare infezione- 감염되다

La ferita ha fatto infezione. 상처가 감염되었다.

infezione aerea- 공기감염

infezione intestinale- 장염

infezione tetanica- 파상풍 감염

infinito- 1. (형용사) 무한한, 끝없는

infiniti ringraziamenti- 대단히 감사한

2. (명사) 무한

all'infinito- 끝없이, 무한히(= senza fine); 영원히(= per sempre); 계속해서

Non voglio ripetere all'infinito gli stessi errori. 나는 똑같은 실수를 계속해서 되풀이하고 싶지 않다.

influenza- 영향력; 인플렌자, 유행성감기

avere influenza su qualcuno- 영향을 미치다

esercitare la propria influenza su qualcuno- ~에게 자신의 영향력을 행사하다

essere sotto (o subire) l'influenza di qualcosa/qualcuno- ~의 영향 아래 있다

influenza dei polli- 조류 독감

influenza suina- 돼지 독감

prendersi l'influenza- 독감에 걸리다

ricorrere alla propria influenza per ottenere qualcosa- ~을 얻기 우해 자신의 영향력을 사용하다

informare- 정보를 주다

informare qualcuno che- ~에게 ~을 알려주다

Ci hanno informato che lui partirà per un viaggio alla fine del mese. 그들은 우리에게 그가 월말에 여행을 떠날 것이라 알려 주었다.

Lo informo che tutto è ok. 그에게 모든 것이 괜찮다고 알려준다.

informare qualcuno di qualcosa- ~에게 ~에 대해서 알리다, 통지하다

Nessuno mi ha informato degli ultimi avvenimenti. 아무도 내게 최근 사건에 대한 정보를 주지 않았다.

informazione- 정보

avere le informazioni da qualcuno- ~한테서 정보를 얻다

Ho avuto queste informazioni da un mio amico. 나는 한 친구로부터 이 정보를 얻었다.

chiedere un'informazione- 정보를 요청하다, 문의하다

Ho chiesto un'informazione. 한가지 정보를 요청했다.

dare delle informazioni a qualcuno- ~에게 정보를 주다

Mi potrebbe dare delle informazioni? 제게 정보를 몇 가지 주시겠습니까?

ottenere informazioni in merito a- ~에 대한 정보를 얻다

raccogliere informazioni- 정보를 수집하다

Vorrei delle informazioni sull'orario dei treni. 기차 시간표에 관한 정보를 얻고 싶습니다.

infuori- 외견상, 밖으로

all'infuori- 밖으로, 바깥으로

Il balcone sporge all'infuori. 발코니는 밖으로 튀어나와 있다.

Lo sportello si apre all'infuori. 창문이 바깥으로 열립니다.

all'infuori di- ~를 제외하고

All'infuori di questo non disse altro. 이것을 제외하고 그는 달리 말을 하지 않았다.

C'erano tutti all'infuori di te. 너를 제외하고 모두가 있었다.

inganno- 기만, 사기; 오류, 환각

cadere in inganno- 잘못되다, 틀리다, 실수하다(= sbagliarsi)

con l'inganno- 속임수로, 사취로, 사기로

Mi ha fatto comperare quell'oggetto con l'inganno. 그는 내게 그 물건을 속임수로 사게 했다.

ottenere qualcosa con l'inganno- 속여서 얻다

trarre qualcuno in inganno- ~를 속이다, 기만하다; 잘못 인지하다

Il riflesso del sole mi ha tratto in inganno. 햇빛이 반사되어 내가 잘못 알아봤다.

Stai attento! Non lasciarti trarre in inganno. 조심해! 속아 넘어가지마!

usare l'inganno- 속이다

ingegno- 재능, 재치; 소질, 자질

alzata d'ingegno- 기발한 생각(= idea brillante)

La necessità aguzza l'ingegno. 필요는 발명의 어머니이다. 필요가 발명을 낳는다. 궁하면 통한다.

prontezza d'ingegno- 재치가 넘침, 눈치가 빠름

uomo di grande ingegno- 재능이 대단한 사람

È un uomo di grande ingegno. 그는 대단한 재능이 있는 사람이다.

ingenuo- 1. (형용사) 순진한; 순진한 사람

avere l'aria ingenua- (사실은 그렇지 않지만 순진하게 보이는) 내숭을 떨다

Che ingenuo! 순진하긴!

2. (명사) 천진난만한 사람; 얼간이, 숙맥

fare l'ingenuo- 오리발을 내밀다

Non è un ingenuo. 세상 물정에 훤하다.

ingiuria- 모욕, 무례

coprire di ingiurie qualcuno- ~에게 모욕적인 언사를 퍼붓다

Il suo capo ufficio l'ha coperto d'ingiurie. 그의 사무실 대표는 그에게 모욕적인 언사를 퍼부었다.

le ingiurie del tempo- 세월의 유린/상흔

recare (o fare) ingiurie a qualcuno- (말과 행동으로) ~에게 몹쓸 짓을 하다

scambiarsi ingiurie- 모욕적인 말을 주고받다

ingiusto- 1. (형용사) 부당한, 불공평한

essere ingiusto con qualcuno- ~에게 불공평하다

La vita è stata ingiusta con me. 삶은 내게 불공평했다.

Mi sono accorto di essere stato ingiusto con lui. 내가 그에게 불공평했다는 것을 알았다.

2. (명사) 부당한 사람; 불의, 불평등

la differenza fra il giusto e l'ingiusto- 정의와 불의의 차이, 옳고 그름의 차이

inglese- 영어

all'inglese- 영국식으로

andarsene all'inglese/filarsela all'inglese- 슬그머니 빠져나가다, 인사도 없이 가버리다

svignarsela all'inglese- (직장에서) 말도 없이/허락도 안 받고 자리를 비우다

Per paura di far notare la loro assenza se la sono svignata all'inglese. 결근이 기록될까 봐 두려워 그들은 무단 결근을 하였다.

ingranaggio- 기어, 제동장치

lasciarsi prendere nell'(o dall') ingranaggio- 일에 몰두하다, 일에 여념이 없다[4]

Non fa altro che lavorare: si è lasciato prendere nell'ingranaggio. 그는 일 외에 다른 것을 하지 않는다. 그는 일에만 빠졌다.

Se uno si fa prendere da quell'ingranaggio non capisce più quando deve riposare e alla fine si ammala. 일에 여념이 없는 사람은 언제 쉬어야 할지 몰라서 결국에 병이 난다.

ingrato- 은혜를 모르는 사람

comportarsi da ingrato- 배은망덕하게 행동하다, 은혜를 모르는 사람같이 행동하다

Lui si è comportato da ingrato. 그는 배은망덕하게 행동했다.

ingresso- 입구, 입장

all'ingresso- 입구에서, 초입에서

all'ingresso del teatro- 극장 입구에서

Ti aspetto all'ingresso del teatro. 나는 극장 입구에서 너를 기다리고 있다.

biglietto d'ingresso- 입장표

ingresso a pagamento- 유료 입장

ingresso libero- 무료 입장

il test d'ingresso- 입학 시험

Per essere ammessi in quell'università è necessario il test d'ingresso. 그 대학에 입학하기 위해서는 입학 시험이 필요하다.

vietato l'ingresso- 출입금지

Vietato l'ingresso ai non addetti ai lavori. 관계자 이외 출입금지.

ingrosso- 대량으로

all'ingrosso- (상업) 대량으로, 도매로; 대략, 거의(= all'incirca)

In quel magazzino si compra solo all'ingrosso. 그 상점에서는 도매로만 살 수 있다.

commercio all'ingrosso- 도매업

vendere all'ingrosso- 대량으로 팔다, 도매로 팔다

iniezione- 주사

a iniezione- (액체의) 주입식

fare un'iniezione a qualcuno- ~ 에게 주사를 놓다

Il dentista mi ha fatto un'iniezione per il mal di denti. 의사가 내게 치통 주사를 놓았다.

per iniezione- 주사로

iniziare- 시작하다

iniziare a fare qualcosa- ~하는 것을 시작하다

Quando hai iniziato a studiare il cinese? 너 언제 중국어를 배우기 시작했니?

per iniziare- 처음에, 첫째로, 우선

iniziativa- 창의, 진취적인 정신

a (o per) iniziativa di- ~의 발의로, ~의 주도로, ~의 선도로, ~의 주창으로

avere iniziativa- 창의성을 갖다, 독창성이 있다

---

[4] 이 관용어의 의미는 "Farsi coinvolgere, fare solo quello come fosse la cosa principale e non pensare a nient'altro"이다.

Dovete avere più iniziativa. 너희들은 창의성을 더 가져야 해.

Non ha alcuna iniziativa. 그는 독창성이 하나도 없다.

avere l'iniziativa- 선수를 잡다, 주도권이 있다, 주도권/발의권을 쥐다

Non so bene chi ha avuto l'iniziativa ma mi è sembrata una bella idea. 나는 누가 주도권을 쥐고 있었는지 잘 모르지만 좋은 생각 같았다.

di propria iniziativa- 솔선하여, 자발적으로, 자기 주도적으로

Sono andato a trovarlo di mia iniziativa. 나는 자발적으로 그를 찾아 갔다.

prendere l'iniziativa- 솔선해서 하다, 선수치다; ~하는데 주도권을 쥐다, 앞장서서 ~하다

inizio- 시작

all'inizio- 처음에, 초기에(= da principio)

Il film è appena all'inizio. 영화가 막 시작한다.

"Hai letto il libro?" "No, sono ancora all'inizio." 너 책 읽었니? 아니, 아직 시작이야.

all'inizio di- ~초의

Il nuovo corso comincerà all'inizio del mese prossimo. 새 강좌는 다음 달 초에 시작될 것이다.

all'inizio del corso- 과정/강의/강좌 초기에

all'inizio dell'estate- 초여름에

I corsi terminano all'inizio dell'estate. 강의들은 초여름에 끝난다.

all'inizio del mese- 월초에

avere inizio- 시작하다

La partita avrà inizio alle tre. 경기는 3시에 시작할 것이다.

dall'inizio alla fine- 처음부터 끝까지

dall'inizio del mese- 월초부터

Studio l'italiano dall'inizio del mese. 나는 월초부터 이탈리아어를 공부한다.

dare inizio allo spettacolo- 공연을 시작하다

sin dall'inizio- 처음부터

Fin dall'inizio ho pensato che avremmo potuto farcela. 처음부터 나는 우리가 잘 해낼 수 있으리라고 생각했다.

innalzare- 높이 올리다, 상승시키다; 세우다, 건립하다

innalzare al settimo cielo- 몹시 치켜 세우다, ~를 침이 마르도록 칭찬하다

innalzare gli occhi al cielo- 하늘을 쳐다보다

innalzare qualcuno al trono- ~를 왕위에 올리다

innalzare qualcuno all'onore degli altari- ~를 성인으로 만들다

innalzare un inno- 찬송가를 부르다

innalzare una bandiera- 기를 게양하다, 기를 올리다

innalzare una cattedrale- 주교좌를 건립하다/세우다

innamorato-사랑에 빠진

essere innamorato di- ~를 좋아하다, ~한테 반하다, ~를 사랑하다

Sono innamorato di lei. 나는 그녀를 사랑하게 되었다.

Sono innmorato di questo quadro. 나는 이 그림에 반했다.

essere innamorato cotto/perso/pazzo di- ~를 열렬히 좋아하다, ~한테 홀딱 반하다

Lui è innamorato cotto di lei. 그는 그녀한테 홀딱 반했다.

innanzi- 1. (부사) 먼저, 앞으로; 이후로, 계속해서, 나아가서

andare innanzi- 계속하다/계속되다

come detto innanzi- 앞서 말했듯이

d'ora innanzi- 지금 이후로, 지금부터(= da adesso in poi)

D'ora innanzi in questa casa decido io. 지금부터 이 집에서는 내가 결정한다.

da allora innanzi- 그때 이후로, 그 다음부터

essere innanzi negli anni- 나이 먹다, 늙다

farsi innanzi- 나서다, 전진하다

innanzi che- ~하기 전에(= prima che)

Devo vederti innanzi che tu parta. 네가 떠나기 전에 나는 너를 봐야 한다.

2. (전치사) 전에, 앞에

innanzi a- ~전에, ~앞에(= davanti a, di fronte a)

Dovranno comparire innanzi al giudice. 그들은 판사 앞에 출두해야 할 것이다.

innanzi tempo- (너무) 이르게, 너무 일찍; 미리(= in anticipo)

innnanzi tutto (o innanzitutto)- 무엇보다(= soprattutto, prima di tutto)

Innanzitutto vorrei precisare che quel lavoro non è stato fatto da me. 무엇보다 그 일은 내가 한 것이 아니라는 것을 밝히고 싶다.

mettere innanzi a tutto la famiglia- 다른 모든 것보다 자신의 가족을 중시하다

3. (명사) 이전, 이후

per l'innanzi- 이전에(= in passato); 이후에(= in futuro)

inno- 성가, 찬가

cantare (o innalzare) inni- 성가를 부르다

inno di lode- 찬미가, 송가

inno nazionale- 애국가

innocente- 결백한, 천진난만한

bambino innocente- 천진난만한 아이

dichiararsi innocente- 무죄를 주장하다

presunto innocente- 무죄추정

sangue innocente- 무고한 사람의 피

innocentino- 결백한 사람

avere l'aria da innocentino- 시치미를 떼다, 점잔 빼다

fare l'innocentino- (자기는 그렇지 않은 척하면서) 딴전을 피우다

Va' la, non fare l'innocentino; spesso anche tu ti comporti da mascalzone. 말도 안 돼, 딴전을 피우지 마. 가끔 너도 악동처럼 행동한다.

insalata- 샐러드

fare un'insalata- 범벅을 만들다, (비유) 엉망을 만들다

in insalata- (올리브유, 식초, 소금으로 간을 한) 샐러드 식

insalata belga- 벨기에 꽃상추

insalata di mare- 해물 샐러드

insalata di patate- 감자 샐러드

insalata di verdura- 야채 샐러드

insalata mista- 혼합 샐러드(생야채나 익힌 것)

insalata russa- 러시아식 샐러드(익인 야채에 마요네즈를 얹은 샐러드)

insalata verde- 기름, 식초와 소금으로 간을 한 생야채 샐러드

mangiarsi qualcuno in insalata- (마치 샐러드를 먹듯이 어떤 사람에 대해 쉽게 이긴다는 뜻)낙승 하다

Siete rimasti tu e Marco in lizza per quel lavoro? Non preoccuparti, te lo mangi in insalata. 그 일을 위한 명단에 너와 마르코가 남았니? 걱정하지 마, 네가 그를 쉽게 이길 거다.

insegna- 문장, 상징, 간판

all'insegna di- ~의 이름으로/기치로

Hanno lanciato una campagna contro le riviste pornografiche all'insegna dei valori della famiglia. 그들은 가정의 가치라는 이름으로 포르노 잡지에 대항하는 운동을 시작했다.

inseguimento- 추적, 추구

essere all'inseguimento di qualcuno- ~를 추적 중이다

gettarsi (o lanciarsi) all'inseguimento di qualcuno- ~를 뒤쫓다

La polizia si è gettata all'inseguimento dei ladri. 경찰이 도둑들을 뒤쫓았다.

insieme- 1. (부사) 같이, 함께

andare insieme- 같이 가다; (우유가 액체와 고체로) 분리되다

Stasera andiamo al cinema insieme? 오늘밤 우리 같이 영화 보러 갈래?

fare troppe cose insieme- 한꺼 번에 너무 많은 일을 하다

Vuoi fare troppe cose tutte insieme. 너는 한꺼 번에 너무 많은 것을 하고 싶어해.

mettere insieme- 합하다, 모으다(= raccogliere); 모이다, 함께 하다(= unire); 모으다(= accumulare); 뭐든 있는 것으로 만들다(= improvvisare)

Ha messo insieme una bella squadra. 그는 멋진 팀을 하나 만들었다.

Voglio mettere insieme un po' di soldi e poi farò un viaggio. 나는 돈을 조금 모아 놓고 싶어. 그래서 나중에 여행을 할 거야.

mettersi insieme a qualcuno- ~와 교제를 시작하다, ~와 만나다(= formare una coppia)

stare bene insieme- 같이 잘 지내다, 성격들이 잘 맞다, 조화를 이루다

Noi stiamo bene insieme. 우리는 같이 잘 지낸다.

stare insieme- 같이 있다

Da quanto tempo state insieme? 너희들이 같이 지낸지 얼마나 됐니?

Loro hanno poco tempo per stare insieme. 그들은 함께 있을 시간이 별로 없다.

tutti insieme- 모두 다 함께

Gli ospiti se ne sono andati tutti insieme. 손님들이 모두 다 함께 가버렸다.

Non parlate tutti insieme! 모두 다같이 한꺼번에 말하지 마!

insieme a (con)- ~와 함께

Ho passato le vacanze insieme con alcuni miei amici. 나는 몇몇 친구들과 함께 휴가를 보냈다.

Ha lo studio insieme con il fratello. 그는 스튜디오를 형과 함께 쓴다.

Il nuoto, insieme con il tennis, è il suo sport preferito. 테니스와 함께 수영은 그가 제일 좋아하는 운동이다.

Vive insieme ai genitori. 그는 부모님과 함께 산다.

2. (명사) 전체, 총괄

nell'insieme- 대체로, 전체적으로; 일률적으로

Nell'insieme non ci possiamo lamentare. 일률적으로 우리는 불평할 수 없다.

preso nell'insieme- 전체적/전반적으로 볼 때

Gli alunni, presi nell'insieme, erano turbolenti. 학생들은 전체적으로 볼 때 통제하기 힘들었다.

sguardo d'insieme- 종합적인 관점

insistenza- 고집, 집요, 강한 주장

cedere all'insistenza di qualcuno- ~의 끈질긴 요청에 굴복하다

chiedere con insistenza- 고집 세게/끈질기게 묻다; (~에 관해, 하고 있는 ~에 관해) 주장/고집하다

Mi ha chiesto con insistenza. 그는 나에게 끈질기게 물었다.

su insistenza di- ~의 고집으로, 주장으로

insistere- 우기다, 고집하다

insistere a fare qualcosa- ~을 해야 한다고 주장하다, 고집하다

Perché insisti a dirmi sempre le stesse cose? 왜 너는 늘 내게 같은 것을 말해야 한다고 주장하니?

insistere su un punto- ~의 문제를 강조하다

Devi insistere su questo punto. 너는 이 문제를 강조해야 한다.

insoddisfatto- 만족하지 못한, 마음에 들지 않은

essere insoddisfatto di- ~에 대해 불만족하다

Sono insoddisfatto del risultato dell'esame. 난 시험 결과에 불만스럽다.

Sono insoddisfatto di te. 나는 네가 불만족스럽다.

insofferente- 견딜수 없는, 참을 수 없는

essere insofferente di- ~을 견딜 수 없어 하다

È insofferente di ogni vincolo. 그는 모든 속박을 견딜 수 없어 한다.

insomma- 1. (부사) 결론적으로(= in conclusione); 결국, 그러니까; 한마디로 말해, 요컨데(= in poche parole); 최종적으로(= infine)

Insomma, vuoi venire o no? 그러니까 결론적으로 오고 싶은 거야 아니야?

Insomma, non è poi così facile. 결국, 그렇게 쉬운 것은 아니다.

2. (감탄사) 그럭 저럭, 그저 그렇게(= così così); 그렇게 많이는 아니고(= non proprio molto); 절대 많이는 아니고(= mica tanto); 완전히는 아니고(= non del tutto)

"Come stai?" "Insomma!" "어떻게 지내니?" "그저 그렇게!"

"Ti è passato il mal di testa?" "Insomma!" "두통이 멎었니?" "완전히 가신 것은 아냐!"

"Ti sei divertito?" "Ma, insomma!" "재미 있었니?" "그렇게 재미있었던 것은 아냐!"

insonnia- 불면증

soffrire d'insonnia- 불면증으로 고생하다, 불면증에 시달리다

Di solito gli anziani soffrono d'insonnia. 대개 노인들은 불면증에 시달린다.

insopportabile- 참을 수 없는, 견딜 수 없는

caldo insopportabile- 견딜 수 없는 더위

persona insopportabile- 참을 수 없는 사람

intanto- 1. (부사) 1) (시간적 의미) 그러는 동안(= nel frattempo), 동시에(= nello stesso tempo)

Io cucino, intanto tu apparecchia la tavola. 내가 요리할게, 그러는 동안 너는 식탁을 차려.

2) (결론적 의미) 어쨌든(= a ogni buon conto)

Intanto ce l'abbiamo fatta anche questa volta. 어쨌든 이번에도 우리가 해냈다.

3) 우선 한 가지 이유는; 한 예를 든다면(= per dirne una, per cominciare)

"Cosa vuoi di più?" "Be', intanto, vorrei essere consultato più spesso." "더 원하시는 것이 있습니까? "음, 우선 한 가지 이유는, 더 자주 상담을 받고 싶습니다."

4) ~라는 사실에는 여전히 변함이 없다(= resta il fatto che)

Può dire quello che vuole, ma intanto i documenti sono spariti. 그는 원하는 대로 말할 수 있지만, 문서가 분실됐다는 사실에는 여전히 변함이 없다.

5) (반의적 의미) 그러나

Dice sempre di sì, e intanto fa di testa sua. 항상 그는 그러겠다고 말하지만, 자기 마음대로 한다.

(per) intanto- 당장은(= al momento); 잠깐 동안은, 당분간(= per il momento), 지금 당장

(Per) intanto ti conviene accettare quell'incarico, poi esaminerai altre proproste. 당장은 네가 그 직무를 수용하는 것이 유리한데, 나중에 다른 제의들을 따져봐라.

2. (관용어적 접속사)

intanto che- ~하는 동안에(= mentre)

Intanto che aspetti, ti faccio un caffè. 네가 기다리는 동안, 커피 한 잔 타줄게.

intendere- 1. (타동사) 이해하다, 의미하다, 의도하다

dare a intendere a qualcuno che- ~에게 (~이라는 사실을) 말하다, 알리다

Mi diede ad intendere che l'aveva fatto. 그는 자기가 그것을 했다고 나에게 말했다.

darla a intendere a qualcuno- ~에게 허위 사실을 믿게 하다(= fare credere qualcosa di falso)

Ha cercato di darmela ad intendere ma non gli ho creduto. 그는 나를 속이려 들었지만 난 그를 믿지 않았다.

fare intendere- 넌지시 알리다, 시사하다

Mi fece intendere che non ne sapeva nulla. 그는 그것에 대해 아무것도 모른다고 내게 넌지시 알려 주었다.

farsi intendere- 자기 말/의사를 남에게 이해시키다

intendere + 동사원형- 의도하다(= avere intenzione di fare qualcosa)

Che cosa intendi fare? 무엇을 할 의향이야?

Non intendevo offenderti. 너의 마음을 상하게 할 의도는 없었다.

intendere a rovescio- 오해하다, 착각하다

intendere ragione- 사리를 쫓다, 사리에 따르다, 이성의 소리에 귀 기울이다

Non intende ragioni. 그는 이성의 소리에 귀 기울이려 하지 않는다.

intendersela con qualcuno- ~와 관계를 갖다, 바람을 피우다(= avere una relazione amorosa); 한통속이 되다(= essere in combutta con qualcuno); ~와 매우 친한 사이이다(= essere grandi amici)

Te l'ho detto che se la intendeva con lui! Le loro assenze dal lavoro coincidevano! 그녀가 그와 바람을 피운다고 내가 너한테 말했지! 직장에서 그들의 결근이 일치했었어!

S'intende! 물론이죠!

2. (재귀동사)

intendersi di- ~에 정통하다, ~에 노련하다; ~에 대해 일가견이 있다

Lui non va mai al concerto perché non si intende di musica. 그는 음악에 대해서 잘 몰라서 절대 음악회에 가지 않는다.

Non mi intendo di queste cose. 난 이런 것들에 대해선 잘 모른다.

intendersi sul prezzo- 가격에 합의하다

Non ci siamo intesi sul prezzo. 우리는 가격에 대해 합의를 못 보았다.

intenditore- 전문가

A buon intenditore poche parole. (속담) 현자는 하나를 듣고 열을 깨닫는다. 하나를 들으면 열을 안다.

un itenditore di vini- 와인 전문가

intensità- 강렬함, 강함, 격함

con intensità- 강하게, 철저하게, 집약적으로; 여념없이, 오로지

Desiderate qualcosa con intensità! 너희들 뭔가를 강하게 원해 봐!

intensità luminosa- 빛의 강도, 광도

intensivo- 집중적인

coltura intensiva- 집약 농업

corso intensivo- 집중 강좌, 속성 과정

terapia intensiva- 집중 치료

intenso- 극심한, 강렬한

dolore intenso- 심한 통증, 심한 고통

freddo intenso- 강렬한 추위, 혹한

giornate intense- 바쁜 하루

sguardo intenso- 강렬한 시선, 살피는 듯한 눈초리

intento①- 몰두하는, 열중하는

essere intento a- ~에 몰두하다, 열중하다

È intento a risolvere il problema. 그는 문제를 해결하는데 몰두해 있었다.

Era intenta al suo compito. 그녀는 숙제하느라 여념이 없었다.

intento②- 의도, 목적

con l'intento (o nell'intento) di fare qualcosa- ~을 할 작정으로, ~을 할 심산으로, ~할 생각으로

L'ho fatto con l'intento di aiutarti. 너를 도와줄 심산으로 내가 그것을 했다.

conseguire (o ottenere/raggiungere) l'intento- 목적을 이루다

intenzionato- 마음이 있는

essere ben intenzionato verso qualcuno- ~에게 호의를 가지고 있다, ~에게 호의적이다

essere intenzionato a- ~할 의향이다

Tuo fratello era intenzionato a comperare la mia moto. 너의 형은 내 자동차를 살 마음이 있었다.

essere mal intenzionato verso qualcuno- ~에게 악의를 가지고 있다, ~에게 악의가 있다

intenzione- 의도, 지향

avere buone intenzioni- 좋은 의도를 지니다

avere intenzione di fare qualcosa- ~를 할 의도이다, ~할 계획이다

Ho intenzione di andare a vivere in campagna. 나는 시골에 살러 갈 계획이다.

Si può sapere che intenzioni hai? 네가 무슨 의도를 가지고 있는 지 알 수 있을까?

avere una mezza intenzione di- (확실히 모르겠지만) ~할 마음/생각이 있다; 할까 말까 생각 중이다

Avrei una mezza intenzione di piantare lì tutto e prendermi un giorno di vacanza. 나는 모든 것을 던져 버리고 하루 쉬고 싶다.

con intenzione- 의도적으로, 고의로(= volontariamente)

con l'intenzione di fare qualcosa- ~를 할 셈으로/의도로

La strada che porta all'inferno è lastricata di buone intenzioni. (속담) 지옥으로 가는 길은 선의로 포장되어 있다; 실제 행동으로 옮기지 않는 선의는 의미가 없다.

non avere nessuna intenzione di- ~할 의도가 전혀 없다

Non avevo nessuna intenzione di farlo. 나는 그것을 할 의도가 전혀 없었다.

secondo le proprie intenzioni- 자신의 의향/의도에 따라

Ho deciso che faremo quel viaggio secondo le nostre intenzioni originarie. 우리는 우리의 의도에 따라 그 여행을 할 것이라고 나는 결정했다.

senza intenzione- 우연히, 부주의로; 무심코, 고의 아니게(= involontariamente)

interessamento- 관심

avere un posto per l'interessamento di un amico- 친구의 주선으로 일자리를 얻다

Credo nel tuo interessamento. 나는 너의 관심을 믿는다.

dichiarare il proprio interessamento a un acquisto- 구매에 자신의 관심을 표명하다

Grazie per l'interessamento. 관심 가져 줘서 고맙습니다.

manifestare sincero interessamento- 진지한 관심을 나타내 보이다

per interessamento di- ~의 호의/배려로, ~의 중매로, ~의 알선/소개로

interessante- 재미있는

donna in stato interessante- 임신한 여성

essere in stato interessante- 아이를 가지다, 임신하다(= essere incinta)

Sua sorella è in stato interessante. 그녀의 언니는 임신해 있다.

una persona interessante- 재미있는 사람

interessarsi- 관심 갖다, 관심 있다

  interessarsi di- ~에 관심 갖다

Chi si interesserà di lui? 누가 그에게 관심을 가질까?

Lui non si interessa di questi problemi. 그는 이런 문제에 관심이 없다.

Marco, perché ti interessi sempre dei fatti miei? 마르코, 넌 왜 항상 내일에 관심을 갖니?

  Interessati degli affari tuoi! 네 일이나 해!

interessato- 흥미 있는, 관심 있는

  amore interessato- 타산적인 사랑, 욕심에서 나온 사랑

  essere interessato a qualcosa- ~에 관심이 있다, ~에 흥미를 가지다

Sono molto interessato alla sua offerta. 나는 그의 제의에 무척 관심이 있다.

  essere interessato a un'azienda- 기업에 관심을 나타내 보이다; 어느 회사에 출자하다

  le parti interessate- 관계 당사자들, 관계자들

interesse- 관심, 이해; 이자

  a (o dietro) interesse- 이자를 붙여서

Loro gli hanno prestato denaro dietro interesse. 그들은 그에게 이자를 붙여서 돈을 빌려주었다.

  agire per il proprio interesse- 자신의 이해에 따라 행동하다, 사리사욕 때문에 행동하다

Agisce per il suo interesse. 그는 사리사욕 때문에 행동한다.

  avere interesse a- (1) ~에 이익이 있다

Che interesse avrei a mentire? 속여서 내가 무슨 이익을 얻길래?

(2) ~에 관심이 있다

Non hai interesse a farlo? 너 그것을 할 관심이 없니?

  avere interessi musicali- 음악적 관심을 갖다

  avere molti interessi- 많은 관심을 갖다

  badare ai propri interessi- 맡은 일을 챙기다/걱정하다(= curarli)

  con interesse- 관심을 갖고

Ho seguito questa storia con interesse dall'inizio alla fine. 나는 이 이야기를 처음부터 끝까지 관심을 갖고 들었다.

Ti ascolto con interesse. 네 말 관심을 갖고 들어.

  dare (o fruttare) 10% di interesse- 10% 이자가 붙다

  di grande interesse storico- 역사적으로 대단히 중요한 가치가 있는

  guardare al proprio interesse- 자기 이익을 바라보다

  sapere far bene i propri interessi- 자신을 돌보는 방법을 잘 알다

  mirare solo all'interessi- 돈벌 궁리만 하다

  mostrare un grande interesse- 대단한 관심을 보이다, 흥미를 나타내다

Lui mostra un grande interesse per il nostro paese. 그는 우리 마을에 큰 관심을 보인다.

  nell'interesse di- ~의 이익을 위해

Agisce nell'interesse comune del popolo. 그는 공익을 위해 일한다.

Non è nel mio interesse. 내가 얻을 것이 하나도 없다.

pagare l'interesse del 10% su un prestito- 10% 대출이자를 내다/납입하다

pensare al proprio interesse- 자기 이익을 생각하다

Lui pensa sempre al suo interesse. 그는 항상 자기의 이익만 생각한다.

per interesse- 이익으로, 관심으로, 흥미로

"Perché studi l'italiano?" "Per interesse" "왜 이탈리아어를 공부하니?" "흥미로"

per l'interesse di qualcuno- ~의 이익을 위해, ~의 이해에 따라

L'ho fatto per il tuo interesse. 너 잘 되라고 그것을 했다.

prendere interesse a qualcosa- ~에 관심을 갖다

Quali sono i tuoi interessi? 무엇이 너의 관심거리니?

suscitare grande interesse- 관심/흥미를 불러일으키다

tasso (o saggio) d'interesse- 금리

interiore- 내부의; 내면적인

cortile interiore- 안 마당

felicità interiore- 내적 행복, 마음속의 행복

natura interiore- 마음속, 타고난 본성

vita interiore- 정신생활, 영적생활

voce interiore- 내성, 마음의 목소리, 양심의 소리

intermediario- 중재자

fare da intermediario- 중개역할을 하다; 중재/조정하다

Mi ha fatto da intermediario nell'acquisto della casa. 집을 구입하는데 그가 중개역할을 했다.

intermediario di assicurazione- 보험 중개인, 보험 설계사

intermediario di Borsa- 증권 중개사

trattare con qualcuno senza intermediari- 중개인/중재자 없이 ~와 협상하다

intermediazione- 중개, 매매, 중재

agenzia di intermediazione- 중개업소

compenso di intermediazione- 중개수수료

intermediazione finanziaria- 금융중개업

intermedio- 중간의

colore intermedio- 중간색

colore intermedio tra il rosso e l'arancione- 빨간색과 오렌지색 사이의 중간색

livello (o grado) intermedio- 중간수준, 중간단계

prezzo intermedio- (매매의) 평균가격, (투자의) 시장 가격

prodotto intermedio- 중간생산물, 중간생성물

intermezzo- 간주곡; 휴식

intermezzo comico- 막간의 희극

intermezzo tra il secondo e il terzo atto- 이막과 삼막 사이의 휴식

un intermezzo musicale- 간주곡

interno- 1. (형용사) 내부의; 국내의

alunno interno- 기숙사 거주 학생, 하숙생

concorrenza interna- 내부경쟁

lato interno- 내면

medico interno- 인턴, 수련의사

produzione interna- 국내산, 가정생산

voli interni- 국내선

2. (명사) 내부, 안

abitante dell'interno- 내륙사람, 내지사람

al nostro interno- 우리 가운데/사이에(= tra noi); 우리 안에서

all'interno di qualcosa- ~의 안에

all'interno- 실내에서, 실내로(= al chiuso)

dare sull'interno- 안쪽으로 나 있다

La camera dà sull'interno. 방이 안쪽으로 나 있다.

dall'interno- 안에서부터, 내부에서부터

La porta è chiusa dall'interno. 문이 안에서 잠겼다.

il Ministro dell'interno (o degli interni)- 내무부 장관

l'interno dell'edificio- 건물 내부

L'interno dell'edificio è in stile barocco. 건물 내부는 바로코 양식이다.

notizie dall'interno- 국내 뉴스

intero- 1. (형용사) 전체의, 전부의

arco intero- (건축) 반원 아치

biglietto intero- (기차의) 정상요금

il mondo intero- 전세계

Ha girato il mondo intero. 그는 전세계를 돌아다녔다.

la vita intera- 전생애, 일생

Lui ha passato la vita intera a studiare i fossili. 그는 평상 화석공부를 하며 보냈다.

prezzo intero- 총 매매가; 제값

una bottiglia intera di vino- 포도주 한 병 전체

In due si sono scolati una bottiglia intera di whisky. 그들 둘이서 위스키 한 병을 전부 다 비웠다.

una intera giornata/un intero giorno- 하루 종일, 온종일

Abbiamo trascorso una intera giornata lì. 우리는 온종일 그곳에서 보냈다.

Mi sono fermato in quella città un giorno intero. 나는 그 도시에서 하루 종일 머물렀다.

2. (명사) 전부, 전체

nel suo intero- 통째로, 전부, 온전히

per intero- 전부, 빠짐없이(= interamente, del tutto)

Scrivete nome e indirizzo per intero. 너희 이름과 주소를 빠짐없이 적어라.

interpretare- 해석하다

interpretare i fatti- 사실을 해석하다

Come interpreti i fatti? 사실을 어떻게 해석하니?

interpretare i sogni- 꿈을 해몽하다, 꿈풀이하다

interpretare le Sacre Scritture- 성경을 해석하다

interpretare una parte- 역을 하다, 역할을 맡다; 맡은 배역을 연기하다

male interpretare- 잘못 해석/이해하다; 오해하다

Hai male interpretato le mie parole. 넌 내 말을 잘못 이해했다.

interprete- 통역, 통역관, 통역사

diventare interprete- 통역사가 되다

Lui vuole diventare interprete. 그는 통역사가 되길 원한다.

fare da interprete a qualcuno- ~의 통역을 해 주다

Vi faccio da interprete. 내가 너희들 통역을 해 줄게.

farsi interprete delle richieste di qualcuno- ~의 요구를 대신해서 말하다

Mi sono fatta interprete delle sue richieste. 나는 그의 요구를 대신해서 말했다.

farsi interprete di- ~을 나타내다/표하다

parlare per mezzo di un interprete- 통역을 세워 말하다/얘기하다

Qui ci vuole un interprete! (농담) 도무지 못 알아듣겠다!

interrogativo- 의문의

pronome interrogativo- 의문 대명사

punto interrogativo- 물음표

sguardo interrogativo- 의심쩍어하는 눈치

interrogatorio- 심문, 심문조사

fare a qualcuno un interrogatorio di terzo grado- ~에게 질문을 퍼붓다, 꼬치꼬치 캐묻다

fare l'interrogatorio a qualcuno- 반대 심문하다, 상세히 묻다

Mi ha fatto l'interrogatorio. 그는 내게 반대 심문을 하였다.

Non farmi l'interrogatorio per sapere dove ero! 내가 어디 있었는지 알려고 꼬치꼬치 캐묻지 마!

sottoporre a interrogatorio qualcuno- ~를 심문/추궁하다

Il magistrato ha sottoposto a interrogatorio l'imputato. 판사는 피고인을 심문했다.

sottoporre qualcuno a interrogatorio serrato- ~를 다그치다, ~를 닦달하다

interrompere- 1. (타동사) 중단시키다, 중지시키다

interrompere le trattive- 교섭을 중단하다

interrompere un viaggio- 여행을 중단하다, 도중하차하다

interrompere una conversazione- 대화를 중단하다

Non interrompermi quando parlo io. 내가 말할 때 내 말을 가로막지 마.

Scusa se ti interrompo. 네 말을 가로 막아서 미안해.

2. (재귀동사) interrompersi- 끊기다, 잘리다; 말을 멈추다

Durante il suo discorso si è interrotto tre volte. 연설 도중 그는 세 번이나 말을 멈췄다.

interruttore- 단속기, 차단기

girare l'interruttore- 스위치를 켜다(= per accendere); 스위치를 끄다(= per spegnere)

  interruttore a leva- 레버 스위치

  interruttore a pulsante- 누름 스위치

  interruttore a tempo- 타임 스위치

interruzione- 중단, 중지; 잠시 쉼

  fare una breve interruzione- 잠시 쉬다

  interruzione del lavoro- 조업 정지

  interruzione del rapporto di lavoro- 고용 계약 해지, 해고

  interruzione della gravidanza- 유산; 임신 중절, 낙태

  senza interruzione- 중단 없이

intervallo- 시간적 간격, 사이, 휴식시간

  a intervalli- 간격을 두고, 간격으로; 참참이, 간간이, 사이를 띄워서, 사이사이에

  Ci vediamo nell'intervallo tra le due lezioni. 두 수업 사이 휴식시간에 보자.

  nell'intervallo tra- ~사이에, ~사이 휴식 시간에

  un intervallo di cinque metri- 5미터 간격

  un intervallo di due mesi- 두 달 간격

intervento- 외과수술

  fare un intervento- 수술을 하다

  non intervento- (정치) 내정 불간섭, 불개입; (외교상의) 불간섭주의

  pronto intervento- 24시간 수리 서비스; 자동차 사고 부서

  squadra di pronto intervento- (경찰) 특별 기동 수사대

  subire un intervento- 수술을 받다

  Lui ha subito un intervento al cuore. 그는 심장 수술을 받았다.

  Mia nonna ha subito un intervento chirurgico molto pericoloso. 나의 할머니는 매우 위험한 외과수술을 받았다.

intervista- 인터뷰, 회견

  avere un'intervista con qualcuno- ~와 회견하다, ~와 인터뷰하다, ~와 면접하다

  Ho un'intervista con un giornalista. 나는 기자와 인터뷰를 했다.

  concedere (o rilasciare) un'intervista a qualcuno- (질문받는 측에서) 인터뷰에 응하다

  fare intervista a qualcuno- ~에게 인터뷰하다(= intervistare qualcuno)

  intervista di assunzione- 면접시험, 구직 면접, 구직 인터뷰, 입사 시험

intesa- 상호 일치, 이해, 합의

  come d'intesa- 합의한 대로

  con l'intesa che- ~라는 조건 아래, ~라는 양해/협약 아래

  essere (o agire) d'intesa con qualcuno- ~와 일치하여 하다, ~와 협조하다

  occhiata d'intesa- 의미심장한 시선

  raggiungere un'intesa- 합의에 도달하다

  venire a un'intesa- 합의에 이르다

inteso- 이해한, 합의한, 뜻하는

come inteso- 합의 본 바와 같이, 합의한 대로

è inteso che- ~라고 생각되고 있다, ~라고 믿어지고 있다

È inteso che ognuno pagherà la sua parte. 각자 자기 몫을 지불할 것이라고 생각된다.

Intesi! 좋아! 잘 됐다!

non darsene per inteso- 아랑곳하지 않다; 귀담아듣지 않다/무시하다

L'ho pregato più volte di andarsene, ma non se n'è dato per inteso. 나는 그에게 여러 번 떠나줄 것을 요청했지만, 그는 아랑곳하지 않았다.

resta inteso che- ~라고 합의하다

Resta inteso che ci vediamo domani all'Università. 내일 대학에서 보는 걸로 하자.

Siamo intesi? 분명한 거지? 합의 본 거지? 알겠지?

intimo- 1. (형용사) 친밀한, 내부의, 마음속 깊은

amico intimo- 절친한 친구, 가까운 친구

Paolo è un mio amico intimo. 파올로는 나의 절친이다.

avere rapporti intimi con qualcuno- (완곡) ~와 성관계가 있다

Quell'uomo ha avuto rapporti intimi con quella ragazzina. 그 남자는 그 어린 여자와 성관계를 가졌다.

cena intima- 아늑한 저녁 식사

Ieri sera io e mio marito ci siamo concessi una cena intima. 어제밤 나와 남편은 아늑한 저녁 식사를 가졌다.

essere in intimi rapporti con qualcuno- ~와 친밀한 관계이다, ~와 가까운 관계이다

relazione intima- 친밀한 관계

2. (명사) 절친한 친구; 가장 깊숙한 곳; 속옷

ferire qualcuno nell'intimo- ~에게 깊은 상처를 주다

nell'intimo- 마음 속으로; 친밀히, 내심, 은밀히

intorno- 1. (부사) 주위에, 주변에

andare intorno- 돌다, 나돌다, 돌아다니다, 배회하다, 나다니다, 누비다

avere qualcuno sempre intorno- 주위에 항상 ~가 있다

Deve sempre avere qualcuno intorno altrimenti si sente solo. 그는 주위에 항상 누군가 있어야 한다. 그렇지 않으면 혼자라고 느낀다.

d'ogni intorno- 사방에서, 도처에서

girarci intorno- 말을 빙빙 돌리다, 변죽을 울리다.

Non girarci intorno: vuoi un prestito? 둘러대지 말고, 대출을 원하니?

guardarsi intorno- 주위를 돌아보다

Guardiamoci un po'intorno! 잠시 우리 주위를 돌아보자!

Levati d'intorno!- 비켜요!

Levatemelo d'intorno! 내 앞에서 그를 사라지게 해 줘.

lì intorno- 그 주위에

qui intorno- 이 주위에

tutt'intorno- 사방에, 도처에, 두루

C'è uno steccato tutt'intorno. 사방에 울타리가 있다.

2. (전치사) intorno a- (1) ~주위에, ~주변에

Abbiamo fatto un giro intorno alla città. 우리는 도시 주변을 한 바퀴 돌았다.

Intorno alla casa c'è un parco. 집 주위에 공원이 하나 있다.

La Terra gira intorno al Sole. 지구는 태양 주위를 돈다.

(2) 약, 대략

È intorno alla cinquantina. 그는 대략 오십 대였다.

Nello stadio c'erano intorno ai 50.000 spettatori. 경기장에 약 오만명의 관중이 있었다.

(3) ~에 관하여

Lavora da anni intorno a quel progetto. 그는 여러해전부터 그 계획에 관해 일하고 있다.

invece- 1. (부사) (1) 대신에(= in cambio)

(2) 그러나(= ma)

Doveva andarci mia moglie, e invece ci andai io. 그곳에 부인이 갔어야 했는데, 대신에 내가 갔다.

(3)반대로(= al contrario)

Aveva detto che non veniva, invece è venuto. 그는 못 온다고 말했지만 왔다.

(4) 반면(= mentre, laddove)

"Hai l'aria di non stare bene." "No, invece sto benissimo." 너 안색이 안 좋아 보이는데? 아니, 반대로 난 괜찮아.

Il modello nuovo è di plastica, invece il vecchio era di vetro. 새 모델은 플라스틱인 반면 구 모델은 유리였다.

2. (전치사 관용어)

invece che- ~대신에, ~하지 말고

Invece che al cinema, perché non andiamo in discoteca? 극장 대신에 디스코텍에 가는 게 어때?

invece di- ~대신에, ~하지 말고

Invece di curarti da solo, faresti meglio a sentire un medico! 혼자 치료하려 들지 말고, 의사 말을 듣는 게 더 나을거다.

Questa sera sono venuto io, invece di mio fratello. 오늘 저녁은 동생 대신에 내가 왔다.

inventare- 발명하다, 지어내다

Aveva inventato tutto di sana pianta. 그가 다 지어낸 이야기였다.

inventare il telefono- 전화를 발명하다

Chi ha inventato il telefono? 누가 전화를 발명했지?

inventare un sistema per evadere le tasse- 탈세할 방법을 고안하다

inventare una bugia- 거짓말을 지어내다

inventare una scusa- 핑계를 대다, 구실을 만들다

Non inventare delle scuse! 핑계를 대지 마!

inventare una storia- 이야기를 날조하다

Ne inventa tante! 그는 거짓말도 잘도 지어댄다!

invenzione- 발명; 발명품

brevettare un'invenzione- 발명품에 대해 특허를 취득하다

brevetto di invenzione- 발명품의 특허권, 특허증

essere opera (o frutto) d'invenzione- 허구이다

invenzione brevettata- 특허권, 특허증

invenzione industriale- 산업 발명

l'invenzione della radio- 라디오 발명

le invenzioni della scienza moderna- 현대 과학의 발명품

invernale- 겨울의

aria invernale- 겨울 공기

clima invernale- 겨울 기후

sonno invernale- 겨울잠, 동면

sport invernali- 겨울 스포츠, 동계 스포츠

stagione invernale- 겨울철, 동계

tempo invernale- 겨울 날씨

vacanze invernali- 겨울 방학

vestito invernale (o abiti invernali)- 겨울옷

inverno- 겨울

d'inverno/**in inverno**- 겨울에

D'inverno andate a sciare? 겨울에 너희는 스키 타러 가니?

Mia moglie va in vacanza d'estate, io ci vado d'inverno. 나의 아내는 여름에 휴가를 가고, 나는 겨울에 간다.

nel cuore dell'inverno- 한겨울에

passare l'inverno- 겨울을 나다

un inverno mite/**rigido**- 혹독한/온화한 겨울

inversione- 전환, 역전

inversione di marcia- U턴

inversione di tendenza- 반전, 전환, 역전; 돌변; 선회

inversione genica/**inversione sessuale**- 성전환

inverso- 1. (형용사) 반대의, 역의

dizionario inverso- 역순 사전

funzione inversa- (수학) 역함수

in ordine inverso- 역순으로, 차례를 거꾸로 하여

in senso inverso- 반대 방향으로, 정반대로

Dobbiamo andare in senso inverso. 우리는 반대 방향으로 가야 한다.

2. (명사) 반대

all'inverso- 반대로, 거꾸로(= in modo inverso); 반대 방향으로(= in direzione inversa)

Tutto è andato all'inverso di come pensavo. 모든 것이 내가 생각하는 것과는 반대 방향으로 갔다.

fare l'inverso- 반대하다

investigazione- 조사, 탐구

    fare investigazioni su qualcosa- ~에 관해 조사하다

    investigazione giudiziaria- 재판 심리

    investigazione scientifica- 과학 조사

investimento- 투자

    fare un investimento- 투자하다

    fondo comune di investimento- 투자 기금

    investimento a breve termine- 단기 투자

    investimento a lungo termine- 장기 투자

    investimento azionario- 주식 투자

    investimento diretto estero- 해외직접투자

    investimento in beni rifugio- 비금전투자

    investimento in immobili- 부동산 투자

    investimento in titoli- 증권 투자, 간접 투자

    subire un investimento- (차, 버스에) 치이다

investitore- 1. (명사) 투자자; (자동차) 사고 가해자

    investitore estero- 해외 투자자

    investitore istituzionale- 기관투자

    2. (형용사) (차량, 운전자가) 사람을 친

    l'auto investitrice- 가해 차량

invidia- 질투, 시기, 부러움

    da fare invidia- 부러운, 선망의 대상이 되는

    Ha una salute da fare invidia. 부러울 정도록 그는 건강하다.

    Lui è intelligente da fare invidia. 그는 선망의 대상이 될 정도로 똑똑하다

    essere roso (o divorato) dall'invidia- 시기심에 사로 잡히다, 질투심에 불타다

    Quando ha capito che avevo vinto il premio al suo posto è stato roso dall'invidia. 그의 자리에 내가 상을 탔다는 것을 알았을 때 그는 질투심에 불타게 되었다.

    È meglio fare invidia che pietà. 동정심을 불러 일으키는 것보다 질투심을 일으키는 게 더 낫다.

    fare invidia a qualcuno- ~에게 질투를 유발하다, 질투가 나게하다

    per invidia- 질투심에서

    Lui ha una salute da fare invidia. 그는 질투를 불러 일으킬 만큼 건강하다.

    provare (o nutrire) invidia per qualcuno- ~를 부러워하다, 선망하다

    rodersi dall'invidia- (사람 또는 물건을) 부럽게 생각하다

    scoppiare di invidia- 질투심이 폭발하다

    Quando vedrà la tua nuova pelliccia, scoppierà di invidia. 그녀가 네 모피를 보면, 시기심이 폭발할 거다.

    suscitare invidia- 질투를 불러일으키다, 질투심을 자극하다

invidiare- 부러워하다

invidiare qualcuno (o qualcosa)- ~을 부러워하다

Invidio la sua calma. 나는 그의 침착함이 부럽다.

Ti invidio. 네가 부럽다.

invidiare qualcuno per qualcosa- ~를 ~때문에 부러워하다

Tutti lo invidiano per i soldi. 모두가 그를 돈 때문에 부러워한다.

invidiare qualcosa a qualcuno- ~에게 ~을 부러워하다

Non gli invidio il suo successo. 나는 그의 성공을 부러워하지 않는다.

non avere niente (o nulla) da invidiare a- ~보다 결코 못하지 않다, 결코 ~에 뒤지지 않는다

Il mio nuovo lavoro non ha niente da invidiare al vecchio. 나의 새 직장이 옛 직장보다 결코 못하지 않다.

invidioso- 시기심이 많은, 질투하는

essere invidioso di- ~을 시기하다, ~을 부러워하다

Non sono invidioso di nessuno. 나는 아무도 부러워하지 않는다.

invio- 전송, (물품) 배달, 인도, 우송; (돈) 송금, 수송; (컴퓨터) 실행 키

dare l'invio- 전송자판을 누르다

fare un invio- 배송물을 보내다

invio messaggi- 메세지 전송

invio per posta- 우편으로 발송

tasto d'invio- 실행 키, 엔터 키

invisibile- 보이지 않는, 보기 힘든

forze invisibili- 보이지 않는 힘

invisibile a occhio nudo- 육안으로는 보이지 않는

rammendo (o cucitura) invisibile- 짜깁기

invitare- 초대하다

invitare qualcuno a- ~를 ~에 초대하다

Lui mi ha invitato a casa. 그는 나를 자기 집에 초대했다.

Vorrei invitarti a cena da noi. 우리집 저녁 식사에 너를 초대하고 싶다.

invitare qualcuno a fare qualcosa- ~에게 ~하자고 청하다

La invito a seguirmi. 저를 따라올 것을 청합니다.

Mi ha invitato ad entrare. 그가 나를 들어오도록 요청했다.

invitare qualcuno alle nozze- ~를 결혼식에 초대하다

invito- 초대

accettare un invito- 초대를 승낙하다, 초대를 받아들이다

Grazie per l'invito. 초대해줘서 고맙다.

invito a nozze- 거부할 수 없는 초대; 아주 반가운 소식

invito alla festa di compleanno- 생일파티 초대

ricevere un invito a cena- 저녁 식사 초대를 받다

Abbiamo ricevuto un invito a pranzo. 우리는 점심 초대를 받았다.

È la ragazza da cui ho ricevuto un invito a cena. 내가 저녁 식사 초대를 받은 소녀다.

rifiutare (o declinare) un invito- 초대를 거절하다

spedire gli inviti delle nozze- 결혼식 청첩장을 보내다

solo per invito- 초대자/초청자에 한함

su invito di qualcuno- ~의 초빙을 받고, ~의 초청에 응하여

Ti ringrazio per l'invito, ma non posso venire. 너의 초대에 고맙지만, 나는 갈 수가 없다.

un invito a pranzo- 점심 초대

Ho un invito a pranzo. 점심 초대가 있다.

invocare- 기원하다, 불러내다

invocare aiuto- 구조를 청하다, 소리 높여 도움을 청하다

invocare Dio- 하느님/하나님/신께 기원하다

invocare l'aiuto di qualcuno- ~의 도움을 요청하다

invocare l'immunità diplomatica- 외교적 면책권을 주장/요구하다

invocare la legge- 법에 호소하다

invocare la pace- 평화를 기원하다

invocazione- 기원

invocazione d'aiuto- 도움 요청

invocazione di soccorso- 구조 요청

ipocrita- 위선적인

sorrisi ipocriti- 가식적인 미소

un atteggiamento ipocrita- 위선적인 태도

ipoteca- 저당[5]

accendere un'ipoteca- 저당에 넣다, 저당잡다

contratto di ipoteca- 담보 증권

mettere (o porre) una seria ipoteca su qualcosa- ~의 권리를 주장하다; ~에 이름을 새기(쓰)다

Con l'ultima vittoria la nostra squadra ha messo una seria ipoteca sulla conquista dello scudetto. 마지막 우승으로 우리팀이 선수권을 획득하는 것은 따놓은 당상이었다.

spegnere (o estinguere) un'ipoteca- 대출금을 상환하다, 저당을 소멸시키다

ipotesi- 가설, 가정

essere basato su un'ipotesi- 가설에 의거하다

L'intera storia è basata su un'ipotesi. 이야기 전체는 가설을 기초로 한다.

fare ipotesi- 추측/짐작하다, 가설을 세우다

formulare un'ipotesi- 가설을 세우다

ipotesi di lavoro- 작업 가설

ipotesi statistica- 통계적 가설

---

[5] 이탈리아어 'ipoteca'는 어원적으로 라틴어 *Hypotheca*에서 나오지만, 그 기원은 그리스에서 유래한다. 왜냐하면 로마인의 사고에 비추어 볼 때 로마법상 채권 실현의 최후의 담보는 상대방의 '재산'이 아닌 '신의'로 보았기 때문이다. 저당이라는 용어는 그리스에서 유입된 개념이다.

nell'ipotesi che/se per ipotesi- ~라고 가정한다면, 만약 ~라면

Se per ipotesi, facesse tardi, partiremmo da soli. 가령 그가 늦기라도 하면 우리끼리 떠날 것이다.

nella migliore delle ipotesi- 아무리 낙관하여도, 잘해야, 기껏해야

nella peggiore delle ipotesi- 아무리 나빠도, 최악의 경우에는

per ipotesi- 논의를 위하여

porre per ipotesi che- ~라고 가정하다

Poniamo per ipotesi che A sia uguale a B. A와 B가 같다고 가정해보자.

ippica- 경마

avere molta passione per l'ippica- 경마를 매우 좋아하다

Ho molta passione per l'ippica. 나는 경마에 대한 열정이 대단하다.

darsi all'ippica- 직업/분야를 바꾸다; (농담) 쓸모없다

Il flauto non è per te; datti all'ippica. 플룻은 네게 맞지 않다. 너한테는 쓸모없어.

ira- 분노[6]

agire sotto l'impulso dell'ira- 홧김에 욱하고 행동하다

essere accecato dall'ira- 화가 나서 눈이 뒤집히다, 화가 나서 분별력을 잃다

essere fuori di sé dall'ira- 화가 나서 제정신이 아니다

Era fuori di sé dall'ira. 그는 화가 나서 제정신이 아니었다.

essere preso dall'ira- 분노에 사로잡히다

essere un'ira di Dio- (비유) 골치거리이다

È successa l'iradiddio.- 순식간에 아수라장으로 변했다.

fare un'ira di Dio- 소동을 일으키다(이한사전에는 '야단법석하다'로 옮긴다.)

I bambini hanno fatto un'ira di Dio in casa. 애들이 집안에 난리법석을 부렸다.

Gli antiglobal hanno fatto un'ira di Dio, rompendo vetrine, sfasciando macchine. Ne hanno arrestati una cinquantina. 반세계화주의자들이 유리창을 깨고, 차를 때려 부수면서 소동을 일으켰다. 그들 가운데 대략 오십여 명을 체포하였다.

fremere d'ira- 파르르 화를 내다

l'iradiddio- (믿을 수 없을 만큼의) 엄청난 양

Quella notte ha piovuto l'iradiddio. 그날 밤 엄청난 양의 비가 내렸다.

placare l'ira di qualcuno- (화가 난 사람을) 진정시키다/달래다

provocare l'ira di qualcuno- ~의 화를 돋우다

irregolare- 불규칙의

condotta di gara irregolare- 규칙 위반

pasti irregolari- 불규칙한 식사

unione irregolare- 동거, 부부살이

verbo irregolare- 불규칙 동사

---

[6] 이탈리아어 'ira'는 라틴어 'ira, ae, f'에서 유래하며, 그 뜻은 이탈리아어와 마찬가지로 '분노' '진노'를 의미한다. 'ira'라는 말과 연관되어 13세기 첼라노의 토마스가 저술한 *Dies Irae*(진노의 날)'는 라틴문학의 진수로 꼽히며, 이 작품은 후대 모차르트와 베르디에 의해 '진혼 미사곡'으로 더 유명하게 알려지게 된다.

vita irregolare- 문란한 생활

irreparabile- 회복할 수 없는

danno irreparabile- 막대한 손해, 심각한 피해

perdita irreparabile- 돌이킬 수 없는 상실

un errore irreparabile- 회복할 길 없는 실수

iscrivere- 1. (타동사) 등록하다

iscrivere qualcuno a- ~를 어디에 등록시키다

Ho iscritto mio figlio a un corso di nuoto. 나는 아들을 수영강습에 등록시켰다.

iscrivere un nome in un elenco- 명단에 이름을 기입하다

iscrivere un nome su una lapide- 묘비에 이름을 새기다

iscrivere una causa a ruolo- 소송사건을 재판에 붙이다/들어가다

2. (재귀동사)

iscriversi a- ~에 등록하다/가입하다

Vorrei iscrivermi al corso preparatorio. 초급 과정에 등록하고 싶습니다.

iscrizione- 등록

all'atto dell'iscrizione- 가입 명부에; 가입하자마자

certificato d'iscrizione- 등록 확인서, 등록 증서

fare l'iscrizione a un esame- 한 시험에 등록하다

modulo d'iscrizione- 신청서, 신청 용지

tassa d'iscrizione- (과정) 입회비; (대학) 등록금; (경기) 참가비; (정당, 클럽) 회비

isola- 섬

isola ecologica- 재활용 지역사회

isola pedonale- 보행자 전용 구역

isola rotazionale- 라운드, 로터리

isola salvagente, isola spartitraffico- 교통 안전지대, 교통섬(보행자를 보호하기 위해 도로 가운데 만들어 놓은 구역)

isola vulcanica- 화산섬

vivere su un'isola- 어느 섬에서 살다

istante- 순간, 즉시

all'istante- 즉시, 당장, 지체 없이

da un istante all'altro- 곧, 언제 어느 때라도, 한시라도

Sarà qui da un istante all'altro. 그는 곧 여기로 올 것이다.

fra qualche istante- 눈 깜짝할 사이에

istanza- 청구, 청원, 신청

accogliere un'istanza- 청원을 받아들이다

a (o per) mia istanza- 나의 요구에

fare (o presentare) un'istanza- 청원하다, 탄원하다

fare viva istanza- 간청하다

in ultima istanza- 최후의 수단으로; 요컨데, 결국; (법률) 최종심에서

In ultima istanza aveva ragione tua madre. 결국 네 어머니 말이 옳았다.

istanza di fallimento- 파산신청

respingere un'istanza- 청원/요구를 거부/기각하다

su istanza di qualcuno- ~의 청구가 있으면, ~의 요청/간청에 의하여

Hanno presentato quel ricorso su istanza del comitato di quartiere. 그들은 구역(지구)위원회의 요청에 따라 그 청원을 제출했다.

tribunale di prima/seconda istanza- 일심 법원/이심 법원

tribunale di ultima istanza- 최종심 법원

istinto- 본능

agire d'istinto- 본능적으로 행동하다

Ha agito d'istinto, senza rifletterci. 그는 깊이 생각해 보지 않고 본능적으로 행동했다.

avere un istinto per qualcosa- ~에 재능/소질, 감각이 있다

Lui ha un istinto per gli affari. 그는 사업에 소질이 있다.

istinto materno- 모성 본능

istinto sessuale- 성적 본능

per l'istinto- 본능적으로, 본능에 따라

Gli uccelli imparano a volare per l'istinto. 새들은 본능적으로 나는 것을 배운다.

seguire l'istinto- 본능을 따르다

vincere (o frenare) gli instinti- 본능을 이기다, 본능을 통제하다

istruzione- 교육, 교수; 지시, 지령, 훈령

agire secondo le istruzioni- 지시에 따르다

come da (o secondo le) istruzioni- 지시대로, 요청받은 대로, 해 달라는 대로

dare istruzioni a qualcuno- ~를 지시하다

istruzione gratuita- 무상 교육

istruzione obbligatoria- 의무 교육

istruzione professionale- 직업 교육

istruzione primaria- 초등 교육

istruzione privata- 사립 교육

istruzione pubblica- 공립 교육

istruzioni per l'uso- 사용 설명서

Non trovo le istruzioni per l'uso di questo elettrodomestico. 나는 이 전자제품의 사용 설명서를 찾을 수 없다.

istruzione secondaria- 중등 교육

istruzione superiore- 고등 학교

ricevere un'ottima istruzione- 최상의 교육을 받다

Ha ricevuto un'ottima istruzione. 그는 최상의 교육을 받았다.

L

la- (음악) 라

  dare il la- 분위기를 풍조를 만들다/확립하다, 분위기를 잡다(진정시키다).

  Alla fine della festa erano tutti scatenati, ma è stata la padrona di casa a dare il la. 파티가 끝날 무렵 모두 도를 넘었었는데, 분위기를 잡은 것은 여자 집주인이었다.

là 그곳에

  al di là di (o di là da)- ~너머, ~저편에; (능력, 한계 등을) 넘어서

  Ciò è al di là della mia comprensione. 그것은 나의 이해 밖에 있다.

  Piazza Garibaldi è al di là del fiume. 가리발리 광장은 강 저 너머편에 있다.

  Alto là! (군사) 제자리 섯!

  andare troppo in là- 도를 넘다

  buttar là- (생각, 계획을) 타진하다.

  Buttò là la proposta e attese le loro reazioni. 그는 제안을 타진하고 그들의 회신을 기다렸다.

  da quel giorno in là- 그날부터

  di là- (1) 다른 방에(= nell'altra stanza)

  Se cerchi il giornale, è di là. 신문을 찾고 있다면, 다른 방에 있습니다.

  (2) 거기(= accennando)

  Piero dev'essere di là. 피에로는 거기 있어야 한다.

  (3) 그리로, 그쪽으로(= in quella direzione)

  Sono andati (per) di là. 그들은 그리로 갔다.

  di qua e di là- 이쪽 저쪽에, 이리저리, 여기저기

  Sei troppo disordinato, è mai possibile che lasci sempre tutto di qua e di là? 넌 너무 어지럽다. 대체 항상 이쪽 저쪽에 여기저기 다 놔두는 것이 가능한 일이니?

  essere in là con gli anni- 상당한 나이이다, 연세가 지긋하다

  essere più di là che di qua- 피로에 치치다; 초주검이 되다

  Quando l'hanno ricoverato in ospedale era più di là che di qua. 그들이 그를 병원에 입원시켰을 때 그는 초주검이었다.

  farsi in là- 옆으로 비키다; (~이 지나가도록) 비켜 주다

  guardare (in) qua e (in) là- 여기저기 보다; 돌아/둘러보다

  là per là- 그때 그 곳에서, 즉시; 처음에는(= a tutta prima)

  di qua e di là- 이쪽 저쪽에

  più in là- (1) (공간) 더 앞으로; (시간) 나중에, 후에, 뒤에

  La nostra casa è molto più in là. 우리 집은 훨씬 더 앞에 있다.

  (2) (시간) 나중에, 후에, 뒤에

  Questi lavori si faranno più in là. 이 일은 나중에 하게 될 것이다.

spostare in là- 옮기다, 이동하다(= muovere); 연기하다, 미루다(= posticipare)

labbra- 입, 입술

a fior di labbra- 소곤 소곤, 낮은 목소리로(= sottovoce); 속삭이면서, 중얼중얼(= mormorando); 성의가 없는(= controvoglia); (부사) 성의 없게

avere una parola sulle labbra- 혀끝에서 계속 말이 뱅뱅 돌다

bagnarsi le labbra- (비유) 한잔하다

cucirsi le labbra- (비유) 입을 다물다, 비밀을 누설치 않다: (누가 묻는 사항에 대해) 입을 꼭 다물다, 말을 안 하다

Dovresti cucirti le labbra. 너는 입을 다물어야 될 거야.

leccarsi le labbra- 입맛을 다시다; (먹고 싶어서, 또는 하고 싶어 고대하면서) 혀로 입술을 핥다, 군침을 흘리다; (비유) 입맛을 다시다

modersi le labbra- (고통, 노여움, 웃음 따위를 참기 위하여) 입술을 깨물다, 꼭 참다, 말한 것을 후회하다.

Appena ebbe pronunciato quelle parole, si morse le labbra. 그 말을 하고 나서, 이네 그는 말한 것을 후회했다.

parlare a fior di labbra- 중얼거리다, 웅얼거리다, 속삭이다, 소곤거리다

pendere dalle labbra di qualcuno- ~의 말을 열심히 듣다; 한 마디 한 마디에 귀를 기울이다; ~의 말을 한 마디도 빼놓지 않고 듣다, ~의 말을 한 마디도 놓치지 않다

È incredibile cosa non riesca a fare con i suoi studenti: pendono tutti dalle sue labbra. 그가 학생들에게 한 것은 믿을 수 없는 일이다. 학생들 모두가 그의 말 한 마디 한 마디에 귀를 기울인다.

sorridere a fior di labbra- (비유) 억지 웃음을 짓다

laccio- 올가미, 덫, 끈, 줄

avere il laccio al collo- 끼다

cadere nel laccio- 함정/술책에 빠지다

essere degno di legare i lacci delle scarpe a- ~와 비교하다

Non paragonarti a lei! Non sei neanche degna di legarle i lacci delle scarpe. 너를 그녀와 비교하지 마! 너는 그녀와 비교도 안 된다구.

lacci e laccioli- 유대 관계; (관공서의) 불필요한 요식, 형식주의(= intralci burocrati)

mettere il laccio al collo- (달아나지 못하게) 잡다

Era deciso a rimanere scapolo, ma sè fatto mettere anche lui il laccio al collo. 독신으로 남기로 결정했지만, 그도 누군가를 잡고자 했다.

prendere al laccio- 올가미에 걸려들게 하다, 올가미를 씌우다, 속이다

lacrima- 눈물

Alle lacrime di erede, è ben matto chi ci crede. 상속자의 눈물을 믿는 사람은 바보이다.

asciugare le lacrime a qualcuno- ~에게 눈물을 닦아주다, ~를 위로하다

avere le lacrime agli occhi- 눈에 눈물이 고이다, 눈물이 나다, 눈물을 머금다

avere le lacrime in tasca (o facili)- 눈물이 헤프다, 잘 울다, 눈물을 잘 흘리다

Non è il caso di impressionarsi; è una persona che ha le lacrime in tasca. 속상해서가 아니라 그녀는 눈

물이 헤픈 사람이야.

commosso fino alle lacrime- 눈물이 날 정도로 감동한

commuoversi fino alle lacrime- 감동해서 울다

con le lacrime agli occhi- 눈물을 글썽거리고, 눈물이 글썽하여

ingoiare (o frenare) le lacrime- 눈물을 삼키다, 울음을 참다

lacrime di coccodrillo- 악어의 눈물; 위선자의 거짓 눈물

È inutile che pianga lacrime di coccodrillo; quando l'hai detto sapevi quello che sarebbe successo. 거짓 눈물을 흘려도 소용없어. 네가 그것을 말했을 때 무슨 일이 벌어질지 알고 있었다.

Lacrime di donna, fontana di malizia. 여자의 눈물은 계략의 샘이다.

Le lacrime alleggeriscono il cuore. 눈물은 마음을 가볍게 한다. 울고 나면 속이 시원해진다.

Niente si asciuga così presto come le lacrime. 눈물처럼 쉬 마르는 것도 없다.

Non tutte le lacrime vengono dal cuore. 모든 눈물이 다 마음으로 흘리는 것은 아니다.

piangere a calde lacrime- 가슴이 터지도록 울다, 절망적으로 울다, 뜨거운 눈물을 흘리다, 눈이 퉁퉁 붓도록 울다

sciogliersi in lacrime- 울음을 터뜨리다

scoppiare in lacrime- 갑자기/와락 눈물을 터뜨리다, 눈물이 쏟아지다, 눈물이 폭발하다

un fiume di lacrime- 눈물의 바다

ladro- 1. (명사) 도둑

Al ladro! 도둑이야!

Chi è bugiardo è ladro. 거짓말하는 거나 도둑질하는 거나 다를 바 없다.

dare del ladro a qualcuno- ~를/을 도둑으로 몰다

ladro acrobata- 건물 외벽을 타고 들어오는 도둑

ladro di bambini- 유아 유괴범

ladro di cuori- 마음을 훔쳐가는 사람; (비유) 여자가 반할만한 남자, 여성이 거절할 수 없는 남성, 여자를 잘 호리는 남자, 호색한, 바람둥이

ladro di galline- 좀도둑

ladro di strada- 노상강도

tempo da ladri- (안개, 강풍, 추위 등으로 인한 기상조건) 악천후

Che tempo da ladri! 험한 날씨다!

vergognarsi come un ladro- 부끄러워 죽다

2. (형용사) 도둑질의, 정직하지 못한, 끔찍한

avere una sete ladra- 몹시 목이 마르다

negoziante ladro- 부정직한 주인

lago- 호수

al lago- 호수에

Ieri abbiamo fatto una gita al lago di Garda. 어제 우리는 가르다 호수에 놀러 갔다.

essere in un lago di sudore- 진땀을 빼다, 식은 땀이 나다

un lago di sangue- 피바다

lamentarsi- 불평하다, 투덜거리다

lamentarsi con qualcuno- ~에게 투덜거리다/칭얼거리다, 한탄(호소)하다, 불평하다

Si è lamentato con me per non essere stato invitato alla festa. 그는 파티에 초대받지 못해서 나한테 투덜거렸다.

lamentarsi di- ~에 대해 불평하다, 한탄하다

Mi lamenterò del cibo con il direttore. 나는 매니저에게 음식에 대해서 불평할 것이다.

Si lamentano sempre di lavorare molto e di guadagnare poco. 그들은 일은 열심히 하는데 돈은 적게 번다고 항상 불평한다.

lampo- 1. (남성 명사) 전광, 섬광; 번쩍임

come un lampo- 번개처럼, 전광석화처럼

Correva come un lampo. 그는 번개같이 아주 빨리 달리고 있었다.

L'automobile passò come un lampo. 자동차가 휙 스쳐 지나갔다. 자동차가 쏜살같이(눈 깜짝할 새) 지나갔다.

in un lampo- 순식간에, 눈 깜짝할 사이에, 즉시, 즉각적으로

Lo indovinò in un lampo. 그것을 금방 알아 맞혔다.

Questa settimana è passata in un lampo. 이번 주가 눈 깜짝할 새 지나갔다.

lampo di genio- 번득이는 영감

2. (여성 명사) 지퍼

aprire la lampo di qualcosa- ~의 지퍼를 열다

chiudere la lampo di qualcosa- ~을 지퍼로 잠그다

3. (형용사) 번개같이, 아주 빨리(= velocissimo), 즉각적인

chiusura lampo- 지퍼

decisione lampo- 즉각적인 결정

guerra lampo- 기습 공격, 급습

matrimonio lampo- 갑작스러운 결혼

notizia lampo- 뉴스 속보

visita lampo- 급작스러운/황급한 방문

lana- 모(毛)

buona lana- 악동

fare questioni di lana caprina- 사소한 것에 지나치게 신경을 쓰다

questione di lana caprina- 무익한 논쟁

Non facciamo questioni di lana caprina; consideriamo solo gli aspetti importanti. 무익한 논쟁을 그만두고, 중요한 점만을 생각하자.

lancia- 창(槍)

partire lancia in resta contro- ~에게 공격을 시작하다

È partito lancia in resta contro il suo oppositore politico e l'ha coperto di insulti. 그는 남아있는 자신의 정적에게 공격을 시작하여 모욕을 퍼부었다.

spezzare una lancia a favore di- ~을 위해 맞서 싸우다, ~에 대해 좋게 말해주다, ~를 구해주다

Mio malgrado, ho spezzato una lancia a tuo favore. 나는 본의 아니게, 너를 위해 싸웠다.

lanternino- 작은 등

cercare col lanternino- ~을 찾아 곳곳을 뒤지다, 샅샅이(두루) 찾다, 구석구석 찾아보다, 이리저리 찾다.

Un lavoro come lo vuoi tu lo puoi anche cercare col lanternino, ma non lo troverai. 네가 원하는 직업은 찾아 샅샅이 찾을 수 있지만, 구하지 못할 거야.

cercarsele col lanternino- (비유) 화를 자초하다

largo- 1. (형용사) 넓은

alla larga- 떨어져서, 떨어진 곳에

Non è giornata, stammi alla larga. 내 날이 아닌 것 같으니까 나한테서 떨어져 있어!

Stai alla larga dal cane! 개에게 떨어져 있어! 개 조심해!

in larga misura- 대단히, 크게, 대부분은

I turisti hanno preferito in larga misura il mese di agosto. 관광객들은 대부분 8월 달을 무척 선호했다.

in lungo e in largo- 사방팔방으로, 구석구석

Abbiamo girato Firenze in lungo e in largo. 우리는 피렌체를 구석구석 돌았다.

in senso largo- 넓은 의미에서, 광의로

Devi interpretare la sua tesi in senso largo. 넌 그의 논문을 넓은 의미로 해석해야 한다.

prenderla alla larga- 말을 빙빙 돌리다, 변죽을 울리다, 빗대서 말하다, 간접적으로 접근하다

stare alla larga da qualcuno- ~을 피하다, 가까이하지 않다, 거리를 두다

Sta' alla larga da me! 나와 거리를 둬!

stare largo a qualcuno- ~에게 크다, ~에게 넓다

Mi piace stare largo. 나는 공간이 충분한 것이 좋다. 나는 넓은 것이 좋다.

Queste scarpe mi stanno larghe. 이 구두는 나한테 크다.

tenersi largo- (비유) ~을 충분히 감안하다

2. (명사) 넓음

al largo- 연안에, 앞바다의; 항해 중

Erano andati al largo con un barchino e non riuscivano più a rientrare in porto. 그들은 작은 배로 연안 앞바다에 갔었는데 항구로 다시 돌아오지 못했다.

al largo di- ~에서 떨어져서, ~에서 멀리

al largo di Genova- 제노바 앞 바다 저 멀리

fare largo (a qualcuno)- (~이 지나가도록) 길을 비키다

Fate largo che arriva la carrozza della regina! 여왕의 마차가 도착하니 길을 비켜라!

farsi largo tra la folla- 인파를 헤치고 앞으로 나아가다, 사람들군중을 밀치고 나아가다

Si è fatto largo tra la folla per raggiungerci. 우리 쪽으로 오기 위해 그는 군중을 헤치고 나아갔다.

girare al largo da- ~에서 떨어져 있다, ~을 피해 있다

Gira al largo dalla mia casa, se no chiamo la polizia! 내 집에서 멀리 떨어져. 그렇지 않으면 경찰을 부를 거야!

prendere il largo- (해사) [육지나 다른 배로부터] 멀어지다, 출항하다; 앞바다에 정박하다; (속어)

달아나다(가 버리다), 도망가다

Ha preso il largo con tutti i soldi della società. 그는 회사 돈 전부를 갖고 튀었다.

tenersi alla larga da- (문제의 소지가 될 ~을) 피하다, 가까이하지 않고 거리를 두다.

Mi tengo sempre alla larga da tipi come lui. 나는 늘 그와 같은 사람을 피한다.

lasciare- 포기하다, 내버려두다, 떠나다

Chi lascia la via vecchia per la nuova sa quel che lascia ma non sa quel che trova. (속담) 구관이 명관이다.

Lascia fare a me. 내게 맡겨.

Lascia o raddoppia. 두 배로 따느냐 돈을 전부 잃느냐 하는 승부수.

lasciare a desiderare 아쉬운(미흡한) 점이 많다.

Il tuo lavoro lascia molto a desiderare. 너의 작품은 미흡한 점이 많다.

lasciare andare (o correre, perdere, stare)- 방치하다; 도외시하다, 무시하다, 등한하다; 잊어버리다.

Lasciamo andare! 무시하자! 잊어버리자!

Lascia andare(correre, perdere); non vale la pena di arrabbiarsi per così poco. 잊어버려, 그처럼 사소한 일에 화낼 가치도 없다.

lasciare correre- 너그러이 봐주다; 눈감아 주다, 무시하다

Ho deciso di lasciare corrrere. 눈감아 주기로 결심했다.

lasciare molto a desiderare- 아쉬운 점이 많다

Il tuo lavoro lascia molto a desiderare. 너의 작품은 미흡한 점이 많다.

lasciare perdere- 무시하다, 잊어버리다

È meglio lasciare perdere. 잊어버리는 게 더 낫다.

lasciare qualcuno a bocca asciutta- ~을 실망시키다; 빈손으로 떠나다

lasciare stare- (1) 건드리지 않다(= non toccare)

Lascia stare quello strumento; è molto delicato. 그 악기는 건드리지 마. 아주 예민해.

(2) (사람, 물건을) 내버려 두다, 간섭하지 않다.

Lascia stare, non è affare tuo. 내버려 둬, 간섭하지 마. 네가 상관할 바가 아냐.

(3) 말하지 않는 게 낫다.

Lasciamo stare! (그것에 관하여) 말하지 않는 게 더 좋다! (= meglio non parlarne)

lasciarsi andare- 자제력을 잃다; 긴장이 풀리다, 긴장을 풀다, (관심, 노력을) 늦추다 (= rilassarsi)

Dopo il divorzio si è lasciata andare completamente: non va in palestra, non si trucca più, va in giro vestita come una barbona. 이혼한 뒤로 그녀는 완전히 긴장이 풀렸어. 체육관에 가지도 않고, 화장도 하지 않고, 노숙자처럼 옷을 입고 돌아다닌다.

lasciarsi consigliare- 충고를 받아들이다

Prendere o lasciare! 받아들이든 거부하든 마음대로 하라! 싫으면 그만 둬!

Questo lascia il tempo che trova. 아무 차이가 없다.

Questo stufato si lascia mangiare. 이 스튜는 아주 나쁜 건 아니야. (먹을만 해).

Vivi e lascia vivere! 각자 자기 방식대로 살아가는 거지 뭐!(자신과 다른 의견과 태도를 받아들여야 한다는 뜻)

lastrico- 인도, 보도; 포장도로 지역

  gettare (o ridurre) qualcuno sul lastrico- ~을 거리로 내쫓다; ~을 파산/파멸시키다.

  Per raggiungere la sua posizione, ha gettato più di una persona sul lastrico. 그 자리에 오르기 위해서 그는 한 사람 이상을 내쫓았다.

  lastrico solare- 평지붕

  trovarsi (o essere) sul lastrico- 무일푼이(빈털터리) 되다, 노숙자 신세가 되어 파산하다

  Mi sono trovato sul lastrico quando le azioni della Chester and Perry sono cadute così in basso. 체스터 앤 페리 주식이 폭락하자 나는 빈털터리가 되었다.

lato- 1. (명사) 측면; 관점, 넓은; 측면, 관점

  d'altro lato- 다른 한편으로, 반면에

  da ogni lato- 사방/도처에서; 온갖 방면에서

  da un lato... dall'altro 한편으로는... ~다른 한편으로는

  Da un lato, sono contenta che siano venuti, dall'altro, avere ospiti è sempre un impegno. 한편으로는 그들이 온 것에 매우 만족하지만, 다른 한편으로는 손님맞이는 늘 부담이다.

  d'altro lato- 다른 한편으로, 반면에

  Dal lato mio non ho problemi. 내 편(쪽)에선 문제가 없다.

  il lato debole di qualcuno- ~의 약점

  non sentirci da quel lato- ~에 귀를 기울이지 않다

  Ha chiesto un'altra volta al principale di non licenziare Giovanna, ma da quel lato lui non ci sente. 죠반나를 해고하지 말아 달라고 사장에게 다시 한번 청했으나, 그는 들은 척도 안 했다.

  per un lato- 어느 정도는, 어떤 면에서는(= in un certo senso)

  Per un lato è bene. 어떤 면에서는 좋다. 다행이다.

  prendere da un lato- 한편으로 기울다

  2. (형용사) 넓은

  in senso lato- 넓은 의미에서; 일반적으로 말하면

  nel senso più lato- 가장 일반적인 의미에서

latte- 우유

  avere ancora il latte alla bocca(= sapere di latte) - 아직 미숙하다, 풋내기이다, 아직 경험이 적다, 아직 머리에 피도 안 마르다, 새파랗게 어리다(= sapere di latte)

  Fa l'uomo vissuto, ma ha ancora il latte alla bocca(= sa ancora di latte). 산전수전을 다 겪은 사람처럼 행동하지만, 그는 풋내기에 불과하다.

  aver succhiato qualcosa col latte della madre- 어머니 슬하에서 배우다, 아주 어릴 적에 배우다.

  Il figlio del senatore la politica l'ha succhiata col latte della madre. 상원의원의 아들은 아주 어릴 적부터 정치를 배웠다.

  dare il latte- 모유를 먹이다, 젖을 먹이다(= allattare)

  far venire il latte alle ginocchia (ai gomiti) a qualcuno- 아주 ~을 몹시 따분하게(지루하게) 하다

  Con i suoi discorsi fa venire a tutti il latte alle ginocchia. 그의 이야기는 모든 사람을 아주 따분하게 한다.

piangere sul latte versato- 엎질러진 우유 앞에서 울어봐야 소용없다. 이미 엎질러진 물을 두고 후회하다

È inutile piangere sul latte versato. 이미 엎질러진 물이다. 이제 와서 후회한들 무슨 소용이 있으랴.

togliere il latte a un bambino- 젖을 떼다

laurea- 졸업

conferire una laurea a qualcuno- ~에게 학위를 수여하다

diploma di laurea- 학위 증명서

esame di laurea- 학위시험; 논문 심사(= discussione di una tesi)

prendere (o conseguire) una laurea- 학위를 취득하다, 졸업장을 따다, 졸업하다

Lui ha preso la laurea in economia. 그는 경제학 학위를 취득했다.

tesi di laurea- 졸업 논문

Ho ancora la tesi di laurea. 나는 아직 졸업 논문이 남았다.

lavare- 씻다

lavare a mano- 손세탁하다

lavare a secco- 드라이 클리닝하다

lavare i piatti- 설거지하다

lavare il bucato- 빨래하다, 세탁하다

lavare la macchina- 세차하다

lavare la testa all'asino- 시간을 허비하다

lavare i bucati- 세탁하다

lavarsene le mani- 손을 씻다, 관계를 끊다; (사람 또는 물건과의) 관련을 끊다

lavata- 세탁, 씻음, 빨래

dare una buona lavata di capo- 호되게 질책하다, 꾸짖다, 호통/야단치다

La terza volta che è arrivato in ritardo, il principale gli ha dato una buona lavata di capo. 세 번째 지각하자, 사장은 호되게 그를 질책했다.

darsi una lavata- 씻다

lavorare- 일하다

Chi non lavora non mangia. 일하지도 않는 사람은 먹지도 마라.

dare da lavorare a qualcuno- ~을 고용하다; ~에게 일거리를 주다

far lavorare- 일을 계속하다; (열심히 하도록) 다그치다, 독려하다(= far lavorare molto); 작동시키다 (= far funzionare)

lavorare a cottimo- 삯일을 하다

lavorare come un mulo- 고되게 일하다(= lavorare sodo)

lavorare di mano- 훔치다(= rubare); 조금씩 빼돌리다, 좀도둑질을 하다(= rubacchiare)

lavorare duramente- 고되게 일하다, 힘들게 일하다

Lui lavora duramente. 그는 고되게 일을 한다.

lavorare in nero- (보통 추가 소득에 대한 세금을 안 내고 은밀히) 부업을 하다(= fare un secondo lavoro); 불법 조업을 하다

lavorare in regola- (1) 합법적으로 일하다

Lavorare in regola è una buona cosa. 합법적으로 일하는 것은 좋은 것이다.

(2) 합법적으로 제대로 일하다

Lui non lavora in regola. 그는 제대로 일하지 않는다.

lavorare senza contratto- 계약 없이 일하다

Il mio amico è sfortunato, perché lavora senza contratto. 내 친구는 계약 없이 일을 해서 불행하다.

lavorare sodo- 열심히 일하다

Ho lavorato sodo per anni; ora vorrei prendermi una lunga vacanza. (나는) 몇 년 동안 열심히 일해서 지금은 장기간 휴가를 갖고 싶다.

lavoro- 일, 직업, 근무

cercare un lavoro- 일자리를 찾다

domanda di lavoro- 구직; 구직신청

essere senza lavoro- 실직 중이다, 일거리가 없다

Sono senza lavoro. 나는 실직 상태이다, 나는 일이 없다.

fare un lavoro- 일을 하다

Lui fa un lavoro molto faticoso. 그는 아주 힘든 일을 한다.

lavoro a casa- 숙제

lavoro a giornata- 일용직, 날품팔이, 일급쟁이

lavoro a ore- 시간제 근무, 시간제 일

lavoro autonomo- 독자적인 일

lavoro dipendente- 고용직

lavoro faticoso- 힘든 일; (특히 육체적인) 노동; 노역

lavoro fisso (o stabile)- 정규직, 정규 작업

lavoro in proprio- 자영업

lavoro intelletuale (o della mente)- 지적 노동, 머리 쓰는 일

lavoro manuale- 육체노동

lavoro nero- 불법 조업, (보통 추가 소득에 대한 세금을 안 내고 은밀히) 부업

lavoro part time- 파트타임 일, 시간제 일, 아르바이트

mettersi al lavoro- 일에 착수하다

trovare un lavoro- 일자리를 구하다

Non sono riuscito a trovare un lavoro. 나는 일자리를 구하지 못했다.

vivere del proprio lavoro- 밥벌이를 하다

leccaculo- 아첨꾼, 알랑거리는 사람

A scuola il lecca culo riesce sempre ad avere i voti migliori. 학교에서 알랑거리는 애들이 늘 좋은 점수를 받을 수 있다.

Quel signore è riuscito ad avere quel lavoro perchè è sempre stato un lecca culo. 그 사람은 늘 알랑거렸기에 그 자리를 차지할 수 있었다.

legare- 묶다, 결속하다

legato come un salame- (움직이지 못하게) ~을 꽁꽁 묶다.

L'hanno derubato di tutti i suoi soldi e l'hanno lasciato imbavagliato e legato come un salame. 그들은 그의 모든 돈을 훔치고 입에 재갈을 물리고 양팔을 꽁꽁 묶어 두었다.

Questa me la lego dito. 나는 이를 잊지 않을 것이다.

legare la bocca (o i denti)- ~의 입이 바짝 마르다

legare la lingua a qualcuno- 입막음하다

legge- 법

a norma (o a termini) di legge- 법률의 규정에 따라, 법규에 따라

dettar legge- 강압적으로 말하다; 법이 되다

Nel vecchio west la pistola dettava legge. 옛날 서부에서는 총이 법이었다.

disegno (o progetto) di legge- (국회에 제출된) 법안

Fatta la legge, trovato l'inganno. (속담) 모든 법에는 구멍이 있다.

in virtù della legge- 법률의 효력으로

per legge- 법으로; 법령으로

proposta di legge- 법안 초안

Sono tutti uguali davanti alla legge. 법 앞에 만민은 평등하다.

leggere- 읽다

Glielo si legge in faccia. 그의 얼굴에 여실히 쓰여 있다.

leggere a prima vista- (악보를 처음 보고) 즉석에서 노래/연주하다

Nell'attesa di leggervi. (상업) 여러분의 답변을 기다리며.

un libro che si fa leggere- 읽기 쉬운 책, 가독성이 좋은 책

leggero- 가벼운, 경쾌한

a cuor leggero- 경쾌한 기분으로, 가벼운 마음으로

agire alla leggera- 가볍게, 경솔하게 (무책임하게) 행동하다

Non affidargli questo incarico perché agisce sempre alla leggera. 그는 늘 경솔하게 행동하기 때문에 이 일을 그에게 맡길 수 없다.

leggero come una piuma- 솜처럼 가벼운, 깃털처럼 가벼운

prendere qualcosa alla leggera- ~을 가볍게 여기다, ~을 진지하게 생각하지 않다(받아들이다)

Non prendere alla leggera le mie parole; te ne potresti pentire. 내 말을 가볍게 여기지 마. 후회하게 될 거야.

sentirsi leggero- 마음이 가볍다, 홀가분하다; 안심하다, 한숨 돌리다(= sentirsi sollevato)

tenersi leggero- 가볍게 식사하다; 다이어트를 하다

legna- 나무

andare a fare legna- 땔나무를 하다

aggiungere legna sul fuoco- 불난 집에 부채질하다

Con le tue insistenze non fai altro che aggiungere legna sul fuoco. 네 고집으로 불난 집에 부채질하지 마.

legna da ardere- 장작

mettere legna al fuoco- 이간시키다, 이간하다

portare legna al bosco- 이미 충분히 있는 것을 가져다주다, 불필요한 것을 제공하다; 쓸데없는 짓을 하다, 헛수고하다

spaccare legna- 땔나무를 쪼개다

legnata- 때림, 타격

dare a qualcuno una buona dose di legnate- ~을 후려갈기다

L'hanno aspettato nel vicolo e gli hanno dato una buona dose di legnate. 그들은 골목길에서 기다렸다가 그를 후려갈겼다.

legno- 나무

di (o in) legno- 나무로 된

duro come il legno- 나무처럼 단단한

Lui ha la testa dura come il legno. 그는 아둔하다. 그는 머리가 돌대가리이다.

Questa bistecca è dura come il legno. 이 비프스테이크가 나무처럼 단단하다(질기다).

gamba di legno- 의족

tavola di legno- 나무 식탁

scultura in legno- 목재 조각품

testa di legno- 돌대가리

duro come il legno- 나무처럼 단단한

lei- 그녀, 당신 (존칭) 당신

dare del lei a qualcuno- ~에게 "Lei" 즉 정식호칭이나 존칭을 쓰다, ~에게 존댓말 하다.

Ma perché mi dai ancora del lei? Sia mo amiche, dammi pure del tu. 왜 아직도 내게 존칭을 쓰니? 친구니까 말을 놓자.

lentiggine- 주근깨

avere lentiggini- 주근깨가 있다

Lei ha lentiggini sul naso. 그녀 코에 주근깨가 있다.

lento- 느린

a fuoco lento- (음식) 약한 불에

ad azione lenta- (의약) 천천히 반응하는

essere lento a capire- 이해가 느리다/더디다

Sei lento come una lumaca (o una tartargua). 넌 거북이처럼 굼뜨다.

leone- 사자

fare la parte del leone- 가장 큰(좋은) 몫을 차지하다; 단물을 빨아먹다

I nonni hanno diviso un altro pezzo dell'eredità tra i nipoti. Beatrice come al solito ha fatto la parte del leone. 조부모님께서 손자들의 유산 분배를 하셨는데, 늘 그랬던 것처럼 베아트리체가 가장 큰 몫을 차지했다.

la tana del leone- (비유) 호랑이 굴

Meglio vivere un giorno da leone che cent'anni da pecora. (속담) 단 하루를 살아도 사자로 사는 것이 백 년을 살아도 양으로 사는 것 보다 더 낫다.

sentirsi un leone- 에너지가 넘침을 느끼치다, 컨디션이 아주 좋다

lepre- 산토끼

  correre come una lepre- 쏜살같이 달리다

  fare la lepre- 페이스 메이커로 행동하다

  lepre in salmì- 토끼 스튜(토끼 고기를 뚜껑 있는 그릇에 담고 천천히 끓인 것)

  timido come una lepre- 산토끼처럼 수줍은

lesto- 빠른, 신속한

  a passo lesto- 급한(빠른) 걸음으로

  essere lesto a capire- 이해가 빠르다

  essere lesto d'ingegno- 눈치가 빠르다, 재치가 있다, 머리가 잘 돌아가다

  fare qualcosa alla lesta- ~을 급히 하다

  lesto di mano- 손버릇이 나쁜

lettera- 편지, 문자, 자의(字義), 문학

  a tutte lettere- 전부, 빠짐없이

  alla lettera- (부사) 문자(말한) 그대로; (형용사) 글자 그대로의

Non prendere alla lettera quello che ho detto; esagero sempre. 늘 과장해서 말하니까, 내가 말했던 것을 말한 그대로 받아들이지 마.

  la lettera della legge- 법률 조문, 법조문

  lettera morta- 사문

  lettera normale- 회람, 회보

  lettera per lettera- 한 자 한 자씩, 또박또박

Può ripetere il nome lettera per lettera? 이름을 한 자 한 자씩 다시 말해 주시겠습니까?

  restare lettera morta- 귀담아듣지 않다, 무시되다

Ho parlato per delle ore cercando di convincerli, ma è rimasto tutto lettera morta. 나는 그들을 설득하려고 몇 시간이고 말했지만, 모두 무시되었다.

  titolo a lettere cubitali- 신문 1면의 톱 제목

  tradurre alla lettera- 직역하다(= tradurre letteralmente)

letto- 침대

  andare a letto- 잠자리에 들다

È l'ora di andare a letto. 잠자리에 들 시간이다.

  andare a letto con le galline- 일찍 잠자리에 든다

In campagna vanno tutti a letto con le galline. 시골에서는 모두 일찍 잠자리에 든다

  buttare (o gettare) giù dal letto- 잠자리에서 일어나다, 깨우다

Stamattina presto è arrivato il postino e mi ha buttato giù dal letto per aprirgli. 오늘 아침 일찍 우편 배달부가 와서 나를 잠자리에서 깨웠다

  essere in un letto di rose- 풍족하다, 호사스럽게 살다

Sebbene abbia un mucchio di soldi, la sua vita non è un letto di rose. 그가 아무리 많은 돈을 가지고 있더라도, 그의 생활이 꼭 즐겁기만 한 것은 아니다.

  essere in un letto di spine- 가시방석이다

mettere un bambino a letto- 아이를 침대에 누이다

morire nel proprio letto- 제명대로 살고 자기 자리에서 죽다, 정명하다

restare a letto- 침대에 남아 있다, 침대에 그대로 있다

rifare il letto- 침대를 정리하다

stare a letto- 침대에 있다, 침상에 있다

levata- (해, 달) 뜨기; (우표) 수집; 기상시간

di prima levata- 잠자리에서 처음 일어났을 때(= l'alzarsi dal letto)

Di prima levata è sempre di cattivo umore. 그는 아침에 잠자리에서 일어났을 때 항상 기분이 나쁘다.

una levata di scudi- 맹렬한 반대; 엄청난 논란

C'è stata una levata di scudi contro di lui e non è più stato rieletto. 그에 대해 반대하는 맹렬한 반대가 있어서 재선하지 못했다.

levataccia- 아침에 아주 빨리 일어나기, 이른 기상

fare una levataccia- 아침에 일찍 일어나다, 꼭두새벽부터 깨우다

lezione- 수업; 교훈

andare a lezione- 수업에 나가다

avere lezione- 수업이 있다

Hai lezione anche il sabato? 토요일에도 수업이 있니?

Oggi non ho lezione. 오늘 나는 수업이 없다.

dare una lezione a qualcuno- ~에게 교훈을 주다; ~를/~을 가르치다

dare lezioni private- 개인 과외를 하다, 가르치다

Ho dato lezioni private d'inglese. 나는 영어 과외를 했다.

fare lezione- 수업을 하다; 강의하다

Quante ore di lezione fai in una settimana? 한 주에 몇 시간 수업을 하니?

mancare alle lezioni- 수업에 빠지다

Lui non manca mai alle lezioni di filosofia. 그는 절대 철학 수업에 빠지지 않는다.

perdere la lezione- 수업을 놓치다

Non voglio perdere la lezione. 수업을 놓치고 싶지 않다.

prendere lezioni- 수업을 받다

ripetere (o ripassare) la lezione- 수업을 복습하다

saltare le lezioni- 무단 결석하다

studiare la lezione- 수업을 공부하다

lì- 저곳에

di lì a poco- 곧, 잠시 후에

essere lì lì per- ~할 지경에 있다, ~할 듯하다, 막 ~하려고 하다, 막 ~하려는 순간, ~하기 직전에

È stato lì lì per suicidarsi. 그는 막 자살을 하려고 했다.

Era lì lì per confessare. 그는 막 고백하려던 참이었다.

essere sempre lì- 또 (늘 하는) 그 이야기(핑계, 일)이다

Siamo sempre lì: ha promesso di smettere di bere, ma ieri sera si è scolato mezza bottiglia di whiskey. 그

는 술을 끊겠다고 약속했는데, 어젯밤에 위스키를 반 병이나 마셨어. 늘 하는 핑계지.

fin lì- 저기까지; (비유) 그 정도까지는

lì per lì- 그때 그 곳에서, 즉시(= senza aspettare); 충동적으로, 순간적인 충동에서(= su due piedi); 처음에는(= dapprima)

Lì per lì, non sapevo cosa rispondere. 그때 그 곳에서, 나는 뭐라고 대답해야 할지를 몰랐었다.

(per) di lì- 그쪽으로, 그리로

siamo lì- (1) 거의; ~보다 적다

Se non è mezzanotte, siamo lì. 거의 한밤중이다.

Se non sono 20 metri, siamo lì. 20미터가 채 안 될 것이다.

(2) 이내, (곧)

Ormai siamo quasi lì con la partenza. 이제 곧 출발할 거야.

libertà- 자유

mettersi in libertà- 느긋하게(편히) 쉬다, 자기 집에 있는 것처럼 편히 지내다; 스스럼없이 되다

Come siete eleganti! Ma qui siamo in campagna e potete mettervi in libertà. 너희들 꽤나 멋있는데! 그런데 지금 우리는 시골에 있으니깐 편하게 옷을 입어도 돼.

parlare in tutta libertà- 자유롭게 말하다, 주저 없이 말하다

prendersi delle libertà con qualcuno- ~에게 스스럼없이 대하다; ~에게 수작을 걸다(= fare delle avances); ~와 너무 친해지다

prendersi la libertà di fare qualcosa- 실례를 무릅쓰고 ~을 하다, 마음대로 ~하다

libro- 책

essere come un libro aperto- 펼쳐진 책과 같다, 비밀이 없고 있는 그대로의 모습을 보여주다

Il mio cuore è come un libro aperto. 내 마음은 펼쳐진 책과 같다, 내 마음은 훤히 다 들여다 보인다.

essere sul/nel libro nero- ~의 블랙리스트에 올라가 있다

Non avresti dovuto farle quello sgarbo; sei finito sul/nel suo libro nero. 너는 그녀를 무례하게 대하지 말았어야 했는데, 그녀의 미움을 받아 끝났다.

essere un libro chiuso- 자신의 생각/감정/기타 사항을 드러내지 않거나 이해할 수 없는 사람이다; 주제 등이 모호하거나/이해하기 어렵거나 알 수 없다.

leggere qualcuno come un libro- 누군가를 책처럼 읽다: 눈앞에 있는 사람을 마치 이마에 써놓은 것처럼 깊이 이해하다

libro bianco- 보고서; (정부가 발행하는) 백서

Il governo ha pubblicato il libro bianco sull'energia. 정부는 에너지(에 관한) 백서를 출판했다.

mettere a libro- 정식 급여를 주면서 합법적으로 직원을 고용하다

non aprire libro- 책을 펴지 않다, 공부를 하지 않다

Non apro libro dagli esami di marzo. 나는 3월 시험 이후 책을 보지 않는다.

Non giudicare il libro dalla sua copertina. 책의 표지를 보고 판단하지 말라, 외모를 보고 판단하지 말라.

parlare come un libro stampato- 교과서처럼 말하다, 정확하게 말하다.

È noiosissimo; parla sempre come un libro stampato. 그는 늘 교과서처럼 말해서 정말 지겹다.

lieto- 기쁜

    essere lieto di- ~하게 되어 기쁘다, ~에 대해 기쁘다

    "Piacere, Paolo Bianchi" "Molto lieto" "반갑습니다, 파올로 비앙키입니다" "만나서 기뻐요."

    Sono molto lieto di accettare il vostro invito. 너희들의 초대를 받을 수 있어 무척 기쁘다.

    Sono lieta della tua promozione a direttore. 네가 원장으로 승진해서 기쁘다.

limite- 한계, 경계

    al limite- 아무리 나빠도, 최악의 경우에(= alla peggio); 많아 봐야 기껏해야) (= tutt'al più)

    Al limite, possiamo rimandare la partenza. 최악의 경우에 우리는 출발을 연기할 수 있다.

    essere al limte della sopportazione- 인내심이 한계에 달하다

    nei limiti del possibile- 힘이 자라는 한

    passare ogni limiti 도나 한계를 넘다

    Questo passa ogni limite! 더는 못 참겠다!

    per raggiunti limiti d'età- 정년에 다다른

    uscire dai limiti- 한계를 넘다

    Questo esce dali limiti dei tuoi diritti. 이것은 너의 권리를 넘어선다.

limone- 레몬

    essere giallo come un limone- 안색이 창백하다(= essere pallido)

    spremere come un limone- ~의 단물을 다 빨아먹다(~을 다 우려먹다)

    Dopo essere stato spremuto come un limone, sono stato licenziato. 단물을 다 빨아먹고 난 뒤, 나는 해고 당했다.

linea- 선, 철도(지하철) 선, 혈통, 방침

    in linea con- ~와 함께, ~에 따라

    in linea d'aria- 직선거리로, 직선방향(일직선)으로

    Dista circa dieci chilometri in linea d'aria. 직선거리로 약 10킬로미터 정도 떨어져 있다.

    in linea di massima- 대체로, 일반적으로(= in genere); 대략, 일반적으로 말하면; 어림잡아 전체/전 반적으로 보아(= nel complesso)

    In linea di massima ci vediamo domani per il tè. 그냥 차나 한잔하게 내일 만나자.

    in prima linea (군대) 최전선에서 활약하는; 선두에서, 앞장서서; 비난을 받기 쉬운 입장에(= in pozione esposta)

    C'è sempre Carlo in prima linea in tutte le battaglie dell'organizzazione contro gli OGM (Organismi geneticamente modificati). 유전자 변형 식품에 반대하는 모든 기구의 투쟁에는 카를로가 늘 최전 선에 있다.

    linea calda- 핫라인

    linee generali- 개요

    mantenere la linea- 몸매를 유지하다

    mettersi in linea- 줄을 서다

    mettersi in linea con qualcuno- ~와 제휴하다

    passare in seconda linea- 그렇게 중요하지 않다; 뒤안길로 사라져/존재가 희미해지다

L'avvocato Bruni lavora ancora nello studio, ma è passato in seconda linea. 브루니 변호사는 여전히 변호사 사무실에서 일하지만 전성기가 지나 그렇게 중요하지 않다.

lingua- 혀, 언어

avere la lingua lunga- (1)수다스럽다(= essere chiacchierone)

Che lingua lunga hai! 넌 정말 말이 많구나! 정말 수다스럽다!

(2)자주 다른 사람의 험담을 하다(= parla spesso male degli altri)

Quella persona ha la lingua lunga. 그 사람은 자주 다른 사람의 험담을 한다.

avere la lingua sciolta- 말주변이 좋다, 달변이다

avere sulla punta della lingua- 말이 혀끝에서 뱅뱅 돌다, 알긴 하지만 기억이 잘 안 난다

Non riesco a ricordarmi il suo nome, e dire che ce l'ho sulla punta della lingua. 그의 이름을 기억할 수 없는데, 말이 혀끝에서 뱅뱅 돌뿐 생각이 안 나네.

avere una bella lingua- 수다가 심하다

in lingua povera- 쉬운 말로 말하면; 까놓고 말해서

La lingua batte dove il dente duole- (속담) 혀는 늘 아픈 이를 건드린다. 지나간 불행에 대한 생각을 지우지 못하다.

Parla sempre dei soldi che ha perso. La lingua batte dove il dente duole. 그녀는 늘 잃어버린 돈에 대해서 말한다. 지나간 불행에 집착해.

La lingua non ha osso ma rompe l'osso. (속담) 사람의 혀는 뼈가 없어도 사람의 뼈를 부순다. (말의 무서움을 비유적으로 이르는 말)

legare la lingua a qualcuno- ~의 입을 막다

lingua madre- 모국어

lingua tagliente- 독설

lingua viva- 현재 사용되는 언어

Trovi questa espressionoe solo nella lingua viva. 이 표현은 현재 사용되는 언어에서만 발견된다.

mordersi la lingua- 혀를 깨물다; 하고 싶은 말을 꾹 참다

Ho dovuto modermi la lingua per non lasciarmi sfuggire il loro segreto. 그들의 비밀이 새나가지 않도록 하기 위해 하고 싶은 말을 꾹 참아야만 했다.

non avere peli sulla lingua- 솔직하게 이야기 터놓고/노골적으로 말하다

Parla solo perché ha la lingua in bocca. 말을 위한 말을 한다. 잔소리한다.

perdere la lingua- (아이가) 꿀 먹은 벙어리가 되다, 말을 안 하다

Avete rotto voi il vetro col pallone o no? Cos'è? Avete perso la lingua? 너희가 공으로 유리를 깼니 안 깼니? 무슨 일이야? 왜 잠자코 있니?

sciogliere la lingua a qualcuno- ~을 자백하게 하다

I servizi segreti lo hanno torturato per sciogliergli la lingua. 비밀 정보국은 자백하도록 그를 고문했다.

sentirsi prudere la lingua- ~을 말하고 싶어 입이 근질거리다

A sentire questi discorsi inutili mi prude la lingua. 이런 무익한 연설을 들으면 나는 말하고 싶어 입이 근질거린다.

una lingua lunga- 남 얘기하기 좋아하는 사람, 험담꾼

Sta'attento a non fargli sapere queste cose perché è una lingua lunga. 그녀는 험담꾼이니깐 이 일을 알지 못하도록 조심해.

una malalingua- 뒷담화 꾼, 험담 꾼

È evitata da tutti perché è una malalingua. 그녀는 뒷담화 꾼이기 때문에 모두가 피한다.

liquidazione- 파산, 청산

essere messo in liquidazione- 파산하다

liquidazione di un debito- 부채 상환

mettere in liquidazione una società- (회사 따위가) 파산하다, 해산하다

prezzi di liquidazione- 최저 가격

vendita di liquidazione- 창고 정리 판매, 점포 정리 판매

in liquidazione- 청산 중

ditta in liquidazione- 파산 회사

lira- (이탈리아의 옛 화폐 단위) 리라

non avere una lira- 무일푼이다, 한 푼도 없다

Non ho una lira. 나는 땡전 한푼 없어.

non valere una lira- 가치가 없다, 쓸모 없다, 한 푼의 가치도 없다, 무가치하다

Non ha importanza se l'hai rotta: non vale una lira. 그걸 망가뜨렸어도 문제가 되질 않아. 쓸모 없는 거야.

pagare (o costare) due lire- 가격이 저렴하다

liscio- 매끄러운, 원활한

andare (o filare) liscio come l'olio- 순조롭게 진행되고 있다

Alla dogana è filato tutto liscio come l'olio. Meno male che non ti hanno fatto aprire la valigia! 세관에서 모든 일이 순탄하게 진행되었다. 그들이 네 가방을 열어보지 않았으니 정말 다행이다.

All'esame è andato tutto liscio come l'olio. 시험에서 모든 일이 순조롭게/순탄하게 진행되었다.

ballo liscio- 사교춤

passarla liscia- 벌을 면하다, 빠져나가다

Non credere di passarla liscia anche questa volta. 이번에도 모면하리라고 생각하지마

lite- 소송, 말다툼

attaccare lite con- ~에게 싸움을/시비를 걸다

È un tipo litigioso e attacca lite con tutti. 그는 걸핏하면 싸우려는 사람이어서 모든 이에게 시비를 건다.

essere in lite con qualcuno- ~를 고소하다; ~와 소송을 제기하다

lite pendente- 계류 중인 소송, 진행 중인 소송

litigante- 말다툼하는 사람, 소송 당사자

Tra i due litiganti, il terzo gode. (속담) 재주는 곰이 넘고 돈은 되놈이 받는다.

livello- 수준, 차원

a livello economico- 경제적인 차원에서

a livello nazionale- 전국적으로

a livello scientifico- 과학적인 차원에서

ad alto livello- 높은 위치의; 고위의; 수뇌부의, 최상위의

essere allo stesso livello- 같은 수준이다

livello di guardia- 경계 수위; 위험 지점

livello massimo- 절정, 정점, 최고조

livello minimo- 낮은 수준, 최저치; (가격의) 바닥

riunione ad alto livello- 수뇌회담

scendere al livello di qualcuno- ~의 수준으로 내려오다

livido- 타박상, 멍

coprire qualcunoerto di lividi- ~온몸에 시퍼런 멍이 들다.

Gli hanno rubato il portafoglio e lo hanno anche coperto di lividi. 그들은 그의 지갑을 훔치고 그를 때려 온통 멍들게 했다.

farsi un livido su un ginocchio- 무릎에 멍이 들다, 무릎에 타박상을 입다

riempire qualcuno di lividi- ~을 때려서 멍투성이로 만들다

lodare- 칭찬하다, 찬미하다

Chi si loda si imbroda. (속담) 자화자찬하는 사람은 웃음거리가 된다.

Dio sia lodato! 신에게 찬양을! 하느님/하나님께 찬송을! 신에게 감사해요!

Sia lodato il cielo! 정말 다행이다! 정말 고마워라!

lode- 칭찬, 칭송

a lode del vero- 사실대로 말하다

cantare, (o tessere/fare) le lodi di qualcuno- 신에게 칭송/찬가를 바치다

dare (o rendere) lode a Dio- 신을 찬미(찬송)하다

essere degno di lode- 칭찬받을 만하다

Il suo eroismo è degno di lode. 그의 영웅심은 칭찬받을 만하다.

laurearsi con la lode- 우등으로 졸업하다, 우수한 성적으로 졸업하다, 발군의 성적으로 졸업하다

30 e lode- 만점, 30점 만점 중의 만점

Ho preso 30 e lode nell'esame di letteratura italiana. 나는 이탈리아 문학 시험에서 만점을 받았다.

10 e lode- 10점 중에 10점, 10점 만점

Bene, bravo, dieci e lode! 잘했어, 훌륭해, 10점 중에 10점 만점이야!

Lode a Dio! 신에게 찬양을!

senza infamia e senza lode- 칭찬이나 비난 없이; 중간의; 보통의, 평균의

tessere le lodi di qualcuno- ~을 극구 칭찬하다, ~을 침이 마르도록 칭찬하다

tessere le proprie lodi- 자화자찬하다, 큰소리치다

lontananza- 멀리 있음, 떨어져 있음, 간격, 원거리

in lontananza- 저 멀리, 먼 곳에, 멀리에

Da qui si può vedere il Monte Bianco in lontananza. 이 곳에서 저 멀리 있는 몽블랑을 볼 수 있다.

L'ho visto in lontananza. 그것을 먼 곳에서 보았다.

lontano- 먼 1. (형용사)

accennare a qualcosa alla lontana- ~에 대한 암시를 어렴풋이 주다가

alla lontana- (공간상, 시간상) 멀리서, 멀리 떨어져서; 먼(친척 관계)

Lo conosco solo alla lontana. 나는 그를 약간 밖에 모른다.

Siamo parenti alla lontana. 우리는 먼 친척이다.

assomigliare a qualcuno alla lontana- ~을 희미하게 닮다

in tempi lontani- 옛날에, 훨씬 이전에

nel lontano 1930- 1930년대로

prenderla alla lontana- 우회적으로 말하다

Se vuoi convincere tuo padre a mandarti a studiare all'estero, devi prenderla alla lontana. 해외유학을 보내달라고 네 아버지를 설득하려면, 너는 우회적으로 말해야만 해.

2. (부사)

andare lontano- 멀리 가다; 장차 크게 되다(성공하다)

Quel giovane andrà lontano. 그 젊은이는 장차 크게 될 것이다.

da lontano- 멀리서

Lui arriva sempre tardi a lezione, perché viene da lontano. 그는 멀리서 오기 때문에 항상 수업에 지각한다.

essere lontano da- ~에서부터 멀다

La mia casa è lontana da qui. 나의 집은 여기에서부터 멀다.

in un lontano nel futuro- 먼 미래에

lontano nel passato- 아주 먼 옛날에

vedere lontano- 미래를 내다보다, 선견지명이 있다

Lontana dagli occhi , lontana dal cuore. (속담) 눈에서 멀어지면, 마음에서도 멀어진다.

Non ne ho la più lontana idea. 아무것도 모른다.

vedere lontano- 멀리 보다, 명견만리하다

3. (장소 전치사)

essere lontano da- ~에서부터 멀다

La mia casa è lontana da qui. 나의 집은 여기에서부터 멀다.

lontano da- ~에서 멀리

Abitiamo lontano dal centro. 우리는 시내에서 멀리 산다.

Lontano dagli occhi, lontano dal cuore. (속담) 눈에서 멀어지면, 마음에서도 멀어진다.

lotta- 결투, 투쟁

essere in lotta- 싸우고 있다; 애쓰고 있다

essere in lotta con qualcuno- ~와 충돌하다, 싸우다

fare alla lotta- 몸싸움을 벌이다, 맞붙어 싸우다

lotta al coltello- 먹느냐 먹히느냐의 싸움(투쟁)

La successione alla presidenza si è risolta solo dopo una lotta al coltello fra i due candidati. 대통령의 승계권은 두 명의 후보간 먹느냐 먹히느냐의 승부 끝에 결정되었다.

una lotta senza quartiere (all'ultimo sangue)- 사투(死鬪)

Dopo una lotta senza quartire gli attaccanti riuscirono a penetrare nel forte. 사투 끝에 공격자들은 요새

에 침입할 수 있었다.

lottare- 싸우다, 투쟁하다

lottare con- ~와 싸우다

Lottava col sonno. 그는 잠과 싸우고 있었다.

Lui lottava con se stesso. 그는 자기 자신과 싸우고 있었다.

lottare con il tempo- 서두르다

lottare contro- ~와 대항하여 싸우다

Lottava contro la tentazione. 그는 유혹과 싸우고 있었다.

lottare per- ~을 위해 싸우다

Noi tutti dobbiamo lottare per la pace. 우리 모두는 평화를 위해 싸워야 한다.

lucciola- 개똥벌레, 반딧불

dare a intendere lucciole per lanterne- 남이 진실을 못 보게 하다, 남을 속이다; ~을 호도하다

prendere lucciole per lanterne- 완전히 오해하다

유사 관용어는 'prendere fischi per fiaschi'이다.

luce- 빛

accendere la luce- 불을 켜다

alla luce del sole- 공공연하게; 드러내 놓고, 솔직하게

alla luce della fede- 믿음의 빛으로

alla luce della ragione- 이성의 빛으로

alla luce della scienza- 과학의 빛으로

alla luce di- ~의 빛으로

brillare di luce riflessa- 남 덕택에 명예를 얻다; 후광을 입다

Lei non ha fatto niente di importante, ma è la moglie di un famoso chirurgo, e così brilla di luce riflessa. 그녀는 아무런 일도 하지 않았는데, 남편이 유명한 외과의사로 그렇게 후광을 입었다.

dare alla luce- 아이를 낳다, 출산하다.

dare luce a- 불을 비추다, 환하게 하다

Tre finestre danno luce alla sala da pranzo. 3개의 창문으로 식당 방이 환하다.

Ha dato alla luce un bel bambino. 그녀는 예쁜 아기를 낳았다.

essere la luce degli occhi di- 자랑거리, 애지중지하다

Quella macchina nuova è la luce dei suoi occhi. 그 새 자동차는 그가 애지중지하는 것이다.

fare luce su qualcosa- ~을 밝히게 되다; (문제 등에 대해) 해결의 실마리를 던져 주다, ~에 대해서 밝혀 내다

gettare una luce diversa su qualcosa- ~을 새롭게 조명하다; ~이 새로운 양상을 띠게 하다

luce degli occhi 자랑거리, 애지중지하는 사람(것).

mettere in luce- 보여주다, 드러내 알려주다, 강조하다

Quell'opera ha messo in luce le sue qualità di scrittore. 그 작품이 작가로서의 그의 자질을 보여주었다.

mettere qualcuno in buona/cattiva luce- ~를 좋은/나쁜 시각으로 바라보다

mettersi in luce- 관심을 독차지하다

portare alla luce- 밝히다, 폭로하다, ~을 발견하다

spegnere la luce- 불을 *끄다*

Prima di uscire, devi spegnere la luce. 외출 전에 불을 꺼야 한다.

venire alla luce- 태어나다(= nascere); (사람들에게) 알려지다, 밝혀지다

Lo scandalo venne alla luce in maniera del tutto casuale. 추문은 거의 우연히 알려졌다.

lucido- 1. (형용사) 빛나는

essere lucido- 명석하다, 의식이 또렷하다

Mio nonno ha novanta anni, ma è ancora lucido. 나의 할아버지는 90세인데, 아직 의식이 또렷하다.

intervalli lucidi- 의식 청명기(미친 사람이 제정신일 때의 기간)

lucido come uno specchio- 거울처럼 빛나는, 밝은; 아주 깔끔한

2. (명사) 윤, 광택; 투명도

tirato a lucido- 아주 깔끔한, 말끔한; 단정한, 맵시 있는, 멋진

Era il suo primo appuntamento con una ragazza ed era tutto tirato a lucido. 여자(소녀)와 자신의 첫 데이트라 그는 한 벌 쭉 빼어 입었다.

lumaca- 달팽이; (사람) 굼뜬 사람, 느림보; (기구) 완행 열차

camminare come una lumaca- 느림보처럼 걷다; 몹시 느리게 가다

Cammina sempre come una lumaca. 그는 늘 느림보처럼 걷는다.

essere lento come una lumaca- 달팽이처럼 느리다, 굼뜬 사람처럼 느리다

La mattina, quando mi sveglio, sono lento come una lumaca. 아침에 일어나면 나는 굼뜬 사람처럼 느리다.

lume- 등불, 램프

a lume di candela- 촛불을 켜고(밝히고)

Cenammo a lume di candela. 우리는 촛불을 켜고 저녁식사를 했다.

a lume di naso- 감으로, 어림잡아; 직감적으로, 짐작으로

"Quanti chilometri mancano?" "A lume di naso, direi una trentina." "몇 킬로나 남았지" "어림잡아 한 30킬로쯤."

chiedere lumi a qualcuno- ~와 상의하다; 조언을 구하다, 설명을 요청하다

Non ho capito nulla della lezione di matematica; dovrò chiedere lumi al professore. 수학 시간에 아무것도 이해하지 못했어. 교수님에게 도움을 청해야만 해.

il lume della ragione- 이성의 빛

lume ad acetilene- 아세틸렌 버너

perdere il lume degli occhi (o della ragione)- 이성을 잃다, 미치다(= impazzire); ~으로 제정신이 아니다(= infuriarsi), 화가 나서 제 정신이 아니다

Quando ha insultato mia moglie, ho perso il lume degli occhi. 그가 나의 부인을 모욕했을 때, 나는 화가 나서 제정신이 아니었다.

reggere il lume- 두 애인 사이에 곁다리로 끼다; 원하지 않는 제3자 역할을 하다

spegnersi come un lume- 사라지다

Il mio interesse per quell'argomento s'è spento come un lume. 그 주제에 관한 관심이 없어졌다.

lumicino- 조그만 램프; 희미한 빛

cercare qualcosa col lumicino- ~을 구석구석 찾다, 여기저기 뒤지다, ~을 이리저리 찾다

essere ridotto al lumicino- (사람) 다 죽어가다, 빈사상태이다; (사물) 거의 끝나가다

Si è ridotto al lumicino correndo dietro a quella ragazza. 그는 그 소녀의 꽁무니를 따라다니느라 기진맥진했다.

luna- 달

abbaiare alla luna- 달을 보고 짖다; 부질없이 노력하다, 헛수고하다

Protestare in questo caso non serve a niente; è come abbaiare alla luna. 이 경우에 항의하는 것은 아무 소용이 없어. 부질없는 짓이야.

andare a lune- 변덕스럽고 기분이 쉽게 변하다

avere la luna (di traverso, storta)- 기분이 나쁘다, 심기가 불편하다.

Lasciala perdere, che oggi ha la luna. 오늘 기분이 안 좋으니깐, 그녀를 가만 내버려 둬.

avere la testa sulla luna- 아무 생각 없다, 공상에 잠기다

chiedere (o volere) la luna- 달을 따다 달라고 하다; 힘들거나 불가능한 일을 요구하다; 얻을 수 없는 것을 욕심 내다, 불가능한 일을 바라다

essere (o vivere) nel mondo della luna- 백일몽에 빠지다, 공상에 빠지다, 몽상의 세계에서 살다

essere in luna di miele- 신혼여행 중이다, 밀월을 보내다

Loro sono in luna di miele. 그들은 신혼 여행 중이다.

far vedere la luna nel pozzo- ~을 호도하다

Non credere alla sua promessa; ti sta facendo vedere la luna nel pozzo. 그의 약속을 믿지 마. 너를 속이고 있는 거야

promettere la luna- 엉터리 약속을 하다, 얼토당토않은 약속을 하다

sotto la luna- 달빛 아래에서

venire dal mondo della luna- 깜짝 놀라다

lunario- (태음력의) 달력; 책력, 연감

sbarcare il lunario- 그럭저럭 살아나가다; 하루 벌어 하루 살다, 근근이 생계를 꾸려 이어가다; 겨우 먹고 살 만큼 벌다

Col suo stipendio riesce a malapena a sbarcare il lunario. 그의 봉급으로는 거의 근근이 생계를 꾸려 갈 수 있다.

lungo- 1. (형용사) 긴

a lunga scadenza- 장기적인; 장기의 (어음, 채권 등); 신선도가 오래가는, 장기 보존할 수 있도록 처리한

a lungo- (1) 오랫동안(= per molto tempo)

Ho pensato a lungo prima di decidere come fare. 나는 무엇을 해야할지 결정하기 전에 오랫동안 고민했다

Se continui a fumare così tanto, non vivrai a lungo. 네가 계속해서 그렇게 담배를 많이 피우면, 오래 살지 못할 거야.

(2) 상세히, 길게(= con tutti i particolari)

Ho parlato a lungo. 나는 길게 말했다.

alla lunga (o a lungo andare)- (앞으로 길게 보았을 때) 결국에는

Vedrai che alla lunga riuscirai nel tuo intento. 결국에는 네 뜻대로 하게 되는 것을 보게 될 거야.

alla più lunga- 늦어도

andare per le lunghe- (1) 시간이 오래 걸리다

L'assicurazione pagherà, ma si andrà per le lunghe. 보험회사에서 지불할 것이지만, 시간이 오래 걸릴 거야.

(2) (너무 오랫동안) 질질 끌다, 계속되다

Andiamo via; questa riunione sta andando per le lunghe. 너무 오랫동안 이 모임이 계속되고 있으니, 우리 떠나자.

in lungo e in largo- (1) 샅샅이

L'ho cercato in lungo e in largo, ma non sono riuscito a trovarlo. 나는 그를 샅샅이 찾았지만, 찾을 수 없었다.

(2) 곳곳에, 여기저기

Ho girato la Spagna in lungo e in largo. 나는 스페인 여기저기를 여행했다.

da lungo tempo- 오래 전부터

Non lo vedo da lungo tempo. 그를 못 본지 한참 됐다.

di gran lunga 훨씬(= davanti a un compar.); 단연코(= davanti a un superl.); 정말

È di gran lunga il miglior whiskey che abbia mai bevuto. 전혀 마셔보지 못한 단연 최고의 위스키이다.

essere lungo a fare qualcosa- ~을 하는 데 시간이 오래 걸리다

Sbrigati, quanto sei lungo! 서둘러, 너 정말 시간 오래 걸린다!

farla lunga- 계속 가다; (너무 오랫동안) 질질 끌다

Come la fai lunga! 어떻게 너처럼 질질 끌 수 있니!

lungo come una quaresima (o la fame)- 사순절처럼 긴; (지겹고 짜증날 정도로) 끝없이 계속되는

Non hai ancora finito di mangiare? Sei lungo come una quaresima! 너 아직도 식사가 안 끝났니? 끝없이 계속 먹는구나!

per non farla lunga- 간단히 줄여서 말하면

saperla lunga- 세상 일을 잘 알다, 세상 물정에 밝다; 빈틈이 없다

Non farti ingannare dal suo aspetto ingenuo. È uno che la sa lunga. 너 그의 순진한 겉모습에 속지마. 그는 세상 물정에 밝은 사람이야.

tirare di lungo- (힘들거나 고통스러워도) 계속 살아가다, 견디다

tirare in lungo (o per le lunghe)- (필요 이상으로) ~을 오래 끌다

2. (명사) 길이

due metri per il lungo- 길이가 2미터

per il lungo- 길이가

luogo- 장소

a tempo e luogo- 알맞은 시간과 장소에서

Queste cose vanno fatte a tempo e luogo. 이것들은 알맞은/적절한 시간과 장소에서 만들어져야 한다.

avere luogo- (준비되거나 계획된 일이) 일어나다, 발생하다(= verificarsi); (특히 미리 준비되거나 계획된 일이) 열리다, 개최되다(= svolgersi)

La riunione avrà luogo a Milano. 모임은 밀라노에서 열릴 것이다.

Quando avrà il matrimonio? 결혼식은 언제 하게 되는 거지?

dare luogo a- 야기하다, 초래하다(= causare); 유발/유도하다(= condurre a)

La sua intromissione ha dato luogo a una lunga serie di rappresaglie. 그의 간섭이 쌓이고 쌓인 앙갚음을 야기했다.

fare luogo a qualcuno- ~을 위해 자리를 만들다, ~를 위해 자리(장소)를 비키다; 자리를 양보하다

fuori luogo- 제자리에 있지 않는; 어울리지 않은, 부적절한, (특정한 상황에) 맞지 않는, 부적절한; 때(시기)가 안 좋은

Magari aveva anche ragione, ma il suo commento era fuori luogo. 그가 옳았을 수도 있지만, 그의 논평은 부적절하였다.

in luogo di- ~대신에

In luogo del film si terrà un concerto. 영화 대신에 음악회가 열릴 것이다.

in nessun luogo- 아무데도, 어디에도~ 없다

in ogni luogo- 모든 곳, 어디나

in primo luogo- 우선, 먼저, 첫째로

in qualche luogo- 어딘가에

in qualsiasi luogo- 어디든, 아무데나

in qualsiasi luogo sia- 어디에 있든지 간에

in secondo luogo- 다음으로, 두 번째로

in ultimo luogo- 마침내, 최종적으로

la gente del luogo- 그 동네 사람들, 지역주민; 촌의 주민들

Non è del luogo. 그는 그 지역 출신이 아니다.

sul luogo- 현장에서; 즉석에서, 즉석에, 곧장

Ero sul luogo. 나는 현장에 있었다.

lupo- 늑대

avere una fame da lupi- 배가 몹시 고프다, 몹시 시장하다, 무척 허기지다

Ho una fame da lupi. 나는 몹시 시장하다.

cadere in bocca al lupo- 호랑이 굴에 들어가다

gettare qualcuno in pasto ai lupi- ~을 희생시키다/팔아먹다; 배신하다

gridare al lupo- (비유) 도와 달라고 소란을 피우다(도움이 꼭 필요하지 않으면서 소란을 피워 정작 도움이 필요할 때는 사람이 믿게 되지 않게 됨을 나타냄); 오보를 전하다

Il lupo perde il pelo ma non il vizio. (속담) 늑대가 그를 감싸고 있는 털을 버릴 수는 있지만 나쁜 습성은 버리기 힘들다. 자신의 나쁜 습관이나 천성은 고치기 정말 바꿀 수 없다. 제 버릇 개 못 주는 법, 세 살 버릇 여든까지 간다.

In bocca al lupo! (일반적으로 시험이나 경기) 행운을 빌어! (시험) 잘 해봐!

lupo solitario- 외톨이 늑대; 고립주의자

lusco- 성구로만

  tra il lusco e il brusco- 땅거미 질 때에, 황혼녘에

  Capitò a casa nostra una sera tra il lusco e il brusco. 어느 날 밤 해 질 무렵에 그가 우리 집에 나타났다.

lusso- 호화로움, 사치

  andare di lusso- 매우 운이 좋다; 행운에 감사하다

  Gli è andata di lusso. 그는 아주 운이 좋았다; 그는 행운의 여신에게 감사했다.

  di lusso- 호화로운

  edizione di lusso- 한정판

  hotel di lusso- 호화/특급 호텔

  negozio di lusso- 호화 가게

  vivere nel lusso- 사치스럽게 살다

lutto- 애도, 상복; 가족(/친지)의 사망, 상; 사별

  essere in lutto per qualcuno- ~의 죽음을 애석(애도)해 하다/애도하다; ~의 상중이다

  La città è in lutto per la morte del sindaco. 도시는 시장의 죽음을 애도하고 있다.

  essere vestita a lutto- 상복을 입다

  È vestita a lutto per la morte del marito. 그녀는 남편의 죽음으로 상복을 입었다.

  giornata di lutto nazionale- 국가 차원의 애도일

  fascia da lutto- (특히 팔에 두르는) 상장(喪章)

  lutti e rovine- 죽음과 파괴

  lutto nazionale- 국장(國葬), 국상

  mettere il lutto- 상을 입다, 초상을 당하다, 복상하다

  parato a lutto- 조기(弔旗)

  portare il lutto- 상복을 입고 다니다

  smettere il lutto- 탈상하다

  un lutto in famiglia- 가족 일원의 죽음

M

ma- 그러나

  con tutti i tuoi ma e se- 이런저런 이유로, 이러쿵저러쿵 핑계로

Con tutti i tuoi ma e se sei ancora al punto di partenza. 이런저런 이유로 너는 아직도 출발점에 있다.

  D'accordo, ma c'è un ma.- 좋아, 하지만 문제가 있다.

Che lui sia il migliore, sono d'accordo, ma c'è un ma. 그가 최고라는 것에 동의하지만 문제가 있다.

  Ma certo!- 물론 그렇지!

"Mi presti il libro che hai comprato ieri?" "Ma certo!" "어제 네가 산 책을 내게 빌려줄래?" "물론이지!"

  Ma come! 어째서 인가, 어찌하여, 왜; 어떻게; 어떻게 되었는가!

  Ma che!/Ma va là!/Ma via!- 집어치워, 말도 안돼!

"Ti ho disturbato ieri?" "Ma va là!" "어제 내가 너를 방해했니?" "말도 안돼!"

  Ma insomma, piantala!- (불쾌한 일을 가능한 한) 제발 그만 좀 해!

Ma insomma, piantala con queste storie, per favore! 제발, 이 이야기좀 그만 할래!

  Ma no! (강한 부정) 안 됩니다, 당치않아요; (놀람) 정말, 설마 그럴까!

  Ma no che non devi. 물론 안 되지.

  Ma sì! 물론(= certamente); 좋아(= e va bene); 예, 좋아요(= e invece sì)

  Non c'è ma che tenga. 의심(이견)의 여지가 없다.[1]

macchia- 1. 얼룩, 오점

  a macchia d'olio- 사방팔방으로, 팔방으로; 삽시간에, 순식간에

Gli scioperi si diffondevano a macchia d'olio. 파업이 삽시간에 번져 나갔다.

  non avere macchie sulla coscienza- 의식이 또렷하다

  senza macchia- 얼룩지지 않은, 티끌 하나 없는; (비유) 흠 하나 없는, 나무랄 데 없는

La sua è una vita senza macchia. 그의 인생은 나무랄 데 없는 인생이다.

  una macchia sull'onore- 불명예, 오명

Il figlio in prigione è una macchia sul loro onore. 감옥에 있는 아들이 그들의 오명이다.

2. 관목, 덤불

  alla macchia- 몸을 숨겨, 도주 중인(= nascosto); 비밀리에 하는, 은밀한(= clandestino); 비밀리에, 남몰래(= clandestinamente)

  darsi alla macchia- 잠적하다(= fuggire in montagna); 숨다, 지하로 잠입하다(= nascondersi); 도망자가 되다(= darsi al brigantaggio); (정치) 당원에 가입하다, 게릴라에 가담하다[2]

---

[1] 이 관용어의 의미는 "Non esserci obiezioni, eccezioni o altro che possano modificare una situazione, una decisione o simili. Si usa per ribadire la propria irremovibilità di fronte a qualcuno che presenti delle obiezioni"이다. 우리말로는 "이견의 여지가 없다! 이러쿵저러쿵 핑계 대지 말고 당장 해!" 정도로 옮길 수 있다.

[2] 특히 "정당에 가입하다, 게릴라에 가담하다"라는 의미는 2차 세계대전 중에 사용한 표현이다.

Si è dato alla macchia perché era ricercato dalla polizia. 경찰이 지명 수배하였기 때문에 그는 행방을 감췄다.

vivere alla macchia- 무법자가 되다

macchina- 기계, 자동차

a macchina- 기계로

battere a macchina- (타자기, 컴퓨터로) 타자 치다, 입력하다

Batte a macchina tutte le sue lettere. 그녀는 모든 편지를 컴퓨터로 친다.

in macchina/**con la macchina**- 자동차로

Siamo partiti con la macchina. 우리는 자동차로 떠났다.

Siamo venuti in macchina. 우리는 자동차로 왔다.

macchina da (o per) cucire- 재봉틀

macchina da (o per) scrivere- 타자기

macchina da caffè- 커피 머신

macchina della verità- 거짓말 탐지기

macchina fotografica- 카메라, 사진기

macello- 도살장

Che macello!- 엉망(난장판)이다! 별꼴이다!

Che macello la riunione di ieri! Tutti urlavano e non si è capito nulla. 어제 모임은 난장판이다! 모두가 외쳐대서 하나도 이해하지 못했다.

mandare al macello- 도살/도축하게 하다, 살육하게 하다; 총알받이로 쓰다

Gli animalisti hanno manifestato per salvare gli animali mandati al macello. 동물권리 보호론자들은 도살될 동물들을 구하기 위해 시위를 했다.

madre- 1. (명사) 어머니; 기원, 원인; 원장수녀

essere madre- 어머니이다

È madre di due bambini. 그녀는 두 아이의 어머니이다.

diventare madre- 어머니가 되다

Lei è diventata madre. 그녀는 엄마가 되었다.

fare da madre a qualcuno- ~에게 엄마가 되어주다, ~에게 엄마 역할을 하다

Ha sempre fatto da madre ai suoi fratellini più piccoli. 그는 늘 그의 어린 동생들에게 엄마 역할을 했다.

La buona madre fa la buona figlia. 그 어머니에 그 아들이다.

madre adottiva- 양어머니

Madre Badessa- 수녀원장, 원장 수녀

madre natura- 생모, 친어머니

Madre Superiora- 여자 수도원장

2. (형용사) 어머니의; 최초의, 원조의

chiesa madre- 모교회(동방 교회를 지칭하는 표현)

lingua madre- 모국어

maestro- 1. (명사) 스승, 선생; 명인, 거장

　　da maestro- 가장 큰/중요한; 대가다운

　　L'esercizio è buon maestro. (속담) 훈련이 완벽을 만든다.

　　lavoro da maestro- 명품, 걸작

　　maestro cantore- 마이스터징거

　　maestro di ballo- 무용강사

　　maestro di nuoto- 수영강사

　　maestro di sci- 스키강사

　　maestro elementare- 초등학교 교사

　　Nessuno nasce maestro. 모든 것은 배워 익혀야 한다.

　2. (형용사) 주요한, 숙달한

　　ingresso maestro- 중앙출입구

　　mano maestra- 명인

　　strada maestra- 주요 도로, 간선 도로, 본선

magari- 1. (감탄사) 그렇게 되었으면, 기꺼이(= volentieri)

　"È tua quella Ferrari?" "Eh, magari!" "저 페라리 자동차 네 것이니?" "그랬으면 얼마나 좋겠어!"

　"Ti piacerebbe andare a Roma?" "Magari!" "로마에 갔으면 좋겠니?" "그렇게 되었으면!"

　2. (접속사) (1) (강한 욕구) 아마 그랬으면 참 좋겠다, 그렇게 되었으면 오죽이나!

　Magari fosse vero! 사실이라면 얼마나 좋을까!

　Magari potessi aiutarlo! 내가 그를 도울수 있다면이야!

　(2) (반의) 비록 ~일지라도

　Lo aspetterò, magari dovessi rimanere qui tutta la notte. 설령 여기에 밤샘할지라도, 그를 기다릴 것이다.

　3. (부사) (1) 아마도(= forse, probabilmente)

　Magari arriva più tardi. 아마 그가 늦게 도착할 거야.

　Magari ci vediamo stasera e ne parliamo. 아마도 저녁에 우리가 만날 텐데 그때 그 얘기하자.

　(2) 어쩌면(= per caso), 혹시(= per combinazione)

　Non è che magari all'ultimo momento cambiate idea? 어쩌면 마지막 순간에 그들이 생각을 바꾸는 게 아닐까?

　(3) 반면에(= invece), 차라리(= piuttosto), 아니면

　"Vieni con noi a fare delle spese?" "Oggi non posso, magari domani." "우리랑 쇼핑하러 갈래?" "오늘은 안되겠어, 아님 내일 어때?"

　(4) 심지어(= persino)

　Potrebbe magari offenderti. 심지어 그는 너의 기분을 상하게도 할 수 있을 거야.

　Sarebbero magari capaci di negare il fatto. 그들은 심지어 사실을 부인할 수도 있을 것이다.

maggiore- (grande의 비교급) 더 큰; 선배의, 나이가 더 많은, 연장의

　andare per la maggiore- 유행하다, (아주) 인기가 있다; 대성공하다(= avere un gran successo)

　Si è messo a fabbricare borse di cuoio; vanno per la maggiore e sta facendo un sacco di soldi. 그는 가죽

지갑 제조를 시작했는데, 인기가 좋아 엄청난 돈을 벌고 있다.

la figlia maggiore- 맏딸, 장녀

la maggiore età- (법률상의) 성년

maggiore di- ~보다 더 나이가 많은

Sono maggiore di lui. 나는 그보다 나이가 많다.

per la maggior parte- 대부분, 주로

maglia- 편물; 셔츠

cadere nelle maglie di qualcuno- ~의 덫에 걸리다, 모함에 빠지다; ~의 희생이 되다

Purtroppo è caduto nelle maglie di quell'organizzazione criminale. 불행히도 그는 그 범죄 조직의 올가미에 걸려 들었다.

fare la maglia- 뜨개질하다

Mia nonna era molto brava a fare la maglia. 나의 할머니는 뜨개질을 굉장히 잘 했다.

lavorare a maglia- 뜨개질하다

Guardando la televisione ho lavorato a maglia. 나는 텔레비전을 보면서 뜨개질을 했다.

magra- 저조(低潮), 저수위; 빈궁

essere in magra- (1) 돈이 부족하다, 돈에 쪼들리다(= avere pochi soldi)

Non portarmi in quel negozio, lo sai che sono in magra. 그 가게에 날 데리고 가지 마. 너는 내가 돈에 쪼들리는 걸 알잖아.

(2) (강물이) 완전히 메마르다

Il fiume è in magra. 강이 메말랐다.

fare una magra (figura)- (1) 어리석은 실수를 하다; (부주의로 말미암아) 어려운 처지에 빠지게 되다, 초라하게 보이다.

Ogni volta che andiamo al bar devo offrirle il caffè. Anche ieri davanti al suo capo. Ha fatto proprio una magra figura! 매번 바에 갈 때마다 나는 그녀에게 커피를 사야 한다. 어제도 그녀의 상사 앞에서 그랬는 데 그녀가 정말 초라하게 보였다!

(2) 바보짓을 하다, 웃음거리가 되다

Quella ragazza non è molto educata. Ogni volta che esco con lei faccio delle magre figure. 그 소녀는 정말 예의가 없다. 그녀와 함께 외출할 때마다 나는 웃음거리가 된다.

periodo di magra- 수확이 적은 시기; 불경기

magro- 마른; 지방이 없는

carne magra- 살코기

cibi magri- 지방이 적은 음식, 저지방 음식

essere magro come un chiodo (o un'acciuga/un grissino). 못/멸치/그리시니(가늘고 긴 막대기 모양의 빵)처럼 마르다. 피골만 앙상히 남았다

Ho la fortuna di essere sempre stato magro come un chiodo. Posso mangiare quello che voglio. 나는 늘 대꼬챙이처럼 몸이 빼빼 말라서 먹고 싶은 대로 먹을 수 있다.

scusa magra- 궁색한 변명

mah- (일상생활에서 종종 시니컬하게 사용, 불확실한 것을 나타낸다.) 의심스러운

“Che ora è?” “Mah!” “지금 몇 시지?” “몰라!”

“Quando tornerà?” “Mah!” “그가 언제 돌아올까?” “누가 알아(뭐라고 말할 수 없지만, 어쩌면 그럴 지도 모르지!).”

mai- (부정문에서) 결코; (비교문) 더없이

mai e poi mai- 결코 ~않다(= rafforzativo); 무슨 일이 있어도; 절대로 ~않다(= niente affatto)

mai più- 두 번 다시 ~않다

Non accadrà mai più. 다시는 그런 일이 없을 겁니다.

meno che mai- 이전보다 더 적게; 가장 ~이 아니다, 특히 ~하지 않다

Meglio tardi che mai.- (속담) 안 하는 것보다는 늦더라도 하는 것이 더 낫다.

Finalmente sei arrivato. Meglio tardi che mai. 드디어 네가 도착했구나. 늦게라도 도착하는 것이 낫다.

Non si sa mai.- 아무도 모른다.

Porta con te il cellulare. Non si sa mai. 휴대폰 가져가. 어찌될지 아무도 모를 일이다

Non sia mai! 그런 일이 없기를! 어림도 없는 소리! 천만에!

Non sia mai detto che- 결코 ~일 리가 없다; ~하는 일이 있어서는 큰일이다

più che mai- (1) 이전 보다 더

Sono più felice che mai. 나는 이전 보다 더 행복하다.

(2) 더욱더, 점점 더

Lo amo più che mai. 나를 그를 더욱더 사랑한다.

Perché mai? 도대체 왜?

quanto mai- 극도로, 극히, 정말로 많이; 몹시, 지독히

È quanto mai testardo. 그는 정말 고집불통이다.

quasi mai- 거의~ 하지 않는다

Non esco quasi mai la sera. 나는 저녁에 거의 외출하는 법이 없다.

se mai/caso mai- 만일에(= nel caso), 어쩌면(= eventualmente)

Caso mai veniamo noi a farvi visita. 어쩌면 우리가 너희들을 방문할 지 모른다.

Caso mai tornasse, mandalo da me. 그가 돌아올 경우, 나한테 보내.

Se mai dovessi incontrarlo. 내가 만약 그를 만나야 될 경우에

maiale- 돼지고기: (비유) 불결한 사람, 더러운 사람, 욕심스러운 사람

mangiare come un maiale- 걸신들린 듯 먹다; 욕심을 부리다

salsiccia di maiale- 돼지고기 소세지

un maiale- (1) 아주 더러운 사람

È un maiale, non si lava mai. 그는 아주 더러운 사람이어서 절대로 안 씻는다.

(2) 골칫거리; 돼지같은 사람

A tavola è un vero maiale. 그는 식탁에서 진짜 돼지이다.

malapena- 간신히, 겨우, 가까스로

a malapena- (1) 간신히, 힘들게(= con fatica)

Lui cammina a malapena. 그는 간신히 걷는다.

(2) 가까스로(= appena, a stento)

Riuscii a malapena a prendere il treno. 나는 가까스로 기차를 탈 수 있었다.

malato- 1. (형용사) 아픈, 병든, 병에 걸린

essere malato di- ~가 아프다

Lui è malato di cuore. 그는 심장이 아프다. 그는 심장병에 걸렸다.

2. (명사) 명사, 열광자

un malato- 환자, 열광자

È un malato dei computer. 그는 컴퓨터 환자이다.

male- 나쁜, 악하게, 불행하게

A mali estremi, estremi rimedi. (속담) 중병에는 극약 처방이 필요하다.

andare a finir male- (1) 후회하게 되다

Sta' attento o andrà a finir male per te. 조심해 그렇지 않으면 후회하게 될 거다.

(2) 병을 얻게 되다

Se continui a fumare, finirai male (= ti ammelerai). 계속해서 담배를 피우면 병에 걸릴 거다.

(3) 나쁘게 끝나다

Se l'inflazione continuerà ad aumentare, le cose andranno a finir male. 인플레이션 상승이 지속된다면, 경기가 하락하게 될 거다.

andare a male- 썩다, 상하다(= guastarsi); (음식물 따위가) 시어지다(= inacidirsi)

Il latte è andato a male. 우유가 상했다.

andare male- (일이나 사건 등이) 잘 안되다

Gli affari vanno male. 사업이 잘 안된다.

bene o male- 어찌 되었든, 잘 되었건 못되었건

Bene o male anche questa è finita. 잘됐든 못됐든 이것도 끝났다.

cascar male- 운이 나쁘다, 재수가 없다

Sono cascato male: credevo di vedere un bello spettacolo, invece mi sono annoiato a morte. 재수가 없었다. 좋은 공연을 보리라고 생각했었는데, 지루해 죽는 줄 알았다.

Chi è causa del suo mal pianga se stesso. (속담) 자기가 뿌린 씨는 자기가 거두어야 한다.

Chi male semina, male raccoglie. (속담) 뿌린대로 거둔다.

conciare male- ~을 두들겨 패다, 마구 때리다(= conciare qualcuno per le feste)

L'hanno conciato male perché li aveva presi in giro. 그가 그들을 놀려서 그들이 그를 두들겨 팼다.

di male in peggio- 갈수록 더 나빠져(악화)

Ha cambiato lavoro, ma dice che va di male in peggio. Lavora di più e guadagna di meno. 그는 직업을 바꾸었는데 갈수록 더 나빠진다고 말한다. 일은 더하고 돈은 적게 번다.

far del male- 해가 되다, 손해를 끼치다

far del male a qualcuno- ~의 마음을 아프게 하다

Bonifacio gli ha fatto veramente del male andando in giro a dire che aveva maltrattato sua madre. 보니파치오는 그가 자신의 모친을 학대하였다고 이야기하면서 돌아다님으로써 그의 마음을 아프게 했다.

far male- (1) 아프다(= dolore)

Mi fa male la testa. 머리가 아프다.

Mi fanno male le gambe. 다리가 아프다.

(2) ~에게 해를 입히다, 해가 되다(= recare danno)

Non ho mai fatto male a nessuno. 나는 아무에게도 해를 끼치지 않았다.

(3) 건강에 나쁘다

Il fumo fa male. 흡연은 건강에 해롭다.[3]

(4) 잘못하다, 실수하다(= agire male)

fare male a + 동사원형- 나쁘게 행동하다

Hai fatto male a non venire. 네가 안 오다니 나빴다.

farsi (del) male- 다치다

Mi sono fatto male al ginocchio destro. 나는 오른쪽 무릎을 다쳤다.

Sono caduta a terra, mi sono fatta male. 나는 땅에 넘어져서 다쳤다.

finire male- (1) (사물) 부정적인 결과가 되다

La nostra storia è finita male. 우리 이야기는 결과가 안 좋게 끝났다.

(2) (사람) 끝이 안 좋게 되다

Ha seguito cattive compagnie ed è finito male. 그가 안 좋은 친구들을 따라다니더니 나쁘게 풀렸다.

guardar male qualcuno- ~을 노려보다/쏘아보다

Il fratellino la guardava male perché lei gli aveva preso il camion giocattolo. 그녀가 장난감 트럭을 가져가자 어린 동생이 그녀를 노려보았다.

La vedo male. 나는 그것을 좋게 보지 않는다.

Le venne male. 그녀는 졸도해 버렸다.

Mal comune mezzo gaudio. (속담) 어려움은 나누면 반으로 줄어든다.

Male non fare e paura non avere. (속담) 아무 것도 하지 않으면 근심도 없다.

masticare male qualcosa- 그다지 잘하지 못하다, 별로 능하지 못하다

Mastica male la matematica. 그는 수학을 그다지 잘하지 못한다.

meno male- (기쁨을 나타내어) 정말 다행이다; ~여서 다행스러운(= per fortuna)

Meno male che sei venuto ad aiutarmi! Non ce la farei mai da sola. 네가 날 도우러 와서 다행이다! 혼자서는 결코 할 수 없을 거야.

mettersi male- 악화하다

Le cose si mettono male; gli ordini sono diminuiti e i magazzini sono pieni di merci invendute. 상황(경기)이 악화되어 주문은 줄어들고 창고에는 팔리지 않은 상품으로 넘친다.

non c'è male- 그다지 나쁘지 않은, 꽤 좋은

Non è una meraviglia questa casa, ma non c'è male; avremmo potuto trovare di peggio. 이 집은 훌륭하지 않지만 그다지 나쁘지도 않다. 우리는 더 열악한 집을 구할 수도 있었다.

non male- (1) 나쁘진 않다, 웬만하다, 그럭저럭

La torta non è male. 케익이 나쁘진 않아.

(2) 그럭저럭

---

[3] 이탈리아에서는 2000년 11월 1일에 인준된 '흡연금지에 관한 법률'에 의해 공공장소, 학교, 식당 등에서의 흡연을 엄격히 금지하고 있다.

"Come stai?" "Non male." "어떻게 지내니?" "그럭저럭."

(3) 웬만하다

"Come vanno le cose?" "Non male." "어떻게 돼가?" "웬만큼."

Non tutto il male viene per nuocere. 아무리 안 좋은 상황에서도 긍정적인 측면은 있다. (속담) 모든 구름의 뒤편은 은빛으로 빛난다. 괴로움 뒤에는 기쁨이 있다.

passarsela male- 가난/초라하게 지내다

Se la passa male da quando la ditta è fallita. 회사가 파산한 뒤로 그는 가난하게 지낸다.

poco male- 신경 쓰지 마라, 걱정하지 마, 괜찮아

"Mi sono dimenticato di portare l'ombrello." "Poco male, te ne impresto uno io." "우산 가지고 오는 것을 잊었네." "괜찮아, 내가 하나 빌려줄게."

prendersela (o aversene) a male- ~을 불쾌하게 받아들이다; ~에 대해 성내다(= offendersi)

Gli ho detto la verità e se l'è presa a male. 나는 그에게 진실을 말했는데 그것을 불쾌하게 받아들였다.

rimanerci (o restarci) male- 실망하다(= essere deluso, contrariato)

Ci siamo rimasti tutti molto male. 우리 모두 그것에 대해 무척 실망했다.

Quando gli ho detto che non c'era più posto in macchina, c'è rimasto male. 차에 자리가 없다고 말하자, 그는 실망했다.

sentirsi male- 컨디션이 안 좋다, 몸이 좋지 않다(= avere un malore); 토할 것 같다(= nausea)

Lo studente vuole tornare a casa, perché si sente male. 학생은 몸이 좋지 않아 집에 돌아가고 싶어한다.

star male- (1) 옳지 않다

Sta male che tu vada in giro a dire quelle cose. 네가 그러한 일들을 말하고서 여행을 간다면 옳지 않다.

(2) 모양이 사납다, 어울리지 않는다

Quel vestito ti sta male. 그 옷은 네게 어울리지 않아.

Questi pantaloni ti stanno male. 이 바지 네게 안 어울려.

malincuore- 마지못해

a malincuore- 마지못해, 억지로

Lasciai la mia vecchia casa a malincuore. 나는 옛집을 마지 못해 떠났다.

malora- 파멸, 멸망

andare in malora- 폐허가 되다; 엉망이 되다; 망가지다, 못쓰게 되다(= rovinarsi); 도산하다

In poche settimane la società è andata in malora. 회사는 몇 주 만에 망했다.

Alla malora!- 제기랄! 빌어먹을!

Ho voglia di un pezzo di dolce. Alla malora il diabete! 나는 케익 한 조각을 원한다. 빌어먹을 당뇨병!(케이크 한 조각을 먹고 싶지만 당뇨 때문에!)

Che vadano in malora!- 그들이 어찌 되든 말든 난 떠날 거야! 관심없다!

mandare in malora qualcuno- ~을 파멸시키다, 엉망으로 만들다

Gli usurai lo hanno mandato in malora. 소유권자들이 그를 엉망으로 만들었다.

Va' in malora! 지옥에나 가버려! 뒈져버려; 꺼져; 닥쳐!

mamma- 엄마

come mamma l'ha fatto- 벌거벗은, 완전 알몸으로, 실오라기 하나 걸치지 않고(= completamente nudo)[4]

S'è ubriacato al punto che andava in giro come mamma l'ha fatto. 그는 알몸으로 돌아다닐 정도로 만취했다.

Mamma mia!- 아 이런, 이런 어쩌나! 아이구 세상에!

Mamma mia cosa ho visto! 아 이런, 내가 뭘 본 거야!

mancanza- 부족

in mancanza di- ~이 없을 때에(= in assenza di), ~이 없어서

In mancanza del presidente, firmerà il segretario. 사장이 없을 경우 비서가 서명할 것이다.

In mancanza di verdura fresca, potremmo mangiare verdura surgelata. 신선 채소가 없을 경우 우리는 냉동 채소를 먹을 수도 있다.

in mancanza di meglio- 좋은 것이 없으니

In mancanza di meglio, andremo al cinema. 좋은 것이 없으니, 영화나 보러 가자.

per mancanza di- ~이 없기 때문에, ~이 모자라, ~이 없어서

Molte persone soffrono per mancanza di cibo. 많은 사람들이 식량이 부족해서 고통받고 있다.

Vorrei fare tante cose ma, per mancanza di tempo, riesco a farne solo la metà. 나는 많은 것을 하고 싶지만, 시간이 모자라 반만 할 수 있다.

sentire la mancanza di- (1) (무언가 가지고 없는 것에 대해) ~이 없어서 아쉽게 생각하다

Il bambino sente la mancanza di una figura paterna. 아이는 아버지의 존재가 없어서 아쉽게 느낀다.

(2) (무언가 가지고 있는 것에 대해) 그리워하다

Ho sentito moltissimo la mancanza di mia figlia quando per la prima volta è andata via da sola. 딸이 처음으로 혼자 떠났을 때 나는 딸의 빈자리가 몹시 그리웠다.

mancare- 부족하다, 빠지다

ci mancherbbe (altro)- (1) 그런 일이 없기를! 천만에!

"Dicono che le tasse aumenteranno." "Ci mancherebbe altro!" "세금이 오른다는 말이 있어요." "그런 일이 없기를!"

Ci mancherebbe che non succeda anche questa volta. 이번에도 그런일이 일어나지 않기를!

(2) (응당히 할일을 했다고 말할 경우) 천만에요! 별말씀을요!

"La ringrazio per avermi aiutato." "Ci mancherebbe altro!" "저를 도와주셔서 감사합니다" "별말씀을요!"

"Grazie per l'aiuto." "Ci mancherebbe!" "도움 고마워" "별소리를 다하네."

mancare a una promessa/alla parola data- 약속을 어기다

Lui ha mancato alla sua promessa. 그는 자신의 약속을 어겼다.

mancare ai vivi- 돌아가시다, 사망하다

mancare di- ~이 모자라다, ~을 소홀히 하다, ~을 빼먹다

Questo giovane manca di coraggio. 이 젊은이는 용기가 부족하다.

Questa minestra manca di sale. 이 수프는 소금이 모자라다.

La sua casa manca di tutto. 그의 집은 모든 것이 부족하다.

---

[4] 어머니의 모태에서 탄생하는 순간을 묘사해서 '알몸으로'라는 의미의 관용어이다.

mancare da casa- 집에서 멀리가 있다, 떠나가 있다

È mancato da casa due anni. 그는 2년 동안 집을 떠나 있었다.

mancare di parola- 약속을 어기다

mancare di rispetto a qualcuno- ~에게 무례하게 대하다, ~을 모욕하다(= offendere)

Quel ragazzo continua a mancare di rispetto a suo padre. 그 소년은 계속해서 자기 아버지에게 무례하게 대한다.

mancare il tempo- 시간이 부족하다, 시간이 모자라다

Mi manca il tempo per fare tutto quello che vorrei. 모든 일을 내가 하고 싶은 데로 하기에는 시간이 부족하다.

Mi mancano le forze. 기운이 딸린다, 기운이 부족하다.

Mi mancò il piede. 발을 헛디뎠다.

Mi manchi da morire. 네가 그리워 죽겠다. 네가 보고 싶어 싶어 죽겠다.

Non ci mancava che questo!- 이것만 있으면 된다!

Ieri ho ricevuto una multa. Non ci mancava che questo! 어제 나는 벌금 딱지를 받았다. 이것만 있으면 돼!

non farsi mancare nulla- 아무런 부족함이 없다

Poco mancò che cadessi. 내가 거의 넘어질 뻔했다.

sentirsi mancare- 기절할 것 같다; 현기증이 나다

sentirsi mancare la terra (o il terreno) sotto i piedi- 방향을 상실하다, 어찌할 바를 모르다

Mi sento mancare il terreno sotto i piedi senza il tuo aiuto. 네 도움 없이 나는 어찌할 바를 모른다.

sentirsi mancare le forze- 기운이 빠지다

Dopo quella salita in montagna mi sono sentita mancare le forze. 산에서 그 경사지를 오른 다음 나는 기운이 빠졌다.

mancia- 사례금, 팁

dare la mancia a qualcuno- ~에게 사례금(팁)을 주다

lasciare la mancia a qualcuno- ~에게 사례금을 남겨주다, 팁을 놓다

Ho lasciato la mancia al cameriere. 종업원에게 팁을 놓았다.

Per esprimergli la mia gratitudine gli ho lasciato una bella mancia. 나는 그에게 감사를 표하기 위해 사례금을 남겨 줬다.

ricevere una mancia- 팁을 받다

Ho ricevuto una mancia generosa. 나는 후한 사례금을 받았다.

manco- 전연 ~ 아니다

manco a dirlo- 말할 필요도 없이, 으레

Avevamo appuntamento per le 10 e, manco a dirlo, lui è arrivato in ritardo. 10시에 약속을 했었는데, 으레 그는 늦게 도착했다.

manco a farlo apposta- 완전한 우연의 일치에 의해

Manco a parlarne! 그것에 대해선 이의가 없다!

Manco male! 오히려 다행이다!

manco per idea (o per sogno/per niente)!- 전혀, 조금도; (아주 단호한 거절을 나타냄) 자기 생전에는 안 되는

"Domani mi accompagni in quel negozio di scarpe?" "Manco per idea!" 내일 너 나와 같이 신발가게에 갈래?" "전혀!"

manco per scherzo- 전혀 농담으로라도

Non dirlo manco per scherzo! 농담으로라도 그에게 그건 말하지마.

Manco per sogno! 꿈에도 없다! 전혀! 조금도!

Non ce n'è manco uno.- 개미 새끼 한 마리도 보이지 않는다(거기에는 단 한 명도 없다).

In questa classe non ce n'è manco uno che sia in grado di rispondere alla mia domanda. 이 교실에는 내 질문에 대답할 수 있는 사람이 한 명도 없다.

mandare- 보내다

mandare a chiamare qualcuno- ~을 부르러 사람을 보내다

La maestra ha mandato a chiamare i genitori perché il bambino si sentiva male. 아이가 아파서 선생님은 부모님을 부르러 사람을 보냈다.

mandare a effetto (o a compimento)- 수행하다, 이행하다

mandare a monte (o all'aria/infumo)- 취소하다(= annullare); 잘못되게/엉망으로 만들다(= sconvolgere)

Tutti i miei progetti sono stati mandati a monte dalla pioggia. 비로 나의 모든 계획이 엉망이 되었다.

mandare a prendere qualcuno- ~을 데리러 보내다

Ho mandato mio marito a prendere mia suocera alla stazione. 나는 시어머니를 데리러 역으로 남편을 보냈다.

mandare al diavolo (o all'inferno/a quel paese)- (1) ~을 함부로/거칠게 대하다, 죽여 놓다

Mi ha talmente innervosito che l'ho mandato al diavolo. 그가 나를 너무 신경질 나게 해서 그를 거칠게 대했다.

(2) 단호하게 거절/거부하다, 단념하다

Ha mandato al diavolo tutto e se n'è andato via dall'Italia. 그는 모든 것을 단호히 거부하고 이탈리아를 떠나 버렸다.

mandare all'altro mondo (o al creatore)- 죽이다, 처치하다(= uccidere)

mandare all'aria (o a monte/in fumo) qualcosa- ~을 파산시키다(= fare fallire), 없어지게 만들다

mandare avanti qualcosa- ~을 진행시키다, 앞으로 나아가게 하다

mandare giù- 삼키다, 들이키다(= inghiottire); 참다(= sopportare), 겪다(= subire); 받아들이다, 믿다(= credere)

Mandò giù la birra d'un fiato. 그는 맥주를 단숨에 들이켰다.

Questa è dura da mandare giù. 이것은 믿기가 힘들다.

mandare in frantumi (o a pezzi) qualcosa- ~을 산산이 부서 버리다, 산산조각 나게 하다

I manifestanti hanno mandato in frantumi le vetrine di tutte le banche. 시위자들은 모든 은행의 유리를 산산이 부서 버렸다.

mandare in onda- 방송하다

mandare in porto- 꿰뚫어 보다, 간파하다

mandare qualcosa per posta- ~을 우편으로 보내다

Ti è arrivato il pacco che ti ho mandato per posta? 내가 너한테 우편으로 보낸 소포가 도착했니?

mandare un bacio a qualcuno- ~에게 키스를 보내다

mandare via qualcuno- ~을 보내 버리다

L'ho mandato via dalla stanza perché continuava a parlare. 그가 계속해서 말을 해서 나는 그를 방으로 보내 버렸다.

mangiare- 먹다

A tavola, si mangia! 식사 준비 다 됐어요, 식사합시다!

da mangiare- 먹을 것, 음식

Mi prepari da mangiare? 음식을 준비해 줄래?

Non c'è niente di buono da mangiare? 맛있는 음식 없니?

Vuoi da mangiare? 먹을 것 줄까?

dare da mangiare a- ~에게 먹을 것을 주다(= offrire cibo); 밥을 먹이다(= nutrire); 공급하다, 주다 (= mantenere)

Hai dato da mangiare al cane? 너 개밥을 것을 줬니?

fare da mangiare- 음식을 장만하다, 요리하다(= cucinare)

Ti faccio da mangiare. 먹을 것을 만들어 줄게.

mangiare a due (o quattro) palmenti- 게걸스럽게 먹다, 탐욕스럽게 먹어 대다

mangiare a sazietà- 배불리 먹다, 잔뜩/양껏 먹다

Ho mangiato a sazietà. Ora ci vuole solo un buon caffè. 나는 배불리 먹어서, 이제 좋은 커피 한 잔만 하고 싶다.

mangiare (il pane) a tradimento- 불로소득을 먹다

mangiare alle spalle di qualcuno- ~의 덕으로 먹고 살다, ~에게 얹혀 살다

mangiare bene/male- 잘 먹다, 잘못 먹다

Da lei si mangia bene. 그녀가 한 음식은 맛있다.

In quel ristorante si mangia male. 그 식당 음식은 맛없다.

mangiare come un lupo/maiale- 늑대/돼지같이 먹다, 아주 많이 먹다

Non mangiare come un maiale altrimenti dopo starai male! 너무 많이 먹지 마. 그렇지 않으면 나중에 탈이 날 거다!

mangiare come un uccellino- (직역하면 "새처럼 먹다"란 뜻으로 그만큼 조금 먹는다는 뜻) 소식하다

Le persone anziane, di solito, mangiano come uccellini. 노인들은 대개 소식한다.

mangiare con appetito (o di gusto)- 맛있게 먹다, 먹음새가 좋다; ~을 열심히 먹다

Mauro mangia sempre con appetito. 마우로는 항상 맛있게 먹는다.

mangiare di buon appetito- 맛있게 먹다

È un piacere invitarlo, mangia sempre di buon appetito ciò che si cucina. 그는 항상 요리한 것을 맛있게 잘 먹어서 그를 초대하는 것은 기쁜 일이다.

mangiare di grasso- 살찌는 것을 먹다, 고기를 먹다

mangiare di magro- 육류섭취를 삼가하다; 담백하게 먹다

mangiare di tutto- 다 잘 먹다

Io mangio di tutto. 나는 음식을 가리지 않는다. 나는 다 잘 먹는다.

mangiare fuori- 밖에서 먹다, 외식하다

mangiare in bianco- 싱겁게 먹다, 음식을 간하지 않다(= mangiare senza salse o condimenti)

Devo mangiare in bianco perché ho problemi al fegato. 나는 간에 문제가 있어서 담백하게 먹어야 한다.

mangiare in fretta- 급하게 먹다

mangiare la foglia- ~을 간파하다(= capire il sotterfugio); ~을 알게 되다(= capire come stanno le cose), ~을 알아채다

mangiare la pappa in testa a qualcuno- ~보다 훨씬 더 크다

mangiare qualcosa di gusto- ~을 맛있게 먹다, ~을 음미하며 먹다

Ho mangiato proprio di gusto. 나는 정말 맛있게 먹었다.

mangiare (o mangiarsi) qualcuno di baci- 키스를 퍼붓다

mangiare (o mangiarsi) qualcuno vivo- 생으로 먹다; (비유) 마구 대들다; 호되게 꾸짖다, 야단치다

Se non la pianta, me lo mangio vivo. 만일 그가 관두지 않으면 그를 호되게 꾸짖겠다.

mangiarsi il fegato dalla rabbia- 분노로 속을 끓이다(= rodersi per la rabbia)

Mi mangerei il fegato dalla rabbia per non aver giocato quei numeri al Lotto. 그 번호로 로또를 하지 않아서 나는 분노로 속을 끓일 지경이다.

mangiarsi le mani- 자책하다, 자기에게 화를 내다

Mi sarei mangiato le mani! 나는 자책했을 거다!

mangiarsi le parole- 말을 취소하다, 식언(食言)하다; 중얼거리다

mangiarsi le unghie- 손톱을 깨물다, 손톱을 물어 뜯다

Quando era giovane aveva l'abitudine di mangiarsi le unghie. 그는 젊었을 때 손톱을 물어 뜯는 습관이 있었다.

mangiarsi qualcuno con gli occhi- ~에 눈을 팔다, ~을 탐하다

Quella ragazza è così bella che gli uomini se la mangiano con gli occhi. 그 소녀는 너무 예뻐서 남자들은 그녀에게 눈을 판다.

mangiarsi il patrimonio- 유산/재산을 탕진하다

mangiarsi una fortuna al gioco- 도박으로 ~을 날리다, 노름으로 가산을 탕진하다

non avere da mangiare- 먹을 것이 충분히 없다(= essere in miseria); 궁핍하다

Si mangia per vivere, non si vive per mangiare. (속담) 살기 위해서 먹는 것이지 먹기 위해 사는 것이 아니다.

manica- 소매

(essere) di manica larga- 매우 너그러운/관대한; (성격이) 느긋한(= essere indulgente o paziente); 마음이 넓은; (선생님의) 점수가 후한

È di manica larga: non l'ho mai visto dare un quattro. 그는 점수가 후해서 낙제를 주는 것을 본적이 없다.

(essere) di manica stretta- 엄격한(= essere severo); (선생님의) 점수가 인색한

È di manica stretta: dà sempre quattro a tutti le prime volte. 그는 점수가 짜서 늘 처음에는 모든 사람에게 낙제점을 준다.

a maniche corte- 짧은 소매

a maniche lunghe- 긴소매

a maniche (a) tre quarti- 칠부 소매

a mezze maniche- 반 소매의; 소매 덮개, 토시

Può prendergli una camicia a mezze maniche. 당신은 그에게 반소매 와이셔츠를 사줄 수도 있어요.

avere un asso nella manica- (비유) 비장의 무기가 있다

È un altro paio di maniche!- (비유) 전혀 별개의 문제이다(= È tutta un'altra cosa), 완전히 다르다

Mi piace molto ascoltare la lingua italiana, ma parlarla è un altro paio di maniche. 나는 이탈리아어를 듣는 것을 무척 좋아하지만 말하는 것은 완전히 다른 것이다.

essere nelle maniche di qualcuno- ~의 마음에 들다, ~에게 잘 보이다

Lei è nelle maniche di tutti i professori, anche se non è molto intelligente. 그녀는 그다지 영리하지 않은데도 모든 교수들에게 잘 보여 났다.

in maniche di camicia- 와이셔츠 차림으로

In uffico sta sempre in maniche di camicia. 그는 사무실에서 항상 와이셔츠 차림으로 있다.

prendersi una manica di botte- 매질을 당하다

rimboccarsi le maniche- 팔을 걷어붙이다, 팔을 걷고 나서다, (비유) 적극적으로 일하기 시작하다 (= mettersi a lavorare con energia); (큰일의) 준비를 하다

Dobbiamo rimboccarci le maniche se vogliamo finire il progetto in tempo. 프로젝트를 제 시간에 끝내려면 소매를 걷어붙여야 합니다.

senza maniche- 소매가 없는

È un vestito senza maniche. 소매가 없는 옷이다.

manichino- (양복점, 화가, 조각가의) 인체 모형, 마네킹; (옷을 입힌) 장식용 인형

essere un manichino nelle mani di qualcuno- 아무 영향력이 없는 존재감 없는 사람이다

sembrare un manichino- 마네킹 같다, 아주 멋있다

Era vestita di tutto punto, cappello e guanti inclusi: sembrava un manichino! 그녀는 모자와 장갑을 포함해서 옷을 잘 입어서, 아주 맵시가 좋았다.

Non startene lì come un manichino, entra pure. 거기 마네킹처럼 서 있지 말고, 어서 들어와.

maniera- 방법, 방식

alla maniera (di)- ~식으로, ~풍으로

Cucinano alla maniera napoletana. 그들은 나폴리식으로 요리한다.

Quadro dipinto alla maniera di Raffaello. 라파엘로 풍으로 그린 그림.

Vivono alla maniera degli zingari. 그들은 떠돌이 생활을 한다. 그들은 집시같이 산다.

alla stessa maniera- 똑같은 방식으로

Abbiamo fatto alla stessa maniera. 우리는 같은 방식으로 했다.

Che maniere!/Che maniera è questa! 이게 무슨 무례한 방식인가!

di buone maniere- 매너가 좋은, 예의 바르고 친절한(= bene educata e cortese)

È una persona di buone maniere. 그는 매너가 좋은 사람이다.

fare alla propria maniera- (1) 자신의 생각대로 하다

Ciascuno lo fa alla propria maniera. 각자 자기 생각대로 그것을 한다.

(2) 멋대로 행동하다

Lasciatemi fare alla mia maniera. 내 뜻대로 하게 내버려 둬.

in (o di) maniera che- ~하도록 하다(= così che)

Fallo in maniera che nessuno se ne accorga. 아무도 눈치채지 못하게 그것을 해라.

Te lo dico in maniera che tu possa prendere provvedimenti. 네가 조치를 취할 수 있도록 그것을 말해 준다.

in nessuna maniera- 아무렇게도, 결코, 조금도, 무슨 일이 있어도, 무슨 이유로든

In nessuna maniera è stato possibile recuperare quell'antico libro. 그 고서를 결코 복구할 수 없었다.

in ogni maniera- 무슨 일이 있어도, 어떤 방법으로든, 반드시, 기필코(= in tutte le maniere)

Ho cercato di aiutarlo in ogni maniera. 나는 어떤 방법으로든 그를 돕고자 했다.

in qualche maniera- 어떻게든

in qualunque maniera- 되는대로, 아무렇게나

in questa maniera- 이런 식으로, 이와 같이, 이렇게 하여

in tal maniera- 이런 식으로

in una maniera o nell'altra- 어떻게 해서든, 어떻게든, 그럭저럭

Ci devi riuscire, in una maniera o nell'altra. 어떻게 해서든 너는 성공해야 한다.

la maniera del neorealismo- 신사실주의 방식

maniera forte- 강압(폭력) 전술, 강압 작전; 강경책

Sta' attento, che quello là è disposto a usare le maniere forti pur di vincere l'appalto. 조심해. 그는 입찰을 따기 위해 강경책을 쓰기로 결정했다.

nella solita maniera- 여전히; 늘 그렇듯이, 평상시처럼

manna- 만나[5]

aspettare la manna dal cielo- 하늘에서 만나가 떨어지길 기다리다; 요행수를 바라다[6]

Perché aspetti la manna dal cielo invece di reagire e cercare di fare da solo? 왜 너는 스스로 극복하려 하지 않고 요행수를 바라니?

È una vera manna.- 정말 뜻밖의 행운/선물이다.

Il suo aiuto è stato una vera manna. 그의 도움은 정말 뜻밖의 선물이었다.

Questo lavoro è una vera manna. 이 일은 정말 뜻밖의 행운이다.

mano- 손

a due mani- 두손으로, 전력을 다하여

a mani giunte- 두손을 모으고, 합장하고

---

[5] 구약성경에 이스라엘 백성이 광야를 헤맬 때 야훼 하느님(여호와 하나님)이 내려준 음식.

[6] 이 관용어는 어떤 문제나 어려운 상황을 해결하기 위해 무언가를 하기 보다는 다른 사람의 도움을 기다리면서 아무것도 하지 않을 때 사용한다.

Ti chiedo a mani giunte di aiutarmi. 두 손 모아 네게 나를 도와주길 청해.

a mani vuote- 빈손으로

Non possiamo presentarci alla festa a mani vuote. 우리는 빈손으로 파티에 참석할 수 없다.

a mano a mano (o man mano)- 조금씩, 점점; 천천히, 서서히

Abbi pazienza: a mano a mano vedrai che riuscirai ad imparare a suonare il piano. 참고 기다려봐. 차차 너는 피아노 치는 것을 배울 수 있을 거야.

Gli restituirò il denaro man mano. 그에게 돈을 조금씩 천천히 돌려줄 것이다.

a mano armata- 무기를 소지한, 무장한, 흉기를 들고(= con le armi)

a mano leggera- 손끝이 날렵하다, 손재주가 있다

a man salva- 무사히, 벌을 받지 않고; 누구의 반대/저지도 받지 않고

a piene mani (o a larga mano)- 아낌없이, 풍부하게; 자유로이, 후하게; 관대하게(= generosamente)

Quel contadino era così gentile che ci ha permesso di raccogliere la frutta a piene mani. 그 농부는 너무 친절해서 우리에게 과일을 자유로이 줍도록 허락했다.

a portata di mano- 손 닿기 아주 쉬운 곳에, 가까이에

Preferisco tenere una torcia a portata di mano nel caso che manchi di nuovo la luce. 다시 정전이 될 경우를 대비해서 나는 손전등을 가까이 두는 것을 좋아한다.

a quattro mani- 네 사람이 하는, (피아노 곡) 2인 합주의

Suonano a quattro mani. 피아노 이중주 연주를 한다.

alla mano- (1) 상냥한(= affabile), 친절한(= cortese), 여유로운, 가까이 다가가기에 쉬운

Giulia è una donna molto alla mano, è sempre gentile e sorridente con tutti. 줄리아는 매우 상냥한 여성으로, 항상 친절하고 모든 사람에게 미소를 짓는다.

(2) 준비가 된

Nonostante l'incarico che ricopre, è un tipo alla mano. 그가 그 자리를 차지하고 있지만, 그는 준비된 사람이다.

allungare le mani- (특히 상대방 여성이 원하지 않는데) ~에 손을 얹다, 자꾸 만지다

Quel ragazzo non mi piace; allunga le mani con tutte le ragazze. 나는 그 소년이 싫다. 그는 모든 소녀의 몸을 자꾸 만지려고 해.

alzare la mano- 손을 들다

Alzi la mano chi l'ha visto. 본 사람은 손을 들어주세요.

alzare le mani su (contro) qualcuno- (때리려고) ~에게 손을 쳐들다; 위협/공격하다

Non sopporto che si alzino le mani su un bambino che non sa difendersi. 나는 스스로 방어할 줄 모르는 아이를 위협하는 사람을 용서할 수 없다.

andare contro mano- (일방통행 도로에서) 반대편 차선으로 가다; 현재의 흐름과는 다른 생각을 갖다

È andato contro mano e si è preso una multa. 그는 역주행해서 벌금을 물었다.

avere le mani bucate- 돈을 헤프게 쓰는 사람이다, 씀씀이가 헤프다

Lucia ha speso 400 euro in scarpe ieri. Ha veramente le mani bucate. 루치아는 어제 신발 구입에 400 유로를 썼다. 그녀는 정말 낭비벽이 심하다.

Non gli basterebbero due stipendi; ha le mani bucate. 그는 돈 씀씀이가 너무 헤퍼서, 두 사람의 봉급으로는 충분하지 않을 거야.

avere le mani d'oro- (1) 능숙하다

Riesce a fare di tutto; ha le mani d'oro. 그는 능숙해서 모든 것을 할 수 있다.

(2) (수선, 바느질 같은 일에) 손재주가 있다

Mia nonna era capace di fare delle bellissime maglie di lana. Aveva proprio le mani d'oro. 할머니는 양털로 매우 예쁜 뜨개질을 할 수 있었다. 정말 손재주가 있으셨다.

avere le mani di burro (o di pasta frolla)- 물건을 잘 떨어뜨리다

Ha rotto l'unico bel vaso che avevo, con quelle sue mani di burro. 내가 가지고 있었던 유일한 예쁜 꽃병을 물건을 잘 떨어뜨리는 그가 깨뜨렸다.

avere le mani in pasta- (사건에) 개입대다, 연루되다; 관여하다, 간섭하다

Chiedi consigli a lui che ha le mani in pasta! 관여한 그에게 자문을 구해라!

avere le mani legate- 손이 묶이다, 통제를 받다; (비유) 너무 바쁘다

Non posso farci niente, ho le mani legate. 나는 너무 바빠서 아무것도 할 수가 없다.

avere le mani libere- 행동의 자유를 얻다; 자유재량권을 갖다

Umberto ha le mani libere con i loro investimenti. Speriamo bene! 움베르토는 그들의 투자에 자유재량권이 있다. 잘 되길 바라!

avere le mani lunghe- (1) 영향력이 있다

Se vuoi aiuto chiedi a lui. Ha le mani lunghe e conosce gente dappertutto. 네가 그에게 도움을 청하고자 하면, 그는 영향력이 있어서 도처에 사람을 알고 있다.

(2) 손버릇이 나쁘다(= rubacchiare)

Se sparisce qualcosa sappiamo chi ruba: lui è qui e ha le mani lunghe. 그가 여기에 있고 그는 손버릇이 나쁘기에, 무언가 없어지면 우리는 누가 훔쳐 간지를 안다.

(3) 손을 가만히 두지 못하다

avere le mani pesanti- 손재주가 무디다; 가혹하다, 강압적이다

L'aiutante della mia parrucchiera ha le mani pesanti. Mi tira sempre i capelli. 나의 미용실 조무사는 손재주가 무디다. 그녀는 늘 나의 머리를 잡아 댕긴다.

avere le mani pulite- 양심에 찔리는 바가 없다, 한 점 부끄럼이 없다

È l'unico che può dire di avere le mani pulite in questo affare. 그는 이 일에 아무것도 켕기는 것이 없다고 말할 수 있는 유일한 사람이다.

avere qualcosa in mano- ~을 손에 쥐다, ~이 수중에 있다

Ho in mano le prove di quanto asserisco. 내가 확신하는 증거가 수중에 있다.

battere le mani- 박수를 치다(= applaudire)

cadere nelle mani di qualcuno- ~의 수중으로 들어가다

cambiare di mano- 주인이 바뀌다

Il ristorante va molto bene da quando ha cambiato di mano. 주인이 바뀐 뒤로 식당이 매우 잘 된다.

capitare fra (o per) le mani- 우연히 발견하다, 우연히 입수하다

Ieri mi è capitato un libro fra le mani. 어제 우연히 한 권의 책을 발견했다.

caricare (o calcare) la mano- 지나치게 하다; 가혹하다(= avere la mano pesante)

Puniscilo, ma non caricare la mano; potresti ottenere l'effetto contrario. 그를 혼내줘라. 그런데 지나치게 하지는 마라. 그러면 역효과만 날 거다.

chiedere la mano di una donna- 구혼하다, 청혼하다

con mano ferrea- (~을) 혹독하게

Ada educa i bambini con mano ferrea, ma senza esagerare. 아다는 아이들을 혹독하게 교육하지만, 지나치지는 않다.

dare una mano a qualcuno- ~을 도와주다, ~을 거들어 주다

Non stare lì impalato! Dammi una mano a trasportare questo baule! 거기에 우두커니 있지 말고, 이 가방 옮기는 거나 좀 도와줘!

dare una mano di bianco (o colore)- 페인트칠을 하다

Se mi aiuti diamo una mano di bianco al soggiorno. 네가 날 도와주면 우리는 거실에 페인트칠을 할 수 있을 텐데.

darsi (o stringersi) la mano- (1) 도와주다, 거들어주다

Lui e quell'altro si danno la mano quando si tratta di combinare qualcosa di poco pulito. 무언가 비열한 짓을 꾸밀 때는 그와 다른 녀석이 거들어 준다.

(2) 악수하다

Possono darsi la mano? 그들은 악수를 할 수 있을까?

di mano in mano- 이 손에서 저 손으로, 차례차례

Questo bicchiere è passato di mano in mano. 이 잔은 여러 사람의 손을 거쳤다.

di prima mano- 직접, 바로, 직접 얻은

È una notizia di prima mano; me l'ha detto la persona direttamente interessata. 직접적인 이해 당사자가 내게 말해줘서 얻은 소식이야.

di seconda mano- 간접의(= indirettamente); 중고의(= usato)

Ho comprato una macchina di seconda mano. 나는 중고 자동차를 한 대 샀다.

Sono libri di seconda mano, ma sono ben tenuti. 중고 책들인데 상태가 좋다.

essere in buone mani- (맡겨서) 안심할 수 있는, 잘 관리되는

L'avvocato Grassi è un fiscalista esperto: siete in buone mani. 그라씨 세무 전문 변호사여서 너희들은 안심할 수 있다.

essere lungo di mano- 주먹을 잘 쓰다, 폭력적이다, 난폭하다, 거칠다

farci la mano a qualcosa- ~에 익숙해지다

È un lavoro difficile, ma ci farai la mano e diventerai sveltissimo. 힘든 일이지만, 네가 그것에 익숙해지게 되면 아주 빨리 하게 될 거다.

fare man bassa di qualcosa- (1) 몽땅 훔치다(= rubare tutto), 약탈하다

Quando si è reso conto che volevo disfarmi dei libri, ha fatto man bassa di tutto e se li è portati via. 내가 책들을 처분하고자 한다는 것을 그가 알자, 그가 책을 몽땅 훔쳤다.

(2) 깨끗이 해치우다

Aveva talmente fame che ha fatto man bassa di tutto; non c'è più niente da mangiare. 그가 너무 배가

고파서 몽땅 다 먹어 치워서, 먹을게 아무것도 남아 있지 않다.

fatto a mano- 손으로 만든

Questo articolo è fatto a mano, non a macchina, ecco perché è così caro. 이 물건은 기계가 아니라 손으로 만들어져서 그래서 그렇게 비싸다.

fregarsi le mani- 대만족을 드러내다

Il suo rivale in affari è stato arrestato per truffa. Si frega le mani dalla contentezza. 그의 사업상 경쟁자가 절도죄로 체포되자, 그는 대만족을 드러낸다.

fuori mano- 외딴 벽지의(=distante), 외진, 시골 구석의

È una bella casa, ma è un po' fuori mano: non c'è nessun mezzo pubblico che arrivi fino là. 멋진 집인데 다소 외딴 곳이라, 거기까지 가는 대중교통 수단이 아무것도 없다.

Giù le mani!- (1) 이 손 치워!

(2) 손 떼!

Giù le mani dalla torta! 케익에서 손 떼!

La mano sinistra non sappia quello che fa la destra.[7] (성경) 왼손이 하는 일을 오른손이 모르게 하라.

largo di mano- (무엇을 주는 데 있어서) 아낌없이, 풍부하게; 자유로이, 후하게; 관대하게

È stato troppo largo di mano con il figlio; adesso è uno spendaccione. 그는 아들에게 너무 후했는데, 지금은 씀씀이가 헤프다.

lavarsene le mani- 손을 씻다; ~에서 손을 떼다, 책임에서 벗어나다

Sono stanca di occuparmi della questione per niente. D'ora in poi me ne laverò le mani. 아무것도 아닌 문제에 시간을 허비하는데 지쳤다. 앞으로는 손을 뗄 거다.

lavarsi le mani- 손을 씻다

Vado a lavarmi le mani. 나는 손을 씻으러 간다.

lesto di mano- 손버릇이 나쁜, 도벽이 있는

È simpatico, ma lesto di mano; se non stai attento ti porterà via qualcosa. 그는 좋지만 손버릇이 나쁘다. 네가 조심하지 않으면 너한테서 뭔가를 훔쳐갈 거다.

man mano che- 조금씩 ~함에 따라, 점점 ~함에 따라

Man mano che invecchia diventa più avaro. 그는 늙어 갈수록 점점 더 인색해진다.

mani di fata- (1) 여성의 아름답고 고운 손, 옥수(玉手)

Non ha bisogno di portare gioielli, con quelle mani di fata; sono bellissime così. 그녀는 아름답고 고운 손을 가지고 있어서 보석을 낄 필요가 없다. 그 자체로 매우 아름다우니깐.

(2) 능숙한 손놀림

Fa dei ricami meravigliosi con quelle sue mani di fata. 그녀는 능숙한 손놀림으로 고운 자수를 논다.

Mani in alto! 손들어!

mano nella mano- 손에 손을 잡고, 서로 손을 잡고, 손을 맞잡고

Passegiavano mano nella mano. 그들은 서로 손을 잡고 산책하고 있었다.

---

[7] 유사관용어는 "Non far sapere alla mano destra quello che fa la sinistra. 오른손이 하는 일을 왼손이 모르게 하라" (마태 6, 3).

menare le mani- 싸우다

Non discutere con lui: è sempre pronto a menar le mani. 그와 말다툼하지 마라. 그는 항상 싸울 준비가 돼 있다.

mettere la mano sul fuoco- (1) ~을 보증하다; 단언하다[8]

Lo conosco bene; è una persona onesta e metterei la mano sul fuoco per lui. 나는 그가 정직한 사람이라는 것을 잘 알기에 그를 보증할 수 있다.

(2) ~에 목숨을 걸다

Non ci metterei la mano sul fuoco. 난 그것에 목숨을 걸지 않을 거야.

mettere le mani addosso a qualcosa/qualcuno- ~에 손을 대다, ~에게 폭행을 가하다(= picchiarsi); 붙잡아 혼내주다(= acchiappare); (성적 의도를 갖고 함부로) 건드리다, 더듬다(= palpare)

Se metto le mani addosso a quel lestofante, mi faccio ridare tutti i soldi. 내가 그 사기꾼을 붙잡아 혼내주면, 모든 돈을 돌려받을 것이다.

mettere le mani avanti- 자신의 권리를 보호하다; 어렵거나 불쾌한 상황을 방지하다, 사전에 자신을 정당화하다, 미리 보호막을 치다

Se fossi in te metterei le mani avanti e chiederei più tempo per fare quel lavoro. 내가 너였다면, 나 자신의 권리를 보호하고 그 일을 하기 위해 더 많은 시간을 요청할 거다.

mettere le mani su qualcosa- 손에 넣다, ~을 붙잡다; (찾고 있던 것)을 발견하다

Finalmente hanno messo le mani sui documenti che provano che la terra appartiene a loro. 드디어 그들은 그 땅이 그들 소유라는 것을 증명하는 문서를 발견하였다.

mettere mano a- ~을 시작하다, 착수하다(= cominciare); ~을 잡으려고 손을 내밀다(= accennare a prendere); ~에 참여하다(= partecipare)

Finalmente abbiamo messo mano a quel lavoro che avevamo in progetto da tanto tempo. 드디어 우리는 오래 전부터 계획하였던 그 일을 시작했다.

mettersi le mani nei capelli- (절망, 노여움 따위로) 머리를 쥐어뜯다; 어찌할 바를 모르다

Quando ho visto tutti i vetri rotti, mi sono messo le mani nei capelli. A parte il danno ci toccava passare la notte così. 유리가 모두 깨진 것을 보자 나는 어찌할 바를 몰랐다. 피해 외에도 우리는 깨진 상태에서 밤을 보내야만 했었다.

mettersi nelle mani di qualcuno- ~의 도움을 신임/신뢰하다(= affidarsi al suo aiuto)

Mi sono messo nelle sue mani. Non mi rimane altro che sperare. 나는 그의 도움을 믿었다. 희망을 바라는 일만 남았다.

Non sappiamo più a chi rivolgerci, perciò ci mettiamo nelle tue mani! 우리는 누구에게 의지해야 할지를 더 이상 모르겠다. 그래서 우리는 너의 도움을 믿는다.

mordersi le mani- 자책하다

Mi morderei le mani per non aver comprato quel vestito; adesso non ce l'hanno più. 나는 그 옷을 사지 않았던 것을 자책하게 될 거다. 이제 더 이상 없거든.

pagare denaro alla mano- 현찰로 계산하다, 현금으로 지불하다, 현금으로 내다

---

[8] "불 속에 손을 넣다"라는 관용어는 중세시대 최후의 심판 때에 닥칠 각종 시험 가운데 하나로, 무죄한 이들은 신의 손길로 구원을 받을 수 있으리라는 믿음에서 유래한다.

perdere la mano- 기량(솜씨)이 떨어지다; 서투르게 되다

Sapevo fare la maglia molto bene, ma è tanto che non lavoro più e ho perso la mano. 나는 뜨개질을 아주 잘 할 줄 알았는데, 오래 동안 하지 않았더니 솜씨가 줄었다.

persona alla mano- 준비가 된 사람

Nonostante l'incarico che ricopre, è una persona alla mano. 그가 그 자리를 차지하고 있지만, 그는 준비가 된 사람이다.

prendere (o cogliere) qualcuno con le mani nel sacco- ~을 현행범으로 붙잡다

Abbiamo preso il ragazzo con le mani nel sacco mentre stava scavalcando il muro per entrare in casa dei vicini. 우리는 이웃집에 들어가기 위해 담을 넘고 있던 소년을 현행범으로 붙잡았다.

prendere in mano- ~을 떠맡다; ~을 돌보다

Mi sono decisa a prendere in mano il lavoro personalmente perché mio padre non era più in grado di farlo. 아버지께서 더 이상 그 일을 할 수 없으셔서, 내가 개인적으로 일을 돌보기로 결정했다.

prendere la mia mano- 내 손을 잡다

Prendi la mia mano e tienila stretta. 내 손을 잡고 꼭 쥐고 있어!

prendere la mano- 감당할 수 없게 되다; (비유) ~와 (눈이 맞아) 달아나다

Cerco di trattenere mio figlio, ma spesso mi prende la mano e finisce per fare quello che vuole. 나는 아들을 통제하려고 해 보지만, 가끔 감당할 수 없어서 그가 원하는 대로 하도록 둔다.

prenderci la mano- 그것에 손이 익다, 솜씨가 노련하다, 달인이 되다, 요령을 터득하다

So cucire alla perfezione, ormai ci ho preso la mano. 나는 완벽하게 바느질하는 방법을 알아 이제 요령을 터득했다.

prendere qualcuno per la mano- ~의 손을 잡다

La mamma prese il bambino per la mano e uscì. 엄마가 아이의 손을 잡고 나갔다.

Prendimi per mano e portami lontano! 내 손을 잡고 나를 멀리 데려가 줘.

rapina (o assalto) a mano armata- 무장 강도

Hanno fatto una rapina a mano armata. 그들은 흉기를 들고 강도 짓을 했다.

rimanere (o restare) a mani vuote- 빈손으로 남다

Tutti ci hanno guadagnato; solo lui è rimasto a mani vuote. 우리 모두가 돈을 벌었는데, 그만이 빈손으로 남았다.

sfuggire (o scappare) di mano- (1) ~을 손에서 빠져나가다, 기회가 사라지다

L'affare mi è sfuggito di mano perché mi sono fidato troppo di voi. 내가 여러분들을 너무 신뢰했기 때문에 사업 기회가 사라졌다.

(2) ~을 손에서 놓치다

Non mi lascerò sfuggire di mano questa occasione. 나는 이 기회를 놓치지 않을 것이다.

(3) 억제/제어/통제할 수 없게 되다

La partita di calcio è sfuggita di mano all'arbitro quando due giocatori hanno incominciato a darsele. 두 선수가 주먹다짐을 시작했을 때, 주심은 축구 경기를 통제할 수 없게 되었다.

La situazione gli sfuggì di mano. 사태를 수습할 수 없게 되었다.

Sono nelle tue mani. 나는 네 손에 달려 있다.

sotto mano- 가까운 곳에

Ho sempre sotto mano carta e penna. 나는 항상 가까운 곳에 종이와 펜을 둔다.

sporcarsi le mani- 손을 더럽히다; 손상되다

In questo ambiente è difficile non sporcarsi le mani. 이러한 환경에서 손상되지 않기가 힘들다.

starsene con le mani in mano- (1) 수수방관하다

Non vedi che ho bisogno di aiuto? Su, muoviti, non startene lì con le mani in mano. 너는 내가 도움이 필요한 게 안 보이니? 뒷짐만 지고 거기서 구경하지 말고 어서 움직여라.

(2) 게으름을 피우다

Non fa niente dal mattino alla sera; se ne sta con le mani in mano a guardare la gente che passa. 그는 하루 종일(아침부터 저녁까지) 아무것도 하지 않으면서, 지나가는 사람을 바라보면서 게으름을 피운다.

stendere la mano- 구걸하다

stringere la mano a qualcuno- ~와 악수하다

Non ha voluto stringermi la mano. 그는 나와 악수하고 싶지 않았다.

stringere le mani- (애원, 절망 등을 나타냄) 양손을 마주잡다

tendere la mano a qualcuno- ~에게 도움의 손길을 내밀다, ~을 도와주다

Gli ho teso la mano per aiutarlo ma non ha voluto. 나는 그를 도와주기 위해 도움의 손길을 내밀었지만 그는 원하지 않았다.

tenere mano a qualcuno- (법률) 방조하다

tenere a posto le mani- 손을 가만히 두다; 아무것도 안 만지다

Tieni a posto le mani! 손을 가만히 두어라! 아무것도 만지지 마라!

toccare con mano- (1) 자기 눈으로 보다

Non ci credo se non lo tocco con mano. 나는 내 눈으로 그것을 보지 않으면 믿지 않는다.

(2) 스스로 확인하다; 실감하다

Sposala e potrai toccare con mano cosa vuol dire vivere in due. 그녀와 결혼하면 너는 두 사람이 함께 산다는 것이 무엇을 말하는지 실감할 수 있을 거다.

Una mano lava l'altra e tutte e due lavano il viso. (속담) 오는 정이 있어야 가는 정이 있다.

venire alle mani- 주먹다짐을 벌이다(= picchiarsi), 싸우다

Avevo paura che venissero alle mani tanto erano arrabbiati. 나는 그들이 너무 화가 나서 싸울까 봐 두려웠었다.

Dopo una violenta discussione, sono venuti alle mani. 그들은 격렬한 토론 끝에 주먹다짐까지 벌였다.

vincere a mani basse- 아주 쉽게 이기다, 낙승하다

Ha vinto il torneo a mani basse. 그는 시합을 쉽게 이겼다.

manodopera- 노동력, 노동자; (수공업의) 사람의 손

manodopera a basso costo- 저임금 노동

manodopera a contratto- 계약 노동, 근로 계약, 노동 계약

manodopera avventizia/**temporanea**- 임시의 일, 자유 노동

manodopera qualificata/**specializzata**- 숙련 노동

manodopera stagionale- 계절 노동

mantenere- 유지하다, 지키다

mantenere i contatti con qualcuno- ~와 연락을 유지하다

mantenere in vita qualcuno- ~을 살려두다

mantenere l'ordine- 질서를 유지하다

Cerchiamo di mantenere l'ordine in questa casa! 우리 이 집에서 질서를 유지하도록 힘쓰자!

mantenere la famiglia- 가족을 부양하다

Aiuto i miei genitori a mantere la famiglia. 나는 부모님을 도와 가족을 부양한다.

mantenere la linea- 몸매를 유지하다, 몸매가 날씬하다, 모습이 날씬하다

Mia sorella si preoccupa solo di mantenere la linea. 내 여동생은 몸매 유지만을 걱정한다.

mantenere la pace- 치안을 유지하다, 평화를 유지하다

mantenere la parola data- 한 말을 지키다, 약속을 지키다

Ho mantenuto la parola data. 나는 약속을 지켰다.

mantenere un segreto- 비밀을 지키다

Certe persone non sono proprio capaci di mantenere un segreto. 어떤 사람들은 정말 비밀을 지킬 수 없다.

mantenere un'opinione- 의견을 고수하다

mantenere una posizione- 자리를 유지하다

mantenere una promessa- 약속을 지키다

mantenere (o salvare) le apparenze- 체면을 차리다/유지하다, 체면이 서다

Ha perso il lavoro da sei mesi ma cerca comunque di mantenere le apparenze. 그는 6개월 전부터 일자리를 잃었지만 어쨌든 체면을 유지하고자 애쓴다.

mantice- 풀무; (자동차, 마차 등의) 덮개

soffiare come un mantice- 숨을 헐떡이다

Sono arrivata in cima alla montagna, ma soffiavo come un mantice. 산 정상에 오르자 나는 숨을 헐떡이고 있었다.

marca- 상표

di marca- 고급의; 최고의; 브랜드가 있는, 유명 상표의

Lei compra solo vestiti di marca. 그녀는 유명 상표의 옷만을 산다.

marca da bollo- 수입인지

L'avvocato a volte si dimentica di dare i soldi per le marche da bollo alla segretaria. 변호사는 때때로 비서에게 수입인지 값을 주는 것을 잊는다.

marcia- 보행, 행진, (자동차의) 변속장치

avere una marcia in più- 한 수 위다, 유리하다; 훨씬 낫다

fare marcia indietro- (1) (차를) 후진시키다

Ha fatto marcia indietro per parcheggiare. 그는 주차하기 위해 차를 후진했다.

(2) (의견, 약속 등을) 철회하다, 행동을 취소하다

Ha minacciato di dire tutto al capo, ma alla fine ha fatto marcia indietro. 그는 사장에게 모든 것을 말하겠다고 협박했는데 결국은 철회했다.

fare una marcia di un'ora- 한 시간 구보 행군하다

fare una veloce marcia indietro- 서둘러 철수하다

marcia forzata- 강행군

Siamo indietro col lavoro e quindi occorre procedere a marce forzate. 우리는 일이 뒤쳐져 있어서 강행군을 할 필요가 있다.

marcia funebre- 장송곡

marcia nuziale- 결혼 행진곡

marcia trionfale- 개선 행진곡

mettersi in marcia- 출발하다, 길을 떠나다; 시작하다

Mettiamoci in marcia, altrimenti faremo tardi. 우리 출발하자. 그렇지 않으면 늦을 거야.

mare- 바다

al mare- 바다에

Andiamo al mare! 바다에 가자!

Ho una casa al mare. 나는 바다에 집을 한 채 갖고 있다.

Abbiamo fatto le vacanze al mare. 우리는 바다에서 휴가를 보냈다.

cercare qualcosa per mare e per monti (o terra)- ~을 샅샅이/구석구석 찾다

Finalmente ti trovo, ti ho cercato a lungo, per mare e per terra. 드디어 널 찾았다. 나는 오랫동안 너를 구석구석 찾았다.

Ho cercato quella cravatta per mare e per monti, ed eccola qui appesa nell'armadio. 나는 그 넥타이를 찾아 샅샅이 뒤졌는데, 바로 여기 옷장에 있네.

essere ancora in alto mare (o in mare aperto)- (1) 해결이 요원하다(= lontano dalla soluzione)

La soluzione del problema è ancora in alto mare. 문제의 해결이 아직 요원하다.

(2) 어떤 행위나 목적에 도달하려면 한참 멀었다, 아직 갈 길이 멀다, 갈길이 요원하다

L'esame è dopodomani e sono ancora in alto mare. 시험이 내일 모레인데 공부를 다하려면 아직 나는 한참 멀었다.

essere in un mare di guai- 심각한 곤경에 처하다

Lui era in un mare di guai. 그는 심각한 곤경에 처해 있었다.

mare in burrasca- 풍랑이 거센 바다

mare calmo- 잔잔한 바다

mare grosso- 매우 험한 바다, 아주 거친 바다

mare molto agitato- 험한 바다, 거친 바다, 황파, 격랑, 노도

muovere mare e monti- (~하기 위해) 백방으로 노력하다, 온갖 노력을 다하다

Ha dovuto muovere mari e monti per poter ottenere quella pensione. 그는 그 연금을 타기 위해 있는 힘을 다해야만 했다.

promettere mari e monti- 지키지 못할 약속을 하다; 실현 불가능한 것을 약속하다, 허황된 약속을 하다

Mi promise mari e monti purché lo sposassi. 결혼한다는 조건으로 그는 내게 실현 불가능한 약속을 했다.

un mare di- (비유) 많은 양의

C'era un mare di gente. 엄청난 수의 사람들이 있었다.
un mare senza fondo- (비유) 바닥이 안 보이는 일, 끝이 안 보이는 상황
una goccia nel mare- (비유) 새 발의 피
marito- 남편
avere per marito- 남편으로 맞이하다
Aveva per marito un avvocato. 그녀는 변호사를 남편으로 맞이했다.
cercare marito- 남편감을 찾다
Quella ragazza cerca marito. 그 소녀는 남편감을 찾는다.
età da marito- 혼기
Il marito vecchio è una spina, quello giovane una rosa. 늙은 남편은 가시와 같고 젊은 남편은 장미와 같다.
Meglio il marito senza amore che con gelosia. 애정이 없는 남편 보다 질투하는 남편이 낫다.
perdere il marito- 남편을 잃다, 미망인이 되다, 과부가 되다
prendere marito- 결혼하다
Tra moglie e marito non mettere il dito. (속담) 부부 사이의 일에 간섭하지 마라.
trovare marito- 남편감을 구하다
Certe donne non riescono a trovare marito. 어떤 여자들은 남편감을 구하지 못한다.
marmo- 대리석
avere il cuore duro come il marmo- 얼음과 같이 차가운 심장을 지니다, 냉혹한 마음이다
Ha il cuore duro come il marmo. 그는 심장이 얼음과 같은 사람이다, 마음이 매정하다, 돌처럼 차가운 사람이다, 냉혹한 마음을 지녔다.
di marmo- 대리석으로 된
In quella casa le scale sono di marmo. 그 집에 계단은 대리석으로 되어 있다.
duro come il marmo- 돌처럼 단단한
È un uomo duro come il marmo. 그는 아주 냉혹한 사람이다.
essere di marmo- 돌처럼 냉혹하다, 매정한 마음이다, 인정도 자비도 없다
essere inciso nel marmo- (비유) 잊기 힘들다, 잊을 수 없다
essere gelato come un pezzo di marmo- 꽁꽁 얼다, 딱딱하게 얼다
restare di marmo- 돌처럼 굳어 있다, 경직되다; 어안이 벙벙하다
statua di marmo- 대리석상
marzo- 3월
in (o a) marzo- 삼월에
Sono nato in marzo. 나는 3월에 태어났다.
nato di marzo- 기이한, 기묘한; 나사가 풀린, 이상한
nel mese di marzo- 3월 달에
Siamo nel mese di marzo. 3월 달이다.
maschera- 가면
ballo in maschera- 가면 무도회

Sono stato invitato ad un ballo in maschera a Venezia. 나는 베네치아 가면무도회에 초대받았다.

gettare via la maschera- 가면을 던져 버리다, 탈을 벗다; 정체를 드러내다

Finalmente si è capito cosa voleva veramente. Ha gettato via la maschera. 드디어 그는 무엇을 진정 원하는지 알았다. 그는 가면을 벗어 버렸다.

Giù la maschera!- (비유) 그만해, 무슨 뜻인지 말해봐!

maschera antigas- 방독면

maschera antipolvere- (연기, 가스, 먼지 등을 차단하기 위해 쓰는) 마스크

maschera di bellezza- 얼굴 팩; (얼굴 마사지용) 팩

maschera da (o di) carnevale- 카니발 마스크, 사육제용 가면

portare una maschera- 가면을 쓰다

strappare la maschera a qualcuno- ~에게 가면을 벗기다, 정체를 드러나게 하다

mascherina- 아이 마스크(안약을 적셔 눈을 덮는 것), 어린이용 가면, 형판(形板)

Ti conosco, mascherina! 날 속일 생각 마! 하늘은 속여도 내 눈은 못 속여!

massa- 덩어리, 다수

fare massa- 운집하다, 떼지어 모이다

in massa- 대량으로(= in gran numero), 다 함께, 떼지어, 단체로, 동시에

Eravamo presenti in massa. 우리는 다 함께 참석했다.

Si sollevarono in massa. 그들은 동시에 봉기하였다.

produzione in massa- 대량 생산

una massa di- 엄청난 양의, 산더미 같은

C'è una massa di errori. 실수투성이다.

Si staccò una massa di neve. 눈 덩이가 떨어져나갔다.

massimo- 1. (형용사) 최대한의, 최고의

in massima parte- 대부분은, 대개, 보통

I dimostranti erano in massima parte studenti. 시위자들은 대부분 학생들이었다.

la massima temperatura- 최고 기온

peso massimo- 헤비 웨이트, 헤비급, 중량급

tempo massimo- 제한 시간, 시한

2. (명사) 최고점, 최대한

al massimo- 기껏해야, 잘해야(= al meglio); 전속력으로(= a tutta velocità); 많아 봐야, 고작(= tutt'al più); 늦어도(= al più tardi)

Mi fermerò al massimo fino a domenica. 나는 늦어도 일요일까지 머물 것이다.

Poteva avere al massimo vent'anni. 그는 많아 봐야 20살이었을 것이다.

laurearsi col massimo dei voti- 최고 점수로 졸업하다, 수석으로 졸업하다

Questo è il massimo che io possa fare. 이것이 내가 할 수 있는 최선이다.

sfruttare al massimo- ~을 최대한 활용하다, 가급적 이용하다

Ha sfruttato al massimo le sue conoscenze per costruirsi una solida posizione economica. 그는 안정적인 경제적 입지를 마련하기 위해 자기의 연줄을 최대한 활용했다.

masticare- 씹다

   gomma da masticare- 껌

   masticare a lungo il cibo- 음식을 오랫동안 씹다

   masticare amaro (o veleno)- ~에 대해 곰곰이 생각하다; ~에 대해 야속하게 여기다

   Con quel direttore ha dovuto masticare amaro più volte. 그는 그 관리자 때문에 자주 꼽씹어야만 했다.

   masticare la gomma americana- 껌을 씹다

   masticare qualcosa- ~을 중얼/웅얼거리듯 말하다

   Non ho capito che cosa volesse; ha masticato qualcosa tra i denti e poi se n'è andato sbattendo la porta. 나는 그가 뭘 원하는지 알 수가 없었다. 그는 입에서 웅얼거리듯 말하고 문을 쾅 닫고 가 버렸다.

   masticare un po' d'inglese- 영어를 겉핥기로 알고 있다, 영어를 조금밖에 모른다

   Mastico un po' d'inglese, ma non lo capisco bene. 나는 영어를 조금밖에 몰라서 잘 알지는 못한다.

matassa- 토리(실), 한타래

   arruffare (o imbrogliare) la matassa- 쟁점을 흐리다; 사안을 혼동하다

   Ha cambiato idea cento volte e ha imbrogliato talmente la matassa che non se ne capisce più niente. 그는 수백번 생각을 바꾸었고 그렇게 쟁점을 흐리게 만들어서 아무 것도 이해하지 못했다.

   dipanare (o sbrogliare) la matassa- 실타래를 풀다; 난제를 해결하다; 혼란을 수습하다

   Mi hai mollato la dichiarazione dei redditi perché è molto complicata e adesso devo dipanare la matassa. 너는 매우 복잡한 소득 신고 문제를 내게 토로했는데, 지금 나는 난제를 해결해야 한다.

   trovare il bandolo della matassa- (비유) 문제를 해결하다

   Non riesco a trovare il bandolo della matassa. 나는 이 상황을 도저히 이해할 수가 없다.

matematica- 수학

   La matematica non è un'opinione.- (비유) 사실은 사실이다.

   La matematica non è un'opinione. Se continuiamo a spendere più di quello che guadagniamo, saranno guai. 사실은 사실이다. 계속해서 우리가 버는 것보다 더 많이 쓰면 어려움에 빠질 거다.

   matematica applicata- 응용수학

   matematica pura- 순수 수학

materia- 내용, 논제

   entrare in materia- 본제로 들어가다

   in materia- 그 주제에 있어서, 그 문제에 있어서

   Non so nulla in materia. 그 문제 있어서 나는 아무것도 모른다.

   in materia di- ~사항에 대해서, ~에 관해서, ~에 있어서(= per quanto riguarda)

   Sa tutto in materia di musica. 그는 음악에 관해서 모든 것을 안다.

matrimonio- 결혼, 혼인

   anniversario di matrimonio- 결혼 기념일

   annullare (o sciogliere) un matrimonio- 파혼하다

   celebrarare un matrimonio- 결혼식을 거행하다

   certificato di matrimonio- 혼인 증명서, 결혼 증명서

   Chi male una volta si marita, ne risente tutta la vita. 결혼 한 번 잘못 들면 평생 후회한다. 남편을 잘못 만나면 당대 원수, 아내를 잘못 만나도 당대 원수.

contrarre matrimonio- 혼인 계약을 맺다, 부부의 연분을 맺다

dare in matrimonio- 결혼시키다, 장가보내다, 시집보내다

fare un matrimonio d'interesse- 돈을 보고 결혼하다

matrimonio civile- (종교 의식을 하지 않는) 사회혼, 신고식 결혼

matrimonio d'amore- 연애 결혼

matrimonio di convenienza- 정략 결혼

matrimonio misto- 다문화 결혼, 다른 인종간의 결혼; (교회법) 혼종혼인

matrimonio religioso- 교회혼, (사제 앞에서 하는) 종교식 결혼

matrimonio riparatore- 강제 결혼; (유머) (상대방을 임신시켰기 때문에) 어쩔 수 없이 하는 혼인

Nel matrimonio un mese di miele e il resto di fiele. (속담) 결혼은 한 달은 꿀처럼 달지만 그 나머지는 담즙처럼 쓰다.

unirsi in matrimonio- 결혼으로 맺어지다, 결혼하다(= sposarsi)

Si sono uniti in matrimonio. 그들은 결혼했다.

mattatore- (남이 받을) 관심을 가로채는 배우

fare (o essere) il mattatore- 인기를 가로채다, (어떤 상황에서 사람들의) 관심/인기를 독차지하다

Chissà perché, ad ogni riunione con più tre di persone si sente in dovere di fare il mattatore. 그는 왜 세 명 이상의 사람이 모이는 모임마다 관심을 독차지하려고 하는지 모르겠다.[9]

mattina- 아침

dalla mattina alla sera- 아침부터 저녁까지, 하루 종일(= tutto il giorno)

Dalla mattina alla sera, non fa altro che lavorare. 아침부터 저녁까지 그는 일밖에 안 한다.

Ho lavorato dalla mattina alla sera. 난 아침부터 저녁까지 일했다.

dalla sera alla mattina- 밤사이에, 하룻밤 동안; (비유) 예고/경고도 없이, 갑자기

Lui ha cambiato idea dalla sera alla mattina. 그는 밤사이에 생각이 바뀌었다.

di mattina- 아침에

Studio sempre di mattina. 나는 항상 아침에 공부한다.

di prima mattina- 아침 일찍(= di buon mattino), 날이 밝자 마자(= appena si fa giorno)

domani mattina- 내일 아침

Ci vediamo domani mattina. 내일 아침에 보자.

domenica mattina- 일요일 아침, 주일 아침

Domenica mattina andiamo in chiesa. 우리는 일요일 아침에 교회에 간다.

durare dalla sera alla mattina- (비유) 수명이 짧다

ieri mattina- 어제 아침에

la mattina- 아침에

Mi alzo presto la mattina. 나는 아침에 일찍 일어난다.

ogni mattina, tutte le mattine- 아침마다

questa mattina- 오늘 아침에(= stamattina)

---

[9] Sentire in dovere di fare qualcosa는 '~을 하는 것을 의무로 느끼다' '~을 하려는 충동을 느끼다'라는 의미이다.

Si fa mattina. 동이 트다.

una bella mattina- 일간, 언제든 한 번; 어느 날 아침

Una bella mattina scoprii che il mio vicino se n'era andato per sempre. 나는 어느 날 아침 이웃이 아주 떠나버렸다는 것을 알았다.

mattinata- 아침시간, 오전

Buona mattinata! 좋은 아침시간 되세요!

in mattinata- 오전 중에

Te lo farò sapere in mattinata. 오전에 네게 그것을 알려 줄게.

tutta la mattinata- 오전 시간 내내

Ho perso tutta la mattinata a fare shopping. 오전시간 내내 쇼핑하느라 시간을 허비해버렸다.

mattino- 아침

al mattino- 아침에

di buon mattino/al mattino presto- 아침 일찍, 이른 아침에

Di buon mattino ci siamo messi a studiare. 우리는 아침 일찍 공부를 시작했다.

Il buongiorno si vede (o conosce) dal mattino. 좋은 하루는 좋은 아침에서 알 수 있다. 시작이 좋으면 그 일은 반은 된 거나 다름없다. (속담) 시작이 반이다.

Il mattino ha l'oro in bocca. (속담) 일찍 일어나는 새가 벌레를 잡는다. 부지런해야 성공한다.

nelle prime ore del mattino- 아침 이른 시간에

Quando la sera vado a letto presto, mi sveglio nelle prime ore del mattino. 나는 저녁에 일찍 잠자리에 들면, 아침 이른 시간에 잠을 깬다.

sul far del mattino- 새벽에, 여명에, 동틀 녘에

matto- 1. (형용사) 미친

andare matto per- ~ 에 미치다, ~에 열광하다; (음식을) 대단히 좋아하다

Va matta per quel ragazzo. 그녀는 그 소년을 미치게 좋아한다.

Che tempo matto! 이 변덕스러운 날씨!

diventare matto- 미치다

Sei diventato matto! 너 미쳤구나!

dare fuori di matto- 발끈하다, 자제력을 잃다

Dà fuori di matto per un nonnulla: nessuno la sopporta più. 그녀는 이유 없이 발끈하는데, 더 이상 아무도 당해낼 사람이 없다.

essere matto di gioia- 몹시 기뻐하다

essere mezzo matto- 머리가 이상하다; 분별이 없다

È mezzo matto. 그는 좀 모자란다. 그는 머리가 이상하다.

far diventare matto qualcuno- ~을 미치게 하다

La bambina mi sta facendo diventare matta. 꼬마가 나를 미치게 만든다.

Fossi matto!- 내가 미쳤다고 생각하니? 나를 미친자로 보는 거야!

"Pensi di rivederlo?" "Fossi matta!" "그를 다시 볼 생각이니?" "내가 미쳤어!"

matto da legare- 완전히 미친, 완전히 제정신이 아닌

Non gli devi credere, è matto da legare. 너 그를 믿으면 안 돼. 그는 완전히 미쳤다.

piacere da matti- 미치게 좋아하다

Le piace da matti andare al mare. 그는 바다에 가는 것을 미치도록 좋아한다.

Roba da matti! 도저히 믿을 수가 없다!

2. (명사) 미친 사람

correre come un matto- 정신없이/미친 듯이 달리다

Corre sempre come un matto. 그는 늘 미친 듯이 달린다.

cose da matti- 미친 짓(= cose assurde, incredibili), 웃기는 일이다

gabbia di matti- 난리, 법석, 아수라장; (비유) 정신 병원

Non resterò un momento di più in questa gabbia di matti. 나는 정신없는 이곳에 일분도 더 못 있겠다.

matto fuorioso- 정신 나간 미치광이

sgobbare come un matto- 미친 사람처럼 열심히 일하다; 부지런히 일하다

È una bella casa, ma mi tocca sgobbare come un matto per tenerla in ordine. 아름다운 집이지만, 깨끗하게 집을 유지하려면 부지런히 일해야만 한다.

Si vogliono un bene matto. 그들은 서로 사랑에 푹 빠졌다.

mattone- 벽돌

avere un mattone sullo stomaco- (음식이) 위에 부담을 주다

Mi sento un mattone sullo stomaco. 나는 속이 더부룩하다.

che mattone!- 정말 지루하다, 따분하다!

Che mattone! Quando finisce questo spettacolo? 정말 지루하다! 이 공연은 언제 끝나는 거야?

un mattone- (1) 이야기하기 거북한 사람

Sarà colto e intelligente, ma è un vero mattone. 그는 교양 있고 지적인 사람일지는 몰라도 이야기하기 거북한 사람이다.

(2) 이해하기 어려운 것

Questo libro è un mattone. 이 책은 이해하기 어렵다.

me- 나에게, 나를

Beato me! 난 복도 많지! 난 운도 좋아!

Fa' come me. 나처럼 해.

fra me e me (te e te/sé e sé, ecc.)- 혼자, 내 개인적으로 (너 스스로, 그 스스로)

Pensavo tra me e me che lei aveva torto, ma non ho avuto il coraggio di dirglielo. 개인적으로 그녀가 틀렸었다고 생각했지만, 나는 그녀에게 그것을 말할 용기가 없었다.

in quanto a me/per me- 나로서는, 나라면, 내 경우엔

Per me non è la soluzione corretta. 나로서는 올바른 해결책이 없다.

L'ho fatto da me. 나 혼자서 그걸 했다.

Me lo auguro! 꼭 그러기를 바랍니다!

Ne sai quanto me.- 너도 나만큼 알다.

Su questo argomento ne sai quanto me. 이 주제에 대해선 너도 나만큼 알잖아.

Povero me! 한심스럽구나! (놀라움, 충격을 나타내) 맙소사! 가엾은 내 신세!

secondo me- 나에 의하면, 내 생각엔, 내 견해론

Secondo me dovremmo andare in quella direzione. 내 생각엔 우리는 그 방향으로 가야만 한다.

Secondo me mia madre ha la febbre. 내 생각에 어머니는 열이 있다.

medaglia- 메달

il rovescio della medaglia- 문제의 이면, 문제의 다른 한 면

Naturalmente è contento di aver vinto il concorso, ma c'è anche il rovescio della medaglia: dovrà andare a lavorare lontano dalla famiglia. 당연히 그는 시험에 붙어 만족하지만, 문제의 이면도 있다. 그는 가족과 떨어져 일하러 가야 한다.

medaglia alla memoria- 사후에 수여된 훈장

Ho ricevuto una medaglia alla memoria di mio nonno. 나는 할아버지 사후에 수여된 훈장을 받았다.

medaglia d'oro/**d'argento**/**di bronzo**- 금메달, 은메달, 동메달

medaglia olimpica- 올림픽 메달

Ogni medaglia ha il suo rovescio- 모든 일에는 다른 일면이 있다.

Ti pagano poco, ma è un impiego sicuro; ogni medaglia ha il suo rovescio. 임금은 작지만 안정된 직업이다. 모든 일에는 다른 일면이 있다.

media- 평균, 보통

alla media di- 평균하여, 대략

Viaggiava alla media di 100 km/h. 그는 대략 100킬로 미터 속도로 달리고 있었다.

in media- 평균적으로(= mediamente); 대체로(= più o meno), 보통

Ci sono in media 20 scolari in ogni classe. 각 반에 학생수가 평균 20명이다.

Leggo in media 20 pagine al giorno. 나는 하루에 보통 20쪽을 읽는다.

sopra la media- 평균 이상

sotto la media- 평균 이하

meditare- 곰곰이 생각하다, 깊이 생각하다, 숙고하다

meditare di fare qualcosa- ~하는 것을 깊이 생각하다, 곰곰이 생각하다

Lui sta meditando di andare in pensione. 그는 퇴직하는 것을 곰곰이 생각하는 중이다.

meglio- 1. (부사) 더 좋게

cambiare in meglio- 호전되다, 좋아지다

Con il nuovo lavoro ho cambiato in meglio. 새 일자리 때문에 나는 좋아졌다.

di bene in meglio- 점점 잘, 더욱더 좋게

Gli affari vanno di bene in meglio. 사업이 점점 더 나아지고 있다.

o meglio/**meglio ancora**- (1) ~하기 보다는

Dovresti telefonargli, o meglio, andare di persona. 그에게 전화하기 보다는 가는 게 나을 거야.

(2) 사실은, 실제로는(특히 방금 한 말에 반대되는 내용을 강조할 때 씀)

Mi è rimasto poco denaro, o meglio, solo qualche spicciolo. 내게 돈이 얼마 안남았는데, 사실은 동전만 약간 남았다.

per meglio dire- 사실은, 실은(방금 한 말에 대해 자세한 내용을 덧붙일 때 씀)

Non ha potuto o, per meglio dire, non ha voluto venire. 그는 올 수가 없는데, 실은 오고 싶어하지 않

았다.

stare meglio- (1) (몸이) 더 좋다

"Come stai?" "Sto meglio, grazie." "몸이 어때?" "나아졌어, 고마워."

(2) 더 잘 어울리다

Il rosso ti sta meglio. 빨강색이 네게 더 잘 어울린다.

2. (형용사) 더 좋은

in mancanza di meglio- 더 나은 것이 없어서

In mancanza di meglio ho dovuto affittare quella stanza rumorosa. 더 나은 것이 없어서 나는 그 시끄러운 방을 얻어야만 했다.

Meglio soli che male accompagnati. (속담) 나쁜 친구와 함께 있느니 보다 혼자 있는 편이 더 낫다.

Meglio poco che niente. 전혀 없는 것 보다 조금이라도 있는 것이 더 낫다.

Meglio tardi che mai. (속담) 아예 안 오는 것 보다 늦게라도 오는 것이 낫다.

Meglio un asino vivo che un dottore morto. (속담) 산 당나귀가 죽은 박사보다 더 낫다. 산 개가 죽은 사자보다 더 낫다.

Meglio un uovo oggi che una gallina domani. (속담) 손 안에 든 새 한 마리가 숲 속에 있는 두 마리보다 낫다.

niente di meglio- 나은 것이라곤 아무것도

Non c'è niente di meglio che poter riposare dopo un'abbondante mangiata! 충분히 먹고난 다음에는 쉬는 것 보다 더 나은 것이 없다.

tanto meglio- 한결/훨씬 더 좋은

Tanto meglio per lui. 그에게 훨씬 잘된 일이다. 그에겐 더 나은 일이다.

qualcosa di meglio- 더 나은 뭔가

Sto pensando a qualcosa di meglio. 나는 더 나은 무엇인가를 생각하고 있다.

3. (명사) (남성) 더 좋은 것; (여성) 최상의 것

al meglio- 가장 가능한 방식으로(= nel modo migliore); 가장 좋은 상태에서(= nelle migliori condizioni)

I giocatori si sono battuti al meglio delle loro possibilità. 선수들은 최선을 다해 싸웠다

Il giocatore non era al meglio della forma. 선수가 가장 좋은 상태는 아니었다.

alla meglio/alla bell'e meglio- 어떻게든(= in qualche modo), 아무튼; 되도록 잘, 될 수 있는 대로 좋게, 힘껏, 할 수 있는 한 최선을 다해

Ho cercato di riparare il vaso alla meglio, ma si vede che è rotta. 어떻게든 힘껏 꽃병을 고쳐보려 했으나 깨진것이 보인다.

andare per il meglio- 잘 되다, 무사하다

Andrà tutto per il meglio. 모두 잘 될 거다.

Ero molto preoccupato, ma tutto è andato per il meglio. 나는 몹시 걱정했었는데, 모든 게 잘 됐다.

avere la meglio- ~을 이기다, 능가하다

È stato un incontro molto equilibrato, ma alla fine il pugile più esperto ha avuto la meglio. 아주 팽팽한 접전을 벌였는데, 마지막에는 좀 더 노련한 권투선수가 이겼다.

fare del proprio meglio- 최선/전력을 다하다

Farò del mio meglio per aiutarti. 나는 널 돕기 위해 있는 힘을 다할 거다.

Il meglio è nemico del bene. (속담) 긁어 부스럼내지 마라.

la meglio- 최상의 것, 가장 좋은 것(= la cosa migliore)

La meglio è dimenticare tutto. 가장 좋은 것은 모든 것을 잊는 것이다.

nel meglio del sonno- 깊은 잠에 빠졌을 때

vendere al meglio- (주식) 최고 가격으로 팔다

mela- 사과

la Grande Mela- (비유) 뉴욕시

Una mela al giorno leva il medico di torno. 하루에 사과 하나면 의사가 필요없다. 사과가 건강에 좋음을 강조하는 속담이다.

memoria- 기억

a memoria- 외워서, 암기하여; 정신적으로(= mentalmente)

È uno sgobbone, studia tutto a memoria. 그는 노력가여서, 모든 것을 암기해서 공부한다.

a memoria d'uomo- 현존하는 사람들의 기억에 있는, (시대적으로) 아직도 살아 있는 사람들이 기억하는(= per quanto si ricordi)

Non si era mai vista un'inondazione così a memoria d'uomo. 현존하는 사람들의 기억에 그같은 홍수를 보질 못했다.

avere la memoria corta, essere corto di memoria- 암기력이 나쁘다

avere una buona (o grande) memoria- 기억력이 좋다

Mia nonna ha una buona memoria. 나의 할머니는 기억력이 좋다.

avere una cattiva memoria per qualcosa- ~에 대한 기억력이 나쁘다

Ho una cattiva memoria per i nomi. 난 이름 기억을 잘 못한다.

avere una memoria di ferro- 기억력이 비상하다

Marta ricorda ogni cosa. Ha una memoria di ferro. 마르타는 온갖 것을 기억한다. 기억력이 비상하다.

avere un'ottima memoria- 기억력이 아주 좋다.

Quel vecchio signore ha ancora un'ottima memoria. 그 노인은 아직도 기억력이 아주 좋다.

cadere dalla memoria- 망각되다

cancellare qualcosa dalla memoria- ~을 기억에서 지우다

imparare a memoria- 외우다, 암기하다

Devo imparare questa poesia a memoria. 나는 이 시를 외워야 한다.

in memoria di- ~을 기념하여(= in ricordo di)

Fate questo in memoriia di me. 나를 기억하여 일을 행하여라.

perdere (o smarrire) la memoria- 기억을 잃다, 기억을 상실하다

riacquistare la memoria- 기억력을 되찾다

richiamare alla momoria- 기억을 되살리다

rinfrescare la memoria a qualcuno- ~에게 기억을 되살리다, ~에게 기억을 상기시키다

rinfrescarsi la memoria- 기억을 새롭게 하다

se la memoria non mi inganna (o tradisce)- 내 기억이 틀리지 않는다면

un libro di memorie- 회고록

Quel famoso uomo politico sta scrivendo un libro di memorie. 그 유명 정치인은 회고록을 쓰고 있다.

menadito- 정확하게

conoscere qualcosa a menadito- ~을 정확하게(충분히) 알다; ~을 곧 입수할 수 있다

Vieni con me; conosco questo quartiere a menadito. 나랑 같이 가자. 나는 이 지역을 속속들이 안다.

meno- 1. (부사) 더 적게; 2. (형용사) 더 적은; 3. (전치사) ~을 제외하고; 4. (명사) 최소

(quanto) meno~ (tanto) meno- ~을 안 하면 안 할수록 덜

Meno studi, meno impari. 공부를 안 하면 안 할수록 덜 배우게 된다.

a meno che non(= a meno di non + 동사원형) - ~하지 않는 한, ~이 아닌 한; ~한 경우(때) 외에는(= salvo che)

Lo spettacolo si terrà all'aperto, a meno che non piova. 비가 오지 않는 한 공연은 야외에서 개최될 것이다.

Non farei mai una cosa simile, a meno di non esservi costretto. 그것을 할 수 밖에 없는 경우를 제외하곤 절대로 그런 일은 하지 않을 것이다.

chi più chi meno- 대략, 정도의 차이는 있어도, ~쯤, ~가량

Siamo qui perché, chi più chi meno, ha avuto qualche problema con la giustizia. 정도의 차이는 있지만, 그가 재판에 어떤 문제가 있어서 우리가 여기 있다.

di meno- 더 적게

Dovresti bere di meno! 너는 더 적게 마셔야 될 거다.

Se avessi 10 anni di meno! 내가 10년 만 더 나이가 적었다면!

essere da meno di qualcuno- ~보다 못하다, 열등하다

Tu sei molto brava con il computer, ma lui non è da meno di te. 너는 컴퓨터를 매우 잘하는데, 그도 너 못지 않게 잘 한다.

fare a meno di- ~없이 지내다(= fare senza); 포기하다(= rinunciare a)

Non potrei fare a meno di lui. 나는 그 없이 지낼 수 없을 것이다.

in men che non si dica- 당장에, 즉시, 순식간에(= in un attimo), 삽시간에, 아주 금방(= molto rapidamente)

Sarò pronto in men che non si dica. 나는 당장 준비할 것이다.

in meno- 덜

Ho speso 10 euro in meno. 나는 10유로 미만으로 지출했다.

in meno di- ~이내로

Devi essere fuori di qui in meno di dieci minuti. 너는 10분 이내로 여기서 나가야 한다.

Devo finire questo lavoro in meno di una settimana. 나는 일주일 내로 이 일을 끝내야 한다

men che mai- (1) 설마, 그럴 리가

"Non vorrai andare sul ghiacciaio da solo?" "Men che mai!" "너 혼자 빙하에 가지 않을 거니?" "그럴 리가!"

(2) ~은 커녕; ~은 더욱 아니다

Non sa parlare l'italiano, men che mai l'inglese. 그는 영어는커녕 이탈리아어도 말할 줄 모른다.

men che meno- 그보다 더 적게(= ancora meno)

Non ne sapeva nulla, e suo figlio men che meno. 그는 그것에 대해 아무것도 모르고 있었는데 그의 아들은 더 모르고 있었다.

meno di- ~보다 더 적게

Quest'anno ho guadagnato meno di quanto pensassi. 올해 나는 생각보다 더 적게 벌었다.

meno lui- 그를 제외하고

Sono venuti tutti meno lui. 그를 제외하고 모두 다 왔다.

Meno male!- 정말 다행이다!

Meno male che ci sei tu. 네가 있어서 정말 다행이다.

Meno male che sei arrivato! 네가 도착했다니 정말 다행이다!

né più né meno- 더하지도 덜하지도 않은, 바로(=proprio), 정확히(= per l'appunto)

Gli ho detto né più né meno come la pensavo. 나는 그에게 내가 생각하고 있는 것을 그대로 말했다.

La cosa è andata così, né più né meno. 일이 바로 이런 식으로 진행되었다.

Non lo troverai per meno.- 그것보다 더 싸게 사지 못할 겁니다.

Dammi retta. Compralo qui. Non lo troverai per meno. 절 믿어 주세요. 여기서 그걸 사세요. 당신은 그것보다 더 싸게 사지 못할 겁니다.

non meno di- ~에 못지 않게, 꼭 ~만큼, ~와 마찬가지로

Ci vorranno non meno di tre ore per arrivare. 그들은 도착하는데 세 시간 못지 않게 걸릴 것이다.

parlare del più e del meno- 이런 저런 얘기를 나누다, 이야기 꽃을 피우다

Abbiamo parlato del più e del meno. 우리는 이야기 꽃을 피웠다.

per lo meno (o quanto meno)- 적어도, 하다 못해, 최소한

Il danno è fatto, ma per lo meno ti ha chiesto scusa. 손해를 냈으면, 적어도 그는 네게 용서를 청했어야지.

più o meno- 대략(= all'incirca); 얼추, 거의(=quasi); ~가량(=circa), ~쯤; 그럭저럭

Da qui a casa mia ci saranno, più o meno, tre chilometri. 여기에서 나의 집까지, 얼추 3킬로미터이다.

Più o meno, a che ora sarai da me? 너 대략 몇 시에 나한테 올 거니?

poco più o poco meno- 거의, 정도의 차이는 있어도, ~가량, ~쯤

Costa 10 €, poco più o poco meno. 정도의 차이는 있어도 10유로 정도 한다.

quanto meno- 적어도(= almeno)

Quanto meno siamo stati avvisati. 적어도 우리는 통보를 받았다.

venir meno- (1) ~가 없어 ~하지 못하다

Gli venne meno il coraggio di dirle la verità. 그는 그녀에게 진실을 말하고 싶었는데 용기가 없어 말하질 못했다.

(2) 실신하다, 기절하다

Mi sentii venire meno. 나는 실신할 것 같이 느껴졌다.

venire meno a una promessa- 약속을 어기다

È venuta meno alla sua promessa di aiutarlo a pagare i debiti. 그녀는 그의 빚을 갚는데 도와주겠다던 약속을 어겼다.

mensa- 건물 내에 있는 식당, 구내 식당, 교내 식당, 사내 식당

alla mensa- 구내 식당에

Di solito pranzo alla mensa dell'Università. 나는 주로 대학 식당에서 점심식사를 한다.

Preferisco mangiare alla mensa. 나는 구내 식당에서 먹는 것이 좋다.

mensa aziendale- 기업 식당

mensa comunale- 무료 급식소

mensa scolastica- 학교 식당

mente- 정신, 지성

a mente- 외워서, 기억하여(= a memoria); 정신적으로, 마음속으로(= mentalmente)

a mente fredda (o lucida)- 침착하게, 태연하게(= con calma); 진정했을 때

A mente fredda, devo dire che mi hanno giocato con molta abilità. 태연하게 그들이 아주 능숙하게 나를 놀렸다는 것을 말해야 한다.

a mente fresca (o riposata)- 맑은 정신으로

Riesaminerò tutto a mente fresca. 나는 맑은 정신으로 모두 다시 검사해 볼 것이다.

avere in mente di fare qualcosa- ~을 할 생각을 하다(= avere intenzione di)

Adesso ti dico quello che ho in mente. 내가 머리 속에서 생각하고 있는 것을 이제 너한테 말해 줄게.

Ho in mente di iscrivermi a un corso, ma non so ancora quale. 한 코스에 등록할 생각인데, 아직 어떤 걸 할지 모르겠다.

calcolare a mente- 암산하다

Una volta non c'era la calcolatrice e si calcolava tutto a mente. 옛날에 계산기가 없었을 때에는 모든 것을 암산했었다.

fare mente locale- (정신을) 집중하다, 기억하려고 애쓰다, 정신을 가다듬고 기억을 해보다

L'ho sentito da qualche parte, ma non riesco a fare mente locale. 나는 그 말을 어딘가에서 듣긴 했는데, 기억을 할 수가 없다.

"Non trovo i miei occhiali." "Prova a fare mente locale." "나는 안경을 못 찾겠다." "기억을 잘 해봐."

Se fai mente locale, vedrai che capirai il problema. 네가 집중하면 문제를 이해하게 될 거다.

ficcarsi in mente- 잘 이해하다(= capire bene); 군말 없이 복종하다(= obbedire senza replicare)

Ficcati bene in mente che qui comando io. 여기서는 내가 명령하니깐 군말 없이 복종해라.

Mente sana in corpo sano. (속담) 건강한 신체에 건강한 정신이 깃든다.

mettersi in mente di fare qualcosa- ~할 생각이 들다

Si è messo in mente di fare un viaggio in Africa. 그는 아프리카에 여행할 생각이 들었다.

passare di mente- (구어체) 깜박하다, 잊어버리다 (= dimenticarsi di qualcosa)

"Hai comprato il latte?" "Mi è passato di mente." "우유 샀어?"

passare per la mente- (문득) 생각이 떠오르다, 생각이 나다

Non mi passò nemmeno per la mente di scrivergli. 나는 그에게 편지를 써야겠다는 생각조차 떠오르지 않았다.

saltare in mente- 도대체 무슨 생각으로 그런 짓을 하다

Che ti salta in mente? 어떻게 된 거야? 도대체 어쩔 셈이야? 왜 그런 짓을 하지?

Come ti è saltato in mente di invitare Paola alla festa? Non la voglio fra i piedi. 도대체 무슨 생각으로 파올라를 파티에 초대하는 그런 짓을 했니? 나는 그녀 주위를 얼쩡거리고 싶질 않다.

sano di mente- 제정신으로, 본심으로

Nessuna persona sana di mente avrebbe detto tutte quelle sciocchezze. 아무도 제정신으로 그 모든 어리석음을 말하려 하질 않았을 것이다.

tenere a mente qualcosa- ~을 유념/명심하다, 마음에 담아두다, 잊지 않고 있다, ~을 기억하다(= ricordare)

Non riesco a tenere a mente tutte queste date. 나는 이 모든 날짜들을 기억할 수 없다.

Tieni a mente tutte le istruzioni. 너는 모든 설명들을 잘 기억하고 있다.

togliersi qualcosa dalla mente (o di mente)- ~을 마음에서 지우다, (일부러) ~을 잊어버리다

Vuoi che ti compri una Mercedes? Toglitelo dalla mente! 내가 벤츠를 사주길 원해? 잊어버려!

tornare alla (o in) mente- 생각나다

Il suo nome non mi torna in mente. 나는 그의 이름이 생각이 나지 않는다.

uscire di mente- 정신이 나가다, 미치다, 발광하다; 잊어버리다, 생각이 나지 않다

Mi è proprio uscito di mente. 정말 내 정신이 나갔다, 깜박 잊어버렸다.

venire in mente- 생각이 나다, 생각이 떠오르다(= pensare); 기억나다(= ricordare)

L'idea non mi è mai venuta in mente. 나는 생각이 전혀 떠오르질 않았다.

Non mi viene in mente il suo nome. 나는 그의 이름이 기억나지 않는다.

mentre- ~하는 동안; 반면

in quel mentre- (바로) 그 순간(= in quel momento), 마침 그때; 그 동안에(= nel frattempo)

Entrai e in quel mentre squillò il telefono. 내가 들어간 바로 그 순간에 전화가 울렸다.

In quel mentre le nubi si scostarono ed apparve il sole. 바로 그 순간 구름이 걷히고 해가 나타났다.

nel mentre che- ~하는 동안에

meraviglia- 경이, 경탄, 놀라움

a meraviglia- 아주 잘; 완벽하게(= perfettamente); 기막히게 좋은, 경탄할 만한

Questo vestito ti va bene a meraviglia. 이 옷은 네게 아주 잘 맞는다.

Tutto è andato a meraviglia. 모든 일이 기막히게 좋게 진행되었다.

Che meraviglia! 이렇게 경이로울 수가!

fare meraviglie- 기적을 낳다, 기적 같은 효과를 낳다

meravigliarsi- 놀라워하다

meravigliarsi di- ~에 대해서 놀라워하다

Mi meraviglio di te. 너에 대해서 놀란다. 네가 놀랍다.

Mi meraviglio di vederti. 너를 보게 되어 놀랍다.

Non c'è da meravigliarsi che- ~은 별로 놀랄 일이 아니다; ~하는 것도 당연하다

mercato- 시장

a buon mercato- (형용사) 싼; 저가의, 저렴한; (부사) 싸게, 저렴하게(= a basso prezzo, a poco prezzo)

A Milano non trovo mai niente a buon mercato. 밀라노에서는 값싼 것이라곤 아무것도 안 보인다.

comprare qualcosa a buon mercato- ~을 싸게 사다, 싼값에 ~을 사다

Ho comprato un bel paio di scarpe a buon mercato. 나는 싼값에 좋은 신발을 샀다.

cavarsela a buon mercato- (값이) 싸게 치이다; (벌 따위가) 가볍게 끝나다

Mercato Comune Europeo- 유럽 공동 시장

mercato delle vacche- 정치적 흥정

mercato nero- 암시장

Sembra d'essere al mercato! 시장통 같이 시끌벅적하다!

meritare- 가치가 있다

meritare di fare qualcosa- ~할 만하다; ~할 만한 가치가 있다

Quella ragazza merita di andare alle Olimpiadi. 저 여자는 올림픽에 나갈 자격이 있다.

Questa poesia merita di essere letta. 이 시는 읽을 가치가 있다.

meritare un premio- 상을 받을 만하다

meritarsi un castigo- 벌을 받을 만하다

per quel che merita- 그냥 내 생각일 뿐이지만, 도움이 될지 모르겠지만

Te lo meriti. 너는 그럴 가치가 있다.

merito- 장점; 가치; 중요성; 핵심; 보수, 상; 근거, 이유

Dio te ne renda merito! 신에게 보답을 받기를!

entrare nel merito di una questione- 문제의 본질에 이르다; 문제의 핵심을 찌르다

È tutto merito tuo. 다 네 덕분이야.

in merito- 그것에 관해, 이 문제와 관련하여

Non so niente in merito. 나는 그것에 관해서는 아무것도 모른다.

in merito a- ~에 관해, ~에 대해(= riguardo a)

Non hanno parlato in merito alla questione delle spese di riscaldamento, ma lo faranno alla prossima riunione. 그들은 난방 비용 문제에 대해서는 말하지 않았지만, 다음 모임에서 할 것이다.

per merito- ~을 통해서, ~덕분에

È per merito della sua presenza se abbiamo evitato un incidente. 우리가 사고를 피할 수 있었던 것은 그 사람 덕분이다.

Lui ha trovato un buon posto per merito mio. 그는 내 덕분에 좋은 자리를 얻었다.

rendere merito a qualcuno- ~에게 공을 돌리다

vincere a pari merito (con qualcuno)- 공동수상하다

messa- 미사

andare a Messa- 미사에 가다

Tutte le domeniche vado a messa. 나는 일요일마다 미사에 간다.

ascoltare la Messa- 미사에 참석하다

dire la Messa- 미사를 드리다

far dire una Messa per qualcuno- ~를 위해 미사를 드리다

Messa da requiem (o da morto)- 위령미사, 추도 미사

Messa nera- 악마 숭배 의식

Messa solenne/grande- 장엄미사, 대미사

messa- 놓기, 설치

messa in piega- 머리 손질

Questa pioggia mi ha rovinato la messa in piega. 이 비가 나의 머리 손질을 망쳤다.

messa in scena- 상연, 개시; 쇼

Ha fatto finta di svenire ma era solo una messa in scena. 그는 정신을 잃은척했지만, 단지 쇼였다.

messa in vendita di un prodotto- 제품 시판

messa in vigore- 시행

messaggio- 메시지

inviare un messaggio- 메시지를 발송하다

lasciare un messaggio- 메시지를 남기다

Gli ho lasciato un messaggio sul tavolo. 나는 테이블에 그에게 메시지를 남겨 놓았다.

Gli vuole lasciare un messaggio? 그에게 메시지를 남겨 놓으시겠습니까?

Potrei lasciare un messaggio per lui? 그에게 제가 메시지를 남길 수 있을까요?

ricevere un messaggio- 메시지를 받다

messinscena- 각색, 연출, 상연; 과시, 쇼

una messinscena- 가식

È tutta una messinscena per commuoverci. 그것은 모두 우리를 감동시키려고 한 가식이다.

messo- mettere의 과거분사

ben messo- (1) 건강한, 튼튼한(= robusto)

Il bambino era molto magro dopo la malattia, ma adesso è proprio ben messo. 아이는 병이 난 뒤로 무척 말랐었는데, 이제는 꽤 건강하다.

(2) 상황이 좋은; 부유한, 잘사는(= benestante)

Sono rimasto senza benzina lontano da qualunque centro abitato. Adesso sì che sono ben messo! 멀리 인적이 끊긴 곳에서 휘발유가 떨어졌다. 이제 큰일났다!

(3) (옷을) 잘 차려 입은(= ben vestito)

mal messo- (옷차림이) 초라한(= mal vestito); 허름한, 추레한, 꾀죄죄한(= trasandato); (경제적으로) 넉넉지 못한; 몸이 좋지 않은

Era talmente mal messo che ho fatto fatica a riconoscerlo. 내가 그를 알아보지 못할 정도로 그는 아주 추레했다.

mestiere- 직업

essere del mestiere- 같은 사업에 종사하다(= fare lo stesso mestiere); 기술과 요령을 알다, ~을 하기 위해 필요한 기술과 지식을 가지고 있다(= conoscere il proprio mestiere)

Ti avevo detto di farlo fare a lui che è del mestiere. Guarda che pasticcio hai combinato. 그가 수리하는 방법과 요령을 아니깐 그에게 맡기라고 내가 너한테 말했었다. 네가 얼마나 엉망으로 만들었는지 봐봐.

essere vecchio del mestiere- 숙련자이다, 노련한 사람이다

fare qualcosa di mestiere- ~라는 직업을 가지다

Fa il calzolaio di mestiere. 그는 제화공 일을 한다.

fare i mestieri di casa- 집안일을 하다

i ferri del mestiere- 장사도구; (비유) 재고품

rubare il mestiere- 기술을 훔치다

Perché stai lì a guardare l'elettricista mentre aggiusta il televisore? Vuoi rubargli il mestiere? 왜 거기서 텔레비전 수리공을 지켜보고 있는 거야? 너 그의 기술을 훔치고 싶니?

mèta- 목적지, 목표

la meta della mia vita- 내 인생의 목표

raggiungere la meta- 목적을 달성하다, 목적지에 다다르다

Ha raggiunto la meta prefissa. 그는 정한 목적을 달성했다.

senza meta- 정처 없이, 목적 없이, 목적이 없는, 방향을 잃은

Domenica scorsa non sapevo dove andare; ho gironzolato in centro, senza meta. 지난 일요일 나는 어디를 가야 할 지 몰라서, 시내를 목적 없이 배회했다.

metà- 절반

a metà prezzo- 반값

Lo vendevano a metà prezzo. 그들은 그것을 반값에 팔고 있었다.

a metà settimana- 주중

A metà settimana devo incontrare mio fratello. 나는 주중에 동생을 만나야 한다.

a metà strada- (거리, 시간상으로) 중간에, 가운데쯤에; 중간에, 도중에

Ci siamo incontrati a metà strada. 우리는 중간에서 만났다.

dire le cose a metà- 어떤 일을 말하지 않다; 암시하다, 넌지시 말하다(= alludere)

Lei ha l'abitudine di dire le cose a metà. 그녀는 넌지시 말하는 습관이 있다.

fare a metà- 나누다, 나눠 갖다(= spartire); (비용을) 절반씩 부담하다

Facciamo a metà e non parliamone più. 절반씩 부담하고 더 이상 그것에 대해 말하지 말자.

fare le cose a metà- 일을 하다 말다

lasciare a metà qualcosa- ~을 도중에 내버려두다, 중단하다(= interrompere); ~을 끝맺지 못하다

per metà- 반으로, 절반으로, 절반 정도로

Dividiamo per (o a) metà! 우리 반으로 나누자!

È americano per metà. 그는 반은 미국인이다.

tagliare a metà- 반으로 자르다

Ho tagliato la mela a metà. 나는 사과를 반으로 잘랐다.

mettere- 놓다

Come la mettiamo?- 그것을 어떻게 해야 할까? 뭐라고 변명할 거야?

Ti avevo detto di non usare quei soldi; erano di riserva. E adesso come la mettiamo? 나는 예비로 남겨둔 그 돈은 쓰지 말라고 너한테 말했지. 이제 어떻게 할 작정이야?

La mia è più leggera, vuoi mettere. 내 것이 훨씬 가볍지, 네 것과는 비교가 안 돼.

mettercela tutta- (1) 열심히 일하다

Ce l'hanno messa tutta per aiutarlo. 그들은 그를 도우려고 열심히 일하였다.

(2) 최선/전력을 다하다

Ce l'ha messa tutta, ma non è riuscito a ottenere il posto. 최선을 다했지만, 그는 일자리를 구할 수 없었다.

Ce l'ho messa tutta, ma ha vinto lui. 나는 최선을 다했지만, 그가 이겼다.

metterci- (인칭, 비인칭) 시간이 걸리다(= impiegare)

Quanto ci metteremo ad arrivare? 우리가 도착하는데 얼마나 시간이 걸릴까?

Qunanto tempo ci hai messo a farlo? 그것을 하는데 시간이 얼마나 걸렸어?

mettere a confronto- 대조하다; (법률) 대면시키다

mettere a disposizione di qualcuno- ~에게 마음대로(자유롭게) 이용하게 하다

mettere a frutto- 이익을 내다, 투자하다

mettere a fuoco- (눈, 카메라 등의) 초점을 맞추다

mettere a nudo (o allo scoperto)- 폭로하다, 털어놓다(= svelare), 드러내다(= rivelare)

mettere a parte- 별도로 두다, 따로 두다

mettere a posto le cose- 정리하다, 바로잡다

mettere a posto qualcosa- 제자리에 두다; 수리/수선하다(= riparare)

mettere a posto qualcuno- ~에게 일자리를 찾아주다, 취업시키다(= trovargli un lavoro); ~에게 자기 분수를 알게 하다(= dargli una lezione); 혼내 주다(= sistemare)

mettere a punto- 준비를 하다; 조정하다(= regolare); (기계를) 정비하다; 분명히 나타내다, 확실히 말하다(= precisare, definire); 'punto'를 보시오

mettere a sacco- (특히 전시에 어떤 장소를) 약탈/강탈하다

mettere a scuola- 취학시키다

mettere a segno- 명중하다, 과녁을 향하여 정확히 쏘다

mettere a soqquadro- ~을 엉망으로 만들다, 다 뒤집어 엎다

mettere a tacere- 덮다, 비밀로 하다

mettere al bando- 추방하다(= esiliare); 금지하다(= proibire)

mettere al corrente- 정보를 제공하다(= informare)

mettere al mondo- (아이를) 낳다, 출산하다(= partorire)

Ha messo al mondo un bel maschietto. 그녀는 귀여운 남자 아이를 낳았다.

mettere al muro- 총살하다, 사살하다(= fucilare)

mettere al sicuro- 지키다, 보호하다

mettere alla porta- 갑작스럽게 쫓아내다, ~에게 나가라고 하다

mettere alla prova- ~을 실험해 보다, 시험하다

mettere alla tortura- 고문하다

mettere alle strette qualcuno- ~에게 강요하다, 종용하다

mettere da parte- (나중에 쓸 수 있도록) ~을 따로 떼어 놓다/두다

Ha messo da parte molto denaro. 그는 많은 돈을 비축했다.

mettere dentro- 집어넣다, 감옥에 가두다

mettere fine a qualcuno/qualcosa- ~을 끝내다; 없애다, 폐지하다; 죽이다

mettere fuoco a qualcosa- ~을 태우다, 불지르다

mettere gli occhi addosso a qualcuno- ~누구에게 관심을 두다

mettere i denti- 이가 생기다; 철이 들다

mettere i soldi in banca- 은행에 돈을 넣다

mettere il bastone fra le ruote a qualcuno- ~의 계획을 방해하다

mettere il cappotto- 외투를 입다

mettere il carro davanti ai buoi- 앞뒤 순서를 잘못 놓다; 일의 순서를 뒤바꿔하다

mettere il naso (o il becco) in qualcosa- ~에 쓸데없이 참견하다

mettere in atto- 시행하다, 수행/이행하다

mettere in (o su) carta- 적어놓다, 기록해 두다

mettere in chiaro- 분명히 하다

mettere in commercio- 상업화하다, 팔다

mettere in dubbio (o in forse)- 의구심을 제기하다, 의구심을 던지다
Non lo metto in dubbio. 나는 그것을 의심치 않는다.

mettere in evidenza- 지적하다; 강조하다

mettere in fila- 줄을 세우다, 정렬시키다

mettere in fuga- 도주시키다, 달아나게 만들다

mettere in funzione- (기계에) 시동을 걸다, 작동시키다; 이용할 수 있게 하다

mettere in giro una voce- 소문을 퍼뜨리다(= diffondere)

mettere in grado qualcuno di fare qualcosa- ~가 ~할 수 있게 하다

mettere in guardia qualcuno- ~을 경고하다; 주의를 환기시키다

mettere in libertà- 놓아주다, 자유롭게 하다, 풀어주다

mettere in mostra- 전시하다, 내보이다

mettere in moto (o in marcia)- 시동을 걸다; 출발하다

mettere in musica- 곡을 붙이다, 음악에 맞추다

mettere in onda- 방송하다

mettere in opera- 착수하다, 시작하다

mettere in ordine- 정리 정돈하다

mettere in pericolo- 위험에 빠뜨리다, 위험하게 만들다

mettere in piazza- 유포시키다(= divulgare)

mettere in pratica- 실행에 옮기다(= attuare), 실현하다(= realizzare)

mettere in prigione- 감옥에 넣다

mettere in rilievo (o in luce)- 강조하다, 부각시키다

mettere in salvo- 구하다, 안전하게 하다

mettere in scena- 상연하다, 무대에 올리다

mettere in vendita- 판매하다, 발매하다, 내놓다

mettere in versi- 시를 짓다, 운문으로 쓰다

mettere insieme- 합치다(= riunire), 모으다(= radunare)

mettere le mani addosso a qualcuno- ~을 붙잡다, 손에 넣다

mettere le mani su qualcosa- (비유) ~에 손을 대다, 착수하다

mettere nei guai qualcuno- ~을 곤란하게 만들다

mettere nel sacco- 속이다

mettere nome a qualcuno- ~에게 이름을 지어주다; 이름을 부르다

Gli ho messo nome Giovanni. 나는 그에게 죠반니라는 이름을 지어주었다.

mettere paura a qualcuno- ~에게 놀라게/겁먹게 만들다

mettere per iscritto- 적어두다, 서면화하다, 작성하다

mettere piede- ~에 발을 들여놓다

mettere qualcuno a letto- 침대에 눕히다

Ho messo il bambino a letto. 나는 아이를 침대에 눕혔다.

mettere (le) radici- 한 곳에 터를 잡고 살다, 정착하다, 뿌리를 내리다

mettere sete a qualcuno- ~에게 목마르게 하다

mettere sotto i piedi qualcuno- 굴욕감을 주다, 창피하게 하다

mettere sotto qualcuno- (사람, 동물을) 치다(= investirlo); 일을 시키다(= farlo lavorare)

mettere tristezza a qualcuno- ~에게 슬픔을 불러일으키다, 슬프게 하다

Questo tempo mi mette tristezza. 날씨가 내 마음을 슬프게 한다.

mettere troppa carne al fuoco- 너무 많은 일을 벌이다; 한번에 너무나 많은 일을 하다

mettere un'idea in testa a qualcuno- ~의 머리에 어떤 생각을 넣어주다

mettere una multa- 벌금을 부과하다

mettere una pulce nell'orecchio a qualcuno- 암시를 주다, 넌지시 시사하다; 의혹이 생기게 하다

mettere via- (1) (다 쓰고 난 물건을) 넣다, 치우다

Metti via i giocattoli e vieni a tavola. 장난감들을 치우고 식탁에 오렴.

(2) (돈을) 모으다, 저축하다

Metto via i soldi per comprare la casa. 나는 집을 사기 위해 돈을 모으고 있다.

mettersi a- 시작하다

Fra poco ci saranno gli esami, mettetevi a studiare. 잠시 후에 시험이 있을 거니깐, 너희들 공부를 시작해라.

Mettiamoci a lavorare! 일을 시작합시다!

Si è messo a nevicare. 눈이 내리기 시작했다.

mettersi a capo di qualcosa- ~의 책임을 맡다, ~을 관장하게 되다

mettersi a letto- 병상에 눕다

mettere a dieta- 식이요법을 시키다; 다이어트를 시작하다

mettersi a proprio agio- 편히 쉬다, 집에 있는 것처럼 편하게 지내다

mettersi a sedere- 착석하다, 앉다

Mettiti a sedere! 앉거라.

mettersi a tavola- 식탁에 앉다

Mettiamoci a tavola! 식탁에 앉자!

mettersi al bello/al brutto- (날씨가) 개다/나빠지다

Il tempo si sta mettendo al bello. 날씨가 개고 있다.

mettersi bene/male- (일이 바라던 대로) 잘 되다, 나아지다/악화되다, 나빠지다

La cosa si sta mettendo bene. 일이 차차 나아지고 있다.

Speriamo che le cose si mettano bene. 일이 잘 되길 희망해 보자.

mettersi d'accordo- 합의를 보다, 의견이 일치하다

mettersi in cammino- 걷기 시작하다; 출발하다, 착수하다

mettersi in contatto con qualcuno- ~와 접촉하다; 연락하다

mettersi in mente (o in testa) qualcosa- ~이라고/하다고 확신하게 되다; 어떤 생각을 가지다

Si mise in mente che la colpa fosse mia. 그는 내 잘못이라고 믿었다.

mettersi in mezzo- (비유) 개입하다; 사이에 끼어들다

mettersi in società con qualcuno- ~와 제휴하다

mettersi in urto con qualcuno- ~와 충동하다, ~와 사이가 나빠지다/틀어지다

mettersi in viaggio- 여행을 나서다, 여행을 시작하다

mettersi nei panni di qualcuno- ~의 입장이 되어 생각하다, 입장을 바꿔놓고 생각하다

Mettiti nei miei panni. 내 입장이 되어 생각해 봐.

mettersi sotto- (비유) 일에 착수하다; ~을 열심히 하기 시작하다

Non vorrai mettere la mia bici con la sua. 너 어떻게 내 자전거를 그의 것과 비교할 수 있니?

mezzo- 1. (형용사) 절반의; 2. (명사) 절반, 중앙; 매체, 수단

a mezzo corriere- 택배 회사 편으로, 배달원 편으로

andare (o andarci) di mezzo- (1) ~에 휘말리다, 연루되다

Sono problemi tuoi, non voglio andarci di mezzo io. 그것은 네 문제이고, 나는 연루되고 싶지 않다.

(2) 피해보다, 놓치다, 손해를 입다(= scapitarci)

È lui che truffa i clienti, ma è lei che ci va di mezzo. 그는 고객을 사기친 사람이고, 그녀는 피해를 입은 사람이다.

(3) 위태롭게 되다(= essere in gioco)

(4) 책임을 져야 한다(= essere incolpato)

avere mezzi- (경제적으로) 잘 살다

di mezzi- 재산, 부

È una persona (ricca) di mezzi. 그는 재산가(부자)이다.

esserci di mezzo- 관련되다, 연결되다, 연루되다

Sono tutti amici finché non ci sono di mezzo i soldi. 금전 관계가 없는 한 그들은 모두 친구이다.

fare le cose a mezzo- 일을 하다 말다, 중간에 그만두다

gettare in mezzo a una strada- 길 한복판에 내버리다, 내팽게치다

in mezzo a- ~도중에; 의 중앙에(= nel centro di); 가운데; 여러 사람 사이에(= fra molti); 두 사람 가운데(= fra due)

C'è un obelisco in mezzo alla piazza. 광장 한복판에 오벨리스크가 있다.

La fontana è situata in mezzo alla piazza. 분수는 광장 한 가운데 위치해 있다.

L'ho visto in mezzo alla folla. 나는 군중들 사이에서 그를 보았다.

il giusto mezzo- 중도, 중용

Non devi mangiare né troppo, né troppo poco; per stare in buona salute devi scegliere il giusto mezzo. 너무 많게도 그렇다고 너무 적게도 먹지 마라. 건강을 유지하기 위해서는 절충점을 택해야 한다.

levare di mezzo qualcuno- ~을 없애다, 제거하다

Bisognerà levarlo di mezzo. 그를 제거해야 할 것이다.

levare di mezzo qualcosa- ~을 처리하다; 없애다

Leva di mezzo quelle valigie. 그 가방들을 없애라!

levarsi (o togliersi) di mezzo (o togliersi dai piedi)- 비키다, 피하다, 물러서다; 장애물을 제거하다, 치우다, 급히 떠나다(= andarsene)

Levati di mezzo! 비켜!

Si levi di mezzo con quella macchina; non vede che intralcia il traffico? 그 차를 치우세요. 교통에 방해되는 게 안 보이세요?

mettere qualcuno in mezzo- ~을 관련/연루시키다; ~을 말려들게 하다, ~을 겪게 하다

mettersi di (in) mezzo- 끼어들다, 개입/간섭/참견하다

Si mettono sempre in mezzo e tutto quello che ottengono è di complicare le cose. 그들이 늘 끼어들어 얻고자 하는 모든 것이 일들을 복잡하게 만든다.

mezzi pubblici- 대중교통

Prendo i mezzi pubblici. 나는 대중교통을 탄다.

nel bel mezzo di- 한창 ~하고 있을 때/중에

Arrivai nel bel mezzo della festa. 나는 파티가 한창 무르익었을 때 도착했다.

Sono capitata nel bel mezzo di un litigio furioso tra Emma e suo marito. 나는 엠마와 그의 남편이 한창 격하게 싸우고 있을 때 가게 됐다.

per mezzo di- ~ 에 의하여, ~을 통하여(= tramite); ~의 도움으로, ~을 써서

Lo ebbi per mezzo di un mio amico. 나는 한 친구의 도움으로 그것을 갖게 되었다.

ricorrere ai mezzi legali- 법적 조치를 취하다

togliere (o levare) di mezzo qualcuno- ~을 제거하다, 없애다(= sbarazzarsi)

La mafia ha tolto di mezzo quel prete perché cercava di aiutare la polizia. 마피아는 경찰에 협조하려고 한 그 신부를 제거했다.

vivere al di sopra dei propri mezzi- 분에 맞지 않는 생활을 하다

michelaccio- (작중 인물의 방랑자) 미켈라치오

la vita del michelaccio- 빈둥거리며 시간을 보내는 생활

Non fa niente tutto il giorno; gli piace la vita del michelaccio. 그는 하루 종일 아무것도 안 하고 빈둥거리며 시간 보내기를 좋아한다.

midollo- 골수, 골자, 핵심, 근간

bagnato fino al midollo (o alle midolla)- 함빡 젖어, 속옷까지 다 젖은

Il ragazzo si è bagnato fino al midollo nella pioggia. 소년은 비에 흠뻑 젖었다.

fino al midollo (o alle midolla)- 속속들이, 철저히; 완전히

senza midollo- (비유) 줏대가 없는

migliaio- 약 1000; (복수) migliaia

a migliaia- 수천이나 되어, 천 단위로, 수천 명으로

Arrivarono a migliaia. 수천 명이나 도착했다.

miglio- 마일, (로마 시대 로마에서 떨어진 거리를 돌로 나타낸) 마일표; (복수) miglia

essere lontano mille miglia- (장소가) 상당히 멀리 떨어졌다; (관점이) 크게 다르다

I nostri punti di vista sono lontani mille miglia. 우리의 관점이 크게 다릅니다.

vedere lontano un miglio- ~을 아주 쉽게 알아보다

Lo si vede lontano un miglio. 척 보면 알 수 있다.

miglioramento- 개량, 개정, 개선

essere in via di miglioramento- 개선되다; 나아지다

Le condizioni del malato sono in via di miglioramento. 환자의 상태가 호전되고 있다.

migliore- 1. (형용사) 더 나은

fare qualcosa con le migliori intenzioni- 잘 해 보려고 ~을 하다

godere della migliore salute- 건강이 최고이다

migliore di- ~보다 나은

È migliore di te. 그가 너보다 더 낫다.

nel modo migliore (o nel migliore dei modi)- 가능한 최상의 방법으로

nel modo migliore possibile- 힘껏, 할 수 있는 한

2. (명사) 제일 나은 것, 최고 좋은 것

il migliore- 최고, 제일 나은 것, 최고 좋은 것

È sempre stato il migliore. 항상 그가 최고였다.

Ho comprato il migliore. 나는 제일 나은 것을 샀다.

mille- 1000의, 다수의

avere mille cose da fare- 할 일이 한가득하다

avere mille pensieri- 근심이 한가득하다, 근심투성이이다

cose da mille e una notte- (믿기 어려울 만큼) 기상천외한 일, 환상적인 일

Per la festa aveva preparato più di dieci antipasti, vini prelibati, pesci di ogni tipo: cose da mille e una notte. 파티를 위해 그는 열 가지 이상의 전채요리와 아주 좋은 포도주, 각종 생선들을 환상적으로 준비했다.

farsi di mille colori- 얼굴이 붉으락푸르락 해지다

Quando quella conoscente le ha ricordato quella vicenda, si è fatta di mille colori. 그 지인이 그녀에게 그 사건을 상기시켰을 때, 그녀는 얼굴이 붉으락푸르락 해졌다.

mina- 발파공, 지뢰

mina vagante- 부류 기뢰; 시한 폭탄; (특히 공인이면서) 돌출 행동을 자주 하는 사람

Il problema del sangue contaminato è una mina vagante per l'amministrazione. 오염된 혈액의 문제는 투약에 있어 시한 폭탄과 같다.

minaccia- 협박, 위협

sotto la minaccia di- ~의 협박 하에

Sotto la minaccia della pistola il cassiere ha ubbidito. 권총의 위협으로 창구직원은 말을 들었다.

minacciare- 위협하다; 위험이 닥쳐오다; ~할 기미이다

minacciare di fare qualcosa- (1) ~할 위협을 하다

Minaccia di uccidermi. 그는 나를 죽이겠다고 위협한다.

(2) ~할 기미가 있다

Il cielo è grigio, minaccia di piovere. 하늘이 흐려, 비가 내릴 기미이다.

minacciare qualcuno di- ~에게 ~하겠다고 위협하다

Lo minacciarono di morte. 그들은 그를 죽이겠다고 위협했다.

minestra- 스프

È sempre la stessa minestra.- (비유) 항상 똑같은 얘기이다.

Sono stanco di ascoltarli. È sempre la stessa minestra. 그 이야기를 듣는 것도 피곤하다. 뻔한 이야기야.

È tutta un'altra minestra. 완전 다른 얘기이다.

O mangi questa minestra o salti dalla finestra.- 얻어먹는 놈이 쓰다 달다 할 수 있나. 좋은 싫든 받아들여(선택권이 없이 주어지는 대로 만족해야 할 처지라는 뜻).

una minestra riscaldata- 데운 스프; 케케묵은 재탕

Hai raccontato quella storia dieci volte; è una minestra riscaldata. 너 그 얘기를 열번이나 했는데, 케케묵은 이야기(재탕)이다.

minimo- 최소, 최저

al minimo (o come minimo)- 최소한도로, 최저로; 적어도, 최소한(= per lo meno)

Ci vuole al minimo un'ora di macchina. 적어도 자동차로 한 시간은 걸린다.

minore- 더 작은, 더 어린, 나이가 더 작은; 연소자, 막내

arti minori- 장식 예술(미술)

fratello minore- 남동생

il minore- 막내

Lui è il minore di quattro fratelli. 그는 네 형제중 막내이다.

minore di- ~보다 더 작은, 더 어린

Sono minore di lui. 나는 그보다 어리다.

minore età- (법률) 미성년자

minuto①- 1. (형용사) 미세한, 상세한; 분

denaro minuto- 잔돈

il popolo minuto- 서민, 보통사람

pioggia minuta- 보슬비, 이슬비, 가랑비

2. (명사) 소매; 세부사항

al minuto- 소매로[10]

Hanno investito i loro soldi nel commercio al minuto e si sono arricchiti. 그들은 소매업에 돈을 투자하여 부자가 되었다.

---

[10] 반의어는 'commercio all'ingrosso'은 '도매업'이며, "prezzi al minuto'은 '소매가', 'vendere al minuto' '소매하다'라는 의미다.

guardare (troppo) per il minuto- 지나치게 상세하다, 지나치게 꼼꼼하다

prezzi al minuto- 소매 가격

minuto[2]- (60초) 분, 순간, 잠시

avere i minuti contati- 몹시 서두르다, 허비할 시간이 없다, 한시가 바쁘다(= avere fretta); 마지막에 가깝다(= essere vicino alla fine)

Scappo, ho i minuti contati. 허비할 시간이 없어 서둘러 간다.

contare i minuti- (비유) 초조하게/손꼽아 기다리다(= aspettare ansiosamente)

di minuto in minuto- 금방, 금세, 지금 당장에라도; 늘, 시시각각으로; 계속해서

Lo aspettiamo di minuto in minuto. 우리는 그를 언제나 기다리고 있다.

in (o tra) un minuto- 곧, 즉각, 당장

Sarò da te in un minuto. 나는 금방 너한테 갈 것이다.

Torno tra un minuto. 잠시 후에(곧) 돌아오겠습니다.

Non c'è un minuto da perdere! 지체할(허비할) 시간이 없다!

ogni minuto- 매 순간, 자주, 자꾸

Lui cambia idea ogni minuto. 그는 자주 생각을 바꾼다.

Mi fa domande ogni due minuti. 그는 자꾸 내게 묻는다.

un minuto- 잠깐

Aspettami un minuto, vengo subito. 잠깐만 기다려, 금방 갈게.

Sarà qui da un minuto all'altro. 그는 곧(금방) 여기로 올 거다.

spaccare il minuto- (1) (시계의) 시간이 정확하게 간다/맞다

Il mio orologio spacca il minuto. 내 시계는 정확하게 간다.

(2) (비유) 시간을 잘 지킨다, 꼭 제시간에 있다

È meglio che tu vada adesso, perché lui spacca sempre il minuto e non gli piace aspettare. 그는 늘 시간을 잘 지키고 기다리는 것을 좋아하지 않으니깐, 너 지금 가는 게 좋겠다.

Il professore a lezione spacca sempre il minuto. 선생님은 수업 시간을 정확하게 지킨다.

mira- 조준, 목표

abbassare/aggiustare/alzare la mira- 목표를 낮추다/조정하다/높이다

Era molto ambizioso, ma dopo aver perso tutti quei soldi ha dovuto abbassare la mira. 그는 아주 야심 찼었지만, 모든 돈을 잃고 난 뒤 목표를 낮춰야만 했다.

avere buona mira- 사격을 잘하다

avere delle mire su qualcuno- ~에게 속셈이 있다

Ha delle mire su di lei perché è molto ricca. 그녀가 매우 부유하니깐 그는 그녀에게 흑심을 품었다.

prendere di mira qualcuno- ~을 겨냥하다, 노리다; (비유) ~을 괴롭히다, ~을 지목하다, 대상으로 삼다

Da quando il mio professore mi ha preso di mira devo essere sempre preparato; mi interroga tutte le mattine. 교수가 나를 지목한 뒤로 아침마다 질문을 해서 나는 늘 준비를 해야만 한다.

prendere la mira- 목표를 겨누다, 목표로 삼다

prendere la mira troppo alta- 너무 높은 목표를 잡다

miracolo- 기적

   cavarsela per miracolo- 기적적으로 살아나다; 구사일생으로 탈출하다

   fare miracoli- 기적을 낳다, 기적 같은 효과를 낳다

È un farmaco che fa miracoli. 엄청난 효과가 있는 약물이다.

   gridare al miracolo- 대단한 사건에 감탄을 자아내다

   per miracolo- 기적적으로(= per puro miracolo); 신기하게도

Ho preso l'aereo per miracolo. 나는 기적적으로 비행기를 탔다.

Per miracolo non ci sono state vittime. 기적적으로 인명피해는 없었다.

Si è salvato per miracolo. 그는 기적적으로 목숨을 구했다.

Sono vivo per miracolo! 나는 기적적으로 살았다!

mirare- 겨냥하다, 목표삼다

   mirare a- ~을 목적으로 하다, ~에 주안을 두다, ~을 노리다, ~을 겨냥하다

A che cosa miri? 너는 무엇을 노리는 거니?

Lavora duramente mirando solo al successo. 그는 오로지 성공만을 목표삼아 열심히 일한다.

misericordia- 자비, 연민, 동정

   senza misericordia- 무자비하게, 무정하게, 잔인하게

È un'uomo senza misercordia. 그는 무자비한 사람이다.

mistero- 신비, 비밀

   aureola di mistero- 신비로운 기운; 신비로움

   i misteri del rosario- (천주교) 묵주의 신비

   non fare mistero (di)- ~에 개의치 않다; ~을 숨기려 하지 않다; 솔직히 인정하다

Credevo che si vergognasse perché non gli è andata bene, ma non ne fa mistero con nessuno. 잘 안 돼서 나는 그가 부끄러워할 줄 알았는데, 그는 아무에게도 숨기려 하지 않는다.

Non ho mai fatto mistero di essere innamorato di lei. 나는 그녀한테 반했다는 것을 결코 숨기려 하지 않았다.

   un vero mistero- 진정한 불가사의, 진짜 미스테리

La sua scomparsa è un vero mistero. 그녀의 실종은 진짜 미스테리이다.

misura- 측정, 계량법

   a misura- 정확히(= esattamente), 꼭, 완벽하게(= perfettamente)

Questo abito mi va a misura. 이 옷은 내게 꼭 맞는다.

   a misura d'uomo- 사람에게 맞는, 인간적 척도에 부합하는

   a misura che- ~하면 할수록

A misura che il pericolo aumentava, il panico s'impadroniva della gente. 위험이 커 갈수록 사람들은 공포심에 휩싸였다.

   Che misura porta? 사이즈 몇 입으세요?

   con misura- 적당히, 알맞게, 적정하게

Mangia con misura. 그는 알맞게 먹는다.

   fatto su misura- (1) 성격이 딱 맞는

Era destino che si sposassero; sono fatti su misura l'uno per l'altro. 그들은 결혼할 운명이었는데, 서로 성격이 딱 맞았다.

(2) 주문 제작한; (옷, 신발) 맞춤의, 안성맞춤의

"Come mi sta questa giacca?" "Sembra fatta su misura per Lei." "제게 이 재킷 어때요?" "당신에게 안성맞춤 같아요."

fuori misura- 몸이 큰 사람들을 위한, 특대의; 지나친, 과도한

Ho comperato una giacca fuori misura. 나는 특대 외투를 하나 샀다.

in misura diretta- ~에 비례하여(= proporzionalmente), ~와 균형을 이루어

guadagnare in misura del proprio lavoro- 자신의 일에 맞춰 돈을 벌다

La misura è colma! (비유) 더는 못 참겠다! 너무 심했어(지나쳤어)!

mantere la misura- 중용을 지키다

nella misura in cui- ~할 정도까지, ~인 한, ~의 범위에서, ~일 경우에; ~하는 한에 있어서

oltre misura- 과도하게(= esageratamente)

passare la misura- 도를 넘다, 지나치다(= passare i limiti)

Accusandolo di furto hai veramente passato la misura. 절도죄로 그를 고소한 것은 네가 정말 지나쳤다.

prendere la misura- 측정하다, 치수를 재다

senza misura- 제한 없이(= senza limite), 무제한으로; 굉장히, 과도하게

usare due pesi e due misure- 다른 기준을 사용하다; (비유) 불공평하다

Capita a volte che le persone usino due pesi e due misure. 사람이기 때문에 불공평한 일이 종종 벌어진다.

vestito su misura- 맞춤 옷

vincere di stretta misura- 근소한 차이로/아슬아슬하게 이기다

moccolo- 초의 심지

reggere (o tenere) il moccolo- (비유) 원치않는 제3자 역을 하다; 두 애인 사이에 곁다리로 끼다

tirar moccoli- 욕하다, 악담을 퍼붓다

Quando perde la calma tira moccoli che è un piacere. 그는 열 받으면 바로 욕하는 것이 하나의 기쁨이다.

moda- 유행

alla moda- 유행을 따른, 유행에 맞춰; 최신의

Lei si veste sempre alla moda. 그녀는 항상 유행에 맞춰 옷을 입는다.

alla moda di- ~식으로, ~류의, ~을 모방하여

Loro mangiano il riso alla moda dei cinesi. 그들은 중국식으로 밥을 먹는다.

all'ultima moda- 최신형의, 최신 유행하는 스타일로

Ho comprato un vestito all'ultima moda. 나는 최신 유행의 옷을 하나 샀다.

Questo vestito è all'ultima moda. 이 옷은 최신 유행이다.

alta moda- (의상의) 최신 패션

andare di moda- 유행되다; 유행하고 있다

Quest'anno vanno di moda gli stivali. 올해는 부츠가 유행하고 있다.

essere di moda- 유행이다

Oggi è di moda fare le vacanze all'estero. 요즘은 해외에서 휴가를 보내는 것이 유행이다.

Questo modello è di moda. 이 모델이 유행이에요

fuori moda- 유행이 지난, 한물 간

I suoi vestiti sono fuori moda. 그녀의 옷들은 유행이 지난 거다.

la moda primaverile- 봄 패션, 봄 의류

moda pronta- 기성복

parola di moda- 유행어

passare (o uscire) di moda- 유행이 지나가다

Questo cappello è passato di moda. 이 모자는 유행이 지났다.

ritornare di moda- 유행이 다시 돌아오다

Conservo tutti i miei vestiti perché potrebbero ritornare di moda. 유행이 다시 돌아올 수 있기 때문에 나는 이 옷들을 모두 간직하고 있다.

rivista di moda- 패션 잡지

seguire la moda- 유행을 따르다

La maggior parte delle donne segue la moda. 대부분의 여성이 유행을 따른다.

Se Suo figlio segue la moda, gli piacerà senz'altro. 당신의 아들이 유행을 따른다면, 틀림없이 마음에 들어할 겁니다.

tornare di moda- 유행이 돌아오다

venire di moda- 유행이 되다; 유행하기 시작하다

È venuto di moda andare all'estero. 해외로 나가는 것이 유행하기 시작했다.

modestia- 겸손

comportarsi con modestia- 겸손하게 행동하다

modestia a parte- 자랑(하는 것)은 아니지만

Modestia a parte, il voto migliore è stato il mio. 자랑하는 것은 아니지만, 최고점수는 나였다.

Modestia a parte, non è stata una cosa da poco. 자랑하는 것은 아니지만, 흔히 있는 일은 아니었다.

vivere con modestia- 검소하게 살다, 소박하게 살다

modo- 양식, 방법

a ogni modo- 어쨌든(= comunque)

Ora l'interruttore funziona, a ogni modo chiamami se si ripresenta il problema. 지금은 스위치가 작동되는데, 다시 문제가 생기면 나를 불러.

a modo- 제대로, 적절히(= come si deve); 잘(= bene); 조심스럽게, 신중히(= con cura); 예의 바른, 점잖은(= perbene)

Sapessi quanto ti invidio i tuoi figli: sono così a modo! 아이들이 너무 예의 바라서 네가 얼마나 부러운지!

al modo di- ~처럼, ~풍으로

Dipinge al modo di Tiziano. 그는 티치아노 풍으로 그린다.

avere modo di fare qualcosa- ~할 기회가 있다

Non ho avuto modo di dirtelo prima. 나는 네게 그것을 먼저 말할 기회가 없었다.

avere bei modi- 본데가 있다, 매너가 좋다, 예의가 바르다

avere brutti modi- 본데가 없다, 매너가 나쁘다, 예의가 없다

avere modo di fare qualcosa- ~할 방도(방법)가 있다

Non ho avuto modo di dirtelo prima. 나는 그에게 그것을 미리 말할 방도가 없었다.

comportarsi con modo- 경우 바르게 처신하다

dare modo a qualcuno di fare qualcosa- ~가 ~할 수 있게 하다, ~에게 기회를 주다

Non gli ho mai dato modo di pensarci. 나는 그에게 그것에 대해 생각할 기회를 한번도 주지 않았다.

di modo che (o dimodoché)- ~하도록; 그래서

Arrivai tardi, di modo che non trovai posto. 늦게 도착해서 그래서 자리를 구하지 못했다.

esserci modo e modo- 잘하고 못하고가 있다; 말이나 행동여하에 따라 경우가 달라지다

C'è modo e modo di rispondere. 어떻게 대답하는 가에 따라 상황이 달라진다.

fare a modo proprio- 자신의 생각대로 하다; 마음대로 하다

Lascia che faccia le cose a modo suo. 자기 방식대로 하게 내버려 둬라.

Preferisco fare a modo mio. 나는 내 생각대로 하는 것이 더 좋다.

fare in modo- ~을 위해 전력을 다하다, 노력을 아끼지 않다(= adoperarsi per ~, cercare di far in modo che una cosa succeda)

Ha sempre fatto in modo di incontrarsi con lui (= Ha sempre cercato tutte le occasioni per incontrarsi con lui). 그는 그를 만나기 위해 늘 백방으로 노력했다.

fare in modo di fare qualcosa- ~을 하려고 애쓰다, ~하려고 노력하다

Devi fare in modo di venire. 너는 오려고 노력해야 돼.

in che modo- 어떤 식으로, 어떤 방법으로, 어떻게

Dimmi, in che modo hai avuto quel lavoro? 네가 그 일을 어떤 방법으로 갖게 되었는지 말해 봐.

In che modo era vestita? 그녀가 어떤 식으로 옷을 입고 있었니?

Non so in che modo farlo. 나는 그것을 어떻게 하는지를 모른다.

in modo che/in modo da- ~하도록; ~와 같은 방법으로; ~하기 위해서

Avvertilo subito, in modo che arrivi in tempo. 네가 제 시간에 도착할 수 있도록 당장 알려라.

Bisogna fare in modo che si incontrino. 그들이 서로 만날 수 있도록 해야 한다.

Mi affrettai in modo da non fare tardi. 나는 늦지 않기 위해 서둘렀다.

Si comportarono in modo da farsi detestare da tutti. 그들은 모두가 싫어하는 방식으로 행동한다.

Sistemarono le cose in modo da accontentare tutti. 그들은 모두가 만족하도록 일을 처리했다.

in nessun modo- 결코 ~않다; 어떠한 일이 있어도

in malo modo- (1) 거칠게, 험하게(= rudemente)

Mi ha cacciato di casa in malo modo. 그는 거칠게 나를 집에서 쫓아냈다.

(2) 불친절하게, 무례하게, 예의 없이(= villanamente)

Alla posta mi hanno trattato in malo modo. 우체국에서 불친절하게 나를 대했다.

in modo particolare- 독특하게

in ogni (o qualunque) modo/in tutti i modi- (1) 하여간, 어쨌든

Non so se potrò venire; in ogni modo ti avviserò per tempo. 내가 올 수 있을지 모르지만, 어쨌든 적

당한 때에 네게 알려줄게.

(2) 되는대로

In ogni modo vorrei cambiare 100 dollari. 되는대로 100달러를 환전하고 싶어요.

in qualche modo- 어떻게든, 그럭저럭(= poco accuratamente); 어느 정도

In qualche modo cercherò di accontentarlo. 어떻게든 그를 만족시킬 수 있도록 애써보겠다.

In qualche modo riuscirò. 어떻게 해서든 난 성공할 것이다.

Non fare le cose in qualche modo, cerca di essere preciso. 아무렇게나 일을 하려 하지 말고, 정확히 하려고 애써봐.

in (o a) questo modo- 이런 방법으로, 이런 식으로

Non parlare in questo modo. 이런 식으로 말하지 마라.

in modo diverso- 다른 방법으로, 다르게

Se fossi in te, mi comporterei in modo diverso. 내가 네 입장이라면, 나는 다르게 행동할 텐데.

in modo singolare- 독창적인 방법으로, 특이하게

in special (o particolar) modo- 특히

Amo Beethoven, in special modo le sinfonie. 나는 베토벤을 좋아하는 데, 특히 심포니를 좋아한다.

in un modo o nell'altro- 어떻게든, 그럭저럭

In un modo o nell'altro cercheremo di sapere la verità. 우리는 어떻게든 진실을 알기 위해 찾을 것이다.

modo di camminare- 걸음걸이

modo di dire- 말하는 방식, 어법; 관용구

Questo modo di dire non si usa più. 이런 표현법은 더 이상 사용되지 않는다.

modo di fare- 행동 방식

modo di pagamento- 결제방법

modo di vivere- 삶의 방식

modo di vedere- 보는 방식; 관점, 견해

nel solito modo- 늘 그렇듯이, 평상시처럼

non c'è modo di- ~할 방법(도리, 재간)이 없다

Non c'è modo di farla capire. 그녀를 이해시킬 방법이 없다.

oltre modo- 몹시, 지나치게, 심히, 매우

Hanno disturbato Marco oltre modo. 그들은 마르코를 매우 방해했다.

per modo di dire- 말하자면, 이를테면

È un regalo per modo di dire. 말하자면 선물이다.

"È vero che sono andati sul Monte Bianco?" "Beh, per modo di dire. Ci sono andati in elicottero." "그들이 몽블랑 산에 갔다는 것이 사실이야?" "말하자면 그렇지. 헬기로 갔으니깐."

trovare il modo di fare qualcosa- ~하는 방법을 찾다

Devo trovare il modo di vederlo. 나는 그를 볼 방법을 찾아봐야 한다.

vederla allo stesso modo- 견해가 일치하다, 뜻(마음)이 맞다

È inutile, non la vedremo mai allo stesso modo. 소용없어, 우리는 마음이 안 맞는다.

moglie- 부인

avere moglie- 아내가 있다

Lui non ha moglie. 그는 아내가 없다.

avere per moglie- ~와 결혼하다

cercare [trovare] moglie- 아내를 찾다[구하다], 결혼하기를 원하다

Quel giovane cerca moglie. 그 청년은 아내를 찾는다.

chiedere qualcuno in moglie- 청혼하다

la moglie di Cesare- (비유) 의혹을 살 행위를 해서는 안 되는 사람

la sua seconda moglie- 그의 두번째 아내

Quella è la sua seconda moglie. 저 사람이 그의 두번째 부인이다.

moglie leggittima- 정실, 본처

prendere in moglie una donna- 여인을 아내로 맞이하다

prendere moglie- 아내를 맞이하다, 결혼하다

Mio fratello ha preso moglie. 나의 형은 아내를 맞았다.

riprendere moglie- 재혼하다

Sarà una buona moglie per lui. 그녀는 그의 좋은 아내가 될 것이다.

separarsi dalla moglie- 아내와 헤어지다

Tra marito e moglie non mettere il dito. (속담) 부부 사이의 일에는 절대 간섭하지 마라.

molla- 스프링, 용수철

da prendersi con le molle- (비유) 아주 다루기 힘든; 어려운, 힘든

prendere con le molle- ~을 아주 조심스럽게 다루다, 신중을 기하다

Alla riunione hai sollevato una questione spinosa che va presa con le molle. 너는 모임에서 곤란한 질문을 제기했는데 아주 신중을 기해야만 했다.

scattare come una molla- 갑자기 나타나다, 갑자기 생겨나다

mollare- (비격식적) 포기하다(= abbandonare), 항복하다(= arrendersi)

mollare qualcuno o qualcosa- ~를 그만 두다, ~를 버리다, 헤어지다

Fabio ha mollato Anna il giorno prima del matrimonio. 파비오는 결혼식 전날 안나를 버렸다.

Ho mollato il lavoro. Era troppo stressante. 나 일 그만 뒀어. 스트레스가 너무 심했어.

non mollare- 포기하지 않다

Contiuna a imparare l'italiano. Non mollare! 이탈리아어를 계속 배워. 포기 하지마!

Non è facile fare la dieta, ma io non mollo. 다이어트가 쉽지는 않지만 나는 포기하지 않는다.

momento- 순간

a momenti- (1) 때때로, 가끔(= a volte)

A momenti è gentile, a momenti è villano. 그는 때로는 친절한데, 때로는 저질이다.

(2) 곧, 바로, 잠시 후(= tra poco)

A momenti ci siamo. 잠시 후 우리가 갈 것이다.

(3) 순간적으로; 하마터면(= quasi, per poco)

A momenti perdevo l'autobus. 그 순간 버스를 놓치는 줄 알았다. 하마터면 버스를 놓칠 뻔했다.

al momento- 지금, 마침, 바로 지금(= in questo momento); 마침 그때, 그 당시(= allora)

al momento di- ~할 때에, ~할 시기에

Al momento della decisione, Maria non seppe cosa fare. 결정할 순간에, 마리아는 어떻게 해야 할 지를 몰랐다.

all'ultimo momento- 마지막 순간에, 최후에; 마지막 기회에, 막판에(= in extremis); 예고 없이, 촉박하게(= senza preavviso)

Lei arriva sempre all'ultimo momento. 그녀는 항상 예고 없이 온다.

aspettare il momento- 때를 기다리다

da un momento all'altro- 언제라도, 하시라도(= tra breve); 갑자기(= all'improvviso, improvvisamente)

Non te ne andare: tuo frattello arriverà da un momento all'altro. 가지 마. 네 형이 곧 올 거야.

dal momento che- (1) ~이기 때문에(= dato che)

Dal momento che non abbiamo soldi, non possiamo comprarlo. 우리는 돈이 없기 때문에 그것을 살 수 없다.

Dal momento che sei qui, dammi una mano. 네가 여기 있으니까, 나 좀 도와줘.

(2) ~한 이후로

Dal momento che te ne sei andato, la casa non è più la stessa. 네가 가버린 뒤로, 집은 더 이상 예전 같지 않다.

del momento- 일시적인, 한 때의, 지나가는

È un capriccio del momento. 일시적인 변덕이다.

essere il momento di fare qualcosa- ~할 때이다, ~할 시기이다

È il momento di agire. 행동할 시기이다.

il momento culminante- (연극, 음악) 절정, 클라이맥스

in questo momento- 이 순간, 지금

In questo momento non c'è. 지금 그는 없다.

Non c'è un momento da perdere!- 지체할(허비할) 시간이 없다!

Veloce! Esci subito di casa. Non c'è un momento da perdere. 빨리! 바로 집을 나가. 지체할 시간이 없다.

non è il momento di scherzare- 농담할 때가 아니다

Dopo quello che è successo non è certo il momento di scherzare. 그 일이 일어난 뒤로 농담할 때가 아니다.

passare un brutto momento- 나쁜 시기를 보내다

Lui sta passando un brutto momento. 그는 지금 힘든 시기를 보내고 있다.

per il momento- 현재로는, 지금은, 당장은, 우선은, 잠깐 동안은

Per il momento sto bene. Grazie. 지금은 좋습니다. 감사합니다.

sul momento- 그 당시에, 그 순간에(= a tutta prima); 즉시, 바로(= subito)

Sul momento non seppi cosa rispondere. 그 순간 나는 뭐라고 답해야 할지 몰랐다.

tutti i momenti, ogni momento- 계속해서, 계속적으로

un momento! 잠깐만!

Aspetti un momento! 잠시만 기다려 주십시오!

L'ho visto un momento fa. 나는 그를 조금 전에 보았다.

un momento difficile- 어려운/힘든 시기

È un momento difficile per tutti. 모두에게 있어서 힘든 시기이다.

mondo- 세계

al mondo- 이 세상에서

Niente al mondo può fargli cambiare idea. 이 세상 그 무엇도 그의 생각을 바꾸게 할 수 없다.

andare all'altro mondo- 저 세상으로 가다, 죽다

Gli hanno sparato e il vecchio cowboy se n'è andato all'altro mondo. 그들이 총을 쏴서 늙은 카우보이가 죽었다.

andare in capo al mondo- 세상 끝까지라도 가다, 할 수 있는 모든 일을 다 하다

avere esperienza del mondo- 세상 경험이 있다

Lui non ha esperienza del mondo. 그는 세상 경험이 없다.

caschi il mondo- 무슨 일이 있어도

Caschi il mondo, stasera ti vengo a prendere ed andiamo a teatro. 무슨 일이 있어도, 오늘밤 널 데리고 극장에 갈 거다.

Come è piccolo il mondo! 세상 참 좁다! 세상은 넓고도 좁다!

cose dell'altro mondo- 믿을 수가 없는 일

Siamo a giugno e fa ancora freddo; cose dell'altro mondo! 6월인데도 춥다니, 도저히 믿을 수가 없군요!

Così va il mondo! 이것이 인생이다! 세상이 그런 거야.

dacché mondo è mondo- 태고 적부터, 처음부터(= da sempre)

Dacché mondo è mondo, cani e gatti non vanno d'accordo. 태고 적부터 개와 고양이는 앙숙이다.

È la cosa più semplice del mondo. 세상에서 가장 쉬운 것이다.

essere (o stare) al mondo- 살아 있다

Lei non ha più voglia di stare al mondo. 그녀는 더 이상 살고 싶어 하지 않는다.

quando era al mondo mio padre 나의 아버지가 살아 있을 적에

essere fuori del mondo- 세상 물정을 모르다, 현실을 깨닫지 못하다

essere solo al mondo- 천애 고아이다, 홀홀 단신이다

I suoi genitori sono morti. Ormai è solo al mondo. 그의 부모님을 돌아가셨다. 이제 그는 세상에 혼자이다.

il bel mondo (o il gran mondo)- 상류층; 유행의 첨단을 간다고 자처하는 사람들; 유명인, 부유층

Non mi interessa il bel mondo. 나는 상류층에는 관심 없다.

Il mondo è bello perché è vario. (속담) 다채로운 경험은 인생을 즐겁게 한다. 여러 종류의 사람들이 모여 세상을 만든다(이 세상 사람들이 다 같을 수는 없는 법이다).

il terzo mondo- 제3세계, 계도국

il quarto mondo- 후진국

in capo al mondo- 세상 끝까지

Ti troverò anche in capo al mondo. 나는 세상 끝까지라도 너를 찾겠다.

la fine del mondo- (1) (비유) 세상의 종말, 재앙, 파국

Non è mica la fine del mondo. 세상이 끝난 게 아니다, 용기를 내라.

Pareva la fine del mondo. 정말 재앙이었다.

(2) 환상적인 것, 멋진 것

Questa torta è la fine del mondo! 이 케익 정말 환상적이다.

l'altro mondo- 저 세상

Ma in che mondo vivi? (역설) 어디 있었니? 어디 갔다 왔니?

mandare qualcuno all'altro mondo- ~을 죽이다

I poliziotti hanno mandato il rapinatore all'altro mondo senza pensarci due volte. 경찰은 일말의 고려도 (앞뒤 생각) 없이 강도를 사살했다.

mettere al mondo- 아이를 낳다, 출산하다(= partorire)

Ha messo al mondo due gemelli. 그녀는 두 명의 쌍둥이를 낳았다.

Mondo cane! 제기랄!

Non cascherà il mondo! 세상이 몰락하는 게 아냐, 용기를 내라!

per niente al mondo- 무슨 일이 있어도(= in nessun modo)

prendere il mondo come viene- 상황에 따라 되는대로 대처하다, 일의 진행에 따라가다

rinunciare (o dire addio) al mondo- 세상을 버리다, 은둔하다

saper stare al mondo- 어떻게 올바르게 행동해야 하는지를 알다(= conosce le buone maniere); 세상 물정에 밝다(= essere smaliziato)

tornare al mondo- 소생하다, 다시 살아나다

Tutto il mondo è paese. (속담) 사람들은 세계 어디에서나 다 똑같다.

uomo di mondo- 세상 경험이 많은 남자

un mondo- 많이, 엄청나게, 대단히

Alla tua festa mi sono divertito un mondo. 나는 너의 파티에서 아주 재미있었다.

Mi è piaciuto un mondo. 대단히 내 마음에 들었다.

un mondo di gente- 엄청난 사람들

C'era un mondo di gente. 엄청난 사람들이 있었다.

uscire dal mondo- 죽다

venire al mondo- 세상에 나오다, 태어나다, 탄생하다(= nascere)

Ieri è venuta al mondo la mia prima nipote. 어제 내 첫 조카가 세상에 나왔다.

vivere fuori dal mondo- 세상과 단절(차단)해서 살다; 자기만의 세계에 들어박혀 살다

In quel paese sembra di vivere fuori dal mondo. 그 마을에서 그는 세상과 단절해서 사는 것 같다.

vivere nel mondo dei sogni- 공상에 잠기다

Non ha nessun senso pratico; vive nel mondo dei sogni e non realizzerà mai niente. 그는 현실적인 감각이 전혀 없고, 공상에 잠겨 있으니 아무것도 되는 게 없을 거다.

vivere nel mondo della luna- (1) 공상에 살다

Ha 20 anni, ma è immaturo; vive ancora nel mondo della luna. 그는 스무 살인데 미성숙해서 여전히 공상에 산다.

(2) 아직 태어나지 않은 아이

Quando papà e mamma fecero quel viaggio eri ancora nel mondo della luna. 아빠 엄마가 그 여행을 했을 때 너는 아직 태어나지 않았단다.

moneta- (지폐에 대해서) 주화, 동전

dare il resto in moneta- 동전으로 거스름돈을 주다

Mi darebbe il resto in moneta? 동전으로 거스름돈을 주실래요?

in moneta- 동전으로

Hai dieci euro in moneta?- 동전으로 십유로 있니?

lanciare in aria una moneta- 동전을 위로 던지다; 동전을 던져 결정하다

ripagare qualcuno con la stessa moneta (o pagare qualcuno con pari moneta)- ~에게 앙갚음하다

Lui mi ha soffiato tanti affari sotto il naso, questa volta sono riuscita a ripagarlo con la stessa moneta. 그는 내 눈 앞에서 많은 사업들을 날렸는데, 이번에 나는 그에게 앙갚음할 수 있었다.

moneta d'oro- 금화

moneta falsa- 가짜 동전, 위조 화폐

moneta sonante- 현금

montagna- 산

andare in montagna- 산에 가다

andare sulle montagne russe- 롤러코스터를 타다

il sermone della montagna- (성경) 산상설교

la montagna ha partorito un topolino- 산이 작은 쥐를 낳았다, 적은 결과를 얻기 위해 들인 엄청난 노력; 아무도 (나는) 모른다

Hai piantato tanto casino e poi hai solo mandato una letteraccia. La montagna ha partorito un topolino. 너는 엄청나게 화나게 해놓고 짤막한 문자만을 보냈다. 누가 알겠어.

partire per la montagna- 산으로 떠나다

passare le vacanze in montagna- 산에서 휴가를 보내다

Se la montagna non viene a Maometto, Maometto andrà alla montagna. (속담) 산이 마호멧에게 오지 않겠다면, 마호멧이 산으로 가야만 한다. 명령으로 되지 않으면 직접 해야 한다는 의미.

una montagna di- 한 가득의, 산더미 같은, 태산의

Ho una montagna di cose da fare. 할 일이 산더미이다.

monte- 산

a monte- ~보다 위에; 상류로; (비유) 원점/원천에서

andare a monte- (비유) 실패하다(= fallire); (계획이) 무산되다, 실현되지 못하다

A causa della sua malattia i nostri progetti per le vacanze sono andati a monte. 그의 병환으로 우리의 휴가 계획이 무산되었다.

mandare a monte- 취소하다(= annullare), 버리다; 엉망으로/잘못되게/틀어지게 만들다(= sconvolgere)

Lo sapevo! Hai detto a Giovanni dei nostri programmi ed è riuscito a mandare a monte tutto! 그럴 줄 알았다! 네가 우리 계획을 죠반니한테 말해서 그가 모든 걸 엉망으로 망칠 수 있었다.

monte dei pegni- 전당포

monte ore- 유급 근무 시간

per valli e per monti- 산넘고 골짜기 건너, 도처에

promettere mari e monti a qualcuno- ~에게 얼토당토않은 약속을 하다, 엉터리 약속을 하다

un monte di- 많은, 산더미 같은

Lui ha un monte di libri. 그는 책이 엄청 많다.

morale- 1. (형용사) 윤리적, 도덕적

forza morale- 정신적 용기, 도덕적 용기

principi morali- 도덕적 가치; 원칙; 도덕

responsabilità morale- 도덕적 책임

uomo morale- 강직한 사람, 청렴한 사람

vittoria morale- 도덕적 승리, 정신적 승리

2. (명사) 정신상태, 사기; 윤리, 도덕

essere su di morale- 흥이 나다, 기운이 나다

Morale della favola...,- 간략히 줄여서 말하면, 간략하면

Morale della favola…, nessuno ha pagato quanto doveva e sono scappati tutti. 간략히 줄여서 말하면…, 아무도 돈을 내지 않고 모두 도망쳤다.

Su col morale! 힘내! 기운 내!¹¹

morire- 죽다

bello da morire- 넉넉한, 관대한; (정말 갖고 싶은 만큼) 멋있는, 훌륭한

Chi muove giace, e chi vive si dà pace. (속담) 삶은 계속되어야 한다.

Chi non muore si rivede! 죽지 않고 살아있으면 다시 만나겠지! 여기서 당신을 만나다니! 오랜만이야!

da morire- 몹시, 지독히, 죽도록

Fa un caldo da morire. 죽도록(삶듯이) 덥다.

Fa un freddo da morire. 죽도록(지독히) 춥다.

Mi fa un male da morire. 아파서 미치겠어요.

Mi piace da morire. (사물) 좋아 죽겠다. (사람) 죽도록 좋아한다.

Mi manchi da morire. 네가 그리워 죽겠다.

Ti amo da morire. 너를 죽도록 사랑한다.

La parola le morì sulle labbra. 말이 그녀의 입에서 나오지 않았다. 말이 그녀의 입술에서 얼어붙었다.

lasciarsi morire- 삶을 포기하다, 살려고 애쓰지 않다, 죽으려고 하다

morire al mondo- 세상을 버리다, 은둔하다

morire civilmente- 시민권을 상실하다

morire come un cane- 개죽음하다, 비참하게 죽다

morire dal desiderio di avere qualcosa- ~을 갖고 싶어서 죽다

morire dal ridere- 포복절도하다, 배꼽 잡다

---

¹¹ 가령 중요한 시험에 떨어진 친구가 있을 때 자주 사용하는 표현이다. "Non demoralizzare! Su col morale!" "의기소침하지 마! 기운 내!"

Il suo modo di raccontare mi fa morire dal ridere. 그의 이야기하는 방식이 날 배꼽잡게 한다.

morire dalla curiosità- 호기심에 못 견디다

morire dalle risa (o risate)- 웃겨 죽다, 매우 웃다

morire dal sonno- 졸려 죽다

Sto morendo dal sonno. 나는 졸려 죽겠다.

morire dalla vergogna- 부끄러워 죽다

morire dalla voglia di fare qualcosa- ~을 하고 싶어 죽다

morire di fame- 기아로 죽다, 배고파 죽다

Molte persone muoiono di fame. 많은 사람들이 굶어 죽는다.

morire di invidia- 부러워 죽다

morire di noia- 지겨워 죽다

morire di paura (o dallo spavento)- 공포에 질려 죽다; (비유) 까무러칠 만큼 놀라다

morire di sonno- 졸려 죽다

morire di stanchezza- 피곤해 죽다

morire di vecchiaia- 노환으로 죽다, 늙어 죽다

morire in miseria- 가난으로 죽다

morire in piedi- 급사하다

morire in un incidente stradale- 교통사고로 죽다

morire male (o di mala morte)- 비참하게 끝나다/죽다; 불명예스럽게 되다

morire povero- 가난하게 죽다

morire solo come un cane- 혼자 죽다

morire suicida- 자살하다

morire sul nascere- 열매를 맺지 않고 끝나다; 미완으로 끝나다, 좌절되다

La cosa è morta sul nascere. 일이 좌절되었다.

Lei ha sempre tanti bei progetti, ma muoiono tutti sul nascere. 그녀는 늘 많은 좋은 계획들이 있지만, 모두 미완으로 끝난다.

morire sulla breccia- 순직하다, 일하다 죽다

Peggio (meglio) di così si muore. 더 나쁠 (좋을) 수가 없다.

sentirsi morire- 죽을 것 같다, 극도로 우울하다

Mi sento morire all'idea di ricominciare. 나는 다시 시작할 생각에 마음이 우울해진다.

stanco da morire- 녹초가 된, 기진맥진한, 죽도록 피곤한

Sono stanco da morire, ti porto al cinema se vuoi. 죽을 만큼 피곤하지만, 네가 원한다면 영화관에 데리고 갈게.

voler bene da morire a qualcuno- ~을 끔찍이도 사랑/좋아하다

Ti voglio bene da morire. 난 널 죽도록 사랑해.

morte- 죽음

a morte- 죽도록

Mi annoio a morte. 지겨워 죽겠다.

Ti odio a morte. 너를 죽도록 증오한다.

avere la morte nell'anima- 번민에 휩싸이다, 고뇌에 차다

In questi giorni ho la morte nell'anima. Non riesco a riprendermi. 요사이 나는 번민에 휩싸여 있어 심란한 마음을 가라앉힐 수 없다.

avercela a morte con qualcuno- ~을 죽도록 미워(증오)하다; ~에게 죽도록 앙심(원한)을 품다

Non sono mai riuscito a capire perché ce l'ha a morte con me; non gli ho mai fatto niente. 나는 그에게 아무 짓도 안 했는데, 왜 날 미워하는지(나에게 원한을 품었는지) 이해할 수가 없다.

colpire a morte- 죽도록 때리다, 구타하다

con la morte nel cuore- 마음이 무거운, 상심한

Sono andato via con la morte nel cuore. Non mi aspettavo una simile scena di violenza. 나는 무거운 마음으로 길을 떠났다. 나는 그런 유사한 폭력의 광경을 예상하지 못했다.

condannare qualcuno a morte- ~에게 사형선고를 내리다

dare la morte a qualcuno- ~을 죽이다

darsi la morte- 자살하다

Alcuni si danno la morte per difendere la loro ideologia. 어떤 사람들은 자신의 이념을 옹호하기 위해 자살한다.

Dimmi subito di che morte devo morire. 어서 나쁜 소식을 내게 말해.

fare la morte del topo- 독 안에 든 쥐처럼 잡히다

Esci subito da quella grotta. Non vorrai fare la morte del topo! 너 그 동굴에서 어서 나와. 독 안에 든 쥐처럼 잡히길 원하지 않으면 말이야!

fare una buona morte- 잘/편안히 죽다, 호상이다

fino (o sino) alla morte- 죽을 때까지

Ti vorrò bene fino alla morte. 죽을 때까지 나는 너를 사랑할 것이다.

finché la morte non ci separi- 죽음이 우리를 갈라 놓을 때까지

in caso di morte- 죽을 경우, 사망 시에

In caso di morte vorrei che i miei organi fossero donati. 사망 시 나의 장기를 기증하고 싶습니다.

in morte di- 죽음에 대한, 죽었을 때의

La morte non guarda in faccia nessuno. 죽음은 사람을 가리지 않는다.

Mi sono annoiato a morte.- 지겨워 죽는 줄 알았다.

Ieri sera mi sono annoiato a morte. 어젯밤 나는 지겨워 죽는 줄 알았다.

morte apparente- (의학) 가사(假死)

morte bianca- 질식사(= per asfissia); 저체온증으로 인한 사망(= per assideramento)

morte cerebrale- 뇌사

morte civile- 시민권 상실; 법률상의 사망

morte presunta- 사망 추정

ogni morte di papa- 극히 드물게, 가뭄에 콩 나듯

Ci consideriamo buoni amici, anche se ci vediamo ogni morte di papa. 아주 가끔 보더라도, 우리는 좋은 친구라고 생각한다.

pena di morte- 사형

questione di vita o di morte- 사활이 걸린 문제, 죽느냐 사느냐의 문제

Sembra la morte in vacanza. (농담) 그는 매우 창백해 보인다; 다 죽어 가는 것 같다(곧 죽을 것만 같다).

sentenza di morte- 사형선고

spaventarsi a morte- 죽을 만큼 놀라다

venire a morte- 죽다

morto- 1. (형용사) 죽은

angolo morto- 사각지대

aria morta- 퀴퀴한 공기, 탁한 공기

bell'e morto- 완전히 죽은

Quella povera pianta è bell'e morta. 그 가엾은 식물이 완전히 죽었다.

binario morto- (철도의) 측선, 대피선

essere morto di fame- 배가 너무 고프다, 몹시 시장하다

foglie morte- 낙엽

giungere a un punto morto- 교착상태가 되다

lingua morta- 사어, 더 이상 사용되지 않는 언어

mezzo morto- 반쯤 죽은, 아주 망가진, 죽은 것이나 다를 바 없는

morto e sepolto (o sotterrato)- 죽어 매장된; 완전히 죽어, 완전히 끝난

L'unico che conosceva la verità era suo nonno, ma ormai è morto e sotterrato, e non la sapremo mai. 진실을 알고 있었던 유일한 사람이 할아버지였는데, 이제는 돌아가셔서 우리는 더 이상 진실을 알 수 없을 거다.

morto stecchito- 완전히 죽은, 다 부서진

In giardino c'è un topo stecchito. 정원에 완전히 죽은 쥐가 한마리 있다.

nato morto- 사산된, 처음부터 실패한

peso morto- 무거운 짐; (비유) 중압, 부담

più morto che vivo- 살아 있다기 보다는 죽어 있는; 반쯤 죽어있는

L'abbiamo trovato più morto che vivo. 우리는 반쯤 죽어있는 그를 발견했다.

stagione morta- 비수기

stanco morto- 초주검이 된, 피곤에 지쳐서, 파김치가 되어

Sono tornato a casa stanco morto. 나는 완전 피곤에 지쳐 집으로 돌아왔다.

2. (명사) 죽은 사람, 사망자

fare il morto- 죽은 것처럼 움직이지 않다, 죽은 척하다

i morti e i vivi- 산 자와 죽은 자들

il giorno dei morti- 위령의 날(모든 성인을 기린 다음 날인 11월 2일)

pallido come un morto- 매우 창백한

pregare per i morti- 죽은 사람들을 위해 기도하다

seppellire un morto- 사자(死者)를 묻다

mosca- 파리

mosca cocchiera- (비유) 참견하기 좋아하는 사람

Non farebbe male a una mosca.- 그는 파리 한 마리도 못 죽일 사람이다

Non penso che sia stato lui. Non farebbe male ad una mosca. 나는 그가 그랬다고 생각하지 않는다. 그는 파리 한 마리도 못 죽일 사람이다.

rimanere (o restare) con un pugno di mosche- 빈손으로 남다

saltare la mosca al naso- 짜증내다, 화내다; 버럭 화를 내다

Le salta la mosca al naso per un nonnulla. 그녀는 하찮은 일로 짜증낸다.

sentire volare una mosca- 파리가 나는 소리까지 들리다; 쥐 죽은 듯이 조용하다

Quando Pietro si alzò per parlare tutti tacquero; non si sentiva volare una mosca. 피에트로가 말하기 위해 일어나자 모두가 조용해서, 숨소리까지 들릴 정도였다.

una mosca bianca- (비유) 진귀한/희귀한 사람(것); 아주 드문 (사람)

Una persona buona e gentile come lei è rara come una mosca bianca. 그녀처럼 착하고 친절한 사람은 좀처럼 드물다.

(Zitto e) mosca! (명령형으로 써서) 아무에게도 말하지 마! 너만 알고 있어!

mossa- 움직임, 동작

darsi una mossa- 서두르다(= sbrigarsi), 바삐 움직이다

Datti una mossa, siamo in ritardo! 서둘러, 우리 늦었어!

Su, ragazzi, diamoci una mossa, è ora di andare! 자, 얘들아, 빨리 움직여. 이제 갈 시간이야!

mostra- 보이기, 전람회

essere in bella mostra- 가장 눈에 잘 띄는 자리이다

essere in mostra- 진열/전시되어 있다

Questo esemplare non è in vendita, è solo in mostra. 이 견본은 판매용이 아니라 단지 전시용이다.

far mostra di- ~인 척하다, 자랑하다, 드러내다; 가식적으로 행동하다

Fece mostra d'andarsene. 그는 가는 척했다.

fare bella mostra di sé- 볼품이 있다, 구경거리가 되다

Ora le due statue fanno bella mostra di sé al museo nazionale. 국립박물관에 지금 두 조각상이 구경거리이다.

mettere in mostra- 전시하다; 자랑하다, 과시하다(= ostentare)

mettersi in mostra- 자랑하다, 으스대다; 돋보이게 하다; 이목을 끌다

Non perde un'occasione per mettersi in mostra. 그녀는 이목을 끌 기회를 놓치지 않는다.

motivo- 동기, 이유

a motivo di- ~때문에

dare motivo di- 구실을 주다, 이유를 대다

Cerchiamo di non dare motivo di critica. 우리는 비판의 빌미를 제공하지 않고자 한다.

Non c'è motivo di farlo. 그것을 할 이유가 없다.

per motivi di- ~때문에, ~의 이유로

Viaggio spesso per motivi di lavoro. 나는 일 때문에 자주 여행을 한다.

Per motivi di salute darà le dimissioni. 건강상의 이유로 그는 사퇴할 것이다.

per quale motivo- 어떤 이유로, 어떤 동기로

Per quale motivo sei qui in Italia? 너는 어떤 이유로 여기 이탈리아에 있는 거니?

senza motivo- 이유 없이, 근거 없이, 공연히

Senza motivo cambiò lavoro. 그는 이유 없이 직장을 바꿨다.

moto①- 움직임

È un moto perpetuo. (아기가) 한시도 가만히 있지 않는다.

essere in moto- (기계) 운전 중이다; 움직이고 있다(= agire); 정신없이 바쁘다(= darsi da fare)

fare del moto- 운동하다

Hai bisogno di fare un po' di moto? 너 운동을 약간해야 하니?

mettere in moto- (1) ~을 움직이게 하다, 일을 궤도에 올리다

Una volta messo in moto, l'ufficio funzionerà da sé. 한번 궤도에 올라가면, 사무실은 자동으로 돌아갈 것이다.

(2) 시동을 걸다

Ho messo in moto la mia macchina. 나는 자동차 시동을 걸었다.

Metti in moto e partiamo! 시동을 걸어서 출발하자!

mettersi in moto- 시작하다, 출발하다(= partire); ~을 하기 시작하다(= cominciare ad agire); ~을 진행시키다(= avere inizio)

Si è finalmente messo in moto per trovare una casa. 그는 마침내 집을 찾기 시작했다.

moto②- 오토바이

andare in moto- 오토바이를 타다

correre in moto- 오토바이 선수가 되다

muffa- 곰팡이

fare la muffa- (1) 썩다, 먼지를 뒤집어쓰다; 곰팡이 피다

Il pane ha fatto la muffa. 빵에 곰팡이가 폈다.

Perché non riprendi a suonare il violino? È lì che fa la muffa da anni. 왜 다시 바이올린 연주를 시작하지 않니? 바이올린은 몇 년째 먼지만 뒤집어쓰고 있다.

(2) 아무것도 안하고 무기력하게 있다(= restare inerte, in ozio)

Lui ha fatto la muffa tutto il giorno. 그는 하루 종일 죽 때렸다.

Ragazzi, perché state lì a fare la muffa? Andate a fare un giro, fate una partita a calcio, fate qualcosa, insomma! 얘들아, 왜 거기서 죽 때리고 있니? 산책을 가던가, 축구를 하던가, 뭔가를 하렴!

sapere di muffa- 곰팡이 맛이 나다

mulino- 물방앗간, 제분소

Chi va al mulino, s'infarina. (속담) 근묵자흑(近墨者黑).

combattere con i mulini a vento- (돈 키호테의 이야기에서) 가상의 적과 싸우다

Non c'è niente da fare. Opporti sarebbe come combattere con i mulini a vento. 아무것도 할 게 없다. 서로 겨루는 것은 하잘것없는 일에 에너지를 낭비하는 것과 마찬가지일 것이다.

parlare come un mulino a vento- (지겹도록) 쉴새 없이 지껄여 대다

Se vai di fretta non fermarti a chiacchierare con lei: parla come un mulino a vento. 네가 서둘러 가려면 그녀와 담소 나누기를 멈추지 마. 그녀는 쉴새 없이 지껄여 대.

tirare l'acqua al proprio mulino, portare acqua al mulino di- 자신의 최고 이익을 위해 행동하다; ~을 활용하다; 다른 속셈이 있다

multa- 벌금

dare (o fare) la multa a qualcuno- ~에게 벌금을 부과하다, ~에게 벌금을 물리다

Il controllore mi ha fatto una multa da 50 euro. 검표원이 나에게 50유로 벌금을 물렸다.

Mi hanno dato 50 euro di multa. 그들은 나에게 벌금 50유로를 부과했다.

pagare una multa- 벌금을 내다

prendere una multa- 벌금에 처해지다; 교통 위반 딱지를 받다

prendere una multa per divieto di parcheggio- 주차 위반 딱지를 떼이다

prendere una multa per eccesso di velocità- 속도위반으로 벌금을 물다

muoversi- 급하게 서두르다; 한 장소에서 다른 장소로 옮기다, 움직이다

Allora, ti muovi? 그래, 올 거니?

Non muoverti!- 움직이지 마!

Non muoverti! Hai una zanzara sul collo. 움직이지 마! 모기가 목에 있다.

Non si muoveva una foglia.- 나뭇잎 하나 미동도 하지 않았다.

In quella stanza c'era un silenzio impressionante. Non si muoveva una foglia! 그 방 안에는 끔찍한 고요가 있었다. 나뭇잎 하나 미동도 하지 않았다.

Muoviti, è tardi. 서둘러, 늦었다.

Qui bisogna muoverci! 우리는 무언가를 해야만 한다!

muro- 벽, 돌담

a muro- 벽, 담에

Ho comprato un orologio a muro. 나는 벽 시계를 하나 샀다.

Nella mia camera c'è un grande armadio a muro. 내 방에 큰 붙박이 장롱이 있다.

abitare muro a muro- 옆집에 살다, 이웃집에 살다

appendere un quadro al muro- 벽에 그림을 걸다

battere il capo nel muro- 불가능한 일을 시도하다, 헛된 노력을 하다

essere con le spalle al muro- (비유) 막다른 골목에 몰리다

I muri hanno orecchie. (속담) 벽에도 귀가 있다. 낮말은 새가 듣고 밤 말은 쥐가 듣는다.

il Muro del pianto- (예루살렘) 통곡의 벽

mettere qualcuno al muro- ~을 궁지에 몰아넣다

parlare al muro- 벽에 대고 이야기하다; 소 귀에 경읽기

Parlare con lui è come parlare al muro. 그와 이야기하는 것은 소 귀에 경읽기와 같다.

museo- 박물관

andare al museo- 박물관에 가다

Noi andiamo al museo del Louvre. 우리는 루브르 박물관에 간다.

da museo- 박물관용, 오래되어 사용하지 않는

museo archeologico- 고고박물관

museo della scienze e della Tecnica- 과학기술 방물관

museo delle cere- 밀랍 인형관

pezzo da museo- 박물관에 진열할 만한 가치가 있는 것; (농담) 시대에 뒤떨어진 것, 고리타분한 사람

roba da museo- (경멸) 쓸모없는 물건, 폐물, 쓰레기

visitare i Musei Vaticani- 바티칸 박물관을 방문하다

muscia- 음악

ascoltare musica- 음악을 듣다

Nel tempo libero ascolto la musica pop. 자유시간에 나는 팝음악을 듣는다.

cambiare musica- 태도/논조/어조를 싹 바꾸다, 더 이상 힘들거나 맞지 않은 상황을 바꾸다

Brontola sempre; vorrei che cambiasse musica. 그는 늘 불평을 하는데, 나는 그가 싹 바뀌기를 바란다.

In ufficio la musica deve cambiare. Nessuno si prende la responsabilità del proprio lavoro. 사무실에 상황이 달라져야 한다. 아무도 자기 일에 대한 책임을 지지 않는다.

fare musica- 음악을 하다

È musica per le mie orecchie.- 반가운 소리이다.

Quello che dici è musica per le mie orecchie. 네가 그렇게 말하다니 반가운 소리네요.

la solita musica- 또(늘 하는) 그 이야기

Ogni volta è la solita musica: scuse, scuse, scuse. "미안하다, 미안하다, 미안하다" 매번 그는 같은 이야기를 한다.

Sempre la solita musica! 항상 그 소리!

mettere in musica- 곡을 붙이다

Quel musicista ha messo in musica le poesie di un famoso poeta. 그 음악가는 유명 시인의 시에 곡을 붙였다.

Sentirai che musica! (역설) 두고 보라구!

studiare musica- 음악을 공부하다

muso- (동물의) 코와 주둥이 부분; 상판 대기, 낯짝; (항공기, 우주선 등의) 앞 부분

avere il muso lungo- 탐탁지 않다, 못마땅해하다, 부루퉁하다

dire qualcosa a qualcuno sul muso- ~의 면전에 얘기하다, 대놓고 이야기하다

mettere il muso (o fare il muso lungo)- 인상을 쓰다, 시무룩한 표정을 짓다; 삐치다

Quando non le piace qualcosa fa subito il muso lungo. 그녀는 뭔가가 싫을 때는 금방 삐친다.

ridere sul muso a qualcuno- ~의 면전에 대놓고 비웃다/빈정거리다

torcere il muso- 입을 삐죽거리다, 얼굴을 찡그리다

Ogni volta che deve lavorare torce il muso. 그는 매번 입을 삐죽거리면서 일을 해야 한다.

muto- 벙어리의, 무언의

bambino muto- 말 못하는 아기

cinema muto- 무성영화

fare scena muta- 아무 질문에도 답하지 않다; 말이 막히다(= per l'imbarazzo)

muto come un pesce- 입을 굳게 다문; 잠자코 있는, 침묵을 지키는

Non lo invito più; si siede a tavola e poi sta muto come un pesce. 나는 더 이상 그를 초대하지 않을 거야. 그는 식탁에 앉아 한 마디도 말하지 않는다.

rimanere muto per lo spavento- 놀라서 할말을 잃다, 어안이 벙벙하다

mutuo- 1. (형용사) 상호간의, 서로의

mutuo affetto- 상호애

mutuo consenso- 합의

mutuo soccorso- 상호원조, 상호협력

2. (명사) 융자, 대출, 대출금

chiedere un mutuo per l'acquisto della casa- 주택구입 대출을 신청하다

Ho chiesto un mutuo per l'acquisto della casa ma mi è stato rifiutato. 나는 주택구입 융자를 신청했는데 거절당했다.

fare (o contrarre) un mutuo in banca- 은행 대출을 하다

Ho fatto un mutuo in banca per comprare un appartamento. 나는 아파트를 구입하기 위해 은행 대출을 했다.

mutuo a breve scadenza- 단기 대출

mutuo a lunga scadenza- 장기 대출

mutuo a tasso d'interesse fisso/variabile- 고정/변동 금리 대출

mutuo bancario- 은행 대출

Hanno comprato la casa con un mutuo bancario. 그는 은행 대출로 집을 샀다.

mutuo garantito- 담보 대출

mutuo ipotecario- 주택 담보 대출, 담보부 융자(모기지론)

mutuo per la prima casa- 주택 자금 융자, 생애최초 주택구입 융자

mutuo senza interessi- 무이자 대출

Non ho mai trovato un mutuo senza interessi. 나는 무이자 대출을 결코 찾을 수 없었다.

prendere a mutuo- 빌리다, 꾸다

rimborsare un mutuo- 빌린 돈을 갚다/상환하다

N

N- 이탈리아어 자모의 제12자

　n come Napoli. (전화통화 중 성명의 알파벳을 불러줄 때 사용) 나폴리의 첫 자 N.

naftalina- 나프탈렌; 좀약

　tenere in naftalina- 자물쇠를 잠가 두다, 꽁꽁 숨겨 두다

Non ci ha mai presentato la sua ragazza. È così geloso che la tiene in naftalina! 그는 우리에게 자기 여자친구를 소개하지 않았다. 그는 질투가 너무 심해 그녀를 꽁꽁 숨겨 둔다.

nanna- (아기) 자장

　andare a nanna- 자장 하러 가다

　fare la nanna- 자장 하다

È ora di fare la nanna. 이제 자장 할 시간이다.

Sta facendo la nanna. 자장하고 있다, 잠자고 있다.

nascere- 태어나다

　Da cosa nasce cosa.- 한 가지 일이 그 다음 일로 자연스럽게 이어지다(말 안 해도 어떻게 되었을지 뻔하다는 뜻).

Non preoccuparti di come sarà l'incontro. Da cosa nasce cosa. 어떻게 만났는지는 걱정하지 마. 말 안 해도 알아.

　È nato prima l'uovo o la gallina? 닭이 먼저냐 달걀이 먼저냐?

　fare nascere- 생기게 하다, 일으키다

Mi fece nascere l'idea di viaggiare. 여행을 하고 싶은 생각이 들게 했다.

　nascere con la camicia- 행운을 타고 나다, 좋은 팔자를 타고 나다, 복을 타고 나다

È nato con la camicia. 그는 복을 타고 났다.

　stroncare qualcosa sul nascere- (문제의 소지가 될) 싹을 잘라버리다; 미연에 방지하다

Stavano per lanciare la sua candiatura come presidente, ma lo scandalo ha stroncato la cosa sul nascere. 그들은 그를 대통령 후보로 출마시키려고 하였으나, 추문이 그 싹을 잘라버렸다.

　Tutto nacque da un equivoco. 모두 오해에서 비롯되었다.

nascosto- 숨겨진, 숨은, 비밀의

　di nascosto- 비밀히, 몰래, 숨어서

Quei ragazzi fumano di nascosto al parco. 그 아이들은 공원에 숨어서 담배를 피운다.

　rimanere nascosto- 숨어 있다, 은신해 있다, 잠복해 있다

Rimase nascosto per tre mesi. 그는 석 달 동안 숨어 있었다.

naso- 코

　andare a naso- 직감에 의존하다

Ci sono arrivato a naso. 나는 직감에 의존해서 그곳에 도착했다.

arricciare il naso- 코를 찡그리다; (비유) 콧방귀 뀌다, ~을 비웃다, 경멸하다

Forse non è una proposta ideale, ma in mancanza di meglio, non arriccerei certo il naso. 이상적인 제안이 아닐지는 몰라도, 대안이 없기에 나는 분명 거절하지 않을 것이다.

avere buon naso- ~에 재능/소질이 있다

Ti puoi fidare di lui; ha buon naso. 그는 소질이 있기에 너는 그라면 신뢰할 수 있다.

bagnare il naso- ~을 능가하다, 더 낫다

Mario si allena come un disperato, ma Bruno gli bagna sempre il naso. 마리오는 미친 사람처럼 운동하지만, 브루노가 늘 그보다 더 낫다.

Ce l'hai sotto il naso.- 바로 네 코앞에 있다.

Perché mi chiedi dove è la tua borsa? Ce l'hai sotto il naso! 네 가방이 어디 있냐고 왜 내게 묻니? 바로 네 코앞에 있잖니!

chiudere (o sbattere) la porta sul naso a qualcuno- ~의 면전에 대고 문을 쾅 닫다

Era così insistente che alla fine gli ho dovuto chiudere la porta sul naso. 그가 너무 고집해서 마지막에 나는 그의 면전에 대고 문을 쾅 닫았다.

col naso all'aria- 공중을 쳐다보면서

farla sotto il naso- 바로 코앞에서 하다

Sapevo che avrebbe tentato di rubarmi il posto e me l'ha fatta sotto il naso, senza che me ne accorgessi. 그가 내 자리를 빼앗으려고 시도하였던 것을 알고 있었으며, 내가 모르게 그는 바로 코앞에서 그것을 했다.

ficcare (o mettere) il naso negli affari altrui- 남의 일에 참견하다[1]

Ficca il naso negli affari tuoi. 네 일이나 잘 해.

Non ficcare il naso nei miei affari! 내 일에 참견 마라!

fidarsi del proprio naso- 직감에 의존하다, 본능적으로 행동하다

menare qualcuno per il naso- ~을 속이다/기만하다, ~을 가지고 놀다

Lui è innamorato di lei, e non capisce che lei lo sta menando per il naso. 그는 그녀를 사랑하게 되었는데, 그녀가 그를 속이고 있다는 사실을 모른다.

mettere il naso dappertutto- 무슨 일이나 참견하다

Quella signora mette il naso dappertutto. 그 부인은 무슨 일이나 참견한다.

non ricordarsi dal naso alla bocca- 금방 잊어버리다

È inutile domandare a Pietro se abbiamo pagato quella fattura. Non si ricorda dal naso alla bocca! 우리가 그 청구서를 지불했는지를 피에트로에게 물어도 소용없다. 그는 금방 잊어버려!

non vedere più in là del proprio naso- 근시안적이다, 한 치 앞도 내다보지 못하다

Non chiederle consigli; non vede più in là del suo naso. 그녀에게 조언을 구하지 마. 한 치 앞도 내다보지 못해.

proprio sotto il naso- 바로 코앞에

Ma guarda! L'ho cercato dappertutto e stava proprio qui sotto il naso. 자 봐봐! 그것을 샅샅이 찾았는

---

[1] 이러한 관용어에서 '참견하기 좋아하는 사람'에 대해 'ficcanaso'라는 명사가 유래한다.

데 바로 내 눈앞에 있었다.

restare (o rimanere) con un palmo di naso- 말문이 막히다; 대단히 실망스럽다

Mentre lui non guardava gli hanno rubato la moto e lui è rimasto con un palmo di naso. 그가 지켜보고 있지 않은 사이에 그들이 오토바이를 훔쳐가서 그는 말문이 막혀 버렸다.

sbattere il naso in qualcuno- (우연히) ~와 마주치다

Indovina in chi ho sbattuto il naso stamattina. Nel presidente in persona! 내가 오늘 아침 누구와 마주쳤는지 알아맞춰 봐. 대통령을 직접 만났다!

storcere il naso- 비승인을 표시하기 위해 코를 찡그리다, 거부 반응을 하다, 반대하다

Inizialmente ha storto il naso e ha detto che era una cosa immorale, ma poi mi ha aiutato. 처음에는 반대하며 부도덕한 일이라고 말하다가 나중에는 나를 도와주었다

Natale- 크리스마스, 성탄

durare da Natale a Santo Stefano- 크리스마스에서 성 스테파노 축일까지는 금세 지나간다, 아주 잠깐이다[2]

Guarda queste scarpe! Sono fatte così male che sono durate da Natale a Santo Stefano. 이 신발을 봐봐! 너무 불량품이어서 금방 너덜거려.

nato- 태어난

nato con la camicia- 복을 타고 태어난, 팔자 좋게 태어난, 부자 집에 태어난

È nato con la camicia. 그는 복을 타고 났다.

nato ieri- 풋내기(애송이)인, 쉽사리 속는

Non sono nato ieri. 나는 아무것도 모르는 바보가 아니다. 난 철부지 어린애가 아니다.

nato per- ~을 타고난

Quel ragazzo è nato per il pianoforte. 그 소년은 피아노를 위해 태어난 사람이다. 그 소년은 천부적인 피아니스트이다.

nato e sputato- 빼닮음, 꼭 닮음

Il bambino è suo nonno nato e sputato. 아기는 할아버지를 꼭 빼닮았다.

natura- 자연, 본성

di (o per) natura- 선천/천성적으로, 천성은, 본래

È buono di natura. 그는 본래 착하다.

pagare in natura- 물품으로 지불하다

Sei un bravo pittore; se vuoi ringraziarmi per quel favore, pagami in natura. 너는 훌륭한 화가인데, 네게 베풀었던 호의에 답례하고자 한다면, 물건으로 줘(네 그림 중에 하나를 줘).

vivere secondo la natura- 천성대로 살다

nausea- 구토, 구역질; 혐오, 반감

---

[2] 이한 사전에는 "크리스마스부터 성 스테파노 축일까지는 눈 깜짝할 사이에 지나간다(눈 깜짝할 사이다, 순식간이다)"라고 옮겼다. 가톨릭의 전례력에 따르면 크리스마스 축일은 12월 25일이고 성 스테파노 축일은 12월 26일이기 때문에 하루라는 시간적 격차밖에 없다. 이탈리아에서는 우리의 설과 추석명절처럼 일년 중에 온 가족이 모이는 때가 두 번 있는데, 그 때가 바로 부활절과 성탄절이다. 학업이나 직장 등의 여러 이유로 흩어져 있던 가족들이 함께 모여 부활절과 성탄절 음식을 나누는데, 우리처럼 '명절증후군'까지는 아니더라도 여성들은 음식준비에 바쁜 시간들을 보내게 마련이다. 따라서 성탄절 다음 날인 성 스테파노 축일은 하루가 훌쩍 정신없이 지나가는 것에 빗대어 '아주 짧은 시간'이라는 의미의 관용어가 유래하게 되는 것이다.

avere nausea- 토할 것 같다, 메스꺼워지다, 느끼해지다, 구역질이 나다, 먹은 것이 넘어올 것 같다, 느글거리다

dare (o far venire) la nausea- (1) ~을 구역질나게 하다

In auto mi viene la nausea. 자동차를 타면 토할 것 같다. 난 차멀미를 한다.

 (2) 혐오감을 유발하다, 역겹게 만들다

Il suo comportamento mi dà la nausea. 그의 태도가 역겹다.

mangiare fino alla nausea- 토할 때까지 먹다; 너무 먹어서 병이 나다

A casa di mia nonna ho mangiato fino alla nausea. 할머니 집에서 너무 먹어서 병이 났다.

ripetere qualcosa fino alla nausea- ~을 지겹도록 반복하다

Gli ho ripetuto fino alla nausea di non fumare ma alla fine lui lo ha fatto lo stesso. 나는 그에게 담배를 피우지 말라고 지겹도록 반복했지만, 결국에는 그대로 피웠다.

nazionalità- 국적, 시민권

avere la nazionalità coreana- 한국 국적을 가지다

Lui ha la nazionalità coreana. 그는 한국 국적을 가지고 있다.

di varie nazionalità- 다양한 나라의, 다양한 국적의

Questi studenti sono di varie nazionalità. 이 학생들은 다양한 나라의 출신들이다.

doppia nazionalità- 이중국적

È di nazionalità italiana. 그는 이탈리아 국적이다.

gente di ogni nazionalità- 각국의 사람들

A quel convegno verrà gente di ogni nazionalità. 그 모임에 각국의 사람들이 올 것이다.

perdere la nazionalità italiana- 이탈리아 국적을 상실하다

principio di nazionalità- (정치) 민족자결주의

nebbia- 안개

con la nebbia- 안개 속에, 안개가 있을 때

È pericoloso guidare con la nebbia. 안개가 있을 때 운전하는 것은 위험하다.

dileguarsi come nebbia al sole- 사라지다; 흔적도 없이 사라지다

le nebbie dell'ignoranza- 무지의 구름

necessario- 1. (형용사) 필요한

conseguenza necessaria- 필연적인 결과

erede necessario- (법률) 법정 상속인

essere necessario- 필요하다

necessario a- ~에 필요한

Il riposo è necessario al corpo e allo spirito. 휴식은 육체와 정신에 필요하다.

rendersi necessario a qualcuno- ~에게 없어서는 안 될 사람이 되게 하다

un male necessario- 필요악

2. (명사) 필요

il necessario per vivere- 생활 필수품

lo stretto necessario- 가장 기본적인 것, 가장 최소한의 것

necessità- 필요

di (o per) necessità- 필요상, 어쩔 수 없이, 부득이, 마지 못해서

L'ho fatto per necessità. 나는 어쩔 수 없이 그것을 했다.

di stretta necessità- 긴급한, 극히 중요한, 반드시 해야 하는, 긴요한

fare di necessità virtù- 당연한 일을 하고 공을 내세우다

Quella casa non mi è mai piaciuta ma ho fatto di necessità virtù. 나는 그 집이 마음에 들지 않지만 당연한 할 일을 하고 공을 내세웠다.

in caso di necessità- 필요할 경우에, 필요하면

In caso di necessità chiama questo numero telefonico. 필요할 경우 이 전화번호로 걸어라.

La necessità non conosce legge. 필요는 법을 모른다.[3]

Necessità è madre dell'invenzione. 필요는 발명의 어머니다.

secondo necessità- 필요에 따라

Usa quel medicinale secondo necessità e non abusarne. 필요에 따라 그 약을 복용하고 남용하지는 마라.

negare- 부정하다, 부인하다

negare di fare qualcosa- ~하는 것을 부인하다

Continua a negare di averlo visto. 그는 그것을 봤다는 것을 계속 부인한다.

negativo- 부정적인; (테스트의 결과가) 음성의; (판결) 기각의

Il test è risultato negativo. 시험 결과가 음성으로 나왔다.

risposta negativa- 부정적인 답변

Per quel lavoro ho avuto una risposta negativa. 그 일로 인해 나는 부정적인 답변을 얻었다.

negato- 알맞지 않은

essere negato (per)- 가망이 없다, ~에 소질이 없다, ~일에 맞지 않다

Perché si ostina a suonare il pianoforte? È proprio negato. 왜 그는 피아노 치기를 고집하는 거지? 그는 가망이 없어.

Sono negato per la musica. 나는 음악에 소질이 없다.

nemico- 1. (형용사) 적대적인(ostile); 거꾸로, 반대하는(= avverso); 해로운, 유해한(= dannoso); 적의(= del nemico)

essere nemico dell'acqua- 씻지 않다, 비누와 물을 싫어하다; 술만 마시다

Il mio gatto è nemico dell'acqua. 나의 고양이는 씻지 않는다.

farsi nemico di qualcuno- ~의 적이 되다

Si è fatto nemico di tutti. 그는 만인의 적이 되었다.

La sorte gli fu nemica.- 그는 운이 없었다.

In quella vicenda la sorte gli fu nemica e non riuscì a combinare nulla. 그는 그 사업에서 운이 없어서 전혀 계획할 수 없었다.

2. (명사) 적

---

[3] 이 법언(法諺)은 라틴어 'Necessitas non habet legem'에서 유래한다. 가령 배가 좌초하여 승선 인원을 초과하여 구조선에 올라 탄 경우, 다른 이들의 안전과 목숨을 위해 어떤 사람을 다시 바다로 던졌다면 '필요는 법을 모른다'라는 법언을 적용하였다.

il nemico pubblico numero uno- 공공의 적 제1호

Un nemico è troppo e cento amici non bàstano. 한 명의 적은 너무 많고, 백 명의 친구는 너무 적다.

neo- 사마귀, 작은 (애교) 점; 흠

un neo- 결점, 결함

L'unico neo nei suoi rapporti con i soci era la sua mancanza di esperienza. 동업자와의 관계에서 그의 유일한 결점은 경험 부족이다.

nero- 1. (형용사) 검은

aristocrazia nera- 성직 귀족 계층

bestia nera- 근심거리, 골칫거리

conto nero- 비밀 계좌

Hanno scoperto che la società aveva dei conti neri in Svizzera con i quali finanziava i partiti politici illegalmente. 그들은 회사가 정당에 불법적으로 정치자금을 대주었던 스위스 비밀 계좌를 발견했다.

cronaca nera- 범죄 뉴스

essere di umore nero- 기분이 나쁘다, 심기가 불편하다(= pessimo, triste)

Chissa perché è così di umore nero oggi; non ce n'è ragione. 왜 오늘 그가 그렇게 기분이 나쁜지 누가 알아. 이유가 없다.

far nero di botte qualcuno- ~을 심하게 때리다

messa nera- 악마 숭배 의식

nero come la pece- 피치처럼 검다; 새까만, 캄캄한

I suoi capelli sono neri come la pece. 그녀의 머리는 새까맣다.

pozzo nero- (지하의) 오수 구덩이

punto nero- 윗부분이 검은 여드름(= comedone); 결함, 흠(= difetto)

Sono nero di rabbia- 속이 부글부글 끓다

Dopo aver parlato con mio fratello sono nero di rabbia. 나의 형과 말한 뒤 나는 속이 부글부글 끓는다.

vedere tutto nero- 사물의 이면을 보다; 모든 것을 검게 보다, 모든 것을 부정적으로 보다(= essere pessimista)

Vede sempre tutto nero. 그는 항상 매사를 부정적으로 본다.

2. (명사) 검정

i neri d'America- 아프리카계 미국인

dipingere di nero- 검게 색칠하다

Ha dipinto di nero la parete. 그는 벽을 검게 색칠했다.

lavorare in nero- 불법적으로 일하다, 계약없이 일하다

Che succede se si lavora in nero? 불법적으로 일하면 어떻게 되나요?

mettere nero su bianco- ~을 적어 두다, 서면화하다

Nel contratto abbiamo messo tutto nero su bianco. 우리는 계약서에 모든 것을 적어 두었다.

nervo- 신경의, 신경조직의

avere i nervi a fior di pelle (o scoperti)- 짜증이 나다; 아주 예민하다

Lascialo stare: non vedi che ha i nervi a fior di pelle? 그를 그냥 놔둬. 짜증이 난 게 보이지 않니?

avere i nervi a pezzi- 신경이 쇠약해지다, 신경과민이다, 신경이 곤두서다

È meglio che non le racconti quello che è successo: ha già i nervi a pezzi. 무슨 일이 벌어졌는지 그녀에게 이야기하지 않는 것이 좋겠다. 그녀는 이미 불안해 죽을 지경이다.

avere i nervi fragili- 성미가 급하다; 쉽게 짜증내다

Che nervi!- 왕 짜증! 정말 짜증나!

Che nervi che mi provoca quella persona! 그 사람이 나를 화나게 해서 정말 짜증나!

dare ai (o sui) nervi a qualcuno- ~의 신경을 건드리다, ~을 짜증나게 하다, 신경을 돋구다

Il suo continuo chiacchierare mi dà ai nervi. 그녀의 계속되는 잡담이 나를 짜증나게 한다.

far saltare i nervi a qualcuno- 냉정을 잃다, 흥분하다

fascio di nervi- 신경과민인 사람

Gli sono saltati i nervi. 그가 화를 벌컥 냈다(= Si è arrabbiato); 그는 이성을 잃었다(= ha perso la testa).

A forza di sentire critiche su quello che aveva fatto, gli sono saltati i nervi. 그가 한 것에 대해 비판을 듣기 때문에 그는 화를 벌컥 냈다.

urtare i nervi- ~의 신경을 건드리다

nervoso- 1. (형용사) 신경의; (비유) 활발한, 격렬한

cellula nervosa- 신경 세포

esaurimento nervoso- 신경 쇠약

malattia nervosa- 신경질환

sistema nervoso autonomo- 자율 신경계

tensione nervosa- 신경의 긴장

terminazioni nervose- (해부) 신경 종말

scrittura nervosa- 활발한 문체

2. (명사) 신경과민, 흥분상태, 화가 남

far venire il nervoso- 신경을 거슬리다, 신경질 나게 하다, 신경을 건드리다, ~을 안달하게 하다

Mi fa venire il nervoso vederti lì a far niente, tu che hai tante doti. 너는 많은 재능을 가지고도 아무것도 하지 않는 것을 보면, 나는 신경질이 난다.

Non farmi venire il nervoso! 신경 거슬리게 하지 마라!

nesci- 모르는 체하는 사람

fare il nesci- 모르는 척하다, 모르쇠를 잡다

[**gnorri**] 유사 관용어 'fare lo gnorri'를 보시오.

nespola- (식물) 서양 모과; 강타, 때림

Col tempo e con la paglia maturano le nespole. (속담) 성공은 열심히 노력하며 기다리는 사람에게 찾아온다.

quando maturano le nespole- 모과가 익을 때; 결코

Tu speri sempre che lui faccia quello che ha promesso, ma succederà quando maturano le nespole. 너는

그가 약속한 것을 하리라고 늘 믿는데, 결코 그런 일은 없을 거다.

neve- 눈

bloccato (o isolato) dalla neve- 눈 때문에 막인/갇힌/고립된

montare le chiare a neve- (요리) 달걀 흰자가 **뻑뻑해질 때까지** 젓다

Il segreto di un buon soufflé è montare bene le chiare a neve. 수플레의 비밀은 달걀 흰자위를 거품 덩어리처럼 젓는데 있다.

pneumatici da neve- 스노우 타이어, 동계용 타이어

Sotto la neve pane, sotto la pioggia fame. (속담) 눈이 내리면 풍년이고, 비가 내리면 흉년.[4]

nido- 둥지

A ogni uccello il suo nido è bello. 자기 집 같은 곳은 없다. 내 집이 최고이다.

abbandonare (o lasciare) il nido- 집을 떠나다

Era ora che abbandonasse il nido; ha trentacinque anni. 이맘때 그가 집을 떠났는데, 서른 다섯 살이겠지.

fare il nido- 둥지를 틀다; 보금자리를 짓다

Le rondini hanno fatto il nido sul tetto di casa mia. 제비들이 내 집 처마에 둥지를 틀었다.

nido d'amore- 사랑의 보금자리

niente- 아무것도 ~ 않다

come niente- 아주 쉬운

come se fosse niente- 마치 아무 일 아니란 듯이; 눈썹 하나 까딱하지 않고(= senza scomporsi); (사람이) 원기 왕성하여, 발랄한

Si è comportato come se quello che aveva fatto fosse niente. 그는 마치 아무 일도 없었다는 듯이 행동했다.

da niente- (1) 아무것도 아닌, 중요하지 않은, 사소한; 아주 쉬운

È una ferita da niente. 별 상처 아니다.

(2) 큰

Ti ha fatto un favore da niente! 그는 네게 큰 호의를 베풀었다.

di niente- (고맙다는 말에) 별 말씀을!

"Grazie mille!" "Di niente, si figuri!" "너무 감사합니다" "별말씀을, 그런 말씀 마세요!"

far finta di niente- 아무 일도 없었던 척하다; 아무 것도 못 본 체하다(= chiudere un occhio)

L'ha fatto in un meno di niente. 눈깜짝할 사이에 그것을 했다.

Niente meno (o niente di meno)- (1) 농담 마라, 설마 (그럴 리가)!

"Il principe di Galles è venuto a cena da noi l'altra sera." "Niente meno?!" "영국의 왕자가 전날 밤 우리 집에 저녁 식사하러 왔었어." "설마!"

(2) 역시(놀람, 감탄을 나타냄)

"Mi sono comperata un vestito di uno stilista famoso." "Niente di meno!" 나는 유명 디자이너의 옷을 한 벌 샀다. 역시!

---

[4] 겨울철에 눈이 많이 내리면 겨울철 농작물 수확이 늘고 봄철까지 땅의 수분도 적당히 유지해 싹이 잘 자잘 수 있어 풍년이 든다는 것이다.

nient'altro che- 오직; 그저/단지 ~일 뿐인; (다른 부정 부사와 함께) ~이 결코 아닌

Non è nient'altro che un bugiardo. 그는 결코 거짓말쟁이가 아니다.

non avere niente da ridire- 흠잡을 데가 없다

Sono contento di lui; non ho niente da ridire sul suo conto. 나는 그에 대해 만족한다. 나는 그의 보고서에 대해 흠잡을 데가 없다.

Non cambia niente.- 아무것도 변하는 것이 없다. 매한가지이다.

Anche se ti arrabbi non cambia niente. 네가 화내더라도 아무것도 변하는 것은 없다.

Non c'è niente di meglio.- 더 나을 것이 없다.

Alla mattina non c'è niente di meglio che un buon caffè. 아침에는 좋은 커피 한 잔보다 더 좋은 게 없다.

non fa niente- 중요하지 않다(= non importa); 걱정하지 마, 괜찮아

Non ti preoccupare se non puoi venire; non fa niente. 네가 올 수 없더라도 걱정하지 마. 괜찮아.

Non ha fatto niente di male.- 아무 나쁜 짓도 하지 않았다.

Non capisco perché lo stanno insultando. Non ha fatto niente di male. 나는 왜 그들이 그를 모욕하는지 모른다. 아무 나쁜 짓도 하지 않았는데.

Non serve a niente.- 아무 것에도 소용없다. 아무 소용없다.

Non serve a niente che tu vada a parlare con lui. Non ha mai aiutato nessuno. 네가 그에게 말하러 가봤자 아무 소용없다. 그는 아무도 도와주지 않았다.

Non posso farci niente. 나는 그것에 대해 아무것도 할 수가 없다.

per niente- 공짜로(= gratis); 전혀, 별로; 거저나 마찬가지로, 헐값으로(= per pochissimo); 헛되이(= a vuoto, senza frutto)

Ho lavorato per niente. 나는 헛되이 일했다.

"Scusa, ti disturbo?" "No, per niente." 실례합니다. 제가 방해가 되는 건 아닌지요? 아니, 전혀요.

Si arrabbia per niente. 그는 별것 아닌 일에 화를 낸다.

ridursi a un niente- 점점 줄어들어 없어지다; 흐지부지 되다; (사물) 닳다, (사람) 쇠약해지다

So poco o niente di lui. 그에 대해 모르는 거나 다름없다. 그에 대해 조금 밖에 모른다.

una cosa da niente- 하찮은 것; 아주 쉬운 일, 식은 죽 먹기

Lascia perdere, è una cosa da niente. 잊어버려. 별것 아니야.

un uomo da niente- 별 볼일 없는 사람, 보잘것없는 사람

venire dal niente- (비유) 자수성가한 사람이다

no- 아니오

anzi che no- 차라리

È antipatico anzi che no. 차라리 그는 비호감이다.

Chi non sa dir qualche volta n o, cosa buona operare non può. "아니오"라고 말할 줄 모르는 사람은 훌륭한 일을 할 수 없다.

Come no! 어떻게 안되겠어! 물론이지!

Credo di no, Penso di no.- 나는 그렇게 생각하지 않는다.

far cenno di no/far di no col capo- 고개를 가로 젓다; (손가락으로 저으면서) 아니라고 표하다, 부

정하다

Forse sì, forse no.- 어쩌면 그걸 것이고 어쩌면 아니다

"Partirai?" "Forse sì, forse no." "떠날 거니" "어쩌면 그럴 것이고 어쩌면 아닐 거다."

né sì né no- 맞다고도 아니라고도

Non ha detto né sì né no. 그는 맞다고도 아니라고도 말하지 않았다.

Preferisco di no.- 거절하겠습니다.

Spero di no.- 그렇지 않기를 바란다.

uno sì e uno no- 한 사람은 된다고 하고 한 사람은 안 된다고 한다

nocciolo- (과일 등의) 눈, 핵

il nocciolo della questione- 문제의 핵심

Invece di parlare a vanvera, andiamo al nocciolo della questione! 횡설수설하지 말고, 문제의 핵심으로 가자.

venire al nocciolo- 핵심을 찌르다; 요점을 말하다

È mezz'ora che me lo spieghi; vieni al nocciolo della questione. 30분가량 그는 내게 그것을 설명하는 데, 요점만 말해.

nocivo- 유해한

nocivo alla salute- 건강에 해로운

Prendere troppe medicine è nocivo alla salute. 지나치게 약물복용은 먹는 것은 건강에 해롭다.

nodo- 매듭, 인연; 무리, 노트

I nodi sono venuti al pettine. 심판(청산)의 날이 왔다.

Tutti i nodi vengono al pettine. (속담) 머잖아 죄값을 치르는 날이 올 것이다.

un nodo alla gola- (감동하여) 목이 멘, 가슴이 벅찬

Quando ho sentito della tragedia mi è venuto un nodo alla gola. 나는 비극적 사건에 대해 들었을 때 목이 메였다.

noia- 지루함

ammazzare (o vincere) la noia- 무료함을 달래다

Andrò al cinema per ammazzare la noia. 무료함을 달래러 영화 보러 갈 것이다.

Cerca di vincere la noia di un lungo viaggio. 긴 여행의 무료함을 이기려 애써봐.

avere a noia qualcosa- ~에 물리다, ~에 싫증나다; ~에 진저리가 나다

Che noia.- 아이고 지루해! 어휴 지겨워!

Che noia che sei? Cosa vuoi adesso? 아휴 네가 귀찮아, 이제 뭘 원해?

dare noia- 귀찮게 하다(= infastidire); 짜증나게 하다, 거슬리다(= irritare)

Questo golf col collo alto mi dà noia. 이 스웨터의 높은 깃이 거슬린다.

Non dargli noia! 그를 귀찮게 하지 마!

Non voglio aver noie.- 난 더 이상 문제를 일으키고 싶지 않다. 폐를 끼치고 싶지 않다.

Non voglio aver noie sul lavoro. 나는 직장에서 더 이상 문제를 일으키고 싶지 않다.

morire di noia- 지겨워 죽다

In questa città non c'è niente da fare, si muore di noia. 이 도시에서 할 것이 하나도 없어서, 지겨워

죽는다.

prendere a noia qualcuno- ~에 넌더리가 나다, ~에 지치다

ripetere qualcosa fino alla noia- ~을 지겹도록 반복하다

A volte gli anziani ripetono le cose fino alla noia. 때때로 노인들은 같은 일을 지겹도록 반복한다.

venire a noia- ~에 넌더리 나다, ~을 꼴도 보기 싫어하다

Mi è venuta a noia tutta la faccenda. 나는 모든 게 넌더리가 났다.

Quella situazione mi è venuta a noia. 그 상황에 나는 싫증이 났다.

Questo libro mi è venuto a noia, lo vuoi tu? 나는 이 책이 꼴도 보기도 싫은데, 네가 원하니?

nome- 이름

a nome di- (1) ~의 이름으로, 차명하여

A che nome? 누구 이름으로?

Presentati a nome mio! 내 이름으로 소개해!

(2) ~을 대신해서, ~을 대표하여

Parlo a nome di tutti. 나는 모두를 대신해서 말한다.

avere (o godere di) buon nome come avvocato- 변호사로서 명성을 누리다

avere un nome- 명망이 있다

chiamare le cose col proprio nome- 자기 생각을 그대로 말하다, 서슴없이 말을 하다

chiamare qualcuno per nome- ~에 이름을 불러 부르다

dare (o mettere/imporre) il nome a qualcuno- ~에게 이름을 주다

Le hanno dato il nome Maria. 그들은 그녀에게 마리아라는 이름을 붙여 주었다.

di nome- 이름을 대고, 이름을 들먹여; 이름뿐인, 명목상으로만

Lo conosco solo di nome. 나는 그를 이름만 알고 있다.

Lui è padrone solo di nome. 그는 명목상 주인이다.

fare il nome di qualcuno- ~의 이름을 언급하다; ~에 대해 신고/고발하다(= denunciare)

Non fare il mio nome! 내 이름을 언급하지 마!

fare (i) nomi- (특히 비리, 불법에 연루된 사람들의) 이름을 대다

farsi un nome- 이름을 떨치다/날리다, 유명해지다; 평판을 얻다

Ha appena cominciato, ma quel ragazzo è bravo, e si farà un nome. 그 소년은 막 시작했는데 영리해서 유명해질 것이다.

Fuori i nomi! 이름을 대!

in nome della legge- 법의 이름으로

in nome di- ~의 이름으로; ~을 대신/대표하여

In nome di chi sei venuto a dire queste cose? 너는 누구의 이름으로 이것들을 말하러 왔니?

in nome di Dio- 주님의 이름으로

La pietà era per lui solo un nome. 그에게 측은지심은 말에 불과했다.

macchiare il proprio nome- 자신의 이름을 더럽히다

Purtroppo quella vicenda gli ha macchiato il nome. Ora tutti lo sanno. 불행히도 그 사건은 그의 이름을 더럽혔다. 이제 모두가 그것을 안다.

Nel nome del Padre, del Figlio e dello Spirito Santo. (성호) 성부와 성자와 성령의 이름으로.

per nome- 이름을 대고, 이름으로

portare il nome di qualcuno- ~의 이름이 붙여지다, ~의 이름을 따다

Porto il nome del mio nonno paterno. 나는 친할아버지의 이름을 따른다.

prendere il nome di qualcuno- ~의 이름을 (수첩)에 적다

senza nome- 이름 없이; 익명으로(= anonimo)

Quel gatto è ancora senza nome. 그 고양이는 여전히 이름이 없다.

sotto il nome di- ~의 명목 아래, ~라는 이름 아래, ~라는 미명 아래

Si è presentato sotto il nome di un'altra persona. 그는 다른 사람의 이름으로 소개되었다.

sotto falso nome- 가짜 이름으로, 가명으로

un grosso nome- 주요 인물(= una persona importante)

norma- 법규, 규범.

a norma- 규칙에 따라

a norma di legge- 법규에 따라서, 법률대로[5]

Questo prodotto non è confezionato a norma di legge. 이 상품은 법규에 따라 제조되지 않았다.

di norma- 대체로; 일반적으로 말하면

per tua norma- (당신이) 뭔가 잘못 알고 계신 것 같군요; 참고로

Per tua norma è meglio che tu non faccia queste cose. 뭔가 잘못 알고 계신 것 같은데, 당신은 이것들을 하지 않는 게 낫다.

secondo le norme- 규칙에 따라서

nota- 메모

degno di nota- 중요한, 주목할 만한 가치가 있는

dire a chiare note- 아주 알아듣기 쉽게(분명히) 말하다, 숨김없이 솔직히 말하다

Gli ho detto a chiare note che non volevo più vederlo, ma lui continua ad aspettarmi sotto casa. 나는 더 이상 그를 보고 싶지 않다고 딱 잘라 말했는데도, 그는 계속해서 집 아래서 날 기다리고 있다.

le dolenti note- 혐오, 불쾌[6]; 나쁜 소식

Il suo principale si è accorto del pasticcio che lei aveva combinato. Ora cominciano le dolenti note! 그녀가 엉망진창으로 망쳐놓은 일을 사장이 알게 되었으니, 이제 왕짜증이 시작되겠군!

nota falsa- 박자가 맞지 않는 음

prendere nota di qualcosa- ~을 메모하다, 적어 두다; (급히) 쓰다, 적다

Prendi nota di quanto ti dico. 내가 네게 말한 것을 적어 둬라.

una nota stonata- 삐걱거리는 소리, 귀에 거슬림, 부조화

I suoi commenti sulle origini etniche del suo avversario politico sono stati una nota stonata. 정치적 경쟁자의 인종적 기원에 관한 그의 논평이 귀에 거슬렸다.

notare- 표시하다, 기재하다

---

[5] 이 표현은 라틴어 '*ex lege*'에서 유래한다.

[6] 이 관용어는 단테의 신곡(*Divina Commedia* (*Inferno*, V, 25) "ove incomincian le dolenti note a farsi sentire"에서 따온 표현이다. 주로 농담조로 사용된다.

farsi notare- 눈에 띄다, 이목을 끌다; 공로를 세우다

Gli piace farsi notare. 그는 주목받는 것을 좋아한다.

Si fa notare per la sua assenza. 그의 빈자리(부재)가 눈에 띈다.

notizia- 소식, 정보; 소문

a quella notizia- 그 소식에

A quella bella notizia fece salti di gioia. 그 멋진 소식에 그는 기뻐서 폴짝 뛰었다.

apprendere la notizia dalla televisione (o dalla radio)- tv를 통해 (라디오에서) 소식을 알게 되다

Ho appreso questa notizia dalla televisione. 나는 이 소식을 텔레비젼에서 알게 됐다.

ascoltare la notizia- 뉴스를 듣다

Ho ascoltato le notizie alla radio. 나는 라디오에서 뉴스를 들었다.

avere notizie- 소식을 얻다, 소식을 알다

Non abbiamo più sue notizie da due mesi. 우리는 두 달째 그의 소식을 모른다.

Non ho sue notizie da quando è partito per Roma. 그가 로마로 떠난 후 나는 더 이상 그의 소식을 모른다.

Corre notizia che- ~라는 소문이 퍼져 있다, ~라는 소문이 나 돈다

dare una brutta notizia- 나쁜 소식을 주다

Qualcuno dovrà dargli la brutta notizia dell'incidente. 누군가가 그에게 교통사고라는 나쁜 소식을 전해야 할 것이다.

dare notizie- 소식을 주다

Dammi notizie ogni giorno! 매일 내게 소식을 줘!

Partita da Venezia, Laura non ha dato più notizie. 라우라가 베네치아를 떠난 후 더 이상 소식이 없다.

fare notizia- 뉴스가 되다

noto- 알려진

noto a- ~에 알려진

È noto anche all'estero? 그가 해외에서 유명하니?

Quell'attore è noto a tutti. 그 배우는 모든 사람들에게 알려져 있다.

nottata- 철야, 밤

fare la nottata- 밤을 새다

Ho dovuto fare la nottata per finire di correggere i compiti. 나는 과제물의 교정을 마치기 위해 밤을 꼴딱 새워야만 했다.

notte- 밤

a notte alta/a notte fatta/a notte inoltrata- 한밤중에

I ladri si sono introdotti in casa a notte alta. 한밤중에 도둑이 집에 들었다.

Sono tornato a casa a notte alta. 나는 한밤중에 집으로 돌아왔다.

di notte- 밤에

Alle tre di notte suonò il telefono. 밤 3시에 전화가 울렸다.

Ho paura a stare sola in casa di notte. 나는 밤에 집에 혼자 있는 것이 무섭다.

Non voglio guidare di notte. 나는 밤에 운전을 하고 싶지 않다.

fare la notte- 야간 근무를 하다(= fare il turno di notte)

fare notte- 한밤중이 되다(= fare tardi)

Ho fatto notte chiacchierando con i miei amici. 나는 친구들과 수다를 떠느라 한밤중이 되었다.

la notte di Natale- 크리스마스 이브

La notte è fatta per dormire.- 밤은 자라고 있는 것이다.

Basta parlare. La notte è fatta per dormire. 이야기 그만 해라. 밤은 자라고 있는 거다.

La notte porta consiglio. (속담) 하룻밤 자면서 생각해 보다; 내일은 또 다른 날이다.

nelle notti d'estate- 여름 밤에는

Nelle notti d'estate quando l'aria è afosa, dormiamo con le finestre aperte. 여름날 밤에는 공기가 후텁지근 해서, 우리는 창문을 열어놓고 잔다.

notte brava- 흥청대며 먹고 마시는 밤; 시끌벅적한 밤

passare la notte- 밤을 보내다, 밤을 새우다

Ho passato la notte in treno. 나는 기차에서 밤을 보냈다.

Non posso passare la notte qui. 나는 여기서 밤을 보낼 수 없다.

passare la notte in bianco- 잠못 이루는 밤을 보내다, 뜬눈으로 새우다

Abbiamo passato la notte in bianco perché eravamo preoccupati per la febbre alta del bambino. 우리는 아기의 고열이 걱정되어 뜬눈으로 밤을 새웠다.

peggio che andar di notte- 한층 나쁘게 (심하게)

L'autostrada era bloccata e siamo passati per una strada di campagna, ma è stato peggio che andar di notte. 고속도로가 막혀서 우리는 국도(시골길)로 우회했는데, 그게 훨씬 더 막혔다.

(per) tutta la notte- 밤새도록

nozze- 결혼식, 혼례

andare a nozze- 결혼하다(= sposarsi); (비유) 열심히 하다, 공을 들이다

convolare a (giuste) nozze- 결혼하다

fare le nozze coi fichi secchi (o con i funghi)- 마른 무화과로 결혼식을 하다; (비유) 적은 돈으로 ~을 하다, 돈을 아주 적게 쓰다

invitare qualcuno a nozze- 결혼에 ~을 초대하다; ~가 더 기쁘다(고맙다)

Gli hai detto di fare le fotografie. Lo hai invitato a nozze... Lo sai che a lui piace tantissimo! 네가 그에게 사진을 찍어달라고 말했더니, 그가 더 고마워했다. 너 아니 그 사람은 사진 찍기를 엄청 좋아해!

passare a seconde nozze- 재혼하다

Dopo la morte della moglie, quel signore è passato a seconde nozze. 아내가 죽고난 뒤, 그 남자는 재혼했다.

nudo- 벌거벗은, 나체의

a gambe nude- 맨 다리로, 맨발로

D'estate i bambini girano sempre a gambe nude per il caldo. 여름에 아기들은 더워서 항상 맨발로 돌아다닌다.

a mani nude- 맨손으로

a occhio nudo- 육안으로

Se guardi bene, lo vedi ad occhio nudo cosa è successo laggiù. 잘 보면, 너는 저 아래서 뭐가 벌어졌는지 육안으로 보인다.

a (o con i) piedi nudi- 맨발로

Quando sono al mare, la mattina presto cammino in spiaggia a piedi nudi. 나는 바다 가에 있을 때, 아침 일찍 해변을 맨발로 걷는다.

a seno nudo- 노 브라로, 브래지어를 하지 않고

dormire sulla nuda terra- 맨땅에 자다

Mi piacerebbe dormire sulla nuda terra. 나는 맨바닥에서 자는 것을 좋아한다.

mettere a nudo- 발가벗기다; 까발리다

Ha messo a nudo i suoi difetti senza pietà. 그는 인정 사정없이 자기의 약점을 까발렸다.

montagne nude- 민둥산

nudo come un verme (o mamma l'ha fatto)- 알몸으로, 발가벗고, 실오라기 하나 걸치지 않고

È nudo come un verme. 그는 알몸이다. 실오라기 하나 걸치지 않았다.

nudo e crudo- 분명한, 숨김없는, 아무것도 덧붙이지 않은, 있는 그대로의

Lo so che non è una bella storia, ma è la verità nuda e cruda. 나는 그것이 좋은 이야기가 아니라는 것은 알지만, 있는 그대로의 진실이다.

nulla- 아무것도 ~아니다

come se nulla fosse niente- 유사 관용어 [**niente**] 'come se fosse niente'를 보시오.

dileguarsi nel nulla- 온데간데없이/감쪽같이 사라지다

Ti giuro di aver visto la signora salire sul treno, ma poi si è dileguata nel nulla. 아주머니가 기차에 오르는 것을 보았다고 맹세하지만, 그녀는 감쪽같이 사라졌다

far finta di nulla- 유사 관용어 [**niente**] 'far finta di niente'를 보시오.

fuori dal nulla- 갑자기, 불쑥, 느닷없이

È sbucato fuori dal nulla. 그가 갑자기 나타났다.

non aver nulla a che vedere con- ~와 아무런 관계가 없다, ~와 무관하다

Ha lo stesso cognome di Pietro ma non ha nulla a che vedere con lui. 피에트로라는 같은 성을 가졌지만 그와는 무관하다.

non aver nulla da ridire- ~에 이의가 없다

Non ho nulla da ridire a che i ragazzi vadano in gita, però voglio che rincasino presto. 나는 아이들이 소풍 가는 것에 이의가 없지만, 집에 일찍 돌아오기를 바란다.

non fa nulla- 유사 관용어 [**niente**] 'non fa niente'를 보시오.

non farne nulla- ~을 끝내 하지 못하다

Volevamo comprare una barca a vela, ma i prezzi erano troppo alti e così non se n'è fatto nulla. 우리는 요트를 하나 사고 싶었는데, 가격이 너무 비싸서 끝내 사지 못했다.

non per nulla- 결국에는

non saper nulla di nulla su- ~에 대해 전혀 아는 게 없다, ~에 대해 쥐뿔도 모르다

Non sa nulla di nulla sull'insegnamento. 그는 교수법에 대해선 쥐뿔도 모른다.

per nulla- 전혀, 조금도

sfumare nel nulla- 연기 속에 사라지다, 무산되다(= vanificare, scomparire, una cosa che prima c'era e che poi è fallita.)

Dovevo fare un viaggio con degli amici ma poi il progetto è sfumato nel nulla. 친구들과 여행을 떠나기로 했었는데 계획이 무산되었다.

Eravamo sicuri di ottenere il contratto, ma poi tutto è sfumato nel nulla. 우리가 계약을 땄다고 확신했는데, 모든 게 무산되었다.

un buono a nulla- 아무짝에도 쓸모 없는 사람

È un buono a nulla; non è neppure riuscito a prendere la maturità! 그는 고등학교 졸업장도 따지 못할 만큼 아무짝에도 쓸모 없는 사람이다![7]

una cosa da nulla- 유사 관용어 [**niente**] 'una cosa da niente'를 보시오.

venire su dal nulla- 자수성가하다

È venuto su dal nulla ed è diventato un grosso industriale. 그는 자수성가하여 대기업가가 되었다.

numero- 수, 숫자

andare nel numero dei più- 죽다(= passare nel numero dei più)

Ha vissuto a lungo e bene; è inevitabile che passi nel numero dei più. 그는 건강하게 오래 살았지만 죽음을 피할 수는 없다.

avere i numeri- 권장할 만한 점이 많다

avere i numeri per fare qualcosa- ~하는 데 필요한 재능(자질, 돈)을 가지고 있다

Ha tutti i numeri per aver successo. 그는 성공에 필요한 모든 자질을 가지고 있다.

avere il (o mancare del) numero legale- 정족수가 되다 [부족하다]

dare i numeri- 제 정신이 아니다, 이성을 잃다; 미치다

Non ha senso quel che dice; credo proprio che dia i numeri. 그의 얘기는 앞뒤가 맞지 않아. 나는 그가 완전 미쳤다고 생각한다.

di numero- 숫자상으로; 정확하게, 꼭

Sono quattro paste di numero. Mi rincresce, ma i bambini hanno fatto man bassa! 정확히 과자가 네개 밖에 없어요 죄송합니다. 아이들이 모두 집어갔어요.

fare numero- 머릿수/인원수를 채우다

Li ha invitati alla festa solo per far numero. 그는 단지 인원수를 채우기 위해서 그들을 파티에 초대했다.

il numero chiuso- 입학 정원 제한

Alla facoltà di medicina hanno istituito il numero chiuso. 그들은 약학과의 입학 정원을 제한했다.

numero chiuso/programmato- 정원제

numero di targa- 자동차 등록 번호, 차량 번호

numero verde- (수신자의 기관에서 요금을 부담하는) 무료 전화; (전화요금의) 회사 부담

Se non capisci come fare, chiama il numero verde della ditta. Ti daranno delle indicazioni. 네가 어떻게

---

[7] 이탈리아는 고등학교 졸업을 위해서는 우리의 수능시험의 일종인 'Maturità'를 치러야 하고, 시험은 총 3회로 두 번의 필기시험과 한 번의 구두시험으로 이루어진다. 'Maturità'를 통과한 학생은 졸업자을 받으며, 본인이 원하는 대학의 학과에 입학이 가능하다. 대학 졸업률은 대략 28%에 불과하다. 이 가운데 의대는 상위 2% 안에 들어야 입학이 가능하다.

할지 모르면, 회사의 무료 전화를 걸어라. 그들이 네게 알려줄 것이다.

Tutto fa numero. (속담) 티끌 모아 태산.

un bel numero- 재미있는 사람/녀석/놈

Sei proprio un bel numero! Non ho mai riso tanto! 너는 정말 재미있는 녀석이다! 내가 이렇게 많이 웃어본 적이 없다!

università a numero chiuso- 정원제 대학

uscire dal numero- 두드러지다, 튀어나오다, 빼어 나다

vendere a numero- 낱개로 팔다

Quegli oggetti sono venduti a numero pari. 그 물건들은 두 개들이로 판다.

nuovo- 새로운

Di nuovo! (작별 인사) 다시 안녕!

Di nuovo, arrivederci! 다시 인사할게, 잘 있어.

di nuovo- 다시

L'ho visto di nuovo. 나는 그를 다시 봤다.

Siamo andati di nuovo nello stesso hotel. 우리는 다시 같은 호텔로 갔다.

essere nuovo di un luogo- 초행이다

essere nuovo di un mestiere- 일이 처음이다, 일이 생소하다

giungere nuovo- 처음 보는/듣는 생소한 것이다

Il suo nome non mi giunge nuovo. 그의 이름은 내게 친숙하게 들린다.

Non lo sapevo, mi giunge nuovo. 그것을 몰랐는데 나로서는 처음 듣는 얘기이다.

Niente di nuovo sotto il sole. (성경) 하늘 아래 새로운 것은 없다(코헬렛 1, 9).[8]

nuovo di zecca- 완전 새 것인

rimettere a nuovo- (낡은 건물, 물건 등을) 개조/보수하다

Abbiamo rimesso a nuovo la barca a vela per averla pronta quest'estate. 우리는 올 여름을 준비하기 위해 요트를 보수했다.

nuvola- 구름

avere la testa fra le nuvole- 공상에 잠기다

Quel ragazzo ha sempre avuto la testa fra le nuvole. 그 소년은 항상 공상에 잠겼다.

cadere (o cascare) dalle nuvole- 크게 당황하다/놀라다

Quando gli ho dato la notizia, è caduto dalle nuvole. 내가 그에게 소식을 전하자, 그는 크게 당황했다.

essere sempre tra le nuvole- 늘 공상에 잠기다

È sempre tra le nuvole e bisogna ripetere le cose due volte, perché non sta mai a sentire. 그는 늘 공상에 잠겨 있어서 같은 말을 두 번 반복해야 한다. 왜냐하면 그는 전혀 듣지 않기 때문이지.

Scendi dalle nuvole!- 정신차려!

Scendi dalle nuvole! Non vedi che ti stanno imbrogliando? 정신차려라! 그들이 너를 속이는 게 보이지 않니?

---

[8] 라틴어 "Nihil(Nil) novi sub sole"에서 유래한다.

nuvoletta- 작은 구름

camminare sulle nuvolette- (너무 좋아서) 구름 위를 걷는 것 같다; 기뻐 어쩔 줄 모르다

Cammina sulle nuvolette perché gli hanno dato la promozione che aspettava. 그가 바랐던 승진을 하자 그는 기뻐 어쩔 줄을 모른다.

O

oasi- 오아시스

  oasi di pace- 안식처, 쉼터

  La tua casa è un'oasi di pace. 네 집이 안식처이다.

obbedienza- 복종; 순종, 충실

  in obbedienza agli ordini- 명령에 따라서

  in obbedienza alle regole- 규정에 따라서

  Il lavoro va fatto in obbedienza alle regole. 작업은 규정에 따라서 됐다.

  in obbedienza di- ~에 따라서, ~에 부합되게

  L'ho conservato in obbedienza di quanto mi raccomandò mia madre. 나는 어머니가 내게 권고한 대로 그것을 보관했다.

obbligare- 강요하다; ~하지 않을 수 없게 하다

  obbligare qualcuno a fare qualcosa- ~에게 ~을 강요하다

  Il cattivo tempo ci ha obbligato a fermarci. 나쁜 날씨가 우리를 머물게 했다.

  La malattia lo obbliga a restare a letto. 그는 병 때문에 침상에 있어야만 한다.

  Mi ha obbligato a restare a cena. 그는 내게 남아서 저녁식사를 하고 가게끔 했다.

obbligato- 의무 지워진, 강제된; 은혜를 느끼는, 감사하는

  essere obbligato a qualcuno- ~에게 고맙다, ~에게 신세지다

  Le sono molto obbligato. 나는 당신에게 많은 신세를 많이 졌습니다.

  essere obbligato per legge a fare qualcosa- ~을 해야 할 법적 의무가 있다

  sentirsi obbligato verso qualcuno- ~에 대해 감사하게 느껴지다, 고마운 마음이 들다

  Mi sento obbligato verso di loro. 나는 그들에게 고마운 마음이 든다.

  scelta obbligata- 강요에 의한 선택

obbligo- 의무, 책무, 강제

  avere l'obbligo di fare qualcosa- 반드시 ~하다, ~하지 않으면 안 된다

  Sono tuo fratello e ho l'obbligo di aiutarti in questa situazione. 나는 너의 형이고 이 상황에서 너를 돕지 않으면 안 된다.

  essere d'obbligo- 요구되다, 필요하다, 필수적이다(= essere obbligatorio)

  È d'obbligo la cravatta. 넥타이 착용이 필수적이다.

  Per guidare è d'obbligo la patente. 운전을 하기 위해선 면허증이 필수다.

  Mi sento in obbligo di avvertirvi che- ~을 너희들에게 알릴 의무감을 느낀다

  sentirsi in (o farsi un) obbligo- 의무감이 들다

  Mi sento in obbligo di andare a trovarlo. 나는 그를 만나러 갈 의무감이 든다.

  sentirsi in obbligo verso qualcuno- ~에게 감사하게 느껴지다

  scuola dell'obbligo- 의무 교육

un obbligo- 하나의 의무

Pagare le tasse è un obbligo. 세금 납부는 의무이다.

oca- 거위

a collo d'oca- 거위 목 모양의

Ecco fatto il becco all'oca! 그것으로 끝이다! 더 이상 이러쿵저러쿵하지 말아라!

essere tanto bella quanto oca- 머리에 든 것 없이 예쁘기만 하다

in fila come le oche- 일렬종대로

Non fare l'oca!- 바보 같은 소리 마!

Quando sei con i ragazzi, cerca di non fare l'oca. 네가 소년들과 함께 있을 때, 바보 같은 소리를 하지 않도록 해.

pelle d'oca- (추위나 심한 감동의) 소름, 닭살

Per il freddo mi è venuta la pelle d'oca. 나는 추워서 닭살이 돋았다.

piumino d'oca- 거위 털

Porca l'oca! 제기랄! 빌어먹을! 경칠 것!

un'oca giuliva- 실없는 사람, 얼간이

È carina ma è un'oca giuliva e ride sempre a sproposito. 그녀는 예쁜데 실없는 사람이다. 늘 분위기 파악 못하고 웃는다.

occasione- 경우, 기회

all'occasione- 필요하다고 생각될 때, 필요한 경우(= se necessario)

All'occasione si presta molto. 필요할 경우 그는 도움이 많이 된다.

alla prima occasione- 기회가 있는 대로

Alla prima occasione verrò a trovarti. 기회가 있는 대로 나는 너를 만나러 갈 것이다.

avere l'occasione di fare qualcosa- ~할 기회를 갖다

Quando avremo l'occasione di conoscere il tuo fidanzato? 우리가 언제 네 약혼자를 알게 될 기회를 갖게 될까?

cogliere l'occasione- 기회를 잡다, 기회를 포착하다

Devi saper cogliere l'occasione che ti viene offerta. 너는 주어진 기회를 잡을 줄 알아야 한다.

d'occasione- (정상가보다) 싸게 사는 물건(= a poco prezzo), 세일 물건(= vantaggioso); 중고(= usato)

"Che bel vestito! È nuovo?" "Ma no, l'ho comprato d'occasione!" "정말 멋진 옷이다! 새거니?" "아니, 중고를 샀어(세일 가격에 샀어)!"

in occasione di- 때에, ~할 시에, ~의 기회에, ~에 즈음하여

In occasione della sua festa gli farò un bel regalo. 나는 파티 때 그에게 멋진 선물을 할 것이다.

In occasione dell'inaugurazione della nuova scuola, si terrà uno spettacolo. 새 학교의 개교 기념으로 공연이 뒤따를 것이다

In occasione del suo matrimonio, ha ricevuto molti regali. 결혼식 때 그는 많은 선물을 받았다.

in quell'occasione- 그 때, 그 기회에

In quell'occasione mi raccontò la sua storia. 나는 그 기회에 그의 역사를 설명했다.

L'occasione fa l'uomo ladro. (속담) 기회가 생기면 도둑질할 마음이 생긴다. 견물생심(見物生心).

lasciarsi sfuggire l'occasione- 기회를 놓치다

Non mi aspettavo che ti saresti lasciato sfuggire quest'occasione. 나는 당신이 이런 기회를 놓치리라곤 생각하지 못했다.

occasione d'oro- 절호의 찬스, 천재일우의 기회

È un'occasione d'oro per conoscerlo. 그를 알 수 있는 절호의 찬스이다.

parole d'occasione- 형식적인 말

per l'occasione- 자리에 어울리는; 그 때에

Per l'occasione ha comprato un cappello nuovo. 그는 자리에 어울리는 새 모자를 샀다.

Per l'occasione verrà anche l'ambasciatore. 그 때에 대사도 올 것이다.

poesia d'occasione- (문학) 행사시

una vera occasione- 좋은 기회이다, 유리한 가격에 팔린

Questo appartamento è una vera occasione. 이 아파트는 싸게 파는 것이다.

vestito delle grandi occasioni- 행사복

occhiaccio- 눈

fare gli occhiacci a qualcuno- ~에게 얼굴을 찌푸리다; ~을 노려보다; ~에게 도끼눈을 뜨다

Perché mi fai gli occhiacci? Non ho mica fatto niente di male! 너 왜 내게 도끼눈을 뜨니? 나는 아무 짓도 안 했다!

occhiata- 힐끗 봄

dare un'occhiata- ~을 힐끗 보다; ~을 보다; 대강 훑어보다; 둘러보다, 돌아보다

Non l'ho ancora letto. Gli ho solo dato un'occhiata. 나는 아직 그걸 읽지 않고, 그것을 대강 훑어만 보았다.

dare un'occhiata a qualcuno- ~을 힐끗 보다; ~을 보다

Mi daresti un'occhiata ai bambini, per favore? 잠깐 애들 좀 봐주겠니?

dare un'occhiata al giornale- 신문을 대강 훑어보다

Fammi dare un'occhiata al giornale. 신문 좀 제가 볼게요.

Ho dato un'occhiata al giornale. 신문을 대충 훑어보았다.

dare un'occhiata intorno- 돌아보다, 둘러보다

Vado a dare un'occhiata qui intorno. 이 주위를 둘러보러 간다.

lanciare un'occhiata a qualcuno- ~을 힐끗 보다

lanciare occhiate provocanti a qualcuno- ~을 성적으로 유혹하다

scambiarsi un'occhiata d'intesa- 서로 눈짓하다, 눈길을 주고받다

Ho notato che mentre parlavo si sono scambiati un'occhiata d'intesa. 내가 말하고 있는 동안 그들이 눈길을 주고받는 것을 알았다.

occhio- 눈, 시선

a occhi chiusi- (1) 눈을 감고도 (다 알 정도인), 간단히, 쉽게

Lo posso fare a occhi chiusi. 나는 그것을 눈을 감고도 할 수 있다.

(2) 맹목적으로, 무턱대고

Di lui ti puoi fidare a occhi chiusi. 너는 그에 대해 무턱대고 믿을 수 있다.

(3) 눈을 가린 채

Sa fare il suo lavoro a occhi chiusi. 그는 눈을 가린 채 자기 일을 할 줄 안다.

a occhio- 눈대중으로, 어림짐작으로(= senza misura); 대략

Non ho il metro; bisogna prendere le misure a occhio. 자가 없어서 어림짐작으로 재야 돼.

a occhio e croce- 대충, 대강, 대략, 어림잡아

Costerà sui 10.000 euro, ad occhio e croce. 어림잡아서 만유로 정도 할 거다.

a occhio nudo- (1) 육안으로, 맨눈으로

Il posto che cerchi di indicarmi è talmente lontano che non riesco a vederlo a occhio nudo. 네가 내게 가리키려고 하는 장소가 너무 멀어서 육안으로는 그것을 볼 수 가 없다.

(2) (비유) 한 눈에 볼 수 있다/알다

Si vede a occhio nudo che è falso. 한 눈에 잘못되었다는 것을 알 수 있다.

a perdita d'occhio- 끝이 안 보이게, 끝도 없이

Giunsero sulla cima della collina e dall'altra parte videro la pianura che si estendeva a perdita d'occhio. 그들은 산 정상에 올라 끝도 없이 펼쳐져 있는 맞은편 평야를 볼 수 있었다.

a quattr'occhi- 남몰래, 은밀히; 단 둘이서, 둘이 대면해서; 다른 사람이 없는 데서

È un argomento privato, ne parleremo a quatt'occhi. 사적인 주제라서, 우리는 다른 사람이 없는 데서 이야기할 것이다.

a vista d'occhio- (성장, 발전 등이) 아주 빠르게, 급속히(= molto rapidamente), 눈에 띄게, 현저하게

Santo cielo, come sei alto! Sei cresciuto a vista d'occhio. 아유 깜짝이야, 정말 키가 크구나! 빨리도 컸다.

ai miei occhi- 내 눈에는

Ai miei occhi ha ragione. 내 눈에는 그가 옳다.

aprire gli occhi- 잠을 깨다(= svegliarsi), 눈을 뜨다; 조심하다(= stare attento); 상황을 이해하다(= capire), 정신 차리다

Finalmente ha aperto gli occhi e si è ricreduto. 드디어 그가 상황을 이해하고 마음을 바꾸었다.

aprire gli occhi a qualcuno- ~을 눈뜨게 하다(= disingannare); ~에게 진실을 깨닫게 하다, ~의 그릇된 생각을 깨우쳐 주다(= essere rivelatore)

Quella lettera mi aprì gli occhi. 그 편지가 나를 눈뜨게 해 주었다.

avere dei problemi all'occhio- 눈에 문제가 있다

Devo andare dall'oculista, perché ho dei problemi all'occhio destro. 나는 오른쪽 눈에 문제가 있어 안과에 가봐야 한다.

avere gli occhi- 시선을 두다/보다

Ma dove hai gli occhi? 눈을 어디다 두고 다니는 거야?

avere gli occhi dappertutto- 뒤통수에도 눈이 있다; (비유) 뭐든지 꿰뚫어 보고 있다

avere gli occhi foderati di prosciutto- (비유) 진실/사실을 못 보다

avere gli occhi fuori dalle orbite- (공포, 놀람 등으로) 눈알이 튀어나오다, 눈을 부라리다

Ha gli occhi fuori dalle orbite: suo figlio ha perso soldi al gioco. 아들이 도박에서 돈을 잃었다고 하자 그는 눈이 튀어나오는 줄 알았다.

avere le bende sugli occhi- 일이 어떻게 진행되는지 깨닫지 못하다

avere (buon) occhio per qualcosa- ~을 보는 눈이 있다, 안목이 있다
Tuo fratello ha occhio per le antichità e ne trova sempre a buon prezzo. 네 형은 골동품 보는 눈이 있어서 늘 좋은 가격에 발견한다.
averne fin sopra gli occhi- 싫증나다, 진절머리가 나다(= essere stanchi di qualcuno; essere esasperati)
Ne ho fin sopra gli occhi di quella persona. 나는 그 사람 때문에 진절머리가 난다.
cavare gli occhi a qualcuno- ~을 해치다
chiudere gli occhi- 눈을 감다; 죽다(= morire)
chiudersi gli occhi- 눈이 감기다
Mi piacerebbe rimanere ancora un po' ma mi si chiudono gli occhi. 조금 더 머물고 싶은데 눈이 감겨지네요
chiudere un occhio- 특별히 용납하다(= fare un'eccezione); 보고도 못 본 체하다, 눈감아 주다(= far finta di non vedere)
Questa volta il vigile ha chiuso un occhio per quell'infrazione. La prossima volta però, dovrò pagare. 이번에는 경찰이 범칙을 눈감아 주었지만, 다음 번에는 벌금을 물어야 할 거다.
ci vuole occhio- 재치/기지/지혜/수완이 있어야 한다
Per trovare il cliente ricco ci vuole occhio. 부유한 고객을 찾기 위해서는 수완이 좋아야 한다.
colpire gli occhi- 시선을 끌다, 눈길을 붙잡다
colpo d'occhio- 시야, 경관(= vista); 힐끗 봄(= occhiata)
con gli occhi fuori dalla testa (o di fuori)- (놀라서) 눈이 튀어나올; 눈이 휘둥그래진
con la coda dell'occhio- 곁눈질로, 흘낏 보고; 곁눈질의
costare un occhio della testa- (눈알이 튀어나올 만큼) 엄청나게 비싸다
Quella villa gli è costata un occhio della testa. 그 저택은 그에게는 엄청나게 비쌌다.
dare nell'occhio- 이목/주목을 끌다, 눈에 띄다
Cerca di non farsi notare, ma con quel vestito dà troppo nell'occhio. 그는 이목을 끌지 않으려고 노력하지만, 그 옷은 지나치게 눈에 잘 띈다.
dare un occhio (della testa) per- ~을 위해서라면 무엇이든 하다, 희생을 무릅쓰다
Darei un occhio (della testa) per poterci venire. 거기에 갈 수 있다면 무엇이든 할 거다.
davanti agli occhi- ~의 눈앞에
Ce l'hai davanti agli occhi. 그것은 바로 네 눈앞에 있다.
dormire a occhi aperti- (비유) 잠귀가 밝다
farci l'occhio- 눈에 익다, 익숙해지다(= fare occhio a)
La stoffa delle poltrone è troppo sgargiante, ma ora ci ho fatto l'occhio. 안락의자보 색깔이 너무 야한데, 이제는 익숙해졌다.
fare l'occhio di triglia- ~에게 추파를 던지다(= fare gli occhi dolci a)
Mio marito ha fatto l'occhio di triglia a un'altra donna. 남편은 다른 여자에게 추파를 던졌다.
guardare con tanto d'occhi- 넋을 잃고 보다
I bambini guardavano il mago con tanto d'occhi. 아이들은 마술가를 넋을 잃고 바라보았다.
Hai gli occhi più grandi dello stomaco. 음식 욕심을 내시는군요.

in un batter d'occhio- 눈 깜짝할 사이에, 금방; 별안간, 돌연

L'abbiamo fatto in un batter d'occhio. 우리는 눈 깜짝할 사이에 그것을 했다.

leggere negli occhi- ~의 마음/생각을 읽다

Cerca di non pensare alla fuga di sua figlia, ma le si legge la pena negli occhi. 그녀는 딸의 도피을 생각하지 않으려고 노력하지만, 그녀의 시름을 읽을 수 있다.

l'occhio vuole la sua parte- (속담) 외모/겉모습이 중요하다

Mettiti un bel vestito e fatti bella; anche l'occhio vuole la sua parte. Non basta essere intelligenti. 외모도 중요하니, 좋은 옷을 입고 몸을 치장해라. 지적인 것만으로는 충분하지 않다.

Lontano dagli occhi, lontano dal cuore. 눈에서 멀어지면 마음마저도 멀어진다. 눈에 보이지 않으면 곧 잊혀진다.

mangiarsi qualcuno con gli occhi- ~에 눈을 팔다

Non puoi dire che lei non gli piaccia: se la mangia con gli occhi. 그가 그녀에게 눈을 팔다면, 너는 그가 그녀를 좋아하지 않는다고 말할 수 없다.

mettere gli occhi addosso a- ~에 눈독을 들이다, ~을 탐하고 있다

Le ha messo gli occhi addosso e farà di tutto per conquistarla. 그는 그녀에 눈독을 들였고 그녀를 설득하기 위해서 모든 짓을 다 할 것이다.

non chiudere occhio- 잠을 못 자다 [한숨도 못 자다]

Non ho chiuso occhio per tutta la notte. 나는 밤새도록 한숨도 못 잤다.

non credere ai propri occhi- 자기 눈을 믿지 못하다, 인정할 수가 없다

Non credevo ai miei occhi. 내 눈을 믿지 못했다.

non vedere di buon occhio- (~을) 비관/회의적으로 보다; 탐탁하게 여기지 않다

Non vede di buon occhio il fidanzato della figlia. 그는 딸의 약혼자를 탐탁하게 여기지 않는다.

occhi assassini- 거부할 수 없는 눈, 매혹적인 눈

Lei non è particolarmente bella, ma ha degli occhi assassini. 그녀는 특별히 아름답지는 않지만 매혹적인 눈을 가졌다.

occhi bovini- (놀라서) 휘둥그래진 눈

Lui mi fissa con quei suoi occhi bovini, ma lo so che è un furbastro. 그는 휘둥그래진 눈으로 나를 빤히 쳐다보는데, 나는 그가 간교한 녀석이란 걸 안다.

Occhio!- 조심해(= attenzione!)

Occhio! Il pavimento è bagnato. 조심해! 바닥 젖어 있어.

Occhio al portafoglio! Potrebbero al rubartelo. 지갑 조심해! 네게서 그것을 훔쳐갈 수도 있어.

Occhio a non rompere le uova! 계란이 깨지지 않도록 조심해!

occhio clinico- 높은 식견/안목

Chiedi consiglio a lei prima di rifare la sala da pranzo: ha un occhio clinico per l'arredamento. 식당 방을 재단장 하기에 앞서 그녀에게 자문을 구해라. 그녀는 실내 장식에 안목이 있다.

occhi di falco- (마음 속을) 꿰뚫어 보는 듯한 응시; 매서운 눈초리

Quei suoi occhi di falco mi mettono in imbarazzo. 그의 매서운 눈초리가 나를 당황하게 한다.

occhi di lince- 예리한/좋은 시력

Come fai a leggere quel cartello? Devi avere degli occhi di lince! 너는 어떻게 그 (교통)표지를 읽을 수 있니? 좋은 시력을 가져야만 하는데!

Occhio non vede, cuore non duole. (속담) 눈으로 보지 않으면 마음은 아프지 않다. 모르는 게 약이다. 아무리 노력해도 해결책이 없는 답에서 한 발자국 물러 서 있다 보면 마음이 편안해져 더 좋은 결과를 얻을 수도 있다는 의미이다.

Occhio per occhio, dente per dente. 이에는 이, 눈에는 눈.[1]

Occhio scuro e capello biondo è il più bello del mondo. 검은 눈과 금발이 세상에서 가장 아름답다.[2]

pagare un occhio della testa- (~에 대해) 터무니없이 많은 돈을 치르다, 크게 바가지 쓰다

Questo tavolo l'ho pagato un occhio della testa. 나는 이 탁자를 크게 바가지를 썼다.

per i begli occhi di qualcuno- 그냥 좋아서, 아무 대가도 바라지 않고

Smettila di ringraziarmi. Non ho accettato quell'incarico per i tuoi begli occhi, ma perché mi pagano bene. 내게 감사하다는 말은 그만둬. 그냥 좋아서 그 임무를 맡은 것 아니었지만, 그래도 그들이 내게 충분히 보수를 주기 때문이다.

perdere d'occhio- 눈을 떼지 않다

Non perdere d'occhio la valigia; potrebbero rubarla. 가방에서 눈을 떼지마. 훔쳐갈 수 있다.

perdere gli occhi- 시력을 잃다

quattr'occhi- (농담) 안경 낀 사람, 안경잡이

Quattro occhi vedono meglio di due. (속담) 두 사람의 지혜가 한 사람의 지혜보다 낫다.

saltare agli occhi- 눈에 띄다, 눈길을 끌다(= attirare l'attenzione); 두드러지다, 잘 보이다(= essere evidente)

Ha sostituito la sedia antica con un'imitazione, ma salta subito all'occhio. 그는 골동품 의자를 모조품으로 교체했는데, 이내 눈에 띈다.

sentirsi gli occhi/le palpebre pesanti- 눈꺼풀이 무겁게 느껴지다, 졸립다

Mi sento gli occhi (o le palpebre) pesanti. 눈/눈꺼풀이 무겁다

sgranare tanto d'occhi- 깜짝 놀라다, 아연하다

Ho sgranato tanto d'occhi quando ho visto i serpenti che teneva in casa. 그가 뱀을 집에 두고 있는 것을 보았을 때 깜짝 놀랐다.

sognare ad occhi aperti- 공상에 잠기다

È inutile sognare ad occhi aperti; tanto tu non partirai. 공상에 잠겨도 소용없다. 어차피 넌 떠나지 않을 거잖아.

stancarsi gli occhi- 눈이 피곤해지다

---

[1] 법의 중심적 역할은 이미 상고시대부터 나타나는데, 그것은 오늘날 루브르 박물관에 소장중인 함무라비 법전이다. 함무라비 법전은 기원 1750 년 사망한 바빌로니아 함무라비 왕이 제정 공포한 것으로, 정당한 형벌에 대해 광범위한 원칙에 기초하여 통치자의 행동규범을 제시한 첫 사례로 손꼽을 수 있다. 법전은 시민과 노예를 포함한 비시민을 구분한 최초의 완전한 법률집으로 모든 항목에 동등한 '탈리오의 법칙(*Lex talionis*, 동태복수법, 동해보복형)' 규정에 따라 피해자와 가해자의 법률적 신분을 고려하여 엄중한 형벌을 규정한다. 바로 여기에서 "이에는 이, 눈에는 눈"이라는 표현이 유래하게 된다. 이 원칙의 가장 중요한 목적은 합의에 있다.

[2] 이러한 표현은 전형적인 서구인 중심의 미적 감각의 표현이다. 실제로 이탈리아 가정법원에서 혼인무효소송을 다룰 때, 일련의 남자들은 맹목적으로 외적인 금발의 아름다움만 쫓아 결혼하였지만 성격차이로 이혼하는 경우가 많다.

Aldo si è stancato gli occhi perché ha letto troppo. 알도는 책을 너무 많이 읽어서 눈이 피곤해졌다.

tenere d'occhio- (손상되거나 해를 입지 않도록) ~을 눈여겨 보다, 지켜보다(= badare a); ~을 눈여겨 보다, 점찍어 놓다(= studiare)

Ti dispiacerebbe tener d'occhio l'arrosto mentre io preparo la verdura? 야채를 준비하는 동안 구운 고기를 지켜봐 주시겠습니까?

tenere gli occhi aperti- 경계하다; ~을 방심하지 않다; ~을 주의하다, ~을 조심하다

Va' pure al mercatino, ma tieni gli occhi aperti se non vuoi farti truffare. 원하면 시장에 가봐, 그런데 속고 싶지 않으면 조심해. (눈을 크게 떠)

uovo all'occhio di bue- 노른자위가 반숙이 되도록 뒤집지 않고 익힌 달걀 프라이

occhiolino- 작은 눈

fare l'occhiolino- 눈짓을 하다, 윙크하다

Ti ho fatto l'occhiolino quando è passata quella ragazza, ma tu non hai capito. 그 여자 아이가 지나갈 때 네게 눈짓을 했는데, 넌 알아차리지 못했다.

occupato- 바쁜

essere occupato- 바쁘다; (자리) 사람이 있다; (전화) 통화 중이다

Il posto è occupato. 자리에 사람이 있다.

La linea è occupata. 통화 중이다.

Lui è occupato. 그는 바쁘다.

essere occupato a fare qualcosa- ~하느라 바쁘다

Era occupata a prepararsi per il viaggio. 그녀는 여행을 준비하느라 바빴다.

Lui sarà occupato a divertirsi. 그는 노느라 바쁠 것이다.

posto occupato- 사람이 차지하고 있는 자리

occupazione- 점유; 직업

cercare, trovare un'occupazione- 직업을 찾다, 직업을 구하다

Sono due anni che quell'uomo cerca un'occupazione. 그 남자는 구직만 2년째이다.

essere senza un'occupazione- 실업자이다

Molti giovani, oggi, sono senza un'occupazione. 오늘날 많은 청년들이 실업자이다.

odiare- 증오하다

farsi odiare- 눈총을 받다, 미움을 받다

Con le sue parole è riuscito a farsi odiare da tutti. 자신의 말로 인해 그는 모두에게 미움을 받게 되었다.

odiare qualcuno a morte- ~을 죽도록 미워하다/싫어하다

Quelle due donne si sono sempre odiate a morte. 그 두 여인은 늘 서로 죽도록 미워한다.

odio- 증오

avere in odio- 몹시 싫어하다, 혐오하다

covare un odio profondo- 마음속 깊이 증오감을 품다

essere accecato dall'odio- 증오감에 사로 잡히다, 증오에 눈이 멀다

Era così accecato dall'odio che lo ha quasi ucciso. 그는 그를 거의 죽이고 싶은 정도로 증오감에 사로

잡혔다.

  fare qualcosa in odio a- ~을 미워한 나머지 ~을 하다

  nutrire odio verso qualcuno- ~에 대한 증오를 키우다

  prendere in odio- ~을 아주 혐오하다/싫어하다

  rapporto di odio-amore- 애증관계

odore- 냄새[3]

  sentire odore di bruciato- 탄 냄새를 맡다; 수상한 냄새가 나다, 낌새를 채다

  Sento odore di bruciato. 탄 냄새가 난다.

offerta- 제안, 제의; 봉헌, 헌납, 공물, 기부, 기증; 할인가격

  accettare un'offerta di lavoro- 일자리 제안를 받아들이다

  Ho accettato un'offerta di lavoro perché mi sembrava vantaggiosa. 나는 유리할 것 같았기 때문에 일자리 제안을 받아들였다.

  eccedenza di offerta- 공급과잉

  essere in offerta- 특가 판매되다

  Il caffè oggi è in offerta. 오늘 커피가 특가 판매되고 있다.

  fare l'offerta in chiesa- 교회에 헌납하다, 봉헌금을 내다

  fare un'offerta- 제의하다; 기부하다; 입찰하다

  Ho fatto un'offerta a quel povero ma mi ha detto che era troppo poco. 내가 그 가난한 사람에게 기부했지만, 그는 내게 너무 적다고 말했다.[4]

  la legge della domanda e dell'offerta- 수요 공급의 법칙

  offerta di moneta- (경제) 통화 공급량

  offerta di pace- 화해의 선물

  offerta speciale- 특가 판매

  raccogliere le offerte- 모금을 걷다

  Vado io a raccogliere le offerte per l'associazione dei bambini malati. 나는 어린이환우협회를 위한 모금을 걷으러 간다.

  respingere (o rifiutare) un'offerta- 제의를 거절하다

  ricevere qualcosa in offerta- ~을 사은(증정)품으로 받다

oggi- 1. (부사) 오늘

  Oggi a me, domani a te. (속담) 오늘은 나에게, 내일은 너에게.[5]

  oggi a otto- 다음주의 오늘, 오늘로부터 일주일 뒤, 일주일 뒤 오늘

  Ne abbiamo cinque e partiremo il dodici, oggi a otto. 오늘이 5일이니 오늘부터 일주일 뒤인 12일에

---

[3] 이탈리아어 'odore'는 라틴어 *odor*의 탈격 형태이다. 이탈리아어의 명사어휘는 라틴어 3변화 명사의 탈격 형태를 그대로 쓰는 경우가 많다. 아울러 'deodorante'란 말도 라틴어 접두사 *de*와 *odor*의 합성어로 *de*는 무엇을 제거한다는 의미에서 '냄새 제거'라는 뜻이 된다.

[4] 길가다 노숙자나 걸인, 집시에게 동전을 주면, 그들이 감사하다는 표정보다는 너무 작다고 할 때가 있다.

[5] 이탈리아의 공원묘지 입구에 가면 다음과 같은 라틴어 문구가 새겨져 있다. "*Hodie mihi, cras tibi.*" 이를 이탈리아어로 옮긴 것이 "Oggi a me, domani a te"이다. 이 말은 오늘은 내가 관으로 들어왔으나, 내일은 네가 관이 되어 들어온다는 말로 타인의 죽음을 통해 자신의 죽음을 생각하라는 말이다.

우리는 떠날 것이다.

oggi come oggi- 현재로선, 지금 당장으로선

Oggi come oggi, non lo potrei fare. 지금 당장, 나는 그것을 할 수 없다.

oggi stesso- 바로 오늘

Ci vado oggi stesso. 바로 오늘 그곳에 간다.

Vi spediremo la merce oggi stesso. 바로 오늘 우리는 너희들에게 물건을 부칠 것이다.

2. (명사) 오늘, 금일

a tutt'oggi- 오늘날까지, 오늘에 이르기까지, 현재까지

A tutt'oggi non sono ancora riuscito ad avere notizie di quella pratica. 오늘날까지 나는 아직 그러한 관행에 대해 들을 수 없었다.

al giorno d'oggi- 오늘날, 현재에는

Al giorno d'oggi i bambini sono iperstimolati. 오늘날 어린이들은 지나치게 흥분된다.

da oggi in poi- 오늘 이후로, 앞으론

Da oggi in poi decido io. 오늘 이후로 내가 결정한다.

dàgli oggi, dàgli domani- 꾸준히 하다

Dàgli oggi, dàgli domani, vedrai che imparerai anche la matematica. 꾸준히 하면, 너는 수학도 꼭 배우게 될 거다.

dall'oggi al domani- 하룻밤 사이에, 갑자기(= improvvisamente)

Abbiamo deciso di partire dall'oggi al domani. 우리는 갑자기 출발을 결정했다.

fino a oggi- 오늘까지

Fino ad oggi mi puoi trovare a casa. Domani parto per una vacanza.

i ragazzi d'oggi- 오늘날의 젊은이들

I ragazzi d'oggi non badano a queste cose. 오늘날의 젊은이들은 이런 것에 신경을 안 쓴다.

per oggi- 오늘은

Per oggi basta così! 오늘은 그 정도면 충분하다!

Per oggi tutte le camere sono occupate. 오늘은 모든 방이 다 찼습니다.

ogni- 모든

ad ogni modo- 어떻든(= tuttavia), 어쨌든, 하여튼, 여하튼, 어떻게 해서든지

Ad ogni modo mi sembra che la questione sia chiara. 어쨌든 문제는 명확한 것 같다.

ad ogni costo- 무슨 일이 있어도, 기필코, 틀림없이, 반드시, 여하한 희생을 치르더라도, 꼭, 필히

Ha voluto partecipare a quel programma ad ogni costo. 그는 기필코 그 계획에 참여하고자 하였다.

da ogni parte- 모든 곳에서, 어디나

in ogni caso- 어쨌든(= comunque), 아무튼

Faremo quel viaggio in ogni caso. 우리는 어쨌든 그 여행을 할 것이다.

in (o per) ogni dove- 어디에서도; 아무데나, 어디나

ogni cosa- 모든 것, 만사

Bisogna fare ogni cosa a suo tempo. 그는 모든 것을 제때 해야 한다.

ogni due ore- 두 시간 마다

Oggi prendi questa medicina ogni due ore. 오늘 너는 이 약을 두 시간 마다 복용해라.

ogni età- 모든 연령

C'erano persone di ogni età. 모든 연령층의 사람들이 있었다.

ogni genere- 모든 종류의

C'è frutta di ogni genere. 모든 종류의 과일이 있다.

ogni giorno/mese/anno- 매일/매달/매년

ogni momento- 언제나, 매 순간

Ti ho pensato in ogni momento. 나는 너를 언제나 생각했다.

ogni tanto- 때로는, 때때로(= di tanto in tanto); 가끔(= qualche volta), 매번, 종종

Ogni tanto ho bisogno di fare una passeggiata in montagna. 가끔 나는 산행을 해야 한다.

ogni volta che- ~할 때마다(= tutte le volte che)

Ogni volta che ti guardo mi innamoro sempre più. 너를 바라볼 때마다 더욱더 너를 사랑하게 된다.

oltre ogni dire- 형용할 수 없을 만큼, 이루 말할 수 없는

Ti auguro ogni bene. 좋은 일(행복)이 가득하길 빌게.

una volta ogni tanto- 이따금, 가끔, 때로는

olio- 기름

ad olio- 기름으로

Ho comprato un quadro dipinto ad olio. 나는 유화 그림을 한 점을 샀다.

essere all'olio santo- (비유) 죽음의 문턱을 오가다[6]

liscio come l'olio- (비유) 어려움이 조금도 없이, 순조롭게

È andato tutto liscio come l'olio. 모든 일이 순조롭게 진행되었다.

Pensavo che ci fossero problemi, invece è andato tutto liscio come l'olio. 나는 문제가 있으리라고 생각했는데, 모든 일이 순조롭게 진행되었다.

Oggi il mare è calmo come un olio. 오늘 바다는 연못처럼 잔잔하다.

olio da bagno- 목욕용 오일

olio da cucina- 조리용 기름

olio da tavola- 샐러드 오일

olio d'oliva- 올리브 오일

olio di gomito- (특히 무엇을 닦거나 광을 내는) 힘든 노동

"Come l'hai lucidata questa macchina?" "Con l'olio di gomito!" "어떻게 이 차를 광냈니?" "노가다야!"

oltranza- 끝까지

a oltranza- 끝장을 볼 때까지, 죽을 때까지; 끝까지(= fino all'ultimo), 무기한으로; 총력을 기울인, 전면적인

Ieri sera siamo andati avanti ad oltranza, fino a quando non abbiamo finito. 어제 저녁 우리는 끝장을 볼 때까지, 끝까지 갔다.

guerra a oltranza- 목숨을 건 전쟁; 총력전, 전면전

---

[6] 예전에는 천주교 신자가 죽기 전에 받는 성사라는 의미로 종부성자라고 불렀다. 이 예식 중에 사제는 축성된 기름을 환자에게 바르는데, 성유를 바르는 행위에서 '죽음의 문턱을 오가다'라는 관용어가 유래하였다.

sciopero a oltranza- 전면 파업, 총파업

Hanno proclamato uno sciopero ad oltranza fino a quando non si vedranno riconosciuti i loro diritti. 그들은 그들의 권리가 인정될 때까지 총파업을 선포했다.

oltre- 1. (부사) 더 앞으로, 너머로; 더 길게

andare troppo oltre- 도를 넘다, 그 정도까지 극단적으로 하다

Non vorrei essere andato troppo oltre con lui. 나는 그에게 도를 넘고 싶지 않다.

da oltre dieci anni- 십 년 넘게

Ci conosciamo da oltre dieci anni. 우리는 10년 넘게 서로 알고 있다.

essere oltre negli anni- 상당한 나이이다

Non posso più fare queste cose. Ormai sono oltre negli anni. 나는 더 이상 이 일을 할 수 없다. 이제 나는 나이가 너무 먹었다.

2. (전치사) ~을 넘어서

oltre a (o oltre che)- ~외에, 게다가, 뿐만 아니라; ~외에는, ~을 제외하고, ~을 차치하고

Oltre a questo, non ho altro da dirti. 이것 말고는 나는 네게 달리 말할 것이 없다.

Oltre a non studiare, salta molto spesso le lezioni. 공부를 안 하는 것은 고사하고, 수업도 아주 자주 빼먹는다.

Oltre a te, non lo deve sapere. 너 말고는 아무도 그것을 알아서 안 된다.

oltre il fiume- 강 너머에

Abita oltre il fiume. 그는 강 너머에 산다.

oltre ogni dire- 형용할 수 없을 만큼

oltre ogni credere- 믿을 수 없을 만큼

passare oltre- 지나쳐 가다

Fece finta di non vedermi e passò oltre. 그는 나를 못 본체 하고 지나쳐 갔다.

omaggio- 존경, 경의; 기증, 증여, 증정

avere (o ricevere) qualcosa in omaggio- ~을 사은품으로 얻다

Abbiamo ricevuto in omaggio questa bella pianta. 우리는 이 식물을 사은품으로 받았다.

Comprando questo libro avrete il cd in omaggio. 이 책을 사면 여러분은 cd를 사은품을 얻을 것입니다.

dare un omaggio- 사은품을 주다, 무료 선물을 주다

fare omaggio di qualcosa a qualcuno- ~에게 ~을 선물하다

giurare omaggio a qualcuno- ~에게 경의를 표하다

in omaggio a- ~에 대한 찬사로/헌정으로, ~에 따라, ~을 하여

in omaggio alla legge- 법률을 준수하여

in omaggio alla tradizione- 전통을 따라

in omaggio alla verità- 사실 존중의 의미로, 진실을 고려하여

omaggio dell'autore- 저자 증정, 저자로부터 기증된

Omaggio della ditta! - (농담) 공짜에요!

porgere (o presentare) i propri omaggi a qualcuno- ~에게 문안드리다, (인사차) 방문하다; ~에게 조의를 표하다

Porgete i miei omaggi a vostro padre. 너희 아버지께 안부인사 전해 드려.

rendere omaggio a qualcuno- ~에게 경의를 표하다

ricevere un omaggio- 증정품/사은품을 받다

2. (형용사) 무료의, 공짜의

biglietto omaggio- 특별/무료 입장권, 우대권, 초대권

buono omaggio- 경품권

confezione omaggio- 선물 꾸러미

copia omaggio- 증정본

ombra- 그늘, 그림자, 어둠, 보호

all'ombra- 그늘에, 응달에, 나무 그늘에서

Oggi non voglio stendermi al sole, preferisco stare all'ombra. 오늘 난 햇볕에 누워 있고 싶지 않고, 그늘에 있는 것이 더 좋다.

all'ombra di qualcosa- ~의 그늘에

Mi sono riposato all'ombra di un albero. 나는 나무 그늘에서 휴식을 취했다.

avere paura della propria ombra- (비유) 제 그림자에 놀라다, 몹시 겁을 내다

correre dietro alle ombre- 그림자를 잡으려고 쫓아 가다; 환영을 쫓다, 헛수고하다

crescere all'ombra della famiglia- 가정의 보호 아래 성장하다

dare corpo alle ombre- 실상을 보여주다

essere diventato l'ombra di sé stesso- (비유) 옛모습을 찾아볼 수 없다

Dopo quella delusione è diventata l'ombra di sé stessa. 그 실망감 뒤에 그녀는 예전 모습을 찾아볼 수가 없었다.

essere l'ombra di qualcuno- ~의 그림자이다; 어디든지 ~을 따라다니다

Il suo cane è la sua ombra. 그의 개는 그를 졸졸 따라다닌다.

farsi ombra con qualcosa- ~으로 햇볕을 막다

Si facevano ombra con un giornale. 그들은 신문으로 햇볕을 막았다.

in ombra- 그늘에, 응달에

mettere in ombra qualcuno- (비교하여) ~을 빛을 잃게 하다; (비유) 무색하게/보잘것없게 만들다

La sua bellezza mette in ombra quella delle altre donne. 그녀의 아름다움이 다른 여인들의 아름다움을 보잘것없게 만들었다.

nell'ombra- 비밀히(= segretamente); 이면에서, 막후에서(= dietro le scene)

non avere l'ombra di un quattrino- 한 푼도 없다

non vedere neanche l'ombra- 그림자조차 보이지 않다; 코빼기도 보지 못하다

"Hai visto il mio portachiavi?" "No, non ne ho visto neanche l'ombra." "너 내 열쇠 꾸러미를 보았니?" "아니, 그림자도 못 봤다."

ombre cinesi- 피영희; 불빛에 손을 올려 놓고 비추어서 모양을 만든 극

prendere ombra- 흔히 이유 없는 불쾌감(모욕감, 노여움)을 느끼다

restare nell'ombra- 전면에 나서지 않다; 알려지지 않다(= non farsi notare)

Lei resta sempre nell'ombra, ma è il consigliere principale del presidente. 그녀는 전면에 나서지 않지

만 대통령의 중요한 고문이다.

ridursi (a) un'ombra- 몹시 여위어 피골이 상접하다, 빼빼 마르다

seguire come un'ombra- 그림자처럼 따라다니다

Le guardie del corpo lo seguivano come un'ombra. 보디 가드들이 그를 그림자처럼 따라다녔다.

senza ombra di dubbio- 의심할 여지없이; 추호도 의심하지 않고

Lo so di sicuro, senza ombra di dubbio. 의심할 여지없이 나는 분명 그것을 안다.

tenersi nell'ombra- 세상의 이목을 끌지/각광을 받지 못하다

Non ha avuto successo perché si è sempre tenuto nell'ombra, ma è un grande artista. 그는 늘 세상의 이목을 끌지 못해서 성공하지는 못했지만, 훌륭한 예술가이다.

una casa sempre in ombra- 항상 그늘진 집

vivere nell'ombra- 은신하다, 은둔하다, 칩거하다

zona ombra- 사각지대

onda- 파도

andare (o mandare, mettere) in onda- 방송되다; 방송하다

Il telegiornale va in onda alle 8. 텔레비전 뉴스는 8시에 방송된다.

Stasera andrà in onda un nuovo programma. 오늘 저녁 새 프로그램이 방송될 것이다.

essere in balia delle onde- 파도에 마구 흔들리다, 물결 가는 대로 떠다니다; 휩쓸리다

essere sulla cresta dell'onda- (비유) 인기 절정에 있다, 절정에 이르다

onda lunga- 장기적인 효과/영향

seguire l'onda- 대세/시류를 쫓다

Siamo sulla stessa lunghezza d'onda. (비유) 우리는 마음이 잘 맞는다. 우리는 말이 통한다.

onere- 무거운 짐, 부담, 요금

gli oneri ma non gli onori- 공로를 인정받지 못할 일; 낯내지 못할 일

In ufficio mi danno sempre gli oneri ma non gli onori. 사무실에서 그들은 늘 내게 생색나지 않을 일만 준다.

oneri bancari- 은행 수수료

onestà- 정직

comportarsi con onestà- 정직하게 행동하다

in tutta onestà- 솔직히 털어 놓자면, 솔직히 말해서, 정직하게 말해서

In tutta onestà, non mi sembra che abbia fatto un buon lavoro. 솔직히 말해서, 나는 일을 잘한 것 같지 않다.

mettere in dubbio l'onestà di qualcuno- ~을 비방하다, 중상하다

Non mi permetterei mai di mettere in dubbio la sua onestà. 나는 그를 비방하는 것을 결코 허락하지 않을 것이다.

onore- 명예, 존경

a onore del vero- 사실은(= in realtà), 사실대로 말하면

La faccenda non è andata così, a onore del vero. 사실대로 말하면 사건은 그렇게 일어나지 않았다.

accogliere (o ricevere) con tutti gli onori- 극진한 환영/융숭한 대접을 받다, 극진히 대접하다

Sono andata a casa sua e mi ha accolto con tutti gli onori. 그의 집에 가서 나는 융숭한 대접을 받았다.

avere l'onore di fare qualcosa- ~을 하는 영광을 갖다, ~을 영광을 갖게 되다

Ho l'onore di presentarvi il più grande poeta dei nosti tempi. 우리 시대의 최고 시인을 여러분에게 소개하는 영광을 갖게 되었습니다.

fare gli onori di casa- 손님을 맞이하다

fare onore a un pasto (o alla tavola)- 음식을 남기지 않고 다 먹다

Non potrei fare onore a un altro pasto abbondante oggi. 저는 오늘 다른 푸짐한 식사로 다 먹지 못할 것입니다.

fare onore ai propri impegni- 의무를 다하다, 약속을 지키다

fare onore al proprio nome- 이름값을 톡톡히 하다

fare onore alla propria famiglia- 자기 가문의 명예이다

fare onore alla propria firma- 채무를 이행하다

farsi onore- (자기) 이름을 내다, 유명해지다

A scuola vedi di farti onore. 너는 학교에서 두각을 나타내도록 노력하거라.

farsi onore sul lavoro- 일에서 탁월하다

farsi onore in gara- 시합에서 뛰어나다

giurare sul proprio onore- 자신의 명예를 걸고 맹세하다

Te lo giuro sul mio onore. 내 명예를 걸고 네게 맹세한다.

L'intelligenza protegge un solo uomo, la ricchezza e l'onore proteggono un'intera famiglia. 지혜는 한 사람만을 보호하지만, 부와 명예는 온 가족을 지킨다.

Ne va del mio onore.- 내 명예가 걸린 문제이다.

Non potrei mai mentire su una simile faccenda. Ne andrebbe del mio onore. 나는 그런 사건에 대해 거짓말을 할 수 없을 것이다. 내 명예가 걸린 문제가 될 것이다.

Parola d'onore! 맹세해, 반드시 그럴 거야.

posto d'onore- 상석

Sia reso onore al merito. 칭찬을 받기에 합당한 사람에게 공을 돌리다.

tenere alto l'onore del proprio paese- 조국의 명예를 지키다

tenere qualcuno in grande onore- ~을 크게 존경을 받을 만하고 생각하다

tornare a proprio onore- ~에게 명예로운(칭찬거리가 되는) 것이다

Hai avuto successo, e ciò torna a tuo onore. 성공을 해서 네게 명예로운 것이다.

un banchetto in onore degli sposi- 결혼식 피로연

onta- 수치, 불명예

ad onta del tempo cattivo- 악천후에도 불구하고

ad onta di- ~에도 불구하고

È riuscito in tutto, ad onta di tutte le difficoltà. 그는 모든 어려움에도 불구하고, 모든 일에 성공했다.

opera- 일, 작품, 단체

All'opera! 작업 개시! 일 해!

andare all'Opera- 오페라를 보러 가다

Stasera andiamo all'Opera. 우리는 오늘 저녁 오페라를 보러 간다.

essere all'opera- 근무 중이다, 일하고 있다

Sono all'opera da questa mattina e ora sono un po' stanco. 나는 오늘 아침부터 일을 해서 지금 좀 피곤하다.

mettere in opera- ~을 진행시키다, 착수하다, 시작하다(= dare inizio); 실행시키다(= mettere in azione)

Ha messo in opera un progetto. 그는 계획을 진행시켰다.

mettere qualcuno all'opera- ~에게 일을 시키다

mettersi all'opera- 일을 시작하다

per compiere l'opera- 설상가상으로

per opera di- ~의 도움으로; ~의 덕분에; ~의 알선으로

Ha ottenuto il lavoro per opera di una persona influente. 그는 영향력 있는 사람의 도움으로 직장을 얻었다.

Per opera di sua madre, è entrata al ministero dell'Interno. 어머니 덕에 그는 내무부에 들어갔다.

operato- 수술한, 수술받은; 수술받은 환자

assistere gli operati- 수술받는 환자를 간호하다

essere operato a qualcosa da qualcuno- ~한테 ~의 수술을 받다

Mio cugino è stato operato al fegato da un chirurgo molto bravo. 나의 사촌은 아주 유능한 외과 의사한테 간 수술을 받았다.

operazione- 수술; 조작, 운전; 작용, 활동

fare un'operazione- 수술을 하다

Il medico ha detto che devo fare un'operazione allo stomaco. 의사는 내가 위(胃) 수술을 받아야 한다고 말했다.

operazione al cuore- 심장수술

subire un'operazione- 수술을 받다

opinione- 의견

avere grande opinione di sé- 자기 자신을 높이 평가하다

avere il coraggio delle proprie opinioni- 용기 있게 소신을 밝히다

avere la stessa opinione- 같은 의견/생각을 갖다

Abbiamo la stessa opinione. 우리는 의견이 같다.

Avevi la stessa opinione all'inizio del corso? 너는 과정 초기에도 같은 생각이었니?

avere una buona/cattiva opinione di- ~에 대해서 좋게/나쁘게 생각하다

Ho sempre avuto una buona opinione di te. 나는 항상 너에 대해 좋게 생각했다.

Lei ha una cattiva opinione degli italiani. 그녀는 이탈리아인에 대해 나쁘게 생각했다.

essere crititicato dall'opinione pubblica- 여론의 비판을 받다

esprimere la propria opinione- 자신의 의사를 표현하다, 소신을 표명하다

essere dell'opinione che- ~라고 생각하다

Sono dell'opinione che non tornerà mai. 나는 그가 결코 돌아오지 않으거라 생각한다.

farsi (o formarsi) un'opinione su- ~에 대한 의견을 정하다, ~에 대한 의견을 갖다

scadere nell'opinione di qualcuno- ~의 존경을 잃다

opposizione- 반대, 저항

essere (o mettersi) all'opposizione- 반대에 있다, 야당에 있다, 반대 입장에 서다

Il partito Laburista era all'opposizione. 노동당은 야당이었다.

fare opposizione a qualcosa/qualcuno- ~을 반대하다

Quando voleva cambiare casa, mia moglie mi ha sempre fatto opposizione. 그는 집을 바꾸고 싶어했으나, 아내는 항상 나를 반대했다.

in opposizione all'opinione pubblica- 여론에 반하여, 여론에 반항하여

passare all'opposizione- 반대에 서다, 반대당으로 가다

ora- 1. (명사) 시간

a ore- 시간당, 시간제로, 시급으로

domestica a ore. 파트 타임 가사도우미

Lui è pagato a ore. 그는 시급으로 받았다.

a quest'ora- (1) 지금쯤은 이미

Credo che a quest'ora sarà a Roma. 지금쯤은 이미 그는 로마에 있을 거라 생각한다.

(2) 이 시간에, 이때에

Domani a quest'ora sarò a Roma. 내일 이 시간에 나는 로마에 있을 것이다.

a tarda ora- 늦게까지, 늦은 시간에; 밤늦게

L'ho visto ieri sera a tarda ora. 나는 그를 어제 저녁 늦게까지 보았다.

a tutte le ore- 언제라도, 아무 때나

Puoi venire a tutte le ore. 너는 아무 때나 와도 돼.

all'ora- 한 시간에(= in un'ora), 시간당

L'automobile andava a 120 km all'ora. 자동차가 시속 120킬로로 달리고 있었다.

alla buon'ora- 마침내, 드디어; 마침 좋은 때!

Sei arrivato finalmente! Alla buon'ora! Credevo fossi rimasto addormentato. 드디어 네가 도착했구나! 이제야! 나는 네가 자고 있는 줄 알았다.

alla solita ora- 평소와 같은 시간에, 늘 오는 시간에

Lui torna a casa alla solita ora. 그는 늘 오는 시간에 집에 온다.

all'ora fissata- 지정된 시간에, 약속된 시간에

Che ora fai? 네 시계로 몇 시니?

di buon'ora- 일찍, 아침 일찍(= al mattino presto)

In campagna la gente si alza di buon'ora. 시골 사람들은 아침 일찍 일어난다.

Partiamo di buon'ora, così a mezzogiorno siamo già a metà strada. 우리 아침 일찍 출발하자. 그러면 정오에 중간쯤에 있을 거다.

di ora in ora- 매시간의, 한 시간 마다; 급속도로(= in processione rapida); 시간당

La situazione peggiora di ora in ora. 상황이 급속도로 나빠진다.

Le notizie arrivano di ora in ora. 뉴스가 매시간 도착한다.

d'ora in poi- 지금부터, 이제부터(= da questo momento in avanti, a partire da adesso)

D'ora in poi andrò al lavoro con la bicicletta. 이제부터 나는 자전거로 출근할 것이다

dire l'ora a qualcuno- ~에게 시간을 말하다

Mi puoi dire l'ora? 내게 시간을 말해줄래?

domandare l'ora- 시간을 물어보다

Ho domandato l'ora ad un passante. 나는 지나가는 사람에게 시간을 물어보았다.

è ora di (che)- ~할 시간이다

È ora che tu vada. 네가 가야 할 시간이다.

È ora di andare. 가야 할 시간이다.

era ora- (기다렸던 것이 이루어졌을때) 드디어, 마침내(= finalmente), 이제야 그렇게 되었네

"Il bagno è libero." "Era ora!". "화장실 비었습니다." "드디어!"

Era ora che arrivasse la mia pizza! 이제야 나의 피자가 도착하네!

Era ora che smettessi di fumare! 이제야 네가 담배를 끊었구나!

fare le ore piccole- 밤늦게까지 머무르다(= andare a letto molto tardi); 밤늦게까지 집에 안 들어오다

Hanno fatto le ore piccole per raccontarsi tutto quello che avevano fatto negli ultimi dieci anni. 그들은 지난 십 년간 있었던 모든 일을 서로 이야기하기 위해 밤늦게까지 있었다.

L'ora è suonata. 때가 왔다.

La mia ora si avvicina. 나의 시간이 닥쳐온다. 나의 시간이 임박했다.

Le ore del mattino hanno l'oro in bocca. (속담) 일찍 일어나는 새가 벌레를 잡는다. 부지런해야 성공한다.

metterci un'ora- 엄청난/오랜 시간이 걸리다

Finalmente sei pronta! Ci hai messo un'ora! 드디어 준비가 되었니! 시간이 꽤 걸렸구나!

non avere ore- 시간을 정확히 지키지 않다

È uno che non ha ore. 그는 시간을 정확히 지키지 않는다.

non vedere l'ora di (o che)- 기다릴 수 없다; ~을 학수고대하다, ~을 손꼽아 기다리다

Non vedo l'ora di andarmene. 나는 얼른 떠나고 싶다.

Non vedo l'ora di incontrarlo. 나는 그를 빨리 보고 싶다.

Non vedo l'ora di ritornare a casa mia. 나는 집에 돌아가는 것을 손꼽아 기다린다.

notizie dell'ultima ora- 최신 뉴스; (신문) 난외 기사

Sua moglie aspetta un bambino! È una notizia dell'ultima ora. 그의 아내가 아이를 가졌다! 최신뉴스다.

ora di punta- 러시아워, 혼잡 시간대

A Roma, nell'ora di punta, il traffico è particolarmente caotico e difficile. 로마에서 혼잡 시간대, 교통 체증이 특히 혼란스럽고 힘들다.

Non partiamo alle cinque, è proprio l'ora di punta. 우리 5시에 출발하지 말자. 정말 혼잡한 시간대야.

ora legale (o estiva)- 서머 타임, 일광 절약 시간

In che giorno ritorniamo all'ora legale quest'anno? 언제 올 서머 타임이 돌아오니?

ora locale- 현지 시간

2. (부사) 지금

d'ora in poi (o in avanti)- 지금부터는, 이제부터는, 앞으로는

D'ora in avanti comando io. 지금부터 내가 명령한다.

D'ora in poi non ti voglio più vedere in questa casa. 앞으로 나는 이 집에서 너를 더 이상 보고 싶지 않다.

fin (o sin) d'ora- (1) 지금부터(= a partire da ora)

Voglio cominciare fin d'ora a ridurre lo zucchero. 나는 지금부터 설탕을 줄이고 싶다.

(2) 지금 곧, 지금 당장(= subito)

Te lo dico fin d'ora. 지금 당장 그것을 네게 말할 게.

(3) 미리 앞서, 사전에(= in anticipo)

Vi ringrazio fin d'ora. 여러분에게 미리 앞서 감사드립니다.

fin'ora/fino a ora/finora- 지금까지

or ora- 방금, 이제 막(= un istante fa)

L'ho visto or ora. 방금 나는 그를 보았다.

or sono- ~전(= fa)

Ci siamo conosciuti tre anni or sono. 우리는 삼 년 전에 서로 알았다.

ora come ora- 현재는, 지금은

Ora come ora non saprei cosa rispondere. 지금은 뭐라고 대답해야 할 지 모르겠어요.

ora o mai più- 지금 아니면 절대 못한다, 지금이 유일한 기회이다

O me lo dici ora o mai più. 너 지금이 유일한 기회니 내게 그것을 말해.

ora più che mai- 그 어떤 때 보다 지금, 이제 그 어느 때보다

Ora più che mai mi sembra di aver preso la decisione corretta. 나는 그 어느 때 보다 지금 올바른 결정을 해야 한다고 생각한다.

ora ~ ora- 어떨 때는~ 하고 또 어떨 때는 ~하다; ~하는가 하면 또

Ora fa freddo, ora fa caldo. 어떤 날을 춥고, 어떤 날은 덥다.

Ora dice una cosa, ora un'altra. 그녀는 어떨 때는 이렇게 얘기하고 또 어떨 때는 다르게 얘기한다.

per ora- 우선은, 현재로서는, 당장은, 당분간은, 지금으로선, 일단은

Per ora basta così. 지금으로선 이것으로 충분합니다.

prima d'ora- 이전에, 과거에

Non l'ho mai visto prima d'ora. 이전에 나는 그것을 본 적이 없다

proprio ora- 바로 지금, 지금 이 순간에

È successo proprio ora. 바로 지금 일어났다.

3. (접속사) 하지만, 반면에(= invece); 이제는, 그러니까(= allora, dunque)

ora che- ~이니까, 이제는 ~이므로

Ora che ce l'hai, non lo perdere. 이제 그것을 갖고 있으니까 분실하지 마.

orario- 1. (형용사) 시간의; 2. (명사) 시간표

fuori orario- 근무시간 후에, 영업시간 후에

in orario- 정각에; 시간에 맞춰

Il treno è arrivato in orario. 열차가 정시에 도착했다.

orario continuato- 오전 9시부터 오후 5시까지; (상점) 점심 시간에 문 닫지 않는 연속 영업시간

orario di lavoro- 근무 시간

Come è il tuo orario di lavoro? 너의 근무 시간은 어떻게 되니?

orario dei treni (o delle ferrovie)- 기차 시간표

Con il mese di giugno, in genere, cambiano l'orario dei treni. 통상 6월에는 기차 시간표가 바뀐다.

orario dei corsi- 강의 시간표

orario delle lezioni- 수업 시간표

orario di apertura- 개점시간, 업무 개시, 오픈 시간

orario di chiusura- 폐점시간, 문닫는 시간

orario di visita- 면회 시간

orario elastico/flessibile- 유연 근무제, 근무 시간 자유 선택제

segnale orario- 시보

senso orairo- 시계 방향

orbita- 궤도

in orbita- 궤도로, 궤도에 들어서서

Quel film l'ha lanciato in orbita. 그 영화가 그를 궤도에 오르게 했다

ordine- 순서, 등급, 조직, 법규

all'ordine del giorno- 의제에, 안건에, 토의 사항에; (비유) 보통의, 평범한

All'ordine del giorno c'è il rinnovo dell'apertura di credito. 여신한도 갱신이 안건에 있습니다.

Agli ordini! (군대) 예, 그렇습니다!

di prim'ordine- 최고급의, 일류의

È un avvocato di prim'ordine: va' da lui se vuoi dei buoni consigli. 그는 일류 변호사이다. 좋은 자문을 원한다면 그에게 가라.

entrare nell'ordine di idee- 생각에 이르다

Sono entrati nell'ordine di idee di mandare la loro figlia in collegio, per costringerla a studiare. 그들은 딸을 공부시키기 위해서는 기숙사로 보내야 한다는 생각에 이르렀다.

essere all'ordine del giorno- 매일 있는 일이다

I furti d'auto sono all'ordine del giorno. 자동차 절도는 요즘 매일 있는 일이다.

essere in ordine- 순서대로 되어 있다, 정돈되다

È tutto in ordine, possiamo partire. 모든 것이 순서대로 되어 있어서, 우리는 출발할 수 있다.

La casa è in perfetto ordine. 집안이 잘 정돈되었다.

in ordine a- ~에 관해서

in ordine alla vostra proposta- 당신들의 제안에 관해서

in ordine di- ~의 순서에 의해, ~의 순서대로

in ordine di età- 나이순대로

in ordine d'importanza- 중요도 순으로

Ho sistemato i miei libri in ordine di importanza. 나는 중요도 순으로 책을 정리했다.

mettere all'ordine del giorno- 의제에/안건에 상정하다

mettere in ordine alfabetico- 알파벳 순서로 두다

Ho messo tutti i miei libri in ordine alfabetico. 나는 모든 책을 알파벳 순서로 두었다.

mettere in ordine decrescente- 내림차순으로 두다

mettere in ordine di altezza- 높이 순으로 두다, 키순으로 두다

mettere in ordine di data- 날짜순으로 두다

narrare per ordine- 순서대로 서술하다

mettere qualcosa in ordine - ~을 정리 정돈하다

Devi mettere in ordine la tua camera. 너는 네 방을 정리 정돈해야 한다.

per ordine di- ~의 명령에 따라

Per ordine del mio capo ufficio, quest'anno posso prendere le ferie solo a settembre. 본사의 명령에 따라 올해 나는 9월에만 휴가를 가질 수 있다.

richiamare all'ordine- 정숙을 명하다

La maestra ci ha richiamati all'ordine perché facevamo confusione. 선생님은 떠들었다고 우리에게 조용히 하라고 했다.

seguire un ordine cronologico- 연대기순을 따르다

tenere i libri in ordine- 책을 정돈해 두다

orecchio- 귀

a portata di orecchio- 소리가 들리는 거리에 (있는)

abbassare le orecchie- 기죽다

Fagli abbassare le orecchie! Mi sembra troppo pieno di sé. 그의 기를 죽여라! 내가 보기에 너무 의기양양하다.

allungare (o tendere) le orecchie- 귀를 쫑긋 세우다, 귀 담아듣다

Sta' attenta a quello che dici perché i vicini allungano le orecchie. 이웃이 귀담아 들으니깐 말하는 것에 주의해라.

aprire bene gli orecchi (o le orecchie)- (경고, 명령) 주의해서 듣다, 귀를 기울이다

Aprite bene le orecchie: Non voglio più vedere questo disordine! 잘 들어! 더이상 이렇게 어지려진 모습 보고 싶지 않아!

avere l'orecchio fine- 아주 잘 듣다, 청력이 좋다(= sentirci molto bene)

avere lavoro fin sopra le orecchie- 일하느라 너무 바쁘다

avere le orecchie lunghe- 멍청이 같다, 융통성이 없다

avere le orecchie a sventola- 귀가 툭 튀어나오다

Ha le orecchie a sventola. 그의 귀가 툭 튀어나왔다.

avere orecchio per la musica- 음악을 알다, 음악에 조예가 깊다

Quel ragazzo fin da piccolo aveva orecchio per la musica. Infatti ora è un grande pianista. 그 소년은 어려서부터 음악에 조예가 깊었다. 실제로 지금 그는 훌륭한 피아니스트이다.

averne fin sopra le orecchie di qualcosa- (비유) ~에 진절머리가 나다

cantare/suonare a orecchio- 악보 없이 노래하다/연주하다

Mia madre non conosceva le note. Ha sempre cantato a orecchio. 나의 어머니는 악보를 알지 못 했다. 그녀는 항상 악보 없이 노래했다.

Chi ha orecchie per intendere intenda. 들을 귀가 있는 사람은 알아듣는다.

con le orecchie basse- 풀이 죽은, 의기소침한

dare (o prestare) orecchio a qualcosa- ~에 귀를 기울이다, ~에 유의하다

Non dare orecchio a quelle dicerie. 그러한 소문에 귀를 기울이지 마라.

dire qualcosa all'orecchio- 귓속말을 하다, 귀띔하다

Vieni qui che ti voglio dire una cosa all'orecchio. 네게 뭔가 귓속말을 하고 싶으니 이리 와라.

entrare da un orecchio e uscire dall'altro- (비유) 한쪽 귀로 들어갔다 다른 쪽 귀로 나간다(금방 잊는다는 뜻)

Lo sapevo che non ti saresti ricordata di portare il libro a scuola. Le cose ti entrano da un orecchio e ti escono dall'altro. 나는 네가 학교에 책을 가지고 오는 것을 잊어버릴 줄 알았다. 너는 한쪽 귀로 듣고 한쪽 귀로 흘려버리지.

essere duro d'orecchio (o d'orecchi/e)- 귀가 어둡다, 잘 안들리다(= sentire molto poco); 이해 못한 척하다

essere tutt'orecchi- 열심히 귀를 기울이다, 귀를 세우다

Dimmi, sono tutt'orecchi. 귀를 세우고 들으니, 내게 말해.

fare orecchi da mercante- 귀담아듣지 않다, 무시하다, ~에 귀를 기울이지 않다

Io ti ho avvisata, ma tu continui a fare orecchi da mercante. Peggio per te. 나는 네게 경고했지만, 너는 계속해서 귀담아듣지 않아 오히려 더 나빠졌다.

farsi il buco all'orecchio- 귀에 피어싱하다, 귀를 뚫다

Mi sono fatta il buco alle orecchie. 나는 귀에 피어싱했다. 귀를 뚫었다.

fischiare le orecchie- 귀에 휘파람 소리를 내다; 귀가 간지럽다

Qualcuno mi sta pensando, perché mi fischiano le orecchie. 귀가 간질거리는데 누가 내 얘기를 하고 있나.

giungere all'orecchio- (비유) 귀에 들어오다, 소문을 듣다

Mi è giunto all'orecchio che il mio vicino ha vinto alla lotteria. 나는 이웃이 복권에 당첨됐다는 소문을 들었다.

mettere una pulce nell'orecchio- ~의 의심을 자아내다, ~의 마음에 의혹을 심다

Mentre raccontava quella storia, mi ha messo una pulce nell'orecchio. 그가 그 이야기를 설명하고 있는 동안, 나의 마음에 의심을 심었다.

non sentirci da quell'orecchio- 듣지 않다

prendere qualcuno per un orecchio- ~을 귀를 잡고 당기다, ~의 귀를 잡고 끌다

Lo prese per un orecchio. 그의 귀를 잡고 끌어당겼다.

prestare orecchio- 귀를 기울이다(= dare ascolto)

Non dare orecchio alle loro insinuazioni. 그들의 아첨에는 귀를 기울이지마.

stare con le orecchie tese- 열심히 귀를 기울이다, 귀 기울여 듣다 (= stare in ascolto); 상황을 예의 주시하다(= stare all'erta)

Stava con le orecchie tese per sentire tutto ciò che diceva suo padre. 그는 아버지께서 말씀하신 모든 말씀을 듣기 위해 열심히 귀를 기울이고 있었다.

tenere aperte le orecchie- 눈을 부릅뜨고 경계하다, 조심하다, 방심하지 않다

Se non vuoi farti abbindolare tieni aperte le orecchie; riuscirai certamente a imparare qualche cosa di utile. 네가 속고 싶지 않으면 조심해라. 그러면 분명 유용한 어떤 것을 배울 수 있을 것이다.

tirare le orecchie (o gli orecchi) a qualcuno- 귀를 잡아당기다; (특히 아이를) 꾸짖다, 야단치다(= rimproverare)

L'ho visto fumare in giardino e gli ho tirato le orecchie; ha solo dodici anni. 나는 12살밖에 안 된 것이 정원에서 담배 피우는 것을 보고 야단을 쳤다.

turarsi (o tapparsi) le orecchie- 귀를 막다, 안 듣는다

Ho fatto il bagno in piscina e mi si sono turate le orecchie. 나는 수영장에서 귀를 막고 수영을 했다.

origine- 기원, 근원

all'origine- 원래, 본래; 원점에서, 원천에서; 원산지에서

All'origine del mondo, l'uomo non era ancora stato creato. 태초에 인간은 아직 창조되지 않았다.

avere (o trarre) origine da- ~이 원인이다, ~에서 비롯되다/발생하다; ~을 기반으로 하다

dare origine a- ~이 비롯되다, 유래하다; 시작하다; 일으키다; 야기하다, 초래하다

Con il tuo comportamento hai dato origine ad una lite. 네 행동으로 인해 말다툼이 일어났다.

essere di origini italiane- 이탈리아 출신(태생)이다

La mia famiglia è di origini italiane. 나의 가족은 이탈리아 출신이다.

in origine- 맨처음에, 초에(= all'inizio); 본래, 원래

le origine di una civiltà- 문명의 기원

risalire all'origine- 시초로 거슬러 올라가다

trarre origine da qualcosa- ~에서 원인을 끌어내다, ~가 원인이 되어 일어나다

orizzonte- 수평선, 지평선

aprire nuovi orizzonti- 새로운 지평을 열다

Questa scoperta apre nuovi orizzoni per la cura del cancro. 이 발견은 암치료에 새로운 지평을 열어준다.

Viaggiare aiuta ad aprire la mente a nuovi orizzonti. 여행은 정신에 새로운 지평을 여는데 도움을 준다.

essere di orizzonti limitati- 마음이 좁다, 편협하다

Ha cercato di convincermi che tutti i poveri sono degli scansafatiche. È un uomo di orizzonti limitati. 그는 가난한 사람들은 모두 밥만 축내는 사람이라고 날 설득하려 했다. 그는 편협한 사람이다.

scomparire all'orizzonte- 수평선 너머로 사라지다

orlo- 가장자리

essere sull'orlo di un precipizio- 벼랑 끝에 서다

Paolo è sull'orlo di un precipizio: se continua a drogarsi finirà proprio male. 파올로(바오로, 바울)는 벼랑 끝에 서 있다. 계속해서 약물을 복용하면 정말 큰일 날 거다.

sull'orlo di- ~의 가장자리에, ~의 지경에

orma- 발자국

imprimere un'orma- 발자국을 남기다

lasciare un'orma in- ~에 흔적을 남기다

Questa disgrazia ha lasciato un'orma indelebile nella mia coscienza. 이러한 불행은 내 의식에 지울수

없는 흔적을 남겼다.

seguire (o calcare) le orme di qualcuno- (특히 가족 중) ~의 뒤를 잇다; ~의 선례를 따르다

Francesca seguirà le orme del fratello maggiore. 프란체스카가 큰 오빠의 뒤를 이을 것이다.

oro- 금

anello d'oro- 금반지

carico d'oro come una madonna- 보석으로 주렁주렁 치장한

Non capisco perché quella signora esce sempre carica d'oro come una madonna; è ridicola e pacchiana. 나는 왜 그 아주머니가 늘 보석으로 주렁주렁 치장하고 외출하는지를 알 수가 없다. 그녀는 우스팡스럽고 천박하다.

comprare a peso d'oro- (물건)을 비싸게 사다

Oggi il caffè si compra a peso d'oro; il prezzo è triplicato. 오늘 커피를 비싸게 샀는데, 가격이 세 배이다.

d'oro- 금으로 만든, 황금빛의(= color dell'oro); 멋진, 소중한, 특별한(= ottimo)

occasione d'oro- 천재일우, 호기

Comperare quella casa sarebbe stata un'occasione d'oro. 그 집을 구입한 것은 천재일우였을 것이다.

parole d'oro- 주옥같은 말(= parole sagge), 소중한 말씀

persona d'oro- 소중한/특별한 사람, 멋진 사람

Mia suocera è una persona d'oro. Non si lamenta mai di nulla. 나의 장모는 소중한 사람이다. 그녀는 전혀 불평하지 않는다.

Non è oro tutto quel che riluce (o luccica). (속담) 번쩍인다고 해서 다 금은 아니다. 매력적인 것이 실제는 거의 가치가 없다는 것을 뜻하는 속담.

non fare qualcosa per tutto l'oro del mondo- 세상의 그 무엇을 준다 해도/일확천금을 준다고 해도 ~을 하지 않다, 그 어떤 보답을 해 준다 해도 ~하지 않다

Non lo farei per tutto l'oro del mondo. 그 어떤 보답을 한다 해도 난 그것을 하지 않을 거다.

nuotare nell'oro- 돈이 넘쳐 나다; 굉장한 부자이다

La sua famiglia nuota nell'oro. 그의 가문은 굉장한 부자이다.

ottenere qualcosa a peso d'oro- ~을 값비싸게 얻다

Voleva quell'orologio antico e l'ha ottenuto a peso d'oro. 그는 그 골동품 시계를 원해서 그것을 값비싸게 얻었다.

prendere qualcosa per oro colato- 진실이라고 굳게 믿다, 맹목적으로 받아들이다, ~을 금과옥조로 여기다

Non prendere quello che dico per oro colato. 내가 말하는 것을 맹목적으로 받아들이지 마라.

Sogni d'oro!- 잘 자! 좋은 꿈 꿰!

Dormi bene. Ti auguro sogni d'oro. 잘 자. 좋은 꿈 꿰.

un cuor d'oro- 상냥한 마음

valere tanto oro quanto si pesa- 천금의 가치가 있다; 아주 유용/귀중하다

Angelo è una brava persona; vale tanto oro quanto pesa. 안젤로는 좋은 사람이어서 아주 귀중하다.

vendere a peso d'oro- 아주 비싸게 팔다

Era un quadro di un pittore famoso. È riuscito a venderlo a peso d'oro. 유명화가의 그림이어서, 그는 그것을 아주 비싸게 팔 수 있었다.

vincere l'oro alle Olimpiadi- 올림픽에서 금메달을 따다

orologio- 시계

essere un orologio- 시계로 잰 것처럼 정확하다; 규칙적인 생활을 하다(= essere metodico); 항상 정확히 시간에 맞춘다(= essere puntuale)

Se vuoi parlargli, lo trovi a casa tutte le sere tranne il sabato tra le otto e le nove. È un orologio! 네가 그와 이야기하고 싶으면, 토요일을 빼고 매일 밤 8시와 9시 사이에 집으로 찾아가 봐. 그는 시계처럼 정확한 사람이야!

funzionare come un orologio- 순조롭게 진행되다

nel senso contrario alle lancette dell'orologio- 시계 반대 방향의

nel senso delle lancette dell'orologio- 시계 방향으로

orologio a sabbia- 모래시계

orologio a sveglia- 알람시계

orologio da muro- 벽시계

orologio da polso- 손목시계

ortica- 쐐기풀

gettare qualcosa alle ortiche- ~을 허비하다/버리다

Ha studiato medicina per cinque anni e poi ha smesso. Tutti quei soldi e quelle energie gettate alle ortiche! 그는 5년간 의학을 공부하다 포기했다. 그 많은 돈과 정력을 허비하다니!

gettare la tonaca alle ortiche- 사제직을 관두다[7], 환속하다

oscuro- 1. (형용사) 어두운; 힘든, 어려운

futuro oscuro- 어려운 미래

la notte oscura- 어두운 밤

tempi oscuri- 힘든 시기, 불경기

2. (명사) 어둠

essere all'oscuro (allo scuro) di- ~에 대해서 깜깜하다; ~에 대해서 전혀 모르다.

Il segretario del partito ha dichiarato di essere all'oscuro delle bustarelle prese dal suo braccio destro. 정당의 서기는 자신의 오른팔(심복)이 받은 뇌물에 대해 전혀 모른다고 단언했다.

Non parla mai perché è all'oscuro di tutto. 그는 모든 것에 대해서 깜깜하기 때문에 절대 말을 하지 않는다.

tenere qualcuno all'oscuro di qualcosa- ~에게 알리지 않다, ~을 모르게 하다; ~에 대해 은폐하다

ospedale- 병원

all'ospedale- 병원에

Andai a trovarlo all'ospedale. 나는 그를 만나러 병원에 갔다.

essere portato all'ospedale- 병원으로 실려 가다

---

[7] Tonaca는 사제들이 입는 '수단'을 의미한다. '수단을 쐐기풀에 던진다'는 표현이 '사제직을 그만두다'는 의미가 된 것은 쐐기풀이란 것은 어디서나 잘 자라고, 그것이 무성해지면 모든 것을 뒤덮는 다는 건에서 비롯되었다.

Il malato è stato portato urgentemente all'ospedale. 환자가 급하게 병원으로 실려 갔다.

fare un mese d'ospedale- 한 달간 병원에서 보내다

A causa dell'incidente con la moto mi sono fatto un mese di ospedale. 오토바이 사고로 나는 한 달간 병원에서 보냈다.

in ospedale- 병원에

Mia sorella è ancora in ospedale. 내 여동생은 아직도 병원에 있다.

lavorare in ospedale- 병원에서 일하다

Lui lavora in ospedale. 그는 병원에서 일한다.

mandare qualcuno all'ospedale- ~을 병원으로 보내다; ~을 두들겨 패다

ricoverare in ospedale- (환자를 병원에) 입원시키다

Lui è ricoverato in ospedale. 그는 병원에 입원해 있었다.

ospite- 손님

andarsene (o partirsene) insalutato ospite- 작별 인사도 없이 가버리다; 사라지다(= scappare), (몰래) 서둘러 떠나다

L'ospite è come il pesce: dopo tre giorni puzza. (속담) 손님은 생선과 같아 3일이 지나면 냄새가 난다. 가는 손님은 뒤꼭지도 예쁘다.

Ospite d'onore. (TV, 라디오의) 특별 초대손님

È stato invitato come ospite d'onore in quel programma televisivo. 그는 그 텔레비전 프로에서 특별 초대손님으로 초대되었다.

osservazione- 주시, 관찰; 판단, 논평, 비평, 소견

fare delle osservazioni a qualcuno- ~을 비판/비평하다; ~을 질책하다

Non voglio farmi fare delle osservazioni per colpa vostra. 너희 잘못 때문에 내가 질책을 받고 싶지 않다.

fare un'osservazione- 한마디 하다; 이의를 제기하다

Mi ha fatto un'osservazione su come ero vestito. 그는 내가 어떻게 옷을 입었는지에 대해 한마디 했다.

osservazione partecipante- 참가자 관찰

permettersi un'osservazione- 감히 언급을 하다

ossigeno- 산소

dare un po' di ossigeno- 다소 숨통이 트이다; 다소간의 재정적 도움을 주다

Quell'ordinativo per cinque macchinari dalla Corea ci ha dato un po' di ossigeno. Forse ce la caviamo. 한국에서 주문한 다섯 대의 기계 때문에 우리는 다소 숨통이 트였다. 아마도 우리는 극복할 수 있을 거다.

osso- 뼈

avere le ossa rotte- 온 몸이/삭신이 쑤시다

Dopo aver preso quattro autobus questo pomeriggio ho le ossa rotte. 나는 오늘 오후에 네 번이나 버스를 타고나니 삭신이 쑤신다.

buttare un osso a qualcuno- (비유) ~에게 미끼를 던지다

essere all'osso- 아무것도 남지 않다

Ormai il patrimonio è all'osso. 이제 유산이 아무것도 남지 않았다.

essere ridotto pelle e ossa- (사람이) 뼈와 가죽만 남다; 피골이 상접하다, 빼빼 마르다

In seguito alla malattia si è ridotto pelle e ossa. 병치레 뒤에 그는 빼빼 말랐다.

fare economia fino all'osso- 아끼고 아껴 절약하다; 절약하여 빠듯한 생활을 하다

Facciamo economia fino all'osso, ma non riusciamo lo stesso ad arrivare alla fine del mese. 우리는 아끼고 아껴 절약하지만, 월말에 가면 돈이 없다.

fare l'osso a qualcosa- ~에 익숙해지다(= abituarsi)

farsi le ossa- 경험을 쌓다; 철이 들다

Si è fatto le ossa lavorando col padre. 그는 아버지와 일을 하며 경험을 쌓았다.

in carne e ossa- 직접, 몸소(= in persona); 실물로

marcio fino all'osso- 속속들이 썩은

Molla (o Posa) l'osso! (농담) 돌려줘!

rimetterci l'osso del collo- 망하다, 패가망신하다, 몰락하다(= rovinarsi); 죽다(= azzannarsi)

Questo è un affare rischioso: potrei anche rimetterci l'osso del collo. 이것은 위험한 사업이어서 패가망신할 수도 있다.

rompere le ossa a qualcuno- ~의 뼈를 부러뜨리다; ~을 두들겨 패다; 심하게 때리다

Se lo vedo ancora qui attorno gli rompo le ossa. 내가 이 근처에서 그를 본다면, 그를 두들겨 팬다.

rompersi l'osso del collo- 목뼈가 부러지다

Se continui a correre così in moto, ti romperai l'osso del collo. 네가 그렇게 오토바이로 계속해서 달리면, 목뼈가 부러질 거다.

un osso duro- (1) 어려운 일, 난제

La matematica è un osso duro per me. 수학은 내게 어려운 문제다.

(2) 만만치 않은 사람

Non provarci con lui, è un osso duro. 그와 우열을 가리지 마. 만만치 않은 사람이다.

un sacco d'ossa- 뼈만 남은 사람, 말라깽이

uscirne con le ossa rotte- 최악의 경우이다; 대패/참패하다

Dall'incontro con la mia ex-moglie sono uscito con le ossa rotte. 전처를 만나면서부터 나는 최악이었다.

osteria- 술집, 여관

fermarsi alla prima osteria- 처음 제안한 것을 받아들이다; 더 나은 기회를 기다리지 않다

Non capisco perché l'abbia sposato; si è fermata alla prima osteria. 그녀가 더 좋은 기회를 기다리지 않고 왜 그와 결혼했는지 나는 이해할 수가 없다.

ostinazione- 완고, 고집, 집요

con ostinazione- 완강히, 고집스럽게, 집요하게, 막무가내로, 바득바득, 한사코, 굳이

Mi resiste con ostinazione. 그는 나한테 완강하게 맞선다.

otre- 부대, 한 부대만큼의 용량

È un otre di vino. 그는 술을 몽땅 마셔버린다. 그는 술고래이다.

otre di zampogna- 수다쟁이

pieno come un otre- ~이 꽉 찬; 배가 터질 듯한

Ho mangiato troppo e mi sento pieno come un otre. 나는 너무 많이 먹어서 배가 터질 것 같다.

ottenere- 얻다, 획득하다

Chi vuole, ottiene. (속담) 뜻이 있는 곳에 길이 있다.

ottenere di fare qualcosa- ~하는 허락을 받다; ~을 획득하다

Non potei ottenere di vederlo. 나는 그것을 볼 허락을 받지 못했다.

ottenere qualcosa da qualcuno- ~에게서 ~을 얻다

Non otterrai niente da lui. 너는 그에게서 아무 것도 얻어내지 못할 것이다.

ovile- (울타리를 둘러놓고) 양을 치는 들판, 양 우리

ritornare (o rientrare) all'ovile- 가정으로 돌아오다; 옛 보금자리/원래의 터전으로 돌아가다

Mio marito mi tradisce, ma torna sempre all'ovile. 남편은 날 배신하지만 늘 가정으로 돌아온다.

ozio- 게으름, 나태, 무위

L'ozio è il padre dei vizi. 나태는 백악의 근원이다. 흔히 할 일 없는 자들이 나쁜 짓을 하는 법이다.

stare in ozio- 게으름을 피우다; 할 일 없이 지내다

trascorrere la vita in ozio- 게으른 삶을 살다

trascorrere le giornate nell'ozio- 하루 종일 빈둥거리다

vivere nell'ozio- 세월을 헛되이 보내다

P

pacchia[1]- (성구로만)

    Due mesi di vacanza? Che pacchia! 휴가가 두 달이라고? 정말 좋겠다!

    La pacchia è finita. 이제 즐거움도 끝났다. 좋은 날도 다 갔다.

    Non è mica una pacchia. 재미/흥미 없다.

pace- 평화

    dormire in pace- 평화롭게 자다

    essere in pace- 평화롭다

Finalmente sono in pace! 마침내 내가 평화롭다!

    essere in pace con qualcuno- ~와 평화롭게 지내다, 화락하다

    fare la pace con qualcuno- ~와 화해하다

    in pace- 평화롭게

    in santa pace- 평온/고요하게

Lasciami finire di leggere questo libro in santa pace. 편안하게 이 책을 다 읽도록 날 내버려둬. 편안하게 독서를 마치도록 날 놔둬.

    lasciare in pace qualcuno- ~을 방해하지 않다, 조용히 놓아두다; ~을 혼자 있게 내버려두다

Lasciatemi in pace, perché ho molto lavoro da fare. 할 일이 많으니까 날 혼자 내버려둬.

    lavorare in pace- 평화롭게 일하다

    non avere un momento di pace- 잠시도 편안할 틈이 없다

Non ho un momento di pace. 나는 잠시도 편안할 틈이 없다.

    mettersi il cuore in pace- 마음을 안정시키다, 마음을 가라앉히다

Mettiti il cuore in pace, perché ormai non c'è più rimedio. 마음을 가라앉혀, 이제 어떻게 할 도리가 없으니까.

    non dare pace- 성가시게 하다(= infastidire); 계속 잔소리를 하다(= tormentare)

    non darsi pace- 걱정하고 있다(= preoccuparsi); 체념하지 못하다(= non rassegnarsi)

Da quando le è morto il fratello non si dà pace. 그녀는 동생의 죽음을 체념하지 못한다.

Dopo la sconfitta non sa darsi pace. 그는 패배 후에 체념할 줄을 모른다.

    Pace all'anima sua! 평안히 잠드시길!

    per amor di pace- (아무 문제 없이) 평온하기를

    Riposa in pace! 평화롭게 잠드소서! 영원한 안식을 얻으소서!

padella- 프라이팬

    cadere dalla padella nella brace- 상황이 더욱 나빠지다; 산 넘어 산; 갈수록 태산

---

[1] 이탈리아어 'pacchia'는 라틴어 *pabulum*에서 유래하는데, 그 일차적 의미는 '식품, 식량'을 의미하며, 이차적 의미는 '건초, 여물'을 의미한다. 이한사전에는 '맛있는 요리, 훌륭한 요리; (비유) 원하지도 않는 행운'이라고 옮겼다.

Pensavamo che questa strada fosse migliore, ma siamo caduti dalla padella nella brace. 우리는 이 길이 더 나으리라고 생각했었는데 상황이 더 나빠졌다(갈수록 태산이었다).

padrone- 주인

  andare a lavorare sotto un padrone- 남의 밑에 들어가서 일하다

  essere padrone- 주인이다

Chi è il padrone di questo negozio? 이 가게 주인이 누구죠?

Non sono più padrone in casa mia! 난 더 이상 이 집 주인이 아냐!

  essere padrone della situazione- 사태에 잘 대처해 나갈 수 있다

  essere padrone di una lingua- 언어를 능숙하게 구사하다

  farla da padrone- 상전처럼 행세하다; ~에 군림하다; 권한을 남용하다

L'abbiamo invitato da noi in vacanza e adesso la fa da padrone. 휴가 때 그를 우리 집에 초대했는데 지금은 상전처럼 행세한다.

  non essere padrone di sé- 자제력이 없다

Quando ti ha detto quelle cattive parole non era padrone di sé. 그가 네게 그런 무례한 말을 했을 때는 자제력이 없었다.

  padrone di casa- 집주인

Devo pagare l'affitto al padrone di casa. 나는 집주인에게 집세를 내야 한다.

  servire due padroni- (비유) 두 주인을 섬기다(상반되는 두 원칙을 동시에 지지하는 것을 나타냄)

Nessuno può servire due padroni. (성경) 아무도 두 주인을 섬길 수 없습니다.

padronissimo- 완전한 자유

  essere padronissimo di- 완전히 자유이다

Sei padronissimo di smettere se vuoi; nessuno ti costringe a continuare. 네가 원하면 그만두는 것은 완전 자유야. 아무도 계속하도록 네게 강요하지 않아.

  Non vuoi venire? Padronissimo! 오고 싶지 않니? 마음대로 해!

  Padronissimo di farlo, se vuole. 그가 원한다면, 그것을 계속 추진할 수 있다.

paese- 나라, 국가, 시골, 마을

  andare di paese in paese- 이 마을 저 마을로 다니다

Mi è sempre piaciuto andare di paese in paese per conoscere usi e abitudini diversi. 난 관습과 습관들을 알기 위해 이 마을 저 마을로 돌아 다니는 것이 항상 좋았다.

  il Bel Paese- 이탈리아

Mezza classe politica in carcere! Queste cose succedono solo nel Bel Paese. 정치 세력의 절반이 감옥에 있다니! 이러한 일들은 오직 이탈리아에서만 일어난다.

  mandare qualcuno a quel paese- ~에게 지옥에나 가라고 말하다; ~에게 꺼지라고 말하다

Quando entrai in ritardo mi mandò a quel paese. 내가 늦게 들어가자 그는 내게 꺼져버리라고 말했다.

  Paese che vai usanza che trovi. (속담) 로마에 가면 로마법에 따르라.

  Tutto il mondo è paese. 사람들은 세계 어디에서나 다 비슷하다.

pagamento- 지불, 계산

  a pagamento- 유료의

parcheggio a pagamento- 유료 주차장

pagare- 계산하다

da pagarsi- 지불해야 하는

Me la pagherai! 언젠가 그것에 대한 대가를 치르고 말 거야! 너 이러면 재미 없어!

pagare a rate- 할부로 계산하다

Ho comprato una macchina costosa, la pagherò a rate. 비싼 차를 샀는데, 그것을 할부로 낼 것이다.

pagare alla romana- (일반적으로 저녁식사에서) 비용을 나눠내다, 비용을 각자 부담하다

Paghiamo alla romana! 비용을 각자 부담합시다! 더치 페이 합시다!

pagare caro qualcosa- ~을 비싸게 사다; 큰 대가를 치르다; ~때문에 큰 피해를 입다

Pagheranno caro quel che hanno fatto. 그들이 한 일에 대해 큰 대가를 치를 것이다.

pagare di persona- 직접 책임지다; 결과를 직시하다

pagare il conto- 계산서를 지불하다

Hai pagato il conto dell'albergo? 호텔 계산서를 지불했니?

pagare un occhio della testa (o salato/profuntamente)- 터무니 없이 많은 돈을 주다, 크게 바가지를 쓰다

somma da pagarsi- 지불해야 할 금액

pagina- 페이지, 쪽, 한 장(두 페이지)

a piè di pagina- 페이지의 하단부에; 각주에(= in nota)

cambiare (o voltare) pagina- 페이지를 넘기다; (비유) 새사람이 되다, 개과천선하다

Da quando ha rischiato di morire per un'overdose di eronia, ha voltato pagina. 그는 헤로인 과다복용으로 죽을 위험에 처한 뒤로, 새 사람이 되었다.

in testa di pagina- 페이지 위쪽에

leggere a pagina 20- 20페이지를 읽다

Prendiamo il libro e leggiamo a pagina 20. 책을 꺼내서 20쪽을 읽읍시다.

prima pagina- (신문의) 제1면; 매우 중요한

Domani questa notizia sarà sulla prima pagina. 내일 이 소식은 제1면에 나갈 것이다.

paglia- 짚, 밀짚

mettere paglia al fuoco- 운명을 시험하다, 목숨을 건 모험을 하다

Per il momento non dirgli niet'altro; è meglio non mettere troppa paglia al fuoco. 지금 당장은 그에게 다른 어떤 것도 말하지 마. 무모한 짓을 하지 않는 게 더 낫다.

uomo di paglia- 밀짚 인형; (비유) 자산이 없는 사람, 허수아비

pagnotta- 한 덩어리의 빵; 생활비, 주 소득원; 생업

guadagnare la pagnotta- 생활비를 벌다, 밥벌이를 하다

Si alza tutte le mattine alle sei per guadagnarsi la pagnotta. 그는 생계를 잇기 위해 매일 아침 6시에 일어난다.

lavorare per la pagnotta- 생계를 위하여 일하다

portare a casa la pagnotta- 생계를 책임지는 사람이다, 한 집안의 가장이다

paio- 한 쌍

un altro paio di maniche- 이야기가 전혀 다른; (앞서 언급했던 것과) 전혀 별개의 일

È lui deve soldi a te, non tu che devi soldi a lui. Allora è tutto un altro paio di maniche! 네가 그에게 빚진 것이 아니라, 그가 네게 돈을 빚진 거지. 그것은 이야기가 전혀 달라.

un paio di- 한 쌍의, 한 켤레의, 한 벌의; 둘

un paio di forbici- 가위 한 자루

un paio di giorni- 이틀, 2일

un paio di occhiali- 안경 하나

un paio di pantaloni- 바지 한 벌

un paio di volte- 한 두 번, 대략 두번

palato- (해부) 구개(口蓋), 미각

avere il palato fine- 미각이 발달되다, 입이 까다롭다

Solo chi ha il paltato fine sarà in grado di apprezzare le mie polpette.[2] 미각이 발달한 사람만이 나의 미트볼 요리를 이해할 수 있을 것이다.

che stuzzica il palato- (음식 등이) 구미를 동하게 하는

palio- (경마의 승자에게 수여되는 기) 빨리오; (시에나에서 열리는) 팔리오 축제

essere in palio- 위급하게 되다, 위기에 처하다, 중대사이다

mettere in palio- ~을 상으로 걸다

Il campione mette in palio il suo titolo in questo incontro. 챔피언은 이 경기에 자신의 타이틀(선수권)을 상으로 건다.

palla- 공

Che palle!- [속어] 아이, 지겨워(=che noia), 귀찮아, 성가셔!

Che palle! Questa stanza è piena di zanzare. 아이, 성가셔! 이 방은 모기 투성이야!

È una palla! 개 같은 소리!

essere in palla- 컨디션이 좋다(= essere in forma); 사정을 꿰고 있다

palla al piede- (1) 방해, 장애(= ostacolo) (2)지겨운 사람, 짜증나는 것

Il nuovo portiere è una palla al piede per la nostra squadra. 새 골기퍼는 우리팀에게 방해이다.

Sei veramente una palla al piede. 넌 정말 짜증나는 사람이다.

prendere (o cogliere) la palla al balzo- 틈을 타다; 기회를 잡다, 호기를 잡다/포착하다

Il direttore parlava dell'aumento dello stipendio, allora ho colto la palla al balzo e gli ho chiesto un aumento di stipendio. 원장이 임금 인상에 대해서 얘기하고 있길래 나는 그 틈을 타서, 그에게 임금 인상을 요구했다.

L'ha incontrato per caso. Ha preso la palla al balzo e gli ha parlato del suo progetto. 우연히 그를 만나 자신의 계획을 그에게 말할 기회를 잡았다.

sentirsi in palla- 혼란스럽다(= essere confuso)

Mi sento in palla. 나는 혼란스러움을 느낀다.

pallido- 창백한

essere pallido dalla paura Il nuovo portiere è una palla al piede per la nostra squadra. 무서워서 얼굴

---

[2] 'polpetta'란 단어는 '크로켓, 미트볼, 고기 만두, 어육 완자' 등의 요리를 뜻한다.

이 하얗다, 창백하다

Era pallido dalla paura. 그는 무서워서 얼굴이 창백했다.

pallino- (palla의 小) 작은 알; 광(狂), 마니아

   avere il pallino di- ~에 미치다, 열광/열중하다; ~의 광이다

Maurizio ha il pallino della fotografia. 마우리치오는 사진 광이다.

pallone- (palla의 大) 공

   andare nel pallone- 당황하다, 허둥대다

   essere nel pallone- 완전히 쩔쩔매다

È impossibile fare un ragionamento sensato con lui: è completamente nel pallone. 그를 타이른다는 건 불가능한 일이다. 그래서 그는 완전히 쩔쩔맨다.

   fare la testa come un pallone a qualcuno- ~에게 잔뜩 늘어놓다

   mandare il pallone in rete- 골대에 공을 넣다

   mandare nel pallone- 당황하게 하다

   sentirsi (o avere) la testa come un pallone- 머리가 멍하다, 망연자실하다

   un pallone gonfiato- 젠체하는 사람, 자만하는 사람

Suo cognato è un pallone gonfiato. 그의 자형은 젠체하는 사람이다.

palloso- (비격식) 지겨운(= noiso), 따분한

Il mio collego di lavoro è palloso. 나의 직장동료는 정말 고리타분해.

La lezione di storia è stata veramente palosa. 역사 수업 정말 노잼이야.

palma① - 손바닥

   portare (o tenere) qualcuno in palma di mano- ~을 중시하다, 중히 여기다

Il direttore parla sempre bene di lui e lo porta in palma di mano. 감독은 늘 그에 대해 좋게 말하며 그를 아낀다.

palma② - 종려나무

   ottenere (o riportare) la palma- 우승하다, 승리하다

palmento- 맷돌

   mangiare (o macinare) a quattro palmenti- 실컷 먹다, 게걸스럽게 먹다

Mangiava a quattro palmenti; sembrava fosse a digiuno da un mese. 그는 걸신들린 듯이 먹었는데, 마치 한 달은 굶은 것 같았다.

palmo- 손바닥

   a palmo a palmo- (1) 조금씩, 서서히(= a poco a poco)

Hanno esaminato i ruderi a palmo a palmo. 그들은 폐허를 서서히 조사했다.

(2) 철저히, 낱낱이(= in ogni particolare)

Conosco questa zona a palmo a palmo. 나는 이 지역을 손바닥 보듯 환히 안다.

   avere un palmo di lingua fuori- 숨이 탁탁 막히다

   non cedere di un palmo- 한치도 양보하지 않다

La battaglia è stata molto dura, ma non abbiamo ceduto di un palmo. 전투는 매우 치열했지만, 우리는 한치도 양보하지 않았다.

restare con un palmo di naso- 매우 실망스럽다; 기분이 나쁘다

palo- 막대기, 장대, 기둥

avere ingoiato un palo- (태도, 외관이) 매우 엄격하다, 매우 딱딱하다

fare da palo- 망을 보다

Uno è rimasto a fare da palo e gli altri due sono entrati con le armi in pugno. 한 명은 망을 보고 다른 두 명은 손에 무기를 들고 들어갔다.

lasciare uno a fare da palo- 망보는 사람을 세우다

restare fermo al palo- (경주에서) 처음부터 크게 뒤지다; 혼자 남아 있다

Tutti i suoi colleghi di università hanno passato l'esame di stato, ma lui non è riuscito a passarlo: è rimasto fermo al palo. 그의 대학 동기 모두가 국가고시에 붙었는데, 그는 시험에 통과하지 못해 그 혼자 남아 있었다.

saltare di palo in fresca- 화제를 갑자기 바꾸다; 두서 없이 말하다, 횡설수설하다

È difficile parlare di un argomento con lui; salta di palo in frasca con molta facilità. 그와 어떤 주제에 대해 이야기하는 것은 힘들다. 그 이유는 그가 너무 쉽게 화제를 갑자기 바꾸기 때문이다.

pancia- 배, 복부

Che pancia! (농담) 배 나온 것 좀 봐!

con la pancia in fuori- 배를 쑥 내밀고

Lei cammina con la pancia in fuori. 그녀는 배를 쑥 내밀고 걷는다.

dormire a pancia in giù- 엎드려 자다

essere a pancia piena- 배가 부르다

essere a pancia vuota- 굶다

fare (o mettere) su pancia- 살이 찌다; (남자) 배가 나오다

grattarsi la pancia- 수수방관하다, 소극적이다; 빈둥거리다, 현실을 도피하다

È un fannullone; si gratta sempre la pancia invece di darsi da fare. 그는 게으름뱅이여서, 바쁘게 일하는 대신 늘 빈둥거린다.

pensare solo alla pancia- 먹을 것만 생각하다, 먹을 궁리만 하다

sentirsi la pancia vuota- 허기지다

Mi sento proprio la pancia vuota. 나는 정말 배고파 죽겠다.

starsene a pancia all'aria- 반듯이 눕다; (비유) 아무것도 하지 않으면서 빈둥빈둥 지내다

tenersi la pancia dal ridere- 포복절도하다, 배를 잡고 웃다

Tua cugina ci ha fatto talmente divertire con le sue imitazioni che ci tenevamo la pancia dal ridere. 네 사촌은 그녀의 흉내로 우리를 재미있게 해서 배를 잡고 웃었다.

panciolle- 하는 일 없이, 빈둥거려; 게으르게

stare in panciolle- (하는 일 없이) 뒹굴 거리다, 빈둥거리다; 게으름을 피우다

Piuttosto che stare in panciolle, perché non vieni con me a fare delle commissioni? 게으름 피우지 말고, 나랑 같이 일하러 가지 않을래?

pandemonio- 대혼란

fare un pandemonio- 마구 화를 내며 항의하다; 물의를 일으키다

Quando ha visto il conto ha fatto un pandemonio. 그는 계산서를 보자 마구 화를 내며 항의했다.

pane[3]- 빵

buono come il pane- 마음씨가 고운

dire pane al pane e vino al vino- 자기 생각을 서슴없이 말하다, 솔직히 말하다

essere pane e cacio- 절친한 사이이다

Posso chiederlo a Giorgio; siamo pane e cacio. 절친한 사이어서 죠르죠에게 그것을 부탁할 수 있다.

fare il pane- 빵을 만들다

In campagna molti contadini fanno ancora il pane. 시골에서는 아직 많은 농부들이 빵을 만든다.

guadagnarsi il pane- 생활비를 벌다, 밥벌이를 하다

Non è uno scherzo per lui guadagnarsi il pane con una famiglia così numerosa. 그처럼 많은 가족을 먹여 살리는 것은 그에게 장난이 아니다(녹록하지 않다).

mangiare pane a tradimento (o a ufo)- 빌붙어 살다, 기식하다

Sei un mangiapane[4] a tradimento; da domani cominci a lavorare. 빌붙어 살지 말고 내일부터 일을 시작해라.

mangiare pane e cipolle- 빵과 양파만으로 생활하다; 매우 검소하게 살다

È un tipo di poche pretese; gli basta mangiar pane e cipolle. 그는 요구가 적은 사람이어서 아주 간소하게 산다.

Non è pane per i miei denti. 나에게는 적합하지 않아(= non sono fatto per questo); 그건 내 취향이 아니다(= non mi va).

Non si vive di solo pane. 사람은 빵만으로는 살 수 없다.

pane e acqua- (생존에 필요한) 빵과 물; (비유) 변변치 않은 식사

per un tozzo di pane- 빵 한 조각의 대가로; 거의 공짜로

L'ho avuto per un tozzo di pane. 나는 그것을 거의 공짜로 얻었다.

rendere pan per focaccia- 앙갚음하다, 복수하다

Intendo rendergli pan per focaccia alla prima occasione. 우선적으로 필요하면 나는 그에게 앙갚음할 작정이다.

Se non è zuppa è pan bagnato. (속담) 오십보백보이다. 대동소이하다.

spezzare il pane della scienza- 지식을 주다

togliere il pane di bocca a qualcuno- ~의 생계 수단을/일자리를 빼앗다

togliersi il pane di bocca- 아낌없이 모두 주다

È così generoso che si toglierebbe il pane di bocca. 그는 너무 관대해서 아낌없이 모두 줄 것이다.

trovare pane per i prorpi denti- 호적수를 만나다

Finalmente ha trovato pane per i suoi denti. 드디어 그는 호적수를 만났다.

panne- (기계, 열차 등의) 고장

avere (qualcosa) in panne- 고장이 나다

Non posso venire da te perché ho la macchina in panne. 차가 고장이 나서 너를 보러 올 수가 없다.

---

[3] 이탈리아어 'pane'는 라틴어 'panis'의 탈격에서 유래한 말이다.

[4] 'mangiapane'란 단어는 '식객, 기생자'를 뜻하는 말로, 우리말로는 '빈대' 정도로 옮길 수 있다.

essere in panne- 고장이 나다, 움직이지 않다

L'automobile è in panne. 자동차가 고장 났다.

rimanere in panne- 고장이 나다, 고장 난 상태다

panno- 모직물, 의복

essere (o trovarsi) nei panni di- ~의 입장에 서서 생각하다

Non vorrei essere nei suoi panni oggi. 난 오늘 그의 입장에 서서 생각하고 싶지 않다.

I panni sporchi si lavano in famiglia. (속담) 집안의 수치를 밖으로 드러내지 마라. 내부 문제는 내부에서 해결해야 한다.

mettersi nei panni di- 다른 사람의 입장이 돼보다

Mettiti nei miei panni e dimmi che faresti! 네가 내 입장이 되어 보고 뭘 할지 말해 봐.

non stare più nei panni dalla gioia- 기뻐서 어쩔 줄 모르다

Susanna ha vinto alla lotteria! Non sta più nei suoi panni dalla gioia. 수산나는 로또에 당첨되자 기뻐서 어쩔 줄 모른다.

tagliare i panni addosso a qualcuno- ~에 대해 안 좋게 말하다, ~을 헐뜯다

È maligna: taglia i panni addosso a tutti. 그녀는 심술 궂어서 모든 사람에 대해 안 좋게 말한다.

pantaloni- 바지

farsela nei pantaloni- 바지에 똥 싸다: (비유) 깜짝 놀라다, 질겁하다

portare i pantaloni- 바지를 입다; (비유) 여자가 자기 주장이 강하다

In quella casa è sua moglie che porta i pantaloni. 그 집은 아내가 남편을 깔고 뭉갠다.

pàpa- 교황

a ogni morte di papa- 극히 드물게

Si fanno vivi a ogni morte di papa, in genere per chiedere soldi. 그들은 어쩌다가 나타나는데, 대개 돈을 꾸기 위해서다.

andare a Roma e non vedere il papa- (비유) 가장 중요한 것을 빼먹다

Avete discusso il prezzo del garage ma non quello della casa?! È come andare a Roma e non vedere il papa. 너희는 집값이 아니라 차고 가격에 대해 이야기 한 거야?! 가장 중요한 걸 빼먹었군.

il Papa nero- 검은 교황; 예수회 총장을 일컫는 말

Morto un papa se ne fa un altro. (속담) 한 교황이 죽으면 다른 사람이 잇는다. 좋은 사람(기회)은 얼마든지 있다.

stare (o vivere) come un papa- 교황처럼 생활하다; 호화롭게 살다[5]

Da quando ha ereditato i soldi di suo zio vive come un papa. 그는 삼촌의 돈을 상속받은 뒤로 호화롭게 살고 있다.

stare da papa- 풍족하게/안락하게 살다

Sta da papa quando torna a casa dei genitori. 그는 부모님 집으로 돌아와 편안하게 산다.

papavero- 양귀비

alto papavero- 중요 인물, 거물, 실력자

---

[5] 역사적으로 이탈리아는 교황령 통치 지역과 그렇지 않은 지역으로 나뉘었는데, 교황령에 속하지 않았던 지역 가령 피사, 페루지아 등에는 특별히 반성직주의적 사조가 강했다. 이러한 관용어는 그러한 풍조에서 유래한 표현이다.

Non otterrai nulla da lui, non è un alto papavero. 그에게서 얻을 것이 아무것도 없을 거야. 그는 거물이 아니거든.

papera- 거위 새끼; 말실수, 실언

camminare come una papera- (오리처럼) 뒤뚱뒤뚱 걷다

prendere (o fare) una papera- 실언하다, 말을 실수하다; (배우) 대사를 잊다/틀리다

Hanno licenziato quell'annunciatrice perché faceva troppe papere. 자주 말실수를 해서 그들은 그 여자 아나운서를 해고했다.

pappa- 곤죽; 이유식

mangiare la pappa in testa (o capo) a qualcuno- (1) ~보다 신장이 더 크다(= essere più alto)

Giovanni è talmente grasso che mangia la pappa in testa a tutti. 죠반니는 보통 사람보다 훨씬 더 뚱뚱하다.

(2) ~보다 우월하다, 더 큰 힘을 지니다, 능력이 뛰어나다, 더 영특하다

È un'atleta che mangia la pappa in testa a tutti gli avversari. 다른 상대 선수들보다도 실력이 우수한 운동 선수이다.

pappa e ciccia- 매우 친한/절친한 사이; 한통속

Lui e il suo compagno di banco sono pappa e ciccia. 그와 그의 급우는 아주 친하다.

pappamolla- 줏대가 없는 사람

È una pappamolla; si fa sempre imporre le decisioni dagli altri. 그는 줏대가 없는 사람이어서, 늘 다른 사람에게 꼼짝 못한다.

scodellare la pappa a qualcuno- 누군가가 자기 문제를 해결하다

È un incapace; bisogna sempre scodellargli la pappa. 그는 무능력해서 늘 자기의 문제를 해결할 누군가가 필요하다.

trovare la pappa fatta (o pronta)- 손쉬운 것을 찾다; 모두 해결된 문제를 찾다

Ha sempre trovato la pappa fatta: adesso che deve impegnarsi non sa da che parte cominciare. 그는 늘 손쉬운 것만을 찾아서, 지금은 노력을 해야 하는데 어디에서 시작해야 할 지를 모른다.

volere la pappa fatta (o scodellata)- 아무런 노력을 하지 않고 모든 것을 바라다

È talmente pigro che vuole sempre la pappa fatta. 그는 너무 게을러서 아무런 노력을 하지 않고 모든 것을 바란다.

pappagallo- 앵무새

fare il pappagallo/ripetere a pappagallo (o come un papagall)- 앵무새처럼 흉내 내다

paracadute- 낙하산

lanciarsi con il paracadute- 낙하산을 타고 낙하하다; (비상시) 낙하산으로 뛰어내리다

scendere con il paracadute- 낙하산으로 내리다

paradiso- 천국

andare in paradiso- 사망하다, 죽다

Lui vuole andare in paradiso. 그는 죽고 싶어 한다.

avere dei santi in paradiso- 좋은 연고가/연줄이 있다

di paradiso- 천국의, 하늘의

È una musica di paradiso. 천상의 음악이다.

paradiso artificiale- 약물로 인한 행복감

paradiso fiscale- 조세 피난지

paragonare- 비교하다

paragonare qualcosa con- ~을 ~와 비교하다

Non è possibile paragonare la nostra casa con la sua. 우리 집을 그의 집과 비교하는 것은 가능치가 않다.

paragone- 비교

a paragone di- ~와 비교해 볼 때, ~에 비해서

fare (o stabilire) un paragone- 비교하다

mettere a paragone due cose- 두 사안을 비교하다

Non c'è paragone. 비교가 안 된다.

pietra di paragone- 시금석, 기준

senza paragone- 비할 데가 없는, 독보적인

parare- 꾸미다, 보호하다, (스포츠) 지키다, 피하다

andare a parare- 의도하다

Non capisco dove vuoi andare a parare. 네가 뭘 의도하는지 알 수가 없다.

Quando Maria mi telefona so sempre dove vuole andare a parare. Sicuramente è per farsi invitare a cena. 마리아가 내게 전화하면 뭘 말하려하는지 안다. 분명 저녁식사에 초대하기 위해서지.

parcheggio- 주차

avere problemi di parcheggio- 주차 문제가 있다

Essendo venuto a piedi, non ho avuto problemi di parcheggio. 난 걸어 와서 주차 문제가 없었다.

area di parcheggio- 주차장, 주차 지역[6]; 답보/침체 상태

Gli anni dell'università sono diventati un'area di parcheggio per i giovani disoccupati. 대학에 다니는 유망한 학생들이 청년 실업으로 인해 침체 상태에 놓였다.

Per Sam, l'anno di riposo è stato come un'area di parcheggio per poi ripartire con più coraggio nella sua carriera. 좀더 용기를 갖고 자신의 경력을 쌓아가야 할 사무엘에게 안식년은 답보 상태와 같았다.

Divieto di parcheggio. 주차금지.

parcheggio a pagamento- 유료 주차

parcheggio gratuito- 무료 주차

parco- 검소한, 소박한

essere parco di lodi- 칭찬에 인색하다

È parco di lodi. 그는 칭찬에 인색하다.

essere parco nel bere- 술을 적당히 마시다, 술을 한 두잔 정도 마시다

parente- 친척

parente lontano (o alla lontana)- 먼 친척

---

[6] 이탈리아 고속도로 중간 중간에 휴게소 외에도 'area di parcheggio'가 설치되어 있어 졸음운전을 예방하기 위해 잠시 쉬거나, 준비해온 간단한 점심식사를 할 수 있는 장소가 마련되어 있는 곳도 있다.

Lui è un mio lontano parente. 그는 나의 먼 친척이다.

parente povero- 열등하게 여겨지는 것, 천덕꾸러기

parente stretto (o prossimo)- 가까운 친척

Siamo parenti stretti. 우리는 가까운 친척이다.

parenti da parte di madre- 엄마 쪽 친척

parentesi- (문법) 삽입 어구; 괄호; 여담, 탈선; 중간 휴식, 사이

fra parentesi- 말이 났으니 말이지; 여담인데

Fra parentesi, questa è la casa di cui ti dicevo. 여담인데, 내가 네게 얘기했던 집이 이거야.

Sia detto tra parentesi. 덧붙여 말하면.

una breve parentesi- 잠깐 동안의 중단

parere- 1. (동사) 여기다, ~처럼 보이다

a quanto pare- 듣자 하니; ~일 것 같다; (긍정문을 받아) 그런 것 같다

come mi pare e piace- 내 좋을 대로

Fa' come ti pare! 네 하고 싶을 대로 해!

"Grazie" "Ma vi pare!" "감사합니다" "별말씀을!"

Pare di sì. 그렇게 보입니다, 그런 것 같습니다.

parere di fare qualcosa- ~하는 것 같다

Sono così contento che mi pare di sognare. 너무 기뻐서 모든 것이 꿈만 같다.

2. (명사) 의견, 견해

a mio parere- 내 생각으론, 내 의견으론

Fa come vuoi ma, a mio parere, sbagli di grosso. 네가 하고 싶은 대로 해, 하지만 내 생각으론 네가 대단히 잘못하고 있다.

essere del parere che- ~이라고 생각하다

Siamo del parere che tu abbia fatto bene a scegliere la facoltà di medicina. 우린 네가 의대를 선택하길 잘했다고 생각해.

essere di tutt'altro parere- 완전히 다른 생각이다

Non sono del parere- 동의하지 않다

Non sono del tuo parere a questo riguardo. 이것에 관해서 나는 네 의견에 동의하지 않는다

pari- 1. (형용사) 같은, 짝수의, 동등의

a pari prezzo- 같은 가격으로

Questi due libri sono venduti a pari prezzo. 이 두 권의 책은 같은 가격에 팔렸다

andare di pari passo con i tempi- 시대와 보조를 맞추다

andare di pari passo con qualcuno- ~와 함께 가다; ~에 대해 알게 되다

di pari passo- 동일한 비율로, 같은 속도로

essere pari alla propria fama- 자신의 명성에 부응하다, 자신의 명성 값을 톡톡히 하다

essere pari e patta- 비기다, 피장파장이다; (서로 빚진 게 없이) 셈이 끝나다

Adesso che ti ho restituito il favore siamo pari e patta. 이제 네게 은혜를 갚았으니 우리는 피장파장이다.

in pari tempo- 동시에

2. (남성명사) 무승부

al pari di- ~와 마찬가지로, ~와 동등하게

Sei uno sciocco al pari di lui. 너는 그와 마찬가지로 바보이다.

andare in pari- 본전치기이다; 비기다

Con questa vincita sono andato in pari con tutto quello che ho perso la scorsa settimana. 이번 승리로 지난 주에 진 것이 모두 비겼다.

essere in pari (con qualcuno)- ~와 일치하다

mettersi in pari- 따라잡다, 막상막하이다

Dopo quella lunga malattia ho dovuto lavorare molto per mettermi in pari. 나는 오래 앓고 난 뒤에 따라잡기 위해서 열심히 일해야만 했다.

mettere in (o a) pari- 동점을 만들다; 동등하게 만들다

parlarsi da pari a pari- 동등한 입장에서 말하다, 개인대 개인으로 말하다

senza pari- 비교할 여지가 없이

trattare qualcuno da pari a pari- ~을 자신과 동등하게 대하다

È così arrogante di solito! Non credevo che fosse capace di trattarmi da pari a pari. 그는 보통 매우 거만해! 그가 나를 동등하게 대하리라고 생각지도 못했다.

3. (여성명사) 동등, 동가, 동위

alla pari- 똑같이, 대등하게; 액면가; 입주 가정부(오페어)[7]

Hanno una ragazza alla pari che aiuta in casa. 그들은 집안 일을 돕는 오페어 아가씨가 있다.

pari pari- 글자 그대로; 정확히

Quello che hai scritto nel tuo tema è preso pari pari dal giornale. 네가 쓴 작문은 신문을 그대로 베꼈다. Te lo riferisco pari pari. 내가 들은 그대로 너한테 이야기하는 거야.

pariglia- 한 쌍

rendere la pariglia- 앙갚음하다, 보복하다

유사 관용어 [**pane**] 'rendere pan per foccacia'를 보시오.

parlantina- 말이 많음, 수다스러움

avere la parlantina sciolta (o una bella parlantina)- 말재주가 있다, 말주변이/말솜씨가 좋다

유사 관용어 [**dono**] 'il dono della parlantina'를 보시오.

parlare- 말하다

Altro è parlare di morte, altro è morire. (속담) 죽음에 대해 말하는 것과 죽음은 다른 것이다. 말과 행동은 다른 것이다.

approssimativamente parlando- 개략적으로 말하면

avere un bel parlare- 장황하게 말하다; 기진맥진할 때까지 말하다

Avete un bel parlare, ma non riuscirete a convincermi. 장황하게 이야기했지만, 너희들은 날 설득할 수 없을 거야.

---

[7] 이탈리아 가정에 입주하여 아이나 노인 돌보기 등의 집안일을 하고 보수를 받으며 언어를 배우는 젊은 여성을 말함. 이들의 체류허가증이 사회적으로 문제가 되기도 하며, 국가별로는 주로 동유럽, 필리핀, 아프리카 등의 이주여성이 대부분이다.

con rispetto parlando- 이런 말을 해서 미안하지만, 실례되는 말씀이지만

"Ho un mare di lavoro." "Non me ne parlare." "할 일이 태산 같다." "나도 마찬가지야."

modestamente parlando- (주로 역설적인 표현에서) 정중히 말씀 드리자면

Signori si nasce. E io, modestamente parlando, lo nacqui. 신사 여러분께서는 탄생하셨습니다. 그러면 저는, 정중히 말씀 드려, 태어났지요.[8]

Non ne parliamo più! 그에 대한 얘기는 더 이상 하지 맙시다!

Non se ne parla nemmeno! 그건 완전 논외의 일이에요.

parlare a ruota libera- 논리적인 연결없이 자유롭게 말하다, 두서없이 말하다

parlare a vanvera/a casaccio- 허튼 소리를 늘어 놓다, 큰소리 치다, 허풍 떨다

parlare al vento (o al muro/al deserto)- 소 귀에 경읽기이다, 말해봐야 소용없다, 쓸데없는 말을 하다

parlare bene di qualcuno/qualcosa- ~에 대해 좋게 말하다

parlare chiaro- 분명하게/명확하게 말하다(= con pronuncia chiara); ~에 관해 명확하다(= schiettamente); 명명백백하다(= di testo scritto)

La legge parla chiaro. 법은 명명백백하다.

Parliamoci chiaro! 그것에 대해 분명히 이야기하자!

parlare fuori dai denti- 생각을 털어놓다, 거리낌없이 말하다

parlare male di qualcuno, qualcosa- ~에 대해 나쁘게 말하다

parlare per esperienza- 경험에서 말하다

Parlo per esperienza. 실제로 경험한 것을 말하는 겁니다.

parlare per qualcuno- ~을 위해 말하다, ~을 대신해서 말하다

Se non potrai venire stasera alla riunione, parlerò io per te. 네가 오늘 저녁 회의에 오지 못하면, 내가 너를 대신해서 말할게.

Parlo sul serio. (대화 도중) 정말이에요. 농담하는 거 아니에요.

un gran parlare- 많은 논의

Si è fatto un gran parlare recentemente del problema dell'inquinamento. 최근 들어 오염 문제에 대한 많은 논의가 있어 왔다.

parola- 말

A buon intenditor poche parole. (속담) 현자는 하나를 듣고 열을 깨닫는다.

a parole- 말로, 말에

Lui è coraggioso solo a parole, ma non a fatti. 그는 행위가 아니라 말로만 용기가 있다.

Lui mi ferisce a parole. 그는 나에게 말로 상처 준다.

Lui mi offende a parole e a fatti. 그는 말과 행동으로 내 기분을 상하게 한다.

avere la parola facile- 말솜씨가/말주변이 좋다[9]

Ha la parola facile; dovrebbe fare l'avvocato. 그는 말주변이 좋아서 변호사가 되어야 해.

Basta coi giri di parole! 돌려서 얘기하지 마!

---

[8] 나폴리 출신 배우 토토가 사용한 사용한 표현이다.

[9] 유사 관용어는 'aver la parlantina sciolta (o una bella parlantina), il dono della parlantina'이다.

dire due parole a- ~와 할 이야기가 있다; (개인적으로) 대화하다

Vieni di là, vorrei dirti due parole. 저기로 와. 너와 개인적으로 대화하고 싶다.

dire una parola- 한마디하다; 잠깐 얘기할 것이 있다

Vorrei dirti una parola. 잠시 드릴 말씀이 있습니다.

due parole- 두서너 마디

Ti racconto tutta la storia in due parole. 몇 마디로 네게 (일의) 자초지종을 말해 줄게.

È una parola! 말하기는 쉬우나 행하기는 어렵다!; 농담이 아니다!

essere di parola- 약속을 지키다[10]

Se sarai di parola con me non avrai di che pentirtene. 네가 나와 함께 약속을 지킨다면, 미안할 것은 없다.

essere di poche parole- 말수가 적다

essere in parola con qualcuno- ~와 ~에 대해 반은 약속하다; ~와 교섭 중이다

Non posso prendere in considerazione la tua offerta; sono già in parola con altri. 난 이미 다른 사람들과 교섭 중이어서, 너의 제안을 고려할 수 없다.

in altre parole- 다시 말해서, 다르게 말하면

in parole povere- 간단히 말하면; 알기 쉽게 말하면

Spiegami tutto questo in parole povere. 알기 쉽게 이 모든 것을 내게 설명해라.

in poche parole- 간단명료하게 말하면, 간단히 말해서

Raccontatemi in poche parole il film che avete visto. 너희들이 본 영화를 간단하게 내게 이야기 해봐.

in una parola (o in tre parole)- 한 마디로 말해서, 요컨데

lasciare la parola a qualcuno- ~에게 말을 하게 하다, 말을 넘기다

Non voglio dilungarmi oltre. Lascio la parola al dottor Rossi. 더 이상 말을 길게 하고 싶지 않습니다. 로씨 박사님께 말을 넘기겠습니다.

mangiarsi le parole- 중얼거리듯 말하다, 중얼거리다

Parla così in fretta che si mangia le parole. 그는 너무 빨리 말해서 말을 중얼거린다.

mantenere la parola- 약속을 지키다

Non ci si può fidare di lui; non mantiene mai la parola. 그는 약속을 지키지 않아서 우리는 그를 신뢰할 수 없다.

non dire mezza parola- 아무 말도 하지 않다

Non dire mezza parola in giro di quello che ti ho detto. 네게 말한 것에 대해 그 누구에게도 아무 말도 하지 마.

Non ho parole per ringraziarti. 무어라고 네가 감사를 해야 할 지 모르겠다.

non mancare di parola- 약속을 어기지 않다, 약속을 지키다

È un uomo onesto e se te lo ha promesso non mancherà di parola. 그는 정직한 사람이라 네게 약속을 했다면, 약속을 어기지 않을 것이다.

non rivolgere più la parola a qualcuno- ~에게 더 이상 말을 안 걸다.

---

[10] 유사 관용어는 'mantenere la parola, non mancare di parola'이다.

Franco è stato molto maleducato con me. È per questo che non gli rivolgo più la parola. 프랑코가 내게 아주 무례했다. 이런 이유로 더 이상 그에게 말을 안 건다.

Non sempre le parole s'accompagnano ai fatti. 행동은 말보다 더 큰 소리로 말한다. 말보다 행동이 중요하다.

parlare a mezze parole- 돌려 말하다

Invece di parlare a mezze parole, dimmi francamente cosa è successo. 돌려 말하지 말고, 무슨 일이 벌어졌는지 솔직히 내게 말해.

prendere la parola- 말을 꺼내다; (토론에서) 발언하다

Alla fine del banchetto ha preso la parola. 연회 말미에 그는 말을 꺼냈다.

prendere qualcuno in parola- ~의 말을 그대로 믿다

In quell'occasione io scherzavo, ma lui mi ha preso in parola. 그 상황에서 나는 농담을 하고 있었는데, 그는 나의 말을 그대로 믿었다.

rimangiarsi la parola- 먼저 한 말을 취소하다

Mi sono accorto che non meriterebbe il mio appoggio, ma non posso rimangiarmi la parola. 나는 그를 지지할 만한 가치가 없다는 것을 알았지만, 내가 한 말을 취소할 수 없다.

togliere la parola di bocca a qualcuno- ~가 말하려고 하는 것을 먼저 말하다, ~의 말을 가로채다

rivolgere la parola a qualcuno- ~에게 말을 걸다

Marco è stato maleducato con me. Non gli rivolgo più la parola. 마르코는 내게 무례했다. 더 이상 그에게 말을 걸고 싶지 않다.

Tutte parole! 모두 허풍이야! 모두 말뿐!

un uomo di parola- 약속을 지키는 사람

un uomo di poche parole- 말수가 적은 남자

venire a parole con qualcuno- ~와 말다툼하다

È venuto a parole con Giovanni per una questione di soldi. 그는 돈 문제로 죠반니와 말다툼했다.

parte- 부분

a parte- 분리된(= separato); 따로따로(= separatamente); 다른(= diverso); ~외에는 ~을 제외하고(= eccettuato); 별개의

a parte di- ~을 끼워, ~에 대해 (알다)

a parte qualche eccezione- 몇 가지 예외는 빼고

avere parte in qualcosa- ~에 관여/참가하다

costituirsi parte civile contro qualcuno- ~을 상대로 손해 배상 소송을 제기하다

Da che parte arriva il treno? 기차가 어느 편으로 들어오죠?

da parte di- ~에서, ~로부터; ~의 입장으로서는, ~측에서는

Ci sono molte lamentele da parte degli studenti. 학생측에서는 불평이 많다.

da un mese/un anno a questa parte- 지난달/작년부터

Da un mese a questa parte non frequenta più la scuola. 지난달부터 그는 학교에 나오지 않는다.

da un po' di tempo a questa parte- 최근에; 최근 몇주 동안

Non ci vediamo più da un po' di tempo a questa parte. 우리는 최근에 보지 못했다.

Da questa parte, signori- 아저씨들, 이쪽 방향입니다

da queste parti- 이 부근에(= in questa zona); 이 근처에(= qui in giro)

da tutte le parti (o da ogni parte)- 사방/도처에서; 온갖 방면에서, 전국 각지에서

La gente è accorsa da tutte le parti per assistere allo spettacolo. 공연을 보기 위해 전국 각지에서 사람들이 왔다.

da una parte... dall'altra- 한편으로는 ...다른 한편으로는

유사 관용어 [late] 'da un lato ... dall'altro'를 보시오.

d'altra parte- 다른 한편으로는, 반면에

D'altra parte, non si può dimenticare ciò che ha fatto di buono. 다른 한편으로 우리는 그가 한 선행에 대해 잊을 수 없다.

dall'altra parte- 다른 쪽에, 다른 편에

dalle nostre parti- 우리 지방에서는

Dalle nostre parti, non si fa festa quando uno muore. 우리 지방에서는 사람이 죽으면 축제를 하지 않는다.

essere parte di- ~을 구성하다/이루다

fare la parte del leone- (비유) 가장 큰 몫을 차지하다; 단물을 빨아먹다

È un uomo autoritario ed è abituato a fare la parte del leone. 그는 권위적인 사람이어서 가장 좋은 부분을 차지하곤 한다.

fare la parte di- ~의 역할을 하다; ~에 속하다; ~의 일원이 되다

Fa sempre la parte dello stupido. 그는 항상 바보 역할을 한다.

Fece la parte di Otello. 오델로 역할을 했다.

fare la propria parte- 의무를/본분을 다하다, 제 할 일을 다하다

Ciascuno dovrà fare la sua parte. 모든 사람은 자신의 본분을 다해야 할 것이다.

Ha fatto la sua parte. 그는 자기 역할을 다했다.

Non te la prendere con lui se l'affare è andato a male: lui ha fatto la sua parte. 거래가 성사되지 않았다고 그에게 분통 터뜨리지 마. 그는 제 할 일을 다했다.

fare le parti- (몫을) 나누다, 분배하다

La mamma prese la pizza e fece le parti per tutti. 엄마는 피자를 잡고 모두를 위해 나누었다.

farsi da parte- 옆으로 비키다/피하다; 양보하다

Voleva sposarla, ma quando ha visto che lei era innamorata di suo fratello, si è fatto da parte. 그녀와 결혼하고 싶었는데, 그녀가 자기 동생과 사랑에 빠졌다는 것을 알고 그는 양보했다.

in gran parte- 주로, 대부분은, 크게

I loro soldi vengono in gran parte dalla famiglia di lei. 그들의 돈은 대부분 그녀의 가정에서 나온다.

in parte- 부분적으로, 어느 정도는

Quello che dici è giusto solo in parte. 네가 말하는 것은 어느 정도 옳다.

le due parti contraenti- 두 계약 당사자

le parti in causa- (법률) 소송 당사자

mettere da parte- 모으다, 적립하다(= risparmiare); 치워 놓다(= accantonare)

Spero di mettere da parte abbastanza soldi per potermi comprare un terreno. 나는 땅을 살 수 있는 충분한 돈을 모으길 희망한다.

mettere qualcuno a parte di qualcosa- (비밀을) ~에게 알려주다/일러주다

Mettimi a parte dei tuoi segreti. 내게 네 비밀을 알려줘.

passare (o trafiggere) da parte a parte- (칼에) 찔리다, 관통하다; 뚫다

La lama della spada lo passò da parte a parte. 칼날이 그를 관통했다

per la maggior parte- 대부분, 대체로

Per la maggior parte le cose che dice non sono interessanti. 대체로 그가 말하는 것은 재미없다.

prendere le parti di- ~의 편을 들다

Quando lo hanno accusato ingiustamente, lei ha preso le sue parti. 그들이 그를 부당하게 고소하자, 그녀는 그의 편을 들었다.

scherzi a parte- 농담은 그만하고, 농담은 치워두고

Sono dalla tua parte. 나는 네 편이다.

partenza- 출발

essere in partenza- 막 떠나려는 참이다

Il treno è in partenza dal binario 6. 기차가 6번 트랙에서 막 출발하려던 참이다.

Non posso accettare il tuo invito perché sono in partenza per il mio paese. 고국으로 떠나려던 참이기 때문에 네 초대를 받아 들일 수 없다.

fissare la data della partenza- 출발 날짜를 정하다

in partenza- 출발하는, 출발 중

l'aereo in partenza per Roma- 로마행 비행기

rimandare la partenza- 출발을 연기하다

sala delle partenze- (공항의) 출발 라운지

particolare- 1. (형용사) 특별한, 독특한

in particolare- 특히, 특별히

Desidero questo in particolare. 난 특히 이것을 원한다.

2. (명사) 세부, 상세

dare i particolari di qualcosa- ~에 대해 상세히 설명하다/말하다

partire- 출발하다, 떠나다

a partire da- ~부터; ~일자로; ~부터 유효하여

A partire da domani gli autobus costeranno più cari. 내일부터 버스비가 오른다.

a partire dal 10 luglio- 7월 10일부터

partire bene- 출발이 좋다

partire in quarta- 급히 떠나다

partita- 경기, 시합

dare partita vinta- 패배를 인정하다

Gli ho dato partita vinta perché non ne potevo più di litigare. 나는 더 이상 다투기 싫어서 그에게 패배를 인정했다.

essere della partita- 다른 사람과 함께 어울리다; 한패이다

Siamo sempre della partita quando si tratta di fare festa. 파티를 하면 우리는 늘 다른 사람과 함께 어울린다.

Vuoi essere della partita? 같이 가시겠습니까?

essere una partita chiusa- 끝난 경기이다; 완전히 끝나다

È una partita chiusa, non ne parliamo più. 완전히 끝난 일이니, 더 이상 그것에 대해 이야기하지 말자.

pareggiare una partita- 해묵은 갈등을 해소하다

partita del cuore- 자선 경기

partito- 정당

Di che partito sei? 어느 당에 투표하셨나요?

per partito preso- 무비판적으로, 비이성적으로, 불합리하게

Non importa se abbia ragione o torto, mi critica per partito preso. 옳고 그름은 중요하지 않다. 그는 무비판적으로 나를 비판한다.

prendere partito per (qualcuno)- ~의 편을 들다, 두둔하다[11]

Fate come volete, ma io non voglio prendere partito in questa vicenda. 너희가 원하는대로 해라. 난 이 문제에 두둔하고 싶지 않다.

ridursi a mal partito- 병이 무겁다/위중하다; (재정 따위가) 어려운 고비에 있다

Si è ridotto a mal partito a causa dell'alcool. 그는 술 때문에 몸에 심각한 문제가 생겼다.

un buon partito- 더할 나위없는 결혼 상대

È un medico ricco e famoso ed è ancora scapolo: davvero un buon partito! 그는 부유하고 유명한 의사인데 여전히 독신이다. 더할 나위없는 결혼 상대야!

parto- 분만

la data prevista per il parto- 분만 예정일

La data prevista per il parto è il nove novembre. 분만 예정일이 11월 9일이다.

parto cesareo- 제왕절개

parto eutocico- 정상분만

parto difficile- 난산

parto facile- 순산

parto prematuro- 조산

parto tardivo- 분만 지연, 과숙 분만

passaggio- 통행, 통과

aspettare qualcuno al passaggio- 길목에서 ~을 기다리다

dare un passaggio a qualcuno- ~을 태워주다

Posso darti un passaggio? Vado dalle tue parti. 태워다 드릴까요? 같은 방향으로 갑니다.

essere di passaggio- 지나가는 길이다

Ero di passaggio e ho pensato di farti visita. 내가 지나는 길에 너를 방문할 까 생각했다.

---

[11] 'Prendere un partito'는 '결정하다'라는 의미의 관용어이다.

farsi dare un passaggio da qualcuno- ~에게 얻어 타다
Mi sono fatta dare un passaggio da mio fratello. 나는 내 오빠한테 얻어 탔다.
offrire un passaggio a qualcuno- ~에게 태워다 주다
passaggio pedonale- 인도
servitù (o diritto) di passaggio- (법률) 통행권
vietato il passaggio alle bici- 자전거 통행 금지

passare- 통과하다

Come te la passi? 어떻게 되어 가고 있니?
È tempo di passare dalle parole ai fatti. 말에서 행동으로 옮길 때이다.
farsi passare per- ~처럼 행세하다, 신분을 속이다
Si fece passare per giornalista. 그는 저널리스트처럼 행세했다.
Passa via! 꺼져!
passare a- ~에 들리다
Devo passare alla posta per spedire una raccomandata. 등기우편을 부치기 위해 우체국에 들러야 한다.
Passi all'ufficio informazioni per avere notizie più precise. 더 정확한 정보를 얻으려면 안내소에 들러!
passare a prendere qualcuno- ~을 데리러 들르다
Ti passo a prendere. 너를 데리러 들를 게.
passare da- ~의 집에 들르다
Devo passare dal suo ufficio. 그의 사무실에 들러야 한다.
Dopo la lezione passerò da te. 방과 후에 너한테 들를 게.
Passo da Maria stasera. 오늘 저녁 마리아 집에 들른다.
passare davanti a- ~앞을 지나가다
Ieri sera sono passato davanti a casa tua. 어제 저녁 네 집 앞으로 지나갔다.
passare di padre in figlio- 아버지에게 아들로 물려주다
passare di qui- 이리로 지나가다
Di qui non si passa. 이쪽으론 못 지나갑니다.
Passerà di qui fra poco. 잠시 후면 이리로 지나갈 것이다.
passare il Rubicone- 루비콩 강을 건너다; (비유) 돌이킬 수 없는 선을 넘다, 중대한 결심을 하다
passare per- (1) ~을 경유하다, ~을 통하다
Per andare a Roma da Milano si passa per Bologna. 밀라노에서 로마로 가려면 볼로냐를 통과한다.
Se passerò per la tua città ti telefonerò. 네 도시로 지나가게 되면 네게 전화할게.
(2) ~로 통하다, ~로 간주되다
Così vestito potrebbe passare per un prete. 그렇게 입으면 성직자로 여겨질 수도 있다.
Lui passa per intelligente. 그는 똑똑하다고 통한다.
passare sopra a qualcosa- ~을 간과하다, ~을 무시하다(= non tener conto di); ~을 잊어버리다(= dimenticare)
passarne di tutti i colori- 갖은 고생을 하다, 산전수전을 다 겪다
Da giovane ne ha passate di tutti i colori, ma adesso ha una vecchiaia tranquilla. 젊어서 그는 산전수전

을 다 겪어서, 지금은 평화로운 노년을 맡고 있다.

passarsela bene- (재정적으로) 사정이 좋다, 형편이 넉넉하다(= essere benestante); 즐거운 시간을 보내다(= divertirsi)

Ha passato un periodo difficile, ma adesso se la passa bene. 그는 어려운 시기를 겪었지만, 지금은 사정이 좋다(즐거운 시간을 보내고 있다).

Passerà anche questo. 이 또한 지나가리.

Passo e chiudo. (무선 교신에서) 통신 끝.

Per questa volta passi. 이번에는 그냥 넘어간다.

Per questa volta te la passo. 이번만은 봐주겠다.

Tutto passa. 모든 것은 지나간다.

passatempo- 오락, 놀이, 소일거리

passatempo preferito- 취미

Il mio passatempo preferito è la fotografia. 나의 취미는 사진찍기이다.

per passatempo- 오락으로, 장난으로, 소일거리로

passato- 과거

Il passato non torna più. 과거는 다시 돌아오지 않는다.

passato di cottura- 너무 익힌/구운

tornare sul passato- 과거로 돌아가다, 과거로 회귀하다, 거슬러 올라가다

passeggiata- 산책

È una passeggiata. 누워서 떡 먹기이다. 아주 쉬운 일이다.

fare una passeggiata- 산책하다

Vado a fare una passeggiata. 산책하러 나간다.

passione- 열정, 정열

avere passione per- (1) ~을 매우 좋아하다

Ho una gran passione per la musica. 나는 음악을 매우 좋아한다.

(2) ~에 열정을 가지고 있다

Lei ha una vera passione per la cucina. 그녀는 요리에 진정한 열정을 가지고 있다.

con passione- 열정적으로, 열렬히, 격렬하게; 열광적으로, 매우 열심히

Fa il suo lavoro con passione. 그는 자신의 일을 아주 열정적으로 한다.

la Domenica di Passione- 수난 주일

La musica è la mia passione. 음악은 내가 좋아하는 것이다.

la Passione di Nostro Signore- (종교) 우리 주님의 수난

la Passione secondo Matteo- (성경) 마태오 복음에 따른 수난기

passivo- 수동적인, 소극적인

essere in passivo- 적자이다; 빚을 지다; 부채가 있다

La ditta è in passivo da quando è morto il suo fondatore. 창립자가 죽은 뒤로 회사는 적자이다.

passo- 걸음, 보행

a due passi- 가까이에, 근처에

Casa mia è qui a due passi. 내 집은 이 근처에 있다.

a due passi da casa- 집에서 얼마 멀지 않은, 집 가까이에

a grandi passi- 성큼성큼, 큰 걸음으로

L'inverno si avvicina a grandi passi. 겨울이 성큼 다가 오고 있다.

a passo d'uomo- 사람 걸음으로, 보통 걸음의 속도로; 천천히, 엉금엉금

Essendo caduta la neve, siamo dovuti andare a passo d'uomo per molti chilometri. 눈이 내려서 우린 몇 킬로나 엉금엉금 와야 했다

a passo di lumaca- 달팽이 같은 속도로, 느릿느릿

a passi felpati- 몰래, 은밀히

Si è avvicinato a passi felpati e l'ha spaventata. 그는 몰래 접근해서 그녀를 놀래 켰다.

a passo svelto- 활발한 걸음으로, 빠른 걸음으로

Al passo! 보조를 맞춰!

allungare il passo- 속도를/속력을 내다; 빨리 걷다; 서두르다, 서둘러 가다(= affrettarsi)

Allunghiamo il passo, non vorrei arrivare in ritardo. 서둘러 가자. 난 지각하고 싶지 않아.

andare a passo d'uomo (o al passo)- 보통 걸음의 속도로 나아가다; 조금씩 움직이다

Il traffico costringeva le macchine ad andare a passo d'uomo. 교통체증 때문에 차들이 조금씩 움직이고 있었다.

andare di pari passo con- ~와 보조를 맞추다, ~에 따라가다; 함께 가다

La cultura va di pari passo con la diffusione dei quotidiani. 문화는 신문의 보급과 보조를 맞춘다.

camminare a grandi passi- 성큼성큼 걷다

Lui camminava a grandi passi verso la scuola. 그는 학교를 향해 성큼성큼 걷고 있었다.

di buon passo- 상당한 속도로; 활발하게

Ci avviammo di buon passo verso il ristorante. 우리는 식당을 향해 꽤 빠른 속도로 걸어 갔다.

di questo passo- 이런 식으로는, 이래 가지고는

Se vai avanti di questo passo ti laureerai nel 2030! 이런 식으로 가다간, 넌 2030년에야 가야 졸업하겠구나!

essere al passo coi tempi- 시대에 뒤떨어지지 않다

Chi non ha la segreteria telefonica è al passo con i tempi. 자동응답기가 없는 사람이라고 해서 시대에 뒤떨어진 것은 아니다.

fare due (o quattro) passi- 산책하다[12]

Ti va di fare due passi? 산책하러 갈래?

fare il gran passo- (오랜 궁리 끝에) ~을 단행하기로 하다[13]

Hanno cambiato idea dieci volte, ma finalmente hanno fatto il gran passo. 그들은 열 번이나 생각을 바꾸었는데, 드디어 결단을 내렸다.

fare il passo secondo la gamba- 분수에 맞는 생활을 하다

fare il primo passo- 먼저 행동을 취하다, 선수(先手)를 쓰다

---

[12] 이 관용어는 주로 점심식사 후에 약간의 산책과 한 잔의 에스프레소 커피를 마시러 가자고 할 때 사용한다.

[13] 이 관용어의 다른 표현에는 'Il matrimonio è un grosso passo'가 있다. '결혼은 큰 도약이다.'

Sono loro che hanno fatto il primo passo e ci hanno proposto di lavorare insieme. 그들이 선수를 쳐서 함께 일하자고 우리에게 제안했다.

fare passi da gigante- 비약적인/장족의 발전을 하다

Suo figlio ha avuto dei problemi a scuola, ma ultimamente ha fatto passi da gigante. 그의 아들은 학교에서 문제가 있었는데, 최근에 비약적인 발전을 했다.

fare un passo avanti- 한 걸음 앞으로 내딛다; 진행/전진하다

Finché non capirò questo problema non farò un passo avanti nella preparazione dell'esame. 이 문제를 이해하지 못하는 한, 나는 시험 준비에 한 걸음도 앞으로 나아갈 수 없을 것이다.

fare un passo falso- 발을 헛디디다; (비유) 실수하다

muovere i primi passi- (아이가) 첫걸음마를 내딛다; 초기이다(= essere agli inizi); 시작하다(= incominciare)

Non fare il passo più lungo della gamba. 송충이는 솔잎을 먹어야 한다. 분에 넘치는 일은 하지 마라.

Non muoverò un passo per loro. 그들을 돕기 위해 손 하나 깜짝 안 할 거야.

passo a passo- 한 걸음 한 걸음, 점차로, 단계적으로, 점진적으로, 착실히

passo falso- 헛디딤; 실수, 실책, 차질

In questo mestiere un passo falso può costare caro. 이 거래에서 실수는 큰 손해를 볼 수 있다.

segnare il passo- 제자리걸음을 하다, 답보를 하다

Le ricerche sul cancro segnano il passo. 암 연구는 답보를 하고 있다.

stare al passo (o tenere il passo) di qualcuno- ~와 보조를 맞추다, ~에 따라가다

tornare sui propri passi- 온 길을 되돌아가다

volgere i passi verso casa- 집 쪽으로 걸음을 옮기다

pasta- 가루 반죽, 밀가루 반죽

avere le mani in pasta- (사건에) 개입되다, 연루되다; 관여하다, 간섭하다

Chiedi consigli a lui che ha le mani in pasta! 관여한 그에게 자문을 구해라!

di buona pasta- 성격이 좋은, 마음씨 고운, 온화한, 부드러운

È una ragazza di buona pasta. 그녀는 마음씨 고운 소녀이다.

essere della stessa pasta- 같은 형이다; 비슷하다, 닮다

È della stessa pasta di sua madre; è una donna generosa. 그녀는 어머니를 닮아 너그러운 여성이다.

mettere le mani in pasta- 남의 일에 간섭하다

pasticcio- (음식) 파이, 파스타 요리; (비유) 잘못된 일(= lavoro mal fatto), 엉망, 실수; 문제, 고장

essere nei pasticci- 곤경에 빠지다, 어려움에 처하다

mettere qualcuno nei pasticci- ~을 곤경에 빠트리다

Ti sei messo nei pasticci(o in un bel pasticcio). E adesso come ne verrai fuori? 너 곤경에 빠졌구나. 이제 어떻게 거기에서 빠져나올 수 있겠니?

pasto- 식사

dare qualcosa in pasto al pubblico- 대중/일반 국민의 욕구를 만족시키다

I tabloid inglesi danno in pasto al pubblico la vita privata dei reali. 영국의 타블로이드판 신문은 황실

의 사생활에 대한 일반 국민의 욕구를 만족시킨다.

dopo i pasti- 식후에

lontano dai pasti- 공복으로, 배가 고파

prima dei pasti- 식전에

saltare il pasto- 식사/끼니를 거르다

vino da pasto (o tavola)- (값이 비교적 저렴한) 식사용 포도주, 테이블 포도주

patata- 감자

passare la patata bollente- ~에게 책임을 전가하다, 덤터기를 씌우다

Incaricandomi di licenziarlo mi hanno passato una bella patata bollente. 그의 해고를 내게 떠맡김으로써 그들은 내게 책임을 전가했다(덤터기를 씌웠다).

patata bollente- 뜨거운 감자, 난감한 문제

spirito di patata- 유머 감각이 떨어진

Non mi piacciono le sue battute; ha uno spirito di patata. 나는 그의 농담이 싫어. 그는 유머 감각이 떨어진다.

un sacco di patate- 감자 한 포대; 동작이 어설픈 사람, 느림보

Nonostante le lezioni di ballo, è sempre un sacco di patate. 댄스 교습에도 불구하고 그녀는 늘 동작이 어설프다.

patente- 면허, 면허증, 면허장

dare a qualcuno la patente di- (특히 부당하게) 딱지/꼬리표를 붙이다

Ha raccontato talmente tante frottole che gli hanno dato la patente di bugiardo. 그는 너무나 많은 이야기를 꾸며대서 그들은 그에게 거짓말쟁이라는 꼬리표를 붙였다.

patente di guida- 운전 면허증

prendere la patente- 운전면허를 취득하다

ritiro della patente- 운전면허 취소

paternostro- 우리 아버지(라틴어 '주의 기도' 첫 부분에 나오는 말), 주의 기도

dire dieci Paternostro- 주님의 기도 열 번 외울 것(주로 고해성사 후에 고해사제가 고해자에 보속으로 줄 때 사용하는 표현)

sapere come il paternostro- 암기하다[14]

Sapeva la lezione di chimica come il paternostro. 그는 화학 수업을 달달 암기하고 있었다.

patto- 협정, 계약, 조약

a patto che- ~라는 조건으로, ~라는 양해 아래

Puoi rimanere a patto che rimanga zitto. 네가 조용히 있겠다는 조건으로 남을 수 있다.

fare patti col diavolo- (비유) 악마에게 자신의 영혼을 팔다

Patti chiari amicizia lunga (o amici cari). (속담) 명확한 계약이 우정을 길게 한다.

venire a patti con qualcuno- ~와 협정하다, ~와 합의를 보다

venire a un patto- 의논하여 합의를 보다, 담판이 매듭지어 지다

---

[14] 그리스도교 신자가 되려면 필연적으로 '주의 기도'를 암송해야 했는데, 이러한 연유에서 '암기하다'라는 관용어가 파생하게 된다.

paura- 두려움, 공포

aver paura d'una mosca- 파리 한 마리 조차 무서워하다, 몹시 겁을 내다

È meglio non mandar lui, ha paura anche di una mosca. 몹시 겁을 내서 그를 보내지 않는 것이 낫다.

avere paura di qualcosa- (1) 두려워하다, 무섭다, 겁내다

Ho paura del buio. 나는 어둠이 무섭다.

(2) (~일까 봐) 우려/염려하다

Ho paura di arrivare tardi a lezione. 수업에 늦을 까봐 우려된다.

avere paura di sì/no- 그럴 까봐 두렵다/아닐 까봐 두렵다

Ho paura di sì. 맞을 까봐 두렵다.

avere una paura matta- 엄청 겁나다, 무서워 미치다

Adesso ho una paura matta dei cani. 지금 나는 개들이 엄청 겁난다.

brutto da far paura- 지독하게 못생긴

È brutto da far paura. 그는 끔찍할 정도로 못 생겼다.

Che paura! 아이 무서워!

essere morto di paura- 무서워 죽겠다

Era morto di paura. 그는 무서워 죽을 것 같았다.

far morire qualcuno di paura- 정신을 잃을 정도로 ~을 두려워하다; ~을 무서워 죽을 것 같게 만들다

fare paura a qualcuno- ~을 겁먹게 만들다, ~을 놀라게 하다

Mi fai paura. 넌 날 겁먹게 만들어. 넌 날 놀라게 해.

morire di paura- 공포에 질려 죽다; (비유) 까무러칠 만큼 놀라다

Niente paura! 두려울 것 없다! 겁낼 것 없다!

per paura che- ~을 우려하여, ~하지 않도록, ~하면 안 되니까

Glielo dirò per paura che lo venga a sapere da altri. 그가 다른 사람을 통해 그것을 알게 되면 안되니까 내가 그에게 그것을 말할 것이다.

per paura di- ~할까 봐, ~이 두려워, ~하면 안 되니까, ~이 없도록

Cambiò strada per paura di incontrarlo. 나는 그를 만날 까봐 두려워 길을 바꿨다.

un tempo da far paura- 고약한 날씨

un uomo senza paura- 겁 없는 남자

pausa- 휴식, 쉼; 멈춤

fare una pausa- 잠시 쉬다

Facciamo una pausa. 잠깐 쉬자.

pausa caffè- 커피 브레이크, 휴식 시간

paziente- 참을성 있는, 인내심 있는

essere paziente con qualcuno- ~에게 인내심을 갖다, 참을성 있게 굴다

Non tutti sono pazienti con i bambini. 모든 사람이 아이들한테 인내심이 있는 것은 아니다.

pazienza- 인내, 참음

Abbi pazienza!- 너무 조급하게 굴지 마라!; 실례합니다(= scusami); (어린 아이에 대한 칭찬 격려

의 말로) 잘 한다! 착하지!

avere pazienza con- ~에 참을성 있게 굴다, ~을 인내하다

con pazienza- 참을성 있게

pazienza- 참아야지, 하는 수 없지, 어쩔 수 없지

Ho perso l'autobus, pazienza, aspetterò il prossimo. 버스를 놓쳤는데, 하는 수 없지. 다음 것을 기다려야지.

perdere la pazienza- 인내심을 잃어 버리다, 참지 못하다

Sto per perdere la pazienza. 내 참을성이 다 되어 간다. 나는 참을 수가 없다.

Santa pazienza!- 제발, 아무쪼록, 부디!

pazzo- 미친, 광적인

andare pazzo per qualcosa- ~에 미치다; ~에 열중/열광하다

Mio cugino va pazzo per i cavalli. 내 사촌은 말에 미쳤다.

essere pazzo d'amore- 사랑에 미치다

essere pazzo di qualcuno- ~을 미친 듯이 사랑하다

Sono pazzo di lei. 나는 그녀를 미친 듯이 사랑한다.

far diventare pazzo qualcuno- ~을 미치게 하다, 화나게 하다

fare spese pazze- 거금을 쓰다

Mia moglie ha fatto spese pazze. 아내가 터무니 없는 지출을 했다.

innamorato pazzo- 미친 듯이/열렬히 사랑하다

pazze risate- 웃음을 참지 못하는

pazzo da legare- 아주 미친; 몹시 화난

유사 관용어 [**mato**] 'matto da legare'를 보시오.

pazzo di gioia- 기뻐서 어쩔 줄 모르다

Era pazzo di gioia. 그는 미칠 듯이 기뻐했다.

spese pazze- 무모한 지출, 무분별한 과소비

peccato- 안타까운 일

brutto come il peccato- 지독하게 못생긴

Che peccato! 정말 안타깝다! 애석한 일이다! 정말 유감이군!

Che peccato che- ~해서 정말 유감이다/안타깝다

Che peccato che Giulia non sia venuta alla festa. 줄리아가 파티에 안와서 정말 안타깝다.

Chi è senza peccato scagli la prima pietra. (성경) 죄없는 자가 먼저 그에게 돌을 던져라.

è un peccato che- ~하다니 안타깝다, 유감이다

È un peccato che non sia venuto con noi. 우리와 같이 못 가서 정말 안타깝다.

Peccato confessato è mezzo perdonato. (속담) 고백하면 죄는 줄어진다.

pecunia- (문어) 돈, 금전

La pecunia[15] **se la sai usare è ancella; se no, è donna.** 돈을 쓸 줄 아는 사람에게 돈은 도구에 불

---

[15] '*pecunia*, ae, f. 돈'이라는 뜻의 라틴어이다.

과하지만, 그렇지 않은 사람에게는 돈의 노예가 된다.

peggio- 1. (부사) (male의 비교급) 더 나쁜

andare di male in peggio- 점점 더 나빠지다, 갈수록 더 악화되다

È pessimista e teme che la situazione possa andare di male in peggio. 그는 비관주의자여서 상황이 갈수록 더 악화될까 봐 두려워한다.

Peggio che andar di notte! 한층 심하다/나쁘다!

peggio di- ~보다 더 나쁘게

Non può andare peggio di così. 이 보다 더 나쁠 수 없다.

Peggio di così si muore. 더 이상 나쁠 수 없다. 최악이다.

peggio per qualcuno- ~에게 더 나쁘다

Non mi ascolta mai, tanto peggio per lui. 내 말을 전혀 듣지 않는데, 그만큼 그에게 더 나쁘다.

2. (명사) 최악

alla peggio- 최악의 경우에(= nella peggiore delle ipotesi); 되는대로, 아무렇게나

Alla peggio torneremo indietro. 최악의 경우에 우리는 돌아갈 것이다.

alla meno peggio- 어떻게든; 힘껏, 할 수 있는 한

L'economia va avanti alla meno peggio, passando da una crisi all'altra. 경기는 위기를 겪으면서 어떻게든 진척이 되고 있다.

cavarsela alla meno peggio- 그럭저럭 해내다

pegno- 담보물, 저당물

come pegno d'amicizia- 우정의 징표

dare (o mettere) qualcosa come (o in) pegno- ~을 저당/전당 잡히다

dare a prestito su pegno- 담보로 빌려주다

prendere a prestito su pegno- 담보로 빌리다

prestare denaro su pegno- 담보로 돈을 빌려주다

pelle- 피부

amici per la pelle- 절친한 친구

Io e mio padre siamo come due compagni di viaggi, amici per la pelle. 나와 아버지는 여행 동반자처럼 절친한 친구이다.

avere la pelle dura- (성격이) 매우 냉정하다

Puoi dirgli tutto quello che vuoi, tanto ha la pelle dura. 그는 매우 냉정해서 네가 원하는 것 모두 그에게 말할 수밖에 없다.

avere la pelle chiara/scura- 피부가 밝다/진하다, 검다

Lei ha la pelle chiara. 그녀는 피부가 밝다.

Lui ha la pelle scura. 그는 피부가 검다.

avere la pelle d'oca- 소름이 돋다

Guarda, ho la pelle d'oca per il freddo. 봐봐, 추워서 소름이 돋는다.

essere di pelle chiara- 피부가 밝다, 피부가 희다

Lei è di pelle chiara. 그녀는 피부가 희다.

essere di pelle scura- 피부가 어둡다, 피부가 진하다, 피부가 검다
Lui è di pelle scura. 그는 검은 피부이다, 그는 피부가 어둡다.
essere pelle e ossa- 빼빼 마르다, 피골이 상접하다[16]
È talmente dimagrita che è solo più pelle e ossa. 그녀는 너무 말라서 피골이 상접하다.
far accapponare la pelle- 소름 끼치게 하다, 전율하게 하다
Storie come queste mi fanno accapponare la pelle. 이 같은 이야기들은 날 소름 끼치게 한다.
fare la pelle a qualcuno- ~을 제거/살해하다
I banditi fecero la pelle al poliziotto. 강도들이 경찰을 살해했다.
fare venire la pelle d'oca- 소름 돋게하다, 소름끼치다(fare venire i brividi)
Quel film mi ha fatto venire la pelle d'oca. 그 영화가 나를 소름 끼치게 하였다.
lasciarci (o rimetterci) la pelle- 목숨을 잃다, 죽다
In questa stagione c'è sempre qualcuno che ci lascia la pelle nelle scalate. 이 계절에는 늘 등반 중에 목숨을 잃는 사람들이 있다.
Per quella stupida scommessa ci ha rimesso la pelle. 그는 그 바보 같은 내기로 목숨을 잃었다.
non stare più nella pelle- (구어체) 빨리 ~하고 싶어서 기다릴 수가 없다 (= non vedere l'ora)
Non sto più nella pelle! 얼른 하고 싶어 못 참겠어!
non stare più nella pelle dalla gioia- 기뻐서 어쩔 줄 모르다, 너무 기뻐서 넋을 잃다
Quando ha saputo di aver vinto, non stava più nella pelle dalla gioia. 그가 이겼다는 것을 알자, 기뻐서 어쩔 줄 몰랐다.
Non vendere la pelle dell'asino prima che sia morto.
(= Non vendere la pelle dell'orso prima di averlo ucciso.) 죽기 전에 당나귀의 가죽을 팔지 마라. 김칫국부터 마시지 마라.
salvare (o portare a casa) la pelle- (1) 목숨을 건지다, 다치지 않고 넘기다
L'inondazione gli ha portato via tutto, ma almeno hanno salvato la pelle. 홍수가 모든 것을 앗아갔지만 목숨만은 건졌다.
(2) 위험을 면하다, 무사히 빠져나가다
Purtroppo non aveva altra scelta se voleva salvare la pelle. 불행히도 위험을 면하려면 다른 선택이 없었다.

pelo- 털; 모발

avere il pelo sullo stomaco- 냉담하다, 완고하다(= non avere scrupoli); 무자비하다, 인정사정없다(= essere spietato)
cavalcare a pelo- 안장 없이 말을 타다
cavarsela per un pelo- 가까스로 모면하다, 간신히 피하다
Se l'è cavata per un pelo. 가까스로 모면했다.
cercare il pelo nell'uovo- (1) 사소한 것을 트집잡다
Quando andiamo in un ristorante, Marco non è mai soddisfatto. Cerca sempre il pelo nell'uovo.
우리가 레스토랑에 가면 마르코는 결코 만족을 못한다. 항상 트집을 잡는다.

---

[16] 유사 관용어 'essere ridotto pelle e ossa'를 보시오.

(2) (남의) 흠을 잡아내다

Hai ragione, avrei potuto cucire meglio la tenda. Tu però cerchi sempre il pelo nell'uovo! 네가 옳아, 천막을 더 잘 재봉할 수 있었어. 하지만 너는 늘 흠만 잡아.

di primo pelo- 미숙한, 경험이 없는, 풋내기/애송이의

È ancora inesperto; è un avvocato di primo pelo. 그는 풋내기 변호사여서 여전히 서툴다.

essere/arrivare a un pelo da- 하마터면/거의 ~할 뻔하게 되다

Siamo stati a un pelo dal perdere tutto. 우리는 하마터면 모든 것을 잃을 뻔했다.

far arruffare il pelo- 깃털을 곤두세우다; 화나게 하다, 거슬리게 하다

Perché le hai detto che è ingrassata? Lo sai che è una cosa che le fa arruffare il pelo. 왜 그녀에게 살쪘다고 말했어? 그건 그녀를 화나게 하는 일이란 걸 알아둬.

fare il pelo e il contropelo a qualcuno- ~을 호되게 야단치다/꾸짖다

Quando sgrida i figli fa il pelo e il contropelo. 그녀는 아이들을 꾸짖을 때 호되게 야단친다.

levare il pelo a qualcuno- ~을 호되게 때리다(= picchiarlo); 호되게 야단치다(= sgridarlo)

lisciare il pelo a- 사탕발림하다, ~에게 아부/아첨하다(= adulare); ~를 매질하다(= picchiare)

È inutile che mi lisci il pelo; non otterrai il permesso. 내게 아첨해도 소용없어. 너는 허락을 받지 못할 거야.

mancare un pelo- 큰일 날뻔하다

C'è mancato un pelo che perdessi la vita. 목숨을 잃을 뻔했다.

Ci mancò un pelo che non cadessi. 나는 거의 떨어질 뻔했다.

non avere peli sulla lingua- 거리낌없이/대놓고 말하다

Non ha peli sulla lingua e dice sempre quello che pensa. 그는 거침없이 생각한 바를 말한다.

pel di carota- 빨간 머리

per un pelo- 겨우, 간발의 차이로, 가까스로

Ho perso il treno per un pelo. 나는 간발의 차이로 기차를 놓쳤다.

Lo salvarono per un pelo. 그들은 겨우 그를 구조했다.

Per un pelo non sono diventato sindaco. 간발의 차로 시장이 되질 못했다. (긍정적인 의미와 부정적인 의미를 함께 담고 있다.)

stare a pelo d'acqua- 수면 위에 있다

Il sughero non va a fondo, sta sempre a pelo d'acqua. 코르크 마개는 가라앉지 않고 늘 수면 위에 (떠)있다.

pena- 형벌, 처벌

a mala pena- 간신히, 겨우, 가까스로

Sono riuscito a finire in tempo a mala pena. 난 가까스로 정각에 마칠 수 있었다.

dare pena a qualcuno- 걱정을 끼치다

Che cosa ti dà pena? 네 걱정이 뭐야?

darsi (o prendersi) (la) pena di fare qualcosa- (1) 수고를 아끼지 않고 ~을 하다

Mi sono dato la pena di informarlo, ma non mi ha neppure ringraziato. 그에게 알려 주려고 수고를 아끼지 않았는데, 그는 내게 고마워 조차 하지 않았다.

(2) (부정문에 쓰여) ~하는 데 신경 쓰다, 애를 쓰다

Non darti la pena di invitarlo, tanto non viene mai. 그를 초대하려 애쓰지 마, 어쨌든 그는 절대 오지 않을 테니까.

Non darti la pena per me, me la caverò. 내 걱정 하지마, 내가 잘 해나갈 테니까.

far pena- (1) 불쌍하게 여기다, 안쓰럽게 여기다

Abbiamo trovato un gattino abbandonato: faceva una pena! 우리는 버려진 새끼 고양이를 발견했는데 가엾게 여겼다!

Mi fa pena perché è sola. 나는 그녀가 혼자라 안쓰럽다.

(2) 한심하다

Fai proprio pena. 너 정말 한심하다.

Quel lavoro era fatto male da far pena. 그 일은 눈물 날 정도로 비참했었다.

patire (o soffrire) le pene dell'inferno- 지옥의 형벌을 겪다; 엄청난 고통/아픔을 겪다

La sua testimonianza falsa mi ha messo nei guai ma ora che si è chiarito tutto gli farò patire le pene dell'inferno. 그의 거짓 증언이 날 불행하게 했는데, 이제 모든 것이 밝혀져서 그에게 엄청난 아픔을 겪게 할거다.

Ti farò patire le pene dell'inferno. 네게 생지옥과 같은 고통을 겪게 할 거다.

scontare una pena- 형을 치르다, 복역하다

"È parecchio che non lo vedo. Come mai?" "Sta scontando una pena per corruzione." "오랫동안 그를 보지 못했는데, 무슨 일이야?" "그는 뇌물죄로 복역 중이야."

stare (o essere) in pena per qualcuno- ~을 걱정/염려하다, 마음을 졸이다

Non partire troppo tardi, altrimenti starò in pena per te. 너무 늦게 떠나지 마. 그렇지 않으면 너 때문에 속을 태울 거다.

Sono in pena per lui. 나는 그 때문에 걱정이다.

Sto sempre in pena quando ritardano la sera. 그들이 저녁에 늦을 때면 난 항상 마음을 졸인다.

valere la pena- 수고할 만한/애쓸 가치가 있다

Non ne vale la pena. 그럴 가치도 없다. 그럴 필요 없어.

Non vale la pena di andare. 갈 필요 없어.

Non vale la pena che mi aiuti; lo faccio da solo. 넌 나를 도울 필요가 없다. 나 혼자서 그것을 할 거야.

pendolare- 근교 통근자

fare il pendolare (o essere un pendolare)- 통근하다

Faccio il pendolare tra Milano e Bologna. 나는 밀라노에서 볼로냐로 통근한다.

treno per pendolari- 통근 열차

penna- 깃(털); 펜

a penna- 펜으로

All'esame, i tests vanno scritti a penna e non a matita. 시험 볼 때, 문제지에 연필이 아니라 펜으로 적어야 한다.

lasciarci (o rimetterci) le penne- (1) (금전적으로) 손해보다(= perdere i soldi)

Sii prudente, attento a non lasciarci le penne. 신중히 해서 손해보지 않도록 조심해.

(2) 죽다, 목숨을 잃다(= morire)

Alla fine ci ha lasciato le penne con quella vecchia moto. 드디어 그 낡은 오토바이가 폐차되었다.

È andato a fare il mercenario in Iraq e ci ha lasciato le penne. 그는 용병으로 이라크에 가서 목숨을 잃었다.

lasciare nella penna- 빼다, 생략하다; 무시하다

Ci sono delle buone idee in questo saggio, ma sono appena abbozzate. Hai lasciato il meglio nella penna. 이 논문에는 좋은 생각들이 있지만 단지 윤곽만을 그렸다. 너는 더 좋은 부분을 빼먹었다.

Ne uccide più la penna che la spada. (속담) 펜은 칼보다 강하다. 문(文)은 무(武)보다 강하다.

occhio alla penna- (비유) 끊임없이 주의하다, 경계를 게을리하지 않다

saper tenere la penna in mano- 글을 쓸 줄 알다

Non sa tenere la penna in mano. 그는 자기 이름 석자 겨우 쓴다.

Nonostante non abbia studiato, sa tenere la penna in mano molto bene. 그는 배우지 않았지만 글을 잘 쓴다.

pennello- 솔, 붓

andare (o stare) a pennello- (옷이) 딱 맞다

Il vestito nuovo mi va (o sta) a pennello. 새 옷이 내게 꼭 맞는다.

pensare- 1. (타동사) 생각하다

pensare ad altro- 딴 생각하다, 다른 생각하다

“Hai capito cosa ti ho detto?” “No, scusa, pensavo ad altro.” “내가 무슨 말을 했는지 너 이해했니? “아니요, 죄송해요, 딴 생각을 하고 있었다.”

pensare di fare qualcosa- ~을 할 생각이다

Ho pensato di non venire. 안 올 생각이었다.

Penso di venirci anch’io. 나도 그곳에 갈 생각이다.

pensare di- ~에 대해서 생각하다

Che pensi di me? 나에 대해서 어떻게 생각해?

Penso di no. 아니라고 생각한다.

Penso di sì. 그렇다고 생각한다.

2. (자동사) 생각하다

Ci penso io! 내가 알아서 할게.

pensare a- ~을 생각하다

A chi pensi? 누구 생각하니?

Penso solo a te. 나는 오직 네 생각만 한다.

Smetti di pensare al tuo lavoro. 네 일 생각은 그만 해라.

dare da pensare- (1) 골머리를 앓다

I suoi figli le danno da pensare. 그녀는 자식들 때문에 골머리를 앓고 있다.

(2) 걱정하다

La sua salute mi dà da pensare. 나는 그의 건강을 걱정한다.

pensare bene di fare qualcosa- ~하는 것은 잘한 생각이다

Hai pensato bene di chiamare il medico. 의사를 부르려고 한 것은 잘한 생각이었다.

pensarci su- ~에 대해 곰곰이 생각하다, ~을 심사숙고하다

Pensaci bene! 잘 생각해!

Solo a pensarci- 그것을 생각만 해도

Domani dovrò dare un difficile esame, solo a pensarci mi vengono i brividi. 내일 어려운 시험을 봐야 하는데, 그 생각만 해도 몸에 한기가 돈다.

pensiero- 생각

affacciarsi il pensiero- 생각이 들다, 생각이 떠오르다

Mi si affacciò il pensiero che barava. 그가 나를 속였다는 생각이 들었다.

al pensiero di (o che)- ~을 생각하면, ~생각에

Sono contento al pensiero che domani arrivi Mario. 내일 마리오가 온다는 생각에 기쁘다.

assorto nei propri pensieri- 생각에 잠긴, 골똘히 생각에 잠겨

Ero assorto nei miei pensieri e non ti ho sentito arrivare. 생각에 잠겨 있어서 네가 도착하는 것을 듣지 못했다.

darsi pensiero per qualcosa- ~에 대해 걱정/염려하다

Non darti pensiero per questo. 이것에 대해서는 걱정하지 마!

leggere nel pensiero- 생각을 읽다

Mi hai letto nel pensiero. 네가 내 생각을 읽었구나.

levarsi (o togliersi) il pensiero- 완전히 끝나다, 일이 다 끝나다

Dai questo esame, così ti levi il pensiero. 이 시험을 봐, 그러면 일이 다 끝나잖아.

stare (o essere) in pensiereo (per qualcuno)- ~에 대해 걱정하다, 속을 태우다

È tornato tardi e la mamma stava in pensiero (per lui). 그가 늦게 돌아오자 어머니는 속을 태우고 있었다.

Sto in pensiero per il futuro dei miei figli. 나는 자식들의 미래에 대해 걱정한다.

pensione- 연금, 하숙

andare (o mettersi) in pensione- 퇴직하다

avere la pensione- 연금을 받다

Tutti gli operai avranno la pensione quando saranno vecchi. 모든 노동자는 늙었을 때 연금을 받게 될 것이다.

essere (o vivere, stare) a pensione presso una famiglia- 어느 가정집에서 하숙하다, 어느 가정집에 홈스테이하다

essere in pensione- 퇴직해 있다, 퇴직한 상태다

la pensione completa- 세 끼 식사가 제공되는 숙박

Desidera la pensione completa? 세 끼 식사가 제공되는 숙박을 원하세요?

la mezza pensione- (호텔 등에서 아침과 저녁을 주는) 1일 2식 제공 숙박

Va bene la mezza pensione. 1일 2식 제공 숙박이 좋습니다.

mandare (o mettere, collocare) in pensione- ~을 명예퇴직 시키다, 연금을 주어 퇴직시키다

pagare la pensione- 연금을 내다

prendere la pensione- 연금을 받다

ritirare la pensione- 연금을 찾다, 연금을 수령하다

tenere qualcuno a pensione- 하숙인을 두다

pentola- 솥, 남비

Il diavolo fa le pentole ma non i coperchi.- (속담) 악마가 냄비는 만들 수 있어도 냄비 뚜껑까지는 만들지 못한다. 미수에 그치다(= fa le cose a metà)[17]; 진실은 밝혀지기 마련이다. 진실은 언젠가 드러난다.

Voleva rubare quella macchina ma il padrone ha capito subito che era stato lui. Il diavolo fa le pentole ma non i coperchi. 그 차를 훔치고 싶었는데 주인이 즉시 알아차리고 (거기에) 있었다. (그래서) 미수에 그쳤다.

pentola a pressione- 압력솥

qualcosa bolle in pentola- 냄비 안에 뭔가가 끓고 있다; 뭔가 조짐이 있다

Fanno troppo i misteriosi; qualcosa bolle in pentola. 그들이 너무 이상하게 행동하는데 뭔가 조짐이 있다.

pera- (서양)배

cascarci come una pera cotta- ~에 속아 넘어가다(= farsi imbrogliare)

Gli hanno raccontato che c'era un serpente nel letto e lui ci è cascato come una pera cotta. 그들은 침대에 뱀이 있었다고 그에게 말했는데 그는 감쪽같이 속았다.

cascare come una pera cotta- 사랑에 빠지다(= innamorarsi); 잠이 들다(= addormentarsi di colpo); ~에 속아 넘어가다(= farsi imbrogliare)

Non vale una pera cotta. 동전 한 닢의 값어치도 없다.

perché- 왜, 어째서

il perché e il percome- 이유와 원인

Ero molto preoccupata per lui, ma mi ha spiegato il perché e il percome di quella faccenda per tranquillizzarmi. 그에 대해 무척 걱정했는데, 날 진정시키기 위해 그는 그 문제에 대한 이유와 원인을 내게 설명했다.

Perché mai? 도대체 왜?

Perché no? 왜 아니겠어?

perdere- 1. (타동사) 잃다, 놓치다, 허비하다

Chi perde ha sempre torto. (토스카나 속담) 지는 자가 항상 틀린 법이다. 이기면 충신, 지면 역적.

lasciare perdere- ~을 피하다, 간과하다, 내버려두다, 건너 뛰다(= rinunciare)

Lascia perdere!- 잊어버려!

Lascialo perdere! 그를 놓아줘!; 그를 신경 쓰지 마!(= non preoccupartene)

Lasciamo perdere! 말을 적게 할수록 좋다!(= meglio non parlarne); (**그것에** 대해) 잊어버리자!(= dimentichiamo)

perdere acqua- 물이 새다

---

[17] 악마는 인간에게 어떻게 잘못을 저지를 수 있는지는 가르쳐 주지만, 그것을 어떻게 숨길 수 있는지는 가르쳐 주지 않는다는 의미의 관용어이다.

perdere colpi- (엔진이) 제대로 점화되지 않다; (비유) 불발이 되다

perdere denaro- 돈을 잃다

Hanno perduto molto denaro al gioco. 그들은 게임에서 많은 돈을 잃었다.

perdere i capelli- 머리카락이 빠지다

perdere il sonno per qualcosa- 잠도 못 자고 ~을 걱정하다, ~을 크게 염려하다

perdere il treno- 기차를 놓치다

perdere il turno- 자기 차례를 놓치다

perdere l'anno- (학교에서) 유급하다, 한 학년에서 이년을 보내다

perdere l'appetito- 입맛을 잃다

perdere la bussola (o la tramontata)- 흥분하다, 분별력을 잃다, 허둥대다

perdere la memoria- 기억을 잃다

perdere la ragione (o la testa)- 이성을 잃다; 미치다

Ho perso la testa per una donna. 나는 한 여자 때문에 미쳤다.

perdere la strada- 길을 잃다

perdere la voce- 목소리를 잃다

perdere ogni speranza- 모든 희망을 잃다

perdere sangue- 피가 나다, 피를 흘리다

La ferita perde ancora sangue. 상처에서 아직 피가 난다.

perdere tempo- 시간을 허비하다

Non perdere tempo in sciocchezze! 쓸데 없는데 시간을 허비하지 마!

perdere terreno- 후퇴하다, 퇴각하다

perdere un'abitudine- 습관을 버리다

saper perdere- 깨끗이 지다

uno che sa [che non sa] perdere- 진 것을 깨끗이 인정하는 사람 [진 것을 깨끗이 인정하지 못하는 사람]

2. (재귀동사)

perdersi d'animo- 낙담하다, 자신감을 잃다

perdersi dietro a qualcuno- ~에게 푹 빠져 있다

perdersi in fantasticherie- 공상에 잠기다

perdersi in sciocchezze- 하찮은 일에 시간을 낭비하다

perdersi in un bicchier d'acqua- 아주 사소한 문제로 당황하다

perdersi nei propri pensieri- 사색에 잠기다

perdersi nell'aria- 허공으로 사라지다

perdersi nella notte dei tempi- 아주 오래되어 알 수 없다

perdersi tra la folla- 군중 속으로 사라지다

perdonare- 용서하다

Dio lo perdoni! 신이시여 그를 용서하소서!

Dio perdoni i nostri peccati! 하느님 우리의 죄를 용서하소서!

La morte non perdona a nessuno. 그 누구도 죽음을 피할 수 없다.

perfezione- 완벽, 완전

alla perfezione- 더할 나위 없이, 완전히(= perfettamente); 완벽하게, 철저히

Ha eseguito quel lavoro alla perfezione. 그는 그 일을 철저히 수행했다.

Lei mi comprende alla perfezione. 그녀는 나를 완벽하게 이해한다.

Lui mi capisce alla perfezione. 그는 내 말을 완벽하게 알아 듣는다.

aspirare alla perfezione- 완벽을 지향하다, 완벽을 기하다

pericolo- 위험, 위기

correre pericolo- 위험이 있다, 위험을 무릅쓰다

Corse pericolo di annegare. 그녀는 물에 빠질 위험이 있었다.

costituire un pericolo- 위험한 일이 되다; 유해하다

essere (o trovarsi) in pericolo- 위험/위기에 빠지다

Durante la guerra molte volte ci siamo trovati in pericolo. 전쟁 동안 우리는 여러 차례 위험에 빠졌다.

La nostra libertà è in pericolo. 우리들의 자유가 위험하다.

fuori pericolo- 위기를 모면한, 위기를 넘긴, 위험에서 벗어나서

Lui è fuori pericolo. 그는 위기를 넘겼다.

in pericolo di morte- 숨이 넘어 갈 것 같은

in pericolo di vita- 생명이 위태로운, 목숨을 잃을 위기에 놓인

È molto malato, è in pericolo di morte. 그가 너무 아파서, 생명이 위독하다.

mettere in pericolo- 위험에 빠트리다, 위태롭게 만들다

Non c'è pericolo- ~할 리가 없다, ~할 리가 만무하다

Non c'è pericolo che venga. 그가 올 리가 만무하다. 그가 올리가 없다.

senza pericolo- 안전하게, 무사히, 탈없이

tenersi lontano dal pericolo- 위험을 피하다

un pericolo pubblico- 공공의 위협

periodo- 기간, 시기

in questo periodo- 요즘, 최근에

Che fai di bello in questo periodo? 요즘 뭐 근사한 것 하고 있어?

in quel periodo- 그 당시에, 그 시기에

In quel periodo eravamo all'estero. 그 시기에 우리는 해외에 있었다.

perla- 진주

essere una perla rara- 귀중한 물건이다, 소중한 사람이다, 주옥 같은 존재이다

Grazie per l'aiuto. Sei una perla rara. 도움 고마워. 너는 정말 주옥 같은 존재야.

gettare le perle ai porci- 돼지에게 진주를 던지다

perle di saggezza- 주옥 같은 말

una perla di- 진주처럼 귀중한, 아주 소중한

Ci dà tante soddisfazioni, è una perla di ragazza. 그녀는 우리에게 큰 기쁨이며, 아주 소중한 소녀이다.

permesso- 허락, 허가; 휴가; 허가증

avere il permesso di fare qualcosa- ~할 허락을 얻다, ~하는 것이 허용되다

Ho il permesso di adoperare il suo computer. 나는 그의 컴퓨터 사용이 허용된다.

chiedere a qualcuno il permesso di fare qualcosa- ~에게 ~하는 허락을 구하다/청하다

Chiedi a lui il permesso di uscire prima. 그에게 먼저 가도 되는지 허락을 구해 봐.

col vostro permesso- 허가를 받고; 미안하지만, 실례지만

dare il permesso a qualcuno- ~에게 허락을 해주다

Chi ti ha dato il permesso di frugare nella mia borsa? 누가 내 가방을 뒤지라고 허락했냐?

Dammi il permesso di farlo. 내게 그것을 하도록 허락해 줘.

essere in permesso- 휴가 중이다

È in permesso per malattia. 그는 병가(病暇) 중이다.

permettere- 허락하다

Permette? 해도 괜찮겠습니까?

Permettetemi di presentarvi mio fratello. 여러분에게 제 동생을 소개시켜도 괜찮겠습니까?

Dio permettendo- 신이 허락한다면

permettere a qualcuno di fare qualcosa- ~에게 ~하는 것을 허락하다

Loro non mi permettono di fare quel lavoro. 그들은 내가 그 일을 하는 것을 허락하지 않는다.

permettersi di fare qualcosa- 실례를 무릅쓰고 ~을 하다, 무례하게도 ~하다

Ma come ti permetti? 어떻게 네가 감히 그럴 수가 있니?

Mi permetto di dirvi che avete torto. 실례를 무릅쓰고 여러분이 틀렸다고 말해야겠습니다.

Tempo permettendo- 날씨가 허락한다면

perso- 잃은, 보람없는

dare qualcosa per perso- ~의 가능성을 포기하다

innamorato perso- 사랑에 빠져 정신을 못 차리는

perso per perso- 더 이상 잃을 것이 아무것도 없는; 최악의 경우에는

Perso per perso, voglio provare a fare un ultimo tentativo. 더 이상 잃을 것이 아무것도 없기에 마지막 시도를 하고 싶다.

ubriaco perso- 곤드레만드레 취한, 고주 망태가 된

persona- 사람, 개인

in (o di) persona- 개인적으로, 몸소, 직접, 친히

Lo conosco di persona. 나는 그를 개인적으로 안다.

Venne lui in persona. 그가 직접 왔다.

in persona di- ~대신에

pagare di persona- 결과를 직시하다

parlare in prima persona- 자신을 변호하다; 자기 생각을 말하다

per (o a) persona- 일 인당, 한 사람 당

Quanto costa per persona? 일 인당 얼마입니까?

50 euro al giorno, a persona. 일 인당 하루 50유로입니다.

persuadere- 설득시키다

persuadere qualcuno a fare qualcosa- ~에게 ~하는 것을 설득하다

Lo persuado a perdonarti. 나는 그에게 너를 용서해 줄 것을 설득한다.

Persuadi tuo fratello a venire. 네 동생에게 오라고 설득해.

pesca- 낚시

andare a pesca- 낚시하러 가다

(Fare) Buona pesca! 많이 잡아!

vivere di pesca- 어업을 생업으로 삼다

pescatore- 어부

alla pescatora- (음식) 해산물을 넣은; 해산물 소스를 넣은

risotto alla pescatora- 해산물 리조토

pesce- 물고기

avere gli occhi da pesce lesso- 다소 방황하고 당황한 눈빛을 하다, 사랑이나 공상에 빠진 표정이다

avere una faccia da pesce lesto- 완전히 무표정한 얼굴이다

buttarsi (o gettarsi) a pesce su qualcosa- ~을 잡으려고 돌진하다; ~에 의지하다

Si è buttata a pesce su quel paio di scarpe ed è riuscita ad prima dell'altra cliente. 그녀는 그 구두 한 켤레를 잡으려고 돌진했는데 다른 손님들에 앞서 움켜잡을 수 있었다.

Chi dorme non pecca, ma non piglia pesci. (속담) 일찍 일어나는 새가 벌레를 잡는다.

essere (o sentirsi) come un pesce fuor d'acqua- 물밖에 나온 물고기 같다, (장소나 상황에) 어울리지 않다, 익숙하지 않은 상황에 처해 있어 불편하고 당혹감을 느끼다

È come un pesce fuor d'acqua in quell'ambiente. 그 환경에서 그는 물밖에 나온 물고기 같다.

fare il pesce in barile- 관심이 없는 척 하다

Ah, sì, sei bravo a fare il pesce in barile, ma lo sappiamo tutti che non dormi la notte sperando nella promozione! 아, 그래. 너는 관심 없는척 하는데는 선수다. 하지만 승진을 바라면서 밤새 한숨도 못 잔다는 것을 우리 모두가 알고 있지.

fare un pesce d'aprile a- ~에게 만우절 장난을 치다

Oggi a scuola abbiamo fatto un pesce d'aprile al professore. 오늘 학교에서 우리는 교수님에게 만우절 장난을 쳤다.

Il pesce puzza dalla testa. (속담) 생선은 머리부터 썩는다.

non essere né carne né pesce- 정체를 알 수 없다, 이도 저도 아니다

non sapere che pesci pigliare- 어찌할 바를 모르다; 이러지도 저러지도 못하다

Quando ci si trova in situazioni inaspettate spesso non si sa che pesci pigliare. 예기치 못한 상황에 처하면, 그는 종종 어쩔 줄을 모른다.

nuotare come un pesce- 물고기처럼 수영을 잘 하다

pesce grosso- 큰 물고기; (사람) 거물, 중요 인물

pesce piccolo- 작은 물고기; (사람) 잔챙이, 별 볼일 없는

Dopo aver arrestato tanti pesci piccoli, la polizia finalmente ha arrestato un pesce grosso. 많은 잔챙이들을 체포한 뒤에야 경찰은 드디어 거물을 잡았다.

sano come un pesce- (신체가) 아주 건강한

trattare (o prendere) a pesci in faccia- ~을 하찮게 여기다, 소홀히 대하다

Sono stato trattato a pesci in faccia; non entrerò mai più in quella casa. 나를 소홀히 대해서, 다시는 그 집에 가지 않을 거다.

un pesce lesso- 싱거운 사람

Non dirmi che lo vuoi sposare! È proprio un pesce lesso! 너 그와 결혼하고 싶다고 말하지 마! 그는 정말 싱거운 사람이야!

peso- 무게, 압박

a peso d'oro- 금값 무게로, 아주 비싼 가격으로

L'ho pagato a peso d'oro. 나는 그것을 아주 비싸게 지불했다.

aumentare di peso (o mettere su peso)- 체중이 늘다, 살찌다

avere un peso su qualcosa- ~에 영향을 주다/미치다; ~와 관련되다

avere un peso sulla coscienza- 마음에 짐이 있다, 양심에 걸리다

avere (o sentirsi) un peso sullo stomaco- ~이 위에 부담을 주다; 소화불량에 걸리다

Mi sento un peso sullo stomaco. 나는 속이 더부룩하다.

dar peso a- ~을 중시하다, ~에 중요성을 부여하다

Non dare peso a quel che dice. 그가 말한 것에 중요성을 부여하지 마라.

dare poco peso a- ~을 폄하하다, 깎아내리다; 축소하다

diminuire di peso- 무게가 내려가다, 체중이 줄다

essere di peso a qualcuno- ~에게 짐이 되다, ~의 부담이 되다

Non voglio essere di peso a nessuno. 나는 누구에게도 짐이 되고 싶지 않다.

levarsi (o togliersi) un peso dallo stomaco- 마음의 짐을 털어버리다; 속을 털어놓다

Gli ho raccontato la verità e mi sono levato un peso dallo stomaco. 나는 그에게 진실을 말함으로써 마음의 짐을 털어버렸다.

non dare peso a- ~을 대수롭지 않게 취급하다; ~을 가볍게 여기다

passare il peso- 중량을 초과하다

portare tutto il peso di una famiglia- 온 가족의 짐을 견디다

rubare (o imbrogliare) sul peso- 무게를/저울을 속이다

Non andrò più da quell'erbivendolo, ruba sempre sul peso. 늘 저울을 속여서, 그 채소 가게에 다시는 안 갈거다.

togliere un peso (dal cuore) a qualcuno- 마음의 짐을 덜다, 안심하다

usare due pesi e due misure- 이중 잣대를 적용하다, 편파적이다

È famoso per i suoi giudizi, perché usa due pesi e due misure. 그의 판결은 편파적이기로 유명하다.

comprare qualcosa a peso d'oro- (비유) ~에 큰 돈을 지불하다.

vendere/pagare, comprare qualcosa a peso d'oro- ~을 비싸게 팔다/사다

pesta- 지나간 자취, 흔적, 발자국

essere nelle peste- 어려움/곤경에 처하다; 난장판이 되어 있다

Sono nelle peste con tutte le schede di valutazione da dare ai ragazzi. 나는 아이들에게 주어야 할 모든 평가 카드 때문에 어려움에 처해 있다.

essere sulle peste di qualcuno- ~을 바짝 뒤쫓다

lasciare qualcuno nelle peste- (도움이 필요한) ~을 저버리다, 궁지에 빠진 사람을 내버려두다

È stato scorretto da parte sua lasciarmi nelle peste ieri sera. 어젯밤 궁지에 빠진 나를 내버려둔 것은 그 편에서 잘못한 것이었다.

pèste- 페스트, 전염병, 성가신 (골치아픈) 사람[18]

dire peste e corna di qualcuno- ~을 마구 헐뜯다, 혹평하다, 난도질하다

Non è gentile da parte tua dire peste e corna di Maria. 마리아에 대해 마구 헐뜯는 것은 네 편에서도 그리 좋지 않다.

peste bovina/suina- 우역(牛疫)/돼지 독감, 구제역[19]

petto- 가슴, 유방

a petto a petto- 정면으로

battersi il petto- 가슴을 치며 후회하다

Non è stata colpa tua, smetti di batterti il petto. 네 탓이 아니었으니까, 가슴을 치며 후회하지 마.

di petto- 정력적으로; 똑바로; 충동적으로, 성급하게

fino al petto- 가슴 높이까지, 가슴께까지

immerso nell'acqua fino al petto- 가슴 높이까지 물이 오는

mettersi una mano sul petto- 가슴에 손을 올리다; (비유) 자기 양심을 반성하다

prendere (o affrontare) di petto- (힘들거나 불편한 상황을) 인정하다/받아들이다; ~에 용감하게 맞서다; 당당하게 마주치다

Aveva paura, ma ha preso di petto la situazione. 그는 두려워 하였지만, 상황에 용감하게 맞섰다.

voce di petto- (음악) 흉성

pezza- 헝겊 조각

da lunga (o gran) pezza- 오랫동안

essere una pezza da piedi- 별 볼일 없는 존재이다, 아무것도 아닌 존재이다

mettere una pezza sopra qualcosa- ~에 헝겊을 대다; 임시 땜질하다, 미봉책으로 가리다

trattare qualcuno come una pezza da piedi- ~을 학대하다; ~을 하찮게 여기다; ~을 깔아 뭉개다

In famiglia è trattato come una pezza da piedi. 가정에서 그를 학대하였다.

pezzo- 단편, 조각, 부품

a pezzi e bocconi- 단편적인, (처음부터 세심히 계획된 것이 아니라 때에 따라) 조금씩 하는; 하다가 말다가, 간헐적으로

L'autore ha scritto il suo libro a pezzi e bocconi. 저자는 가끔씩 자신의 책을 저술했다.

andare in pezzi- 산산조각이 나다

Il vaso cadde e andò in pezzi. 꽃병이 떨어져서 산산조각이 났다.

averne per un pezzo- 한동안 바쁘다

Questo lavoro è difficile e penso che ne avrò per un pezzo. 이 일은 힘들어서 한동안 바쁘리라고 생

---

[18] 'peste'란 단어는 일반적으로 '성가신 사람, 귀찮은 일, 골칫거리' 등을 가리킬 때 사용하지만, 특별히 말썽꾸러기 아이를 지칭할 때도 자주 사용한다. "Che peste!"

[19] 광우병에 관련한 기사가 속출할 때 언론에서 자주 사용하는 단어이다.

각한다.

essere (o sentirsi) a (o in) pezzi- (1) 피곤해 지다, 녹초가 되다(= stanco morto)

Alla fine della giornata sono a pezzi. 하루 일과가 끝나면 녹초가 된다.

(2) 온몸이 아프다/쑤시다(= con le ossa rotte)

Mi sento a pezzi. 나는 온몸이 쑤신다.

fare a pezzi qualcosa- ~을 산산조각으로 부수다; 조각조각 부서지다; ~을 다 때려 부수다(= fracassare); 갈기갈기 찢다(= strappare); (비유) ~을 혹평하다(= criticare), ~를 찢어 죽일 듯이 굴다

La bambina ha fatto a pezzi la sua bambola. 아이가 자기 인형을 갈기갈기 찢었다.

per un pezzo di pane- (비유) 거저, 공짜로, 헐값으로

pezzo grosso- 중요 인물, 거물

È un pezzo grosso nella sua azienda. 그는 회사에서 실력자이다.

È una cosa che devono decidere i pezzi grossi nel mondo degli affari. 업계의 거물들이 결정해야 할 일이다.

pezzo per pezzo- 조금씩, 하나씩, 서서히

raccogliere i pezzi- (특히 충격, 재난 뒤에) 정상으로 돌아가다

stare sul pezzo- (특히 형사 사건을) 조사 중이다

tutto d'un pezzo- 곧은, 강직한; 지조 있는, 원칙에 입각한

un pezzo di- 한 조각의, 한 점의

un pezzo di carne- 고기 한 점

un uomo (o una persona) tutto d'un pezzo- 강직한 사람, 곧은 사람

Nelle sue azioni ha dimostrato di essere una persona tutta d'un pezzo. 그는 강직한 사람임을 행동으로 증명했다.

piacere- 1. (동사) 좋아하다

a Dio piacendo- 별일이 없으면

che ti piaccia o no- 너가 좋아하거나 말거나

farsi piacere qualcosa- ~을 좋아하기 위해 배우다

piaccia o non piaccia- 좋든지 싫든지 간에

un modello che piace- 인기 있는 모델

2. (명사) 즐거움

a piacere- (1) 마음대로, 자유로이, 자기가 원하는 대로

Fa' pure a tuo piacere. 네 마음대로 해.

(2) (입맛에 따라) 필요한 양 만큼 (먹다)

Pane a piacere! 빵은 원하는 대로 드세요!

Puoi mangiarne a piacere. 네 마음껏 먹어도 돼.

Sale a piacere. 소금은 필요한 양 만큼 넣으세요.

avere il piacere di- ~하는 것을 기뻐하다, 만족하게 여기다

Ho avuto il piacere di conoscere tua madre. 나는 네 어머니를 알게 되어 기뻤다.

che è un piacere- 큰 기쁨/만족이다; (비유) 미친 듯이, 들어붓듯이, 기가 막히게

Lavora/studia che è un piacere. 미친 듯이 일한다/공부한다.

Piove che è un piacere. 들어붓듯이 비가 내린다.

Questa macchina va che è un piacere. 이 차는 기가 막히게 잘 굴러간다.

chiedere un piacere a qualcuno- ~에게 부탁을 하다

Posso chiederti un piacere? 네게 한 가지 부탁을 할 수 있을까?

con piacere!- 반가이, 쾌히, 즐거운 마음으로, 흔연히

"Mi accompagni? " "Con piacere!" "나 좀 데려다 줄래?" "흔쾌히"

fare il piacere di- ~하는 호의를 베풀다

Puoi farmi il piacere di venire subito? 당장 와 줄 수 있니?

fare piacere a qualcuno- ~에게 기쁨을 주다, ~을 기쁘게 하다

Mi fa piacere sentire questo. 이것을 듣게 되어 기쁘다.

Mi ha fatto molto piacere sapere che tutto sia andato bene. 나는 모든 것이 잘 됐다는 것을 알게 되어 무척 기뻤다.

fare un piacere a qualcuno- ~에게 호의를 베풀다, ~의 부탁을 들어 주다

Senti, mi faresti un piacere? 저기, 내 부탁 한 가지 들어 줄래?

Piacere di conoscerla.- 만나게 돼서 무척 반갑습니다.

per piacere- 제발, 청컨데

Per piacere, mi dai quel libro? 미안하지만, 내게 그 책 좀 줄래?

Tanto piacere!- (역설) 그래서 뭐!

piano- 1. (부사) 천천히; 평면

andarci piano- ~을 너무 많이 쓰지 마라

Andateci piano con quel dipinto! Costa venti milioni. 너희들은 그 그림에 너무나 많은 돈을 쓰지 마! 이천만 유로나 하니 말이야.

Vacci piano con quel vino, è forte. 그 포도주 너무 많이 마시지 마, 독해.

Chi va piano va sano e va lontano. (속담) 일을 급히 서두르면 망친다. 신중함과 결단력이 성공으로 이끈다는 것을 뜻하는 속담. 느릿느릿 걸어도 황소 걸음.

piano piano- (1) 천천히, 서서히, 조금씩(= a poco a poco)

Camminava piano piano. 그는 아주 천천히 걷고 있었다.

(2) 아주 느리게

Sto arrivando piano piano a capire. 나는 아주 느리게 이해가 되고 있다.

2. (명사) 평면, (건물의) 층, 계획

a due piani- 이층 짜리

autobus a due piani- 이층 버스

di primo piano- 선두의; 탁월한, 중요한, 유명한

di secondo piano- 이차적인, 부수적인

essere sullo stesso piano- 동일하다

essere sullo stesso piano di- ~와 똑같다/동등하다/필적하다

far passare in secondo piano- (~의 그늘에 가려) 빛을 잃게 만들다

fare piani- 계획을 세우다

in primo piano- 전경에 있는; (비유) 최전선에

mettere due cose sullo stesso piano- 두 가지 일을 똑같이 중요하게 여기다

Non si possono mettere i due eventi sullo stesso piano. 두 사건을 똑같이 중요하게 여길 수 없다.

passare in secondo piano- (1) 덜 중요하게 되다

La laurea di sua sorella è sempre passata in secondo piano rispetto a quella presa dal fratello. 여동생의 졸업은 오빠의 졸업과 비교해 볼 때 늘 덜 중요시 됐다.

un artista di primo piano- 일류 예술가, 탁월한 예술가

una persona di primo piano- 유명한 사람

una torta a tre piani- 3단 케이크

(2) 빛이 바래다, 존재가 희미해지다

La sua intelligenza passa in secondo piano rispetto alla sua avidità. 그의 지성은 탐욕으로 빛이 바래 가고 있다.

piano di studi- 공부 계획; 수업계획서

venire in primo piano- 표면화되다; 주목을 받게 되다

pianta- 식물

di sana pianta- (1) 완전히, 전적으로, 전부(= completamente)

Che fantasia, ha inventato tutta la storia di sana pianta! 대단한 상상력이야, 그는 전부 없는 이야기를 지어냈다.

(2) 처음부터(= daccapo)

L'esercizio è tutto sbagliato, devi rifarlo di sana pianta. 연습문제가 전부 틀려서 너는 처음부터 그것을 다시 해야 한다.

in pianta stabile- (1) 아주, 영원히

Si è trasferito nella casa dei suoceri in pianta stabile. 그는 친정으로 아주 이사했다.

(2) (어떤 곳에) 자주, 고정적으로 다니는

L'ho visto per un mese in pianta stabile in quel bar. Si era innamorato della barista. 한 달 동안 자주 그를 그 바에서 보았다. 그는 바리스트(바텐더)와 사랑에 빠졌다.

(3) 정규직으로

Per ora è in prova, ma date le sue notevoli capacità, sarà certamente assunto in pianta stabile. 지금으로선 그가 시험 중이지만, 그의 상당한 능력을 나타내보이면 틀림없이 정규직으로 고용될 것이다.

inventare una storia di sana pianta- 없는 이야기를 지어내다, 거짓말로 둘러대다

pianto- 울음

avere il pianto facile- 아무것도 아닌 일에 울다, 걸핏하면 운다

avere il pianto nel cuore- 비탄에 빠지다

farsi un bel pianto- 실컷 울다

pianto greco- (비유) 지겨운 사람, 짜증나는 것

Quel vestito è un pianto. 그 옷은 엉망이다.

scoppiare (o prorompere) in pianto- 울음이 폭발하다

piatto- 1. (형용사) 평평한, 단조로운

   stile piatto- 따분한 스타일

   traduzione piatta- 평이한 번역, 독창성이 없는/재미없는 번역

   vita piatta- 지루한 생활

   2. (명사) 접시, 요리

   piatto forte- 주요리; (비유) 가장 재미있는 부분, 하이라이트

   Il piatto forte della serata è stato il soprano coreano che ha cantato delle arie di Verdi. 그날 저녁의 하이라이트는 한국인 소프라노가 베르디의 아리아를 불렀던 것이었다.

   lavare i piatti- 접시를 닦다

   riempirsi piatto- ~의 접시에 음식을 담아주다

   sputare nel piatto dove si mangia- 은혜를 원수로 갚다

   Lo so che tua zia ti fa pesare il suo aiuto, ma non devi sputate nel piatto deve mangi. 네가 이모의 도움을 갚으리라고 생각하지만, 은혜를 원수로 갚아서는 안 된다.

   un piatto di- ~한 접시의

   un piatto di spaghetti- 스파게티 한 접시

piazza- 광장

   andare in piazza- (비유) 머리가 빠지기 시작하다, (농담) 대머리가 되다

   Lorenzo e Taddeo sono andati in piazza molto giovani. 로렌조와 타데오(다두)는 매우 젊은 나이에 머리가 벗겨지기 시작했다.

   fare la piazza- (상업) 광고하다; 조사하다

   fare piazza pulita- (조직에서 불필요한 인원을) 말끔히 정리하다; (선거, 시합 등에서) 압승을 거두다, 모든 상을 독차지하다; (음식을) 재빨리 먹어 치우다; 깡그리 다 훔치다(= rubare tutto)

   Ho fatto piazza pulita di tutte le cose inutili che ho trovato in casa. 나는 집에 있는 쓸모 없는 것들을 말끔히 정리했다.

   mettere in piazza i propri affari privati- 집안의 수치를 남 앞에 드러내다; 다른 사람들 앞에서 사적인 문제를 내보이다

   mettere qualcosa in piazza- (1) ~을 일반에게 알리다/공표하다

   Quando suo marito l'ha lasciata, per vendicarsi ha messo in piazza tutte le sue malefatte. 남편이 그녀를 저버렸을 때, 앙갚음으로 남편의 모든 비행을 공개했다.

   (2) (소문 따위를) 퍼프리다

   Ti raccomando di non mettere in piazza gli affari miei. 내 일을 퍼트리지 말 것을 네게 부탁한다.

   rovinare la piazza a qualcuno- ~의 계획 등을 훼방 놓다, ~을 방해하다

   Mi hai rovinato la piazza! 너는 내 계획을 훼방 놓았다! 네가 산통을 다 깨 버렸다!

picca- 창

   rispondere picche- 단호히 거부하다

   Speravo di ottenere il suo permesso, ma mi ha risposto picche. 나는 그의 허가를 얻으리라고 기대했는데, 그는 단호히 거절했다.

picchiato- (농담) 미친

essere picchiato nella testa- 머리가 돌다, 실성하다

Chiunque creda alla sua storia è picchiato nella testa. 그의 이야기를 믿는 사람은 누구나 머리가 돌았다.

piccione- 비둘기

piccione d'argilla- (사격) 클레이 피전(공중에 진흙으로 만든 원반 과녁)

Prendere due piccioni con una fava. 한 개의 콩으로 두마리의 새를 잡다. 일석이조(一石二鳥). 꿩 먹고 알 먹는다.

picco- (뾰족한) 산 꼭대기

a picco- 가파른, 깎아지른 듯한(= scosceso); 수직으로(= verticalmente)

colare (o andare) a picco- (배가) 가라앉다, 침몰하다, 좌초되다; (비유) 파산하다

Il capitano colò a picco con la sua nave. 선장은 배와 함께 침몰했다.

mandare a picco- (배를) 침몰시키다; (비유) 실패하게 하다, 좌절시키다

piccolo- 1. (형용사) 작은, 어린

farsi piccolo- (겁을 먹고) 목을 숙이다, 웅크리다; (보이지 않도록) 몸을 오므리다; 자신을 비하하다(= sminuirsi)

in piccolo- (1) 작은

È una in piccolo Versailles. 그것은 작은 베르사유이다.

(2) 소규모로; 조촐하게

Vuol fare il Napoleone in piccolo. 그는 조촐하게 나폴레옹이 되길 원한다.

nel proprio piccolo- 작게나마 자기 나름대로

È un vocabolario che nel suo piccolo vi dà tutto ciò che occorre. 그것은 작지만 그 나름대로 필요한 모든 것을 제공하는 사전이다.

Nel mio piccolo, cerco sempre di aiutare il prossimo. 나는 작게나마 내 나름대로 늘 이웃을 도우려고 한다.

2. (명사) 어린이, 아이

da piccolo- 어릴 때

Da piccolo andavo a giocare in quel giardino. 어릴 때 그 공원으로 놀러 가곤 하였다.

piè- (전문용어) 음보

a ogni piè sospinto- 굽이마다; 언제나, 어디에서나

Mi ricorda che le devo dei soldi ad ogni piè sospinto. 그녀는 늘 내가 갚을 돈이 있다는 것을 상기시킨다.

a piè fermo- 단호히, 결연히

Attese a piè fermo i suoi nemici. 그는 의연하게 자신의 적을 기다렸다.

saltare a piè pari- 완전히 건너뛰다; (비유) 무시하다, 생략하다

Il conferenziere ha saltato a piè pari l'argomento più importante. 사회자는 가장 중요한 주제를 완전히 건너뛰었다.

piede- 발

a piede libero- 잡히지 않고, 체포되지 않고; (법률) 보석으로

La polizia lo sta cercando in tutto il mondo, ma lui è sempre a piede libero. 경찰은 전세계에서 그의 행방을 쫓고 있는데, 늘 잡히지 않는다.

a piedi- 걸어서, 도보로

Sei andato a piedi o in automobile? 너는 걸어서 갔니 아니면 차로 갔니?

a piedi nudi- 맨발로

ai piedi del letto- 침대 발치에/밑에

Il gatto accuccia sempre ai piedi del mio letto. 고양이가 항상 나의 침대 발치에 웅크리고 있다.

ai piedi della montagna- 산기슭에

Il paese giace ai piedi della montagna. 마을이 산 기슭에 있다.

alzarsi con il piede sbagliato- 꿈자리가 사납다, 아침부터 기분이 사납다

Che cos'hai stamattina? Ti sei alzato con il piede sbagliato? 너 오늘 아침에 무슨 일 있니? 꿈자리가 뒤숭숭했니?

alzarsi in piedi- 일어서다, 기립하다

Devi alzarti in piedi quando entra l'insegnante. 선생님이 들어오시면 너는 기립해야 한다.

Mi sono alzato in piedi per vedere meglio. 나는 잘 보려고 일어섰다.

andare a piedi- 걸어서 가다

andare (o muoversi) con i piedi di piombo- 조심해서 행동하다; 아주 조심스럽게 진행하다

Non sapendo che cosa aspettarsi, andava con i piedi di piombo. 그는 너무 신중하게 진행하였기에, 뭘 기대하는지 모른다.

arrampicarsi con le mani e coi piedi- 손발로 올라가다

avere i piedi per terra- 확실한 기반을 잡다; 매우 현실적이다

avere le ali ai piedi- 발 빠르다

Aveva le ali ai piedi. 그는 발 빨랐다.

avere tutti ai propri piedi- (비유) 자신의 발밑에 모든 사람이 있다

avere un piede nella bara (o fossa)- (나이가 아주 많거나 위독하여) 오래 못 살 것 같다

Aveva già un piede nella bara (o fossa), ma si è ripreso molto bene. 그는 오래 못 살 것 같았는데, 완쾌하였다.

cadere in piedi- 떨어져도 바로 서다; 용케 헤어나다; 운이 좋다

Non preoccuparti per lui, è uno che cade sempre in piedi. 그에 대해서는 걱정하지 마. 그는 늘 운이 좋은 사람이야.

camminare in punta di piedi- 발꿈치를 들고 걷다

Per non far rumore camminava in punta di piedi. 그는 시끄럽게 하지 않으려고 발꿈치를 들고 걷고 있었다.

cominciare con il piede sbagliato- 첫 출발을 잘못하다, 첫 단추를 잘못 꿰다

Se cominci con il piede sbagliato puoi pregiudicare il risultato finale. 첫 출발을 잘못하면, 최종 결과 (성적)에 손해 볼 수 있다.

consegnarsi mani e piedi legati- 전념하다, 열중하다

dalla testa ai piedi (o da capo a piedi)- 머리에서 발까지

È bagnato dalla testa ai piedi. 그는 머리에서 발끝까지 다 젖었다.

essere di nuovo in piedi- (질병 뒤에 건강이) 다시 좋아지다

Sono di nuovo in piedi dopo una settimana di influenza. 한 주간 인플렌자 뒤에 나는 다시 건강이 좋아졌다.

fare qualcosa coi piedi- ~을 망쳐 놓다, 엉망으로 하다

Nell'esercizio ci sono moltissimi errori: è fatto con i piedi. 연습문제에 틀린 것이 너무 많다. 정말 엉망으로 했다.

fra i piedi- (1) ~의 길을 막는, 방해하는

Vattene, non starmi più fra i piedi! 더 이상 날 방해하지 말고, 꺼져 버려!

(2) 남에게 완전히 굴복하여; ~의 발밑에

Mi è sempre fra i piedi. 그는 나에게 완전히 굴복한다.

Fuori dai piedi!- 꺼져버려! 내 눈 앞에서 사라져!

gettarsi ai piedi di qualcuno- ~의 발 밑에 무릎을 꿇다, ~에게 애원하다

in piedi- (1) 서서, 일어서서

Ho trovato solo posti in piedi. 나는 입석 자리만 발견했다.

(2) 독립하여, 자립하여

Mio figlio non sa ancora stare in piedi. 내 아들은 아직 자립할 줄 모른다.

(3) (잠자리, 병상에서) 일어나서, 다 나아서

Questa mattina alle 5 ero già in piedi. 오늘 아침 5시에 난 이미 일어나 있었다.

(4) 선 채로

Il professore è in piedi. 선생님이 선 채로 있다.

in punta di piedi- 발끝으로; 발소리를 죽이고; (비유) 살금살금

leccare i piedi a qualcuno- ~에게 아첨하다, 알랑거리다

Si capisce che ha fatto carriera, ha leccato i piedi del suo capo fin dal primo giorno. 그는 출세(승진)했는데, 첫날부터 사장에게 알랑거렸다.

mandare qualcuno fuori dai piedi- ~을 쫓아내다; 해고하다

Lui ficca sempre il naso dove non dovrebbe; mandalo fuori dai piedi! 그는 하지 말아야 할 곳에서 늘 참견하니깐 그를 내쫓아 버려!

mettere i piedi nel piatto- 매우 무뚝뚝하다; ~을 솔직하게 말하다

mettere in piedi- (기업, 사업) 시작하다, 열다; 세우다, 서 있다

È merito tuo se abbiamo messo in piedi questo gruppo. 우리가 이 단체를 시작하였다면, 네 덕분이다.

Sto mettendo in piedi una bella azienda. 나는 멋진 기업을 열고 있다.

mettere piede (in un luogo)- ~에 발을 들여놓다

Non ho mai messo piede lì dentro e mai ce lo metterò. 나는 그곳에 발을 들여놓지도 않았고 결코 들여놓지도 않을 것이다.

Non metterò più piede in quella casa. 난 더 이상 그 집에 발을 들여놓지 않을 것이다.

mettere piede a terra- (말에서) 내리다; (탈 것에서) 내리다; (배에서) 상륙하다

mettere un piede in fallo- 한 발짝 잘못 디디다

mettere un piede innanzi (o davanti) all'altro- 한 발 한 발 내딛다; (비유) 한 번에 한 단계씩 밟다
mettere qualcuno sotto i piedi- ~을 무시하다, 짓밟다; ~에게 이래라저래라 하다

Non farti mettere sotto i piedi da quell'uomo. 저 남자한테 무시당하지 마!

Non lasciarti mettere sotto i piedi da lui, non è migliore di te! 그가 너보다 못하니깐, 너를 짓밟지 못하게 해!

non reggersi in piedi- 이치에 맞지 않다; 녹초가 되다(= essere stanchissimo), 몹시 지치다

Il suo ragionamento non si regge in piedi. 그의 추리는 이치에 맞지 않는다.

partire col piede sbagliato- 잘못 출발하다, ~와 처음부터 관계를 잘못 맺다

pestare i piedi- (1) ~의 발을 밟다; ~의 감정을 상하게 하다, ~의 권리를 침해하다

Per riuscire nei miei intenti dovrò pestare i piedi a molte persone. 내가 원하는 것을 얻기 위해서는 많은 사람의 권리를 침해하지 말아야 할 것이다.

(2) 발을 동동 구르다

Quel bambino è capriccioso; gli basta pestare i piedi per ottenere ciò che vuole. 그 아이는 변덕스러워서, 자기가 원하는 것을 갖기 위해 발을 동동 구르기만 한다.

prender piede- 인기를 얻다, 유행하다; 강세를 보이다, 성공하다

La moda dei tacchi alti ha preso piede dopo l'estate. 가을에 하이힐이 유행했다.

puntare i piedi- 자기의 의견/입장을 고집하다, 완강하게 버티다

C'è riuscito solo puntando i piedi. 그는 자신의 입장을 고집함으로써 성공할 수 있었다.

ragionare con i piedi- 허튼소리/엉뚱한 소리를 늘어 놓다, 허풍떨다, 실없는 말을 하다
rimanere a piedi- (버스, 기차를) 놓치다; 오도가도 못하다; 곤란하게 되다
rimettere in piedi- ~을 다시 회복/자립시키다

Ha rimesso in piedi l'azienda con l'aiuto di un suo amico. 그는 친구의 도움으로 회사를 다시 회복시켰다.

ritornare con i piedi sulla (o per) terra- (비유) 현실로 돌아오다, 제정신이 들다
salto a piedi pari- 제자리 멀리 뛰기
stare in piedi- 서 있다, 일어서다; (비유) 잘 들어맞다, 타당하다, 말이 되다; 믿을 만하다(= essere credibile)

A dieci mesi un bambino comincia a stare in piedi. 10개월부터 아기가 서 있기 시작한다.

su due piedi- (1) 즉석에서, 즉시, 당장(= subito); 사전 준비 없이, 즉흥으로(= senza preparazione)

Non posso darti una risposta così su due piedi. 나는 그렇게 즉석에서 네게 답을 줄 수 없다.

(2) 예고 없이(= senza preavviso)

Lo licenziarono su due piedi. 그들은 예고 없이 그를 해고했다.

tenere il piede in due staffe (o scarpe)- 이편 저편과 다 사이좋게 지내다

È un uomo ambiguo e opportunista che tiene sempre i piedi in due staffe. 그는 애매한 (사람이고) 기회주의자여서 늘 이편 저편과 다 사이좋게 지낸다.

togliersi (o levarsi) dai piedi- (1) ~을 쫓아내다

Toglietemi dai piedi quest'uomo; non lo sopporto. 견딜 수가 없으니, 이 사람을 내쫓아 버려.

(2) (속어) 꺼져

Levati dai piedi! 썩 꺼져!

un lavoro fatto con i piedi- 데면데면한 일, 날림

Va rifatto subito! È un lavoro fatto con i piedi. 당장 다시 해! 날림이야.

piedistallo- 대(臺), 받침대

cadere dal piedistallo- 높은 자리에서 떨어지다

mettere qualcuno sul piedistallo- ~을 연장자/상급자로서 존경하다, (맹목적인 정도로) ~을 받들어 모시다

Ti ho messo sul piedistallo, ma mi accorsi di aver commesso un errore. 너를 받들어 모셨는데, 내가 실수했다는 것을 알았다.

piega- 주름, 접은 자리

a pieghe- 주름이 있는

Vorrei una gonna a pieghe. 주름 치마를 보여 주세요.

non fare una piega- (1) 맞춘 듯이 꼭 맞다

Questo vestito non ti fa una piega. 이 옷이 네게 꼭 맞는다.

(2) (추리, 설명이) 결점이 없다, 나무랄 데가 없다

La sua spiegazione non fa una piega. 그의 설명은 흠 잡을 데가 없다.

(3) 꿈쩍 안 하다(= restare impassibile); 태연하다(= essere impassibile)

Gli hanno detto che sarebbe andato in prigione e lui non ha fatto una piega! 그들은 그가 감옥에 갔어야 한다고 말했는데도 눈썹 하나 까딱하지 않았다.

prendere la piega- 주름이 생기다

prendere una brutta (o cattiva) piega- 악화되다, 나빠지다

Sembrava che ce la facessero a salvare la ditta, ma ultimamente le cose hanno preso una brutta piega. 그들이 회사를 살릴 수 있으리라고 여겼었는데, 최근의 사태들이 상황을 악화시켰다.

prendere una buona piega- 차차 나아지다, 일이 좋게 돌아가다

Le cose prendono una buona piega per noi. 일이 우리에게 좋게 돌아가고 있다.

togliere una piega col ferro- 다림질로 주름을 펴다

pieno- 1. (형용사) 가득 찬, 만원의, 최대한의, 배부른

a piena velocità- 전속력으로, 전력을 다해

a piena voce- 목청껏, 소리 내어, 큰소리로

a piene mani- 풍부하게, 무성하게, 한 줌 가득

a piene vele- 돛을 전부 달고, 서둘러, 급히

arrivare a piena maturità- 원숙해지다

eletto a pieni voti- 만장일치로 선출된

Sono stato eletto a pieni voti. 나는 만장일치로 선출되었다.

essere pieno- 배가 부르다

Non mi va più, sono pieno. 난 더 이상 안 내켜, 배가 불러.

essere pieno di- ~으로 가득 차다

La stanza era piena di fumo. 방이 연기로 가득 차 있었다.

essere pieno di debiti- 빚으로 가득 차다, 빚투성이다, 빚에 쪼들리다

essere pieno di speranze- 희망으로 가득 차다

in piena estate- 한여름에

in piena notte- 한밤에

in piena ritirata- 총퇴각을 하여

in piena stagione- 성수기에

in pieno giorno- 한낮에

in pieno inverno- 한겨울에

in pieno viso- 정면으로, 똑바로

pieno come un uovo- 꽉 들어찬; 빽빽한, 빼곡한

Mi sento pieno come un uovo. 배가 빵빵한 느낌이다. 배불러 터질 것 같다.

pieno di sé- 자만하여, 거만하여

È talmente pieno di sé che non si accorge neppure di diventare maleducato; chi crede di essere? 그는 너무 거만해서 얼마나 무례한지조차 모른다. 도대체 자기가 뭐라고 생각하는 거야?

respirare a pieni polmoni- 깊이 숨쉬다

2. (명사) 정점, 절정, 완전

avere ragione in pieno- 전적으로 옳다

Hai ragione in pieno. 네가 전적으로 옳다.

fare il pieno- 가득 채우다; (자동차에) 연료를 채우다

Il pieno, per favore. (주유소에서) 가득 채워주세요.

Il viaggio è lungo, facciamo il pieno di benzina. 긴 여정이어서 우리는 기름을 한 가득 채운다.

in pieno- 완전히, 전적으로(= completamente); 정확히(= *esattamente*); 가운데에(= nel mezzo)

nel pieno della notte- 한밤중에

nel pieno dell'inverno- 한겨울에

Siamo nel pieno dell'inverno. 우리는 엄동설한에 있다. 지금이 한겨울이다.

nel pieno della gioventù- 한창 때에

pietà- 자비, 연민

avere pietà di qualcuno- ~을 불쌍히 여기다, ~을 가엾게 여기다

Dio, abbi pietà di noi! 하느님, 저희를 불쌍히 여기소서!

avere pietà per qualcuno- ~을 동정하다

Lui non ha pietà per nessuno. 그는 아무게도 동정심이 없다.

Che pietà! 정말 안됐다! 정말 딱하다!

fare pietà- 동정심을 유발하다; 측은하다(= essere miserando); 한심하다(= essere scadente); 가망이 없다

È ridotto in uno stato da far pietà. 그는 한심한 상태로 전락했다.

fare qualcosa per pietà- ~을 동정심에서 하다

L'ho fatto per pietà. 동정심에서 그것을 했다.

per pietà- 제발 부탁인데, 가엾게 여기시고; 불쌍해서, 동정심에서

Per pietà, non farlo! 제발 부탁인데, 그것을 하지 마!

sentire pietà per- ~을 불쌍히 여기다, ~을 딱하게/가련히 여기다

Sento molta pietà per lui. 나는 그를 아주 불쌍히 여긴다.

senza pietà- 무자비하게, 인정사정 없이, 잔혹하게

Si è comportato senza pietà. 그는 무자비하게 행동했다.

pietra- 돌

avere un cuore di pietra- 마음이 냉혹하다, 냉혹한/박정한 사람이다

Chi è senza peccato scagli la prima pietra. (성경) 죄없는 사람이 먼저 돌을 던져라.

essere duro (o freddo) come una pietra- 마음이 돌처럼 단단하다, 차갑다

gettare delle pietre a qualcuno- ~에게 돌을 던지다

Gli gettarono delle pietre. 그들은 그에게 돌을 던졌다.

far piangere le pietre- 돌 같은 마음을 녹이다

la pietra dello scandalo- 추문의 원인; 장본인; 악표양(= chi dà cattivo esempio)

Lei è la pietra dello scandalo perché ha avuto una storia con suo cognato. 그녀가 시동생과 정사를 가졌기 때문에 그녀가 장본인이다.

mettere una pietra su (o sopra) qualcosa- ~을 다 잊어버리다; 지난 일은 잊어버리기도 하다

Mettiamo una pietra sul passato. 지난 일은 잊어버리자.

pietra di paragone- 시금석, 기준

posare la prima pietra- 주춧돌을 놓다

rimanere di pietra- 경직되다

scagliare pietre a qualcuno- ~에게 돌을 던지다

Pietro- 베드로

Si chiama Pietro 빌려준 물건을 돌려주길 바람

"Mi presti la tua penna?" "Sì, ma si chiama Pietro!" "펜 좀 빌려줄래?" "응, 그런데 반드시 돌려줘야 해."

pillola- 환약, 알약; 싫은 것, 괴로운 일

in pillole- 조금씩

indorare la pillola- 싫은 일을 기분 좋게 할 수 있도록 하다, 불쾌한 상황을 완화시키다

Glielo dirò io cercando di indorare la pillola. 싫은 일을 기분 좋게 할 수 있도록 하면서 그에게 그걸 말할 것이다.

inghiottire la pillola- 쓴 약을 삼키다; (비유) 쓰디 쓴 경험을 감수하다

una pillola amara- 쓴 알약; (비유) 싫은 일

pinza- 집게, 펜치

prendere con le pinze- 미온적으로 처리하다

유사 관용어 [**molla**] 'prendere con le molle'를 보시오.

pioggia- 비

con la pioggia- 비가 오는데

Sono preoccupato perché si è messo in viaggio con la pioggia. 비가 오는데 그가 여행을 시작해서 내가 걱정이 된다.

parlare della pioggia e del bel tempo- 별다른 이야기를 하지 않다; 이것저것 말하다

sotto la pioggia- 빗속에

stagione delle piogge- 장마철, 우기

piovere- 비가 내리다

che piova o splenda il sole- 비가 내리거나 햇볕이 쨍쨍해도; (비유) 무슨 일이 있어도

Mi piove in casa. 집에 비가 샌다.

Mi piovvero un sacco di complimenti. 내게 축하세례가 쇄도했다.

Oggi vuol piovere. 오늘 비가 내릴 것 같다.

Piove, governo ladro! 정부가 도둑놈이라는 비난이 쏟아진다!

Piove sul bagnato.- (행운을 가리킬 때) 성공만큼 성공을 보장하는 것도 없다(한 가지가 잘 되면 만사가 잘 된다); (불행을 가리킬 때) 비가 한번 내렸다 하면 억수로 퍼붓는다, 불운은 한꺼번에 닥친다; (돈) 돈이 돈을 번다.

piovere a cantinelle (o a dirotto)- 비가 퍼붓다, 비가 억수같이 오다

Ieri non siamo usciti perché pioveva a dirotto. 어제 비가 억수같이 와서 우리는 외출하지 않았다.

piovere forte- 비가 세차게 오다

smettere di piovere- 비가 그치다

Ha smesso di piovere. 비가 그쳤다.

Sta per piovere. 지금 막 비가 내리려 한다. 비가 곧 올 것 같다.

Su questo non ci piove. (비유) 이것에 대해선 의심할 바 없다.

pisolino- (pisolo의 小) 낮잠, 졸음

schiacciare (o fare) un pisolino- (1) 잠깐 낮잠을 자다[20]

Mi piace schiacciare un pisolino dopo pranzo. 나는 점심 식사 후에 잠깐 낮잠 자기를 좋아한다.

(2) 눈을 붙이다; 깜빡 잠이 들다

Perché non fai un pisolino? 잠깐 눈을 붙이는 것이 어때?

più- 1. (부사) 더

a più non posso- 될 수 있는 한, 가능한; 전력을 다해서, 온 힘을 다해서

al più (o tutt'al più)- 많아도, 기껏, 끽해야, 고작, 겨우

chi più chi meno- 거의, 정도의 차이는 있어도, 다소간

Chi più chi meno, tutti lo hanno criticato. 정도의 차이는 있어도 거의 모든 사람들이 그를 비판했다.

chi più ne ha più ne metta- 말로 형언할 수 없다

È generoso, simpatico, buono; chi più ne ha più ne metta. 그는 말로 형언할 수 없이 관대하고 자상하고 좋다.

correre a più non posso- 힘껏 달리다

Correva a più non posso. 그는 전력을 다해 뛰고 있었다.

di più- (1) 더 많은 수/양

Questo mese abbiamo speso di più. 이번 달엔 우린 더 많이 썼다.

---

[20] 실제로 이탈리아에서는 'fare un pisolino'라는 관용어보다는 '시에스타(la siesta)'라는 스페인어가 더 일반적으로 사용된다.

(2) (시간) 더 오래

Dovresti dormire di più. 넌 더 오래 자야 할 거다.

(3) (부정문) 더 이상~ 않다

Abbiamo solo due posti liberi, non di più. 우린 빈 자리가 두 개이고, 더 이상 없다.

Tacque e non disse di più. 그는 잠자코 있었고 더 이상 말을 안 했다.

in più- 덧붙여, 게다가; 추가의

mai più- 두 번 다시는 ~않는

né più né meno- 정확히 ~인; ~과 아주 똑같은

Sai chi è capitato alla festa a casa mia? Né più né meno che Madonna! 축제에 누가 내 집에 나타났는지 아니? 정확히 성모님이셨어!

niente di più- 더 이상 아무것도 아니다

Siamo soltanto amici, niente di più. 우린 단지 친구이고, 더 이상 아무 사이도 아니다.

più che + 형용사- 가장, 제일, 최대로

più che mai (= più di sempre)- 더욱더, 점점 더; 여느 때 보다 더, 여느 때 없이

più di- ~보다 많이

Lui mangia sempre più di me. 그는 항상 나 보다 더 많이 먹는다.

più di una volta- 한 번 이상

piò o meno- 대략, 거의

Piu o meno, a che ora sarai da noi? 대략 몇 시에 우리한테 올 거니?

più ... meglio è- 많을수록 좋다; 다다익선(多多益善)

Porta anche tua sorella; più siamo meglio è. 네 여동생도 데리고 와. 사람이 많으면 많을수록 더 좋아.

per di più- (1) 게다가, 더욱이, 뿐만 아니라(= inoltre)

È un prodotto molto buono e, per di più, costa poco. 아주 좋은 제품인데, 게다가 가격도 저렴하다.

(2) 한 술 더 떠서, 그 위에, 덧붙여(= in aggiunta)

Non mi aiuta e per di più mi impedisce di lavorare. 그는 나를 도와 주지 않고 한 술 더 떠서 일하는 데 나를 방해한다.

per lo più (o perlopiù)- (1) 주로, 일반적으로

Per lo più la domenica sto in casa. 주로 일요일에 난 집에 있다.

(2) 보통, 대개, 대부분은

C'era molta gente, per lo più americani. 많은 사람이 있었는데, 대부분은 미국 사람이었다.

sempre (di) più- 더욱 더, 갈수록 더, 점점

tanto più che- ~이니까 더욱 더, ~이니까 오히려

Quel film non mi interessa, tanto più che i miei figli non vogliono vederlo. 내가 그 영화를 관심 없어 하니깐, 아이들도 그 영화를 보려고 하질 않는다.

Ti conviene accettare, tanto più che il lavoro ti piace. 네가 그 일을 좋아하니까 더욱 그것을 받아 들이는 것이 낫다.

un po' di più- 조금 더

un risultato più che soddisfacente- 가장 만족할 만한 결과

2. (명사) 대부분, 다수

il di più- 과다, 과잉

il più delle volte- 대부분의, 일반적으로, 대개

parlare del più e del meno- 이런저런 이야기를 하다; 가볍게 수다를 떨다

Abbiamo preso un caffè insieme parlando del più e del meno. 우리는 이런저런 이야기를 하면서 커피를 마셨다.

piva- 풍적(風笛), (특히 스코트랜에서 연주되는) 백파이프

tornarsene con le pive nel sacco- 빈손으로 돌아오다

È partito con la speranza di fare fortuna, ma se n'è tornato con le pive nel sacco. 그는 성공하리라는 희망을 가지고 떠났는데 빈손으로 돌아왔다.

pizza- 피자

Che pizza!- (비격식) 아이, 지겨워(= che noia)

Che pizza questo film! 이 영화 진짜 지겨워!

dare una pizza a qualcuno- (비격식) ~를 한 대 때리다, 뺨을 때리다

Se non la smetti, ti do una pizza. 그것을 관두지 안으면, 너를 한 대 때릴 거야.

pizza al taglio- 조각으로 파는 피자

una pizza- 지겨운 사람

Ha parlato per due ore al convegno senza dire niente. Una pizza! 그는 모임에서 두 시간 동안 쓸데없는 말을 했다. 지겨운 사람이다.

pizzico- 조금, 한 줌

un pizzico di- 조금의, 한 줌의

un pizzico di sale- 소금 조금

poco- 1. (형용사) 작은, 짧은, 잠시의, 하찮은, 조금의

a dir poco- 조금도 과장하지 않고

A dir poco, vorrei che non fosse venuto. 전혀 과장이 아냐, 그가 오지 않았으면 좋겠다.

da poco- (1) 경미한

È una ferita da poco. 경미한 상처이다.

(2) 조금 전에(= poco tempo fa), 바로 얼마 전에(= poco tempo prima)

È uscito da poco. 그가 조금 전에 나갔다.

Ho iniziato da poco. 나는 시작한지 얼마 안됐다.

(3) 잠깐 동안

Abito qui per poco. 나는 여기에 잠깐 동안 산다.

di lì a poco- 잠시 후에; 금세, 곧

fra poco- 곧, 머지않아, 이내

poco fa- 조금 전에

poco tempo dopo- 조금 뒤에

poco tempo fa- 조금 전에

2. (대명사) 조금, 소량

A fra poco. 곧 만나기를 바래.

C'è poco da- ~할 것이 별로 없다

C'è poco da dire. 할 말이 별로 없다.

C'è poco da fare. 할 일이 별로 없다.

Ci vuole poco. 시간이 별로 안 걸린다.

da un po'- (1) (현재와 비교해서) 며칠 전

È partito da un po'. 그는 며칠 전에 떠났다.

(2) (과거와 비교해서) 얼마 전부터; (계속) 아까부터

Vivo qui da un po'. 나는 얼마 전부터 여기에 살고 있다.

E ti pare poco? 네게 별 것 아닌 것 같니?

per così poco- 아주 사소한 것에

Non te la prendere per così poco! 아주 사소한 일에 기분 상하지 마!

per poco- 값싸게

L'ho comprato per poco. 나는 그것을 아주 값싸게 샀다.

per poco non- 거의 ~할 뻔 하다

Per poco non cadevo in acqua. 거의 물에 빠질 뻔 했다.

po' po' di- 그만큼, 더욱더, 오히려

Che po' po' di faccia tosta! 뻔뻔스럽게!

Che po' po' di mascalzone! 불한당 같으니라고!

un altro po'- 조금 더

Restiamo un altro po'. 조금만 더 머무르자.

un po' (o un poco)- 약간; (시간) 잠시

un po' di pane- 약간의 빵

un poco di buono- 나쁜 인간, 못 믿을 사람

3. (부사) 조금

a poco a poco- 조금씩, 천천히

Di' un po'! 들어 봐!

Ma guarda un po'! 좀 봐봐!

Poco male- 아무 일도 아니다, 걱정하지 마라, 괜찮다

Senti un po'! 좀 들어봐!

Vediamo un po'! 좀 봅시다!

volerci poco- 간단하다, 별로 힘이 안 든다

Ci vuole così poco ad accontentarlo. 그를 만족시키는 데는 별로 힘이 안 든다.

tra poco- 이윽고, 머지않아, 곧

Non essere impaziente, tra poco sarà tutto fatto. 조바심 떨지 마. 머지않아 모든 게 다 될 거다.

pollo- 닭

andare a letto con i polli- 아주 일찍 잠자리에 들다

I miei cenano sempre presto e vanno a letto con i polli. 나의 부모님은 항상 일찍 저녁식사를 하고 일찍

잠자리에 든다.

conoscere i propri polli- 상대해야 할 사람을 잘 알고 있다; 아무도 당할 수 없는 사람이다

I suoi studenti si credono più furbi di lui, ma quell'insegnante conosce i suoi polli. 학생들은 선생님에 비해 더 영리하다고 생각하지만, 아무도 그 선생님을 못 당한다.

far ridere i polli- (닭도 웃을 만큼) 아주 우스꽝스럽다, 아주 시시하다

Ma cosa credi di fare con quella parrucca in testa? Fai ridere i polli! 머리에 그 가발을 쓰고 뭘 하려고 하는 거야? 아주 우스꽝스러워!

polpetta- (요리) 크로켓, 미트볼, 고기 만두, 어육 완자

fare polpette di- (싸움, 언쟁, 시합 등에서) ~을 묵사발을 만들다/압도하다; ~을 늘씬하게 때려주다

La squadra ospite fece polpette della squadra di casa. 원정팀이 홈팀을 묵사발로 만들었다.

polso- 맥박, 고동

avere polso- 단호하다, 단호하게 표현하다

È un uomo buono, ma sa avere polso. 그는 좋은 사람이지만 단호하다.

essere di polso- 기골이 있다

essere privo di polso- 줏대가 없다

tastare (o sentire) il polso- (~에 대해) ~의 의사를 타진하다, 의향을 알아보다; ~을 타진해 보다

Penso di partecipare, ma prima voglio tastare il polso della situazione. 참여하리라고 생각하지만, 먼저 상황에 대해 알아보고 싶다.

tastare il polso dell'elettorato- 유권자를 알아보다/타진하다

polvere- 먼지

avere le polveri bagnate- (비유) 자신의 능력을 이용할 수 없다, 좌절하다, 어찌할 바를 모르다

caffè in polvere- 가루 커피, 인스턴트 커피

dare fuoco alle polveri- 발포하다; 교전을 시작하다(= iniziare le ostilità); 반란의 발단이 되다(= dare il via alla rivolta)

far mangiare la polvere a qualcuno- ~에게 먼지를 먹게 하다, 굴욕을 겪게 하다

gettare la polvere negli occhi- 남의 눈을 속이다, ~을 속이다

È inutile che getti polvere negli occhi; si accorgeranno che tipo sei. 남의 눈을 속이려고 해도 소용없다. 그들은 네가 어떤 종자의 인간인지 안다.

in polvere- 가루로

mangiare la polvere- 공기중의 먼지를 호흡하다; (비유) 굴욕을 참다

medicina in polvere- 가루약

mordere la polvere- 죽다, (특히) 전사하다

Non si accontentò di vincere, ma fece mordere la polvere all'avversario. 그는 승리에 만족하지 않고 적을 죽였다.

raccogliere polvere- 먼지를 뒤집어쓰다; (비유) 무시당하다

ridurre in polvere- 가루로 만들다; 바수다, 찧다

sapone in polvere- 가루 비누

tenere asciutte le polveri- 만일의 사태에 대비하다

zucchero in polvere- 가루 설탕

polverone- (polvere의 大) 먼지; 호들갑, 법석

sollevare un polverone- 큰 소란을 피우다; 마구 불평을 해대다

Quando lo hanno accusato di prendere delle bustarelle, ha sollevato un polverone. 그들이 뇌물 수수로 그를 고소하자, 큰 소란을 피웠다.

pomeriggio- 오후

di/nel/al pomeriggio- 오후에

Il dottore riceve al pomeriggio dalle 3 alle 6. 의사는 오후 3시에서 6시까지 받는다.

nel primo/nel tardo pomeriggio- 이른 [늦은] 오후에

oggi pomeriggio- 오늘 오후에

tutti i pomeriggi/ogni pomeriggio- 오후 마다

pomo- 사과, 사과나무

il pomo della discordia- 불화의 사과(트로이 전쟁의 원인이 된 황금사과); 분쟁의 원인

La nuova legge sugli affitti è il pomo della discordia al consiglio comunale. 새 임대차 법이 시의회에 분쟁의 원인이다.

il pomo vietato- (종교) 금단의 열매

ponte- 다리

bruciarsi i ponti alle spalle- 배수진을 치다

fare da ponte- 가교 역할을 하다, 중개자 역할을 하다

Ho fatto da ponte tra due aziende. 두 기업 사이 중개자 역할을 했다.

fare il ponte- (두 휴무일 사이, 샌드위치 데이) 하루 더 쉬다, 샌드위치 데이를 하다[21]

Martedì è vacanza. Lunedì non andrò a lavorare, farò il ponte. 화요일이 휴무일이어서 월요일에 일하러 가지 않아도 된다. 하루 더 쉰다.

fare ponti d'oro a qualcuno- ~에게 유리한 조건을 제공/제의하다

A nemico che fugge, ponti d'oro. 도망가는 적에게 유리한 조건이다.

La ditta ha fatto ponti d'oro a Riccardo. 회사는 리카르도에게 유리한 조건을 제의했다.

legge ponte- 한시법

tagliare (o rompere) i ponti con qualcuno- ~와 모든 관계를 끊다; ~와 절교/의절하다

Ha dato le dimissioni ed ha tagliato i ponti con la società. 그는 사표를 내고 회사와 모든 관계를 끊었다.[22]

testa di ponte- 교두보; (비유) 유리한 위치

vivere sotto i ponti- 부랑자이다

porco- 1. (명사) 돼지, 불결한 사람

---

[21] 가령 화요일이 국경일이라면, 월요일은 덤으로 하루 더 쉬게 된다. 이럴 경우 금요일 오후부터 화요일까지 쉬는 날이 된다. 이 기간에 사람들은 가족이나 친지방문, 여행을 떠나는 인파로 고속도로가 극심한 정체에 시달리게 된다. 이한사전에는 "축제일과 일요일 사이에 있는 평일을 쉬게 하다'라고 옮겼다. 2005년 관용어 사전을 준비할 때만 해도 우리나라에 이러한 제도가 시행 전이라 각주로 설명을 달았다.

[22] 'Dare le dimissioni'는 '사표를 내다, 사직하다'라는 관용어이다.

ingrassare come un porco- 돼지처럼 살찌다

mangiare come un porco- 돼지같이 먹어대다; 욕심을 부리다

2. (형용사) 아주 더러운; 역겨운

Porca miseria! 제기랄! 빌어먹을!

Porco mondo! 더러운 세상! 빌어먹을! 우라질!

un porco lavoro- 역겨운 일

poro- (잎의) 기공(氣孔), 작은 구멍

sprizzare gioia da tutti i pori- 기쁨으로 충만해 있다

Il giorno del matrimonio sprizzava gioia da tutti i pori. 결혼식 날 그는 기쁨으로 충만해 있었다.

sprizzare rabbia da tutti i pori- (화가 나서) 씩씩대다

porta- 문

a porte aperte- 공개적으로; (법률) 공판정에서

a porte chiuse- 문을 닫고서, 비공개로, 비밀리에; (법률) 판사실에서

Il processo sarà a porte chiuse. 소송은 비공개로 진행될 것이다.

abitare porta a porta con- ~와 옆집에 살다, ~와 이웃에 살다

accompagnare qualcuno alla porta- ~을 문까지 배웅하다

accompagnare una porta- 문을 살살 닫다

Per favore, accompagna la porta, se no sbatte. 문을 살살 닫아 주십시오. 그렇지 않으면 쾅 하고 닫힙니다.

alle porte- (1) 가까이에, 근처에

Il nemico era alle porte. 적이 가까이에 있었다.

(2) (비유) 목전에 있는, 코앞에 와 있는

Gli esami sono alle porte. 시험이 코앞에 와 있다.

andare (o mendicare) di porta in porta- 집집마다 구걸하며 다니다, 문전걸식하다, 빌어먹고 다니다

aprire la porta a qualcuno- ~에게 문을 열어주다; (비유) ~을 맞이하다, 기꺼이 받아들이다

bussare a molte porte- (일자리를 찾으러) 거리를 누비다

Ho dovuto bussare a molte porte prima di trovare qualcuno che fosse disposto ad aiutarmi. 누군가 날 도와줄 만한 사람을 찾기 전까지 일자리를 찾아 거리를 누벼야만 했다.

fuori porta- 성문 밖, 외곽 지역

Loro vivono fuori porta. 그들은 외곽지역에 산다.

Il denaro apre tutte le porte. 돈이면 안 되는 것이 없다.

le porte dell'inferno- 지옥의 문

mettere qualcuno alla porta (o mostrare a qualcuno la porta) - ~에게 나가라고 하다; ~을 해고하다

Si è comportato male ed ho dovuto metterlo alla porta. 무례하게 행동해서 그에게 나가라고 해야만 했다.

per la porta o per la finestra- 수단과 방법을 안 가리고

porta a porta- 옆집에(= accanto); 집집마다, 호별의, 가가호호, 택배의(= di porta in porta)

prendere la porta- 떠나다, 가버리다

Mi sono arrabbiato ed ho preso la porta. 나는 화가 나서 떠났다.

Quella è la porta! 저기가 문이다! (비유) 여기서 나가!

sbattere (o chiudere) la porta in faccia a qualcuno- ~의 면전에서 문을 닫다, 문전 퇴짜를 놓다; (비유) ~을 돕는 것을 거절하다

Sono andata a chiedergli un lavoro e mi ha sbattuto la porta in faccia. 일자리를 구하러 그에게 갔었는데 문전에서 퇴짜를 놓았다.

servizio porta a porta- 방문 서비스

sfondare una porta aperta- (1) 당연한(말할 필요도 없는) 것을 말하다; 이미 어떤 견해를 갖고 있는 사람들에게 그 견해를 설파하는 말을 하다.

Non hai scoperto niente di nuovo; hai sfondato una porta aperta. 넌 아무것도 새로운 점을 발견하지 못한 채 누구나 다 아는 것을 말했다.

Sfondi una porta aperta! 당연한 것을 말하네! (= Sono d'accordissimo con te.)

(2) 손쉽게 얻다

Credevo di faticare a convincerlo, ma lui ha detto subito di sì. Ho sfondato una porta aperta. 그를 설득하기가 힘들다고 생각했었는데, 그는 바로 '예'라고 대답했다. 나는 손쉽게 얻었다.

trovare tutte le porte chiuse- 아무 결과도 얻지 못하다

vendita porta a porta- 방문판매

venditore porta a porta- 방문판매자

portafoglio- 지갑

alleggerire il portafoglio a qualcuno- ~에게서 지갑을 훔치다

Mentre guardava il panorama gli hanno alleggerito il portafoglio. 그가 경치를 바라보고 있는 동안에 그들은 그의 지갑을 훔쳤다.

il portafoglio della Difesa degli Esteri- 국방 [외무] 장관직

mettere mano al portafoglio- 돈을 지불하다, (자선 따위에) 돈을 내다, 기부하다

ministro senza portafoglio- 무임소장관, (우리나라의) 정무장관

portare- 가져오다, 가져 가다

Che il diavolo ti porti! 지옥에나 가라!

Ognuno ha la propria croce da portare. 누구나 지어야 할 자기 십자가가 있다.

portare qualcosa a spalla- ~을 어깨에 짊어지다, 어깨에 메고 가다

Hanno dovuto portare tutto a spalla perché l'ascensore non funzionava. 승강기가 작동이 안돼서 그는 모든 것을 어깨에 짊어지고 올라가야 했다.

portare alla luce- 밝혀내다; (오래 감춰지거나 잊혀졌던 것을) 들춰내다

portare avanti- 진행하다, 꾸려 나가다

portare qualcuno in palmo di mano- ~을 높이 평가하다

portare qualcuno in trionfo- ~을 승리로 이끌다

portare sulla cattiva strada- ~을 잘못된 방향으로 이끌다

portare via- (1) 가져가다, 운반해 가다

Mi fai il piacere di portare via la tua roba? 네 물건 좀 가져다 주겠니?

(2) 가져가 버리다, 도둑질하다, 훔치다(= rubare)

In autobus mi hanno portato via il portafoglio. 버스 안에서 그들이 내 지갑을 훔쳐 갔다.

(3) (목숨을) 빼앗아 가다, 죽이다(= uccidere)

Una polmonite l'ha portato via in pochi giorni. 폐렴이 며칠 만에 그의 목숨을 앗아가 버렸다.

(4) (시간이) 걸리다

Il lavoro portò via tre mesi. 일은 세 달이 걸렸다.

un lavoro che porta via molto tempo 많은 시간이 걸리는 일

Tutte le strade portano a Roma. (속담) 모든 길을 로마로 통한다.

portata- 사정, 범위, 한계

a lunga portata- 장거리에 달하는, 원대한, 원거리에

a portata di mano- (1) 쉽게 손 닿는 곳에, 손이 미치는 곳에(= sottomano)

Tengo sempre le sigarette a portata di mano. 난 항상 쉽게 손이 닿는 곳에 담배를 둔다.

(2) 가까운 곳에(= nelle vicinanze)

Tutti i negozi sono a portata di mano. 모든 상점이 가까운 곳에 있다.

a portata d'orecchio (o di voce)- 들리는 곳에

portato- 운반된, 옮겨진

essere portato per- ~에 소질/재능이 있다

Lei è portata per le lingue straniere. 그녀는 외국어에 소질이 있다.

Sono molto portato per la matematica. 나는 수학에 재능이 있다.

porto- 항구, (비유) 피난처

andare in porto- 결과가 좋다, 성공적이다

condurre in porto- (1) 성공적으로 마치다

Hanno condotto in porto l'affare con la *City Bank*. 그들은 시티은행과 성공적으로 거래를 마쳤다.

(2) 이행하다

Voglio condure in porto tutti i miei piani. 나의 계획을 완수하고 싶다.

mandare in porto qualcosa- (포기하지 않고) ~을 끝까지 해내다

un porto di mare- (서울역과 같이) 북적이는 곳

La nostra casa è sempre piena di gente, è un vero porto di mare. 우리 집은 늘 사람들로 가득차 있어서 마치 서울역 같아.

Questo posto è un porto di mare. 여기는 너무 북적대네요.

porzione- (식사 때 한 사람의 몫으로 덜어주는) 양, 일 인분, 한 그릇

una porzione di- 일 인분의, 한 그릇

Ho ordinato una porzione di budino. 푸딩 일 인분을 시켰다.

posa- 자세

mettersi in posa- 자세/포즈를 취하다

Si misero in posa per la foto. 그들은 사진을 찍으려고 자세를 취했다.

posizione- 입장, 지위, 위치

farsi una posizione- 좋은 자리에 이르다; 지위를 얻다

Per l'età che ha si è fatto un'ottima posizione. 그의 나이에 아주 굉장한 지위를 얻었다.

Si è fatto una posizione lavorando sodo per anni. 그는 여러 해 동안 열심히 일해서 좋은 자리에 이르렀다.

trovare una buona posizione lavorativa- 좋은 직장을 구하다

possesso- 소유

in possesso di- ~을 소유하여

Come sei venuto in possesso di questo libro? 넌 어떻게 이 책을 소유하게 되었니?

Il libro è in suo possesso. 책은 그의 것이다.

Quell'uomo è in possesso di importanti informazioni. 그 남자는 중요한 정보를 갖고 있다.

possibile- 1. (형용사) 가능한

il meglio possibile- 할 수 있는 한 잘, 될 수 있는 한 잘

Fallo il meglio possibile! 될 수 있는 한 그것을 잘 해!

il più presto possibile- 가능한 한 빨리, 최대한 빨리

2. (명사) 가능한 것

fare tutto il possibile- 최선/전력을 다하다

Farò tutto il possibile per aiutarti a trovare lavoro. 네가 일자리를 찾는데 도움이 되도록 최선을 다할 것이다.

nei limiti del possibile- 가능한 한

possibilità- 가능성

avere la possibilità di fare qualcosa- ~할 가능성이 있다

dare a qualcuno la possibilità di fare qualcosa- ~에게 할 기회를 주다

essere nelle possibilità di fare qualcosa- ~할 수 있다, ~할 수 있는 입장이 아니다

Sai bene che non è nelle mie possibilità farti questo favore. 내가 너의 이 부탁을 들어 줄 수 있는 입장이 아니라는 것을 너는 알고 있다.

non vedere la possibilità di fare qualcosa- ~할 가능성이 안 보이다

Non vedo la possibilità di salvarlo. 그를 살릴 가능성이 안 보인다.

vivere al di sopra delle proprie possibilità- 분수에 넘치게 살다

posta- 우체국; 우편물

andare alla posta- 우체국에 가다

Devo andare alla posta per spedire un pacco. 소포를 부치러 우체국에 가야 한다.

fare la posta a qualcuno- ~을 기다리다

Se vuoi parlare al direttore, ti conviene fargli la posta davanti all'ufficio. 네가 원장에게 말하고 싶으면, 사무실 앞에서 그를 기다리는 것이 더 낫다.

giocare (o rischiare) una posta molto alta- 큰 돈을 노리고 게임을 하다

per posta (o a mezzo posta)- 우편으로

Non è necessario che mandi quel pacco per posta. 네가 그 소포를 우편으로 보낼 필요가 없다.

voto per posta- 부재자 투표

posto- 장소, 자리, 지위

a posto- 제자리에, 잘 정돈된(= in ordine); 제대로 된, 해결된(= risolto); 꽤 괜찮은(= per bene)

È tutto a posto. 모든 것이 제자리에 있다. 모두 해결 되었다

al posto di- ~의 자리에, ~대신에; ~의 입장에

Sono venuto al posto di mio fratello. 내가 동생 대신에 왔다.

cercare un posto- 자리를 찾다

Cerco un posto di segretaria. 나는 비서 자리를 찾는다.

fuori posto- (1) 제자리에 있지 않은

È fuori posto, per questo non lo trovavo. 제자리에 있지 않아 그래서 내가 그것을 못 찾고 있었다.

(2) (특별한 상황에) 맞지 않는, 부적절한

I tuoi commenti alla riunione erano fuori posto. 모임에서 너의 논평은 부적절했다.

(3) 엉뚱한 곳에

Metti sempre le cose fuori posto. 너는 항상 물건을 엉뚱한 곳에 놓더라.

il posto fisso- 안정적인 직업

Il posto fisso? Ma di cosa parli? Non esiste più il posto fisso. 안정된 직업? 무슨 소리 하는 거야? 더 이상 안정된 직업은 없다.[23]

in nessun posto- 아무데도, 어디에도

mettere a posto qualcosa- (1) (원래 있던 자리에) 다시 놓다

Metti a posto quei libri. 저 책들을 원래 있던 자리에 다시 갖다 놓아라.

(2) 정리/정돈하다(= riordinare, sistemare)

Hai messo a posto la tua stanza? 네 방을 정리했니?

(3) 코를 납작하게 만들다

Non fare il gradasso o ti metto a posto. 자만하지 마라 그렇지 않으면 내가 너의 콧대를 납작하게 만들거다.

mettere le cose a posto- 물건을 제자리에 놓다

Quando verrà la mamma metterà le cose a posto io. 엄마가 올 때, 그는 물건들을 제자리에 놓을 거다.

mettersi a posto- 정착하다, 평온을 찾다

Luigi ha trovato un buon lavoro e ha comprato una casa. Finalmente si è messo a posto. 루이지는 좋은 직장을 구해 집을 샀다. 드디어 평온을 찾았다.

Non c'è più posto. 더 이상 자리가 없다.

occupare il posto- 자리를 차지하다

Lui occupa il posto vicino al finestrino. 그는 창가 근처에 자리를 차지하고 있다.

Questi libri occupano troppo posto. 이 책들은 너무 자리를 많이 차지한다.

rimanere solo un posto- 한 자리만 남았다

Lo scompartimento è quasi pieno. Ci sono già cinque persone. Rimane solo un posto. 객차가 거의 다 찼다. 이미 5사람이 있는데 한 자리만 남았다.

ritornare a posto- 제자리로 돌아오다

---

[23] 2005년 이 작업을 시작할 때의 이탈리아 상황과 2025년 오늘날 우리의 현실과 여전히 비슷하다.

Per favore, ritorni subito a posto! 제발, 즉시 제자리로 돌아와!

saper stare al proprio posto- (비유) 분수를 알다

Se fossi al tuo posto- 내가 네 입장이라면

studiare una lingua sul posto- 언어가 사용되는 곳에서 언어를 배우다

È bene studiare le lingue sul posto. 현지에서 언어를 배우는 것이 낫다.

sul posto- 현장에서, 즉석에서, 그 자리에서

tenere la lingua a posto- 잠자코 있다, 입다물고 있다

trovare un posto- 직장을 구하다

Oggi non è facile trovare un buon posto di lavoro. 오늘날 좋은 일자리를 구하는 것은 쉽지 않다.

potere- 할 수 있다

a più non posso- 될 수 있는 한, 가능한; 전력을 다해서, 온 힘을 다해서

Correva a più non posso per non perdere il treno. 기차를 놓치지 않기 위해 최대한 빨리 뛰었다.

non poterne più- 녹초가 되다; 더 이상 못 참다; 인내심의 한계에 도달하다, 진저리가 나다, 지긋지긋하다

Non ne posso più. 녹초가 됐어(= sono esaurito); 더 이상 못 참겠다(= sono al limite della sopportazione).

Non ne posso più di questa vita noiosa. 이런 따분한 생활도 지긋지긋하다.

Non posso fare a meno di lui. 나는 그 없이 있을 수 없다.

Non posso farci niente. 난 아무것도 할 수가 없다.

Portane più che puoi. 네가 가질 수 있는 만큼 최대한 가져와.

Vieni più presto (o in fretta) chi puoi. 네가 올 수 있는 한 최대한 빨리 와.

Volere è potere. (속담) 뜻이 있는 곳에 길이 있다.

povero- 가난한, 빈약한, 부족한, 불쌍한

essere povero in canna- 찢어지게 가난하다

Sono poveri in canna, ma sembra che non gliene importi nulla. 그들은 찢어지게 가난하지만, 전혀 신경 쓰지 않는 것 같다.

povero di- ~가 부족한, ~가 불충분한

L'Italia è povera di materie prime. 이탈리아는 원자재가 부족하다.

Sono povero di idee. 나는 아이디어가 부족하다.

Povera me! (실망, 놀라움) 이것 참!; 가엾은 내 신세! 어머나!

pozzo- 우물, 샘

essere un pozzo senza fondo- 밑 빠진 독이다; (비유) 밑 빠진 독에 물 붓기이다

il pozzo di San Patrizio- 성 파트리시오의 우물; 현금 인출기[24]

Non pensare di vivere in eterno alle mie spalle, non sono mica il pozzo di San Patrizio. 언제까지 내게

---

[24] 성 파트리시오의 우물은 전 세계적으로 두 군데에 있는데, 하나는 오르비에또에 있고 다른 하나는 아일랜드 Derg 섬의 동굴에 있다. 오르비에또에 있는 우물은 자신의 소망을 바라며 동전 한 닢을 던지면 그만이지만, 아일랜드에 있는 일명 '성 파트리시오의 연옥'이라고 불리는 이 우물은 전설에 따르면 이곳에서 밤낮으로 기도하면 모든 죄가 씻긴다고 하는데, 그곳에서 나온 사람 역시 없다고 한다.

얹혀 살려고 생각하지 마라. 나는 돈 찍어 내는 기계(현금 인출기)가 아니야.

un pozzo di scienza- 걸어 다니는 백과사전

un pozzo di soldi- 거액의 돈, 떼돈; 대박

Ogni domenica milioni di persone sperano di vincere un pozzo di soldi al totocalcio. 일요일마다 수백만의 사람들이 토토칼치오 내기에 이겨서 대박 나기를 바란다.

pranzo- 점심식사

avere ospiti a pranzo- 점심식사 손님이 있다

Abbiamo ospiti a pranzo. 우린 점심식사 손님들이 있다.

essere a pranzo- 점심 식사 중이다

È arrivato all'improvviso mentre eravamo a pranzo. 우리가 점심식사 중일 때 그가 갑자기 도착했다.

dare un pranzo in onore di qualcuno- ~을 기념하여 만찬회를 열다

dopo pranzo- 점심식사 후에

Passerò a prenderti dopo pranzo. 점심식사 후에 너를 데리러 들를 것이다.

Il pranzo è servito. 점심이 준비 되었다.

invitare qualcuno a pranzo- ~을 점심식사에 초대하다

Ti invito a pranzo da me. 집으로 너를 점심 식사에 초대한다.

offrire un pranzo- 점심을 대접하다

Mi ha offerto un pranzo. 그는 내게 점심식사를 대접했다

ora di pranzo- 점심시간

È ora di pranzo. 점심식사 시간이다.

Ho smesso di studiare perché era ora di pranzo. 점심시간이어서 공부를 멈추었다.

sala da pranzo- 식당 방

venire a pranzo- 점심식사하러 오다, 가다

Vieni a pranzo con me? 나랑 점심식사하러 갈래?

pratica- 실천, 경험

Altro è la pratica, altro la grammatica. 이론과 실제는 다르다.

avere libera pratica- 검역 제로 되다; 검역 필증이 허가되다

far pratica- 실습하다

fare pratica con un avvocato- 변호사 밑에서 실무수습하다

fare pratica presso qualcuno- ~에게 교육을 받다

Sta facendo pratica presso un avvocato. 그는 어느 변호사 밑에서 교육을 받고 있다.

mettere in pratica qualcosa- ~을 실행하다

È un'occasione per mettere in pratica quello che abbiamo imparato. 우리가 배운 것을 실행할 수 있는 기회이다.

Vale più la pratica della grammatica. 이론보다는 훈련이 완벽을 만든다.

pratiche religiose- 종교 의식; 종교 활동/실천(주일날 미사나 예배 참석 여부를 물을 때 사용)

pratico- 실제적인

all'atto pratico- 실제는

All'atto pratico non funziona. 실제는 작동을 하지 않는다.

essere pratico di qualcosa- ~에 실무 경험이 있다; ~에 잘 알고 있다

È molto pratico del suo lavoro. 그는 자기 일에 대해 잘 안다.

Sono molto pratico di queste cose. 나는 이런 일들에 대한 실무 경험이 있다.

essere pratico di un posto- (어느 곳의) 지리에 밝다

Non sono pratico di questi posti. 난 이곳 지리에 대해 밝지 않다. 난 이곳에 대해서는 잘 모른다.

senso pratico- 상식, 양식

È un uomo che manca di senso pratico. 그는 상식이 부족한 사람이다.

preambolo- 머리말, 서론, (조약 등의) 전문

dire qualcosa senza tanti preamboli (o lasciare da parte i preamboli)- 바로 요점만 말하다, 본론으로 들어가다

fare tanti preamboli- 말을 빙빙 돌리다, 변죽을 울리다

Non fare tanti preamboli; vieni al sodo. 변죽만 울리지 말고, 요점을 말하세요.

precedenza- 우선, 선행하는 것, 사전

avere la precedenza- 우선이다

Le donne hanno sempre la precedenza. 여성들이 항상 우선이다.

avere la precedenza su- ~보다 우위에 서다, ~보다 우선하다

I problemi sociali avranno la precedenza sugli altri. 사회적 문제가 다른 것에 우선한다.

dare la precedenza a- ~에게 우선권을 주다, ~을 우선으로 하다

in precedenza- 이전에, 미리, 사전에

precipizio- 절벽, 낭떠러지

a precipizio- 몹시 가파른, 깎아지른 듯한(= ripidamente); (머리부터) 거꾸로, 곤두박질쳐서; 곤두박질로(= precipitosamente)

cadere a precipizio- 곤두박질치다

correre a precipizio- 전속력으로 달리다; 몸을 던지다, 뛰어들다

Il bambino gridò e la madre corse a precipizio verso di lui. 아이가 울자 어머니는 아이에게 달려갔다.

una roccia che scende a precipizio sul mare- 깎아지른 듯한 벼랑

precisione- 정확, 정밀

con precisione- 정확하게, 정밀하게

di precisione- 정확한, 정밀한

esprimersi con precisione- 정확하게 표현하다

rispondere con precisione- 정확하게 대답하다

strumento di precisione- 정밀 기기

preciso- 정확한

di preciso- 정확하게

Non so di preciso che cosa farò. 내가 무엇을 하게 될 지 정확하게 모르겠다.

traduzione precisa- 정확한/충실한 번역

preda- 약탈품, 전리품

essere in preda a- ~에 사로잡히다, ~에 휩싸이다, ~에 희생이 되다; ~한 상태에 있다; 고조되다

Era in preda alla disperazione. 그녀는 절망에 사로잡혀 있었다.

La casa era in preda alle fiamme. 집이 화염에 휩싸여 있었다.

essere (o cadere) in preda al panico- 겁에 질려 어쩔 줄 모르다, 공황 상태에 빠지다

Quando lo ha visto era in preda al panico. Non si aspettava di incontrarlo così presto 그를 보았을 때 겁에 질려 어쩔 줄 몰랐다. 그렇게 빨리 그를 만나리라고 예상하지 못했다.

predicare- 설교하다, 권고하다

predicare nel deserto (o al vento)- 사막에(바람에) 설교하다; (비유) 쓸데없는 말을 하다, 말해봐야 소용없다

Predicare bene e razzolare male. (비유) 당신이 다른 사람들에게 설교하는 대로 자신도 그렇게 행동하라. 언행을 일치시키다.

Predico bene, razzolo male. 나는 말은 잘하면서 행동은 딴판이다.

Smetti di predicare! 설교는 그만 둬!

preferenza- 선호, 편애

a preferenza di- ~보다는; ~보다 우선적으로

Prenderei questo a preferenza dell'altro. 다른 것 보다는 이것을 갖고 싶어요.

avere preferenza per- ~을 선호하다, ~을 더 좋아하다

di preferenza- 가급적이면, 오히려, 더 좋아하여

Di preferenza vado al mare. 가급적이면 바다로 간다.

fare preferenze- 편애하다, 선호도를 나타내다

Non voglio fare preferenze. 나는 편애하고 싶지 않다. 공정하고 싶다.

Non ho preferenze. 선호하는 것이 없다. 특별히 더 좋아하는 것이 없다.

pregare- 기원하다, 간절히 바라다

farsi pregare- (초대 등을 즉각 받아들이지 않고) 비싸게 굴다(= fare il prezioso); 격식을 차리다(= fare il cerimonioso)

Si fa sempre pregare per venire. 그는 항상 오는 데 비싸게 군다.

I clienti sono pregati di non toccare la merce. 손님 여러분, 상품에 손을 대지 않도록 부탁드립니다.

non farsi pregare- 사양하지 말다

Non farti pregare, vieni con noi. 사양하지 말고, 우리와 함께 갑시다.

pregare per- ~을 위해 기도하다

Noi preghiamo per la pace nel mondo. 우리는 세계 평화를 위해 기도한다.

pregare qualcuno di fare qualcosa- ~에게 ~할 것을 부탁/간청하다

Signore, La prego di avere pazienza, il dottore arriverà fra poco. 아저씨, 조금만 참아 주세요. 선생님이 곧 올 거에요.

preghiera- 기도

con preghiera di risposta- 회답 주시기 바랍니다(r.s.v.p)

dietro (o su) preghiera di qualcuno- ~의 요청에 따라

essere sordo alle preghiere di qualcuno- ~의 애원을 못 들은 척하다

libro di preghiere- 기도서

preghiere del mattino- 아침 기도

preghiere della sera- 저녁 기도

preghiera di ringraziamento- 감사 기도

pregio- 존중, 존경

avere (o tenere) in gran pregio qualcosa- ~을 높이 평가하다, ~을 매우 존중하다

Ho in gran pregio le tue opinioni. 나는 너의 의견을 높이 평가한다.

di pregio- 소중한, 귀중한, 가치가 있는

non essere di nessun pregio (o non avere nessun pregio)- 아무 가치도 없다, 쓸모 없다

porcellane di pregio- 귀중한 도자기

statua di grande pregio- 대단한 가치가 있는 조각상

pregiudizio- 편견

avere molti pregiudizi verso- ~에 대해 많은 편견을 갖다

Avevo molti pregiudizi verso gli italiani. 난 이탈리아인에 대해 많은 편견을 갖고 있었다.

avere pregiudizi nei confronti di qualcuno- ~에 대해 편견을 갖다, ~을 까닭 없이 싫어하다

essere di pregiudizio a- ~에 유해하다

essere pieno di pregiudizi- 편견으로 가득 차다

giudicare senza pregiudizi- 편견 없이 평가하다

senza pregiudizi- 편견 없이

premio- 상, 상품

concedere (o dare) un premio- 상을 주다

fare premio su- 평가이상이다; (비유) ~보다 상위에 서다, 우선하다

in premio- 상으로

Se sarà promosso all'esame, gli ho promesso in premio una motocicletta. 그가 시험에 통과하면, 상으로 그에게 오토바이를 약속했다.

premio a concorso- 현상 모집

primo premio- 일등상

ricevere (o avere) qualcosa in premio- ~을 상으로 받다

Ricevette un libro in premio. 상으로 책을 한 권 받았다.

vincere un premio- 상을 타다

premura- 긴급, 배려

avere premura- 바쁘다, 급하다

Ho molta premura. 몹시 급하다.

Ho premura di andarmene. 난 급히 가봐야 한다.

avere (o dimostrare) premura per- ~을 배려하다

con premura- 신중히, 주의 깊게

darsi premura di fare qualcosa- 일부러 ~을 하다, 수고를 아끼지 않고 ~하다

fare premura a qualcuno- ~을 서두르게 하다

Digli di finire il lavoro e fagli premura. 그에게 일을 끝내라고 말하고 서두르라고 해.

   fare qualcosa di premura- ~을 급하게 하다

prendere- 잡다, 빼앗다, 점령하다, 획득하다, 맞아들이다, 가지고 가다

   Che ti prende? 무슨 일이야? (책망하여) 어떻게 된 거야?

   Non prendertela. 나쁘게 받아들이지 마. 그런 일에 너무 신경 쓰지 마.

   Non prendertela con me! 나한테 화내지 마! 나를 탓하지 마!

   Non so come prenderlo. 나는 그를 어떻게 다루어야 할 지 모르겠다.

   prendere i pasti- 식사하다

   prendere il raffreddore- 감기에 걸리다

   Prendere o lasciare. 받아들이든 말든 마음대로 해라. 싫으면 그만두다.

   prendere qualcuno con le buone- ~을 친절하게 대하다

   prendere qualcuno per- ~을 ~으로 보다, ~로 여기다, ~라고 생각하다

Lo presi per un inglese. 난 그를 영국인으로 생각했다.

Ma per chi mi prendi? 나를 누구로 보는 거야?

   prenderla bene/male- 좋은/나쁜 뜻으로 받아들이다

   prendersela- 화내다, 기분 상하다(= offendersi); ~을 불쾌하게 받아들이다

Se l'è presa perché non l'abbiamo invitato. 우리가 그를 초대하지 않아 화가 났다.

   prendersela a cuore- 그것을 깊이 생각해보다, 진지하게 받다들이다

Se la prese a cuore. 그는 진지하게 받아들였다.

   prendersela comoda- 쉬엄쉬엄 하다, 천천히 하다; 늑장부리다, 꾸물대다

   prendersela con qualcuno- ~에게 화내다(= adirarsi); ~을 괴롭히다(= incolpare qualcuno); ~에게 화 풀이를 하다(= sfogarsi su qualcuno)

Per i suoi insuccessi, dovrebbe prendersela con se stesso, non con gli altri. 자신의 실패에 대해서 다른 사람이 아니라 본인에게 화를 내야 될 것이다.

   prendersela facilmente- 발끈거리다, 쉽게 기분 상하다

   prendersela troppo per qualcosa- ~에 대해 관심을 갖다, ~에 대해 집착하다

   Prendila allegramente! 가볍게 받아들여! 너무 심각하게 생각하지 마라!

preoccuparsi- 걱정하다

   preoccuparsi di- ~하는 것에 대해 걱정하다; ~에 대해 수고를 아끼지 않다, 책임지다

Mi preoccuperò io di avvisarlo. 내가 책임지고 그에게 알려 줄게.

Smetti di preoccuparti di queste piccole cose. 이런 사소한 것에 대해 걱정하지 마!

   preoccuparsi per- ~때문에 걱정하다

Lui si preoccupa per la salute di suo padre. 그는 아버지 건강 때문에 걱정한다.

preoccupato- 걱정되는

   essere preoccupato di fare qualcosa- ~할 까봐 걱정되다

Era preoccupato di arrivare in ritardo. 그는 지각할 까봐 걱정했다.

   essere preoccupato per- ~때문에 걱정이다

Ero molto preoccupato per l'esame. 나는 시험 때문에 무척 걱정이 되었다.

Sono molto preoccupato per lui. 나는 그가 대단히 걱정된다.

preparare- 준비하다

preparare la strada- (비유) (~을 위한) 길을 닦다, 상황을 조성하다

preparare la tavola- 식탁을/식사를 준비하다

È quasi ora di cena, la mamma sta preparando la tavola. 거의 저녁 시간이라 엄마가 식사를 준비하고 있다.

preparare le valigie- 짐을 싸다, 여행가방을 정리하다

preparare un esame- 시험 준비를 하다

preparare una lezione- 수업 준비를 하다

prepararsi al peggio- 최악의 상황에 대비하다, 만일의 경우에 대비하다, 비상시에 대비하다

preparato- 준비된

essere preparato a- ~에 준비하다

Non sono ancora preparato all'esame. 난 아직 시험 준비가 안 되었다.

Sono preparato a tutto. 나는 모든 준비가 되었다.

presa- 잡음, 붙듦, 손잡이

essere alle prese con qualcuno- ~과 씨름/고심하고 있다

Sono alle prese con questo problema da tempo. 나는 오래 전부터 이 문제와 씨름하고 있다.

far presa- ~을 사로잡다(= induirsi); 이해하다; 붙이다(= attaccarsi); 뿌리를 내리다(= mettere radici)

Non so se questa pianta farà presa. 이 식물이 뿌리를 내릴 지 모르겠다.

far presa su- (1) ~을 사로잡다

Quell'argomento ha fatto presa su di me. 그 주제가 나를 사로잡았다.

(2) 접지력 있게 밀착되다

Queste gomme non fanno presa sul fondo stradale bagnato. 이 타이어는 젖은 도로에서 접지력이 떨어진다.

presa in giro (o per il bavero)- 장난, 농담; 조롱(= parodia); 웃음거리(= farsa)

Il processo fu una presa in giro. 그 소송은 웃음거리가 되었다.

presente- 1. (형용사) 있는, 현재의

avere presente- 기억하다, 기억해 내다, 알다

Non ho presente se ci fosse o no. 난 그가 있었는지 없었는지 기억하지 못하겠다.

essere presente a- ~에 출석/참석/참가하다

Non ero presente alla festa. 난 파티에 참석하지 않았다.

Tutti i miei amici erano presenti al mio matrimonio. 내 친구 모두가 내 결혼식에 참석했다

essere prensente nella mente- 마음 속에 있다

È sempre presente nella mia mente. 그는 항상 내 마음 속에 있다.

far presente a qualcuno- (주의를 기울이도록 ~을) 지적하다(= far notare); (기억하도록) 다시 한 번 알려/말해 주다(= ricordargli)

Mi fece presente che era già domenica. 그는 내게 이미 일요일이라는 사실을 다시 한 번 알려주었다.

tenere presente- 고려/감안하다, 명심/유념하다

Tieni presente che sono già le undici. 벌써 11시라는 것을 명심해라.

2. (명사) 현재, 지금; 참석한 이들

al presente- 현재는, 지금은

presenza- 출석, 현재; 풍채, 자세

essere di bella presenza- 좋은 인상이다; (남자) 잘 생기다, (여자) 미인이다

È una ragazza di bella presenza. 그녀는 미인이다.

fare atto di presenza- (모임 따위에) 잠깐 얼굴을 내밀다, 잠깐 모습을 보이다, 출두하다

in (o alla) presenza di- (1) ~가 있는 데서, ~가 있을 때는

La cerimonia si è svolta alla presenza del presidente. 의식은 의장이 있는 데서 진행되었다.

(2) ~앞에서, ~의 면전에

Fu ammesso alla presenza del re. 그는 왕 앞으로 입장이 허락되었다.

Non dire queste cose in mia presenza. 내 앞에서 이 일들을 말하지 마라!

non avere presenza- 체격이 작다

presenza di spirito- 마음의 평정, 침착성

Si è salvato solo grazie alla una presenza di spirito. 그는 침착성 덕분에 살았다.

pressione- 압력

a pressione- 압력식

essere sotto pressione- 압력을 받다

fare pressione su qualcuno- ~에게 압력/압박을 가하다

gruppo di pressione- 압력 단체

la pressione dell'opinione pubblica- 여론의 압력

lavorare sotto pressione- 압박감을 받으며 일하다; 스트레스를 받고 있다

mettere in pressione- 증기를 발생시키다

mettere sotto pressione- 무리를 주다, 한계에 이르다

pentola a pressione- 압력솥

sotto pressione- 압력을/압박을 받고; (액체, 가스가) 압축된

presso- 1. (부사) 가까이에, 근처에

da presso (o dappresso)- 가까이에서(= da vicino)

esaminare da presso- 가까이에서 검사하다

lì/qui presso- 바로 가까이에

Abito qui presso. 나는 이 부근에 산다.

Lì presso c'è un fiume. 그 근처에 강이 있다.

2. (전치사) (1) 근처에(= vicino a)

Metti il tavolo presso la finestra. 창문 근처에 탁자를 놔둬.

(2) 옆에(= accanto a, a fianco di)

Stava in piedi presso la porta. 그는 문 옆에 서 있었다.

(3) ~와 함께(= a, da)

Lui abita presso i genitori. 그는 부모님과 함께 산다.

(4) ~에, 에서(= a casa di)

È ricoverato presso una casa di cura. 그는 요양소에 입원했다.

Lei studia presso un collegio. 그녀는 기숙학교(보딩스쿨)에서 공부한다.

(5) ~사이에(= fra)

Il libro ha ottenuto molto successo presso i critici. 비평가들 사이에서 책이 크게 성공했다.

(6) (시간) 쯤, 약

essere presso a fare qualcosa- 막 ~하려던 참이다(= essere sul punto di)

Era presso a morire. 그는 죽기 직전이었다.

presso il (o al) tramonto- 해질녘에

prestito- 대여, 대부, 대출

dare in prestito- 빌려주다

Gli ho dato in prestito un libro, ma non me l'ha ancora restituito. 그에게 책을 한 권 빌려 줬는데, 아직까지 내게 돌려 주지 않았다.

in prestito- 차용하여, 대부하여

Gli ho chiesto l'auto in prestito per un giorno. 나는 그에게 자동차를 하루 빌려달라고 했다.

Il libro non è in prestito. 책이 대출되지 않았다.

Vado in biblioteca per chiedere un libro in prestito. 나는 책을 빌리러 도서관에 간다.

prendere in (o a) prestito- 빌리다, 꾸다

Ho preso il libro in prestito per una settimana. 난 책을 일주일간 빌렸다.

presto- 일찍, 빨리

al più presto- 최대한 빨리, 가능한 빨리

Cercherò di venire al più presto. 최대한 빨리 오도록 노력 해 볼게.

Arrivederci a presto!- 곧 만나자!

ben presto- 이내, 조만간, 순식간에

Ben presto la notizia fu sulla bocca di tutti. 이내 소문이 모든 사람의 입에 돌았다.

Ci vediamo presto! 곧 보자!

È ancora presto. 아직 일러.

È presto detto. 말하기는 쉽다. (역설) 말보다 행동이 어렵다.

fare presto- 빨리 하다, 서두르다

Siamo in ritardo, non puoi fare presto? 우리 늦었는데, 너 빨리 할 수 없니?

fare presto a fare qualcosa- 빨리 ~하다, ~하는데 빠르다

Hai fatto presto a arrivare. 빨리 도착했구나.

Si fa presto a farlo. 그는 그 일을 빨리 한다.

molto presto- 아주 일찍

Mi alzo molto presto di solito. 나는 주로 아침에 아주 일찍 일어난다.

Presto e bene, raro avviene. (속담) 급할수록 돌아가라. 급할수록 천천히.

presto o tardi- 조만간, 머지 않아, 이내

Presto! Non c'è tempo da perdere! 빨리! 우물쭈물 할 시간 없어!

pretendere- 주장하다; ~라고 가장하다; ~인 척하다

pretendere di- ~인 척하다, ~이라고 가장하다

Lui pretende di essere un gentiluomo. 그는 신사인 척 한다.

Pretende di essere il padrone. 그가 주인 척 가장한다.

pretesto- 핑계, 구실

con il pretesto di (o che)- ~하는 구실/핑계/명목으로

È uscito con il pretesto di comprare le sigarette. 그는 담배를 사러 간다는 핑계로 나갔다.

prevedere- 예상하다

come prevedevo- 내가 예상하던 바와 같이, 내가 예상하던 대로

previsione- 예상

in previsione di- ~을 예상하여, ~을 내다보고

Cerca di risparmiare il più possibile in previsione delle spese che dovrà sostenere. 그는 써야 할 경비를 예상하여 가능한 한 절약하려고 노력한다.

previsto- 1. (형용사) 예상한

la somma prevista- 예상액

ostacolo non previsto- 예상치 못한 장애물

tempo previsto- 일기 예보

2. (명사) 기대한 것, 기대, 예상

come previsto- 예상한 대로

Tutto andò come previsto. 모든 것이 예상한 대로 됐다.

dopo del previsto- 예상보다 뒤에

oltre il previsto- 기대 이상으로

più del previsto- 예상 외로, 예상보다 더 긴

prima del previsto- 예상보다 전에, 예상보다 빨리

Lui è tornato prima del previsto. 그는 예상보다 빨리 도착 했다.

secondo il previsto- 예상한 대로

Tutto si è svolto secondo il previsto. 모든 것이 예상대로 일어났다.

prezioso- 귀중한, 값비싼

fare il prezioso- (초대 등을 즉각 받아들이지 않고) 비싸게 굴다

Vieni con noi Stefano, non fare il prezioso. 비싸게 굴지 말고, 스테파노 우리와 함께 가자.

prezzemolo- (식물) 파슬리, 파슬리의 잎

essere come il prezzemolo- (이탈리아 요리에 흔한 파슬리처럼) 어디에든 있다, 다양한 장소와 상황에 존재한다, 도처에 모습을 나타내다; 항상 방해하다, 모든 일에 간섭하다

Oh, no, c'è anche lui alla conferenza! È impossibile evitarlo: è come il prezzemolo. 아, 아니 그도 회의에 있네! 그는 어디든지 모습을 나타내서 그를 피한다는 것은 불가능하다.

Marco è come il prezzemolo: si intromette in tutti i discorsi. 마르코는 약방의 감초처럼 모든 대화에 다 끼어든다.

prezzo- 가격

a caro prezzo- 비싼 가격으로, 비싸게

a metà prezzo- 반값으로

a poco prezzo- 싼 가격으로, 싸게

a prezzo di- ~의 비용을 지불하고, ~을 희생하고

a prezzo di fabbrica- 공장도 가격으로

Ho comprato un vestito a prezzo di fabbrica. 난 공장도 가격으로 옷을 한 벌 샀다.

pagare qualcosa a caro prezzo- ~을 비싸게 사다; ~때문에 혼나다, ~때문에 큰 피해를 입다

prezzo di favore- 할인 가격, 특가

Mi ha fatto un prezzo di favore. 그는 할인 가격에 내게 줬다.

tirare sul prezzo- (특히 물건 값을 두고) 흥정을 하다, 실랑이를 벌이다

ultimo prezzo- 최저가격, 바닥가격, 바닥 시세

vendere qualcosa sotto prezzo- ~을 밑지고 팔다

prima- 전에, 이전에, 앞서, 먼저

prima di (o che)- (1) (시간상으로 ~보다) 앞에

Prima di partire ti telefonerò. 출발하기 전에 너한테 전화할 게.

Sarò di ritorno prima di Natale. 나는 성탄절 전에 돌아 올 것이다.

Sono arrivato prima di te. 내가 너보다 먼저 왔다.

(2) (위치가 ~의) 앞에

Il giornalaio è cinquanta metri prima del panettiere. 신문사는 **빵집보다 50미터 앞에 있다.**

(3) ~보다는(= piuttosto di, piuttosto che)

Prima la morte che il disonore. 불명예보다는 죽음이 낫다.

prima di tutto- 무엇보다

prima di quanto pensassi- 예상했던 것 보다 빨리

prima d'ora/prima d'oggi- 지금까지

quanto prima- 가급적 빨리

Ti farò sapere quanto prima. 나는 가급적 빨리 네가 알게 할 것이다.

un po' prima- 조금 일찍, 조금 빨리

Perché non vieni un po' prima? 조금 일찍 오는 것이 어때?

primo- 최초의 사람(사물)

di prim'ordine- 일등석의, 최고의

di primo piano- 일류의, 최고의

essere il primo della classe- 반에서 일등/수석이다

Questo studente è il primo della classe. 이 학생이 반에서 수석이다.

il primo cittadino- (시의) 시장, (국가의) 대통령

per primo- 제일 먼저, 첫 번째로, 일등으로

Chi è arrivato per primo? 누가 일등으로 도착했지?

primo venuto- 보잘것없는 사람, 어중이떠중이

Non è il primo venuto. 그는 어중이떠중이가 아니다.

principessa- 왕녀, 왕비, 공주

la principessa sul pisello- 응석받이

È viziata come la principessa sul pisello. 그는 응석받이로 성격을 버렸다.

principio- 시작, 개시; 원리, 원칙

al principio dell'anno- 연초에

al principio della strada- 길 초입에

al principio di- ~의 처음에, ~의 초에

Al principio dell'estate si ammalò. 여름 초에 그는 병이 났다.

avere principio da- ~에서 시작되다, ~의 근원이 되다

dal principio- 처음부터

dal principio alla fine- 처음부터 끝까지

partire dal principio che- ~원칙에서 출발하다

per principio- 원칙상, 원칙에 따라; 도덕상, 도덕적 견지에서

Non ho accettato per principio. 나는 원칙상 수락하지 않았다.

privato- 개인, 일반 사람

in privato- 개인적으로, 사적으로; 비밀로, 은밀하게

Per conoscerlo bene, dovresti vederlo non solo in pubblico, ma anche in privato. 그를 잘 알기 위해선 넌 그를 공식적으로만이 아니라 개인적으로도 보아야 할 것이다.

privo- 없는, 부족한, 결핍한

privo di- ~가 부족한, 결핍한

Le sue frasi sono prive di logica. 그의 문장들은 논리가 부족하다.

Sono privo di sue notizie da due mesi. 내게 2개월 째 그의 소식이 없다.

probabilità- 개연성, 가능성

avere probabilità di- ~의 가능성이 있다

Non ho nessuna probabilità di riuscire. 그는 성공할 가능성이 없다.

problema- 문제, 번민의 씨앗

avere problema con- ~에 문제가 있다

Ha dei problemi con suo figlio. 그는 아들하고 문제가 있다.

Ho avuto molti problemi con la lingua. 나는 언어에 많은 문제가 있었다.

Il problema è che- 문제는 ~이다

Il problema è che lei è timida. 문제는 그녀가 소심하다는 것이다.

Non c'è problema.- 문제 없다.

Alle tre va bene, non c'è problema. 3시에 괜찮아, 문제 없어.

Non farti problemi (o Non fartene un problema).- 그것에 대해서 걱정하지 마!

processo- 과정, 소송, 절차, 재판

fare il processo a qualcuno- ~을 몹시 나무라다, 벌하다

Non farmi il processo ogni volta che faccio il minimo sbaglio. 내가 사소한 실수를 할 때마다 너무 나무라지 마라.

fare il processo alle intenzioni- ~의 의도에 대해 속단하다

procinto- 준비, 용이

essere in procinto di- 막 ~하려고 하다

Il treno è in procinto di partire. 기차가 막 떠나려고 한다.

proclamare- 선언하다, 선포하다

proclamare di fare qualcosa- ~할 것을 선언/선포하다

Gli operai hanno proclamato di scioperare a oltranza. 노동자들은 전면 파업을 선포했다.

professore- 교수, 선생

Non fare il professore. 시시콜콜 따지지 좀 마라.

profilo- 윤곽; 묘사, 서술

sotto il profilo di- ~에 관한 한; ~에 관해서는

profitto- 이익, 이윤

mettere a profitto qualcosa- 선용하다, 적절히 사용하다(= farne buon uso); ~을 이용/활용하다

Metti a profitto la tua conoscenza dell'inglese. 너의 영어 실력을 잘 이용해 봐.

trarre profitto da- ~로부터 이익을 얻다

È un'esperienza da cui puoi trarre profitto. 네게 이익이 될 수 있는 경험이다.

profondità- 깊음, 심오

in profondità- 깊이, 상세히, 심도 있게

Il proiettile si è conficcato in profondità. 유도탄이 깊이 박혔다.

profondo- 밑, 바닥

dal profondo del cuore- 마음 속에서부터, 진심으로, 진심에서

dal profondo del mare- 바다 깊은 곳에서부터

nel profondo del cuore- 내심으로는, 속으로는

nel profondo della notte- 한밤중에, 심야에

profumo- 향기, 향수

avere (o mandare) un buon profumo- 좋은 냄새가 나다

Che profumo! 아, 향기 좋다!

non avere profumo- 향기가/냄새가 없다

sentire profumo di qualcosa- ~한 향기/냄새가 나다

Ho sentito profumo di rose. 나는 장미꽃 향기를 맡았다.

Sento profumo di pane fresco. 나는 신선한 빵 냄새를 맡는다.

programma- 계획

avere programma- 계획이 있다

Che programma hai per domani? 내일 계획이 뭐야?

fare programma- 계획을 세우다, 계획을 하다

Quando viaggio non faccio mai programmi. 난 여행을 할 때 절대 계획을 하지 않는다.

fuori programma- 계획/예정에 없던, 미리 계획되지 않은(= non previsto); 예기치 않은, 예상 밖의, 뜻밖의(= inatteso)

Faremo una fermata fuori programma. 우린 계획에 없는 정차를 할 것이다.

in programma- 예정대로; 계획된, 예정된

Che cosa avete in programma di fare stasera? 오늘 저녁에 뭐 할 계획이니?

Ho in programma di partire domani. 예정대로 내일 떠난다.

secondo il programma- 계획에 따르면; 예정대로, 계획대로

Secondo il programma dovremmo essere già a Roma. 계획에 따를 것 같으면 우린 벌써 로마에 있어야 한다.

progresso- 발전

fare progressi in- ~에 있어서 발전하다, ~이 향상되다

Ha fatto notevoli progressi in tedesco. 그는 독일어 실력이 상당히 늘었다.

proibire- 금지하다

proibire a qualcuno di fare qualcosa- ~에게 ~하는 것을 금지하다

Il medico mi ha proibito di fumare. 의사가 나에게 흡연을 금했다.

Ti proibisco di uscire. 나는 너한테 외출을 금한다.

promessa- 약속

fare una promessa- 약속하다

mancare a una promessa- 약속을 지키지 못하다

mantenere una promessa- 약속을 지키다

Ogni promessa è debito. 약속은 빚이다.

promessa di marinaio- (비유) 공허한 약속

promettere- 약속하다

promettere a qualcuno di fare qualcosa- ~에게 ~하는 것을 약속하다

Ho promesso ai miei genitori di laurearmi quest'anno. 난 부모님께 올해 졸업하겠다고 약속했다.

prontezza- 준비가 되어 있음, 신속, 용이

con prontezza- 지체 없이, 정확히 제시간에, 즉시, 시간을 엄수하여

prontezza di spirito- 침착성; 재치가 넘침, 눈치가 빠름; 기지

La sua prontezza di spirito lo ha salvato molte volte. 그의 기지가 여러 번 그를 살렸다.

pronto- 준비된

essere pronto a fare qualcosa- ~하려고 준비하다

Sei pronto a rispondere alla mia domanda? 내 질문에 대답할 준비가 되었니?

Sono pronto a fare ciò che vuoi. 난 네가 원하는 것을 할 준비가 되었다.

essere pronto per qualcosa- ~할 준비가 되다

La merce è pronta per la spedizione. 물품의 배송 준비가 되었다.

Lui non era pronto per l'esame. 그는 시험 준비가 안 되었다.

tenere pronto qualcosa- ~을 준비해 두다

Tieni pronto un ombrello. 우산을 준비해 둬.

Tutto era pronto per il matrimonio. 결혼식을 위한 모든 준비가 되었다.

Pronti? Via! 준비, 출발!

propenso- 경향이 있는, 호의적인

propenso a- ~에 경향이 있는, 기울어지는

Sono propenso ad una rapida soluzione del problema. 나는 문제를 빨리 해결하는 경향이 있다.

proporre- (계획, 생각 등을) 제안하다, 제의하다

proporre di fare qualcosa- ~할 것을 제안/제의하다

Per cena, propongo di andare in pizzeria. 저녁 식사로 피자집에 갈 것을 제안한다.

proposito- 의도, 결심, 화제, 원인

a proposito- 그런데, 그건 그렇고

A proposito, quando parti? 그런데 너 언제 출발하니?

a proposito di- ~에 관해서, ~에 대하여; ~의 이야기라면; ~과 관련되어

A proposito di calcio, chi ha vinto ieri sera? 축구얘긴데, 어제 저녁 누가 이겼니?

a questo proposito- 이와 관련하여, 이점에 관해서

A questo proposito non possiamo dire niente. 이와 관련하여 우린 아무것도 말할 수 없다.

arrivare (o capitare, venire) a proposito- 때마침 오다; 꼭 들어맞다, 쓸모 있다(= essere utile)

Arrivi a proposito: aiutarmi a raccogliere le mele. 때마침 잘 왔다. 사과 따는데 날 좀 도와줘.

di proposito- 고의로, 일부러, 계획적으로

Non l'ho fatto di proposito. 나는 그것을 고의로 하지 않았다.

fuori proposito- 무관한, 상관없는; 맞지 않는, 부적절한; 시기가 안 좋은; 핵심에서 벗어나

in proposito- 그것에 관해서, 그 점에 관해

Mi dispiace, non posso dirti nulla in proposito. 유감스럽게도 그 점에 관해서 네게 아무것도 말할 수 없다.

Tutto tornò a proposito. 모든 것이 다 잘 됐다.

proposta- 제안, 신청

accettare una proposta- 제안(제의)을 받아 들이다

Non possiamo accettare le vostre proposte. 우리는 너희의 제안을 받아 들일 수 없다.

fare delle proposte a qualcuno- ~에게 같이 자자고 하다

fare la proposta di fare qualcosa- ~하자고 제안/제의하다

Fece la proposta di partire tutti in treno. 그는 모두 기차로 떠나자고 제안했다.

fare una proposta- 제안/제의하다

Ti faccio una proposta. 네게 제한 한 가지 할게.

fare una proposta di matrimonio a qualcuno- ~에게 청혼하다, ~에게 결혼 신청을 하다

Lui ha fatto una proposta di matrimonio a una signorina. 그는 어느 아가씨에게 결혼 신청을 했다.

proprio- 1. (형용사) 자기의, 적절한, 고유의

amor proprio- 자기 존중, 자존심

dire la propria- 하고 싶은 말을 하다

Avete parlato tutti; fatemi dire la mia. 너희 모두가 말했는데, 나도 하고 싶은 말을 하게 놔둬.

fare del proprio meglio- 최선을 다하다

per conto proprio- 혼자, 자기 힘으로

2. (명사) 자기 것

mettersi in proprio- 자기 사업을 시작하다

rispondere in proprio- 개인적으로 책임지다

spendere del proprio- 개인 돈을 지출하다

prospettiva- 전망, 예상, 가능성, 관점

avere in prospettiva- 가망이 있다

A quel tempo avevo molto poco in prospettiva. 난 그 당시 가망이 아주 없었다.

avere prospettive- 전망/가능성이 있다

Lui ha prospettive di successo. 그는 성공할 가능성이 있다.

in prospettiva di- 예상하여, 관점에서

Ogni giorno lavoriamo in prospettiva di quello che la squadra farà per i prossimi anni.
우리는 매일 팀이 향후 몇 년 동안 할 거를 예상해서 일한다.

vedere le cose sotto una nuova prospettiva- 새로운 관점에서 사태를 보다

prossimo- 1. (형용사) 가까운

essere prossimo alla fine- 종말에 가깝다, 종말에 다가가다

essere prossimo a fare qualcosa- 막 ~하려던 참이다

Erano ormai prossimi a partire. 그들은 이제 막 떠나려던 참이었다.

2. (명사) 이웃

Ama il prossimo tuo come te stesso. (성경) 이웃을 네 몸과 같이 사랑해라.

protesta- 항의

in segno di protesta- 항의의 표시로, 항의로, 시위로

In segno di protesta rifiutò il premio. 항의의 표시로 그는 상을 거부했다.

per protesta- 항의로, 시위로

Per protesta abbandonò l'aula. 항의로 그는 강의실을 떠났다.

prova- 시험, 증거

a tutta prova- 검증된; 충분한 실험을 거친, 많은 시험을 겪은; 신뢰할 수 있는, 믿을 수 있는

La sua fedeltà è a tutta prova. 그의 성실성은 신뢰할 수 있다.

dare prova di- ~을 입증/증명하다

Ha dato prova di grande coraggio. 그는 대단한 용기를 증명해 보였다.

fare le prove- 예행연습을 하다, 연습/준비하다

fare una prova- 검사를 하다, 시험하다

Abbiamo fatto una prova. 우리는 검사를 했다.

in prova- 시험 중, 수습 중, 견습 중; 심리(재판) 중에

Il nuovo impiegato è ancora in prova. 새 직원은 아직 수습 중이다.

mettere alla prova- 시험해 보다

Ti assumerò solo dopo averti messo alla prova. 너를 시험해 본 뒤에만 고용할 것이다.

periodo di prova- 수습기간, 시험 기간

Il periodo di prova è di tre mesi. 수습 기간은 3개월이다.

prova del fuoco- 불에 의한 사죄(성경의 결백한 자는 뜨거운 물에 손을 넣거나 독을 마셔도 아무런 해를 입지 않는다고 믿음); 최종적인 시험[25]

La partita di giovedì sarà la prova del fuoco. 목요일 경기가 최종 시험이 될 것이다.

prova del nove- 진정한 척도, 시금석; 결정적 증거(확증)

La prova del nove che hai ragione verrà fuori dalla sua testimonianza. 네가 옳다는 결정적 증거는 그 증인에게서 나올 것이다.

reggere alla prova- 시험/검사에 합격하다

Reggerai alla prova definitiva? 학기말(최종) 시험에 합격할 것 같니?

provare- 시험하다, 입증하다

provare a fare qualcosa- ~하는 것을 시도해보다

Proverò a convincerlo. 그를 한번 설득시켜 볼게요.

prova e riprova- 시행착오

Provando e riprovando hanno trovato la soluzione a quel problema di matematica. 시행착오를 거쳐 그들은 그 수학 문제의 해답을 찾았다.

proverbio- 속담, 격언, 잠언

come dice il proverbio- 속담에서 말하듯이, 격언에 있는 바와 같이

in (o per) proverbio- 속담대로, 일반적으로 널리

provvedere- 제공/공급하다; 규정하다; ~하도록 조처하다, ~을 맡아 하다

provvedere a- ~을 조처하다, ~을 준비하다, 처리하다

Ho provveduto a tutto per la tua partenza. 네가 출발하는 데 모든 조치를 다 해놨다.

Non ho ancora prevveduto al mio passaporto. 아직 내 여권을 준비하지 못했다.

provvedere di fare qualcosa- ~할 준비를 하다, ~할 조치를 취하다

Dovresti provvedere di arrivare molto presto. 넌 아주 일찍 도착할 준비를 해야 할 거다.

prudenza- 신중

con prudenza- 신중하게

Ricordati sempre di giudicare con prudenza. 항상 신중하게 판단할 것을 기억해라.

È meglio abbondare in prudenza. 나중에 후회하는 것보다 미리 조심하는 게 낫다.

La prudenza non è mai troppa. 신중함은 아무리 강조해도 지나치지 않다.

pubblicità- 광고, 선전, 홍보

fare pubblicità a qualcosa- ~을 광고/홍보하다

Cercherò di fare pubblicità al tuo libro. 네 책을 홍보하도록 애써볼 게.

farsi pubblicità- 자기를 알리다

Non perde occasione per farsi pubblicità. 그는 자기를 알릴 기회를 놓치지 않는다.

pubblico- 공중, 대중, 민중

in pubblico- 사람들이 있는 데서, 대중 앞에서

Mi vergogno di cantare in pubblico. 사람들 앞에서 노래하는 것이 부끄럽다.

---

[25] 'A prova di fuoco는 '불연성(내연성)'이라는 의미이다.

indagine sul pubblico- (TV 혹은 라디오 프로그램의) 시청자층 조사, 시청(청취)율 조사

mettere in pubblico- 대중에게 알리다/공표하다/공개하다

pugnalata- 찌름; 자상, 찌른 상처

una pugnalata alla schiena- (믿는 사람에 대한) 뒷통수치기, 배신

Non me lo aspettavo proprio da lui; è stata una pugnalata alla schiena. 그가 정말 그러리라고 생각지 않았는데, 배신을 당했다.

pugno- 주먹

avere il pugno proibito- 주먹이 세다, 힘이 아주 강하다

avere la vittoria in pugno- 승리가 손 안에 있다

Ha la vittoria in pugno. 그는 승리를 확신한다. 승리는 그의 손 안에 있다.

dare (o assestare) un pugno a qualcuno- ~에게 한방 먹이다, ~을 주먹으로 치다

Mio figlio ha dato un pugno al suo compagno e gli ha fatto male al naso. 내 아들이 짝을 주먹으로 쳐서 그의 코를 다치게 했다.

di proprio pugno- 자필의, 직접의

Questa lettera è scritta di suo pugno. 이 편지는 그가 직접 쓴 것이다.

essere un pugno in un occhio- 눈에 가시다, 눈에 거슬리다, 흉물스럽다

Il colore della sua camicia è un pugno in un occhio. 그의 셔츠 색깔이 눈에 거슬린다.

fare a pugni- 1) 맞붙다, 충돌하다, 싸우다, 주먹질을 하다

Abbiamo fatto a pugni per avere il biglietto. 우리는 표를 서로 가지려고 싸웠다.

I ragazzi fanno spesso a pugni. 남자 애들은 자주 주먹질을 한다.

2) 어울리지 않다 (= stonare), 맞지 않다; 충돌하다; 언쟁을 벌이다; (법을) 어기다(= essere in contraddizione)

La sua cravatta fa a pugni con la sua camicia. 그의 넥타이는 와이셔츠와 어울리지 않는다.

Le sue idee fanno a pungi con le mie. 그의 생각은 내 생각과 충돌한다/부딪친다.

pugno di ferro- 엄격, 압제, 가혹; (격투할 때) 손가락에 끼우는 금속 조각

rimanere con un pugno di mosche in mano- 빈손으로 돌아오다

Si aspettava di prendere quell'eredità, ma è rimasto con un pugno di mosche in mano. 그는 그 유산을 차지하리라 기대했었는데, 빈손으로 돌아왔다.

tenere qualcuno in pugno- 마음대로 조종하다

È molto importante; tiene tutti in pugno. 그는 매우 중요한데 그는 모두를 마음대로 조종한다.

pulce- 벼룩

fare le pulci a qualcuno- ~의 사소한 일을 들춰내다; ~의 흠을 들추다

Le hanno fatto le pulci tutta la sera, ma quando è arrivata erano tutti sorrisi e complimenti. 그들은 밤새도록 그녀의 흠을 들추다가, 그녀가 도착하자 그들 웃으며 칭찬하였다.

mettere una pulce nell'orecchio- ~의 마음에 의혹을 심다; ~의 의심을 자아내다

Con quel che hai detto mi hai messo una pulce nell'orecchio. 네가 한 그 말들이 내게 의심을 자아냈다.

sacco di pulci- 더러운 몰골

pulcinella- 뿔치넬라(17세기 이탈리아의 희극 또는 인형극에 나오는 어릿광대); 땅딸막한 곱사등이;

어릿광대, 익살꾼

fare il pulcinella- 익살 떨다

il segreto di pulcinella- 공공연한 비밀

La sanno tutti ormai: è il segreto di pulcinella. 이제는 모두가 아는 공공연한 비밀이다.

pulcino- 병아리

essere un pulcino nella stoppa- 어찌할 바를 모르다[26]

Si trova in difficoltà; è un pulcino nella stoppa. 그는 곤경에 빠졌는데, 어찌할 바를 모른다.

parere un pulcino bagnato- 물에 빠진 생쥐 같다; 내성적인/소심한 사람 같다

Se ne sta in un angolo e non parla con nessuno; sembrava un pulcino bagnato. 그녀는 모퉁이에 앉아 누구와도 말하지 않는데, 내성적인 사람 같았다.

pulito- 깨끗한

avere la coscienza pulita- 양심에 부끄럽지 않다

Ho la coscienza pulita. 난 양심에 부끄럽지 않다.

fare piazza pulita- (조직에서 불필요한 인원을) 말끔히 정리하다; (어떤 대회를) 휩쓸다, 모든 상을 독차지하다; (음식을) 모두 먹어 치우다(= mangiare tutto); 깡그리 다 훔치다(= rubare tutto)

Non ci sono più spacciatori in quella zona, la polizia ha fatto piazza pulita dei delinquenti del quartiere. 경찰이 이 구역 범죄자를 말끔히 정리해서 이 지역엔 밀매업자가 더 이상 없다.

farla pulita (o franca)- 벌을 받지 않고 끝나다, 벌을 면하다, 무사히 지나가다, 무죄 방면되다

lasciare qualcuno pulito- ~의 돈을 다 쓰게 하다

Mi ha vinto tutti i soldi a carte e mi ha lasciato pulito. 그가 카드놀이에서 돈을 모두 따서 내 호주머니가 바닥났다.

mani pulite- 정직, 결백, 청백

Non c'entro nulla in questa faccenda, ho le mani pulite. 난 이 사건에 아무 관계가 없다. 나는 결백하다.

pulizia- 청소

donna delle pulizie- 여자 청소부

fare le pulizie- 집안일을 하다; 집안 청소를 하다

fare pulizia di qualcosa- ~의 속을 말끔히 씻어 내다

fare pulizia in un locale- 방을 청소하다; 방을 정리하다; 방을 깨끗이 치우다

pulpito- 설교대(단), 강론대

salire sul pulpito (o montare in pulpito)- 설교하다; 잔소리를 늘어놓다; 거들먹거리다

Anche se deve dire due sciocchezze sale sempre sul pulpito. 그는 농담을 하더라도 늘 거들먹거린다.

scendere dal pulpito- 설교를 그치다; 잔소리를 그만두다; 잘난 체하는 태도를 버리다

Senti da che pulpito viene la predica! 사돈 남 말 한다.

punta- 뾰족한 끝, 점

a punta- 뾰족한

avere qualcosa sulla punta delle dita- ~에 정통하다, ~을 잘 알고 있다

---

[26] 'pulcino nella stoppa'는 '풋내기'란 의미이다.

avere qualcosa sulla punta della lingua- 말이 혀끝에 뱅뱅돌며 생각이 안나다; 자칫 입에서 말이 나올뻔 하다

camminare in punta di piedi- 발끝으로 살금살금 걷다, 발꿈치를 들고 걷다

cappello a tre punte- 삼각 모자

danzare sulle punte- 발끝으로 춤추다

fare la punta a una matita- 연필 끝을 뾰족하게 하다, 연필을 깎다

mettersi di punta a fare qualcosa- ~에 뛰어 들다, ~에 투신하다

parlare in punta di forchetta- 뽐내면서 말하다

prendere qualcuno di punta- ~와 충돌하다; ~와 정면으로 대처하다

Mi prende sempre di punta e alla fine non ottiene niente. 그는 늘 나와 충돌했는데 결국에는 아무것도 얻는 게 없다.

sulla punta del naso- 코끝에

Mio nonno porta sempre gli occhiali sulla punta del naso. 나의 할아버지는 항상 코 끝에 안경을 걸치고 있다.

puntino- 점

a puntino- 제대로, 적절히; 꼭 알맞게, 완벽하게

L'arrosto è cotto a puntino. 불고기가 꼭 알맞게 익었다.

fare le cose a puntino- 일을 제대로 하다

mettere i puntini sulle- 세심한 데까지 주의하다; 상세히 표시하다, 일일이 설명하다

È un tipo meticoloso che; mette i puntini sulle i. 그는 꼼꼼한 사람이어서, 세심한 데까지 주의한다.

punto- 점

a buon punto- 순조롭게, 잘 진행되는

La costruzione della nuova casa è a buon punto. 새집 건설이 순조롭다.

Le cose sono a buon punto. 일이 잘 되어 간다(진행되고 있다).

Sono a buon punto, ho quasi finito. 나의 일이 순조롭게 잘 진행되어 거의 끝났다.

a che punto- 어느 지점에

A che punto è il tuo lavoro? 네 일은 어디까지 진척이 되었니?

A che punto siamo? 우리 어디까지 왔지?

a questo punto- 이 지점에, 이 시점에

L'affare è a questo punto. 사업이 여기까지 진행되었다.

a tal punto che- ~할 정도로, 지경에까지

ad un certo punto- 어느 순간; 잠시 후에(= dopo un po')

Ad un certo punto smise di parlare ed uscì dalla stanza. 어느 순간 말을 중단하고 방에서 나갔다.

al punto in cui stanno le cose- 현 상태로서는[27]

andare a punto- 본론으로 들어가다, 요점을 파악하다(=andare a sodo)

dal mio punto di vista- 나의 관점에서 보면, 내 생각에는, 내가 보기에는

---

[27] 이 표현은 라틴어의 수사적 표현인 'quae cum ita sint'에서 유래한다.

dal punto di vista di- ~의 관점에서

dal punto di vista economico- 경제적인 관점에서

dare dei punti a qualcuno- ~보다 훨씬 더 낫다; ~을 훨씬 능가하다.

Mi ha sempre dato dei punti a scacchi; perché mi ostino a giocare con lui? 그의 체스실력이 나보다 훨씬 더 난데, 왜 나는 그와의 게임을 고집할까?

di punto in bianco- 갑자기, 난데없이, 별안간(= all'improvviso)

Di punto in bianco si mise a piangere. 그는 난데없이 울기 시작했다.

Marta era nella vasca da bagno quando, di punto in bianco, ha sentito una scossa di terremoto. 마르타가 욕조에 있을 때 난데없이 지진을 느꼈다

di tutto punto- 충분히; 완전히, 전적으로

essere sul punto di fare qualcosa- 막 ~하려고 하다, ~하려던 참이다

fare il punto della situazione- 사태를 조사하다

fare il punto su qualcosa- 분명히 밝히다/말하다

Nel suo discorso ha fatto il punto sulla situazione. 연설에서 그는 상황을 분명히 밝혔다.

fare punto- ~을 그만하기로 하다

farsi un punto d'onore di- 반드시 ~하다, 으레 ~해야 하다

Si fa un punto d'onore di essere sempre elegante. 그는 늘 으레 우아한 복장을 해야 한다.

fino a un certo punto- 어느 정도까지, 얼마간, 다소

giocare punto a punto- (게임이나 시합에서) 별차이 없이 경기를 하다, 실력이 비등하다

Le due squadre stanno giocando punto a punto. 그 두팀은 별차이 없이 경기를 하고 있다.

in punto- 정각에

Ci vediamo alla stazione alle 4 in punto. 4시 정각에 역에서 보자.

in punto di morte- 죽는 마당에, 죽을 지경에, 막 죽어 가려 할 때

mettere a punto- (1) 준비하다

Abbiamo messo a punto un programma di scambi con un'università italiana. 우리는 이탈리아 대학과의 교류 프로그램을 준비했다.

(2) 분명히 밝히다, 확실히 말하다

Hanno discusso per delle ore, ma almeno hanno messo a punto i termini della questione. 그들은 장시간에 걸쳐 토의했는데, 적어도 문제의 용어들을 분명히 밝혔다.

Per un punto Martin perse la cappa. (속담) 많든 적든 실수한 결과는 마찬가지이다. 조금이라도 빗나간 것은 빗나간 것이다.

Punto d'incontro- 1) 만남의 지점, 미팅 지점

Dove ci vediamo? -Ma non so, scegli tu il punto d'incontro. 우리 어디서 볼까? 모르겠어, 미팅 지점을 네가 골라.

2) 대화나 언쟁에서 접점, 합의점

Per favore, trovate un punto d'incontro, altrimenti non riusciremo a ordinrare le pizze.
너희들 제발 합의점을 찾아, 그렇지 않으면 피자 주문 못할 거야.

punto di forza- 내구력, 세력, 강도

punto di riferimento- 기준틀(= termine di confronto); 청사진, 기준; 자문위원(= consigliere); 표준

punto di svolta-전환점, 분기점

punto e basta- 마침표, 종지부; 이것으로 끝이다, 더 이상 말하지 마

Non lo voglio fare, punto e basta. 그것을 하고 싶지 않아, 이것으로 끝이다.

punto fermo- 교섭할 수 없는 사항; (상업) 양도할 수 없는 사항

Possiamo parlare di molti dettagli, Generale, ma il ritiro delle sue truppe è un punto fermo. 장군님, 우리는 수 많은 세부사항에 대해서는 이야기할 수 있지만, 군대의 철수는 교섭할 수 없는 사항입니다.

punto forte- 강조점

punto morto- (기계) 사점; (군사) 사각; 교착 상태, 막다른 지경

Siamo arrivati a un punto morto. 우리는 막다른 지경에 이르렀다.

punto per punto- 상세하게(=in maniera molto dettagliata); 하나하나, 하나씩

Il cameriere ci ha spiegato il menù punto per punto. 웨이터가 메뉴를 하나하나 설명해주었다.

venire al punto- 요점에 언급하다, 핵심을 찌르다

Non divagare, vieni al punto. 빗나가지 말고, 포인트만 말해.

vestirsi di tutto punto- 옷을 갖춰 입다, 옷을 차려 입다

La macchina l'ha bagnato completamente. Peccato, era vestito di tutto punto. 자동차가 그에게 흠뻑 물을 튀겼다. 안됐다, 멋지게 옷을 차려 입었었는데.

Un punto in tempo ne salva cento. (속담) 제때의 바늘 한번이 아홉 바느질을 던다. "호미로 막을 데 가래로 막는다"라는 의미.

pupilla- 눈동자

Cosa vedono le mie pupille! 내 눈을 믿을 수가 없다!

essere la pupilla degli occhi- 눈에 넣어도 아프지 않다

Mia figlia è la pupilla dei miei occhi. 내 딸은 눈에 넣어도 아프지 않다.

puzza (o puzzo)- 고약한 냄새, 악취

avere la puzza sotto il naso- 자만하고 있다; (상전인양) 오만하게 굴다

Nessun corteggiatore le va bene; ha la puzza sotto il naso! 어떤 구혼자도 그녀에게는 충분하지 않다. 그녀는 오만하게 군다.

Che puzza! 냄새 지독하군!

sentire puzza di qualcosa- ~한 냄새를 맡다

Ho sentito puzza di bruciato. 탄 냄새를 맡았다.

Ho sentito puzza di chiuso. 퀴퀴한 냄새를 맡았다.

puzzo- 악취, 낌새, 조짐

Qui c'è puzzo di bruciato. 여기 뭔가가 좀 석연찮다.

sentir puzzo d'imbroglio- 수상한 냄새가 나다

È un'ora che parlottano tra di loro; sento puzzo d'imbroglio. 그들은 한 시간 동안 소곤소곤 대는데, 수상한 냄새가 난다.

Q

quadrato- 1. (형용사) 정사각형의

avere le spalle quadrate- 어깨가 넓다, 어깨가 딱 벌어져 있다

persona quadrata- 사리에 밝은 사람

2. (명사) 정방형, 정사각형

fare quadrato- 방진을 치다; 똘똘 뭉치다, 결속을 강화하다

Gli studenti hanno fatto quadrato intorno al professore per difenderlo dalle accuse. 비난으로부터 그를 보호하기 위해 학생들은 선생님 주변에 진을 쳤다.

quadratura- 정사각형

quadratura mentale- 온건함, 상식이 있음(= buonsenso); 빈틈없음

Ti puoi fidare di lei, ha una notevole quadratura mentale. 너는 그녀를 신뢰할 수 있는데, 그녀는 놀랍도록 빈틈이 없다.

tentare la quadratura del cerchio- 헛수고하다

trovare la quadratura del cerchio- 원과 면적이 같은 정사각형을 만들다; 불가능한 일을 시도하다

Trovare una soluzione a questa crisi è come trovare la quadratura del cerchio. 이 위기의 해결책을 모색하는 것은 불가능한 일을 시도하는 것과 같다.

quadro- 그림

fare un quadro della situazione- 상황을 요약하다

Ci ha fatto il quadro della situazione. 그가 우리에게 상황을 요약해 주었다.

fuori quadro- 거북한, 불편해하는

Mi sento proprio fuori quadro in un ambiente del genere. 난 정말 그와 같은 부류의 장소에서는 거북함을 느낀다.

il quadro della situazione- 상황, 형세, 실정

Dimmi il quadro della sitazione se vuoi che ti aiuti. 도움을 원하면, 내게 상황을 말해.

qualche- 몇몇의; 어떤, 어느 무엇인가의

da qualche parte- 어딘가에, 어디에서

Non trovo gli occhiali, li hai visti da qualche parte? 안경을 못 찾겠는데 너 어디에서 내 안경을 봤니?

in qualche luogo (o posto)- 어딘가, 어떤 장소

Non ci siamo già visti in qualche posto? 우리 어딘가에서 이미 보지 않았나요?

in qualche modo- 어떻게든, 이럭저럭; 마구 되는대로(= senza cura)

In qualche modo me la caverò. 어떻게든 해 나가 볼 것이다.

qualche altro- 뭔가 다른(= diverso); 더 이상(= in più)

qualche volta- 때때로; 가끔(= alcune volte)

qualcuno- 몇몇 사람, 누군가

qualcuno- 아무개라는 훌륭한 사람, 대단한 사람, 내로라하는 사람.

Credi di essere qualcuno, ma sei una nullità. 너는 네가 대단한 사람이라고 생각하지만, 보잘것없는 사람이다.

Tutti quelli che sono qualcuno ci saranno. 내로라하는 사람은 다 있을 것이다.

quale- 무슨, 어떤

non tanto per la quale- 매우 좋지 않은, 그리 존경할 만한 사람이 아닌

È una persona non tanto per la quale. 그는 그리 존경할 만한 사람이 아니다.

per la quale- 훌륭하여; 매우 좋은(= bene); 존경할 만한(= rispettabile)

qual che sia- 어느 것/쪽이든 간에

qual che sia il tuo parere in proposito- 문제에 관한 네 의견이 어떤 것이든 간에

qualità- 성질

di ottima qualità- 최고의 품질, 우량품

Questa stoffa è di ottima qualità. 이 직물은 최고의 품질이다.

di prima qualità- 일등급의, 상급의, 최고의; 뛰어난, 걸출한; 아주 질 좋은, 고급의

Ho comprato della frutta di prima qualità. 난 아주 질 좋은 과일을 샀다.

in qualità di- ~로서

Serviva in qualità di maggiordomo. 그는 집사로서 일하고 있었다.

qualunque- 어떤~라도; 평범한

a qualunque ora, in qualunque momento- 언제라도, 아무 때나

a qualunque costo- 무슨 수를 써서라도, 어떤 희생을 치르더라도, 기어코

a qualunque prezzo- 어떻게 해서든지, 어떤 대가를 치르더라도

in qualunque modo- 아무렇게나, 되는대로

quando- 언제

a quando- 언제

A quando il prossimo incontro? 다음 모임은 언제 있지요?

A quando la laurea? 졸업은 언제지?

da quando- 언제부터

Da quando abiti qui? 언제부터 여기서 살아?

Da quando non lo vedi? 넌 언제부터 그를 못 봤니?

di quando- 언제 적

Di quando è quel palazzo? 저 건물은 언제 적 것이지?

Di quando è questo giornale? 이 신문 며칠 차 신문이지?

di quando in quando- 때때로, 가끔, 이따금; 종종

Vado al cinema di quando in quando. 나는 종종 영화관에 간다.

fino a quando- 언제까지

Fino a quando starai qui? 너 언제까지 여기 있을 거야?

per quando- 언제로, 언제 날짜로

Per quando è la riunione? 모임이 언제이지?

Per quando ne hai bisogno? 너 언제 그게 필요하니?

quando mai- 도대체 언제

Quando mai ti ho chiesto una cosa simile? 내가 도대체 언제 네게 그런 것을 부탁했니?

quantità- 양, 수량

in grandi quantità- 대량으로, 대량의; 풍부하게

una (grande) quantià di- 많은, 다량의, 대단한 양의

C'è una quantità di gente che non lo sa. 그것에 대해 모르는 많은 사람이 있다.

quanto- 1. (의문형용사) 얼마나 많은, 얼만큼

a quanto dicono- 사람들이 하는 말에 따르면

a (o per) quanto ne so io- 내가 아는 한, 내가 기억하기로는

per quanto- (1) (부사, 형용사와 함께) 아무리 ~해도

Per quanto ricco tu sia, non potrai comprarlo. 아무리 네가 부자여도, 그것을 살 수 없을 거다.

(2) (동사와 함께) 아무리 ~한다 하더라도

Per quanto tu sappia, non saprai mai abbastanza. 아무리 네가 안다 하더라도, 결코 충분히 알지는 못할 것이다.

(3) 비록 ~이긴 하지만

Vedrò di aiutarlo, per quanto non lo meriti. 비록 그는 그럴만한 자격은 없지만, 나는 그를 도울 것이다.

per quanto mi riguarda- 나로서는, 내 개인적으로는, 나에 관한 한

Per quanto mi riguarda, va benissimo. 내 개인적으로는 매우 좋다.

per quanto si sforzi- 아무리 노력해도

per quanto io ne sappia- 내가 아는 한, 내가 알기로는, 내가 듣기로는

2. (부사) 얼마나, 얼마

in quanto- ~로서(= in qualità di)

In quanto minorenne, non ha diritto di voto. 그는 미성년자여서 투표권이 없다.

Solo lui, in quanto medico, fu autorizzato a vedere il paziente. 그만 의사로서 환자를 볼 권한이 있었다.

(in) quanto a- ~에 대해서 말하자면, ~에 관해서는

In quanto a questa faccenda tutto è incerto. 이 사건에 대해 말하자면 모든 것이 불확실하다.

In quanto agli altri, non ne so nulla. 다른 사람에 관해선, 나는 아무것도 모른다.

Quanto a fermarmi una settimana, dovrò pensarci su. 내가 일주일 동안 머무는 것에 대해서는 생각을 해 봐야 할 것이다.

in quanto (che)- ~이므로, ~인 한, ~이기 때문에(= poiché)

Non ti ho telefonato in quanto (che) credevo che non fossi in casa. 네가 집에 없다고 생각했기 때문에 네게 전화하지 않았다.

in quanto ciò- 그것에 대해서는, 그 문제라면

non tanto A ~ quanto B- A라기보다는 B인

Non si opponeva tanto per il costo dei lavori, quanto per la loro inutilità. 그는 작업 비용 때문이라기보다는 그 무용성 때문에 반대한다.

quanto a- ~에 대해서 말하자면; ~에 관한 한; ~과 관련하여, ~에 대하여; ~에 관해(= circa)

quanto mai- 몹시, 매우

È una persona quanto mai gentile. 그는 매우 친절한 사람이다.

quanto meno- 적어도; 조금도 과장하지 않고

Quanto mi manchi! 얼마나 당신이 그리운지!

Quanto mi vuoi bene? 얼마큼 날 사랑해?

quanto più ~ tanto meno- ~하면 할수록 ~하지 않다

Quanto più lo conosco, tanto meno mi piace. 그를 알면 알수록 나는 그를 좋아하지 않는다.

quanto più ~ tanto più- ~하면 할수록 더욱더 ~하다

Quanto più studi, tanto più impari. 네가 더 공부하면 할수록 더 알게 된다.

quarantotto- 48, 마흔여덟

Che quarantotto! 엉망진창이군!

fare un quarantotto- 소동을 일으키다; (큰 소리로) 화내다, 불평하다

Quando ha visto che non riusciva a ottenere ciò che voleva, ha fatto un quarantotto. 원하는 것을 얻을 수 없다는 것을 알자, 그는 소동을 일으켰다.

finire a carte quarantotto- 수포로 돌아가다; 실패하다, 도산하다; 엉망이 되다

L'azienda è finita a carte quarantotto. 회사가 엉망이 되었다.

quaresima- 사순절

lungo come la quaresima- 길고 지루한

Non spiegarmelo un'altra volta, ho capito! Sei davvero lungo come la quaresima. 알았으니깐, 더 이상 내게 설명하지 마! 너 정말 따분하다.

osservare la quaresima- 사순절을 지키다

sembrare la quaresima- 굶어 죽을 것 같다

quarta- 원주의 4분의 1, 15분

partire in quarta- (자동차) 전속력으로 출발하다; 급히 떠나다; 아주 순조로운 출발을 보이다, (성공적으로) 잘 나가다(= lanciarsi a fare qualcosa)

Si è offeso; è partito in quarta e non l'abbiamo più visto. 화가 나서 급히 떠나버렸는데, 우리는 더 이상 그를 볼 수 없었다.

quattrino- (동전의) 푼

fare quattrini- 돈을 벌다

Ha fatto un sacco di quattrini. 그는 많은 돈을 벌었다.

Non vale un quattrino. 한 푼의 가치도 없다.

star bene a quattrini- 돈이 두둑하다; 살림살이가 좋다, 경제적으로 잘 살다

star male a quattrini- 생활이 궁하다, 살림이 곤란하다

Quattrino risparmiato, due volte guadagnato. (속담) 한 푼 아낀 것은 한 푼 번 것이나 마찬가지다.

quattro- 넷, 네 번째의

dirne quattro- 생각한 바를 솔직하게 말하다, ~에게 불편한 심기를 드러내다; (조언하는 의미에서) ~를 꾸짖다

Ero così arrabbiato che gliene ho dette quattro. 난 몹시 화가 나서 그에게 따끔하게 얘기해 줬다.

fare quattro chiacchiere- 수다 떨다, 잡담하다; ~와 간단한 인사를 나누다

Mi piacerebbe fare quattro chiacchiere con Anna. 나는 안나와 간단한 인사를 나누었으면 좋겠다.

fare quattro passi- 산책하다

farsi in quattro- 최선/전력을 다하다, (도움이 되거나 공정하기 위해) 무진 애를 쓰다

Io mi faccio in quattro per questa azienda, ma lui non è mai contento. 나는 이 회사를 위해 안간힘을 쓰지만, 그는 결코 만족하지 않는다.

Si è fatta in quattro per aiutarti. 널 돕기 위해 그녀는 무진 애를 썼다.

in quattro e quattr'otto- 순식간에, 눈 깜짝할 사이에, 아주 빨리(= molto presto)

Avrai molta fame; ti preparo qualcosa in quattro e quattr'otto. 몹시 시장할 텐데, 즉시 요기할 것을 준비할 게.

Non dire quattro se non l'hai nel sacco! (속담) 김칫국부터 마시지 마라.[1]

Quattro occhi vedono meglio di due. 두 사람의 지혜는 한 사람의 것보다 낫다.

questione- 질문

avere una questione con qualcuno- ~와 싸우다

Ha avuto una questione con suo fratello e non si parlano ancora. 그는 자기 형과 싸웠는데 아직까지 서로 말을 안 한다.

È questione di vita o di morte. 사느냐 죽느냐의 문제이다.

È solo questione di tempo. 그것은 단지 시간 문제이다.

essere in questione- 의심스럽다, 불확실하다; 분쟁 중이다

in questione- 문제의

l'uomo in questione- 문제의 남자

il punto in questione- 문제점

mettere in questione (che)- ~을 문제 삼다, 분쟁/논란을 벌이다

I giornali mettono in questione la solidità dell'azienda. 신문이 기업의 연대를 문제삼고 있다.

Non farne una questione! 그것을 문제 삼지마! 괜히 일 만들지 마!

Questa è una questione di lana caprina. 별 의미가 없는 문제이다. 사소한 일이다.

questione di competenza- (법률) 관할권 문제

questione di diritto- (법률) 법리의 문제('di diritto'는 라틴어 *in iure*를 옮긴 것이다)

questione di fatto- (법률) 사실의 문제('di fatto'는 라틴어 *in facto*를 옮긴 것이다)

questo- 1. (형용사) 이; 2. (대명사) 이것, 이분

in (o a) questo modo- 이런 식으로, 이런 방법으로

in questo- 이 점에서

In questo non siamo d'accordo. 이 점에서 우린 동의하지 않는다.

parlare di questo e di quello- 이런저런 얘기를 하다

per questo- 이 점 때문에, 이 점으로 인해

---

[1] 비슷한 속담에는 "Non vendere la pelle dell'asino prima che sia morto." "Non vendere la pelle dell'orso prima di averlo ucciso 죽기 전에 당나귀의 가죽을 팔지 마라"가 있다.

Per questo ho rifiutato. 이 점 때문에 나는 거절했다.

questo e altro- 이상은 모두, 아니 그 이상

Questo mai e poi mai! (아주 단호한 거절) 어림도 없는 소리!

questo mio amico- 나의 이 친구

tutto questo- 이 모든 것

Tutto questo è sbagliato. 이 모든 것이 틀렸다.

qui- 여기, 여기에

da qui- 여기에서부터

Sono partiti da qui. 그들은 여기에서 출발했다.

da qui innanzi- 이제부터, 앞으로는

di qui- (1) 이곳 출신의

È gente di qui. 이 지방 출신 사람들이다

Non sono di qui. 나는 이 곳 출신이 아니다.

(2) 이리로, 이쪽으로

Passa di qui l'autobus? 버스가 이쪽으로 지나갑니까?

di qui a poco- 얼마 안 되어, 곧

di qui deriva che- 이런 이유로 ~와 같은 결과가 나온다

fin qui- 여기까지

Siamo venuti fin qui a piedi. 우리는 여기까지 걸어서 왔다.

qui dentro/qui fuori- 이 안에, 이곳에/이 밖에서

qui sotto/sopra- 여기, 여기에/여기 위에

qui vicino- 이 근처에

rimanere qui- 여기에 남다

È rimasto qui più di una settimana. 그는 여기에 일주일 이상 남았다.

venire qui- 여기로 오다

Vieni qui vicino a me! 여기 내 근처에 와!

quiproquo (*qui pro quo*)- (라틴어) 오해, 오인, 착각

un quiproquo- 오해

C'è stato un quiproquo e non ci siamo trovati all'appuntamento. 오해가 있어서 우리는 약속을 놓쳤다.

quinta- 무대의 양 옆(의 빈칸)

dietro le quinte- 무대 뒤의, 막후, 배후

Mi piacerebbe sapere chi sta dietro le quinte; c'è qualcosa di strano qui. 여기 뭔가 수상한 게 있는데, 누가 배후에 있는지 알고 싶다.

R

rabbia- 격노, 분노, 화

Che rabbia! 이렇게 화날 수가! 애석하구나!

essere preso dalla rabbia- 격노하다, 벌컥 화를 내다

fare rabbia a qualcuno- ~을 극도로 화나게 하다

Questo mi fa rabbia. 이것은 나를 극도로 화나게 한다.

fuori di sé dalla rabbia- 화가 나서 제정신이 아닌

pieno di rabbia- 몹시 화가 난, 격노한

schiumare di rabbia- 격노하다

Non era solo arrabbiato, schiumava di rabbia! 그는 그저 화가 난 게 아니라, 격노했었다.

raccapezzare- 모으다, 수집하다; 파악하다, 이해하다

raccapezzarcisi- 이해하다(= capire); 길을 찾아가다(= orientarsi)

Li ho visti passeggiare nel parco mano nella mano. Non avevano divorziato? Non mi ci raccapezzo. 나는 그들이 손을 잡고 공원에서 산책하는 것을 보았다. 그들은 이혼하지 않았나? 나는 도통 알 수가 없다.

raccogliere- 모으다, 수집하다, 수확하다

raccogliere informazioni su qualcosa- ~에 대한 정보를 수집하다

raccogliere il frutto del proprio lavoro- 자기 노동의 결실을 거두다

raccogliere le proprie energie- 자신의 힘을 모으다, 힘을 집중시키다

Si raccoglie quel che si semina. (속담) 뿌린 대로 거두리라.

raccolto- 1. (명사) 수확

dare un buon raccolto- 풍작이다

fare il raccolto di qualcosa- ~을 수확하다

2. (형용사) 정선된, 수집한, 아늑한, ~에 몰두한, 자제한

dolore raccolto- 절제된 고통

raccolto nei propri pensieri- 생각에 잠긴

una stanza raccolta- 아늑한 방

raccomandare- 1. (타동사) 추천하다, 권고하다, (무엇을 하도록) 명하다

raccomandare a qualcuno di non fare qualcosa- ~에게 ~하지 말 것을 충고하다

Ti raccomando di non correre troppo. 심하게 뛰지 말 것을 네게 충고한다.

2. (재귀동사) raccomandarsi- 간청/탄원/애원하다

mi raccomando- 간청하다

Guida piano, mi raccomando. 부탁하는데, 천천히 운전해.

Mi raccomando di non farne parola. 제발 누구한테도 말하지 말아줘.

Mi raccomando, non dire niente a nessuno. 제발 누구에게도 아무것도 말하지 말아줘.

raccomandata- 등기우편

  fare una raccomandata- 등기우편으로 보내다

  spedire un pacco per raccomandata- 등기우편으로 소포를 보내다

raccomandato- 1. (형용사) 등기로 보낸: 추천받은(= consigliato), 천거받은, 연줄이 든든한(=che ha appoggi importauti)

  lettera raccomandata- 등기 편지

  pacco raccomandato- 등기 소포

  2. (명사) 연줄이 좋은 사람, 연줄이 닿는 사람

raccontare- (자세하게) 말하다, 이야기하다

  A chi credi di raccontarla! (o Raccontala a un altro!, Raccontala altrove)- 말도 안 되는 소리 하지 마! 그 따위 소리를 누가 믿는담!

  A me la racconti? 너 나한테 이야기하고 있는 거니?

  Che cosa mi racconti! 그것을 믿을 수가 없다!

  È uno che la sa raccontare. 그는 이야기 보따리를 풀 수 있는 사람 가운데 하나이다.

  Raccontami tutto. 그것에 대해 전부 말해 줘.

  raccontare di- ~하는 것을 이야기하다

  Racconta di aver girato mezzo mondo. 그는 세상의 반을 돌았다고 이야기한다.

  raccontare per filo e per segno- 상세히 이야기하다

raddoppiare- 배로 하다

  Lascia o raddoppia. 두 배로 따느냐 돈을 전부 잃느냐 하는 승부수. 이판사판으로.

  raddoppiare una linea ferroviaria- 철도를 복선으로 하다

  raddoppiare un'autostrada- 고속도로를 확장하다

radice- 뿌리, 근원

  andare alla radice delle cose- 사건의 진상/근원을 캐다

  distruggere qualcosa sino alle radici- ~을 철저히 파괴하다, 발본색원하다

  mettere le radici- 뿌리를 내리다(= radicarsi); (생각, 사상이) 널리 받아들여지다; 정착하다, 자리를 잡고 살다(= stabilirsi)

  Sono nata a Torino, ma poi mi sono trasferita a Roma e ci ho messo le radici. 나는 토리노에서 태어난 뒤 로마로 이사하여 그곳에 뿌리를 내렸다.

  vedere l'erba dalla parte delle radici- (농담) 없어지다, 죽다

radio- 라디오

  ascoltre la radio- 라디오를 듣다

  Ascolto sempre la radio in macchina. 나는 차에서 항상 라디오를 듣는다.

  ascoltare qualcosa alla radio- 라디오에서 ~을 듣다

  per radio- 라디오로, 라디오를 통해

  Ho appreso la notizia per radio. 나는 라디오를 통해 뉴스를 알았다.

radiografia- 엑스레이, 방사선 사진

  fare la radiografia di una situazione- 상황에 대한 심층 분석을 하다

Hanno passato molte ore a fare una radiografia dalla situazione. 그들은 상황을 심층 분석하는데 많은 시간을 보냈다.

fare una radiografia- 엑스레이를 찍다

rado- 드문드문, 희박한

di rado (o rade volte)- 드물게, 좀처럼 ~하지 않는

Mi piacciono gli asparagi, ma li mangio di rado. 나는 아스파라거스를 좋아하지만, 좀처럼 먹지 않는다.

non di rado- 가끔, 종종

rade parole- 두서너/몇 마디

raffreddore- 감기

avere un forte raffreddore- 지독한 감기에 걸리다, 심한 감기에 걸리다, 독감에 걸리다

Non mi sento bene, ho un forte raffreddore. 몸이 안 좋아, 지독한 감기에 걸렸어.

prendere il raffreddore- 감기에 걸리다

Copriti bene, altrimenti prenderai il raffreddore. 옷을 잘 입어, 안 그러면 감기에 걸릴 거야.

raggio- 광선, 빛

a vasto (o ad ampio) raggio- 대규모의, 광범한

Hanno fatto un'indagine a vasto raggio. 그들은 대규모 조사를 했다.

nel raggio di- ~의 반경 안에

raggio d'azione- 행동 반경, 활동무대, 사정거리

Il missile ha un raggio d'azione di 3.000 chilometri. 미사일은 사정거리가 3,000 킬로미터이다.

ragionare- 추론하다, 성찰하다

Cerca di ragionare! 좀 사리에 맞게 굴어!

Ragionaci sopra. 다시/차분히 생각해 봐.

ragione- 이성, 옳음, 이유

a chi di ragione- 적임자; 관계 당국; (불특정 상대에 대한 편지, 증명서의 첫머리에) 관계자 제위

Le tue malefatte saranno riferite a chi di ragione. 너의 악행은 관계 당국에 알려질 것이다.

a maggior ragione- 더욱더 (~하는) 이유; 그러니까 더욱 ~해야지

È andata male, ma a maggior ragione dobbiamo ricontrollare tutto e provare ancora. 잘못됐다. 그렇기 때문에 더욱 더 우리는 모든 것을 다시 점검하고 재시도해야 한다.

a ragione o a torto- 옳건 그르건, 옳고 그름은 잘 모르겠으나

A ragione o a torto si è impegnato; è giusto che vada fino in fondo. 그가 개입한 것이 옳고 그른지는 잘 모르겠으나, 끝까지 마무리하는 것이 옳다.

a ragion veduta- 충분히 고려한 다음에; 신중하게, 찬찬히(= intenzionalmente)

Non voglio decidere subito. Ho bisogno di tempo per fare le cose a ragion veduta. 즉시 결정하고 싶지 않다. 충분히 고려한 다음에 일을 할 시간이 필요하다.

ascoltare la voce della ragione- 이성의 소리를 듣다, 이성에 귀 기울이다

avere ragione- 옳다, 맞다, 일리가 있다

Avevi ragione tu: il nostro amico era partito. 네 말이 일리가 있었어. 우리 친구들이 떠났어.

avere ragione di qualcuno- ~에 이기다/능가하다

Erano in quattro e hanno avuto ragione di lui. 네 명이 있었는데 그들이 그를 이겼다.

avere ragione da vendere (o avere mille ragioni)- 절대적으로 옳다

Ha protestato energicamente e ha ragione da vendere. 그는 강력하게 항의했고 그가 절대적으로 옳다.

dare ragione a- (1) ~에 동의하다, ~의 편을 들다(= concordare)

Dà sempre ragione al marito. 그녀는 항상 남편의 편을 든다.

(2) ~가 옳다고 말/인정하다(= dire che qualcuno ha ragione)

Dovette darmi ragione. 그는 내가 옳았다는 것을 인정해야만 했다.

Ti dò ragione; mi ero sbagliato. 네가 옳아. 내가 틀렸어.

(3) ~가 옳다고 증명하다(= provare che qualcuno ha ragione)

Il tempo mi darà ragione. 세월이 내가 옳다는 것을 증명한다.

(4) (판사) ~에게 유리한 판결을 내리다

dare (o rendere) ragione di qualcosa- ~의 이유를 대다/달다/제시하다

Non so rendermi ragione di quello che ho fatto. 내가 한 일에 대해서 이유를 댈 수 없다.

darle di santa ragione- ~을 심하게 때리다, 마음껏 두들겨 주다

Suo padre si è arrabbiato e gliele ha date di santa ragione. 아버지는 화가 나서 그를 심하게 때렸다.

darsi ragione di qualcosa- ~의 이유를 이해하다; 이유를 대다, 해명하다

Non so darmi ragione di quel che ho detto. 내가 말한 것에 대해 해명할 수 없다.

essere dalla parte della ragione- 도리에 맞다, 옳다

È dalla parte della ragione, ma perderà la causa perché la compagnia petrolifera è troppo potente. 그가 옳지만, 정유회사의 세력이 너무 강하기 때문에 소송에 질 것이다.

farsi ragione da sé- (법을 통하지 않고) 자기 손으로 처리하다

Credevo scherzasse, invece ha preso il fucile e si è fatto ragione da sé. 농담일거라고 생각했는데, 그는 총을 들어 자기 손으로 처리했다.

farsi una ragione di- ~에 대해 체념하다; ~을 받아들이다; ~을 극복하다

Finalmente si è fatto una ragione della morte di sua madre. 드디어 그는 어머니의 죽음을 받아들였다.

in ragione del (o di)- ~의 비율로

in ragione del 10%- 10% 비율로

intendere (o sentire) ragione- 이유를 듣다

Non vuole sentir ragione. 그는 이유를 들으려고 하지 않는다.

Non volle sentir ragione. 그는 아무리 해도 그것을 받아들이려 하지 않았다.

La ragione è sempre del più forte. (속담) 힘이 정의다.

non esserci ragione che tenga- 어쩔 수 없다

Non c'è ragione che tenga. Io devo andare a prenderla e lo farò anche se dovrò superare tanti ostacoli. 어쩔 수 없다. 많은 난관을 극복해야 한다 해도 그것을 쟁취하러 가야 한다.

non sentir ragione- 이유를 듣지 않다

Tutti gli davano contro, ma non voleva sentire ragione e insisteva sul suo punto di vista. 모든 사람이 그를 반대했지만, 그는 이유를 듣지 않고 자신의 견해를 주장했었다.

per nessuna ragione al mondo- 어떤 이유로든, 여하한 이유로서든지

Non lo farei per nessuna ragione al mondo. 난 그 어떤 이유로든 그것을 하지 않을 것이다.

perdere il lume della ragione- 화를 내다, 흥분하다, 노발대발하다

perdere la ragione- 이성을 잃다, 정신을 잃다

prenderle di santa ragione- 얻어 맞다

Qual è la ragione del tuo ritardo? 네가 늦은 이유가 뭐야?

raggiungere l'età della ragione- 철이 나다

Puoi fare da solo: ormai hai raggiunto l'età della ragione. 넌 혼자서 할 수 있어, 이제 철이 들었을 테니까.

ragion d'essere- 있을 이유; 타당한 이유, (철학) 존재의 이유

Questa norma non ha più ragion d'essere. 이 법은 더 이상 있을 이유가 없다.

ragione civile e ragione canonica- 일반시민법과 교회법

rendere di pubblica ragione- (대중매체를 통해) 일반에게 알리다/공표하다

Intendo rendere di pubblica ragione quello che ho sentito qui oggi. 오늘 여기에서 들었던 것을 일반에게 알릴 작정이다.

senza ragione- 이유 없이

raglio- 나귀의 울음 소리

Raglio d'asino non sale al cielo. 어리석은 사람이 하는 말은 말발이 서질 않는다.

ragno- 거미

non cavare un ragno dal buco- 아무런 성과를 못 보다, 아무런 도움이 안 되다; 아무 반응을 얻지 못하다

Senza un esperto che ci aiuti non cavaremo un ragno dal buco. 전문가 없이 우리를 돕는 것은 아무런 도움이 안 될 것이다.

rallentatore- 감속기

al rallentatore- 슬로 모션으로, 아주 느리게

fare qualcosa col rallentatore- ~을 하는데 매우 더디다

procedere al rallentatore- 아주 천천히 진행하다; 몹시 느리게 가다

Faceva così caldo che tutti si precedevano al rallentatore. 너무 더워서 모든 사람들이 느릿느릿 다녔다.

ramengo- 파멸, 폐허

andare a ramengo- 엉망이 되다; 실패하다, 도산하다

A causa dell'aumento dei prezzi delle materie prime, gli affari stanno andando a ramengo. 원자재 가격의 상승으로 사업이 망하고 있다.

Ma va' a ramengo! 꺼져버려! 닥쳐!

ramo- 가지

rami secchi- 죽은 나뭇가지; 쓸데없는 말

Se ascolti lei, tre reparti su dieci sono rami secchi da tagliare. 그녀의 말을 들어보면, 열 개중 세 개는 쓸데없는 말이어서 삭제해야 해.

un ramo di pazzia- 정신이상의 경향, 광기

C'è un ramo di pazzia nella famiglia. (직역) 집안에 정신이상의 경향이 있다. (의역) 정신병은 그 집안의 유전이다.

rampante- 걷잡을 수 없는, 만연하는, 자유분방한; 상승하는; 야심 있는

i rampanti- 여피족

Gli anni ottanta sono stati gli anni dei giovani rampanti. 80년대는 여피족의 시대였다.

leone rampante- 뒷발로 일어선 사자

rancore- 한, 원한, 악의

portare rancore a qualcuno- ~에게 원한을 품다

Non gli porto rancore. 나는 그에게 원한을 품고 있지 않다.

Senza rancore! 언짢게 생각 마! 서로 앓기다!

serbare (o covare) rancore contro (o verso) qualcuno- ~에게 원한을 품다

Le direi di stare attenta a suo figlio, ma ho paura che si offenda e mi serbi rancore. 아들을 살피라고 그녀에게 말할 건데, 그녀를 화나게 해서 내게 원한을 품을까 두렵다.

rango- 등급, 열

di rango- 일류의, 최상의

Ha pubblicato il suo primo romanzo a cinquant'anni, ma adesso è considerato uno scrittore di rango. 그는 첫 소설을 50세에 출판했는데 지금은 일류 작가로 존경을 받는다.

rientrare nei ranghi- 정렬하다; ~에 일치하다(= conformarsi); (~의 지위를) 퇴진/사직하다, (요직에서) 물러나다

Hai voluto fare di testa tua e sei rimasto senza lavoro; rientra nei ranghi e vedrai che ti troverai bene! 네 생각대로 하고자 일을 그만 두었는데, 물러나면 기분 좋을 것이다.

serrare i ranghi- (군인들이 방어를 위해) 대열의 간격을 좁히다; (비유) (서로를 보호하기 위해) 똘똘 뭉치다

uscire dai ranghi- 대오가 흐트러지다; (비유) (단체의 구성원들이) 흩어지다, 단합하지 않다, 해산하다

rapa- 순무, 무

spirito di rapa- (질적으로) 좋지 못한 농담

testa di rapa- 돌대가리, 멍청이, 바보

Sei proprio una testa di rapa in matematica. 넌 정말 수학에는 젬병이다.

valere una rapa- 쓸모 없다

voler cavare sangue da una rapa- 찔러서 피도 안 나올 사람에게서 돈을 옭아내다; 억지로 짜내다

rapporto- 보고, 보고서; 관계

andare a rapporto da qualcuno- ~에게 업무 보고를 하다, ~의 지시를 받다

Andò a rapporto dal comandante. 그는 지휘자의 지시를 받았다.

avere rapporti con qualcuno- ~와 관계를 가지다; ~와 성교하다

Ho avuto solo rapporti d'affari con lui. 나는 그와 단지 사업 관계만을 가졌다.

chiamare qualcuno a rapporto- ~에게 보고하라고 말하다, 보고를 시키기 위해 ~을 부르다

essere in buoni rapporti con qualcuno- ~와 친교가 있다, ~와 사이가 좋다

Sono in buoni rapporti con tutti: non litigo mai con nessuno. 나는 모든 사람과 사이가 좋다, 절대로 아무하고도 말다툼하지 않는다.

fare rapporto su qualcosa- ~에 대해 보고하다

Fece un lungo e dettagliato rapporto sulle sue ricerche. 그는 자신의 연구에 관해서 길고도 상세한 보고를 했다.

Ho fatto rapporto su di lui al suo direttore. 나는 그에 대해서 그의 원장에게 보고했다.

fare un rapporto- 보고하다

Devo fare un rapporto al direttore sul mio viaggio d'affari. 나의 출장에 대해서 원장에게 보고해야 한다.

in rapporto a- (1) ~에 관하여, ~에 관계하여

Cosa mi sai dire in rapporto alla questione dei finanziamenti? 재정 문제에 관해서 내게 뭘 말해 줄 수 있니?

(2) ~과 비교해서

In rapporto alla sua età è molto avanti con gli studi. 그는 그의 나이에 비교해서 학업에서 매우 앞선다.

mettersi in rapporto con qualcuno- ~와 접촉/연락하다

rapporto d'amicizia- 친분 관계

Fra quei due signori c'è un rapporto d'amicizia molto forte. 저 두 사람 사이엔 강한 친분 관계가 있다.

rapporti intimi- 성교

rapporto di lavoro- (기계공학) 일량비

rompere i rapporti- 관계를 깨다

sotto questo rapporto- 이 점에 있어서

sotto tutti i rapporti/**sotto ogni rapporto**- 모든 점에서, 모든 관점에서

raschiare- 긁다; 지우다

raschiare il fondo del barile- 바닥까지 긁다, 최후의 수단을 쓰다

raschiarsi la gola- 헛기침하다; (기침을 하면서) 가래를 뱉다

rasoio- 면도기

avere la lingua tagliente come un rasoio- 독설을 퍼붓다

camminare sul filo del rasoio- 칼날 같은 능선을 걷다; 살얼음을 밟다, 어려운 문제를 다루다

Non ti preoccupare; ha sempre camminato sul filo del rasoio con quel suo mestiere. Anche questa volta se la caverà. 걱정하지 마. 그는 늘 업무에서 어려운 문제를 다루었어. 이번에도 역시 잘할 거다.

tagliare come un rasoio- 면도칼처럼 자르다; 무처럼 자르다

rassegna- 면밀한 조사, 검사

passare in rassegna- 검토하다; 검열하다

rassegnarsi- 체념하다

rassegnarsi a fare qualcosa- 체념하고 ~하기로 하다, ~을 감수하다

Mi sono rassegnato a lavorare con lui. 나는 그와 일하는 것을 감수했다.

rassegnarsi al proprio destino- 자신의 운명이라 단념하다, 자기 팔자를 받아들이다

rata- 할부금

a rate- 할부로, 분할로

　　comprare a rate- 할부로 사다

　　pagamento a rate- 할부 대금

　　pagare a rate- 할부로 지불하다

　　vendere a rate- 할부로 판매하다

razza- 인종, 혈족, 품종

　　che razza di- 어떤/무슨 종류의, 도대체 어떻게 ~인가

　　Che razza di roba è questa? 이 쓰레기는 뭐야?

　　Che razza di scherzo è questo? Non lo trovo per niente divertente! 이건 도대체 어떤 부류의 농담이야? 하나도 재미없다!

　　Che razza d'uomo è? 그는 어떤 작자입니까?

　　Di che razza è il tuo cane? 네 강아지는 무슨 종이니?

　　di razza- 일류의, 최상의, 훌륭한[1]

　　È un attore di razza, ma non ha mai avuto l'occasione buona. 그는 일류 배우이지만, 결코 좋은 기회를 얻지 못했다.

　　fare razza a sé- 거만하다, 무뚝뚝하다

　　I Brunialti non si mescolano alla folla, fan razza a sé. Mi dici perché si danno tante arie? 브루니알티들은 대중과 어울리지 않고 거만하게 군다. 왜 그들이 잘난 체하는지 내게 말해 줄래?

razzo- 불꽃, 로켓

　　come un razzo- (주저하지 않고) 쏜살같이

　　È partito come un razzo; ha ricevuto una brutta notizia. 그는 쏜살같이 갔는데, 나쁜 소식을 접했다.

　　essere un razzo- 전광석화 같다, 매우 빠르다

　　Hai già finito? Ma sei un razzo! 벌써 마쳤니? 너 정말 빠르다!

re- 왕

　　da re- 왕에게 어울리는, 왕처럼; 최상의

　　Lui fa una vita da re. 그는 왕처럼 산다.

　　Mi son fatta un pranzo da re; dopo venti giorni di dieta ne avevo proprio bisogno. 나는 진수성찬을 받아서, 한 20일은 굶어도 괜찮을 것 같았다.

reagire- 반응하다

　　Cerca di non reagire! 자제하려 애써봐! 감정을 억제해봐!

realtà- 현실

　　affrontare la realtà- 현실을 직시하다

　　diventare realtà- 이루어지다, 실현되다

　　essere vicino alla realtà- 현실에 가깝다, 핵심에 가깝다, 거의 정확하다

　　essere lontano dalla realtà- 현실과 거리가 멀다

　　È sogno o realtà? 꿈이냐 생시냐?

---

[1] 유사 관용어는 'di rango'이다. 이한사전에는 '순종의'라고 옮겼다.

guardare in faccia la realtà- 현실을 직시하다

in realtà- 실제로, 사실은

Lui sembra ricco, in realtà è pieno di debiti. 그는 부자처럼 보이나 실제론 빚투성이다.

recente- 최근의

di recente- 최근에

Ho comprato un libro pubblicato di recente. 최근에 출판된 책을 샀다.

L'ho visto di recente. 나는 그를 최근에 보았다.

recitare- 낭독하다, 연기하다

recitare- (연극에서) ~역을 하다, 연기하다; ~체하다

Recita sempre la parte dell'intellettuale per attirare l'attenzione. 그는 이목을 끌기 위해 늘 잘난 체한다.

recitare la propria parte- 자기의 역할/본분을 다하다

redine- 고삐, 제어, 통제; 제멋대로 굴게 하다

allentare le redini- 말고삐를 늦추다

cedere le redini a qualcuno- ~에게 권력을 이양하다

lasciare le redini sul collo- ~에게 완전한 자유를 주다

유사 관용어 [**briglia**] 'lasciare le briglie sul collo'를 보시오.

tenere le redini- 고삐를 잡다; 정권을 쥐다

tirare le redini- 말고삐를 당기다, 말을 세우다; 속도를 늦추다, 그만두다

regalo- 선물

avere in regalo- 선물로 얻다

Ho avuto in regalo un quadro di valore. 나는 귀중한 그림을 선물로 얻었다.

fare un regalo a qualcuno- ~에게 선물을 주다

Lui mi ha fatto un grosso regalo. 그는 나에게 엄청난 선물을 주었다.

Per Natale ti farò un bel regalo. 성탄절 때 네게 멋진 선물을 할 것이다.

ricevere in regalo- 선물로 받다

Per il mio compleanno ho ricevuto in regalo un portafoglio. 내 생일 때 지갑을 선물로 받았다.

reggere- 지탱하다, 견뎌내다, 지휘하다

non reggere- 견딜 수 없다

I tuoi argomenti non reggono a una critica serrata. 네 주장은 강한 비판을 견뎌낼 수 없다.

Il tuo argomento non regge. 네 주장은 논리가 서지 않는다.

Non regge allo scherzo. 그는 농담도 받아들일 줄 모른다.

Non mi regge il cuore di farlo. 난 그것을 할 용기가 없다.

Non mi regge il cuore a vederlo così afflitto. 그가 그렇게 괴로워하는 것을 보고 있으니 마음이 아프다.

Quanto reggerà questo governo? 이 정부는 언제까지 지속될까?

reggere l'anima coi denti- (사람) 숨이 넘어가다, 임종을 앞두고 있다; (사물) 폐차 직전이다

reggere bene il colpo- 턱을 얻어맞다; 패배를 맛보다; 고통이나 벌을 참아내다

reggere il moccolo- 원하지 않는 제삼자 역할을 하다; 두 애인 사이에 곁다리로 끼다

reggere il sacco a qualcuno- ~을 방조하다

reggere la coda a qualcuno- ~에게 알랑거리다, 비위를 맞추다

reggersi la pancia (dalle risa)- 포복절도하다, 배를 잡고 웃다

regime- 제도, 통치 방식, 정권; 식이요법, 식습관

funzionare a pieno regime- 전면 가동하다, 전력으로 일하다

mettersi (o essere) a regime- 다이어트를 시작하다

Il dottore le ha elencato tutte le malattie legate al sovrappeso e finalmente si è messa a regime. 의사는 비만과 연관된 모든 질병을 열거했고 마침내 그녀는 다이어트를 시작했다.

registro- 등록(등기)부, 명부

cambiare (o mutare) registro- (특히 오만에서 겸손으로) 태도/어조/논조를 싹 바꾸다; 행실을 고치다, 새사람이 되다(= ravvedersi)

Ha passato due notti in carcere e da allora ha cambiato registro. 감옥에서 이틀 밤을 보내자 그때부터 그는 태도를 싹 바꾸었다.

regola- 법칙, 규칙

a regola- 엄밀히 말하면

(fatto) a regola d'arte- (1) 완벽하게, 더할 나위 없이 좋은; (수공품이) 잘 만들어진

Questo lavoro è stato fatto a regola d'arte. 이 일이 더할 나위 없이 좋게 되었다.

(2) 전문가의 솜씨를 보이는, 능숙한

Quel falegname è caro, ma fa i lavori a regola d'arte. 그 목수는 비싸지만 능숙하게 일을 한다.

di regola- 보통, 대체로, 일반적으로

Di regola arriva nel pomeriggio. 그는 대체로 오후에 도착한다.

essere in regola con qualcosa- ~의 규정을 잘 지키다, 규정대로 하다

Io sono in regola con la mia coscienza. 내 양심은 깨끗하다.

Sono in regola con i pagamenti. 나는 지불 규정을 잘 지킨다.

essere in regola con qualcuno- ~에게 떳떳하다

Ho pagato tutti i debiti; adesso sono in regola con tutti. 나는 빚을 다 갚아서, 이제 모두에게 떳떳하다.

in regola- (1) 적법한, 유효한(= a posto); 최근의, 최신의(= aggiornato)

I documenti sono in regola; possiamo partire. 문서가 유효하므로 우리는 떠날 수 있다.

(2) (사회적, 도덕적으로) 올바로(= bene, come si deve)

Se sei in regola, non devi avere paura. 네가 올바르다면, 두려워할 필요가 없다.

osservare la regola- 규칙을 준수하다

rispettare la regola- 규칙을 지키다

stabilire la regola- 규칙을 정하다

stare alle regole del gioco- 규율을 지키다

regolamento- 규칙, 규정, 조정, 청산

regolamento di conti- 정산서; 청산, 보복; 총격전

È stato ucciso per un regolamento di conti; è un delitto mafioso. 그는 보복으로 살해되었는데, 마피아의 범죄이다.

regolata- 조정, 수정

darsi una regolata- 정신을 차리고 새로 시작하다; 행동/악습을 고치다

Datti una regolata nel bere! 너 술버릇 좀 고쳐!

Dovresti darti una regolata. 너는 행동을 고쳐야 할 거다.

Fumava e beveva troppo, ma ultimamente s'è data una regolata. 그녀는 지나친 흡연과 음주를 했었는데, 최근에 악습을 고쳤다.

relazione- 관계, 관련; 보고

essere in buone relazioni con qualcuno- ~와 좋은 관계이다, 사이가 좋다

avere (o essere in) relazioni d'affari con qualcuno- ~와 사업 관계가 있다

fare una relazione dettagliata su qualcosa- ~에 대해 자세한 보고를 하다

in relazione a- ~에 관하여, ~와 관계해서, ~와 비교해서

in relazione a quanto ho detto ieri- 어제 내가 말한 내용과 관계해서

religione- 종교, 신앙

abbracciare/abiurare una religione- 종교에 귀의하다/신앙을 버리다, 종교를 바꾸다

avere la religione del denaro- 돈을 숭배하다

Non c'è più religione! 종교는 더 이상 존재하지 않는다! 어떤 세상이 올지 모른다!

Qual è la tua religione? 너의 종교가 뭐니?

religione di Stato- 국교

relitto- 잔존물, 난파선의 잔해, 몰락한 사람

un relitto della società- 소외된 계층; 빈털터리, 노숙자

Si è rovinato con la droga: adesso non è nient'altro che un relitto della società. 그는 약물로 신세를 망쳐서, 지금은 보잘것없는 빈털터리이다.

remare- 배를 젓다

remare- 노를 젓다; (어쩔 줄 몰라서) 허둥대다, 당황하다

Ha cercato di rispondere alla domanda del professore, ma remava come un pazzo. 그는 교수의 질문에 답을 하려고 노력했지만, 어쩔 줄 몰라 당황했다.

remo- 노

tirare i remi in barca- 활동을 중단하다(= cessare le attività); 포기하다(= rinunciare); 기가 죽다, 수그러지다(= desistere)

Ho settant'anni e ho lavorato tutta la vita; è ora che tiri i remi in barca e vada in pensione. 나는 칠십 평생 일을 했는데, 이제 활동을 중단하고 은퇴한다.

rendere- 돌려주다, ~하게 하다

A buon rendere! 다음은 내 차례야!

rendere bene- 잘 표현하다

Questo romanzo rende molto vividamente i problemi del nostro tempo. 이 소설은 우리 시대의 문제를 아주 생생하게 잘 표현한다.

rendere conto di qualcosa- ~에 대해 설명하다, 해명하다; ~에 대해 책임지다

Devo rendere conto di tutto ciò che spendo. 내가 지출하는 모든 것에 대해서 해명해야 한다.

rendere grazie- 감사하다

Rendiamo grazie a Dio. 우리는 하느님께 감사드립니다.

rendere merito- 보상하다

Dio te ne renda merito. 신이 그것에 대해 네게 자비를 베푸시길!

rendere l'idea- (상대방에게) 자기의 말을 이해시키다

Hai reso perfettamente l'idea? 네 말을 완벽하게 전달했니?

Rendo l'idea? 내 말이 무슨 뜻인지 알겠어?

rendere pan per focaccia (o la pariglia)- 그대로 갚다, 보복을 하다, ~을 응수하다

rendersi conto di- (1) 깨닫다(= capire)

Mi resi conto del mio errore. 나는 나의 실수를 깨달았다.

(2) ~을 자각하고 있다, 알고 있다

Non si rendeva conto che stava sbagliando. 그는 실수하고 있다는 사실을 알지 못하고 있었다.

(3) 설명하다(= capacitarsi di)

Non so rendermi conto di come sia successo. 그것이 어떻게 일어났는지 설명할 방법이 없다.

rendita- 수익, (정기적인) 수입

vivere di rendita- (1) 비근로 소득으로 살다; 불로 소득/봉급 외 수입으로 살다

È ricchissimo; vive di rendita e non fa un cavolo dal mattino alla sera. 그는 아주 부자여서 불로 소득으로 생활하는데 하루 종일 아무 일도 하지 않는다.

(2) (일을 열심히 하지 않고) 설렁설렁 하다

Ha studiato molto l'anno scorso; ora vive di rendita e non apre più un libro. 그는 작년에 열심히 공부했는데, 지금은 설렁설렁 하면서 책을 펴지도 않는다.

rene- (1) 신장

donatore di rene- 신장 기증자

trapianto di rene- 신장 이식

(2) [복수 reni] 등허리

avere (o sentirsi) le reni rotte- 몹시 피곤하다

Ho le reni rotte dalla stanchezza. 나는 피곤해 죽겠다.

avere mal di reni- 허리가 아프다

spezzare le reni a qualcuno- ~을 짓밟다; ~을 완패시키다

renitente- 반항하는, 마지못해하는

essere renitente alla leva- 병역/징병을 기피하다

È stato arrestato perché è renitente alla leva. 그는 병역을 기피해서 체포되었다.

soldato renitente alla leva- 병역 기피자

reo- 1. (명사) 범죄자, (법률) 피의자; 죄인; 2. (형용사) 떳떳지 못한

essere reo confesso- 유죄를 인정하다; 자백한 피의자이다

Non può dichiararsi innocente; è reo confesso. È stato lui stesso ad andare alla polizia. 그는 결백을 입

증할 수 없어서 범죄를 자백했고, 스스로 경찰서에 갔다.

repentaglio- 위험

mettere a repentaglio- 위험에 빠뜨리다, 위태롭게 하다/만들다

Con i suoi investimenti spregiudicati ha messo a repentaglio la carriera. 그는 부도덕한 투자로 자신의 성공을 위태롭게 만들었다.

replica- 회신, 회답, 반론

avere molte repliche- 장기 흥행을 하다

in replica alla Vs. del 24 novembre- 귀사의 11월 24일 서신에 대한 회신으로서

requie- 휴식, 안식

non dare requie- 숨 돌릴 틈조차 주지 않다; ~을 안심시키지 않다

Questo bambino non mi dà mai requie. 이 아이는 내게 숨 돌릴 틈을 주지 않는다.

senza requie- 쉴새 없이, 끊임없이, 그칠 새 없이

È stato un continuo andirivieni di gente, senza requie per tutta la mattina. Volevano congratularsi tutti con te. 아침 내내 쉴 새 없이 사람들의 왕래가 계속되었다. 그들 모두 네게 축하하려고 했다.

trovare requie- 숨 돌릴 틈을 발견하다

Trovai un po' di requie in casa. 집에서 잠시 숨 돌릴 틈을 찾았다.

residenza- 거주

avere la residenza a- ~에 거주권을 보유하다, 거주하다

Ho la residenza a Milano. 나는 밀라노에 거주한다.

cambiare residenza- 거주지를 옮기다

certificato di residenza- 거주 증명서, 주민 등록증

residenza abituale- 영주권

residuato- 남은, 잔여/잔류의; 과잉

un residuato bellico- 잉여 군수품, 남거나 낡아서 싸게 처분된 군용 물자

Come fai ad andare in giro con quella macchina? Sembra un residuato bellico. 그 차로 어떻게 여행을 갈 수 있겠니? 낡아서 싸게 판 군수품 같다.

resistere- 저항하다, 견디다

resistere a- ~에 저항하다, 견디다, 버티다

È difficile resistere al suo fascino. 그의 매력에 저항하기 힘들다.

Non so resistere al desiderio di una tazza di caffè. 커피 한잔에 대한 욕망을 견딜 수가 없다.

respiro- 숨, 호흡

dare l'ultimo respiro- 마지막 숨을 거두다, 죽다, 숨이 끊어지다

dare un po' di respiro a qualcuno- ~에게 잠시 숨 돌릴 틈을 주다

Dammi un po' di respiro, poi vengo. 내게 잠시 숨 돌릴 틈을 줘, 그 다음에 갈게.

di ampio respiro- 광범위한, 폭넓은

È un'opera di ampio respiro che cambierà il dibattito storiografico. 사료편찬의 논쟁을 바꿀 광범위한 작업이다.

esalare l'ultimo respiro- 숨을 거두다, 죽다

fino all'ultimo respiro- 마지막까지, 죽을 때까지

non avere un minuto di respiro- 잠시 쉴 틈도 없다

Non ho avuto un minuto di respiro. 나는 잠시도 쉴 틈이 없었다.

togliere il respiro- 숨이 멎을 정도이다; ~을 깜짝 놀라게 하다; 압도하다

trattenere il respiro- (진찰, X선 사진을 위해) 숨을 참다/멈추다; 숨을 죽이다

Tratteneva il respiro per la paura. 그는 무서워서 숨을 죽이고 있었다.

un attimo di respiro- 숨쉴 틈, 눈코 뜰 새

Abbiamo lavorato senza un attimo di respiro, e siamo riusciti a finire appena in tempo. 우리는 눈코 뜰 새 없이 일해서, 겨우 시간에 맞춰 끝낼 수 있었다.

Dammi un attimo di respiro! 숨 좀 돌리고요!

un respiro di sollievo- 안도의 한숨

responsabile- 책임이 있는

essere responsabile di- ~에 책임이 있다

Lui non è responsabile delle sue azioni. 그는 자신의 행위에 책임이 없다.

Tu sei responsabile di ciò che è accaduto. 너는 일어난 모든 일에 대한 책임이 있다.

sentirsi responsabile- 책임감을 느끼다

responsabilità- 책임

avere la responsabilità di- ~의 책임이 있다, ~을 맡고 있다

Ho la responsabilità di un ufficio. 나는 한 사무실의 책임을 맡고 있다.

avere senso di responsabilità- 책임감을 가지다

declinare ogni responsabilità- 일절 책임을 지지 않다

sotto la mia responsabilità- 내 책임으로, 내 자의로

resto- 나머지, 거스름 돈, 잔해

del resto- (1) 뿐만 아니라, 더구나, 게다가(= inoltre)

È troppo tardi, e del resto sono stanco. 너무 늦었고, 더구나 난 피곤해.

Lui contava su di me e l'ho aiutato. Del resto, è il mio migliore amico. 그가 내게 의지하고 있어서 그를 도왔다. 뿐만 아니라 그는 나의 가장 절친한 친구이기도 하다.

(2) 그 문제라면, 그 점에 대해서는(= a dire il vero)

Gliel'ho detto che non potevo aiutarlo; del resto lui lo sapeva che non sono un esperto nel campo. 도울 수 없다고 그에게 말했고, 그 점에 대해서는 내가 그 분야의 전문가가 아니라는 것을 그도 알고 있었다.

(3) 그러나, 하지만(= d'altronde)

Ci disse cose che, del resto, si sapevano già. 그가 우리에게 말했던 일들을 (그러나) 우리는 미리 알고 있었다.

per il resto- 그 외에는, ~와는 다르게

È un po' pigro e non gli piace studiare, ma per il resto è un bravo ragazzo. 그는 다소 게으르고 공부하기를 싫어하지만, 그 외에는 좋은 아이이다.

(4) 거스름돈

Ecco il resto!- 거스름돈 여기 있습니다!

prendere il resto- 거스름돈을 가지다

Signore, ha dimenticato di prendere il resto! 아저씨, 거스름돈 가져가는 것을 잊으셨어요.

Tenga il resto. 거스름돈은 가지세요.

rete- 그물, 네트, 올가미, 계략

cadere (o incappare) nella rete- 덫/그물에 걸리다

essere preso nelle proprie reti- 자신이 만든 함정에 빠지다, 자기 꾀에 자기가 넘어가다, 자승자박 하다

Ha teso tranelli a tutti, ma è stato preso nelle sue proprie reti. 그는 모든 사람을 속였지만, 제 꾀에 제 가 넘어갔다.

gettare le reti- ~에 그물을 던지다; (비유) 원하는 것을 얻기 위해 이리저리 손을 쓰다

passare tra le maglie della rete- 그물을 빠져나가다; 연락이 닿지 않다

prendere qualcuno alla rete- ~을 덫에 걸려 들게 하다

rete di sicurezza- 안전망

segnare una rete- (축구 등의 경기에서) 한 골을 넣다

reticenza- 과묵, 말수가 적음, 입을 조심함

parlare senza reticenze- 솔직히/기탄없이/거리낌없이 얘기하다

retro- 뒤에

Vedi retro. 뒷면을 보시오(다음 페이지에 계속).

retroguardia- (군사) 후위, 후방, 배후

alla retroguardia- 뒤에서, 배후에서

Preferiva stare alla retroguardia e fare un lavoro di tipo organizzativo. 그는 배후에서 관리하는 일을 선호한다.

formare la retroguardia- 후위를 맡다, 맨 뒤를 맡다

retta- (성구에서만)

Dammi retta- 내 말을 듣고; 날 믿고(= credimi)

Dammi retta, prenota subito. 내 말을 듣고, 즉시 예약해.

dare retta a- (1) ~에 주목/주의하다

Mi vuoi dare retta un attimo? 잠시 내 말에 주목해 줄래?

(2) ~의 말에 귀 기울이다(= ascoltare)

Da' retta a tuo padre; ti consiglia bene. 아버지의 말씀에 귀 기울여라. 네게 좋은 충고를 해 주실 것 이다.

ribalta- (마차 등의) 접히는 포장, 접개식 탁자; (바닥, 천장에 나 있는) 작은 문; 무대의 앞면; 중심, 가장 중요한 위치

a ribalta- 접을 수 있는

letto a ribalta- 접이 침대

tornare alla ribalta- (1) (문제에 대해) 제기하다

Questo problema torna sempre alla ribalta; bisogna risolverlo. 이 문제가 늘 제기되서, 그것을 해결해

야만 한다.

(2) 복귀하다, 재기하다

È tornata alla ribalta dopo tanti anni ed ha ottenuto un grandissimo successo. 그녀는 여러해 만에 복귀하는데 대성공을 거두었다.

venire alla ribalta- 대두되다; 주목을 받다, 중요한 역할을 하다

È venuto da poco alla ribalta, ma è già famoso come cantautore. 그는 막 주목을 받기 시작했는데, 벌써 가수 겸 작곡가로 유명하다.

ribasso- (가격 등의) 하락[2]

essere in ribasso- 사양길로 접어들다; 하강선을 그리다; 몰락하고 있다

I prezzi sono in ribasso. 가격이 떨어지고 있다.

L'ho vista dopo tanto tempo; è piuttosto in ribasso. 나는 그녀를 모처럼 보았는데 그녀는 약간 내리막길로 접어들고 있다.

la tendenza al ribasso- 하강세, 내림세; (주식) 약세

mercato al ribasso- 약 시세, 하락 장세

mercato in ribasso- 저가 시장, 싸구려; 값하락 기세

sentirsi in ribasso- 기운 없음을 느끼다, 나른하게 느끼다

un ribasso dei prezzi- 가격/물가의 하락

ricamare- 수놓다; (이야기 등을) 윤색하다, 과장하다

ricamare a macchina- 기계 자수를 놓다

ricamare a mano- 손 자수를 놓다

ricamare molto- (이야기를) 윤색하다, 꾸미다

La sua idea era una cretinata, ma ci ha ricamato sopra talmente tanto che tutti lo ascoltavano approvando. 그의 생각은 시시했지만, 얼마나 윤색을 잘 했는지 모든 사람이 만족스럽게 듣고 있었다.

riccio- 곱슬 털

farsi i ricci- 머리카락을 곱슬곱슬하게 하다

ricco- 부유한, 풍부한

diventare ricco- 부자가 되다; 돈을 물려받다

È diventato ricco col commercio di diamanti. 그는 다이아몬드 장사로 부자가 되었다.

essere ricco di famiglia- 부잣집에서 태어나다

ricco di- ~가 풍부한

Firenze è ricca di opere d'arte. 피렌체는 예술품이 풍부하다.

La frutta è ricca di vitamine. 과일은 비타민이 풍부하다.

ricco sfondato- 돈이 넘쳐 나는, 아주 부자인, 엄청나게 돈이 많은

Lui può permettersi di non lavorare; suo padre è ricco sfondato. 아버지가 굉장한 부자라서, 그는 일하지 않아도 되는 형편이다.

ricerca- 조사, 연구, 수색

alla ricerca di- ~을 찾아서

---

[2] la tendenza al ribasso, mercato al ribasso, un ribasso dei prezzi 등의 표현은 금융 및 주식관련 뉴스에서 자주 사용하는 용어이다.

andare alla ricerca di- ~을 찾아 나서다; 추구하다

Va sempre alla ricerca dell'interesse personale. 그는 항상 개인적인 이익을 추구한다.

andare alla ricerca di un impiego- 일자리를 찾아 나서다

fare una ricerca su qualcosa- ~에 관해 조사/연구하다

Sto facendo una ricerca sulle origini della lingua italiana. 나는 이탈리아 어원에 대해 연구하는 중이다.

partire alla ricerca di un tesoro- 보물을 찾아 떠나다

ricercare- 다시 찾다

cercare e ricercare qualcosa- 온통 ~을 찾다; 도처에서 ~을 찾다

Cerca e ricerca l'ho trovato. 나는 온 데를 뒤져 그것을 찾았다.

ricetta- 처방; 요리법

dare una ricetta per qualcosa- ~에 대한 요리법을 주다

Mi ha dato una buona ricetta per la torta di mele. 그는 내게 맛있는 사과 파이 요리법을 주었다.

dietro presentazione di ricetta medica- 처방(전)에 따라; 지시대로

fare una ricetta- 처방전을 작성하다

ricevimento- 수령, 받는 것

accusare ricevimento di qualcosa- 배수하다, 수령하였음을 사인하다, 수취사실을 알리다

al ricevimento della merce- 물건을 받는 즉시, 물건을 받는 대로

sala di recevimento- 객실, 응접실

richiedere- 요구하다, 요청하다

chiedere e richiedere- 묻고 또 묻다, 되풀이해서 묻다

richiedere di fare qualcosa- ~하는 것을 요청/요구하다

Questo problema richiede di essere esaminato attentamente. 이 문제는 주의해서 조사할 것을 요한다.

richiesta- 청구, 요청

a (o su, dietro) richiesta- 요청에 의해서, 요구에 따라, 요청만 있으면

Qualsiasi ditta, su richesta, spedisce catalogo e listino prezzi. 어떤 회사든 요청만 있으면 카탈로그와 가격표를 발송한다.

a (o dietro) richiesta scritta- 원서에 따라

come da richiesta- 요청한 대로

dietro (o a, su) Vostra richiesta- 귀사의 요청에 따라

ricordare- 1. (타동사) 기억하다

ricordare di fare qualcosa- ~하는 것을 기억하다

Ricordo di averlo già incontrato. 나는 그를 이미 만났던 것으로 기억한다.

Se ben ricordo- 내 기억이 틀림없다면, 내 기억이 맞는다면

Se non ricordo male- 내 기억이 틀리지 않다면, 내가 잘 못 기억하지 않다면

2. (재귀동사)

ricordarsi di- ~에 대해 기억하다, 기억해 내다

Devi ricordarti di comprare il pane. 너 **빵** 사는 것을 기억해야 해!

Il bambino non si ricorda di suo padre. 아이가 아버지에 대해서 기억을 못한다.

Ricordati di me! 너 나를 기억해!

ricordo- 기억

a ricordo di- ~을 기념/추모하여, ~의 기념으로

foto ricordo- 기념 사진

monumento a ricordo dei caduti in guerra- 전쟁기념관

per ricordo- 기념품으로, 기념으로

Tieni questa foto per mio ricordo. 이 사진을 나에 대한 기억으로 갖고 있어.

ricorrere- 급히 달려오다, 의지하다, 소송하다, 믿다

ricorrere alla forza (o all'uso della forza)- 폭력에 호소하다, 완력을 구사하다/사용하다

ricorrere a un prestito- 빌리다, 융자를 받다, 대출 신청을 하다

ricorrere col pensiero al passato- 과거를 회상하다

ricorrere contro una sentenza- 판결에 불복하여 상소하다

ridere- 1. (동사) 웃다

Bada che io non rido! 농담 아니에요!

da ridere- (1) 우스운, 웃기는, 재미있는(= comico)

Non c'è niente da ridere. 웃을 일이 아니다.

Non ne potevamo più dal ridere! 우리는 포복절도했었다!

(2) 터무니없는(= grottesco)

Lo stipendio è da ridere. 봉급이 터무니없다.

cosa da ridere- (1) 농담, 우스개(= cosa comica); 아주 쉬운 일(=cosa facile); 웃음거리(= cosa farsesca)

È una cosa da ridere. 웃음거리이다. 별것 아니다.

(2) 웃을 일, 하찮은 것(= cosa di poca importanza)

Questa non è cosa da ridere. 이것은 웃을 일이 아니다.

fare ridere qualcuno- ~을 웃기다

Ma non farmi ridere! 웃기지 마! 내게 말도 안 되는 소리 하지 마!

Mi fa sempre ridere. 그는 항상 나를 웃긴다.

farsi ridere dietro- 바보짓을 하다, 웃음거리가 되다, 놀림감이 되다

Se continuerai a parlare di argomenti che conosci poco, finirai col farti ridere dietro da tutti. 잘 모르면서 (이) 문제에 대해서 계속 이야기하면, 넌 모든 사람들의 웃음거리가 될 것이다.

per ridere- 장난으로, 재미삼아, 웃자고

L'ho fatto solo per ridere. 난 그저 재미삼아 그것을 했다.

Ride bene chi ride ultimo. (속담) 마지막에 웃는 자가 가장 오래 웃는 자다(지금 현재의 성공에 너무 자만하지 말라는 뜻).

ridere a crepapelle (o piegarsi in due dal ridere)- 배를 부둥켜안고 웃다, 포복절도하다

ridere alle spalle di qualcuno- ~의 등뒤에서 웃다

È così buffo che, quando passa, tutti gli ridono alle spalle. 그는 너무 우스꽝스러워 그가 지나 갈 때 사람들이 그의 등뒤에서 웃는다.

ridere come un matto- 미친 사람처럼 웃다; (비유) 자지러지게 웃다

ridere di cuore (o di gusto)- 진심으로 웃다, 배꼽을 잡고 웃다

ridere di qualcuno- ~을 보고 웃다

Pietro si è arrabbiato con noi perché ha creduto che ridessimo di lui. 피에트로는 우리가 그를 보고 웃었다고 생각하고서 우리한테 화를 냈다.

ridere fino alle lacrime- 눈물이 날 정도로 웃다

ridere forzatamente- 억지로 웃다

ridere nervosamente- 피식 웃다; 킥킥/낄낄거리다

ridere rumorosamente- 소리 내어 웃다, 큰소리로 웃다

Ridendo e scherzando si è fatta l'una. 웃고 장난치다 보니 한 시가 되었다.

scoppiare a ridere- 폭소하다, 웃음이 터지다

Quando ho visto Marco da donna, sono scoppiato a ridere. 나는 여장한 마르코를 보고 웃음이 터졌다.

tutto da ridere- 웃음을 나게 하는, 웃고 싶어지는

È tutto da ridere! 박장대소하다!

venire da ridere a qualcuno- ~을 웃게 하다

Mi viene da ridere a sentire certi discorsi. 나는 어떤 얘기들을 들으면 웃음이 나온다.

2. (명사) 웃음, 웃기; 웃음소리

Che ridere! 웃기네! 재미있군!

far morire dal ridere- 굉장히/죽도록 재미있다; 배꼽을 잡게 만들다

fare un gran ridere- 대소하다, 많이 웃다

morire dal ridere- 포복절도하다

C'era da morire dal ridere. 정말 웃겨 죽을 지경이었다.

ridicolo- 어리석음, 조소

cadere nel ridicolo- 웃음거리가 되다

gettare il ridicolo su qualcuno- ~을 웃음거리로 만들다; ~을 조롱하다; ~에게 조롱을 퍼붓다

mettere in ridicolo qualcuno- ~을 조롱거리로 삼다, ~을 놀리다/비웃다

ridurre- 바꾸다, 전환시키다

ridurre in (o a) pezzi- (1) 산산조각으로 부수다, 갈기갈기 찢다

Ha ridotto in pezzi il suo vestito nuovo. 그는 새 옷을 갈기갈기 찢었다.

(2) 망가뜨리다; 부딪치다

Nell'incidente ha ridotto in pezzi l'auto. 교통사고로 자동차를 망가뜨렸다.

ridurre in polvere- 가루로 만들다; 완전히 쳐부수다

riempire- 채우다

riempire la pancia- 배를 채우다

riempire i vuoti- 빈 병을 채우다; 부족한 것을 채우다

riempire qualcosa di- ~에 ~로 가득 채우다

Il suo arrivo mi riempì di gioia. 그의 도착은 나를 기쁨으로 가득 차게 했다.

riempire un modulo- 서식을 작성하다, 용지에 기입하다

riempirsi le tasche- (남을 희생시키고) 돈을 벌다; 사복을 채우다

riempirsi le tasche di caramelle- 주머니에 사탕으로 채우다

Mi ha riempito le tasche di caramelle. 그는 나의 주머니에 카라멜을 가득 채워주었다.

riferire- 보고하다, 언급하다, 전하다

riferire di- ~하는 것을 보고하다, 전하다

Ha riferito di aver saputo quelle notizie al bar. 그는 그 소식을 바에서 알았다고 전했다.

riffa- 횡포, 폭력

di riffa o di raffa- 수단과 방법을 안 가리고, 무슨 수를 써서라도, 어떻게 해서든지

Vuol arrivare sempre primo, di riffa o di raffa. 그는 수단을 방법을 안 가리고, 늘 으뜸이 되고자 한다.

rifiutare- 거절하다, 거부하다

rifiutare di fare qualcosa- ~하는 것을 거절/거부하다

Lui rifiuta di rispondere. 그는 대답하는 것을 거부한다.

rifiuto- 거절, 쓰레기

un rifiuto della società- 사회의 쓰레기

Dopo una carriera di fallimenti, ormai non è altro che un rifiuto della società. 사회생활의 실패 뒤로, 이제 그는 그저 사회의 쓰레기일 뿐이다.

riflesso- 반사, 반영, 영향

avere i riflessi pronti/lenti- 반사 작용이 빠르다/느리다

di riflesso- ~의 결과로서, ~때문에; 결과적으로

Il problema riguardava lei, ma anche suo marito di riflesso. 그녀와 관련된 문제는 결과적으로 남편의 문제이기도 하다.

per riflesso- 간접적으로, 부차적으로

riflesso condizionato- 조건반사

sapere qualcosa per riflesso- ~을 간접적으로 알다

riga- 선, 행

a righe- (종이가) 줄이 쳐진, 괘선을 넣은; 줄무늬가 있는

Per favore, vorrei un quaderno a righe. 줄이 쳐진 공책 하나 주세요.

farsi la riga a sinistra/in mezzo- 가르마를 왼쪽으로/가운데로 타다

leggere tra (o fra) le righe- 행간/속뜻을 읽다, 말속의 숨은 뜻을 읽다

Nella lettera scrive di trovarsi bene, ma fra le righe si legge che soffre di nostalgia. 편지에서 그는 잘 지낸다고 쓰지만, 향수로 힘들어 한다는 말속의 숨은 뜻이 읽힌다.

mandare (o scrivere) due righe a qualcuno- 몇 줄 써 보내다; ~에게 편지를 보내다

Mandami due righe appena puoi; non mi piace stare senza notizie. 기별 없이 있는 것이 싫으니까, 가능한대로 내게 편지를 보내.

mettersi in riga- 한 줄로 서다; (군인) 정렬하다; (비유) (윗사람 등이) 시키는 대로 하다

I soldati si misero in riga. 군인들이 정렬하였다.

riga per riga- 한 줄 한 줄

Ho letto attentamente la tua composizione riga per riga. 나는 너의 작문을 한 줄 한 줄 주의해서 읽

었다.

rimettersi in riga- 협력/동조하다

Da quando hanno minacciato di licenziarlo si è rimesso in riga. 그들이 그를 해고한다고 협박한 뒤로 동조했다.

rompere le righe- 대오가 흐트러지다; 흩어지다

Rompete le righe! (군대) 해산!

sopra le righe- 과장된, 단호한

Dice cose interessanti, ma sempre con un tono un po' sopra le righe. 그는 흥미로운 일들을 이야기하지만, 늘 다소 과장된 억양이다.

stare in riga- 방침에 따르다, 시키는 대로 하다

rigore- 엄격, 근엄, 엄밀

a rigore di legge- 법률에 따라

a rigore di logica- 논리적으로 말하면

a rigor di termini- 엄밀히 말하면, 엄밀한 의미에서

A rigor di termini, la risposta che Lei ha dato non è completa. 엄밀히 말하면, 당신이 주신 답변은 만족스럽지(완벽하지) 않습니다.

calcio di rigore- (축구에서) 페널티 킥

essere di rigore- (사회 관습상) 요구되다; 필요하다, 필수이다

È di rigore l'abito da sera. 야회복(예복)이 필요하다.

riguardare- 관련하다, 관계하다

per quanto riguarda- ~에 관해서; ~과 관련하여, ~에 대하여

per quanto riguarda questa faccenda- 이 사건에 관해서

per quel che mi riguarda- 나로서는, 내 개인적으로, 내 경우엔

Questo non ti riguarda. 이것은 너와 관계없는 것이다.

Sono problemi che non ti riguardano. 너와 관계없는 문제들이다.

riguardo- 주의, 조심; 존경, 존중

a questo riguardo- 이와 관련하여; 이런 연유로; 이 점에 있어서

L'oratore ha parlato della crisi economica, ma non ha saputo dare consigli precisi a questo riguardo. 강사는 경제 위기에 관해서 이야기했지만, 이와 관련한 명확한 충고를 줄 수 없었다.

al riguardo- 이 문제에 있어서(관해서)

Voglio precise informazioni al riguardo. 이 문제에 관해서 정확한 정보를 원한다.

aver riguardo di- ~을 돌보다, ~에 주의하다, 신경을 쓰다

Abbi riguardo della tua salute; sei ancora troppo debole. 아직도 많이 쇠약하니까, 건강을 돌봐.

Abbi riguardo di non fare troppo rumore. 너무 시끄럽게 하지 않도록 주의해.

Non ha avuto alcun riguardo per i miei sentimenti. 그는 내 감정에 대해선 전혀 신경을 안 썼다.

mancare di riguardo verso qualcuno- ~에게 무례하게 굴다/행동하다

Lo scusi, è molto giovane; non intendeva mancarle di riguardo. 무례하게 굴 의도는 아니었으니, 그를 용서해 주십시오. 그는 (아직) 매우 어립니다.

Mi mancò di riguardo. 그는 내게 무례하게 굴었다.

nei riguardi di- ~에 관해서는(= riguardo a); ~에 대하여(= verso)

per riguardo a- ~에 경의를 표해서, 존경심에서; ~을 배려해서, ~을 봐서

Lo farò per riguardo a suo padre. 나는 그의 아버지를 봐서 그것을 할 것이다.

Per riguardo alla sua età non glielo abbiamo detto. 그의 나이를 생각해서 우리는 그에게 그것을 말하지 않았다.

parlare senza riguardo- 서슴없이/솔직하게 말하다

pieno di riguardo- 공손한; 경의를 표하는

Personalmente non mi è molto simpatico, ma è una persona piena di riguardo. 개인적으로 매우 호감이 가는 사람은 아니지만, 그는 공손한 사람이다.

riguardo a- ~에 관해서

Riguardo a questo problema non ho ancora le idee chiare. 이 문제 대해서 난 아직 명확한 생각이 없다.

riguardo a me- 나로서는, 내 개인적으론, 나라면, 내 경우라면

Riguardo alla vostra ultima lettera- 귀사의 마지막 편지에 관하여

senza riguardo- 무례한, 실례되는(= non rispettoso); 무심한, 배려심 없는; 사려 깊지 못한

sotto ogni riguardo- 모든 점에서

sotto questo riguardo- 이 점에 있어서

trattare qualcuno con tutti i riguardi- ~에게 사랑을 듬뿍 주다

usar riguardo a- ~에게 존경을 표하다

È buona educazione usar riguardo alle persone anziane. 노인들에게 존경을 표하는 것은 예의이다.

rilievo- 돌출부, 두드러짐

dare rilievo a- ~에 중점을 두다; 강조/역설하다

L'autore ha dato particolare rilievo a questo problema. 저자가 이 문제에 특별히 중점을 두었다.

di rilievo- 중요한; 두드러진

Le sue ricerche non hanno prodotto dei risultati di rilievo. 그의 연구는 두드러진 성과를 맺지 못했다.

fare rilievi- 조사를 실시하다

mettere in rilievo- 드러내 보이다; 지적/언급하다, 가리키다, 강조하다

La sconfitta di ieri ha messo in rilievo i difetti della squadra. 어제의 패배는 팀의 약점을 드러내 보였다.

muovere dei rilievi a qualcuno- ~을 비평/비난하다

Le sue maniere sono pessime, ma ha avuto ragione a muoverti dei rilievi. 그의 방법은 매우 나빴지만, 너를 비난한 것은 옳았다.

rima- (시의) 운, 운문

dire (o cantare) qualcosa in rima- ~을 솔직하게 말하다

rispondere a qualcuno per le rime- ~에게 앙칼스럽게 대꾸/말대답하다

Ha provato a darmi contro, ma gli ho risposto per le rime. 그가 나한테 반항하였기에, 나는 그에게 앙칼스럽게 대꾸했다.

rimandare- 연기하다

Non rimandare a domani ciò che potresti fare oggi. 오늘 할 수 있는 일을 내일로 미루지 마라.

rimandare la partenza- 출발을 연기하다

Abbiamo rimandato la partenza per il maltempo. 우리는 날씨가 안 좋아서 출발을 연기했다.

rimanere- 머물다

rimanere- 그만두다, 그치다

Dove ero rimasto? 내가 어디까지 말했지?

Dove siamo rimasti? (지난 시간에) 어디까지 했죠?

Rimanga fra noi. 이것은 우리 둘 만의 일이다.

rimanere a fare qualcosa- ~하면서 기다리다, 기다려서 ~하다

Rimango qui a chiacchierare un po' con loro. 나는 여기 남아서 그들과 수다를 조금 더 떨겠다.

Sono rimasto qui ad aspettarti. 나는 너를 기다리려고 여기 남았다.

rimanere a bocca asciutta- 굶주리다, 배고프다; (비유) 빈손으로 남다, 무일푼이다, 빈털터리다

rimanere (o rimanerci) male- 기분이 상하다, 실망하다(= essere deluso); 화나다, 다치다(= essere ferito); 불쾌해하다(= offendersi)

rimanere orfano- 고아로 남다

rimanere solo- 혼자 남다

È rimasto solo al mondo. 그는 세상에 혼자 남게 되었다. 그는 혈혈단신이 되었다.

rimanere sullo stomaco- 소화불량이다; (비유) 입밖으로 나오지 않다; 마음을 괴롭히다

rimanere ucciso- 살해되다

rimanere vedovo- 홀아비로 남다

rimanerci- 놀라다(= essere sorpreso); 죽다(= morire)

Ha avuto un incidente e ci è rimasto. 그는 사고로 죽었다

rimanerci male- ~에 대해서 기분이 상하다, ~에 상처받다

Ci sono rimasto male per quello che hai detto ieri. 어제 네가 한 말 때문에 내가 성처 받았어.

rimedio- 치료(약), 해결법

A mali estremi, estremi rimedi. (속담) 극단의 순간에는 극단의 조치가 필요하다.

A tutto c'è rimedio, fuorché alla morte. 죽음을 제외하고, 모든 것에는 해결책이 있다.

Il rimedio è peggiore del male. 서투른 치료는 병보다 더 나쁘다.

Non c'è rimedio!- 대책이 없다! 약이 없다!

Non c'è rimedio per questa malattia. 이 병에는 치료약이 없다.

Sei un idiota e ti credi furbo; non c'è rimedio. Farai sempre la figura del fesso. 너는 바보인데 영리하다고 생각하니, 약이 없다. 너는 늘 바보처럼 행동할 거다.

non esserci rimedio- 치료약이 없다, 어쩔 수 없다

rimedio universale (o per tutti i mali)- 만병통치약

rimescolare- 잘 휘젓다, 다시 섞다

(far) rimescolare il sangue- 피를 끓게 하다

Certe ingiustizie rimescolano il sangue. 몇몇 부당한 일들은 피를 끓게 만든다.

Quella vista mi ha fatto rimescolare il sangue. 그 모습이 내 피를 끓게 했다.

sentirsi rimescolare il sangue- (분노로) 피가 끓는 것을 느끼다; (무서워서) 피가 얼어붙는 것을 느

끼다, 핏기가 가시다

rimorchio- 예항, 견인선작업

  andare (o essere) a rimorchio- 견인되다

  avere a rimorchio- (파손된 배 따위를) 밧줄로 끌다; (비유) 데리고 다니다

  cavo da (o di) rimorchio- 예인줄, 견인용 밧줄

  prendere a rimorchio- 끌다, 견인/예인하다

  spese di rimorchio- 견인료

rincrescere- 유감으로 생각하다

  rincrescere di qualcosa- ~에 대해서 유감으로 생각하다

  Mi rincresce di non poterlo fare. 그것을 할 수가 없어서 유감이다.

  Mi rincresce molto del suo insuccesso. 그의 실패에 대해 유감스럽게 생각한다.

rinfusa- (포장하지 않은) 짐

  alla rinfusa- 무턱대고, 아무렇게나, 되는대로; 뒤죽박죽, 엉망으로; (상업) 도매로, 대량으로

  Ha gettato le sue cose alla rinfusa sul pavimento e non trovava più le chiavi. 그녀는 바닥에 물건을 아무렇게나 던져서 더 이상 열쇠를 찾을 수 없었다.

  parlare alla rinfusa- 횡설수설하다

ringraziare- 고마워하다, 감사해하다

  ringraziare a voce- 개인적으로 감사드리다

  Lo ringrazierò a voce. 내가 직접 그에게 감사드릴 것이다.

  ringraziare di cuore (o sentitamente)- 진심으로 고마워하다

  ringraziare per iscritto- 감사의 편지를 보내다

  Lo ringrazierò per iscritto. 나는 그에게 감사의 편지를 보낼 것이다.

  ringraziare qualcuno di qualcosa- ~에게 ~에 대해 고마워하다

  Ti ringrazio del bel regalo che mi hai fatto. 네가 내게 해 준 멋진 선물에 고맙다.

rinunciare- 포기하다, 단념하다, 버리다, 그만두다

  rinunciare a- ~을 포기하다, 단념하다

  Ho dovuto rinunciare a partire. 나는 떠나겠다는 생각을 단념해야 했다.

  Non posso rinunciare ai miei diritti. 나는 나의 권리를 포기할 수 없다.

  rinunciare all'eredità- 유산 상속을 포기하다

riparazione- 배상, 보상; 수리, 수선

  esame di riparazione- 재시험

  in riparazione- 수리 중인, 공사 중인

  strada in riparazione- 공사 중인 길

riparo- 보호, 비호, 치료책

  al riparo dagli occhi indiscreti- 사람들의 시선을 피해, 호기심 어린 눈길을 피해

  al riparo dalla pioggia- 비를 피해서

  correre ai ripari- 조치를 취하다, 대책을 강구하다

  Se l'inflazione continua di questo passo bisognerà correre ai ripari. 이 상태로 인플레이션이 계속된다

면, 대책을 강구해야 할 것이다.

mettere al riparo- (비, 바람을) 막아주다; 피하다

Dovresti mettere questa pianta al riparo dal vento. 너는 이 식물을 바람이 들지 않는 곳에 둬야 할 거다.

mettere riparo a un inconveniente- ~을 수리하다, 고치다, 바로잡다

C'è stato un corto circuito, ma l'elettricista ha messo riparo all'inconveniente. 누전이 있어서, 전기기사가 이를 수리했다.

mettersi al riparo- 숨다, 피난/대피하다

senza riparo- 회복할 수 없는, 돌이킬 수 없이

stare al riparo- 엄호 아래 있다, 안전한 곳에 있다

ripensare- 다시 생각하다, 재고하다, 숙고하다

ora che ci ripenso- 이제 와서 생각해보니, 지금 생각하니

Non farmici ripensare!- 내게 그걸 상기시키지 마!

pensa e ripensa- 거듭 생각하다, 머리를 쥐어짜다

Pensa e ripensa mi sono ricordato. 머리를 쥐어짜내니 기억이 났다.

ripensandoci- 다시 잘 생각해 보고; ~을 재고하여, 숙고해 보고

Ripensaci!- 다시 생각해 봐요!

ripetere- 1. (타동사) 반복하다

Paganini non ripete. 같은 말/행동을 되풀이하기 싫다. (농담) 한 번이면 족하다.[3]

2. (재귀동사) ripetersi- 반복되다, 재발하다

Che la cosa non si ripeta più! 다시는 이런 일이 없도록 해!

La storia si ripete. (속담) 역사는 되풀이된다

ripetizione- 반복

andare a ripetizione (o prendere ripetizioni)- 개인 교습/과외 수업을 받다

Vado a ripetizione di matematica, perché non riesco a tener dietro alla mia insegnante a scuola. 나는 학교 수업을 따라갈 수 없기 때문에, 수학 과외를 받고 있다.

riposo- 쉼, 휴식

avere riposo- 휴식을 얻다

Buon riposo! (점심 식사 뒤에) 잘 자! 편히 쉬세요!

collocare (o mettere) a riposo- 환자 명부에 올리다; 노령으로 퇴직하다, 명예 퇴직시키다

di tutto riposo- 편한, 마음을 느긋하게 해 주는; (임무가) 쉬운, 수월한

Al lavoro mi hanno assegnato un incarico di tutto riposo. 직장에서 그들은 쉬운 임무를 내게 맡겼다.

giorno di riposo- (근무, 일을) 쉬는 날; 일요일, 안식일

---

[3] "파가니니는 되풀이하지 않는다"라는 관용어는 토리노의 카리냐노 극장에서 1818 년 2 월 파가니니와 협연을 한 카를로 펠리체(Carlo Felice)가 인상 깊었던 한 소절을 마에스트로 파가니니에게 다시 연주해줄 것을 청한데서 유래한다. 그러나 평소 즉흥적으로 곡을 해석해서 연주하기를 좋아했던 파가니니는 "Paganini non ripete"라고 응답한다. 이후 이 표현은 같은 말이나 행동을 거절하기 위한 방편으로 일반대중에게 정착되었다. 이한사전에는 "파가니니는 두 번 되풀이하지 않는다. 거듭 얘기하다"라고 옮겼다.

Abbiamo avuto due giorni di riposo. 우리는 이틀 쉬는 날을 얻었다.

Oggi è il mio giorno di riposo. 오늘 내가 쉬는 날이다.

mettersi (o andare) a riposo- 퇴직/은퇴하다

Si è messo a riposo in anticipo per motivi di salute. 그는 건강상의 이유로 일찍 퇴직했다.

prendere riposo- 휴식을 취하다

Mi sono preso un po' di riposo. 나는 약간의 휴식을 취했다.

riposo settimanale- 한 주간의 휴식

Finalmente avremo un riposo settimanale. 드디어 우리는 한 주간의 휴식을 가질 것이다.

stare in riposo- 쉬다, 안정을 취하다; (비유) 잠 자고/썩고 있다

una vacazna di tutto riposo- 마음 편안한 휴가

ripresa- 재개, 재생

a diverse riprese- 다른 시기에, 여러 경우에

a più riprese- 연속적인 단계에서(= in più fasi); 여러 차례; 재삼재사, 수차에 이르러(= più volte)

Gliel'ho detto a più riprese di guidare piano, ma non mi vuole ascoltare. 나는 천천히 운전하면서 여러 차례 그에게 그걸 말했지만, 그는 내 말을 들으려고 하지 않는다.

essere in ripresa- 증대/증가하다, 성장하다

La criminalità è in ripresa. 범죄가 증가하고 있다.

in due riprese- 두 단계로

risata- 폭소

fare una risata- 웃다

farsi matte (o un mucchio di) risate- 자지러지게 웃다, (남의 일에) 몹시 웃어대다

farsi una bella risata- 대소하다(= farsi quattro risate)

provocare una risata- 웃음을 자아내게 하다

scoppiare dalle risate (o in una risata)- 웃음을 터트리다, 폭소하다

C'è da scoppiare dalle risate a vederlo cucinare; è così maldestro! 그가 요리하는 것을 보면 너무 서툴러서 웃음을 터트릴 거야.

rischiare- 위험한 짓을 하다, 위험을 무릅쓰다

rischiare di- ~하는 위험을 무릅쓰다, ~할 위험이 있다

Se continua a non studiare, rischia di non essere promosso. 계속 공부를 안 하면, 진급하지 못할 위험이 있다.

rischio- 위험

correre il rischio di- 위험이 있다; ~의 위험을 무릅쓰다

Si corre il rischio di perdere il portafoglio. 지갑을 분실할 위험이 있다.

senza correre rischio- 안전하게, 무사히

riscontro- 만남, 비교대조, 검사

fare il riscontro di- 비교하다, 대조하다

Ho fatto il riscontro di due documenti. 나는 두 서류를 대조했다.

Ho fatto il riscontro di questa traduzione con l'originale. 나는 이 번역문을 원본과 대조했다.

mettere a riscontro- 비교하다, 대조하다

riserva- 보존, 예비품, 제한, 제한적 조건, 유보

avere qualche riserva su- ~에 대해 약간의 의구심이 들다

Su di lui ho qualche riserva. 나는 그에 대해 약간의 의구심이 든다.

riserva di legge- (법률) 유보 조항, 단서

riserva mentale- (법률) 심중유보(진술이나 선서에서 중대한 관련 사항을 숨기는 일)

senza riserve- 솔직히, 기탄없이; 무자격의; 무조건적인

risicare- 위태롭게 하다, (위험 등을) 각오하고 하다

Chi non risica, non rosica. (속담) 모험을 하지 않으면 아무것도 얻을 수 없다. 호랑이 굴에 들어가야 호랑이를 잡는다.

risma- 연(連) [보통은 480매, 신문지는 500매]; 종류

essere della stessa risma- (1) 똑같다

Vanno d'accordo perché sono della stessa risma. 그들은 똑같은 종류의 사람이라 잘 지낸다.

(2) 똑같은 결점을 지니다

Sono tutti della stessa risma. 그들은 모두 같은 결점을 가지고 있다.

gente d'ogni risma- 온갖 종류/가지각색의 사람

C'era gente di giorni risma. 온갖 종류의 사람이 있었다. 별 사람이 다 있었다.

È il quartiere più pericoloso della città; ci vive gente d'ogni risma. 거기에는 온갖 종류의 사람이 살기에, 도시의 가장 위험한 구역이다.

riso- 웃음; 쌀

Buon riso fa buon sangue. (속담) 소문만복래(笑門萬福來). (= Il riso fa buon sangue.)

Non potei frenare il riso. 나는 웃음을 참을 수가 없었다.

passare dal riso al pianto- (의기양양하게 웃던 사람이 갑자기) 울상을 짓다, 풀이 죽다

Pensava che fosse uno scherzo, ma presto passò dal riso al pianto. 농담이었다고 생각했는데, 이내 그는 울상을 지었다.

sbellicarsi (o sganasciarsi) dalle risa- 배를 부둥켜안고 웃다, 포복절도하다; (연극 등) 배꼽을 빼다

Cercavano di fare le persone serie, ma c'era da sbellicarsi dalle risa. 그들은 진지하게 행동하려고 노력했었지만, 배꼽을 잡게 했다.

risparmio- 절약, 저축

fare risparmi- 돈을 절약하다; 절약하다, 아끼다

fare risparmio di qualcosa- ~을 저축하다, ~을 남겨두다

non fare risparmio di qualcosa- ~할 여력/여분이 없다

senza risparmio- 함부로; 수고를 아끼지 않는

Si sono dedicati senza risparmio alla campagna per debellare la malaria. 그들은 말라리아 근절을 위한 캠페인에 수고를 아끼지 않고 헌신했다.

vivere dei propri risparmi- 자신이 저축한 돈으로 살다; 절약하며 살다

rispetto- 존경, 주의

avere (o nutrire, portare) rispetto per- ~을 존경하다

Non ha rispetto per nessuno. 그는 그 누구도 개의치 않는다.

con il massimo rispetto- 최대한 정중하게

con rispetto- 정중하게, 공손히

con rispetto parlando- 실례되는 말씀입니다만, 이런 말해서 미안하지만

Con rispetto parlando, ho vomitato tutta la notte. 이런 말해서 미안하지만, 나는 밤새도록 토했다.

di tutto rispetto- 상당한, 많은(= considerevole); 훌륭한, 존경할 만한

Vuoi giocare a poker con lui? Guarda che è un giocatore di tutto rispetto. 너 그와 포커를 치고 싶니? 조심해. 그는 상당한 노름꾼이야.

fare qualcosa per rispetto a qualcuno- ~을 존중하여 ~을 하다

mancare di rispetto a qualcuno- ~에게 실례하다

nei rispetti di qualcuno- ~에 대해서, ~을 향해서

Nei suoi rispetti mi sono sempre comportato bene. 나는 그에게 항상 좋게 행동했다.

parlare con rispetto- 공손히/정중히 말하다

rispetto a- ~과 관련하여, ~에 대하여(= in relazione a); ~에 비해서, ~과 비교해 볼 때(= in confronto a)

Rispetto a quello che facevamo prima, questo è un lavoro da niente. 우리가 전에 했던 것과 비교해 볼 때, 이것은 쉬운 일이다.

Rispetto all'anno scorso, le vendite sono andate meglio. 작년에 비해 매출이 나아졌다.

rispetto della legge- 법률 준수

rispetto di se stesso- 자존감, 자존심

sotto ogni rispetto- 모든 점에서

trattare qualcuno con rispetto- ~을 정중/공손하게 대하다

rispondere- 대답하다, 응하다, 답변하다, 반응하다

rispondere a- ~에 답하다

rispondere a mezza voce- 떠름하게 답하다

rispondere a voce- 말로 대답하다, 구두로 답변하다

rispondere al saluto di qualcuno- ~의 인사에 답하다

rispondere al telefono- 전화 받다

rispondere di sì/di no- 된다고/안 된다고 대답하다

rispondere per iscritto- 글로 적어/서면으로 답하다

rispondere per le rime a qualcuno- ~에게 말대꾸하다, 말대답하다; ~에게 앙갚음하다

risposta- 대답, 답장

dare una risposta a qualcuno- ~에게 답을 주다

in risposta a- ~에 답하여, ~에 회답으로서

In risposta alla sua lettera, sono spiacente di comunicarLe che- 당신의 서신에 대한 회답으로서 ~의 사실을 전하게 되어 유감입니다.

senza risposta- 답을 못한; 답이 없는

trovare una risposta- 답을 구하다, 답을 찾다

ritaglio- 절단, 재단, 조각

un ritaglio di tempo- 틈틈이; 여가, 짬(= tempo libero)

Cercherò di finire questo lavoro nei ritagli di tempo. 나는 틈틈이 이 일을 마치도록 할 게.

Lo farò appena avrò un ritaglio di tempo. 나는 짬이 나는 즉시 그것을 할 것이다.

vendere a ritaglio- 소매하다

ritardo- 지각, 늦음, 지연

arrivare in ritardo- 늦게 도착하다, 지각하다

Devi perdere l'abitudine di arrivare in ritardo. 너는 지각하는 버릇을 없애야 한다.

Perché sei arrivato in ritardo all'appuntamento? 너 왜 약속에 지각했니?

avere qualche minuto di ritardo- 몇 분 연착이다

Il treno per Napoli ha qualche minuto di ritardo. 나폴리행 기차가 몇 분 연착이다.

L'aeroplano aveva mezz'ora di ritardo. 비행기가 30분 연착했다.

con un'ora di ritardo- 한 시간 늦게

L'aereo è partito da Roma con un'ora di ritardo. 비행기가 한 시간 늦게 로마에서 출발했다.

essere in ritardo- 지각이다, 연착이다

Il treno è in ritardo. 기차가 연착이다.

Siamo già in ritardo. 우린 이미 늦었어.

essere in ritardo coi pagamenti- 체납하다, 연체하다

ritegno- 억제, 자제, 사양

senza ritegno- 거리낌없이, 숨김없이, 솔직히, 기탄없이; 파렴치하게, 뻔뻔스럽게(= spudoratamente)

Cominciò a insultarla senza ritegno. 그는 파렴치하게 그녀를 모욕하기 시작했다.

ritenere- 생각하다, 믿다, 판단하다

ritenere di- ~라고 믿다, 판단하다

Riteniamo di aver fatto un buon lavoro. 우린 일을 잘 했다고 믿는다.

Seitieni di aver sbagliato, scusati. 네가 잘못했다고 판단한다면, 사과해.

ritirata- 퇴각, 후퇴

battere in ritirata- 꽁무니를 빼다, 줄행랑을 치다

Fa tanto il coraggioso, ma appena vede un pericolo batte in ritirata. 그는 용기 있게 처신하다가, 위험을 보자마자 꽁무니를 뺀다.

ritiro- 철회, 철퇴

ritiro della patente (di guida)- (운전) 면허 취소

rito- 의식, 의례; 관례, 풍습

di rito- 흔히 있는, 평상시의, 관례적인, 전통적인

È di rito che la sposa lanci il bouquet alle amiche. 신부가 친구에게 부케를 던지는 것은 관례적인 것이다.

ritornare- 돌아오다

ritornare all'ovile- (비유) 옛 보금자리로 돌아가다

ritornare coi piedi sulla terra- (비유) 다시 현실로 돌아오다, 정신이 들다

ritornare in sé- 의식을 회복하다(= riprendere coscienza); 제정신이 들다(= rinsavire)

Sta ritornando in sé, non credo si sia fatta male seriamente. 그녀는 의식이 돌아오고 있는데, 난 그녀

가 심하게 다쳤으리라고는 생각하지 않는다.

ritornello- 후렴, 반복구

ripetere sempre lo stesso ritornello- 같은 이야기를 되씹다

Non ripetere sempre lo stesso ritornello; parla di qualcos'altro. 늘 같은 말을 되씹지 말고, 뭔가 다른 말 좀 해봐.

ritorno- 귀환, 귀국, 복귀

al ritorno- 귀로에, 돌아오는 길에

Ci fermeremo qui al ritorno. 우리는 돌아오는 길에 여기에서 머물 것이다.

Riprenderò il lavoro al ritorno dalle vacanze. 나는 휴가에서 돌아오면 일을 다시 시작할 것이다.

andata e ritorno- 왕복

Devo fare il biglietto di andata e ritorno. 나는 왕복표를 끊었다.

avere di ritorno- ~을 되돌려 받다

avere un ritorno di fiamma- 역효과를 낳다; 다시 나타나다

dare di ritorno- ~을 돌려주다

essere di ritorno- 돌아와 있다, 돌아오다

Devo essere di ritorno prima di sera. 나는 저녁 전에 돌아와 있어야 한다.

Sto uscendo, ma sarò di ritorno per le dieci. 지금 외출하는데, 10시에는 돌아올 것이다.

fare ritorno- 돌아오다, 돌아가다

ritorno di fiamma- (기계) 백 파이어; (활동의) 재기, 부활

ritroso- 뒤의, 뒤편의; 수줍어하는

andare a ritroso nel tempo- 시대로 거슬러 올라가다

a ritroso- 뒤로, 거꾸로, 반대방향으로

a ritroso della corrente- 시류/대세/시대에 역행하는

camminare a ritroso- 물러서다, 되돌아가다, 퇴보하다

Non essere (o fare il) ritroso! 수줍어하지 마! 부끄러워하지 마!

riunione- 회의, 모임

alla riunione- 회의에서, 모임에서

Ieri alla riunione il direttore ha annunciato le sue dimissioni. 어제 회의에서 원장이 퇴임을 발표했다.

essere in riunione- 회의 중이다

partecipare alla riunione- 회의에 참석하다

Hai partecipato alla riunione di ieri? 너 어제 회의에 참석했니?

riunione d'affari- 업무 회의

riunione di famiglia- 가족 모임

riuscire- 해내다, 이루다; (결과로) 일어나다

non riuscire bene in fotografia- 사진에 잘 못 나오다

Non sono riuscito bene in fotografia. 사진에 내가 잘 나오지 않았다.

Penso di riuscirci. 나는 할 수 있을 거라 생각한다.

riuscire a- ~하는데 성공하다, ~을 해내다

Non riesco a capire perché. 나는 이유를 알 수가 없다.

riva- 연안

a riva- (특히 배의) 상단에, 위에

giungere a riva- 천국에 가다, 죽다

in riva a- ~기슭에, 가까이

in riva al mare- 바닷가에

in riva al lago- 호수가에

sulla riva del mare- 바닷가에서, 해안에서

rivedere- 1. (타동사) 재회하다, 복습하다, 재검사하다, 변경/수정하다

Chi non muore si rivede. (농담) 오래간만이야.

Guarda chi si rivede! (농담) 여기 누가 있는지 봐봐! 저 사람 봐봐!

2. (재귀동사) rivedersi

Ci rivedremo a Filippi! 내게도 좋은 날이 올거야!

rivelare- 드러내다, 나타내다

rivelare di fare qualcosa- ~하다고 드러내다, 나타내다

In quella occasione ha rivelato di essere veramente in gamba. 그때 그는 정말로 유능함을 드러내 보였다.

roba- 물건, 사물

Bella roba!- (역설) 잘했다(= bel guaio!); 그게 무슨 대수라고(= che cosa da poco!); 말하는 것 봐(= che parole!)

Hai lasciato ancora le chiavi nella macchina. Bella roba! 너 열쇠를 차 안에 놔뒀어. 잘했다!

roba da matti (o da chiodi)- 넌센스, 말도 안돼, 믿을 수 없어; 정말 미친 짓

Roba da matti. Era il peggiore di tutti ed ha vinto il concorso. 말도 안 돼. 그가 가장 못했는데 경기에서 이겼다.

Sai che roba!- 별거 아니잖아! 그게 무슨 대수라고!

Mi ha regalato tre fazzolettini per Natale. Sai che roba! 그는 내게 성탄 선물로 손수건 세 장을 주었다. 그게 무슨 대수라고!

tanta roba- (사물) 굉장히 마음에 드는 것, (사람) (굉장히 마음에 다는 사람에 대해) 참 좋다, 마음에 들다.

La cucina italiana è tanta roba. 이탈리아 요리가 참 좋다.

"Cosa pensi di Anna?" "Tanta roba." 안나에 대해서 어떻게 생각해? 무척 맘에 들어.

rogna- 가려움, 옴; 아주 귀찮은 사람, 골칫거리

cercare rogna- 사서 고생을 하다, 화를 자초하다

Il tuo atteggiamento è quello classico di uno che cerca rogna. 네 태도는 화를 자초하는 사람의 전형이다.

Non voglio darti delle rogne. 네게 폐를 끼치고 싶지 않다.

Roma- 로마

andare a Roma e non vedere il papa- 로마에 가서 교황을 보지 못하다; 가장 중요한 것을 빼먹다;

나무를 보고 숲을 보지 못하다[4]

표제어 [**papa**]를 보시오.

Studiare psicologia e non leggere Piaget è come andare a Roma e non vedere il papa. 심리학을 공부하면서 피아제 학설을 읽지 않는다는 것은 가장 중요한 것을 빼먹는 것과 같다.

capire Roma per toma- 완전히 틀리다; 오해/착각하다

prendere Roma per toma- 오해/착각하다

유사 관용어 [**fischio**] 'prendere fischi per fiaschi'를 보시오.

Roma non fu fatta in un giorno. (속담) 로마는 하루 아침에 이루어지지 않았다.

Tutte le strade portano a Roma. (속담) 모든 길은 로마로 통한다.

romano- 로마의, (고대) 로마 사람의, (고대) 로마 기질의

fare alla romana- (식사나 그와 비슷한 상황에서) 비용을 각자 부담하다, 비용을 나눠 내다

Facciamo alla romana. 우리 각자 부담하자.

rompere- 파괴하다

Chi rompe paga e i cocci son suoi. (속담) 자기가 뿌린 씨는 자기가 거둬야 한다. 자업자득(自業自得).

Non rompere! 귀찮게 굴지마! 그만 좀 해!

rompere i rapporti con qualcuno- ~와 관계를 끊다, ~와 헤어지다

rompere i timpani a qualcuno- ~의 귀를 먹게 만들다

rompere le trattative- ~와의 교섭을 중단하다

rompere le uova nel paniere a qualcuno- ~을 방해하다/훼방놓다

rompersi la schiena- 뼈빠지게 일하다

rompersi la testa su qualcosa- ~에 대해 머리를 쥐어짜다

rondine- 제비

coda di rondine- 제비 꼬리; (금속용어) 더브 테일(목형이나 목상의 4귀를 그림처럼 제목을 잘라 맞추어 고정시키는 방법)

giacca a coda di rondine- 연미복; (던진 동전의) 뒷면

Una rondine non fa primavera. (속담) 제비 한 마리가 왔다고 여름이 온 것은 아니다. 한가지만 보고 속단하지 마라.

ronzio- 윙윙거림

ronzio alle orecchie- 귀울림, 이명

rosa- 장미

all'acqua di rose- 피상적인, 얄팍한, 깊이가 없는, 수박 겉핥기 식의 'acqua'를 보시오.

essere su un letto di rose- (비유) 걱정 없는 환경이다, 근심 걱정 없는 생활이다

fresco come una rosa- 발랄한, 매우 신선한, 원기 왕성하여

La vita non è un letto di rose. 인생은 달콤하지만은 않다.

Non c'è rosa senza spine. (속담) 가시 없는 장미는 없다.

Non è stato tutto rose e fiori. 모든 것이 순조롭지만은 않았다.

---

[4] 이 관용어는 중세 시대에 유럽 각지에서 교황을 보기 위해 로마로 성지순례를 떠난 사람들에게서 유래하였다.

Pasqua di rose- 성령강림대축일, 오순절

Se son rose fioriranno. (속담) 길고 짧은 것은 재어 봐야 안다. 일이란 막상 당해보지 않으면 모르는 것이다.

una punizione all'acqua di rose- 솜방망이 처벌

vedere tutto rosa- 사물을 낙관적으로 보다

Beato il tuo ottimismo; vedi sempre tutto rosa tu. 넌 행복한 낙천주의자다. 늘 너무 낙관적으로 보니깐 말이야.

rospo- 두꺼비

inghiottire il rospo- 싫은 일을 마지못해하다

Non mi piace questo lavoro, ma devo inghiottire il rospo se voglio far carriera. 나는 이 일을 싫어하지만, 출세하려면 하기 싫은 일을 어쩔 수 없이 해야 한다.

ingoiare un rospo- (달리 어쩔 수가 없으므로) 받아들이다

sputare il rospo- 솔직하게 털어놓다; 마음의 짐을 털어버리다

유사 관용어 [**sputare**] 'sputare l'osso'를 보시오.

rosso- 1. (형용사) 빨간(색의), 붉은

diventare (o farsi) rosso- (흥분, 분노, 당황, 두려움 등으로) 얼굴이 빨개지다, 붉어지다

Ha detto una bugia e è diventato rosso. 그는 거짓말을 하고 나서 얼굴이 빨개졌다.

rosso come un gambero (o peperone)- (부끄러워 얼굴이) 새빨개진, 홍당무처럼 얼굴이 붉어진

Quando ha capito che non le credevamo, è diventata rossa come un gambero. 우리가 그녀를 믿지 않았다는 것을 알자, 그녀는 홍당무처럼 얼굴이 붉어졌다.

vedere rosso- 몹시 화를 내다, 붉으락푸르락하다

Non puoi credere quanto mi faccia rabbia. Vedo rosso tutte le volte che lo vedo montare in cattedra, quell'ignorante! 얼마나 내가 화가 나는지 넌 짐작할 수 없을 거다. 나는 그 무식한 놈이 거들먹거리며 말하는 것을 볼 때마다 몹시 화가 난다.[5]

Solo a sentirlo nominare vedo rosso. 그의 이름을 호명하는 것만 들어도 나를 화내게 한다.

2. (명사) 빨간색, 적포도주

essere in rosso- 적자이다, 빚이 있다

passare col rosso- 빨간 신호를 무시하고 차를 몰다

È passato col rosso e a momenti provocava un incidente. 그는 빨간 신호를 무시하고 차를 몰았는데 하마터면 사고가 날 뻔했다.

Rosso di mattina brutto tempo s'avvicina. 아침놀이 붉으면 날씨가 궂을 것이다.

Rosso di sera, bel tempo si spera. (속담) 밤에 하늘이 붉으면 흔히 그 다음 날 날씨가 좋은 것이다.

rotella- 소형 바퀴

avere una rotella fuori posto (o mancare una rotella a qualcuno)- 나사가 좀 풀린 것 같다, 행동이 좀 이상하다

---

[5] 'montare in cattedra'는 '거만하게 굴다, 거들먹거리며 말하기 시작하다'라는 의미의 관용어이다. 이탈리아란 나라 자체가 오랜 교회 전통을 가지고 있다 보니 자연스럽게 교회와 연관된 많은 관용어가 있고, 그 관용어 중에는 교회나 성직자에 대해 빈정거리는 표현들도 많다. 이 관용어는 그러한 표현 가운데 하나이다.

Non ti puoi fidare di quel che dice; ha una rotella fuori posto. 너는 그가 말하는 것을 믿을 수 없을 거다. 그는 나사가 좀 풀린 것 같아.

rotolo- 두루마리, 롤러

andare a rotoli- (1) 실패하다, 실현되지 못하다, 불발에 그치다(= fallire); 파산/도산하다(= fallire)
Sta andando tutto a rotoli. 모든 일이 불발에 그치고 있다.

(2) 내리막길로 접어들다, 악화되다, 엉망이 되다(= andare male)
Sono tempi duri e i miei affari stanno andando a rotoli. 어려운 시기여서 내 사업이 내리막길로 접어들고 있다.

mandare a rotoli- 파산/파멸시키다; 망가뜨리다, 파괴하다

rotta①- 패주, 대패

a rotta di collo- (잘못하다간 목이 부러질 수도 있는) 위험하기 짝이 없는 속도로, 황급히
Appena siamo arrivati in cima al colle è scoppiato un temporale e siamo ridiscesi a rotta di collo. 산정상에 오르자마자 폭풍이 불어 우리는 황급히 하산했다.

essere in rotta con- ~와 사이가 나쁘다
Sono in rotta con mia sorella; se non mi chiede scusa per prima, non la perdonerò. 나는 누나와 사이가 나빠서, 누나가 먼저 내게 사과하지 않으면 용서하지 않을 거다.

mettere in rotta- ~을 패주시키다; 궤멸시키다

rotta②- 항로

cambiare rotta- 방향을 바꾸다

fare rotta per (o su, verso)- ~로 몰고 가다, ~로 향하다; ~으로 출항하다
La nave ha fatto rotta per il porto più vicino perché era in avaria. 배가 고장 나서 인근 항구로 배를 몰고 갔다.

fuori rotta- 진로에서 벗어나, 항로에서 벗어나

rotto- 1. (형용사) 부서진, 고장 난, 깨진

avere le ossa rotte (o sentirsi tutto rotto)- 온몸이 쑤시다

2. (명사) 파손, 파괴; 잔돈

cavarsela per il rotto della cuffia- (특히 시험에) 간신히 합격/성공하다; 구사일생으로 살아나다

e rotti- ~남짓한, 대략 ~정도
duecento e rotti chilometri. 이백 킬로 남짓.
La camicetta mi è costata ottanta euro e rotti. 그 셔츠는 대략 80유로 정도 지불했다.
L'ho pagato centomila e rotti euro. 나는 그것을 위해 대략 10만유로 정도 지불했다.

per il rotto della cuffia- 겨우, 간신히, 가까스로
Ha fatto bene l'ultimo compito in classe ed è stato promosso per il rotto della cuffia. 그는 마지막 시험을 잘 봐서 가까스로 통과했다.

rottura- 파괴, 단절

Che rottura! 아, 지겨워! (= Che noia!)
Devo ancora studiare 3 capitoli. Che rottura! 아직 3장을 더 공부해야 해. 아이 지겨워!

Che rottura di scatole! 어휴 지겨워! 이거 참 김빠지게 하는군!

una rottura- 성가신/귀찮은 사람

Quell'uomo è una rottura; è sempre tra i piedi. 그 사람은 늘 거치적거려서, 성가신 사람이다.

rovescio- 반대로, 거꾸로

a rovescio (o alla rovescia)- (1) 어긋나는, 잘못되는(= in modo errato, male)

Oggi mi va tutto a rovescio. 오늘은 일진이 사납다.

(2) 거꾸로(= capovolto); (안팎을) 뒤집어(= con l'interno all'esterno); 반대 방향으로(= in senso contrario); (앞뒤를) 거꾸로(= col davanti dietro)

Ha messo la maglia al rovescio. 그는 스웨터를 뒤집어 입었다.

Si mise le calze alla rovescia. 그녀는 양말을 거꾸로 신었다.

Ogni diritto ha il suo rovescio. (속담) 모든 것은 양면이 있다.

rovescio della medaglia- (비유) 동전의 양면

mandare tutto a rovescio- 모든 것을 그르치다

Quell'impegno era troppo per lui; ha finito per mandare tutto a rovescio. 그 임무는 그에게 너무 버거워서, 그는 모든 일을 그르쳐 놓았다.

rovina- 파괴, 붕괴

andare (o cadere) in rovina- (경제적으로) 망하다; (건물이) 황폐해지다, 못쓰게 되다; 망가지다

Ha giocato il tutto per tutto ed è andato in rovina; le sue previsioni econ miche erano del tutto sballate. 그의 경제 전망이 모두 틀려서, 그는 전 재산을 바쳤으나 망했다.

mandare in rovina- ~을 파멸시키다

ruba- 강도, 약탈

andare a ruba- 불티나게 팔리다

I biglietti per la coppa mondiale vanno a ruba. 월드컵 표가 불티나게 팔린다.

Il nuovo iPhone è andato a ruba. Non l'ho trovato in nessun negozio. 아이폰 신상이 불티나게 팔려서 나는 아무 매장에서도 구하지 못했다.

rubare- 훔치다

A rubar poco si va in galeria, a rubar tanto si fa carriera. 적게 훔친 사람은 감옥에 가고, 많이 훔친 놈은 출세한다. 유전무죄, 무전유죄.

Posso rubarti un minuto? 잠시 시간 좀 내 주시겠어요?

rubare a man salva- 약탈/강탈하다

rubare lo stipendio- (해야 할 일을) 회피하다/태만하다

rubare qualcosa a qualcuno- ~에게서 ~을 훔치다, 도난당하다

Mi hanno rubato il portafoglio. 그들이 내 지갑을 훔쳐갔다.

ruggine- 녹, 불화(원한), 녹병(곰팡이병)

avere della vecchia ruggine con qualcuno- ~에게 원한을 품다

Non andremo mai veramente d'accordo; c'è della vecchia ruggine tra di noi. 우리는 서로에게 원한을 품고 있어서, 결코 사이 좋게 지내지 못할 것이다.

prendere (o fare) la ruggine- 녹이 슬다, 녹슬다, 부식하다

rumore- 소리, 잡음, 소음

fare rumore- 떠들다, 시끄럽게 하다

Gli studenti facevano un rumore terribile. 학생들이 엄청 시끄럽게 떠들고 있었다.

Sta dormendo: non fare rumore! 그가 자고 있으니까 떠들지 마!

fare molto rumore- 큰 물의를/논란/파문을 일으키다

Il suo libro ha fatto molto rumore tra i politici. 그의 저서는 정계에 큰 파문을 일으켰다.

ruolo- 인명부, 역할

avere (o giocare) un ruolo- 역할을 하다

fuori ruolo (o non di ruolo)- 일시적인, 임시의; (학교의) 기간제 (교사)

passare di ruolo- (대학) 정교수가 되다

passare in ruolo- 정규직이 되다

In Italia, quando un impiegato passa in ruolo diventa molto più difficile licenziarlo. 이탈리아에서 고용인이 정규직이 되면, 해고하기가 무척 힘들다.

personale di ruolo- 상임 직원; 정규직원

personale fuori ruolo- 임시 직원

scambiarsi i ruoli- 역할을 교환하다

Scambiatevi i ruoli! 서로 역할들을 교환해!

ruota- 바퀴, 자동차

a ruota libera- 생각 없이, 거리낌없이; 쉬지 않고 계속해서

essere l'ultima ruota del carro- 보잘것없다, 아무 쓸모가 없다; 아무것도 아닌 사람이다

Chi comanda è la moglie; lui è l'ultima ruota del carro. 부인이 책임자이고 그는 있으나 마나 한 사람이다.

fare la ruota (come un tacchino)- 과시/자랑하다, 거들먹거리다, 뻐기고 다니다, 으스대다; (새가) 구애 동작을 하다

Appena si è sentito osservato ha cominciato a fare la ruota; non ho mai visto un uomo tanto vanitoso. 주목받고 있다는 것을 알아차리자마자 그는 과시하기 시작했다. 나는 그렇게 허영심이 강한 사람은 본 적이 없다.

La vita è una ruota. 인생은 오르막과 내리막으로 가득하다.

mettere i bastoni tra le ruote a qualcuno- ~을 방해하다; ~의 능력을 충분히 발휘하지 못하게 하다

Ogni volta che programmo qualcosa di piacevole, c'è sempre qualcuno che mi mette il bastone fra le ruote. 내가 뭔가 즐거운 일을 계획하면, 항상 나를 훼방 놓는 누군가가 있다.

parlare a ruota libera- 자유롭게 이야기하다; 쉬지 않고 이야기하다

Parla a ruota libera: non credere a tutto quello che dice. 생각 없이 말해서, 그가 말한 것은 모두 믿지 않는다.

ruota di scorta- 스페어 타이어; 스페어 휠

seguire a ruota- 바로/곧 뒤따라가다, 바짝 따라오다

I bambini sono già qui e i grandi seguono a ruota. 아이들이 이미 여기에 있기에 어른들이 바짝 따라 다닌다.

ungere le ruote- 뇌물을 주다, 매수하다

Per essere eletto sindaco ha dovuto ungere molte ruote. 시장에 선출되기 위해 그는 많은 뇌물을 주어야만 했다.

S

sabbia- 모래

    costruire sulla sabbia- 모래 위에/사상 누각을 짓다

Cominciare un progetto complesso senza pianificare ogni passo è come costruire sulla sabbia; tutto crollerà prima ancora della fine. 매 단계에 대한 계획 없이 전체 사업을 시작한다는 것은 모래 위에 누각을 짓는 것과 같다. 마치기도 전에 모두 무너질 것이다.

    nascondere il capo nella sabbia- 현실을 외면하다/회피하다

sacco- 주머니, 자루

    abito a sacco- 헐렁한 옷

    darne un sacco e una sporta a qualcuno- ~을 실컷 패다, 심하게 때리다

    dirne un sacco e una sporta a qualcuno- ~을 호되게 야단치다

유사 관용어 [**pelo**] 'fare il pelo e il contropelo, suonare suonarle a qualcuno'를 보시오.

    essere colto con le mani nel sacco- 현행범으로 붙잡히다

    essere un sacco d'ossa- 뼈 가죽만 남다, 피골이 상접하다, 깡마르다

    farina (o roba) del proprio sacco- 자기 자신의 일

    mettere nel sacco qualcuno- ~을 속이다(= imbrogliarlo); ~보다 능가하다, ~보다 한 수 앞서다, 더 낫다(= superarlo)

Credevi di essere più bravo tu, ma ti ha messo nel sacco e ha vinto due volte. 넌 더 낫다고 생각했지만, 그가 너보다 한 수 앞서서 두 번이나 이겼다.

    sacco di patate- 멍청이, 바보

    sacco di pulci- 더러운 몰골

    tenere (o reggere) il sacco a qualcuno- ~을 방조하다

    un sacco di- 많은, 한 가득, 한 보따리[1]

Ho un sacco di preoccupazioni. 나는 걱정이 한가득하다.

Ho comprato un sacco di cose. 나는 한 보따리 샀다.

    un sacco e una sporta- 매우; 많음, 가득; 호되게

Ne ha prese un sacco e una sporta fuori della discoteca. 그는 디스코텍 밖에서 호되게 맞았다.

    vuotare il sacco- (1) 순순히 자백하다, 실토하다(= confessare)

Vuota il sacco e dimmi dove l'hai presa; si vede benissimo che non è tua! 어디서 그것이 났는지 불어. 당신 것이 아니라는 게 분명해!

(2) 생각을/속내를 털어놓다, 심경을 토로하다(= sfogarsi)

Dai! Vuota il sacco. Bisogna pure sfogarsi un po'. 자! 속내를 털어놔. 다소 울분을 토로할 필요가 있어.

---

[1] un sacco di soldi- 많은 돈; un sacco di lavoro- 많은 일; un sacco di bugie- 거짓말투성이; un sacco di tempo- 옛날에, 옛날 옛적에.

sacramento- (가톨릭 교회의 주요 교리) 성사, 맹세

   acministrare/ricevere un sacramento- 성사를 집전하다/받다

   con tutti i sacramenti- 철두철미하게, 딱 부러지게; 규정에 맞추어

Bisogna farlo con tutti i sacramenti questo pacco; altrimenti alle poste non l'accetteranno. 모든 규정을 지켜 이 소포를 포장해야 합니다. 그렇지 않으면 우체국에서 받아주지 않을 것입니다.

sacrificio- 희생

   fare un sacrificio- 희생하다

Lei ha fatto molti sacrifici per i suoi figli. 그녀는 자식을 위해 많은 희생을 했다.

   in sacrificio- 제물로

   offrire in sacrificio- 제물로 바치다

   sacrificio di sé- 자기 희생

saetta- 화살

   partire (o correre) come una saetta- 황급히/쏜살같이 떠나다

Quando ha saputo la notizia è partito come una saetta e non si è più visto. 그 소식을 알고 황급히 떠났는데, 그 이후 더 이상 그를 보지 못했다.

   passare come una saetta- 쏜살같이/눈 깜짝할 새 지나가다

sagoma- 모양, (사람의) 모습, 형

   una sagoma- 괴짜, 기인

Quell'uomo è una bella sagoma! 그 사람은 정말 괴짜다!

salame- 살라메 소시지; (비유) 멍청이

   fare il salame- 얼간이/바보/멍청이처럼 행동하다

La rivedrai presto; non fare il salame! 너 그녀를 곧 다시 볼 거니깐, 바보처럼 굴지 마!

   starsene lì come un salame- 바보처럼 서 있다

salato- 소금에 절인, 소금에 간한

   dare una risposta salata- 매섭게/앙칼지게 말대꾸하다

Credevo di essere riuscita a rabbonirla, ma mi ha dato una risposta salatissima. 그녀를 진정시킬 수 있다고 생각했었는데, 그 여자는 앙칼지게 말대꾸했다.

   costare salata- 비용이 들다; 큰 돈이 들다; 큰 대가를 치르다

La tua imprudenza ti costerà salata. 너는 네 무모함에 대한 대가를 치러야 할 것이다.

   pagarla salata- ~에 대해 터무니없이 많을 돈을 주다, 크게 바가지를 쓰다; 큰 대가를 치르다; 큰 코 다치다

Per questa volta è riuscito a sfuggirmi, ma la pagherà salata. 이번에는 날 피할 수 있었지만, 그는 큰 코 다칠 거다.

   un conto salato- 가격이 비싼, 청구 금액이 너무 많은[2]

In quel ristorante non abbiamo mangiato bene ed abbiamo pagato un conto salato. 그 식당에서 우리는 잘 먹지도 못하고 돈만 많이 지불했다.

---

[2] 치과의사의 청구금액이 너무 많다는 의미의 'un dentista salato'라는 표현을 자주 쓰기도 한다.

sale- 소금

   acciughe sotto sale- 염장 멸치

   avere sale in testa- 상식이 있다

   È un uomo che ha sale in testa. 그는 상식이 있는 사람이다.

   essere giusto di sale- 소금양이 알맞다, 간이 맞다

   È giusto di sale lo stufato? 스튜 간이 맞아요?

   il sale della terra- 세상의 소금(아주 선하고 정직하여 신뢰할 만한 사람)[3]

   prendere le cose con un grano di sale- 일을 에누리하여/가감하여 듣다, 반신반의하다

   Lui dice tante cose! Prendile con un grano di sale. 그는 많은 일들을 말할 것이다! 그것을 전부 믿지는 마.

   rimanere (o restare) di sale- (너무 놀라서) 말이 안 나오다, 어안이 벙벙해지다

   Quando gli ho detto che ero riuscito a passare l'esame, è rimasto di sale. 내가 시험에 통과했다고 그에게 말하자, 그는 어안이 벙벙해졌다.

   sale in zucca- 상식, 요령

   Quel ragazzo non ha sale in zucca. 그 소년은 요령이 없다.

   sapere di sale- (맛이) 짜다; (기분, 감정) 입맛이 쓰다

   senza sale- 소금기 없는, 소금을 넣지 않은, 싱거운; 무염식

   Questa minestra è senza sale. 이 수프는 싱겁다.

   sotto sale- 소금에 절인, 소금으로 간을 한

   tutto sale e pepe- 생기에 넘친, 명랑한

   Era una ragazza allegrissima, tutta sale e pepe. 그녀는 생기 넘친 아주 명랑한 소녀였다.

salita- 오름, 상승

   essere in salita- 오르다, 오르막길이다; 상승하다

   I prezzi sono in salita. 가격이 오르고 있다.

   I titoli sono in salita. 주가가 상승 중이다.

   La strada è in salita. 길이 오르막이다.

salmo- (구약의) 시편

   Tutti i salmi finiscono in gloria. (속담) 모든 시편은 영광으로 끝난다. 어떻게 끝날 지를 다 안다.

salsa- 소스

   in tutte le salse- 온갖 방법으로, 백방으로

   Ti ho detto in tutte le salse di non frequentare quel ragazzo. 나는 백방으로 그 아이와 어울리지 말라고 네게 말했다.

salsiccia- 소시지, 순대

   fare salsicce di qualcuno- ~을 묵사발을 만들다, ~을 호되게 야단치다/벌하다

saltare- 1. (자동사) 뛰다, 뛰어오르다

   far saltare (in aria)- 폭파하다, 터트리다; 거세지다

---

[3] 이 관용어는 "너희는 세상의 소금이다"라는 라틴어 성경 표현 *Vos estis sal terrae*"에서 유래한다(마태 5, 13).

Hanno fatto saltare la sede del partito fascista; non ne è rimasta pietra su pietra. 그들이 파시스트 정당의 본부를 폭파해서, 돌 한 조각도 남지 않았다.

far saltare fuori qualcosa- (~에서) 꺼내 보이다, 보여 주다

far saltare il governo- 정부를 전복시키다

far saltare qualcuno- ~을 해고하다(= licenziarlo)

far saltare un bambino sulle ginocchia- 아이를 무릎 위에 얹고 흔들다

far saltare un tappo- (샴페인 따위를 터트려) 축하하다

far saltare una serratura- 자물쇠를 부수다

farsi saltare le cervella- (권총으로 머리를 싸서) 자살하다

saltare agli occhi- (1) 아주 명백/분명하다(= essere lampante)

La differenza salta agli occhi. 차이가 아주 명백하다.

Salta agli occhi che non vuole venire. 그가 오기 싫어하는 것이 역력하다.

(2) 눈을 끌다, 눈에 띄다

È un colore che salta agli occhi. 그것은 눈에 띄는 색깔이다.

saltare dalla gioia (o di gioia)- 기뻐서 날뛰다

saltare di qua e di là- 이리저리 뛰어 다니다

saltare di palo in frasca- 주제를 갑자기 바꾸다; 횡설수설하다

saltare fuori- (1) 불쑥 나타나다(= comparire all'improvviso)

Da dove salti fuori? 너 어디 있다 나타나는 거니?

È saltato fuori un nuovo erede. 새로운 상속인이 불쑥 나타났다.

(2) 갑자기 일어나다, 생기다(= accadere)

È saltata fuori una difficoltà. 어떤 어려움이 생겼다.

(3) (잃어버렸던 물건 등이 뜻밖에) 나타나다, 찾게 되다

Vedrai che il tuo anello salterà fuori. 네 반지를 찾게 되는 것을 보게 될 거다.

saltare giù- 뛰어 내리다

saltare giù (o fuori) dal letto- 잠자리에서 일어나다

Quando ho sentio suonare le sette, sono saltato giù dal letto. 7시에 알람이 울리는 것을 듣고서 나는 잠자리에서 일어났다.

saltare in aria- ~을 폭파하다, 날려 버리다

Quando scoppiò la bomba, il ponte saltò in aria. 폭탄이 터지자 다리를 날려 버렸다.

saltare in mente a qualcuno- 생각이 나다, 생각이 떠오르다

Che ti salta in mente? 너 무슨 생각이 났니?

Non mi è neanche saltato in mente. 내 머리 속에 떠오르지 조차 않았다.

saltare su a dire che~- ~라고 불쑥 말을 꺼내다

2. (타동사) 건너 뛰다, 뛰어 넘다

saltare il fosso- (오랜 궁리 끝에) 단행하기로 하다

saltare la cena (o un pasto)- 저녁 식사를 거르다

Ieri sera non avevo fame, ho saltato la cena. 어제 저녁 배가 고프지 않아 저녁식사를 걸렀다.

saltare molte pagine- 많은 페이지를 건너 뛰다

Non ho letto tutto il libro, ho saltato molte pagine. 나는 책을 다 읽지 않고, 많은 페이지를 건너 뛰었다.

saltelloni- 뛰면서

a saltelloni- 덜거덕거리며; 급속히, 대폭

La bicicletta andava a saltelloni giù per il sentiero sassoso. 자전거는 바위투성이의 길을 덜거덕거리며 가고 있었다.

salto- 도약, 비약, 급등

a salti- 껑충껑충; 하다가 말다가, 간헐적으로

far fare un salto (di paura) a qualcuno- ~에게 충격을 주다; ~을 깜짝 놀라게 하다

fare due (o quattro) salti- 춤을 추다(= ballare)

Di solito il sabato sera andiamo a fare quattro salti al "Barracuda". 대개 토요일 저녁에 우리는 '바라쿠다'로 춤추러 간다.

fare salti di gioia- 기뻐서 춤추다; 매우 행복하다

Quando Fabio ha superato l'esame, ha fatto salti di gioia. 파비오가 시험에 합격하자 기뻐서 뛰었다.

fare i salti mortali- 무진 애를 쓰다, 사력을 다하다

Ho fatto i salti mortali per arrivare in tempo. 난 제 시간에 도착하기 위해 무진 애를 썼다.

fare un salto a- ~에 잠깐 머무르다

Facciamo un salto a Milano. 밀라노에서 잠깐 머무르자.

fare un salto da- ~에게 (잠깐) 들르다

Facciamo un salto dal giornalaio a prendere il giornale. 우리 신문을 가지러 가판대에 잠깐 들리자.

Farò un salto da Maria. 나는 마리아 집에 잠시 들를 것이다.

fare un salto dalla paura- (놀람, 공포, 흥분으로) 움찔하게 하다, 화들짝 놀라게 하다

fare un salto mortale- 공중제비를 넘다, 재주넘기를 하다

in un salto- 순식간에, 눈 깜짝 할 사이에

Sarò lì in un salto. 나는 순식간에 그곳에 가 있을 것이다.

un salto di qualità- 비약적인 발전, 약진

L'istituzione di una banca centrale rappresenta un enorme salto di qualità per lo sviluppo di questo piccolo paese. 중앙은행의 설립은 이 작은 나라의 개발을 위한 비약적인 발전을 상징한다.

un salto nel buio- 무모한 짓

Una simile politica economica è un vero salto nel buio. 그 같은 경제 정책은 정말 무모한 짓이다.

salute- 건강

Alla salute!- 건배

avere un problema di salute- 건강상의 문제를 가지다

Lei ha un problema di salute. 그녀는 건강상의 문제가 있다.

bere alla salute di qualcuno- ~을 위해 건배하다

Beviamo alla tua salute! 너의 건강을 위해 건배하자!

casa di salute- 요양원, 양로원

conservarsi in salute- 건강을 유지하다

curare la salute- 건강을 돌보다

Cura la tua salute! 너의 건강을 돌 봐!

fare bene/male alla salute- 건강에 좋다/나쁘다

Camminare un po' ogni giorno, fa bene alla salute. 매일 조금씩 걷는 것은 건강에 좋다.

godere di ottima salute- 아주 좋은 건강을 누리다

Quando c'è la salute c'è tutto. 건강할 때 모든 것이 있다. 건강이 최고이다.

salute di ferro- 강건한 체질, 무쇠 같은 체격

Lui ha un'ottima salute, ha una salute di ferro. 그는 건강이 아주 좋아, 쇠처럼 단단한 신체를 지니고 있다.

scoppiare di salute (o sprizzare salute da tutti i pori)- 건강미가 넘치다

A novantacinque anni la nonna scoppia di salute! 95세 이신데도 할머니는 건강미가 넘치신다!

saluto- 인사

Cari saluti- (편지의 맺음말) 애정을 듬뿍 담아

Cordiali saluti- (편지의 맺음말) 안부의 인사를 드리며, 재배(再拜)

Distinti (o cordiali) saluti- (격식을 차리는 편지의 마지막 말로) 그럼 안녕히 계세요; 그럼 이만 줄이겠습니다

in segno di saluto- 인사의 표시로

Si levò il cappello in segno di saluto. 그는 모자를 벗어 인사를 표시했다.

mandare un saluto a qualcuno- ~에게 인사를 보내다, ~에게 안부를 전하다

Vorrei mandare un saluto ai miei amici a casa. 나는 집에 있는 내 친구들에게 안부를 전하고 싶다.

Porta i miei saluti a tua madre! 네 어머니에게 안부를 전해 주렴!

scambiare un saluto- 인사를 교환하다

Tanti saluti- 안부를 전하며

salvabile- 구할 수 있는

salvare il salvabile- 할 수 있는 만큼 구하다

Non c'è più niente da fare ormai; salviamo il salvabile e andiamocene. 이제는 더 이상 할 수 있는 일이 아무것도 없다. 우리가 할 수 있는 만큼 구하고 여기를 떠나자.

salvare- 1. (타동사) 구하다, 구조하다, 구출하다

Dio salvi il re! 대왕 만세!

salvare capra e cavoli- 교착상태를 타개하다; 양쪽을 다 원하다; 모두가 행복하게 하다

salvare la faccia- 체면을 잃지 않다, 체면을 세우다

salvare l'anima- 영혼을 구하다

salvare le apparenze- 체면을 세우다, 면목을 잃지 않다

salvare la pelle- 다치지 않고 무사히 넘어가다, 무사히 빠져 나가다, 위험한 고비를 넘기다

salvare una situazione- 시국을 수습하다, 난국을 타개하다

2. (재귀동사) 피하다, 살아남다; 피신하다, 도피하다

salvarsi dai guai- 곤경에서 벗어나다

salvarsi dalla morte- 죽음을 면하다

salvarsi dalle critiche- 비난을 피하다

salvarsi in extremis (o all'ultimo istante)- 막바지에 구하다, 아슬아슬하게 구하다

salvarsi per il rotto della cuffia- (시험에) 간신히 합격하다

salvarsi per miracolo (o per un soffio, per un pelo)- 기적적으로 살아남다, 구사일생으로 살아남다

Si salvi chi può! 자신의 일은 스스로 알아서 해야 한다.

salvo- 1. (형용사) 안전한, 무사한

salvo dai pericoli- 위험으로부터 안전한

2. (명사) 안전, 안전한 곳

avere salva la vita- 목숨을 구하다

Dammi tutti i soldi se vuoi avere salva la vita. 목숨을 구하고 싶거든 내게 돈을 전부 내놔!

essere in salvo- 안전하다, 안전한 장소에 있다

mettere qualcosa (o qualcuno) in salvo- (1) 구하다(= salvare)

(2) ~을 안전한 장소에 두다

L'incendio ha bruciato tutto; niente è stato messo in salvo. 화재가 모든 것을 불태웠다, 아무것도 안전한 것이 없다.

mettersi in salvo- (1) 피난하다, 피신하다(= rifugiarsi)

Riuscirono a mettersi in salvo oltre confine. 그들은 국경을 넘어 피난할 수 있었다.

(2) 무사하다, 벗어나다, 피하다(= salvarsi)

Mettetevi in salvo! 너희들은 무사해!

3. (전치사) ~을 제외하고

salvo il lunedì- 월요일을 제외하고

L'ufficio è aperto tutti i giorni salvo il lunedì. 사무실은 월요일을 제외하고 매일 문이 열려 있다.

salvo lui- 그를 제외하고

Salvo lui, erano tutti presenti. 그를 제외하고 전원 출석했다.

salvo che- ~을 제외하고, ~이외에

Arriverò domani col treno, salvo che non ci sia sciopero. 파업이 없는 한 내일 기차로 도착할 것이다.

Lui ha telefonato a tutti salvo che a me. 그는 나를 제외하고 모두에게 전화했다.

sangue- 피

a sangue freddo- (1) 냉정하게

Bisogna che glielo dica a sangue freddo, senza arrabbiarmi. 화내지 말고, 냉정하게 그에게 말해야 한다.

(2) 잔인하게, 무참하게

L'ha ucciso a sangue freddo. 그는 그를 잔인하게 죽였다.

all'ultimo sangue- 죽을 때까지, 최후까지

È stato un combattimento all'ultimo sangue. 그것은 목숨을 건 싸움이었다.

al sangue- (피가 보일 정도로) 약간 덜 익힌

Preferisco le bistecche al sangue. 나는 덜 구워진 스테이크를 좋아한다.

avere il sangue caldo (o bollente)- 피가 뜨겁다, 정열적이다, 혈기가 왕성하다

avere le mani sporche di sangue- (비유) 남의 죽음/불행에 책임을 지다

avere nel sangue- 타고난 소질(경향)이 있다

È un vero artista. Ha la pittura nel sangue. 그는 진정한 예술가이다. 그는 그림에 타고난 소질이 있다.

Lui ha la musica nel sangue. 그는 음악에 타고난 소질이 있다.

bollire il sangue nelle vene- (피가 끓어 오를 정도로) 발끈하다, 화나다

Dopo il loro rifiuto mi sono sentito bollire il sangue nelle vene. 그들의 거절로 난 피가 끓어 오를 정도로 화가 나는 것을 느꼈다.

Buon sangue non mente. (속담) 피는 속일 수 없다.

cavare sangue a qualcuno- ~에게서 채혈하다; 쥐어 짜다

cavar sangue da una rapa- 찔러서 피도 안 나올 사람에게서 돈을 빌리다, 별따기처럼 힘들다

Che cosa vuoi farci, è mezzo scemo. Non si può cavar sangue da una rapa. 반 미치광이한테 뭘 바라세요. 벼룩의 간을 빼 먹지요.

cattivo sangue- 나쁜 피, 악감정, 적의(= animosità); 근심(= preoccupazione)

C'è cattivo sangue tra loro. 그들 사이에는 악감정이 있다.

dare il sangue- 수혈하다

Sono andato all'ospedale per dare il sangue. 나는 수혈하기 위해 병원에 갔다.

essere di sangue nobile- 고귀한 가문 출신이다, 귀한 가문이다, 귀족 가문이다

Lui è di sangue nobile. 그는 귀족 가문 출신이다.

fare buon sangue- ~에게 좋다

fare l'esame del sangue- 피검사를 하다, 혈액검사를 하다

Devo fare l'esame del sangue. 나는 혈액검사를 해야 한다.

farsi cattivo sangue (o guastarsi il sangue) per- (1) (흥분해서) 소동을 부리다, 흥분하다

È inutile farsi cattivo sangue, non cambierà mai. 흥분해 봤자 소용이 없어, 그는 안 변할 테니까.

(2) ~에 대해 걱정하다

Non farti cattivo sangue per me! 나 때문에 걱정하지 마!

Il sangue non è acqua. (속담) 피는 물보다 진하다.

lacrime di sangue- 피눈물

non aver sangue nelle vene- 알맹이가 없다, 줏대가 없다; 겁쟁이다

Manca di coraggio; quel ragazzo non ha sangue nelle vene. 그는 용기가 없어. 왜냐 그 소년은 겁쟁이니깐.

perdere sangue- 피를 흘리다

Ha perso molto sangue dal naso. 그는 코피를 많이 흘렸다.

prezzo del sangue- 피 묻은 돈; (비유) 보상금

sangue giovane- 젊은 피, 새로운 인물

sentirsi gelare il sangue- 피가 얼어붙는 듯 하다, 겁에 질려 어쩔 줄 모르다

Quando mi sono reso conto che l'acqua ormai arrivava al primo piano, mi sono sentito gelare il sangue nelle vene. 물이 2층까지 차고 있다는 것을 알게 되었을 때, 나는 겁에 질려 어쩔 줄 몰랐다.

sentirsi ribollire il sangue- 피가 끓어 오르다

Quando penso a tutti i soldi che buttano dalla finestra, mi sento ribollire il sangue. 모든 돈을 창문으로 던진 것을 생각할 때마다, 나는 피가 끓어 오른다.

succhiare il sangue a qualcuno- ~의 고혈을 짜내다

sudare sangue- (장시간) 힘들게 일하다

Tra noi non corre buon sangue. 우리는 사이가 안 좋다. 우리는 서로를 좋아하지 않는다.[4]

uscire il sangue- 피가 나다

Mi esce il sangue dal naso. 코피가 난다.

sano- 건강한

sano come un pesce- 매우 건강한

Ma perché vai sempre dal dottore? Sei sano come un pesce! 왜 늘 의사한테 가는 거니? 넌 아주 건강해!

sano di- ~이 건강한

Lui è sano di mente. 그는 정신이 건강하다.

sano e salvo- 무사히, 탈없이

Dopo essersi persi nel bosco i bambini sono stati trovati sani e salvi. 숲 속에서 길을 잃은 아이들을 무사히 찾았다.

santarellina- 새침데기

essere una santarellina- 범생이처럼 굴다

fare la santarellina (o avere un'aria da santarellina)- 얌전한 체하다, 시치미 떼다, 점잔 빼다

Fa la santarellina, ma ne sa una più del diavolo. 내숭을 떠는 데, 그녀는 개구쟁이다.

santo- 성스러운, 거룩한; 성인

avere i santi (o qualche santo) in paradiso- 높은/중요한 자리에 친구들이 있다, 고위층에 친구가 있다

Ho anch'io i miei santi in paradiso! 나도 고위층에 친구가 있다!

avere qualche santo dalla propria parte- (생명을 앗아갈 수 있는 사고나 위험에서) 수호천사가 있다

Gli van sempre tutte dritte; deve avere qualche santo dalla sua parte. 그는 늘 운이 좋은데, 분명 수호천사가 있을 거야.

essere un santo- 성인(聖人)이다, 인내심이 강하다

Tuo padre è un santo a sopportarti. 네 아버지가 너를 참아주다니 성인이시다.

non c'è santo che tenga- 방법이 없더라도

Tu questo lavoro lo devi fare; non c'è santo che tenga. 방법이 없더라도 너는 이 일을 해야만 한다.

non essere uno stinco di santo- 성인과는 거리가 멀다; 신사라 할 수 없다

È tutta la vita che corre dietro alle donne: non è certo uno stinco di santo. 평생 여자 꽁무니를 따라 다니는데, 그는 분명 신사라 할 수 없다.

non sapere più a che santo votarsi- 어찌할 바를 모르다

Era buio, ero sola ed un uomo mi seguiva. Non sapevo più a che santo votarmi. 어두컴컴하고 혼자인데

한 남자가 나를 따라오고 있었다. 난 어찌할 바를 몰랐다.

Passata la festa, gabbato lo santo. (속담) 똥 누러 갈 적 마음 다르고 올 적 마음 다르다.

Qualche santo ci aiuterà! 꽃필 날이 있겠지!

sapere- 알다, 이해하다

Buono a sapersi!- 알아두면 좋다; 말씀해주셔서 감사합니다!

Che ne so io? 내가 그것에 대해 뭘 알겠어?

Come faccio a saperlo? 내가 어떻게 그것을 알겠어?

Come fai a saperlo? 네가 어떻게 그것을 알 수 있지?

Dio solo lo sa dove è andato a finire. 하느님만이 그가 어떻게 되었는지 알 수 있다.

far sapere qualcosa a qualcuno- ~에게 ~을 알려 주다

non sapere di niente (o nulla)- (1) 아무런 맛이 없다

Questa minestra non sa di niente. 이 수프는 아무 맛이 없다.

Queste mele sono bellissime, ma non sanno di niente. 이 사과는 먹음직스럽게 보이지만, 아무런 맛이 없다.

(2) 재미없다, 진부하다

Un uomo che non sa di nulla. 매우 진부한 사람이다.

non volerne sapere- ~에 관계하기를 원하지 않다

Non ne ha voluto sapere di fare quel lavoro con lei. 그는 그 일을 그녀와 함께 하기를 거절했다.

Non voglio più saperne di lui. 나는 그와 더 이상 관계하고 싶지 않다.

Non si sa mai. 아무도 알지 못한다. 아무도 알 수가 없다.

sapere di- ~한 맛이 나다

L'insalata che sto mangiando sa troppo di aceto. 내가 먹은 샐러드는 너무 신맛이 난다.

Non mi piace quest'arrosto, sa di bruciato. 탄 맛이 나서 난 이 구운 고기가 마음에 안 든다.

sapere di tutto- 모든 것에 대해서 알다

È un genio, sa veramente di tutto. 그는 천재여서 정말 모든 것을 다 안다.

saperci fare- ~을 다루는데 재주가 있다, 뭐가 뭔지를 알다(= essere in gamba)

Mio marito ci sa fare con i bambini. Riesce sempre a farsi ubbidire. 남편은 아기들을 다루는 데 재주가 있다. 그는 늘 말을 잘 듣게 할 수 있다.

(2)~을 다룰 줄 알다

Non so che farci. 내가 그걸 어떻게 해야 할 지 모르겠다.

Si può sapere cosa vuoi? 네가 뭘 바라는지 알 수 있을까?

sapore- 맛

avere sapore di- ~의 맛이 나다

Che sapore ha? 무슨 맛이야?

dare sapore- 맛들이다, 맛을 가하다

dare sapore a- ~에 맛을 더하다, ~에 활기를 주다

lasciare un cattivo/buon sapore in bocca- 뒷맛이 쓰다(개운치가 않다)/뒷맛이 깔끔하다.

non avere sapore (o essere senza sapore)- 아무 맛이 없다; 경험이 없다

Questa carne non ha sapore. 이 고기는 아무 맛이 없다.

saputo- 알려진, 이미 알고 있는

fare il saputo- 아는 체 하다, 유식한 티를 내다

Fa il saputo, ma è un ignorantone. 그는 유식한 티를 내지만, 무식한 사람이다.

Non fare il saputo. 시시콜콜 따지지 좀 마. 잘난 체 하지 좀 마.

saputo e risaputo- 잘 알려진; 진부한

È una cosa saputa e risaputa che lui ha un'amante. 그가 애인이 있다는 사실은 익히 알려진 일이다.

sardina- 정어리

pigiati come sardine- 빽빽하게 들어찬, 콩나물 시루같이 꽉 채워진

Siamo riusciti a salire sull'autobus, ma eravamo pigiati come sardine. 우리는 버스에 탈수 있었지만, 콩나물 시루처럼 꽉 찬 상태였다.

sasso- 돌

avere un cuore di sasso- 심장이 얼음 같은 사람이다, 냉혹한/매몰찬 사람이다; 눈물이 없다

far piangere anche i sassi- 돌마저 울게 한다

La storia della sua vita è così triste che farebbe piangere anche i sassi. 그의 일대기는 너무 슬퍼서 돌마저 울게 할 것이다.

fare pietà ai sassi- 매정한 마음을 움직이다

gettare sassi in piccionaia- 자기 집안/편/나라를 헐뜯다

Lo sanno anche i sassi! 그건 모두가 안다! 그런 것은 상식이다!

restare (o rimanere) di sasso- 아연실색하다; 놀라서 말이 안 나오다, 말문이 막히다

Alla brutta notizia sono restata di sasso. 나쁜 소식에 나는 말문이 막혔다.

tirare il sasso e nascondere la mano- 비밀리에 공격하다, 익명으로 비난하다

Tu sei brava a tirare il sasso e nascondere la mano, ma un giorno ti scopriranno. 너는 익명으로 비난하는데 능숙하지만, 언젠가 밝혀질 것이다.

tirare sassi in piccionaia- 집안/나라의 명예를 실추시키다

tirare un sasso a qualcuno- ~에게 돌을 던지다

sazietà- 포식

a sazietà- 충분히, 가득히(= in abbondanza); 원하는 만큼 실컷

averne a sazietà- 여유작작하다, 주체를 못하다, 충분하고도 남다

bere a sazietà- 잔뜩 마시다

mangiare a sazietà- 실컷 먹다, 포식하다

sbafo- (공짜로, 졸라서) 얻어냄, 우려냄

a sbafo- 공짜로

Approfittano un po' troppo della sua generosità. A pranzo mangiano sempre a sbafo! 그들은 그의 관대함을 너무 이용해. 그들은 늘 점심을 공짜로 먹는다!

sbagliare- 1. (타동사) 실수하다, 잘못하다

sbagliare i conti- (비유) 큰 실수를 하다, 계산이 틀리다, 오해하다

Hai sbagliato i tuoi conti se credi di imbrogliarmi. 너 나를 속일 수 있다고 믿는다면 계산 잘못한 거다.

sbagliare il conto- 계산을 잘못하다, 계산을 실수하다

Il cameriere ha sbagliato il conto. 종업원이 계산을 실수했다.

sbagliare numero- 전화를 잘못 걸다

Ho sbagliato numero. 제가 전화를 잘못 걸었어요.

sbagliare strada- 길을 잘못 들다

Hai sbagliato strada, devi tornare indietro. 너 길을 잘못 들어왔어, 되돌아 가야 해.

sbagliare tutto- 엉망으로 만들다; 완전히 오해하다

Ho sbagliato tutto. 내가 모든 것을 그르쳤다. 내가 모든 잘못을 했다.

sbagliare treno- 기차를 잘못 타다

sbagliarla- 실수하다, 잘못하다

La sbagli se credi di convincermi. 나를 설득하리라 믿는다면 네가 실수한 거다.

2. (자동사) 실수하다

Sbagliando si impara. (속담) 실수하면서 배운다.

sbagliare a 동사원형-~하는 것은 실수하는 것이다

Hai sbagliato a parlargli in quel modo. 네가 그런 식으로 그에게 말한 것은 실수한 것이다.

Ho sbagliato a venire qui. 여기 오길 잘못했다.

Sbagli ad avere fiducia in quella persona. 그 사람을 믿는 것은 네가 실수한 거다.

sbagliarsi di grosso- (1) 엄청난 실수를 하다, 크게 실수하다

Ti sbagli di grosso se credi che pagherò io. 너 내가 지불할 거라고 생각한다면 크게 실수한 거야.

(2) (추측이) 빗나가다, 잘못 짚다; 엉뚱한 사람을 괴롭히다/비난하다

Se pensa di farcela da sola, si sbaglia di grosso. 그녀가 혼자서 그것을 할 수 있다고 생각한다면, 번지수를 잘못 짚은 거다.

sbaglio- 실수

Che sbaglio non averci pensato prima! 미리 그 생각을 못하다니 이런 실수가 어디 있어!

fare uno sbaglio- 실수하다, 잘못이다

Ho fatto uno sbaglio. 나는 한 가지 실수를 했다.

Quando parlo italiano faccio ancora molti sbagli. 나는 이탈리아어를 말할 때 아직 많은 실수를 한다.

pagare per i propri sbagli- 자기 잘못의 대가를 치르다

per sbaglio- 실수로

Per sbaglio prese il mio ombrello. 그는 실수로 내 우산을 가져갔다.

riconoscere i propri sbagli- 자신의 실수를 알다

sbandata- (배, 차 등의) 갑자기 기울어짐, 미끄러짐, 진압, 혼잡

prendere una sbandata- (차, 오토바이 등이) 미끄러지다

prendersi una sbandata per qualcuno-~에게 홀딱 반하다

Ha preso una sbandata per quella ragazza. 그는 그 소녀에게 홀딱 반했다.

sbaraglio- 패주, 패배

buttarsi allo sbaraglio- (경험이 없는, 제대로 준비가 안 된) 어려운/힘든 일에 뛰어들다

Si è buttato allo sbaraglio e ha rischiato forte, ma ce l'ha fatta. 그는 어려운 일에 뛰어들어 많은 위험

이 있었지만, 극복했다.

mandare allo sbaraglio- (군대) 패배가 짙은 곳에 보내다; 곤란한 일을 시키다, 궁지에 빠뜨리다

sbieco- 경사진, 비스듬한

di sbieco- 기울어져, 비스듬히; 옆으로, 모로; (재단) 비스듬히, 대각선으로; 삐딱하게; 곁눈으로, 의심의 눈으로

guardare qualcuno di sbieco- ~을 곁눈질로 보다; ~을 의심/불신의 눈으로 보다

tagliare una stoffa di sbieco- 재단을 비스듬히 자르다

sbrigare- 서두르다, 처분하다, 재빨리 처리하다

sbrigarsela- ~을 처리하다, 맡아 하다, 조치를 취하다

Sbrigatela tu, io non ho tempo. 네가 처리해, 나는 시간이 없어.

sbrigarsi a 동사원형- 서둘러 ~하다(= fare presto)

Sbrigati, è ora di andare! 서둘러, 가야 할 시간이야.

Sbrighiamoci a partire! 우리 서둘러 떠나자!

sbrogliare- (엉킨 것을) 풀다, 펼치다; 해결하다(= risolvere)

sbrogliare la matassa- 비밀/수수께기를 풀다; 문제를 풀다

La polizia è riuscita a sbrogliare la matassa. 경찰은 비밀을 풀 수 있었다.

non riuscire a sbrogliarsela- 곤경/궁지에서 벗어날 수 없다

sbrogliarsela da sé- (남의 도움 없이) 혼자 힘으로 해내다, 자활하다

Sbrogliatela da solo, per favore; ormai sei grande! 제발 혼자 힘으로 해라. 너도 이제 다 컸다!

scacco- 체스게임

camicia a scacchi- 체크무늬 셔츠

subire uno scacco- 패배를 당하다, 고배를 마시다, 좌절 당하다

La Francia ha subito uno scacco nella partita con la Corea. 프랑스는 한국과의 경기에서 고배를 마셨다.

tenere in scacco- 억제하다, 억누르다

È riuscito a tenerli in scacco per più di due giorni da solo, poi si è arreso. 그는 혼자서 이틀간 그들을 억제할 수 있었지만, 그 후에 항복했다.

vedere il sole a scacchi- 교도소에 수감되어 있다

scalino- 걸음, 계단, (계단의) 한 단, 단계

raggiungere lo scalino più alto- 최고 단계에 오르다

Ha raggiunto lo scalino più alto; è al massimo della carriera. 그는 최고 단계에 올랐는데, 경력의 절정에 있다.

scalpore- 물의, 혼란, 야단법석

fare (o destare) scalpore- 물의를 일으키다/빗다

La notizia ha fatto scalpore; nessuno se l'aspettava. 아무도 예상치 못했기에, 그 소식이 물의를 일으켰다.

scambiare- 1. (타동사) 오해하다; 교환하다

scambiare due parole con qualcuno- ~와 잠시 얘기를 나누다

scambiare i prigionieri- 포로를 교환하다

scambiare qualcuno per un altro- ~을 다른 사람으로 잘못 알다

Non l'ho riconosciuto subito, a prima vista l'ho scambiato per un estraneo. 나는 즉시 그를 알아보지 못했는데, 처음 봤을 때 그를 낯선 사람으로 오해하였다.

2. (재귀동사) 교환하다

scambiarsi delle informazioni- 정보를 서로 교환하다

scambiarsi un bacio- 서로 키스를 나누다

scambio- 교환

fare uno scambio- 교환하다

Se vuoi, possiamo fare uno scambio di ospitalità. 네가 원한다면 우리는 숙식을 교환할 수 있다.

scanso- (주로 아래의 구로)

a scanso di- 피하기/막기 위해

a scanso di equivoci- 오해를 피하기 위해

A scanso di equivoci, è meglio dirle che siamo al corrente dei loro problemi finanziari[5]. 오해를 피하기 위해, 그들의 재정문제에 대하여 우리가 알고 있는 것을 그녀에게 말하는 것이 낫다.

scappare- 도망가다

a scappa e fuggi- 정신 없이, 아주 급하게(= in gran fretta)

di qui non si scappa- 여기에서 떠날 수 없다

Il lavoro dev'essere finito oggi e di qui non si scappa. 오늘 일을 마쳐야 하기에 여기에서 떠날 수 없다.

fare scappare- 달아나게 하다, 도망가도록 돕다; ~의 책임을 면해주다

Gli scappa la pipì! 그는 화장실이 무척 급하다.

lasciarsi scappare un lavoro- 일자리를 놓치다

lasciarsi scappare un'occasione- 기회를 놓치다

Mi lasciai scappare una bella occasione. 나는 멋진 기회를 놓쳤다.

scappare di mano- 손에서 미끄러지듯 떨어지다, 손에서 흘러 내리다

Mi è scappata di mano la penna. 펜이 손에서 흘러 내렸다.

scappare di mente- 잊어버리다, 생각나지 않다

Scrivilo, altrimenti ti scappa di mente. 그것을 적어, 너 안 그러면 잊어버린다.

scaramanzia- 주문, 미신적 습관/행위

per scaramanzia- 행운이 따르게, 부정 타지 않기 위해, 액을 쫓기 위해

Meglio non parlarne per scaramanzia. 부정 타지 않게 말하지 않는 게 낫다.

scaricabarile- 어린이 놀이의 일종

fare a scaricabarile- ~의 탓으로 하다; 책임/비난을 전가하다

Era colpevole come gli altri, ma ha fatto a scaricabarile. 그는 다른 사람들과 마찬가지로 죄가 있었지만, 책임을 전가했다.

scaricare- 짐을 내리다, 짐을 부리다

essere scaricato- 해고되다; 퇴짜 맞다

---

[5] 'Essere al corrente di'란 '~에 대하여 알고 있다/~을 알다'는 뜻이다.

È stata scaricata dal suo ragazzo perché l'ha vista al cinema con un altro. 그가 극장에서 다른 남자와 함께 있는 그녀를 보았기에 그녀는 남자친구로부터 퇴짜 맞았다.

scaricare la colpa addosso a qualcuno- ~에게 비난의 화살을 돌리다, ~에게 잘못을 전가하다

scaricare la propria rabbia su qualcuno- ~에게 화풀이 하다

scaricare le proprie responsabilità su qualcuno- ~에게 자신의 책임을 돌리다

scaricare la batteria- 건전지가 다 떨어지다

scarpa- 구두

avere il cervello nelle scarpe (o il giudizio sotto la suola delle scarpe)- 전혀 지혜가 없다; 덜렁이다

essere una scarpa- 전혀 가치가 없다, 전혀 쓸모가 없다

Come pianista è proprio una scarpa; non riesce neanche a fare le scale. 그는 음계조차도 치지 못하기 때문에, 피아니스트로서 전혀 가치가 없다.

fare le scarpe a qualcuno- (일자리, 권좌에서) 몰아내다, 축출하다; ~을 배신하다, 뒤통수를 치다

Mi hanno fatto le scarpe e mi sono trovato licenziato in tronco. 그들이 나를 쫓아내서 갑자기 해고당했음을 알았다.[6]

lustrare le scarpe a qualcuno- 아첨하다, 알랑거리다[7]

È riuscito a far carriera a forza di lustrare le scarpe al direttore. 그는 지배인에게 알랑거려서 승진할 수 있었다.

morire con le scarpe ai piedi- 순직하다, 전사하다, 횡사하다; 돌연사 하다

rimetterci anche le scarpe- 빈털터리/알거지가 되다

Ho cercato di aiutarli e ci ho rimesso anche le scarpe. 그들을 돕고자 애썼는데 난 알거지가 되었다.

scarpa vecchia- 쓸모가 없는 사람/물건; (여자) 할머니, 노파

scarpe da calcio- 축구화

scarpe da ginnastica- 운동화

scarpe da tennis- 테니스화

scarpe di tela- 캔버스화

scarpetta- 유아용/어린이 신발

fare la scarpetta- 빵 한 조각으로 소스까지 접시를 깨끗이 닦아 먹다[8]

Nei ristoranti faccio la scarpetta senza esistazione. È maleducazione?
나는 식당에서 주저없이 빵조각으로 접시에 남은 소스를 깨끗이 닦아 먹는다. 예의에 어긋날까?

scartoffia- 종이, 용지; 사무, 문서 업무[9]

le scartoffie (burocratiche)- (1) (못마땅함) 관료적 형식주의, 관료주의

Il venti per cento del nostro lavoro consiste nella compilazione di scartoffie. 우리 업무의 20%는 관료적 형식주의로 이루어져 있다.

(2) 서류

---

[6] 'in tronco- 예고 없이, 즉석에서, 갑자기'란 뜻이며, 'licenziare in tronco- 대량 해고하다'라는 의미의 관용어이다.

[7] 유사 관용어는 'leccare i piedi a qualcuno'이다.

[8] 파스타가 나오면 파스타를 먹고 남은 소스를 빵으로 깨끗하게 먹어 치울 때 사용하는 관용어이다.

[9] 관공서의 불필요한 요식과 관료주의를 꼬집는 말로는 'burocrazia'라는 단어를 일상에서 더 자주 사용한다.

Prendi le tue scartoffie e fila! 네 서류를 가지고 나가!

passare la giornata in mezzo alle scartoffie- 서류 작업으로 하루를 보내다

scatola- 상자

a scatola chiusa- (물건을 구입할 때) 현물/실물을 보지 않고; 예비조사를 하지 않고

Stimo molto quelle persone, e quindi ho accettato di partecipare al loro progetto a scatola chiusa. 나는 그들을 매우 존중한다. 그래서 예비조사를 하지 않고 그들 사업에 참여하기로 동의했다.

averne piene le scatole- 싫증이/진절머리가 나다, 물리다

Ne ho piene le scatole dei vostri progetti: non concludete mai nulla! 난 너희 계획에 진절머리가 난다. 죽도 밥도 안 된다(아무것도 안 된다)!

frutta in scatola- 과일 통조림

Levati dalle scatole! 귀찮게 하지 마!

mettere in scatola- 통조림으로 가공하다

rompere le scatole a qualcuno- ~을 귀찮게 하다, ~을 성가시게 하다

Ho da fare; non mi rompere le scatole. 나 바쁘니깐, 귀찮게 하지 마.

togliersi dalle scatole- 꺼져 버려(= andarsene); ~을 내버려두다(= lasciare in pace)

una scatola di- 한 상자의

una scatola di cioccolatini- 초콜릿 한 상자

scatto- 튀어 오름

a scatti- 변덕스럽게, 급하게; 절뚝거리며, 주저하며; 하다가 말다가

camminare a scatti- 절뚝거리며 걷다

di scatto- 갑자기(= all'improvviso); 깜짝 놀라서(= con un sobbalzo)

Si è alzato di scatto e se ne è andato senza salutare nessuno. 그는 갑자기 일어나서 아무에게도 인사도 하지 않고 가버렸다.

parlare a scatti- 주저하며/머뭇거리며 말하다

scegliere- 선택하다

scegliere di fare qualcosa- ~하는 것을 선택하다

Ha scelto lui di fare quel lavoro. 그는 그 일을 하기로 했다.

scelta- 선택

a scelta- 선택에 따라, 선택적인; 원해서, 자진해서

di prima scelta- 최고 품질의, 아주 질 좋은

di seconda scelta- 이류의, 썩 훌륭하지는 못한

fare la scelta- 선택하다

Fatta la scelta, non si torna indietro. 선택을 한 이상 돌이킬 수 없다.

Hai fatto questa scelta? 너 이러한 선택을 했니?

non avere scelta- 선택의 여지가 없다

Non avevo altra scelta. 나는 달리 선택의 여지가 없었다.

scena- 무대, 장면, 경치

andare in scena- 상연하다, 공연되다

Chi è di scena? 누구 순서지? 누구 차례지?

dietro le scene- 무대 뒤에서; 막후에서, 은밀히

entrare in scena- 무대에 나오다, 등장하다; 모습을 나타내다

essere di scena- 공연/상연 예정이다; 주목/관심을 끌다

essere al centro della scena- 각광을 받다, 세상의 주목을 받다

fare scena- 감명을 주다, 인상을 주다; 멋지게 보이다

Non sono perle vere, però fanno scena. 진짜 진주는 아닌데 멋지게 보여.

fare scena muta- 한마디도 못하다, 말문이 막히다

Si era preparata bene per l'esame, ma davanti al professore ha fatto scena muta. 그녀는 충분히 시험을 준비했는데, 교수 앞에서 말문이 막혔다.

fare una scena- 한바탕 소란을 피우다, 야단법석을 떨다, 소란을 피우다

mettere in scena- 무대에 올리다

per far scena- 인상을 주기 위해서

ritirarsi (o scomparire) dalle scene- 무대를 떠나다, 퇴장하다

salire sulla scena- 무대에 오르다

uscire di scena- 무대를 떠나다, 무대에서 나오다

scendere- 내려오다

far scendere l'acqua per il bagno- 욕조에 물을 채우다

Le sue parole mi scescero al cuore. 그의 말이 내 마음을 움직였다.

scendere a patti con qualcuno- ~와 협상하게 되다

Scende la neve. 눈이 내린다.

scendere da- ~에서부터 내려오다

Il bambino scende dalla sedia. 아이가 의자에서 내려온다.

scendere di cattedra (o dal pulpito)- 잘난 체하는 태도를 버리다

scendere giù- 아래로 내려오다, 밑으로 내려가다

La macchina sta nel box. Scendo giù a prenderla. 차가 차고에 있어요. 내가 내려가서 가져올게.

scendere in campo- (스포츠) 경기를 시작하다; 갈등/논란에 접어들다; 정치판에 뛰어들다

scherzare- 농담하다, 놀다

c'è poco da scherzare- 농담할 일이 아니다, 장난이 아니다

Con la febbre c'è poco da scherzare. 열이 장난이 아니다.

scherzare col fuoco- 불장난/위험한 짓을 하다

scherzare con- ~와 장난치다, ~와 농담하다

Il padre scherza spesso con i suoi bambini. 아버지는 종종 아이들과 장난을 친다.

scherzare con la morte- 목숨을 건 도박을 하다

scherzo- 농담

A Carnevale ogni scherzo vale. (속담) 카니발에는 모든 것이 다 허용된다.

fare un brutto scherzo- 속이다, 골탕을 먹이다; ~의 기대를 저버리다, ~을 실망시키다

Il mare delle volte fa dei brutti scherzi: sembra tranquillo e poi s'ingrossa nel giro di un quarto d'ora. 바

다는 때때로 속이는데, 고요하다가도 삽시간에 거칠어진다.

fare uno scherzo a qualcuno- ~을 속이다(= giocare un tiro); ~을 놀리다(= prendere in giro)

Il motore non mi ha mai fatto scherzi. 엔진이 나를 실망시킨 적이 없었다.

per scherzo- 농담으로, 장난으로

Certe cose non si dicono nemmeno per scherzo. 어떤 일들은 농담으로도 말해서는 안 된다.

Scherzi a parte- 농담은 그만하고, 농담은 차치/고사하고

senza scherzi- 진지하게, 진짜로

Ti assicuro, senza scherzi. 정말이야, 농담하는 게 아니야.

schiaffo- 손바닥으로 때리는 것

dare uno schiaffo a qualcuno- (손바닥으로) ~을 철썩 때리다/치다

Lui mi ha dato uno schiaffo. 그가 나를 철썩 때렸다.

faccia da schiaffi- 뻔뻔스러운 사람, 철면피

prendere a schiaffi qualcuno- ~의 뺨을 때리다, 따귀를 때리다

un modo di fare che tira gli schiaffi- 짜증나는 방식

schianto- 폭발음, 대 음향

di schianto- 갑자기

schiena- 등, 뒤

di schiena- 뒤에서, 등 너머로; 뒷모습

L'ho visto solo di schiena. 나는 그를 뒷모습만 보았다.

piegare la schiena- 허리를 굽히다; (비유) 패배를 인정/시인하다[10]; 무릎을 꿇고 간청하다

Era un uomo molto orgoglioso, ma ha dovuto piegare la schiena. 그는 자존심이 강한 사람이었지만, 허리를 굽혀야만 했다.

pugnalare qualcuno alla schiena- ~의 뒤통수를 치다, ~을 배신하다

rompersi la schiena- 등골이 부러지다; (비유) 등골이 휘도록 일하다

sentirsi gli anni sulla schiena- 세월의 무게를 느끼다

voltare la schiena a qualcuno- ~에게 등을 돌리다, ~을 저버리다

schietto- 솔직한, 순수한

a dirla schietta- 솔직히 말해서

schifo- 불쾌, 역겨움

avere a schifo qualcosa- ~하기를 꺼리다

fare schifo- (1) 역겹다; 혐오감을 유발하다

Questo odore mi fa schifo. 이 냄새는 역겹다.

(2) 역겹게 하다, 메스껍게 하다, 구역질나다

Mi fa schifo solo a vederlo. 나는 그를 보는 것만으로도 구역질난다.

(3) (고약한) 냄새가 나다

Lavati, che fai schifo! 가서 좀 씻어, 아주 고약한 냄새가 나!

---

[10] 유사 관용어는 [**vinto**] 'darsi per vinto'이다.

(4) 끔찍하다, 지독하다, 지독히도 싫다; 아주 지저분하다

Ha su un vestito che fa schifo. 그녀의 옷은 정말 끔찍하다; 그녀의 옷은 정말 지저분하다.

(5) 짜증나다

sentire schifo per qualcuno- ~에 혐오감을 느끼다

schiuma- 거품

avere la schiuma alla bocca- (성나서) 입에 거품을 물다, 격노하다

유사 관용어 [**amaro**] 'avere la bava alla bocca'를 보시오.

schizzare- 솟아나다, 분출하다

I suoi occhi schizzavano odio. 그의 눈에 증오감이 빛났다.

Schizzava fuoco dagli occhi. (분노나 두려움으로) 눈에 불꽃이 튀었다.

scia- 항적(배의 지나간 자리), 흔적, 자취

seguire la scia (o mettersi sulla scia) di qualcuno- ~의 뒤를 따라가다, ~의 선례를 따르다

유사 관용어 [**orma**] 'seguire le orme'를 보시오.

Scilla- (그리스의 신) 쉴라

essere (o trovarsi) tra Scilla e Cariddi- 진퇴양란에 빠지다[11]

Non sapevamo come tirarci fuori dai guai. Eravamo tra Scilla e Cariddi e qualsiasi decisione comportava dei pericoli. 우리는 어떻게 곤경에서 빠져 나올지를 몰랐다. 우리는 진퇴양란에 빠져서 어떠한 결정도 위험을 수반했다.

sciopero- 파업

entrare in sciopero- 파업에 들어가다

essere in sciopero- 파업 중이다

Gli operai sono in sciopero da molto tempo e per questo l'azienda è in forte passivo. 노동자들이 오래 전부터 파업 중이어서 기업은 커다란 적자이다.

fare sciopero- 파업하다

sciroppare- 시럽으로 달게 하다

sciropparsi qualcuno- ~을 참다, 참아야만 하다; 끝까지 앉아서 들어야만 하다(= dover ascoltare)

Si è sciroppato quel gran saccente tutta la sera. 그는 밤새도록 잘난 체하는 그 사람의 이야기를 끝까지 앉아서 들어야만 했다.

(2) 돌보아야만 하다(= badare a)

Mi sono sciroppato una vecchia zia per una settimana. 나는 한 주 동안 나이 드신 이모님을 돌보아야만 했다.

scongiuro- 악령퇴치, 구마

fare gli scongiuri- 부정 타지 않기를 빌다, 행운을 빌다[12]

L'esame è difficilissimo; facciamo gli scongiuri e speriamo che vada bene. 시험이 아주 어려운데, 행운을 빌면서 시험을 잘 치기를 바라자.

---

[11] 이 관용어는 호머의 오딧세이(Odissea) XII, 73,235; 베르길리우스의 장편 소설 아이네이스(Aeneis) III, 420; 단테의 신곡(Divina Commedia) 지옥 VII, 22에서 인용되었다. 고대 지역명인 'Scilla'는 오늘날 'Carofalo' 또는 'Garofalo'라고 부른다.

[12] 이 관용어는 'toccare ferro, per scaramanzia, sperare che una cosa non succeda'와 같은 의미이다.

sconquasso- 파괴, 대혼란, 붕괴

fare uno sconquasso- 소동을 일으키다, 야단법석을 떨다; 화내다

Quando ha visto che avevamo fatto di testa nostra, ha fatto uno sconquasso. 그는 우리가 우리 생각대로 했던 것을 보자, 야단법석을 떨었다.[13]

scontato- 할인된, 공제된, 보상된, 경감된

dare per scontato- ~을 당연한 일로 여기다, 대수롭지 않게 여기다

Non si può dare per scontato il suo consenso. 그의 동의를 당연한 일로 여길 수 없다.

sconto- 할인

acquistare [comprare] con uno sconto- 할인해서 구입하다 [사다]

avere uno sconto del 20%- 20% 할인을 받다

Ho pagato in contanti per avere uno sconto del 20%. 난 20% 할인을 받기 위해 현금으로 계산했다.

fare (o concedere) uno sconto- 할인하다, 할인을 하다; 깎아주다

Le faccio uno sconto del 10%. 10% 할인해 드릴게요.

Potrebbe fare un po' di sconto? 조금 깎아줄 수 있나요?

farsi fare uno sconto- 할인을 받다

scoprire- 발견하다; 폭로하다; 식별하다

scoprire di fare qualcosa- ~임을 밝히다, ~하는 것을 알게 되다

Solo ora ho scoperto di essere stato ingannato. 지금에서야 내가 속았다는 것을 알게 됐다.

scoprire gli altarini- 집안의 비밀이 드러나다

scoprire il gioco di qualcuno- ~을 간파하다; ~에게 엄포대로 해 보라고 하다

scoprire il proprio gioco- 손안의 패를 보이다, 의도를 알려 주다; (자신도 모르게) 비밀을 발설하다

scoprire il trucco- 속임수를 간파하다

scoprire l'acqua calda- (이미 있는 것을 다시 만드느라) 쓸데없이 시간을 낭비하다

scornare- 뿔을 자르다

scornarsi- 낙담하다, 비참하게 실패하다; 굴욕을 당하다, 조롱을 받다, 웃음거리가 되다

scorpacciata- 배 가득함, 만복(滿腹), 포만

fare una scorpacciata di- (1) ~을 마구 먹다, 배가 부르도록 먹다

Abbiamo raccolto le fragole nei boschi e la sera abbiamo fatto una scorpacciata. 우리는 숲 속에서 딸기를 따서 그날 밤 배가 부르도록 먹었다.

(2) ~을 실컷 하다

In vacanza mi sono fatto una scorpacciata di film. 휴가 때 나는 영화를 실컷 보았다.

scorta- (1) 안내, 호위, 호송

fare da scorta- 호위/호송하다, 에스코트하다

Mi fece da scorta fino a casa. 나를 집에 까지 에스코트했다.

essere di scorta- 호위/호송하다

essere di scorta ai prigionieri- 죄수를 호송하다

---

[13] 'Fare di testa propria - 자기 생각대로 하다라는 의미의 관용어이다.

senza scorta- 호위 받지 않은, 동반자가 없는

sotto scorta- 호위를 받으며

sotto la scorta di- ~의 지도 아래

(2) 비축, 저장

di scorta- 여분의, 예비용의

Oh no! Non ho la ruota di scorta. 오 안돼! 스페어 타이어가 없어.

fare scorta di qualcosa- ~을 비축하다

Dobbiamo fare scorta d'acqua. 우리는 물을 비축해야 한다.

scorza- 나무껍질, 기나피(皮); 피부, 외견

avere la scorza dura- 낯이 두껍다; 무신경/둔감하다; 강인하다, 굳세다

Ha la scorza dura e riuscirà facilmente a superare questo momento difficile. 그는 강인해서 손쉽게 이 어려운 시기를 극복할 수 있을 것이다.

scottatura- 화상, 햇볕에 탐; 삶기, 데치기; 불쾌한 경험

prendere una scottatura- 데다, 화상을 입다; (비유) 실망하다, 불쾌한 경험을 하다

S'è preso una tale scottatura con i progetti strampalati del suo amico che non lavorerà mai più con lui. 그는 친구의 두서 없는 계획으로 실망하고서, 더 이상 그와 함께 일하지 않을 것이다.

scrocco①- 남에게 조르는 행위, 식객, 기식자

mangiare a scrocco- 빌붙어 먹다

Sfido che riesce a sbarcare il lunario! Mangia sempre a scrocco e non spende un euro. 난 분명 그가 생계를 이어갈 수 있다고 생각한다! 그는 늘 빌붙어 먹고 한 푼도 내지 않아.[14]

vivere a scrocco- 뜯어먹다; 빌붙어 살다, 공짜로 얻어먹다

scrocco②- 찰칵(하는 소리)

coltello a scrocco- 접는 칼

serratura a scrocco- 용수철 자물쇠; 자물쇠

scrupolo- 주저, 망설임; 세밀함, 면밀함

avere (o farsi) scrupolo di- (1) ~에 대해 망설이다, ~을 주저하다

Non si fa nessuno scrupolo di telefonarci di notte. 그녀는 밤늦게 우리에게 전화하는 것을 주저하지 않는다.

(2) ~에 대해 양심의 가책을 느끼다

Non avrebbe (o si farebbe) scrupolo di uccidere. 그는 살인에 대해 양심의 가책을 느끼지 않을 것이다.

con scrupolo- 용의주도하게; 양심적으로; 정확히, 정밀하게

essere senza (o privo di) scrupoli- ~함을 주저하지 않다, ~함을 망설이지 않다

un lavoro fatto con scrupolo- 용의주도하게/양심적으로 한 일

scucito- (옷 등의) 솔기를 푼; (문장 등이) 앞뒤가 안 맞는 말을 하는, 일관성이 없는

un discorso scucito- 장황하고 두서없는 말, 횡설수설

Ha fatto un discorso tutto scucito, ma pare che voglia dare le dimissioni. 그는 횡설수설 말했는데, 내

---

[14] 'Sbarcare il lunario- 그럭저럭 헤어나다; 생계를 이어가다'라는 의미의 관용어이다. [**Lunario**]를 보시오.

가 그만두기를 바라는 것 같다.

scudo- 방패

a forma di scudo- 방패모양의

alzata (o levata) di scudi- (대중들의) 격렬한 항의/반응

Quando il Presidente ha proposto di eleggere lui come segretario, c'è stata una generale alzata di scudi e tutti si sono opposti. 대통령이 그를 차관으로 발탁할 것을 제안하자, 대중들의 격렬한 항의가 있었고 모두가 그것을 반대했다.

fare scudo a qualcuno- ~을 보호하다

farsi scudo di qualcuno/qualcosa- ~을 방패로 삼다; (비유) ~뒤에 숨다

portare qualcuno sugli scudi- ~을 칭송하다, 환호를 보내다

scuola- 학교

fare scuola- 가르치다(= insegnare); 추종자를 가지다(= avere seguaci); 커다란 영향을 끼치다; 모범을 보이다, 귀감이 되다

È stato il primo a fare causa a quell'ospedale, ma il suo esempio ha fatto scuola. 그는 그 병원을 상대로 처음으로 소송을 제기하게 되었는데, 그의 본보기는 귀감이 되었다.

marinare la scuola- (학교를) 무단 결석하다, (학교를) 땡땡이 치다

Non hanno voglia di studiare; marinano la scuola un giorno sì e uno no. 그들은 공부하기가 싫어서 하루 걸러서 학교를 땡땡이 친다.

scuotere- 흔들다, 진동하다

scuotere il giogo- 멍에를 뿌리치다

scuotere la testa- 머리를 설레설레 흔들다, 도리질하다

scuotere le spalle- 어깨를 으쓱하다, 어깨를 움츠리다

scure- 도끼

essere condannato alla scure- 참수형에 처해지다

la scure del Governo sulla previdenza- 사회보장제도에 대한 정부의 삭감

tagliato con la scure- 대충 깎은, 표면이 거친; (비유) 거친, 교양 없는

유사 관용어 [**tagliato**] 'tagliato con l'accetta'를 보시오.

scusa- 사과; 구실

chiedere scusa a qualcuno- ~에게 사과하다

Chiedo scusa. 미안해.

Devi chiedergli scusa del ritardo. 너는 그에게 늦은 것에 대해 사과해야 해.

Sono venuto a chiederti scusa. 나는 네게 사과하려고 왔어.

Sono tutte scuse. 모두 핑계이다.

trovare una scusa- 구실을 찾다

Ogni volta che ti invito, trovi una scusa per non venire. 내가 너를 초대할 때마다 너는 안 올 구실을 찾는구나.

scusare- 1. (타동사) 용서하다

scusare qualcuno di (o per)- ~에 대해 용서하다

Lui mi scusa del ritardo. 그는 늦은 것에 대해 내게 용서를 청한다.

Scusami per il ritardo. 내가 늦어서 미안해.

scusare se- ~하게 되어 미안하다

Scusi se La interrompo. 말씀을 가로 막아 죄송합니다.

Scusi se L'ho fatta aspettare. 기다리게 해서 죄송합니다.

2. (재귀동사) scusarsi- 용서를 구하다, 사과하다

scusarsi con qualcuno- ~에게 사과하다

Lo studente si è scusato con il professore per il ritardo. 학생은 선생님께 지각한 것에 대해서 사과한다.

scusarsi di- ~에 대해 사과하다, 변명하다

Mi scuso del comportamento di mio comportamento. 내 아들의 행동에 대해서 사과드립니다.

sé- 자기 자신, 그 자체

a sé- 분리된, 따로 떨어진; 서로 다른, 별개의, 관련이 없는

È un caso a sé. 그것은 별개의 경우이다.

amore di sé- 자기애(自己愛)

Chi fa da sé fa per tre. (속담) 무언가를 잘 해내고 싶다면, 네가 직접 하라.

da sé- (1) 스스로, 저절로

La porta si chiude da sé. 문이 저절로 닫힌다.

(2) 혼자서(= da solo)

Lui vuole fare tutto da sé. 그는 혼자 힘으로 모든 것을 하길 원한다.

di sé- 모습, 본모습; 자아, 자신

essere chiuso in se stesso- 자기 세계에 갇혀 있다, 남과 거의 안 어울린다, 이웃과 담을 쌓고 지낸다.

È chiuso in se stesso. 그는 남과 거의 안 어울린다.

essere fuori di sé- (1) 정신/넋이 나가다(= essere furioso)

Era fuori di sé dalla gioia. 그는 기뻐서 어쩔 줄을 몰랐다.

(2) 미치다, 제정신이 아니다(= essere impazzito)

non essere in sé (o non essere padrone di sé)- 제정신이 아니다, 정신이 나가다

padronanza di sé- 자제력, 자제심

parlare fra sé e sé- 혼잣말을 하다

Quando lavora parla spesso fra sé e sé. 그는 일을 할 때 종종 혼잣말을 한다.

pensare fra sé e sé- 혼자 생각을 하다

Dopo aver pensato a lungo fra sé e sé, decise di partire. 혼자서 오랫동안 생각한 후 그는 떠날 결정을 했다.

pensare solo a sé- 자기 생각만 하다

Lui pensa solo a sé. 그는 자기 생각만 한다.

per sé (o in sé)/di per sé- 그 자체로, 본질적으로

Il lavoro in sé non era abbastanza stimolante. 일 자체는 그리 흥분되지 않는다.

L'esperienza è stata di per sé interessante. 경험 그 자체로 흥미가 있었다.

La cosa di per sé ha poca importanza. 문제 그 자체는 매우 중요하지 않습니다.

sicuro di sé- 자기 확신, 자신감; (마음의) 평정

tornare in sé/rientrare in sé- (1) 의식이 돌아오다(= rinvenire)

Dopo il colpo in testa ci sono voluti cinque minuti perché rientrasse in sé. 머리에 타격을 받은 뒤 의식이 돌아오는데 까지는 5분이 걸렸다.

(2) 제정신이 들다(= rinsavire)

Dopo che lei lo ha lasciato ha minacciato di ucciderla, ma adesso è tornato in sé. 그녀가 그를 저버리자 그녀를 죽이겠다고 위협했는데, 이제는 제정신이 돌아왔다.

uscire di sé- 제정신을 잃다

Va da sé (che)- 말할 나위도 없는 일이다, ~이란 말할 필요도 없다

secca- 여울, 모래톱, 함정

essere in secca- 궁하다, 빈털터리가 되다

lasciare qualcuno nelle secche- (도움이 필요한) ~을 저버리다; 곤경에 빠진 사람을 내버려 두다/못 본 체하다

Dopo averlo sfruttato l'hanno lasciato nelle secche. È una vergogna. 그들은 등쳐 먹은 다음에 그를 저버렸다. 그것 참 너무하군(유감이야).

seccare- 말리다

Non mi seccare. 날 귀찮게 하지 마

seccato- 싫증나는, 괴로운

avere l'aria seccata- 짜증난 것처럼 보이다, 짜증난 것 같다

essere seccato di- ~하는 것이 지겹다/싫증나다, ~하는 것에 진저리가 나다

Sono seccato di far sempre lo stesso lavoro. 나는 항상 같은 일만 하는 것이 지겹다.

secchione- 큰 양동이, 들통

un secchione- 공부벌레, 책벌레

È un secchione. Lavora dalla mattina alla sera senza alzare la testa dai libri. 그는 공부벌레야. 그는 하루 종일 책에서 눈을 떼지 않고 공부한다.

secco- 1. (형용사) 건조한, 말린

avere la gola secca- 목이 마르다, 갈증 나다

fare secco qualcuno- ~을 사살하다, ~을 즉사하다, ~을 죽이다

Ha tradito la mafia e l'hanno fatto secco a colpi di lupara. 마피아를 배신하자 그들은 산탄총으로 그를 사살했다.

restarci (o rimanerci) secco- 죽다; 즉사하다; 전사하다; 총을 맞다

Dei cacciatori l'hanno preso per una lepre e gli hanno sparato: a momenti ci restava secco. 몇몇 사냥꾼들이 그를 산토끼로 오인하여 발포했는데, 하마터면 죽을 뻔 했었다.

2. (명사) 건조

essere a (o in) secco di qualcosa- ~이 떨어지다, ~이 마르다

essere a secco di quattrini- 돈이 떨어지다, 돈이 마르다

lasciare qualcuno in secco- ~을 내버려 두다, ~을 저버리다; 망연자실하게 만들다

lavare a secco- 드라이크리닝 하다

Deve lavare questa giacca a secco. 이 쟈켓은 드라이클리닝 하셔야 됩니다.

Lavatura (o lavaggio) a secco- 드라이클리닝

rimanere a secco- 돈이 마르다; 빈털터리다, 무일푼이다

Ha fatto un sacco di spese ed è rimasto a secco. 그는 엄청난 비용을 지불해서 빈털터리가 되었다.

secolo- 1세기, 100년, 시대; 세계, 세상

al secolo- (1) 이 세상에

(2) 본명은, 실명은

Totò, al secolo Antonio de Curtis 토토의 본명은 안토니오 데 쿠르티스

da secoli- (주로 부정문) 백 년 가도 (~하지 않을 것이다); 오랫동안

Non lo vedo da secoli; chissà com'è cambiato. 오랫동안 그를 못 봐서, 그가 어떻게 변했는지 모르겠다.

Non ti vedo da un secolo. 아주 오랜만입니다.

fino alla fine dei secoli- 이 세상의 마지막까지, 영원히

nei secoli a venire- 장래에 (있어서)

nei secoli dei secoli (o per tutti i secoli dei secoli)- 영원히

Gloria al Padre e al Figlio e allo Spirito Santo. Come era nel principio e ora e sempre, nei secoli dei secoli. Amen. 영광의 성부와 성자와 성령께, 처음과 같이 이제와 항상 영원히. 아멘.

nel corso dei secoli- 수 세기 동안

Non metterci un secolo! 시간 너무 잡아먹지 마!

Sono secoli che non lo vedo. 그를 못 본지 무척 오래 되었다.

secondo- 1. (형용사) 두 번째

arrivare secondo- 두 번째로 도착하다; 2등이 되다

È arrivato secondo. 그는 두 번째로 도착했다.

di seconda mano- 중고의

Ho comprato un'auto di seconda mano. 나는 중고 자동차를 구입했다.

in secondo luogo- 다음으로, 두 번째로

non essere secondo a nessuno- 누구에게도 뒤지지 않는다, 최고이다

In inglese non è secondo a nessuno dei suoi compagni. 그는 영어에 있어서 학급 동료들 가운데 그 누구에게도 뒤지지 않는다.

seconda casa- 휴가용 집, 별장

passare in seconda linea- 뒤로 물러나다; 그렇게 중요하지 않다

2. (전치사) ~에 따라

andare secondo il vento- 바람 따라 가다, 하류로 내려 가다

andare secondo la corrente- 대세를 쫓다/따르다, 부화뇌동하다

secondo che gli piaccia o no- 그가 좋으나 싫으냐에 따라

secondo come si mettono le cose- 일이 어떻게 되느냐에 따라

secondo me- 내 경우에, 나에 의할 것 같으면

Secondo me, ti sbagli. 내가 보기에, 네가 실수한 거다.

secondo il tempo- 날씨에 따라

secondo la moda- 유행 따라

Quella signorina veste sempre secondo la moda. 그 아가씨는 항상 유행 따라 옷을 입는다.

secondo i casi- 경우에 따라

sede- 중심지, 소재지, 본부

in sede di- 동안에

in sede di esame- 시험 동안에

in separata sede- 특별 회기에; 개인적으로, 다른 사람이 없는 데서

Non posso spiegartelo adesso. Ne parliamo in separata sede. 지금 그것을 네게 설명할 수 없어. 그것에 대해 다른 사람이 없는 데서 말하자.

sedere- 1. (자동사) 앉다; 엉덩이

fare sedere- (1) 앉게 하다, 앉히다(= mettere a sedere); 앉을 자리를 마련하다(= preparare un posto a sedere)

Fai sedere la signora! 너 부인을 앉게 해! 너 부인에게 앉을 자리를 마련해!

(2) ~에게 자리를 양보하다(= cedere il posto)

Mi fai sedere al tuo posto, per favore! 내게 자리를 양보해 주세요!

mettere qualcuno a sedere- ~을 앉히다

mettersi a sedere- 앉다; (앉아 있는 상태에서) 자세를 바로 하다

Si metta a sedere! 앉으세요! (똑바로) 앉아!

2. (명사) 엉덩이; 좌석

prendere qualcuno per il sedere- ~을 놀리다/곯리다; ~을 속이다/기만하다

Mi ha preso per il sedere con quell'offerta di lavoro fasulla. 그는 허위 일자리 제공으로 나를 속였다.

seduta- 개정, 회의, 개최

essere in seduta- 개회/개최 중이다; (사람) 모임에 참석 중이다

La corte è in seduta. 재판이 진행 중이다; 공판 중이다; 법정이 개정된 상태이다.

segnale- 신호, 표시

al segnale di- ~의 신호에, 표시에

Al segnale del vigile, l'automobilista si è fermato. 교통 경찰의 신호에 자동차 운전자가 멈춰섰다.

segno- 기호, 신호, 표지, 조짐, 상징

avere la testa a segno- 빈틈이 없다; 분별이 있다

colpire (o cogliere, dare) nel segno- 적중하다; 정곡을 찌르다; 바로 맞히다

Questa volta hai proprio colpito nel segno. 이번에는 꼭 들어맞혔다.

dare segni di stanchezza- 피곤한 증세/기세를 보이다

essere fatto segno a (o di)- ~의 대상/표적이 되다

È fatta segno al ridicolo perché è grassa e non vuole mettersi in costume da bagno. 그녀는 뚱뚱해서 수영복을 입기 싫어하는 이유로 놀림의 대상이 되었다.

fare segno di fare qualcosa a qualcuno- ~에게 ~하라는 표시/신호를 하다

fare segno di no- 고개를 가로 젓다, 부정/거부하다

fare segno di sì- (동의하는 뜻으로 고개를) 끄덕이다

Mi fa segno di sì . 그는 내게 동의 하라는 신호를 보낸다.

fare un segno- 표시를 하다

Ha fatto un segno sul libro. 그는 책에 표시를 했다.

in segno di- ~의 표시로, ~로

Lasciò la sala in segno di protesta. 그는 항의의 표시로 홀을 떠났다.

Mi ha scritto una lunga lettera in segno di gratitudine e di stima. 그는 나에게 감사와 존경의 표시로 장문의 편지를 썼다.

mettere a segno un colpo- 명중하다, 과녁을 맞히다; 득점을 올리다

passare il segno- (지켜야 할) 선을 넘다, 도를 넘다

segno di posto a sedere- 앉을 자리 표시

segreto- 1. (형용사) 비밀의

dire qualcosa a qualcuno in segreto- ~을 ~에게 은밀히 말하다

tenere segreto qualcosa- ~을 비밀로 하다, 숨기다

Tieni segreta questa notizia. 이 소식을 비밀로 해.

tenere qualcosa segreto a qualcuno- ~을 ~에게 비밀로 하다

2. (명사) 비밀

cavare un segreto di bocca- ~에게서 비밀을 알아내다

Non riusciremo mai a cavargli il segreto di bocca. 우리는 그에게서 결코 비밀을 알아낼 수 없을 것이다.

il segreto di Pulcinella- 공공연한 비밀

Nessuno doveva sapere del suo matrimonio, ma è il segreto di Pulcinella. 아무도 그의 결혼에 관해 알아선 안됐지만, 그것은 공공연한 비밀이다.

seguito- 계속, 결과, 일련

a seguito di (o in seguito a)- (1) (편지, 이메일 등에서 이전의 관련 편지나 이메일을 언급할 때) ~에 관련하여, ~에 덧붙여; 다음에 나오는, 아래 언급되는

A seguito della vostra lettera 귀사의 서신과 관련하여

(2) ~의 결과로; ~때문에, ~로 인하여(= a causa di)

I lavoratori vennero licenziati in seguito al fallimento. (회사의) 도산으로 노동자들이 해고당했다.

dare seguito a qualcosa- ~을 실행하다, 이행하다

Ci duole di non poter dare seguito alla Vostra ordinazione. 우리가 귀사의 주문을 이행할 수 없어서 유감입니다.

di seguito- (1) 연속해서, 쉬지 않고

Ha parlato per tre ore di seguito. 그는 3시간 동안 쉬지 않고 말했다.

(2) 잇달아, 연이어

Si mangiò sei uova di seguito. 그는 잇달아 계란 여섯 개를 먹었다.

in seguito- 후에, 나중에, 그 뒤에

Mi manderà altri libri in seguito. 그는 다른 책들을 나중에 내게 보낼 것이다.

sembrare- 보이다

sembrare di fare qualcosa- ~하는 것처럼 보이다

Mi sembra di conoscerlo. 내가 그를 아는 것 같다.

Mi sembra di sì. 그런 것 같아요.

seminare- 씨뿌리다, 파종하다

Chi non semina non raccoglie. (속담) 씨를 뿌리지 않는 자는 수확할 것도 없다.

Chi semina vento raccoglie tempesta. (속담) 되로 주고 말로 받다.

Ha raccolto quel che ha seminato. (속담) 뿌린대로 거둔다.

seminare qualcuno- (뒤따르는) ~을 따돌리다

I ladri riuscirono a seminare la polizia. 도둑은 경찰을 따돌릴 수 있었다.

seminare zizzania- 사이를 나쁘게 하다, 이간질시키다; 불화를 일으키다

seminato- 씨를 뿌린, 흩뿌린

uscire dal seminato- 주제에서 벗어나다, 다른 말을 하기 시작하다

Non uscire dal seminato; rispondi esattamente alla mia domanda. 옆길로 새지 말고 내 질문에 정확히 답해.

sempre- 늘, 언제나, 항상

da sempre- (1) 항상, 언제나

Le cose stanno così da sempre. 상황은 늘 그랬다.

(2) 오래 전부터, 태고적부터

Abito qui da sempre. 나는 여기에서 오래 전부터 살고 있다.

Questa usanza esiste da sempre. 이 관습은 오래 전부터 있었던 것이다.

(3) 줄곧, 내내

Credo che lo sapesse da sempre. 나는 그가 그것을 줄곧 알았으리라고 생각한다.

di sempre- (1) 특유의, 늘 하는

Mi sorrise col suo sorriso di sempre. 그는 특유의 미소로 내게 웃음지었다.

(2) 그대로, 여전히 변함 없이

Non è cambiato, è rimasto quello di sempre. 그는 변하지 않았고, 그대로 남아 있었다.

per sempre- 영원히, 영구히(= definitivamente)

Me ne vado per sempre. So che non tornerò mai più in questa città. 난 아주 가. 이 도시에 다시는 돌아오지 않을 거다.

pur sempre- 여전히, 그럼에도 불구하고, 그대로

Sono pur sempre ragazzi. 그들은 여전히 소년이다.

sempre che- 만약 ~라면, ~이기만 하면

Lo puoi fare, sempre che tu lo voglia. 네가 그것을 원하기만 하면 너는 그것을 할 수 있다.

Verremo, sempre che non piova. 비가 오지만 않으면 우리는 갈 것이다.

senno- 사려, 판단, 지혜

col senno di poi- 뒤늦게서야, 나중에서야

Del senno di poi son piene le fosse. (속담) 소 잃고 외양간 고치는 격.

essere fuori di senno- 제정신이 아니다, 이성을 잃다

perdere il senno (o uscire di senno)- 미치다, 정신 나가다

fare tornare in senno qualcuno- ~을 정신차리게 하다

seno- 가슴, 유방

allatare un bimbo al seno- 모유를 먹이다, 아기에게 모유를 먹이다

allevare una serpe in seno- 은혜를 원수로 갚을 사람에게 친절을 베풀다

in seno a- ~의 품 안에, ~가운데, ~에 둘러싸여; ~안에

in seno alla Chiesa- 교회 안에서

in seno alla commissione- 위원회 내부에

portare un figlio in seno- 아이를 배속에 품다, 임신하다

stringere qualcuno al seno- ~을 가슴에 꼭 껴안다

Lo strinse al seno. 그녀는 그를 가슴에 꼭 껴안았다.

tornare in seno alla famiglia- 가정의 품으로 돌아가다

sensazione- 돌풍, 느낌, 대소란

a sensazione- 세상을 놀라게 하는, 돌풍을 일으키는, 선풍적인

avere la sensazone che- ~라는 기분/느낌이 들다

Ho la sensazione che tu abbia ragione. 나는 네가 옳다는 느낌이 든다.

fare sensazione- 큰 물의를 일으키다, 파문을 던지다

La notizia che il procuratore distrettuale era cliente di un giro di prostitute ha fatto sensazione. 지방 검사가 집장촌의 고객이었다는 소식이 큰 물의를 일으켰다.

romanzo a sensazione- 선정적인 소설

sensibile- 민감한

avere la pelle sensibile- 피부가 민감하다

essere sensibile a qualcosa- ~에 민감하다, ~에 예민하다

Sono molto sensibile a questo problema. 나는 이 문제에 무척 민감하다.

senso- 감각, 느낌, 의미

ai sensi di legge- 법률에 의해, 법률에 따라

avere senso- 의미가 있다, 말이 되다

Che senso hai palarne adesso? 지금 그 얘기를 한들 무슨 의미가 있냐?

Quello che dice lui non ha senso. 그가 하는 말은 의미가 없다.

avere un senso per- ~에 감각이 있다

Lui ha un senso per gli affari. 그는 사업에 감각이 있다.

fare senso- (1) 역겹게 만들다

La vista del sangue mi fa senso. 나는 피를 보면 역겹다.

(2) 메스껍게 하다, (역겨워서) 속이 뒤틀리게 하다

Non posso mangiare il pesce, mi fa senso. 나는 메스꺼워서 생선을 먹을 수 없다.

(3) ~을 오싹하게 하다

Gli scarafaggi mi fanno senso. 바퀴벌레들이 나를 오싹하게 한다.

in ogni senso- 모든 의미에서

in senso giusto- 바른 방향으로

in senso opposto- 반대 방향으로

in senso orario- 시계 방향으로

in senso antiorario- 시계 반대 방향으로

in un certo senso- 어떤 의미에서

non avere il senso della misura- 언제 멈춰야 할 지 모르다

Non farti sensi di colpa. 자책하지 마! 죄책감 갖지 마!

perdere i sensi- 의식을 잃다, 기절/실신하다

La signora ha perso i sensi. 부인이 의식을 잃었다.

riprendere (o riacquistare) i sensi- 의식을 회복하다

Ha ripreso i sensi poco fa, dopo essere stato in coma per due giorni. 그는 이틀간 혼수상태에 빠졌었는데, 조금 전에 의식을 회복했다.

senso unico- 일방 통행

La strada è a senso unico. 길이 일방통행이다.

sentenza- 판결, 격언, 의견

emanare una sentenza- 판결을 내리다

La giuria emanò una sentenza di colpevolezza. 배심원단이 유죄 판결을 내렸다.

pronunciare una sentenza- ~에게 형을 선고하다

sputare sentenze- 거들먹거리며 말하다; 설교하듯이 말하다; 훈계조이다[15]

Che tipo insopportabile! È sempre lì che sputa sentenze. 그는 견딜 수 없는 성격이야! 늘 훈계조야.

sentimento- 감정

con tutti i sentimenti- 지극히, 완전히, 더할 나위 없이

lasciarsi guidare dal sentimento- 감정에 좌우되다

sentire- 1. (타동사) 느끼다, 듣다, 생각하다

a quel che sento- 내가 들은 바에 의하면

a sentire lui- 그의 말투에; 그에 따르면

farsi sentire- (1) 들리다(= essere udibile)

Non ti far sentire a piangere! 우는 소리가 들리게 하지 마!

(2) 느끼다(= essere sentito)

Il freddo incomincia a farsi sentire. 추위가 느껴지기 시작한다.

(3) (큰 소리로 말하여) 자기의 목소리가 들리게 하다(= parlare forte)

Se vuoi farti sentire, parla più forte. 네 목소리가 들리게 하려면, 더 크게 말해.

(4) 연락을 취하다(= dare proprie notizie)

Sono mesi che non si fa sentire. 나는 몇 달간 그와 연락을 취하지 못 했다.

---

[15] 법원 판사들은 통상 빨간펜으로 잘못된 사람들을 수정하는데, 여기에서 '지적질'하듯 하는 태도가 관용어로 정착됐다.

(5) 공개적으로 말하다/밝히다(= parlare apertamente); 생각을 털어놓다

Alla prossima riunione mi farò sentire! 다음 모임은 내가 공개적을 말할 게.

Mi sentiranno! 여기서 끝나지 않을 거야! 항의할 거다!

per sentito dire- 풍문으로 들은, 소문으로 들은

Conosco i fatti solo per sentito dire. 나는 그 사실을 단지 풍문으로 들어 알고 있다.

stare a sentire qualcosa- ~을 듣다

Stammi a sentire! 내 말 들어봐!

Stavano a sentire ciò che dicevamo. 우리가 말하고 있는 것을 그들은 듣고 있었다.

Sentiamo! 어디 한번 들어 봅시다!

sentire le due campane- 양쪽의 이야기를 듣다

sentire parlare di- ~에 대해서 듣다

Non ne ho mai sentito parlarne. 나는 그것에 대한 말한 것을 들어 본 적이 없다.

2. (재귀동사) **sentirsela di**- (1) ~할 기력이 되다(= essere in grado)

Non me la sento ancora di uscire. 나는 아직 외출할 만큼 몸이 좋지 않아.

(2) ~하고 싶다(= avere voglia)

Non mi sento di mangiare adesso. 나는 지금 먹고 싶지 않아.

sentirsi un pesce fuori d'acqua- 물밖으로 나온 물고기 같은 느낌이다, 불편한 상황에 있는 느낌이다, 제자리에서 벗어난 느낌이다

Quando vado in discoteca, mi sento un pesce fuori d'acqua. 나는 클럽에 가면, 어색하고 불편해.

sentirsi a proprio agio- 편안하게 느끼다, 마음이 편하다

Non mi sento a mio agio quando devo parlare in pubblico. 나는 대중 앞에서 말해야 할 때 마음이 편하지가 않다.

senza- 1. (전치사) ~없이

non senza- 다소 ~하게, ~없는 것도 아니게

Lasciai quella casa non senza rimpianto. 나는 다소 애석한 마음으로 그 집을 떠났다.

senz'altro- 틀림없이, 분명히

senza dubbio- 의심할 여지 없이

senza complimenti- 체면 차리지 않고

senza testa- 생각 없이

2. (접속사) ~없이

senza badare a- ~에 상관없이

senza contare- (1) 제외하고(= escludendo)

C'erano cinquanta persone, senza contare i bambini. 어린이들을 제외하고 성인 50명이 있었다.

(2) ~은 말할 것도 없고(= per non dire di); ~에 덧붙여(= in aggiunta)

È un progetto che ci farà onore, senza contare il lato economico. 경제적인 측면은 말할 것도 없고, 그것은 우리의 명예가 되는 계획이다.

sera- 저녁, 밤

Buona sera! (저녁 인사) 안녕하세요!

Cala la sera. 저녁이 내리다.

dalla mattina alla sera- 아침부터 저녁까지

Lavora dalla mattina alla sera. 그는 아침부터 저녁까지 일을 한다.

dalla sera alla mattina- 밤새, 하룻밤 사이에

Cambiò idea dalla sera alla mattina. 그는 밤새 생각이 바꿨다.

di sera- 저녁에

domani sera- 내일 저녁

Dura dalla sera alla mattina. 오늘은 있어도 내일은 없다. 덧없다. 유위전변(有爲轉變).

ieri sera- 어제 저녁

l'altro ieri sera- 그저께 저녁

questa sera- 오늘 저녁

Ci vedremo questa sera. 우린 오늘 저녁에 볼 것이다.

Si fa sera. 저녁이 되다, 밤이 되다.

Tornerò a casa sul far della sera. 나는 해질녘에 집으로 돌아 올 것이다.

tre sere fa- 3일 저녁 전에

una di queste sere- 조만간 저녁에

Una di queste sere vengo a trovarti. 조만간 저녁에 너를 만나러 갈게.

verso sera- 저녁 무렵에

Verremo verso sera. 우리는 저녁 무렵에 갈 것이다.

serbo- (관용구적으로) 보관, 보호

mettere (o tenere) in serbo qualcosa- (나중에 쓸 수 있도록) ~을 따로 떼어 놓다/두다; ~을 저축하다

Metterò in serbo un po' di soldi ogni mese. 나는 매달 약간의 돈을 저축할 것이다.

tenere in serbo- ~을 위해 남겨두다; ~을 저축하다

sereno- 1. (형용사) 맑은

a ciel sereno- 맑은 하늘에

un fulmine a ciel sereno- 맑은 하늘에 날벼락, 청천벽력

2. (명사) 맑은 하늘, 평온, 야외, 드러나 있음

al sereno- 야외에; 공개적으로

il sereno dopo la tempesta- 폭풍이 지나간 후의 고요함

serie- 일련, 시리즈, 연속물, 한 조

di serie B- 이류의, 열등한, 이부

in serie- 연속적으로, 연속하여; 대량 생산의

modello di serie- 현재 모델, 생산 모델

modello fuori serie- 주문 제작한 모델

Questo è un modello fuori serie. 이것은 주문 제작한 모델이다.

prodotto in serie- 대량 생산한; 기성복

Quei mobili sono prodotti in serie. 저 가구들은 대량 생산한 가구이다.

produzione in serie- 대량 생산

serio- 1. (형용사) 진지한, 성실한, 심각한

　fare la faccia seria- 심각한 표정/얼굴을 하다, (표정이) 심각해 보이다

　situazione seria- 심각한 상황

　2. (명사) 진지함, 심각함

　fare sul serio- (농담이 아니고) 진심이다, 진지하다

　Non credere che scherzi, faccio sul serio! 내가 농담한다고 생각하지 마, 난 진심이니까!

　prendere qualcosa sul serio- ~을 진지/심각하게 생각하다

　sul serio- (1) 진지/심각하게, 진심으로

　Devi studiare sul serio. 너는 진지하게 공부해야 해.

　(2) 정말로(= davvero)

　Mi ami sul serio? 너 정말 날 사랑하니?

　tra il serio e il faceto- 진담 반 농담 반

　Ha un'espressione indecifrabile fra il serio e il faceto. 그는 진담 반 농담 반이 섞인 알 수 없는 표정이다.

　L'ha detto tra il serio e il faceto, ma temo che voglia licenziarsi davvero. 그는 진담 반 농담 반으로 그것을 말했지만, 나는 정말로 그만둘까 걱정된다.

serpe- 뱀, 음험한 사람

　a serpe- 구불구불한, 나선식의

　scaldare (o nutrire) una serpe in seno- 은혜를 원수로 갚을 사람에게 친절을 베풀다

　una serpe in seno- 친밀감을 가장한 배신자, 믿을 수 없는 사람

　Sua cognata, in apparenza così cordiale, si è rivelata una serpe in seno. 그의 형수는 겉보기에는 무척 친절한데, 믿을 수 없는 사람이란 것이 드러났다.

serva- 하녀, 종

　fare la serva- 시중들다, 종노릇을 하다

　Fate anche voi qualcosa, non sono qui a fare la serva. 너희도 뭔가를 해, 내가 시중들려고 여기 있는 게 아니야.

servire- 1. (타동사) 봉사하다, 시중들다

　In che posso servirLa? 무엇을 도와 드릴까요?

　La stanno già servendo? 제가 도와 드릴까요?

　servire qualcuno a dovere- ~을 꾸짖다; (문제를 일으키는) ~을 해결하다

　servire due padroni- (비유) (성경) 두 주인을 섬기다

　servire qualcuno in ginocchio- 지극 정성으로 ~의 시중을 들다

　2. (자동사) 필요하다, 도움이 되다, 소용되다

　A che serve? 무엇 하려고?

　A che serve lavorare tanto? 그렇게 열심히 일해서 뭐 하려고?

　Le serve nulla? 무엇을 도와 드릴까요? 필요한 것 있으세요?

　Non serve a niente. 아무 소용없다.

　Può (sempre) servire. 항상 쓰인다; 필요할 수도 있다.

Teniamolo, può sempre servire. 그것을 갖고 있자, 항상 쓰일 수 있으니까.

servire a fare qualcosa- ~하는데 쓰이다, ~하는데 소용되다

Questo apparecchio serve a misurare il consumo della corrente. 이 기구는 전력 소모를 측정하는데 쓰인다.

servire aiuto- 도움이 필요하다

(Le) serve aiuto? 도움이 필요하세요?

3. (재귀동사) servirsi- 사용하다; (식탁에서) 많이 먹다

Serviti dei piselli! 완두콩 많이 먹어!

servizio- 봉사, 근무

fare il servizio militare- 군복무를 하다

fare servizio- (교통수단 등이) 운행하다; (사무실이) 열리다; (사람) 당직이다

Questo autobus non fa servizio la domenica. 이 버스는 일요일에 운행을 안 한다.

Fare un viaggio e due servizi. (속담) 일석이조이다.

fuori servizio- (사람) 비번의, 근무 중이 아닌; (기계) 고장

in servizio- 당번의, 근무 중인

per servizio- 사업상

personale fuori servizio- 비번인 직원, 쉬는 직원

personale in servizio- 근무 중인 직원

prendere servizio- 근무하다, 근무를 시작하다

Il mese prossimo prenderò servizio in una banca della mia città. 다음달 나는 고향에 있는 은행에서 근무를 시작할 것이다.

servizio segreto- (정부, 군대의) 정보 기관

turno di servizio- 교대

sesto①- 6번째의

al sesto piano- 6층

sesto senso- 육감

sesto②- 정돈, 정리

fuori sesto- (엔진 등이) 나쁜 상태에, 고장 난; (물건이) 제자리에 있지 않은

Che cosa avete fatto alla mia moto? È tutta fuori sesto. 너희들 내 오토바이에 무슨 짓을 했니? 완전히 고장 났다.

mettere qualcosa in (o a) sesto- ~을 정돈하다

rimettere in sesto- ~을 재정돈하다; (회사 등을) 되살리다; (건강을) 회복하다(= guarire)

Quella cura mi ha rimesso in sesto; mi sento benissimo. 그 치료가 날 다시 좋아지게 했어. 기분이 아주 좋아.

rimettersi in sesto- 재정적으로 회복하다; (병이) 나아지다, 회복하다(= ristabilirsi); 복장을 단정히 하다(= rassettarsi)

seta- 실크, 비단, 견

capelli di seta- 비단결 같은 머리

di seta- 실크로 된, 견직물의; 비단결 같은

Indossava un vestito di seta. 실크 옷을 입고 있었다.

pelle di seta- 부드러운 피부

setaccio- 체

passare al setaccio- 가루를 체로 치다: (비유) ~을 자세히 조사/탐색하다

Abbiamo passato tutta la casa al setaccio, ma non abbiamo trovato il testamento. 우리는 온 집안을 샅샅이 조사했지만, 유언장을 찾지 못했다.

sete- 갈증, 목마름

avere sete- 갈증이 나다; (식물) 물을 줘야 하다

Ho sete, mi dai un bicchiere d'acqua, per piacere? 갈증이 나는데 물 한잔 주시겠어요?

avere sete di- ~에 목말라 하다, ~을 갈망/동경하다; ~에 대해 강한 욕망을 느끼다

Quell'uomo ha sempre sete di denaro. 저 남자는 항상 돈에 목말라 있다.

mettere sete- 갈증 나게 하다, 갈증을 돋구다

È un cibo che mette sete. 그것은 갈증나게 하는 음식이다.

morire di sete- 목말라 죽다

Muoio di sete. 목말라 죽겠다.

sette- 7, 일곱

chiudere qualcosa con sette sigilli- ~을 밀봉하다

Fare il giro delle Settte Chiese- 아무 목적도 없이 헤매며 시간을 낭비하다; 우리 말을 들어 줄 사람을 찾는다.

farsi un sette nei pantaloni- 바지를 찢어 뜨리다

Hai comprato quei pantaloni ieri e ci hai già fatto un sette! 어제 그 바지를 샀는데 벌써 찢어 트렸니!

levare qualcuno ai sette cieli- ~을 침이 마르도록 칭찬하다, 극구 칭찬하다

settentrione- 북부

il settentrione d'Italia- 이탈리아 북부(통상 볼로냐 이북을 말한다)

vento del settentrione- 북풍

settimana- 주, 한 주간

di settimana in settimana- 매주

durante la settimana- 주중에

il fine-settimana- 주말

in settimana- 주말 내로

Ti darò una risposta in settimana. 주말 내로 네게 답을 할게.

la settimana scorsa (o passata)- 지난 주

questa settimana- 이번 주

settimana bianca- (산에서 보내는) 겨울휴가, 겨울방학[16]

---

[16] 이탈리아의 경우 우리와 학기 제도가 달라 특별히 긴 겨울방학은 없다. 학교나 직장에서 주어지는 겨울방학, 겨울휴가는 통상 성탄절을 전후로 한 두 주 주어진다. 이 기간에 고향으로 돌아가 가족과 함께 보내기도 하지만, 그 기간에 스키를 타러 많이 가기에 '스키 방학', '스키 휴가'라고도 한다.

Siamo andati a fare la settimana bianca. 우리는 겨울휴가를 갔다.

settimana corta-5일

In molti uffici fanno la settimana corta. 많은 사무실이 주 5일 근무를 한다.

settimana lunga- 6일

una settimana di- 일주일간의

una settimana di vacanza- 일주일간의 휴가

sfera- 구체, 구; 범위, 분야; 지위, 신분, 계급

le alte sfere- 상류 사회; 고위층, 요직

Ha grossi appoggi nelle alte sfere; ecco perché ha sempre successo! 그는 고위층으로부터 막대한 지원을 받는다. 그래서 그가 늘 성공하는구나!

sfida- 도전, 결투의 신청

in tono di sfida- 도전적으로, 반항적으로, 교만하게

lanciare una sfida- 도전하다, 도전장을 던지다

Lanciò una sfida al nemico. 그는 적에게 도전장을 던졌다.

mandare la sfida a qualcuno- ~에게 도전하다, ~에게 결투를 신청하다

raccogliere la sfida- 도전에 응하다

sfidare- 도전하다

sfidare qualcuno a fare qualcosa- 어디 할 수 있거든 해 보아라, 절대 그럴 리 없을 것이다

Ti sfido a dimostrarmi il contrario. 어디 내게 반대 입장을 나타내 보이려면 해 보시지.

Ti sfido a fare questo lavoro in un'ora. 어디 네가 이 일을 한 시간 내로 할 수 있으면 해 봐.

Sfido io!- 당연히 그렇지! 당연히 그렇다고 생각해!

sfido io che- 그도 그럴 것이, 당연히~이라고 생각하다

Sfido io che ti hanno bocciato; non avevi neanche comprato i libri. 그도 그럴 것이 책조차도 사지 않았으니, 그들이 너를 낙제시켰지.

sfiducia- 불신, 불신임

avere sfiducia in se stesso- 자신감이 부족하다

votare la sfiducia- 불신임 투표를 가결하다

voto di sfiducia- 불신임 투표

sfiga- [비격식적] 불행, 불운(= sfortuna)

Che sfiga! 이런 불행이야! 운이 없네!

Che sfiga! Sta piovendo. Non possiamo andare al mare. 운이 없네! 비가 온다. 우린 바다에 갈수 없어.

sfigato/a 불행한 사람, 재수 없는 사람

Mario ha perso il lavoro e nussuno vuole aiutarlo. È davvero uno sfigato. 마리오는 직장을 잃었고 아무도 돕고 싶어하지 않는다. 그는 정말 불행한 사람이다.

sfilare- 실을 빼내다, 실을 풀다

sfilare il portafoglio di tasca a qualcuno- ~의 주머니에서 지갑을 살짝 빼내다

sfilare il rosario- 묵주를 돌리면서 기도하다

sfilata- 행렬, 대열

sfilata di moda- 패션 쇼

una sfilata di- 한 줄로 늘어선, 일렬의

sfogarsi- 토로하다, 털어 놓다

sfogarsi con qualcuno- ~에게 속마음을 털어놓다, 토로하다

Lei avrebbe bisogno di parlare, ma non ha con chi sfogarsi. 그녀는 말을 해야 하는데, 속마음을 털어 놓을 사람이 없다.

sfogo- 배출구, 토로, 통풍구

dare (libero) sfogo alla fantasia- 상상의 날개를 펴다

dare sfogo alla propria rabbia (o ira)- 화를 터트리다

Ha bisogno di dar sfogo alla sua rabbia; per questo lo sto ad ascoltare. 그는 화를 터트릴 필요가 있다. 그래서 내가 듣고 있다.

sfondare- 1. (타동사) 부수다, 돌파하다

sfondare una porta aperta- (1) 누구나 다 아는 것을 말하다; 헛수고하다

Non hai scoperto niente di nuovo; hai sfondato una porta aperta. 넌 아무것도 새로운 점을 발견하지 못한 채 누구나 다 아는 것을 말했다.

(2) 손쉽게 얻다

Credevo di faticare a convincerlo, ma lui ha detto subito di sì. Ho sfondato una porta aperta. 그를 설득하기가 힘들다고 생각했었는데, 그는 바로 '예'라고 대답했다. 나는 손쉽게 얻었다.

2. (자동사) 이름을 떨치다, 유명해지다; (흥행 따위가) 히트하다, 대성공을 거두다; (자기 분야에서) 성공하다

Non ha mai sfondato come pianista, ma è un bravissimo organizzatore di concerti. 그는 피아니스트로서는 이름을 떨치지 못했지만, 훌륭한 공연 기획가이다.

sfortuna- 불운

Che sfortuna! 이렇게 재수가 없을 수가! 정말 유감이다! 그것 참 안됐다!

portare sfortuna- 불운을 가져오다

Mi porta sfortuna. 그것은 내게 불운을 가져다 준다.

sforzare- 무리하게 시키다, 강요하다, 짜내다

sforzare qualcuno a fare qualcosa- ~에게 무리하게 ~을 시키다, ~에게 억지로 ~하게 하다

Se non ha fame, non sforzarlo a mangiare. 그가 배고파 하지 않으면, 억지로 먹게 하지 마!

sforzarsi di fare qualcosa- ~하려고 애쓰다

Sforzati di capire, non è poi così difficile come sembra! 이해하려고 애써 봐, 생각만큼 그렇게 어렵지 않아!

sforzo- 노력

fare ogni sforzo per- ~하는 데 온갖 노력을 다하다, 갖은 애를 쓰다; 수고를 아끼지 않고 ~하다

fare sforzi- 무리를 하다, 무리를 하여 건강을 해치다, 과로하다

Non fare sforzi! 무리하지 마라!

fare uno sforzo- 노력하다, 애쓰다

senza sforzo- 노력하지 않고서, 문제 없이, 애쓰지 않고서, 거뜬히

sfuggita- 도피, 누수; 짧은 방문

  di sfuggita- (1) 서둘러, 급히(= in fretta)

L'ho visto di sfuggita. 나는 그를 급히 보았다.

(2) 잠시, 간단히(= brevemente)

È arrivato mio zio ma l'ho visto solo di sfuggita. 삼촌이 왔지만 나는 그를 잠시 보았다.

sgambetto- 헛디딤, 다리를 걸어 넘어뜨림, 경쾌한 걸음걸이

  fare lo sgambetto a qualcuno- 다리는 걸다, ~가 실수를 하게 만들다; (일자리, 권좌에서) ~을 몰아내다/쫓아내다/축출하다

Al momento di appoggiarlo in facoltà gli ha fatto lo sgambetto e non è più riuscito a farsi rinnovare il contratto. 학과에서 그를 지원할 때, 그들은 그를 쫓아내서 계약을 더 이상 갱신할 수 없었다.

Marco ha fatto lo gambetto a Fabio. 마르코가 파비오 다리 사이에 발을 넘어 넘어뜨렸다.

sgarbo- 무례함, 모욕

  fare uno sgarbo a qualcuno- ~에게 무례하게 대하다, ~을 모욕/무시하다

  subire uno sgarbo- 모욕을 당하다/받다

sgocciolo- 뚝뚝 떨어짐, 물방울, 최후, 임종

  essere agli sgoccioli- (1) 남아있지 않다(= stare per esaurirsi)

Il caffè è agli sgoccioli. 커피가 얼마 남아있지 않다.

(2) ~이 거의 바닥나다(= stare per terminare)

Le mie finanze sono ormai agli sgoccioli. 나의 재정이 이제 거의 바닥났다.

(3) 다 떨어지다; 숨이 넘어가다(= stare per morire)

Le sue energie erano ormai agli sgoccioli. 그의 에너지가 이제 다 떨어졌다.

sgonfiare- 공기/가스를 빼다, (희망, 자신 등을) 꺾다

  sgonfiarsi- (1) 바람이 빠지다, 수축되다

Lo pneumatico di destra continua a sgonfiarsi. 오른쪽 타이어가 계속 바람이 빠진다.

(2) 기가 꺾이다, 콧대가 꺾이다

Dopo l'insuccesso si è sgonfiato. 실패 뒤에 그는 기가 꺾였다.

(3) (문제, 소식 등이) 차츰 잦아들다

Il problema è sgonfiato. 문제가 차츰 잦아들었다.

sguardo- 봄, 바라봄, 눈, 눈빛

  al primo sguardo- 처음에는, 언뜻 보기에는

  attirare gli sguardi (di qualcuno)- ~의 눈길을 끌다

  bastare uno sguardo- 시선이면 충분하다

Ci basta uno sguardo per intenderci. 우리는 시선 하나면 서로를 충분히 이해한다.

  cercare qualcuno con lo sguardo- ~을 둘러보다

  dare uno sguardo a qualcosa- ~을 한 번 슬쩍 보다, ~을 힐끗 보다

Darò uno sguardo al giornale. 나는 신문을 훑어 볼 것이다.

  gettare (o lanciare) uno sguardo a- ~을 힐끗 보다

Lanciò uno sguardo fuori dalla finestra. 그는 창밖을 힐끗 쳐다 보았다.

non degnare qualcuno neanche di uno sguardo- ~을 아예 거들떠보지도 않다; ~와 말도 하려 하지 않다

Non l'ho neanche degnato di uno sguardo. 나는 그를 거들떠보지 조차 않았다.

sfuggire agli sguardi di qualcuno- ~의 주목/시선을 피하다

sollevare lo sguardo- 눈을 치켜 뜨다, 쳐다보다

tenere lo sguardo fisso su qualcosa- ~을 응시하다

volgere lo sguardo- ~에게 눈길을 주다

sicurezza- 확실, 확신, 안전

per maggior sicurezza- 신중을 기하기 위해

C'è un treno veloce per Milano ogni ora, ma per maggior sicurezza controlliamo gli orai sul sito. 매 시간마다 밀라노로 가는 고속 열차가 있지만, 신중을 기하기 위해 사이트에서 시간표를 확인하자.

sicuro- 1. (형용사) 안전한, 확실한, 틀림 없는

a colpo sicuro- 틀림없이, 반드시, 어김없이

dare qualcosa per sicuro- ~에 대해 확신하다(= esserne certo); ~을 확신/보장하다(= garantirlo); ~을 사실로 명시하다(= assicurarlo)

essere sicuro di- ~에 대해 확신하다, 확실히 ~이라고 생각하다

Sono sicuro della sua sincerità. 나는 그의 진심을 확신한다.

Sono sicuro di averlo visto. 나는 그것을 본 것이 확실하다.

Sono sicuro di tornarci. 나는 반드시 다시 돌아온다.

Ne sono sicuro. 나는 그것에 대해 확신한다.

poco sicuro- 위험한(= pericoloso); 불확실한(= incerto); 불안정한, 약한(= debole); 신뢰할 수 없는 (= infido)

2. (명사) 확실, 안전, 안전한 장소

andare sul sicuro- 안전책을 강구하다, 신중을 기하다, 조심하다

Prima di fare affari con te chiederà informazioni molto dettagliate. È uno che ama andare sul sicuro. 그는 너와 사업을 하기 전에 아주 상세한 정보를 물을 거다. 그는 신중에 신중을 기하는 사람 가운데 한 명이다.

di sicuro- 확실히, 분명히, 틀림없이

Lui verrà di sicuro. 그는 틀림없이 올 거다.

Pioverà di sicuro. 분명히 비가 올 거다.

essere al sicuro- 안전하다, 무사하다, 안전한 곳이다

Qui siamo al sicuro da ogni pericolo. 여기에서 우리는 모든 위험으로부터 안전하다.

mettere al sicuro- 안전한 곳에 두다

mettersi al sicuro da- ~에 대한 보험에 들다

silenzio- 침묵, 정숙, 망각

cadere nel silenzio- (세상에서) 잊혀지다, 망각되다

Dopo la sua morte il suo nome cadde nel silenzio. 사후에 그의 이름은 잊혀졌다.

Che silenzio qui dentro! 이 안이 왜 이리 조용해!

dispensare dal silenzio- (종교) 침묵을 해제하다(천주교의 수도 단체에서는 저녁 끝기도 후 다음 날 아침기도까지 침묵생활을 하고 아침기도 다음에 침묵이 해제된다. 이 관용어는 여기에서 유래한다.)

fare silenzio- 조용히 하다, 침묵하다; 입을 다물다

Fate silenzio! 조용히 해!

Il silenzio è d'oro. (속담) 침묵은 금이다.

in silenzio- 조용히, 가만히, 침묵 속에

Ha ascoltato tutti i miei rimproveri in silenzio, senza rispondere. 그는 나의 모든 꾸지람을 대꾸하지 않고 조용히 들었다.

passare qualcosa sotto silenzio- 묵과하다, 조용히 흘러 보내다, 불문에 붙이다

Queste cose sono passate sotto silenzio. 이 일들은 불문에 부쳐졌다.

soffrire in silenzio- 말없이 괴로워하다, 벙어리 냉가슴 앓듯 하다

stare in silenzio- 조용히 있다

silenzio assenso- (법률) 묵시적 찬성

silenzio di tomba- 죽음과 같은 정적, 쥐 죽은 듯이 조용함

C'era un silenzio di tomba durante la trasmissione; nessuno osava parlare. 방송 중에 쥐 죽은 듯이 조용해서, 아무도 말할 엄두를 내지 못했다.

ridurre (o costringere) qualcuno al silenzio- ~을 침묵시키다, ~을 조용하게 하다

vivere nel silenzio- 조용히 (세상에 묻혀) 살다

sillaba- 음절

non cambiare una sillaba- 한 마디도 바꾸지 않다

non dire (o proferire) una sillaba- 한 마디도 하지 않다

유사 관용어는 'non dire una parola'이다.

simile- 1. (형용사) 비슷한, 유사한

essere simile a- ~와 비슷/유사하다

È simile a suo padre. 그는 그의 아버지와 닮았다.

Il tuo caso è simile al mio. 네 경우는 나와 비슷하다.

2. (명사) ~와 같은 부류; 동료, 같은 인간, 동포

e cose simili- 기타 같은 종류의 것, ~와 같은 부류; ~등등

Si interessa di economia, politica e cose simili. 그는 경제, 정치와 같은 부류에 관심이 있다.

Ogni simile ama il proprio simile. (속담) 사람은 끼리끼리 모이기 마련이다. 유유상종(類類相從).

simpatia- 동감, 호의, 호감, 동정

avere (o provare) simpatia per- ~에 호감이 있다, ~을 좋아하다

Ho molta simpatia per lui. 나는 그를 많이 좋아한다.

Non ho alcuna simpatia per cose simili. 나는 그 같은 일에 아무런 호감이 없다.

andare a simpatie- 형평/공평을 잃다, 편파적이다[17]

---

[17] 유사 관용어는 'usare due pesi e due misure'이다.

Quell'insegnante conosce bene la materia, ma va a simpatie nel giudicare gli studenti. 그 선생님은 학과목은 잘 알지만, 학생들의 평가에 있어서는 편파적이다.

provare simpatia per qualcuno- ~이 마음에 들다, ~에 호감을 느끼다

sincerità- 솔직, 정직함

con sincerità- 솔직하게

in tutta sincerità- 진정으로, 성심성의를 다하여, 진심에서

sincero- 진실된, 솔직한

ad essere sincero- 진실되게 말해서, 솔직하게 말해서

Ad essere sincero non l'ho ancora letto. 솔직하게 말해서 난 아직 그것을 읽지 않았다.

essere sincero con qualcuno- ~에게 진실하다

Lui è sincero con me. 그는 나에게 진실되다.

singhiozzo- 딸꾹질

a singhiozzo (o a singhiozzi)- 간헐적으로, 하다가 말다가; 발작/단속적으로

La macchina procedeva a singhiozzo perché aveva il carburatore sporco. 카뷰레터(기화기)가 더러워서 차가 가다 서다 하였다.

sciopero a singhiozzo- 부분 파업

frenare i singhiozzi- 딸꾹질을 멈추다

Non riusciva a frenare i singhiozzi. 그는 딸꾹질을 멈출 수가 없었다.

sinistra- 좌측, 왼손; 좌파, 진보정당

a destra e a sinistra- 좌우로

alla mia sinistra- 나의 왼쪽에

Siediti alla mia sinistra! 내 왼쪽에 앉아!

a sinistra- 왼쪽으로

Si può girare a sinistra? 좌회전할 수 있습니까?

a sinistra di- ~의 왼쪽에

A sinistra del piatto c'è la forchetta. 접시 왼쪽에 포크가 있다.

governo di sinistra- 좌파정부

scrivere con la sinistra- 왼손으로 쓰다

Molti scrivono con la sinistra. 많은 사람들이 왼손으로 글을 쓴다.

votare per la sinistra- 진보정당에 투표하다

sintesi- 종합, 총괄

in sintesi- 요약해서, 간단히, 간결하게

Raccontaci in sintesi cosa è successo. 무슨 일이 있는지 우리에게 간단히 얘기 해.

sistema- 시스템, 체계

cambiare sistema- 체계/시스템/방법을 바꾸다

Devi cambiare sistema, se vuoi riuscire. 네가 성공하고 싶으면 방법을 바꾸어야 해.

fare qualcosa con sistema- 체계적으로 ~을 하다

lavorare con/senza sistema- 체계 있게 [두서없이] 일하다

sistemare- 정리하다, 체계화하다, 맡기다

   sistemare qualcuno- (1) 혼내 주다, 손보다(= dare una lezione)

   Sta' attento o ti sistemo io. 조심해 그렇지 않으면 혼내줄 거다.

   (2) 일자리를 마련해 주다; 직장을 얻다(= trovare lavoro a)

   Ho sistemato il figlio in banca. 나는 아들을 은행에 취직시켰다.

   Si è sistemato nell'azienda dell'amico. 그는 친구 회사에 취직했다.

   (3) 결혼하다(= fare sposare)

   Le sue figlie sono tutte sistemate. 그의 딸들은 모두 시집갔다.

slancio- 돌진, 비약

   agire di slancio- 충동적으로 행동하다

   essere pieno di slancio- 기운이 넘치다

smalto- 에나멜, 법랑(琺瑯); 유약, 광택제

   perdere lo smalto- 빛/윤기/강렬함/총기를 잃다

   Era ingegnoso e brillante, ma dopo la malattia ha perso tutto il suo smalto. 그는 영리하고 재능이 있었는데, 병치레 이후에 자신의 총기(聰氣)를 잃었다.

smania- 불안, 갈망

   avere la smania di fare qualcosa- ~하고 싶어 안달하다; ~하고 싶어 좀이 쑤시다

   Ha la smania di far soldi e non smette mai di lavorare. 그는 돈을 벌고 싶어 안달하여 일을 멈추지 않는다.

   Ha una grande smania di vederlo. 그녀는 그를 굉장히 보고 싶어 안달이다.

   dare smania (o mettere la smania addosso)- 안달 나게 하다, 안달하다

   dare in smanie- 격분하다, 흥분하다, 속상해하다

   Ha sfasciato la macchina e suo padre ha dato in smanie. 그가 자동차를 망가뜨려서 아버지께서 속상해하셨다.

smettere- 그만두다, 중지/포기하다

   smettere di fare qualcosa- ~하는 것을 그만 두다, ~하는 것을 포기하다

   Deve smettere di fumare. 담배를 끊어야 합니다.

   Smetti di scherzare! 농담 그만 해!

   smetterla- 그만 두다

   Ma smettila! 집어치워! 말도 안돼!

   Se non la smetti te le suono! 그만 두지 않으면 나한테 얻어 터질 줄 알아!

   Smettetela di far rumore! 그만 떠들어!

   Smettila! 관둬! 그만해!

smorfia- 인상을 씀, 얼굴을 찡그림, 찡그린 표정

   Basta con le smorfie! 인상 그만 써!

   fare le smorfie a qualcuno- ~을 보고 인상을 쓰다, ~에게 인상을 찌푸리다

   Non fare troppe smorfie a questo bambino. 이 아이에게 인상을 너무 쓰지 마!

   fare smorfie- 바보같이 웃다; (짜증이 나서 입술이) 뿌루퉁하다

Perché tante smorfie? 왜 그렇게 인상을 써?

soccorso- 구급, 구조, 응급

primo soccorso- 응급 처치

Ha prestato i primi soccorsi a un ferito. 그는 부상자에게 응급 처치를 했다.

pronto soccorso- 응급실

uscita di soccorso- 비상구

società- 사회, 회사

costituire (o formare) una società- 회사를 창립/설립하다

Hanno costituito una società per costruire la nuova strada. 그들은 새 도로를 만들기 위해 회사를 설립했다.

entrare (o mettersi) in società con qualcuno- ~와 협력 관계를 맺다; ~와 공동사업을 벌리다

liquidare (o sciogliere) una società- 회사를 청산/폐업하다

soddisfatto- 만족한

essere soddisfatto di- ~에 흡족/만족하다

Non ne sono soddisfatto. 나는 그것에 대해 만족하지 않는다.

Sono molto soddisfatto di lui. 나는 그가 무척 만족스럽다.

Sono soddisfatto del mio lavoro. 나는 내 일에 만족한다.

soddisfazione- 만족

con mia grande soddisfazione- 아주 기쁘게도, 정말 통쾌하게도

dare soddisfazione- 만족을 주다, 만족시키다

Questo non mi dà molta soddisfazione. 이것은 나를 크게 만족시키지 않는다.

di grande soddisfazione- 큰 위안이 되는, 큰 만족을 주는

Il bambino è di grande soddisfazione per sua madre. 그 아이는 어머니에게 큰 위안이 된다.

Non è un lavoro di grande soddisfazione. 대단히 만족스러운 일은 아니다.

provare una soddisfazione nel fare qualcosa- ~을 하는데 만족감을 맛보다, ~하는 것을 기뻐하다

Ho provato una soddisfazione nel farlo. 나는 그것을 하는 데 만족감을 느꼈다.

sodo- 1. (형용사) 굳은, 견고한, 단단한

darle (o suonarle) sode a qualcuno- ~을 심하게 때리다

Gliele ho date sode perché l'aveva fatta troppo grossa. 그가 너무나 좋지 않은 짓을 했기에 나는 그를 심하게 때렸다.

2. (부사) 세게, 열심히, 대단히, 깊이

lavorare/studiare sodo- 열심히 일하다/공부하다

Abbiamo bisogno di una lunga vacanza perché abbiamo lavorato sodo tutto l'anno. 우리는 일년 내내 열심히 일했기 때문에 긴 휴가가 필요하다.

3. (명사) 확실한 사실; 견고한 땅, 대지; 진가(眞價)

sul sodo- 심각하게, 본격적으로, 진정으로

venire al sodo- 요점을 언급하다, 핵심에 이르다[18]; 본론으로 들어가다

Abbiamo chiacchierato abbastanza; ora veniamo al sodo! 우리 충분히 잡담을 했으니까 이제 본론으로 들어가자!

soffiare- 불다

soffiare come un mantice- 코를 드렁드렁 골다

soffiare il vetro- (녹인 유리 속으로) 바람을 넣어 모양을 만들다, 바람을 불어 넣다

soffiarsi il naso- 코를 풀다

soffiare su una candela-초를 불어서 끄다

soffiare sul fuoco- 선동하다, (불길에) 부채질하다; 분란을 일으키다

soffiarsi sulle dita- 추워서 손을 호호 불다

soffio- 훅 불기, 입김

a un soffio da- 하마터면 ~할 뻔한, 막 ~하려는

cavarsela per un soffio- 구사일생으로 살아나다(= sopravvivere); 간신히 합격/성공하다(= riuscire)

con un soffio- 훅 하고 단숨에

È talmente magro che cadrebbe con un soffio. 그는 너무 말라서 한 번만 훅하고 불어도 넘어질 것 같다.

di (o per) un soffio- 간발의 차이로, 아슬아슬하게

È arrivato primo nella gara dei duecento metri per un soffio. 그는 간발의 차이로 200미터 경주에서 일등으로 들어왔다.

in un soffio- 순식간에, 곧, 즉시, 당장에(= in un attimo); 낮은 목소리로, 소곤소곤(= sottovoce)

Credevo che fosse difficile, ma l'ho fatto in un soffio! 나는 어려우리라고 생각했었는데 순식간에 그것을 했다.

spegnere una candela con un soffio- 촛불을 확 불어 끄다

un soffio d'aria- (한 번) 훅 부는 입김

un soffio di- 한 줄기의, 일진의

un soffio di fumo- 획 연기가 솟구침, 한 줄기 연기

un soffio di vento- 한 번 획 부는 바람,(훅 불어오는) 한 줄기 바람

vincere di (o per) un soffio- 아슬아슬하게 이기다

soffrire- 1. (타동사) 괴로워하다, 견디다

non poter soffrire- 견딜/참을 수 없다

Non lo posso soffrire; si dà troppe arie. 그는 너무 잘난 체해서, 견딜 수 없다.

Non posso soffrire di vederlo così triste. 그렇게 우울한 그를 눈뜨고 볼 수 없다.

soffrire le pene dell'inferno- 지옥의 고통을 견디다, 지옥의 형벌을 견디다

soffrire un grande dolore- 큰 고통을 겪다

Il mio amico ha sofferto un grande dolore. 내 친구는 큰 고통을 겪었다.

2. (자동사) 고통을 겪다/받다

---

[18] 유사 관용어는 'venire al dunque, venire al fatto, venire al nocciolo, venire al punto, entrare nel merito di una questione'이다.

soffrire di mal di cuore- 심장병으로 고생하다

soffrire di mal di mare- 뱃멀미를 하다

soffrire per- ~로 인해 고통을 겪다

Lei ha sofferto molto per la morte del figlio. 그녀는 아들의 죽음으로 무척 고통을 겪었다.

soggetto- 1. (형용사) 종속된, 지배 받는, 복종하는

costi (o prezzi) soggetti ad aumento- 인상에 따른 가격

essere soggetto a- ~에 종속되다, ~에 달려 있다

Siamo tutti soggetti alle leggi di natura. 우리 모두는 자연의 법칙(순리)에 종속되어 있다

2. (명사) 주제, 주체, 녀석

cattivo soggetto- 나쁜 인간, 못 믿을 사람, 나쁜 무리; 심술궂은 고객

Suo figlio non è un cattivo soggetto, ma frequenta gente pericolosa. 그의 아들은 나쁜 사람은 아니지만, 위험한 사람들과 어울린다.

soggetto della lezione- 강의 주제

Quale sarà il soggetto della prossima lezione? 다음 강의 주제가 뭘까?

soggezione- 복종, 종속, 예속

avere soggezione di qualcuno- ~ 에게 마음의 불안을 느끼다, 마음이 안정되지 않다

dare (o incutere, mettere) soggezione- 불안하게 하다, 마음이 거북하게 만들다

soglia- 문지방, 문턱

alla soglia della vecchiaia- 노년에 접어들어

sulla soglia di casa- 문턱에서, 문 입구에서

sognare- 꿈꾸다, 열망하다

sognare ad occhi aperti- 공상하다

Gli piace sognare ad occhi aperti. 그는 공상하는 것을 좋아한다.

sognare qualcosa/qualcuno- ~을 꿈꾸다; (비유) 바라다, 열망하다, 꿈꾸다

Ho sognato i miei genitori. 나는 부모님 꿈을 꾸었다.

Ho sognato la mia ex-ragazza. 나는 예전 여자 친구 꿈을 꾸었다.

Sogno una famiglia numerosa. 나는 대가족을 꿈꾼다.

sognare di fare qualcosa- ~하는 꿈을 꾸다

Ho sognato di fare un viaggio in Europa. 나는 유럽 여행을 꿈꾸었다.

Sogno di diventare un attore famoso. 난 유명한 배우가 되는 꿈을 꾸고 있다.

sogno- 꿈

fare un sogno- 꿈을 꾸다

Ho fatto un bel sogno. 나는 멋진 꿈을 꾸었다.

Ho fatto un brutto sogno. 나는 나쁜 꿈을 꾸었다.

Ho fatto un sogno strano. 이상한 꿈을 꾸었다

essere un sogno- 꿈이다

Che sogno! 꿈 같은 소리다!

La felicità è solo un sogno. 행복은 단지 꿈일 뿐이다.

No, non è un sogno. 아니야, 꿈이 아니야.

di sogno- 놀라운, 믿기 어려운; 꿈같은, 기막히게 좋은, 엄청난

in sogno- 꿈에서, 꿈속에서

Ti ho visto in sogno. 나는 꿈속에서 널 보았다.

manco per sogno- 결코 ~이 아닌

Non te lo dò manco per sogno! Mi è costato troppo caro. 네게 결코 그것을 주지 않을 거다! 돈이 너무 많이 들었다.

Neanche (o Neppure/Nemmeno) per sogno! (꿈에도) 안 됩니다, 당치 않아요, 꿈도 꾸지 말아요!

sembrare (o parere) un sogno- 꿈처럼 느껴지다, 꿈만 같다, 마치 꿈과 같다

Finalmente sono arrivato in Italia; mi sembra un sogno. 마침내 내가 이탈리아에 왔다니 정말 꿈만 같다.

sogni d'oro- 좋은 꿈

Buona notte, sogni d'oro! 잘 자, 좋은 꿈 꿔!

un sogno nel cassetto- 오랫동안 간직해온 꿈

un viaggio da sogno- 기막히게 좋은 여행

solco- 밭고랑; (차의) 흔적, 발자국; 주름

seguire il solco di qualcuno- ~의 전철을 밟다, ~의 뒤를 따르다

uscire dal solco- 분실되다, 없어지다; 본론에서 벗어나다

soldato- 군인

andare soldato- 입대하다

fare il soldato- 군인이다; 군복무를 하다(= fare il servizio militare)

Mio fratello sta facendo il soldato. 내 형은 군복무 중이다.

tornare da soldato- 군복무를 마치다, 제대하다

soldo- 돈, 잔돈, 푼돈, 부

a soldo a soldo- 한 푼 두 푼

al soldo di- (흔히 비밀리에) ~을 위해 일하는, ~에 고용되어서

È al soldo di quei criminali. 그는 그 범죄자를 위해 일한다.

avere molti soldi- 돈이 많다

Mio zio ha molti soldi. 나의 삼촌은 돈이 많다.

comprare qualcosa per pochi soldi- ~을 값싸게 구입하다

costare un sacco di soldi- 엄청나게 비싸다

due (o quattro) soldi- (1) 아주 적은, 거의 없는; 없는 것과 다름 없는, 거저나 마찬가지로(= pochissimo)

L'ho comprato per due soldi. 나는 그것을 거저나 마찬가지로 샀다.

(2) 얼마 안 되는 돈, 쥐꼬리만한 돈

Mi pagano due soldi. 그들은 내게 쥐꼬리만큼 돈을 준다.

essere a corto di soldi- 돈이 부족하다

essere pieno di soldi- 돈이 넘쳐 나다, 큰 부자이다

fare sold- 많은 돈을 벌다, 수익을 얻다

guadagnare quattro soldi- 몇 푼을 벌다, 박봉을 받다

lasciare qualcuno senza sold- ~을 돈 한푼 없이 남겨 두다

non avere un soldo- 한 푼도 없다, 빈털터리다

non spendere un soldo- 한 푼도 쓰지 않다

non valere un soldo bucatio- 한 푼의 가치도 없다, 전혀 가치가 없다

pochi soldi- 얼마 안 되는, 거의 공짜나 다름 없는, 값싸게

L'ho comprato per pochi soldi. 나는 그것을 얼마 안 주고 샀다.

rimanere (o essere) senza un soldo- 돈이 한 푼도 없다

Ho speso tutto; sono rimasto senza un soldo. 나는 돈을 다 써버려 한 푼도 없게 되었다.

roba da pochi soldi- 가치 없는 물건

una cosa da pochi soldi- 값싼 것

una spia al soldo del nemico- 적에게 고용된 스파이

sole- 태양, 해

al sole- 양지에

Preferisco stare al sole. 햇빛에 있는 것이 나는 더 좋다.

alla luce del sole- 공개적으로, 드러내 놓고

alzarsi col sole- 먼동이 틀 때 일어나다, 일찍 일어나다, 새벽같이 일어나다

aprire gli occhi al sole- 햇빛을 보다, 출생하다(= nascere)

C'è il sole.- 화창한 날씨다, 해가 뜨다

Oggi c'è un bel sole. 오늘은 화창한 날씨다.

Oggi finalmente c'è il sole. 오늘 마침내 해가 뜬다.

cappello da sole- 햇빛 차단용 모자

da sole- 태양용

essere chiaro come il sole- 명백하다, 분명하다

fare qualcosa alla luce del sole- ~을 드러내 놓고 하다

occhiali da sole- 선글라스

ombrellino da sole- 양산

Il sole sorge e sorge per tutti. (Puglia 지방의 속담) 태양은 만인을 위해 떠 오른다.

in pieno sole- 눈부신 햇살에, 화창한 날씨에

Niente di nuovo sotto il sole. (성경) 하늘 아래 새로운 것은 없다.

portare alla luce del sole- 밝히다, 털어놓다

prendere il sole- 일광욕하다, 선탠을 하다, 햇살을 쬐다

Ho preso molto sole in spiaggia. 나는 해변에서 일광욕을 많이 했다.

sorgere (o levata) del sole- 일출

sotto il sole- 태양 아래, 햇빛 아래

tramonto del sole- 일몰

un posto al sole- 양지쪽, 양지바른 곳

vedere il sole a scacchi- 교도소에 수감되어 있다, 옥에 갇혀 있다.

Quel poveraccio vedrà il sole a scacchi per un bel po'. 그 불쌍한 녀석은 장기간 옥에 갇혀 있을 것이다.

solfa- 음계

cambiare solfa- 태도/논조/어조를 바꾸다

Cambia solfa! (= Basta con questa solfa!) 그만 좀 얘기해라!

la solita solfa- 또 그 이야기, 늘 같은 이야기

È sempre la solita solfa! 늘 같은 이야기야!

solidarietà- 연대, 결속, 단결

esprimere la propria solidarietà a qualcuno- ~에게 단결된 힘/모습을 보여주다

per solidarietà con- ~와 동반하여, ~에 순응하여

sciopero di solidarietà- 연대 파업

solito- 1. (형용사) 보통의, 흔한, 습관적인

È la solita storia. 똑같은 얘기이다.

essere alle solite- (지겹게도) 또 시작이다

Siamo alle solite; prometti cose che non puoi mantenere. 또 시작이군. 너는 지키지 못할 약속을 한다.

2. (명사) 보통 있는 일, 습관, 관습

come al solito- 평소와 같이, 여느 때처럼

Tutto va come al solito. 모든 일이 여느 때처럼 되어간다.

di solito- 보통, 늘, 대개, 평소에, 일반적으로, 통상적으로

A quest'ora di solito prendo un caffè. 보통 이 시간에 난 커피를 마신다.

Il solito, per favore! (보통 단골 바나 식당에서) 항상 먹는 것으로 주세요!

meno del solito- 평소보다 덜

più del solito- 평소보다 더

Oggi è più caldo del solito. 오늘 평소보다 더 따뜻하다

più tardi del solito- 평소보다 더 늦게

prima del solito- 평소보다 더 일찍

solitudine- 고독, 외로움

in solitudine- 혼자서, 외롭게

soffrire di solitudine- 외로움에 시달리다, 외로움을 겪다; 쓸쓸하다, 외롭다

solletico- 간지럼, 근질근질함

fare il solletico a qualcuno- ~을 간지르다, 간지러움을 태우다; (비유) ~에게 영향을 주지 못하다

Le tue minacce mi fanno il solletico. 네 협박은 내게 아무런 영향을 주지 못한다.

patire (o soffrire) il solletico- 간질거리다

sentire il solletico di fare qualcosa- ~을 하고 싶어 안달이다

sollievo- 위안, 안심

con mio grande sollievo- (나로선) 대단히 다행스럽게도, 정말 무사하게도

essere di sollievo a qualcuno- ~에게 위안이 되다

Mi è di gran sollievo il sapere che mi sei vicino. 네가 곁에 있다는 것을 아는 것만으로도 큰 위안이다.

portare sollievo a qualcuno- ~에게 위안을 주다

tirare un respiro di sollievo- 안도의 한숨을 쉬다

sollucchero- 큰 기쁨, 황홀, 환희

andare in sollucchero- 열광하다, 미칠 듯이 기뻐하다

Alla vista del suo piatto preferito, è andato in sollucchero. 좋아하는 음식을 보자, 그는 미칠 듯이 기뻐했다.

solo- 하나의, 혼자의, 유일의

avere due braccia sole- 손은 둘이다; (비유) 할 수 있는 일에도 한계가 있다

da solo- 혼자서

Abito da solo. 나는 혼자 산다.

Vuole fare sempre tutto da solo. 그는 항상 혼자서 모든 것을 하길 원한다.

farsi da solo- 자수성가하다

Si è fatto da solo. 그는 자수성가한 사람이다.

lasciare qualcuno solo- ~을 혼자 내버려 두다

Lasciami solo! 나 혼자 내버려 둬!

Mi lasciate solo? 너희들 나 혼자 내버려두는 거야?

Meglio soli che male accompagnati. 나쁜 친구보다는 혼자가 낫다.

parlare da solo- 혼잣말을 하다

È un tipo strano, parla da solo. 그는 이상한 타입이다, 늘 혼잣말을 한다.

parlare da solo a solo- 다른 사람이 없는 데서 말하다, 단 둘이서 조용히 말하다.

Potrei parlarti da solo a solo? 단 둘이서 조용히 말할 수 있습니까?

per soli uomini- 남자들만을 위한

rivista per soli uomini- 남성을 위한 잡지, 남성용 잡지

rimanere solo- 혼자 남다

Sono partiti tutti, sono rimasto solo. 모두가 떠나고 나 혼자 남았다.

sentirsi solo- 혼자라고 느끼다, 외로움을 느끼다

Se ti senti solo, telefonami! 외롭다고 느끼면, 나한테 전화해.

solo soletto- 혼자서 외로이, 완전히 외톨이로

Se ne stava solo soletto a guardare il tramonto. 그는 혼자서 외로이 일몰을 바라보고 있었다.

stare (o essere) solo- 혼자 있다

Vorrei stare solo per un po'. 잠시 혼자 있고 싶어요.

una sola volta- 한 번 만이라도, 딱 한번만

soluzione- 해결, 해답

cercare la soluzione- 해답을 찾다

pagare in un'unica soluzione- 일시불로 지급하다

trovare la soluzione- 해답을 구하다

Sto cercando di trovare una soluzione. 나는 답을 구하려 노력 중이다.

somiglianza- 유사점, 유사, 닮음

a somiglianza di- ~와 비슷하게, ~와 닮게; ~로 가장하여, ~로 속여

una certa somiglianza- 어떤 유사함

Se guardi bene, c'è una certa somiglianza fra i due. 잘 보면, 둘 사이에 어떤 유사성이 보인다.

Si nota una certa somiglianza con sua madre. 그는 어머니와 닮은 점이 있어 보인다.

somma- 총계, 총액, 개요, 요점, 금액

fare una somma- 덧셈을 하다

fare le somme- 합계/합산하다(= contare)

guadagnare una grossa somma- 엄청난 금액을 벌다

in somma- 요약하면, 요컨대

perdere una grossa somma- 거액을 잃다

tirare le somme- 요약하다; 결론을 내리다

È ora di tirare le somme e vedere un po' a che punto siamo. 자 이제 결론을 내려서 우리가 어디쯤 있는지 보자.

tirate le somme- 대체로; 모든 것을 고려해 볼 때

una grossa somma- 엄청난 금액, 거액

una grossa somma di denaro- 엄청난 금액의 돈

sommato- 추가된, 합한, 계산된

tutto sommato- 대체로; 모든 것을 고려해 볼 때

Tutto sommato, non è stata una cattiva idea. 모든 것을 고려해 볼 때, 나쁜 생각은 아니었다.

sonnellino- 졸기, 낮잠, 졸음

fare (o schiacciare) un sonnellino- 잠깐 (낮잠을) 자다, 한잠 자다

Devo proprio schiacciare un sonnellino, se no non riesco a finire il lavoro. 잠깐 눈 좀 붙여야겠다. 그렇지 않으면 일을 마칠 수가 없다.

sonno- 잠, 수면, 졸음

avere sonno- 졸리다

Vado a dormire, perché ho sonno. 졸려서 자러 가야겠다.

avere il sonno leggero- 자주 잠이 깨다, 잠귀가 밝다

Ho il sonno leggero, mi sveglio al minimo rumore. 나는 잠귀가 밝아서 작은 소리에도 잠을 깬다.

avere il sonno pesante (o profondo)- 잠귀가 어둡다

avere un colpo di sonno- 갑자기 잠이 들다, 금방 잠이 들다

cascare (o cadere/morire) dal sonno- 졸려 죽을 지경이다, 잠이 쏟아지다

conciliare il sonno- (1) 지루하다, 따분하다

La sua musica concilia il sonno; non la direi interessante. 그의 음악은 지루해서, 재미있다고 말할 수 없어요.

Questo film mi concila il sonno. 이 영화는 잠 온다.

(2) 숙면을 취하는데 도와주다(= aiutare a dormire)

Una bella tisana mi concilia il sonno. 좋은 허브 차는 숙면을 돕는다.

disturbi del sonno- 수면 장애

dormire sonni tranquilli- (비유) 마음 편히 자다

Puoi dormire sonni tranquilli; hanno accettato il tuo articolo. 그들이 네 주장을 받아들였으니, 마음 편히 잘 수 있겠다.

essere in un sonno profondo- 깊이 잠들어 있다, 곤히 잠들다

essere tra sonno e sveglia- 비몽사몽 중에 있다, 정신이 몽롱한 상태이다

fare tutto un sonno- 밤새 깨지 않고 푹 자다, 단잠을 자다

Stanotte ho dormito bene, ho fatto tutto un sonno. 오늘 아침 잘 잤다, 밤새 깨지 않고 단잠을 잤다.

fare venire sonno (o mettere sonno)- 졸리게 하다, 잠들게 하다: (비유적) 매우 지겹다, 따분하다, 지루하다

La sua voce mi mette sonno. 그의 목소리가 나를 졸리게 한다.

Mi fa venire sonno a solo guardarlo. 나는 그것을 보기만 해도 졸립다.

guastare il sonno a qualcuno- 걱정거리로 잠을 못자게 하다, 잠을 방해하다

Da quando ha compiuto 16 anni, il figlio di Luca sta guastando il sonno ai genitori. 루카의 아들은 16살이 된 이후로 걱정거리로 부모님을 잠 못 들게 한다.

il sonno eterno- 죽음, 영원한 안식, 영면(永眠)

Dopo tanta sofferenza, potrà finalmente riposarsi con il sonno eterno. 그토록 많은 고통을 겪은 뒤에, 그는 마침내 영면으로 안식을 취할 수 있을 것이다.

mettere sonno- 잠 오게 하다, ~을 졸리게 하다

La sua voce mi mette sonno. 그의 목소리는 날 잠 오게 한다.

morire di sonno- 졸려 죽다

Sto morendo di sonno. 졸려 죽겠다.

parlare nel sonno- 잠꼬대를 하다

Perché si parla nel sonno? 왜 잠꼬대를 할까?

perdere il sonno- 잠이 달아나다, 잠을 못 자다

Ogni volta che devo lavorare su un grande progetto, perdo il sonno per giorni. 나는 큰 프로젝트를 해야 할 때마다, 며칠 동안 잠을 못 잔다.

prendere sonno (o essere vinto dal sonno)- 잠들다, 잠이 들다

Faccio fa fatica a prendere sonno e mi sento sempre stanco. 나는 잠들기가 힘들어서 늘 피곤함을 느낀다.

un breve sonno- 낮잠(= sonnellino), 잠깐 눈 붙임

Faccio sempre un breve sonno dopo pranzo. 나는 점심 식사 후에 항상 잠깐 잠을 잔다.

soppiatto- (아래의 성구로만 사용)

andarsene di soppiatto- 몰래 가버리다

di soppiatto- 은밀히, 몰래, 비밀리, 살그머니

entrare di soppiato- 몰래 들어가다

È entrata di soppiatto e li ha colti con le mani nel sacco. 그녀는 몰래 들어가서 그들을 현행범으로 잡았다.

guardare qualcuno di soppiatto- ~을 훔쳐보다, ~을 슬쩍 보다, 슬그머니 쳐다보다

Mi guardava di soppiatto per vedere come reagivo nel leggere la lettera. 편지를 읽으면서 내가 어떻게 반응하는지를 보기 위해 그녀는 나를 슬그머니 쳐다보았다.

sopportare- 참다, 견디다

sopportare di fare qualcosa- 하는 것을 참다, 견디다

Quando parlo, non sopporto di essere interrotto. 내가 말할 때 중단되는 것을 못 참는다.

sopra- 위에, (장소) ~을 지나서, 가까이에, ~에 관하여

al di sopra di- ~위에; ~저편에

come sopra- 위와 같이, 위처럼

di sopra- 맨 위에, 꼭대기에; 위쪽의, 상부의

Ci deve essere qualcuno di sopra. 맨 위에 틀림없이 누군가가 있다.

Chi c'è di sopra? 꼭대기에 누가 있죠?

dormirci sopra- 그 위에 자다

Ho messo un tappeto per terra e ci ho dormito sopra. 나는 바닥에 카펫을 깔고 그 위에서 잤다.

in aggiunta di quanto sopra- 위의 사항에 더하여

lì sopra- 그 위에

La penna è lì sopra. 펜은 그 위에 있다.

passarci sopra- (1) 얼버무리고 넘어가다, ~을 무시하다

Può sembrare un dettaglio, ma non possiamo passarci sopra. 사소한 일로 여길 수 있지만, 우리는 얼버무리고 넘어갈 수 없다.

(2) 눈감아 주다, 못 본 체하다

Lei è stata maleducata, ma per questa volta passaci sopra. 그녀는 무례했지만, 이번에는 눈감아 줘라.

prendere qualcosa sopra di sé- ~을 책임지다

qui sopra- 이 위에

Posa i libri qui sopra. 책을 이 위에 내려 놔.

sopra citato- 위에서 인용한

sopra ogni cosa- 무엇보다도, 그 중에서도, 특히

tornarci sopra- (약속 등을) 안 지키다, 번복하다; (중단했던 것을) 다시 시작하다

Hai accettato la divisione dell'eredità. Adesso perché vuoi tornarci sopra? 너는 유산 배분을 받아들여 놓고서, 왜 이제 와서 번복하려고 하니?

sopravvento- 바람이 불어오는 쪽

prendere (o avere) il sopravvento- (투쟁, 논쟁 끝에) 승리하다, 이기다

I rivoluzionari presero il sopravvento e cacciarono i militari. 혁명논자들이 승리해서 군사정권(군인들)을 쫓아냈다.

prendere il sopravvento su- ~보다 우세하다; ~을 이기다/누르다; ~을 지배하다

sopruso- 권력남용, 횡포

fare un sopruso a qualcuno- ~에게 권한을 남용하다, ~에게 부담을 주다

ricevere un sopruso- 부당함을 당하다

soqquadro- 혼동, 혼란, 혼미

mettere (la casa) a soqquadro- (집을) 엉망으로 만들다, 난장판이 되다

I ladri mi hanno messo la casa a soqquadro. 도둑이 집을 엉망진창으로 만들었다.

I licenziati hanno messo a soqquadro l'ufficio. 해고자들이 사무실을 엉망으로 만들었다.

sorcio- 생쥐, 쥐

far vedere i sorci verdi- ~을 힘들게 하다, 곤란하게 만들다(= dare del filo da torcere); ~의 간담을 서늘케 하다(= spaventare)

Se ci capita ancora a tiro, gli faremo vedere i sorci verdi. 그가 다시 나타나면, 우리는 그의 간담을 서늘케 할 것이다.

fare la fine del sorcio- 잡히다

È scappato alla vecchia miniera ed ha fatto la fine del sorcio. 그는 오래된 광산으로 도망갔는데 잡혔다.

sordina- (음악) 약음기, (음성) 묵자, 폐쇄음

in sordina- (1) 부드럽게, 조용히

Si sentiva cantare in sordina; Maria si era già svegliata e stava giocando. 마리아는 이미 일어나서 연주하고 있었는데, (우리는) 그녀가 조용히 노래 부르는 것을 듣고 있었다.

(2) 몰래, 비밀리에, 은밀히(= nascostamente)

Hanno fatto le cose in sordina e sono riusciti a firmare il contratto prima dei concorrenti. 그들은 비밀리에 했기에 경쟁자들보다 먼저 계약을 체결할 수 있었다.

sordo- 귀머거리

essere sordo a- ~에 귀가 멀다; ~에 둔감하다, ~을 듣지 않다

Non mi ascolta mai, è sempre sordo alle mie parole. 그는 절대 내 말을 듣지 않고, 내 말에 항상 귀를 닫는다.

fare il sordo- 귀담아 듣지 않다, 무시하다

Non c'è peggior sordo di chi non vuol sentire. (속담) 들으려고 하질 않는 사람보다 더 나쁜 청각장애인은 없다.

parlare ai sordi- (비유) 말해봐야 소용없다, 입만 아프다

sordo come una campana- 귀가 아주 먹은, 귀가 전혀 안 들리는

Devi urlare quando parli con lui; è sordo come una campana. 당신은 그와 이야기할 때 큰 소리를 질러야만 해요. 그는 귀가 전혀 안 들리니까요.

sorgente- 샘, 원천, 근원, 출처

risalire alla sorgente- 근원/원천으로 돌아가다; 핵심을 파악하다

Per capire i suoi discorsi bisogna risalire alla sorgente. 그 논점을 이해하기 위해서는 근원으로 돌아가야만 한다.

sorpresa- 놀람

avere una sorpresa per qualcuno- ~에게 놀래 줄 것이 있다

Ho una sorpresa per te. 너를 깜짝 놀라게 해 줄 것이 있다.

attacco di sorpresa- 기습 공격

Che bella sorpresa! 이것 정말 놀라운데! 정말 뜻밖에 반가운 일이야!

con mia grande sorpresa- 엄청 놀랍게도

di sorpresa- 불시에, 갑자기(= all'improvviso)

fare una sorpresa a qualcuno- ~을 놀라게 하다

Ci ha fatto una bella sorpresa. 그는 우리를 깜짝 놀라게 했다.

prendere di sorpresa- 놀라게 하다, (남을) 불시에 치다, 허를 찌르다

Mi ha preso di sorpresa e non ho potuto dire di no. 그가 나의 허를 찔러서 '아니'라고 말할 수 없었다.

visita di sorpresa- 불시의 방문, 임검

sorriso- 미소

avere sempre il sorriso sulle labbra- 입가에 항상 웃음이 있다, 항상 웃는다

avere un bel sorriso- 미소가 아름답다, 아름다운 미소를 지니다

Lei ha un bel sorriso. 그녀는 미소가 아름답다.

rispondere con un sorriso- 미소로 대답하다

Lei mi ha risposto con un sorriso. 그녀는 내게 미소로 답했다.

sorso- 한 모금, 한번 마시기

bere a sorsi- 홀짝거리다, 조금씩 마시다

bere in un sorso- 한 숨에 혹 들이마시다; (특히 술을) 원샷하다

un sorso di- 한 모금의

un sorso di troppo- 과음

un sorso di wisky- 위스키 한 모금

un sorso d'acqua- 물 한 방울, 물 한 모금, 작은 양의 물

sorta- 종류, 부류

di ogni sorta (o di tutte le sorte)- 가지 각색의, 온갖 종류의, 별의별

dirne di tutte le sorte a qualcuno- ~에게 마구 욕설을 퍼붓다

Lo offese dicendogliene di tutte le sorte. 그에게 온갖 욕설을 퍼부어 그의 마음을 상하게 했다.

farne di tutte le sorte- 별의별 속임수를 다 쓰다

Gliene fanno di tutte le sorte. 그들은 그에게 별의별 속임수를 다 쓴다.

ogni sorta di libri- 모든 종류의 책

mercanzie di ogni sorta- 각종 물건

una sorta di- 일종의

sorte- 운, 운명; 갑작스런 기회

avere la sorte di- ~할 갑작스런 기회를 갖다

Ho avuto la sorte di incontrarlo. 나는 갑작스럽게 그를 만날 기회가 있었다.

come volle la sorte- 다행히도, 운 좋게도

E finalmente, come volle la sorte, siamo arrivati. 마침내 우리는 운 좋게도 도달했다.

decidere delle sorti di qualcuno- ~의 운명을 결정하다

essere in balia della sorte- 운명에 내둘리다, 운명의 지배를 받다

far buon viso a cattiva sorte- 악조건에서 최선을 다하다, 역경을 이겨내다; 의연한 척하다

per sorte- 우연히

per brutta sorte- 운이 나쁘게도, 불행하게도

per buona sorte- 운이 좋게도, 다행히도

Per buona sorte c'era un medico. 운이 좋게도 의사가 있었다.

tentare la sorte- 운을 시험해 보다, 되든 안 되든 한 번 해보다

tirare a sorte- 제비 뽑다(= sorteggiare); 동전을 던져 결정하다(= tirando una moneta)

Tiriamo a sorte per vedere chi deve andare per primo. 우리는 누가 처음 가야 할 지를 보기 위해 제비뽑기를 한다.

toccare in sorte a qualcuno- ~의 차지가 되다, ~의 몫이 되다

Mi è toccato in sorte di rimanere qui. 여기에 남는 것은 내 몫이 되었다.

sorteggio- 제비뽑기

fare il sorteggio- (제비를) 뽑다, 추첨하다; (제비뽑기, 추첨으로) 정하다

Fu fatto il sorteggio. 그들은 제비뽑기로 정했다.

per sorteggio- 제비뽑기로, 추첨으로

sospeso- 1. (형용사) 매달린, 걱정스러운

avere un conto in sospeso con qualcuno- ~와 풀어야 할 원한이 있다, 빚이 있다

col fiato sospeso- (기대, 불만으로) 숨을 죽이고; 흥분하여, 안절부절못하여

essere sospeso a un filo- 위기일발이다, 풍전등화이다, 위기에 처해 있다

in sospeso- 미결인, 해결되지 않은, 합의를 못 본(= non deciso, non definito); 미지불의(= non pagato); 초조해 하는, 애태우는(= trepidante)

trattative in sospeso- 교섭 중

2. (명사) 미결정 사항

sospetto- 의심, 의혹, 혐의; 남몰래 지니고 있는 의심; 예감, 느낌

avere dei sospetti su qualcosa- ~에 대해 의심하다

Ho dei sospetti sulla sua onestà. 나는 그의 정직성이 의심스럽다.

avere un atroce sospetto- 끔찍한 예감이 든다

Ho un atroce sospetto che non guarirà. 그가 안 나을 것 같은 끔찍한 예감이 든다.

cadere in sospetto- 혐의를 받다

destare sospetto- 의심을 불러일으키다/자아내다

essere al di sopra di ogni sospetto- 의심/혐의의 여지가 없다, 올바르다, 정당하다

guardare con sospetto- 의심의 눈초리로 보다

mettere in sospetto- 의혹이 생기게 하다

sosta- 중지, 정차, 멈춤

fare una sosta- (1) 멈추다, 세우다; 서다

Il treno fa una sosta di cinque minuti. 열차는 5분간 정차한다.

(2) 쉬다

Facciamo una sosta di dieci minuti. 십 분간 쉽시다.

senza sosta- 중단 없이, 끊임 없이, 연이어, 쉼 없이

Abbiamo lavorato senza sosta per tre ore. 우리는 3시간 동안 쉼 없이 일했다.

sostanza- 본질, 실질, 물질

dare sostanza- 영양분을 공급하다

di poca sostanza- 가벼운; 대단찮은; 얄팍한

in sostanza- 본질적으로, 궁극적으로(= essenzialmente); 대체로, 사실상(= in pratica); 요약하면, 요컨대(= in breve); 마지막으로, 끝으로(= in conclusione)

Ha parlato per due ore ma in sostanza non ha detto niente. 그는 두 시간 동안 말했지만 사실상 아무 것도 말하지 않았다.

sostegno- 지지, 지주

a sostegno di- ~을 지지하여, ~을 옹호하여

ricevere il sostegno di- ~의 지지를 받다

Il governo riceve il sostegno della maggioranza. 정부는 절대다수의 지지를 받는다.

sostenere- 주장하다

sostenere di fare qualcosa- ~하는 것을 주장하다

Sostiene di aver ragione, ma ha torto. 그는 자신이 옳다고 주장하지만, 실은 틀렸다.

sostenere l'accusa- (법률) 공소를 제기하다

sostenere la piazza- 경기를 부양하다; 시장가격을 유지하다

sostenere una conversazione- 대화를 계속하다(= fare conversazione); 대화를 계속 진행하다(= mantenerla viva)

sostituzione- 대리, 대체

in sostituzione di- ~을 대신으로, ~대신에

Ho comprato questo libro in sostituzione di quello che ho perso. 나는 잃어버린 책 대신에 이것을 샀다.

sottaceto- 식초에 절인

conservare (o mettere) sottaceto- 식초에 절이다

Ho conservato i cetrioli sottaceto. 나는 오이를 식초에 절였다.

sottana- 스커트

correre dietro alle sottane- 여자 뒤를 졸졸 쫓아다니다, 여자 꽁무니를 쫓아다니다; 바람둥이다

Ha settant'anni e corre ancora dietro alle sottane, è ridicolo. 그는 칠십 살인데도 여전히 여자 꽁무니를 쫓아다닌다니, 우스꽝스럽다.

essere attaccato alle sottane della madre- 어머니의 치마폭에 쌓여있다, 어머니에게 쥐여 살다[19]

Guarda che Vincenzo è attaccato alle sottane di sua madre. Sei sicura di volerlo sposare? 빈첸조는 엄마 한테 쥐여 산다는 것을 모르니. 너 정말 그와 결혼하고 싶은 거니?

sottile- 1. (형용사) 얇은, 가는, 야윈

capelli sottili- 가는 머리

mente sottile- 예리한 지성

polvere sottile- 미세 먼지

2. (명사) 얇은 부분

guardare (o andare) troppo per il sottile- 사소한 것에 지나치게 신경 쓰다, 꼼꼼히 보다(=

---

[19] 유사 관용어는 'attaccato alle gonnelle'이다.

sottilizzare); 지나치게 꼼꼼하다(= essere pignolo)

Non guardare troppo per il sottile; è una stoffa da poco prezzo, ma è buona e serve allo scopo. 너무 꼼꼼히 보지 마. 값싼 천이지만 (질) 좋고 목적에 알맞아.

sottinteso- 암시적, 내포된

parlare per sottintesi- 넌지시 말하다, 에둘러 말하다; 힌트를 주다

Non si capisce un'acca; parla sempre per sottintesi. 그는 늘 에둘러 말하니깐, 하나도 이해할 수 없다.

parlare senza sottintesi- 공개적으로 말하다

sotto- 아래에

andare sotto un'automobile- 자동차에 깔리다

esserci sotto qualcosa- 배후에 뭔가가 있다

Qui c'è sotto qualcosa. 여기 뭔가 수상쩍은 것이 있다.

essere sotto terra- 땅에 묻히다; (비유) 이제는 존재하지 않는다

farsi sotto- (곁으로) 다가가다, 접근하다(= avvicinarsi); 자신을 남들에게 알리려 하다(= spingersi innanzi)

Dai, non fare il timido. Fatti sotto e invitala a ballare. 자, 수줍어하지 말고, 곁으로 다가가 그녀에게 춤추자고 해.

guardare qualcuno di sotto in su- ~을 아래 위로 훑다

mettere qualcuno sotto i piedi- ~을 하찮게 여기다, ~을 소홀히 대하다

mettere sotto qualcuno a- (1) ~하게 하다, ~에 착수하게 하다

L'ho messo sotto a studiare e in due mesi ha preparato quattro esami. 나는 그에게 공부하도록 했는데 두 달간 네 개의 시험을 준비했다.

(2) 충돌하다, 치다(= investire)

Un autobus ha messo sotto il mio miglior amico Marco. 버스가 나의 가장 친한 친구인 마르코를 치었다.

(3) 압제를 가하다(= tiranneggiare)

sotto sotto- 마음속으로는, 내심은, 사실은

Ha detto di sì sorridendo, ma sotto sotto non era convinto. 그는 웃으면서 허락했지만, 마음속으로는 내키지 않았다.

sottogamba- 부주의하게, 경솔하게

prendere sottogamba- (1) ~을 가볍게 여기다, ~을 얕잡아 보다

Lui ha preso l'esame sottogamba. 그는 시험을 우습게 보았다.

(2) 과소평가하다(= sottovalutare)

Lo prendi sottogamba, ma guarda che lui è pericoloso. 너는 그를 과소평가하는 데, 그는 위험 인물이다.

sottomano- 비밀리에, 남 몰래

agire sottomano- 비밀리에 행동하다

sottordine- 하위에

passare in sottordine- ~의 처리를 연기하다; 덜 중요하게 되다

Quel problema è passato in sottordine da quando lui si è ammalato. 그가 병이 난 뒤로 그 문제의 처

리를 연기하였다.

sottosopra- 거꾸로, 뒤집혀

essere sottosopra- 난장판이 되어 있다

Tutto il mondo è sottosopra. 세상이 뒤죽박죽이다.

mettere sottosopra- (1) (무엇을 찾느라고) 다 뒤집어엎다

Ha messo tutto sottosopra per cercare le chiavi. 그는 열쇠를 찾기 위해 다 뒤집어엎었다.

(2) (계획, 상황 등이) 틀어지게/엉망으로 만들다

Il suo arrivo improvviso ci ha messi tutti sottosopra. 그의 갑작스런 도착이 모든 것을 틀어지게 만들었다.

sentirsi lo stomaco sottosopra- 속이 뒤집히다, 배탈이 나다, 속이 안 좋다

Mi sento lo stomaco sottosopra. 배탈이 난 것 같다.

sottoterra- 지하에

mettere sottoterra- ~을 묻다, 매장하다

volersi nascondere sottoterra- 땅 속에라도 숨고 싶다

Avrei voluto nascondermi sottoterra dalla vergogna. 나는 부끄러워서 쥐구멍이라도 있으면 들어가 숨고 싶었다.

sottovoce- 작은 목소리로

parlare sottovoce- 작은 소리로 말하다, 부드럽게 말하다

Parlate sottovoce, non urlate! 큰 소리 치지 말고 작은 소리로 말해!

spaccare- 쪼개다, 분열시키다, 나누다

O la va o la spacca- (운명에 도전할 때) 성패 여부에 상관없이 하는 데까지 해보자

Preferisco rischiare di perdere tutto il denaro che ho; o la va o la spacca! 내가 가지고 있는 전 재산을 잃는 한이 있더라도, 하는 데까지 하는 것을 좋아한다.

"Vuoi veramente combattere contro lui?" "Sì. O la va o la spacca!" "정말 그 사람과 싸우고 싶어?" "이기든 지든 한번 해봐야지!"

spada- 검, 칼

Chi di spada ferisce, di spada perisce. (속담) 칼을 쓰는 자 칼로 망한다.

difendere qualcuno a spada tratta- 전력을 다하여 변호/방어하다

Mi ha difeso a spada tratta perché sapeva che avevo ragione. 내가 옳았다는 것을 알았기에 그는 전력을 다하여 날 변호했다.

morire con la spada in pugno- 끝까지 싸우다 죽다

Ne uccide più la lingua che la spada. (속담) 펜이 칼보다 강하다.

passare qualcuno a fil di spada- ~을 칼로 찔러 죽이다

spaghetto- 스파게티; 공포, 두려움

prendersi un bello spaghetto- 소스라치게 놀라다; 불안 초조한 상태다

Si è preso un bello spaghetto quando la trave è crollata alle sue spalle. 대들보가 그의 뒤로 떨어졌을 때 그는 소스라치게 놀랐다.

spago- 끈, 줄

dare spago a qualcuno- 멋대로 말하도록 놔두다, 비위를 맞춰 주다

Non dargli spago, sennò non la smetterà più di parlare. 멋대로 지껄이게 놔두지 마. 그렇지 않으면 그는 결코 말을 멈추지 않을 거다.

spalla- 어깨

alle spalle- (1) 뒤에

Non mi stare alle spalle. 내 뒤에 서지 마.

(2) ~의 뒤에서(= da dietro)

Lui parla male costantemente male di me alle mie spalle. 그는 내 뒤에서 끊임없이 나에 대해 나쁘게 말한다.

Mi prendi quel libro alle tue spalle? 네 뒤에 있는 책을 내게 주겠니?

alzare le spalle- 어깨를 으쓱하다

Non ha risposto; ha semplicemente alzato le spalle. 그는 대답을 하지 않고, 어깨만 으쓱했다.

avere la testa sulle spalle- 양식과 분별이 있다, 지혜가 있다; 실무에 밝다

avere le spalle larghe- 어깨가 넓다; (비유) 책임이 크다, 포용력이 있다

Ho le spalle larghe e posso sopportare anche le tue insinuazioni. 나는 포용력이 있어서 너의 풍자(빗댐)도 너그럽게 봐줄 수 있다.

buttarsi alle spalle- (불쾌한 일 따위를) 잊어버리다

Mi son buttato il passato alle spalle e ho ricominciato daccapo. 나는 과거를 잊어버리고 처음부터 다시 시작했다.

dietro le spalle- 본인이 없는 데서, 이면에서

Fanno critiche negative dietro le spalle, ma non osano parlare apertamente. 그들은 본인이 없는 데서 험담을 하지만, 공개적으로는 감히 말하지 못한다.

essere con le spalle al muro- 막다른 골목에 몰리다

La polizia ha trovato la pistola nella sua macchina: quando è stato con le spalle al muro, ha confessato. 경찰이 그의 차 안에서 권총을 발견하자, 그는 막다른 골목에 몰려 자백했다.

fare da spalla- 상대역(들러리)을 하다

Gli fa da spalla tutte le volte che vuol tentare un colpo; prima o poi lo beccheranno. 그는 매번 마음에 들도록 들러리 역할을 하니깐, 조만간 그를 알아 볼 거야.

guardarsi alle spalle- 어깨너머로 보다

guardarsi le spalle- 조심하다(= stare in guardia); 스스로 보호하다

Con tipi come lui bisogna guardarsi le spalle. 그 같은 사람들은 조심해야만 한다.

mettere qualcuno con le spalle al muro- ~을 궁지에 몰아 넣다

L'ho messo con le spalle al muro e non ha potuto negare le sue responsabilità. 나는 그를 궁지에 몰아 넣어서 자신의 책임을 부인할 수 없었다.

Occhio alle spalle! (위험이 있을 때 경고하는 말로) 주의해! 조심해!

spalla a spalla- 어깨를 나란히 하고, 협력하여; 나란히, 함께

Abbiamo lavorato spalla a spalla per due anni. 우리는 2년 동안 함께 일했다.

sulle spalle- 어깨에 메고, ~의 책임이 되어

Ha una famiglia sulle spalle. 그는 부양할 가족이 있다.

Lui si è preso una responsabilità sulle spalle. 그는 책임을 떠맡았다.

Quell'uomo porta un sacco sulle spalle. 그는 어깨에 자루를 지고 간다.

vivere alle spalle di- ~에 의지해서 살다, 빌붙어 살다

Ha sempre vissuto alle spalle di sua moglie. 그는 늘 아내에게 빌붙어 살았다.

voltare le spalle- 등을 돌리다, ~을 외면하다, 무시하다; 쌀쌀맞게 대하다

Mi ha voltato le spalle da tempo, e non capisco perché. 오래 전부터 그는 나를 쌀쌀맞게 대하는데, 이유를 모르겠다.

spanna- 한 뼘

a spanne- 대략, 어림잡아

alto una spanna- 아주 작은(어린)

È alto una spanna! Come vuoi che arrivi allo scaffale più alto! 그는 아주 작아! 어떻게 그가 맨 위쪽 선반에 (손이) 닿기를 바라니!

sparare- 1. (타동사) 발사하다, 발포하다

spararle grosse- 호언하다; 지어낸 이야기를 하다, 거짓말을 하다

spararsi un colpo in testa- 탄환이 머리를 꿰뚫다

2. (자동사) 발포하다, 총 쏘다

sparare a salve- 공포탄을 발사하다; 일제히 사격하다

sparare a zero su qualcuno- (비유) 비난하다, 욕하다, 까다

Ha sparato a zero su tutti i miei amici. 그는 내 친구 모두를 욕했다.

spararsi alla testa- 머리를 쏘아 자살하다

sparire- 사라지다, 없어지다

Dove eri sparito? 어디 있다 나타난 거야?

sparire dalla faccia della terra- 이 세상에서 사라지다

Sparisci! 꺼져! 저리가!

spartire- 나누다, 분배하다

non avere niente (o nulla) da spartire con qualcuno- ~와는 전혀 관계가 없다

Non ha niente da spartire con quel delinquente! 그는 그 범인과 전혀 관계가 없다.

spasso- 장난, 놀이

andare a spasso- 산책하러 가다

Andiamo a spasso nel parco. 공원으로 산책하러 가자.

Che spasso! 정말 재미있군! 이거 재미있다!

Che spasso il tuo cane! 너의 개 정말 재미있어!

essere (o trovarsi) a spasso- (일 없이) 놀고 있다; 실직 중이다

È a spasso da tre anni ormai e ha paura di non trovare mai più un lavoro. 그는 3년 전부터 놀고 있는데, 더 이상 일자리를 구하지 못할까 두려워한다.

essere uno spasso- 웃기는/유쾌한 사람, 재미있는 사람

Quel ragazzo è uno spasso. 저 소년은 정말 유쾌한 사람이다.

mandare qualcuno a spasso- 자유롭게 놓아주다, 쫓아버리다, 해고하다

L'hanno mandato a spasso perché sospettavano che rubasse. 그가 훔쳤으리라는 혐의가 있었기에 그들은 그를 해고했다

per spasso- 농담으로, 농담 삼아서

portare qualcuno a spasso- 데리고 놀러 가다, ~을 산책하러 데리고 가다; (비유) ~을 호도하다

Il nonno porta a spasso i nipotini. 할아버지가 손자들을 데리고 놀러 간다.

Lei porta il cane a spasso. 그녀는 개를 산책시키러 데리고 간다.

prendersi spasso di qualcuno- ~을 놀리다

uno spasso- 아주 재미있는 사람이나 사물

Marco è uno spasso. Mi fa ridere tantissimo. 마르코는 진짜 재미나는 사람이야. 정말 너무 웃겨.

un film che è uno spasso- 재미있는 영화

spassoso- 재미있는

Alcuni film italiani sono spassosi. 몇몇 이탈리아 영화는 정말 재미있다.

spavento- 공포, 섬뜩하게 놀람, 경악

brutto da fare spavento- 흉측한, 흉물스러운, 끔직한, 몹시 추하게 생긴

fare spavento a qualcuno- ~을 놀라게 하다, ~에게 무섭게 하다

Che spavento mi hai fatto (prendere)! 왜 이리 사람을 놀래 켜!

morire di (o dallo) spavento- 무서워 죽을 지경이다, 공포에 질려 죽다

Sono quasi morto dallo spavento. 나는 무서워 죽을 뻔했다.

tremare di (o dallo) spavento- 공포에 떨다, 무서워서 떨다

spazio- 공간, 장소

fare spazio a qualcuno- ~을 위해 자리를 비키다, ~에게 자리를 양보하다, ~을 위한 공간을 마련하다

Fate spazio, per favore, sta arrivando il presidente. 자리 좀 비켜 주세요, 사장님이 도착해요.

lasciare spazio a qualcuno- ~에게 틈을 내주다

mancanza di spazio- 공간 부족

Non ti scrivo altro per mancanza di spazio. 쓸 자리가 없어서 이만 줄일게.

non esserci spazio- 공간이 없다

Non c'è spazio per te. 네가 들어올 자리가 없다.

Non c'è spazio qui per questa sedia. 여기에 이 의자를 둘 자리가 없다.

Non c'è spazio sufficiente per far giocare i bambini. 아이들이 놀만한 충분한 공간이 없다.

occupare troppo/poco spazio- 장소를 적게 차지하다

Questo armadio occupa troppo spazio. 이 가구는 장소를 너무 많이 차지한다.

spazzare- 소제하다, 청소하다

Scopa nuova spazza bene. (속담) 새 비는 깨끗이 쓸린다. 신임자는 묵은 폐단을 일소하는데 열심인 법이다.

spazzola- 솔

capelli a spazzola- 스포츠 머리

spazzola per abiti- 옷솔

spazzola per capelli- 솔빗, 헤어 브러시

spazzola per scarpe- 구둣솔

specchio- 거울

arrampicarsi sugli specchi- 지푸라기라도 잡으려 하다

Ha detto cose assurde per convincere il giudice della sua innocenza, ma era chiaro che si arrampicava sugli specchi. 그는 자신의 결백을 판사에게 설득하기 위해 어처구니없는 말을 했는데, 지푸라기라도 잡고 싶은 심정에 한 것이 분명하였다.

essere uno specchio di onestà- 정직함의 전형이다, 정직함의 본보기이다

Gli occhi sono lo specchio dell'anima. 눈은 마음의 거울이다.

liscio come uno specchio- 거울처럼 잔잔한

pulito come uno specchio- 티끌 하나 없이 깨끗한, 깔끔한, 말쑥한

specie- 종류

fare specie- 놀라게 하다

Mi fa specie che tu, come amico, non mi abbia difeso. 난 네가 놀랍다. 친구로서 날 변호하지 않았다니.

in specie- 특별히, 특히

spendere- 쓰다, 소비하다, 보내다

Chi più spende, meno spende. (속담) 싼 게 비지떡.

spendere e spandere- 뻐기려고 돈을 뿌리고 다니다, 돈을 낭비하다, 돈을 물 쓰듯 쓰다

Se continua a spendere e spandere in questo modo, l'eredità non gli durerà molto. 이런 식으로 계속해서 돈을 물 쓰듯 하면, 그의 유산도 그리 오래 가지 못할 것이다.

speranza- 희망

abbandonare ogni speranza- 모든 희망을 버리다

Ho abbandonato ogni speranza. 나는 모든 희망을 버렸다.

accarezzare la speranza- 희망을 품다

Accarezzava la speranza di costruirsi una casa in montagna. 그는 산에 집을 지으려는 희망을 품고 있었다.

con la speranza di- ~라는 희망을 갖고서

È venuto con la speranza di ottenere un aiuto da noi. 그는 우리한테 도움을 얻으리라는 희망을 갖고 왔다.

con la vaga speranza- 혹시나 하고

Aspettavo con la vaga speranza di vederlo arrivare con l'ultimo treno. 나는 마지막 기차가 도착하면 혹시나 그를 볼 수 있을까 하고 기다리고 있었다.

di belle speranze- 전도유망한, 장래가 촉망되는, 장래가 유망한

Era un ragazzo di belle speranze, ma ha finito per non combinare nulla di buono. 그는 장래가 유망한 소년이었지만, 허사로 끝났다.

essere appesi a un filo di speranza- 한 가닥의 희망을 걸다(잡고 있다)

Finché c'è vita c'è speranza. (속담) 살아 있는 한 희망은 있다.[20]

---

[20] 이 속담은 라틴어 *'Dum vita est, spes est'*를 이탈리아어로 옮긴 것이다.

nella speranza di- ~을 바라고, ~라는 희망을 갖고

Nella speranza di ricevere presto vostre notizie 너희들의 소식을 빨리 받기를 희망하면서

non avere speranza- 희망이 없다

Non ho speranza. 나는 희망이 없다.

oltre ogni speranza- 아주 절망적인

senza speranza- 희망 없이, 절망적으로

vivere di speranza- 희망에 살다

vivere nella speranza di fare qualcosa- ~을 하고자 하는 희망으로 산다

sperare- 1. (타동사) 희망하다, 바라다

Lo spero. 그러길 바란다.

sperare che- ~하기를 희망하다

Spero che lei possa venire. 나는 그녀가 올 수 있기를 희망한다.

sperare di fare qualcosa- ~하기를 희망하다

Spero di rivederti presto. 나는 널 다시 빨리 보기를 바란다.

Spero bene. 좋은 일만 있길 바란다.

Spero di no. 아니길 바래.

Spero di sì. 그러길 바래.

2. (자동사) 희망하다, 바라다

sperare in bene- (특히 희망이 없어 보이는데) 낙관하다

sperare in Dio- 신의 은혜를 믿다

sperare nel futuro- 미래를 희망하다

spesa- 비용, 지출, 장보기

a proprie spese- 자비로, 사재를 털어서

Ho fatto un viaggio di lavoro a mie spese. 나는 자비로 출장을 다녀왔다.

a spese altrui- 다른 사람의 비용으로

a spese di- ~의 비용으로, ~의 경비로

a spese pubbliche- 공공경비로, 공공지출로

comprese le spese- 경비를 포함하여

di poca spesa- 얼마 하지 않은, 얼마 안 준

"Quant'è?" "È un oggetto di poca spesa.". "얼마죠?" "얼마 하지 않는 물건이에요."

escluse le spese- 경비를 빼고/제외하고

fare la spesa- 장보다, 쇼핑하다

Esco a fare la spesa. 나 장보러 가.

Vado a fare la spesa al supermercato. 나는 슈퍼에 장보러 간다.

fare le spese di qualcosa- ~의 값을 지불하다; (비유) 대가를 치르다, 벌을 받다[21]

non badare a spese- (1) 지출/비용을 아끼지 않다

---

[21] 'subirne le conseguenze'라는 의미이다

Quella signora non bada a spese. 그 부인은 지출을 아끼지 않는다.

(2) 비용을 아까워하지 않다

Lei non bada a spese. 그녀는 비용을 아까워하지 않는다.

senza spese- 무료로

spese straordinarie- 예비비

spese varie- 잡비

spese vive- 실비

stare sulla spesa- 자활하다, 독립생활을 하다

spesso- 자주

molto spesso- 빈번히, 뻔질나게

più spesso- 더 자주

Vediamoci più spesso! 우리 더 자주 봅시다!

spettacolo- 공연

allo spettacolo- 공연에

Ieri non c'era molta gente allo spettacolo. 어제 공연에 사람이 많이 없었다.

dare spettacolo- 공연을 하다; (비유) 주의를 끌다(= farsi notare)

Che spettacolo danno stasera al teatro? 오늘 저녁 극장에서 무슨 공연을 하지?

dare spettacolo di qualcosa- 전시/진열하다(= mettere in mostra)

dare spettacolo di sé- (바보짓을 하여) 웃음거리가 되다, 망신당하다

spettanza- 귀속, 권한, 명령

a chi di spettanza- (불특정 상대에 대한 편지 증명서의 첫 머리 따위에서) 관계자 제위

essere di spettanza di qualcuno- ~의 일이 아니다, ~의 권한이 아니다

La questione non è di nostra spettanza. 문제는 우리의 일이 아니다.

spettro- 유령, 망령

profilarsi lo spettro di- 나타나다; 고개를 쳐들다

Si profila lo spettro della fame; non abbiamo più una lira. 우리는 돈 한 푼 없으니깐, 배고픔이 슬슬 밀려왔다.

sembrare uno spettro- 귀신처럼 보이다

spezzare- 부러뜨리다, 부수다, 깨뜨리다, 조각 내다

spezzarsi il cuore- 마음이 아프다, 마음이 찢어지다

Mi si spezza il cuore a pensarci. 그것을 생각하면 내 마음이 찢어진다.

spezzare il cuore a qualcuno- ~의 가슴을 찢어 놓다, ~을 상심하게 만들다

La sua immprovvisa partenza mi ha spezzato il cuore. 그의 갑작스런 출발이 내 마음을 찢어지게 했다.

spezzare il pane con qualcuno- ~와 함께 식사를 하다

spezzare qualcosa in due- ~을 둘로 나누다

Non posso mica spezzarmi in due! (몸은 하나인데) 나를 둘로 나눌 수는 없다.

spezzare una lancia in favore di qualcuno- ~의 지지를 놓고 논쟁하다

spia- 스파이, 간첩

fare la spia- 비밀 정보를 주다, 염탐하다; 밀고하다, 찌르다, 까바치다

Lui fa sempre la spia all'insegnante. 그는 항상 선생님한테 이른다

spiacente- 유감스런, 애석한

essere spiacente di- ~이 유감스럽다

(Sono) spiacente, ma è tutto occupato. 죄송하지만, 만석입니다.

Sono spiacente di dirti che- 네게 ~말을 하게 되어 유감이다

spiaggia- 해변, 연안

l'ultima spiaggia- 마지막 기회, 궁여지책

A questo punto quella proposta è per me l'ultima spiaggia. 이 순간 그 제안은 내게 마지막 기회이다.

spiano- 평지

a tutto spiano- 끊임없이, 연달아(= senza interruzione); 총력을 기울인, 전력을 다한, 전면적인(= con tutte le sforze)

gridare a tutto spiano- 큰소리 지르다, (화를 내며) 고함치다

Gridava a tutto spiano, ma nessuno le badava. 그녀는 고함을 쳤지만, 아무도 신경 쓰지 않았다.

spicchio- (감귤류, 마늘, 과일) 한 쪽, 조각

a spicchi- 조각으로, 쪽으로

spiccio- (1) (형용사) 빠른

andare per le spicce- 재빨리 끝내다/해치우다, 간단히 처리하다

Quel dottore va troppo per le spicce. Non mi pare coscienzioso. 그 의사는 후딱 해치운다. 내가 보기에 성실하지 않다.

(2) (복수명사) 동전(= moneta)

Non ho spicci. 나는 동전이 없다.

spicciolato- 고립된, 산재해 있는

alla spicciolata- 한 번에 조금씩, 삼삼오오, 두 세 사람씩(= pochi per volta); 차례차례, 하나씩(= uno per volta)

La gente entrava alla spicciolata. 사람들이 차례차례 들어가고 있었다.

spicco- 현저, 탁월

fare spicco- (1) 두드러지다, 쉽게 눈에 띄다

Il rosso è un colore che fa spicco. 빨강색은 쉽게 눈에 띄는 색이다.

(2) 사람의 눈길을 끌다/사로잡다

Faceva spicco per la sua brillante conversazione. 그는 탁월한 말솜씨로 사람의 눈길을 끌었다.

personaggio (o figura) di spicco- 유명 인사

È un personaggio di spicco nel mondo dello spettacolo. 그는 공연계의 유명 인사이다(그는 공연계에서 손꼽히는 인물이다).

spiedo- 쇠꼬챙이

allo spiedo- (꼬치 요리에 쓰이는) 쇠꼬챙이에 꿴

arrosto allo spiedo- 쇠꼬챙이에 꿴 로스

mettere un pollo allo spiedo- 닭고기를 쇠꼬챙이에 걸다

spiegarsi- 자기의 말을 남에게 이해 시키다

Mi sono spiegato? 내 말이 무슨 뜻인지 알아 들었니?

Mi spiego? 내 말이 무슨 뜻인지 알겠어요?

spiegazione- 설명

avere una spiegazione con qualcuno- ~와 일을 정리하다; ~와 격의 없이 얘기하다

dare una spiegazione di qualcosa- ~의 이유를 설명/해명하다

Mi devi dare una spiegazione! 내게 이유를 설명해 줘야 한다.

domandare una spiegazione a qualcuno- ~에게 설명을 청하다

domandare spiegazioni a qualcuno- (~에 대해) ~에게 해명을 요구하다, 책임을 추궁하다

spigolo- 모서리

contro lo spigolo del tavolo- 탁자 모서리에

Ho battuto il ginocchio contro lo spigolo del tavolo. 나는 탁자 모서리에 무릎을 부딪혔다.

smussare gli spigoli del proprio carattere- (모가 난 성격이) 부드러워지다

spillo- 핀

neanche uno spillo- 조금도, 전혀

Nella mia valigia non ci sta più neanche uno spillo. 내 가방이 다 차서 조금도 들어갈 틈이 없다.

spilla da cravatta- 넥타이 핀

spina- 가시, 등뼈

avere una spina nel cuore- 마음이 아프다

Non c'è rosa senza spine. (속담) 가시 없는 장미는 없다.

senza spina dorsale- 척추/가시가 없는; 줏대가 없는

È un essere senza spina dorsale; si lascerebbe insultare da chiunque. 그는 줏대가 없으니깐, 누구나 모욕하도록 나둘 거다.

stare (o essere) sulle spine- 조바심하다, 안달하다

Sono stato sulle spine tutto il pomeriggio ad aspettarlo. 나는 오후 내내 그를 기다리면서 조바심했다.

una spina nel fianco- 눈에 가시, 골칫거리, 걱정거리, 고민거리

Suo figlio è la sua spina nel fianco; ha scoperto che si droga. 그의 아들은 골칫거리이다. 그는 아들이 마약을 하는 것을 알았다.

spinta- 밀기

a spinta- 밀어서

L'auto è partita a spinta. 자동차를 밀어서 출발시켰다.

dare una spinta a qualcuno- 밀다, 밀뜨리다; ~을 도와 주다

fare a spinte- 서로 밀다, 서로 밀치락달치락하다

(di) spinte o (di) sponte- 싫든 좋든 (상관없이), 좋아하든 말든

spiraglio- 통풍 구멍, 배기 구멍

uno spiraglio- 실낱 같은 희망

La sua idea geniale ha aperto uno spiraglio nei negoziati di pace. 그의 기발한 생각이 평화 교섭에 실낱 같은 희망이었다.

spirito- 정신, 마음, 성령, 영

calmare i bollenti spiriti- 성질을 가라앉히다

Calma i bollenti spiriti e vedrai tutto più chiaro. 성질을 가라앉혀라. 그러면 좀 더 매사를 분명하게 보게 될 거다.

esalare lo spirito- 마지막 숨을 거두다, 죽다

fare dello spirito- 농담하다; 장난하려 하다, 웃기려 하다

Questo non è il momento di fare dello spirito. 지금 농담할 때가 아니다.

spiritoso- 익살맞은 사람; 잘난 체하는 사람

fare lo spiritoso- 웃기려 하다; 잘난 체하다

Vuol fare lo spiritoso e non ci riesce. 그는 웃기려 하지만 그러질 못한다.

spizzico- 조금, 약간

a spizzichi (o spizzico)- 찔끔찔끔, 조금씩; 한 번에 조금씩

Mangio sempre a spizzichi e mi rovino lo stomaco. 나는 늘 조금씩만 먹어서 위를 망가뜨리고 있다.

spoglia- 의복

sotto mentite spoglie- 변장해서, 가장하여(= travestito); 가명으로, 변장해서(= sotto falso nome); 다른 사람인 척하며(= sotto falsa apparenza)

Si è presentato in banca sotto mentite spoglie e ha prelevato dei soldi dal conto di un ricco cliente. 그는 사칭하여 은행에 나타나 부유한 고객의 계좌에서 돈을 인출했다.

spoglio- 분류, 정리

fare lo spoglio dei voti- 투표수를 집계하다

fare lo spoglio di qualcosa- 면밀히 검토하다

Ho fatto lo spoglio di tutti questi documenti. 나는 이 서류를 면밀히 검토했다.

spola- 실감개, 실패, (필름, 녹음테이프의) 릴

fare la spola- 오락가락하다; (대중교통이) 다니다, 왕복하다; 통근하다

Fa la spola tra Torino e Trieste per tenere il posto all'Università. 대학의 일자리를 유지하기 위해 그는 토리노에서 트리에스테까지 통근한다.

spolverata①- 먼지 털기, 먼지; 솔질

dare una spolverata a qualcuno- 남을 때리다

spolverata②- 뿌리기, 묻히기

dare una spolverata di zucchero alle fragole- 딸기에 설탕을 뿌리다

spolveratina- 작은 먼지 털기

dare una spolveratina- 복습하다, 공부를 다시 하다

Vuole dare una spolveratina al suo francese. 그는 불어 공부를 다시 하기를 바란다.

sporco- 더러운, 지저분한

farla sporca a qualcuno- ~에게 비열한 짓을 하다, 비열한 수법으로 속이다

Me l'ha fatta sporca. 그는 나에게 비열한 짓을 했다.

sporco di- ~로 더럽혀 져서, ~가 묻어서

È tornato dalla campagna sporco di fango. 그는 들판에서 진흙을 묻혀서 돌아왔다.

sport- 스포츠

fare sport- 운동하다

Fa molto sport. 그는 운동을 많이 한다.

Fa qualche sport? 무슨 운동을 하십니까?

fare qualcosa per sport- ~을 장난삼아 하다

per sport- 재미삼아, 장난삼아

Non lo fa sul serio, solo per sport. 그는 진지하게 하지 않고, 그저 장난삼아 한다.

sposa- 신부, 아내

abito da sposa- 웨딩 드레스

dare la figlia in sposa a qualcuno- ~에게 딸을 신부로 주다, ~에게 시집 보내다

la sposa di Dio- (종교) 하느님의 정배(淨配); 교회

Sposa bagnata, sposa fortuna. (비 오는 날 결혼하는 신부를 위로하기 위한 덕담으로) 젖은 신부가 복이 있는 신부다.

sposa di Cristo- (종교) 그리스도의 정배(깨끗한 배필); 수녀

sprazzo- 튀김, 물장구 침

a sprazzi- 때때로, 불규칙하게; 잠깐씩 하다가 마는

È piovuto a sprazzi tutto il giorno. 하루 종일 비가 오락가락했다.

sprone- 박차, 자극

a spron battuto- 전속력으로; 지체 없이, 곧

Sono arrivati a spron battuto appena ho chiamato aiuto. 그들은 도움을 청하자마자 지체 없이 도착했다.

dar di sprone a un cavallo- 말에 박차를 가하다

sproposito- 큰 실수, 과도한 양

a sproposito- (1) 맞지 않는, 부적절하게, 요점에서 벗어난(= in modo non pertinente)

Gli fai una domanda, e ti risponde a sproposito. 그에게 질문하면, 네게 동문서답할 것이다.

(2) 두서없이; 경솔하게(= in modo inopportuno)

Ha detto molte cose a sproposito perché non conosceva la situazione. 그는 상황을 잘 알지 못해서 많은 것들을 경솔하게 말했다.

costare uno sproposito- 많은 돈이 들다

È una bella macchina, ma costa uno sproposito. 멋진 차지만 많은 돈이 든다.

fare uno sproposito- 무모한 결정을 하다

Era così disperato che i suoi temevano che facesse uno sproposito. 그가 너무 절망적이어서 가족들은 무모한 결정을 할까 봐 두려워했다.

parlare a sproposito- 주제넘게/경솔히 말을 하다

Parla sempre a sproposito; è meglio che stia zitto se vogliamo ottenere qualcosa. 우리가 뭔가를 얻고자 한다면 그가 조용히 하는 편이 낫다. 그는 늘 주제넘게 말을 한다.

sprovvisto- 부족한

alla sprovvista- 느닷없이, 불시에, 자신도 모르게

essere sprovvisto di tutto- (1) 모든 것이 부족하다

La casa era sprovvista di tutto. 집에 가구가 하나도 비치 되지 않았다.

(2) 모든 것이 다 떨어지다

Siamo momentaneamente sprovvisti di questo articolo. 이 물품이 일시 품절되었습니다.

prendere (o cogliere) qualcuno alla sprovvista- 당혹하게 하다; 허를 찌르다, ~가 방심한 틈을 이용하다(= cogliere impreparato)

Mi ha preso alla sprovvista e non ho saputo dire di no. 그가 나의 허를 찔렀기에 '아니'라고 말할 수 없었다.

spugna- 해면, 스폰지

bere come una spugna- 술을 많이 마시다, 술고래이다

Beve come una spugna e prima o poi si ammalerà di cirrosi. 그는 술고래여서, 조만간 간경변에 걸릴 거다.

cancellare qualcosa con la spugna- (비유) 삭제하다, 지우다

dare un colpo di spugna al passato- 과거의 실수를 잊고 새 출발하기로 하다

essere una spugna- 술을 잘 마시다, 술꾼이다, 주량이 세다

gettare la spugna- (1) (시합 따위에서) 패배를 인정하다

Quando si è accorto che nessuno gli credeva più, ha gettato la spugna e si è dato per vinto. 아무도 그를 더 이상 믿지 않는다는 것을 알았을 때, 패배를 시인하고 포기했다.

(2) (사업이나 하던것을) 포기하다

Anche se l'italiano ti sembra difficile, non gettare la spugna. 이탈리아어가 어렵게 보일지라도, 포기하지 마라.

passare la spugna su qualcosa- 다 잊어버리다, 지난 일은 잊어버리기로 하다

Passiamo la spugna su quanto è successo, e non parliamone più. 우리 지난 일들은 다 잊어버리고, 그 이야기는 더 이상 하지 맙시다.

Quell'uomo è una spugna. 저 남자는 술꾼이다

spuntare- 1. (타동사) 끝을 잘라내다, 극복하다

farsi spuntare i capelli- 머리를 커트하다

Quando spunta il giorno- 자고 나면, 동이 트면

spuntarla- (1) (바라던 일을) 이룩하다, 해내다, 바라던 것을 얻다(= riuscire a fare a modo proprio)

Fu difficile, ma la spuntammo. 어려웠지만, 우린 해냈다.

(2) 이기다, 승리하다

Questa volta non la spunti. 이번에는 이기지 못 할거다.

2. (자동사) 생기다, 나오다, 갑자기 나타나다

Gli spuntarono le lacrime agli occhi. 그의 눈에 눈물이 맺혔다.

sputare- 침 뱉다

È vietato sputare. 침을 뱉지 마시오.

Non sputare nel piatto dove mangi. 은혜를 원수로 갚지 마라.

Sputa fuori! 말해라! 털어 놓아라(자백해라)!

sputare addosso a qualcuno- ~에게 침을 뱉다, 모욕하다

sputare i polmoni- 기침하다; (비유) 너무 말을 지껄여서 목이 쉬다(= sfiatarsi)

sputare il rospo- 마음의 짐을 털어버리다, (자기를) 괴롭혀 온 일을 이야기하다

sputare l'osso- 자백하다, 털어놓다

sputare sangue- 피를 토하다; (비유) 격노하다

sputare sentenze- 거들먹거리며 말하다, 설교/훈계하다

sputare su qualcosa- ~에 침을 뱉다

sputare veleno- 독설을 내뱉다

squadra- 정사각형, 팀

essere a squadra- 직각을 이루다

essere fuori squadra- 일치되지 않다, 불규칙하다; 기분이 나쁘다/언짢다

È fuori squadra da quando ha litigato con il suo socio. 그는 동료와 말다툼 한 뒤로 기분이 언짢다.

uscire di squadra- 정도를 벗어나다/탈선하다; 잘못된 방향으로 가다, 잘못된 결과가 나오다(= uscire dall'ordine); 화내다, 불끈하다(= perdere la pazienza)

squagliare- 녹이다, 용해시키다

squagliarsela- (1) 살짝 빠져나가다, 슬그머니 도망치다

Se l'è squagliata perché aveva una gran fifa! 그는 너무 무서웠기 때문에 살짝 빠져나갔다.

(2) (보통 명령문으로 쓰여) 꺼져, 가라

Squagliamocela, ragazzi! 애들은 가라!

(3) 급히 떠나다/달아나다, 가 버리다(= scappare)

L'ha messa incinta e poi se l'è squagliata. 그는 그녀를 임신시켜 놓고서 가 버렸다.

squarciagola- 최대한 큰 목소리로

gridare (o urlare) a squarciagola- 목청껏 소리를 지르다, 악을 바락바락 쓰다

Gridava a squarciagola, ma nessuno lo stava a sentire. 그는 악을 바락바락 썼지만, 아무도 듣지 않았다.

stabilire- 결정하다, 정하다

stabilire di fare qualcosa- ~하는 것을 결정하다, ~임을 확고히 하다

Loro hanno stabilito di sposarsi appena laureati. 그들은 졸업하는 즉시 결혼하기로 정했다.

stadio- 경기장; 시기, 단계

allo stadio- 경기장에

Allo stadio abbiamo visto una bella partita. 경기장에서 우린 멋진 경기를 보았다.

Non posso venire allo stadio con te. 너와 경기장에 같이 갈 수 없다.

allo stadio iniziale- 조기에

andare allo stadio- 경기장에 가다

Vai mai allo stadio? 너 경기장에 가기도 하니?

all'ultimo stadio- 마지막 단계에, 말기에

La malattia è all'ultimo stadio. 병이 말기이다.

staffa- 등(말을 탔을 때 두 발을 디디는 제구)

essere con il piede nella staffa- 떠날 준비가 되어 있다

il bicchiere della staffa- (파티 등에서) 마지막 한 잔; (작별의 표시로) 석별의 한 잔

Dai, bevine ancora uno; è il bicchiere della staffa. 자, 딱 한 잔만 더 마셔. 석별의 한 잔이야.

perdere le staffe- 말에서 떨어지다; 자제심을 잃다, 발끈하다

Quando si arrabbia perde le staffe. 그는 화가 나면 자제심을 잃는다.

tenere il piede in due staffe- 양다리를 걸치다

stagione- 계절

alta stagione- 성수기

aver fatto la propria stagione- 한물가다, 끝장나다(= essere superato); 왕년에는 한 가닥 하다(= essere un po' malconcio)

bassa stagione- 비수기

frutta di stagione- 제철 과일

fuori stagione- 제철이 아닌

la bella stagione- 여름

la brutta stagione- 겨울

stagione delle piogge- 우기

vestiti di mezza stagione- 환절기(간절기) 옷

stalla- 마구간, 외양간

chiudere la stalla quando (o dopo che) i buoi sono scappati- (속담) 소 잃고 외양간 고친다[22]

È inutile che chiuda la stalla quando i buoi sono scappati; doveva pensarci prima e non dargli manco un soldo. 소 잃고 외양간 고쳐봐야 소용이 없다. 먼저 생각해 보고 그에게 돈을 주지 말았어야만 했다.

dalle stalle alle stelle- 무일푼에서 벼락 부자로

La tua stanza sembra una stalla. 네 방은 마치 돼지우리 같다.

stampa- 인쇄, 인쇄술

andare in stampa- 편집을 마감하다, 인쇄에 회부되다

avere una buona stampa- 신문지상에서 호평을 받다

conferenza stampa- 기자 회견

dare alle stampe- 인쇄에 넘기다

mandare in stampa- 인쇄에 넘기다

tribuna stampa- (국회, 법정 안의) 기자석; (경기강의) 보도진 자리

stampante- 인쇄기, 프린트

stampante ad aghi- 도트 매트릭스 인쇄기, 점 행렬 인쇄 장치

stampante a getto d'inchiostro- 잉크젯 프린트

stampante a impatto- 기계적 충격을 이용한 인자 장치

stampante a matrice- 매트릭스 프린트

stampante laser- 레이저 프린트

stampatello- 활자체의, 블록체 대문자

a (o in) stampatello- 정자체로, 활자체로

scrivere a (o in) stampatello- 인쇄체 대문자로 쓰다

---

[22] 유사 관용어 [**senno**] 'Del senno di poi son piene le fosse'를 보시오.

stampino- (stampo의 小) 틀판, 형판

    fatto con lo stampino- (사람의 생김새가) 똑같이 닮은; 비슷한, 대동소이한

    I suoi quadri sembrano fatti con lo stampino. 그의 그림들은 모두 비슷해 보인다.

stampo- 틀, 주형(鑄型), 성질

    delitto di stampo mafioso- 마피아식의 살해

    dello stesso stampo- 동종의, 같은 부류의

    유사 관용어 [**risma**] 'essere della stessa risma'를 보시오.

    di vecchio (o antico) stampo- 옛날식의, 구식의; 전통적인 사고방식을 지닌

    È una donna di vecchio stampo e non sopporta le parolacce. 그녀는 전통적인 사고방식을 지닌 여자라서 욕설을 참지 못한다.

    fatto con lo stampo- 대량 생산의

stanchezza- 피곤함, 피로

    dare una stanchezza- 피곤하게 하다

    Questo lavoro mi dà una grande stanchezza. 이 일 때문에 난 기진 맥진하다.

    Non mi reggo più in piedi dalla stanchezza. 피곤해서 더 이상 못 서있겠다.

stanco- 피곤한, 싫증나는

    essere stanco di- ~에 지치다, 에 넌더리가 나다, ~에 싫증이 나다

    Sono stanco delle tue lamentele. 난 너의 불평에 넌더리가 난다.

    Sono stanco di aspettare. 나는 기다리는데 지쳤다.

    mercato stanco- 침체한 시장

    sentirsi stanco- 피곤함을 느끼다

    stanco di vivere (o della vita)- 생활에 싫증이 난, 사는데 지친

    stanco morto- 몹시 피곤한, 녹초가 된, 기진맥진한

    Ho lavorato per tre ore di vanga e zappa; sono stanco morto. 삽과 괭이로 3시간 동안 일했더니, 피곤해 죽겠다.

stare- 있다, 머무르다

    lasciar stare- (1) ~을 혼자 있게 내버려 두다

    Lasciami stare. 날 혼자 있게 내버려 둬.

    (2) ~을 건드리지 않다, 가만 놓아 두다

    Lascia stare la mia roba! 내 물건을 건드리지 마!

    non stare né in cielo né in terra- 어처구니없다, 터무니없다

    La possibilità di un default del debito pubblico è un'idea che non sta né in cielo né in terra. 국가의 채무 불이행 가능성은 터무니없는 생각이다.

    non stare più in sé (dalla gioia)- (기뻐서) 어쩔 줄 모르다

    Ha accettato di sposarlo e lui non sta più in sé dalla gioia. 그녀가 그와의 결혼을 받아들였는데 그는 기뻐서 어쩔 줄 모른다.

    stare bene- (1) 좋아하다(= essere di gradimento)

    A me non sta bene che torni a casa tardi. 난 네가 늦게 귀가 하는 것을 좋아하지 않는다.

(2) 적절하다

Non sta bene che lo sposo arrivi in ritardo. 신랑이 늦게 돌아오는 것은 바람직하지 않다.

(3) 잘 어울리다

Questo vestito ti sta molto bene. 이 옷이 네게 아주 잘 어울린다.

(4) (건강) 잘 지내다, 건강이 좋다; (경제적으로) 잘 살다; 편안하다

Sto poco bene. 몸이 별로 안 좋다. Stia bene! 잘 지내세요!

starci- (1) 참석하다(= partecipare)

Gli facciamo un regalo, ci stai anche tu? 우리는 그에게 선물을 하려고 하는데, 너도 함께 할래?

(2) 동의하다, 받아들이다(= accettare)

A queste condizioni non ci sto. 이러한 조건으로는 난 받아들일 수 없다.

Non ci sto con te. 난 너와 동의하지 않는다.

stare a- ~의 결정할 일이다

Non sta a te raccontarle delle scappatelle di suo marito. 그녀에게 남편의 불륜에 대해 이야기하는 것은 네가 결정할 일이 아냐.[23]

Non stare a dirmi che non puoi. 네가 할 수 없는 것을 내게 말하지 마.

stare a vedere (o guardare)- (1인칭 복수로 사용) 두고 보다, 지켜 보다

Marta vuole cambiare lavoro, staremo a vedere. 마르타가 이직하고 싶어하는데, 두고 보면 알겠지.

Stiamo a vedere come si comporta. 그가 어떻게 행동할지는 두고 봅시다.

stare per- (1) 이제 막 ~하려고 하고 있다

Sto per uscire. 나는 막 외출하려고 한다.

(2) ~할 듯하다

Stava per piangere. 그녀는 금방이라도 울 것 같았다.

(3) ~을 상징하다/의미하다/대표하다

GB sta per Gran Bretagna. GB는 영국을 의미한다.

stare sulle proprie- 다소 무뚝뚝하다, 쌀쌀하다

Sarebbe anche uno simpatico, se non stesse sempre sulle sue. 그는 늘 무뚝뚝하지만 않다면, 그도 좋은 사람일 것이다.

Ti sta bene! (Ben ti sta!) 거봐라, 꼴 좋다! 고소하다!

stato①- 상태

allo stato brado- 자연적 상태에서; (비유) 제멋대로 자라서, (아이, 동물이) 제멋대로 날뛰어

in stato di gravidanza (o in stato interessante)- 임신 상태이다, 임신하다

È tanto tempo che desidero avere un bambino: sono così felice perché finalmente mia moglie è in stato interessante. 나는 애가 생기기를 바란지 무척 오래 되었는데, 마침내 아내가 임신해서 무척 행복하다.

in stato di grazia- 가장 좋은 상태에서, 최상의 상태로

in stato di ubriachezza- 음주 상태

stato②- 국가

---

[23] 'scappatella'의 사전적 의미는 '연애관계(amorosa), 가벼운 죄, 장난(monelleria)'이다. 여기서 연애관계란 '불륜'을 의미한다.

Stato assistenziale- 사회 복지; 복지 국가

Stato di diritto (o Stato costituzionale)- 헌법 국가

visita di Stato- (국가 원수 급의) 공식 방문

statura- 신장, 키; (비유) 수준, 위상

essere alto di statura- 신장이 크다, 키가 크다, 장신이다

Lei è alta di statura. 그녀는 키가 크다.

essere basso di statura- 신장이 작다, 키가 작다, 단신이다

Lui è basso di statura. 그는 키가 작다.

essere di bassa statura- 키가 작다

essere di alta statura- 키가 크다

per la propria statura- 자신의 키에

Per la mia statura peso troppo. 내 키에 몸무게가 너무 많이 나간다.

statura morale- 도덕 수준

stazione- 역

andare alla stazione- 역에 가다

Vado alla stazione per salutare un amico che parte. 나는 떠나는 친구를 작별 인사하러 역에 간다.

entrare in stazione- 역에 들어오다

Il treno è entrato in stazione. 기차가 역에 들어 왔다.

l'autobus per la stazione- 역으로 가는 버스

Scusi, qual è l'autobus per la stazione? 실례합니다. 어느 버스가 역으로 가나요?

le stazioni della Via Crucis- (종교) 십자가의 길의 각 처(총 14처로 구성됨)

stazione di servizio- (고속도로) 휴게소; 주유소

stecchetto- (stecco의 小) 작은 막대기

stare (o essere) a stecchetto- (1) 아주 조금 먹다(= mangiare poco); 아주 엄격하게 다이어트 하다/중이다(= essere a dieta)

Devi stare a stecchetto se vuoi dimagrire. 너 살을 빼고 싶으면 아주 엄격하게 다이어트 해야 한다.

(2) 돈을 꼭 써야 할 때만 쓰다(= spendere poco); 돈이 모자라다(= avere pochi soldi)

Ho pochi soldi e devo stare a stecchetto fino alla fine del mese. 돈이 적어서 월말까지 돈을 꼭 서야 할 때만 써야 한다.

tenere qualcuno a stecchetto- (1) 식량을 제한하다, 음식을 줄이다(= dare poco da mangiare)

Mi ha tenuta a stecchetto un mese col pretesto che dovevo dimagrire. 살을 빼야 한다는 핑계로 한 달 동안 그는 내게 음식을 넉넉히 주지 않았다.

(2) 돈을 넉넉히 주지 않다(= dare pochi soldi)

Ha un padre molto severo che la tiene a stecchetto. 그녀의 아버지는 매우 엄하셔서 용돈을 넉넉히 주지 않는다.

stella- 별

a forma di stella (o fatto a stella)- 별 모양으로

andare (o salire) alle stelle- (가격이) 천정부지로 치솟다, 갑자기 오르다

I prezzi sono andati alle stelle; non so come ce la caveremo. 가격이 천정부지로 올라 그것을 우리가 어떻게 극복해야 할지 난 모르겠다.

dalle stelle alle stalle- 지고한 것에서 우스꽝스러운 것으로, 최고에서 최악으로

È facile passare dalle stelle alle stalle. (속담) 쉽게 얻은 것은 쉽게 잃는다.

dormire sotto le stelle- 야외에서 자다, 노숙하다

essere alle stelle- 하늘을 찌르다, 아주 높다

portare qualcuno alle stelle- ~을 극구 치켜세우다, ~을 침이 마르도록 칭찬하다

Il suo professore l'ha sempre portato alle stelle e gli farà avere un posto all'univerisità. 교수님께서는 늘 그를 침이 마르도록 칭찬하셔서 그는 대학에서 자리를 잡을 것이다.

vedere le stelle- (무언가에 부딪혀서 아플 때) 눈에서 별이 번쩍하다

Vedo le stelle dal dolore. 너무 아파서 별이 보인다.

stento- 궁지, 빈곤, 결핍

a stento- 어렵게, 가까스로, 겨우, 간신히

Avanzammo a stento. 우리는 어렵게 나아가고 있었다.

Ha terminato il suo lavoro a stento. 그는 가까스로 일을 마쳤다.

vivere di stenti (o negli stenti)- 가난하게 살다, 고달픈 생활을 하다

Ha vissuto di stenti per anni; è giusto che ora viva meglio. 그는 수년간 고달픈 생활을 했는데, 이제 잘 살아야 하는 것도 당연하다.

stesso- 동일한, 같은, ~자신

di per se stesso- 그것 자체가; 본질적으로, 실질상

essere fedele a se stesso- 자기 자신에 충실하다

essere lo stesso- 그대로이다

Lui è cambiato molto, non è più lo stesso. 그는 많이 변했고, 더 이상 예전 그대로가 아니다.

fare lo stesso- 별 상관 없다, 중요하지 않다.

Tè o caffè? Fa lo stesso. 차 아니면 커피? 어느 쪽이든 상관 없어.

Lo farò io stesso. 제가 직접 하겠어요.

Per me è lo stesso. 난 상관없어.

stile- 양식

con stile- 유행을 따른, 멋지게, 우아한

fare qualcosa con stile- ~을 멋지게 하다

fare qualcosa in grande stile- ~을 대규모로 하다; ~을 하는데 비용을 아끼지 않다

vestirsi con stile (o avere stile nel vestire)- 멋지게 옷 입다

stima- 평가, 견적

avere (o tenere) qualcuno in molta stima (o avere molta stima di qualcuno)- ~을 높이 평가하다

L'avevamo tutti in molta stima. 우리 모두가 그를 높이 평가한다.

fare la stima di qualcosa- ~을 추산하다, 평가하다

stinco- 정강이뼈, 정골

non essere uno stinco di santo- 성인하고는 거리가 멀다; 때론 나쁘게 행동하다

Non è uno stinco di santo, ma è un gran lavoratore. 그는 때론 나쁘게 행동하지만, 아주 열심히 일한다.

stipendio- 월급, 봉급

avere un ottimo stipendio- 상당한 월급을 받다, 많은 급료를 받다

Ha un ottimo stipendio. 그는 월급이 상당히 많다.

ottenere un aumento di stipendio- 월급이 인상되다

ricevere lo stipendio- 월급을 받다

Ha ricevuto il suo primo stipendio. 그는 첫 월급을 받았다.

riduzione/aumento dello stipendio- 임금 삭감/인상

ritirare lo stipendio- 봉급을 타다

stipendio annuo- 연봉

stivale- 장화, 부츠

dei miei stivali- 삼류의, 하등의

Quell'avvocato dei miei stivali! 그 변호사는 삼류다!

Scrittore dei miei stivali. Faresti meglio a cambiar mestiere! 삼류 작가야. 너는 직업을 바꾸는 편이 낫겠다!

lustrare gli stivali a qualcuno- (비유) ~에게 알랑거리다, ~에게 굽실거리다

mettersi/togliersi gli stivali- 장화를 신다/벗다

stoccata- 찌르기, 추진력, 비웃음, 조롱, 돈 요구

lanciare una stoccata a- ~에 관하여 혹평을 하다, ~에 대해 조롱하다

Le ha lanciato una stoccata a cena che la farà star zitta per un pezzo! 그는 저녁식사 중에 그녀에 대해 조롱을 날렸는데, 당분간 그녀는 조용히 있어야 할 거야!

Mi ha dato una stoccata di cinquanta euro. 그는 내게 50유로를 요구했다.

stoffa- 천, 옷감

avere la stoffa- 자질/소질이 있다

Ha la stoffa dell'avvocato, ma bisogna che studi ancora molto. 그는 변호사로서 자질이 있지만, 아직 더 공부해야 한다.

Di che stoffa è? 무슨 직물이죠?

Sono tutti della stessa stoffa. 모두 똑같다.

stomaco- 위

a stomaco pieno- 배가 불러서, 배 부를 때

Il dottore dice che devi prendere queste stomaco pieno. 의사는 네가 식후 이것들을 복용해야 한다고 말해.

a stomaco vuoto- 공복에, 빈속에; 맨입에, 출출한 배에

Cose da evitare a stomaco vuoto. 공복에 피해야 할 것들.

avere lo stomaco chiuso- 속이 그득하다, 배가 안고프다, 먹고 싶은 생각이 없다

No, grazie. Ho ancora lo stomaco chiuso. 고맙지만 사양합니다. 먹고 싶은 생각이 없어요.

avere qualcosa sullo stomaco- ~이 소화가 잘 안되다

Ho ancora la colazione sullo stomaco. 아침 먹은 것이 소화가 잘 안 된다.

avere qualcuno sullo stomaco- ~을 견딜 수 없다, 참을 수 없다(= non sopportare)

Quel tale l'ho sullo stomaco da quando mi ha ingannato. 그가 나를 속인 뒤로 그를 참을 수 없다.

avere stomaco- 배짱이 있다, 용기가 있다

avere uno stomaco debole- 비위가 약하다, 위가 약하다

avere uno stomaco di struzzo (o di ferro)- 위가 굉장히 튼튼하다

avere uno stomaco forte- 비위가 강하다, 위장이 튼튼하다

dare allo stomaco- ~을 메스껍게 하다, ~의 기분을 상하게 하다

Quell'odore mi dà allo stomaco. 나는 그 냄새가 역겹다.

dare di stomaco- 토하다

fare male lo stomaco- 위가 아프다

Mi fa male lo stomaco. 나는 위가 아프다.

rimanere (o stare) sullo stomaco- (1) ~에게 소화 불량을 일으키게 하다

Le cipolle mi rimangono sullo stomaco. 양파는 나에게 소화 불량을 일으키게 한다.

(2) 화나게 하다

La sua arroganza mi sta sullo stomaco. 그의 건방짐이 나를 화나게 한다.

(3) 말이 나오질 않는다

Quel suo discorso mi è rimasto sullo stomaco; c'è sotto qualcosa che non capisco. 그의 그 연설이 내 입밖으로 나오지 않았는데, 내가 이해하지 못한 뭔가가 있다.

riempirsi lo stomaco- 위를 채우다

rivoltare lo stomaco- 속이 뒤틀리게 한다, 기분 나쁘게 하다

Certi discorsi mi rivoltano lo stomaco. 일부 대화는 내 속을 뒤틀리게 한다.

sentirsi un vuoto nello stomaco (o sentirsi lo stomaco vuoto)- 속이 빈 것을 느끼다, 시장기를 느끼다

togliersi un peso dallo stomaco- 마음의 무거운 짐을 덜다, 걱정을 없애주다

volerci stomaco- 용기가 필요하다, 배짱이 필요하다

Ci vuole stomaco a frequentare certi ambienti. 특정 집단과 사귀기 위해서는 용기가 필요하다.

storia- 역사, 이야기

È una lunga storia. 말하면 길다. 긴 이야기이다.

fare delle storie- 까다롭다, 이러니저러니 말하다

A fare compere con lui non ci vado più; fa tante di quelle storie! 그와 더 이상 쇼핑을 가지 않을 거야. 그는 너무 까탈스러워![24]

fare storia- 역사에 남다, 역사에 남을 일을 하다

fare un sacco di storie- 소란을 피우다

Non fare un sacco di storie! 야단 법석 떨지마! 야단스레 떠들지마!

La storia è maestra di vita. (격언) 역사는 인생의 스승이다.[25]

non avere più storia- 사실상 끝이다

---

[24] 'Fare compere- 쇼핑하다'라는 의미의 관용어이다.

[25] 이 격언은 키케로가 말한 것을 줄인 것으로 그 원문은 'Historia est vita memoriae, magistra vitae. 역사는 기억의 전기이며, 인생의 스승이다.'

passare alla storia- 역사에 남다/기록되다

La sua impresa è passata alla storia. 그의 업적이 역사에 기록되었다.

per la storia- 공식적으로; (비유) 분명히 말해서

storto- 휜; 틀린, 잘못된; 나쁜

avere gli occhi storti- 사팔뜨기이다, 사시(斜視)이다

avere un occhio storto- 한쪽 눈이 사시이다

gambe storte- 휜 다리

giornata storta- 궂은 날

guardare storto qualcuno- ~을 곁눈질로 보다; (비유) 미심쩍은 듯이 보다

idee storte- 그릇된 생각

straccio- 넝마, 누더기, (익살) 옷, 천한 사람

ridursi come uno straccio- 누더기처럼 닳아 해지다; (매우 힘든 노동으로) 몹시 지치다

A forza di lavorare a quel modo si è ridotto come uno straccio. 그러한 방식으로 일하는데 그는 몹시 지쳤다.

sentirsi uno straccio- 몹시 지치다, 다 죽어 가는 것 같다

Oggi mi sento uno straccio. 오늘 몸이 만신창이가 된 느낌이다.

uno straccio di- (애정, 경멸의 뜻을 담아) 조그마한

Non abbiamo uno straccio di evidenza. 우리는 증거라고는 티끌만큼도 없다.

uno straccio di marito- 변변한 신랑감

Non è mai riuscita a trovare neanche uno straccio di marito. 그녀는 변변한 신랑감을 발견할 수 조차 없었다.

strada- 길

cambiare strada- 길을 바꾸다, 방향을 바꾸다

Devi cambiare strada se non vuoi finire male. 나쁘게 끝나고 싶지 않으면 방향을 바꿔야 한다.

Chi lascia la strada vecchia per la nuova sa quel che lascia, non sa quel che trova. (속담) 모르는 곤경보다 싫어도 지금의 곤경이 낫다. 구관이 명관이다.

darsi alla strada- 매춘부가 되가(= darsi alla prostituzione); 노상강도가 되다(= diventare bandito)

divorare la strada- 단걸음에 달려가다

È arrivato in meno di tre ore; ha divorato la strada. 그는 단걸음에 달려서, 3시간 이내에 도착했다.

essere fuori strada- (1) 잘못된 길을 가다; 잘못된 전제 아래 있다

Sei fuori strada. 너는 잘못된 방향으로 가고 있다.

(2) 잘못 생각하다, 틀리다

Sei proprio fuori strada se credi che lui ti abbia ingannato. 그가 너를 속였다고 생각한다면, 넌 정말 잘못 생각하고 있는 거다.

fare la strada a piedi- 걷다, 걸어가다

Abbiamo fatto molta strada a piedi. 우리는 많이 걸어갔다.

fare strada- (1) 장차 크게 되다

Il ragazzo farà molta strada. 그 아이는 장차 크게 될 것이다.

(2) 성공하다, 출세하다

Ha fatto molta strada da quando studiavamo insieme all'università; è arrivato dove voleva. 대학에서 우리가 함께 공부한 뒤로 그는 성공을 거두었고, 그가 원하던 곳에 갔다.

fare strada a qualcuno- ~에게 길을 안내하다; ~에게 길을 가리켜 주다(= precederlo)

Prego, ti faccio strada. 자, 네게 길을 안내할게.

farne di strada- 큰 성공을 거두다, 크게 발전하다

Il lavoro nei campi era molto duro senza le macchine. Ne abbiamo fatta di strada! 기계 없는 농사일은 무척 힘들었다. 우리는 큰 진전을 이루었다.

farsi strada- (1) 분명해지다(= apparire)

La verità si fece strada a poco a poco. 진실이 서서히 분명해졌다.

(2) 이해되기 시작하다

Cominciò a farsi strada in me un sospetto. 의혹이 내 안에서 이해되기 시작했다.

farsi strada tra la folla- 인파를 헤치고 나아가다

Si fece strada tra la folla. 그는 인파를 헤치고 나아갔다.

fuori strada- 외딴, 시골 구석의

indicare la strada a qualcuno- ~에게 길을 가리켜 주다

Scusi, può indicarmi la strada per la stazione? 실례지만, 역으로 가는 길을 가르쳐 주실래요?

La strada dell'inferno è lastricata di buone intenzioni. (속담) 지옥으로 가는 길은 선의로 포장되어 있다. 의도가 아무리 좋아도 결과가 꼭 좋을 수 없다는 뜻.

mettere fuori strada- 엉뚱한 길로 이끌다

Le sue informazioni non mi hanno aiutato affatto; anzi, mi hanno messo fuori strada completamente. 그의 안내는 전혀 도움이 되질 않았다. 오히려 나를 완전히 엉뚱한 길로 이끌었다.

mettere qualcuno in mezzo alla strada- ~을 내쫓다; ~의 정보를 흘리다(= sfrattarlo)

per la strada- 길거리에

C'era molta gente per la strada. 길에 많은 사람이 있었다.

Ci siamo incontrati per la strada. 우리는 거리에서 만났다.

per strada- (길을 가던) 도중에

Ci siamo fermati per strada a mangiare qualcosa. 우리는 도중에 뭔가 먹으려고 잠시 머물렀다.

perdere (o smarrire) la strada- 길을 잃다

prendere una strada- 길을 가다

Non so che strada prendere. 나는 어떤 길을 가야 할 지 모르겠다.

spianare la strada- (~을 위한) 길을 닦다, 상황을 조성하다

Gli hanno sempre spianato la strada e lui non sa affrontare le difficoltà. 그들이 늘 길을 닦아나서 그는 어려움도 직면할 줄 모른다.

strada facendo- 도중에, 길을 가다가

tagliare la strada- 길을 질러가다; (차량이나 운전자가) 끼어들다; 길을 가로막다, 방해하다

Non è facile fare carriera qui dentro. C'è sempre qualcuno che ti taglia la strada. 이 안에서 출세하기란 쉽지 않아. 누군가 항상 네 길을 가로막는 사람이 있지.

trovare la strada- 길을 찾아가다

La aiuto a trovare la strada. 제가 길을 찾는 것을 도와 드릴게요.

Non riesco a trovare la strada per andare a casa. 나는 집으로 돌아가는 길을 찾을 수가 없다.

trovare la propria strada- 자기 길을 찾다

Ha finalmente trovato la sua strada. È felice! 그는 드디어 자기 길을 찾아 행복해 한다!

trovare la strada fatta- 쉬운 길을 찾다, 편안하게 지내다

Tutte le strade portano a Roma. 모든 길은 로마로 통한다.

un luogo fuori strada- 구석진 곳

straforo- (관용어로만)

di straforo- 비밀히, 몰래(= di nascosto, segretamente); 은밀히(= di soppiato); 간단히(= di sfuggita)

Lo potrei avere di straforo. 나는 그것을 몰래 얻을 수 있다.

strage- 대학살, 대파괴

fare strage di- (1) (대량) 학살하다; 가축을 도살하다; ~을 대대적으로 죽이다

I bracconieri hanno fatto strage di stambecchi. 밀렵꾼군들이 아이벡스들을 도살했다.

(2) ~을 초토화하다, ~을 사정없이 파괴하다

Le piogge fecero strage dei raccolti. 비가 모든 수확물을 초토화시켰다.

fare strage di cuori- 마음의 상처를 주다, 마음을 몹시 아프게 하다

strano- 이상한

Che strano! 정말 이상해!

Che strano tipo! 정말 이상한 타입이야!

sembra strano che- 이상하게 보인다

Sembra strano che non abbia accettato. 그가 아직 받아들이지 않는 것이 이상해 보인다.

uno strano modo- 이상한 방식

Lui ha uno strano modo di camminare. 그는 이상하게 걷는다.

strapazzo- 긴장, 피로, 과로

avvocato da strapazzo- 3류 변호사, 사기꾼(특히 변호사)

Non fidarti di lui; è un avvocato da strapazzo. 그를 신뢰하지 마. 그는 악덕 변호사야.

da strapazzo- 삼류의, 사기꾼의[26], 무가치한; (코미디 등의) 과장된 행동으로 사람들을 웃기는

medico da strapazzo- 돌팔이 의사

scrittore da strapazzo- 삼류 작가, 품팔이 작가, 글쟁이(특히 적은 돈을 받고 저질 신문 기사를 많이 써 내는 사람)

strappo- 찢음, 벌어진 틈, 위반

a strappi- 하다가 말다가, 간헐적으로; 급격히, 경련을 하듯이

fare uno strappo alla regola- (특별한 상황에서만) 특별히 용납하다, 규칙을 (사정에 맞게) 바꾸다

Non accetto mai inviti a cena, ma per te faccio uno strappo alla regola. 난 저녁 초대를 받지 않지만, 자네의 경우는 특별히 용납하겠네.

---

[26] 유사 관용어 [stvale] 'dei miei stivali'를 보시오.

uno strappo- (차 등을) 태워 주기, 얻어 타기

Mi dai uno strappo? Se no arrivo in ritardo a scuola. 나 좀 태워다 줄래? 안 그러면 학교에 늦어.

stravedere- 잘못 보다

stravedere per qualcuno- ~을 애지중지하다, 맹목적으로 사랑하다, ~에 푹 빠져 있다

Non puoi fare la minima critica a suo figlio: stravede per lui! 너는 그의 아들을 전혀 나무라서는 안 돼. 그는 아들을 맹목적으로 사랑해!

strazio- 학대, 괴로움, 고통

Che strazio!- 정말 끔찍해!

Che strazio! Smetti di cantare! 정말 못 듣겠다! 그만 노래 불러!

fare strazio di qualcosa- 파괴하다, 말살하다; 죽이다, 살처분하다

Fecero strazio di tutto ciò che trovarono. 그들은 발견하는 것은 모조리 파괴해버렸다.

stregua- (관용어로만)

alla stessa stregua- 이래 가지고, 이런(그런) 식으로

giudicare tutti alla stessa stregua- 모든 사람을 똑같은 기준으로 평가하다

È sbagliato giudicare tutti alla stessa stregua. 모든 사람을 똑같은 기준으로 판단하는 것은 잘못되었다.

trattare alla stregua di- ~처럼 취급하다, 똑같이/차별 없이 대하다

Mi tratta alla stessa stregua di sua figlia, ma non lo sopporto. 그는 나를 꼭 자기 딸처럼 대하는데, 난 그걸 참을 수 없다.

Mi trattò alla stregua di un delinquente. 그는 나를 범죄자처럼 취급했다.

stretta- 쥠, 잡기, 절정

essere alle strette- 매우 곤란한 입장에 처해 있다, 막다른 골목에 몰리다; 자금난에 처해 있다

Era alle strette. 그는 궁지에 몰려 있었다.

giungere alla stretta finale- 절정에 다다르다

mettere qualcuno alle strette- (곤란한 질문으로) ~을 곤혹스럽게 만들다, 궁지에 몰아 넣다, ~에게 압력을 가하다

L'imputato, messo alle strette, confessò tutto. 궁지에 몰린 피고인은 모든 사실을 자백했다.

stretto- 좁은, 꽉 죄어진

andare stretto- (1) (옷이 몸에) 꽉 조이다, (신발 등이) 너무 끼다

Questo vestito mi va un po' stretto. 이 옷이 내게 조금 조인다.

(2) (비유) 족쇄를 채운 것처럼 느끼다

Quel lavoro gli va stretto. 그는 그 일을 족쇄처럼 느낀다.

entro stretti limiti- 좁은 범위 내에서

provare una stretta al cuore- 심한 마음 아픔을 느끼다

tenere stretto- 꼭 붙잡다, 움켜잡다, ~에 매달리다

Tienilo stretto altrimenti cade. 그것을 꼭 붙잡아. 안 그러면 떨어져.

tenere qualcuno stretto in pugno- ~을 손아귀에 쥐다, 완전 장악하다; ~을 궁지에 몰아 넣다, ~을 좌지우지하다

tenere qualcuno stretto per la mano- ~의 손을 꼭 잡다

Teneva stretto il bambino per la mano. 그녀는 아이의 손을 꼭 잡고 있었다.

tenere stretti i cordoni della borsa- 돈에 짜다/인색하다

tenersi stretti gli uni agli atri- 부둥켜 안다, 함께 옹기종기 모이다

tenersi stretto a qualcuno- ~곁을 떠나지 않다

tenersi stretto ai fatti- 사실에 집착하다

stringere- 압착하다, 쥐어짜다, 꽉 쥐다

A quelle parole mi si strinse il cuore. 그 말이 내 마음을 몹시 아프게 했다.

Chi troppo vuole nulla stringe. (속담) 다 잡으려다가 모두 놓친다.

stringi stringi- 마침내, 결국, 역시; 대체로; 마지막으로, 요는

Stringi stringi, non ha detto niente di nuovo. 역시 그는 아무것도 새로운 것을 말하지 않았다.

striscia- 줄무늬

a strisce- 줄무늬가 있는

Ho comprato una maglia a strisce. 나는 줄무늬 티를 하나 샀다.

struzzo- 타조

avere uno stomaco di struzzo- 위가 아주 튼튼하다, (비유) 모든 것을 소화한다

fare come lo struzzo (o fare lo struzzo)- 현실을 회피하다, 사실을 외면하다

È inutile che tu faccia come lo struzzo: i problemi economici non si risolvono da soli. 현실을 외면해도 소용없다. 경제(재정) 문제는 혼자서 풀 수 없다.

Non fare lo struzzo! 현실을 외면하지 마!

stucco- 회반죽, 석고, 퍼티(창, 유리 등의 접합제)

essere di stucco- 활기가 없다

lasciare di stucco- 말문이 막히게 하다, 어쩔 줄 모르게 하다, 어안이 벙벙하게 만들다

rimanere di stucco- 말문이 막히다, 어안이 벙벙하다

Quando ha saputo della bocciatura, è rimasto di stucco. 낙제한 것을 알았을 때, 그는 어안이 벙벙해했다.

studio- 공부, 학습, 연구

a bello studio- 고의로, 일부러, 의도적으로

dedicarsi allo studio- 학업에 전념하다

Vuole dedicarsi allo studio di economia. 그는 경제학 공부에 전념하길 바란다.

essere allo studio- 고려 중에 있다, 심의 중이다, 전형 중이다

La proposta è allo studio della commissione. 제안이 위원회에서 검토 중이다.

fare studio- 공부를 하다

Che studi hai fatto? 무슨 공부를 했니?

Faccio tre ore di studio al giorno. 나는 하루에 3시간 공부한다.

Hai fatto studi universitari? 너 대학 공부를 했니?

finire gli studi- 학업을 끝내다

pensare allo studio- 공부 생각을 하다

È un bravo scolaro, pensa sempre allo studio. 그는 훌륭한 학생이어서 항상 공부 생각을 한다.

studio legale- 법무 법인; 법률 업무

studio medico- 진찰실, 진료소

studio notarile- 공증 사무소

stufa- 난로

stufa a carbone- 석탄 난로

stufa a gas- 가스 난로

Quando sento freddo, accendo la stufa a gas. 나는 추위가 느껴지면 가스 난로를 켠다.

stufa a legna- 장작 난로

stufo- 싫증난, 지친, 진저리가 난

essere stufo di- ~에 지치다, ~에 넌더리가 나다; ~하는 것이 지겹다, ~에 싫증나다

Sono stufo di lavorare. 나는 일하는 것이 지겹다.

Sono stufo di lui. 나는 그에게 싫증이 났다.

essere stufo da morire- 지겨워 죽을 지경이다

stupidaggine- 멍청함, 어리석음

dire stupidaggini- 쓸데 없는 이야기를 하다, 허튼/실없는 소리하다

Non dire stupidaggini! 허튼 소리 하지 마라!

stupido- 어리석은

Che stupido! 어리석긴! 바보 같으니!

fare lo stupido- 바보짓을 하다

Non fare lo stupido! 바보 같은 짓을 하지 마라!

su- 1. (전치사) 위에

andare su- 올라 가다(= salire), 돌아가다

Marta aveva dimenticato le chiavi ed è andata su a prenderle. 마르타는 열쇠를(가지고 오는 것을) 잊어버려 열쇠를 가지러 돌아갔다.

avercela su con qualcuno- ~에게 앙심(원한)을 품다

essere su di giri- 활성화되다, 힘이 붙다; 기막힌 기분이다, 세상을 다 얻은 느낌이다

in su- 위로; 앞으로 나아가는

Giaceva sul pavimento a faccia in su. 그는 바닥에 위를 쳐다 보고 누워 있었다.

Guardai in su. 나는 위로 쳐다 보았다.

pensaci su- ~을 심사숙고하다, ~에 대해 다시 생각하다

Pensaci su! 다시 생각해 봐!

2. (부사) 위

più su- (1) 더 위쪽에(= più in alto)

Abita due piani più su. 그는 이 층 더 위에 산다.

Appendi il quadro un po' più su. 조금 더 위에 그림을 걸어.

(2) 더 앞에(= più oltre)

L'albergo è pochi metri più su. 호텔은 몇 미터 더 앞에 있다.

saltare su- 벌떡 일어서다

Sono saltata su e l'ho difeso. 나는 벌떡 일어서서 그를 보호했다.

su- 자, 자; 그래, 그래(울거나 화가 난 아이를 달랠 때 씀)

Su, andiamo! 자, 가자!

Su, su , non piangere! 자, 자, 울지 마라!

su e giù- 아래위로, 왔다 갔다가; 좋다가 나쁘다 하는

Per la strada era un continuo su e giù di gente. 거리에는 계속해서 왔다 갔다 하는 사람들이 있었다.

su per giù- 다소간, 얼마; 거의, 약, 대략

C'erano su per giù mille persone. 대략 천명이 있었다.

Sono su per giù due chilometri fino alla stazione. 역에서 약 2킬로이다.

su per giù la mia età- 거의 내 나이

tirare su- (1) 키우다

Ha tirato su i figli di sua sorella. 그녀는 여동생의 자식들을 키웠다.

(2) 기운을 돋구다, 기분을 상승시키다, 격려하다; (명령문으로) 기운을 내라, 힘내라

Quando sono triste, il mio cane mi tira su il morale. 내가 슬플 때, 나의 개가 나를 위로한다.

Tirati su, vedrai che l'anno prossimo le cose andranno meglio! 힘내, 내년에는 일이 더 잘 될 거다!

(3) 세우다, 짓다, 건설하다(= costruire)

L'impresa edile ha tirato su un palazzo di venti piani. 건설회사는 20층짜리 건물을 지었다.

succedere- 일어나다

Che cosa ti succede? 무슨 문제라도 있으세요? 무슨 일 있니?

qualsiasi cosa succeda- 무슨 일이 있어도, 천하없어도

Qualsiasi cosa succeda ci sarò. 무슨 일이 있어도 난 있을 거다.

Qualsiasi cosa succeda, voi non muovetevi. 무슨 일이 있어도 움직이지 마라.

succeda quel che succeda- 어떤 어려움이 있어도, 무슨 일이 있어도

successo- 성공

avere (o riscuotere) successo- (1) 성공하다, 성공을 거두다

Lui avrà molto successo nella vita. 그는 인생에서 큰 성공을 거둘 것이다.

(2) 인기가 있다

Il film ha avuto un gran successo. 영화가 인기가 있었다.

avere successo con le donne- 여자들에게 인기가 있다

con successo- 성공적으로, 용케, 잘, 운 좋게

Hanno partecipato con successo alle Olimpiadi. 그들은 올림픽에 용케 참석했다.

di successo- 성공한, 출세한; 대 인기인, 인기 있는; 대중적인

È una canzone di successo. 대중 가요이다. 크게 인기가 있는 노래이다.

senza successo- 성과 없이, 별 진전 없이

Ho cercato di farlo, ma senza successo. 나는 그것을 해보려고 애썼으나, 별 성과가 없었다(실패했다).

Un successo ne chiama un altro. (속담) 성공만큼 성공을 부르는 것도 없다. 하나가 잘 되면 만사가 잘 된다.

un uomo di successo- 성공한 남자

succo- 과즙, 주스; 취지, 요점

il succo del discorso- 연설의 요점

Questo è il succo del discorso, voleva più soldi. 그는 더 많은 돈을 원하였다. 이것이 대화의 요점이다.

sud- 남, 남쪽

a sud- 남쪽에

a sud di- ~의 남쪽에

Napoli si trova a sud di Roma. 나폴리는 로마 남쪽에 위치한다.

Roma è a sud di Firenze. 로마는 피렌체 남쪽에 있다.

casa esposta a sud- 남향 집

del sud- 남쪽의, 남부의

gente del sud- 남부 사람들

i paesi del sud- 남부 마을

nel sud dell'Europa- 남유럽에

Ho viaggiato a lungo nel sud dell'Europa. 나는 남유럽을 오랫동안 여행했다.

venire dal sud- 남쪽에서 오다

È un vento che viene dal sud. 남쪽에서 불어오는 바람이다.

verso sud- 남쪽을 향해

Ho viaggiato verso sud. 나는 남쪽으로 여행했다.

vivere al sud- 남부에 살다

sudato- 땀을 흘린

essere tutto sudato- (1) 땀으로 흠뻑 젖다, 땀투성이가 되다

Ho corso e sono tutto sudato. 뛰었더니 땀투성이가 되었다.

(2) 진땀을 빼다, 식은땀이 나다

Sono tutta sudata per lo spavento. 놀라서 식은 땀이 났다.

sudore- 땀

col sudore della fronte- 이마에 땀을 흘리며, 열심히 일하여

Si guadagna da vivere col sudore della fronte. 그는 이마에 땀을 흘리며 생활비를 번다.

provocare il sudore- 땀나게 하다

Quella medicina provoca il sudore. 그 약은 땀나게 한다.

sufficiente- 충분한

appena sufficiente- 겨우 충분한

Il mio reddito è appena sufficiente per la mia famiglia. 나의 임금은 가족이 먹고 살 만하다.

più che sufficiente- 아주 충분한

Ho denaro più che sufficiente. 나는 아주 충분한 돈을 갖고 있다.

suggerimento- 조언, 충고

su (o dietro) suggerimento di qualcuno- ~의 조언에 따라서; ~의 제안에 따라

Ha agito su suggerimento del suo avvocato. 그는 그의 변호사의 조언에 따라 행동했다.

suggerire- 제안하다, 추천하다; 조언하다

suggerire a qualcuno di fare qualcosa- ~에게 ~하는 것을 제안/추천/권고하다

Che cosa mi suggerisci di fare? 너 나한테 뭐 하라고 충고한 거니?

sugo- 즙, 소스, 본질적 요소

Non c'è sugo. 아무런 의미도 없다(= è inutile); 재미있는 게 아무것도 없다(= non diverte).

spremere il sugo da- ~에서 의미/본질을 알아 내다

Bisogna spremere il sugo dal suo racconto; può darsi che se ne possa trarre qualcosa di buono. 그의 이야기에서 의미를 알아내야 한다. 혹시 거기서 뭔가 좋은 것을 얻을 수도 있을 거다.

senza sugo- 비어있는, 허전한, 빈; 공허한, 멍청한

un discorso senza sugo- 내용이 없는 연설

suolo- 지표, 토질, 대지, 나라

cadere al suolo- 땅에 넘어지다; (계획, 시도가) 실패로 끝나다

radere al suolo- 쑥대밭이 되다, 완전히 파괴되다

Durante la battaglia la città fu rasa al suolo. 전쟁 중에 도시는 쑥대밭이 되었다.

suonare- 울리다, 연주하다

suonarle a qualcuno- ~을 호되게 꾸짖다/때리다, ~을 후려갈기다(= picchiarlo); (경기에서) 완파하다(= sconfiggerlo)

Gliele ha suonate perché non ha obbedito. 그가 말을 안 들었기에 그를 호되게 꾸짖었다.

suono- 소리

a suon di- (방법, 수단을 나타냄) ~로

Lo accolsero a suon di fischi. 그들은 휘파람 소리로 그를 맞이 했다.

Lo fecero ubbidire a suon di bastonate. 그들은 몽둥이로 그를 복종시켰다.

al suono di- ~의 소리에 맞춰서

Abbiamo ballato al suono dei violini. 우리는 바이올린 소리에 맞춰 춤을 췄다.

suora- 수녀

farsi suora- 수녀가 되다

superficie- 표면

alla (o in) superficie- 겉보기엔, 얼핏 보기엔, 표면상으로; 표면에

Il coltello ha inciso solo in superficie. 칼이 살짝 표면에 스쳤다.

superiore- 위의, 보다 높은, 상회한

essere superiore a- ~이상이다, 능가하다, 뛰어나다

È superiore a tutti noi in intelligenza. 지식 면에 있어서 그는 우리보다 위에 있다.

I risultati sono stati superiori ad ogni aspettativa. 결과가 모두 기대 이상이었다.

supporre- 추정하다, 가정하다, 생각하다

supporre di fare qualcosa- ~라고 추정/추측/생각하다, 여기다

Supponete di essere a Roma. 너희들이 로마에 있다고 생각해 봐.

svago- 오락, 취미

per svago- 취미로

Raccoglie francobolli per svago. 그는 취미로 우표를 수집한다.

prendersi un po' di svago- 휴식을 취하다, 느긋이 쉬다

svantaggio- 불리한 조건, 손실

a svantaggio di- ~을 해치면서; ~에 손해 되게; ~에게 불리하게

a svantaggio della sua salute- 자신의 건강에 해가 되게

in posizione di svantaggio- 불리한 입장에

Mi trovo in una posizione di svantaggio rispetto a te. 너에 비해서 나는 불리한 입장에 있다.

un giudizio a suo svantaggio- 그에게 불리한 판정

sveglia- 기상, 자명종

dare la sveglia a qualcuno ~을 깨우다

dare la sveglia a qualcuno per telefono- ~을 전화로 깨우다

puntare la sveglia per le sette- 자명종을 7시에 맞춰 놓다

servizio sveglia- (호텔 등에서) 모닝 콜 서비스

svelto- 기민한, 재빠른

alla svelta- 빨리, 빠르게

Chi è svelto a mangiare è svelto a lavorare. (속담) 밥을 빨리 먹는 사람은 일솜씨도 빠르다.

fare le cose alla svelta- 일을 빨리 하다

Fate alla svelta se volete che vi aspettiamo. 우리가 기다리길 원한다면 빨리 하시오.

L'ho fatto molto alla svelta. 나는 그것을 아주 빨리 했다.

svelto di mano- 손버릇이 나쁜, 도벽이 있는; 난폭한, 공격적인, 폭력적인(= manesco)

I ladri sono svelti di mano. 도둑들은 폭력적이다.

sventura- 불운

per colmo di sventura- 게다가 최악인 것은(여러 가지 좋은 않을 일 가운데 최악의 것을 말할 때)

Ero stanco e affamato e, per colmo di sventura, persi la valigia. 지친 데다가 몹시 배가 고팠는데, 거기다 가방까지 잃어버렸다.

per sventura- 불행히도

svolgimento- 발전, 전개

essere in (corso di) svolgimento- 진행/진척 중이다

svolta- 회전, 전환점, 방침 변경

arrivare (o giungere) a una svolta- 전환점에 도달하다, 변화에 이르다

Ero arrivato a una svolta della mia carriera. 내 경력의 전환점에 도달했다.

Il paese è giunto a una svolta storica. 국가는 역사적 변화에 이르렀다.

dare una svolta- 전환점을 마련하다, 일대 전기를 가져오다

Il cambiamento di lavoro ha dato una svolta alla sua vita. 직업을 바꾼 것이 그의 인생의 일대 전기를 가져왔다.

sulla svolta- 갈림길에, 분기점에

T

tabula rasa- 글자가 적혀 있지 않은 서판(書板); 정해진 의견이 없는 상태, 백지 상태의 마음

   fare tabula rasa di qualcosa- 말끔히 정리하다, 싹쓸이하다

   Ho fatto tabula rasa; adesso ricomincio da capo. 나는 말끔히 정리했고, 이제 처음부터 다시 시작한다.

tacca- (기록 등을 위해 새겨놓은 V자나 동그라미) 표시, (상처) 벤 자리

   di mezza tacca- 대수롭지 않은, 사소한, 보잘것없는; (흔히 범죄자가) 시시한, 삼류의

   ladro di mezza tacca- 좀도둑

   uomo di mezza tacca- 평범한 보통 사람, 범인; 보잘것없는 사람

tacco- 신발의 뒤축(굽), (발) 뒤꿈치

   alzare (o battere) i tacchi- 도망가다, 달아나다, 삼십육계 줄행랑을 놓다

   Aveva paura e decise di alzare i tacchi. 그는 두려웠기에 줄행랑을 놓기로 결정했었다.

   girare i (o sui) tacchi- 휙 뒤돌아서다, 발길을 돌리다, 화가 나서 가버리다, 갑자기 떠나다

tacere- 침묵하다, 함구하다

   Chi tace acconsente. (속담) 침묵은 승낙의 표시이다. 침묵은 동의를 뜻한다.

   mettere a tacere- 은폐하다, 말막음하다, 쉬쉬해 버리다

   La cosa è stata messa a tacere, altrimenti lo avrebbero rovinato finanziariamente. 일을 쉬쉬해 버렸는데, 그렇지 않았으면 재정적으로 그에게 손해를 입혔을 것이다.

   mettere a tacere una voce- 소문을 일소하다

   mettere a tacere uno scandalo- 추문을 잠재우다

   Taci! 입 닥치고 잠자코 있어!

   Un bel tacere non fu mai scritto. (속담) 침묵이 때론 가장 좋은 해답이다.

taglia- 치수; 현상금

   mettere una taglia su qualcuno- ~의 목에 현상금을 걸다, ~을 잡는 데 현상금을 걸다

   portare la taglia- ~의 치수를 입다

   "Che taglia porta?" "Porto la taglia 50." "몇 사이즈 입으세요?" "50 사이즈를 입습니다."

   Qual è la tua taglia? 사이즈가 어떻게 됩니까?

tagliare- 자르다

   farsi tagliare (o tagliarsi) i capelli- 이발하다, 머리를 자르다

   tagliare a fette- ~을 얇게 썰다

   tagliare bene- 잘 자르다, 칼이 잘 들다

   Questo coltello non taglia bene. 이 칼이 잘 안 든다.

   tagliare corto- 요점을 언급하다, 핵심을 찌르다; 간단히 말하다

   tagliare fuori- 단절되다, ~을 (~에서) 배제하다, ~을 빼다/배제시키다

   Era tagliato fuori dalla società. 그는 사회로부터 단절되었다.

   tagliare i viveri a qualcuno- 보급(식품 등)을 끊다

tagliare il gas a qualcuno- 가스 공급을 중단하다

tagliare il traguardo- 1등으로 결승선을 통과하다; (경주에서) 1등을 하다

tagliare la gola a qualcuno- ~의 목을 따다, 목을 자르다

tagliare la strada a qualcuno- (자동차) ~에 끼어들다; 새치기하다

tagliare la testa a qualcuno- ~의 목을 베다, 참수당하다

tagliare netto con qualcuno- ~와 절교하다, ~와 의절하다

tagliare qualcosa a pezzi- ~을 조각조각/잘게 자르다, 토막내다

tagliare qualcosa alla radice- (문제가 될 소지가 있으므로) ~의 싹을 없애다

tagliare qualcosa in due- ~을 둘로 자르다, 양분하다, 2등분하다

tagliare via qualcosa- ~을 잘라내다, ~을 중단시키다

tagliarsi le unghie- 손톱을 깎다

un vento che taglia la faccia- 살을 에는 듯한 바람, 매서운 바람, 칼바람

tagliato- 잘린; 적합한

essere tagliato per- (1) ~에 적임이다, ~에 적합하다, 꼭 알맞다

È tagliato per fare l'architetto. 그는 건축가가 되기에 적임이다.

(2) ~에 소질/재능이 있다

Non è tagliata per la musica. 그녀는 음악에 소질이 없다.

tagliato con l'accetta- 대충 만든

tagliato fuori- 배제된(= escluso); 고립된(= isolato); 제자리에 있지 않는(= fuori posto)

taglio- 절취, 재단, 깎기

dare un taglio- 끝내다, (악습 따위를) 폐지하다; (명령형) 잠자코 있어라

Dacci un taglio! (명령형) 그만 둬! 닥쳐!

Ti sei lamentata del tuo ragazzo tutto il giorno. Dacci un taglio! 하루 종일 네 남자 친구에 대해서 불평했는데, 쓸데없는 소리 집어치워라!

dare un taglio netto a qualcosa- (1) ~와 절교하다, ~와의 관계를 끊다

È meglio dare un taglio netto alla nostra relazione. 우리 관계를 끊는 것이 더 낫다.

(2) (비유) 깨끗이 끝내다

Diamo un taglio netto a queste discussioni. 이런 대화는 깨끗이 끝내자.

essere (un'arma) a doppio taglio- 양날의 칼이다, (문장에서) 두 가지로 해설될 수 있다; 두 가지 상반된 효과가 있다

Diminuire le tasse si rivela un'arma a doppio taglio perché bisogna pagare di più di tasca propria per i servizi. 공공부문을 위해 개인 돈을 더 지출해야 하기 때문에 감세에는 두 가지 상반된 효과가 있다.

taglio di capelli- 머리 모양, 헤어스타일

Mi piace il taglio dei tuoi capelli. 난 너의 머리 모양이 마음에 든다.

venire (o cadere) a taglio- 제때에 오다, 도움이 되다

La tua abilità nel cucinare è proprio venuta a taglio; non so come avrei fatto senza il tuo aiuto. 네 요리 솜씨가 상당히 도움이 됐어. 네 도움 없이는 어떻게 해야 됐을지 몰라.

tale- 그런, 그와 같은

   il tale- 아무개, 모(某), 여차여차한/이러이러한 사람

   Devo parlare con quel tale, sai, quello che ha il negozio. 아무개와 이야기해야 하는데, 너 아니, 그는 가게를 가진 사람이야.

   Il/la tal dei tali- 아무개, 거시기; (이름을 들먹이지 않고) 그 사람, 그거 있잖아

   L'ho saputo dal tal dei tali, sai di chi parlo. 그 사람으로부터 그것을 알았는데, 너 내가 누구에 대해 말하고 있는지 아니.

   tale da (o che)- (1) (곧 언급하려는) 그런, 그러한

   La situazione non è tale da destare preoccupazioni. 걱정을 일으킬 만한 그런 상황은 아니다.

   (2) (정도를 강조하여) 그 정도의 너무 ~한

   Ho avuto una tale paura che quasi morivo. 난 거의 죽을 것 같이 무서웠다.

   tale e quale- (1) (모양이) 똑같은, 똑 닮은

   Fabrizio è tale e quale suo padre. 파브리치오는 아버지와 똑 닮았다.

   Ne voglio uno tale e quale. 나는 그것과 똑같은 것을 원한다.

   (2) (성격이) 마치 ~과 같은

   È tale e quale il mio. 그것은 내 것과 같다.

   un tale- 어떤 사람, 사람

   C'è un tale che ti cerca. 너를 찾는 어떤 사람이 있다.

   Ha telefonato un tale, ma non ha lasciato il nome. 어떤 사람이 전화했는데, 이름을 남기지 않았습니다.

   Un tale che conosco. 내가 아는 어떤 사람.

talento- 재주; 의향

   a proprio talento- 마음대로, 자유로이, 제멋대로, 자유자재로

   senza talento- 재능 없는, 무능한

tamburo- 북, 드럼

   a suon di tamburo- 북소리에 맞춰

   a tamburo battente- 즉시; 신속히, 황급히

   È deciso ed autoritario: fa tutto e vuole che si faccia tutto a tamburo battente. 그는 단호하고 권위적이다. 모든 것을 하고 (그가 원하는 것은) 모든 것이 즉시 되길 바란다.

   La sua richiesta fu esaudita a tamburo battente. 그의 부탁은 즉시 들어주었다.

   bacchette per tamburo- 북채

   battere su (o suonare) un tamburo- 드럼을 치다

   suonatore di tamburo- 고수, 드럼 연주자

tandem- 2인승 자동차; 한 쌍, 2인조

   fare qualcosa in tandem- ~을 함께 하다, ~을 협력하다

   Fanno sempre tutto in tandem; quando uno è stanco si fa sotto l'altro. 그들은 모든 것을 늘 함께 해서 한 사람이 피곤하면 다른 사람이 거든다.

   in tandem- 2인조로; ~와 협력하여, 제휴하여; 나란히

tangente- (기하) 접선; 뇌물, 리베이트; (부당 이득의) 몫; 뇌물수수

andarsene (o filare) per la tangente- 도망치다, 도주하다, 탈출하다(= svignarsela)

partire per la tangente- (이야기 등이) 갑자기 옆길로 새다, (생각, 행동 등을) 갑자기 바꾸다

Non partire per la tangente, segui un filo logico. 갑자기 옆길로 새지 말고, 본론을 말해.

tanto- 1. (형용사) 많은, 대단한

di tanto in tanto- 때때로, 이따금, 가끔

Anche io vado in campagna di tanto in tanto. 나도 가끔 시골에 간다.

dirne tante- 무수히 허튼 소리를 지껄이다

Oggi era proprio svanito; ne ha dette tante! 오늘 그는 정말 여느 때와 달리 무수히 허튼 소리를 지껄였다.

dirne tante e poi tante- (더 이상 그런 짓을 하지 말라고) ~에게 분명히 말하다

Gliene ha dette tante e poi tante! 그는 그에게 분명히 말했다.

e tanto basta- 그것으로 끝이다, 더 이상 뭐라고 하지 마라

Questo è ciò che avevo da dirti, e tanto basta. 내가 네게 할 말은 이것이고 그게 다다.

ogni tanto- 가끔, 때때로

Ci vediamo ogni tanto. 우리는 가끔 만난다.

quanto più~ tanto meno- ~하면 할수록 덜 ~하다

tanto meglio~ tanto peggio- 더욱 좋고 ~ 도리어 나쁘다

Se passano quella legge, tanto meglio per me e tanto peggio per te. 그들이 그 법안을 통과하면, 내게는 더욱 좋고 네게는 도리어 더 나쁘다.

tanto meno- (1) ~은 말할 것도 없이, ~은 고사하고, ~커녕

Non ho abbastanza soldi per comprare una bicicletta, tanto meno una macchina. 자동차는 고사하고 (말할 것도 없거니와), 자전거를 살 돈도 충분하지 않다.

(2) 특히 ~하지 않다, 가장 ~않다

Se tu non vai, tanto meno andrò io. 네가 안 가면, 특히 나도 안 갈 거다.

tanto per cambiare- 기분전환으로

Perché non andiamo in vacanza al mare, tanto per cambiare? 기분전환 삼아, 왜 바다로 휴가를 가지 않니?

Quest'anno andiamo di nuovo in montagna, tanto per cambiare. 기분전환으로 올해 다시 산에 갑시다.

tanto~quanto (o tanto~che, tanto~come)- 둘 다, 뿐만 아니라 ~도

Tanto lui che suo padre lavorano nella stessa ditta. 그와 그의 아버지 둘 다 같은 회사에서 근무한다. Vorrei vendere tanto questa casa come quella di campagna. 나는 시골 집뿐만 아니라 이 집도 팔고 싶다.

2. (대명사) 많은 것, 많은 사람들

a dir tanto- 끽해야, 기껏

Ci fermeremo un paio di giorni, a dir tanto. 우린 기껏해야 이틀 머물 것이다.

con tanto d'occhi- 휘둥그래진 눈으로, 눈을 크게 뜨고

fare tanto di cappello a qualcuno- ~에게 손들다, ~에게는 당해 낼 수 없다, 굴복하다

guardare qualcosa con tanto d'occhi- 눈을 크게 뜨고 ~을 보다

non più di tanto- 별로 ~않은; 과도하지 않은, 지나치지 않은(= non eccessivamente)

Non ci feci caso più di tanto. 나는 그것에 별로 관심을 갖지 않았다.

quel tanto che basta- 충분할 만큼

Guadagna quel tanto che basta per vivere. 그는 먹고 살 만큼 충분히 번다.

tant'è- (1) (~하느니) 차라리 ~하는 편이 좋다/낫다[1]

Ci sono andati tutti, tant'è che ci vada anch'io. 모두 갔는데, 나도 가는 편이 좋겠다.

(2) 소용이 없다, 차이가 없다(= è inutile)

Gliel'ho detto mille volte, ma tant'è. 수없이 그에게 얘기했지만, 아무런 변화가 없다.

un tanto- 어느 정도

Costa un tanto al chilo. 킬로에 값이 어느 정도 나간다.

3. (부사) 그래서

né tanto né quanto (o poco)- 전혀, 절대로 아닌

Non mi interessa né tanto né quanto. 나는 그것에 전혀 관심이 없다.

tanto che- 매우 그러하므로 ~하다(= cosicché, al punto che)

Arrivarono tardi, tanto che gli ospiti se n'erano andati quasi tutti. 그들이 늦게 도착해서, 손님들이 거의 모두 가 버렸다.

Le finestre erano chiuse, tanto che pensai che non ci fosse nessuno. 창문이 닫혀 있어서 나는 아무도 없을 거라고 생각했다.

tanto più che- 더욱더 ~하기 때문에

È inutile avvisarlo, tanto più che è probabile che non venga. 그가 오지 않을 수도 있기에, 그에게 알려봤자 소용이 없다.

tappa- (군대, 여행자의) 휴게소, 야영지, 여정

bruciare le tappe- 빠르게 나아가다, 빠른 진전을 보이다; 힘차게 앞으로 나아가다

Sta bruciando le tappe; ha veramente una brillante carriera di fronte a sé. 그는 빠른 진전을 보이고 있다. 그에 비해 정말 화려한 경력을 가지고 있다.

fare tappa- 멈추다, 하차하다; (여행길에) 잠시 들르다/머무르다

Faremo tappa a Milano. 우리는 밀라노에 잠시 하차할 것입니다.

tappare- 틀어 막다, 꼭 막다

tappare la bocca a qualcuno- ~을 입다물게 하다(= zittire); (완곡 어구) 죽이다(= uccidere)

I malviventi gli tapparono la bocca per sempre. 깡패들이 그를 죽였다.

tappare un buco- 구멍을 막다/메우다; (비유) 빚을 갚다

tapparsi il naso- (냄새가 고약해서) 코를 쥐다/잡다; 마지못해 받아들이다

tapparsi gli occhi- 눈을 감다; (비유) 죽다

tapparsi gli orecchi- 귀를 틀어 막다, 듣지 않다; 손으로 귀를 막다; (비유) 피둥피둥 말을 듣지 않다

Preferisco tapparmi gli orecchi di fronte a questi pettegolezzi. 난 이런 험담 앞에서는 손으로 귀를 막

---

[1] 'tanto vale, tanto varrebbe che'와 같은 의미이다. Lo devi fare, tanto vale che tu lo faccia subito. 너 그것을 해야 하는데, 그것을 즉시 하는 편이 좋다. Tanto varrebbe che andassi. 내가 가는 것이 차라리 더 낫겠다.

는 게 더 좋다.

tappeto- 카펫, 양탄자, 융단, 깔개

andare al tappeto- 넘어지다, 쓰러지다

È andato al tappeto per cinque secondi. 그는 5분간 쓰러졌다.

battere a tappeto- 이리저리 열심히 ~을 찾아 다니다

Hanno battuto il quartiere a tappeto per raccogliere firme contro il nuovo inceneritore. 신축 쓰레기 소각장을 반대하는 사람들의 서명을 받기 위해 그들은 사방으로 찾아 다녔다.

mandare (o mettere) al tappetto- 무너뜨리다, 쓰러트리다; (시합에서 이겨) ~을 탈락시키다, 나가 떨어지게 하다

Lui l'ha mandato al tappeto eliminandolo dal torneo di scacchi. 그는 체스 토너먼트에서 그를 탈락시켰다.

mettere sul tappeto- 협상에 들어가다; 토론을 시작하다

Ha messo il problema sul tappeto. 그는 토론을 시작했다.

tappezzeria- 벽지

far tappezzeria- (파티에서 상대가 없어) 춤을 추지 못하는 사람, 인기가 없다

Faceva pena; ha fatto tappezzeria tutta la sera. Nessuno l'ha invitata a ballare o ha parlato con lei. 그녀는 밤새 무도회에서 상대가 없어서 비참했다. 아무도 그녀에게 춤을 추자고 청하거나 말을 건네지 않았다.

tara- 포장 재료/용기의 중량

fare la tara- ~을 가감하여 듣다, ~을 액면 그대로 받아들이지 않다

Il tuo resoconto è interessante, ma se permetti ci faccio un po' di tara. 네 보고서는 흥미롭지만, 미안한 말이지만 다소 가감해서 들을게.

tardi- 늦게

A più tardi! (인사) 있다 보자, 나중에 보자!

al più tardi- (아무리) 늦어도

Al più tardi verrò fra una settimana. 늦어도 다음 주에 갈 게.

Te lo farò sapere domani al più tardi. 아무리 늦어도 내일 네게 알려 줄게.

Chi tardi arriva male alloggia. (속담) 빨리 올수록 대접이 좋다. 선착순.

fare tardi- 늦다, 지각하다(= essere in ritardo); 예상보다 오래 걸리다(= metterci più del previsto); 늦게 귀가하다(= tornare a casa tardi)

Ho fatto tardi a lezione. 나는 수업에 늦었다.

Meglio tardi che mai. (속담) 하지 않는 것보다는 늦더라도 하는 것이 낫다. (사람·성공 등이) 아예 안 오는 것보다는 늦게라도 오는 것이 낫다.

Non è mai troppo tardi per cominciare. (속담) 시작하기에 너무 늦다는 법은 없다. 아무리 늦어도 시작할 수 있다.

più tardi- 나중에, 후에

Te lo dirò più tardi. 나중에 네게 말해 줄게.

presto o tardi- 조만간

Si fa tardi. 시간이 늦어지고 있다.

sul (o verso) tardi- 좀 늦게, 느지막한/느지막하게

Arrivò la sera sul tardi. 그는 좀 늦게 도착했다.

tardo- 늦은

a ora tarda- 늦은 시간에, 밤늦게

a tarda notte (o sera)- 밤늦게, 저녁 늦게

essere tardo nel fare qualcosa- ~하는데 느리다

Lui è tardo nel fare le cose. 그는 일하는데 느리다.

in tarda età- 고령에

Morì in tarda età. 그는 아주 고령에 죽었다.

tartaruga- 거북이

andare a passo di tartaruga- 거북이 걸음으로 가다

tasca- 주머니, 호주머니

Abbiamo la vittoria in tasca. 우승(성공)이 확실하다.

avere le tasche vuote- 주머니가 비었다, 한 푼도 없다, 빈털터리다

avere qualcosa in tasca- ~에 확신을 가지다, ~을 믿다

averne le tasche piene- ~에 진저리가 나다, ~라면 신물이 나다, ~에 싫증나다

Ho lavorato come un pazzo, ma ora ne ho piene le tasche. 미친 듯이 일해서 이제 진저리가 난다.

Ne ho le tasche piene di questa storia; o la smetti o ti denuncio. 이 이야기라면 신물이 나니깐, 그만두지 않으면 신고할 거다.

con le mani in tasca- 주머니에 손을 넣고서

conoscere qualcosa come le proprie tasche- ~을 손바닥 보듯이 환히/속속들이 알다, ~을 자세히 알다

Conosco la città come le mie tasche. 난 이 도시를 속속들이 안다.

mettere in tasca qualcosa- ~을 주머니에 넣다

mettere mano alla tasca- 계산할 준비를 하다, 돈을 내려 하다

non venire niente in tasca a- ~의 주머니에 올 게 아무것도 없다, 어느 쪽으로 하든 ~에게는 상관없다

Io ti ho dato un buon consiglio, poi tu fai come vuoi. A me non me ne viene niente in tasca. 네게 유익한 조언을 했는데, 네가 원하는 대로 해. 난 어느 쪽이든 상관없다.

pagare di tasca propria- 자기 돈으로 지불하다, 사재를 쓰다

riempirsi le tasche- 재산을 모으다, 부자가 되다; (비유) 축재(蓄財)하다

rompere le tasche a qualcuno- ~을 성가시게 하다(= infastidire); 골칫거리이다(= essere noioso); 화나다, 약오르다

Non rompermi le tasche! 나를 성가시게 하지 마!

stare con le mani in tasca- 가만히 주머니에 손을 넣고 있다, 빈둥거리다

vuotare (o ripulire) le tasche a qualcuno- ~의 돈을 다 쓰게 하다, 거덜나게 하다

tasto- (컴퓨터, 타자기) 키

al tasto- 손으로 만져서/더듬어서, 만져보니, 촉감이

andare a tasto- (손으로) 더듬어 나아가다

battere sullo stesso tasto- 같은 말을 되풀이하다, ~에 대해 계속 지껄이다/투덜대다

Batte sempre sullo stesso tasto. Non ha capito che è controproducente? 그는 늘 같은 말을 되풀이하는데, 그게 역효과가 난다는 것을 몰랐을까?

riconoscere qualcosa soltanto al tasto- ~을 손으로 만져서 알아보다

toccare un tasto delicato- 민감한 주제를 언급하다, 민감한 부분을 건드리다

Quando ha parlato della suocera ha toccato un tasto delicato. 시어머니에 대해 말했을 때 그는 민감한 부문을 건드렸다.

tastoni (tentoni)- 손으로 더듬어

avanzare a tastoni (o tentoni)- (어둠 속에서) 손으로 더듬어 나아가다

cercare a tastoni (o tentoni)- (어둠 속에서) 손으로 더듬으며 찾다

Cercava a tastoni (o tentoni) nel buio. 그는 어둠 속에서 손으로 더듬으며 찾고 있었다.

tatto- 감촉, 촉감

con tatto- 세련되게, 재치 있게, 기술적으로, 눈치 있게

Devi domandarglielo con molto tatto. 넌 그에게 그것을 아주 재치 있게 물어봐야 한다.

conoscere al tatto- 감촉으로 알다

mancare di tatto- 눈치가 없다

tavola- 테이블, 탁자, 식탁

A tavola! 식사 준비됐어!

alzarsi da tavola- 식탁에서 일어나다

amare la buona tavola- 음식을 좋아하다; 미식가/식도락가이다

Ha sempre amato la buona tavola e adesso sta a dieta! 그는 늘 음식을 좋아해서 지금은 다이어트 중이다.

andare a tavola- 식사하러 가다

essere a tavola- 식사 중이다

mettersi (o sedersi) a tavola- 정찬 [점심 식사를 하기 위해] 자리에 앉다; 앉아서 먹다

Appena arrivati, ci siamo messi a tavola perché tutto era pronto. 우리는 도착하는 즉시 모든 것이 준비되어 있어 식탁에 앉아 식사를 시작했다.

È pronto, mettetevi a tavola. 음식 준비됐어, 모두 식탁에 앉아!

preparare la tavola- 식탁을 준비하다, 식탁을 차리다

È ora di pranzare, la mamma prepara la tavola. 점심 식사할 시간이어서 엄마가 식탁을 차린다.

tavola calda- (카운터 앞에 앉아 먹는) 간이식당, 스낵바(흔히 서서 식사를 하는 간이식당), (간단한 식사를 파는) 작은 식당; 따끈따끈한 음식

tenere tavola imbandita- 문호를 개방하다, 내객을 환영하다

vino da tavola- (값이 비교적 저렴한) 식사용 포도주

tavoletta- 작은 판

andare a tavoletta- (가속 페달을) 힘껏 밟다, 속력을 내다; (차를) 전속력으로 운전하다

유사 관용어 [**gas**] 'andare a tutto gas'를 보시오.

tavolino- 작은 책상

  vincere/perdere a tavolino- (스포츠) 심판판정으로 이기다/지다

  Ha vinto il match, ma a tavolino, per decisione degli arbitri. 그는 심판 결정에 따른 판정으로 경기에서 이겼다.

tazza- 잔

  tazza da caffè- 커피잔

  tazza da tè- 찻잔

  una tazza di caffè- 커피 한 잔, 한 잔의 커피

teatro- 극장

  andare a teatro- 극장에 가다

  fare teatro- 극장에서 일하다; 배우이다(= essere attore)

telefonata- 전화 통화

  fare una telefonata- 전화 한 통 하다

  telefonata a carico del destinatario- 수신자부담 통화

  ricevere una telefonata- 전화를 받다

telefono- 전화

  essere al telefono- 전화 통화 중이다

  parlare al telefono- 전화 통화 중이다

  Marco sta parlando al telefono. 마르코는 지금 전화 통화 중이다.

  per telefono- 전화상으로, 전화로

  Ci siamo sentiti ieri per telefono. 어제 우리는 전화 통화를 했다.

  Mi ha avvertito per telefono che arriverà la settimana prossima. 그는 전화로 내게 다음 주에 도착할 것이라고 알려 주었다.

  Telefono! 전화 왔어!

  telefono senza fili- 무선 전화

  rispondere al telefono- 전화 받다

  Rispondo io al telefono! 내가 전화 받을 게.

  volere qualcuno al telefono- 전화 통화를 하고 싶어하다, 전화에서 ~을 찾다

  Ti vogliono al telefono. 그들이 전화에서 널 찾는다.

televisione- 텔레비전

  alla televisione- 텔레비전에서

  Domani danno quel film alla televisone. 내일 텔레비전에서 그 영화를 방영한다.

  Ho visto un bel film alla televisione. 나는 텔레비전에서 멋진 영화 한 편을 보았다.

  guardare la televisione- 텔레비전을 보다, TV를 시청하다

  per televisione- 텔레비전으로

  trasmettere per televisione- 텔레비전으로 방영하다/방송하다

tema- 주제, 테마

  andare fuori tema- 주제에서 벗어나다

Hai scritto quattro magnifiche pagine, ma sei andato fuori tema. 너는 훌륭한 내용을 썼지만, 주제에서 벗어났다.

dare un tema- 주제를 주다

Il professore oggi ci ha dato un tema. 오늘 교수님이 우리에게 주제를 하나 주셨다.

temere- 1. (타동사) ~을 두려워하다

temere di (o che)- (~일까 봐) 우려/염려하다

Temo che sia troppo tardi. 나는 너무 늦을까 봐 걱정이다.

Temo di non riuscire. 나는 (성공하지) 못할까 봐 걱정이다.

2. (자동사) 두려워하다, 걱정하다

Non temere! 두려워하지 마! 걱정 마!

temo di sì/no. 그럴까 봐/아닐까 봐 두렵다/걱정이다.

tempaccio- 악천후, 궂은 날씨

Che tempaccio! 무슨 날씨가 이래! 정말 지독한 날씨야!

con quel tempaccio- 그런 악천후에

Dove sei andato con quel tempaccio? 그런 궂은 날씨에 어디 갔었니?

temperamento- 체질, 기질

avere temperamento- 성격이 있다

essere privo di temperamento- 성격이 없다, 기질이 부족하다

per temperamento- 나면서부터, 체질적으로

pigro per temperamento- 천성적으로 게으른

temperatura- 온도

a temperatura ambiente- 실온에, 상온에

elevare la temperatura- 온도를 높이다, 온도를 상승시키다

prendere (o misurare) la temperatura- 온도를 재다

temperatura assoluta- 절대 온도

temperatura basale- (영양학) 기초 체온

temperatura critica- (물리) 임계 온도

tempesta- 폭풍(우), 소동, 파란

avere il cuore in tempesta- 마음이 혼란스러운 상태이다

C'è aria di tempesta. 폭풍우가 올 징조이다.

Chi semina vento raccoglie tempesta. (속담) 되로 주고 말로 받다.

Dopo la tempesta viene il sereno. (속담) 폭풍이 지나간 뒤에는 잠잠해지는 법이다. 비 온 뒤에 땅이 굳어진다.

la quiete che precede la tempesta- 폭풍 전의 고요

mare in tempesta- 풍랑이 거센 바다, 거친 바다

Oggi tira aria di tempesta! 위험에 대비해라!

una tempesta di domande- 빗발치는 질문, 질문 공세

una tempesta in un bicchier d'acqua- 찻잔 속의 태풍, 괜한 소동, 헛소동

Ci sono state urla e pianti, ma è stata una tempesta in un bicchier d'acqua. 고성과 절규가 있었지만, 찻잔 속의 태풍이었다.

tempo- 시간, 때; 날씨

a quei tempi- 그 때는, 그 당시에

a quel tempo- 그 때에

a tempo debito- 머지 않아, 때가 되면; 적당한 시기에

a tempo perso (o nei ritagli di tempo)- 여유 시간에, 틈틈이; 장난으로, 시간 때우기로

A tempo perso prendo lezioni d'inglese. 나는 여유 시간에 영어 수업을 받는다.

a suo tempo- (과거의) 어느 때에, 전에, 이전에; 마침 좋은 때에, 때마침, 제 때에

a tempo- 시간에 맞춰, 제 시간에

a tempo pieno- 상근의, 풀타임의

Lui ha un lavoro a tempo pieno all'ospedale. 그는 병원에서 상근으로 일한다.

a mezzo tempo- 파트타임, 비상근의

a un tempo (o allo tempo stesso, nello stesso tempo)- 동시에

al tempo di- ~의 시대에

al tempo di Enrico VIII- 헨리 8세 시대에

ammazzare il tempo- 시간을 때우다

anticipare i tempi- 신속히 하다, 능률을 올리다

Bisogna anticipare i tempi, altrimenti le piogge arriveranno appena finita la semina. 신속히 해야만 해. 그렇지 않으면 파종을 마치자마자 장마(우기)가 시작될 거다.

aver fatto il proprio tempo- 한물가다, 뒤떨어지다; 수명이 다 되다

Ormai queste gomme hanno fatto il loro tempo. 이 타이어는 이제 수명이 다 되었다.

avere tempo- 시간이 있다

Ho poco tempo. (나는) 시간이 별로 없다.

Ho abbastanza tempo. (나는) 시간이 어느 정도 있다.

Ho molto tempo. (나는) 시간이 많이 있다.

Non ho mai tempo. (나는) 시간이 전혀 없다.

avere i tempi stretti (o essere stretti con i tempi)- 시간이 촉박하다

Sono le 11 e vorrei andare in palestra, ma ho un appuntamento di lavoro alle 12, ho i tempi stretti. 11시인데 헬스장에는 가고 싶지만 12시 업무 약속이 있어서 시간이 촉박하다.

avere il tempo di- ~할 시간이 있다

Non ho avuto il tempo di leggere il giornale. 나는 신문을 읽을 시간이 없었다.

Non ho neanche avuto il tempo di salutarli. 나는 그들한테 인사조차 할 시간이 없었다.

avere tempo da perdere- 시간이 남아돌다

battere qualcuno sul tempo- 남보다 앞서서 ~을 하다, 선수치다

Chi ha tempo non aspetti tempo. (속담) 지금만큼 좋은 때가 없다. 오늘 할 수 있는 일을 내일로 미루지 마라.

Mi ha battuto sul tempo ed ha comprato il vestito che volevo io. 그녀가 선수를 쳐서 내가 사고 싶었

던 옷을 샀다.

col tempo (o con l'andare del tempo)- (1) 시간의 흐름에 따라, 시간이 흐르면, 세월이 가면

Col tempo mi ci abituerò. 시간이 흐르면 그것에 적응하게 될 거다.

(2) 머지않아

Col tempo imparerai. 머지 않아 배우게 될 거다.

(3) 차츰; 마침내, 종국엔, 결국

Non preoccuparti, con il tempo potrai risolvere la tua situazione. 걱정하지마, 차츰 네 문제를 해결 할 수 있을 거다.

Col tempo e con la paglia maturato le sorbe (nespole). (속담) 서둘러서는 안 된다. 기다리는 자에게는 반드시 때가 온다.

con i tempi che corrono- (1) 오늘날에는, 요즘에는

Non è il caso di spendere tanto con i tempi che corrono. 오늘날에는 많이 소비하지 않는 것이 좋다.

(2) 지금은, 현대 세상에서는

Con i tempi che corrono, la vita è difficile per tutti. 지금은 누구에게나 사는 게 힘들다.

con il passar del tempo- 시간이 흘러 가면서, 시간이 지나감에 따라

Con il passare del tempo, vedrai che diventerò più maturo e responsabile. 시간이 흘러 감에 따라 너는 내가 더 성숙하고 책임감 있는 것을 보게 될 거다.

da tempo- 오랫동안, 장기간

dai tempi della scuola- 학창 시절부터

Che fine ha fatto Maria? Non la vedo dai tempi della scuola. 마리아가 어떻게 됐니? 학창시절부터 그녀를 못 봤는데.

dare (o lasciare) tempo al tempo- 추세에 맡기다, 다 때가 있다

Calma, calma, da' tempo al tempo. 진정해, 다 때가 있는 거야.

darsi al bel tempo- 쉬다; 즐거운 시간을 보내다, 재미있는 시간을 갖다

Ha lavorato sodo e adesso si dà al bel tempo. 그는 열심히 일했기에 지금은 쉴 수 있다.

di questi tempi- 최근에, 요즘에는

di tempo in tempo- 가끔, 이따금, 때때로

di tutti i tempi- 역대, 지금껏

il più ~ di tutti i tempi- 역대 최고로 멋진 ~, 역대 가장

il più bel film di tutti i tempi 역대 최고로 멋진 영화

È tempo di (o che)- ~할 시간/때 이다

È tempo che tu cambi. 네가 바뀔 때이다

È tempo di dormire. 잘 시간이다.

fare in (o a) tempo a (o essere in tempo per)- (1) ~할 시간을 맞추다

Non faccio più in tempo a prendere il treno. 나는 기차를 탄 시간을 제 때 맞출 수가 없다.

(2) ~할 시간이 있다

Vieni, fai ancora in tempo a vederlo. 어서 와, 아직 그를 볼 시간이 있다.

fare a tempo e luogo- 때가 되면 하다, 적당한 때에 하다

Faremo pulizia a fondo a tempo e luogo, non ora. 우리는 때가 되면 청소할 건데, 지금은 아니야.

fare il bello e il cattivo tempo- 강압적으로 말하다; 모두에게 군림하다

Lui fa il bello e il cattivo tempo in famiglia e nessuno protesta. 그는 가정에서 강압적으로 말하는 데도(모두에게 군림하는 데도) 아무도 이의를 달지 못한다.

fuori tempo- 박자가 맞지 않아서, 제 때가 아닌; 시간이 다 돼서

Il tempo è denaro. (속담) 시간이 돈이다. 시간은 금이다.

Il tempo è galantuomo. (속담) 시간이 지나면 알 것이다.

Il tempo è un gran medico. (속담) 시간이 명약이다.

Il tempo guarisce tutti i mali. (속담) 세월이 약이다.

Il tempo viene per chi sa aspettare. (속담) 성공은 열심히 노력하며 기다리는 사람에게 찾아온다.

in ogni tempo- 언제나

in questi ultimi tempi- 최근에는

in tempo- 제 시간에, 시간에 맞춰, 늦지 않게

Se presentate la domanda in tempo, potrete dare l'esame. 너희들 신청서를 제때 제출하면, 시험을 볼 수 있을 것이다.

Sei arrivato giusto in tempo. 너 제 시간에 맞춰 도착했다.

in tempo di- ~의 시기에

in tempo utile- 때 맞추어, 기한 안에; (법률) 유용 기한 안에

Devo finire in tempo utile. 나는 기한 안에 마쳐야 한다.

in un primo tempo- 처음에는

l'alba dei tempi- 천지개벽

lasciare il tempo che trova- 성과가 없다, 보람이 없다, 헛되다; 차이가 없다

Predica sempre, ma lascia il tempo che trova. Nessuno lo ascolta. 그는 늘 훈계하지만 성과가 없다. 아무도 그의 말을 듣지 않는다.

negli ultimi tempi- 최근에

nel tempo di- ~의 시간 안에

Non c'è tempo da perdere. 꾸물거릴 시간이 없다.

per tempo- 미리, 일찍; 제 시간에; 사전에, ~전에 미리

Fammi sapere per tempo quando arrivi. 언제 도착하는지 사전에 미리 내게 알려 줘.

Quando mi inviterai a cena, avvertimi per tempo. 나를 저녁 식사에 초대할 때 미리 나에게 알려줘.

passare (o trascorrere) il tempo- 시간을 보내다

perdere/sciupare (o buttare via) il tempo- 시간을 허비하다

poco tempo prima- 직전에, 조금 전에

prendere tempo- (1) 시간이 걸리다(= richiedere tempo)

Non fargli fretta, è un lavoro che prende tempo. 그에게 재촉하지 마. 그것은 시간이 걸리는 일이야.

(2) (지연시켜) 시간을 벌다, 지연 전술을 쓰다(= temporeggiare)

Prendi tempo e dagli la tua risposta solo quando sei pronto. 시간을 벌어. 그리고 네가 준비되었을 때만 그에게 답변을 해.

senza tempo- 세월이 흘러도 변치 않는, 유행을 타지 않는; 끝이 없는, 영원한

una bellezza senza tempo- 세월이 흘러도 변치 않는 미인

tempi magri- 불경기

Sono tempi magri, questi! Non puoi pretendere di guadagnare di più. 요즘은 불경기야! (돈을) 더 벌 생각을 하지 마.

Tempo da lupi! 궂은/험한 날씨! 악천후!

tempo fa- 며칠 전, 언젠가, 전에

Tempo permettendo- 날씨가 허락한다면

un tempo- 한 때는

Un tempo eravamo amici. 우리는 한 때 친구였다.

tenda- 텐트, 커튼

levare le tende- 텐트를 걷다; (흔히 몰래) 서둘러 떠나다, 짐을 꾸려 떠나다

Mi sembra di essere di peso qui; è ora di levar le tende. Andiamocene. 여기는 부담스러운 것 같아. 이제 떠나야 할 시간이다. 자, 가자.

Non vedevo l'ora di levare le tende. 나는 한시 바삐 떠나고 싶어 견딜 수가 없었다.

piantare (o mettere) le tende- 천막을 치다; (비유) 눌러 앉다, 정착하다, 가정을 꾸리다

L'abbiamo invitato a stare da noi qualche giorno e lui ha piantato le tende. Non se ne va più! 우리와 며칠만 머무르라고 초대했는데, 그는 눌러 앉아서 떠나지를 않는다!

Ormai ha messo le tende in casa mia. 그는 이제 우리 집에 정착하였다.

tendenza- 경향, 기미

avere tendenza a- ~하는 경향이 있다; ~하기 쉽다

Il tempo ha tendenza (o tende) a migliorare. 날씨가 차차 좋아지는 것 같다.

di tendenza- 최신 유행의; 유행을 선도하는

fare tendenza- 유행을 창출하다

tendere- 향하다

tendere a fare qualcosa- ~하는 경향이 있다, 변하고 있다

Maria non può mangiare molto perché tende a ingrassare. 마리아는 살찌는 경향이 있어 많이 먹을 수가 없다.

tendere l'orecchio- 귀를 기울이다(= sforzarsi di sentire); 귀를 쫑긋 세우다, 귀담아 들다(= mettersi in ascolto)

tenere- 잡다, 유지하다

Il mercato tiene. (증권, 주식 등의) 시장이 잘 버티고 있다.

saper tenere in mano la penna (i pennelli)- 좋은 작가(화가)이다

tenere a mente qualcosa- ~을 마음에 담아 두다, 잊지 않고 있다, 명심하다, 유념하다

tenere a bada- 접근을 막다, 가까이 못 오게 하다

tenere a freno- freno를 보시오.

tenere a galla- 물에 떠 있다; (비유) 빚지지 않고 있다

tenere a posto- 깨끗이 정돈해 두다, 반듯하게 치우다

tenere a posto la lingua- 잠자코 있다; 말을 삼가다

tenere a terra- 이륙을 못하게 하다

tenere buono qualcuno- ~을 조용히 있게 하다, 통제하다(= tenere calmo); (사람을) 달래다(= rabbonire)

È un bambino così vivace che non so come tenerlo buono. 너무 활달한 아이라 그를 어떻게 달래야 할 지 모르겠다.

tenere da conto - 돌보다

tenere conto di (o che)- (1) ~을 고려하다(= considerare)

Non tenne conto dei miei consigli. 그는 나의 충고를 무시했다.

(2) 명심하다, 유념하다(= ricordare)

Tieni conto che è sposato. 그가 결혼했다는 사실을 명심해.

(3) ~을 감안하다/참작하다(= calcolare)

Nel tagliare la stoffa tieni conto dell'orlo. 천을 자를 때는 단을 감안해.

tenere d'occhio- 감시하다, ~을 계속 지켜보다

tenere da conto qualcosa- ~을 주의하다, ~을 신경을 쓰다

tenere dentro- (감정을 드러내지 않고) 억누르다, 묻어 두다(= non manifestare)

tenere dietro a qualcuno- ~을 따라가다; (비유) 시류/유행을 따르다

tenere duro- 견디다; (특히 힘든 일을) 계속해 나가다(= continuare nonostante tutto); (고통, 실망, 곤경을) 쓴웃음을 지으며 참다(= sopportare)

tenere il posto a qualcuno- ~을 위해 자리를 잡아두다

tenere il ver celato- 진실을 숨기다

A confessore, medico e avvocato non tener il ver celato. 고해신부, 의사와 변호사에게는 진실을 숨기지 마라.

tenere in ordine- 정리해 두다, 질서를 바로잡아 두다, 정리해 두다

tenere le parti di qualcuno- ~의 편을 들다

tenere mano- (범행을) 방조하다

tenere per certo- 확실하다

tenere qualcosa per sé- 혼자만 알다(= non divulgarlo); ~을 비밀로 하다, 말하지 않다(= essere reticente)

"Ti prego, non raccontare a nessuno ciò che ti ho detto." "Non avere paura, lo terrò per me!" "제발, 내가 네게 한 말을 아무에게도 말하지 말아줘!" "걱정 마, 나 혼자만 알고 있을게!"

tenere qualcosa presente- ~을 명심하다, 유념하다(= tenere a mente)

tenere vivo- 살아 있다; (불, 흥미를) 꺼지지 않게 하다

Tieni presente che- ~을 명심해라

Terrà il tempo? 이런 날씨가 계속될까?

tenerezza- 부드러움

Che tenerezza! 부드럽기도 해라! 너무 자상하다!

con tenerezza- 상냥하게, 친절하게, 유약하게, 다정하게, 부드럽게

tenero- 부드러움; 약점; 애정

avere del tenero per qualcuno- ~에 약하다, ~을 좋아하다

tenore- 모양, 태도

a tenore di- ~에 따라

a tenore di legge- 법에 따라

tensione- 긴장

essere in tensione- 긴장하다

Lei è in tensione per gli esami. 그녀는 시험 때문에 긴장하고 있다.

tentare- 시도하다

tentare di fare qualcosa- ~하는 것을 시도하다

Tenterò di convincerlo. 그를 설득시켜 볼 것이다.

tentazione- 유혹

avere la tentazione di- ~하고 싶다, ~하도록 유혹당하다

Ho la tentazione di dirglielo. 그에게 그것을 말하고 싶은 유혹이 든다.

cadere in tentazione- 유혹에 빠지다

indurre qualcuno in tentazione- ~을 유혹에 빠지게 하다

Non ci indurre in tentazione. (주의 기도 중) 우리를 유혹에 빠지지 말게 하시고.

teoria- 이론

in teoria- 이론상으로는, 이론적으로

Molte idee che sono giuste in teoria, in pratica non sono realizzabili. 이론적으로 옳은 많은 생각들이 실제로 실현 불가능한 것은 아니다.

termine- 종점, 기한, 요소, 목적, 말, 용어

a lungo termine- 장기로

a rigor di termini- 엄밀히 말하면

a termini di legge- 법 규정에 따라, 법률에 비추어; 법률적으로, 법률상

al termine- 마지막에, ~ 끝에

Al termine dello spettacolo, il pubblico applaudì lungamente. 공연이 끝났을 때, 관중은 오랫동안 박수를 쳤다.

avere termine- 끝마치다, 종료되다

La lezione avrà termine alle quattro. 수업은 4시에 종료될 것이다.

entro i termini prescritti- 기한 안에, 제한 시간 안에

in altri termini- 바꾸어 말해서, 다시 말해서

mettere (o porre) termine a qualcosa- ~을 끝내다, 그만두게 하다; ~을 없애다, 폐지하다

mezzi termini- 막연한/얼버무리는 말, 애매한 말

nei (o entro i) termini- 어느 정도 까지는, 어느 한도 내에서는

nel termine di- ~의 시간 안에

portare (o condurre) a termine qualcosa- 끝마치다, ~을 수행/이행하다, 완수하다

Non riesce a portare a termine il lavoro da sola. 그녀 혼자서 일을 끝마칠 수 없다.

senza mezzi termini- 확실하게/분명히, 거침없이, 단도직입적인, 솔직한, 숨김없이

Le ho detto senza mezzi termini che non credevo a una parola di quello che diceva. 그녀가 말하는 것은 한 마디도 믿지 않았다고 솔직하게 말했다.

termine di prescrizione- (법률) 시효

termine di preavviso- (법률) 최고(催告)기간

terno- (lotto에서) 3개수가 한 조, 요행, 행운

un terno al lotto- 요행, 복권 당첨, 천우신조

Far soldi in Russia al giorno d'oggi è un terno al lotto. 오늘날 러시아에서 돈을 번다는 것은 천우신조이다.

vincere un terno al lotto- 운이 좋다; (도박, 복권에서) 대박을 터뜨리다

Vendendo le azioni al momento giusto abbiamo vinto un terno al lotto. 우리는 주식을 적시에 매도함으로써 대박을 터뜨렸다.

terra- 지구, 땅, 대지, 국토, 현세

buttare a terra- 땅에 버리다; (비유) 우울하게 만들다

coi piedi per terra- 땅에 발을 딛고; 현실적인, 현실성 있는; 허튼짓을 하지 않는

essere a terra- (정신적으로) 의기소침하다, 마음이 무겁다; (신체적으로) 지쳐 있다, 기운이 없다; (경제적으로) 넉넉지 못하다, 주머니 사정이 좋지 않다

Sono proprio a terra; mi va tutto storto oggi. 오늘 모든 일이 잘못되어서, 정말 마음이 무겁다.

fare terra bruciata di qualcosa- ~을 파괴하다, ~을 초토화하다

mettere a terra- (신체적으로) 힘이 빠지다, 약해지다; (재정적으로) 약화되다

muovere cielo e terra- (무엇을 달성하기 위해) 백방으로 노력하다, 온갖 노력을 다하다

non stare né in cielo né in terra- 완전히 우스꽝스럽다, 있을 수 없는 일이다

Queste cose non stanno né in cielo né in terra. 이것들은 정말 우스꽝스럽다.

non toccare terra dalla gioia- 기뻐서 어쩔 줄 모르다

per mare e per terra- 바다와 육지에서; (비유) 모든 곳에, 도처에, 이곳저곳으로; 샅샅이

L'ho cercato per mare e per terra, ma non l'ho trovato. 샅샅이 그것을 찾아보았지만, 아직 발견을 하지 못했다.

per terra- 땅에, 바닥에

È caduto per terra. 그는 바닥으로 넘어졌다.

Si sedette per terra. 그는 땅바닥에 앉았다.

restare a terra- 뒤에 남게 되다; (버스, 비행기 등을) 놓치다; (배가) 좌초되다; (비행기가) 이륙을 못하게 되다

L'autobus era affollato e sono rimasto a terra. 버스가 너무 복잡해서 나는 버스를 놓쳤다.

rimettere i piedi per terra- 현실로 돌아오다, (흥분, 몽상 등에서) 제정신이 들다

scendere a terra- 상륙하다, (배, 비행기에서) 내리다

sentirsi a terra- 기운이 없다, 기분이 저조하다

Oggi mi sento a terra. 오늘 기운이 없다.

sentirsi mancare la terra sotto i piedi- 땅이 꺼지는 듯함을 느끼다; (비유) 어찌할 바를 모르다, 정신적으로 갈팡질팡하다

sotto terra- 죽은, (비유) 완전히 끝난

stare con i piedi in terra- 현실적이다

tenere i piedi per terra- 기반을 굳히다, 현실적이다

terra promessa- (유대인들의) 약속한 땅

terra terra- 지면 가까이에서; (사람) 평범한, 따분한, 교양 없는, (행동이) 거친; (사물) 평범한, 시시한

È un tipo molto terra terra. Ti piace davvero? 그는 정말 따분한 사람이야. 너 정말 좋아하니?

trasporto via terra- 육송, 육상운송

via terra- 육로로

terreno- 토지, 전장, 땅, (학문의) 분야

acquistare (o guadagnare) terreno- 더 강력해지다, 강세를 보이다, 득세하다, 성공하다

Il nostro candidato sta guadagnando terreno. 우리 후보가 점점 강세를 보이고 있다.

Quelle idee stanno acquistando terreno tra i giovani. 그 사상이 젊은이들 사이에 득세하고 있다.

far mancare il terreno sotto i piedi- ~에 대한 지지/원조를 갑자기 중단하다

Hanno svelato il mio segreto e così mi hanno fatto mancare il terreno sotto i piedi. 그들은 나의 비밀을 폭로했고 나에 대한 지지를 갑자기 중단했다.

perdere terreno- 후퇴/퇴각하다; 나빠지다; 약세를 보이다; 지지/인기/세력/진지를 잃다; 지다, 패배하다

una moda che perde terreno 점점 쇠퇴하는 패션

preparare il terreno- 지반을 준비하다; (~을 위한) 토대를 마련해 주다, 상황을 조성하다

Bisogna preparare il terreno prima di dargli la notizia. 그에게 소식을 전하기 전에 상황을 조성해야만 한다.

sentirsi mancare il terreno sotto i piedi- 불안감을 느끼다, 어쩔 줄 모른다

Quando non ho soldi mi sento mancare il terreno sotto i piedi. 돈이 없을 때 나는 불안감을 느낀다.

tastare il terreno- 더듬어 나아가다; (미리 의향을) 타진하다, 속을 떠보다; (상황을 보아가며) 신중히 행동하다

Sarà meglio tastare il terreno prima di prendere una decisione così importante. 그렇게 중요한 결정을 내리기에 앞서 미리 의향을 알아보는 것이 더 좋을 거다.

tastare il terreno con qualcuno- (~에 대해) ~의 의사를 타진하다, 의향을 알아보다

terreno fertile- 비옥한 땅; (비유) (특히 나쁜 것의) 온상

terreno minato- 지뢰 매설 지역; (비유) 지뢰밭(보이지 않는 위험들이 도사린 곳)

trovare il terreno adatto- 적절한 기반을 찾다

terrore- 공포

avere terrore di- ~을 무서워하다

Ha un sacro terrore del padre. 그는 아버지를 무척 무서워한다.

incutere (o mettere/suscitare) terrore a qualcuno- ~을 겁나게 하다, ~의 간담을 서늘하게 하다, ~을 공포에 떨게 하다

terzo- 제3의, 세 번째의; 3분의 1, 제3자

fare da terzo incomodo- 두 애인 사이에 곁다리로 끼다

Ne ho abbastanza di fare da terzo incomodo per i suoi incontri con questo e con quello. 이러저러한 사람들과 함께 그와의 만남을 곁다리로 끼는 것으로 충분하다.

in terza copia- (서류를) 3통으로 (작성하는)

in terzo luogo- 셋째로

terzo di buona fide- (로마법에서 유래) 선의의 소지인

terzo escluso- (논리) 배중률(긍정 또는 부정 중 어느 한 쪽이지 중간은 없다는 이론)

terzo incomodo- 반갑지 않은 제삼자

teso- 팽팽한, 긴장된

essere in rapporti tesi con qualcuno- ~와 긴장된 관계이다

essere teso come una corda di violino- 바이올린의 현처럼 팽팽하다; 신경이 날카롭게 곤두서다

È teso come una corda di violino perché sua figlia non dà più notizie di sé da due settimane. 딸이 두 주 전부터 더 이상 소식이 없기 때문에 그는 신경이 날카롭게 곤두섰다.

stare con le orecchie tese- 열심히 귀를 기울이다; 'orecchio'를 보시오.

tesoro- 보물

far tesoro di qualcosa- (1) 대단히 귀하게/소중하게 여기다

Questa collana apparteneva alla tua bisnonna: fanne tesoro. 이 목걸이는 증조모님 것이니 그것을 소중히 간직해라.

(2) (남의 충고, 경고에) 마음에 두다, 명심/유념하다

Non hai fatto tesoro dei suoi consigli e adesso te ne penti. 너는 그의 충고를 유념하지 않다가, 이제와 그것에 대해 후회하는구나.

testa- 머리

a testa- 일인당, 두당, 한 사람당(= per ciascuno)

Costa cento euro a testa. 일인당 백 유로입니다.

a testa alta- 고개를 들고; 당당하게

a testa bassa- 머리를 숙이고; 풀이 죽은, 의기소침한(= abbattuto); (머리부터) 거꾸로, 머리부터 곤두박질쳐(= a capofitto)

a testa in giù- 고개를 숙이고, 거꾸로(= capovolto); 머리부터 곤두박질쳐(= a capofitto)

Non si è fatto male, nonostante sia caduto da cavallo a testa in giù. 그는 말에서 곤두박질쳤는데도, 다치지 않았다.

alzata di testa- 반응, 반발

Ha avuto un'alzata di testa una volta, poi si è rassegnato. 그는 한 차례 반발을 한 뒤, 스스로 체념했다.

andare a testa alta- 자부심/자신감을 느끼다

andare fuori di testa- 미치다

avere altro per la testa- 정신은 딴 데 있다, 다른 생각을 하다

Ci ha dato una mano, ma non è servito a molto: aveva altro per la testa. 정신은 딴 데 있었기에, 그가 우리를 도왔지만 큰 도움이 되질 못했다.

avere debiti (lavoro) fin sopra la testa- 빚더미에 올라앉았다 (할 일이 태산이다)

avere la testa dura- 고집이 세다

avere la testa fra le nuvole- 공상에 잠기다, 망상에 잠기다

Ha sempre la testa fra le nuvole. È innamorato? 그는 늘 공상에 잠겨 있다. 사랑에 빠졌나?

avere la testa pesante- 머리가 나쁘다; 머리가 어지럽다

avere la testa sul collo (o sulle spalle)- 빈틈이 없다; 분별이 있다

È giovane, ma ha la testa sulle spalle, e sa benissimo il fatto suo. 그는 젊지만 분별력이 있어서, 자신이 해야 할 일을 매우 잘 안다.

avere la testa vuota- 머리가 텅 빈 사람이다, 멍청하다

Quella ragazza ha la testa vuota. 그 소녀는 머리가 텅 비었다.

avere testa per gli affari- 사업 머리가 있다

avere una gran testa- 두상이 크다, 머리통이 크다; (비유) 대단히 지적이다

Lui ha un gran testa. 그는 대단히 지적이다.

avere una bella testa- 머리가 좋다, 똑똑하다

averne fin sopra la testa di- 식상하다, 진력이 나다, 싫증나다, 물리다, ~에 진저리가 나다

Ne ho fin sopra la testa dei suoi discorsi. 나는 그의 이야기라면 진절머리가 난다.

battere la testa- 머리를 박다, 머리를 부딪히다

Lei ha battuto la testa cadendo per le scale. 계단에 넘어져서 그녀는 머리를 부딪혔다.

cacciarsi (o ficcarsi/mettersi) in testa- ~하다고 확신하게 되다

Si è ficcata in testa di assomigliare a Marilyn Monroe! 그녀는 마를린 먼로와 닮았다고 확신하게 되었다.

Chi non ha testa abbia gambe. (속담) 머리가 나쁘면 손발이 고생한다.

chiedere la testa di qualcuno- ~의 머리를 빌리다

con la testa nel sacco- 바보처럼, 앞뒤를 돌아보지 않고(= senza riflettere); 생각이 모자라서, 무모하게, 아랑곳없이(= incoscientemente)

Hai agito con la testa nel sacco: che cosa ti aspettavi? 바보처럼 행동했는데, 뭘 기대하고 있었니?

dalla testa ai piedi- 머리끝에서 발끝까지, 전신에; 온통

Mi sono bagnato dalla testa ai piedi. 나는 머리에서 발끝까지 다 젖었다.

dare alla testa- (1) 취기가 돌다

Il vino gli dà subito alla testa. 포도주에 그는 바로 취기가 돈다.

(2) 우쭐거리다

Tutti quei complimenti le hanno dato alla testa. 그 모든 칭찬이 그녀를 우쭐거리게 했다.

Dove hai la testa? 머리를 어디다 두고 다니는 거야? 무슨 생각을 하고 있었던 거야?

essere alla testa di- ~선두에 서다, 수위를 차지하다

Lui è alla testa di un esercito. 그는 군대의 선두에 서 있다.

essere in testa- 앞장서 있다, 리드하고 있다(= essere primo, essere al comando); 일위를 차지하다(= essere in cima)

È in testa alla classifica. 그는 순위에서 일위를 차지한다.

far girare la testa- (1) 사랑에 빠지게 하다(= far innamorare)

È così carina che fa girare la testa a tutti. 그녀는 너무 예뻐서 모든 사람들을 사랑에 빠지게 한다.

(2) 머리를 어지럽게 하다, 어리둥절케 하다

Questo vino mi fa girare la testa. 이 포도주는 머리를 어지럽게 한다.

fare di testa propria- 자기 생각대로 하다

Fai sempre di testa tua. Come mai stavolta mi chiedi un consiglio? 늘 네 생각대로 하더니, 어째서 이번에는 내게 조언을 구하니?

fasciarsi la testa prima d'essersela rotta- 지레 걱정을 하다, 미리 공연한 걱정을 하다

Non fasciarti la testa prima di essertela rotta. 미리 공연한 걱정을 하지 마라.

mettere in testa qualcosa a qualcuno- ~에게 ~을 납득시키다/수긍시키다

Chi te l'ha messa in testa un'idea simile? 누가 그 같은 생각을 네 머리에 넣었니?

mettere la testa a posto- 정상으로 돌아가다, 정신을 차리다; 진정되다, 가라 앉다

Quando ti deciderai a mettere la testa a posto? 언제 정신 차릴 결심을 할 거야?

mettere la testa a partito- 자리가 잡히다(= sistemarsi); 새 사람이 되다(= emendarsi)

Mio fratello ha finalmente messo la testa a partito ed ha cominciato a lavorare. 형은 마침내 새 사람이 돼 일을 하기 시작했다.

mettersi alla testa di- 통솔자가 되다

montare la testa a qualcuno- ~에게 그릇된 생각을 불어넣다

montarsi la testa- (실현될 것 같지도 않은) 망상/못된 생각/야심/역심을 가지다; 분수를 모르다, 자만하다, 자신만만하다

Non montarti la testa. Ci vuol altro che un articolo pubblicato per diventare scrittore! 분수를 몰라. 작가가 되기 위해선 한 편 이상의 출판이 필요해!

nascondere la testa nella sabbia- 머리만 감추고 꽁무니는 감출 줄 모른다, 눈감고 아웅하다, 바보 같은 짓을 하다; 현실을 회피하다, 사실을 외면하다, 위험이 다가옴을 직시하지 않다

non avere la testa a posto- 정신을 못 차리다, 제 정신이 아니다

non avere testa per qualcosa- ~에 머리가 없다, ~에 약하다

Non ho testa per la matematica. 나는 수학적 머리가 없다. 난 수학에 약하다.

non esserci con la testa (o essere fuori di testa)- 제 정신이 아니다, 이성을 잃다

Non ha mai fatto tuffi in vita sua. Di colpo si è gettato da venti metri. Non c'è con la testa. 그는 평생 다이빙이라고는 해 보지도 않았는데, 갑자기 20미터 높이에서 바다로 뛰어 들었다. 제 정신이 아니지.

non saper dove sbattere la testa- 어찌할 바를 모르다, 속수무책이다

Da quando la sua ragazza l'ha lasciato, non sa più dove sbattere la testa. 여자 친구가 떠난 뒤로 그는 어찌할 바를 몰라 한다.

passare di testa- 잊어버리다, 머리에서 빠져나가다

passare in testa- 지도적 위치를 차지하다; (~하는 데) 선두에 서다

passare per la testa- 생각이 나다, 생각이 들다

Non mi è mai passato per la testa. 그러한 생각이 전혀 들지 않았다.

perdere la testa- 흥분하다, 자제심을 잃다; 겁에 질려 어쩔 줄 모르다

Quando ha sentito che suo cugino aveva ereditato tutto ha perso la testa. 사촌이 모든 유산을 상속받았

다는 이야기를 듣자, 그는 자제심을 잃었다.

picchiare in testa- (가슴이) 울렁거리다; 띄엄띄엄 치다

Il motore picchia in testa; bisogna regolare l'accensione. 엔진이 띄엄띄엄 진동하는데, 점화 장치를 점검해야 한다.

piegare la testa- 굴복/항복하다

Suo padre è molto autoritario ed è riuscito a fargli piegare la testa; ora obbedisce sempre. 그의 아버지는 매우 권위적이어서 그를 굴복시킬 수 있었는데, 그래서 지금은 늘 고분고분하다.

rompersi la testa per qualcosa- ~을 위해 머리를 쥐어짜다, 골똘히 생각하다

senza testa- 아무 생각이 없는, (머리가) 모자라는

stare con la testa per aria- 정신을 딴 곳에 팔다, 멍하게 있다

Non ha capito la lezione; mentre spiegavo stava con la testa per aria. 그는 내가 설명하는 동안 멍하게 있어서 수업을 이해하지 못했다.

tagliare la testa al toro- 완전히/최종적으로 문제를 처리하다

Non rinnoviamogli il contratto; così tagliamo la testa al toro. 우리는 그와 계약을 갱신하지 말고 완전히 문제를 처리하자.

tenere la testa a posto- 침착함을 잃지 않다

Saprai tenere la testa a posto, spero, malgrado i soldi che ti ritrovi in tasca! 아무리 돈이 있다고 하더라도, 침착함을 잃지 않는 것을 알아야 할 거다.

testa a testa- 앞서거니 뒤서거니, 막상 막하의

testa calda- 성급한 사람

tenere testa a qualcuno- ~의 상대가 되다, ~에 필적하다; ~에게 맞서다

Tiene sempre testa a tutti con la parlantina che ha. 그는 말주변이 있어서 모든 사람의 상대가 된다.

togliersi dalla testa- 머리에서 지우다, 단념하다

una testa di cavolo (o rapa)- 멍청이, 얼간이, 바보

Che testa di cavolo (rapa) quel ragazzo! Non ne fa mai una buona. 그 소년은 정말 바보야! 하나도 제대로 하는 게 없다.

uscirne con la testa rotta- 결과가 좋지 않다, 최악이다

testardo- 완고한, 고집이 센

testardo come un mulo- 고집불통인, 완고한, 고집 센, 황소고집의

Non gli farai mai cambiare idea. È testardo come un mulo. 너는 결코 그의 생각을 바꿀 수 없을 거야. 그는 황소고집이야.

testimonianza- 증명, 증언

in testimonianza del mio amore- 내 사랑에 대한 정표로

in testimonianza di- ~하는 정표/표시로

rendere (o portare) testimonianza- 증명하다, 증언/진술하다

testo- 본문, 원문, 문장

fare testo- 권위가 있다; (정식으로) 인정되다, 중요하다

Le tue parole non fanno testo. Mi dispiace, dobbiamo sentire i testimoni. 당신 말은 중요하지 않습니다.

유감이지만, 우리는 증인들을 심리해야 합니다.

tetto- 지붕

abbandono del tetto coniugale- (법) 처자 유기

avere un tetto- 거처할 집이 있다, 안주할 곳이 있다

Lui non ha un tetto. 그는 거처할 집이 없다.

dormire sotto lo stesso tetto- 같은 지붕 아래에 자다

tetto del credito bancario- 최대 한도 대출

tetto salariale- (노동) 상한임금

ticchio- 안면 경련, 변덕

saltare (o venire) il ticchio di- ~할 생각이 들다, 갑자기 ~하기로 마음먹다/결심하다

Gli è saltato (o venuto) il ticchio di mettersi a suonare il flauto. 그는 갑자기 플루트를 불려고 마음먹었다.

tifo- 팬, 열광적 지지자

fare il tifo per- ~의 팬이 되다, 신봉자가 되다; ~을 지지/원조/후원하다

Lui fa il tipo per una squadra di calcio. 그는 어느 축구팀의 팬이다.

timone- 두려움, 공포, 불안, 근심, 걱정

essere al timone/prendere il timone- ~의 실권을 잡다 [주도권/실권을 장악하다]

È lui che è al timone dell'azienda; è un ottimo organizzatore. 그가 회사의 실권을 쥐고 있는데, 아주 훌륭한 창업주이다.

timore- 두려움, 공포, 불안

avere timore di- (1) ~을 몹시 무서워하다

Ha timore di suo padre. 그는 자기 아버지를 몹시 무서워한다.

(2) (안 좋은 일이 생길까 봐) 두려워하다

Non ho timore di affrontare la realtà. 나는 현실에 직면하는 것이 두렵지 않다.

non avere timore- 두려워하지 마

Non avere timore, ce la faremo. 두려워하지 마, 우린 해 낼 거다.

per timore che- ~을 우려하여; ~하면 안되니까, ~하지 않도록

Ho voluto rammentartelo per timore che ti passasse di mente. 네가 잊어버리면 안되니까 그것을 네게 상기시켜 주고 싶었다.

tinta- 염색

a tinte forti- (비유) 세상을 놀랍게 하는; 선정적인, 야한; 충격적인, 끔직한

caricare le tinte- 과장하다, 모든 것을 나쁘게 보다, 허풍을 떨다

La passione la portava a caricare le tinte, a vedere il tradimento in ogni suo gesto. 고통이 모든 것을 나쁘게 보게 하고, 그의 모든 행동 하나하나가 배신으로 보도록 그녀를 이끌었다.

dramma a forti tinte- 멜로드라마

essere della stessa tinta- 같은 부류이다

farsi fare la tinta- (머리에) 염색하다

in tinta- ~와 어울리는

in (o a) tinta unita- 단색의, 한가지 색깔로만 된

perdere la tinta- 색이 바래다, 희미해지다

un abito in tinta unita- 단색 옷

una cravatta in tinta con la camicia- 와이셔츠에 어울리는 넥타이

vedere le cose a tinte rosse- ~을 장미 빛으로 보다, 사물을 낙관적으로 보다

vedere tutto a fosche tinte- 사물의 어두운 면을 보다, 사물을 비관적으로 보다

tipico- 전형적인

tipico di- ~의 전형적인, ~을 대표하는

Il risotto alla milanese è un piatto tipico della Lombardia. 밀라노 리조토는 롬바르디아를 대표하는 음식이다.

tipo- 유형

che tipo di- 무슨 종류의

Che tipo di film preferisci? 어떤 종류의 영화를 선호하니?

di ogni tipo- 모든/온갖 종류의, 각종의, 가지각색의

merci di ogni tipo- 온갖 종류의 물건

Non è il mio tipo. 내 타입이 아니다.

sul tipo di- ~와 같은

un attore sul tipo di Tom Cruise 톰 쿠르즈 같은 배우

tirare- 1. (타동사) 끌다, 끌어당기다, 호흡하다

fare a tira e molla- 설왕설래하다

Fanno a tira e molla per un po', ma poi lei cede. 그들은 잠시 동안 설왕설래하다가, 후에 그녀가 양보한다.

tirare a campare- 그럭저럭 살아가다; 일을 낙관하다, 일을 쉬엄쉬엄 하다

Hanno tirato a campare per un po' con la pensione della madre; poi i ragazzi hanno trovato lavoro. 그들은 어머니의 연금으로 잠깐 살았는데, 그 후 아이들이 일자리를 구했다.

tirare dentro- (밖에서 안으로) 들여 놓다, 끌다 (비유) (원치 않는 곳에) 가게/오게 하다

Hanno tirato dentro anche me. 그들은 나까지 오게 했다.

tirare fuori- 끄집어 내다, 빼내다; (비유) ~을 생각해내다, 찾아내다; 만들어 내다

Tira fuori le mani di tasca. 주머니에서 손을 빼.

Tira fuori tutto quello che hai da dire. 할 말을 다 털어나 봐.

tirare giù- 끄집어 내리다, 아래로 끌어내리다

Hanno tirato giù la saracinesca. 그들은 셔터를 내렸다.

tirare gli orecchi a qualcuno- ~의 귀를 잡아당기다; (비유) ~을 야단치다/꾸짖다

tirare i fili (o le fila)- 배후 조종하다

tirare il gruppo- (운동) 선두를 달리다; (비유) 지도적 위치를 차지하다, 주도적 역할을 하다

tirare le somme- 계산을 끝내다; (비유) ~을 요약하다, 결론에 이르다

tirare qualcuno per la giacchetta- ~에 압력을 가하다

tirare su- 올리다; 줍다(= raccogliere); 건립하다, 세우다(= erigere); 끌어내다, 도출해 내다(=

estrarre); 기르다, 양육하다(= allevare); 힘을 불러 일으키다, 격려하다(= rincuorare); ~을 기분 좋게 만들다(= rianimare); 회복되다/개선되다, 더 강해지다(= dare energia); 토하다(= vomitare)

Tira su quel pezzo di carta dal pavimento. 저 종이 조각을 바닥에서 주워라.

tirare un frego su qualcosa- 줄을 긋다; (비유) ~에 대해 잊다, 지나간 일은 잊어버리기로 하다

tirare un sospiro- 한숨을 쉬다

tirare via- 제거하다, 가져가 버리다, 쳐내다, 떼 버리다; ~을 서둘러 하다(= farlo in fretta); ~을 적당히/되는대로 하다(= farlo male); (일을 쉽게 하려고) 절차를 무시하다, 원칙을 생략하다(= farlo al risparmio)

Hanno tirarto via l'etichetta. 그들은 상표를 떼 버렸다.

tirare via un lavoro- 일을 적당히 해치우다

tirarsi su i capelli- 머리를 땋아 올리다

tirarsi sui pantaloni- 바지를 끌어올리다

tirarsela- 젠체하다, 뽐내다, 점잔 빼다

Una parola tira l'altra. 한 가지 일이 그 다음 일로 자연스럽게 이어진다(말 안 해도 어떻게 되었을지 뻔하다는 뜻).

2. (재귀동사)

tirarsi indietro- (~에서) 물러나다/물러서다; 빠지다, 철회하다(= rinunciare); (계획했던 일에 대해) 갑자기 초조해지다/겁이 나다; 겁을 먹고 ~을 그만두다, ~에서 꽁무니를 빼다

tirarsi su- 결연히 똑바로 서다(= raddrizzarsi); 꼿꼿이 앉다; 일어나다(= alzarsi); 회복되다, 개선되다(= riprendersi)

tirata- 끌어당기기, 한 번 당기기, (술, 담배 등의) 한 모금

dare una tirata d'orecchi a qualcuno- ~의 귀를 당기다, ~에게 호통/야단치다

fare in un'unica (o una sola) tirata- (도중에 멈추지 않고) 한 번에 하다

Abbiamo fatto Milano-Roma in un'unica tirata. 우리는 밀라노에서 로마까지 도중에 멈추지 않고 한 번에 갔다.

tiro- 끌기, 던지기, 사정거리, 책략

a tiro- ~이 닿는 거리 내의, ~이 보이는/들리는 범위 안의; 손이 닿는 곳에, 힘이 미치는 곳에

a un tiro di schioppo (o di sasso)- (돌을 던져 닿을 정도로) 가까운 거리에, 엎어지면 코 닿을 데에

Mia sorella abita a un tiro di schioppo. 누이 동생은 엎어지면 코 닿을 데에 산다.

abbassare il tiro- 자신의 목표/눈높이를 낮추다

Abbassa il tiro, o nessuno capirà i tuoi discorsi; sono tutti principianti. 목표를 낮춰, 그렇지 않으면 아무도 네 강의를 이해하지 못할 거다. 모두 초보자들이야.

alzare il tiro- 목표를 높이다

Hanno alzato il tiro. Vogliono investire soldi nella ditta solo se gli vendiamo il 51% delle azioni. 그들은 목표를 높였다. 우리가 지분의 51%를 그들에게 매각하는 조건으로 회사에 돈을 투자할 것이다.

capitare a tiro- ~을 찾다

Se mi capita a tiro me la pagherà una volta per tutte. 그를 찾는다면, 이번만은 그에게 앙갚음하고야 말겠다.

correggere il tiro- 목표를 조정하다

fare (o dare) un tiro- 담배 한 모금 피다

Mi fai fare un tiro? 나 담배 한 모금 피우게 해 줄래?

fuori tiro- ~이 안 닿는 곳에; 손이 닿지 않는 곳에, 힘이 미치지 않는 곳에

Siamo fuori tiro ormai. 우리는 이제 사정 거리 밖에 있다.

giocare un brutto tiro (o un tiro birbone)- 비열한 짓을 하다; 비열한 수법으로 ~을 속이다

Nascondergli i libri prima dell'esame è stato proprio un brutto tiro. 시험 전에 그는 책을 숨기는 비열한 짓을 했다.

sotto tiro- 포화를 받고, 사격을 받고, 포화 속에

tiro alla fune- 줄다리기

venire a tiro- 손에 들어오다, 입수하다

Se mi viene a tiro lo arrangio io. 그 놈이 내 손에 들어오면 손 봐줘야지.

titolo- 제목, 표제

a che titolo? 무슨 권리로?

A che titolo fai ciò? 무슨 권리로 그런 일을 하는 거지?

a titolo di- ~로서, ~의 이름으로

a titolo di amicizia- 우정으로

a titolo personale- 개인 자격으로

a titolo di prova- 증거로, 심리/재판 중에; 시험 삼아

a titolo di rimborso- 상환으로

a titolo gratuito- 공짜로; 자원 봉사로 하는; 보수를 받지 않고

titolo di studio- 학위

Che titolo di studio hai? 넌 무슨 학위를 가지고 있니?

tizio- (막연히 가리키는 말) 어떤 사람, (불특정한 사람을 지시할 때) 갑(甲)

Tizio, Caio e Sempronio- 티지오나 카이오나 또는 셈프로니오나; 너나 할 것 없이 모두, 어중이 떠중이

Hanno fatto finta di conoscere Tizio, Caio e Sempronio, ma in realtà non conoscevano nessuno. 그들은 너나 할 것 없이 모두 아는 척했지만, 실제로는 아무도 몰랐다.

toccare- 1. (타동사) 건드리다, ~을 만지다, ~대다

toccare con mano qualcosa- ~을 눈으로 직접 확인하다, ~의 증거를 갖다

Vuol sempre toccare con mano quel che gli si dice. 그는 항상 들리는 것들을 확인하고 싶어한다.

toccare ferro- [**ferro**]를 보시오.

toccare il cuore a qualcuno- 감동시키다

Quelle parole mi toccarono il cuore. 그 말들이 내 마음을 감동시켰다.

toccare il fondo- 물밑에 닿다; (값 등이) 최저가 되다; 바닥을 치다

Le quotazioni stanno toccando il fondo. 시세가 바닥을 치고 있다.

toccare la corda giusta- [**corda**]를 보시오.

toccare sempre lo stesso tasto- 똑같은 것을 되풀이하여 중얼거리다, 같은 짓을 되풀이다

toccare un tasto delicato- 'tasto'를 보시오.

2. (자동사) 일어나다, 차례가 되다, 속하다

toccare a qualcuno- ~의 차례이다

A chi tocca? 누구 차례지, 누구 순서지?

Tocca a te. 네 차례야.

togliere- 1. (타동사) 떼어내다, 없애다

togliere la parola a qualcuno- 이야기가 끝나기 전에 일단락 짓다

togliere le parole di bocca a qualcuno- ~가 말하려는 것을 먼저 말하다, ~의 말을 가로채다

togliere un dubbio a qualcuno- ~에게 의심을 풀어주다

Toglimi un dubbio, la riunione è alle 9 o alle 10? 내 의심을 풀어줘, 회의가 9시야 아님 10시야?

togliere una curiosità a qualcuno- 호기심을 만족시키다, 호기심을 충족시키다

Toglimi una curiosità, quei due sono sposati? 내 호기심을 채워줘, 저 둘이 결혼한 거야?

togliere un'idea dalla testa di qualcuno- ~의 머리에서 생각을 떨쳐 버리다

Togli quell'idea dalla testa! 네 머리 속에 그런 생각을 떨쳐 버려.

2. (재귀동사) 떠나다, 빠져나가다, 벗어나다(= allontanarsi)

togliersi dai piedi (o togliersi di mezzo)- 피하다, 비키다; 가 버리다(= andarsene)

togliersi da un impiccio- 곤경에서 벗어나다

tolleranza- 참을성, 인내

avere spirito di tolleranza- 아량이 있다, 잘 견디다, 내성이 있다, 관대하다

avere tolleranza per qualcosa- ~을 잘 견디다

Ho tolleranza per il freddo. 나는 추위를 잘 견딘다.

casa di tolleranza- 윤락업소, 매매춘을 하는 집

tolleranza a un farmaco- 약물내성(藥物耐性), 약물저항성

tolleranza zero- 무관용 원칙

tomba- 묘, 무덤

avere un piede nella tomba- (나이가 아주 많거나 위독하여) 오래 못 살 것 같다

essere una tomba- (비밀을 절대로 다른 사람에게 옮기지 않는다) 아무한테도 말하지 않다

Puoi confidarmi il tuo segreto; sarò una tomba. 내게 네 비밀을 털어놓아도 돼. 나 입 꼭 다물고 있을게.

essere vicino alla tomba- 죽음의 문턱에 있다, 임종이 가깝다

portare alla tomba qualcuno- ~을 죽음 지경으로 괴롭히다, 사인이 되다, ~을 죽이다

Il dolore lo ha portato alla tomba. 고통이 그의 사인이었다

portare un segreto nella tomba- 비밀을 무덤까지 갖고 가다

rivoltarsi nella tomba- 무덤 속에서 탄식하다, 고이 잠들지 못하다

Lo farebbe rivoltare nella tomba. 그를 고이 잠들지 못하게 할 것이다.

tondo- 1. (형용사) 둥근, 솔직한, 대략

carattere tondo- (활자가) 로마자체의

essere tondo come una palla- 뚱뚱하다

in (o a) tondo- 둥글게, 원형으로

luna tonda- 보름달, 만월, 둥근 달

2. (명사) 원형, 원반, 디스크, (둥그런) 접시

a tutto tondo- 뚜렷이, 약하지 않고, 두드러진, 부각되는

ballare (o danzare) in tondo- 원형을 그리며 춤추다

impagliare i tondi- 몰래 빠져나가다, 슬그머니 떠나다

Sono passati per la finestra, hanno dormito qui e alle cinque hanno impagliato i tondi senza che nessuno se ne accorgesse. 그들은 창문을 통해서 들어와서, 여기에서 잠을 자고 5시에 아무도 모르게 몰래 빠져나갔다.

tono- 음조, 어조, 경향

calare di tono- 음정을 내리다; (비유) 악화되다, 나빠지다

cambiare tono- 다른 어조/말투/논조를 사용하다; (비유) 태도/논조/어조를 싹 바꾸다(= cambiare musica)

Cambia tono per favore; non otterrai niente con quel fare da padrone. 제발 태도 좀 바꿔라. 그런 주인의 자세로는 아무것도 얻을 수 없을 거다.

con tono arrabbiato- 화난 어조로

Parlava con tono arrabbiato. 그는 화난 어조로 말하고 있었다.

darsi un tono- 뽐내다, 점잔 빼다, 젠체하다, 잘난 체하다.

Lo so che sei preoccupata, ma devi darti un tono se vuoi avere successo nel negoziato. 네가 걱정하고 있다는 것은 아는데, 협상에서 성공하고 싶다면 으스대지 말아야 한다.

darsi un tono da intellettuale- 잘난 체하다

essere fuori tono- 곡조에 어긋나다, 음정이 맞지 않다; 어리둥절하다, 정신이 하나도 없다

essere giù di tono- 몸이 별로 좋지 않다, 몸이 좀 찌뿌둥하다; 우울하다

in questo tono- 이런 어조로, 이런 목소리로

Non ti sopporto quando mi parli in questo tono. 네가 이런 어조로 내게 말할 때 못 참겠어.

in tono- 곡조가 맞는, 가락이 조화되어, 일치하는

in tono con- (1) ~와 어울리다(= intonato)

Ha le calze in tono con la camicia. 그는 와이셔츠에 어울리는 양말을 신었다.

Questi colori non sono in tono. 이 색상들은 어울리지 않는다.

(2) ~와 일치/조화하여, ~에 맞는

Quello che fa non è in tono coi suoi principi. 그가 하는 것은 자신의 원칙에 맞지 않다

in tono di- ~의 어조로

in tono di supplica- 애원/간청하는 어조로

in tono minore- (소리가) 은은한, 조용조용한; (비유) 기분이 가라앉은; 차분한

in tono scherzoso- 농담조로

rispondere a tono- (~에 대해) 적절하게/명료하게 대답하다; 말대꾸하다[2]

Rispondi a tono; non sfuggire alle mie domande. 내 질문을 피하지 말고, 명료하게 대답해.

---

[2] 유사 관용어는 [**rima**] 'rispondere a qualcuno per le rime'이다.

sotto (o giù di) tono- (기분이) 가라앉은, 까라진; 조용조용한, 차분한; 표준 이하로, 액면 이하로

Non credo di essere malata, ma sono sotto tono. 병이 걸린 것은 아니라고 생각하지만, 난 좀 우울하다.

tonto- 우둔한; 멍청이

fare il finto tonto- 모르쇠를 잡다; 모르쇠로 가만히 있다, 모르는 척하다

Non fare il finto tonto; sai benissimo di che cosa sto parlando. 모르쇠를 잡지 마. 내가 무슨 말을 하고 있는지 아주 잘 알고 있잖아.

topo- 쥐

fare la fine del topo- 독 안에 든 쥐 신세가 되다

essere presi come topi in trappola- 덫에 걸린 생쥐 신세가 되다, 올가미에 걸리다

Quando non c'è la gatta i topi ballano. (속담) 고양이 없을 적엔 쥐가 설친다. 호랑이 없는 굴에는 토끼가 왕이다.

topo d'appartamento (o d'albergo)- 절도범, 빈집털이범, 좀도둑

"Che mestiere fa?" "Ah, è un topo d'appartamento!" "그는 어떤 일을 해?" "아, 빈집털이범이야!"

toppa- 헝겊 조각

mettere una toppa- (땜질을 해서) 대충 수선하다; (임시로) 수리하다, 수습하다

tasca a toppa- (옷의) 바깥에 덧붙인 호주머니

torbido- (액체가) 흐린, 탁한; (연기, 구름 등이) 짙은, 자욱한; (생각, 문체, 발언 등이) 혼란된, 어지러운, 뒤죽박죽의

rimestare (o pescare) nel torbido- 혼란한 틈을 타서 이득을 보다; 어부지리를 얻다

Può finire in prigione da un giorno all'altro: è uno che rimesta nel torbido. 혼란을 틈타 사리를 채우는 사람은 언제라도 감옥에 갈 수 있다.

torcere- 비틀다, 꼬다

dare del filo da torcere a qualcuno- 'filo'를 보시오.

torcere il collo a qualcuno- ~의 목을 비틀어 놓다

torcere il naso- 비웃다, 콧방귀 뀌다, 경멸하다

torcere il viso- 얼굴을 찌푸리다/찡그리다

torcere la bocca- 입을 삐죽거리다; 얼굴을 찡그리다

torchio- 인쇄기

essere sotto il torchio- 다그치다, 심문 중이다(= essere interrogato); 압력/압박을 받다(= essere sotto pressione)

È stato molte ore sotto il torchio della polizia. 그는 몇 시간 동안이나 경찰 심문을 받았다.

È sotto il torchio adesso. Quando avranno finito di interrogarlo sapremo qualcosa di più. 지금은 심문 중인데, 그들이 그에 대한 조사가 끝나면 뭔가 좀더 알 수 있을 것이다.

mettere qualcuno sotto torchio- ~을 닦달하다, ~에게 꼬치꼬치 캐묻다; 성가시게 하다(= far faticare)

tornare- 돌아가다, 오다

tornare a bomba- 주제로 돌아가다

tornare a galla- 표면화하다; 다시 일어나다

tornare a posto- 제자리로 돌아가다; (비유) 저절로 해결되다

tornare al punto di partenza- 출발점/원점으로 돌아가다(= ricominciare daccapo)

tornare in sé- 제정신이 들다, 의식을 회복하다

tornare sui propri passi- (갔던 길을) 되돌아오다/가다, 되돌려 보내다; (비유) 맘을 달리 먹다

tornare sulle proprie decisioni- 번의하다, 먹었던 마음을 뒤집다

Torniamo a noi. 본론으로 돌아가자.

torno (o intorno)- (성구로만)

levarsi (o toglieris) di torno qualcuno- ~을 처리하다, 없애다

Levami di torno quel tipo, o lo denuncio per molestie. 난 그 녀석을 제거하거나, 또는 소란죄로 고소 할 거다.[3]

Levati di torno! 비켜! (속어) 꺼져!

toro- 황소

argomento che taglia la testa al toro- 결정적 주장, 결정타

prendere il toro per le corna- (도전) 황소는 뿔을 붙잡아라, 과감하게 상대의 정면을 공격하라, 문 제의 난국에 정면으로 맞서다, 용감하게 위험에 맞서다

Se non prendiamo il toro per le corna non riusciremo mai a ottenere niente. 우리가 용감하게 위험에 맞서지 않으면 아무것도 얻을 수 없을 것이다.

tagliare la testa al toro- 문제의 최종적인 결말을 짓다, 최종적으로 문제를 해결하다

torrente- 급류

piovere a torrenti- 억수 같은 비가 내리다

torta- 토르타, 파이

È finita a torte in faccia. 서로 욕설을 퍼붓는 것으로 전락했다.

spartirsi la torta- 파이를 나누다; 몫/돈을 나누다

Si spartiranno la torta dopo aver fatto il colpo. 성공한 뒤에 그들은 몫을 나눌 것이다.

torto- 과실, 잘못, 부정

a torto- 부당하게, 잘못되게, 그릇되게, 틀리게(= ingiustamente)

Fu punito a torto. 그는 부당하게 벌을 받았다.

a torto o a ragione- 옳건 그르건 간에

avere torto- 틀리다, 잘못이다

Ammetto di aver torto. 내가 틀렸다는 것을 인정한다.

Non insistere! Hai torto! 우기지 마! 네가 틀렸어!

avere torto marcio- 완전히 틀리다

In genere mi fido della sua opinione, ma questa volta ha torto marcio. 일반적으로 나는 그의 의견을 신뢰하지만, 이번에는 그가 완전히 틀렸다.

dare torto a- (1) ~가 틀렸다고 말하다(= accusare di errore)

Mi dà sempre torto. 그는 늘 내가 틀렸다고 말한다.

Non Le posso dare torto. 나는 당신이 틀렸다고 말할 수 없습니다.

---

[3] 'Molestie sessuali' 성희롱, 어린이 성추행이라는 의미이다.

(2) ~을 탓하다(= biasimare, rimproverare)

Non posso darti torto. 나는 너를 탓할 수가 없다.

(3) ~가 틀렸음을 입증하다(= confutare)

Non me la sento di dargli torto. 나는 그가 틀렸음을 입증하고 싶은 마음이 없다.

Due torti non fanno una ragione. (속담) 악을 악으로 갚아 봐야 좋을 것이 없다.

fare torto a qualcuno- ~을 부당하게 취급하다, ~에게 모욕을 주다

Ciò fa torto alla tua intelligenza. 그는 당신의 지능을 부당하게 취급한다.

essere dalla parte del torto- 잘못을 한 쪽이다, 과실이 있는 쪽이다

non avere tutti i torti- 틀리지만은 않다, 모두 그르지만은 않다, 일리가 있다

Non ha mica tutti i torti. È meglio arrivare un po' prima per evitare il traffico. 일리가 있는 말이군요. 교통체증을 피하기 위해 좀 일찍 도착하는 것이 좋겠어요.

ricevere (o subire) un torto- 부당함을 당하다

tortura- 고문

mettere qualcuno alla tortura- ~을 고문대에 올려 놓다

tosse- 기침

avere la tosse- 기침이 나다

fare venire (la) tosse- 기침 나게 하다

Scusa, ma il fumo mi fa venire la tosse. 죄송한데, 담배 연기 때문에 기침이 나와요.

totale- 1. (형용사) 전체의

in totale- 총, 합쳐서, 전부

In totale eravamo trenta. 우린 총 30명이었다.

In totale quanto hai speso? 총 얼마를 썼니?

2. (명사) 전체, 총체

fare il totale- 합산하다, 합계를 내다

tovaglia- 식탁보

mettere (o stendere) la tovaglia- 식탁보를 펴다

tovaglia rotonda- 둥근 식탁보

tra- [fra]를 보시오.

traboccare- 넘치다

traboccare di- ~로 흘러 넘치다

Gli occhi le traboccavano di lacrime. 그녀의 눈엔 눈물이 흘러 넘쳤다.

La piazza traboccava di gente. 광장은 사람들로 흘러 넘쳤다.

traccia- 흔적

essere sulla buona traccia- 방침이 옳다, 올바른 방향으로 가다

essere sulle tracce di qualcuno- ~의 흔적을 쫓다, ~의 뒤를 쫓다

perdere la traccia- 단서를 놓치다

perdere le traccie di qualcuno- ~의 흔적을 놓치다

ritrovare la traccia- 자취를 찾다

seguire le tracce di qualcuno- ~의 자취/흔적을 쫓다; (비유) ~의 발자취를 따라가다

sulle tracce di- ~을 추적하여, ~의 뒤를 쫓아

tracolla- 견대, 멜빵

a tracolla- 대각선으로, 어깨에 맨; 어깨너머로

borsetta a tracolla- 숄더백, 어깨에 메는 가방

portare qualcosa a tracolla- ~을 어깨에 매다

tracollo- 몰락, 전락

dare tracollo alla bilancia- 저울의 한쪽을 무겁게 하다; (비유) 국면을 전환시키다, 결정적인 영향을 미치다

portare qualcuno al tracollo- ~을 몰락/실패시키다

tradimento- 배신

a tradimento- 신뢰를 배반하여; 나쁜 계략에 의하여, 반역에 의해; (비유) 갑자기, 뜻밖에

attacco a tradimento- 중상, 배신

cogliere qualcuno a tradimento- ~에게 불시에 닥치다; ~을 불시에 덮치다, 습격하다

mangiare pane a tradimento- 빌어먹다

tradire- 배신하다

tradire la moglie/il marito- 아내/남편을 배신하다, 바람을 피다

tradire la patria- 조국을 배신하다

tradire un segreto- 비밀을 누설하다

tradizione- 전통

mantenere una tradizione- 전통을 지키다

per tradizione- 전통에 따르면, 구전에 의하면, 전통적으로

spezzare (o rompere) una tradizione- 전통을 깨다

tradurre- 번역하다, 옮기다

tradurre a senso- (이해를 더 쉽게 하기 위해) 다른 말로 바꾸어 표현하다, 의역을 하다

tradurre alla lettera- 직역을 하다

tradurre all'impronto (o a prima vista)- 보고 바로 번역하다

tradurre da~ in- ~으로부터 ~로 옮기다

Traduco questo libro dall'italiano in coreano. 나는 이 책을 이탈리아어에서 한국어로 옮긴다.

tradurre in atto (o in pratica) qualcosa- ~을 행동으로 옮기다, 실천하다

tragedia- 비극

fare tragedie (o farne una tragedia)- 소란을 피우다, 야단을 떨다

Non fare tragedie, non era nulla. 소란 피우지 마, 별것 아니었다.

traguardo- 도착점, 결승점

arrivare al traguardo- 결승점에 이르다

tagliare il traguardo- 결승선을 통과하다

tagliare il traguardo per primo- 일등으로 결승선을 통과하다

trainare- 끌다

    farsi trainare- 질질 끌려가다; (차가) 견인되다
tramite- 1. (명사) 길, 통로, 경로, 수단
    fare (o agire) da tramite- 중재자 역할을 하다
    Ha fatto da tramite tra i rapitori e la famiglia. 그는 유괴범과 가족 사이에서 중재자 역할을 하였다.
    per il tramite di- ~을 통하여
    tramite nostro- 우리를 통하여
    2. (전치사) ~을 통하여, 의하여, ~으로
    tramite banca- 은행을 통하여
    tramite fax- 팩스로
tramontana- 북풍, 북방
    perdere la tramontana- 방향을 잃다, 어찌할 바를 모르다
    Da quando si è innamorato ha perduto la tramontana. 사랑에 빠진 뒤로 그는 방향을 잃었다.
tramonto- 일몰, 석양
    al tramonto- 일몰 시에, 해질녘에, 해거름에, 해넘이에, 황혼 녘에, 석양에
    Ci vediamo al tramonto. 해질녘에 만납시다!
    essere al tramonto- 해가 지고 있다/저물다; (비유) 줄어들고 있다, 시들해지고 있다
    È tardi; il sole è al tramonto. 늦었어, 해가 지고 있다.
trampolino- 도약대, 다이빙대
    fare da trampolino di lancio- 디딤돌이 되다, 계기가 되다
    L'intervista gli farà da trampolino di lancio; molta gente comincerà a conoscerlo. 회견이 계기가 되어 많은 사람이 그를 알아보기 시작할 것이다.
trampolo- 죽마(竹馬), 각주(角柱)
    reggersi sui trampoli- 흔들리다, 위태위태하다; (논리가) 서지 않는다
    La sua situazione finanziaria non è mica tanto buona; si regge sui trampoli. 그의 경제사정은 매우 좋지 않고, 위태위태하다.
tranne che- ~을 제외하고
    Il tuo lavoro va bene tranne (che) per alcuni dettagli. 네 일은 몇 가지 세부적인 사항을 제외하고 잘 되어 가고 있다.
    Non verrò, tranne che la mia presenza sia indispensabile. 내가 꼭 필요하지 않으면 안 갈 거다.
tranquillo- 평온
    Lasciami tranquillo! 나 좀 가만히 내버려 둬.
    stare tranquillo- 마음 편히 있다, 걱정하지 않다
    Sta' tranquillo, andrà bene. 걱정하지 마. 잘 될 거야.
tran tran (o trantran)- 트란트란 (단조롭고 느리며 반복적인 소리)
    il solito tran-tran- 틀에 박힌 생활, 그렇고 그런 생활
    Non facciamo niente di interessante; è il solito tran-tran di tutti i giorni. 우리는 아무것도 재미있을 일이 없는 그렇고 그런 생활이지.
trappola- 올가미, 덫, 함정

cadere in (una) trappola- 올가미에 걸리다, 함정에 빠지다

mettere una trappola- 덫을 놓다

tendere una trappola a qualcuno- ~에게 올가미를 씌우다; 올가미를 놓다, 함정을 만들다

La polizia gli tese una trappola. 경찰이 그에게 올가미를 씌웠다.

trarre- 끌다; 축출하다, 인출하다

trarre assegni- 수표를 발행하다

trarre in inganno- 속이다, 기만하다; 호도/오도하다

trarre in salvo- 구조하다, 구하다

trarre una conclusione- 결론을 내다, 결론을 끌어내다

Non bisogna trarre conclusioni affrettate. 섣부른 결론을 낼 필요가 없다.

trarre vantaggio da qualcosa- ~에서부터 이익을 얻다

Che vantaggio ne hai tratto? 너 거기서 무슨 이익을 얻었니?

trascurare- 소홀히 하다, 간과하다

trascurare di fare qualcosa- ~하는 것을 소홀히 하다

Purtroppo ha trascurato di avvertirmi. 불행히도 그는 나한테 알리는 것을 소홀히 했다.

trasferta- 출장

andare in trasferta- 전근 가다, 출장 가다

essere in trasferta- 출장 중이다, 출장으로 자리를 비우다

Lui è in trasferta per la sua ditta. 그는 회사일로 출장 중이다.

giocare in trasferta- 원정 경기를 하다

trasformarsi- 변하다, 바뀌다

trasformarsi in- ~로 변하다

Il bruco si traforma in farfalla. 누에는 나비로 변한다.

trasmettere- 전파하다

trasmettere un messaggio per radio- 통신을 무전으로 보내다, 무선통신을 하다

trasmettere in broadcast- 방송하다

trasmettere una malattia a qualcuno- ~에게 병을 옮기다

trattare- 다루다, 취급하다, 대하다

trattare bene- 잘 대하다; 잘 처리/관리하다; 잘 다루다

Devi trattare bene i libri. 넌 책을 잘 관리해야 한다.

trattare da amico- 친구처럼 대하다

Mi ha trattato da amico. 그는 나를 친구로 대해 주었다.

trattare male- (문제, 상황을) 잘못 처리하다; (사물, 사람) 거칠게/험하게 다루다; (사람) ~을 나쁘게 대하다; ~을 냉대하다

Lui mi ha trattato male. 그는 나를 거칠게 다루었다.

trattativa- 담판, 절충

essere in trattativa- 흥정이 되다; (주택, 건물의 매수자가 있어서) 매매가 합의되다

Questa casa è già in trattativa. 이 집은 이미 매매가 합의되었다.

essere in trattative con qualcuno per qualcosa- ~에 대해 ~와 협상 중이다

tavolo delle trattative- 협상 테이블

trattato- 조약, 협정

firmare un trattato- 조약에 조인하다, 조약을 체결하다

ratificare un trattato- 조약을 비준하다, 조약에 서명하다

rompere un trattato- 조약을 파기하다

stipulare un trattato di pace- 평화 조약을 작성하다

tratto- 선을 긋는 일, 행위, 특색, 태도; 공간, 구간, 거리, 부분

a tratti- 때때로, 가끔은, 때로는, 간간이, (~의 시간적) 간격을 두고

ad un tratto (o d'un tratto)- 갑자기

Ad un tratto scomparve, come se non fosse mai esistito. 그는 전혀 없었던 것처럼 갑자기 사라졌다.

dare il tratto alla bilancia- 국면을 일변시키다, 형세를 결정적으로 만들다, 명백히 하다

descrivere qualcosa a grandi tratti- ~의 윤곽을 그리다

fare un tratto- 선을 긋다

Ho fatto un tratto con la penna sul foglio. 나는 종이에 펜으로 선을 그었다.

fare un tratto di strada- 길을 가다

Abbiamo fatto un bel tratto di strada insieme. 우리는 같이 먼 길을 갔다.

per un breve tratto di tempo- 단기간, 잠깐 동안

(tutto) d'un tratto- 갑자기, 별안간

Tutto d'un tratto il bambino si mise a piangere. 아이가 별안간 울기 시작했다.

trave- 대들보

fare d'ogni fuscello una trave- (비유) 침소봉대하다, 과장하다, 유난을 떨다, 유별나게 굴다

non vedere la trave nel proprio occhio- (비유, 성경) 자기 눈 속의 들보를 보지 못하다, 자신의 결점은 보지 못하고 남의 결점을 본다

traveggole- (성구로만)

avere le traveggole- 헛것을/잘못 보다, 착각하다; 환각을 느끼다

Credo che tu abbia le traveggole. 나는 네가 착각한 것이라고 생각한다.

Mi hai visto a Parigi con un uomo che non era mio marito? Hai le traveggole! 내가 남편 아닌 남자와 파리에 있었던 것을 봤다고? 잘못 본거야!

traverso- 횡, 폭; 횡목, 장해물; (배) 측면

al traverso- 방향 지시 전파의 지시대로, 궤도에 올라; ~와 직각 방향으로; 나란히; 가로질러

di traverso- 비스듬히 (기울어져); 삐딱하게; 비뚤어진, 구부러진; 옆으로, 모로; 틀린, 잘못된

andare di traverso- (1) (일이) 잘못되다(= andare storto)

Il mio piano andò di traverso. 내 계획이 잘못되었다.

(2) (음식이) 맛이 없다

Quel boccone mi è andato di traverso. 그 음식은 맛이 없었다.

guardare di traverso- 미심쩍은 듯이 보다, 미심쩍어하다; 눈을 흘기다/부릅뜨다, 도끼눈으로 보다

Non guardarmi di traverso solo perché ti ho fatto un'osservazione. 너를 비평했다고 도끼눈으로 날 보

지 마.

per il traverso di- ~을 가로 방향으로, 가로로

treccia- 머리를 땋은 것

farsi le trecce- 머리를 땋다

portare (o avere) le trecce- 머리를 땋아 다니다, 땋은 머리를 하고 있다

sciogliersi le trecce- 땋은 머리를 풀다

tredici- 13

fare tredici al totocalcio- 축구도박에서 이기다

lavorare tredici mesi l'anno- 일년에 13개월 일하다; 죽도록 일하다(월화수목금금금)

Lavoro tredici mesi l'anno e mi pagano per sei. (직역) 일년에 13개월 일하고 그들은 반년치만 지불한다. (의역) 죽도록 일하지만 쥐꼬리만큼 준다.

tregua- 휴전, 정전; 휴지, 중지

dare tregua a qualcuno- ~에게 쉴 틈을 주다, ~을 한숨 돌리게 하다

Il dolore non gli dà tregua. 고통이 잠시도 그를 쉬게 하지 않는다.

lavorare senza tregua- 쉬지 않고 일하다

piovere senza tregua- 연이어 비가 오다

senza (dar) tregua- 도중에 쉬지 않고, 중단 없이, 쉬지 않고, 연달아, 한 달음에

tremare- 떨다

fare tremare- 떨게 하다, 흔들다; 오싹하게 하다

Il pensiero dell'esame mi fa tremare. 나는 시험 생각만 해도 등골이 오싹해진다.

tremare al solo pensiero- ~을 생각만 해도 떨리다; 생각만으로도 끔찍하다

Tremava al solo pensiero di cosa sarebbe potuto succedere. 그는 무슨 일이 일어났을지도 모른다는 생각만으로도 끔찍했었다.

tremare al vento- 바람에 흔들리다

Le foglie tremano al vento. 낙엽이 바람에 흔들린다.

tremare come una foglia- 나뭇잎처럼 떨다, 사시나무 떨듯하다

Era pallida e tremava come una foglia. 그녀는 하얗게 질려 사시나무 떨듯 떨고 있었다.

tremare dal freddo- 추워서 떨다

Accendi subito il termosifione, perché tremo dal freddo. 추워서 떨고 있으니까 어서 난방을 켜.

tremare di paura- 무서워서 (몸을) 떨다

Davanti a quel professore gli studenti tremavano di paura. 그 교수님 앞에서 학생들은 무서워서 떨고 있었다.

tremare le gambe (le labbra/le mani) a qualcuno- ~의 다리(입술/손)이 떨리다

Gli tremano le mani. 그는 손을 떨고 있다.

Le tremavano le labra. 그녀는 입술이 떨렸다.

Per la stanchezza gli tremavano le gambe. 피곤해서 그는 다리가 후들거렸다.

tremare tutto- 덜덜 떨다

tremarella- 몸이 떨림

avere la tremarella- 오한이 있다; 떨고 있다, 와들와들/부들부들 떨다

far venire la tremarella a qualcuno- ~의 등골을 오싹하게 하다, 떨게 하다

Mi viene la tremarella se solo ci penso. 나는 그 생각만 해도 몸이 떨린다.

tremendo- 무시무시한

fare un caldo tremendo- 무척 덥다, 무지 덥다

Fa un caldo tremendo. 정말 지독하게 덥다

prendere un tremendo raffreddore- 지독한 감기에 걸리다

Ho preso un tremendo raffreddore. 난 지독한 감기에 걸렸다.

treno- 기차

in treno- 기차로; 기차 안에서

Ho viaggiato in treno. 나는 기차 여행을 했다.

In treno non riesco mai a leggere. 나는 기차 안에서는 전혀 읽을 수가 없다.

Sono andato a Roma in treno. 나는 기차로 로마에 갔다.

perdere il treno- 기차를 놓치다

Ho perso il treno. 나는 기차를 놓쳤다.

prendere il treno- 기차를 타다

Prenderò l'ultimo treno. 나는 막차를 탈 거다.

salire in treno- 기차에 오르다

scendere dal treno-- 기차에서 내리다

un treno (o tenore) di vita- 생활수준

Il loro treno di vita non è così alto come vogliono far credere. 그들이 생각하는 것처럼 그들의 생활수준은 그렇게 높지 않다.

trenta- 30

Abbiamo fatto 30, facciamo 31. 우리가 30을 했으니 31을 하자; 더 나아가자, 더 노력하자.

Chi ha fatto trenta può fare trentuno. 여기까지 한 사람은 그 다음도 할 수 있다.

Hai fatto trenta, puoi fare trentuno. 여기까지 왔으니, 마치는 것이 좋을 것이다.

trionfo- 개선; 승리

arco di trionfo- 개선문

in trionfo- 대승을 거두어, 의기양양하여, 활개치며, 기가 나서

ottenere molti trionfi- 많은 승리를 거두다

triste- 슬픈

avere l'aria triste- 슬픈 표정이다

diventare triste- 슬퍼지다

Sentendo questa musica, divento triste. 나는 이 음악을 들으면 슬퍼진다.

essere triste- 슬프다

È triste per la morte dell'amico. 그는 친구의 죽음을 슬퍼한다.

fare diventare triste- 슬프게 하다

Le tue parole mi hanno fatto diventare triste. 네 말들이 나를 슬프게 했다.

tristezza- 슬픔

   Che tristezza! 아, 정말 슬프다!

   farsi prendere dalla tristezza- 슬픔에 사로잡히다

trito- 잘게 잘린, 케케묵은, 김빠진

   trito e ritrito- 한물간, 진부한, 시들한[4]

   Così non convincerai nessuno, è un argomento trito e ritrito. 이렇게는 아무도 설득할 수 없을 거다. 한물간 주제야.

tromba- 트럼펫, 나팔

   partire in tromba- 쏜살같이 나가다; ~에 몸을 던지다, ~에 투신하다

   È partito in tromba dopo la telefonata. Chissà che cosa è successo! 그는 전화통화 뒤에 쏜살같이 나갔다. 무슨 일인지 누가 알겠어!

   suonare la tromba- 나팔을 불다, 트럼펫을 연주하다

tronco- 절단된, 중단된

   in tronco- 예고 없이, 무단으로(= senza preavviso); 갑자기(= improvvisamente)

   licenziare in tronco- 그 자리에서 해고하다; 무단으로/예고 없이 해고하다

   Hanno licenziato trecento operai in tronco. 그들은 300명의 노동자들을 무단으로 해고했다.

trono- 왕좌

   abdicare (o rinunciare) al trono- 왕위를 방기하다, 왕위에서 물러나다

   deporre dal trono- 페위시키다, 권좌에서 몰아내다

   salire (o ascendere) al trono- 보위에 오르다, 왕좌에 오르다

   La regina Elisabetta d'Inghilterra è salita al trono nel 1952. 엘리자벳 여왕은 1952년에 왕좌에 올랐다.

troppo- 1. (부사) 너무 많이, 지나치게, 과도하게

   di troppo- 너무 많은; ~이상의, ~을 초과하여; 과도하게

   Ci sono dieci invitati di troppo. 열 명 이상의 손님이 있다.

   essere di troppo- (물건) 남아돌다, 필요하지 않다; (사람) 원하지 않다, 방해가 되다

   Se sono di troppo in cucina, ditemelo, me ne vado di là. 내가 부엌에서 방해가 되면, 말해. 내가 저리로 갈게.

   Sono di troppo? 제가 길을 막나요? 제가 방해되나요?

   fin troppo (o anche troppo)- 너무

   È anche troppo facile. 그것은 너무 쉽다.

   Sai fin troppo bene che ho ragione. 넌 내가 옳다는 것을 너무 잘 알잖아.

   Troppo buono! 너무 좋아!

   Troppo gentile! 너무 친절해!

   2. (명사) 여분, 잉여

   Il troppo stroppia. 너무 좋은 것도 계속하면 물린다.

trovare- 찾다, 발견하다, 만나다, 생각하다

---

[4] 유사 관용어는 [**fritto**] 'fritto e rifritto'이다.

Come mi trovi? 내가 어떻게 보이니?

Ti trovo bene. 좋아 보인다.

Ti trovo dimagrita. 네가 살이 빠져 보인다.

trovare da ridire su- ~의 흠을 찾다, ~을 나무라다

Trova sempre da ridire su quel che dico. 그는 늘 내가 말한 것을 나무란다.

trovarsi bene/male con qualcuno- ~와 사이 좋게/잘못 지내다

Mi trovo bene con Marco. 난 마르코와 사이 좋게 지낸다.

tu- 너, 친밀한 관계

a tu per tu- (1) 서로 얼굴을 맞대고, 대면하고(= di fronte)

Ci siamo trovati a tu per tu, ma non gli ho parlato. 우리는 서로 얼굴을 맞대고 있었지만, 난 그에게 말하지 않았다.

(2) 다른 사람이 없는 데서(= in privato)[5]

Voglio parlarle a tu per tu; forse con me si confida. 단 둘이서 조용히 말하고 싶어.[6] 그러면 그녀가 내게 비밀을 털어놓을 거야.

dare del tu a qualcuno- 격이 없이 말하다, 말을 놓다

Possiamo anche darci del tu, dopo tutto abbiamo la stessa età. 뭐니뭐니해도 동갑이니까, 우리 말을 놓자.

tu stesso (o proprio tu)- 너 자신이, 바로 네가, 네가 직접

Devi farlo proprio tu. 바로 네가 직접 그것을 해야 해.

L'hai visto tu stesso con i tuoi occhi. 네가 직접 네 눈으로 그것을 봤다.

tubo- 관, 파이프

un tubo- 전혀 ~하지 않다, 하나도 ~ 없다

Non ho capito un tubo della conferenza. E tu? 회의를 전혀 이해하지 못하겠다. 너는 어때?

Non me ne importa un tubo. 내겐 하나도 중요치 않다. 전혀 상관없다.

Non sa un tubo. 그는 하나도 모른다.

tuffo- 다이빙, 몰두, (항공) 급강하

avere un tuffo al cuore- 가슴이 뛰다, 심장이 멎는 것과 같다

Credevo che fosse lui e ho avuto un tuffo al cuore. 그가 있다고 생각하자 난 가슴이 뛰었다.

buttarsi a tuffo su qualcosa- ~을 찾기 위해 잠수하다; ~하려고 휙 몸을 날리다

fare un tuffo- 뛰어들다, 다이빙하다

turco- 1. (형용사) 터키의, 터키인의, 터키어의[7]

bagno turco- 터키탕, 증기탕

divano alla turca- 오토만; 상자 안에는 물건을 저장하고 윗부분은 의자로 씀

sedere (o sedersi) alla turca- 책상다리를 하다, 다리를 꼬고 앉다

---

[5] 유사 관용어는 [**occhio**] 'a quattr'occhi'이다.

[6] 유사 관용어는 [**solo**] 'parlare da solo a solo'이다.

[7] 'Turco'와 관련된 관용어는 일반적으로 부정적인 의미가 많다. 그것은 유럽과 오스만 투르크의 역사 관계를 이해하면 어느 정도 짐작이 갈 수 있는 부분.

2. (명사) 터키인

bestemmiare come un turco- 욕설을 마구 퍼붓다, 걸핏하면 욕을 하다

È un vecchietto simpatico; peccato che bestemmi come un turco. 괜찮은 노인인데, 애석하게도 걸핏하면 욕을 해.

fumare come un turco- 담배를 많이 피우다

Fuma come un turco; si ammalerà! 그는 담배를 많이 피우니 병에 걸릴 거다!

parlare turco- 횡설수설하다

turismo- 관광

per turismo- 관광을 위해, 관광차

Sono qui in Italia per turismo. 나는 이탈리아에 관광 왔다.

viaggiare per turismo- 관광하다

Viaggia per turismo. 그는 관광을 한다.

turno- 순서, 당번

a turno- 차례차례, 돌아가며, 번갈아, 윤번제로

avere il turno di notte- 야간 근무를 하다

Io faccio l'operaio e ho il turno di notte. 나는 노동자이고 밤근무를 한다.

di turno- 당번인, 근무 중인

Chi è di turno? 누가 당번이지?

fare dei turni- 교대하다, 차례차례로 돌아가며 하다

fare il turno di notte- 야간 근무를 하다

Venerdì faccio il turno di notte. 금요일 밤근무를 한다.

medico di turno- 당번 의사

tutto- 모두의, 전부의

avanti tutta! (선장이나 함장의 명령) 전속력으로 전진!

con tutto che- 비록 ~이지만, ~에도 불구하고

Con tutto che non mi conoscessero, mi hanno ricevuto gentilmente. 그들은 비록 나를 알지 못했지만 친절하게 맞이했다.

Con tutto che sia guarito, non esce mai di casa. 나았음에도 불구하고 그는 집에서 절대 나가지 않는다.

dare il tutto per tutto- 전력을 다하다, ~에 전부를 걸다

Ha dato il tutto per tutto e ha vinto la corsa negli ultimi dieci metri. 그는 전력을 다해 최종 10미터 지점에서 경주를 이겼다.

del tutto- 완전히, 전적으로; 더없이; 상당히, 꽤

Il piatto non è del tutto pulito. 접시는 완전히 깨끗하지 않다.

Le sue conclusioni sono del tutto sbagliate. 그의 결론은 완전히 틀렸다.

di tutto- 모든 것, 다

Sa fare di tutto. 그는 다 할 줄 안다.

È tutta brio. 그녀는 생기발랄하다.

È tutto a posto. 다 좋다.

È tutt'uno con il padrone. 그는 주인과 한통속이다.

È tutt'uno, per me. 나로서는 아무래도 상관이 없다.

fare di tutto per- ~을 위해 전력을 다하다, 무진 애를 쓰다(= far fuoco e fiamme)

Abbiamo fatto di tutto per salvare l'impresa, ma non ci siamo riusciti. 우리는 회사를 살리려고 전력을 다했지만, 실패했다.

Devi fare di tutto per venirci. 너 여기 오려면 애를 많이 써야 한다.

Fermi tutti! 모두 정지!

in tutto- 전부, 모두 합쳐

Siamo venti in tutto. 우리는 전부 20명이다.

Sono 220 euro in tutto. 모두 합쳐 220 유로이다.

in tutto e per tutto- (1) 완전히, 전적으로

La copia è in tutto e per tutto identica all'originale. 복사본이 원본과 완전히 일치한다.

(2) 하나부터 열까지, 속속들이

Era un medico come suo padre in tutto e per tutto. 그는 하나부터 열까지 아버지를 닮은 의사였다.

La bellezza non è tutto. 아름다운 게 전부는 아니다.

mangiare di tutto- 모든 것을 다 먹다

Mangia di tutto. 그는 다 먹는다.

o tutto o niente- 전부 아니면 무, 전부냐 제로냐, 양자 택일, 이것 아니면 저것, 모 아니면 도

tutt'altro che- ~이 결코/절대 아닌

Ha fatto tutt'altro che studiare. 그는 공부하기만 했다; 그는 공부 말고는 아무것도 안 했다.

Lui è tutt'altro che onesto. 그는 정직하다니 어림없는 소리이다; 그는 결코 정직하지 않다.

tutti e due- 두 개 다, 두 사람 모두

tutti quanti- 누구나, 모두

C'è lavoro per tutti quanti. 만인을 위한 일이 있다.

Tutt'altro- 전혀, 천만에(= niente affato); 그 반대로, 절대 그렇지 않아(= anzi)

"Sei stanco?" "Tutt'altro!"- "피곤하니?" "전혀!"

Tutto fa. 티끌 모아 태산.

tutto intorno- 도처에, 빙 돌아서, 사방에, 두루, 사변에

tutto quanto- 전부, 모든 것, 모두

Questo è tutto quanto mi resta. 이것이 내게 남은 전부다.

tutto sommato- 종합해서, 대체로 보아

Tutto sommato, però, mi trovo bene qui. 하지만 대체로 여기서 잘 지내.

tutto sta- ~에 달려 있다

Tutto sta che io arrivi in tempo. 이 모든 것은 내가 제 시간에 도착하는 가에 달려 있다.

un po' di tutto (o di tutto un po')- 무엇이든지 조금은

voi tutti- 너희들 모두

Zitti tutti! 모두 조용!

U

ubriaco- 취한

essere ubriaco di- ~에 취하다

È ubriaco di felicità. 그는 행복에 도취되었다.

È ubriaco di vino. 그는 포도주에 취했다.

ubriaco fradicio- 곤드레만드레 취한, 고주망태가 된

Che condizione sei? Sei ubriaco fradicio! 어떤 상태인거야? 완전히 고주망태가 되었네!

uccello- 새

A ogni uccello il suo nido è bello. (속담) 모든 새에게는 자기의 둥지가 아름답다. 내 집만 한 곳이 없다. 내 집이 최고다.

a volo d'uccello- 조감적인, 위에서 내려다 본; (부사) 서둘러서; 대충 하는, 피상적인

Il corso fornisce una visione a volo d'uccello delle sonate di Mozart, ma non ne fa un'analisi dettagliata. 강의는 모차르트 소나타에 대한 개관을 제공하지만, 상세한 분석은 하지 않는다.

andare a caccia di uccelli- 새 사냥을 가다

uccel di bosco- 탈주 중인, 잡히지 않은, 가출한; 탈옥수, 도망자

Sebbene tutta la polizia lo cerchi, il bandito rimane ancora uccel di bosco. 모든 경찰이 그를 수색했는데도, 강도는 여전히 잡히지 않았다.

uccello del malaugurio- 흉조; 불길한 소리만 하는 사람, 나쁜 소식만 가져오는 사람

Non fare l'uccello del malaugurio: il tetto va riparato, ma non sta mica per crollare! 불길한 소리 하지 마. 지붕을 수리해야 하지만, 붕괴할 정도까지는 아니야!

uccidere- 죽이다

uccidere con una pugnalata- 칼로 찔러 죽이다

uccidere qualcuno sparandogli- 총을 쏘아 죽이다

udito- 청력, 시각

avere un udito fino- 귀가 예민하다, 귀가 밝다; 말귀가 밝다

il senso dell'udito- 청각

ufficio- 사무실

all'ufficio postale- 우체국에

Ho conosciuto quella ragazza all'ufficio postale. 난 그 소녀를 우체국에서 알았다.

Vado all'ufficio postale per spedire un pacco. (나는) 소포를 부치러 우체국에 간다.

arrivare in ufficio- 사무실에 도착하다

A che ora arrivi in ufficio? 사무실에 몇 시에 도착해?

dall'ufficio- 사무실에서

A che ora esci dall'ufficio? 사무실에서 몇 시에 나오니?

essere in ufficio- 사무실에 있다, 출근해 있다

Domani sarò in ufficio alle 9. 내일 9시에 출근해 있을 것이다.

ufo- (성구로만)

mangiare ad ufo- 얻어먹다, 빌붙다[1]

Lo stipendio gli basta perché mangia ad ufo dagli amici. 그는 친구들에게 얻어먹기 때문에 월급이 충분하다.

vivere a ufo- ~에 의지해서 살다, 얹혀살다

uggia- 지루함, 권태

avere in uggia- 싫어하다

Quel tizio l'ho in uggia; è troppo noioso. 너무 지루해서, 난 그 녀석을 싫어한다.

prendere in uggia- 싫어지다

ugola- 현옹수(懸雍垂), 목젖

bagnarsi (o rinfrescarsi) l'ugola- 술을 마시다, (술을) 한 잔 마시다

Non ho bevuto molto; mi sono appena bagnata l'ugola. 난 많이 마시지 않고, 딱 한 잔만 마셨다.

uguale- 1. (형용사) 똑같은, 동일한

A lavoro uguale, uguale paga. 동일 노동에 동일 임금.

essere uguali di statura- 키가 똑같다

Per me è uguale. 나로선 아무 상관없다.

uguale a- ~와 같은, ~와 동일한

Lei ha un vestito uguale al tuo. 그녀는 네 것과 같은 옷을 갖고 있다.

2. (명사) 동등한 사람, 대등한 것, 맞수

non avere uguale (o uguali)- 맞먹는 자가 없다; 비길 데 없다

ultimo- 1. (최상급 형용사) 마지막의, 최후의; 최신의

all'ultimo momento- 마지막 순간

Si è sentito male all'ultimo momento. 그는 마지막 순간 몸이 안 좋았다.

l'ultimo arrivato (o venuto)- 맨 뒤에 온 사람; (비유) 신입, 신참, 신출내기

non ultimo- 특히; 마지막으로 그러나 주요한 것이지만

notizie dell'ultima ora- 최근 뉴스; 뉴스 속보; (신문 인쇄 중에 추가되는) 최신 기사

2. (명사) 최후

all'ultimo- 마침내, 결국에, 끝에 가서는

All'ultimo decise di partire. 결국에 그는 떠나기로 결정했다.

in ultimo- 마침내, 결국에

Fu una lunga discussione, ma in ultimo lo convincemmo. 긴 토론이었지만, 마침내 우리가 그를 설득시켰다.

unanimità- 만장일치

all'unanimità- 만장일치로

La sua proposta fu accettata all'unanimità. 그의 제안은 만장일치로 채택되었다.

---

[1] 유사 관용어는 [**mangiare**] 'mangiare il pane a tradimento'이다.

eletto a unanimità di voti- 만장일치로 선출된

umidità- 습기

essere pieno di umidità- 아주 축축하다, 아주 습하다

Questa camera è piena di umidità. 이 방은 아주 습하다.

grado di umidità- 습도

umido- 습기; 스튜

cuocere in umido- 뭉근히 끓이다

umiliazione- 모욕, 굴욕

fare atto di umiliazione- 자신을 비하하다/낮추다

subire un'umiliazione- 치욕/굴욕을 당하다

umore- 기분, 느낌

avere un umore molto instabile- 기분 변화가 심하다

Lui ha un umore molto instabile. 그는 기분 변화가 매우 심하다.

essere di buon umore/di ottimo umore- 기분이 좋다/기분이 최고이다

Era di buon umore perché ha riecevuto il denaro da casa. 집에서 돈을 받아서 그는 기분이 좋았다.

essere di cattivo umore/di pessimo umore- 기분이 나쁘다(= essere imbronciato); 짜증이 난다(= essere irritato), 기분이 최악이다

Oggi è meglio non parlare con il direttore, non è di buon umore. 오늘 원장 기분이 안 좋으니까, 그와 말을 안 하는 것이 더 낫다.

essere di umore nero- 무척 기분이 안 좋다, 화가 잔뜩 나 있다

Oggi è di umore nero. 오늘 그는 화가 정말 잔뜩 나 있다.

umorismo- 유머, 해학, 익살

avere il senso dell'umorismo- 유머 감각이 있다; 재치가 있다(= essere arguto)

fare dell'umorismo- 익살스럽다; ~에 대해 농담하다

unghia- 손톱

cadere tra le unghie di- ~의 손에 잡히다, ~의 손아귀에 들다

lottare con le unghie e con i denti- 필사적으로 싸우다, 전력을 다해 싸우다

Ha cercato di salvare l'azienda dalla fusione lottando con le unghie e con i denti. 그는 있는 힘을 다해 합병에서 회사를 구하려고 노력했다.

mordersi (o rodersi) le unghie- ~의 행동을 후회하다, 자책하다

Mi mordo (o rodo) le unghie a pensare al buon affare che ho mancato. 좋은 거래를 놓쳤다는 생각에 내 행동을 후회한다.

pagare sull'unghia- 그 자리에서 현금으로 지불하다

Ho pagato cinquantamila euro sull'unghia per questa macchina ed è già rotta. 이 차를 위해 그 자리에서 5만 유로를 현금으로 지불했는데 벌써 고장 났다.

tagliare le unghie a qualcuno- ~의 발톱을 깎다; (비유) ~의 고민거리를 없애주다

unico- 유일한, 독특한

più unico che raro- 흔치 않은; 우세한, 뛰어난

È una cosa più unica che rara. 그것은 흔치 않은 것이다.

Una persona così onesta è più unica che rara. 그처럼 정직한 사람은 흔치 않다.

uniforme- 유니폼, 제복, 군복

> **essere in uniforme-** 유니폼을 입다; 제복을 입고 있다

> **in alta uniforme-** 정장으로, 정복으로

> **indossare l'uniforme-** 입대하다; 군인이 되다(= arruolarsi)

> **uniforme militare-** 군복

unione- 단결, 연합, 합동

> **L'unione fa la forza.** (속담) 뭉치면 산다. 뭉치면 살고 흩어지면 죽는다.

università- 대학

> **università di stato-** 국립대학

> **università privata-** 사립대학

uno- 하나의

> **a uno a uno (o uno alla volta)-** 하나씩, 차례로, 한 번에 하나, 하나씩으로

> **gli uni e gli altri-** 모두 다, 그들 모두

Scrissi agli uni e agli altri. 나는 그들 모두에게 편지를 썼다.

Sono partiti gli uni e gli altri. 그들 모두 다 떠났다.

> **gli uni~ gli altri-** 몇몇은~ 몇몇은

> **l'uno e l'altro-** 둘 다, 두 개 다

L'uno e l'altro negarono. 그들은 둘 다 부정했다

> **l'un l'altro-** 서로

Si aiutano l'un l'altro. 그들은 서로 돕는다.

> **l'uno~, l'altro-** 한쪽은~, 다른 한쪽은; (둘 중) 전자~, 후자

> **né l'uno né l'altro-** 둘 다 아니다, (둘 중) 어느 것도 아니다

Non voglio né l'uno né l'altro. 나는 둘 다 원치 않는다.

> **sia l'uno sia l'altro-** 둘 다

> **tutt'uno-** 마찬가지인, 아무래도 상관없는

Andare? Restare? Per me è tutt'uno. 갈 거야? 남을 거야? 난 아무래도 상관없다.

> **un po' per uno-** (1) 조금씩

Facciamo un po' per uno. 우리 조금씩 나누자!

(2) 차례로, 교대로

Un po' per uno non fa male a nessuno. 교대로 하는 게 모두에게 좋다.

> **uno ~ un altro-** 한 명은, 또 한 명은

C'erano molti stranieri, uno veniva dal Cile, un altro dal Messico, un altro ancora dalle Filippine. 많은 외국 학생들이 있었는데, 한 명은 칠레 출신이고, 또 한 명은 멕시코, 또 한 사람은 필리핀 출신이었다.

> **uno per uno-** 하나 하나, 일일이

> **uno sì e uno no-** 하나 걸러서

Per ottenere questo effetto all'uncinetto devi fare una maglia sì e una no. 이러한 크로셰 효과를 얻기 위해서는 한 땀 걸러서 뜨개질을 해야 한다.

uno vale l'altro- 오십 보 백 보이다

uomo- 사람, 인간, 남자

da uomo- 인간답게, 사람답게

da uomo a uomo- 남자 대 남자로, 일대일로, 개인대 개인으로

Ti devo parlare da uomo a uomo. 네게 일대일로 말해야겠다.

l'uomo della strada- 보통 사람; (전문가와 비교하여) 일반인

Deve essere una pubblicità semplice che colpisca l'immaginazione dell'uomo della strada. 일반인의 상상력을 자극할 수 있는 단순한 광고여야 한다.

L'uomo propone e Dio dispone. (속담) 인간이 계획하고 신이 바꾼다. 진인사 대천명.

un uomo da poco- 보잘것없는 사람

Lui si dà molte arie, ma è un uomo da poco. 그는 되게 잘난 체하지만, 보잘것없는 사람이다.

un uomo di mondo- 세상 물정에 밝은 사람; 한량

È un uomo di mondo e sa come ci si comporta ad un pranzo ufficiale. 그는 세상 물정에 밝은 사람이어서 공식 만찬에서 어떻게 행동해야 할지를 안다.

un uomo di punta- 제일인자, 중추인물

È un uomo di punta dell'industria chimica. 그는 화학 공업의 중추인물이다.

Uomo avvisato, mezzo salvato. (속담) 유비무환.

uomo di paglia- 허수아비

E chi lo sa chi ha messo i soldi? Lui è l'uomo di paglia. 누가 돈을 넣었는지 누가 알아? 그는 허수아비인데.

Uomo salvato, mezzo avvisato.- 위험을 미리 알게 되면 무사할 수 있다.

uovo- 계란

camminare sulle uova- 조심스럽게 하다, 신중을 기하다

Quando c'è lui bisogna sempre camminare sulle uova. 그가 있으면 늘 신중을 기해야 한다.

cercare il pelo nell'uovo- 사소한 것에 지나치게 신경 쓰다, 너무 잘게 구별하다

essere pieno come un uovo- 꽉 차다, 빽빽하다, 빼곡하다

l'uovo di Colombo- 콜럼버스의 계란

Meglio un uovo oggi che una gallina domani. (속담) 오늘의 계란 하나가 내일의 닭보다 낫다. 손 안에 든 새 한 마리가 숲 속에 있는 두 마리보다 낫다.

rompere le uova nel paniere a qualcuno- ~의 계획을 망쳐 놓다; 계획을 뒤집다

Non rompere le uova nel paniere con le tue chiacchiere. 네 수다로 계획을 망쳐 놓지 마라.

urgenza- 긴급

avere urgenza di fare qualcosa- 급히 ~을 하다

Ho urgenza di vederlo. 난 급히 그를 봐야 한다.

chirurgia d'urgenza- 응급 수술

con urgenza- 최대한 빨리, 시급히

fare urgenza a qualcuno- ~을 재촉/촉구하다

in caso di urgenza- 급하면, 급한 일이면; 긴급한 경우에

In caso di urgenza, telefonami! 급한 일이면 내게 전화해!

soccorso d'urgenza- 응급 치료

urto- 충돌, 충격, 공격

entrare in urto- 충돌하다, 상충하다

essere in urto con qualcuno- ~와 불화하다; ~와 상충하다, (~을 두고) 뜻이 맞지 않다; 사이가 나쁘다(= avere rapporti tesi)

Queste teorie sono in urto con i nostri principi. 이 이론은 우리의 원칙과 상충한다.

mettersi in urto con qualcuno- ~와 충돌하다/싸우다; 사이가 나빠지다/틀어지다

Si è messo in urto con suo zio e non erediterà niente. 그는 삼촌과 사이가 나빠져서 아무것도 상속받지 못할 것이다.

prendere qualcuno in urto- ~을 싫어하게 되다

usare- 사용하다

usare attenzione- 주의하다

usare la forza- 폭력을 쓰다, 완력을 휘두르다

usare la testa- 머리를 쓰다, 머리를 굴리다

usare le buone maniere- 친절하다

usare violenza a qualcuno- ~에게 폭행을 가하다; ~을 강간하다

uscio- 문간, 현관, 출입구

abitare uscio a uscio con qualcuno- 옆집에 살다

essere tra l'uscio e il muro- 궁지에 빠지다; 진퇴양란에 빠지다

mettere qualcuno all'uscio- ~에게 나가라고 하다

Non si trovano ad ogni uscio. 쉽게 얻어지는 것은 없다(낭비를 충고하는 말).

uscire- 나오다, 나가다

Di qui non si esce, o è stupido o fa finta. 그것에 대해서는 이견의 여지가 없는데, 그가 바보인가 아님 그런 척하는 건가.

Mi esce dagli occhi. 지긋지긋하다. 넌더리가 난다.

Questi discorsi mi escono dagli occhi (o dalle orecchie). 난 이런 대화에 진저리가 난다.

uscire a piedi- 걸어서 나오다

uscire da- ~에서부터 나오다

uscire dal carcere- 출소하다

uscire dal gruppo- 이탈하다

uscire dal seminato- 얘기가 탈선하다, 얘기가 옆으로 새다, 화제가 빗나가다

uscire dalla retta via- 정도에서 벗어나다, 타락의 길을 걷다

uscire di cervello- 미치다, 정신이 나가다

uscire di mano- 손에서 빠져나가다

uscire di mente a qualcuno- 잊어버리다, 생각나지 않다

Il suo nome mi è uscito di mente. 나는 그의 이름이 생각나지 않았다.

uscita- 출구, 외출

   all'uscita- 출구에

   Ti aspetto all'uscita. 출구에서 너를 기다릴 게.

   Che bella uscita! 얼마나 재미있는 농담이야! 얼마나 아름다운 여정인가!

   situazione senza uscita (o senza via d'uscita)- 교착 상태

   strada senza uscita- 막다른 길/골목; 가망이 없는 일

uso- 사용; 습관, 풍습, 관습

   come d'uso- 언제나 그렇듯이, 언제나 있는 일이지만, 여느 때처럼

   complimenti d'uso- 습관적인 칭찬

   d'uso- 흔히 있는, 평상시의 보통의

   di facile uso- 사용이 쉬운

   È una macchina di facile uso. 사용이 쉬운 기계이다.

   essere in uso- 사용되다

   fare uso di qualcosa- ~을 쓰다, 사용하다

   fuori uso- 사용이 안 되는, 고장 난(= guasto); 더 이상 쓸모가 없는(= non più usabile), 한물간, 구식의(= antiquato)

   istruzioni per l'uso- 사용 설명서

   medicina per uso esterno- 외용약

   perdere l'uso della parola- 언어 능력을 상실하다, 말을 못하다

   Perché non parli? Hai perso l'uso della parola? 왜 말을 안 하니? 말을 할 줄 몰라?

   perdere l'uso di un braccio- 한 쪽 팔을 쓰지 못하다

   per mio uso e consumo- 나의 개인 용도로, 내가 쓰는 물건으로, 자용으로

   per uso esterno- 외용의

   per uso personale- 개인적인 용도로, 자용의

   L'ho comprato per uso personale. 나는 개인적인 용도로 그것을 샀다.

   riacquistare l'uso della parola- 언어 능력을 되찾다, 말을 되찾다

   secondo l'uso- 관습에 의하면

usufruire- (로마법) 용익권을 행사하다; 사용하다, 이용하다

   usufruire di- ~을 이용하다, 사용하다

utile- 유용한, 도움이 되는

   essere utile a qualcuno- ~에게 도움이 되다

   I soldi sono utili a tutti. 돈은 모든 사람들에게 유용하다.

   Posso esserLe utile? (가게에서) 도와드릴까요?

   rendersi utile- 남에게 도움이 되다, 남을 돕다

   Cerca di renderti utile in questo lavoro. 이 일에 도움이 되려고 애써 봐.

utilità- 유용성

   di grande utilità- 매우 도움이 되는, 매우 유용한 ↔ **di nessuna utilità**- 소용없는, 쓸모 없는

V

vacanza- 휴가

andare in vacanza- 휴가 가다

Dove andrai in vacanza quest'anno? 올해 휴가 어디로 갈 거야?

dare un giorno di vacanza a qualcuno- ~에게 하루 휴가를 주다

essere in vacanza- 휴가 중이다

Siamo in vacanza in Italia. 우리는 이탈리아에서 휴가를 보내고 있다.

fare le vacanze- 휴가를 보내다

Abbiamo fatto le vacanze da soli, senza genitori. 우리는 부모님 없이 우리끼리 휴가를 보냈다.

passare delle belle vacanze- 멋진 휴가를 보내다

Abbiamo passato delle belle vacanze. 우린 멋진 휴가를 보냈다.

prendersi una vacanza- 휴가를 가지다, 쉬다

Avendo bisogno di riposo, devi assolutamente prenderti una vacanza. 넌 휴식이 필요하니까 절대적으로 쉬어야 해.

un mese di vacanza- 한 달간의 휴가

Voglio prendermi un mese di vacanza. 한 달간의 휴가를 갖고 싶다.

vacca- 암소

essere in tempo di vacche magre- 흉작, 불경기, 불황

tempi di vacche grasse- 풍요로운 시절, 전성기

valigia- 여행 가방

disfare le valigie- 여행 가방을 풀다

fare le valigie- 여행 가방을 싸다, 가방을 챙기다

Hai già fatto le valigie? 너 벌써 여행 가방 다 챙겼니?

preparare la valigia- 여행 가방을 싸다, 여행 준비를 하다

È arrivato il momento di preparare le valigie e di partire. 가방을 챙겨 떠날 때가 왔다.

vaglio- 체, 망

passare al vaglio- 샅샅이 살펴보다, 꼼꼼하게 살펴 추려내다

Ho passato al vaglio tutte le possibilità e questa mi sembra la soluzione migliore. 난 모든 가능성을 샅샅이 살펴보았는데 이것이 최선의 해결책 같다.

vago- 애매함, 불확실

tenersi (o restare) nel vago- ~에 대해 분명하지 않다; 언질을 주지 않다, 입장을 밝히지 않다; 얼버무리다

Non essere troppo preciso; resta nel vago se vuoi avere la possibilità di fare dei cambiamenti. 너무 꼼꼼하게 굴지 마. 변경할 가능성이 있다면 입장을 밝히지 마.

valere- 가치가 있다

far valere i propri diritti- 자신의 권리를 주장하다

farsi valere- 적극적으로 나서다, 자기 주장을 하다

Fatti valere e non farti portare via quell'incarico. 적극적으로 나서서 그 임무를 가져가지 못하게 해.

Non vale! 공정하지 않다! 부당하다!

non valere niente- 아무 가치가 없다

Non valgo niente. 나는 아무 가치가 없다.

Secondo me questo libro non vale niente. 내 생각에 이 책은 아무 가치가 없다.

tanto vale che- ~하는 편이 좋다/낫다

Tanto vale che andiamo. 우리가 가는 편이 낫다.

Tanto vale che ti dica la verità. 네게 사실을 말하는 것이 좋겠다.

Tanto valeva restarcene a casa. 우리는 집에 있었어도 괜찮을 걸 그랬다.

Tanto valeva che venisse anche lui. 그도 왔으면 괜찮을 걸 그랬다.

(2) ~와 마찬가지다

Per me tanto vale che tu prenda anche questo. 네가 이것을 가져 간다 해도 나한테는 마찬가지다.

Se lo fai così, tanto vale che tu non lo faccia. 네가 그렇게 그것을 한다면, 그것을 안 하는 것이나 마찬가지다.

Val meglio tacere. 조용히 있는 것이 더 낫다.

Val più la pratica della grammatica. 이론보다 실제가 더 낫다.

vale a dire- 즉, 다시 말해서; 말하려는 것처럼

Dice che verrà quando avrà tempo. Vale a dire mai. 그는 시간 있으면 오겠다고 말한다. 말할 가치도 없다.

vale la pena- 애쓸 필요가 있다; 그만한 가치가 있다

valle- 골짜기, 계곡

a valle- (강) 하류의; 비탈 아래로; 아래에; ~와 관련된(= collegato a); 그 다음의, 나중에, 그 뒤에

La casa si trova più a valle, verso la chiesa. 집은 교회 방향 하측에 있다

per monti e per valli- 산 넘고 골짜기 건너, 도처에

un problema a valle della questione principale- 주요 질문 다음에 언급되는 문제

valore- 가치

avere valore- 가치가 있다

Le sue obiezioni non hanno alcun valore. 그의 이의제기는 아무 가치가 없다.

dare molto/poco valore a- ~을 높이/낮게 평가하다, 중요시하다

Do molto valore alla sua opinione. 나는 그의 의견을 높이 평가한다.

dare troppo valore a- 과대평가하다

di grande valore- 대단한 가치가 있는, 매우 훌륭한

senza valore- 가치 없는

La vostra osservazione non è senza valore. 너희들의 관찰이 가치가 없는 것은 아니다.

studioso di grande valore- 중진 학자, 저명 학자

valvola- 밸브

valvola di sfogo- 안전 밸브; (분노, 감정, 생각 등의 안전한) 발산 수단

Lo sport è la sua valvola di sfogo. 스포츠는 그의 감정 발산 수단이다.

vantaggio- 이익, 장점

offrire molti vantaggi- 많은 이익을 주다, 많은 장점이 있다

portarsi in vantaggio- 지도적 위치를 차지하다, 선두에 서다, 솔선수범하다

Questo va a tuo vantaggio. 이렇게 하는 것이 네게 이익이다.

regola del vantaggio- (축구) 어드밴티지 룰(반칙 당한 쪽이 유리하면 경기의 중단 없이 진행하는 규칙)

un impiego che offre molti vantaggi- 많은 이점이 있는 일자리

vantare- 1. (타동사) 극찬하다; 자랑하다, 과시하다(= andare fiero di); 권리를 가지다(= rivendicare)

Chi si vanta si spianta. 자만하다가는 낭패 보기 쉽다. 경적필패(輕敵必敗).

vantare un diritto su qualcosa- ~에 대한 권리를 가지다

2. (재귀동사)

non faccio (o è) per vantarmi- 내 자랑은 아니지만

Non è per vantarmi, ma è proprio un bel lavoro. 내 자랑은 아니지만, 정말 멋진 일이야.

vantarsi di- (1) ~에 대해 자랑하다(= millantare)

Di che cosa ti vanti? 무슨 자랑이야?

(2) ~을 자랑으로 여기다(= gloriarsi)

L'ho fatto e me ne vanto. 내가 그것을 했고, 그것을 자랑으로 여긴다.

vanvera- 무턱대고, 되는 대로; 생각 없이

fare le cose a vanvera- 되는 대로/무턱대고 일을 하다

parlare a vanvera- 허튼 소리를 하다, 실없는 말을 하다, 흰소리를 늘어놓다, 허풍 떨다

Non conosci l'argomento e parli a vanvera. 넌 주제를 모르면서 허풍을 떨고 있다.

Proprio perché conosco la situazione e parlo non a vanvera ma a ragion veduta, devi credere a quello che dico. 내가 상황을 알기 때문에 허튼 소리를 늘어놓는 것이 아니라 신중하게 살펴서 말하는 것이니까, 넌 내가 하는 말을 믿어야 해.

vapore- 증기

andare a tutto vapore- 전속력으로 가다

cuocere al vapore- 수증기로 익히다, 김을 내다, (음식을) 찌다

varco- 통로, 돌파구, 출입구

aprirsi un varco tra la folla- 군중 사이를 뚫고 나아가다, 군중을 헤치고 나아가다

Si è aperto un varco tra la folla ed è riuscito a entrare. 그는 군중을 헤치고 나아갔기에 들어갈 수 있었다.

aspettare qualcuno al varco- ~을 숨어서 기다리다, 잠복 대기하다(= tendergli un'imboscata); 좋은 시기를 기다리다, 기회를 엿보다

Sta' in campana. Ti aspetterà al varco quando meno te lo aspetti. 조심해. 네가 방심하면 그가 너를 숨어서 기다릴 거야.

cogliere qualcuno al varco- (이야기를 하거나 공격을 가하기 위해 길 가는 사람을) 불러 세우다;

~을 곤란하게 하다

Varco [non] attivo. ('도심의 교통 혼잡 지역'[2] 내의) 통행금지 [통행허가].

vaso- 병, 항아리

essere un vaso di coccio tra vasi di ferro- 무방비이다, 취약하다; (신체적, 정서적으로 상처받기 쉬움) 연약하다

far traboccare il vaso- 한도를 넘으면 지푸라기 하나를 더 얹어도 낙타의 등뼈가 부러진다

portare vasi a Samo- 불필요한 것을 제공하다; (비유) 쓸데없는 짓을 하다, 헛수고하다

Parlargli di ricette di cucina è come portare vasi a Samo; è un ottimo cuoco. 음식의 요리법에 대해 그에게 말하는 것을 쓸떼없는 짓이야, 그는 훌륭한 요리사야.

scoperchiare il vaso di Pandora- 판도라의 상자를 열다, 긁어 부스럼을 만들다, 사태/문제를 더욱 악화시키다

Se la provochi al punto da farla parlare, scoperchi il vaso di Pandora. 그녀가 말하도록 자극하면, 긁어 부스럼을 만드는 거다.

vecchio- 늙은, 낡은, 옛날의

essere vecchio del mestiere- 일에 손이 익다, 노련한 사람이다

la vecchia guardia- 보수파

vecchio come il cucco (o come Matusalemme)- 아주 오래된, 고대의; (사람이나 사물이) 노쇠한, 노후의

Non è un'idea nuova; è vecchia come il cucco. 새로운 사고가 아니라, 아주 오래된 생각이다.

vece- 교체, 대신

fare le veci di qualcuno- ~의 대리인으로 행동하다, ~을 대신하여 일을 보다

in mia vece- 나 대신에

vedere- 보다

a mio modo di vedere- 내 관측으론, 내 생각에는, 내가 보기에는

avere a che vedere- ~와 관계가 있다

Non ha niente a che vedere con gli esperimenti di cui parlavamo prima. 우리가 전에 이야기했던 그 실험과는 아무런 관계가 없다.

Chi vivrà vedrà. (속담) 시간이 지나면 알게 될 것이다.

Chi s'è visto s'è visto. 그것으로 그만이다.

dare a vedere- (울음, 신음소리를) 내다; 보이다, 드러내다

Era molto nervoso anche se non lo dava a vedere. 드러내지는 않았지만, 그는 몹시 긴장했었다.

È da vedere! 지켜봐야 안다.

fare vedere- 보여주다

Fammi vedere come si fa. 어떻게 하는 것인지 내게 보여 줘봐.

farsi vedere- 모습을 보이다, 모습을 나타내다

Non si fa vedere da due settimane. 그는 두 주 전부터 모습을 보이지 않는다.

---

[2] 'Zona traffico limitato'라고 쓰인 표지판 근처에 있는 표시등을 말하며, 약어로 'ZTL' 표시된다.

Guarda chi si vede! 이게 누구야!

La vedremo! 시간이 지나봐야만 알 수 있을 것이다! 시간이 지나면 알게 될 것이다!

Ne abbiamo viste tante. 우린 온갖 종류의 것을 다 봤다. 별의 별것을 다 봤다.

non vederci bene- 잘 안 보이다

Non ci vedo bene: ho bisogno degli occhiali. 잘 안 보여서 안경이 필요하다.

non potere vedere- ~을 못 견디다, ~을 못 참다, ~을 못 봐 주겠다

Non lo posso vedere. 나는 그를 견딜 수가 없다.

Non posso vedere queste cose. 나는 이런 것들을 참을 수가 없다.

non vederci più (dalla rabbia)- 몹시 화가 나다(= essere furioso); 격노하다, 노발대발하다(= infuriarsi)

Non ci vedo più dalla rabbia: tienimi se no lo meno. 난 단단히 화가 났으니 날 붙잡아. 그렇지 않으면 그를 때릴 거다.

non vederci più dalla fame- 배가 고파 죽을 지경이다, 배가 고파 눈에 보이는 것이 없다

Ho una fame che non ci vedo. 앞이 안 보일 정도로 배가 고프다.

Non ci vedo più dalla fame. 배고파 죽을 지경이다.

non vederci più dalla sete- 목이 말라 죽을 지경이다

si vede che- ~인 것 같다, ~일 것이다

Si vede che mi ero ingannato. 내가 실수한 모양이다.

Si vede che non gli interessa. 그가 관심이 없는 게 분명해(= è chiaro); 아마 그는 관심이 없을 거야 (= è probabile).

stare a vedere- 지켜보다(= osservare); 보다(= vedere); 기다리다(= attendere)

Stiamo a vedere. 기다려 보자; 두고 보자; 지켜보자.

vedere bene qualcuno- ~을 잘 보다, ~을 인정하다

vedere male qualcuno- ~을 잘못 보다, ~을 탐탁지 않아 하다, ~을 못마땅해하다

Vedere per credere. 보는 것이 믿는 것이다

vederci chiaro- 분명하게 보다, 분명해 보이다

Non ci vedo chiaro. 분명해 보이지 않는다. 수상한 뭔가가 있는 것 같다.

visto che- ~을 고려/감안하면, ~인 점으로 봐서, ~인 고로

Visto che siamo in ritardo- 늦었기 때문에, 늦어서

veglia- 철야, 밤새기

fare la veglia a un malato- 밤을 새워 간호하다, 잠자지 않고 환자를 간호하다

fra il sonno e la veglia- 꿈인 듯 생시인 듯, 비몽사몽간에

vela- 돛

ammainare la vela- 돛을 내리다; 포기하다, 그만두다

Siamo a buon punto, non ammainiamo la vela adesso! 잘 되고 있는데, 지금 포기하지 말자!

andare a gonfie vele- 아주 잘 되다, 원활하게 진전되다; (사업이) 호황/성업을 누리다

I suoi affari vanno a gonfie vele. 그의 사업은 호황을 누린다.

veleno- 독

Mangialo, non è veleno. 먹어, 독이 아니니까.

masticare veleno- (사람, 물건을) 부럽게 생각하다; 분하다

Dice che non gliene importa, ma mastica veleno. Sta morendo d'invidia. 그는 별로 신경 쓰지 않는다고 말하지만 샘 나지. 부러워 죽을 거다.

schizzar veleno- ~에게 울분을 터뜨리다, 화풀이하다

Schizza veleno da tutti i pori. 그는 사방팔방 화풀이한다.

sputare veleno- 독설을 내뱉다

veleno per topi- 쥐약

velo- 베일, 면사포; 얇은 막

avere un velo davanti agli occhi- (비유) 눈이 멀다

far velo- (기억력이나 판단력이) 흐리다, 어두워지게 하다

L'ambizione gli fa velo. 야망이 그의 정신을 흐려 놓는다.

prendere il velo- 수녀가 되다

stendere un velo su qualcosa- ~을 은폐하다, ~에 대해 입을 다물다, ~에 대해 함구하다, ~을 가리다

stendere un velo pietoso- (부정적이고 불쾌한 말을 그만 두기를 바랄 때) 덮어 두다, 연민의 베일을 씌우다, 그것에 대해 이야기하지 않는 것이 낫다

"Che ne pensi di ciò che ha detto Marco?" "Guarda, stendiamo un velo pietoso." "마르코가 한 말에 대해 어떻게 생각해?" "이봐, 그 얘기는 덮어두자."

veloce- 빠른

Il tempo scorre veloce. 시간은 날 듯 지나간다.

veloce come un razzo- 총알같이 빠른, 쏜살같이

Ha solo un motorino, ma è veloce come un razzo. 그는 단지 50cc 오토바이를 가지고 총알같이 빠르다.

velocità- 속력

a grande velocità- 고속으로; (기차) 급행 열차로

a tutta velocità- 전속력으로, 전력을 다해

I banditi sono fuggiti a tutta velocità. 강도들은 전력을 다해 달아났다.

vena- 정맥

essere in vena- ~할 기분이다

Oggi non sono in vena di ballare. 오늘 춤출 기분이 아니다.

Stasera non sono proprio in vena; è meglio che suoni tu. 오늘밤은 정말 그럴 기분이 아니어서, 네가 연주하는 게 좋겠다.

fare una cosa di vena- ~을 선뜻/기꺼이 하다

non avere sangue nelle vene- 가슴이 철렁하다, 선득하다

Non avevo più sangue nelle vene. 내 가슴이 철렁했다; 피가 얼어붙는 듯했다; 가슴이 선득했다.

vendere- 팔다, 판매하다

avere ragione da vendere- 전적으로 옳다

Hai ragione da vendere(= in pieno). 네가 전적으로 옳다.

saper vendere la propria merce- 좋은 외판원이다; 물건을 어떻게 팔지를 잘 안다

vendere a- ~로 팔다

vendere a credito- 외상으로 팔다

vendere all'asta (o all'incanto)- 경매로 팔다

vendere a rate- 할부로 판매하다

vendere cara la propria vita (o pelle)- 값지게 죽다, 개죽음하지 않다

vendere fumo- 탕탕 큰소리치다, 허세를 부리다, 엄포를 놓다

vendersi anche la camicia- (돈이 되는 것은) 무엇이든 다 팔다

Ha salute da vendere. 그는 기운(힘)이 아주 세다.

Questa non me la vendi! 이것으로 날 매수할 수 없다!

vendetta- 복수, 보복

fare vendetta- 복수하다, 보복하다, 원수를 갚다

Non voglio fare vendetta. 나는 복수하길 원치 않는다.

gridare vendetta- 복수를 외치다; 너무나 충격적이다, 망신이다(= essere scandaloso)

per vendetta- 복수로, 보복으로

È stato ucciso per vendetta. 그는 보복 살해당했다.

prendersi la propria vendetta su qualcuno- ~에게 ~에 대한 복수를 하다

vendita- 판매

in vendita- 팔려고 내놓은; (상점에서) 판매되는; (상품이) 시장에 나와 있는

Questa casa non è in vendita. 이 집은 팔려고 내놓은 집이 아니다.

venditore- 판매인

venditore di fumo (o vendifumo)- 허풍쟁이(= fanfarone); 사기꾼, 협잡꾼

Sta' attento, è un venditore di fumo. 조심해. 그는 사기꾼이야.

venerdì- 금요일

mancare un venerdì- 나사가 빠지다, 정신이 이상하다

Si comporta in modo molto strano. Non è che gli manchi un venerdì? 그가 매우 이상하게 행동하는데, 나사가 빠지지 않았니?

venerdì nero- 검은 금요일, 불길한 금요일(예수가 십자가에 못박힌 금요일)

venire- 오다

a venire (o che verrà, che veranno)- 미래에, (시기적으로) ~가 되면

negli anni a venire- 장래에

come viene- 있는 그대로, 그 자리에서

Bisogna prendere le cose come vengono. 현실을 있는 그대로 받아들여야 한다.

come viene viene- 되는대로, 아무렇게나, 얼렁뚱땅

Finirò quel lavoro come viene viene. Ho troppa fretta. 나는 그 일을 아무렇게나 마칠 거다. 난 너무 바빠.

venire a dire- 말하러 오다

Non venirmi a dire che non vi conoscete! 너희들이 서로 모르니 나한테 말하러 오지 마!

venire da- (1) ~에서부터 오다, ~출신이다

Da che paese vieni? 넌 어느 마을에서 왔어?

"Da dove viene?" "Vengo dalla Corea." "어디에서 오셨어요?" "한국에서 왔어요."

(2) ~하고 싶다, ~할 것 같다

Avevo appena fatto riparare la macchina che mio figlio ha bocciato. Mi viene da piangere. 내가 막 자동차를 수리했는데 아들 녀석이 사고를 냈다. 울고 싶다.

venir fatto di- 일어나다; 우연히 ~하다

Mi venne fatto di nominarlo. 나는 그의 이름이 기억났다.

venire fuori- (소식, 진실 등이) 알려지다, 드러나다(= essere rivelato)

Venne fuori che era stato in prigione. 그가 교도소에 있었다는 것이 드러났다.

venire meno- 실신/기절하다(= svenire); 사라지다(= svanire); 중단하다(= cessare)

venire meno a- 실패하다(= abbandonare); 깨다, 어기다(= non mantenere); 소홀히 하다(= trascurare); ~이 부족하다(= restare senza)

venire via- (어떤 물건이 붙어 있던 데서) 떨어지다, 빠지다, (얼룩 등이) 빠지다; (~에서) 떨어져 나가다(= allontanarsi); 떼어낼 수 있다(= staccarsi)

Il chiodo è venuto via. 못이 빠졌다.

Un va e vieni (di gente). 오고 가는 사람.

vento- 바람

andare col vento in poppa- 순풍에 돛을 달고 가다, 순조롭게 돌아가다; 결과가 좋다

Credevamo che fosse difficile organizzarci, ma stiamo andando col vento in poppa. 조직하기가 힘들 거라고 생각했었는데, 순조롭게 돌아가고 있다.

cercare di sapere da che parte spira il vento- 동향을 살피다, 형세를 관망하다

Chi semina vento raccoglie tempesta. (속담) 되로 주고 말로 받는다.

fiutare il vento- 바람 부는 방향을 알다; (비유) 여론의 동향을 살피다, 정세를 정확히 짚다

gettare al vento- ~을 불어서 날려버리다; (비유) ~을 완전히 잊다

gridare ai quattro venti- 온 세상 사람들이 다 듣게 ~을 외치다

Voglio che lo sappiamo tutti; lo griderò ai quattro venti. 모든 사람이 그것을 알기 바란다. (그래서) 온 세상 사람들이 다 듣게 그것을 외칠 것이다.

navigare secondo il vento- 시대의 흐름에 순응하다, 대세에 따라 나아가다

Seguiamo i suoi consigli. È meglio navigare secondo il vento e non prendere iniziative che lo possano contrariare. 그의 조언을 따릅시다. 대세에 따라 그를 반대하여 주도권을 잃지 않는 게 좋겠다.

parlare al vento- 말해봤자 소용없다, 소 귀에 경읽기 하다; 입만 아프다

Non ti stanno neanche a sentire; parli al vento. 네 말을 듣지도 않는데, 말해봤자 소용없다.

Qual buon vento ti porta? 웬일로 여기에 왔어? 여긴 어쩐 일이야?

spargere ai quattro venti- 멀리까지 퍼지다; (비유) 세상에 쫙 퍼지다

tirare vento- 바람이 불다

Tira vento forte. 바람이 세게 분다.

Tirava un forte vento. 바람이 강하게 불고 있었다.

vedere da che parte tira il vento- 어디에서 바람이 불어오는지 보다; (비유) (어떤 일을 하기 전에) 상황이 어떻게 될지 짐작을 하다

ventre- 배, 복부

　ventre a terra- 맹렬한 속도; 죽자 사자; 전속력으로, 황급히

　ventre molle- 공격받기 쉬운 지점, 취약점; 급소, 약점

verbale- 구술기록, 의사록

　mettere qualcosa a verbale- 기록에 남기다, 기록하다, 적어 놓다

verde- 녹색, 싱싱한

　essere al verde- 파산하다; 무일푼이다, 생활/살림이 곤란하다

　Non chiedermi soldi; sono al verde. 내게 돈 달라고 하지 마. 나 무일푼이야.

　essere verde di invidia- 시샘하다, 질투하다, 강샘하다, 배가 아프다

　diventare verde (dalla rabbia)- (분노로) 안색이 변하다, 화를 내다

　È diventato verde dalla rabbia quando ha saputo che ci avevano offerto il contratto. 그들이 우리와 계약
을 체결했다는 것을 알자 그는 분노로 안색이 변했다.

　nei miei verdi anni- 내가 젊었을 적에

vergogna- 수치, 창피, 부끄러움

　arrossire di vergogna- 부끄러워 얼굴을 붉히다, 창피해 얼굴이 붉어지다

　Dovresti arrossire di vergogna per quello che hai fatto. 넌 네가 한 일에 대해 부끄러워서 얼굴을 붉
혀야 할 거다.

　avere (o provare/sentire) vergogna- 부끄러워하다, 낯부끄럽다, 면목이 없다

　Prendi quello che vuoi, non avere vergogna! 원하는 것을 가져, 부끄러워하지 마!

　Che vergogna! 아이 창피해!/부끄러워!

　morire di vergogna- 부끄러워 죽다

　Muoio di vergogna all'idea di salire sul palco. 무대에 오를 생각을 하니 부끄러워 죽겠다.

vergognarsi- 부끄러워하다

　Mi vergogno a dirlo. 그것을 말하기가 부끄럽다.

　vergognarsi di- ~에 대해 부끄러워하다

　Dovresti vergognarti di quello che hai fatto. 네가 한 것에 대해 부끄러워해야 해!

　Lei si vergona di cantare in pubblico. 그녀는 대중 앞에서 노래하는 것을 부끄러워한다.

　Vergognati! 부끄러운 줄 알아!

verifica- 확인, 조회, 입증

　fare la verifica di qualcosa- ~을 점검하다, 확인하다, 알아보다

　fare la verifica di una dichiarazione- 진술을 확인해 보다

verità- 사실, 진실

　a (o per) dire la verità- 사실대로 말해서

　per la verità- 사실은

　in verità- 실제로, 진짜로; 정말로, 진정으로; 꼭 맞아

　La verità vien sempre a galla. (속담) 진실은 언젠가는 드러난다.

verme- 벌레

　nudo come un verme- 벌거벗고, 전라(全裸)의, 알몸으로, 실오라기 하나 걸치지 않고

Andava a dormire nudo come un verme, senza pigiama. 그는 잠옷도 입지 않고, 알몸으로 잠자러 가곤 했다.

sentirsi un verme- 벌레 같은 느낌이 들다(= sentirsi inferiore)

vero- 1. (형용사) 진짜의, 사실의

come è vero Dio- 신에게 맹세컨대

Fosse vero! 사실이라면!

Non è vero? 사실이 아닌가요? 그렇지 않은가요?

Non mi pare vero. 거의 믿어지지 않는다.

Te lo dico di vero cuore. 네게 진심으로 말한다.

tant'è vero che- 그래서, 그렇기 때문에, 매우 그러하므로 ~하다; 사실은, 실제

vero e proprio- 진짜의, 정말의, 진정한

Ho preso un vero e proprio spavento. 난 진짜로 놀랐다.

vero motivo- 진짜 이유

Qual è il vero motivo della tua visita? 너의 진짜 방문 이유가 뭐지?

2. (명사) 진리, 진실, 사실

a dire il vero- 사실대로 말해서, 사실은

a onor del vero- 바른대로 말해서, 사실대로 말하면, 솔직하게 말하면

A onor del vero aveva ragione ad arrabbiarsi. 솔직하게 말하면 그가 화내는 데에는 일리가 있었다.

dipingere dal vero- 사생하다, 실물을 그리다

per amor del vero- 솔직히 말해서; 진리를 위해

salvo il vero- 내가 틀리지 않다면

verso①- 1. (문장의) 행, 울부짖는 소리

fare il verso- 흉내 내다

Aveva una voce così chioccia che i ragazzini gli facevano il verso. 그는 귀에 거슬리는 음성을 가졌는데, 아이들이 그를 흉내 냈다.

lasciare andare le cose per il loro verso- 추세에 맡기다, 될 대로 되게 내버려 두다

non esserci verso- 방법이 없다

Non c'è verso di convincerlo. 그를 설득할 방법이 없다.

prendere qualcuno per il verso giusto- ~을 올바르게 대하다, ~을 만족시키다

Se lo prendi per il verso giusto, otterrai quello che vuoi. 그를 올바로 대하면 네가 원하는 것을 얻을 수 있을 것이다; 그를 만족시키면 네가 원하는 바를 얻을 수 있을 것이다.

saper prendere qualcuno per il suo verso- ~을 다룰 줄 알다

verso②- (종이의) 이면

il verso di una medaglia- 동전의 이면

per un verso/per un altro- 이런 저런 이유로, 어떤 이유로(= per un qualche motivo); 어떻게 해서든(= in qualche modo)

Ora per un verso ora per un altro non riesco mai ad andare a teatro. 때로는 이런 이유로 때로는 저런 이유로 난 절대 극장에 갈 수가 없다.

verso[3]- ~쪽으로, ~쯤에

  correre verso la stazione- 역을 향해 달리다

  Correva verso la stazione. 그는 역 쪽으로 뛰어가고 있었다.

  verso mezzogiorno- 자정쯤에, 자정 무렵에

veste- 의복, 의장

  in veste di- ~로서, ~의 자격으로

  in veste di avvocato- 변호사의 자격으로

  lacerarsi (o stracciarsi) le vesti- 옷을 찢다; (비유) 분개하다; 깜짝 놀라다, 놀란 기색을 보이다

vetrina- (가게의) 진열장, 쇼윈도

  mettersi in vetrina- 자랑하다, 과시하다

  Una che si veste così ha semplicemente voglia di mettersi in vetrina. 그와 같이 옷을 입은 사람은 그저 과시하길 바란다.

via- 1. (명사) 길

  a mezza via- 중간에, 가운데쯤에

  Ci incontrammo a mezza via. 우리는 중간에서 만났다.

  aprire la via- 길을 열다, 앞장서다, 선구하다, 앞서서 안내하다, 솔선하다

  Chi lascia la via vecchia per la nuova sa quel che lascia, non sa quel che trova. (속담) 모르는 곤경보다 싫어도 아는 곤경이 더 낫다. 구관이 명관이다.

  dare il via libera- 공습 경보를 해제하다

  dare il via a una discussione- 토론을 시작하다(= iniziarla); 논쟁을 불러일으키다(= suscitarla)

  dare via libera a qualcuno- ~을 통과시키다(= far passare); ~에게 행동의 자유를 주다(= non opporsi)

  dare via libera a un progetto- 허락하다, 승인이 떨어지다

  Ci hanno dato via libera per iniziare quel progetto. 그들은 그 계획을 시작하도록 우리에게 허락하였다.

  e via di questo passo- ~등, ~따위

  Possiamo elencargli tutte le bellezze del posto: il paesaggio, le rovine antiche e via di questo passo. 우리는 풍경과 고대 유적 등 모든 아름다운 장소를 그에게 열거할 수 있다.

  in via confidenziale- 비밀로, 극비로, 은밀하게

  In via del tutto confidenziale le dirò che il suo progetto è stato approvato. 그의 계획이 승인되었음을 비밀로 당신께 말할 것입니다.

  (essere) in via di guarigione- 호전되다, 회복 중이다

  È in via di guarigione, ma ha ancora bisogno di cure. 그는 회복 중이지만, 여전히 치료가 필요합니다.

  La via dell'inferno è lastricata di buone intenzioni. (속담) 지옥 길은 선의로 포장되어 있다. 실제 행동으로 옮기지 않는 선의는 의미가 없다.

  Non c'è via di scampo. 나갈 방법이 없다. 그것은 피할 수 없다/어쩔 수 없다.

  passare alle vie di fatto- 폭력을 쓰다, 완력에 호소하다; 주먹다짐을 벌이다

  I due automobilisti si sono messi a litigare e poi sono passati alle vie di fatto. 두 운전자는 언쟁을 벌이더니 주먹다짐을 벌였다.

  per altre vie- 다른 방식으로

per via aerea- 항공으로

per via di- (1) ~때문에

L'aeroporto è chiuso per via della nebbia. 공항이 눈 때문에 폐쇄되었다.

Si conobbero per via di quel lavoro. 그들은 그 일 때문에 서로 알게 되었다.

(2) 통해서

Lo conosco per via di mio fratello. 나는 그를 형을 통해 알고 있다.

per via diplomatica- 외교 경로를 통해, 외교적으로

per via orale- 구두로

medicina per via orale- (입으로) 복용하는 약

per vie traverse- 옆길로; 간접적으로(= indirettamente); 정직하지 못한 방법으로(= in modo poco onesto)

Pronti? Via. (퀴즈나 오락에서) 준비됐습니까? 시작하세요.

sulla retta via- (곧게 뻗은) 좁은 길

Se vuol essere veramente un onesto cittadino dovrà decidersi a tornare sulla retta via. 그가 정말 정직한 시민이기 바란다면, 좁은 길로 돌아오기로 결정해야만 할 것이다.

trasmissione via radio- 라디오 방송

trasmissione via satelite- 위성 방송

una via di mezzo- (1) 달리 취할 길, 대안

Non c'è una via di mezzo. 대안이 없다.

(2) 절충, 타협

Dobbiamo trovare una via di mezzo tra picchiarlo e lasciar correre. 우리는 그를 체벌하거나 마음대로 하도록 놔두는 것 사이에서 절충을 모색해야만 한다.

una via di sbocco (o scampo, uscita)- 빠져나갈 구멍, 활로, 타개책

Non c'è nessuna via di sbocco a questa situazione. 이러한 상황에서는 아무도 빠져나갈 구멍이 없다.

2. (부사) 떨어져

andare via- (사람, 장소를) 떠나 가다

e così via (o e via dicendo)- 기타 등등

Gli ho raccontato della casa, del fulmine, dell'incendio, e così via. 나는 그에게 집과 번개 그리고 화재 및 기타 등등에 대해 이야기했다.

mandare via qualcuno- ~을 보내다

via via- 서서히, 점점 더

via via che- (때) ~하자마자, ~하면

Via via che arrivano, mandali da me. 그들이 도착하면, 내게 보내.

viaggio- 여행

Buon viaggio! 즐거운 여행이 되길!

essere in viaggio- 여행 중이다; 길을 떠나다

Loro sono in viaggio. 그들은 여행 중이다.

fare un lungo viaggio- 오랜/긴 여행을 하다

Ho fatto un lungo viaggio per tutta l'Europa. 나는 전 유럽을 오랫동안 여행했다.

fare un viaggio a vuoto- 빈손으로 돌아오다; (비유) 헛수고를 하다

fare un viaggio e due servizi- 일석이조

viaggio di piacere- 유람여행

viaggio d'affari- 출장

viaggio nel tempo- 시간여행

vicinanza- 가까움, 인근

in vicinanza di- 가까이

Siamo in vicinanza della chiesa. 우린 교회 가까이에 있다.

nelle vicinanze di- ~근처에

vicino- 가까운

essere vicino a- ~에 가깝다

Lui deve essere vicino ai sessanta. 그는 틀림없이 60살에 가까울 것이다.

da vicino- 아주 가까이에서

La foto è presa da troppo vicino. 사진이 아주 가까이에서 찍혔다.

Voglio vederlo da vicino. 나는 그것을 아주 가까이서 보고 싶다.

lì vicino- 그 부근에, 그 근처에

qui vicino- 이 근처에

Lavoro qui vicino. 나는 이 근처에서 일한다.

vicino a- ~가까이에, 근처에, 옆에

Abito vicino a Roma. 나는 로마 근교에 산다.

Posso sedermi vicino a te? 네 옆에 앉아도 되겠니?

Stammi vicino. 내 옆에 있어.

vietato- 금지된

vietato entrare- 입장 금지

vietato fumare- 흡연 금지

vietato l'ingresso ai cani- 개 출입 금지

vietato calpestare le aiuole- 잔디밭에 출입 금지

vigna- 포도밭

Questa vigna non fa uva! 이 포도밭은 포도가 열리지 않는다! 얻을 게 아무것도 없다!

vigore- 효력

essere in vigore- 시행되고 있다; 유포되고 있다, 사용되고 있다(= essere in uso)

Questa legge è ancora in vigore. 이 법은 아직도 시행되고 있다.

entrare in vigore- 시행/발효되다, 효력을 발생하다, 효력을 발휘하기 시작하다

Negli ultimi tempi molte nuove leggi sono entrate in vigore. 최근에 많은 새로운 법률이 시행되었다.

vincere- 이기다, 승리하다

Chi la dura la vince. (속담) 느려도 착실하면 이긴다.

lasciarsi vincere dalla tentazione- 유혹에 넘어가다

vincere due a zero- 2대 0으로 이기다

Il Milan ha vinto 2 a 0. AC 밀란이 2대 0으로 이겼다.

vincere se stesso- 자기 자신을 이기다

vincere un concorso- 시합에서 이기다

vincere un premio- 상을 타다

vino- 포도주

fare il vino- 포도주를 만들다

vino della casa- 하우스 와인(레스토랑 자가 생산의 싼 포도주)

vino dolce- 달콤한 포도주

vino secco- 단 맛이 없는 포도주, 쓴 포도주

vino spumante (o frizzante)- 발포성 포도주, 스파클링 와인

vinto- 승리한

averla vinta- 자신의 생각대로 하다, 자기 길을 가다

Alla fine l'ha avuta vinta lui. 결국에 그는 자기 생각대로 했다.

darla vinta- 멋대로 하게 내버려두다, 자기 마음대로 하게 두다

Vuoi sempre darla vinta tu. 넌 항상 네 마음대로 하길 원해.

Questa volta non gliela darò vinta e faremo come dico io! 이번에는 그가 본인 마음대로 하게 두지 않고 내가 말한 대로 우리가 할 것이다!

darle tutte vinte a qualcuno- ~의 응석을 다 받아주다

darsi per vinto- 포기하다, 그만두다; 패배를 인정하다

Il campione perdeva, ma rifiutò di darsi per vinto e alla fine vinse lui. 챔피언은 지고 있었지만, 포기하지 않았고 결국에는 그가 승리했다.

volerla sempre vinta- 늘 자기 하고 싶은 대로 하길 원하다

violino- 바이올린

un violino- 아첨쟁이, 아부꾼[3]

Che violino! Non fa che adulare! 얼마나 아첨꾼이라고! 늘 아무에게나 아첨해!

virgola- 구두점, 콤마, 쉼표

guardare a tutte le virgole- 시시콜콜 따지다, 코투리를 잡다

non cambiare una virgola- 아무것도/한 마디도 바꾸지 않다

Non ho cambiato una virgola della mia testimonianza. 내 증언에 대해 아무것도 바꾸지 않았다.

virtù- 덕성, 미덕

in virtù della mia esperienza- 나의 경험으로

in virtù del trattato- 협정 아래, 협정에 따라

in virtù di- ~덕분에, ~때문에, ~의 힘으로, ~에 따라

per virtù dello Spirito Santo- 성령의 힘으로

visione- 시야

---

[3] 동의어는 'adulatore, lecca culo'이며, 관용어는 'lisciare il pelo a, leccare i piedi a qualcuno'가 있다.

inviare (o mandare) qualcosa in visione a qualcuno- ~에게 ~을 살펴보라고 보내다

prendere visione di qualcosa- ~을 훑어보다, ~을 살펴보다

visita- 방문

fare una breve visita- 잠깐 방문하다

fare visita a qualcuno- ~을 방문하다

Prima di tornare a casa, faremo visita al nostro amico. 집으로 돌아가기 전에, 우리 친구 집을 방문할 것이다.

viso- 얼굴

a viso aperto- 솔직하게, 드러내 놓고, 터놓고

Lui li affronta a viso aperto. 그는 그들과 드러내 놓고 맞서고 있다.

accendersi in viso- 얼굴이 타오르다, 얼굴이 붉어지다

Far buon viso a cattivo gioco. 역경에서도 최선을 다하다. (고통, 실망, 곤경을) 쓴웃음을 지으며 참다.

fare buon viso- 환영하다, 맞이하다

ferirsi al viso- 얼굴을 다치다, 얼굴에 상처가 나다

Mi sono ferito un po'al viso. 나는 얼굴을 약간 다쳤다.

guardare qualcuno in viso- ~의 얼굴을 똑바로 보다, 빤히 쳐다보다

in viso- ~의 면전에서, ~을 마주보고; (비유) ~에 거리낌없이

lavarsi il viso- 얼굴을 씻다, 세수하다

viso a viso- 면대하여, 맞대고, 마주보고, 마주 앉아서, 정면으로 대면하여

vista- 시각, 전망, 견해

a prima vista- (1) 처음에, 언뜻 보기에

A prima vista mi sembra un buon affare. 언뜻 보기에는 좋은 거래 같다.

(2) 첫눈에, 보자마자

Si sono innamorati a prima vista. 그들은 첫눈에 사랑에 빠졌다.

a vista- 보고 당장, 보자마자; 요구만 있으면; (상업) 일람불의, 제시하자 마자; 발견하는 대로

a vista d'occhio- 바로 눈앞에서; 눈에 띄게, 분명히(= rapidamente)

Il bambino cresce a vista d'occhio. 아이가 눈에 띄게 성장한다.

alla vista di- ~을 보고서, ~의 모습에

Alla vista del sangue svenne. 그녀는 피를 보고서 실신했다.

aguzzare la vista- 보려고 안간힘을 쓰다

C'è una luce così fioca che devo aguzzare la vista per cucire. 불빛이 너무 희미해서 바느질하기 위해서는 보려고 안간힘을 써야만 한다.

avere la vista corta- 근시안적이다; 시야가 좁다

avere la vista lunga- 먼 곳을 볼 수 있다, 원시안적이다; (비유) 통찰력/선견지명이 있다

avere qualcosa in vista- 마음에 두고 있다, 염두에 두고 있다, 마음먹다, 계획하다

Ho in vista qualcosa d'interessante. 나는 뭔가 재미있는 것을 계획하고 있다.

avere una vista d'aquila- 눈이 예리하다, 날카롭게 지켜보다, 안목이 있다, 눈썰미가 있다

bene in vista- 다 보는 데서, 바로 앞에서; 눈에 띄는, 분명하게 보이는

conoscere qualcuno di vista- 안면이 있다, 본 적이 있다; ~와 가볍게 눈인사만 나누는 사이이다

Lo conosciamo solo di vista. 우리는 그와 인사나 나눌 정도이다.

essere debole di vista- 시력이 약하다

Lui non ha fatto il servizio militare perché è debole di vista. 그는 시력이 약해서 군복무를 안 했다.

in vista- (1) 세간의 주목을 받는

È una persona molto in vista. 그는 세간의 주목을 받는 사람이다. 그는 잘 알려진 사람이다.

(2) 눈앞에

La promozione è ormai in vista. 승진이 이제 눈앞에 있다.

(3) 눈에 보이는, 눈에 띄는(= visibile)

Non c'era nessuno in vista. 눈에 보이는 사람이 한 명도 없었다.

(4) 유명한(= noto)

Suo zio è un avvocato molto in vista. 그의 삼촌은 매우 유명한 변호사이다.

in vista di- (1) ~에 앞에, 먼저, 전에

In vista di Natale gli ho comprato già un regalo. 나는 성탄절 이전에 이미 그에게 선물을 사주었다.

(2) 보이는 곳에(= in prossimità di)

Siamo in vista della costa siciliana. 우리는 시칠리아 해안이 보이는 곳에 있다.

mettersi in vista- 이목을 끌다; 자랑하다, 으스대다, 돋보이게 하다

Le piace mettersi in vista. 그녀는 이목을 끌기를 좋아한다.

pagabile a vista- (어음의) 일람불

perdere di vista- (1) ~와 연락/접촉이 끊기다

L'ho perso di vista; non so che fine abbia fatto. 나는 그와 연락이 끊겼는데, 무슨 속셈인지 모르겠다

(2) ~을 시야에서 놓치다, ~이 더 이상 안 보이게 되다

L'ho persa di vista tra la folla. 군중 사이에서 그녀를 시야에서 놓쳤다.

perdersi di vista- 시야에서 사라지다, 안보이다; 연락이 끊기다

Dopo il liceo ci siamo persi di vista. 고등학교 졸업하고 나서 우리는 서로 연락이 끊겼다

perdere la vista- 시력을 잃다

presentarsi alla vista di qualcuno- 보이기 시작하다, ~의 시야에 들어오다; ~앞에 나타나다

punto di vista- 관점

seconda vista- 투시력, 미래를 내다보는 능력

sparare a vista- 보는 대로 사살하다, 보이는 즉시 쏘다

suonare/cantare a prima vista- 즉석에서 연주/노래하다

Terra in vista! 와, 육지다!

tradurre a prima vista- 보면서 바로 번역하다

tratta a vista- 일람불 환어음

visto- 1. (형용사) 보인, 승인된

chi s'è visto s'è visto- 그게 끝이다

Si è preso il premio e chi s'è visto s'è visto. Un bel maleducato. 그는 상을 탔는데 그게 끝이야 (그냥

가 버렸다). 참 예의 없네.

mai visto (prima)- 유례없는, 전례가 없는; 이례적일 정도로 특출한, 아주 유별난

non visto- 보이지 않는

una bellezza mai vista- 특출한 미인

2. (명사) 비자, 사증

chiedere/concedere un visto- 비자를 신청/발급하다

mettere il visto su un passaporto- 여권에 사증을/비자를 주다

vita[①]- 생명, 생활

avere cara la vita- 목숨을 중히 여기다

avere una doppia vita- 이중생활을 하다

cambiare vita- 생활 습관을 바꾸다; 새 사람이 되다, 행실/태도를 고치다

Da quando ha cambiato vita, è un marito modello! 새 사람이 된 뒤로, 그는 남편의 귀감이다!

capitare solo una volta nella vita- 인생에 딱 한번 일어나다

Come va la vita? 어떻게 지내?

Che vita! 살맛 안 나네! 아이고!

conoscere vita, morte e miracoli di qualcuno- ~에 대해 정통하다, ~에 대해 샅샅이 알다

Chiedilo a lui; conosce vita, morte e miracoli di tutti. 그에게 물어봐. 그는 모든 사람에 대해 샅샅이 알고 있다.

da una vita- 오래 전부터

Ci conosciamo da una vita. 우리는 오래 전부터 알고 있다.

dare la vita a qualcuno- ~에 생기를 주다/불어넣다

dare la vita per- ~을 위해 목숨을 내놓다, ~을 위해 희생하다

Molti giovani hanno dato la vita per la patria. 많은 젊은이들이 조국을 위해 희생했다.

dare vita a qualcosa- ~을 시작하다(= iniziare); ~을 설립하다(= fondare)

darsi alla bella vita- 신나게 살다, 마음껏 즐기다

Appena finiti gli esami si dà alla bella vita. 시험을 마치자마자 그는 마음껏 즐긴다.

durante la vita di qualcuno- ~의 생애 동안에, ~가 살아 있는 동안에

durante la sua vita- 그의 생애 동안

fare vita in comune- 같이 살다, 공동체 생활을 하다

È la vita. 그것이 인생이다.

essere pieno di vita- 활기가 넘치다

È piena di vita. 그녀는 활력이 넘친다.

essere (o stare) fra la vita e la morte- 생사를 헤매다, 생사를 넘나들다, 생사의 지경을 방황하다

Fortunatamente si è ripreso, ma è stato per qualche ora fra la vita e la morte. 다행히도 그는 기운을 차렸지만, 몇 시간 동안 생사의 기로에서 헤맸다.

essere in pericolo di vita- 생명이 위태롭다, 생명이 위험하다

In seguito ad un incidente stradale è in pericolo di vita. 교통사고로 인해 그의 생명이 위태롭다.

fare una vita da galera- 비참한 생활을 하다, 비참하게 살아가다

Laggiù non ci torno per tutto l'oro del mondo; mi hanno fatto fare una vita da galera. 천만 금을 다 준 대도 거기에 돌아가지 않을 거다. 그들은 나를 비참하게 살게 했으니깐.

fare una bella vita- 멋진 삶을 살다

giurare sulla vita di qualcuno- ~의 목숨을 걸고 맹세하다

Lo giuro sulla mia vita. 내 목숨을 걸고 그것을 맹세한다.

guadagnarsi la vita- 밥벌이를 하다, 생활비를 벌다

Si guadagna a stento la vita. 그는 가까스로 생계를 유지한다.

Si guadagna onestamente la vita. 그는 정직하게 생활비를 번다.

in vita mia- 내 생에, 내 평생에

Non avevo mai visto niente di simile in vita mia. 내 생애 그런 것은 본 적이 없다.

la dolce vita- 감미로운 삶, 호화로운 생활, 근심걱정 없는 삶

Abbiamo fatto la dolce vita negli anni sessanta, ma adesso è finita. 우리는 60년간 근심걱정 없는 삶을 살았는데, 이제 끝났다.

metterci una vita- 엄청난/오래 시간이 걸리다

Che barba! Ci mette una vita a scrivere una paginetta. 진절머리가 난다! 한 장 쓰는데 엄청난 시간이 걸려.

passare a miglior vita- 사망하다, 돌아가시다(morire라는 단어를 피하기 위해 씀)

pena la vita- 사형

per tutta la vita- 평생토록

Ti amerò per tutta la vita. 당신을 평생토록 사랑할게요.

perdere la vita- 목숨을 잃다

ragazza di vita- 매춘부, 창녀

rendere la vita difficile a qualcuno- ~을 힘들게 하다, ~을 골치 아프게 하다

ridare vita a- 활기를 되찾다, 회복/소생하다; ~에 새 생명을 불어넣다

rifarsi una vita- 스스로 새로운 생활을 시작하다, 갱생의 길을 걷다

rimanere (o essere) in vita- 살아 있다, 생존하다

Finché sarò in vita non dimenticherò quello che hai fatto per me. 내가 살아 있는 한 네가 날 위해 해 준 것을 잊지 않을게.

rischiare la vita- 목숨을 걸다, 생명을 걸다, 위험한 짓을 하다

salvare la vita a qualcuno- ~의 목숨/생명을 구하다

Gli ho salvato la vita. 나는 그의 목숨을 구해 주었다.

stare su con la vita- 의연한 자세를 유지하다, 용기를 잃지 않다, 굴복하지 않다

Sta' su con la vita; andrà tutto bene, vedrai! 용기를 잃지 마. 봐봐, 모든 게 다 잘 될 거야!

togliere la vita a qualcuno- ~의 생명을 앗아가다, ~의 목숨을 빼앗다

togliersi la vita- 자살하다, 목숨을 끊다

tra la vita e la morte- 생사의 기로에서, 생사지경

vendere cara (o a caro prezzo) la vita- 값지게 생명을 버리다

Su con la vita! 기운 내!

vita②- 허리

    abito stretto in vita- 허리가 끼는 옷

    avere la vita sottile (o stretto)- 허리가 가늘다, 개미 허리이다

    prendere qualcuno per la vita- ~의 허리를 잡다

    vita di vespa- 잘록한 허리, 개미허리

vite- 나사, 볼트

    dare un giro di vite- ~을 탄압하다, 엄하게 단속하다

Il regime ha dato un giro di vite arrestando centinaia di oppositori. 정부는 수백 명의 반대자들을 체포하여 탄압했다.

vittoria- 승리

    avere la vittoria in pugno- 승리를 거머쥐다/손에 쥐다

    cantare vittoria- 승리의 함성/환호성을 지르다, 기뻐서 어쩔 줄 모르다

Non cantare vittoria prima del tempo. 미리 승리의 함성을 지르지 마.

    conseguire (o riportare) una vittoria sul nemico- 적을 상대로 승리를 거두다

    vittoria ai punti- 판정승

vivere- 살다

    avere di che vivere- 먹고 사는데 걱정 없다, 끼니 걱정은 없다

    cessare di vivere- 죽다

    Chi vivrà vedrà. (속담) 시간이 지나면 알게 될 것이다.

    essere stanco di vivere- 사는데 지치다, 삶이 피곤하다

    lasciare vivere- 평화롭게 내버려 두다, 조용히 놓아두다

Da quando gli ho promesso di portarlo allo zoo non mi lascia vivere. 그에게 동물원에 데려가기로 약속한 이후 나를 가만히 내버려 두질 않는다.

    stare sul chi vive- 조심하다, 빈틈없이 경계하다

È meglio stare sul chi vive. Non si sa mai che cosa gli passa per la testa. 무슨 생각이 들지 모르니, 조심하는 게 낫다.

    vivere alle spalle di- ~의 도움으로 살다, ~한테 얹혀 살다, ~에게 빌붙어 살다

Lui è uno sfaticato: vive ancora alle spalle dei suoi genitori. 그는 나태한 사람이어서 아직도 부모님한테 의지해서 살고 있다.

    vivere del proprio stipendio- 자신의 월급으로 살다

    vivere di- ~로 살다

    vivere di rendita- 소득/수입으로 살다

    vivere in miseria- 비참하게 살다, 가난하게 살다

Ci sono ancora molte persone che vivono in miseria. 아직도 비참하게 사는 많은 사람들이 있다.

    vivere in pace- 평화롭게 살다

Non desidero altro che vivere in pace e senza problemi. 난 문제없이 평화롭게 사는 것 말고 바랄 것이 없다.

    Vivendo s'impara. (속담) 살면서 배운다. 경험에 의해 알게 된다.

Vivi e lascia vivere. (속담) 나는 나, 남은 남. 자유롭게 살아라.

vivo①- 살아있는, 생생한

a viva forza- 힘으로, 폭력으로, 강제로

cuocere a fuoco vivo- 센 불에서 익히다

essere vivo- 살아 있다

La pianta è ancora viva. 식물이 아직 살아 있다.

Mio nonno è ancora vivo. 나의 할아버지께서는 아직 살아 계신다.

Sono più morto che vivo. 난 거의 반 죽음이다, 난 죽은 것이나 다름없다.

Sono vivo per miracolo. 난 기적적으로 살아 있다.

farsi vivo- 나타나다(= farsi vedere); 보러 가다, 방문하다(= venire a trovare); 연락하다(= dare notizie di sé); 몇 줄 써 보내다(= scrivere)

le forze vive del paese- 국가의 활력

mangiare vivo qualcuno- ~을 야단치다, ~을 호되게 꾸짖다

Se non la smetti, piccolo mostro, ti mangio vivo. 작은 괴물아, 너 그만두지 않으면 야단칠 거다.

Non si fa vivo da due mesi. 그는 두 달째 모습을 나타내지 않는다.

pungere sul vivo- 부아가 나다, 아픈 곳을 찌르다

Quando le ho detto che non era stata gentile si è sentita punta sul vivo. 그녀가 친절하지 않았다고 내가 말하자, 그녀의 아픈 곳을 찔렀다.

vivo e vegeto- 남아서, 건재하여; 원기 왕성한, 팔팔한

Macché scomparso. È vivo e vegeto e fa un sacco di soldi. 실종이 다 뭐야. 그는 원기 왕성하게 많은 돈을 벌고 있어.

vivo②- 생존자, 생활, (손톱 밑의) 속살, 핵심

al vivo- 생생히; 생긴 그대로, 생생하게, 실물 그대로

concerto dal vivo- 라이브 콘서트

dal vivo- 살아 있는; 사생(寫生)한

il vivo di una questione- 문제의 본질, 사건의 핵심

vizio- 악습

avere il vizio- 악습을 갖고 있다

Ha il vizio del fumo. 그는 담배를 피우는 악습이 있다.

vivere nel vizio- 악습에 빠져 살아가다

voce- 소리

a voce- 구두로; 직접, 몸소

Preferisco parlartene a voce. 그것에 대해 네게 직접 말하는 것이 더 좋겠다.

a una voce- 한 목소리로, 이구동성으로, 일제히, 한결같이

abbassare la voce- 목소리를 낮추다

alzare la voce- 목청을 높이다, 더 큰 목소리로 말하다(= parlare più forte); 항의하다, 언성을 높이다(= arrabbiarsi)

avere voce in capitolo- 영향력이 있다; 발언권/투표권이 있다

Non fidarti delle sue promesse; non ha nessuna voce in capitolo. 그의 약속을 믿지 마. 그는 발언권이 없다.

chiedere a gran voce- (큰 소리로) 요구하다

Hanno chiesto a gran voce di aggiornare la seduta. 그들은 회의의 휴회에 대해 요구했다.

con un fil di voce- 꺼질듯한 목소리로, 가는/작은 목소리로, 다 죽어가는 목소리로

correre voce- 말이 나다, 소문이 들리다.

Corre voce che tu stia per sposarti. 네가 곧 결혼한다는 소문이 들린다.

dar voce a qualcosa- 토로/표현하다, 나타내다, 표하다

dare sulla voce a qualcuno- 부인/부정하다, 반박하다(= contraddire); ~을 입 다물게 하다(= zittire)

Lei mi è proprio antipatica, mi dà sempre sulla voce. 난 정말 그녀가 싫다. 늘 날 반박한다.

dare una voce a qualcuno- 전화하다

Dammi una voce quando arrivi; il citofono non funziona. 도착하면 전화해. 초인종이 고장 났다.

darsi la voce- 말을 전달하다

fare la voce grossa- 목청을 돋우다, 소리를 지르다; 협박조로 말하다

Fa la voce grossa, ma non è arrabbiato sul serio. 소리를 지르지만, 그가 심하게 화난 건 아니었다.

la voce vellutata- 설득력 있는 표현/소리

Con quella voce vellutata ottiene ciò che vuole. 설득력 있는 표현으로 그가 원하는 것을 얻는다.

sottovoce- 낮은 목소리로

Parliamo sottovoce perché la mamma sta dormendo. 어머니께서 주무시고 계시니깐 나지막한 소리로 말하자.

spargere (o mettere in giro) la voce- 소문을 내다

Hanno sparso la voce che stava per essere arrestato. 그들은 그가 곧 체포될 것이라는 소문을 냈다.

voce attiva/passiva- (문법) 능동태/수동태; (법률) 선거권 [피선거권]

voci che corrono- 단지 소문에 불과한

voci di corridoio- 소문, 유언비어, 쑥덕공론

Secondo le voci di corridoio, il governo sta per cadere. 유언비어 때문에 정부가 쓰러지려고 한다.

voglia- 희망, 기대, 갈망

aver voglia di- ~을 하고 싶다

Hai voglia di fare quattro passi? 너 산책하고 싶니?

Ho una gran voglia di rivederlo. 그를 다시 보고 싶은 마음이 강하다.

fare qualcosa di mala (o contro) voglia- 마지 못해 ~을 하다, 어쩔 수 없이 하다

levarsi (o togliersi) la voglia di- ~하고 싶은 욕망을 만족시키다

morire dalla voglia di- ~하고 싶어 죽다, 못 견디다

Muoio dalla voglia di andare in acqua, ma ho appena mangiato. 물에 가고 싶은 마음이 간절하지만, 난 방금 식사를 했다.

non averne voglia- 그러고 싶은 마음이 없다

Non ne ho voglia. (나는) 그러고 싶지 않아.

Non ne ho nessuna voglia. (나는) 그럴 마음이 전혀 없다.

venire la voglia di- ~하고 싶은 마음이 들다

Mi viene la voglia di dirglielo. 나는 그에게 그것을 말하고 싶은 마음이 든다.

Mi è venuta la voglia di imparare l'italiano. 나는 이탈리아어를 배우고 싶은 마음이 들었다.

voi- 너희들

A voi! 너희 차례야(= tocca a voi); (건배할 때) 여러분을 위하여(= alla vostra salute)!

alcuni di voi- 너희 가운데 몇 명이

Beati voi! 운 텄군! 억세게 운이 좋군!

da voi- 귀하의 가정에; 당신 나라에; 자네 혼자서

nessuno di voi- 너희 가운데 아무도

qualcuno di voi- 너희 가운데 누군가가

uno di voi- 너희 가운데 한 명이

voi stessi (o proprio voi)- 너희들 자신이

volano- 셔틀콕, 깃털공놀이; 회전 속도 조절 바퀴

fare da volano- 일을 시작하다, 계속 진행시키다; 원동력/추진력이 되다

L'apertura del nuovo centro commerciale ha fatto da volano alla ripresa economica nella zona. 새 상업 단지의 개장은 지역 경제 회복에 원동력이 되었다.

volata- 비행

di volata- 아주 바쁘게, 허겁지겁, 화급히

Corse di volata in ospedale. 그는 병원으로 다급히 달려갔다.

fare una volata- 급히 가다

Ho fatto una volata fino a casa perché mia madre stava poco bene. 난 어머니가 좋지 않기 때문에 집까지 급히 갔다.

tirare la volata a qualcuno- ~의 길을 순탄하게 만들다

volente- 바라는

volente o nolente- 좋든 싫든 간에 (상관없이), 좋아하든 말든

Nell'esercito si deve obbedire agli ordini, volenti o nolenti. 좋든 싫든 간에, 군대에서는 명령에 복종해야 한다.

volere- 1. (동사) 원하다, 바라다

ce n'è voluto (di tempo e fatica)- 많은 (시간과 수고가) 들다

Ce n'è voluto, ma alla fine l'abbiamo convinto a venire a casa con noi. 많은 수고가 들었지만, 마침내 우리와 함께 집으로 돌아가도록 그를 설득했다.

Chi la vuol cruda, chi la vuol cotta. (속담) 누구는 날 것을 원하고, 누구는 익힌 것을 원한다. 사람마다 취향이 다르다.

Chi troppo vuole, nulla stringe. (속담) 다 잡으려다가는 몽땅 놓친다.

Chi vuole vada e chi non vuole mandi. (속담) 무언가를 하고 싶다면 네가 직접 하라.

E che ci vuole!- 아주 쉽다, 어렵지 않다!

"Ho imparato a fischiare." "E che ci vuole! So farlo anch'io!" "휘바람 부는 것을 배웠어" "아주 쉬운 거야! 나도 할 줄 알아!"

quello che ci vuole- (누군가) 정확히 원하는/필요로 하는 대로

Una bella birra ghiacciata: ecco quello che ci vuole per calmare la sete. 시원한 맥주 한 잔. 그것이 갈증을 푸는 데 정확히 필요한 것이다.

Se l'è voluta. 자업자득이다.

senza volere (o non volendo)- 건성으로; 본의 아니게, 무심코 한, 부지불식간에

Ho pestato la coda al gatto, ma l'ho fatto senza volere. 고양이의 꼬리를 밟았지만, 무심코 한 것이었다.

volerci- (1) (시간이) 걸리다(= occorrere)

Ci vuole tempo per queste cose. 이 일들은 시간이 걸린다.

Quanto ci vuole per andare da Roma a Milano? 로마에서 밀라노까지 가는데 얼마 걸리나요?

(2) 필요하다, 요구되다(= essere necessario, opportuno, richiesto)

Ci vuol altro! 그것보다 더 걸려! 그것보다 더 필요해!

Quanta stoffa ci vuole per un vestito? 옷 한 벌을 위해 얼만큼의 천이 필요한가요?

Qui ti ci vorrebbe un tavolo. 여기에 너 책상이 필요한 거니.

Volere è potere. (속담) 뜻이 있는 곳에 길이 있다.

Volere o volare! 유감스럽게도 중요한 사실을 간과할 수 없다!

volere bene a qualcuno- ~을 좋아하다, 사랑하다

Il cane vuol bene al padrone. 개가 주인을 좋아한다.

Si vogliono molto bene. 그들은 서로 무척 사랑한다.

volere dire- 의미하다(= significare)

Che vuol dire questa parola? 이 단어의 의미는 무엇입니까?

volerne a qualcuno- ~을 원망하다, 원한을 품다

Non volermene se ho dovuto vendere la collana che mi avevi regalato. 네게 선물한 목걸이를 팔 수밖에 없더라도, 날 원망하지 마.

2. (재귀동사) volersi

volersi bene- 서로 좋아하다, 서로 사랑하다

Non si vogliono più bene. 그들은 더 이상 사랑하지 않는다.

3. (명사) 의지, 의도

a mio volere- 내가 원하는 대로, 내 의지대로

a tuo volere- 네가 원하는 대로, 네 의지대로

di buon volere- 손쉽게, 순조롭게

di mio volere- 자발적으로

volo- 비행, 비행기

al volo- 서둘러, 급히; 즉시(= subito)

capire qualcosa al volo- 즉시 알아차리다; (비유) 눈치를 채다

Credevo che fosse troppo difficile per lei, ma ha capito al volo. 그녀에게는 너무 어려우리라고 생각했는데 즉시 알아차렸다.

cogliere un'occasione al volo- 기회를 재빠르게 붙잡다

Mi hanno offerto di comprare delle azioni di una rete televisiva: ho colto l'occasione al volo. 그들이 텔

레비전 방송 주식을 살 기회를 내게 제공해서 난 그 기회를 재빨리 잡았다.

durata di volo- 비행 시간

essere in volo- 비행 중이다

A quest'ora sarà in volo per Londra. 이 시간에 그는 런던으로 비행하고 있을 것이다.

L'aeroplano è in volo. 비행기가 비행 중이다.

fare un volo per le scale/dal tetto- 계단에서/지붕에서 굴러 떨어지다

in un volo- 금방, 즉시

prendere il volo- (1) 달아나다, 도망하다(= scappare)

I ladri hanno preso il volo. 도둑들이 달아났다.

(2) 사라지다(= sparire)

I gioelli hanno preso il volo. 보석들이 사라졌다.

spiccare il volo- 성공하다, 출세하다; 사방으로 돌아다니다

È pronta a spiccare il volo, ora che ha preso la laurea e ha tovato un posto. 이제 졸업해서 직장을 구했으니, 그는 놀러 다닐(출세할) 준비가 돼 있다.

volontà- 의지

a volontà- 마음대로, 자유자재로, 자유로이, 제멋대로

Ne puoi prendere a volontà. 네가 원하는 대로 가져갈 수 있어.

avere una forte volontà- 의지가 강하다

di mia volontà- 내 뜻대로, 내 의지대로

L'ho fatto di mia volontà. 내 뜻대로 그것을 했다.

Sia fatta la volontà di Dio! 신의 뜻대로 하소서!

volontariato- 자원 봉사자, 지원병역, 지원복무

fare del volontariato- 자원 봉사 일을 하다

volontario- 자발적인

assistente volontario- 자원 봉사자

servizio volontario- 자원 봉사

volta- 회(回), 횟수, 번, 차례

a volte (o delle volte, certe volte, qualche volta)- 때때로, 가끔

a mia/tua volta- 내/너 차례에는

C'era una volta- 옛날 옛적에

C'era una volta un re. 옛날에 한 임금님이 살았다.

dare di volta il cervello- (1) 제정신이 나가다, 미치다

Spegni quel fiammifero, scemo. Ti ha dato di volta il cervello? Se c'è una fuga di gas saltiamo per aria. 멍청아, 그 성냥을 꺼. 너 미쳤어? 가스 누출이 있으면 폭발해.

(2) 머리가 이상해지다, 머리가 돌다

Gli ha dato di volta il cervello. 그는 머리가 돌았다.

di volta in volta (o volta per volta)- 매번, 언제나

la prima volta- 첫 번째

È la prima volta che viene in Corea? 한국이 처음이십니까?

l'altra volta- 지난번

l'ultima volta- 마지막으로

Quando è l'ultima volta che l'hai visto? 그를 본 것이 언제가 마지막이야?

la prima e l'ultima volta- 처음이자 마지막

È la prima e l'ultima volta che vengo con te. 너랑 같이 가는 것이 처음이자 마지막이다.

la volta buona- 적당한 때, 절호의 기회; 자기 차례

Questa è la volta buona. 지금이 절호의 찬스다.

ogni qual volta- ~할 때마다, 매번

per questa volta- 이번에는

per volta- 따로따로, 한 번에, 일시에

C'è una lunga fila davanti alla segreteria: fanno entrare una persona per volta. 비서실 앞에 긴 줄이 있다, 한 번에 한 명씩 들여보낸다.

Sorseggiava la medicina un po' per volta. 한번에 조금씩 약을 마시고 있었다.

più di una volta- 한 번 이상

quella volta- 그 때, 그 당시

Ti ricordi di quella volta? 너 그 때가 기억나니?

tutte le volte che- ~할 때마다

tutti in una volta- 모두 한꺼번에, 모두 다 동시에

un'altra volta- 다음에(= la prossima); 언제 다시 한번(= in un'altra occasione); 전에(= in passato); 다시(= di nuovo)

Facciamo un'altra volta. 다음에 합시다.

una volta- 한때는, 옛날에

Una volta la vita era più tranquilla. 옛날에 삶이 더 평화로웠다.

una volta per sempre (o una volta per tutte)- 이번만, 단 한 번만; 최종적으로, 분명히, 확정적으로

Ve lo dico una volta per tutte. 네게 분명히 말해 둔다.

una buona volta (o una volta tanto)- 이번 만은/이번 한 번만은; 여느 때와 달리, 가끔, 때때로

Ascolta tuo padre una volta tanto! 이번 만은 네 아버지 말을 들어!

Finiscila una buona volta! 이번 한 번만은 그걸 그만둬!

una volta ancora- 한 번 더

una volta soltanto- 딱 한번

L'ho visto una volta soltanto. 나는 그를 딱 한 번 보았다.

una volta o due- 한두 번

una volta o l'altra- 조만간, 이내, 곧; (과거 또는 미래의) 언젠가, 어떤 때

Una volta o l'altra verrò a trovarti. 조만간/언젠가 너를 만나러 갈 것이다.

una volta ogni morte di Papa- 어쩌다가 한번, 가뭄에 콩 나듯이

Noi ci incontriamo una volta ogni morte di Papa. 우리는 어쩌다가 한번 만난다.

volto- 얼굴

a volto scoperto- 얼굴을 가리지 않고, 얼굴을 드러내고

essere triste in volto- 슬픈 표정을 짓다

mostrare il proprio vero volto- 자신의 본모습을 보이다

volume- 음량

a tutto volume- 음량을 최대로 올려, 가장 높은 음량으로; 전력을 다해, 전속력으로

Lui sente la radio a tutto volume. 그는 음량을 최대로 올려 라디오를 듣는다.

vomito- 구토

dare il vomito a qualcuno- ~을 토하게 만들다; (비유) ~을 역겹게 만들다, ~을 화나게 만들다

sentirsi venire il vomito- 토할 것 같다, 속이 매스껍다, 속이 안 좋다, 아픈 것 같다

votare- 1. (자동사) 투표하다

votare a favore di una proposta- 제안에 찬성 투표하다

votare a scrutino segreto- 비밀투표를 하다, 무기명 투표로 표결하다

votare contro qualcosa- ~에 반대투표를 하다

votare per un partito- 정당에 투표하다

votare per alzata di mano- 거수로 표결하다

votare scheda bianca- 백지 투표를 하다

2. (재귀동사) 서약을 하다; 전념하다, 헌신하다, 봉헌하다

Non sapere a che santo votarsi. (비유) 어찌할 바를 모르다.

votarsi a Dio- 신에게 봉헌하다

votarsi al celibato- (가톨릭의 신부나 수녀 등이) 독신 서약을 하다

votarsi alla scienza- 학문에 전념하다

voto- 투표; 시험 평가; 서약

a maggioranza dei voti- 과반수로

a pieni voti- 만점으로, 백 점으로

Lui si è laureato a pieni voti. 그는 만점으로 졸업했다.

a unanimità di voti- 만장일치로

avere (o ottenere) molti voti- 득표하다, 많은 표를 얻다

Quel partito ha avuto molti voti. 그 정당이 많은 표를 얻었다.

dare un brutto voto- 나쁜 점수를 주다

Il professore ha dato un brutto voto allo studente che ha sbagliato tutto l'esercizio. 선생님은 연습문제를 다 틀리게 푼 학생에게 나쁜 점수를 주었다.

fare il voto di- ~하려는 맹세를 하다, 서원하다, 서약하다

Ho fatto il voto di non fumare più. 나는 더 이상 담배를 안 피우겠다고 맹세했다.

mantenere un voto- 서약을 지키다

mettere ai voti qualcosa- ~을 표결에 부치다

prendere un bel voto (o buoni voti)- 좋은 점수를 받다

Io ci tengo molto a prendere un bel voto. 나는 학점 잘 받는 것에 신경을 많이 쓴다.

rompere un voto- 서약을 깨다

vulcano- 화산

    avere la testa come un vulcano- 생각이 넘치다

    essere un vulcano- 기운(생각, 열정 등)이 넘쳐 흐른다, 기운이 충만해 있다

È un vulcano di idee: ci aiuterà senz'altro. 그는 아이디어가 넘쳐 흘러. 틀림없이 우리에게 도움이 될 거다.

vuoto- 빈; 공백, 빈 곳

    a vuoto- 헛되이; 무익하게, 쓸데없이, 헛되이; 성과 없는

Che peccato, ho fatto un viaggio a vuoto. 정말 안타깝지만, 나는 무익한 여행을 했다.

    avere la testa vuota- 머리가 비다(= essere sciocco); 전혀 기억이 나지 않다

    cadere nel vuoto- 아무런 호응을 못 얻다; 무시되다, 묵살되다

La sua proposta è caduta nel vuoto; nessuno ne ha capito l'importanza. 그의 제안은 묵살되었다. 아무도 그것의 중요성을 이해하지 못했다.

    fare il vuoto intorno a sé- 교제를 끊다(= isolarsi); 스스로 평판을 나쁘게 하다(= rendersi impopolare), 자기 주위에 사람을 멀어지게 하다(= distanziarsi)

Quando lui ha incominciato ad insultarla alla festa gli si è fatto il vuoto intorno. 파티에서 그녀에게 무례한 짓을 하기 시작했을 때, 스스로 평판이 나빠졌다.

    fare un tentativo a vuoto- 공연한 수고를 하다, 괜히 헛수고를 하다

    girare a vuoto- 빈둥거리다, 특별히 하는 일 없이 보내다; (열쇠가) 맞지 않다; (타이어) 접지력이 없다

Perché non fai qualcosa? È tutto il giorno che giri a vuoto. 왜 뭔가를 하지 않지? 그는 하루 종일 빈둥거리고 있다.

    vuoto di- ~가 빈

In questo momento mi sento vuoto di idee. 이 순간 생각이 빈 느낌이다.

Z

zampa- (동물의) 다리, 발톱, 발

camminare a quattro zampe- 네 발로 기어가다, (엎드려) 기다

Abbiamo dovuto camminare a quattro zampe per entrare nella caverna. 동굴에 들어가기 위해 우리는 기어가야만 했다.

zampe di gallina- 눈가의 잔주름; 휘갈겨 쓴 글씨

E va bene, ho le zampe di gallina, ma non me ne frega (o importa) niente. 그래, 눈가의 잔주름들이 있지. 하지만 난 전혀 개의치 않아.

zampino- (동물의) 작은 발톱, 발굽

metterci lo zampino- ~에 참여/관여하다

Suo padre ci ha messo lo zampino; non ce l'avrebbe fatta da solo. 아버지께서 관여하셔서, 그는 혼자서 그것을 할 수 없었다.

zappa- 괭이, 호미

darsi la zappa sui piedi- 제 발등을 제가 찍다, 자멸을 초래하다

Ci ha traditi, ma si è dato la zappa sui piedi e ha perso tanto quanto noi. 그는 우리를 배반했지만, 제 발등을 제가 찍어서 우리에게 했던 것만큼 잃었다.

zecca- 진드기

nuovo di zecca- 완전 새 것인(= nuovissimo), 신품인

Queste scarpe sono nuove di zecca e mi fanno male ai piedi. 이 신발은 완전 새 것인데 내 발을 아프게 한다.

zero- 0, 없음

da zero- 아주/맨 처음부터, 아무런 사전 준비 없이

non valere (o contare) uno zero- 아무 쓸모가 없다, 보잘 것 없다

Il contratto non vale uno zero. 계약은 아무 쓸모가 없다.

rasare a zero- 머리를 밀다, 머리를 짧게 깎다

Era una spia nazista e i partigiani l'hanno rasato a zero. 그는 나찌의 스파이였는데, 유격대원(빨치산)들이 그의 머리를 밀었다.

ridursi a zero- (사람) 남은 것이 하나도 없다; 무효로 만들다

sopra (lo) zero- 영상

10 gradi sopra (lo) zero- 영상 10도

sotto (lo) zero- 영하

5 gradi sotto (lo) zero- 영하 5도

sparare a zero- (군대) 공격을 개시하다, 근접 사격하다; 마구 몰아세우다, 비난하다, 혹평하다

Pensavo che attaccassero la mia proposta, ma non mi aspettavo che sparassero a zero. 그들이 나의 제안을 공격하리라고 생각했지만, 그들이 나를 혹평하리라곤 예상하지 못했다.

zero via zero- 전혀 아무것도 (= assolutamente nulla)

Zero via zero, fa zero. 0에 0을 곱하면 아무것도 아니다(항상 0이다). 아무것도 하지 않고 일이 저절로 잘되기를 바라는 것은 쓸모없는 일이다.

zio- 삼촌, 백부, 숙부, 아저씨

lo zio d'America- 부자 아저씨, 부자 삼촌[4]

Ma dove prende tutti quei soldi? Ha uno zio d'America? 그 돈을 다 어디에서 얻은 거니? 부자 삼촌이라도 있는 거니?

zitto- 조용한, 침묵을 지키는; 침묵

far stare zitto- ~을 조용히 시키다, 그만 울게 하다

stare zitto- 조용히 있다

Sta' zitto! 조용히 있어! 잠자코 있어!

zitto zitto- 조용히, 살짝, 얌전하게

È uscito dalla stanza zitto zitto. 그는 아주 조용히 방에서 나갔다.

zizzania- 독보리(잡초의 일종)

seminare (o spargere) zizzania- 불화의 씨를 뿌리다, (사람들을) 이간질시키다, 분란을 일으키다

Perché le hai raccontato quelle cose? Vuoi seminare zizzania? 왜 그 일을 그녀에게 이야기했니? 분란을 일으키고 싶니?

zonzo- (성구로만)

andare a zonzo- 배회하다, 한가로이 걷다, 거닐다; (신나게) 여기저기 돌아다니다(= per divertirsi); 빈둥빈둥 돌아다니다(= bighellonare)

Appena disfatte le valige, sono andata a zonzo per il paese. 나는 가방을 싸자마자, 바로 도시를 여기저기 돌아다녔다.

zoo- 동물원

allo zoo- 동물원에

Domani andiamo allo zoo. 내일 우리는 동물원에 간다.

Ho portato mio figlio allo zoo. 내 아들을 동물원에 데려 갔다.

I bambini si divertono un mondo allo zoo. 아이들은 동물원에서 엄청 재미있게 논다.

zoppicare- 절뚝거리다; 잘하지 못하다; 오류가 있다

Il suo inglese zoppica. 그는 영어를 잘하지 못한다.

La sua tesi zoppica. 그의 논문은 오류가 있다.

zoppo- 절뚝거리는

essere leggermente/molto zoppo- 다리를 조금/심하게 절다

È zoppo dalla gamba destra. 그는 오른쪽 다리를 전다.

---

[4] "Lo zio d'America"란 관용어는 2차 대전 이후 전세계적인 경제 공항과 생활고로 50년대와 60년대 이탈리아인들의 해외 이주가 빈번하였는데, 이주지로는 남미의 브라질과 아르헨티나와 북미 및 유럽 각지로 이주하였다. 이러한 시대적 상황에서 특히 미국으로 이민간 친척이나 가족들 가운데 본국 방문시 많은 돈을 가지고 금의환양하여, 미국에서 온 삼촌에게는 많은 돈이 있다는 시대적 맥락에서 이러한 관용어가 유래하였다. 하지만 오늘날에는 연극이나 영화의 주제로 사용될 뿐 일상적으로 사용하는 관용어는 아니다.

Chi va con lo zoppo impara a zoppicare. (속담) 나쁜 친구랑 어울리면 나쁜 버릇을 배운다. 친구를 잘 만나야 한다.

zucca- 호박

Che zucca hai! 왜 그렇게 고집이 세니! 왜 그렇게 완고해!

non aver sale in zucca- 멍청이 같이 굴다

semi di zucca- 호박씨

zucchero- 설탕

essere tutto zucchero e miele- 매우 상냥하고 즐겁다

essere uno zucchero- 꿀맛이다, 정말 달다, 맛이 있다

Questa pesca è uno zucchero. 이 복숭아 꿀맛이야. 이 복숭아 정말 달아.

senza zucchero- 설탕 없이

Vorrei un caffè senza zucchero. 커피에 설탕 없이 주세요.

un po' di zucchero- 설탕 약간

Questo caffè è amaro, vorrei ancora un po' di zucchero. 이 커피가 써요, 설탕 조금 더 주세요.

zuppa- 수프

Che zuppa! 아이 지겨워!

fare la zuppa nel latte- 빵/비스킷을 우유에 적시다

Se non è zuppa è pan bagnato. 비슷비슷하다. 오십보백보. 거기서 거기다.

카르페 이탈리아어 관용어 사전
Carpe Dizionario di Italiano Idiomatico

초판 1쇄 인쇄 2025년 4월 15일
초판 1쇄 발행 2025년 5월 2일

지은이 한동일, 김미애, 라우라 코로나
펴낸이 서덕일
펴낸곳 도서출판 문예림

출판등록 제1962-1호(1962년 7월 12일)
주소 경기도 파주시 회동길 366, 3층 (10881)
전화 (02) 499-1281~2 **팩스** (02) 499-1283
전자우편 info@moonyelim.com
홈페이지 www.moonyelim.com
인스타그램 @moonyelim **문의사항** 카카오톡 문예림 검색 대화 신청

ISBN 978-89-7482-943-8(01780)